清儒學案

第四册

徐世昌等 編纂
沈芝盈 梁運華 點校

中華書局

清儒學案卷七十九

東原學案

東原爲慎修高弟。慎修精三禮及天文算法、訓詁音韻之學，東原推闡師説，深造密微。惟慎修不非薄紫陽，東原則頗多論難。自來治程、朱之學者，以雜佛學斥陸、王，東原乃以雜佛學譏程、朱。見仁見智，要亦自成一家言。世或謗之，或諱之，是何視學術之隘也？述東原學案。

戴先生震

戴震字東原，休寧人。幼讀書，字必求其義，塾師授以説文，三年盡得其節目。年十七，有志聞道，從婺源江慎修游，講習禮經，制度名物及象緯推步、樂律音韻皆洞徹其原本。乃益研精爾雅、方言諸書及漢儒傳注，由聲音文字以求訓詁，由訓詁以尋義理，實事求是，不偏主一家，亦不過騁其辨以排擊前賢。嘗曰：「今人讀書，尚未識字輒薄訓詁之學。夫文字之未能通，妄謂通其語言；語言之未能通，妄謂通其心志，此惑之甚者也。論者又曰：『有漢儒之經學，有宋儒之經學，一主于訓詁，一主于義理。』

此愚之大不解者。夫使義理可以舍經而求，將人人鑿空得之矣，奚取乎經學？惟空憑胸臆之無當于義理，然後求之古經；求之古經而遺文垂絕，今古懸隔，然後求之訓詁。訓詁明則古經明，而我心所同然之義理，乃因之而明。古聖賢之義理非他，存乎典章制度者也。昧者乃歧訓詁、義理而二之，是訓詁非以明義理，而訓詁胡爲？義理不存乎典章制度，勢必流入于異端曲說而不自知矣。」年二十九，補諸生。性介特，多與物忤，落落不自得。家貧甚，閉户著述不輟。年三十三，爲乾隆二十年，入京師，時紀昀、王鳴盛、錢大昕、朱筠、王昶諸公官京朝，以學問爲尚，先生皆與爲友。秦尚書蕙田領算學，求精於推步者，延主其邸，佐五禮通考，分輯觀象授時一門。既而王尚書安國延教其子念孫，從受經。二十七年，舉於鄉。屢赴禮部試，不第。裘尚書曰修延教其子行簡。直隸總督方公觀承聘修直隸河渠書，未竟，觀承卒。朱文正公方官山西布政使，往游，聘修汾州汾陽府縣志。三十八年，開四庫館，以薦充纂修官。三十九年，復試禮部，不第，命與諸貢士同赴殿試，賜同進士，選庶吉士。先生在館，以大戴禮及水經注平生嘗致力，有校本。又於永樂大典中輯出儀禮識誤、儀禮集釋、儀禮釋宫、項氏家說、蒙齋中庸講義及算經五種，先後奏上。四十二年卒，年五十有五。

先生爲學，大指在精求正詁，通三代典章制度，而因以確知義理之歸。極深研幾，志願至閎大。晚欲標舉綱要，爲七經小記。七經謂詩、書、易、禮、春秋、論語、孟子。首爲詁訓篇，次爲原象篇，次爲學禮篇，次爲水地篇，而終以原善篇。惟原善、原象有成書，他述作多未竟。既卒，曲阜孔繼涵刻所著毛鄭詩考正、杲溪詩經補注、原善、孟子字義疏證、聲韻考、聲類表、原象、句股割圜記、策算、考工記圖、續天文略、水地記、方言疏證、文集及所校正水經注、算經十書，號戴氏遺書。又有尚書義考、經考、屈原賦注，皆別行。又有書未成，及成而未刻者，六書論、爾雅文字考、大學補注、中庸補注、轉語凡數種。爲方氏所撰直隸河渠書，嘉慶中，有王履泰者得其稿，有所删移，更名畿輔安瀾志，上諸朝，得刊行。其原稿，至光緒中始出，凡百有二卷。參史傳、漢學師承記、先正事略、年譜、行狀。

原善上

善：曰仁，曰禮，曰義。斯三者，天下之大本也。顯之爲天明謂之命，實之爲化之順謂之道，循之而分治有常謂之理。命，言乎天地之中，昭明以信也。道，言乎化之不已也。理，言乎其詳至也。善，言乎無淆雜也。性，言乎本於天徵爲事能也。言乎其同謂之善，言乎其異謂之材，因材而善之謂之教。材以類殊則性殊。人之材不侔也，而相肖以類，故性亦相近。得化育之正，以爲形氣，而秀發於神。材也善，則其中正無邪也。材一於善，不貳其德也，智、仁、勇是也。血氣心知之性，人皆有之，非二本然也。分而言之，懼夫人之與天地日以隔也。血氣心知之性主乎材，天之性全乎善。主乎材者成於化，全乎善者通於命。成於化者道，通於命者德。心之恭見於貌，心之從見於言，心之明見於視，心之聰見於聽，心之睿見於思，此之謂能盡其材。名其無妄謂之誠，名其不渝謂之信。言乎順之謂道，言乎信之謂德。行於人倫庶物之謂道，侔於天地化育之謂誠，如聽於所制者然之謂命。是故生生者，化之原；生生而條理者，化之流。動而輸者，立天下之博；靜而藏者，立天下之約。博者其生，約者其息。生者動而時出，息者靜而自正。至動而條理也，至靜而有本也。卉木之株葉華實，謂之生；果實之白，全其生之性，謂之息。君子之於問學也，如生；存其心，湛然合天地之心，如息。人道舉配乎生，性配乎息。生則有息，息則有生，天地所以成化也。生生者，仁乎！生生而條理者，禮與義乎！何謂禮？條理之秩然有序，其著也。何謂義？條理之截然不可亂，其著也。得乎生生者謂之仁，得乎條理者謂之智。至仁必易，大智必簡，仁智而道義出於斯矣。是故生生者仁，條理者禮，斷決者義，藏主者智，仁智中和曰聖人。聖合天，是謂無妄。無妄之於百物，生生。至貴者仁，仁得則父子親，禮得則親疏上下之分盡，義得則百事正，藏於智則天地萬物爲量，歸於無妄，則聖人之事。

原善中

物之離於生者，形存而氣與天地隔也。卉木之生，接時能芒達已矣。飛走蠕動之儔，有覺以懷其生矣。人之神明出於心，中正無邪，其明德與天地合矣。由天道以有人物，五行陰陽，生殺異用，情變殊致。是故人物生生，本五行陰陽，徵爲形色。其得之也，偏全厚薄，勝負雜糅，能否精粗，清濁昏明，煩煩魂魂，氣衍類滋，廣博襲僢，閎鉅瑣微，形以是形，色以是色，性以是性，咸分於道。以順則煦以治，以逆則毒。性至不同，各如其材。人之材，得天地之全能，通天地之全德。從生，而官器利用以御；横生，去其畏，不暴其使。智足知飛走蠕動之性，以馴以豢；知卉木之性，以生以息，良農任以蒔刈，良醫任以處方。聖人治天下之民，民莫不育於仁，莫不條貫於禮與義。是故氣不與天地隔者生，道不與天地隔者聖。形强者堅，氣强者力，神强者巧，知德者智。氣之失，暴；神之失，鑿；惑於德，愚。是故一人之身，形得其養，不若氣得其養；氣得其養，不若神得其養。君子理順心泰，霈然性得其養。人有天德之知，有耳目百體之欲，皆生而見乎材者也，天也，是故謂之性。耳知聲也，目知色也，鼻知臭也，口知味也，與夫天德之視於心也，成性然也。天德之知，人之秉節於内，以與天地化育侔者也。耳目百體之欲，所受中而不可踰也。是故義配明象天，欲配幽法地。五聲、五色、五臭、五味，天地之正也。喜怒、哀樂、愛隱、感念、愠懆、怨憤、恐悸、慮歎、飲食、男女、鬱悠、戚咨、慘舒、好惡之情，胥天命，是故謂之道。天地之化，效其能曰鬼神，其生生也物，其用曰魂魄。魂以明而從天，魄以幽而從地，魂官乎動，魄官乎靜，精能之至也。官乎動者其用也施，官乎靜者其用也受。天之道施，地之道受，施故徧物也，受故不有也。魄之謂靈，魂之謂神，靈也者明聰，神也者睿聖，明聰睿聖，天德矣。心之精爽以知知，明聰睿聖，則神明一於中正，事至而心應之者，胥事至而以道義應，天德之知也。是故人也者，天地至盛之徵也，惟聖人然後盡其盛。天地之德，可以一言盡也，仁而已矣。人之心，其亦可以一言盡也，仁而已矣。耳目百體之欲喻於心，不可以是謂心之所喻也，心之所喻則仁也。心之仁，耳目百體莫不喻，則自心至於耳目百體胥仁也。心得其常，於其有覺，君子以觀仁焉。耳目百體得其順，於其有欲，君子以觀仁焉。

原善下

人之不盡其材，患二：曰私，曰蔽。私也者，其生於心爲溺，發於政爲黨，成於行爲慝，見於事爲悖爲欺，其究爲私已。蔽也者，其生於心爲惑，發於政爲偏，成於行爲謬，見於事爲鑿爲愚，其究爲蔽已。鑿者，其失爲誣。愚者，其失爲固。誣而罔省，施之事亦爲固。悖者，在事爲寇虐，在心爲不畏天明。欺者，在事爲詭隨，在心爲無良。私之在下愚也爲自暴，蔽之在下愚也爲自棄，自暴自棄，夫然後難與言善，是以卒之爲不善，非材之罪也。去私莫如强恕，解蔽莫如學，得所主莫大乎忠信，得而止莫大乎明善。是故謂之天德者三：曰仁，曰禮，曰義。至善之目也，行之所節中也。其於人倫庶物，主一則兼乎三，一或闕焉，非至善也。謂之達德者三：曰智，曰仁，曰勇。所以力於德行者三：曰忠，曰信，曰恕。竭所能之謂忠，履所明之謂信，平所施之謂恕。忠則可進之以仁，信則可進之以義，恕則可進之以禮。仁者，德行之本，體萬物而天下共親其忠。義者，人事之宜，裁萬類而天下共覩其信。禮者，天則之所正，行於人倫庶物，分無不盡，而天下共安其恕。忠恕則不私而近於仁，忠信則不欺而近於誠。忠近於易，恕近於簡，信以不欺近於易，信以不渝近於簡。忠不欺於心近乎仁，信不渝於事近乎智，恕以推行近乎仁，恕以度物近乎智。斯三者，所以成德行。近乎勇，不惑於心，不疑於德行，夫然後樂循理。樂循理者，不蔽不私者也。得乎生生者仁，反於是而害仁之謂私。得乎條理者智，隔於是而病智之謂蔽。巧與鑿以爲智者，謂施諸行不謬矣，是以道不行。善人者不踐迹，謂見於仁厚忠信爲既知矣，是以道不明。故君子克己之爲貴也。獨而不咸之謂己，以己蔽之者隔於善，隔於善，隔於天下矣。無隔於善者，仁至，義盡，知天。是故一物有其條理，一行有其至當，徵之古訓，協於時中，充然明諸心，而後得所止。君子獨居思仁，公言言義，動止應禮。達禮，義無弗精也。精義，仁無弗至也。至仁盡倫，聖人也。易簡至善，聖人所欲與天下百世同之也。

案：先生初作原善三篇，後復援據經言，疏通證明之，擴爲三卷。大綱已盡見初作三篇中。

原象

日循黄道右旋，斜絡乎赤道而南北者，寒暑之故也。其隨大氣而左，準赤道爲出没者，晝夜之故也。虞夏書以璿機玉衡寫天，遺製猶見周髀之書。論語之北辰，周髀所謂正北極，是爲左旋之樞。日躔黄道，其極曰黄道極，周髀所謂北極璿機，環繞正北極者也；月道之極，又環繞璿機者也，是爲右旋之樞。璿機之環繞正北極而成規也。冬至夜漏中，起正北極之下，日加卯在正北極左，日加午在正北極上，日加酉在正北極右，晝夜一周而過一度。春分夜漏中，則起正北極之左，夏至起正北極之上，秋分起正北極之右，冬至而復起於正北極下。如是終古不變，以與日躔黄道相應，凡三百六十五日小餘不滿四分日之一日，發斂一終。月道斜交乎黄道，凡二十七日小餘過日之半，月逡其道一終。日月之會，凡二十九日小餘過日之半以起朔，十二朔凡三百五十四日有奇分而近歲終，積其差數置閏月，然後時序之從乎日行發斂者以正。故堯典曰：「朞，三百有六旬有六日，以閏月定四時成歲。」日兆月而月乃有光，人自地視之，惟於望得見其光之盈；朔則日之兆月，其光嚮日，下民不可得見；餘以側見而闕。日月之行，朔而薄於交道，日爲月所揜則日食。日高月卑，其間相去蓋遠，故其食分淺深，隨地之方所見者不同。望薄交道，而月入闇虚則月食。張衡靈憲之文曰：「當日之衝，光常不合者，蔽於地也，是謂闇虚，月過則食。」闇虚之爲地景，故食分淺深，見者皆同。月出入黄道表裏，最遠不及六度。日發斂於赤道外内四十餘度之間。赤道者，中衡也。古有分、至、啟、閉，謂之八節。準以設衡，其五衡與外衡、内衡，發斂所極至也。中衡，南北之中分也。自南斂北，入次四衡爲春，入次二衡爲夏，當其衡啟也。自北發南，出次二衡爲秋，出次四衡爲冬，當其衡閉也。周髀之七衡六間，則凖乎中氣十有二。其衡之規法，由來遠矣。日之發斂，以赤道爲中。月之出入，以黄道爲中。此天所以有寒暑進退，成生物之功也。凡地之方所近日下，盛陽下行，故暑；日遠側照則氣寒。寒暑之候，因地而殊。中土值内衡之下已北，其外衡之下已南，寒暑與中土互易。中衡之下，兩暑而無寒，暑漸退如春秋分乃復。南北極下，凝陰常寒矣。

璿機玉衡

堯典曰：「日中星鳥，以殷仲春。日永星火，以正仲夏。宵中星虚，以殷仲秋。日短星昴，以正仲冬。」日夜分暨永短，終古不變者也。星鳥之屬，列星之舉目可見，大小有差，闊狹有常，相距不移徙者也。終古不變者，因乎地而生里差；相距不移徙者，以考日躔而生歲差。唐、虞時，春分日在胃昴之間，故鳥中。夏至日在七星，故火中。火，心也。秋分日在氐房之間，故虛中。冬至日在虛，故昴中。鳥，南陸。蒼龍房、心，東陸。玄武虛、危，北陸。昴，西陸。昴同日西下，龍角東陸，鳥值南，虛在極之北，四正之位，各協其方。然則列星四象，辨自羲和，仲春初昏，不違天部也。夏小正五月初昏，大火中，協於星火仲夏之文。而春秋傳張趯曰：「火星中而寒暑退。」謂季冬寒退旦中，季夏暑退昏中也。凡星未中，見而東陸，過中乃西流。季夏六月火中，故豳詩曰：「七月流火。」小正與堯典合，春秋傳與詩合。星以紀候者，先後一月。虞、夏日躔所在，與周差一次，與今差二次。星之見、伏、昏、旦、中，悉因之而異，此其大經也。二十八舍、十二次，周時之文始詳。春秋傳：「婺女爲玄枵維首。」又曰：「玄枵虛中也。」據是遞之，星紀，斗、牽牛也；玄枵，婺女、虛、危也；娵訾之口，營室、東壁也；降婁，奎、婁也；大梁，胃、昴也；實沈，畢、觜觽、參也；鶉首，東井、輿鬼也；鶉火，柳、七星、張也；鶉尾，翼、軫也；壽星，角、亢也；大火，氐、房、心也；析木之津，尾、箕也。玄枵一曰天黿，一曰顓頊之虛。娵訾之口，一曰豕韋。斗或以建星。觜觽以罰。東井、輿鬼以狼弧。假恒星識日月之躔逡，恒星蓋二萬五千餘年循黃道右旋一終，古在赤道外者，今迆而入乎赤道內，古在赤道內者，今迆而出乎赤道外。星之與內外衡相值也，竝古今殊。日發斂一終而成歲，於黃道無差數，冬至起外衡，仍復乎外衡，而星則異其所，其爲差數也微，是謂歲差。故歲功終古不忒，而星之見、伏、昏、旦、中，隨時爲書以示民，千百年然後一易。周人以斗、牽牛爲紀首，命曰星紀。自周而上，日月之行，不起於斗、牽牛也。然則十二次之名，蓋周時始定。唐、虞冬至日在虛，玄枵次也。今冬至日在箕初，析木之津次也。

中星

周官經：「土圭之法，測土深，正日景，以求地中。」日南景短，日北景長，取中而得尺有五寸，以是求南北之中。日東景夕，日西景朝，時刻相差比，以是求東西之中。蓋所謂測土深者，以南北言也。聖人南面而聽天下，以法天，故南北爲經，東西爲緯；南北爲深爲輪，東西爲廣。表景短長，即南北遠近，必測之而得，故曰測土深。所謂正日景者，以東西言也。地中景正，日加午，東方已過午後而爲景夕，西方尚在午前而爲景朝。周髀立晝夜異處，加四時相及之算，謂地中與東西相距四分圜周之一，則地中午，東方酉，西方卯。自卯至午，自午至酉，皆四時也。必正其日中之景，以審時之相差，故曰正日景。兼是二者，一爲南北里差，一爲東西里差。測非獨夏至，夏至日中景最短，及其最長，皆以土圭度之。古人用是考黄、赤二道，猶漢已降之考北極高下也。寒暑進退，晝夜永短，悉因之而隨地不同。土圭之法，不惟建王國用之。封國必以度地，以此知某國或偏南、偏北，或偏西、偏東，然後可定各地之分、至、啟、閉。陰陽大論之文曰：「地之爲下否乎？地爲人之下，太虚之中者也，馮乎大氣舉之也。」步算家測北極暨月食，得地體周九萬里。環地之周，戴天曰上，履地曰下。南行二百餘里而北極下一度，北行二百餘里而北極高一度，處乎地者無敧側之患，何也？大氣使然也。晝夜永短，南北以漸而差。南至赤道下，南北極與地適平，晝夜漏均無永短。北至極下，赤道與地適平如帶，自春分至秋分爲晝，秋分至春分爲夜。凡氣朔之時刻，漸西則氣朔早，漸東則氣朔遲。月過闇虚而虧食，西見食早，東見食遲。此地與天相應之大較也。地之廣輪，隨其方所，皆可假天度測之矣。

土圭

洪範五紀，一曰歲，二曰月，三曰日，四曰星辰，五曰曆數。分、至、啟、閉，紀於歲者也。朔、望、朏、霸，紀於月者也。永、短、昏、昕，紀於日者也。列星見、伏、昏、旦、中，日月躔逡，紀於星辰者也。盈縮經緯，終始相差，紀於曆數者也。紀於歲者，察之日行發斂；紀於月者，察之日月之會，交道表裏；紀於日者，察之晝夜刻漏，出入里差；紀於星辰者，察之十有二次，暨星與黃、赤道相值；紀於曆數者，察之圭槷，隨時測驗，積微成著，修正而不失。

五紀

案：原象八章，前四章天象已備，後四章爲算法。

孟子字義疏證

余少讀論語端木氏之言曰：「夫子之文章可得而聞也，夫子之言性與天道不可得而聞也。」讀易，乃知言性與天道在是。周道衰，堯、舜、禹、湯、文、武、周公致治之法，焕乎有文章者，棄爲陳迹。孔子既不得位，不能垂諸制度禮樂，是以爲之正本溯源，使人於千百世治亂之故，制度禮樂因革之宜，如持權衡以御輕重，如規矩準繩之於方圜平直，言似高遠而不得不言。自孔子言之，寔言前聖所未言，微孔子孰從而聞之！故曰：「不可得而聞。」是後私智穿鑿者，亦警於亂世，或以道全身而遠禍，或以其道能誘人心有治無亂，而謬在大本，舉一廢百。意非不善，其言祇足以賊道，孟子於是不能已於與辯。當是時，羣共稱孟子好辯矣。孟子之書，有曰「我知言」，曰「游於聖人之門難爲言」。蓋言之謬，非終於言也，將轉移人心。心受其蔽，必害於事，害於政。彼目之曰小人之害天下後世也，顯而共見；目之曰賢智君子之害天下後世也，相率趨之以爲美言，其入人心深，禍斯民也大，而終莫之或寤。辯惡可已哉！孟子辯楊、墨，後人習聞楊、墨、老、莊、佛之言，且以其言汩亂孟子之言，是又後乎孟子者之不可已也。苟吾不能知之，亦已矣。吾知之而不言，是不忠也，是對古聖人賢人而自負其學，對天下後世之仁人而自遠於仁也。吾用是懼，述孟子字義疏證三卷。韓退之氏曰：「道於楊、墨、老、莊、佛之學，而欲之聖人之道，猶航斷港絶潢以望至於海也。故求觀聖人之道，必自孟子始。」嗚呼，不可易矣！

理

理者，察之而幾微，必區以別之名也，是故謂之分理。在物之質曰肌理，曰腠理，曰文理。亦曰文縷。理、縷，語之轉耳。得其分，則有條而不紊，謂之條理。孟子稱「孔子之謂集大成」曰：「始條理者，智之事也；終條理者，聖之事也。」聖智至孔子而極其盛，不過舉條理以言之而已矣。易曰：「易簡而天下之理得。」自乾坤言，故不曰仁智，而曰易簡。以易知，知一於仁愛平恕也。以簡能，能一於行所無事也。

「易則易知，易知則有親，有親則可久，可久則賢人之德」，若是者，仁也。「簡則易從，易從則有功，有功則可大，可大則賢人之業」，若是者，智也。天下事情，條分縷晰，以仁且智當之，豈或爽幾微哉！中庸曰：「文理密察，足以有別也。」樂記曰：「樂者，通倫理者也。」鄭康成注云：「理，分也。」許叔重說文解字序曰：「知分理之可相別異也。」古人所謂理，未有如後儒之所謂理者矣。

天道

道猶行也，氣化流行，生生不息，是故謂之道。易曰：「一陰一陽之謂道。」鴻範：「五行，一曰水，二曰火，三曰木，四曰金，五曰土。」行亦道之通稱。詩載馳：「女子善懷，亦各有行。」毛傳云：「行，道也。」竹竿：「女子有行，遠兄弟父母。」鄭箋云：「行，道也。」舉陰陽則賅五行，陰陽各具五行也；舉五行即賅〔一〕陰陽，五行各有陰陽也。大戴禮記曰：「分於道謂之命，形於一謂之性。」言分於陰陽五行以有人物，而人物各限於所分以成其性。陰陽五行，道之實體也。血氣心知，性之實體也。有實體，故可分；惟分也，故不齊。古人言性，惟本於天道如是。

〔一〕「賅」以上十四字原脱，據孟子字義疏證補。

性

性者，分於陰陽五行以爲血氣、心知、品物，區以别焉，舉凡既生以後所有之事，所具之能，所全之德，咸以是爲其本，故易曰：「成之者性也。」氣化生人生物以後，各以類滋生久矣。然類之區别，千古如是也，循其故而已矣。在氣化曰陰陽，曰五行，而陰陽五行之成化也，雜糅萬變，是以及其流形，不特品物不同，雖一類之中又復不同。凡分形氣於父母，即爲分於陰陽五行，人物以類滋生，皆氣化之自然。中庸曰：「天命之謂性。」以生而限於天，故曰天命。大戴記曰：「分於道謂之命，形於一謂之性。」分於道者，分於陰陽五行也。一言乎分，則其限之於始，有偏全、厚薄、清濁、昏明之不齊，各隨所分而形於一，各成其性也。然性雖不同，大致以類爲之區别，故論語曰：「性相近也。」此就人與人相近言之也。孟子曰：「凡同類者，舉相似也，何獨至於人而疑之！聖人與我同類者。」言同類之相似，則異類之不相似明矣。故詰告子「生之謂性」曰：「然則犬之性猶牛之性，牛之性猶人之性與？」明乎其必不可混同言之也。天道，陰陽五行而已矣。人物之性，咸分於道，成其各殊者而已矣。

才

才者，人與百物各如其性以爲形質，而知能遂區以别焉，孟子所謂「天之降才」是也。氣化生人生物，據其限於所分而言謂之命，據其爲人物之本始而言謂之性，據其體質而言謂之才。由成性各殊，故才質亦殊。才質者，性之所呈也。舍才質，安覩所謂性哉！以人物譬之器，才則其器之質也。分於陰陽五行而成性各殊，則才質因之而殊。猶金錫之在冶，冶金以爲器，則其器金也；冶錫以爲器，則其器錫也。品物之不同如是矣。從而察之，金錫之精良與否，其器之爲質，一如乎所冶之金錫，一類之中，又復不同如是矣。爲金爲錫，及其金錫之精良與否，性之喻也。其分於五金之中，而器之所以爲器，即於是乎限，命之喻也。就器而別之，孰金孰錫，孰精良與孰否，才之喻也。故才之美惡，於性無所增，亦無所損。夫金錫之爲器，一成而不變者也。人又進乎是。自聖人而下，其等差凡幾？或疑人之才，非盡精良矣，而不然也。猶金錫之五品，而黄金爲貴，雖其不美者，莫與之比貴也，況乎人，皆可以爲賢爲聖也！後儒以不善歸氣稟，孟子所謂性，所謂才，皆言乎氣稟而已矣。其稟受之全，則性也；其體質之全，則才也。稟受之全，無可據以爲言。如桃杏之性，全於核中之白，形色臭味，無一弗具，而無可見，及萌芽甲坼，根榦枝葉，桃與杏各殊。由是爲華爲實，形色臭味無不區以別者，雖性則然，然皆據才見之耳。成是性，斯爲是才。別而言之，曰命，曰性，曰才；合而言之，是爲天性。故孟子曰：「形色，天性也，惟聖人然後可以踐形。」人物成性不同，故形色各殊。人之形，官器利用大遠乎物，然而於人之道不能無失，是不踐此形也。猶言之而行不逮，是不踐此言也。踐形之與盡性，盡其才，其義一也。

道

人道，人倫日用，身之所行皆是也。在天地，則氣化流行，生生不息，是謂道。在人物，則凡生生所有事，亦如氣化之不可已，是謂道。易曰：「一陰一陽之謂道。繼之者，善也；成之者，性也。」言由天道以有人物也。大戴禮曰：「分於道謂之命，形於一謂之性。」言人物分於天道，是以不齊也。中庸曰：「天命之謂性，率性之謂道。」言日用事爲，皆由性起，無非本於天道然也。中庸又曰：「君臣也，父子也，夫婦也，昆弟也，朋友之交也，五者，天下之達道也。」言身之所行，舉凡日用事爲，其大經不出乎五者也。孟子稱「契爲司徒，教以人倫，父子有親，君臣有義，夫婦有别，長幼有序，朋友有信」，此即中庸所言「修道之謂教」也。曰性，曰道，指其實體實事之名；曰仁，曰禮，曰義，稱其純粹中正之名。人道本於性，而性原於天道。天地之氣化流行不已，生生不息。然而生於陸者，入水而死；生於水者，離水而死；生於南者，習於温而不耐寒；生於北者，習於寒而不耐温。此資之以爲養者，彼受之以害生。「天地之大德曰生」，物之不以生而以殺者，豈天地之失哉！故語道於天地，舉其實體實事而道自見，「一陰一陽之謂道」，「立天之道，曰陰與陽；立地之道，曰柔與剛」是也。人之心知有明闇，當其明則不失，當其闇則有差謬之失。故語道於人，人倫日用，咸道之實事，「率性之謂道」，「修身以道」，「天下之達道五」是也。此所謂道，不可不修者也，「修道以仁」，及「聖人修之以爲教」是也。其純粹中正，則所謂「立人之道，曰仁與義」，所謂「中節之爲達道」也。中節之爲達道，純粹中正，推之天下而準也。君臣、父子、夫婦、昆弟、朋友之交，五者，爲達道，但舉實事而已。智仁勇以行之，而後純粹中正。然而即所謂之達道者，達諸天下而不可廢也。易言天道而下及人物，不徒曰「成之者性」，而先曰「繼之者善」。繼，謂人物於天地，其善固繼承不隔者也。善者，稱其純粹中正之名。性者，指其實體實事之名。一事之善，則一事合於天；成性雖殊，而其善則一。善，其必然也。性，其自然也。歸於必然，完其自然，此之謂自然之極致，天地人物之道於是乎盡。在天道不分言，而在人物，則分言之始明。易又曰：「仁者見之謂之仁，智者見之謂之智，百姓日用而不知，故君子之道鮮矣。」言限於成性而後，不能盡是道者衆也。

仁義禮智

仁者，生生之德也。「民之質矣，日用飲食」，無非人道所以生生者。一人遂其生，推之而與天下共遂其生，仁也。言仁可以賅義，使親愛長養不協於正大之情，則義有未盡，即爲仁有未至。言仁而可賅禮，使無親疏上下之辨，則禮失而仁亦未爲得。且言義可以賅禮，言禮可以賅義。先王之以禮教，無非正大之情。君子之精義也，斷乎親疏上下，不爽幾微。而舉義舉禮，可以賅仁，又無疑也。舉仁義禮可以賅智，智者，知此者也。易曰：「立人之道，曰仁與義。」而中庸曰：「仁者，人也，親親爲大。義者，宜也，尊賢爲大。親親之殺，尊賢之等，禮所生也。」益之以禮，所以爲仁至義盡也。語德之盛者，全乎智仁而已矣。而中庸曰：「智仁勇三者，天下之達德也。」益之以勇，蓋德之所以成也。就人倫日用，究其精微之極致，曰仁，曰義，曰禮，合三者以斷天下之事，如權衡之於輕重，於仁無憾，於禮義不愆，而道盡矣。若夫德性之存乎其人，則曰智，曰仁，曰勇，三者，才質之美也，因才質而進之以學，皆可至於聖人。自人道遡之天道，自人之德性遡之天德，則氣化流行，生生不息，仁也。由其生生，有自然之條理，觀於條理之秩然有序，可以知禮矣。觀於條理之截然不可亂，可以知義矣。在天爲氣化之生生，在人爲其生生之心，是乃爲仁之德也；在天爲氣化推行之條理，在人爲其心知之通乎條理而不紊，是乃智之爲德也。惟條理，是以生生；條理苟失，則生生之道絶。凡仁義對文，及智仁對文，皆兼生生、條理而言之者也。

誠

誠，實也。據中庸言之，所實者，智仁勇也；實之者，仁也，義也，禮也。由血氣心知，而語於智仁勇，非血氣心知之外，別有智、有仁、有勇以予之也。就人倫日用，而語於仁，語於禮義，舍人倫日用，無所謂仁、所謂義、所謂禮也。血氣心知者，分於陰陽五行而成性者也，故曰「天命之謂性」。人倫日用，皆血氣心知所有事，故曰「率性之謂道」。全乎智仁勇者，其於人倫日用，行之而天下覩其仁，覩其禮義，善無以加焉，「自誠明」者也。學以講明人倫日用，務求盡夫仁，盡夫禮義，則其智仁勇所至，將日增益於聖人之德之盛，「自明誠」者也。質言之，曰人倫日用；精言之，曰仁，曰義，曰禮。所謂「明善」，明此者也。所謂「誠身」，誠此者也。質言之，曰血氣心知；精言之，曰智，曰仁，曰勇。所謂「致曲」，致此者也。所謂「有誠」，有此者也。言乎其盡道，莫大於仁，而兼及義，兼及禮。言乎其能盡道，莫大於智，而兼及仁，兼及勇。是故善之端不可勝數，舉仁義禮三者而善備矣。德性之美不可勝數，舉智仁勇三者而德備矣。曰善，曰德，盡其實之謂誠。

權

權，所以別輕重也。凡此重彼輕，千古不易者，常也，常則顯然共見其千古不易之重輕；而重者於是乎輕，輕者於是乎重，變也，變則非智之盡能辨察事情而準，不足以知之。論語曰：「可與共學，未可與適道。可與適道，未可與立。可與立，未可與權。」蓋同一所學之事，試問何爲而學，其志有去道甚遠者矣，求禄利聲名者是也，故「未可與適道」。道責於身，不使差謬，而觀其守道，能不見奪者寡矣，故「未可與立」。雖守道卓然，知常而不知變，由精義未深，所以增益其心知之明使全乎聖智者，未之盡也，故「未可與權」。孟子之闢楊、墨也，曰：「楊、墨之道不息，孔子之道不著，是邪説誣民，充塞仁義也。仁義充塞，則率獸食人，人將相食。」今人讀其書，孰知所謂「率獸食人，人將相〔一〕食」者安在哉！孟子曰：「楊子取爲我，拔一毛而利天下，不爲也。墨子兼愛，摩頂放踵利天下，爲之。子莫執中，執中爲近之，執中無權，猶執一也。所惡執一者，爲其賊道也，舉一而廢百也。」今人讀其書，孰知「無權」之故，「舉一而廢百」之爲害至鉅哉！孟子道性善，於告子言「以人性爲仁義」，則曰「率天下之人而禍仁義」。今人讀其書，又孰知性之不可不明，「戕賊人以爲仁義」之禍何如哉！老聃、莊周「無欲」之説，及後之釋氏所謂「空寂」，能脱然不以形體之養與有形之生死累其心，而獨私其所謂「長生久視」，所謂「不

〔一〕「相」，原脱，據上文補。

生不滅」者，於人物一視而同用其慈，蓋合楊、墨之説以爲説。由其自私，雖拔一毛可以利天下，不爲。由其外形體，溥慈愛，雖摩頂放踵以利天下，爲之。宋儒程子、朱子易老、莊、釋氏之所私者而貴理，易彼之外形體者而咎氣質。其所謂理，依然如有物焉宅於心。於是辨乎理欲之分，謂「不出於理則出於欲，不出於欲則出於理」，雖視人之饑寒號呼，男女哀怨，以至垂死冀生，無非人欲，空指一絶情欲之感者爲天理之本然，存之於心。及其應事，幸而偶中，非曲體事情，求如此以安之也。不幸而事情未明，執其意見，方自信天理非人欲，而小之一人受其禍，大之天下國家受其禍，徒以不出於欲，遂莫之或寤也。凡以爲「理宅於心」，「不出於欲則出於理」者，未有不以意見爲理而禍天下者也。人之患，有私有蔽。私出於情欲，蔽出於心知。無私，仁也。不蔽，智也。非絶情欲以爲仁，去心知以爲智也。是故聖賢之道，無私而非無欲。老、莊、釋氏，無欲而非無私。彼以無欲成其自私者也，此以無私通天下之情，遂天下之欲者也。凡異説皆主於無欲，不求無蔽，重行不先重知。人見其篤行也，無欲也，故莫不尊信之。聖賢之學，由博學、審問、慎思、明辨而後篤行，則行者，行其人倫日用之不蔽者也，非如彼之舍人倫日用，以無欲爲能篤行也。人倫日用，聖人以通天下之情，遂天下之欲，權之而分理不爽，是謂理。宋儒乃曰「人欲所蔽」，故不出於欲，則自信無蔽。古今不乏嚴氣正性、疾惡如讐之人，是其所是，非其所非，執顯然共見之重輕，實不知有時權之而重者於是乎輕，輕者於是乎重。其是非輕重一誤，天下受其禍而不可救。豈人欲蔽之也哉？自信之理非理也。然則孟子言「執中無權」，至後儒又增一「執理無權」者矣。

致彭進士書 附。

允初先生足下：日前承示二林居制義，文境高絶。然在作者，不以爲文而已，以爲道也。大暢心宗，參活程、朱之説，以傅合六經、孔、孟，使閎肆無涯涘。孟子曰：「資之深，則取之左右逢其源。」凡自得之學盡然。求孔、孟之道，不至是不可謂之有得。求楊、墨、老、莊、佛之道，不至是亦不可謂之有得。宋以前，孔、孟自孔、孟，老、釋自老、釋。談老、釋者高妙其言，不依附孔、孟。宋以來，孔、孟之書盡失其解，儒者雜襲老、釋之言以解之。於是有讀儒書而流入老、釋者；有好老、釋而溺其中，既而觸於儒書，樂其道之得助，因凭藉儒書以談老、釋者。對同己則共證心宗，對異己則寄託其説於六經、孔、孟，曰：「吾所得者，聖人之微言奥義。」而交錯旁午，屢變益工，渾然無罅漏。孔子曰：「道不同，不相爲謀。」言徒紛然辭費，不能奪其道之成者也。足下之道成矣，欲見僕所爲原善。僕聞足下之爲人，心敬之，願得交者十餘年於今。雖原善所指，加以孟子字義疏證，反覆辯論，咸與足下之道截然殊致，叩之則不敢不出。今賜書有引爲同，有别爲異，在僕乃謂盡異，無豪髮之同。昔程子、張子、朱子，其始也，亦如足下今所從事。程叔子撰明道先生行狀曰：「自十五六時，聞周茂叔論道，慨然有求道之志，泛濫於諸家，出入於老、釋者幾十年，返求諸六經，而後得之。」吕與叔撰横渠先生行狀曰：「范文正公勸讀中庸，先生讀其書，雖愛之，猶以爲未足，又訪諸釋、老之書，累年，盡究其説，知無所得，返而求之六經。」知無所得者，陋之，非不知之也。朱子慕禪學，在十五六時。年二十四見李愿中，愿中教以看聖賢言語。而其後十餘年有答何叔京二書。其一曰：「向來妄論持敬之說，亦不自記其云何，但因其良心發見之微，猛省提撕，使心不昧，即是做工夫底本領。本領既立，自然下學而上達矣。若不察良心發見處，即渺渺茫茫，恐無下手處也。所諭多識前言往行，熹向來所見亦是如此。近因返求，未得箇安穩處，卻始知此未免支離，曷若默會諸心以立其本，而其言之得失，自不能逃吾之鑒邪。」其一曰：「今年不謂饑歉至此，夏初，所至洶洶，遂爲縣中委以賑糶之役，百方區處，僅得無事。博觀之弊，此理甚明，何疑之有！若使道可以多聞博觀而得，則世之知道者爲不少矣。熹近日因事方少有省發處，如『鳶飛魚躍』，明道以爲與『必有事焉而勿正』之意同者，今乃曉然無疑。日用之間，觀此流行之體，初無間斷處，有下工夫處，此與守書册，泥言語，全無交涉，幸於日間察之，知此則知仁矣。」二書全背愿中，復歸釋氏，反用聖賢言語，指其所得於釋氏者。至乾道癸巳，朱子年四十四，門人廖德明録癸巳所聞云：「先生言，二三年前見得此事尚鶻突，爲他佛說得相似，近年來方看得分曉。」是後，朱子有答汪尚書書云：「熹於釋氏之說，蓋嘗師其人，尊其道，求之亦切至矣，然未能有得。其後以先生君子之教，校乎前後緩急之序，於是暫置其說而從事於吾學，其始蓋未嘗一日不往來於心也，以爲俟卒究吾說而後求之，未爲甚晚。而一二年來，心獨有所自安，雖未能即有諸己，然欲復求之外學以遂其初心，不可得矣。」程、朱雖皆先入於釋氏，而卒能覺寤其非。程子曰：「吾儒本天，異端本心。」朱子曰：「吾儒以理爲不生不滅，釋氏以神識爲不生不滅。」僕於孟子字義疏證，辯其視理也，與老、釋之視心、視神識，雖指歸各異，而僅僅就彼之言轉之，猶失孔、孟之所謂理，所謂義。朱子稱「爲他佛說得相似」者，彼之心宗，不特指歸與此異也，亦絶不可言似。程、朱先從事於彼，孰知彼之指歸。既而求之此，見此之指歸與彼異矣，而不得其本，因推而本之天。夫人物，何者非本之天乎？豈得謂心必與天隔乎？彼可起而爭者也。苟聞乎此，雖愚必明，雖柔必强。擴而充之，何一非務盡其心以能盡道！苟自以爲是，而不可與入堯、舜之道，雖言理、言知、言學，皆似而非，適以亂德。在程、朱先入於彼，徒就彼之説，轉而之此，是以又可轉而之彼，合天與心爲一，合理與神識爲一，而我之言，彼皆得援而借之，爲彼樹之助。以此解經，而六經、孔、孟之書，彼皆得因程、朱之解，援而借之爲彼所依附。譬猶子孫未覩其祖父之貌者，誤圖他人之貌爲其貌而事之，所事固己之祖父也，貌則非矣。實得而貌不得，亦何傷！然他人則持其祖父之貌以冒吾宗，而實誘吾族以化爲彼族，此僕所由不得已而有疏證之作也。破圖貌之誤，以正吾宗而保吾族，痛吾宗之久墜，吾族之久散爲他族，敢少假借哉！宋儒僅改其指神識者以指理，而餘無所改。其解孔、孟之言，體狀復與彼相似。如大學章句於「在明明德」，中庸章句於「不顯維德」，尤渾合，幾不可分。足下遂援「上天之載，無聲無臭」爲心宗之大源，於宋儒之雜用老氏尚「無欲」，及莊周書言「復其初」者，而申之曰：「無欲，誠也。湯、武反之，復其初之謂也。」僕愛大戴禮記曰「分於道謂之命」一語〔一〕。道，即陰陽氣化，故可言分。惟分也，故成性不同。而易稱「一陰一陽之謂道」，中庸稱「天命之謂性」，孟子辨别「犬之性」、「牛之性」、「人之性」之不同，豁然貫通。而足下舉「維天之命，於穆不已」，以爲不

〔一〕「一語」二字，原置于「故成性不同」下，據答彭進士允初書乙。

得而分。此非語言之能空論也，宜還而體會六經、孔、孟之書本文云何。詩曰「予懷明德」，對「不大聲以色」而言。大學之「明明德」，以「明德」對「民」而言。皆德行行事，人咸仰見，如日月之懸象著明，故稱之曰「明德」。儻一事差失，則有一事之掩虧，其由近而遠，積盛所被，顯明不已，故曰「明明德」，曰「明明德於天下」。詩之「不顯」、「不承」，即書之「丕顯」、「丕承」，古字「丕」通用「不〔一〕」，大也。中庸言「聲名洋溢乎中國」，其言「闇然」也，與「日章」並言，何必不欲大顯，而以幽深玄遠爲至！夫晝日當空，何嘗有聲臭以令人知？而疇不知之，不可引「上天之載無聲臭」以言其至乎！「上天之載」二語，在詩承「駿命不易」言。鄭箋云：「天之道難知也，耳不聞聲音，鼻不聞香臭。儀法文王之事，則天下咸信而順之。」在中庸承「化民之德」言，不假聲臭以與民接也。談老、釋者，有取於「虛靈不昧」，「人欲所蔽」，「本體之明」，「幽深玄遠」，「至德淵微」，「不顯之妙」等語，與其心宗相似，不惟大學、中庸本文差以千里，即朱子所云，雖失大學、中庸之解，而其指歸究殊。又詩、書中凡言天命，皆以「王者授命於天」爲言。天之命王者不已，由王者仁天下不已。中庸引「維天之命，於穆不已，於乎不顯，文王之德之純」，其取義也，主於不已，以見「至誠無息」之配天地。「於穆」者，美天之命有德深遠也。譬君之於賢臣，一再錫命，惓惓不已，美君之能任賢者，豈不可歎其深遠！引之者豈不可曰：「此君之所以爲君也。」凡命之爲言，如命之東則不得而西，皆有數以限之，非受命者所得踰。試以君命言之，有小賢而居上位，有大賢

〔一〕「不」，原作「丕」，據答彭進士允初書改。

而居下位，各受君命以居其位，此命數之得稱曰君命也。君告誡之，使恭其事，而夙夜兢惕，務盡職焉，此教命之得稱曰君命也。命數之命，限於受命之初，而尊卑遂定；教命之命，其所得爲視其所能，可以造乎其極，然盡職而已，則同屬命之限之。命之盡職，不敢不盡職，如命之東，不敢不赴東。論氣數，論理義，命皆爲限制之名。譬天地於大樹，有華、有實、有葉之不同，而華、實、葉皆分於樹。形之鉅細，色臭之濃淡，味之厚薄，又華與華不同，實與實不同，葉與葉不同。一言乎分，則各限於所分。取水於川，盈罍、盈瓶、盈缶，凝而成冰，其大如罍、如瓶、如缶。或不盈，而各如其淺深。水雖取諸一川，隨時與地，味殊而清濁亦異，由分於川，則各限於所分。人之得於天也，雖亦限於所分，而人人能全乎天德。以一身譬之，有心，有耳、目、鼻、口、手、足、鬚、眉、毛、髮，惟心統其全，其餘各有一德焉，故記曰：「人者，天地之心也。」瞽者，心不能代目而視；聾者，心不能代耳而聽，是心亦限於所分也。飲食之化爲營衛，爲肌髓，形可并而一也。形可益形，氣可益氣，精氣附益，神明自倍。散之還天地，萃之成人物，與天地通者生，與天地隔者死。以植物言，葉受風日雨露以通天氣，根接土壤肥沃以通地氣。以動物言，呼吸通天氣，飲食通地氣。人物於天地，猶然合如一體也。體有貴賤，有小大，無非限於所分也。心者，氣通而神。耳目鼻口者，氣融而靈。曾子曰：「陽之精氣曰神，陰之精氣曰靈。神靈者，品物之本也。」易曰：「精氣爲物，游魂爲變，是故知鬼神之情狀。」「精氣爲物」者，氣之精而凝，品物流形之常也。「游魂爲變」者，魂之游而存，其形敝而精氣未遽散也，變則不可窮詰矣。老、莊、釋氏，見於游魂爲變之一端，而昧其大常；見於精氣之集，而判爲二本。莊周書曰：「一受其成形，不亡以待盡。」釋氏「人死爲鬼，鬼復爲人」之説同此。周又曰：「其形化，其心與之然，可不謂大哀乎！」老氏之「長生久視」，釋氏之「不生不滅」，無非自私，無非哀其滅而已矣，故以無欲成其私。孟子曰：「廣土衆民，君子欲之。」又曰：「欲貴者，人之同心也。」又曰：「魚我所欲也，熊掌亦我所欲也。」「生亦我所欲也，義亦我所欲也。」在老、釋皆無之，而獨私其遊魂，而哀其滅，以豫爲之圖。在宋儒，惑於老、釋無欲之説，謂「義亦我所欲」爲道心，爲天理，餘皆爲人心，爲人欲。欲者，有生則願遂其生而備其休嘉者也。情者，有親疏、長幼、卑尊感而發於自然者也。理者，盡夫情欲之微而區以别焉，使順而達，各如其分寸豪釐之謂也。欲，不患其不及，而患其過。過者狃於私而忘乎人，其心溺，其行慝，故孟子曰：「養心莫善於寡欲。」情之當也，患其不及而亦勿使之過；未當也，不惟患其過而務自省以救其失。欲不流於私則仁，不溺而爲慝則義，情發而中節則和，如是之謂天理。情欲未動，湛然無失，是謂天性。非天性自天性，情欲自情欲，天理自天理也。足下援程子云：「聖人之常，情順萬事而無情，故君子之學，莫若廓然而大公，物來而順應。」謂無欲在是。請援王文成之言，證足下所宗主。其言曰：「良知之體，皦如明鏡，妍媸之來，隨物見形，而明鏡曾無留染，所謂情順萬事而無情也。無所住以生其心，佛氏曾有是言。明鏡之應，妍者妍，媸者媸，一照而皆真，即是生其心處。妍者妍，媸者媸，一過而不留，即是無所住處。」程子説聖人，陽明説佛氏，故足下援程子不援陽明，而宗旨則陽明尤親切。陽明嘗倒亂朱子年譜，謂朱、陸先異後同。陸、王，主老、釋者也。程、朱，闢老、釋者也。今足下主老、釋、陸、王，而合孔、孟、程、朱與之爲一，無論孔、孟不可誣，程、朱亦不可誣。抑又變老、釋之貌爲孔、孟、程、朱之貌，恐老、釋亦以爲誣己而不願。老氏曰：「唯之與阿，相去幾何？善之與惡，相去何若？」告子曰：「性無善無不善也。」「義，外也，非内也。」釋者曰：「不思善，不思惡，時認本來面目。」陸子靜曰：「惡能害心，善亦能害心。」王文成曰：「無善無惡心之體。」凡此皆不貴善也。何爲不貴善？貴其所私而哀其滅，雖逐於善，亦害之也。今足下言之，則語益加密，曰：「形有生滅，神無方也，妙萬物也，不可言生滅。」又曰：「無來去，無内外。」引程子「天人本無二，不必言合」證明全體，因名之曰「無聲無臭之本」，謂之爲「天命之不已」，而以「至誠無息」加之；謂之爲「天道之日新」，而以「止於至善」加之。請援王文成之言，證足下所宗主。其言曰：「夫良知一也，以其妙用而言謂之神，以其流行而言謂之氣。」又曰：「本來面目，即吾聖門所謂良知。隨物而格，是致知之功。佛氏之常惺惺，亦是常存他本來面目耳，體段功夫，大略相似。」陽明主扞禦外物爲格物，隨物而格，所謂遏人欲也。「常惺惺」，朱子以是言存天理，以是解中庸「戒慎恐懼」，實失中庸之指。陽明得而借中庸之言，以寄託「本來面目」之說，曰：「養德養身，止是一事。果能戒慎不睹，恐懼不聞，而專志於是，則神住、氣住、精住，而仙家所謂長生久視之説，亦在其中矣。」莊子所謂「復其初」，釋氏所謂「本來面目」，陽明所謂「良知之體」，不過守己自足。既自足，必自大，其去中庸「擇善固執」，「博學、審問、慎思、明辨、篤行」，何啻千萬里！孟子曰：「反身而誠，樂莫大焉。」曰：「反身不誠，不悦於親矣。」中庸、孟子皆曰：「不明乎善，不誠乎身矣。」今舍明善，而以無欲爲誠，謬也！證心宗者，未嘗不可以「認本來面目」爲「明乎善」，此求伸其説，何所不可！老子、告子視善爲不屑爲，猶能識「善」字。後之宗之者，并「善」字假爲己有，實并「善」字不識。此事在今日，不惟彼所謂道德非吾所謂道德，舉凡性與天道，聖智、仁義、誠明，以及曰善，曰命，曰理，曰知，曰行，無非假其名而易其實。「反身不誠」，言事親之道未盡也。「反身而誠」，言備責於身者無不盡道也。孟子曰：「堯、舜，性之也。湯、武，身之也。五霸，假之也。久假而不歸，惡知其非有也！」性之，由仁義行也。身之，仁義實於身也。假之，假仁義之名，以號召天下者，久則徒知以仁義責人，而忘己之非有。又曰：「堯、舜，性者也。湯、武，反之也。」下言「動容周旋中禮者，盛德之至也」。申明「性者」如是。言「哭死而哀，非爲生者也。經德不回，非以干禄也。言語必信，非以正行也。君子行法以俟命而已矣」。皆申明「反之」謂無所爲而爲，乃反而實之身。若論「復其初」，何用言「非爲生者」、「非以干禄」、「非以正行」，而且終之曰「俟命」！其爲反身甚明，各覈本文，悉難假借。足下所主者，老、莊、佛、陸、王之道，而所稱引盡六經、孔、孟、程、朱之言。誠愛其實乎？則其實遠於此。如誤以老、莊、佛、陸、王之實爲其實，則彼之言親切著明，而此費遷就傅合，何不示以親切著明者也？誠借其名乎？則田王孫之門，猶有梁丘賀在。況足下閱朱子答何叔京二書，必默然之，及程、朱闢老、釋，必不然之；而至於借助，則引程、朱爲同乎己。然則所取者，程、朱初惑於釋氏時之言也。所借以助己者，或其前之言，或其後之似者也。所愛者，釋氏之實也。愛其實而棄其名，借其名而陰易其實，皆於誠有虧。足下所云「學問之道，莫切於審善惡之幾，嚴誠僞之辨」，請從此始！儻亦如程、朱之用心，期於求是，不雜以私，則今日同乎程、朱之初，異日所見，或知程、朱之指歸與老、釋、陸、王異。然僕之私心，期望於足下，猶不在此。程、朱以理爲如有物焉，「得於天而具於心」，啟天下後世人人凭在己之意見而執之曰理，以禍斯民。更淆以無欲之説，於得理益遠，於執其意見益堅，而禍斯民益烈。豈理禍斯民哉！不自知爲意見也。離人情而求諸心之所具，安得不以心之意見當之！則依然本心者之所爲。拘牽之儒，不自知名異而實不異，猶貿貿爭彼此於名而輒蹈其實，敏悟之士，覺彼此之實無異，雖指之曰「沖漠無朕」，究不得其仿佛，不若轉而從彼之確有其物，因即取此以賅之於彼。嗚呼！誤圖他人之貌者，未有不化爲他人之實者也！誠虛心體察六經、孔、孟之言，至確然有進，不惟其實與老、釋絕遠，即貌亦絕遠，不能假託。其能假託者，後儒失之者也。是私心所期於足下之求之耳。日間因公私紛然，於來書未得從容具論。大本苟得，自然條分理解。意言難盡，涉及一二，草草不次。南旋定於何日？十餘年願交之忱，得見又不獲暢鄙懷。伏惟自愛。

文集

毛詩補傳序

「詩三百，一言以蔽之曰，思無邪。」夫子之言詩也。而風有貞淫，說者因以無邪爲讀詩之事，謂詩不皆無邪也，非夫子之言詩也。先儒爲詩者，莫明於漢毛、鄭，宋朱子。然一詩而以爲君臣朋友之辭者，又或以爲夫婦男女之辭；以爲刺譏之辭者，又或以爲稱美之辭；以爲他人代爲辭者，又或以爲己自爲辭。其主漢者必攻宋，主宋者必攻漢，此說之難一也。余私謂詩之辭不可知矣，得其志則可以通乎其辭。作詩者之志愈不可知矣，斷之以「思無邪」之一言，則可以通乎其志。風雖有貞淫，詩所以表貞止淫，則上之教化時或寖微，而作詩者猶覬挽救於萬一，故詩足貴也。三百之皆無邪，至顯白也，況夫有本非男女之詩，而説者亦以淫泆之情概之。於是目其詩，則褻狎戲謔之褻言，而聖人顧録之。淫泆者甘作詩以自播，聖人又播其褻言於萬世，謂是可以考見其國之無政，可以俾後之人知所懲，可以與南、豳、雅、頌之章並列之爲經，余疑其不然也。宋後儒者求之不可通，至指爲漢人竄入淫詩，以足三百之數，欲舉而去之，其亦妄矣！今就全詩，考其字義名物於各章之下，不以作詩之意衍其説。蓋字義名物，前人或失之者，可以詳覈而知，古籍具在，有明證也。作詩之意，前人既失其傳者，非論其世，知其人，固難以臆見定也。姑以夫子之斷夫三百者，各推而論之，用附於篇題後。司馬氏有曰：「國風好色而不淫，小雅怨誹而不亂。」又曰：「詩三百篇，大抵賢聖發憤之所爲作也。」漢初師傳未絶，此必七十子所聞之大義也。余亦曰：三百篇皆忠臣、孝子、賢婦、良友之言也。其間有立言最難，用心獨苦者，則大忠而託諸詭言遜辭，亦聖人之所取也。必無取乎小人而邪辟者之褻言，以與賢聖相雜厠焉。

考工記圖序

立度辨方之文，圖與傳注相表裏者也。自小學道湮，好古者靡所依據，凡六經中制度、禮儀，覈之傳注，既多違誤，而爲圖者，又往往自成詰詘，異其本經，古制所以日即荒謬不聞也。舊禮圖有梁、鄭、阮、張、夏侯諸家之學，失傳已久，惟聶崇義三禮圖二十卷見於世，於考工諸器物尤疏舛。同學治古文辭，有苦考工記難讀者，余語以諸工之事，非精究少廣旁要，固不能推其制以盡文之奥曲。鄭氏注善矣，茲爲圖，翼贊鄭學，擇其正論，補其未逮。圖傅某工之下，俾學士顯白觀之。因一卷書，當知古六書、九數等，儒者結髮從事，今或皓首未之聞，何也？

考工記圖後序

考工諸器，高庳廣狹有度，今爲圖斂於數寸紙副中，或舒或促，必如其高庳廣狹，然後古人制作，昭然可見。不則如磬氏之磬，何以定其倨句？桌氏之量，何以測其方圜徑冪？韗人之皋陶，何以辨其晉鼓、鼖鼓？又如鳧氏之鐘，後鄭云：「鼓六，鉦六，舞四，其長十六。」又云：「今時鐘或無鉦間。」既爲圖觀之，卤知其説誤也。句股法，自銑至鉦，八而去二，則自鉦至舞，亦八而去二。銑爲鐘口，舞爲鐘頂。記曰銑、曰鉦者，徑也。曰銑間、曰鉦間、曰鼓間者，崇也。曰修、曰廣者，羨也。羨之度，舉舞則鉦與銑可知，而鉦間因銑、鉦、舞之徑以得其崇。然則記所不言者，皆可互見。若據鄭説，有難爲圖者矣。其他戈戟之制，後人失其形似；式崇式深，後人疏於考論，鄭氏注固不爽也。車輿宮室，今古殊異。鐘、縣、劍、削之屬，古器猶有存者。執吾圖以考之羣經暨古人遺器，其必有合焉爾。

爾雅文字考序

古訓故之書，其傳者莫先於爾雅。六藝之賴是以明也，所以通古今之異言，然後能諷誦乎章句，以求適於至道。劉歆、班固論尚書古文經曰：「古文讀應爾雅解古今語而可知。」蓋士生三古後，時之相去千百年之久，眡夫地之相隔千百里之遠無以異。昔之婦孺聞而輒曉者，更經學大師轉相講授，而仍留疑義，則時爲之也。余竊謂儒者治經，宜自爾雅始。取而讀之，殫心於兹十年。是書舊注之散見者六家：犍爲文學、劉歆、樊光、李巡、鄭康成、孫炎，皆闕逸，難以輯綴；而世所傳郭注，復删節不全；邢氏疏尤多疏漏。夫援爾雅以釋詩、書，據詩、書以證爾雅，由是旁及先秦已上，凡古籍之存者，綜核條貫，而又本之六書、音聲，確然於訓故之源，庶幾可與於是學，余未之能也。偶有所記，懼過而旋忘，録之成袟，爲題曰若干卷爾雅文字考，亦聊以自課而已。若考訂得失，折衷前古，於爾雅萬七百九十一言，合之羣經傳記，靡所扞格，姑俟諸異日。

轉語二十章序

人之語言萬變，而聲氣之微，有自然之節限。是故六書依聲託事，假借相禪，其用至博，操之至約也。學士茫然，莫究所以。今别爲二十章，各從乎聲，以原其義。夫聲自微而之顯，言者未終，聞者已解。辨於口不繁，則耳治不惑。人口始喉，下底脣末，按位以譜之，其爲聲之大限五，小限各四，於是互相參伍，而聲之用蓋備矣。參伍之法，台、余、予、陽，自稱之辭，在次三章；吾、卬、言、我，亦自稱之辭，在次十有五章。截四章爲一類，類有四位，三與十有五，數其位，皆至三而得之，位同也。凡同位爲正轉，位同爲變轉。爾、汝、而、戎、若，謂人之辭，而如、若、然，義又交通，並在次十有一章。周語：「若能有濟也。」注云：「若，乃也。」檀弓：「而曰然。」注云：「而，乃也。」魯論：「吾末如之何。」即奈之何；鄭康成讀「如」爲「那」。乃箇切。曰乃、曰奈、曰那，在次七章。七與十有一，數其位，亦至三而得之。若此類，遽數之不能終其物，是以爲書明之。凡同位則同聲，同聲則可以通乎其義；位同則聲變而同，聲變而同則其義亦可以比之而通。更就方音言，吾郡歙邑讀若「攝」，失葉切。唐張參五經文字、顏師古注漢書地理志已然。「歙」之正音讀如「翕」，「翕」與「歙」聲之位同者也。用是聽五方之音，及少兒學語未清者，其展轉譌溷必各如其位，斯足證聲之節限位次，自然而成，不假人意厝設也。古今言音聲之書，紛然淆雜，大致去其穿鑿，自然符合者近是。昔人既作爾雅、方言、釋名，余以謂猶闕一卷書，捌爲是篇，用補其闕。俾疑於義者，以聲求之；疑於聲者，以義正之。説經之士，搜小學之奇觚，訪六書之逸簡，溯厥本始，其亦有樂乎此也。

六書論序

自昔儒者，其結髮從事，必先小學。小學者，六書之文是也。周官保氏掌之以教國子，司徒掌之以教萬民，而大行人所稱，諭書名，聽聲音，又屬瞽、史分職專司。故其時儒者治經有法，不歧以異端。後世道闕，小學不修，古文絶於嬴氏，佐隸起於獄吏。漢興蓋百年，始徵小學之士，令説文字未央廷中。光武時，馬援上疏論文字之譌謬。及賈侍中修理舊文，而許叔重從受古學，撰説文解字則在安、和已後。今考經史所載，漢時之言六書也，説歧而三：一見周禮注引鄭司農解；一見班孟堅蓺文志；其一則叔重説文解字序，頗能詳言之。班、鄭二家，雖可以廣異聞，而綱領之正，宜從許氏。厥後，世遠學乖，罕覩古人制作本始。謂諧聲最爲淺末者，後唐徐鍇之疏也。以指事爲加物於象形之文者，宋張有之謬也。謂形不可象則指其事，事不可指則會其意，意不可會則諧其聲者，諸家之紛紊也。謂轉聲爲轉注者，起於最後，於古無稽，特蕭楚諸人之臆見也。蓋轉注之爲互訓，失其傳且二千年矣。六書也者，文字之綱領，而治經之津涉也。載籍極博，統之不外文字，文字雖廣，統之不越六書。綱領既違，謬日滋。故考自漢已來，迄於近代，各存其説，駁别得失，爲六書論三卷。凡所不載，智者依類推之，以拾遺補蓺，將有取乎此也。

方言疏證序

案輶軒使者絶代語釋别國方言十三卷，漢揚雄撰，晉郭璞注。漢、魏、晉以來，凡引是書，但稱方言者，省文也。雄采集之意，詳見於答劉歆書。考雄爲郎，在成帝元延二年，時雄年四十三，漢書傳贊所謂「初雄年四十餘，自蜀來至游京師」是也。劉歆遺雄書求方言，則當王莽天鳳三、四年間，未幾而雄卒，答書内所謂「二十七歲於今」，傳贊所謂「年七十一，天鳳五年卒」是也。答書有云：「語言或交錯相反，方復論思，詳悉集之。如可寬假延期，必不敢有愛。」然則方言終屬雄未成之作，歆求之而不與，故不得入録。班固次雄傳及藝文志，不知其有此。至應劭集解漢書，始見徵引，稱揚雄方言。其風俗通義序又取答書中語，具詳本末，而云：「方言凡九千字。」今計正文，實萬一千九百餘字，豈劭所見，與郭璞所注傳本微有異同歟？歆遺雄書曰：「屬聞子雲獨采集先代絶言、異國殊語，以爲十五卷。」雄答書稱：「殊言十五卷。」郭璞序亦云：「三五之篇。」而隋經籍志：「方言十三卷。」舊唐書作：「別國方言十三卷。」其併十五爲十三，在璞注後，隋以前矣。許慎說文解字、張揖廣雅多本方言，而自成著作，不加所引用書名。魏書江式傳：「式上表曰：『臣六世祖瓊，往晉之初，與從父兄應元，俱受學於衛覬，古篆之法，倉、雅、方言、說文之誼，當時並收善譽，數世傳習，斯業所以不墜。』」杜預注左傳「援師孑焉」曰：「揚雄方言：『孑者，戟也。』」孔穎達疏云：「揚雄以爾雅釋古今之語，作書擬之，采異方之語，謂之方言。」蓋是書漢末晉初乃盛行，故應劭舉以爲言，而杜預以釋經，江瓊世傳其學，以至於式。他如吴薛綜述二京解，晉張載、劉逵注三都賦，晉灼注漢書，張湛注列子，宋裴松之注三國志，其子駰注史記，及隋曹憲，唐陸德明、孔穎達、長孫訥言、李善、徐堅、楊倞之倫，方言及注，幾備見援摭。其後獨洪邁疑之，謂：「雄所爲文，盡見於自序及漢志，初無所謂方言。」則併傳贊内「自序」二字，結上所録「法言自序」者未之審。又未考雄之文，如諫不受單于朝書、趙充國頌、元后誄等篇，溢於雄傳及藝文志外者甚多，而輕置訾議。豈應劭、杜預、晉灼及隋、唐諸儒咸莫之考實耶？常璩華陽國志於林閭翁孺、楊莊並云：「見揚子方言。」李善注文選，引張伯松曰：「是懸諸日月不刊之書也。」亦直稱「揚雄方言曰」。可證歆、雄遺答書，附入方言卷末已久。宋、元以來，六書訓詁不講，故鮮能知其精覈。加以譌舛相承，幾不可通。今從永樂大典内得善本，因廣搜羣籍之引用方言及注者，交互參訂，改正譌字二百八十一，補脱字二十七，删衍字十七，逐條詳證之，庶幾漢人訓詁之學猶存於是，俾治經、讀史、博涉古文辭者，得以考焉。

刊九章算術序

古者六藝之教，禮、樂殘闕失傳；射、御則絶無師説；書者治經之本，厪厪賴許叔重説文解字略見梗概；而所謂九數，即九章，世罕有其書，近時以算名者，如王寅旭、謝野臣、梅定九諸子，咸未之見。予訪求二十餘年不可得，擬永樂大典或嘗録入書，在翰林院中。丁亥歲，因吾鄉曹編修往一觀，則離散錯出，思綴集之，未之能也。出都後，恒寤寐乎是。及癸巳夏，奉召入京師，與修四庫全書，躬逢國家盛典，乃得盡心纂次，訂其訛舛，審知劉徽所注，舊有圖，而今闕者，補之。書既進，聖天子命即刊行，又御製詩篇冠之於首。古書之隱顯，蓋有時焉，誠甚幸也。吾友屈君麠傳亦好是學，願得九章刊之，從予録一本。今秋之仲，曲阜孔君體生訪求得算書若干卷，係毛氏扆影摹宋刻者。扆識其後，有云：「從太倉王氏得孫子、五曹、張丘建、夏侯陽四種，從章丘李氏得周髀、緝古二種，後從黄俞邰又得九章，皆元豐七年祕書省刊版。每卷有祕書省官銜姓名一幅，又一幅宰輔大臣自司馬相公而下俱列名於後。」予急假之孔君，獨九章卷六已後闕，因更校改數字，以寄屈君，而記其得是書之不易如此。

水經酈道元注序

後魏御史中尉范陽酈道元字善長，撰水經注四十卷。蕭寶夤之亂，道元叱賊而死，贈吏部尚書、冀州刺史、安定縣男。善長雖依經附注，不言水經撰自何人，唐書藝文志始以爲桑欽撰。欽在班固前，固嘗引其説，與水經違異。晉以來注水經凡二家，郭璞注三卷，唐時猶存。杜君卿言：「二家皆不詳所撰者名氏，亦不知何代之書。」則景純已不能言其作者矣。崇文總目：「水經注亡者五卷。」今所傳，即宋之殘本，後人又加割裂，以傅合四十卷之數。如注文「江水又東逕巫縣故城南」，注訛列爲經，遂與前經文「又東過巫縣南」割分異卷。唐六典注云：「水經所引天下之水百三十七。」今自河水至斤湞水，凡百二十三，應脱逸十有四水，蓋在五卷中者也。王伯厚通鑑地理通釋引水經四事，惟魏興安陽一事屬經文，餘三事咸酈注之訛爲經者。故其作書時世，益莫能定。水經立文，首云某水所出，已下無庸重舉水名。而注内詳及所納羣川，加以採摭故實，彼此相雜，則一水之名，不得不更端重舉。經文敘次所過郡縣，如云「又東過某縣」之類，一語寔賅一縣。而注則沿溯縣西以終於東，詳記所逕委曲。經據當時縣治，至善長作注時，縣邑流移，是以多稱故城。經無言故城者也。凡經例云「過」，注例云「逕」。以是推之，雖經、注相淆，而尋求端緒，可俾歸條貫。善長於經文「涪水至小廣魏」，解之曰：「小廣魏，即廣漢縣也。」於「鍾水過魏寧縣」，解之曰：「魏寧，故陽安也，晉太康元年，改曰晉寧。」然則水經上不逮漢，下不及晉初，寔魏人纂敘無疑。史言善長好學，廣覽奇書。故是注之傳，或以其綜覈，或尚其文辭，至於觸類引伸，因川源之派別，知山勢之逶迤，高高下下，不失地阞，取資信非一端。然訛舛既久，雖善讀古書如閻百詩、顧景范、胡朏明諸子，其論述所涉，猶輒差違，斯訂正之不可以已也。審其義例，按之地望，兼以各本參差，是書所由致謬之故，昭然可舉而正之。至若四十卷之爲三十五，合其所分，無復據證。今以某水各自爲篇，北方之水莫大於河，而河以北、河以南衆川，因之得其敘矣；南方之水莫大於江，而江以北、江以南衆川，因之得其敘矣。惟以地相連比，篇次不必一還其舊。庶乎川渠纏絡，有條而不紊焉。

河水一，河水二，河水三，渠陰溝水，汳水，獲水，睢水，瓠子河，汾水，晉水，文水，原公水，同過水，澮水，涑水，湛水，沁水，清水，渭水，漆水，沮水，滻水，洛水，穀水，澗水，瀍水，甘水，伊水，淇水，蕩水，洹水，濁漳水，清漳水，滱水，易水，巨馬河，聖水，㶟水，㶟餘水，沽河，鮑丘水，濡水，遼水，小遼水。浿水，濟水，汶水，淄水，巨洋水，濰水，東汶水，膠水，泗水，洙水，沂水，沭水，淮水，汝水，滍水，潕水，瀙水，灈水，潁水，濦水，潩水，洧水，潧水，決水，沘水，泄水，肥水，施水，江水，夷水，夏水，溳水，漻水，漾水，潛水，羌水，涪水，梓潼水，南沮水，漳水，沔水，涔水，均水，丹水，粉水，湍水，比水，白水，蘄水，沫水，青衣水，若水，淹水，油水，澧水，沅水，延江水，資水，湘水，鍾水，耒水，洣水，漉水，漣水，瀏水，溳水，廬江水，贛水，漸江水，桓水，葉榆河，溫水，存水，浪水，灘水，洭水，溱水，斤江水，禹貢山水澤地。序。

六書音均表序

韻書始萌芽於魏李登聲類，積三百餘年，至隋陸法言切韻，梗概之法乃具。然皆就其時之語言、音讀，參校異同，定其遠近洪細，往往有意求密，而用意太過，强生區別。至如虞、夏、商、周之文，六書之假借諧聲，詩之比音協句以成歌樂，茫乎未之考也。唐初，因法言撰本爲選舉士人作律詩之用，視二百六韻中字數多者，限以獨用，字數少者，合比近兩韻或三韻同用，苟計字多寡而已。宋吴棫作韻補，於韻目下始有「古通某」、「古轉聲通某」之云，其分合最爲疏舛。鄭庠作古音辯，僅分陽、支、先、虞、尤、覃六部。近崑山顧炎武更析東、陽、耕、蒸而四，析魚、歌而二，故列十部。吾郡老儒江慎脩永，於真已下十四韻，侵已下九韻，各析而二；蕭、宵、肴、豪及尤、侯、幽亦爲二，故列十三部。古音之學，以漸加詳如是。前九年，段君若膺語余曰：「支、佳一部也，脂、微、齊、皆、灰一部也，之、咍一部也。漢人猶未嘗淆借通用。晉、宋而後，乃少有出入。迄乎唐之功令，支注『脂、之同用』，佳注『皆同用』，灰注『咍同用』，於是古之截然爲三者，罕有知之。」余聞而偉其所學之精，好古有灼見卓識。又言：「真、臻、先與諄、文、殷、魂、痕爲二，尤、幽與侯爲二，得十七部。」今官於蜀地且數年，政事之餘，優而成是書，曰六書音均表。凡爲表者五，撰述之意，表各有序說，既詳之矣。其書始名詩經韻譜、羣經韻譜，嘉定錢學士曉徵爲之序。兹易其體例，且增以新知，十七部蓋如舊也。余昔感於其言五支、六脂、七之有分，辛巳春，寓居浙東，取顧氏詩本音，章辨句析，而諷誦乎經文，歎始爲之之不易，後來加詳者之信足以補其未逮。顧氏轉侯韻入虞，江氏轉虞韻字入侯，此江優於顧。然顧氏藥、鐸有分，而江氏不分，此顧優於江。若夫五支異於六脂，猶清異於真也；七之又異於支、脂，猶蒸又異於清、真也，實千有餘年莫之或省者。一旦理解，按諸三百篇劃然，豈非稽古大快事歟？時余略記入聲之說，未暇卒業。今樂覩是書之成也，不惟字得其古人音讀，抑又多通其古義。許叔重之論假借曰：「本無其字，依聲託事。」夫六經字多假借，音聲失而假借之意何以得？訓詁音聲，相爲表裏，訓詁明，六經乃可明。後儒語言文字未知，而輕憑臆解，以誣聖亂經，吾懼焉！段君又有詩經小學、書經小學、說文考證、十七部古韻表等書，將繼是而出，視逃其難，相與鑿空者，於治經孰得孰失也？

與是仲明論學書

僕所爲經考，未嘗敢以聞於人，恐聞之而驚顧狂惑者衆。昨遇名賢枉駕，望德盛之容，令人整肅，不待加以誨語也。又欲觀末學所事得失，僕敢以詩補傳序並辨鄭、衛之音一條，檢出呈覽。今程某奉其師命來取詩補傳，僕此書尚俟改正，未可遽進，請進一二言，惟名賢教之。僕自少時家貧，不獲親師。聞聖人之中有孔子者，定六經示後之人。求其一經，啟而讀之，茫茫然無覺。尋思之久，計於心曰：經之至者，道也；所以明道者，其辭也；所以成辭者，字也。由字以通其辭，由辭以通其道，必有漸。求所謂字，考諸篆書，得許氏說文解字，三年知其節目，漸睹古聖人制作本始。又疑許氏於故訓未能盡，從友人假十三經注疏讀之，則知一字之義，當貫羣經，本六書，然後爲定。至若經之難明，尚有若干事。誦堯典數行，至「乃命羲和」，不知恒星七政所以運行，則掩卷不能卒業。誦周南、召南，自關雎而往，不知古音，徒彊以協韻，則齟齬失讀。誦古禮經，先士冠禮，不知古者宫室、衣服等制，則迷於其方，莫辨其用。不知古今地名沿革，則禹貢職方失其處所。不知少廣旁要，則考工之器不能因文而推其制。不知鳥獸、蟲魚、草木之狀類名號，則比興之意乖。而字學、故訓、音聲未始相離，聲與音又經緯衡從宜辨。漢末孫叔然創立翻語，厥後考經論韻悉用之。釋氏之徒，從而習其法，因竊爲己有，謂來自西域，儒者數典不能記憶也。中土測天用句股，今西人易名三角八綫。其三角即句股，八綫即綴術。然而三角之法窮，必以句股御之，用知句股者，法之盡備，名之至當也。管、吕言五聲十二律，宫位乎中，黄鐘之宫，四寸五分，爲起律之本。學者蔽於鐘律失傳之後，不追泝未失傳之先，宜乎説之多鑿也。凡經之難明，右若干事，儒者不宜忽置不講。僕欲究其本始，爲之又十年，漸於經有所會通，然後知聖人之道，如縣繩樹槷，豪氂不可有差。僕聞事於經學，蓋有三難：淹博難，識斷難，精審難。三者，僕誠不足與於其間，其私自持，暨爲書之大概，端在乎是。前人之博聞彊識，如鄭漁仲、楊用修諸君子，著書滿家，淹博有之，精審未也。别有略是而謂大道可以徑至者，如宋之陸，明之陳、王，廢講習討論之學，假所謂「尊德性」以美其名，然舍夫「道問學」，則惡可命之「尊德性」乎？未得爲中正可知。羣經六藝之未達，儒者所恥。僕用是戒其頹惰，據所察知，特懼忘失，筆之於書，識見稍定，敬進於前不晚。名賢幸諒！

與姚孝廉姬傳書

日者，紀太史曉嵐欲刻僕所爲考工記圖，是以向足下言欲改定。足下應辭，非所敢聞，而意主不必汲汲成書，僕於時若雷霆驚耳。自始知學，每憾昔人成書太早，多未定之説。今足下以是規教，退不敢忘，自賀得師。何者？凡僕所以尋求於遺經，懼聖人之緒言闇汶於後世也。然尋求而獲，有十分之見，有未至十分之見。所謂十分之見，必徵之古而靡不條貫，合諸道而不留餘議，鉅細畢究，本末兼察。若夫依於傳聞以擬其是，擇於衆説以裁其優，出於空言以定其論，據於孤證以信其通，雖溯流可以知源，不目覩淵泉所導；循根可以達杪，不手披枝肄所歧，皆未至十分之見也。以此治經，失「不知爲不知」之意，而徒增一惑，以滋識者之辨之也。先儒之學，如漢鄭氏、宋程子、張子、朱子，其爲書至詳博，然猶得失中判。其得者，取義遠，資理閎，書不克盡言，言不克盡意，學者深思自得，漸近其區；不深思自得，斯草薉於畦而茅塞其陸。其失者，即目未覩淵泉所導，手未披枝肄所歧者也，而爲説轉易曉，學者淺涉而堅信之，用自滿其量之能容受，不復求遠者閎者。故誦法康成、程、朱，不必無人，而皆失康成、程、朱於誦法中，則不志乎聞道之過也。誠有能志乎聞道，必去其兩失，殫力於其兩得，既深思自得而近之矣，然後知孰爲十分之見，孰爲未至十分之見。如繩繩木，昔以爲直者，其曲於是可見也。如水準地，昔以爲平者，其坳於是可見也。夫然後傳其信，不傳其疑，疑則闕，庶幾治經不害。僕於考工記圖，重違知己之意，遂欲删取成書，亦以其義淺，特考覈之一端，差可自決。足下之教，其敢忽諸！至欲以僕爲師，則別有説。非徒自顧不足爲師，亦非謂所學如足下，斷然以不敏謝也。古之所謂友，固分師之半。僕與足下，無妨交相師，而參互以求十分之見，苟有過則相規，使道在人不在言，斯不失友之謂，固大善。昨辱簡，自謙太過，稱夫子，非所敢當之，謹奉繳。承示文論延陵季子處識數語，並考工記圖呈上，乞教正也。

附録

先生十六七以前，凡讀書，每一字必求其義，塾師略舉傳注訓詁語之，意每不釋。因取近代字書，及許氏説文授之，先生大好之。又取爾雅、方言及漢儒傳注箋之存於今者，參互考究，一字之義，必本六書，貫羣經，以爲定詁。由是盡通前人所合集十三經注疏，能全舉其辭。行狀。

清儒言古韻，始顧炎武所著古音表，入聲與廣韻相反。先生謂有入無入之韻，當兩兩相配，以入聲爲之樞紐。真至仙十四韻與脂、微、齊、皆、灰入聲質、術、櫛、物、迄、月、没、曷、末、黠、鎋、薛爲一類，蒸、登與之、咍入聲職、德爲一類，東、冬、鍾、江與尤、侯、幽入聲屋、沃、燭、覺爲一類，陽、唐與蕭、宵、肴、豪入聲藥爲一類，庚、耕、清、青與支、佳入聲陌、麥、昔、錫爲一類，歌、戈、麻與魚、虞、模入聲鐸爲一類，閉口音侵以下九韻、入聲緝以下九韻爲一類。以七類之平上去分十三部，及入聲七部，得二十部，撰聲韻考以詳其説。既又改七類爲九類。真以下十四韻各爲二，真、臻、諄、文、欣、魂、痕、先，入聲質、術、櫛、物、迄、没、屑配之；元、寒、桓、删、山、仙，去聲祭、泰、夬、廢，入聲月、曷、末、黠、鎋、薛配之；又析侵、鹽、添爲一類，覃、談、咸、銜、嚴、凡爲一類，著聲類表，以九類譜之，爲九卷：一曰歌、魚、鐸之類，二曰蒸、之、職之類，三曰東、尤、屋之類，四曰陽、蕭、藥之類，五曰庚、支、陌之類，六曰真、脂、質之類，七曰元、寒、桓、删、山、仙、祭、夬、廢、月、曷、末、黠、鎋、薛之類，八曰侵、緝之類，九曰覃、合之類。每類中各詳其開口合口，内轉外轉，重聲輕聲，呼等之繁瑣，今音古音之轉移，綱領既張，纖悉畢舉。遺書。

宋、元已來，爲反切字母之學者，歸之西域，歸之釋神珙。先生據神珙反紐圖自序有言「昔梁沈約刱立紐字之圖」，證神珙實祖休文。又序中併及元和韻譜，證神珙當爲元和後人。世傳神珙爲北魏時人，始傳西域三十六字母於中土，其説非是。且神珙五音聲論列字四十，不曰字母，與今所傳三十六字齟齬。並據顏之推家訓、陸德明經典釋文、張守節史記正義皆曰孫炎刱立反語，因謂反切字音溯源叔然，不當因釋氏眂娗誣欺之説，據其言以爲言也。同上。

漢後疇人不知有黄極，西人入中國，始云赤道極之外又有黄道極。先生解之曰：「周髀言正北極者，魯論之北辰，今所謂赤道極也。又言北極璿璣者，今所謂黄道極也。正北極者，左旋之樞，北極璿璣每晝夜環之而成規。虞書『在璿璣玉衡，以齊七政』，蓋設璿璣以擬黄道極也。黄極在柱史星東南上弼、少弼之間，終古不隨歲差而改。赤極居中，黄極環繞其外，周髀固已言之，不始於西人。」璿璣玉衡，虞夏書觀天之器，久失其傳，先生推得其制，令巧匠爲之，中天儀器，賴以復明於世。同上。

今人算術用三角八線之法，本出於句股，而尊信西術者，輒云句股不能御三角。先生折之曰：「周髀云圜出於方，方出於矩，矩出於九九八十一。三角中無直角，則不應乎矩，無例可比矣。必以法御之，使成句股而止。八線比例之術，皆句股法也。」撰句股割圜記，凡爲圖五十有五，爲術四十有九，因周髀首章之言，衍而極之，以備步算之全。同上。

學禮篇，先生七經小記之一也。其指將取六經禮制糾紛不治、言人人殊者，每事爲一章，發明之。其書未成，惟有説冕服、爵弁、玄端等凡十三篇，今在文集中。同上。

水地篇，亦七經小記之一。自來言地理者，以郡國爲主，而求其山川。先生則以山川爲主，而求其郡國。爲汾州府志發凡曰：「以水辨山之脈絡，而汾之東西山爲幹爲枝，爲來爲去，俾井然就序；水則以經水統其注入之枝水，因而徧及澤泊隄堰井泉，使衆山如一山，羣川如一川。」既乃本此意推之於諸行省，撰水地記，未成。今刻入遺書者祇一卷，自崑崙之虛，至太行山而止。同上。

先生初謂：「天下有義理之源，有考覈之源，有文章之源，吾於三者皆庶得其源。」後數年又曰：「義理即考覈、文章之源也，義理又何源哉？吾前言過矣。」戴氏年譜附録。

王德甫曰：「東原之學，苞羅旁魄，於漢、魏、唐、宋諸家，靡不統宗會元，而歸於自得。名物象數，靡不窮源知變，而歸於理道。本朝之治經者衆矣，要其先之以古訓，折之以羣言，究極乎天地人之故，端以東原爲首。」

段懋堂曰：「義理文章，未有不由考覈而得者。自古聖人制作之大，皆精審乎天地民物之理，得其情實，綜其始終，舉其綱以俟其目，與以利而防其弊。中庸曰：『君子之道，本諸身，徵諸庶民，建諸天地而不悖，質諸鬼神而無疑，百世以俟聖人而不惑。』此非考覈之極致乎？聖人心通義理，而必勞勞如是者，不如是不足以盡天地民物之理也。後之儒者，畫分義理、考覈、文章爲三區，别不相通，其所爲細已甚焉。先生之治經，凡故訓、音聲、算數、天文、地理、制度、名物、人事之善惡是非，以及陰陽、氣化、道德、性命，莫不究乎其實。蓋由考覈以通乎性與天道，既通乎性與天道矣，而考覈益精，文章益盛，用則施政利民，舍則垂世立教而無弊。淺者乃求先生於一名、一物、一字、一句之間，惑矣！」

東原弟子

段先生玉裁 別爲懋堂學案。

王先生念孫 別爲高郵學案。

孔先生廣森 別爲顨軒學案。

案：段懋堂撰東原年譜云：「先生學高天下，而不好爲人師，故著弟子籍者無多。」其實，能傳學者，如段、王、孔三先生，皆別爲專案。裘恭、勤公、行簡曾受業，不以著述名，未敢濫附學案。年譜記先生居新安會館，汪元亮、胡士震輩皆相從講學。又云：「先生南歸，與順德胡亦常同舟月餘，亦常亦能自得師者。」案：元亮與先生同鄉舉，已附見交游中。以此例之，則諸人從游講學，計在師友之間，未必盡著弟子之籍。附記以見其概。

東原交游

金先生榜 別見慎修學案。

鄭先生牧 别見慎修學案。

方先生矩 别見慎修學案。

汪先生梧鳳 别見慎修學案。

汪先生肇龍 别見慎修學案。

盧先生文弨 别爲抱經學案。

王先生鳴盛 别爲西莊學案。

紀先生昀 别爲獻縣學案。

王先生昶 别爲蘭泉學案。

程先生瑶田 別爲讓堂學案。

錢先生大昕 別爲潛研學案。

朱先生筠 別爲大興二朱學案。

姚先生鼐 別爲惜抱學案。

邵先生晉涵 別爲南江學案。

任先生大椿

任大椿字幼植，又字子田，江蘇興化人。少工文辭，既乃專究經史傳注。乾隆己丑二甲一名進士，授禮部主事，充四庫全書纂修官，洊歷郎中，遷御史。與東原同鄉舉，習聞其論説。淹通於禮，尤長名物。初欲薈萃全經，久之，知其浩博難罄，因即類以求，著弁服釋例、深衣釋例、釋繒諸篇，皆博綜羣籍，衷以己意。又有易象大意、小學鉤沈、字林考逸、吴越備史注。沈元亮字明之，一字竹香，元和人。乾隆壬午舉人。少有文譽。亦與東原同舉，相親善，乃究心經義，及六書之學。屢上公車，不第，教授生徒自給。以狂疾卒。著述皆投諸火，僅存詩古文而已。參史傳、東原集。

孔先生繼涵

孔繼涵字體生，一字誧孟，號葒谷，曲阜人。孔子六十九世孫。乾隆辛卯進士，授户部主事，充日下舊聞纂修官。雅志稽古，於天文、地志、經學、字義、算數之書，無不博綜。官京師，與友朋講析疑義，考證異同，所鈔校數千百帙，集金石刻千餘種，考論其事，與經史相比附。與東原交二十年，名物象數，與共研説。東原殁，經紀其喪，刻其遺書，以仲子聘其女爲婦。藏書十數萬卷，遇罕見者，校勘付鋟，世傳微波榭叢書。自著有夏小正考異一卷，五經文字疑、九經字樣疑一卷，同度記一卷，水經注釋地四卷，紅櫚書屋雜體文七卷，詩集四卷。參翁方綱撰墓志、張塤撰行狀。

洪先生榜

洪榜字汝登，一字初堂，歙縣人。乾隆戊子舉人，召試，授内閣中書。粹於經學，治易，著明象，未成書，終於益卦。因鄭康成易贊作述贊二卷。又通聲韻，著四聲韻和表五卷，示兒切語一卷，因江氏及東原之書而加詳焉。生平服膺東原，謂「孟子字義一書，功不在禹下」。撰東原行狀，載與彭尺木書，朱竹君不謂然，曰：「戴氏可傳者不在此。」先生貽書爭之，謂「非難程、朱，乃闢後之實爲老、釋，陽爲儒書，而皆附於程、朱大賢之學」。其言甚辨。參漢學師承記。

洪先生梧

洪梧字桐生，一字植垣，歙縣人。兄樸、榜，皆先卒。親喪，哀毁廬墓，人稱其孝，選拔貢生。乾隆庚子南巡，召試，賜舉人，授内閣中書。庚戌成進士，改庶吉士，授編修，典浙江鄉試，纂修全唐詩。出知沂州府，恤民愛士，有蒲鞭示辱之風。歸主揚州安定、梅花書院，造就甚衆。著有易箴二卷，賦古今體詩。參徽州府志。

汪先生龍

汪龍字蟄泉，歙縣人。乾隆丙午舉人。著有毛詩申成、毛詩異義，皆未刊行。參漢學師承記。

清儒學案卷八十

獻縣學案

獻縣以通儒遭際明盛，綜攬四部，考證詳明，創自古簿録家所未有。其持論屏除門户，一洗糾紛。而欲矯宋、明末流之弊，頗有所抑揚。儀徵紹述，益以昌明漢學，爲一代學術之樞鍵焉。述獻縣學案。

紀先生昀

紀昀字曉嵐，一字春帆，晚號石雲，獻縣人。乾隆甲戌進士，改庶吉士，授編修，累遷侍讀學士。坐漏泄籍没兩淮運使盧見曾事，謫戍烏魯木齊。釋還。後以迎鑾密雲，進詩稱旨，復賜官編修。歷官至禮部尚書、協辦大學士，加太子少保。嘉慶十年卒，年八十有二，謚文達。先生少而奇穎，讀書過目不忘。在翰林時，詔修四庫全書，爲總纂官。貫徹儒籍，旁通百家，於六經傳注之得失，諸史記載之同異，子集之支分派别，罔不抉奥提綱，溯源竟委。每進一書，輒仿劉向、曾鞏例，撮其大凡，冠諸簡首。凡著録及存目諸書多至萬餘種，成提要二百卷，皆評騭精審，識力在王仲寶、阮孝緒之上。其説經尤深漢易，力闢圖、書之謬。嘗疏言科場試士，其春秋文請以左氏傳立論，參用公羊、穀梁之説，而廢胡安國傳。服官五十餘年，以學問文章著聲公卿間，國家有大著作，非先生莫屬。其學在辨漢、宋儒術之是非，析詩文流派之正僞，主持風會，爲世所宗。著有文集十六卷，詩集十六卷，及沈氏四聲考、史通削繁、瀛奎律髓刊誤、審定風雅遺音、唐人試律説、閲微草堂筆記等書。參史傳、朱珪撰墓誌、阮元撰文集序、漢學師承記、先正事略。

四庫全書總目提要

案：四庫全書總目雖屬官書，凡例、總論皆出文達手定，生平學術全括於此，故特録之。

凡例

一、是書卷帙浩博，爲亘古所無。然每進一編，必經親覽，宏綱巨目，悉稟天裁。定千載之是非，決百家之疑似，權衡獨運，衮鉞斯昭，睿鑒高深，迥非諸臣管蠡之所及。隨時訓示，曠若發蒙。八載以來，不能一一殫記，謹録歷次恭奉聖諭爲一卷，載諸簡端，俾共知我皇上稽古右文，功媲删述，懸諸日月，昭示方來，與歷代官修之本泛稱御定者迥不相同。

一、是書以經史子集提綱列目，經部分十類，史部分十五類，子部分十四類，集部分五類。或流别繁碎者，又各析子目，使條理分明。所録諸書，各以時代爲次。其歷代帝王著作，從隋書經籍志例，冠各代之首。至於列朝聖製，皇上御撰，揆以古例，當弁冕全書。而我皇上道秉大公，義求至當，以四庫所録，包括古今，義在衡鑒千秋，非徒取尊崇昭代，特命各從門目，弁於國朝著述之前。此尤聖裁獨斷，義愜理精，非館臣所能仰贊一詞者矣。

一、前代藏書，率無簡擇，蕭蘭竝擷，珉玉雜陳，殊未協别裁之義。今詔求古籍，特創新規，一一辨厥妍媸，嚴爲去取。其上者悉登編録，罔致遺珠。其次者亦長短兼臚，見瑕瑜之不掩。其有言非立訓，義或違經，則附載其名，兼匡厥謬。至於尋常著述，未越羣流，雖咎譽之咸無，要流傳之已久，準諸家著録之例，亦併存其目，以備考核。等差有辨，旌别兼施，自有典籍以來，無如斯之博且精矣。

一、自隋志以下，門目大同小異，互有出入，亦各具得失，今擇善而從。如詔令、奏議、文獻通考入集部，今以其事關國政，詔令從唐志例入史部，奏議從漢志例亦入史部；東都事略之屬，不可入正史，而亦不可入雜史者，從宋史例立别史一門；香譜、鷹譜之屬，舊志無所附麗，强入農家，今從尤袤遂初堂書目例，立譜録一門；名家、墨家、縱横家，歷代著録，各不過一二種，難以成帙，今從黄虞稷千頃堂書目例，併入雜家爲一門。又别集之有詩無文者，文獻通考别立詩集一門，然則有文無詩者，何不别立文集一門？多事區分，徒滋繁碎。今仍從諸史之例，併爲别集一門。又兼詁羣經者，唐志題曰經解，則不見其爲羣經；朱彝尊經義考題曰羣經，又不見其爲經解；徐乾學通志堂所刻，改名曰總經解，何焯又譏其杜撰。今取隋志之文，名之曰五經總義。凡斯之類，皆務求典據，非事更張。

一、焦竑國史經籍志多分子目，頗以餖飣爲嫌。今酌乎其中，惟經部之小學類，史部之地理、傳記、政書三類，子部之術數、藝術、譜録、雜家四類，集部之詞曲類，流派至爲繁夥，端緒易至茫如，謹約分小學爲三子目，地理爲九子目，傳記爲五子目，政書爲六子目，術數爲七子目，藝術、譜録各爲四子目，雜家爲五子目，詞曲爲四子目，使條理秩然。又經部之禮類，史部之詔令奏議類、目録類，子部之天文算法類、小説家類，亦各約分子目，以便檢尋。其餘瑣節，概爲删併。

一、古來諸家著録，往往循名失實，配隸乖宜，不但崇文總目以樹萱録入之種植，爲鄭樵所譏。今竝考校原書，詳爲釐定。如筆陣圖之屬，舊入小學類，今惟以論六書者入小學，其論八法者，不過筆札之工，則改隸藝術。羯鼓録之屬，舊入樂類，今惟以論律吕者入樂，其論管絃工尺者，不過世俗之音，亦改隸藝術。左傳類對賦之屬，舊入春秋類，今以其但取儷辭，無關經義，改隸類書。孝經集靈舊入孝經類，穆天子傳舊入起居注類，山海經、十洲記舊入地理類，漢武帝内傳、飛燕外傳舊入傳記類，今以其或涉荒誕，或涉鄙猥，均改隸小説。他如揚雄太玄經舊入儒家類，今改隸術數；俞琰易外别傳舊入易類，今改隸道家。又如倪石陵書，名似子書，而實文集；陳埴木鍾集，名似文集，而實語録。凡斯之流，不可殫述，竝一一考核，務使不失其真。

一、諸書刊寫之本不一，謹擇其善本録之。增删之本亦不一，謹擇其足本録之。每書名之下，欽遵諭旨，各註某家藏本，以不没所自。其坊刻之書，不可專題一家者，則註曰通行本。至其編次先後，漢書藝文志以高帝、文帝所撰，雜置諸臣之中，殊爲非體。隋書經籍志以帝王各冠其本代，於義爲允，今從其例。其餘概以登第之年，生卒之歲，爲之排比。或據所往來倡和之人爲次。無可考者，則附本代之末。釋、道、閨閣，亦各從時代，不復區分。宦侍之作，雖不宜厠士大夫間，然漢志小學家嘗收趙高之爰歷、史游之急就，今從其例，亦間存一二。外國之作，前史罕載，然既歸王化，即屬外臣，不必分疆絶界，故木增、鄭麟趾、徐敬德之屬，亦隨時代編入焉。

一、諸書次序，雖從其時代，至於箋釋舊文，則仍從所註之書，而不論作註之人。如儒家類明曹端太極圖述解以註周子之書，則列於張子全書前；國朝李光地註解正蒙以註張子之書，則列於二程遺書前是也。他如史記疑問附史記後，班馬異同附漢書後之類，亦同此例，以便參考。至於汪晫所輯之曾子、子思子則仍列於宋，吕柟所輯之周子鈔釋諸書則仍列於明，蓋雖裒輯舊文，而實自爲著述，與因原書而考辨者，事理固不同也。

一、劉向校理祕文，每書具奏；曾鞏刊定官本，亦各製序文。然鞏好借題抒議，往往冗長，而本書之始末源流，轉從疎略。王堯臣崇文總目、晁公武郡齋讀書志、陳振孫書録解題稍具崖略，亦未詳明。馬端臨經籍考薈萃羣言，較爲賅博，而兼收竝列，未能貫串折衷。今於所列諸書，各撰爲提要，分之則散弁諸編，合之則共爲總目。每書先列作者之爵里，以論世知人。次考本書之得失，權衆説之異同，以及文字增刪，篇帙分合，皆詳爲訂辨，巨細不遺。而人品學術之醇疵，國紀朝章之法戒，亦未嘗不各昭彰癉，用著勸懲。其體例悉承聖斷，亦古來之所未有也。

一、四部之首，各冠以總序，撮述其源流正變，以挈綱領。四十〔一〕三類之首，亦各冠以小序，詳述

〔一〕「十」下原衍一「十」字，據四庫全書總目凡例刪。

其分併改隸，以析條目。如其義有未盡，例有未該，則或於子目之末，或於本條之下，附註案語，以明通變之由。

一、歷代敕撰官書，如周易正義之類，承詔纂修，不出一手，一一詳其爵里，則末大於本，轉病繁宂，故但記其成書年月，任事姓名，而不縷陳其爵里。又如漢之賈、董，唐之李、杜、韓、柳，宋之歐、蘇、曾、王，以及韓、范、司馬諸名臣，周、程、張、朱諸道學，其書竝家弦户誦，雖村塾童豎，皆能知其爲人，其爵里亦不復贅。至一人而著數書，分見於各部中者，其爵里惟見於第一部，後但云某人有某書，已著録，以省重複。如二書在一卷之中，或數頁之内，易於省記者，則第二部但著其名。如明戴原禮已見所校補朱震亨金匱鉤玄條下，其推求師意二卷僅隔五條之類。

一、劉勰有言：「意翻空而易奇，詞徵實而難巧。」儒者説經論史，其理亦然。故説經主於明義理，然不得其文字之訓詁，則義理何自而推？論史主於示褒貶，然不得其事迹之本末，則褒貶何據而定？如成風爲魯僖公之母，明載左傳，而趙鵬飛春秋經筌謂「不知爲莊公之妾，爲僖公之妾」？是不知其人之名分，可定其禮之得失乎？劉子翼入唐爲著作郎、弘文館直學士，明載唐書劉禕之傳，而朱子通鑑綱目書「貞觀元年，徵隋祕書劉子翼，不至」。尹起莘發明稱「特書隋官以美之，與陶潛稱晉一例」。是未知其人之始終，可定其品之賢否乎？今所録者，率以考證精核，辨論明確爲主，庶幾可謝彼虚談，敦兹實學。

一、文章流別，歷代增新，古來有是一家，即應立是一類，作者有是一體，即應備是一格，斯協於全書之名。故釋道外教，詞曲末技，咸登簡牘，不廢蒐羅。然二氏之書，必擇其可資考證者。其經懺章咒，竝懔遵諭旨，一字不收。宋人朱表青詞，亦概從删削。其倚聲填詞之作，如石孝友之金谷遺音，張可久之小山小令，臣等初以相傳舊本，姑爲録存，竝蒙皇上指示，命從屏斥，仰見大聖人敦崇風教，釐正典籍之至意。是以編輯雖富，而謹持繩墨，去取不敢不嚴。

一、聖賢之學，主於明體以達用。凡不可見諸實事者，皆屬卮言。儒生著書，務爲高論，陰陽太極，累牘連篇，斯已不切人事矣。至於論九河則欲修禹跡，考六典則欲復周官，封建井田，動稱三代，而不揆時勢之不可行。至黄諫之流，欲使天下筆札，皆改篆體；顧炎武之流，欲使天下言語，皆作古音，迂謬抑更甚焉。又如明之曲士，人喜言兵，二麓正議欲掘坑藏錐以刺敵；武備新書欲雕木爲虎以臨陣；陳禹謨至欲使九邊將士，人人皆讀左傳。凡斯之類，竝闢其異説，黜彼空言，庶讀者知致遠經方，務求爲有用之學。

一、漢、唐儒者，謹守師説而已。自南宋至明，凡説經講學論文，皆各立門户。大抵數名人爲之主，而依草附木者囂然助之。朋黨一分，千秋吴、越，漸流漸遠，並其本師之宗旨亦失其傳。而齮隙相尋，操戈不已，名爲爭是非，而實則爭勝負也。人心世道之害，莫甚於斯。伏讀御題朱彝曲洧舊聞，致遺憾於洛黨；又御題顧憲成涇皋藏稿，示炯戒於東林，誠洞鑒情僞之至論也。我國家文教昌明，崇真黜僞，翔陽赫燿，陰翳潛消，已盡滌前朝之敝俗。然防微杜漸，不能不慮遠思深，故甄别遺編，皆一本至公，剷除畛域，以預消芽蘖之萌。至詩社之標榜聲名，地志之矜誇人物，浮辭塗飾，不盡可憑，亦併詳爲考訂，務核其真，庶幾公道大彰，俾尚論者知所勸戒。

一、文章德行，在孔門既已分科，兩擅厥長，代不一二。今所録者，如龔詡、楊繼盛之文集，周宗建、黄道周之經解，則論人而不論其書；耿南仲之説易，吴幵之評詩，則論書而不論其人。凡兹之類，略示變通，一則表章之公，一則節取之義也。至於姚廣孝之逃虚子集，嚴嵩之鈐山堂詩，雖詞華之美，足以方軌文壇，而廣孝則助逆興兵，嵩則怙權蠹國，繩以名義，匪止微瑕。凡兹之流，竝著其見斥之由，附存其目，用見聖朝彰善癉惡，悉準千秋之公論焉。

一、儒者著書，往往各明一義，或相反而適相成，或相攻而實相救，所謂言豈一端，各有當也。考古者無所別裁，則多歧而太雜；有所專主，又膠執而過偏。左右佩劍，均未協中。今所採録，惟離經畔道，顛倒是非者，掊擊必嚴；懷詐挾私，熒惑視聽者，屏斥必力。至於闡明學術，各擷所長，品騭文章，不名一格，兼收竝蓄，如渤澥之納衆流，庶不乖於全書之目。

一、七略所著古書，即多依託，班固漢書藝文志注可覆按也。遷流洎於明季，譌妄彌增，魚目混珠，猝難究詰。今一一詳核，竝斥而存目，兼辨證其非。其有本屬僞書，流傳已久，或掇拾殘賸，真贋相參，歷代詞人已引爲故實，未可概爲捐棄，則姑録存而辨别之。大抵灼爲原帙者，則題曰某代某人撰；灼爲贋造者，則題曰舊本題某代某人撰。其踵誤傳譌，如吕本中春秋傳，舊本稱吕祖謙之類，其例亦同。至於其書雖歷代著録，而實一無可取，如燕丹子、陶潛聖賢羣輔録之類，經聖鑒洞燭其妄者，則亦斥而存目，不使濫登。

一、九流自七略以來即已著録，然方技家遞相增益，篇帙日繁，往往僞妄荒唐，不可究詰。抑或卑瑣微末，不足編摩。今但就四庫所儲，擇其稍古而近理者，各存數種，以見彼法之梗概。其所未備，不復搜求，蓋聖朝編録遺文，以闡聖學、明王道者爲主，不以百氏雜學爲重也。

一、是書主於考訂異同，别白得失，故辨駁之文爲多。然大抵於衆説互殊者，權其去取；幽光未耀者，加以表章。至於馬、班之史，李、杜之詩，韓、柳、歐、蘇之文章，濂、洛、關、閩之道學，定論久孚，無庸更贅一語者，則但論其刊刻傳寫之異同，編次增删之始末，著是本之善否而已。蓋不可不辨者，不敢因襲舊文；無可復議者，亦不敢横生别解。凡以求歸至當，以昭去取之至公。

經部總叙

經稟聖裁，垂型萬世，删定之旨，如日中天，無所容其贊述。所論次者，詁經之説而已。自漢京以後，垂二千年，儒者沿波，學凡六變。其初專門授受，遞稟師承，非惟詁訓相傳，莫敢同異，即篇章字句，亦恪守所聞，其學篤實謹嚴，及其弊也拘。王弼、王肅稍持異議，流風所扇，或信或疑，越孔、賈、啖、趙以及北宋孫復、劉敞等，各自論説，不相統攝，及其弊也雜。洛、閩繼起，道學大昌，擺落漢、唐，獨研義理，凡經師舊説，俱排斥以爲不足信，其學務别是非，及其弊也悍。如王柏、吴澄攻駁經文，動輒删改之類。學脈旁分，攀緣日衆，驅除異己，務定一尊，自宋末以逮明初，其學見異不遷，及其弊也黨。如論語集註誤引包咸夏瑚商璉之説，張存中四書通證即闕此一條，以諱其誤。又如王柏删國風三十二篇，許謙疑之，吴師道反以爲非之類。主持太過，勢有所偏，材辨聰明，激而橫決，自明正德、嘉靖以後，其學各抒心得，及其弊也肆。如王守仁之末派，皆以狂禪解經之類。空談臆斷，考證必疎，於是博雅之儒，引古義以抵其隙，國初諸家，其學徵實不誣，及其弊也瑣。如一字音訓，動辨數百言之類。要其歸宿，則不過漢學、宋學兩家，互爲勝負。夫漢學具有根柢，講學者以淺陋輕之，不足服漢儒也。宋學具有精微，讀書者以空疎薄之，亦不足服宋儒也。消融門户之見而各取所長，則私心祛而公理出，公理出而經義明矣。蓋經者非他，即天下之公理而已。今參稽衆說，務取持平，各明去取之故，分爲十類：曰易，曰書，曰詩，曰禮，曰春秋，曰孝經，曰五經總義，曰四書，曰樂，曰小學。

史部總叙

史之爲道，撰述欲其簡，考證則欲其詳。莫簡於春秋，莫詳於左傳。魯史所録，具載一事之始末，聖人觀其始末，得其是非，而後能定以一字之褒貶，此作史之資考證也。丘明録以爲傳，後人觀其始末，得其是非，而後能知一字之所以褒貶，此讀史之資考證也。苟無事蹟，雖聖人不能作春秋；苟不知其事蹟，雖以聖人讀春秋，不知所以褒貶。儒者好爲大言，動曰舍傳以求經，此其說必不通。其或通者，則必私求諸傳，詐稱舍傳云爾。司馬光通鑑，世稱絶作，不知其先爲長編，後爲考異。高似孫緯略載其與宋敏求書，稱到洛八年，始了晉、宋、齊、梁、陳、隋六代。唐文字尤多，依年月編次爲草卷，以四丈爲一卷，計不減六七百卷。又稱光作通鑑，一事用三四出處纂成，用雜史諸書凡二百二十二家。李燾巽巖集，亦稱張新甫見洛陽有資治通鑑草稿盈兩屋。案：燾集今已佚，此據馬端臨文獻通考述其父廷鸞之言。今觀其書，如淖方成禍水之語，則採及飛燕外傳；張彖冰山之語，則採及開元天寶遺事，竝小説亦不遺之。然則古來著録，於正史之外，兼收博採，列目分編，其必有故矣。今總括羣書，分十五類：首曰正史，大綱也；次曰編年，曰别史，曰雜史，曰詔令奏議，曰傳記，曰史鈔，曰載記，皆參考紀傳者也；曰時令，曰地理，曰職官，曰政書，曰目録，皆參考諸志者也；曰史評，參考論贊者也。舊有譜牒一門，然自唐以後，譜學殆絶，玉牒既不頒於外，家乘亦不上於官，徒存虚目，故從删焉。考私家記載，惟宋、明二代爲多。蓋宋、明人皆好議論，議論異則門户分，門户分則朋黨立，朋黨立則恩怨結。恩怨既結，得志則排擠於朝廷，不得志則以筆墨相報復，其中是非顛倒，頗亦熒聽。然雖有疑獄，合衆證而質之，必得其情；雖有虚詞，參衆説而核之，亦必得其情。張師棣南遷録之妄，鄰國之事無質也，趙與時賓退録證以金國官制而知之。碧雲騢一書誣謗文彦博、范仲淹諸人，晁公武以爲真出梅堯臣，王銍以爲出自魏泰，邵博又證其真出堯臣，可謂聚訟，李燾卒參互而辨定之，至今遂無異説。此亦考證欲詳之一驗。然則史部諸書，自鄙倍冗雜，灼然無可採録外，其有裨於正史者，固均宜擇而存之矣。

子部總叙

自六經以外，立説者，皆子書也。其初亦相淆，自七略區而列之，名品乃定；其初亦相軋，自董仲舒别而白之，醇駁乃分。其中或佚不傳，或傳而後莫爲繼，或古無其目而今增，古各爲類而今合，大都篇帙繁富，可以自爲部分者，儒家之外，有兵家，有法家，有農家，有醫家，有天文算法，有術數，有藝術，有譜録，有雜家，有類書，有小説家，其别教則有釋家，有道家。敍而次之，凡十四類。儒家尚矣。有文事者有武備，故次之以兵家。兵，刑類也，唐、虞無皋陶，則寇賊姦宄無所禁，必不能風動時雍，故次以法家。民，國之本也；穀，民之天也，故次以農家。本草經方，技術之事也，而生死繫焉，神農、黄帝以聖人爲天子，尚親治之，故次以醫家。重民事者先授時，授時本測候，測候本積數，故次以天文算法。以上六家，皆治世者所有事也。百家或有益，或無益，而其説久行，理難竟廢，故次以術數。游藝亦學問之餘事，一技入神，器或寓道，故次以藝術。以上二家，皆小道之可觀者也。詩取多識，易稱制器，博聞有取，利用攸資，故次以譜録。羣言歧出，不名一類，總爲薈稡，皆可採摭菁英，故次以雜家。隸事分類，亦雜言也，舊附於子部，今從其例，故次以類書。稗官所述，其事末矣，用廣見聞，愈於博弈，故次以小説家。以上四家，皆旁資參考者也。二氏，外學也，故次以釋家、道家終焉。夫學者研理於經，可以正天下之是非；徵事於史，可以明古今之成敗。餘皆雜學也。然儒家本六藝之支流，雖其間依草附木，不能免門户之私，而數大儒明道立言，炳然具在，要可與經史旁參。其餘雖真僞相雜，醇疵互見，然凡能自名一家者，必有一節之足以自立，即其不合於聖人者，存之亦可爲鑒戒。雖有絲麻，無棄菅蒯，狂夫之言，聖人擇焉，在博收而慎取之爾。

集部總叙

集部之目，楚辭最古，别集次之，總集次之，詩文評又晚出，詞曲則其閏餘也。古人不以文章名，故秦以前書無稱屈原、宋玉工賦者。洎乎漢代，始有詞人。迹其著作，率由追録，故武帝命所忠求相如遺書，魏文帝亦詔天下上孔融文章。至於六朝，始自編次。唐末又刊版印行。事見貫休禪月集序。夫自編則多所愛惜，刊版則易於流傳。四部之書，别集最雜，兹其故歟？然典册高文，清辭麗句，亦未嘗不高標獨秀，挺出鄧林。此在翦刈卮言，别裁僞體，不必以猥濫病也。總集之作，多由論定，而蘭亭、金谷悉觴詠於一時，下及漢上題襟，松陵倡和。丹陽集惟録鄉人，篋中集則附登乃弟。雖去取僉孚衆議，而履霜有漸，已爲詩社標榜之先驅。其聲氣攀援，甚於别集。要之浮華易歇，公論終明，巋然而獨存者，文選、玉臺新詠以下數十家耳。詩文評之作，著於齊、梁。觀同一八病四聲也，鍾嶸以求譽不遂，巧致譏排；劉勰以知遇獨深，繼爲推闡。詞場恩怨，亘古如斯。冷齋曲附乎豫章，石林隱排乎元祐，黨人餘釁，報及文章，又其已事矣，固宜别白存之，各核其實。至於倚聲末技，分派詩歌，其間周、柳、蘇、辛，亦遞爭軌轍，然其得其失，不足重輕，姑附存以備一格而已。大抵門户構爭之見，莫甚於講學，而論文次之。蓋講學者必辨是非，辨是非必及時政，其事與權勢相連，故其患大。文人詞翰，所爭者名譽而已，與朝廷無預，故其患小也。然如艾南英以排斥王、李之故，至以嚴嵩爲察相，而以殺楊繼盛爲稍過當，豈其捫心清夜，果自謂然？講學者，聚黨分朋，往往禍延宗社；操觚之士，筆舌相攻，則未有不亂及國事者。

亦朋黨既分，勢不兩立，故決裂名教而不辭耳。至錢謙益列朝詩集，更顛倒賢姦，彝良泯絶，其貽害人心風俗者，又豈尠哉！今掃除畛域，一準至公。明以來諸派之中，各取其所長，而不回護其所短，蓋有世道之防焉，不僅爲文體計之。

文集

欽定四庫全書告成恭進表

臣等奉敕編纂四庫全書告成，謹奉表上進者。伏以天璣甄度，書林占五緯之祥；帝鏡懸光，藝苑定千秋之論。立綱維於鼇極，函列雲珠；媲删述於龍蹲，契昭虹玉。理符心矩，絜三古以垂謨；道叶神樞，匯九流而證聖。治資鑒古，德洽敷文。臣等誠懽誠忭，稽首頓首，上言。竊惟神霄九野，太清耀東壁之星；懸圃三成，上帝擴西崑之府。文章有象，翠嬀遂吐其天苞；繪畫成形，白阜肇圖其地絡。書傳蒼頡，初徵雨粟之祥；籙授黄神，始貯靈蘭之典。洞庭祕簡，稽大禹所深藏；柱下叢編，付老聃以世守。秦操金策，聖籍雖焚；漢理珠囊，遺經故在。儒生密寶，維孔鮒之承家；謁者旁求，見陳農之奉使。蝌文以後，篇章自是滋多；麟閣所儲，條目於焉漸備。杖吹藜火，夜讐别録之編；衣染鑪香，坐校中經之簿。王仲寶區其流别，定新志之九條；阮孝緒撮其叢殘，括舊傳之五部。勘書妙畫，世摹展氏之圖；捲幔飛仙，史載隋宫之蹟。唐武德訖乎天寶，鈿軸彌增；宋景祐繼以淳熙，牙籤再録。南征俘玉，元遷三館之橱；北極營都，明運十艘之櫝。莫不前徵邃古，丹壺溯合雒之蹤；歧發空林，青簡狃頻斯之篆。西州片札，辨點漆於將磨；南雍殘文，檢穿絲於已斷。竹編未朽，名認師春；瓠本猶攜，稿存班固。爬羅纖碎，或得諸玉枕石函；掇拾畸零，均給以螺丸麻紙。精繆廣購，一篇增十四之酬；華贉重緗，三品别兩厢之等。凡以窮搜放失，獵文林辨囿之精；互鏡瑕瑜，立聖域賢關之訓。結德輿而輨轄，軌順經涂；儫學海以沿波，源通道筏。然而掇餘易匱，四千卷既丏殘膏；騖廣彌蕪，百兩篇更珍贋鼎。丹青失實，或貽誚於王充；朱紫相淆，孰齊蹤於鄭默。甚乃别風淮雨，惜奇字而偏留；或如許緑紂紅，踵駁文而莫悟。蘭臺庋貯，多如賄改漆經；棗板摹傳，遂至誤尊閣本。故祕書總目，鄭夾漈復議校讐；而文苑英華，彭叔夏重加辨證。從未有重熙累洽，雯華懸紫極之庭，稽古崇儒，册府闢丹宸之館；彌綸宙合，識大識小之無遺，榮鏡登閎，傳信傳疑之有準，金模特建，寶思周融，如今日者也。欽惟皇帝陛下瑞席蘿圖，神凝松棟。播威棱於十曲，響震靈夔；洽文德於四溟，兆開神鷟。帝嫣歌詠，已題九萬瓊牋；臣向編摩，更緝三千寶牘。博收竹素，仍沿天禄之名；珍比琳琅，永付長恩之守。乃猶尋端竟委，溯支紿於詞源；緯地經天，探精微於義海。昭陽韶歲，特紬翰府之藏；永樂遺編，俯檢文樓之帙。例取諸吴興韻海，割裂雖多；體宏於孟蜀書林，蒐羅終富。榛楛宜翦，命刊削其讕言；瀝液堪珍，敕比排其墜簡。焦桐漆斷，重膠百衲之琴；古罍銅斑，合鑄九金之鼎。復以羽陵蠹剩，或有存留；宛委藏餘，不無佚漏。十行丹詔，徧徵汲古之家；七録緗囊，廣啟獻書之路。逸經斷策，出自大航；雜卦殘篇，發從老屋。錦帆捩舵，孟家東洛之船；玉軑飛鈴，吴氏西齋之軸。鱗排玉字，多王粲之所未聞；筍束金繩，率張華之所莫識。光明繭紙，朱題芸帙之名；蟠屈鸞章，紫認槐廳之印。紅梨隔院，曹司對設於東西；青鏤濡香，品第詳分其甲乙。天潢演派，光連太史之河；卿月澄暉，彩接文昌之宿。總司序録，叨楊億之華資；分預校讐，列任宏之清秩。銀袍應召，驤雲路以彈冠；粉署徵才，記仙郎而題柱。懷鉛握槧，學官願效其一長；切線割圜，博士亦研其九術。遂乃別開書局，特分署於龍墀；增置鈔胥，競抽豪於虎僕。圖與史並陳左右，粉本鈎摹；隸與蝌兼備古今，絲痕蠏扁。曹連什五，各隸屬於寫官；工辨窳良，均稽研於計簿。提綱挈領，董成者職總監修；補闕拾遺，覆勘者官兼詳定。庀器預儲於將作，棐几筠簾；傳餐徧給於大官，珉糜珠餡。温鑪圍炭，紋凝鵁鶄之青；朗甓涵冰，色映玻璃之白。花甎入直，地同兜率天宫；蓮炬分行，人到瑯嬛福地。瓊箱牒送，全搜縢囊惟蓋之餘；芝殿籤排，共刊木扇金華之謬。程材效技，各一一而使吹；累牘連篇，遂多多而益辦。香霏辟惡，擁書何止百城；瀋漬隃糜，削稿寧惟兩屋。譬入衆香之國，目眩瞀於花光；宛遊羣玉之峯，神愕眙於寶氣。豈但鴻都多士，驟聞見所未曾；實令虎觀諸儒，辨妍媸而莫決。所賴恭承睿鑒，提玉尺以量才；仰禀天裁，握銀華而照物。初披卷軸，共掇零璣；即荷絲綸，務讐完璧。吴澄易翼，辨顛倒乎陰陽；楊簡詩音，斥混淆乎周、漢。稗官勦説，删馬角之荒唐；譯史傳聞，摘象胥之譌異。醮章祈福，發凡於劉跂之詞；語録參禪，示例於齊熈之記。固已南車指路，陟道岸而衢亭；北斗旋杓，揆文星而度正。洎乎羣書大集，品雜金沙；聖訓彌彰，鑒澄珠礫。詁經忌鑿，黜錯簡於龜文；論史從公，溯編年於麟筆。立言乖體，四明之録必删；贋古誣真，五柳之名宜辨。七籤三藏，汰除釋、老之編；五蠹九奸，排斥申、韓之術。毒深孔雀，無容校寫其青詞；巧謝璇璣，未許增添其錦字。小山豔曲，削香匳脂盝之篇；金谷新詞，刊酒肆歌樓之句。凡皆詞臣之奏進，誤點丹黄；一經聖主之品題，立分白黑。至於銅籤報夜，紫殿勤披；玉案開緘，丹毫親詠。五家易説，歧塗附闢其傳燈；四氏書箋，餘緒兼詳乎括地。前車後鑒，陳風雅於經筵；斜上旁行，寓春秋於世本。廬陵處士，特申僭上之防；安定門人，大著尊王之義。王元杰名同讞獄，爲雲谷之重儓；洪咨夔跡類探囊，竊玉川之餘瀋。四箴誤註，寧知顔巷之心；二佛同稱，轉隘尼山之量。六經作繪，全收諸楊甲圖中；七緯成編，知出自莊周書後。五音分配，篆文互備其形聲；二史交參，奇字各通其假借。古香黤䵳，細辨班書；碎腋穿連，重刊薛史。清流肇釁，示鑒戒於東林；正統明尊，存綱常於西蜀。派沿涑水，袁、朱之新例兼存；俗記扶餘，班、范之訛傳並訂。黨碑再勒，嗟揖盜而開門；權燄彌張，嗤教星而替月。西湖游蹟，殊憐野老之藏名；北使賓筵，深陋詞臣之校射。宋鈔僅賸，蒐舊志於臨安；金刻稀聞，寶遺文於貞觀。或攻或守，徒從十鑑之兵謀；相勝相生，未信五行之德運。建炎政草，愧彼中興；至正刑章，斥其左袒。李尊洛學，辨道命於天原；酈註桑書，剖源流於地理。史腴詳摘，有逾漢雋之精；經笥懸探，更勝曹倉之富。至於孔庭舊語，首定儒宗；蔡帳祕文，嚴排異説。范祖禹之帝學，具有淵源；曾公亮之五經，姑存崖略。横戈危堞，節取陳規；握策靈臺，參蘇頌。算窮杪忽，九章研鮑澣之藏；術雜縱横，十卷稽趙蕤之撰。楚中隱士，互權韓、柳之評；婺郡名賢，不廢吕、唐之學。臚登讖記，衍洪範而原非；妄議井田，託周官而更誤。錢唐遺事，深譏首鼠於宋、元；曲洧舊聞，微憾操戈於洛、蜀。紬聽有取，旁通方朔之言；指佞無難，慎聽韓非之説。陳思書苑，列筆陣而成圖；馬總意林，搴詞條而擢秀。黄伯思之博洽，石墨精研；孫逢吉之淹通，雲龍遥溯。多知舊事，病歌舞之銷金；一洗清波，笑詞章之諛墓。太平御覽，徒粉飾乎嘉名；困學紀聞，偶抨彈其迂論。晚唐小史，入厨寧取乎卮言；南宋枝談，按鞫深嫌其曲筆。十七卷騷人舊製，更證以草木之名；二百年吏部清吟，特賞其煙霞之氣。兼推韓、杜，續來鳳觜之膠；並採郊祁，擬以棠華之句。文恭著作，先歐、尹而孤行；忠肅風裁，抗蘇、程而角立。勤王留守，呼北渡者凡三；殉節侍郎，壯南朝者惟一。學如和叔，原不限以宗朱；詩到儀卿，乃轉嫌其入墨。讀書祕閣，明詹初論古之非；從宦金淵，賞仇遠耽吟之癖。楊維楨取其辨統，而頌莽則當誅；劉宗周閔其完忠，而吠堯爲可恕。凡茲獨斷，或稟睿裁；懿此同情，實乎公義。苞千齡而建極，道出於天；綜百氏以歸型，言衷諸聖。權衡筆削，事通乎春賞秋刑；絜度方圓，法本乎乾規坤矩。是以儀璘懸耀，揆景晷趨；鏞棧先鳴，聆音鸞集。鯨鐘方警，啟蓬館以晨登；鶴籥嚴關，焚蘭膏以夜繼。披文計數，寧止於萬七千篇；按月程功，務得夫四十五日。裁縫無迹，先成綴白之裘；傳寫相爭，齊炙汗青之竹。架羅黄卷，積盈有似於添籌；几擁烏皮，刊謬時防其掃葉。畢昇活板，漸看字是排成；曾鞏官書，已見序稱校上。加以乾行至健，七旬之念典彌勤；離照無遺，一字之褒譏恒審。梁驥練士，庚郵遞初寫之函；雲輅巡方，乙夜展重修之卷。至三至再，戒玉楮之遲雕；數萬數千，摘金根之屢誤。坤原爲釜，兼搜刊板之訛；芊或作羊，細檢鈔書之謬。毫釐不漏，戳旁添待補之戈；塗黈必嚴，羅上辨續加之网。削除不盡，時飭以妄下雌黄；輪郭空存，常指其竟同曳白。明周纖芥，共欽睿照無遺；報乏微涓，彌覺愧心生奮。若夫考勤校惰，督課雖詳；荷寵邀榮，恩慈實渥。風雲得路，先登或列於九官；雨露均滋，中考亦賜以一級。柏梁聯句，聽鳳律之新聲；

芸署題名，踵麟臺之故事。墨勻蝶翅，祖帖雙鉤；帙簇龍紋，天書五色。猩毛擢穎，膩魚子之華牋；龍尾雕紋，融麝煤之芳氣。銀罌翠管，細縈百和之香；錦段香羅，交映五明之扇。繡囊委佩，鍵貯朱提；珍彝豐茸，帕裁白氎。雕盤列飣，果分西域之甘；華俎嘗新，瓜勝東陵之種。自天宣賜，多非夢寐所期；無地酬恩，惟以文章爲報。周晐始末，擬勒長編；別採英華，先爲縮本。曩長庚之紀歲，慶叶嵩呼；屬太乙之占祥，象符奎聚。八年敬繕，挹古今四庫之精；兩部分儲，合大小二山之數。惟全書之浩博，實括羣言；合衆手以經營，倏逾數載。香薰蘭櫝，方粗就而未終；閣聳雲楣，已先成以有待。文河疏瀹，初如江別爲三；筆海朝宗，繼乃瀆增以四。望洋無際，慮創始之爲難；登岸有期，幸觀成之可冀。較删繁之別帙，又閱兩年；勒總彙之鴻裁，已盈一部。插籤分帙，次按乎甲乙丙丁；列架臚函，色別其赤青白黑。經崇世教，貴實徵而賤虚談；史繫人心，削誣詞而存公論。選諸子百家之粹，博收而不悖聖賢；懲十人九集之非，嚴汰而寧拘門户。上沿虞、夏，咸挹海以求珠；下采元、明，各披沙而見寶。六千篋璋分圭合，延閣儲珍；二百卷部次州居，崇文列目。釋名訓義，因李肇之解題；考異參同，近歐陽之集古。事稽其實，循文防誤於樹萱；詞取其詳，求益非同於買菜。人無全美，比量其尺短寸長；語或微疵，辨白其玉瑕珠纇。一經採録，真同鯉上龍門；附載姓名，亦使蠅隨驥尾。元元本本，總歸聖主之持衡；是是非非，盡掃迂儒之膠柱。至其盈箱積案，或汗漫而難尋；復以提要鉤玄，期簡明而易覽。譬諸典謨紀事，別行小序之一篇；類乎金石成書，先列諸碑之十卷。分綱列目，見義例之有條；按籍披圖，信源流之大備。水四瀛而山五岳，侔此壯觀；前千古而後萬年，無斯巨帙。蓋非常之制作，天如留待於今；而希有之遭逢，人乃躬當其盛。叨司校録，實忝光榮；臣等功謝囊螢，識同闚豹。鑽研文字，未能脈望之逢仙；延緩歲時，僅類鞠通之食墨。仰蒙訓示，得聞六藝之源；曲荷寬容，許假十年之限。百夫決拾，望學的而知歸；一簣成山，營書叢而幸就。欣陳寶笈，對軒鏡之澄光；恭進瑶階，同羲圖之永寶。從此依模笵狀，若疊矩而重規；因之循軌知途，益輕車而熟路。先難後易，一隅可得而反三；謀始圖終，百里勉行乎半九。精心刊誤，八行細檢朱絲；協力鳩工，萬指齊磨烏玉。連綿告蕆，竚看四奏天閶；迅速先期，不待六更歲籥。人文成化，帝機運經緯之功；皇極敷言，王路示會歸之準。觚棱雲構，嵬峨乎銀牓璇題；方策星羅，珍貴乎金膏水碧。曰淵曰源曰津曰溯，長流萬古之江河；紀世紀運紀會紀元，恒耀九霄之日月。並五經以垂訓，道通乎丹書緑字之先；合六幕以同文，治超於元律蒼牙之上。臣等無任瞻天仰聖，踴躍歡忭之至，謹奉表恭進以聞。

周易義象合纂序

古今説五經者，惟易最夥，亦惟易最多歧，非惟象數義理各明一義也，旁及鑪火、導引、樂律、星曆，以及六壬、禽遁、風角之屬，皆可引易以爲解，即皆可引以解易。蓋易道廣大，無所不包，故隨舉一説而皆通也。要其大端而論，則象數歧而三：一田、孟之易，一京、焦之易，一陳、邵之易也。義理亦歧而三：一王弼之易，一胡瑗之易，一李光、楊萬里之易也。京、焦之占候，流爲怪妄而不經；陳、邵之圖書，流爲支離而無用；王弼之清言，流爲楊簡、王宗傳輩，至以狂禪亂聖典。其足以發揮精義，垂訓後人者，漢儒之主象，宋儒之主理、主事三派焉而已。顧論甘者忌辛，是丹者非素，齗齗相爭，各立門户，垂五六百年於兹。余嘗與戴東原、周書昌言，譬一水也，農家以爲宜灌溉，舟子以爲宜往來，形家以爲宜砂穴，兵家以爲宜扼拒，遊覽者以爲宜眺賞，品茶者以爲宜茶荈，洴澼絖者以爲利澣濯，各得所求，各適其用，而水則一也。譬一都會也，可自南門入，可自北門入，可自東門入，可自西門入，各從其所近之途，各以爲便，而都會則一也。易之理何獨不然！東坡廬山詩曰：「横看成嶺側成峯，遠近高低各不同。不識廬山真面日，只緣身在此山中。」通此意以解易，則易無門户矣。紛紛互詰，非仁智自生妄見乎？德州李君東圃於學無所不窺，而尤邃於易，積平生之力，成周易義象合纂一書。需次京師時，出以示余。余未展卷，指其題籤語之曰：「書名四字，見大凡矣。君此書必持其平也。」君去後燈下讀之，果於漢學、宋學兩無所偏好，亦兩無所偏惡，息心微氣，考古證今，惟求合乎象之自然、理之當然而後已。而進退存亡之節，亦即經緯其中。所謂主象、主理、主事者，是實兼之。謂非説易之正宗，可乎？余嚮纂四庫全書，作經部詩類小序曰：「攻漢學者意不盡在於經義，憤宋儒之詆漢儒而已。」出爾反爾，勢於何極！安得如君者數十輩，與校定四庫之籍也？

黎君易註序

漢易言象數，宋易言理，舊有斯言，其殆循聲而附和歟？夫天地絪緼，是函元氣，氣有屈伸往來，於是乎生數，數有奇偶錯綜，於是乎成象，此象數所由起也。然屈伸往來，奇偶錯綜，皆理之所寓，而所以屈伸往來，所以奇偶錯綜者，亦皆理之不得不行，故理其自然，數其必然，象其當然，一以貫之者也。漢易言象數，不能離存亡進退，非理而何？宋易言理，不能離乘承比應，非象數而何？而顧曰「言理則棄象數，言象數即棄理」，豈通論哉？余校定祕書二十餘年，所見經解，惟易最多，亦惟易最濫。大抵漢易一派，其善者必由象數以求理；或舍理者，必流爲雜學。宋易一派，其善者必由理以知象數；或舍象數者，必流爲異學。其弊一由爭門户，一由騖新奇，一由一知半解，沾沾自喜，而不知易道之廣大，紛紜轇轕，遂曼衍而日增。殊不知易之作也，本推天道以明人事，故六十四卦之大象皆有君子以字，而三百八十四爻亦皆吉凶悔吝爲言。是爲百姓日用作，非爲一二上智密傳微妙也。是爲明是非、決疑惑作，非爲讖緯禨祥、預使前知也。故其書至繁、至賾、至精、至深，而一一皆切於事。既切於事，即一一皆可推以理。理之自然者明，則數之必然，象之當然，剨然解矣。又何必曰此彼法，此我法，此古義，此新義哉！乾隆甲寅，魏子以其鄉黎君所註周易相質，余展卷見其自序曰：「易之大綱，曰象，曰數，曰理。象、數不衷於理，非易之象、易之數也。理不合於象、數，不能得易之理也。由象、數以通理，憑理以參象、數，而幽遠繁賾俱不越耳目之前矣。」云云。喜其洞見本原，知其必能疏通經義，因退食餘暇，反覆細繹其言，於先儒舊詁不苟異亦不苟同，沈思研悦，務使愜己之心，併愜人人之心，以上求四聖之心。蓋無一字不經意，而又未嘗參以一毫之私意，故所論皆篤實明顯，使下學有徑可循，而高明之士亦殫思而弗能過。好學深思，心知其意，其是之謂乎！余前歲得德州李君所註易，喜其裁斷羣言，妙有獨契。今復得黎君是書，參互以觀，如驂有靳。豈非聖代崇文，表章古訓，斯響然應，連而生歟？摩挲老眼，喜見經籍之道昌，故既爲李君作序，亦率書數行於黎君之卷端。

詩序補義序

余於癸巳受詔校祕書，殫十年之力，始勒爲總目二百卷，進呈乙覽。以聖人之志，藉經以存。儒者之學，研經爲本，故經部尤纖毫不敢苟。凡易之象數義理，書之今文古文，春秋之主傳廢傳，禮之王、鄭異同，皆别白而定一尊，以諸雜説爲之輔。惟詩則託始小序，附以辨説，以著爭端所自起，終以范蘅洲之詩瀋，姜白巖之詩序補義，顧古湫之虞東學詩，非徒以時代先後次序應爾也。蓋詩之搆爭久矣，王肅首起而駁鄭，王基遂踵而難王，孫毓復申王説，鄭統又明鄭義。其書今並不傳，其逸文散見諸書者，已紛紜轇轕矣。至宋，而廬陵、潁濱小立異同，未顯攻也。鄭樵始發難端，而朱子和之，是爲新學。范處義力崇舊説，而吕祖謙、嚴粲等遥應之，是爲古學。於是尊序廢序，爲不可破之門户，兩派之中，遂横決而旁溢。一爲王質詩總聞之派，主於冥思力索，翻空出奇，是新學之變本加厲者也；一爲何楷詩世本古義之派，主於論世知人，穿鑿附會，是古學之逐影失形者也。其間互有短長，不能偏廢，故朋黨互軋，未有已時。余作詩類總序有曰：「攻漢學者，意不盡在於經義，務勝漢儒而已。伸漢學者，意亦不盡在於經義，憤宋儒之詆漢儒而已。各挾一不相下之心，而又濟以不平之氣，激而過當，亦其勢然歟？」今以范氏之書，持王、何兩派之平；以姜氏、顧氏之書，持小序、集傳之平，六七百年朋黨之習，舍是非而爭勝負者，其庶幾少息矣乎！顧氏書已有刊本，范氏、姜氏之書均無力付梨棗。今白巖之孫能世其家學，念先人著作得登石渠、天祿之藏，而不能徧播於海内，將南歸，拮据謀剞劂，乞序於余。余謂是書四庫總目已著録，無庸爲牀上之牀。惟著其以近時著作得爲千古經師殿，則説詩之正脈在是書可知矣。獨范氏之書，僅副本貯翰林院庫，卷帙繁重，無傳寫者，聞其子孫尚頗讀書，儻亦能如姜君之表章先德乎？余老矣！拭目望之。

考工記圖序

戴君東原始爲考工記作圖也，圖後附以己説而無註。乾隆己亥夏，余初識戴君，奇其書，欲付之梓。遲之半載，戴君乃爲余刪取先、後鄭註，而自定其説，以爲補註。又越半載，書成，仍名曰考工記圖，從其始也。戴君語余曰：「昔丁卯、戊辰間，先師程中允出是書以示齊學士次風先生，學士一見而歎曰：『誠奇書也。』今再遇子奇之，是書可不憾矣。」戴君深明古人小學，故其考證制度字義，爲漢已降儒者所不能及。以是求之聖人遺經，發明獨多。詩三百、尚書二十八篇、爾雅等皆有撰著，自以爲恐成書太早，而獨於考工記則曰：「是亞於經也者。考證雖難，要得其詳則止矣。」余以戴君之説，與昔儒舊訓參互校覈。轂末之「軹」，明其當作「軒」，不得與輿人之「軹」、「轛」二名溷淆，今字畫並「軒」字無之。車人「徹廣六尺」，以鬲長車廣當相等，兩輮之間六尺，旁加輻内六寸，輻廣三寸，綆寸，合左右凡二尺，則大車之徹亦八尺，字譌「八」爲「六」。弓人「膠三鋝」，一弓之膠，不得過兩，有十銖二十五分銖之十四，正其當爲「三鍰」。此皆記文之誤，漢儒已莫之是正者。後鄭謂：「軫，輿後橫木。」戴君乃曰：「輈人言『軫間』，左右名軫之證也。『加軫與轐』，『弓長庇軫』，『軫方象地』，前後左右通名軫之證也。」輈人「任正」、「衡任」，鄭以當軓與衡，而謂「軓爲輿下三面材，輢式之所樹。」戴君乃曰：「此爲下『當免圍』、『軸圍』發其意也。若輢式之所樹，宜記於輿人，今輈人爲之，殆非也。」鄭以戈胡「倨句〔一〕外博」爲胡上下，戴君曰：「此不宜與『已倨』、『已句』字義有異。」鄭引許叔重説文解字及東萊稱，證鋝、鋢數同，戴君乃曰：「鋝之假借字作垸。鋢之假借字，史記作率，漢書作選，伏生尚書大傳作饌。數小大相縣，合爲一，未然也。」戟刺長短無文，鄭氏既未及，賈公彦云：「蓋與胡同六寸。」戴君則曰：「戈一援，戟二援也。中直援名刺，與枝出之援，同長七寸有寸半。刺連内爲一直刃，通長尺有二寸，猶夫戈之直刃通長尺有二寸也。」桃氏「爲劍，中其莖，設其後」，鄭訓「設」爲「大」，謂「從中已後稍大之」。戴君曰：「不當與『設其旋』、『設其羽』之屬異義。後，謂劍環，在人所握之下，故名後，與劍首對稱矣。」鍾之鉦間無文，鄭以爲與鼓間六等，而合舞廣四，爲鍾長十六。戴君乃曰：「鍾自銑至鉦，自鉦至舞，歛网以二，準諸句股法，銑間八，鉦間亦八，是爲鍾長十六。舞者其上覆，修六廣四，蓋鍾羨之度，不當在鍾長之數。」玉案以承棗栗，莫詳其制，戴君引棜禁及漢小方案，定其有四周而局足。廬人「句兵欲無彈，刺兵欲無蜎」，鄭皆訓之爲「掉」。戴君讀「彈」如「殂蟺」之「蟺」，轉掉也；蜎，摇掉也。其所以補正鄭氏註者，精審類如此。他若因嘉量論黄鐘少宫，因玉人土圭、匠人爲規識景，論地與天體相應，寒暑進退、晝夜永短之

〔一〕「倨句」，原作「句倨」，據考工記乙。

理，辯天子諸侯之宫三朝三門、宗廟社稷所在，詳明堂个與夾室之制，申井田溝洫之法，觸事廣義，俾古人制度之大暨其禮樂之器，昭然復見於今。兹是書之爲治經，所取益固鉅，然戴君不喜馳騁其辭，但存所是，文略。又於輈人「龍旂」、「鳥旟」之屬，梓人「筍虡」，車人「大車」、「羊車」之等圖不具，其言曰：「思而可得者，微見其端要，留以待成學治古文者之致思可也。」斯誠得論著之體矣。余獨慮守章句之儒，不知引伸，膠執舊聞，沾沾然動其喙也，是以論其大指，以爲之序首。

六書分類序

周禮六書皆古文也。許叔重援以説小篆，義相通爾。然叔重所載古籀纔百分之一二，其偏旁點畫，乃不盡可以六書推。蓋漢時所存亦僅矣。唐以來，嗜古之士，搜剔金石，掇拾殘賸，字始漸多。其書亦不槩見，所可見者，郭忠恕汗簡所引八十一種而已。顧忠恕以古文偏旁區爲部分，端緒頗不易尋。夏竦取忠恕所輯，仿徐鍇説文韻譜作古文四聲韻，以韻分字，以隸領篆，較爲易檢。故後來撰録，體例相沿。其歧而别出者，宋戴侗六書故，强分門目，多不精核；元楊恒六書統，變例横生，紛紜轇轕；明魏校六書精蘊，杜撰支離，自我作古，益不可爲訓。汝寧傅帚菴先生病諸家撰著之蕪雜，乃排纂古篆，用夏氏之例，領以隸書。即以隸書偏旁分部，俾絲牽繩貫，若網在綱。其門目一宗御定康熙字典，遵聖代同文之制也。其字博採諸書，各註所出，示有徵也。間附考註，别疑似也。晚出别體，存而不删，取其備也。傳寫異同，因而不改，闕所疑也。蓋積平生之力，歷久而後成編。先生殁，子孫珍惜，不輕以示人。今歲，先生之曾孫韓城大令清渠，謀付剞劂，以公於世。會以報最至京師，介孫編修淵如求序於余。余謂是書有二善焉。夫古文改小篆，小篆改隸書，雖輾轉相因，實各爲一體，譬諸父子祖孫，一脈遞承，而形貌有似有不似，不能强之使同也。戴氏明說作篆書正，古籀、小篆溷淆不分，安在其能正也？是書小篆、古篆各分註，不戾於古矣。張有作復古編，援据說文，訂正小篆，不以改隸書也。周伯琦作六書正譌，已稍穿鑿，亦未以古籀改小篆也。黄氏諫作從古正文，皆以小篆改隸書。魏校變本加厲，更以古籀改小篆，奇形異態，至不可識。是豈可使百官治、萬民察耶？是書兼列諸體，惟人所擇，可行於今矣。然則先生所纂，雖多述舊文，而體例謹嚴，具有條理。學者從此沿流以得源，因同而考異，匪惟篆刻之模範，抑亦小學之門徑矣。較諸諧俗而陋，不諧俗而務行怪者，相去豈止逕庭哉！先生諱世堯，字賓石。康熙己未，嘗以博學鴻詞薦。後以選貢官延津教諭，遷四川資縣知縣。乞養歸，閉門著述，卓然成一家言。是書其一也，亦足以見一斑矣。

沈氏四聲考自序

韻書迄今，蓋數變矣。陋者類稱沈約好古之士，則據陸法言切韻以爭之。夫切韻變爲唐韻，唐韻變爲廣韻，廣韻變爲集韻，集韻别爲禮部韻，别爲毛氏、劉氏韻，劉氏韻别爲黄氏、陰氏韻，一百六部，是爲今韻，指以沈約，其謬固也。而以二百六部尊陸法言爲鼻祖，毋乃亦未究其源乎！法言之書，實竊據沈約而作者也。約書雖唐代已亡，今不可見，然儒者著書立說，將使天下之從我，必先自信之篤，自守之堅，而後人信吾説而守吾法，約既執聲病繩人，則約之文章必不自亂其例，所用四聲，即其譜也。今取其有韻之文，州分部居而考之，平聲得四十一部，不合切韻者纔一二；仄聲得七十五部，不合切韻者無一焉。陸氏所作，豈非竊據沈譜而稍爲筆削者乎？其敍歷述吕靜、夏侯該、楊休之、周思言、李季節、杜臺卿等，獨不及約。約書，隋志著録，開皇間不應遂亡。同時撰集之顔之推，又生長梁朝，不應不見，知法言諱所自來，不欲著之也。迨約書既亡，無從考證，法言書孤行唐代，遂掩其名。中間屢有改修，又頗爲諸家所亂，彌失其真。幸而增删改併，皆有蹤跡可尋；約詩文傳世亦多，尚可排比求之，得其梗概。因略爲考訂，編成二卷，名曰沈氏四聲考，一以明音學之所自，一以俾指陰氏韻府爲沈韻者，得識其真焉。

又後序

或曰：「休文之爲四聲譜也，安知不臚列句圖，標舉音律，如曲譜之宫調工尺然？」曰：「然則當與摯虞流別、劉勰雕龍並列矣。隋志入之小學家，知其非也。」「切韻、唐韻、廣韻皆五卷，類不下二三萬言。休文譜既爲韻書，顧減至一卷，何也？」曰：「不聞顔氏家訓之説乎？休文論文章當從三易，易識字居其一焉。其書不過收常用之字，而隱僻者不與，且無註，故簡也。」「李延壽謂約所爲賦多乖聲韻，何也？」曰：「聲韻之學，言人人殊者也。延壽之詬沈氏，不猶李涪之詬陸氏耶？此但考沈氏一家之學，至其學之當否，别自有説，非所論也。」「二百六部之名目次序，果盡出沈氏耶？」曰：「名目，吾不得而知也。韻之分部，則有押韻之可考；部之相次，則有同用者之類從，中間雖不無後人之所亂，然從委窮源，則廣韻本唐韻，唐韻本切韻，切韻本四聲，吾説信而有徵也。」「韻書備矣，區區殘編斷簡，鉤索古人之遺文，又不足給後人之用，何爲者耶？」曰：「食其末不可不知其本，因吾書而考見今韻之由來，不至揣骨聽聲，自生妄見，以決裂古人之成法，則吾書不爲無補。如實求有益於世，則四庫所藏，不切日用者百分計之九十分而强矣，於吾書何詰焉！」

史通削繁自序

史之有例，其必與史俱興矣。沮誦以來，荒遠莫考，簡策記載之法，惟散見於左氏書，説者以爲周公之典也。馬、班而降，體益變，文益繁，例亦益增，其間得失是非，遂遞相掎摭而不已。劉子玄激於時論，發憤著書，於是乎史通作焉。夫春秋之義，以例而隱，先儒論之詳矣。前有千古，後有萬年，事變靡窮，紀載異致，乃一一設例以限之，不已隘乎！然聖人之筆削，如化工之肖物，執方隅之見以窺之，自愈穿鑿而愈晦蝕。文士之紀録，則如匠氏之制器，無規矩準繩以絜之，淫巧偭錯，勢將百出而不止。故説經不可有例，而撰史不可無例。劉氏之書，誠載筆之圭臬也。顧其自信太勇，而其立言又好盡，故其抉摘精當之處，足使龍門失步，蘭臺變色，而偏駁太甚，支蔓弗翦者，亦往往有之，使後人病其蕪雜，罕能卒業，併其微言精義亦不甚傳，則不善用長之過也。註其書者，凡數家，互有短長。浦氏本最爲後出，雖輕改舊文，是其所短，而銓釋較爲明備。偶以暇日，即其本細加評閲，以授兒輩，所取者記以朱筆，其紕繆者以緑筆點之，其宂漫者又别以紫筆點之，除二色筆所點外，排比其文，尚皆相屬，因鈔爲一帙，命曰史通削繁，核其菁華，亦大略備於是矣。昔郭象註莊子書，蓋多删節，凡嚴君平道德指歸論所引，而今本不載者，皆象所芟棄者也。例出先民，匪我作古，博雅君子，諒不騳之。

書毛氏重刊説文後

自李燾説文五音韻譜行於世，而説文舊本遂微。流俗不考，或誤稱爲徐鉉所校許慎書。琴川毛氏始得舊本，重刊之，世病其不便檢閲，亦不甚行。其板近日遂散失，然好古之士，固寶貴不置也。此書爲字學之祖，前人論其得失甚具，其相承增改之故，徐鉉所記亦甚詳。惟書中古文籀文，李燾據林罕之説，指爲晉幍令吕忱所增入，其論頗疎。考慎自序云：「今敘篆文，合以古籀。」其語甚明。又云：「九千三百五十三文，重一千一百六十三。」其數亦具在。則罕所稱吕忱字林多補許氏遺闕者，特廣收説文未收字耳，非增入説文也。字林今雖不傳，然如廣韻一東韻「烔」字「浲」字、四江韻「噥」字之類，注云「出字林」者，皆説文所不載，是其明證。燾蓋考之未詳也。

書明人重刊廣韻後

廣韻五卷，明時内府所刊行，顧亭林重刊於淮安者，即此本也，大體與張氏所刊宋本廣韻相類，惟獨弁以孫愐唐韻序及二十文、二十一殷各注「獨用」爲不同。考唐人諸集，以殷韻字少，不能成詩，往往附入真、諄、臻。如杜甫東山草堂詩、李商隱五松驛詩，不一而足。然絶無與文通者。説文所載唐韻反切，殷字作於身切，欣字作許巾切，直用真、諄、臻中字爲切脚，可知殷不通文，猶是唐人部分。且殷字爲宋廟諱，故「殷芸」改稱「商芸」，「殷文圭」改稱「湯文圭」。其餘宋韻存於今者，無不改爲二十一欣。此本猶標殷字，必非宋書。故余跋張本廣韻，頗以切韻、唐韻宋時皆名廣韻，疑此本即孫愐書。雖無確證，然孫愐以後，陳彭年以前，修廣韻者猶有嚴寶文等三家，斷以殷之一字，決爲未經重修之本，則似可據也。注文相同，蓋即丁度所譏「多用舊文」者。彭年等所修玉篇，較舊文亦無大增損，可以互證。其文似經刪削，朱竹垞謂明代中涓爲之，然考東字下張本注曰「舜七友有東不訾」，此本誤作「舜之後有東不訾」，黄公紹韻會所引乃同此本，則此本元時已然，不必出自明代中涓矣。緣二本並行，頗滋疑惑，故略爲考證，書之卷末。

書張氏重刊廣韻後

廣韻定於宋，既而宋祁等議其有誤，科試終宋之世廢不行，其得存於今者，幸也。此本爲吴郡張氏所翻雕，書中已缺欽宗諱，蓋南宋槧本。陳氏書録解題曰「廣韻五卷」，中興書目言「不知作者」。按國史志有重修廣韻，景祐集韻亦稱真宗令陳彭年、丘雍等因陸法言韻就爲刊益。今此書首載景德祥符勅牒，以大宋重修廣韻爲名，然則即彭年等所修也。據其所言，與此本正合。注頗冗雜，故丁度集韻稱「彭年、雍等所定，多用舊文，繁略失當」。又譏其「一字之左，兼載他切，既不該盡，徒釀細文；姓望之出，廣陳名系，既乖字訓，復類譜牒」。潘次耕序乃以注文繁複爲可貴，過矣。别有明時刊本，大體略同，惟二十文、二十一殷各注「獨用」，與此本異。考唐志、宋志，皆稱陸法言廣韻五卷，則切韻改稱廣韻已在宋前。此本不曰新修，而曰重修，明先有廣韻也。明時所刊，疑爲未經重修之舊本，故殷不改欣，直犯廟諱；文不通殷，唐時部分未移。又晁氏讀書志曰廣韻五卷，隋陸法言撰。其後唐孫愐加字，前有法言、長孫訥言、孫愐三序。則當日唐韻亦兼廣韻之稱。愐書雖不傳，然徐鉉校説文解字，注中反切，明言用愐舊音。今考其九千三百餘字之中，與廣韻異者纔數處，知唐韻、廣韻相去無多，多用舊文，良非虚語。又疑明時所刊，乃取孫氏之書而節删其注文，其獨冠以唐韻之序，未必無所受之也。西河毛氏，常以二本互異，議廣韻之不足憑。因爲考列諸書，附識於左：

明内府所刊廣韻，注文頗略，竹垞以爲中涓欲均其字數，故删削其文。乾隆癸巳，余在書局，見官庫所藏至元乙未小字刊本，與明内府所刊一字不異，乃知中涓删削之説，出於竹垞之臆撰。次耕謂歷代增修，雖有切韻、唐韻、廣韻之異，而部分無改，唐、宋用以取士，謂之官韻。説亦未然。考封演見聞記唐代場屋用陸法言切韻，其通用、獨用乃許敬宗所定，無遵用孫愐之明文。宋則以禮部韻略試士，今其書尚存。廣韻、集韻均未用之於科舉。又東軒筆録稱賈昌朝奏改併窄韻十三部，許舉子附近通用。是宋韻部分亦與唐殊。均爲考之未審也。丙午七月二十四日，偶閲舊題，因疏所未及於此。

書禮部韻略後

禮部韻略，宋人科試官韻也，亦曰省韻，亦曰監韻。晁公武郡齋讀書志曰：「禮部韻略五卷，皇朝丁度等撰。元祐中，孫諤、蘇軾再加詳定。」今考下平聲併嚴於鹽添，併凡於咸銜，全用集韻之例，信出度手。又郭守正校正條例稱紹興中省韻載三十六桓，此本已避諱作歡，蓋景定中重刊補注之所改，非有二本也。收字頗狹，然應用者已略備，注亦簡明。蓋其時慎重科試，雖增添一字，亦必奉詔詳定而後入，且注明續降補遺，不混本書，故其書謹嚴不支蔓，較諸韻爲善本云。

此書宋代行之最久，莫敢出入，雖通用、獨用之例視唐人稍殊，然部分未亂，猶可稽考。毛晃增韻，始倡爲「支微魚虞當合麻馬禡，車寫借當分」之論。劉淵所定壬子新刊禮部韻略，遂盡廢二百六韻之部分，併爲一百有七。古來文叚，鹽添、咸銜、嚴凡之界限，遂不可復見。世俗樂其簡易，承用至今，村塾荒傖，且有堅信爲沈約書者。道聽塗説，不可復正。幸而此書尚存，得以考淵併省之所自，則其有關於韻學，亦不在廣韻下也。

與余存吾太史書

承示戴東原事略，具見表章古學之深心。所舉著書大旨，亦具得作者本意。惟中有一條略須商推。東原與昀交二十餘年，主昀家前後幾十年，凡所撰録，不以昀爲弇陋，頗相質證，無不犂然有當於心者。獨聲韻考一編，東原計昀必異論，竟不謀而付刻。刻成，昀乃見之，遂爲平生之遺憾。蓋東原研究古義，務求精核，於諸家無所偏主。其堅持成見者，則在不使外國之學勝中國，不使後人之學勝古人，故於等韻之學，以孫炎反切爲鼻祖，而排斥神珙反紐爲元和以後之説。夫神珙爲元和中人，固無疑義，然隋書經籍志明載梵書以十四字貫一切音，漢明帝時與佛經同入中國，實在孫炎以前百餘年，且志爲唐人所撰，遠有端緒，非宋以後臆揣者比，安得以等韻之學歸諸神珙，反謂爲孫炎之末派旁支哉！東原博極羣書，此條不應不見。昀嘗舉此條詰東原，東原亦不應不記。而刻是書時，仍諱而不言，務伸己説，遂類西河毛氏之所爲，是亦通人之一蔽也。若姑置此書不言，而括其與江慎修論古音者爲一條，則東原平生著作，遂粹然無瑕，似亦愛人以德之一端。昀於東原交不薄，嘗自恨當時不能與力爭，失朋友規過之義，故今日特布腹心於左右，祈刊改此條，勿彰其短，以盡平生相與之情。芻蕘之言，是否可採，惟高明詳裁之。

附録

先生生有異禀，夜坐暗室，目閃閃如電光，不燭見物。知識漸開，光亦斂矣。乾隆丁〔一〕卯，年二十四，領順天鄉試解額。初，闈中擬朱文正首卷，以先生二場表儷語冠時，乃定第一，而文正亞之。時

〔一〕「丁」，原作「己」，今改。

阿文勤、劉文正與試事，榜發，皆以得人賀。二公復命，遂以上聞。先生與文正皆早受特達之知，職此故也。先正事略。

先生總纂四庫全書，與陸副憲錫熊、陸費侍郎墀同事，而先生實綜其成。綰書局凡十有三年，體例皆其所定。同上。

四庫全書告成進呈，先生撰表，條分縷晰，纖悉具備，同館莫不歎服。總其事者，復令陸耳山副憲、吴稷堂學士合撰一表，而屬先生代爲潤色。改就，終不愜意。仍索原表，書兩人銜名以進。高宗謂「此表必係紀某所撰」，遂特加賞一分，咸驚睿照之如神也。劉權之跋。

先生集中，多進奉文字。嘉慶三年，臨雍講學，撰進化源論，言治統、道統之合一。九年，臨幸翰林院，撰進端本化源論，言文爲治本。皆闡明經義，皇皇鉅製，足光盛典。文集。

先生於書無所不通，一生精力，備注於四庫提要及目録，不復自爲撰著。謂「今人所見狹，偶有一得，輒自矜獲，而不知皆古人所已言，或爲其所已闢」，故不輕著書。其所欲言，悉於四庫書發之，而惟以覺世之心，自託於小説稗官之列，其感人爲易入。所著閲微草堂筆記中，多見道之言。先正事略。

獻縣弟子

邵先生瑛

邵瑛字瑤圃，餘姚人。乾隆甲辰一甲二名進士，授編修。嘉慶初，以事降調，改官内閣中書。戊午，典湖北鄉試，後假歸不復出。邃深經術，嘗以杜氏預所著左傳集解，凡諸疑義，隋劉氏炫曾作規過一書以糾正之，而唐孔氏穎達所作正義，則又左袒杜氏，於劉説每加駁辨，因著劉炫規杜持平六卷，攷其得失，以釋兩家之紛。又以説文之字，可考正十三經及逸周書、大戴禮、國語沿襲俗字之謬，成説文羣經正字二十八卷，頗有裨於小學。參史傳。

劉炫規杜持平自序

左傳自杜氏集劉子駿、賈景伯、許惠卿、潁子嚴之註，題曰經傳集解，發明甚多，古今稱之。然棄經從傳，先儒集羣矢焉。故自杜而後，南朝則崔靈恩著左氏條議以難杜；北朝則張沖著春秋義略，異于杜氏者七十餘事；衛冀隆精服氏學，難杜六十三事。至劉光伯，隋世大儒，隋志記其撰左傳述義四十卷，孔沖遠作正義據以爲本，見於自敍，今亦無從別識，獨其規過，唐志作三卷者，孔氏一一標出，而概以爲非，毋亦袒杜之過與？余幼承庭訓，授讀是經，蓄疑者久矣。壬戌之秋，將乞假旋里，謁河間紀文達公于邸第，公意若重有所託者。瑛敬進而請之，慨然曰：「當日編纂四庫，嘗欲作規杜持平一書，以釋兩家之紛。今老矣，有志未逮。惟汝同志，其爲我成之。」瑛謹誌之，不敢忘。其時方殫力於説文，爲羣經正字之學，猝猝未暇旁及。迨脱稿，而余年已七十有四矣，精力日益衰，幾何不負師命也！幸天假餘年，猶可力疾從事。經始於甲戌之冬，閱十有五月而書成。顧以炳燭之明，又苦索居之久，其去于負師命者又幾何也？噫！是非誰折，提命如新，安得起九京而執經問難也夫！

獻縣交游

王先生鳴盛

別爲西莊學案。

戴先生震

別爲東原學案。

王先生昶

別爲蘭泉〔一〕學案。

〔一〕「蘭泉」，原作「春融」，今改。

王先生杰
別見臨桂學案。

錢先生大昕
別爲潛研學案。

朱先生筠
別爲大興二朱學案。

朱先生珪
別爲大興二朱學案。

翁先生方綱
別爲蘇齋學案。

邵先生晉涵
別爲南江學案。

彭先生元瑞

彭元瑞字掌仍，號雲楣，南昌人。乾隆丁丑進士，改庶吉士，授編修。官至吏部尚書協辦大學士，降補禮部侍郎，復遷工部尚書，加太子太保。嘉慶八年，以久病請解職，仍留充實録館總裁。未幾卒，年七十有三，贈協辦大學士，謚文勤。先生博通羣籍，入翰林後，直南書房垂四十年，以文字受知兩朝。天才敏贍，與紀文達同有才人之目。先後奉敕編纂祕殿珠林、石渠寶笈，續編西清續鑑、天禄琳瑯書目續編，皆手定凡例，詳審精核。嘗以太學石刻十三經，命爲校勘，因據欽定御纂諸本，及内府所藏宋、元舊刻，以訂監本之譌。刊石既竟，復仿唐張參五經文字例，别撰石經考文提要十三卷，正誤補脱，論者爲有功於經學。撰五代史記補注，未竟，付弟子劉侍郎鳳誥續成之。凡七十四卷，引諸家之論以辨是非，參諸書之文以訂譌異，傳所有之事以詳委曲，傳所無之事以補闕遺，傳所有之人以核生平，傳所無之人以徵同類，皆本裴松之注三國志遺意，而以書注書，不以己意增損一字，則視裴注之任意去取者尤爲難能焉。他所著有宋四六話十二卷、策問存課二卷、知聖道齋讀書跋尾二卷、恩餘堂經進初稿十二卷、續稿二十二卷、三稿十一卷。參史傳、石經考文提要許宗彦跋、五代史記注劉鳳誥識語。

五代史記注例

歐陽公作五代史記，書法學春秋，文章學司馬遷，自晉書以下十六代，未能或之先也。後之論者，每議其略於唐、宋之際，典章制度因革損益闕焉不詳，多議作注以補之，而卒無成書。予以謂有注而以所取者校之所去者，而後知公史法之精嚴。裴松之爲陳承祚功臣，豈虚語哉！

一、全採薛居正五代史。前人注歐史無成書者，以薛史久佚也。薛史自金章宗朝不立學官，日就散失。今幸欽定四庫全書以永樂大典所收薈輯成之，其中大典原闕者十之一二而已。七百年來，遺籍復出，今悉採不遺一字，匪惟注歐，亦以存薛。本紀以年月分次。列傳以事分次。薛有歐無之傳，有家世者從其先。歐史有名者，從其人；無名者，或以事相比，或以人品相比，亦三國志注例也。薛史十志附於歐史卷外大書，而以它書作注。歐考所及，仍入歐注，亦後漢書補志例也。

一、全採五代會要。昔鄭漁仲病作史無志，譏歐史者亦以二考太略。考五代體制，全在會要一書。舊惟傳鈔訛脱之本，今幸武英殿官本槑布，悉取不遺一字，真足補歐未逮矣。實事分注紀傳。歐所已及，仍入歐注；歐所未及，仍入薛志注。

一、詳採册府元龜。是書例取正史，其時無歐史，所引皆薛史也，故詳之。新輯薛史所無，及有而其文不同者，仍採之。餘不複收。

一、詳採資治通鑑。是書徵引極博，不盡薛、歐二史，故詳之。考異及胡身之注所引，多久佚之書，逐條剌入。與薛、歐二史文同者，不複收。

一、所採書以宋爲斷。如陳霆唐餘紀傳，吴志伊十國春秋，雖有專書，不行採入。

一、採別史。新、舊兩唐書，宋、遼二史，同列學官，不行採入。五代史闕文、五代史補、五代春秋、五代史纂誤全行採入。唐鑑、契丹國志、隆平集、東都事略、九朝編年備要、續通鑑長編、太平治蹟統類、宋朝事實類苑諸書俱採入。

一、採霸史。十國世家未爲詳備，今幸遺籍多存，如九國志、五國故事、三楚新録、馬令、陸游兩南唐書、江表志、江南野史、江南別録、江南餘載、江淮異人録、南唐近事續、錦里耆舊傳、蜀檮杌、吴越備史、家王故事之類，詳爲採入。

一、採傳記小説。五代當時人所撰，惟摭言、北夢瑣言、釣磯立談三種，其自唐末至宋代人説部内所紀，自數十百條至一二條，悉行採入。

一、採輿地書。宋人輿地書，如九域志、輿地廣記、太平寰宇記、方輿勝覽、景定建康志、咸淳臨安志、淳熙三山志、吴郡志之類，悉行剌取。

一、採類書。正如玉海、文獻通考，大如太平廣記、太平御覽，繁如事文類聚、錦繡萬花谷，小如海録碎事、清異録之類，零縑斷璧，皆在所取。

一、採文章。唐末人至五代尚存者，集惟韓偓、司空圖、羅隱、黄滔、韋莊、杜光庭、貫休、齊己未佚，中多可採。唐文粹、文苑英華、宋文鑑及宋一代人文集、碑傳、議論，但及五代者，採之。金石尚存志乘所載文字，採之更可寶。

一、書名。薛曰五代史，歐曰五代史記，各仍其名。

一、卷數。歐書七十四卷，悉仍其舊。注太浩繁者，每卷分子卷，如續通鑑長編之例。

附録

姚伯昂曰：「太學石經凡一百九十碑，爲江南拙老人蔣衡書，乾隆五十七年始勒石。彭文勤司校讐，金司空簡司工。五十九年，幸避暑山莊，文勤不隨扈命，每晨至乾清宫徧校内府所弆宋刻各本，考其同異，著爲一書，名曰乾隆御定石經考文提要，凡蔣書不合於古者，俱改正之。碑成，文勤面奏：『石經將垂訓萬世，只臣與金簡二人列後銜，不足取信。』因加派和相國珅、王文端杰爲總裁，董文恭誥、劉文清墉及金司空、彭文勤爲副，金司空士松、沈司農初、阮制軍元、瑚太宰圖禮、那太宰彦成隨同校勘。

獨文勤得邀宫銜，並命仿五經文字、九經字樣例，每經勒考文提要於後。和相國嫉焉，毁提要不善，併言非天子不考文，議文勤罪。高廟云：『彭元瑞本以乾隆御定石經加其上，何得目爲私書？』和乃令人作考文提要舉正，分訓詁、偏旁、諧聲三門，以爲己作也，以進。又訾提要多不合坊本，不便士子，請飭禁銷毁，命彭某不得私藏。高廟歎曰：『留爲後人聚訟之端，亦無不可！』其事乃寢。和乃密令人將碑字從古者盡挖改之，而考文提要亦不果刊。嘉慶八年，文勤奏請詳加察覈。仁宗命董文恭、紀文達、朱文正、戴文端、那太宰查對，但將碑字之草率漏畫略加修補而已。阮制軍撫浙江，始以考文提要屬門下士許進士紹京刊刻焉。」竹葉亭雜記。

劉金門曰：「歐陽公五代史記，故尚書彭文勤公爲之補注。公嘗語鳳誥，自年十九，即有志注是書。隨事摭緝，積有歲月。爲史官，日獲詳讐中祕。爲江、浙學使，徧訪諸藏弆家舊本。閱朱竹垞爲徐章仲史注序，矜許甚至，多方購得之，僅帝紀十二卷，且五年速成，其疏略可知。朱又云：『年三十欲注是書，引鍾廣漢爲助。歸田檢舊稿，大半壁魚穴鼠所囓，五十年心事付之永歎。』嘻！事之難也。公自乾隆癸卯以後，總裁史館者二十年，治官撰書無虚日。閒以勉鳳誥曰：『文章學問各有淵源。吾鄉前哲朱文端公名蘇公之名，裘文達公名歐公之名，其所自待者如彼。文達尤究歐陽史學，以官事劇，弗遑。數以責予，予今又劇矣。願以休沐餘晷，出所詮釋，爲予排比而次第之。吾儕幸逢聖天子右文極盛，其以今所補薛文惠五代史原文爲注歐，因以存薛之本。其諸書取材，一以宋人爲斷。又錢曉徵少詹事近寄五代時金石文，宜悉眘入。它有未備，子盍務竭心目，徵据討論，贊予有成。冀上之朝廷，頒之學官，俾五代文獻燦然可稽，且以息讀史家訾詆歐陽之淺説。予之尊聞於鄉前哲，亦藉是以見，子其識之。』鳳誥入翰林，從公史局，日復不給，又連以使事在外，未即踐言。嘉慶辛酉，典試山左，辭公於寓園。公愀然曰：『子行矣。以遭遇言，計當留視學。予寢衰疾，慎毋忘注史之約。』洎癸亥手書，諄道此事，以謂觀成弗逮，行以全稿傾篋相付。九月，鳳誥按魏、博，有持歐史注稿售者，繙訖首尾，審爲竹垞手鈔，所采宋、元、明諸家書百餘種，凡千七百六十餘條，殆即所云壁魚穴鼠所齧者。驚喜馳報，不謂公之遽不及見也。更讀遺詩留寄鳳誥暨胡君長齡、阮君元曰：『少時注意歐陽史，七十三年未得成。門户雖然麄構架，庭階尚乏細經營。飄零莫遣隨殘葉，佽助終當賴友生。幸有三公舊同志，爲予緝業定刊行。』三復詩言，感愴無已。甲子，鳳誥還朝，始讀公自定諸帝家人傳，至六臣傳十六卷，蓋病中倉猝所成。餘五十八卷，聚一巨篋，所采宋人書二百數十種，視竹垞實倍且專，爰謹藏之。丁卯，使浙。公暇，取文瀾閣書一一校詳，加以摻掇。己巳夏，排次粗竟，旋以事輟業。迨癸酉至京師，重加訂補。及今乙亥，前後三易稿，迺得薈稡成書。凡朱、錢采録，無不剌入。公於是書，殫精五十餘年，而今迺得告無憾於公者。使公巋然幸存，當爲廬陵稱慰於七百年後，豈非藝林快事乎！惜乎！公之不及見也。胡就宿草，阮久在封圻，末由與之商榷。謹以公貽示凡例，眉列卷端，復以闡明公之本意者，綴爲例述於後。嘉慶乙亥秋七月。」五代史記注識語。

陸先生錫熊

陸錫熊字健男，號耳山，上海人。乾隆辛巳進士，以知縣歸班候選。逾年，值高宗南巡，召試一等，授内閣中書，累遷刑部郎中。三十八年，特改翰林院侍讀，官至都察院左副都御史。歷典山西、浙江、廣東鄉試，兩爲會試同考官，又督福建學政，所得多知名士。會盛京文溯閣所藏四庫全書，其中繕寫多有脱誤，因奏請自往覆校。五十七年春，甫至奉天，遽卒，年五十九。先生生有異禀，彊識博聞。四庫館開，與紀文達同爲總纂官，始終其事。其他奉敕編輯者，尚有通鑑輯覽、契丹國志、勝朝殉節諸臣録、河源紀略、歷代職官表諸書，悉當上意，輒降旨褒敍。所自著有炳燭偶鈔、寶奎堂文集、篁村詩集。參史傳、王昶撰墓誌銘。

浦先生鏜

浦鏜字金堂，號聲之，一號秋稼，嘉善人。廪貢生。乾隆壬午，入都應京兆試，假館紀文達家。一夕，友人招飲，醉後仆地不起，視之已絶。家居時，嘗與同里陳唐、周澧、章愷爲講學之會，各攻一業。先生獨究心注疏，每遇古籍善本，輒廣爲購借，於文字之異同，參互考訂，前後歷十二年，成十三經注疏正字八十一卷，兼綜條貫，抉微糾謬，功不在陸德明下。仁和沈椒園爲御史時，嘗録存其副。後攜書北上，及喪歸，則原稿已失。至嘉慶中，阮文達元撰十三經校勘記，猶屢引其書焉。他所著有雙聲疊韻録、小學紺珠補、文選音義、清建閣集。參嘉善縣志、盛百二柚堂續筆談、周震榮撰先友傳。

陸費先生墀

陸費墀字丹叔，號頤齋，桐鄉人。乾隆乙酉，以南巡召試，賜舉人，授内閣中書。丙戌，成二甲一名進士，改庶吉士，授編修，官至禮部左侍郎，以憂歸。尋坐事落職。五十五年卒。先生以翰林爲四庫全書總校官，兼武英殿提調，久於其事，凡所進書，校閲訂正，綜覈精詳。著有經典同文、歷代月朔考、帝王廟謚年諱譜、枝蔭閣詩集。參史傳。

余先生廷燦

余廷燦字卿雯，號存吾，長沙人。乾隆辛巳進士，改庶吉士，授檢討，充三通館纂修官。乞養歸。其學兼綜經史及諸子百家，象緯、句股、律吕、音韻皆能提要鉤玄。嘗與戴東原、紀文達相切劘。晚主濂溪、石鼓、淥江、城南書院，教以兼通漢、宋爲宗。著有存吾文集十六卷。嘉慶三年卒，年七十。參史傳、唐仲冕撰墓表。

文集

旅酬考

凡祭必立尸，必擇賓，賓一人，衆賓無數，爲賓黨，其位在堂下西階之西。凡祭則子姓兄弟咸會，小宗祭則兄弟皆來，大宗祭則一族皆至，爲主人之黨，其位在堂下阼階之東。有司羣執事皆北面立。凡祭必有獻，有酢，有酬。凡受獻必於堂上，受酬必於堂下。自迎尸入，主人初獻尸，主婦亞獻尸，賓三獻尸，訖事，神禮成。此據特牲饋食禮言之。於是順神意以逹神惠，遂獻賓，獻衆賓，設尊酬賓，獻長兄弟，獻衆兄弟，獻内兄弟，凡六節，乃旅酬。其獻賓也，主人降自阼階西面，洗爵酌西階上獻賓，賓受爵，薦脯醢。凡言薦，言祭，皆謂脯醢也。賓卒爵，賓酌以答主人，謂之酢。主人受爵，卒爵。賓執祭，降，西面奠於其位，位如初。言賓復西階下東面位也。其獻衆賓也，衆賓升拜受爵，坐祭立飲辯，主人備答，拜降實爵於篚。其設尊酬賓也，尊兩壺於阼階東爲兄弟之尊，尊兩壺於西階爲賓之尊。主人洗觶，先酌西階之尊，自西階前北面酬賓。獻賓之禮，以酬副之，其禮乃成。主人先自卒觶以導飲，再洗觶酌以進。賓西面，主人奠觶於薦北。賓取觶還東面，奠觶於薦南。此則西階一觶，發自主人，奠而未舉，正開旅酬之端者。其獻長兄弟、衆兄弟也，主人洗爵，獻長兄弟於阼階上，如賓儀。先成賓禮，然後獻長兄弟者，主人之義也。洗獻衆兄弟，如衆賓儀。其獻内賓、宗婦也，内賓，姑姊妹。宗婦，族人之婦。洗獻内兄弟於房中，如獻衆兄弟之儀。主人西面答拜，更爵酢，主人於賓兄弟並同北面拜，因獻爵酢。而此則主人自西面拜，且易爵而酢也。卒爵，降，實爵於篚，入復位。其旅酬也，前主人酬賓，已舉西階一觶，則長賓有酬爵。惟長兄弟無爵，無以相酬。於時兄弟、弟子洗酌東尊，在阼階前北面，舉觶於長兄弟。旅酬只有兄弟、弟子舉觶，而中庸註及賓弟子，蓋兼後無算爵言之。自不合乎舉，至棄經從傳。弟子亦先自飲以導，如舉人酬賓儀。此則東階一觶，發自兄弟、弟子，亦奠而未飲；正當旅酬之始者。然後賓取前所奠薦南之觶，往阼階前，凡言前，在階下。北面酬長兄弟。賓立卒觶酌於東尊進，長兄弟受觶，賓復位。長兄弟即舉賓酬觶，往西階酬衆賓。長兄弟自卒觶酌於西尊西面，衆賓受旅者受。旅，行也。受，行酬也。長兄弟復位，衆賓及衆兄弟交錯以辯。此先旅西階一觶也。然後長兄弟又取前弟子所舉觶以酬賓，如賓酬兄弟之儀，以辯卒，受者實觶於篚。此次旅阼階一觶也。蓋賓取薦南之觶酬長兄弟，則長兄弟行旅於衆賓，衆賓及衆兄弟交錯以辯。長兄弟取弟子之觶酬賓，則賓行旅於衆兄弟，衆兄弟及衆賓亦交錯以辯。而内賓旅酬之節，又詳於記，而經不言者，此旅酬之正也。然賓弟子洗酌西尊，中庭北面舉觶於其長。前此，賓弟子無舉觶於其長之事，至此無算爵時乃有之。兄弟、弟子又洗酌東尊，中庭北面舉觶於其長。前兄弟、弟子自行禮於其長，此則因賓弟子行禮於其長而及之，且因將行無算爵而及之也。舉觶者祭卒觶拜，長皆答拜；舉觶者洗各酌於其尊，復中庭初位，長皆拜；舉觶者皆奠於薦右，注云：非神惠，同於生人飲酒。長皆執以興；舉觶者皆復位答拜，長皆奠觶於其所，將衆相酬也。皆揖其弟子，弟子皆復其東西面之位，爵皆無算。旅酬惟兩觶交錯以徧，而此則徧後又舉，以醉爲度，故無算也。而此下當有賓及長兄弟以次各舉，其弟子所舉觶交錯以辯，其文省耳。此則旅酬之全也。

釋射

張布爲所射，布謂之侯。侯中方一丈，謂之鄉侯之中。三分之得三尺三寸有奇，謂之鄉侯之鵠中。上下各長二丈，横設之，廣二尺左右，各出五尺，謂之躬。躬上長四丈，横設之，廣二尺左右，各出躬一丈，謂之上舌。躬下長三丈，横設之，廣二尺左右，各出五尺，謂之下舌。舌亦謂之个，侯上幅謂之上个。舌上下有繩維之，各出舌尋，謂之綱。下綱去地尺二寸，謂之武。中人之足，長尺二寸。兩旁樹木謂之植。籠綱以繫於植謂之紐。紐圍寸謂之縜。六尺謂之弓量。去堂遠近以爲侯道，謂之量人。大射，侯道九十弓，即虎侯，王自射。弓取二寸，則丈八尺以爲侯，中三分其侯而鵠居一，謂之大侯之鵠。侯道七十躬，即熊侯，侯所射。弓取二寸，得一丈四尺以爲侯，中三分其侯而鵠居一，謂之參侯之鵠。侯道五十弓，即豹侯，卿大夫以下所射。又卿大夫大射主臣同麋侯，亦五十弓。弓取二寸，得一丈以爲侯，中三分其侯而鵠居一，謂之豻侯之鵠。爲獲者禦矢謂之乏，乏謂之容。爾雅容謂之防，在侯西北邪向，謂之侯黨。於文反正爲乏，正以受矢，乏以蔽矢。弓淵謂之隈。隈者，弓之曲處。考工記「凡角之中，恒當弓之畏，畏者必撓」是也。弓把謂之弣。弓末謂之簫。簫或作弰，又曰彌。詩：「象彌魚服。」又曰彆。説文曰：「彆，弓戾也。」又曰峻。弓人曰：「凡爲弓，方其峻。」又爾雅云：「弓無緣者謂之彌。」蓋無緣之弓，以骨飾其彌，故謂之彌。又簫之飾以金者謂之銑，以蜃者謂之珧，以玉者謂之圭。郭璞曰：「珧，小蚌也。」金鏃翦羽謂之鍭。骨鏃不翦羽謂之志。矢幹長三尺謂之笴。矢末銜弦謂之括。四矢謂之乘。横矢於二指之間謂之挾。插於紳帶之間謂之搢。紳之外，革之内，故云紳帶之間。遞取弓矢見威儀謂之拾。天子之弓，合九成規，往體寡，來體多，謂之王弓弧弓。諸侯之弓，合七成規，往來體若一，謂之唐弓大弓。大夫之弓，合五成規，往體多，來體寡，謂之夾弓庾弓。士合三而成規，句者謂之弊弓。戰守，二在前，三在後，其達遠謂之枉矢絜矢。田獵，一在前，二在後，其達遲謂之殺矢鍭矢。弋射，四在前，三在後，其行高謂之矰矢茀矢。散射，四在前，四在後，其行平謂之恒矢庳矢。著右巨指以鉤弦闓體，謂之決朱韋韝。食指將指無名指以利放弦，謂之朱極韋韝。著左臂以引弦謂之遂。遂蔽膚斂衣謂之拾。左免衣謂之袒。袒朱襦謂之君袒。袒纁襦謂之大夫袒。君在，大夫射及士射皆謂之肉袒。堂正中謂之棟。次棟謂之楣。堂東西柱謂之楹。東行過由楹北謂之鉤楹内。東行過由楹南謂之由楹外。疏數容弓謂之兩楹間。能正方圜者謂之梓人。一縱一横謂之午。若丹若墨度尺而午謂之物。在左者謂之左物。在右者謂之右物。履左物者謂之上射。履右物者謂之下射。左足履物，既視侯而俯，併其右足，謂之方足。矢下行者謂之留。矢上行者謂之揚。矢左右行者謂之方。析羽爲之，倚侯中，謂之旌。雜帛爲之，謂之物。舉旌唱獲謂之獲者。舉旌而大言唱獲謂之以宫。偃旌而小言唱獲謂之以商。長尺有握者八十謂之箭籌。籌謂之算。鑿背容八算，釋獲者奉之，謂之中。君於國中燕射，以翿旌獲，謂之皮樹中。郊於太學射，以旌獲，謂之閭中。竟與鄰國君射，以龍旜獲，謂之虎中。大夫各以其物獲，謂之兕中。士翿旌以獲，謂之鹿中。其射之以樂，六耦三侯三獲三容，樂以騶虞九節五正，謂之王射。四耦二侯二獲二容，樂以貍首七節三正，謂之諸侯之射。三耦一侯一獲一容，樂以采蘋五節二正，謂之孤卿大夫之射。三耦豻侯一獲一容，樂以采蘩五節二正，謂之士射。張幃席爲之謂之次。所以揵犯教者謂之扑。執弓以指受者謂之畢。大射。左執弣，右執下末，向乏而揚之，以命去侯，謂之揚弓。向侯而揖之，推手也。以命取矢，謂之揖弓。以取矢之器謂之并夾。以盛矢之器謂之箙。所以承笴齊矢謂之楅。設中庭而統於賓，以西爲上，謂之東肆。手放而下備不整理謂之順羽。左右手撫而四四數分之謂之撫矢。釋獲先數右，獲一算謂之奇，二算謂之純。縮而委之異之謂之十純。横諸下者謂之餘純。奇又縮諸純下。若右勝者謂之右賢於左。若左勝者謂之左賢於右。左右一者謂之左右鈞。設於西楹西以奠觶者謂之豐。奉豐者謂之司宮士。大射則司宮士，鄉射則弟子。袒決，遂執張弓，謂之勝者。左執弣，右執弦。襲而説決拾，卻左手，加弛弓於其上，遂執弣，謂之不勝者。州長春秋以禮會民而射於州序謂之鄉射。將祭擇士謂之大射。諸侯朝天子而與之射謂之賓射。諸侯相朝而與之射謂之燕射。比兩人對決勝負謂之耦司射。選賓黨弟子有德行道藝之高者以誘射謂之三耦。席户牖間南面東上者謂之賓席。阼階上西面者謂之主人。繼賓席而西居衆賓之長者謂之三賓席。於尊東西上者謂之遵位。於堂西待比耦者謂之衆賓。待命事者謂之弟子。在官之士與賓俱來者謂之公士。將射來觀禮者謂之羣士。贊主人之命謂之相。涖酒禮而尊卑皆受範謂之司正。以主人之吏爲之謂之司射。掌一射之儀謂之司馬。

清儒學案卷八十一

蘭泉學案

乾隆朝文治極盛，朝士多以學術相尚，宏奬爲懷。蘭泉博通之才，宗主漢學，雖孥經考史未有成書，其説多見諸文集，金石尤爲專家。同時弇山畢氏，嗜學愛士，廣延通儒，校釋古籍，續編通鑑；甌北趙氏，貫串乙部，竝有裨學林，用附著焉。述蘭泉學案。

王先生昶

王昶字德甫，號述庵，一號蘭泉，青浦人。乾隆甲戌進士，以知縣歸班候選。丁丑，高宗南巡，召試第一，授内閣中書，入直軍機處，累遷刑部郎中。因漏洩查辦兩淮鹽引事罷職，赴雲南軍營效力敍功。復以吏部主事隨征大、小金川，事平，仍直軍機處。歷官至刑部右侍郎。以老，原品休致。晚年歷主婁東敷文書院及詁經精舍講席。嘉慶十一年卒，年八十有三。先生於學，無所不窺。治經通漢儒之學，詩、禮宗毛、鄭，易宗荀、虞，而言性道則尊朱子，下及薛河津、王陽明諸家，不分門户。性好金石，所藏碑刻凡千數百通，撰金石萃編一百六十卷，考訂精博，爲嗜古者所珍。其詩文閎博淵雅，有關於經史文獻，曰春融堂集，共六十八卷。又著有征緬紀聞三卷、蜀徼紀聞四卷、滇行日録三卷、屬車雜志二卷、滇詔紀程一卷、適秦日録一卷、商洛行程記一卷、豫章行程記一卷、雪鴻再録一卷、使楚叢談一卷、臺懷隨筆一卷、天下書院志十卷，及青浦縣志、太倉州志、銅政全書、蒲褐山房詩話等書。所選輯者，有青浦詩傳三十二卷、詞二卷、湖海詩傳四十六卷、湖海文傳七十五卷、明詞綜十二卷、國朝詞綜四十八卷、琴畫樓詞鈔若干卷。參史傳、阮元撰神道碑、秦瀛撰墓誌銘、漢學師承記。

金石萃編自序

宋歐、趙以來，爲金石之學者衆矣，非獨字畫之工，使人臨摹把翫而不厭也。跡其囊括包舉，靡所不備。凡經史小學暨於山經、地志、叢書、别集，皆當參稽會萃，覈其異同，而審其詳略，自非輇材末學能與於此。且其文亦多瓌偉怪麗，人世所罕見，前代選家所未備，是以博學君子咸貴重之。歐、趙所采，止於五代，後之著録者，取以爲法焉。然歐公上至五代僅及百年，金石録以劉跂作序之歲數之，亦百有五十年耳，而宋末遼、金迄今，至歷五百餘年之久，其未可引歐、趙之例，斤斤以五代爲斷，明矣。且宋、遼、金三史皆成於托克托之手，卒以時日迫促，載者有所弗詳，重者有所未削。方藉碑碣文字正其是非，而可置而不録與?古金石之書，具目録，疏年月，加攷證焉爾。録全文者，惟洪氏隸釋、隸續爲然。而明都氏穆，近時吴氏玉搢等繼之。然洪氏隸書之外，篆與行楷屏而不載，都氏止六十八通，吴氏止一百二十餘通，愛博者頗以爲憾焉。余弱冠即有志於古學，及壯游京師，始嗜金石。朋好所贏，無不丐也；蠻陬海澨，度可致，無不索也。兩仕江西，一仕秦，三年在滇，五年在蜀，六出興、桓而北，以至往來青、徐、兖、豫、吴、楚、燕、趙之境，無不訪求也，蓋得之之難如此。然方其從軍於西南徼也，留書篋於京師，往往爲人取去。又游宦輒數千百里，攜以行，間有失者，失則復蒐羅以補之，其聚之之難又如此。而後自三代至宋末、遼、金，始有一千五百餘通之存。夫舊物難聚而易散也，後人能守者少，而不守者多也。使瓌偉怪麗之文銷沈不見於世，不足以備通儒之採擇，而經史之異同詳略無以參稽，其得失豈細故哉！於是因吏牘之暇，盡取而甄録之。缺其漫漶陊剥不可辨識者。其文間見於他書，則爲旁注以記其全。秦、漢、三國、六朝篆隸之書，多有古文别體，摹其點畫，加以訓釋。自唐以後，隸體無足異者，仍以楷書寫定。凡額之題字，陰之題名，兩側之題識，胥詳載而不敢以遺。碑制之長短寬博，則取漢建初慮俿尺度其分寸，并志其行字之數，使讀者一展卷而宛見古物焉。至題跋見於金石諸書，及文集所載，删其繁複，悉著於編。前賢所未及，始援據故籍，益以鄙見，各爲按語。總成書一百六十卷，名金石萃編。嗚呼！余之爲此，前後垂五十年矣。海内博學多聞之彦，相與摩挲參訂者，不下二十餘人，咸以爲「欲論金石，取足於此，不煩他索也」。然天下之寶，日出不窮，其藏於嗜古博物之家，余固無由盡覩，而叢祠破冢，繼自今爲田父野老所獲者，又何限是，在同志之士，爲我續之已矣。

文集

與褚舍人搢升書

奴子從都下歸，知動履萬福，并惠手書，具道小學放絶，欲勒字學一書，具訓於蒙士，其意甚厚。按漢法，太史試學童，能諷書九千字以上，乃得爲吏。又以六書試之，課最者以爲尚書御史、史書令史。又吏民上書，字或不正，輒舉劾。蓋用之審，而核之之精，至於如此。今則齒於學。舉於鄉者，俾之誦，百字中必有譌音焉。俾之書，百字中必有譌體焉。而刊雕在簡牘者，紕謬疊出。姑以論語、孟子言之。親仁之親，本从辛从木，監本乃从立从木。皇皇后帝之皇，本从自，監本乃从白。饔飧而治之飧，本从夕从食，監本乃从歹从食。皡皡如也之皡，本从日从皋，監本乃从白从皋。於諧聲會意之義皆失。至若欲之加心，埶之加草，其失更僕數焉不能終也。外此經史子集之舛誤，概可見矣。某常欲綴輯一書，專以説文爲本，説文所未載，則散附於各部之下，先列音之互異者，次列義之互異者，次列形之互異者，據説文以正玉篇、集韻之失，據經傳以正説文之缺，垂六七年，會以官事未果成。而足下奮然爲之，僕可輟不復作矣。且古無字名，有目爲書者，周禮「保氏養國子教以六書」是已；有目爲文者，禮記書同文是已；有目爲名者，儀禮「百名以上書於策，不及百名書於方」是已。故漢藝文志或云「凡將」，或云「訓纂」，率不言字。至漢、魏間而字詁、字指、字林之書乃漸行焉。然則足下之成書也，其名亦庸可忽歟？近長洲布衣江鱷濤名聲，工説文之學，見其所書，當與張力臣、陳長發上下。知足下樂得聞之，并以白於左右焉。不宣。

答許積卿書

閲前後兩札，似研究説文之學。近爲此學者，海内約有二十餘人，雖皆嗜古好奇之士，然有獵取數十百字，漫誇博奥，而詳説絶鮮，折衷指歸，究未畫一者不少。竊謂識字所以讀經，説文之字，非必即同孔子之經也。魯恭王壞孔壁得蝌蚪書，晉不準發魏安釐王冢得周書，亦蝌蚪文字，似孔子修六經，所書文字，皆用蝌蚪。今考史籀石鼓吉日癸巳及薛氏鍾鼎款識、宣和博古圖所載，如齊侯之鍾，季娟、南宫之鼎，並與小篆迥别。乃欲執許氏之文，以定五經之文，其果有當否歟？夫六書失傳久矣，今惟許氏説文最古，固學人所宜服膺者。然必謂説文之文，本即孔子之書，用以釋經，且以繩諸家之謬，己恐未然。況許氏之文，又爲徐氏所亂乎？婆羅門書，兩漢時未入中國，故鄭君箋註，第曰讀若某而已。徐氏以漢、唐後之切音，綴於漢人文字之下，亦寧有當歟？古人韻緩，不煩改字，故往往四聲通用。今徐氏本切韻以定音，故如「閏」字從門，門平聲，乃註如順切。「璿」字從睿，睿去聲，乃註似沿切。所從之字之音如此，所切之聲如彼，畫四聲爲鴻溝，毋乃益失古人之旨歟？愚常欲作説文之學，取羣經所有之字，説文所無者，共若干；周、秦鍾鼎古文所有，説文所無者，又若干，然後總鍾鼎説文，辨其偏旁，審其點畫，以釐其異同。又取説文中象形者若干字，諧聲者若干字，形而兼聲者又若干字，其指事、轉注、假借亦如之，俾字體較然，字數畫然。惟公事殷繁，年將七十，精神潦倒，無以勝此。願吾賢少年暇日攷定一書，推見漢以前文字之舊，杜噂喈而息喧嘵，庶爲功於經者大矣。前示近詩，清峻排奡，上擬金風亭長，具體而微。黎君詩亦英挺，於嶺南三家中頗近獨漉老人，可與仲則分道揚鑣。見時幸爲道拳拳之意。相見何時，惟善自愛。不宣。

與畢秋帆制軍論續通鑑書

得來教，謂續通鑑一書，經二雲諸君纂輯成編，惟舉要未撰，茲屬錢少詹成之，即屬以校讐勘定，付諸梓人，甚慰所望。聞是書搜采綦富，攷據精審，如李燾、徐夢莘、李心傳諸書爲前人所未見者，皆分別甄録，辨其異同，而補其疏略，誠所謂體大而思精，繼温國之後，而前此所未有者也。竊謂史書之作，在收採之宏富，而尤在持論之方嚴，蓋將以明古今之治亂，而治亂所以肇，實本乎賢奸忠佞之分。温國之鑑，如諸葛武侯書以寇魏，於二龔、陶潛之節，皆没不書，世尚不能無譏。至宋、明之世，玄黄水火，陰疑陽戰，事故煩多，關於國事人心者尤大，斷不可不分別黑白而定一尊。夫班固以附竇而罪者也，范蔚宗以叛而誅者也，然前書於蕭望之、周堪、孔光、張禹，後書於胡廣、馬融及黨錮之獄，分别邪正，磊磊明明，絶無媕婀澒㴔其間。蓋古人之書，使頑夫廉，懦夫有立志，不得不於宵小深惡而痛絶之。聖人之言，至渾厚也，獨於媢嫉聚斂之小人，一則曰「放流之，不與同中國」，一則曰「彼爲善之，災害並至」。至删詩，則太師皇父之章，亟録而登之，雖至褒姒滅之，閻妻煽處，未嘗爲先朝少諱。且於投虎不食，投北不受，危言極論，亦皆取以爲後人鑒戒如此。近館閣人議論，往往謂李元禮、范孟博爲過激；於明啟、禎之交，意又在右崔、魏而詘東林。某每見，必力陳其不可。蓋媕娿淟涊之習，千百年來，中於肺腑，匿於膏肓。其始也爲之調停，兩可繼也；轉欲以激烈釀成，歸過於君子，是尚得爲有是非之心者歟？此時爲世道人心計，正欲主張名教，砥礪廉隅，使人凛探湯之戒，動衣冠塗炭之思，故在北宋則如丁謂、寇萊公、吕夷簡、富鄭公、夏竦、范文正公及元祐、紹聖之黨論，南宋則黄潛善、李忠定公及慶元黨禁，皆當大書特書，溯其源起，列其善敗，抉魑魅之形，著檮杌之狀，以勖正不勝邪之戒，則後學讀之，必有太息流涕如蒯通之於樂毅書者，於以感激奮興，齘齒牙而崇清議，其有裨於世，非直攷據精博，超於陳氏桱、王氏宗沐、薛氏應旂、徐氏乾學已也。又如胡忠簡之封事，指陳痛切，爲宋文第一，今聞已加删節。又文信國黄冠備顧問之語，乃元人所誣，亦未删去，而柴市大風卷木主，足見英爽如生，亦未補入。皆不足以扶正氣而儆愚頑。是書卷帙重大，須佽助者必多，願以此告少詹，并告同局諸君子，爲世道人心計，不獨以收采宏富爲能。且閣下愛人才，修古學，以文章功績自結於聖明，浩然孑然雖一行孤立而不懼，非某蓋莫有知之深者。然以身示，不如更以言教，其嘉惠於後學尤深遠也。不然，黑白之不甚明，賢奸忠佞之不甚别，今既無以爲勵，而後無以爲戒，世有賢者，將訾其是非之寡當，輟而不觀，又非但如温國通鑑間有譏議也矣。執事作是書，某備聞緒論久矣。猥以當官事冗，弗獲襄編校之末。今聞書已將成，爲之喜而不寐。又慮同事者侈其繁博，而不足以昭炯戒。且媕娿淟涊，世俗之爲也，敢忘其愚而言之，願稍留意焉。

與孔渶谷主事書

慨自六經燼於秦火，漢儒起而修明之，承孔門諸弟子之傳，仞其師説，人自爲書，家自爲學，沿至魏、晉、六朝，不絶者如綫。自貞觀中定五經正義，而孟、荀、京、虞之易學，服氏之春秋，皆亡。其尚可見者，幸存於今之註疏爾。注疏所言，豈盡能質之羣經而盡合，證之於諸子而皆通？但當求之於理，理無可疑，即與羣經不盡合，無礙也。惟其理有所難通，然後采羣經以證之，或采後儒之論以折中之，是爲古人多聞闕疑、博學詳説之旨。然其難通者無多，不必别自爲書也。宋、元後，儒患在好著書，取其偶有得而稍異者雜於中，餘乃信手鈔撮，不云本自何人，是後儒之通患也。僕易宗王氏，詩宗毛、鄭氏，周禮宗鄭、賈氏。此後宋、元儒先之説，及已有所見者，采之附註於章末，以庶幾於信而好古之謂。今先録周易一種附呈，惟有以教之。

與汪容夫書

昨過竹西，足下論三禮甚悉洵矣。足下能信古，能窮經也，然不審足下之窮經，將取其一知半解沾沾焉，抱殘守缺，以自珍而不致之用乎？抑將觀千古之常經，變而化之謂之通，推而行之謂之事業乎？古人三年通一經，十五年而五經皆通，盈科而進，成章而達，皆此志也。通五經，實所以通一經。孔、孟謂博學，要歸反約，故孔子之後，自周以歷秦、漢，千有餘年，山東大師多以一經相授受，仞其師説，雖父子兄弟亦不肯兼而及之。其兼及者，惟鄭君殊尤絶質，多聞爲富，始於六蓺咸有箋註，甚至及於算術䜟緯。其後孔氏沖遠因之，然周禮、儀禮仍以讓之賈氏，未嘗侈其淵浩兼通而並釋者。蓋以兼通必不能精，不精則必不能致於用也。本朝制度，六官沿明之舊，實本之周禮；圜丘方澤之祭，亦法之春官。朝踐爲祫，移之於歲暮；饋食爲禘，用之於升祔。祀、禴、烝、嘗四時之祭，定於四孟，不復筮日。其餘隨運會之變，而稍加損益焉。是猶周監二代之意耳。士民之禮，著於會典，詳於大清通禮，頒在禮部，未及通行各省，則禮臣之咎也。昔何休註春秋，率舉漢律；鄭君注三禮，亦舉之。且以光武崇讖緯，故耀魄寶、靈威仰五天帝皆宗緯説。此窮經好古者之則也。至儀禮，惟冠、昏、相見、鄉飲酒、射及士喪禮以下五篇可以推而致之，餘則皆未備，實有難通。今之學者，當督以先熟一經，再讀注疏而熟之，然後讀他經，且讀他經注疏，并讀先秦、兩漢諸子并十七史以佐一經之義，務使首尾貫串，無一字一義之不明不貫。熟一經，再習他經，亦如之，庶幾聖賢循循慥慥之至意。若於每經中舉數條，每注疏中舉數十條，抵掌掉舌，以侈淵浩，以資談柄，是躐等速成，誇奇炫博，欺人之學，古人必不取矣。又聞顧亭林先生少時，每年以春夏温經，請文學中聲音宏敞者四人，設左右坐，置注疏本於前；先生居中，其前亦置經本。使一人誦，而己聽之，遇其中字句不同或偶忘者，詳問而辨論之。凡讀二十紙，再易一人。四人周而復始，計一日温書二百紙。十三經畢，接温三史或南、北史。故亭林先生之學，如此習熟，而纖悉不遺也。廣陵多聰穎士，幸足下以此教之，毋遽務躐等速成、矜奇炫博之學，則幾矣。

韋顧昆吾考

商頌「韋、顧既伐，昆吾夏桀」。箋：「韋，豕韋，彭姓。顧、昆吾皆己姓。」正義：「國語云：『己姓昆吾、蘇、顧、董、温，豕韋則商滅之矣。』故知豕韋即彭姓，顧與昆吾，皆己姓也。鄭語又曰：『豕韋，商伯，此已滅之。又得爲商伯者，成湯伐之，不滅其國，故子孫得更興爲伯也。』」或言豕韋有三：據唐書宰相世系表，豕韋，風姓，顓頊孫大彭爲夏諸侯，國于彭城。是有風姓豕韋也。據左傳蔡墨云：「其後有劉累，賜氏曰御龍，以更豕韋之後。」是有劉姓豕韋也。據世本，豕韋防姓。是又有防姓豕韋也。按豕韋本彭姓，若加以風姓、劉姓、防姓，則是豕韋有四，亦不止於三也。此三說皆非也。世本之防姓，防與彭音相近而譌。左傳之劉姓，夏孔甲曾命御龍氏更豕韋之後，一龍死，御龍氏不能致龍，尋遷魯縣，彭姓豕韋復國，終夏之世皆彭姓。至商武丁五十年，征豕韋，克之，乃以劉累之後代之。賈逵亦云：「祝融之後封爲豕韋，殷武丁滅之，以劉累之後代之。」當夏桀時，豕韋實彭姓，非劉姓也。鄭語「彭姓彭祖、豕韋、諸稽」，韋昭注及左傳杜預注皆云豕韋彭姓，不聞有風姓。唐書宰相世系表本諸國語，而改彭爲風，其謬顯然。通志氏族略以豕韋爲風姓，即沿世系表之誤。蓋豕韋在夏以前惟彭姓。彼三說者，皆誤也。元和郡縣志滑州白馬縣南有韋城，即豕韋之國。顧國，據哀二十〔一〕年傳：「公及齊侯、邾子盟于

〔一〕「二十」，據左傳當爲「二十一」。

顧。」竹書：「帝癸二十九年，商師取顧。」杜預云：「顧，齊地。」國名記云：「濮州范縣東南有古顧城。」至昆吾之見于典籍者，如國語云昆吾爲夏伯，史記楚世家云：「顓頊之後，陸終生子六人，長曰昆吾。昆吾氏，夏之時常爲侯伯，桀時湯滅之。」竹書：「仲康六年，錫昆吾命作伯。帝芬三十三年，封昆吾氏于有蘇。帝廑四年，昆吾氏遷于許。帝癸二十六年，商滅温。二十八年，昆吾氏伐商。三十一年，商自陑征夏邑，克昆吾，戰于鳴條，夏師敗績，桀出奔。」此昆吾氏顛末也。昆吾始封在濮陽，故哀七〔一〕年左氏傳云：「衛侯夢于北宮，見人登昆吾之觀。」別封在蘇，僖十年：「狄滅温，蘇子奔衛。」唐書世系表昆吾之子封于蘇，其地即鄴西蘇城。蘇與温，一地而異名，同隸衛境。然温在河北，濮陽在河南，相去數百里，聲勢足以相援，故湯先滅蘇，以弱昆吾，繼克昆吾，以弱桀耳。夫湯都亳，當今歸德商丘。書序「湯征桀，升自陑」，鄭君謂在河曲之南，正義謂在潼關左右。當日大勢，湯先自東稍西滅顧，以絶近患，乃渡河取韋，復西向取温，則東南諸國莫不賓商。昆吾之在濮陽者，或率師入衛，或奉桀以伐商，而不知其地已爲湯所有。即不然，亦路中斷，不可通桀。右臂已斷，然後逾王屋，沿河西北，悉鋭以攻安邑，而昆吾自破，夏自舉矣。武王之伐紂也，從西南而東北；湯之伐桀也，從東南而西北。商頌二句中，按其地理，當日伐桀之前後，瞭如指掌。古人歌頌，簡括明肅，後人明辨深思之，天下大勢，有不煩聚米畫沙而灼然自見。余故考而出之，以明夫湯之所以得天下者。

〔一〕「七」，據左傳當爲「十七」。

封建考

周禮大司徒：「凡建邦國，諸公之地，封疆方五百里，其食者半。諸侯之地，封疆方四百里，其食者三之一。諸伯之地，封疆方三百里，其食者三之一。諸子之地，封疆方二百里，其食者四之一。諸男之地，封疆方百里，其食者四之一。」職方氏云：「凡邦國，千里封公，以方五百則四公，方四百里則六侯，方三百里則十一伯〔一〕，方二百里則二十五子，方百里則百男。」職方所云，與大司徒所載脗合無疑。而禮記王制云：「公侯田方百里，伯七十里，子、男五十里。」孟子云：「公侯皆方百里，伯七十里，子、男五十里。」顯與周禮不合。而鄭注以王制爲殷制，云武王初得天下，因殷爵三加爲五，建百里、七十里、五十里之封。其後周公攝政，六年致太平，遷大九州之界，益封加地爲五百里、四百里、三百里、二百里、百里之國。蓋當日情形實如是也。說者謂孟子立論，所以抑當時七雄吞并之勢，故云齊、魯始封方百里，王制漢儒所作，遂祖其說，豈篤論哉！夫大司徒、職方所言皆周制，周自周公伐奄以後，滅國者五十，斥大九州，天下太平，由是而制周禮，故有五百、四百、三百、二百里之制。蓋論其頒布之時，當在成王七年以後。若周禮未成以前，則所用者尚仍殷制。周制公、侯、伯或食封疆之半，或食其三之一。而東遷後，王室日衰，諸侯放恣，封疆所出，皆以自食，故惡周禮之害己，抉而去其籍，而周初所行之殷禮，

〔一〕「十一伯」，職方氏作「七伯」。

且幸而得存，故孟子舉以告北宮錡，秦、漢儒者集以爲王制，而周禮之遺佚蓋已久矣。至其食者半、三之一、四之一，鄭注：「大國貢重正之也，小國貢輕字之也。」賈疏謂：「市取美物以貢天子。」竊計公之貢一歲多至四萬夫，幾與春秋晉取衛貢五百家，吴取魯賦八百乘等。非王者，無總貨寶之意。蓋所謂「其食者」，皆以之爲官吏禄用之費。計天子公田三十二萬夫，禄數均十四萬有奇，是王畿方千里，其食者半矣。諸公方五百里，公田八萬夫，爲王畿四分之一。若其朝野官吏亦四而得一，禄數眡王國而不減，應三萬八千四百餘夫。諸侯方四百里，公田五萬一千二百夫，爲諸公三之二而少。若官吏亦三而減一，禄數惟中下士相同，餘俱二而減，應一萬七千有奇。諸伯方三百里，公田二萬八千八百夫，爲諸侯之半而有餘。若官吏亦減半，禄數眡侯國而不減，應九千六百餘夫。諸子方二百里，公田一萬二千八百夫。諸男方百里，公田三千二百夫。若官數仍遞減，則男之官太少，不可爲國。子、男除庶人在官，及鄉遂諸官以地計，其他官數約倣王制。諸男禄數倣王制，而上士四，中士爲有加；諸子惟卿食縣，餘皆倍于諸男。計諸子班禄應三千二百餘夫，諸男應八百七十餘夫。凡公、侯、伯、子、男禄數，與所云其食半及三之一、四之一俱不甚遠，則以之爲官吏禄用，較入貢於王爲説長也。

鄭氏書目考

兩漢説經大師，著述繁富，莫如鄭君。後漢書本傳云：「門生相與撰玄答諸弟子問，依論語作鄭志八篇。凡所注周易、尚書、毛詩、儀禮、禮記、論語、孝經、尚書大傳、中候、乾象曆，又著天文七政論、魯禮禘祫議、六藝論、毛詩譜、駁許慎五經異議、答臨孝存周禮難，凡百萬餘言。」今以隋經籍志、唐藝文志核之，惟乾象曆、七政論不行于世，其他諸書，較本傳所載爲多。然隋、唐三志各有舛錯，或誤并他人之書，或不載鄭君之名，不可不考正也。玉海云：「唐志鄭玄毛詩譜三卷；隋志二卷，太叔求及劉炫注。今隋志毛詩譜二卷，但云太叔求及劉炫注，載在徐整毛詩譜下，不知是鄭君所撰之譜矣。徐整亦非自撰詩譜。釋文敍録稱：「徐整暢，太叔裘隱。」國史志云：「整既暢演，而裘隱括之。」是皆注鄭譜耳。隋志不言鄭撰，是其疏也。新唐書藝文志云：「鄭玄注戴聖禮記二十卷，又禮議二十卷，禮記引三卷。」攷劉昫舊志云：「禮記二十卷，戴聖撰，鄭玄注。」又云：「禮義二十卷，戴聖等撰。」杜氏通典、政和五禮新儀並言是「戴聖撰，無鄭注，新志連屬言之，誤也」。新唐書藝文志云：「鄭玄注古文尚書九卷。」又：「釋問四卷，王粲問，田瓊、韓益正。」舊志亦云：「尚書釋問四卷，王粲問，田瓊、韓益正，鄭玄注。」蓋王粲有疑于鄭學而問，鄭之弟子田瓊、韓益釋之，所問所正，皆鄭氏之注，故言「鄭氏注」，以申明之。後人誤以爲鄭玄撰者，非也。他如周禮大宗伯賈公彥疏引爾雅鄭注云：「天皇北辰耀魄寶。」鄭未注爾雅，此不足據。又朱子書河圖洛書曰：「大戴禮明堂篇有二九四七五三六一八之語，鄭氏注：『法龜文也。』漢人固以九數者爲洛書也。」鄭康成無大戴禮注，朱子誤以盧辨注爲鄭注耳。又玉海附載忠經一卷，馬融撰，鄭玄注，崇文總目在小説，此係僞書，不足録。又劉克莊墨莊漫録載漢宮香方，鄭康成注，尤謬妄也。余向與惠定宇、家鳳喈共講鄭氏學，各取書目考證之，尚多不全不備。今歸田多暇，輒復論定。據後漢書本傳、鄭志目録、晉中經簿、梁七録、隋經籍志、舊唐書經籍志、新唐書藝文志，參以宋藝文志、崇文目、玉海、御覽、釋文諸書，略訂其誤，俾後之談鄭學者覽焉。

周易注。本傳有。鄭志目録有。晉中經簿有。梁十二卷。隋九卷。舊唐志九卷。新唐志十卷。按：玉海，費氏之後，易經上下離爲六卷，繫辭而下五篇合爲三卷。宋藝文志鄭玄周易文言注義一卷，蓋宋時惟存文言、説卦、序卦、雜卦四篇，合爲一卷，餘皆逸也。舊本十二卷，後爲九卷，新唐志云十卷者，釋文所謂録一卷也。易緯注。梁九卷。隋八卷。宋藝文志七卷。乾鑿度、通卦驗不在七卷内。乾鑿度注。李淑書目二卷。宋藝文志三卷。通卦驗注。李淑書目二卷。宋藝文志二卷。稽覽圖注。宋志一卷。玉海、永樂大典同。通考二卷。書録解題三卷。通志七卷。通志言七卷者，合辨終備以下四卷及二卷、三卷無標目者，非謂稽覽圖有七卷也。辨終備注玉海一卷。是類謀注玉海一卷。乾元序制記注玉海一卷。坤靈圖注。玉海一卷。按：玉海云：「今三館所藏乾鑿度、通卦驗皆別出爲一書，而易緯鄭氏注七卷，稽覽圖第一，辨終備第四，是類謀第五，乾元序制記第六，坤靈圖第七，二卷、三卷無標目。」尚書注。本傳有。鄭志目録有。晉中經簿有。隋九卷。唐同。按：本傳云：「從東郡張恭祖受古文尚書。」唐志云：「鄭注古文尚書九卷。」尚書義問。隋志，梁有義問三卷，鄭玄、王肅及晉五經博士孔晁撰。尚書大傳注。本傳有。鄭志目録有。晉中經簿有。隋三卷。崇文目同。書録解題、通考並四卷。尚書緯注。梁六卷。隋三卷。唐三卷。按：唐志有鄭注尚書緯三卷，宋以後亡，其緯書不可考，今略檢諸書，補其目于下。刑德放注。見御覽六百四十，八卷。帝命驗注。見初學記，九卷。考靈耀注。見藝文類聚，一卷。璇璣鈐注。見王融策秀才文李善注。以上緯書散見各書中頗多，今略舉以概其凡。尚書中候注。本傳有。鄭志目録有。晉中經簿有。梁八卷。隋五卷。其名有握河紀、勅省圖、我應、雒師謀、準纖哲、合符后、運衡、覬期、考河命、義明、霸免、苗興、契握、雒余命、適雒貳、稷起。毛詩箋。本傳有。鄭志目録有。晉中經簿有。隋二十卷。唐志云：「箋毛詩詁訓二十卷。」毛詩譜。本傳有。鄭志目録有。新唐志三卷。舊唐志二卷。宋三卷。歐陽修補亡隋志二卷，即鄭譜不注鄭玄撰者，誤。詩緯注。唐三卷。儀禮注。本傳有。晉中經簿有。隋十七卷。唐同。周官禮注。晉中經簿有。隋志十二卷。唐十三卷。按：本傳云：「從張恭祖受周官、禮記。」儒林傳云：「馬融作周官傳，授鄭玄，玄作周官注。」本傳稱其注儀禮、禮記。唐史承節撰鄭司農碑云：「注儀禮、周官、禮記。」較爲詳備矣。答臨孝存周禮難。本傳有。鄭志目録有。鄭志作臨碩。碩，孝存名也。「臨」，正義作「林」。「孝存」，史承節碑作「孝莊」。禮記注。本傳有。鄭志目録有。晉中經簿有。隋二十卷。唐同。魯禮禘祫議。本傳有。喪服經傳注。隋一卷。喪服變除注。唐志一卷。此戴德所撰而鄭注之。孔疏亦多引其文。唐志脱一「注」字。喪服譜。隋一卷。唐志作喪服紀一卷。三禮目録。隋一卷。唐同。梁有陶弘景注，亡。三禮圖。隋九卷。同侍中阮諶等撰。禮緯注。隋志云三卷，亡。今取其可考者補其目。斗威儀。見文選七啟李善注。含文嘉。見御覽，一卷。禮記默房注。梁三卷。隋二卷。左傳注。本傳云：「從張恭祖受左氏春秋。」邢昺孝經疏引六藝論敘春秋云：「玄又爲之注。」劉孝標世説云：「鄭注春秋傳未成，盡以與服虔，爲服氏注。」鍼左氏膏肓。本傳有。鄭志目録有。唐志十卷。釋穀梁廢疾。本傳有。鄭志目録有。隋志三卷。唐同。發公羊墨守。本傳有。鄭志目録有。新唐志一卷。舊唐志二卷。駁何氏漢議。隋二卷。唐志云：「何休春秋漢議十卷，鄭玄駁。」春秋左氏分野。梁一卷。春秋十二公名。梁一卷。孝經注。本傳有。隋一卷。唐一卷。太平寰宇記作鄭小同撰者，非。論語注。本傳有。晉中經簿有。隋十卷，又九卷。唐十卷。論語釋義注。舊唐志十卷。新唐志十卷。論語孔子弟子目録。隋一卷。唐志作論語篇目弟子一卷。孟子注。隋七卷。唐同。六藝論。本傳有。鄭志目録有。隋一卷。唐同。駁許慎五經異義。本傳有。鄭志目録有。唐十卷。答甄守然書。鄭志目録有。史通作甄子然。乾象曆法。本傳有。鄭志目録有。天文七政論。本傳有。鄭志目録有。日月交會圖。梁一卷。又有日月本次位圖，疑亦鄭注。九宮經。隋三卷。九宮行棊經。隋三卷。九旗飛變。舊唐志一卷，鄭玄撰，李淳風注。漢律章句。晉書刑法志：「魏時承用漢律，叔孫宣、郭令卿、馬融、鄭玄諸儒章句十有餘家，家數十萬言。於是下詔，但用鄭氏章句，不得雜用餘家。」鄭玄集。梁二卷，録一卷。唐二卷。近盧見曾輯鄭司農集一卷，然缺佚者多。如玉海所引之三禮序、論語序，詩芣苢疏所引之尚書中候序，皆不可得矣。樂緯動聲儀。諸書皆不言鄭有樂緯注，然考御覽一引樂緯動聲儀有鄭玄注，則鄭君曾注樂緯，信矣。鄭志。鄭小同撰。本傳有。隋十一卷。唐九卷。鄭記。鄭玄弟子撰。隋六卷。唐同。尚書音。隋經籍志云：「梁有尚書音五卷，孔安國、鄭玄、李軌、徐邈等撰。」釋文敍録云：「漢人不作音，後人所托。」毛詩音。舊唐志毛詩諸家音十五卷，鄭玄等注。釋文敍録載鄭等九人。禮記音。梁一卷。舊唐志二卷。新唐志三卷。曹耽解釋文敍録一卷。周官音。舊唐志三卷。新唐志同。釋文敍録一卷。儀禮音。梁二卷。釋文敍録一卷。

乾鑿度主歲卦解

乾鑿度云：「乾，陽也。坤，陰也。並治而交錯行。乾貞於十一月子，左行，陽時六。坤貞於六月未，右行，陰時六。以奉順成其歲，歲終，次從於屯、蒙。屯、蒙主歲。屯爲陽，貞於十二月丑，其爻左行，以間時而治六辰。蒙爲陰，貞於正月寅，其爻右行，亦間時而治六辰。歲終則從其次卦。陽卦以其辰爲貞，左行，間時而治六辰。陰卦與陽卦同位者，退一辰以爲貞，其爻右行，間時而治六辰。泰、否之卦獨各貞其辰，共北辰左行相隨也。中孚爲陽，貞於十一月子。小過爲陰，貞於六月未。法於乾、坤。三十二歲期而周，復从於貞。」今考其法，主歲之卦以周易上下經爲序，而爻之起貞，則以卦氣六日七分爲序。內卦爲貞，外卦爲悔，故從初爻起爲貞。其卦於六日七分在某月，即以某月起初爻。陽卦左行，陰卦右行，兩卦以當一歲。前卦爲陽，後卦爲陰，其行皆間一辰。乾於卦氣在四月巳，坤於卦氣在十月亥。今乾初不起四月，坤初不起十月者，以十一月子陽生，五月午陰生，乾、坤尊，不與衆卦耦。故乾初爻貞於十一月子，九二爻辰在寅，九三爻辰在辰，九四爻辰在午，九五爻辰在申，上九爻辰在戌。坤又不貞於五月者，五月與十一月皆陽辰，間辰而次，則相重矣，故退一辰。初爻貞於六月未，六二爻辰在酉，六三爻辰在亥，六四爻辰在丑，六五爻辰在卯，上六爻辰在巳。屯於卦氣屬十二月初候，故初九爻辰在子。若師於卦屬正月二候，故初六爻辰在寅，九二爻辰在辰，六三爻辰在午，六四爻辰在申，六五爻辰在戌，上九爻辰在辰在丑，六二爻辰在卯，六三爻辰在巳，六四爻辰在未，六五爻辰在酉，上六爻辰在子。若師於卦氣屬四月二候，比亦屬四月三候，陰卦與陽同位，陰卦退一辰而貞五月。兑於卦氣屬八月方伯之卦，巽亦屬八月初候，陰卦與陽卦同位，陰卦宜退一辰而貞九月。巽爲陽，兑爲陰，今兑不退而巽退者，以兑是四正卦，故不退兑而退巽。然不獨同位然也，凡陽卦在陽辰，陰卦亦在陽辰，陽卦在陰辰，陰卦亦在陰辰，皆後卦退一辰以爲貞。小畜貞四月，履貞六月，同在陰辰，則履初貞七月申。同人貞七月，大有貞五月，同在陽辰，則大有初貞六月未。噬嗑貞十月，賁貞八月，同在陰辰，則賁初貞九月戌。咸貞五月，恒貞七月，同在陽辰，則恒初貞八月酉。遯貞六月，大壯貞二月，同在陰辰，則大壯初貞三月辰。損貞七月，益貞正月，同在陽辰，則益初貞二月卯。夬貞三月，姤貞五月，同在陽辰，則姤初貞六月未。萃貞八月，升貞十二月，同在陰辰，則升初貞正月寅。困貞九月，井貞五月，同在陽辰，則井初貞六月未。震貞二月，艮貞十月，同在陰辰，則艮初貞十一月子。漸貞正月，歸妹貞九月，同在陽辰，則歸妹初貞十月亥。豐貞六月，旅貞四月，同在陰辰，則旅初貞五月午。皆退一辰也。至泰在正月，貞其陽辰，否在七月，亦陽辰，自宜避之，以兩卦獨得乾、坤之體，故各貞其辰，而皆左行，泰則寅、卯、辰、巳、午、未，否則申、酉、戌、亥、子、丑。三陽在東北，三陰在西南，陰陽相比，共復乾、坤之體也。至中孚，於卦氣在十一月子，小過，於卦氣在正月寅，退一辰，宜貞二月卯，而貞于六月未者，以六十四卦中取坎、離，法乾、坤，而爻辰同終，以中孚、小過效乾、坤，而爻辰亦同。不用既濟、未濟者，以小過止須一卦易位，既濟、未濟便須兩卦皆易，故不用也。朱震作十二律圖，坤初六六月未，六二四月巳，六三二月卯，六四十二月丑，六五十月亥，上六八月酉，是誤解右行之旨，而雜出于京氏納辰之法。國初黄宗羲主歲卦圖亦沿其誤。不知乾鑿度所言左右者，以子午南北言之，則東在左，西在右。乾生子中，自北而東，向左爲左行；坤始未中，自南而西，向右爲右行。其實皆左行，故曰交錯並行，非順逆之謂也。

鄭氏爻辰解

易乾九二爻，正義云：「諸儒以爲九二當太簇之月，陽氣發見，則九三爲建辰之月，九四爲建午之月，九五爲建申之月，陰氣始殺，不宜稱飛龍在天。上九爲建戌之月，羣陰既盛，不得言與時偕極。此時陽氣僅存，何極之有？諸儒此説，于理稍乖。此乾之陽氣漸生，似聖人漸出，宜據十一月之後至建巳之月已來乾卦之象，其應然也。」孔氏黜鄭尊王，故有是難。然又云：「陰陽二氣，共成歲功，故陰興之時仍有陽在，陽生之月尚有陰存，所以六律、六吕陰陽相間，取象論義，於此不殊。」則又未嘗盡非鄭學也。蓋陰陽大運，無不有互乘交錯之理。以天文言之，日爲陽，月爲陰；歲、熒惑、鎮爲陽，太白、辰爲陰；斗魁爲陽，尾爲陰；天東南爲陽，西北爲陰。以節候言之，四月純陽用事，陰在其中，故靡草死；十月純陰用事，陽在其中，故薺菜生。十二辟卦之升降，所以明二氣消息之端；十二鐘律之迭運，所以明萬物化生之本，固有未可執彼而廢此者。今由所謂爻辰者，略舉之。乾初九，辰在子，上值中宮天柱五星，隋志云「建政教、立圖法之府」，故屯初曰「利建侯」。九二，辰在寅，上值箕尾天江四星，石氏曰「天江明動，大水不具，津梁不通」，故需二曰「需于沙」。九三，辰在辰，上值軫，巫咸云「軫，天車」，故小畜三失中曰「輿脱輻」。九四，辰在午，上值柳鬼，與西方白虎七宿近，故履四曰「履虎尾」。九五，辰在申，上值參觜，郗萌云「參，伐星，大則兵起」，故同人五曰「大師克相遇」。上九，辰在戌，上值中宮五帝座，張衡曰「五帝同明而光，則天下歸心」，故大有上曰「自天祐之」。坤初六，辰在未，上值井，黄帝占云「東井如水，用法清平如水」，故蒙初曰「利用刑人，用説桎梏」。六二，辰在酉，上值紫微，少衛二内比五，猶少衛之列紫宫，故比二曰「比之自内」。六三，辰在亥，上值虚哭泣四星，故履三曰「咥人凶」；又值司危二星，甘氏云「司危驕逸，亡下」，故又曰「武人爲于大君」。六四，辰在丑，上值斗，石氏云「斗，將相爵禄之位」，巫咸云「南斗天機大明，將相同心」，故泰四曰「不富以其鄰」。六五，辰在卯，卯與九二爻辰比，故大有五曰「厥孚交如」；上值角星折威，故又曰「威如」。上六，辰在巳，上值内宫天權，天權一名伐星，石氏云「主天理，伐無道」，故謙上曰「利用行師，征邑國」。余撰鄭易學通，常悉推其説，罔不與天象合。繫辭傳謂「仰以觀于天文」，及「天垂象，見吉凶，聖人則之」者，於是益信而有徵矣。宋劉光世撰水村易説，亦取星象爲證驗，然劉氏取象主于日所躔，鄭君取象主于星所麗，説各不同，而又不及鄭易之悉合。且司馬遷律書次七政二十八舍，以通五行八正之氣，已有是説，而後漢書載費直周易，分野其備。鄭君傳費氏學，則是爻辰之配，其來有自，故班固律曆志、韋昭周語注率與鄭同，何妥註文言亦從之。孔穎達之難，其真拘隅之見也夫。

附録

先生撰羣經揭櫫、五代史注，皆〔一〕未成。揭櫫，取周禮職金注「今時之書有所表識，謂之揭櫫」之意，蓋以漢學爲表識，而專攻毁漢學者。漢學師承記。

先生以文學受純皇帝特達之知，開續三通館、方略館、通鑑輯覽，皆預纂修之役。己卯、庚辰、壬午，充順天鄉試同考官，辛巳、癸未，充〔二〕會試同考官，及壬子主試順天，所得皆知名之士。在京師時，與朱笥河互主騷壇，門人著録者數百人，有「南王北朱」之稱。後來吴門，賓從益盛。同上。

先生早年以詩列「吴中七子」，名傳海外。初學六朝、初唐，後宗杜、韓、蘇、陸，侍讌賡歌，賜賚稠疊。古文力追韓、蘇，碑版之文，照於四裔。所至朋舊文讌，提唱風雅，後進才學之士，執經請業，舟車

〔一〕「皆」上原衍「揭櫫」二字，據漢學師承記删。
〔二〕「充」，原脱，據漢學師承記補。

錯互，屨滿户外，士藉品藻以成名通顯者甚衆。阮元撰神道碑。

先生晚年，尤闡性命之旨，以宋儒爲歸。病士習骫骳，風概不立，求東林志合天下書院荅成一編，以蘄主張名教。秦瀛撰墓志。

蘭泉弟子

江先生藩 別爲鄭堂學案。

戴先生敦元 別見雲門學案。

王先生紹蘭 別爲南陔學案。

汪先生中 別爲容甫學案。

案：蘭泉門下極盛。江鄭堂嘗云：「弟子中，以經學稱者三人。」其一自謂，餘爲戴、王二人。又蘭泉撰汪容甫哀辭云：「作經説數萬言，正於予。予過揚州，輒出以相示。十五年如一日。」又云：「痛微言之將墜兮，匪軫私誼於門牆。」竝据以入録。

汪先生照

汪照，原名景龍，字紉青，嘉定人。貢生。王文端公杰督浙學時，嘗佐其幕。晚歲研窮經義，以大戴禮記注向惟盧辯一家，盧抱經、戴東原雖曾釐正其文字，然未及解詁，乃糾集同異，采擷前人諸說，一字之譌，必折衷至當，肆力者三十餘年，成大戴禮記注補十三卷。蘭泉先生嘗序其書，言「後世有復十四經之舊者，其書當與孔、賈之疏並行」。推重甚至。他所著有齊魯韓三家詩義證、宋詩選、陶春館吟稿。參史傳。

大戴禮記注補

篇目考

王言第三十九。原注闕。

照案：「王」，各本訛作「主」，今據篇内及孔子家語訂正。其文與家語稍異。

哀公問五儀第四十。原注闕。

照案：「儀」，各本作「義」，今據荀子哀公篇「人有五儀」，説文繫傳「義者事之宜，故言從人義」訂定。又案：鄭司農於周禮注云：「義讀爲儀。古者書儀但爲義。」洪氏适隸釋云：「周禮注，儀、義二字，古皆音莪。」吴氏棫韻補亦云：「知古者儀、義通也。」此篇與家語、荀子略相似。

哀公問于孔子第四十一。原注闕。

　昭案：前半篇至「莫爲禮也」句，與家語問禮篇相似。「孔子侍坐」以下，與家語大昏篇略同。

禮三本第四十二。原注闕。

　昭案：荀子禮論篇有之，視此加詳。或云此篇在三朝記中。

禮察第四十六。原注闕。

夏小正第四十七。

　昭案：夏小正，傳或以爲卜子夏撰，未聞所據。先儒有不信夏小正者。祖沖之以夏曆七曜西行特違衆法；劉向以爲後人所造；朱紫陽疑夏小正出迂儒之筆，非孔子所見夏時本文，而輯儀禮又取夏小正而不取時訓；明寧海方氏孝孺以爲，此果夏之遺書，孔子曷不編於禹貢、胤征之間？孔子儻見此書，奚不曰得夏小正，而曰得夏時？其言甚辯。然較之逸周書之周月解，吕不韋之月令，淮南子之時則訓，尤爲古質，決非周、秦間人所造。特祖龍灰燼，篆隸承訛，脱簡或所不免，其爲古書，無庸疑也。舊本經傳參雜，今取諸家校定本及單行夏小正注本勘正，傳文皆低一格以別之。

保傅第四十八。

曾子立事第四十九。

曾子本孝第五十。

曾子立孝第五十一。

　　昭案：論語曰：「本立而道生。孝弟也者，其爲仁之本與。」孝經曰：「夫孝，德之本也，教之所由生也。」皇氏侃疏云：「若其本成立，則諸行之道悉滋生也。」又云：「以孝爲基，故諸衆德悉爲廣大也。」本孝、立孝之義，殆本於此。

曾子大孝第五十二。

　　昭案：小戴祭義有此而較詳。

曾子事父母第五十三。

曾子制言上第五十四。

　　昭案：説文：「制，裁也。」曾子之言，裁度而合於制度也。

曾子制言中第五十五。

曾子制言下第五十六。

曾子疾病第五十七。

曾子天圓第五十八。

　　昭案：此篇與淮南子天文訓有相同處。

武王踐阼第五十九。

照案：是篇王伯厚作集解，今悉采之。照所引者，以「照補」二字别之。又案：前半篇與六韜同。

衛將軍文子第六十。

照案：與家語弟子行篇略相似。

五帝德第六十二。原注闕。

帝繫第六十三。原注闕。

照案：序次帝繫，與鄭康成、馬昭、張融等不合。蜀志秦宓見帝系之文，五帝皆同一族，宓辨其不然。然唐、虞以上世次，難以臆斷，存而不論，可也。

勸學第六十四。原注闕。

照案：與荀子勸學篇略同。後半與宥坐篇亦有相似語。

子張問入官第六十五。

照案：與家語略同。

盛德第六十六。

照案：蔡邕明堂月令論云「禮記盛德篇曰明堂九室」云云。北史李孝伯傳謂：「考工得之于五室，而謬于堂之修廣；盛德得之于户牖，失之于九室。」詩靈臺疏「大戴禮盛德篇明堂者」云云。李覯曰：「盛德記九室，蔡伯喈之徒傳之。」知明堂本屬盛德，非另爲篇第也。又案：篇中與家語五刑、執轡二篇略相似。

千乘第六十七。原注闕。

昭案：劉向别録，孔子見，魯哀公問政，比三朝，退而爲此記，並入大戴禮。漢志論語十二家，孔子三朝記七篇。注，師古曰：「今大戴禮有其一篇，蓋孔子對魯公語也。三朝見公，故曰三朝。」蜀志秦宓曰：「昔孔子三見哀公，言成七卷。」裴松之注：「案中經部有孔子三朝記八卷，一卷目録，餘者所謂七篇。」史記黄帝紀、漢高帝紀臣瓚引三朝記。漢武紀元光元年注亦引之。爾雅疏、穀梁疏、文選注俱引之。所謂三朝記，皆此書也。各本以是篇改作六十八，今訂正。

四代第六十八。原注闕。

昭案：四代，虞、夏、商、周也。各本改是篇作六十九，今訂正。

虞戴德第六十九。原注闕。

昭案：各本改作七十，今訂正。

誥志第七十。原注闕。

昭案：各本改作七十一，今訂正。

文王官人第七十一。

昭案：「官人」一作「觀人」。各本改作七十二，今訂正。

諸侯遷廟第七十二。

昭案：是篇或改作七十三，或不改，故陳振孫言「有兩七十二」也。

諸侯釁廟第七十三。

昭案：釁廟之禮，小戴厠于雜記，大戴另立爲篇，故朱子集儀禮經傳取之，互有詳略。是篇或改作七十四，或不改，故吴澄云「有兩七十三」也。又案：周禮春官天府：「上春，釁寶鎮及寶器。」注云：「釁，謂殺牲以血血之。鄭司農云，釁讀爲徽。或曰釁鼓之釁。」疏云：「殺牲取血釁之，若月令上春釁龜筴是也。云釁讀爲徽者，周禮先鄭皆讀釁爲徽，徽取飾義。或曰釁鼓之釁者，讀從定四年祝佗云：『君以軍行，祓社釁鼓。』釁皆以血血之也。」昭謂是篇當讀興去聲，説文所謂血祭也。

小辨第七十四。

昭案：張揖進爾雅表以此篇爲在三朝記中。

用兵第七十五。

少閒第七十六。

昭案：是篇在三朝記中，則所謂「公曰」者，必魯哀公也。

朝事第七十七。原注闕。

昭案：自「聘禮〔一〕」至「諸侯務焉」，與聘義同。

投壺第七十八。原注闕。

昭案：較小戴記稍略。

公冠第七十九。

昭案：「冠」，各本訛作「符」，今訂正。南史沈文阿以此篇爲成王冠儀，故篇末附成王冠，周公使祝雍祝王之辭，並附漢孝昭冠辭。成王與昭帝皆即位後始冠者也。

本命第八十。

昭案：通典引本命篇作逸禮。家語有是篇而略。後半與喪服四制同。

易本命第八十一。

蘭泉交游

王先生鳴盛 別爲西莊學案。

〔一〕「禮」，原作「義」，據禮記聘義改。

錢先生大昕 別爲潛研學案。

朱先生筠 別爲大興二朱學案。

翁先生方綱 別爲蘇齋學案。

陸先生錫熊 別見獻縣學案。

戴先生震 別爲東原學案。

畢先生沅

畢沅字湘蘅，號秋帆，又號弇山，鎮洋人。初由舉人官内閣中書，入直軍機處。乾隆庚辰，成一甲一名進士，授修撰。歷官至湖廣總督，值永綏苗民及川、楚教匪先後作亂，督師勦捕，出駐辰州。嘉慶二年，卒於軍中，年六十有八。

先生愛才如恐不及，當巡撫陝西、河南時，一時名宿如吴中書泰來、嚴侍讀長明、程編修晉芳、邵學士晉涵、錢州判坫、洪編修亮吉、孫觀察星衍等，皆招致幕府。少嗜著述，至老不輟。謂經義必有師承，因敍述源流，爲傳經表一卷、通經表一卷。謂讀書必識文字，因考校同異，爲說文解字舊音一卷、經典文字辨正書五卷、音同義異辨一卷。謂編年之史，莫善於涑水，續之者有薛、王、徐三家，皆未詳備，因始宋訖元，爲續資治通鑑二百二十卷。謂史學必通地理，故於山海經、晉地理志皆有校訂，爲山海經校本十八卷、篇目考一卷、晉書地理志新補正五卷，又輯太康三年地記一卷、王隱晉書地道記一卷、三輔黃圖補遺一卷，及關中勝蹟圖志三十二卷。謂金石可證經史，宦迹所至，加意搜羅，爲關中金石記八卷、中州金石記五卷。他如夏小正攷注一卷、釋名疏證八卷、釋名補遺一卷、續釋名一卷、呂氏春秋校正二十六卷、老子道德經考異二卷、墨子校注十六卷、篇目考一卷，皆攷證精密，有功藝林。其詩文下筆即成，不拘一格，有靈巖山人詩集四十卷、文集八卷。參史傳、王昶撰神道碑、先正事略。

夏小正考注自序

大戴記八十一篇，今止四十篇。其篇自三十九始，無四十三、四、五及六十一四篇，有兩七十三，或云兩七十四。小正蓋其弟四十七篇也。案漢書藝文志「七十子後學者所記禮百三十一篇」，別無大、小戴之目。今所計小戴有四十九篇，大戴有八十一篇，合之正得百三十篇之數，較藝文志所說，止少一篇。并此二書，即後學者所記歟？唐大衍曆日度議曰：「小正雖頗疏略失傳，乃羲、和遺蹟。」今檢論經月所列觀象授時諸事，有「正月啟蟄，鞠則見，初昏，參中，枓杓縣在下。三月，參則伏。四月，昴則見，初昏，南門正。五月，參則見，初昏，大火中。六月，初昏，枓杓正在上。七月，漢案户，初昏，織女正東鄉，枓杓縣在下則旦。八月，辰則伏，參中則旦。九月，内火，辰繫于日。十月，初昏，南門見，織女正北鄉則旦」云云。與尚書堯典「日中星鳥」，「日永星火」，「宵中星虚」，「日短星昴」之旨合。稽之明堂月令，則三月日在胃，參不必伏；五月昏亢中，非大火中；八月日在角，辰亦未伏，有所不同。以宋何承天、隋袁充之説考之，知堯時冬至日在須女十度。劉歆三統、揚雄太玄又推周時冬至日在牽牛初度。賈逵云：「初度者，牽牛中星也。」然則其間實差十度有奇。又大衍推小正三月日在昴，五月日在鬼。天行遲速，今古不能相同，後世歲差之論，當有所自矣。三統記十二次，諏訾立春節驚蟄中，降婁雨水節春分中，大梁穀雨節清明中。太初後術則云：「諏訾立春節雨水中，降婁驚蟄節春分中，大梁清明節穀雨中。」又異者，古曆皆如三統所稱，改之者，自後術始。月令曰正月蟄蟲始振，二月始雨水，不符于小正耶？汲郡所出周書有時則解一篇，云：「雨水之日獺祭魚，驚蟄之日桃始華，清明之日桐始華，穀雨之日萍始生。」亦次驚蟄、穀雨于雨水、清明後。後人剽取月令，竄入周書，又分五日爲一侯，讖緯之談，無所關乎經制焉。月令十二月有雉雊、雞乎卵，小正則在正月；二月有鴈化爲鴆、桃始華，小正亦在正月；五月有游牝别其羣、執騰駒、班馬政，小正則在四月；九月有豺祭獸，小正則在十月。天行有不同，物侯亦因之換耶？小正于天象、時制、人事、衆物之情無不具紀，洵爲一代之巨憲，故夫子稱之曰：「欲觀夏道，吾得夏時焉。」又曰：「行夏之時。」司馬遷曰：「孔子正夏時，學者多傳夏小正。」此書之所由來歟？作者之聖，言辭簡要，後儒爲之訓注，如周書王會解「穢人前兒，良夷在子，揚州禺，發人鹿，周頭煇羝，白民乘黄，歐人蟬蛇」等云，經也。其下「前兒，若獮猴，立行，聲似小兒。在子，□身人首，脂其腹，炙之霍，則鳴曰在子。禺，魚名。鹿者，若鹿迅走。煇羝者，羊也。乘黄者，似麟，背有兩角。蟬蛇，順食之美」等云，則注也。山海經「結匈國，南山在其東南，北翼鳥在其東。三苗國在赤水東。鑿齒持盾」等云，亦經也。其下「一曰南山在結匈東南，一曰在南山東，一曰三苗國一曰戈」等云，亦注也。經注不分，則習之或誤。小正經爲禹、啟所製，歷二千餘年，而戴德始作傳，不加之條晰，必有以傳爲經，以經爲傳之弊。沅所見各家，自今所行大戴記外，其傳本有宋朱子本，有關澮本，有傅崧卿本，有王應麟本，有元金履祥本，本朝有故尚書大興黄叔琳本，有故尚書無錫秦蕙田本，有今學士錢塘盧文弨本，有故編修休寧戴震本，有今主事曲阜孔繼涵本，皆分經傳，亦並有異同。案引者又有鄭康成、郭璞、孔穎達、歐陽詢、徐堅、李善、一行諸人。因遵加參校，附以鄙釋，名曰夏小正考注。小正有戴氏傳之于前，又有北周盧辯注之于後。今經既殘破，傳復譌亂，辯注又不傳，若據考不精，各以私意，類分互證，是誣之矣。沅于詁訓，信好雅言，文字默守許解，經禮則專宗鄭學，戴之説是，必曲證以申明之，偶得一間，又求之諸經，以附合本旨，庶得尊經後傳之義。夫由今以溯傳既二千年矣，由傳以溯經又二千年，歷四千餘年之久，而通之者卒不多見其人，蓋信古者少矣，可不深歎哉！

經典文字辨證書自序

作是書有五例：一曰正。皆説文解字所有者也。二曰省。筆蹟稍省于説文解字，香之爲香，髃之爲腢，是也。三曰通。變易其方，而不盭于説文解字，秌之爲秋，鯖之爲鶄，是也。又執不能符于籀篆，不得不從隸楷所行，亝之爲齊，壸之爲壼，是也。四曰別。經典之字，爲説文解字所無者也。然紨譝別而有據，遵羼別而難依，是亦有兩例焉。五曰俗。流俗所用，不本前聞，或乖聲義，鄉壁虛造，不可知者，是也。粤若卟古造字之初，依類象形謂之文，形聲相益謂之字，日月、上下、武信、江河，其事實緐，其原則一于是。周官則保氏教之，漢令則尉律課之。然自八體肇興，乳生蕪穢，卅五篇故多殊觀，漢書小學十家三十五篇。十三册式增逸體，揚雄方言十三卷。聯邊詭異，識者誚焉。出文心雕龍。至于啚俗常譚，識候別識，馬頭人，馬頭人爲長。黄頭人，王恭，時謡「黄頭小人」爲恭。誣人滋戾：十日卜，董卓，時謡：「千里草，何青青，十日卜，不得生。」十一口，司馬元顯，時謡：「當有十一口，當爲兵所傷。」論十始乖。全非則止句屈中，苛爲止句，虫爲屈中。半得則去衣負告，越紐：「以去爲姓，得衣乃成。」人負告爲造。不審則横目田斗，局縮肉，數横目。横目者四字，魚羊田斗爲鮮卑。獨異則神虫巧言，神蟲爲蠶，巧言爲辨。尔既有田，畛字尔有田。車偏無軸，桓温，謡：「車無軸，倚孤木。」成皋有白人羊之印，大亨有二月了之讙。桓玄改年大亨，遐邇讙言曰：「二月了。」更可哂者，昱日爲翌，今人稱翌日，本昱日也，誤羽爲日。倏尾爲翛，詩「予尾翛翛」，本倏字。㡭變剉形，剢成刹體。蔡中郎不識色絲，蔡中郎，漢末碩學，而云色絲爲絶。不知絶字從糸旁刀，刀下巴非色字。隋文帝罔稽裂肉。隋文帝惡隨字爲走，乃去之。不知隋説文訓爲裂肉，其義更不祥。或因仍而改，或卓見而離。蓋舉一以概餘，匆兼該而爭辨矣。至于經籍之文，異傳異寫，叚借之恉不明，偏旁之義遂晦。飛禽安鳥，水族著魚，蟲屬虫旁，草類艹上，行乃用辵，語即從言。重之則璠與爲璵，惡之則獫允爲狁。更有離邊置禹，蔽下加朋，溷支于文，溷亢于允。魚燕、馬爲、鳥焉、照黑，誰問𡿨分；魚、燕本作火，象尾形。馬、爲本作灬，象四足形。鳥、焉本作匕，象足形。照黑從火。豊、覃、粟、栗、要、悪、䙴、覆，雖求西合。豊上作曲，覃上作鹵，粟上𠧪字，栗上肉字，要本從交從臼，悪上亞字，䙴上作𦥑，覆上西字。胄、胃莫析，陜、挾不殊。陜字從夾，夾從大從兩人。挾字從夾，夾從大從氏刀。穜種、酢醋之互亂，穜植字從童，種稑字從重。今人以穜爲種，以種爲穜。醯酢字從乍，酬酢字從昔。今人以酢爲醋，以醋爲酢。蘜蘜、雁鴈之相縣。蘜日精，蘜治牆，今通用菊。鴻雁從隹，鵝鴈從鳥。如此之類，雖非馬豕之譌，或致究澉之謬。究字本作㳅，移水於上成六。澉本洑字，因形而變。是貴于考之詳，而審之諦也。余究思典籍，求蹟籀、斯，每概艸木篇多變舊文，司馬相如作。詁訓書積生詭字，爾雅十九篇多俗字。若不折衷南閣，曷繇探本彼倉？故從五百廿部窮九千餘言，偏討別指，以示專歸。其義取之魏江式、齊顔之推，其文則較之唐陸德明、顔元孫、張參、唐元度，周郭忠恕，宋張有諸家爲正矣。然元孫自謂能參挍是非，較量同異，立俗、通、正三例定字，而舛失偏多。如以藝蓺、閺閴、稧禊爲上俗下正，而不知下正亦爲俗字。潔絜、槊矟、棹櫂爲上通下正，而不知下正皆非正字。虫、蟲、啚皆爲正字。襴衲、貽詒、种沖、効效爲並正，而不知襴、貽、种、効本非正字。塗途爲並正，而不知皆爲俗字。翫其所習，蔽所希聞，本無數典之長，斯昡觀文之目，無怪其率由多愆也矣。張有則以宋徐鉉刊定説文解字爲真本，凡徐所參入及新附字，概指爲許書。如撍、朘、貓、韡、驊、醒、砧、琰、椪、禰、皦、臉、稷、槊、盋、蚝、芍、坳、顛、琲、㔻爲許之所無，並云正體。且謂鞞爲鞸別，緣爲纅別，愇爲嬛別，莩爲孚别，院爲䦨別，劵爲券別，而不知六文皆有兩家。專以匡俗成編，猶有此病，他可勿問焉。余少居鄉里，長歷大都，凡遇通儒，皆徵碩學。初識故元和惠徵君棟，得悉其世業。繼與今嘉定錢詹事大昕、故休寧戴編修震交，過從緒論，輒以衆文多誣，糾辨爲先，既能審厥時譌，必當紹其絶詣。門生嘉定錢明經坫，向稱道吴江處士聲能作通證書，欲以經典異文盡歸許君定字，是猶余之志也。夫處鮑居蘭，薰蕕易剖，生麻入緇，形色弗蒙，若使歧多路惑，則靡所適從。諒彼歸異出同，則自逢指要。爰因暇景，既竭愚才，日省月記，殺青斯竟。舉綱舉目，願無背于往制；去泰去甚，事始契于宿懷。引之能伸，用亦無爽。如云未盡，殆其謂之。或有踳陳，亦無隱焉。

音同義異辨自序

既作辨正書，每念經典之文，多通假借之道，非必古人字少，以一字而兼數義之用，皆緣隸寫轉譌，避緐文而趨便易所成。説文解字所有，其音同，其義異者，據形著訓，雜而不迯，分觀並舉，式鏡考資。因另爲一編，附于辨正之後，庶不偝召陵之恉云。

説文解字舊音自序

唐以前，傳注家多稱説文解字音。隋書經籍志有説文音隱，疑即是也，因摭録之，以資考證，并爲之序曰：漢許君慎作説文解字十四卷成，其子召陵萬歲里公乘沖以安帝建光元年上書獻之，且云「臣父故太尉南閣祭酒慎」。考後漢書許君本傳，但云爲郡功曹，舉孝廉，再遷洨長，卒于家，不及太尉祭酒者，缺也。漢舊儀曰：「丞相設四科之辟，弟一科曰德行高妙，志節清白，補西曹南閣祭酒。」又曰：「太尉，東西曹掾秩比四百石，餘掾比三百石。」然則南閤祭酒爲太尉西曹掾史也。百官志曰：「太尉，掾史屬二十四人」。漢書稱周澤爲太尉議曹祭酒，所謂比三百石者，是歟？玉海曰：「後漢太尉六十四人，許君自言其書成于永元困頓之年，爲和帝永元十有二年，是時則張酺爲太尉也。」沖又云：「先帝詔侍中騎都尉賈逵修理舊文，慎本從逵受古學。」逵本傳，逵以章帝建初元年承詔入講北宮白虎、南宮雲臺。本紀載其事于四年，合儒林傳敍云建初中，則四年爲是。許君之書，大略皆以文定字，以字定聲。其立一爲耑者皆文也，形聲相益者皆字也，故云：「文，物象之本。字，言孳乳而生。」其例有云從某某聲，從某某省聲，從某從某某亦聲，又云讀若某。其時如鄭衆、鄭興、杜子春及康成之徒注諸經禮，高誘注呂不韋、淮南王等書皆然。自反音仿而讀若之例遂變。反音仿自孫炎，李登作聲類亦用之。晉呂忱依託許書，又作字林。其弟靜因聲類則作韻集，韻書實始焉。是編隋志次在忱書之上〔一〕，但云有四卷，而不詳撰著姓名及時代。考詩「有鷕雉鳴」，鷕，沈重音雉皎反，此云以水。鷕本音以水，「水」字三寫成小，遂爲以小，以小轉爲雉皎，可見沈時已譌讀同幺。又忱音鷕爲于水，于水與以水適合，則是編爲沈以前人所作無疑。唐世言文字聲音者，每兼采許及忱。惟顔籀則文字用許，聲音用聲類，故所著漢書、急就章注及匡謬正俗，皆無許書音。由可見是編之流傳更尠，更足貴矣。今考其音，荼爲徒，抵爲紙，掇爲豬劣反，窒爲都節反，戡爲竹甚反，抶爲丑乙反，肇爲大可反，摧爲奴回反，兲爲才廉反，濘爲奴泠

〔一〕「上」，原作「下」，據隋志改。

反，此皆舌音之正。今閩人猶呼朝夕之朝爲貂，知否之知爲低，通徹之徹爲鐵，纏繞之纏爲田。舌音有舌頭、舌上之別，閩人衆音並歸于舌，故獨于舌音能分深淺，亦其俗然也。其音剽爲數妙反，摮爲方結反，又皆脣音之正。古者脣音不分輕重，故詩「匍匐救之」，禮記引爲「扶服」。如今沙門讀「南無」爲「那麻」，無屬輕脣，麻屬重脣，寡聞者訝其不類，不知唐時陀羅尼多云「曩謨」，一云「曩莫」，謨、莫亦屬重脣，合之麻音爲近也。曩、南、那舌音之轉，謨、莫、麻無脣音之同耳。其音汔爲巨乞反，挺爲達鼎反，又皆送聲之正。聲有出、送、收，始發曰出，縱曰送，終曰收。有出則送、收兩聲隨之而盡。此得于天，而不可强假者也。人生而有形，喉、齶、舌、齒、脣五物必備，五聲由此著焉。從五聲而區之，各有其出、送、收。由輕而重，由清而濁，其輕且清者曰出，重且濁者曰收。重極復輕，濁極復清，故聲能以下爲高，以高爲下。由輕而漸重，由清而漸濁，重分其若輕，濁分其若清，皆謂之送。緩土之民其聲抒，急土之民其聲疾，故欽、琴本兩聲，北人呼琴爲欽。通、同本兩聲，亦呼同爲通。潘、盤本兩聲，亦呼盤爲潘。爲緩急之殊俗，故巨乞、達鼎爲南音之分，而亦得北音之合。然據此而論，則是編亦南人所定者矣。反音之法，如正之與乏，因射爲應。但古今語有所殊，或致音有所別，然推厥由來，皆可究知其義，故學貴考其原也。許君之書，今所存者，有徐鉉等校，定音並唐韻也；有徐鍇繫傳，音朱翺所加也；有五音韻補，音則鍇所加也，然皆唐以後所改更。唐所用解字書既不行，其音僅一見于戴侗六書故「栫」字訓注，及宋鼂說之「芥脃之荎」「荎」字論下，亦于古音無涉。是編所輯雖寡，要爲探本之誼，後之人不知珍重者，陋也。

釋名疏證自序

劉熙釋名，其自序云二十七篇。案後漢書文苑傳，劉珍字秋孫，一名寶，撰釋名三十篇，以辯萬物之稱號。而韋曜、顔之推等皆云劉熙製釋名。熙或作熹。案三國吴志曜傳，曜在獄中上辭有云「見劉熙所作釋名，信多佳者。然物類衆多，難得詳究，故時有得失。而爵位之事，又有非是」云云。玩曜之語，則熙之書，吴末乃始流布，是熙之去曜，年代必當不遠，一也。舊本題安南太守劉熙撰，近時校者以二漢無安南郡，或云當作南安。今考劉昭注續漢書稱三秦記曰：「中平五年，分漢陽置南安郡。」元和郡縣志亦云：「漢靈帝立。」是郡置已在漢末，二也。此書釋州國篇有司州，案魏志及晉書地理志，魏以漢司隸所部河南、河東、河内、弘農、并冀州之平陽合五郡置司州。是建安以前無司州之名，三也。又云：「西海郡，海在其西。」據劉昭注，則西海郡亦獻帝建安末立，其時去魏受禪不遠，四也。釋天等篇，於光武列宗之諱均不避，五也。以此推之，則熙爲漢末或魏受禪以後之人無疑。又自序云二十七篇，而文苑劉珍傳云三十篇，篇目亦不甚懸遠。疑此書兆于劉珍，踵成于熙，至韋曜又補官職之缺也。其書參校方俗，考合古今，晰名物之殊，辨典禮之異，洵爲爾雅、説文以後不可少之書。今分觀其所釋，亦時有與爾雅、説文諸書異者。爾雅曰「齊曰營州」，而此云「營州，齊、衛之地」。爾雅云「石戴土謂之崔嵬，土戴石爲岨」，而此依毛傳立文，曰「石載土曰岨，土載石曰崔嵬」，正與相反是也。説文「錦，从帛，金聲」，凡爲聲者皆無義，而此云「錦，金也，作之用功重〔一〕，其價如金，故其制字从帛與金」，是以諧聲之字爲會意。又說文「平土有叢木曰林」，而此云「山中叢木爲林」，亦皆異義。且字體出說文外十之三，益信熙之時去叔重已遠，其聲讀輕重，名物異同，與安、順前又迥別也。暇日取羣經及史漢書注、唐宋類書、道釋二藏校之，表其異同，是正缺失，又益以補遺及續釋名二卷，凡三閱歲而成。復屬吴縣江君聲審正之。江君欲以篆書付刻，余以此二十七篇内俗字較多，故依前隸寫，云所以仍昔賢之舊觀，示來學以易曉也。

又序

隋書經籍志云：「釋名八卷，劉熙纂。」又大戴禮記十三卷下注云：「梁有謚法三卷，後漢安南太守劉熙注，亡。」檢後漢書無劉熙傳，又郡國志無安南郡，惟漢陽郡注引秦州記曰：「中平五年，分置南安郡。」則安南或南安之誤與？晉李石續博物志云：「漢博士劉熙。」宋陳振孫書録解題、馬端臨文獻通考並云：「漢徵士北海劉熙，字成國。」不知何本。或釋名古本所題，相傳如此，胡爲與續博物志、隋書經籍志又各不同？皆無明文可證。後漢書劉珍傳言「珍纂釋名三十篇，以辨萬物之稱號」，今釋名二十七篇，見有亡篇，安知非本三十篇也？或劉珍别有釋名而已亡與？抑或蔚宗聞之不審，而誤以劉熙爲劉

〔一〕「重」，原無，據釋名補。

珍與？三國吴志韋昭傳，昭言「見劉熙所作釋名，信多佳者。然物類衆多，難得詳究，時有得失」，因作辯釋名一卷。案吴志程秉傳言「秉避亂交州，與劉熙考論大誼」。又薛綜傳言「綜避地交州，從劉熙學」。交州，孫吴之地也。計吴之立國才五十二年，而韋昭下獄時年已七十，則昭少壯時與劉熙並世而同國，或嘗見熙，亦未可知。其謂釋名爲熙所作，審矣。范史之言，可弗許也。爰自書契之作，先有聲音，而後有訓詁，易曰：「乾，健也。坎，陷也。兑，説也。」禮記曰：「仁者，人也。義者，宜也。」皆以聲音相近爲訓。釋名一書，盡取此意，故顔之推家訓云：「揚雄著方言，考名物之同異，不顯聲讀之是非。逮鄭康成注六經，高誘解吕覽、淮南，許慎造説文，劉熙製釋名，始有譬況叚借以證音字。」則釋名之於小學，裨益甚多。如「江，公也，諸水流入其中，所公共也」。知古讀江如工矣。「能，該也，無物不兼該也」。知古讀能如台矣。「已，已也，陽氣畢布已也」。知古辰巳之巳與已止之已通矣。至其論述，按之古籍，多與符合，可謂善矣。今之學者，聲音訓故之不講，名物象數之不知，藉是足以明古字之通借，音韻古制之規模儀法，其可忽乎哉！顧俗本流傳，魯魚亥豕，學者不察，轉生駁議。如「羹，汪也，汁汪郎也」，羹誤爲歎，遂疑釋飲食不當缺羹。碑本葬時所設，葬誤爲莽，後人强羼王字，反引公室視豐碑，謂碑不始于王莽。若斯之類，不勝枚舉。余循覽載籍，凡經傳子史有與是書相表裏者，援引以爲左證，又取唐、宋人書有引是書者，會萃以相參校，表其異同，正其紕繆，且益以補遺及續釋名，題曰釋名疏證。刊印寄歸，屬江君聲審正其字。江君謂「必用篆文，字乃克正，請手録之，別刊一本」。余時依違未許。既而覆視所刻，輒復删改。適江君又以書請，遂以删改定本屬之鈔寫，并述前敘未盡之意，復爲敘以詒之。

釋名補遺自序

檢閲羣書，輒見有引釋名而今釋名闕者，輯録以爲補遺，附于卷末。因取韋昭所補之官職訓及辯釋名，并附録焉。惟是官職訓及辯釋名，據昭自言，各一卷，則捊然成帙，今雖亡失，其引見唐、宋人書者，當不止于是，而予之所見，僅此而已。儻博雅君子，别有采獲，以補予之不逮，則幸甚幸甚！

續釋名自序

太平御覽時序部引釋名釋律吕之名誼，于春釋太簇、夾鐘，于夏釋蕤賓，于秋釋夷則、南吕，于冬則先引風俗通一條，乃後承之以「又曰」而釋應鐘、大吕。然則三時所引釋名，其果釋名文與？非與？顧風俗通未有律吕，所引律吕之誼，惟白虎通五行篇有其文，且十二律具備，其文法正與釋名相類。或所引實白虎通與？兹不忍棄置，又不敢羼入，姑就其所引，正之以白虎通，參之以史記、漢書，别纂一篇，不以列于補遺，而别爲續釋名云。

山海經新校正自序

山海經作於禹、益，述於周、秦。其學行於漢，明於晉，而知之者，魏酈道元也。五藏山經三十四篇，實是禹書。禹與伯益，主名山川，定其秩祀，量其道里，類别草木鳥獸。今其事見於夏書禹貢、爾雅釋地及此經南山經已下三十四篇。爾雅云：「三成爲昆侖丘」；「絶高爲之京」。「山再成英」；「鋭而高，嶠」；「小而衆，巋」；「屬者嶧，獨者蜀」；上正，章」；「山脊，岡」；「如堂者密」；「大山，宫；小山，霍」；小山，别；大山，鮮；山絶，陘」；「山東曰朝陽」，皆禹所名。按：此經有昆侖山、京山、英山、高山、歸山、嶧皋之山、獨山、章山、岡山、密山、霍山、鮮山、少陘山、朝陽谷，是其山也。夏書云：「奠高山大川。」孔子告子張，以爲牲幣之物，五嶽視三公，小名山視子、男。按：此經云「凡某山至某山，其祠之禮何用何瘞，糈用何，是其禮也」。列子引夏革云，吕不韋引伊尹書云，多出此經。二書皆先秦人著，夏革、伊尹又皆商人，是故知此三十四篇爲禹書無疑也。海外經四篇、海内經四篇，周、秦所述也。禹鑄鼎象物，使民知神姦。按其文有國名，有山川，有神靈奇怪之所際，是鼎所圖也。鼎亡於秦，故其先時人猶能説其圖以著于册。劉秀又釋而增其文，是大荒經以下五篇也。大荒經四篇釋海外經，海内經一篇釋海内經，當是漢時所傳。亦有山海經圖，頗與古異，秀又依之爲説，即郭璞、張駿見而作讚者也。劉秀之表山海經云：「可以考禎祥變怪之物，見遠國異人之謡俗。」郭璞之注山海經云：「不怪所可怪，則幾於無怪矣。怪所不可怪，則未始有可怪也。」秀、璞此言，足以破疑山海經者之惑，而皆不可謂知山海經。何則？山海經五藏山經三十四篇，古者土地之圖，周禮大司徒用以周知九州之地域廣輪之數，辨其山林川澤丘陵墳衍原隰之名物。管子：「凡兵主者，必先審知地圖。轘轅之險，濫車之水，名山通谷經川陵陸丘阜之所在，苴草林木蒲葦之所茂，道里之遠近。」皆此經之類。故其書世傳不廢，其言怪與不怪皆末也。南山經，其山可考者惟誰山、句餘、浮玉、會稽諸山。其地漢時爲蠻中，故其他書傳多失其跡也。西山經，其山率多可考。其水有河，有渭，有漢，有洛，有涇，有符禺，有灌，有竹，有丹，有楚，有洋，有弱，有洱，有辱，有諸次，有端，有生，有濫，是皆雍、梁二州之水，見於經傳，其川流沿注，至今質明可信者也。北山經，其山皆在塞外，古之荒服，經傳亦失其跡，而有泑澤及河原可信。北次三經以下，其山亦多可考。其水有汾，有酸，有晉，有勝，有狂，有修，有雁門，有聯，有教，有平，有沁，有嬰侯，有淇，有黄，有洹，有釜，有歐，有清漳、濁漳，有涑，有牛首，有泜，有槐，有彭，有虖沱，有滋，有寇，是皆冀州之水，見于經傳，其川流沿注，又至今質明可信者也。東山經，其山水多不可考，而有泰山，有空桑之山，有濼水，有環水，是爲青州之地也。中山經起薄山，是禹所都，故其山水之名尤著。水有渠猪，有澇，有瀡，有少，有伊，有即魚，有鮮，有陽，有蓌，有墠渚，有畛，有正回，有兩瀟瀟，有甘，有虢，有浮豪，有熒洛之洛，有玄扈，有尸〔一〕，有良餘，有乳，有龍餘，有黄酸，有交觴〔二〕，有俞〔三〕隨，有穀，有

〔一〕「尸」，原作「户」，據山海經改。
〔二〕「觴」，原作「觸」，據山海經改。
〔三〕「俞」，原作「愈」，據山海經改。

澍〔一〕，有少，有瞻，有陂〔二〕，有惠，有澗，有豪，有共，有厭染，有橐，有潐〔三〕，有菑，有湖，有門，有緒〔四〕姑，有明，有狂，有來需，有合，有休，有汜，有器難，有太，有役，有末〔五〕，是皆豫州之水。中次八經起景山，有睢，有漳，有沲。中次九經有緜洛之洛，有岷江，南江、北江有湍，有䴚〔六〕，有潕，有清泠淵，有涀〔七〕，有汝，有殺，有灃〔八〕，有淪，有澧、沅、湘、九江，是皆荆州之水見于經傳，其川流沿注，又至今質明可信者也。郭璞之世，所傳地里書尚多不能遠引，今觀其注釋山水，不按道里，其有名同實異，即云今某地有某山，未知此是非。又中山經有牛首之山及勞、潏二水，在今山西浮山縣境，而妄引長安牛首山及勞、潏二水。霍山近牛首，則在平陽，而妄多引灊及羅江。鞏縣之山，其疏類是。酈道元作水經注，乃以經傳所紀方土舊稱，考驗此經山川名號，按其涂數十得者六，始知經云東西道里，信

〔一〕「澍」，原作「謝」，據山海經改。
〔二〕「陂」，原作「波」，據山海經改。
〔三〕「潐」，原作「譙」，據山海經改。
〔四〕「緒」，原作「藉」，據山海經改。
〔五〕「末」，原作「沫」，據山海經改。
〔六〕「䴚」，原作「湞」，據山海經改。
〔七〕「涀」，山海經作「視」。
〔八〕「灃」，山海經作「澧」。

而有徵，雖今古世殊，未嘗大異。後之撰述地里者多從之。沅是以謂其功百倍于璞也。然酈書所著，僅述水道所逕，而其他山水，紀傳所稱足爲經證者，亦間有焉。西山經有女牀之山，薛綜云在華陰西六百里，今山不可考，而道里則合于經也。西次三經云洱水注洛，隋書地理志云洛原縣有洱水，必其水也。北次三經云泜水注彭水，隋書地理志云房子有彭水，亦必其水也。又太平寰宇記云保安軍有吃莫川注洛，其水不勝船筏，今在陝西靖邊縣。按西次三經有弱水注洛，其川流既同，又名弱水，合于不勝船筏之説，亦必其水也。海内經凌門之山當即龍門之山，今陝西韓城是。楊汙之山當即秦之楊紆，今陝西潼關是，而古今地里家疑其域外，是由漢、魏以來，不知聲轉，斯爲謬也。凡此諸條，皆郭璞所不詳，道元所未取，又沅之有功於此經者也。又山海經未嘗言怪，而釋者怪焉。經説鴟鳥及人魚皆云人面，人面者，略似人形。譬如經云鸚母狌狌能言，亦略似人言，而後世圖此，遂作人形。此鳥及魚，今常見也。又崇吾之山有獸焉，其狀如禺而文臂，豹虎而善投，名曰舉父。郭云或作夸父。按之爾雅有貜父善顧，是即蝯猱之屬。舉、夸、貜三聲相近。郭注二書，不知其一，又不知其常獸，是其惑也。以此而推，則知山海經非語怪之書矣。又經所言草木治疾，多足證發内經，沅雖未達，是知非後人所及也。海外、海内經八篇多雜劉秀校注之辭，詳求郭意，亦不能照酈道元注水經多連引其文，今率細書以别之。沅不敏，役于官事，校注此書凡閲五年，自經傳子史百家傳注類書所引無不徵也。其有闕略，則古者不著，非力所及矣。既依郭注十八卷，不亂其例，又以考定目録一篇附于書。其云「新校正」者，仿宋林億之例，不敢專言牋注，將以俟後之博物也。

老子道德經考異自序

太史公作史記，爲老子立傳云：老子姓李，名耳，字伯陽，謚曰聃，爲周守藏室史。西出關，爲關令尹喜著書上下篇而去，莫知其所終。又云：或曰周太史儋即老子，或曰非也，世莫知其然否。沅案：古聃、儋字通。説文解字有「聃」字云：「耳曼也。」又有「瞻」字云：「垂耳也。南方瞻耳之國。」大荒北經、呂覽「瞻耳」字並作「儋」。又呂覽「老聃」字、淮南王書「瞻耳」字，皆作耽。説文解字又有「耽」字云：「耳大垂也。」蓋三字聲義相同，故並借用之。鄭康成云：「老聃，古壽考者之號。」斯爲通論矣。老子與老萊子是二人，老子，苦縣人；老萊子，楚人。史記老萊子著書十五篇，藝文志作十六篇，亦爲道家之言，且與孔子同時，故或與老子混而莫辨。沅又案：古有萊氏，故左傳有萊駒。老萊子應是萊子而稱「老」，如列禦寇師老商氏，以商氏而稱「老」義同。當時人能久生不死皆以老推之矣，亦無異説焉。莊子云：「孔子西藏書于周室，往見老聃。」又云：「孔子南之沛見老聃。」又云：「陽子居南之沛，老聃西游于秦，邀于郊，至于梁而遇老子。」是孔子問禮之老子，即著道德書之老子，不得以其或在沛或在周而疑之。漢時以黃、老爲道家言，故藝文志道家中有黃帝四經等篇。列子以「谷神不死，是謂元牝」爲黃帝書，而莊子有焱氏頌有「聽之不聞其聲，視之不見其形」云云，正與「視之不見名曰夷，聽之不聞名曰希」説合。黃帝號有熊氏。古者熊、焱聲相轉，疑有焱氏即有熊氏。然則老子本黃帝之言，大率多述而不作焉。道書有太上老君，亦即老子也。徐堅案：高上老子内傳曰太上老君姓李名耳，又有太上道君出本行經，太上丈人出隋書經籍志，則與老君實別。史記老子之子名宗，宗子注，注子宫，宫玄孫假仕于漢孝文帝，假之子解爲膠西王太傅，家于齊。魏書釋老志有牧土上〔一〕師李譜文，云是老子之玄孫，隋書作李譜。合之唐宗室世系表所載，是老子亦猶夫人耳。莊子稱「老聃死，秦失弔之，三號而出」，明老子亦死。水經注：「盩厔有大陵，世謂之老子陵。」明老子有葬地。生而爲聖，歿而爲神，不足爲異。必如葛洪神仙傳及崔元山瀨鄉記老子爲十三聖師云云，未免好奇行怪，蓋後世虚造之詞，不足徵矣。藝文志有老子鄰氏經傳四篇，傅氏經説三十七篇，徐氏經説六篇，劉向説四篇，卻無河上公注。隋書經籍志云：「老子道德經二卷，漢文帝時，河上公注。梁有戰國時河上丈人注二卷。」考高士傳：「河上丈人不知何國人，明老子之術，自匿姓名，居河之湄，著老子章句。當戰國之末，諸侯交爭，馳説之士，咸以權勢相傾，唯丈人隱身修道，老而不虧。」是謂戰國時人也。神仙傳：「河上公者，莫知其姓字，漢文帝時，結草爲庵于河之濱。」是謂文帝時人也。志晝爲二人。沅所見老子注家不下百餘本，其佳者有數十本，唯唐傅奕多古字古言，且爲世所希傳，故就其本互加參校，間有不合于古者，則折衆説以定所是，字不從説文解字出，不審信也。近世多讀書君子，然淺近者有因陋而無專辨，或好求異説以討別緒，則動更前人陳蹟，在若信若不信之間。沅不敢爲之也。儻考之不得其精，亦唯曰：我過矣，我過矣！

〔一〕「牧土上」，原作「收圭」，形近而誤，據釋老志改。

墨子注自序

墨子七十一篇，見漢藝文志。隋以來爲十五卷，目一卷，見隋經籍志。宋亡十篇，爲六十一篇，見中興館閣書目，實六十三篇。後又亡十篇，爲五十三篇，即今本也。本存道藏中，缺宋諱字，知即宋本。又三卷一本，即親士至尚同十三篇，宋王應麟、陳振孫等僅見此本。有樂臺注，見鄭樵通志藝文略，今亡。案通典言兵有守拒法，而不引墨子備城門諸篇。玉海云「後漢書注引墨子備突篇，詩正義引墨子備衝篇」，似亦未見全書，疑其失墜久也。今上開四庫館，求天下遺書，有兩江總督採進本。謹案：亦與此本同。自此本以外，有明刻本，其字少見，皆以意改，無經上、下及備城門等篇，蓋無足觀。墨書傳述甚少，得毋以孟子之言，轉多古言古字。先是，仁和盧學士文弨、陽湖孫明經星衍互校此書，略有端緒。沅始集其成，因徧覽唐、宋類書、古今傳注所引，正其譌謬，又以知聞疏通其惑。自乾隆壬寅八月，至癸卯十月，踰一歲而書成。世之譏墨子，以其節葬、非儒。説墨者既以節葬爲夏法，特非周制，儒者弗用之。非儒，則由墨氏弟子尊其師之過。其稱孔子諱及諸毁詞，是非翟之言也。案他篇亦稱孔子，亦稱仲尼，又以爲孔子言亦當而不可易，是翟未嘗非孔。孔子之言，多見論語、家語及他緯書傳注，亦無斥墨詞。至孟子始云「能言距楊、墨者，聖人之徒」，又云「楊、墨之道不息，孔子之道不著」。蓋必當時爲墨學者流爲横議，或類非儒篇所説，孟子始嫉之。故韓非子顯學云：「墨離爲三，取舍相反不同，而皆自謂真孔、墨。」韓愈云：「辯生于末學，各務售其師之説，非二師之道本然。」其知此也，今惟親士、修身及經上、經下疑翟自著。餘篇稱子墨子，耕柱篇并稱子禽子，則是門人小子記録所聞，以是古書，不可忽也。且其魯問篇曰：「凡入國，必擇務而從事焉。國家昏亂，則語之尚賢、尚同；國家貧，則語之節用、節葬；國家熹音湛湎，則語之非樂、非命；國家淫僻無禮，則語之尊天、事鬼；國家務奪侵淩，則語之兼愛。」是亦通達經權，不可訾議。又其備城門諸篇，皆古兵家言，有實用焉。書稱中山諸國亡於燕、代、胡、貊之間。考中山之滅，在趙惠文王四年，當周赧王二十年，則翟實六國時人，至周末猶存，故史記云：「或曰並孔子時，或曰在其後。」班固亦云：「在孔子後。」司馬貞按：「别録云：『墨子書有文子，文子，子夏之弟子，問於墨子。』如此，則墨子者在七十子後。」李善引抱朴子亦云：「孔子時人。或云在其後。」今按：其人在七十子後。若史記鄒陽傳鄒陽曰：「宋信子罕之計而囚墨翟。」司馬貞云：「漢書作『子冉』。不知子冉是何人。文穎曰：『子冉，子罕也。』荀卿傳云：『墨翟，孔子時人，或云在孔子後。』又襄公二十九年左傳：『宋饑，子罕請出粟。』時孔子適八歲，則墨翟與子罕不得相輩，或以子冉爲是。」不知如何也。又文選亦作子冉，注云：「文子曰：子罕也。冉音任。善曰：未詳。」沅亦不能定其時事。又司馬遷、班固以爲「翟，宋大夫」，葛洪以爲「宋人」者，以公輸篇有爲宋守之事。高誘注吕氏春秋以爲魯人，則是楚魯陽。漢南陽縣在魯山之陽。本書多有魯陽文君問答，又亟稱楚四竟，非魯、衛之魯，不可不察也。先秦之書字少假借，後乃偏旁相益，若本書「源流」之字作「原」，一又作「源」；金以溢爲名之字作「益」，一又作「鎰」；「四境」之字作「竟」，一又作「境」，皆傳寫者亂之，非舊文。乃若「賊敚百姓」之爲「殺」字，古文「遂而不反」合于「遂亡」之訓，「關叔」之即「管叔」，實足以證聲音文字訓詁之學，好古者幸存其舊云。如其疏略，以俟敏求君子。

呂氏春秋新校正自序

漢書藝文志雜家「呂氏春秋二十六篇〔一〕，秦相呂不韋輯智略士作」。原夫六經以後，九流競興，雖醇醨有間，原其意恉，要皆有爲而作。降如虞卿諸儒，或因窮愁託于造述，亦皆有不獲已之故焉。其著一書，專覬世名，又不成于一人，不能名一家者，實始于不韋，而淮南內、外篇次之。然淮南王後不韋幾二百年，其采用諸書能詳所自出者十尚四五。即如今道藏中文子十二篇，淮南王書前後采之殆盡，間有增省一二字，移易一二語以成文者，類皆當時賓客所爲，而淮南王又不暇深考，與不韋書在秦火以前，故其采綴原書類亡，不能悉尋其所本。今觀其至味一篇，皆述伊尹之言，而漢儒如許慎、應劭等間引其文，一則直稱「伊尹曰」，一則又稱「伊尹書」。今考藝文志道家「伊尹五十一篇」，不韋所本，當在是矣。又上農、任地、辨土等篇述后稷之言，與亢倉子所載略同，則亦周、秦以前農家者流，相傳爲后稷之說無疑也。他如采老子、文子之說，亦不一而足。是以其書沈博絕麗，彙儒、墨之旨，合名法之源，古今帝王天地名物之故，後人所以探索而靡盡與！隋書經籍志雜部「呂氏春秋二十六卷，高誘注」。誘序自言嘗爲孟子章句及孝經解等，今已不見。世所傳誘注國策亦非真本，唯此書及淮南王書注最爲可信。

〔一〕「篇」，原作「卷」，據藝文志改。

誘注二書，亦間有不同。有始覽篇「大汾、冥阨」，解云：「大汾，處未聞。冥阨、荆阮、方城皆在楚。」而淮南王書注則云：「大汾，在晉。」冥阨，淮南作澠阨，注云：「今弘農澠池是也。」先識覽篇「男女切倚」，解云：「切，磨。倚，近也。」淮南王書「倚」作「踦」，注又云：「踦，足也。」知分篇解云：「魚滿二千斤爲蛟。」而淮南王書又作「二千五百斤」。至于音訓，亦時時不同。此蓋隨文生義，或又各依先師舊訓爲解，故錯出而不相害與。暇日取元人大字本以下悉心校勘，同志如抱經前輩等，又各有所訂正，遂據以付梓鳩工，于戊申之夏，逾年而告成。若淮南王書，則及門莊知縣炘已取道藏足本刊于西安，故不更及云。

趙先生翼

趙翼字耘松，號甌北，陽湖人。初由舉人爲内閣中書，入直軍機處。乾隆辛巳成一甲三名進士，授編修，出爲貴州鎮遠、廣東廣州知府，皆有政績。後擢貴州貴西道，以事鐫級，遂乞養歸。嘉慶庚午，重赴鹿鳴筵宴，加三品卿銜。十九年卒，年八十有八。家居垂三十年，手不釋卷，於經史百家俱有考證，而史學研究尤深。凡史文、史法皆鈎稽同異，悉心勘校。至歷代治亂興衰之故，更於一篇之中三致意焉。著有廿二史劄記三十六卷、皇朝武功紀盛四卷、陔餘叢考四十三卷、簷曝雜記六卷、十家詩話十卷、甌北詩集五十三卷。參史傳、先正事略。

廿二史劄記自序

閒居無事，翻書度日，而資性粗鈍，不能研究經學，惟歷代史學，事顯而義淺，便於流覽。爰取爲日課有所得，輒劄記别紙，積久遂多。惟是家少藏書，不能繁徵博採，以資參訂，間有稗乘脞説與正史歧互者，又不敢遽詫爲得間之奇。蓋一代修史時，此等記載無不蒐入史局，其所棄而不取者，必有難以徵信之處。今或反據以駁正史之訛，不免貽譏有識。是以此編多就正史紀、傳、表、志中參互勘校，其有牴牾處，自見輒摘出，以俟博雅君子訂正焉。至古今風會之遞變，政事之屢更，有關於治亂興衰之故者，亦隨所見附著之。自惟中歲歸田，遭時承平，得優游林下，寢饋於文史以送老，書生之幸多矣。或以比顧亭林日知録，謂「身雖不仕，而其言有可用者」，則吾豈敢。

陔餘叢考

畫卦不本於河圖

伏羲因河圖而畫卦，大禹因洛書而演疇，古無是説也。論語河圖與鳳鳥並言，但謂王者之瑞耳。其畫卦之由，則繫辭下傳明言包犧氏「仰則觀象於天，俯則觀法於地，觀鳥獸之文與地之宜，近取諸身，遠取諸物，於是始作八卦」，並未言因河圖而起也。繫辭上傳雖有「河出圖，洛出書，聖人則之」之語，然上文尚有「天地變化，聖人效之」等語，則圖、書雖亦畫卦所取，而畫卦究非專取圖、書也。漢儒因有「河出圖，洛出書，聖人則之」之語，遂疑爲畫卦所本，然亦尚未以畫卦專指河圖，演疇專指洛書。按禮緯含文嘉曰：「伏羲德合上下，天應以鳥獸文章，地應以河圖、洛書，伏羲則而象之，乃作八卦。」見孔穎達周易正義卷首。春秋緯曰：「河以通乾出天苞，洛以流坤吐地符，河龍圖發，洛龜書感。」亦見繫辭正義。是皆謂圖與書俱畫卦所本也。自孔安國始析言之。其於尚書顧命之「河圖」，論語之「河不出圖」，皆曰：「河圖，八卦也。」其於洪範之九疇則曰：「天與禹洛出書，神龜負文而出列于背，有數至於九，禹遂因而第之以成九類也。」自此説行，而劉歆宗之，亦以爲「伏羲繼天而王，河出圖，則而畫之，八卦是也。禹治水，錫洛書，法而陳之，洪範是也」。見漢書五行志。於是馬融、王肅、姚信輩羣奉其説，至今牢不可破矣。不知繫辭所言畫卦之本已極明白，漢儒不過因「聖人則之」之語而强爲傅會，安國又析爲卦取圖、疇取書，其爲臆説，更不待辨。學者不信繫辭，而轉信漢儒，可乎？即謂禹演疇本於洛書矣，繫辭洛書與河圖並言，則皆上古時事，是神禹千百年以前已有洛書，豈直至禹始出乎？隋書經籍志云：「聖人受命，則龜龍銜負出於河、洛，以紀易代之徵。」是亦但以爲聖王之瑞，未嘗謂畫卦所本。沈約宋書符瑞志謂「龍圖出河，龜書出洛，以授軒轅」，隋經籍志又謂「河圖九篇，洛書六篇，相傳自黃帝至周文王所受」，則又不以河圖專屬之伏羲，洛書專屬之神禹也。

易不言五行

五行乃天地自然之理，然易卦但取天地風雷水火山澤，而不及五行。尚書舜、禹授受，始言「水火金木土」，而又列以「穀」爲六府，幾疑唐、虞以前，尚未以五者爲定名，所謂太皞、炎帝、少昊、顓頊五德迭王者，皆後人追溯之辭也。然洪範「鯀堙洪水，汩陳其五行」，則又似鯀以前已有此五行名目者。何以易卦初不及之？且澤即水也，坎水、兑澤，一物而分配二卦，而金木之爲用於天下者轉不及焉，其理殊不可解。後儒據繫辭「天一，地二，天三，地四，天五，地六，天七，地八，天九，地十」，指爲河圖之數，而以洪範所謂「一曰水」者配河圖之天一，謂之天一生水，而河圖之位一與六居下，故又謂地六成之；以洪範所謂「二曰火」者配河圖之地二，謂之地二生火，而河圖之位二與七居上，故又謂天七成之。金木土皆倣此。又泥於孔安國易卦本於河圖之説，河圖既有此五行，是五行之理已寓於易之中。鄭漁仲六經奥論因謂「月令之記四時曰木火土金水者，乃五行相生之數；虞書之記六府曰水火金木土者，乃五行相尅之數。惟易與洪範所言五行，則天地生成之數」。即所謂「天一生水，地六成之」云云也。是漁仲亦以爲五行在易中也。然天一、地二云云，本説大衍之數，並未言生水生火也。即以洪範所謂一水二火配之，適相脗合，然亦係繫辭推闡河圖之數如此，而伏羲畫卦則但以天地風雷水火山澤取象，並未及五行也。竊意伏羲畫卦專推陰陽對待變化之理，言陰陽而五行自在其中，其五行之理則另出於圖、書。唐、虞以前，圖、書自圖、書，易卦自易卦，不相混也。後儒以陰陽五行理本相通，故牽連入於易中，而不知易初未嘗論及此也。觀此，則余所謂畫卦不本圖、書者，益非好爲創論矣。

易闕文衍文

易未遭秦火，最爲完書，然其中闕文衍文亦不一而足。如繫辭「能悦諸心，能研諸侯之慮」，「侯」、「之」二字爲衍文，固人所共知矣。漢書杜欽上王鳳書引易曰：「正其本，萬事理。」今周易無此文。沈作喆寓簡云：「『公用射隼於高墉之上』，觀孔子言『弓矢者，器也；射之者，人也』，則『公用』句原文應有『弓矢』二字，今無之。」王昭素謂「序卦『離者麗也』之下，諸本有『麗必有所感，故受之以咸，咸者感也』，凡十四字。」今亦無之，是皆闕也。朱子語類載郭京易「即鹿无虞」，「鹿」作「麓」，其象詞則云：「即麓无虞，何以從禽也？」謂入山麓而無虞人導之，何以從禽也。今作「即鹿無虞，以從禽也」，是誤一「鹿」字，脱一「何」字也。袁楷謂「文言有錯入繫辭者，『鳴鶴在陰』以下七節，『自天祐之』一節，『憧憧往來』以下十一節，皆文言也。即『亢龍有悔』一節之重，可以明之矣」。是又易之錯簡也。王鏊震澤長語云：「漢文帝時，十翼所存惟彖、象、繫辭、文言。至宣帝時，河上女子掘冢得全易，上之，内説卦中下二篇汙壞不可復識，十翼遂亡其二。後人以序卦、雜卦足之。今按説卦中「乾爲天，爲圜，爲玉，爲金，爲寒，爲冰」之類，朱子亦謂「其多有不可曉者」。而荀九家於「乾」之下又有「爲龍，爲直」之類，「坤」之下又有「爲牝，爲迷」之類，以及震、巽等卦皆然。明是説卦已亡，而後人雜取以補之者，則説卦之原文久缺也。又如上繫第十章，自「易有聖人之道四焉」至「不疾而速，不行而至」，皆是孔子語，其下又有「子曰：易有聖人之道四焉者，此之謂也」二語，豈有孔子自作繫辭，又自引己語以證之？則此「子曰」二字亦衍文也。

古詩三千之非

司馬遷謂：古詩三千餘篇，孔子删之爲三百五篇。孔穎達、朱彝尊皆疑古詩本無三千。今以國語、左傳二書所引之詩校之。國語引詩凡三十一條，惟衛彪傒引武王飫歌，其詩曰：「天之所支，不可壞也。」謂武王克殷而作此，謂之飫歌，名之曰支，使後人監戒。及公子重耳賦河水二條是逸詩。而河水一詩，韋昭注又以爲「河」當作「沔」，即「沔彼流水」，取朝宗於海之義也。然則國語所引逸詩僅一條，而三十條皆删存之詩，是逸詩僅删存詩三十之一也。左傳引詩共二百十七條，其間有丘明自引以證其議論者。猶曰丘明在孔子後，或據删定之詩爲本也。然丘明所述，仍有逸詩，則非專守删後之本也。至如列國公卿所引，及宴享所賦，則皆在孔子未删以前也。乃今考左丘明自引，及述孔子之言所引者，共四十八條，而逸詩不過三條。成九年，「莒恃陋，不設備，楚人克其三都」。君子引詩曰：「雖有絲麻，無棄菅蒯。雖有姬姜，無棄蕉萃。凡百君子，無不代匱。」襄五年，「楚殺其大夫公子壬夫」，君子謂楚共王失刑，引詩曰：「周道挺挺，我心扃扃。講事不令，集人來定。」襄三十年，澶淵之會，以宋災謀予之財，既而皆不致，君子引詩曰：「淑慎爾止，毋載爾僞。」其餘列國公卿自引詩共一百一條，而逸詩不過五條。莊二十二年，陳敬仲辭卿，引詩曰：「翹翹車乘，招我以弓。豈不欲往，畏我友朋。」襄八年，楚伐鄭，鄭大夫或欲從楚，或欲待晉。子駟曰：「周詩有之曰：『俟河之清，人壽幾何。兆云詢多，職競作羅。』」昭四年，子產作丘賦，國人謗之。子產曰：「詩曰：『禮義不愆，何恤乎人言。』」昭十二年，楚子革引祈招之詩曰：「祈招之愔愔，式昭德音。思我王度，式如玉，式如金，形民之力，而無醉飽之心。」昭二十六年，晏子與齊景公論彗星不必禳，引詩曰：「我無所〔一〕監，夏后及商，用亂之故，民卒流亡。」又列國宴享歌詩贈答七十條，而逸詩不過五條。僖二十三年，秦穆納晉重耳，公子賦河水。襄二十六年，晉以衛侯之罪告諸侯，齊國子賦轡之柔矣。二十八年，齊慶封來奔，叔孫穆子飲之，使工誦茅鴟。昭十年，宋以桑林享晉侯，注：「殷天子之樂名。」二十五年，叔孫昭子聘宋，宋公享之，賦新宮。是逸詩僅删存詩二十之一也。若使古詩有三千餘，則所引逸詩宜多於删存之詩十倍，豈有古詩則十倍於删存詩，而所引逸詩反不及删存詩二三十分之一？以此而推，知古詩三千之説不足憑也。況史遷謂古詩自后稷以及「殷、周之盛，幽、厲之衰」，則其爲家絃户誦久矣，豈有反删之，而轉取株林、車鄰之近事以充數耶？又他書所引逸詩，惟論語「素以爲絢」句；管子「浩浩者水，育育者魚」四句；莊子「青青之麥，生於陵坡」四句；禮記射義「曾孫侯氏，四正具舉」八句；緇衣「昔我有先正，其言明且清」八句；韓嬰詩有「雨無極，傷我稼穡」二句；大戴禮「驪駒在門，僕夫具存」四句；汲冢周書「馬之剛矣，轡之柔矣」二句。其他所引，皆現存之詩，無所謂逸詩也。戰國策甘茂引詩曰「行百里者半於九十」；黄歇引詩曰「樹德莫如滋，除惡莫如盡」；又引詩曰「大武遠宅不涉」；史記作「大武遠宅而不涉」。范雎引詩曰「木實繁者披其枝，披其枝者傷其心」；呂覽愛士篇引詩曰「君君子則正，以行其德；君賤人則寬，以盡其力」；古樂篇有「象爲虐於東夷，周公逐之，乃爲三象之詩」；權勳篇引詩曰

〔一〕「所」，原無，據左傳補。

「惟則定國」」；音初篇引詩曰「燕燕往飛」；行論篇引詩曰「將欲毀之，必重累之。將欲踣之，必高舉之」；原辭篇引詩曰「無日過亂門」；漢武詔引詩曰「九變復貫，知言之選」。凡此皆不見於三百篇中，則皆逸詩也。按「行百里」句本古語，見賈誼策；「樹德」二句，姚本作引書，則泰誓也；「木實」二句，吳師道謂是古語，則皆非詩也。呂覽「君君子」二句，全不似詩；「將欲毀之」四句，與國策所引周書「將欲敗之」數語相同，則亦非詩也。惟「大武遠宅不涉」及「燕燕往飛」數語，或是逸詩耳。又韓非子「先聖有言曰：『規有摩而水有波，我欲更之，無可奈何。』」其句法似詩，然曰「先聖之言」，則亦非逸詩也。推此益可見删外之詩甚少，而史遷「古詩三千餘篇」之説，愈不可信矣！按詩本有小序五百一十一篇，此或即古詩原本，孔子即於此五百一十一篇内删之爲三百五篇耳。尚書緯云：「孔子得黄帝玄孫帝魁之書，迄於秦穆公，凡三千二百四十篇，孔子删之爲尚書百二十篇。以百二篇爲尚書，十八篇爲中候。」説見孔穎達正義。史遷所謂「古詩三千」者，蓋亦緯書所云尚書三千二百四十篇之類耳。惟夷、齊「採薇」，及介之推「五蛇爲輔」之歌，孔子訂詩，曾不收録，此不可解。或以「採薇」歌於本朝有忌諱，而五蛇之事近於誕，故概從删削耶？

春秋時列國多用夏正

春秋時，列國多用夏正。左傳隱公三年夏四月，鄭祭足帥師取温之麥，秋又取成周之禾，若係周正，則麥禾俱未熟，取之何用，是鄭用夏正也。隱六年，宋人取長葛，經書冬，而傳書秋，蓋宋本用殷正建西之月，周之冬即宋之秋，是宋用殷正也。桓七年穀伯綏來朝，鄧侯吾離來朝，經書夏而傳書春，是二國不用周正也。僖五年，晉侯殺其世子申生，經書春而傳在上年之十二月；十年，里克弑其君卓，經書正月而傳在上年十一月；十五年，晉侯及秦伯戰于韓，獲晉侯，經書十一月，傳書九月；又如左傳僖二十三年九月晉惠公卒，二十四年正月秦伯納重耳于晉，而國語則云「十月晉惠公卒」，「十二月秦穆公納公子」，魯之月與晉不同，是晉不用周正也。文十年，齊公子商人弑其君舍，經書九月，傳作七月，是齊不用周正。又管子立政篇「正月令農始作」，輕重篇「令民九月種麥」，則齊用夏正也。史記秦本紀「宣公初志閏月」，則宣公以前并有不置閏者，其不用周正可知也。至戰國時，更無有不用夏正者。吕不韋春秋是全用夏正。杜預記汲冢紀年書係魏哀王時人所作，以夏正爲首，是魏亦用夏正也。不寧惟是，魯號秉禮之國，然論語「暮春者，春服既成」，若周正，則暮春尚是夏正之正月，安得有换春衣浴且風之事？是曾點所云暮春，即夏正之三月，夏正之三月，在周應作仲夏，而曰暮春，則魯亦久用夏正可知也。又左傳文元年，「閏三月，非禮也」。三代閏月皆歸於歲終，所謂「歸餘于終」也。襄二十七年，「再失閏」。哀十二年，又失閏，季孫問仲尼，仲尼曰：「今火猶西流，司曆過也。」杜注：「尚是九月，曆官失一閏也。」十三年十二月又螽，杜註：「季孫雖聞仲尼言，而不能正曆失閏，至此年故十二月又螽。」則魯不惟不用周正，并夏正亦失之矣。劉原父謂：「左氏月日多與經不同，蓋左氏雜取當時諸侯史策之文，其用三正參差不一，故與經多歧。」可見是時列國各自用曆，不遵周正固已久矣。凡古制非現行者，閱數十年未有不廢絶。若周改正朔之後，列國皆遵周正，則千年以前之夏正，何以尚在人間而行之自若乎？蓋周初雖改歲首，而農事仍以夏正並行。微子之命曰：「統承先王，修其禮物。」是聽其自用先世之制，杞用夏正，宋用殷正，可知也。尚書大傳亦云：「王者存二代之後，與己爲三，所以通三統，立三正。」鄭康成注云：「使二王之後，自行其正朔也。」是二王之後，不用周正，固不待言。即周制亦自有兼用夏正者。逸周書周月解篇有曰：「亦越我周改正，以垂三統。至於敬授民時，巡狩烝享，猶自夏正焉。」今按：「七月流火」之詩，周公所作，而授衣條桑，烹葵剥棗，鑿冰獻韭，一一皆以夏正紀節物。然此猶曰追敘祖宗時事也。「四月維夏，六月徂暑」，非周中葉之詩乎？「維暮之春」下，又即接「於皇來牟，將受厥明」，豈非夏正之三月，其下月即麥熟時乎？周禮仲春會合男女之無夫家者，若周之仲春，爲今之十二月，風雪沍寒，豈能會合於野，奔者不禁乎？則亦豈非夏正之仲春乎？是知周改朔之初，本已兼用夏正，民間習用既久，及東周以後，去開國之時愈遠，王朝又不頒朔，列國遂并忘周正，而各自用夏正，固非一日矣。由此以推，孔子修春秋，必書春王正月，實以是時列侯多不用周正，故特著之，言此乃王之正月也。若各國咸稟周正，則但書春正月，即是王之春正月矣，何必更表之以「王」？說見「春不書王」條下。告顏子以行夏時，亦以夏時本所當遵，當時已多私用，與其另建一朔，而不能使天下畫一，不如仍用夏正，俾上下通行也。

周禮冬官補亡之誤

周禮缺冬官一篇，劉歆以考工記補之。漢、唐以來，皆無異說。至宋淳熙間，臨川余廷椿始創論，以爲冬官之屬，初未嘗缺，其官皆雜出于五官之中，乃作復古司空一篇，朱子亟稱之。永嘉王次點益引伸其說，作周官補遺，亦爲真西山所賞。元人吴草廬、丘吉甫又因之，各有撰述，然其間亦各有不同者。今王氏周官補遺已不傳，草廬所編，則據尚書「司空掌邦土」，謂冬官不應雜在地官「司徒掌邦教」之内，遂取「掌邦土」之官，列于司空之後，其他亦未嘗分割。惟余氏、丘氏則益加割裂。余氏以天官、地官、春官、夏官内四十九官改入冬官。丘氏則以爲天官六十三，地官七十九，春官七十，夏官六十九，秋官六十六，若以周官三百六十，每官六十之數論之，天官羨三，地官羨十九，春官羨十，夏官羨九，秋官羨六，是五官内共羨四十七官。而所著周禮補亡一書，又於五官内稍有裁核，定爲天官六十，地官五十七，春官六十，夏官六十，秋官五十七，而以大司空、小司空内五十四官改入冬官，與余氏大同小異。雖各以意割截舊文，然亦可見先儒之究心也。王鏊震澤長語云：「余廷椿、王次點以五官中凡掌邦居民之事，皆分屬之司空，則五官各得其分，而冬官亦完，且合三百六十之數，周官粲然無缺，誠千古之快也。」而余不敢從。何哉？曰：亂經，是鏊亦未敢以爲是也。按南齊書有人掘楚王冢，得青簡書，廣數分，長二尺，凡十餘簡。王僧虔辨之云：「是科斗書考工記，周官所缺文也。」然則考工記原非雜於五官内，劉歆以之補冬官，亦非。

儀禮

先儒謂儀禮文物彬彬，乃周公制作之僅存者。即如聘禮篇末執圭如重，入門鞠躬，私覿愉如等語，與論語鄉黨篇相合。晁氏謂「定公九年，孔子仕魯，至十三年適齊，其間無朝聘事。則鄉黨所記，未必皆孔子實事，當是門人習禮者，本儀禮之舊文而記其語耳」。是可見儀禮爲孔子以前之書，出於周公所作，無疑也。當時必有全書，今所傳十七篇，蓋所謂存什一於千百者。熊朋來謂「既夕禮乃士喪禮之下篇，有司徹乃少牢饋食之下篇」，則十七篇又實止十五篇耳。敖繼公不得全書，遂以爲周公此書專爲侯國而作，而王朝之禮不與焉。如冠、昏、相見、鄉飲、鄉射、士喪、既夕、士虞、特牲饋食九篇，皆侯國之士禮。少牢饋食上下二篇，皆侯國之大夫禮。聘、食、燕、大射四篇，皆言諸侯之禮。惟覲禮一篇，言諸侯朝天子之禮，然主于諸侯而言也。喪服篇言諸侯及于公子大夫士之服最詳，其間雖有諸侯之大夫爲天子之服，然亦皆主於諸侯與大夫而言也。當時以此書頒于侯國，令其各據此以行禮，以教人，是以國無異禮，家不殊俗也。其立論固未爲無見，然此亦第就現在之十七篇，而意其專爲侯國設耳。按孔壁中所得古文禮經本有五十六篇，其十七篇與儀禮正同，餘三十九篇藏在祕府，謂之逸禮。哀帝初，劉歆欲以之列學官，而諸博士不肯，遂不得立。孔、鄭所引逸禮，如中霤禮、禘於太廟禮、王居明堂禮，皆其篇也。則儀禮十七篇外，尚有三十九篇，王朝之禮，亦必備載。如禘於太廟、王居明堂之類，不得謂皆侯國之禮也。吴草廬因取大、小戴記，及鄭氏所引，編爲儀禮逸經八篇，謂小戴投壺、奔喪篇首與儀禮諸篇之體如一，固爲儀禮舊文。大戴中公冠、諸侯遷廟、諸侯釁朝三篇，雖已不存此例，要是作記者删取正經之節要而存之，其中霤以下三篇已不復傳，而名猶見於註家，故亦編爲篇目，而以註家所引片言隻字附之，此亦見輯禮者之苦心矣。

嚴先生長明

嚴長明字道甫，號冬有，江寧人。幼奇慧，年十一應童子試，爲臨川李侍郎紱所賞，令從方望溪游。讀書於揚州馬氏，盡閲其藏書。乾隆二十七年南巡，召試，賜舉人，内閣中書擢侍讀，充軍機處章京。通古今，多智數，大學士劉文正公奇之，有重獄大政，多倚以辦。以才見忌。遭父母憂，服終，不復出。客畢制軍沅幕，爲定章奏。還主講廬州書院。五十二年卒，年五十七。先生於書，無所不讀。嘗語學者曰：「士不周覽古今載籍，不徧交海内賢俊，不通知當代典章，遽欲握筆撰述，縱使信今，亦難傳後。」歷充通鑑輯覽、一統志、熱河志、平定準噶爾方略纂修。所著歸求草堂集、西清備對、毛詩地理疏證、五經纂術補正、三經答問、三史答問、淮南天文太陰解、獻徵餘録、金石文字跋尾、石經考異、漢金石例等書。又嘗纂西安、漢中二府志。子觀、晉，並世其學。觀撰江寧金石記。參姚鼐撰墓志、錢大昕撰傳。

朱先生文藻

朱文藻字映漘，仁和人。諸生。少嗜學，漁獵百家，精六書，自説文以下，及鐘鼎款識，無不貫串源流。又通史學，凡紀傳、編年、紀事、通典諸書，輒能考其缺略，審其是非。王文端公杰延至京第，助校續西清古鑑。後游山左，阮文達公元時爲督學，與之商訂金石，爲成山左金石志。又自爲濟寧金石志。蘭泉先生修西湖志，俾之分纂。其爲金石萃編，屬以蒐采題跋，商榷考證。其後書成，又與錢同人共任校寫，蓋始終其事也。嘉慶十一年卒，年七十一。所著有續禮記集説、説文繫傳考異、東城小志、東皋小志、青烏考原、金箔考、苔譜、萍譜、東軒隨録、碧谿叢鈔、碧谿詩話、碧谿草堂詩文集，多未刊行。參史傳、金石萃編跋。

清儒學案卷八十二

讓堂學案

讓堂說經，長於旁搜曲證，不屑依傍傳注，而融會貫通，確有心得。凡考訂名物，往往繪圖列表，以明其真，所以裨益經學，啟迪後人，非淺鮮也。述讓堂學案。

程先生瑤田

程瑤田字易田，一字易疇，晚號讓堂老人，歙縣人。乾隆庚寅舉人，官江蘇嘉定縣教諭，在任四年，以病乞歸。嘉慶元年，舉孝廉方正，十九年卒，年九十。先生少師淳安方粹然，後與戴東原、金輔之同學於婺源江氏慎修，篤志治經，東原自言遜其精密。其學長於涵泳經文，得其真解。嘗爲論學小記三卷，嚴義利之辨，謂「聖教歸於自治」。述性諸說，於孔子性近習遠及孟子性善之旨均有發明。又論學外篇二卷，意在訓誡後生小子，蓋於世教三致意焉。其說經，則以禹貢揚州之三江實只一江，漢書地理志三見「揚州川」者，是志職方之其川三江，非說禹貢。因主鄭注，正酈道元水經注之譌，成禹貢三江考三卷。又以周禮太宰之九穀，其稷、粱二者，言人人殊，因詢考農家，並據許氏説文釋之，謂稷爲秫，成九穀考四卷。又以考工記磬氏、冶氏、車人、韗人、匠人屢言倨句磬折，而鄭注未得真解，謂磬折不明，由於倨句不明，欲明倨句，先辨矩字。矩有直有曲，倨句之云，折其直矩而爲曲矩，即今木石工所用之曲尺，成磬折古議一卷。又以儀禮喪服「緦麻」章末「長殤中殤降一等」四句，鄭氏誤以爲傳文，故觸處難通；又「不杖期」章、「大功」章中，鄭注有以爲傳文失誤，及斥爲不辭者，因援據經史，疏通證明，以規鄭失，成儀禮喪服文足徵記十卷。又以周髀算經言數出於矩，因爲矩數圖注及周髀用矩法，均繪圖詳説，以明用矩之道，並爲天圖規法、日躔宫度諸説，成數度小記一卷。其他所著，尚有宗法小記一卷，釋宫小記一卷，考工創物小記八卷，溝洫疆理小記一卷，水地小記一卷，解字小記一卷，聲律小記一卷，讀書求解一卷，釋草小記二卷，釋蟲小記一卷，樂記三事能言一卷，皆考證精確，爲學者所宗。別論書則有九勢碎事一卷，雜文則有修辭餘鈔一卷，課士公牘則有讓堂亦政録一卷，統名曰通藝録。別有讓堂詩鈔十八卷。參史傳、文獻徵存録。

論學小記

述性一

有天地然後有天地之性，有人然後有人之性，有物然後有物之性。有天地人物，則必有其質，有其形，有其氣矣。有質，有形，有氣，斯有其性。是性從其質、其形、其氣而有者也。是故天地位矣，則必有元亨利貞之德，是天地之性善也。人生矣，則必有仁義禮知之德，是人之性善也。若夫物，則不能全其仁義禮知之德，故物之性不能如人性之善也。使以性爲超乎質、形、氣之上，則未有天地之先，先有此性，是性生天地，天地又具此性以生人物，如是，則不但人之性善，即物之性亦安得不善！惟指其質、形、氣而言，故物之性，斷乎不能如人性之善。雖虎狼有父子，蜂蟻有君臣，而終不能謂其性之善也。何也？其質、形、氣，物也，非人也。物與物雖異，均之不能全乎仁義禮知之德也。人之質、形、氣莫不有仁義禮知之德，故人之性，斷乎其無不善也。然則人之所以異於物者，異於其質、形、氣而已矣。自不知性者，見夫質、形、氣之下愚不移，遂以性爲不能無惡，而不知質、形、氣之成於人者，無不善之性也。後世惑於釋氏之説，遂欲超乎質、形、氣以言性，而不知惟質、形、氣之成於人者，始無不善之性也。然則人之生也，有五官百骸之形以成人，有清濁厚薄之氣質不能不與物異者以成人品之高下，即有仁義禮知之德，具於質、形、氣之中以成性。性一而已，有善而已矣。如必分而言之，謂具於質、形、氣者爲有善有惡之性，超乎質、形、氣者爲至善之性，夫人之生也，烏得有二性哉！譬之水，其清也，質、形、氣之清也，是即其性也。譬之鏡，其明也，質、形、氣之明也，是即其性也。水清鏡明能鑑物，及其濁與暗時則不能鑑物，是即人之知愚所由分也。極濁不清而清自在其中，極暗不明而明自在其中，是即下愚不移者，其性之善自若也。知愚以知覺言，全在禀氣清濁上見；性則不論清濁，不加損於知覺，但禀氣具質而爲人之形，即有至善之性。其清，人性善者之清；其濁，亦人性善者之濁也。其知其愚，人性善者之知愚也。此之謂性相近也，斷乎其不相遠也。孟子曰：「人之所以異於禽獸者幾希，庶民去之，君子存之。」其存之者，存其性善也，非由外鑠我也。其去之者，所謂「舍則亡」者也，非性有不善也。夫非性有不善，故「操之則存」矣。

述性二

氣質之性，古未有是名。必區以別之，曰此氣質之性也，蓋無解於氣質之有善惡，恐其有累於性善之旨，因別之曰：有氣質之性，有理義之性也。雖然性也，而安得有二哉！安得謂氣質中有一性，氣質外復有一性哉！且無氣質則無人，無人則無心，性具於心，無心，安得有性之善！故溯人性於未生之前，此天地之性，乃天道也。天道亦有於其形其氣，主實有者而言之，有天之形與氣，然後有天之道；主於其氣之流行不息者而言之，故曰一陰一陽之謂道也。道在於天，生生不窮，因物附物，乃謂之命，故曰「維天之命，於穆不已」也。若夫天人賦禀之際，賦乃謂之命，禀乃謂之性，所賦所禀，並据氣質而言，性具氣質中，故曰「天命之謂性」。豈塊然賦之以氣質，而必先諄然命之以性乎？若以賦禀之前而言性，則是人物同之，犬之性猶牛之性，牛之性猶人之性，何獨至於人而始善也？故以賦禀之前而言性，釋氏之言性也，所謂「如何是父母未生前本來面目」也。是故性善繼然以氣質言，主實有者而言之，是薑則性熱，是水則性寒，是人之氣質則性善，是物之氣質則性不能善。塗之人可爲禹，以其爲人之氣質也。人之氣有清濁，故有知愚，然人之知固不同於犬牛之知，人之愚亦不同於犬牛之愚。犬牛之愚，無仁義禮知之端，人之愚，未嘗無仁義禮知之端，故曰「乃若其情，則可以爲善也〔一〕，乃所謂善也」。性善不可驗，以情驗之，人人皆可自驗者也。是故知者知正其衣冠矣，愚者亦未嘗不欲正其衣冠也，其有不然者，則野人之習於鄉俗者也。然野人亦自有知愚，其知者亦知當正其衣冠，而習而安焉，此習於惡，則惡之事也；其愚者見君子之正其衣冠也，亦有所不安於其心，及欲往見君子，必將正其衣冠焉，此習於善，則善之事也。此人所以不可不學，學者，習於正也，不習於正則習於邪，彼此相遠，習爲之也。此人所以當謹所習，專習於此，自不習於彼也。

述性三

性不可見於情。見之情於何見？見於心之起念耳。人只有一心，亦只有一念，善念轉於惡念，惡念轉於善念，只此一念耳。性從人之氣質而定，念從人之氣質而有，若有兩念，便可分性有善惡。今只此一念，善者必居其先，惡則從善而轉之耳。當其惡時，一轉即善，所謂「我欲仁，斯仁至矣」，故曰性善也。或謂人之欲乃固有之，安得無惡念居其先者？不知是欲也，必先有善，如耳目口鼻四肢之欲，其先豈必不善？有物必有則，孟子曰「性也，有命焉」，命即則之所從生也。其曰「命也，有性焉」，是性即則之所從生也。不謂之性，言不順其性，而使之過乎其則，過乎其則，斯惡矣。是其性本善，而轉而之惡耳。今爲

〔一〕「也」，孟子原文作「矣」。下同。

盗賊者，未有不迫於飢寒者也，其初只有謀生一念耳。謀生之事甚多也，夫豈不欲擇其善者而爲之，而乃皆不可得，及至於不得已，然後一切不顧，而甘爲盗賊也。是其初念未嘗不善，而轉而之乎惡耳。又必有一二爲盗賊者從而引之，所謂習也。夫人至於甘爲盗賊，真下愚耳。下愚之人，縱欲敗度，亦從善念之過乎其則始。故上知不移。彼下愚者，其初亦移而過乎其則耳。既過乎其則，其勢必將大遠乎其則，而至於萬萬不能移。夫豈不可移之謂哉，其可移固未絶也，隱而不見，觸亦不萌，積重之勢使然也，故直謂之曰不移而已。然千萬人中，或且一人能移。以余所聞，間亦有之。惟其未絶，故觸而偶萌，隱而或見耳，然則人性果無不善也。且夫仁義禮知之端，下愚不移者既皆有之，是其心固以爲當然也。心之所然而乃不然，所謂忍也。忍之爲言，反其所然之謂也。其所然之心至死不中絶也，性善故也。

述性四

曷爲乎疑孟子「性善」之言與夫子之言異也？夫子言性相近，不徑言善也。匪惟不徑言善已也，言下愚不移。下愚不移，性果善乎？求其説而不得，安得不以孟子之言性爲超乎氣質而言之也？雖然人皆以夫子之言難孟子，而卒未有以孟子之言證夫子也。如以孟子之言證夫子，而果與夫子之言不相應，則性善之言誠與夫子之言性異矣。今其言曰：「乃若其情，則可以爲善也，乃所謂善也。」「可以」云者，「相近」之云也。其言情之可以爲善也，則驗之於「人皆有惻隱、羞惡、恭敬、是非之心」。是心之爲仁義禮知，非由外鑠我者，蓋驗之於「習相遠」之人，且驗之於「下愚不移」者也。故曰：「今人乍見孺子將入於井，皆有怵惕惻隱之心。」其「皆有」者，「下愚不移」者所不能無也。是孟子之言「性善」，正爲有此「習相遠」之人與「下愚不移」之人而決言之也。且其言曰：「富歲子弟多賴，凶歲子弟多暴，非天之降才爾殊也，其所以陷溺其心者然也。」「降才非殊，猶言「性相近」也；多賴多暴，猶言「習相遠」也。又言「爲不善，非才之罪」，是不罪性而罪習。夫豈異於夫子之言性乎？其言平旦好惡，與人相近，性固未嘗相遠也。其言放其良心，旦晝梏亡，習豈終能相近乎？其言夜氣不存，同於禽獸，則所謂下愚不移而已矣。孟子之言「性善」，章章若是，有一言不與夫子之言相發明乎？然則孟子之言「性善」，初未嘗離氣質而言之也，則以夫子之言難孟子，曷不取孟子之言以證夫子之言耶？嗚呼！孔、孟言性，並主實有者而言之，如溯性於未有氣質之前，此所以終日言誠，茫然不解誠之所謂也。

述誠

誠者，實有焉而已矣。天實有此天也，地實有此地也，人實有此人也。人有性，性有仁義禮知之德，無非實有者也，故曰性善也者，實有此善焉者也。故曰：「誠者，物之終始，不誠無物。」天無終，故行健不息；人有終，故死而後已。死乃無此人，未死則實有此人，實有此性，實有此性之善。實有此性之善，故曰誠者能；實有此性之善，故曰「誠之者」。「誠之者」，「自明誠」者也。能「自明誠」，實有此能也；能由教入，實有此能也，故曰「自明誠謂之教」。雖不謂之性，非不實有此性也。如不實有此性，則「自誠明」者，天下一人而已矣。有誠者，無誠之者，雖有教，無益也。惟人皆實有此性，故人人能擇善、固執以誠之，而實有此教矣。由是成己，則實有此仁；由是成物，則實有此知。惟其實有此性，實有此性之善而已矣。死而後已，終矣乃無物矣。一息尚存，一息有此性之善，一息可以誠之者也。嗚呼！非實有此人之氣質，亦安能實有此性，實有此性之善者乎！若乎未死先已，未終先終，不誠矣。惟不實有，故曰無物。是不誠之者也，非不能誠之也。是故不空之謂實，不無之謂有，皆指物而言。而二氏空之無之，是已無物矣。此不必與辨者也。今乃指其所謂空與無者，而曰雖空而實實，雖無而實有，此釋氏所謂色即是空，空即是色，其語不反較精妙耶？從空、無下轉出實、有，異乎吾學從物上致力焉者也。

述情

性善，情無不善也。情之有不善者，不誠意之過也。由吾性自然而出之謂情，由吾心有所經營而出之之謂意。心統性、情，性發爲情，情根於性。是故喜怒哀樂，情也。故曰：「喜怒哀樂之未發謂之中，發而皆中節謂之和。」其中節也，情也；其未發也，情之未發也；其中也，情之含於性者也；其和也，性之發爲情者也。是故心統性、情，情者，感物以寫其性者也。無爲而無不爲，自然而出，發若機括，有善而已矣。自夫心之有所作爲也而意萌焉，其初萌也固未有不善者也。何也？意爲心之所發，而心則統乎性、情，故意萌於心，實關乎其性、情，則安得而不善！然而意之萌也，未有不因乎事者也。事之乘我也，有吉有凶，而人之趨事也，有利有害。吉凶，天降之利害，人權之，君子於此，亦未有不思就利而務去害也。主張之者，意而已矣。於是經營焉，曰必如是然後有利而無害也，然而善從此而亡矣;曰苟如是則必得利而遠害也,然而不善從此而積矣。且也徇利而不顧害,抑或冒害以求其利,而善於是愈亡,而不善於是愈積矣。而人乃甘於不善,而忍而舍其善者,不慎其獨,自欺焉,不誠意之過也,豈其意之萌也果遂不善乎!經營之巧習於中,利害之途炫於外,故事觸於情,而喜怒哀樂不轉念而應;情交於利害,而取舍疑惑一轉念而淆。慎之又慎,在持其情於獨焉,即事察義以誠其意而已矣。孟子不云乎,「乃若其情,則可以爲善」。若夫「爲不善,非才之罪也」。情爲性之所發,才乃情之所施,才且無不善,而况於情乎!孔子曰:「我欲仁,斯仁至矣。」情善之謂也。「今人乍見孺子將入於井,皆有怵惕惻隱之心」,孟子之善言情善也。

述命

仰而望之,可見者,非天乎?天非形乎?形非質乎?形質非氣乎?是故天者,積氣而已矣。有氣斯有道,有道斯有命,有命斯有性,有性復有道,道一而已,氣之流行者皆是也。莫非氣也,即莫非道也。未有命,已有道。太傅禮曰:「分於道謂之命。」言有道斯有命也。流行之謂道,賦予之謂命,禀受之謂性,氣之有先後次第者如是也。然是氣也,曷嘗有須臾不流行者乎?無有始也,無有終也,故人既受命而成性矣,道即從性中流行而不已。中庸曰:「率性之謂道。」言有性復有道也。子罕言命,然而嘗言之矣。子夏聞之夫子曰:「生死有命。」伯牛有疾,子曰:「亡之,命矣夫。」又曰:「賜不受命而貨殖焉。」又曰:「道之將行,命也;道之將廢,命也,公伯寮其如命何。」此所言命,皆以氣數言之,其顯然者也。孟子學孔子者也，亦曰：「莫之爲而爲者，天也；莫之致而至者，命也。」又曰：「吾之不遇魯侯，天也。」言天即言命也。或有送難者曰：「子曰『五十而知天命』，又曰『不知命無以爲君子也』，亦主氣數言之乎？」應之曰：「此以氣化言命者也。此言陰陽往來屈伸無非命也。詩所謂『維天之命，於穆不已』，盈天地間，無時無處而不然者也。所謂『分於道謂之命』也，惟聖人能知之，中庸所謂『知天地之化育』，易所謂『知鬼神之情狀』者也。中庸曰：『至誠之道，可以前知。將興有禎祥，將亡有妖孽。見蓍龜，動四體。禍福至，善，先知；不善，先知。』孔子之知天命，其是之謂夫！若夫義理，則所以治命者也。中庸曰：『君子居易以俟命。』孟子曰：『殀壽不貳，修身以俟之，所以立命也。』以義理治之，故曰立命。故曰：『莫非命也，順受其正。知命者不立乎巖牆之下，盡其道而死者，正命也。』孟子曰：『彌子曰：「孔子主我，衛卿可得也。」孔子曰：「有命。」孔子進以禮，退以義，得之不得，曰有命。』此皆言以義治命，義、命分說，不以義爲命而合言之也。義、命分說，故孟子性、命亦分說，故曰：『口之於味，目之於色，耳之於聲，鼻之於臭，四肢之於安佚，性也，有命焉，君子不謂性也。仁之於父子，義之於君臣，禮之於賓主，智之於賢者，聖人之於天道，命也，有性焉，君子不謂命也。』」

述公

人有恒言輒曰一公無私。此非過公之言，不及公之義也。此一視同仁，愛無差等之教也。其端生於意必固我，而其弊必極於父攘子證，其心則陷於欲博大公之名。天下之人皆枉己以行其私矣，而此一人也，獨能一公而無私，果且無私乎？聖人之所難，若人之所易，果且易人之所難乎？果且得謂之公乎？公也者，親親而仁民，仁民而愛物，有自然之施爲，自然之等級，自然之界限，行乎不得不行，止乎不得不止。時而子私其父，時而弟私其兄，自人視之，若無不行其私者。事事生分別也，人人生分別也，無他，愛之必不能無差等，而仁之必不能一視也，此之謂公也，非一公無私之謂也。儀禮喪服傳之言昆弟也，曰：「昆弟之道〔一〕無分，然而有分者，則辟子之私也。子不私其父，則不成爲子。」孔子之言直躬也，曰：「子爲父隱，父爲子隱，直在其中。」皆言以私行其公。是天理人情之至，自然之施爲，等級界限，無意必固我於其中者也。如其不私，則所謂公者，必不出於其心之誠。然不誠，則私焉而已矣。後漢書〔二〕載或問第五倫曰：「公有私乎？」曰：「吾兄子嘗病，一夜十往，退而安寢；吾子有疾，雖不省視，而竟夜不眠。其可謂無私乎？」嗚呼！是乃所謂公也。是父子相隱者之爲吾黨直躬也。不博大公之名，安有營利之舉！天不容僞，故愚人千慮，必有得焉，誠而已矣。誠不分賢愚也，及其至也，惟聖者能之。嗚呼！等級自然而有也，界限自然而具也，而自然中節，無過、不及者，則盛德之至也，非聖人而能若是乎？非聖人而能公乎？而能遂其私乎？

〔一〕「道」，喪服傳作「義」。
〔二〕「後漢書」，原作「漢書」，今補「後」字。

述敬

竊謂敬之全功，用在事上，用在動時。人於日用之間，無時無地之非事，即無時無地之非動。語固是事，默亦是事，晝爲固是事，夜卧亦是事。故帶銘曰：「火滅修容，慎戒必恭。」是即夜卧時所應爲之事也。蓋一息尚存，即有一息之事。惟釋氏絶去人倫，屏卻世事，專一主靜，以求通慧。其實釋氏亦猶人也，亦猶有身也，有身安得無事？其所謂靜，自吾觀之，終其身無靜時也。聖人之道則不然，其言敬也，道國曰敬事，事君曰敬其事，論仁曰執事敬，論君子曰事思敬，又曰事上敬，交久敬，行篤敬，敬鬼神，祭思敬。其在孟子，則曰敬君，敬兄，敬叔父，敬弟，敬人，敬上，敬下。蓋悉數之不能終其物，是故敬之用處甚多。靜時涵養，以收斂於心，是敬之一事。蓋人生日用之間，動處多，靜處少。以三達德，行五達道，處處是動，處處當用敬。或有有少閒靜時，亦須以敬聯屬之，故曰「君子不動而敬」，「君子戒慎乎其所不睹，恐懼乎其所不聞」，言其用功於動，用功於睹、聞，已無絲毫之不敬。而千萬動中或有一靜，千萬睹、聞中或有一不睹不聞，亦以敬聯屬之。如此言敬，始謂之修己以敬，始謂之敬而無失。其敬於靜，正所以全其動之敬，其敬於不睹、不聞，正所以全其睹、聞之敬。若專以敬全歸之於靜時之涵養，則中庸所謂「不動而敬」，「而」字不得力；所謂「戒慎乎其所不睹，恐懼乎其所不聞」，兩「所」字都不得力。且若專以靜時涵養注解「修己以敬」、「敬而無失」、「聖敬日躋」以及於「毋不敬」、「莊敬日强」，未免鶻突說去，聖經言語全不得力。即如夫子教顔子以四勿，是欲其省察視聽言動。下四个勿字，欲其察得非禮處便勿之。全是欲其由禮，看清是禮，然後去視聽言動也。非如釋氏寂守其心，若達摩終日面壁，絶卻視聽言動，如是則安得有所謂非禮者當乎其前，又安所用其勿之之力！吾儒之所以異於釋氏者，全在事上動處用功。其不已於静處者，乃所以繼續動時之功也。故與仲弓言「出門如見大賓，使民如承大祭」，謂見賓、承祭時純是敬，而出門、使民時之敬亦當如之，以鞭迫其毋不敬也。然出門、使民，亦是動時，非静時也。所以答子張問行而曰「行篤敬」，又曰「立則見其參於前，在輿則見其倚於衡」，舉「立」與「在輿」以該括無事之不敬，無時無處之不敬。然亦是就動處言，非主静之謂也。程子爲人不知收放心，故單説一个「敬」字，爲收放心之第一法。其喫緊爲人，實具一片苦心。而用以發明敬之義藴，則程沙隨之説，所謂「聖賢無單獨説『敬』字者」，正須參看。而張敬夫所謂「先須察識端倪之發，然後可加存養之功」，其説亦不爲無所見也。上蔡言「敬是常惺惺法」，亦是專言主静涵養，終不若「修己以敬」、「敬而無失」、「毋不敬」諸説該動静言者之爲完備。而且動多静少，以静時繼續其動時之敬，非主於静，而以動時繼續其静時之敬也。易言：「敬以直内，義以方外。」敬、義是一件事，雖有内外，然實合外内之道也。截然分説，便不是。「不敢欺慢」，「尚不愧於屋漏」，皆据處事言之，豈主静之謂哉！朱子言洒埽應對進退爲存養之事，竊謂此即視聽言動上事，雖小學時，便當於此處察而識之，此便是格物以致其知。小學大學雖以年齒分屬，然其事亦未便截然説成兩橛。蓋視聽言動，重生疊起，無時無處而不然。學者隨時察識，便是下手處，童子、成人無緣異其視聽言動也。格物雖是大學條目，然小學時未見不許其格物。曉得要敬，便是此一物能格之而致其知矣。總之，小學大學不當有格物不格物之分，而洒埽應對進退事事有義，未見得童子皆不能理會也。孟子「不動心」有道，程子「以爲心」有主。夫心何以有主也？以爲養氣也。氣何以得養？以集義也。義何以集？以格物而致其知也。能致其知，則心有主，而義以集，然後見之於行，事事皆合於義，易所謂「義以方外」，蓋如此。義方外者，必敬直内，敬、義相須，無舍敬而能義，亦無舍義而能敬者。故義雖方外，而實謂之内行吾敬，故謂之内。故孟子曰：「告子未嘗知義，以其外之也。」此孟子之論義，即孟子之論敬也，吾故曰：敬必在事動處多，靜時之敬，所以繼續動時之敬也。吾嘗謂靜亦是吾人之一事。事從身起，吾人刻刻修身，寧靜時而可不修其身？寧靜時而可不有其身？吾儒之道，在有其身；釋氏之道，在無其身，儒、釋之別，惟此而已。敬也者，用其心焉而已矣。夫子曰「無所用心」，心不用，則於不可已者而亦已，故夫子不然之，而斥之曰難。然人止一心，而用之各於其所。君子有九思，是用心有九所。於視則思明，於聽則思聰，於貌則思恭，於事則思敬。夙夜警戒之謂敬，威儀儼格之謂恭，恭、敬異用，各於其所。然不得謂恭一心，敬又一心也。隨其所而名之，非有二心也。孟子言惻隱、羞惡、恭敬、是非之心，隨所感觸發見者，指而名之，曰仁也，義也，禮也，智也。然止一心耳，非有四心也。繼善成性之後，隨所感觸而發見焉。止一事也，而仁者見之謂之仁，知者見之謂之知，然則仁、知非有二心也。是故君止仁，臣止敬。五止異用，亦不得謂仁、敬、孝、慈、信有五心也。故詩統言之曰「於緝熙敬止」。是「敬止」得包「五止」也。是「事思敬」得包「九思」也。吾故曰：「敬之全功，用在事上，用在動時。」洪範曰：「敬用五事。」貌、言、視、聽、思可曰五事，恭、從、明、聰、睿可統言之曰「敬用五事」。思亦可曰事，睿亦統乎敬，其言與夫子

「敬事」、「執事敬」、「事思敬」諸言可相發明也。然則吾人之功，無非致力於其動。一念欲敬即是動，察識其動即是敬，而五事、五止、九思即應念而至。是故敬非別有一件物，我去把捉之，只爲君、爲臣則止仁、止敬便是敬，遇視、遇聽則思明、思聰便是敬。五止是敬而無失，九思稍在前，不動而敬，工夫正須於此領取。要知朱子所謂容貌詞氣上加「工」，此便是敬；程子所謂整齊嚴肅，正衣冠，尊瞻視，亦便是敬。所謂箕踞，便是不敬。非敬別是一事，爲要求敬，然後如此加工也，學者能隨事踏實用心，乃所謂「緝熙」也。孟子之「不動心」，即詩之「緝熙敬止」，非釋氏之專一寂守以主靜，得以冒其號，而謂之曰不動心也。而告子之不動心，所以異於孟子之不動心，一在動處用功，一在靜處用功，烏得不相背而馳也哉！

述己

「爲仁由己，而由人乎哉！」天德王道，一以貫之，喫緊在此二句。己對人言，極而言之，天下皆人，故己又對天下言也。爲仁之實，在己之動容周旋中禮而已。故視聽言動，己也，苟其非禮，則隨在皆有害於吾之爲仁。復禮者，去其非禮，而一一皆有以中乎禮。是禮也，天秩有之，所謂受天地之中以生，而具於吾心，以爲吾之性。聖人因其性中天秩之所有者，制爲禮，以待其人而行。能行其禮，斯之謂爲仁。自帝王至於黎庶，無貴賤，一也。仁主於愛，而與忍相反，故言仁政，則曰「以不忍人之心，行不忍人之政」也。凡視聽言動之入於非禮者，皆生於己心之忍。己之忍，則己去仁；己去仁，則己去禮，故曰「克己復禮爲仁」，故曰「爲仁由己」。子貢言仁，而求之博施濟衆，是求之於天下，是由人以爲仁，非由己以爲仁也。夫子教以「己利利人，己達達人」，是不求仁於天下，而求仁於一己，所謂「爲仁由己」，「克己復禮爲仁」也。一日復禮，天下歸仁，是驗己之仁於天下，而非求仁於天下。天下歸仁，是仁及天下，而天下歸心於己之仁，豈空空以仁之名奉之於此人哉！聖人之仁，惟曰「能盡其性」。推之而至於其極，則能盡人性，能盡物性。又推之，則可以贊天地之化育，可以與天地參。天德、王道，止是一事。今之言學者説成兩橛，此夫子所以歎知德者鮮也。仁之見端，止在於事。舍事言仁，此釋氏去君臣父子，而求所謂「父母未生前本來面目」；不求之動，而謂動本於靜；不求之有，而謂有生於無。此至淺至近之説。人苟不至下愚，夫孰不知動之本於靜，而有之生於無者？而釋氏乃以此爲第一義，豈聖人之大智，反在釋氏通慧之下哉！

述義利

同一善事也，同一善行也，而有義利之分焉。當之者能不見其利斯義而已矣，苟不見其義斯利而已矣。是故同一君臣父子夫婦昆弟朋友之倫，同一行君臣父子夫婦昆弟朋友之義，而有義利兩途分出焉，以待我之決擇，吾烏知其義與利之途之判然有分，而必義之取而利之舍也？嘗試論之。實事求是之謂義，有爲而爲之謂利。吾惟求是，而無所爲而爲之，則其心之所默默獨契者有在也，斯不亦喻義之君子乎！吾惟有所爲而爲之，而匪是之求，則其心之所默默獨契者有在也，斯不亦喻利之小人乎！君子上達，小人下達，千古流品於斯定矣。試以人之讀書言之。披書而讀之也，讀書而明乎書中之義也，明其義而能文章也，能文章而知名於時也，知名於時而有以酬人之知，以博取人間富若貴也，此如耕者之必得食，固其所耳。然而君子之讀書也，實事求是。其所必得，以至於博取富貴，莫之爲而爲，莫之致而至。藴之爲德行，發之爲事業，先難後獲，若固有之，其心淡如也。如其不然，舉世無一知我之人，雖巨子者流，宜相賞於牝牡驪黄之外，而亦熟視之若無睹也。然而君子讀書已耳，能文章已耳，若將終身焉。其視人間富若貴，如浮雲之於我，觸之而未有不散者。蓋終身讀書，其心曾不見有讀書之爲利也，此之謂君子喻於義。若夫小人之讀書也，未嘗不得其義而能文章，能文章而知名於時，一旦且博取人間富若貴，於是洋洋得意，以爲讀書固不負人若是。夫其所以讀書者，有爲而爲，爲此富貴而讀之也。若久之而不得富貴，吾見其鬱鬱居此，始則自怨自艾，終則怨天尤人。其視人間富若貴，爲吾平生第一事，而借徑於讀書，以爲弋獲之門。其得之也，出於僥倖，安能處之泰然，轉益行其杌隉。苟其不得，又烏知吾所性中有所窮居不損者，而讀書尚友，有若將終身之樂耶？蓋其心之所喻者專在於利，而曾不見其中有義在也，此之謂小人。嗚呼！君子終日乾乾，夕惕若厲，死而後已者，以義制事而已矣。

述名

名有二：有天爵之名，有人爵之名。天爵之名，貴於己者也；人爵之名，人之所貴者也。古之人入學而讀書也，修其天爵，居仁由義，以備大人之事，未嘗有要人爵之心，而人爵無不從之。今之人亦入學而讀書也，然其父兄初不教之修天爵也，以爲此要人爵之門也。其子弟雖日讀思仁言義之書，亦初不聞此之爲修天爵也。已而讀書久，能屬文，則曰我可以出而應試矣。以要人爵，我有其具矣。其不得人爵也，則怨天尤人；其苟得人爵也，則志得意滿。嗚呼！夫固未嘗以爲吾修天爵也，夫安知吾有所謂天爵也而棄之！是故天爵之名，人之稱之者，可得而言也。聖人也，賢人也，君子也，善人也，仁人也，義士也，忠臣也，孝子也，此蓋求則得之者也。人爵之名，在今日爲人之所稱者，亦可得而言也。生員也，舉人也，進士也，翰林也；其在朝，六部九卿其顯者也；出，則最顯者督撫而司道，次之又其屬，則親民之官，郡守州牧邑宰也，此其得之有命者也。古之人，修天爵而人爵從之，故爲公卿大夫，榮華其身，而成其爲人爵之名者，乃所以成其爲天爵之名，大臣於是乎出，大人物於是乎見，而優入聖域，爲泰山北斗之望，顯揚其親，而光被於四海，豈惟是人爵之名，徒稱道於鄉里也哉！今之人，汩没於人爵之名，寤寐求之，無論其不得也，苟得之，亦不過人爵之名耳，況乎人之所貴者，人能賤之，事不旋踵，勢所必然。嗚呼！彼其父兄本不以天爵之名屬望子弟，而其子弟顧能特立獨行而興起焉！夫非謂其子弟必無豪傑之士也，然而千里一聖，百里一賢，十室忠信，鮮能好學，離羣絶類，間氣所鍾，是世之能得人爵之名者，夫固不能以天爵之名强而附離之也，蓋父兄之教不先之過也。吾觀今世童子，於其發蒙之始，衆惟以吉祥之語券之，曰三元而已矣，鼎甲而已矣。嗚呼！不教之喻於義，而專教之喻於利，以先入之言，填其胸而爲之主，夫其所喻在利，其於天爵之名，去而萬里矣，而人爵之名，又豈能孤立也哉！嗚呼！義之不喻，而惟利之喻，以喻利之身，出而加諸民，是以利導民，而民皆喻於利矣。以一喻利之身，而加諸億萬喻利之民之上，夫喻利之民之足以傾我之爵之貴而踐之也，豈必多人，而況乎其人之多乃至於億萬也哉！孔子曰：「君子疾没世而名不稱焉。」此合天爵、人爵之名渾而言之也，名之義本如此也。屈原曰：「恐修名之不立。」欲藉人爵之名，以全其天爵之名也。夫名之義，天爵、人爵之間，固未可以分而言之也。

述術

人不可以不學，然學必有術。術在學中，不在學外也，如言中庸者之時中、執中者之必有權也。且以人子事父母言之，孝乃庸行之常，然有學焉。其疏節在曲禮、内則、論語諸篇者，夙興適所問燠寒，佐視具，冬温夏凊，昏定晨省，出告反面，遊必有方，能養者别之以敬，能愛者難又在色。此小小者，皆學中之術也，不學不知也。父母有過當諫，諫又當幾，是其學也。而又必敬而不違於見志，不從之後，且又必不怨於勞之之餘。若曰直情徑行，禮道不然也。是皆學中之術也，不學不知也。術之言，法也，又道也，如道路之可由也，與「教亦多術」之「術」字同。霍光不學亡術，故曰術在學中也。世人之言術也，未嘗學問，而能示人以不可測，蕩然於禮法之外，而使人不得不入其彀中。以言餂人，而發其覆；以不言餂人，而人無不自吐其情。猶之與人也，而再三吝之，則取者雖貪，而疲於屢告。猶之與人也，而姑且吝之，知取者將請益，而徐以示其施惠之無窮。時而以柔制人，而不得不受其縛；時而以强屈人，而不能不俯而從。捷則猝不及防，緩則迎不見首。術耳，術耳！學云乎哉！此孟子所謂「機變之巧，無所用恥」者，何法之足云，又烏能如道路之可由也哉！

述儉

天下之至冒上至亡等者，其始由於不儉。夫一不儉也，胡爲而至於此極哉？積漸使然也。今人不知省嗇，無論食貧也，即家故多金，而不能量入爲出，久之則筐篋告匱矣。而向之豪華揮斥，固已習實生常，一成而不可變，然且因此之不省嗇，牽連而及於彼，曰「是日何能末減也」，於是出者愈多，而入者愈少。無財不可以爲悦，而求悦之心益熾，倉皇告人而稱貸之。已而人亦稍稍知其日就落寞也，然而權子母之黠者曰「無虞」，稱貸之如故也，然且變易其權子母之常法，則不止於「貪賈三之」也。史記「三之」，謂三分其母而取一以爲子。「五之」，謂五分其母而取一以爲子，故五之爲廉賈，三之爲貪賈也。舊注誤釋，余有文辨正之。以語人曰：「若肯如我言，則質劑焉唯所欲。」蓋至是未有不甘受其剥蝕，由不勝其求悦之心之日熾也。循是以往，其不能省嗇也如故，而其取財也勢不能不多方致之，及其卒也乃至於不可思議。在易坤之初六曰：「履霜堅冰至。」象曰：「初六履霜，陰始凝也，馴致其道，至堅冰也。」文言曰：「臣弑其君，子弑其父，非一朝一夕之故，其所由來者漸矣，由辨之不早辨也。」嗚呼！彼不省嗇者，其究至於不可思議，此之謂也。夫一不省嗇也，胡爲而遽及於是耶？天下事固有非初心之所及料者，由來者漸，勢所必至也。止不嘗藥，春秋之義凜然，惡其漸也，漸斯至矣。堅冰之去履霜，又遠乎哉！此所以辨之不可不早辨也。

述靜

余言「敬之全功，用在動時」，作述敬篇，反復以明吾儒實事求是之義，而不憑主靜之説。然則「人生而靜，天之性也」，樂記之言，又何説之？辭間嘗論之，請還即樂記之言而繹之。其言不云乎，「感於物而動，性之欲也」，功夫喫緊在此一語，是故「物至知知」。好惡形而不知節，則悖逆詐僞生於心，淫泆作亂見諸事。感物而動，靜於何有？不力持於動之時，据實事以求其是，而空言主靜，庸有幸乎？先王制爲禮樂，所以節其性之欲也而已矣。禮樂斯須不去身，則物至而不爲物化。艮之象曰：「君子思不出其位。」中庸曰：「素其位而行，不願乎其外。」又曰：「所求乎子以事父，所求乎臣以事君，所求乎弟以事兄，所求乎友以先施。」曲禮曰：「恭敬撙節退讓以明禮。」孜孜焉從事於動，有百密而無一疏。及其至也，動容周旋皆中禮，坦然由之而無疑。於斯時也，反而求之於其心，所謂「人生而靜，天之性也」者，不將旦暮遇之乎？動而合矩於其外，斯靜如止水在其中，淵淵其淵，浩浩其天，靜之至也。若夫終日枯坐，屏事息勞，閉目凝神，無所用心，是求靜於外，以幾於「吾之喪我」，吾儒無是學也。撰述靜以爲論學小記諸述篇之殿。

禹貢三江考自序

禹貢三江考者，所以别異於諸説，三江必分三條水也。故凡言某江爲北，某江爲中，某江爲南者，皆非禹貢經文之三江。據禹貢經文考之，明有三水納彭蠡中，納三出三，決不以其溷爲一流，而疑其所出者之非所納之三也。故夫彭蠡以下，亦決不能劈空劃開三條水。而禹貢乃於不劃開中生其分别，曰此爲北江，此爲中江，則亦不得不指中江之南一分而曰此爲南江也。何也？納三出三，自然之理。如漢既入江，或乃疑之曰：「止一江耳，安得曰江、漢朝宗于海？必經文譌也。」豈其然乎？經文於彭蠡甫納三水下，竝未劃開之時，即分而名之曰北江、中江，不但爲一水三江下註脚，且爲一江兼漢見圓光。蘇氏以爲，三江止一江，其識卓矣，乃曰「於味辨之」。夫水信有味，味信可辨，然既目驗其三水入彭蠡，何不可於其入之三，而信其出之三？夫三入三出，其顯焉者也；三出三味，其微焉者也，舍其顯者，而辨其微者，豈惟上智，雖愚者亦斷不出此。

九穀考自序

鄭康成氏注周官大宰職之九穀黍、稷、稻、粱、麻、大豆、小豆、麥、苽，蓋据食醫之職與月令而知之。南方無黍，而稷、粱二者言人人殊，披攬舊章，彌增其惑。乾隆甲午夏，在武邑，採許叔重説文解字中言九穀者，類聚録之，次其先後而觀之，有異名者，竝存之，以備考。於黍、稷、粱三事，尤瞭然如指上旋渦。説文爲治經津筏，由今觀之，真實書也。夫説經者之於一名一物，所据而知者，秦、漢諸儒之説耳。鄭氏注三禮及爲詩箋，獨不詳稷之形狀。吕氏、淮南子，其所著書往往言諸穀之得時，及夫太歲所值之年，穀之或昌或疾，東西朔南之地之各有所宜種矣，而獨不及於稷。氾勝之種殖書，鄭氏頗引其説，乃亦不言稷。而鄭衆、班固、服虔、孫炎、韋昭、郭璞之流，其言稷者，類皆冒㮚之名。陸德明、孔穎達、賈公彦、顔師古竝承襲前人之説，無能正之者。陶通明注本草，言書多云「稷與黍相似」，又云：「如此，穀尚不能明，何況芝英？」是不自以爲知，而又深疑於其所承襲之説矣。然觀其所著書，其所謂與黍相似者，猶是指㮚言，不謂稷在黍中也。至唐之蘇恭，誤解陶氏「與黍相似」之云，遂欲於黍中求稷，乃曰「本草載稷不載穄」，因以穄爲稷，而謂與黍爲秈秫，破冒㮚爲稷之非，轉致强分黍爲二穀，不知黍中之有穄，猶稷中之有秫，稻中之有秔也。一穀自兼二種，安可以黍之不黏者而冒爲稷乎？自時厥後，陳藏器因之，謂「稷如黍，黑色，豈以秬鬯用黑黍，準黍言稷，亦當用穄之黑者」。審是，則陳氏冒穄爲稷，但冒其黑色者。而王沈魏書所謂「烏丸宜青穄」者，將安歸乎？歸於黍，必不可得也，則將孤懸一青穄之名乎？且穄類多黃者，陳氏又將何以處之？至於宋之蘇頌，則直謂「黏者爲秫，不黏者爲黍」。而孟詵、寇宗奭之徒亦踵蘇恭之繆，而與蘇頌相反，然其意皆依稀原本於陶氏以申其説。顧所見不同，均之爲誤也。明李時珍著本草綱目，説與孟、寇二君同，而欲折衷之，以爲定論，難矣。由唐以前，則以㮚爲稷，由唐以後，則或以黍之黏者爲稷，或以黍之不黏者爲稷，二千年來，展轉相受，余何敢知焉。今讀説文，較然不可相冒。及搜尋鄭氏説，稷粱兼收，黍稷不溷，實與説文之義相表裏，足正諸家之繆。乃復求之諸經傳中之説，以反復疏證之，既又博稽農民相沿之語，驗之播穫之時，參諸五方土宜之同異而論説之，以著於篇。遲之又久，輒有潤削，辭不能徑省，語不厭淩雜者，以舊説紛紜舛互，非言重辭複，不足以盡其致也。

磬折古義自序

羣經皆有古義，自似是而非之説興，而古義隱矣。然而未隱也。苟無真，安有似？似者非而真者是，是非弗可改也。吾日見其真，而懼似者之亂吾目，其誰信之？「磬氏爲磬，倨句一矩有半」，真矣，人固謂其語渾渾爾。中之以半矩，而遞加之以至於一矩有半，又加真矣，人猶疑其語未見端緒也。至「車人爲耒」，其長「六尺有六寸」，度又真矣。乃三折之，可倨也，亦可句也，倨句有定形哉。從而弦之，限以六尺，而倨句之形定矣。磬折之倨句，亦因之而定矣。真者得，似者烏得而淆之？嗚呼！抱殘拾瀋，所貴多聞闕疑，而羣經之完善者，既無脱簡，非有爛文，雖復大音聲希，豈類艱言！文淺綴學之士，慧辯填胸，主某先入，以莠亂苗，過矣！斯文未墜，古義難湮，卒亦安能忍而與之終古哉！

儀禮喪服文足徵記自序

治經不涵泳白文，而惟注之徇，雖漢之經師，一失其趣，即有毫釐千里之繆。吾於喪服末章「長殤中殤降一等」四句，知其確是經文，而鄭君誤以爲傳，故觸處難通，不得不改經文以從其説。今余拈出，則文從字順，全篇一貫。孔子欲説夏、殷之禮，而嘆杞、宋之無徵，則文獻不足之故。今喪服經文具在，足則能徵，知其解者，旦暮遇之可也，作儀禮喪服文足徵記。

宗法小記

宗法表

宗之道，兄道也，大夫士之家以兄統弟而以弟事兄之道也。別子爲祖，祖，始也，爲後世子孫之所共尊之，以爲吾家始於是人也。繼別爲宗，宗，主也，繼別者一人，而爲羣弟之所主者也。由是繼別者與其羣弟，皆各爲其子之禰，而其子則各有一人爲適，繼其禰，以各爲其庶弟之所宗，是之謂小宗。而諸繼禰之宗，其爲繼別子之所自出者，猶是繼別之宗也，衆小宗各率其弟而宗之，世世皆然。蓋繼別爲宗，百世不遷之宗也。與天子諸侯之太祖廟及大夫之有太祖廟者同義。若夫諸小宗者，自後世而溯之，則同父之適兄曰繼禰之宗，同祖之適兄曰繼祖之宗，同曾祖之適兄曰繼曾祖之宗，同高祖之適兄曰繼高祖之宗。我之高祖，吾父之曾祖，則吾父之高祖，於我爲姓別於上，而於是戚單於下矣。戚單於下，斯不同其小宗，所謂五世則遷之宗也。而彼繼別者，爲收族之大宗，則一族之人所同於別子之適兄也，尊祖故敬宗，宗之者，兄之也，故曰「宗之道，兄道也」。若吾既君之矣，則不敢兄之。故君有合族之道，雖天子，有宗廟之禮以序昭穆。是故繫姓綴食，百世不通其昏姻，而族人則不敢以其戚戚君。雖諸侯之昆弟，皆以君道事之，而不得以之爲兄而宗之也。今夫宗道，先王之所以一天下者也，自大夫以下，達於庶人，而君之昆弟乃猶散無友紀焉，可乎哉！此公子之宗道所由立也。其宗道何也？公子之公爲其士大夫之庶者，宗其士大夫之適者也，此所謂有大宗而無小宗也。禮如宗其繼別子之所自出親，則如其月筭者若無適而宗庶，則禮如小宗，此所謂有小宗而無大宗也。其無宗亦莫之宗者，唯公子一人已耳。所以然者，諸侯之子稱公子，公子不得禰先君，先君不得禰之於今君，安得兄之？此宗法之通其窮者也，此自卑而别於尊之義也，此别子之名所由起也。是故此三公子者，其所謂宗，但盡公子之世，則宗之至於其子，則自各有其所繼之宗，而前所立大小宗之子，既不得祖諸侯，則不得謂之繼祖之宗，而羣公子之後人，亦不得相率而宗之。蓋是三公子者，其初本自别於尊矣，故至於後世，皆得各自爲祖，而歸於大同之宗法，因爲宗法表以明之。

世次順數説

大傳曰：「四世而緦，服之窮也。」言曾祖至於曾孫，四世而爲之服緦，於是服窮於曾孫。「五世袒免，殺同姓也」。言高祖至於玄孫，五世同庶姓而將别於上也，於是殺其服，但爲之袒免而已。「六世而親屬竭」。言高祖之父至於玄孫之子，六世祖孫皆出五屬，而親屬之名於是乎竭。皆順而數之之文也。鄭氏注「四世共高祖，五世高祖昆弟」，於經義未得其審。後之人亦不深察其指，因之等而上之，以爲世次，呼曾祖爲四世祖，呼高祖爲五世祖，其又上之則曰六世祖，七世祖。意蓋謂順而下之，但可言四世之孫，五世之孫，而不知等而上之以倒次其祖者之大繆不然也。夫世之爲言代也，聞子代父矣，未聞父代子。又三十年爲一世，則六十年爲二世，而顧可曰百年爲一世，七十年爲二世乎？經傳之數世多矣。詩曰「本支百世」；左傳曰「五世其昌」，「八世之後」；子張問十世，子曰「百世可知」；又言禮樂征伐之出於諸侯以下，有十世、五世、三世之失；又言禮去公室者五世，政逮大夫者四世，無有不順以數之者也。其有向上稱者，若詩言「在夏后之世」，孟子言「上世嘗有不葬其親者」，蓋指世之在吾先者，然皆不得以一二三四次第之。以次第之義，若伯仲叔季之不可以倒行也。今之爲碑版文者，悉以韓、歐諸家文爲例，見今人家族譜稱始祖爲一世祖，遞之曰二世祖、三世祖者，則斥之以爲不符經説。吾昔嘗不然之，謂可上數之，亦可下數之。由今以觀，則固不可以上數之矣。淮南子道應訓言「武王伐紂後，天下歌謠而樂之，諸侯執幣相朝，三十四世不奪」，氾論訓言「武王克殷，欲築宮於五行之山，周公不可，所以三十六世而不奪」，皆順下數之也。其有疑下數之難以稱祖者，是殆不然。鄭康成氏注檀弓，嘗引易説曰：「易之帝乙爲成湯，書之帝乙六世王。」自繼世之君目之則曰六世王，自後世子孫目之則曰六世祖，其義一也。

宗法表補義

余著宗法表曰：「宗之道，兄道也，大夫士之家以兄統弟而以弟事兄之道也。」其所爲表，義確而言詳。或乃就余獻其疑，余曰無疑也。世以「不杖麻屨」章「世父母、叔父母」一條，言昆弟無分者以明之。其傳曰：「父子一體也，夫妻一體也，昆弟一體也，故父子首足也，夫妻胖合也，昆弟四體也，故昆弟無分。」此蓋以父子夫妻之一體，取譬昆弟之一體，以明昆弟之無分也。又曰：「然而有分者，則辟子之私也。子不私其父，則不成爲子，故有東宮、西宮、南宮、北宮異居。」句。蓋言昆弟無分，而有不得不分者，以昆弟各有其子，義當各私其父。若皆同居不分，其何以辟子之私？故昆弟不得不分東西南北之宫以異居，萬不能如父子夫妻之一體必無分也。「異居」下又曰：「而同財有餘則歸之宗，不足則資之宗。」此言昆弟雖異其居，而必當同其財，故衆昆弟之有餘財者必歸之適昆弟，其不足於財者則資之適昆弟。夫是故雖異居也而猶然同財，是昆弟無分之義也。吾謂「宗之道，兄道也」，是其例也。乃鄭氏注「歸宗」、「資宗」二「宗」字，則曰「宗者，世父爲小宗典宗事者」，以小宗屬之世父，與上文昆弟無分之旨大相齟齬，而於吾所謂「宗之道，兄道也」者，扞格而不通矣，此之不可不辨也。又世以「女子子適人者，爲其昆弟之爲父後者」一條，重言以明之。其傳曰：「爲昆弟之爲父後者，何以亦期也？婦人雖在外，必有歸宗，曰小宗，故服期也。」据此言女子子適人者之小宗，亦以適昆弟爲宗，與我所謂「宗之道，兄道也」同其條貫，是又例之旁穿交通，無可獻疑者也。或曰：「同禰衆昆弟，容有先繼禰之宗而卒者，其子得不以世父爲典宗事者乎？」曰：「此隨時變義，事所必至，理有固然，不可爲典要。今以立宗之始言之，則昆弟無分，異居同財，此經乃宗法之義例。今人説書，不首正義，而糾纏變義，此道之所以不明也。如以變義言，則四小宗中，人多而事錯出，處處請析其疑，不知費幾許辭矣！」

溝洫疆理小記

遂人匠人溝洫異同考

遂人職云：「凡治野，夫間有遂，遂上有徑；十夫有溝，溝上有畛；百夫有洫，洫上有涂；千夫有澮，澮上有道；萬夫有川，川上有路，以達于畿。」鄭氏注：「以南畝圖之，則遂縱溝横，洫縱澮横，九澮而川周其外焉。」按：畝，長畝也。一夫之田，析之百畎，以爲百畝。南畝者，自北視之，其畝横陳於南也。南畝，故畎横。畎流於遂，故遂縱。遂在兩夫之間，故謂之夫間。夫間，東西之間也。其南北之間，則溝横連十夫，故曰十夫有溝，不可謂二十夫之間，故變間言夫也。溝經十夫，流入於洫。洫之長如溝，縱承十溝，十溝之水皆入焉，故曰百夫有洫也。洫之水入澮，澮長十倍於洫，而横承十洫之分布千夫中者，故曰千夫有澮也。澮十之横貫萬夫之中，十澮之水竝入於川，故曰萬夫有川。澮横，川自縱也。鄭氏謂「九澮而川周其外」，恐不然矣。川上有路，以達於畿，安得有縱路復有横路耶？其横者，則二萬夫間之道也。澮但言九，亦考之不察矣。匠人爲溝洫，耜廣五寸，二耜爲耦，一耦之伐，廣尺深尺，謂之畎。田首倍之，廣二尺深二尺，謂之遂。九夫爲井，井間廣四尺深四尺，謂之溝。方十里爲成，成間廣八尺深八尺，謂之洫。方百里爲同，同間廣二尋深二仞，謂之澮，專達於川，各載其名。凡天下之地勢，兩山之間必有川焉，大川之上必有涂焉。按畎在一夫百畝中，物其土宜而爲之南畝，畎横順其畝之首尾，以行水入於遂，故遂在田首。井田夫三爲屋，三夫田首同枕一遂，遂在屋間，非夫間也。謂之屋者，三夫相連綿如屋然，三夫三百畎，如屋霤。一遂共納之，如承霤，但以一木行水也。但疆之以别夫而已。不若遂人夫爲一遂以受畎水，此所以别夫間而言田首也，而鄭氏猶以「遂者，夫間小溝」釋之。遂非不在夫間，而記變其文者，蓋自有義，不宜襲用遂人之文矣。遂流井外，溝横承之，井中無溝，溝當兩井之間，故以井間命之。其長連十井，司馬法云：「井十爲通。」言有溝通于洫也。不嫌井間之稱溷十井之縱者，其縱亦遂之在屋間而受畎水者也。不受畎水者，方爲井間之溝。溝十之含百井爲一成，十溝之水咸入於洫，洫縱當兩成之間，故曰成間有洫也。洫之長連十成，司馬法云：「十成爲終。」言有洫通于澮而終也。終、通互相足，通爲小終也。同、成亦互相足，成爲小同也，同爲大成也。亦不嫌成間之稱溷十成之横者，其横亦溝之在井間而受遂水者也。不受遂水者，方爲成間之洫。洫十之含萬井爲一同，十洫之水咸入於澮，澮横當兩同之間，故曰同間有澮也。澮達於川，川在山間，命之曰兩山之間。以例澮在同間，洫在成間，溝在井間，其事相同，厥名斯稱矣。況夫間爲兩夫之間，人所共知，遥相疏證，辨惑析疑，舊聞舛互，咎安辭哉！是故萬井之田，一澮界兩同之間；萬夫之田，十澮納百洫之水。故一同之澮，獨著專達於川之文；而萬夫有川，但準溝承十遂之目。形體之端緒不同，標録自爾殊致矣。賈公彦云：「井田之法，畎縱遂横，溝縱洫横，澮縱川横。」余謂縱横無定法，視其畝之東南而爲之。如賈説，是東畝法耳。左傳晉使齊盡東其畝，以晉伐齊必向東，東畝則川横，而川上路乃可東西行，故曰「唯吾子戎車之利也」。此畎縱爲東畝，畎横爲南畝之確證。遂人、匠人，二法所同者。賈氏不明匠人於遂不命夫間之故，而以爲夫間縱者，但分其界而無遂；又不明遂人夫間之遂亦於田首爲之，而以爲田首必在百畝之南，故必易其縱横，以通其説。若然，是井田之制必無南畝矣，豈其然乎？賈氏亦主一澮達川，三夫同遂，於諸「間」字未誤解也。而後世解斯記者，亦由不明田首之遂不命夫間之故，而以爲與遂人夫間之遂同其實，而横爲之於三夫相連之中，因置間字之義勿復深考，而强以屋間之遂當井間之溝，以井間之溝當成間之洫，以成間之洫當同間之澮，而以同間之澮當兩山之間之川，而於是專達於川之一澮，不得不十倍增之，而又或以爲九矣。又按：遂人、匠人兩篇文義皆互相足者也。夫間有遂，見遂在兩夫之間，兼辭也。十夫有溝，百夫有洫，千夫有澮，萬夫有川，但就小水入大水言之，偏辭也。若以偏辭言遂，則曰一夫有遂矣。以兼辭言溝、洫、澮、川，則必曰二十夫之間、二百夫之間、二千夫之間、二萬夫之間矣。田首謂之遂，偏辭也。井間謂之溝，成間謂之洫，同間謂之澮，兼辭也。若以兼辭言遂，則曰屋間謂之遂矣。以偏辭言溝、洫、澮，則遂在田首，溝在井首，洫在成首，澮在同首，當云井首謂之溝，成首謂之洫，同首謂之澮矣。惟澮所專達之川，則必曰兩山之間。難舉偏辭，故溯洄相從，澮、洫、溝亦皆以間言之。此古人造言之法，出於自然，治古文者，可求而得之者也。

井田溝洫名義記

余既考定匠人爲溝洫之制，乃復取鄭氏注小司徒職所引司馬法之文而讀之，然後歎聖人立法之精，其命名爲不苟也。畝百爲夫，夫之名命於受田之人也。夫三爲屋，屋之名命於三夫之遂同承𤰝水，象屋霤之垂於檐也。屋三爲井，井之名命於疆别九夫，二縱二横如井字也。井十爲通，通之名命於十井之溝下通於洫也。通十爲成，成之名命於縱横十里，爲方百井，井田之制於是乎成也。十成爲終，終之名命於洫納百溝，行百里以入於澮，井田水道之長終於此矣。十終爲同，同，大成也。一澮上承洫、溝、遂、𤰝之水以專達於川，其有一𤰝之水不入於遂，一遂之水不入於溝，一溝之水不入於洫，一洫之水不入於澮者乎？以此言同，同之名爲弗可易矣。神禹之治水也，濬𤰝、澮以入於川，是故水之行於地中也，小大之形，三者而已。故制字以象形，一水爲〈，𤰝。二〈爲巜，澮。衆巜爲川。及其盡力於溝洫也，則以爲非多其廣狹淺深之等，不足以盡疏瀹之理，而奠萬世農業之安，於是由川而澮，又等而增之，而洫、而溝、而遂乃以承夫百畝中之甽，夫然後一旦雨集，以大受小，遞相承焉，不崇朝而盡達於川矣。其承甽者明之以遂，何也？慮其蓄而弗暢也，故遂之。曷爲承之以溝也？一縱一横，乃見交暢之義。溝，冓也，縱横之説也。名之曰溝，所以象其形象。形曰溝，會意曰洫。洫字从血，以洫承溝，謂是血脈之流通也。澮，會也，會上衆水，以達於川，初分終合，所以盡水之性情，而不使有汎溢之害也。鄭氏注小司徒云：「溝洫爲除水害。」余亦以爲備潦，非備旱也。歲歲治之，務使水之來也，其涸可立而待。若以之備旱，則宜豬之，不宜溝之；宜蓄之，不宜洩之。今之遞廣而遞深也，是溝之法非豬之法，是洩之非蓄之也。故使溝洫之制，存而不壞，豈惟原田之利農，無水潦之患，而天下之川，亦因之而治矣。夫川之淤塞也，有所以淤塞之者也。溝洫不治，則入川之水，皆汙濁之渾流，實足以爲川害。然則溝洫不壞，即謂天下之川永無崩決之虞，可也。夫神禹之治水也，既疏九河，又瀹漯川，此何故哉？覩其盡力於溝洫，可想見神禹之用心矣。

遂人匠人溝洫形體記

遂人夫間有遂，以南畝圖之，東西之間也。而匠人之遂在屋間，屋間亦東西之間。蓋南畝甽横，遂之長短雖不同，其受東流之甽水則同也。屋間爲東西，則其南北之間，但畺之以别夫，賈氏所謂「夫間無遂」是也。鄭氏注匠人，田首之遂爲夫間小溝，承用遂人之文，非有誤也。以井間可通十井命之，則夫間亦可通三夫命之。然是記脩辭之法，恐人誤以兩遂之形體爲同其實，故别之曰田首，而不名夫間。又井田有夫三爲屋之名，其遂實在屋間，則夫間之名，移之三夫南北疆别之處，適符其實。此賈氏命井中無遂者爲夫間，亦因事立名也。但拘於遂人南畝遂縱，以縱者爲夫間。今圖匠人，亦必謂夫間之縱者無遂，而易其遂縱者爲遂横。夫遂横則畛必縱，而爲東畝矣。後人南畝、東畝每致互譌，蓋由賈氏此圖滋之惑也。然以賈氏匠人東畝之圖，與鄭氏遂人南畝之圖互較之，則二法形體之異同益明。鄭圖遂人，夫間遂縱；賈圖匠人，夫間無遂者，縱也。遂人十夫溝横，匠人三夫遂横也。遂人百夫洫縱；匠人井間之溝，溝連十井者，縱也。遂人千夫澮横；匠人成間之洫，洫連十成者，横也。遂人萬夫川縱，鄭圖川周其外者，誤。匠人同專達於川之澮縱也。是故匠人以一澮納萬井中之十洫，視遂人以一川納萬夫中之十澮；匠人十洫，每洫納千井中之百溝，視遂人十澮，每澮納千夫中之十洫；匠人千井中之百溝，每溝納十井中之三十遂，視遂人千夫中之十洫，每洫納百夫中之十溝；匠人十井中之三十遂，每遂納三夫中之三百畛，視遂人百夫中之十溝，每溝納十夫中之十遂相較，而遞相升降者一等。蓋以賈氏匠人東畝之圖，其縱者起於畛；鄭氏遂人南畝之圖，其縱者起於遂。故其始也，匠人以畛配遂人之遂；而其終也，匠人以澮配遂人之川。其始也，遂人之畛，獨横爲之，而無所配；其終也，匠人之川，亦獨横焉，而無所配矣。然其所以不能相同之故，則以匠人井間之溝直連十井，至成間之洫亦準之而連十成；遂人之溝自一夫連及十夫，至百夫之洫則止於百夫，不準之而連及千夫。故遂人百夫有洫，千夫則有澮，不若匠人百井此洫，千井亦猶是此洫，至於萬井，始以一澮上承十洫，而下專達於川，而遂人萬夫乃以一川上承十澮。二法澮數相懸，遂至於十倍，此遂人、匠人溝洫形體之大致，而鄭、賈二氏之圖可互證者如此。

解字小記

秀采孚三字義説

太傅禮少閒篇云：「苟本正，則華英必得其節以秀孚矣。」內經四氣調神大論云：「使華英成秀。」据爾雅，榮而不實謂之英，不榮而實謂之秀，英、秀二字，義固殊矣。然當春時，萬物以榮，則雖不榮而實者，其未成秀之先，生意勃發之始，亦得謂之華英。此太傅禮、內經之文，所以於物之秀者，竝以華英言之。余以謂，物類稱名，有不可爲典要者，往往而是，然皆物理自然之大致，古人因其勢而任之，無所更易於其間，而變通之義於是乎在。抑余因太傅禮「秀孚」二字連文而紬繹之，略得「孚」字之義，乃益信余曩者論「秀」字爲得其旨。又悟「孚」字與「采」字並从「爪」者，其義同也。余之論「秀」字也，其言曰：「秀，禾作采也。「采」蓋「穗」本字。从禾。禾下乃者，象禾作采，鬢蘂外吐之形。」余嘗目驗禾作采時，先生其所謂孚，而未成孚者，兩葉中含鬢蘂數莖，不得以花名之，故爾雅云「不榮而實謂之秀」也。昔之人因象其敷蘂蕤蕤之形而制「秀」字，然秀即其采也，命其孚中之所含者曰秀，竝其孚而言之則曰采。故制采字从禾上爪者，象其秀含於孚中之形也。孚則其所實甲然者矣。然孚、甲亦有別，包於甲外者爲孚，而或甲外無所包，則甲即其孚也。説文孚从禾旁者，後人益之。太傅禮去禾，乃其本字。秀既實矣，中含子而包乎外者，乃得孚名，故制字从爫从子，言是吐秀之采。今又甲然含其子矣。説文釋采字，云「禾成秀」，是也。又云「从爪、禾，人所以收」，失其義矣。方作采，遂言收耶？矧收禾以銍刈，不得言手爪之也。唯以爫爲象采之形，而孚上之爫亦不作手爪之爪，則三字皆得其條貫。證之以太傅禮，而古義爛然。説文釋「孚」，「卵孚也，从爪从子。一曰孚，信也」。而徐鍇增成其説曰：「鳥之孚卵，皆如其期，不失信。鳥裒恒以爪反覆其卵。」此恐於説文之指亦猶未得也。案方言：「北燕、朝鮮、洌水之間謂伏雞曰抱其卵。伏而未孚，始化曰涅。」淮南子：「夫鴻鵠之未孚於卵也，一指蔑之則亡形矣。」然則孚爲將成雛之名，如禾秀成實也。抱卵曰伏，不謂之孚，莊子亦作伏卵。漢書五行志亦曰雌雞伏子。伏古音同匐，今吾歙言伏卵猶呼匐音。安得以「鳥裒」釋「孚」字耶？且亦不足明孚信之義。夫信之言實也，孚中有子曰實，莫信於是矣。乃遂決然定此三字之義，不敢舍孚甲之云，而皮傅於抱卵之説也。鄭氏月令注云：「麥實有孚甲，莢實孚甲堅合。」釋名云：「覆，孚也。如孚甲之在物外。」抑余於説文中又得「𠬪」字，許氏解之云：「物落上下相付也。讀若詩『摽有梅』。」余謂華英開後，及秀不實者，動則落焉，謂之𠬪。从兩爫相承。下倒者，已落飄飛之象也。「𠬪」从兩爫相承，與「非」从兩爫相背，其意竝同。而「非」之制字，則在「𠬪」字之先，其原皆从屮而化焉者也。又見趙邠卿孟子「塗有餓莩」注，引詩云「莩有梅」，莩，零落也。易「摽」爲「莩」。孫奭音義載丁公音，以爲韓詩也。雖王伯厚言「摽與莩通」，非是破韓詩作「莩」之義，然余以爲，韓詩所謂「莩」者，即「𠬪」字轉寫之異。𠬪，落也，故落實亦因謂之𠬪，韓詩未可遽非。而孟子「塗有餓莩」，乃言人飢，腹中空而死，如華秀不實者之𠬪落也。如此則𠬪爲不實而落之義，與孚字正相反，斯爲不失古人制字之本。而采、孚字从爫，余謂非手爪之爪，得叉字一證，其義更明矣。又案：象形之字，有可直象其形者；有象其形，猶必从其所屬之字者，如「秀」字徒象其形，曰不从禾，則與乃字溷，「果」、「朵」字使不从木與田、几，字無以異矣，故「衰」字，冄象形，又必从衣者，意蓋如此；亦有象形字，後人益以所屬之字，若厷之爲肱，囱之爲窗，此類甚多，然「秀」字非其例也。

果蠃通義說

高誘注呂氏春秋曰：「機，禾穗果蠃也。」果蠃之云，猶華英作苞時呼菩蕾、孤毒之云也，然散文則果、蠃二字異義。說文蠃作蓏，云：「在本曰果，在地曰蓏。」鄭康成注儀禮既夕篇同。廣韻又引應劭云：「木實曰果，草實曰蓏。」張晏云：「有核曰果，無核曰蓏。」漢書食貨志師古注引應劭、張晏二說下又云：「臣瓚曰：案木上曰果，地上曰蓏也。」集韻又云：「一說有殼果，無殼蓏。」說固紛然雜出矣，皆依聲命名，蓋不可爲典要，不得是此而非彼也。然以字言之，田在木上曰果，別果於木，則謂草實曰蓏，其說該備，故玉篇亦云：「蓏，草實也。」合二字以爲言，則成雙聲疊韻，里諺所稱，雖婦人孺子見物之果蠃然者，皆知以果蠃呼之。雖微草木之實，苟類是即無不可與之以是名也。是故果蠃之實栝樓，栝樓者，瓜之合聲。瓜，古音孤。果蠃者，瓜音孤。之合聲也。瓜之制字象形，則从爫而屈其中畫爲瓜形也。果蠃、蒲盧，爾雅在釋蟲，說文以爲細腰土蜂。方言云：「螻蛄，南楚或謂之蛞螻。」聖人之繫易，惟變所適，而況其凡乎？作果蠃通義說。

不字義説

小雅常棣篇「鄂不韡韡」，鄭氏箋云：「承華者曰鄂不，當作柎。柎，鄂足也。」「不」字義，人鮮知者。鄭氏以「柎」曉人，非謂「柎」譌爲「不」，而欲改其字也。故左氏傳云「三周華不注山」，酈氏水注經言：「華不注山，單椒秀澤，不連陵以自高。而説者以爲山如華跗之著於水。」又爾雅釋山曰：「再成英，一成坯。」蓋亦以華狀之「坯」即「不」，一成者如華之有鄂足，華英在不上，故山再成者如鄂不之承華英也。此皆「不」字本義見於經傳可考者。「不」字象形，一下形象鄂足著於枝莖，三垂象其承華之鄂蕤蕤也。然則「孚」之與「不」，音同義略，含實曰孚，鄂足曰不，惟變所適，則二字恒相通也。鄭氏答張逸問秠一稃二米曰：「秠即其皮，稃亦皮，更無異稱。」詩「芣苢」，逸周書王會篇作「稃苡」。且不惟孚、不通也，付與孚、不亦相通，故鄭氏言「鄂不當作柎」，而玉篇亦云「柎，花萼足也」。説文稃又作粖。「乘桴」，字書或作「泭」；覆車之「罦」，字書亦作「罘」。蓋「付」字从又，與孚从爪者同義，余故曰𠬪从兩爪順逆相承，非从左又之又也。王伯厚難韓詩「莩有梅」，謂莩是零落之意，摽乃擊之使落，與「寤辟有摽」之訓爲柎心同意，蓋謂二文全不相涉，不知莩、柎之从孚、从付，其義自通。九歌「揚枹拊鼓」，王逸注：「枹一作桴。」字書該从孚、不者，又或从包，考古者無拘無鑿，殊未可以輕心掉之，然而其指微矣。

度數小記

周髀矩數圖注

客有問余：「周髀筭經言數出於矩，及用矩之道，得聞其詳乎？」余乃爲之句斷而節注之，并爲圖以附於後焉。

周髀筭經云：「昔者周公問於商高曰：『竊聞乎〔一〕大夫善數也，請問古者包犧立周天曆度，夫天不可階而升，地不可將尺寸而度，請問數從何出？』商高曰：『數之法出於圜方。圜出於方，方出於矩，矩出於九九八十一。

矩出於九九八十一，故製一矩，分其度爲九寸，寸又九分之，爲九九八十一也。其博一寸。

故折矩

折所製矩爲二，一爲五寸，一爲四寸。

以爲句廣三，股修四，徑隅五。

橫其四寸者，縱其五寸者，膠合之以爲曲矩。其博一寸，故内橫者得爲句廣三，内縱者得爲股修四，其徑隅自然得五也。下文復申言之，以終其義。

〔一〕「乎」，原作「夫」，據周髀算經改。

既方之外，半其一矩，環而共盤，得成三、四、五。

縱横爲之成曲矩，兩曲矩合之則成方，即下文所云積矩也。外猶後也。半之爲言判也。謂既方之後，乃於兩矩中取其一矩，判去其句，以其縱者五寸，環而合於句三股四之曲矩，而爲徑隅之五，是之謂「半其一矩，環而共盤，得成三、四、五」也。

兩矩共長二十有五，是謂積矩。

矩之博一寸，故合兩曲矩，縱横皆五，乘之爲五五二十五，是兩矩之所積，故命之曰積矩。荀卿書所謂「五寸之矩，盡天下之方」是也。伸其所積，則共長二十有五也。

故禹之所以治天下者，此數之所由生也。』

周公曰：『大哉言數！請問用矩之道？』

問萬有不齊之數，圜方之法，皆出於矩，則矩之用有其道也？

商高曰：『平矩以正繩，

平之言正也。平正設之，而植其矩之股以正繩，因以爲測高深遠之臬也。

偃矩以望高，

偃其矩，令股端衺行指所測處，以望高也。

覆矩以測深，

覆其矩，令股端下指所測處，以測深也。

臥矩以知遠，

先以平矩正其繩，而因以準其地。乃臥其測遠之矩，衺指所測處，然猶必以平矩正臥之，合於測矩，以知遠也。然則曲矩蓋兼繩準之用矣。

環矩以爲圜，

以矩句爲樞，環其股端以爲圜，覘其出於曲矩乎？

合矩以爲方。

矩之博一寸，故合兩曲矩得爲方也。

方屬地，圜屬天，天圜地方。方數爲典，以方出圜。

割圜弧矢弦之法，蓋以句股徑隅推測而知其度。典，常也，即推測之道也。徒圜不能知其數，以方之數而出之，故曰圜出於方，方出於矩也。

笠以寫天，天青黑，地黄赤。天數之爲笠也，青黑爲表，丹黄爲裏，以象天地之位。是故知地者智，知天者聖。智出於句，句出於矩。夫矩之於數，其裁制萬物，惟所爲耳。』

折其矩而句之，乃成句股徑隅，而彼此互求之法，皆由此出，故曰智出於句也。覘之繩之，而又準之，皆曲矩爲之也，可不謂智乎？

周公曰：『善哉！』

周髀用矩述

昔歲在己巳，余始與戴東原交，東原與余言準望之法，余遂學焉，而未知其審也。其後九年，館汪在湘家，因推求準望重測用較爲法之理，乃疏記之，而爲三圖，曰測高之圖，曰因遠知深之圖，曰高遠廣三者皆不知用三測互求之圖。在湘奇之，爲儀觀焉。東原見而嘆余用心之甚細也。壬午，客揚州，寓居洪杭原僑舍。杭原謂余，曩曾爲準望圖記，盍開雕焉？余諾之，而未果也。今年歲在己亥，潘仿泉館余豐潤官舍，暇日取周髀筭經，注其首章，言矩數及用矩之法，且爲圖明之。蓋句股準望之極，則如黄河之星宿海，江之所濫觴者也。仿泉因令其子燡奕甲受句股之術。乃取前圖及所疏記，披其卷，則汪二爲爲余書之者，稍校理之，加初測、重測二圖於前。又因遠知深，非知深正術，亦非知遠正術也，加測深、測遠二圖。而測廣之術，即包測遠圖中。周髀用矩無測廣法，非逸之也，舍卧矩其能知廣乎？然施於重測，則知廣之與知遠，其用卧矩之法，亦殊異也，故又加測廣之圖。交測之法，粤櫱於三測互求圖中，遂演之，亦爲偃測、覆測、卧測三法，加三圖。又演之，加交重測之法，亦三圖。凡爲圖十有四，附圖二。圖成，又一一詳説之，題曰周髀用矩述。回憶寓居揚州之時，蓋去今十八年。先是，館汪在湘家爲丁丑之歲，則去今廿有三年。又先是，而與戴東原交也，則去今三十有一年矣。乃辛卯、壬辰間，余居京師，在湘、二爲、杭原三人者，相繼物故。二爲、杭原皆與余同年爲博士弟子者也。其後東原爲翰林，京師則時時相見，有所疑輒質正之。丙申之冬，余别東原南歸。其明年夏五月，東原又去人間世。是書之成，不及是正於吾友，思念往事，余將何以爲懷耶？遂書之以誌余悲，而弁諸篇首。

附録

先生少入塾，塾師謂：「孺子盍言爾志？」曰：「無志。窮達由天命，窮爲匹夫，不得曰非吾志而卻之也；達爲卿相，不得曰吾志不及此而逃之也。」師曰：「是聖賢之志也。」先生曰：「讀書不當師聖賢耶？」文獻徵存録。

先生官嘉定縣教諭，顏其室曰讓堂。乞病歸，王鳴盛贈以詩曰：「官惟當湖陸，師則新安程，一百五十載，卓然兩先生。」其推重如此。同上。

先生善鼓琴，有琴音記。晚既失明，復爲琴音記續編，口授其孫寫之。同上。

案：讓堂所刻諸書，其論學小記、論學外篇、禹貢三江考諸目後，均有及門洪皺識語，解字小記、釋蟲小記諸目後，均有及門洪印綬識語。惟二洪籍貫著作未詳，誌其姓名待攷。

讓堂交游

金先生榜 別見慎修學案。

汪先生肇龍 别見慎修學案。

丁先生杰 别見抱經學案。

王先生鳴盛 别爲西莊學案。

戴先生震 别爲東原學案。

段先生玉裁 别爲懋堂學案。

焦先生循 别爲里堂學案。

阮先生元 别爲儀徵學案。

汪先生萊 别見四香學案。

程先生際盛

程際盛原名琰，字焕若，長洲人。乾隆庚子進士，授内閣中書，官至監察御史，奉職三十餘年。退食而歸，閉關卻掃，惟以窮經爲務。深研鄭學，摘鄭語之要，爲周禮故書考一卷、儀禮古文今文考一卷、禮記古訓考一卷。書成在段若膺漢讀考未出以前，而讀經之法與之暗合。蘭泉先生嘗稱「其書有功學者」。又著説文引經考一卷、説文古語考一卷、續方言補正一卷、古韻異同一卷、清河偶鈔四卷。又有駢字分箋、稻香樓集。參史傳。

三禮鄭註考序

漢鄭康成經各有註，自孔穎達撰五經正義後，鄭易、書、論語註皆不傳，傳者毛詩、三禮註而已。康成云：「傳書世異，古字時有存者，則亦有今誤者，故周禮有數本。劉向未校之前，或在山巖石室，爲古文。考校後，爲今文。」古今文不同，鄭據今文作註，每云故書作某。又杜子春、先鄭鄭司農鄭衆、鄭大夫鄭少贛。讀音有各異者。儀禮高堂生傳十七篇，爲今文；武帝末，得亡儀禮五十六篇，其字皆篆書，爲古文。古文與高堂生所傳者同，而字多不同，鄭註每云古文作某，今文作某。禮記出自羣儒，有字同義異，字同音異，鄭註咸爲引證。蓋三禮互異，諸儒各記所聞，不可强合。康成或以今文易之，仍載古文古音，不輕易一字，以爲古經不可改。其易註、論語註往往散見于三禮註疏中，又足資考据。今人于周禮第知旁訓節訓；儀禮襲先儒説，謂多誤難讀；禮記惟宗陳澔集説。鄭註三禮，東書不讀，可爲太息。暇日輯成三册，曰周禮故書考，曰儀禮古文今文考，曰禮記古訓考，由識字審音以知其義，亦讀經之一助。且漢註甚古，後人莫曉，輒肆譏評，多見其不知量也。

説文引經考敍例

獨體爲文，合體爲字，鄭夾漈言之。六書象形、指事，文也；會意、諧聲、轉注，字也；假借者，文與字也。此許氏所以既曰「説文」，又曰「解字」也。古時字少，往往借用，六經中通叚之字最多，而識字甚難。董彦遠謂：「孔安國以隸古易科斗，故漢人不識古字。開元又廢漢隸，易以今文，故唐人不識隸古。李陽冰于説文妄肆譏評，俗人信之，不知古文也。」蓋許氏師賈逵，所引尚書乃孔氏真古文，慎又學孝經孔氏古文説，故敍云：「其稱易孟氏、書孔氏、詩毛氏、禮周官、春秋左氏、論語、孝經皆古文也。」且王伯厚謂：「開元中修五經文字，『我心慘慘』爲『懆』，『伐鼓淵淵』爲『鼘』，皆宗説文，與陸德明釋文異。他如『人之陰氣有欲者爲情，人之陽氣性善者爲性。外得于人、内得于己爲德。丣爲春門，萬物已出。戼爲秋門，萬物已入』。解經有出前儒意表，説文一書，何可忽哉！」顧其間訓解異説，古今異形，以及俗刻淆亂，有可以專宗説文者，有可以兼宗説文者，有可以校正説文者，憑臆塗改，失之僭妄，承訛闕疑，何以受教大方？暇日因惠紅豆先生校正説文本，摘其與經書異同之句，集爲一册，顏曰説文引經考。以説文爲主，以經語注其下。羣經次第，略依經典釋文，而升孟子于爾雅前，綴逸周書于尚書後，國語于左傳後。老子道德經與屈原離騷經暨山海經咸載焉。管窺所及，附注于經語下。至説文未引，而可以與經語旁通者，附録如左。當世學者，匡不逮焉。

聖人之言，自論語外，載在六經。説文中如「一貫三爲王」，「推十合一爲士」，「美哉璵璠！遠而望之，奐若也；近而視之，瑟若也」，「牛、羊之字，以形舉也」，「烏，吁呼也」，「黍可爲酒」，「凡在人下故詰屈」，「鼒之爲言續也」，「貉之爲言惡也」，「狗，叩也」，「視犬之字如畫狗也」，皆諸經所不載。「有輻曰輻，無輻曰輇」，康成引之以注禮。「誾誾」訓「和説而諍」，「紺」訓「深青揚赤色」，「十萬曰億」，「三女曰㛤」，朱子引之以注詩與論語。

書「亦行有九德」，謂以九德扶掖其行也。今人以「亦」爲「亦然」之「亦」，而别作「掖」。説文「亦，象人之兩臂」，明「亦」與「掖」通。按：古文作「亦」，篆文作「掖」，説文兩存。詩「降此鞠訩」，毛傳云：「訟也。」説文：「訩，説也。」蓋爲王窮究其説。按：書故引唐本説文云：「訩，訟也。」與毛傳合。「韓侯出祖，出宿于屠」，毛氏不言屠所在。濔水李氏以爲同州䣝谷。説文有左馮翊䣝陽亭。同州，漢馮翊地也。儀禮「賓爲苟敬」，鄭注：「苟，且也，假也。」説文艸部：「苟，艸也。」苟部注：「自急敕也。」苟敬之苟，當訓「自急敕」，于「敬」字義相比附。玉篇引論語「侂六尺之孤」，説文「侂」字：「寄也。『庀』，古文『宅』。」字今作「託」。説文「㫃」，古「偃」字，「旌旗之游，㫃蹇之皃〔一〕。古人名㫃字子游」。今作「偃」者，乃説文訓「僵」者

〔一〕「㫃蹇之皃」，原作「㫃塞之貌」，據説文改。

也。此皆可以補經書之解。

易「姤」卦，古文作「遘」，獨王弼本作「姤」。晉易多俗字以此。說文無「遘」字，有「媾」字，「姤」即「媾」也。今「姤」，徐注作新附，似重出。書「分八三苗」，今作「分北」。八謂分別也。說文「八」，古文別也。按：古文北字从二人，別字重八，八八八字相似，因誤作「北」。史記周公既得嘉禾，「魯天子之命」，今書序「魯」作「旅」。說文「𣥠」，古文「旅」，古文以爲魯、衛之魯。按：古「旅」字皆作「𣥠」，故「旅」字亦作「魯」。秦和鐘曰：「以受毛魯多釐。」董逌曰：「魯，古文旅。」秦時已誤「魯」爲「旅」，司馬襲秦、晉文故也。詩「往近王舅」，「近」讀與「迒」同。古「記」作「迒」，故詩誤爲「近」。玉篇云：「迒，今作記。」今釋文、唐石經皆作「近」，此傳寫之誤。又詩「彼迒」之字从俗爲「記」，或爲「其」，皆誤。說文作近。公羊傳「自鹿門至于爭門」，說文作「淨」，「淨，魯北城門池也」。「淨」省作「爭」，後人讀作「靜」，不復知魯之爭門矣。說文「軨」，左傳作「靈」。陽貨「載蔥靈」，有窗車也。說文：「軬，車耳反出也。」漢書作「轓」。皆从「車」，以「反」、「番」得聲，讀爲「藩」。應劭引此注漢書：「左傳以藩車載欒盈是也。藩者，車耳也。見太玄經。故曰『車耳反出』。」說文無「拋」字，徐注爲新附。案：左傳通用「摽」，後漢書「同拋財產」，似方言，起後漢，不見先秦書。說文無「寰」字，故徐注爲新附，似縣即寰也。又「縣」字注云：「此本是縣挂之縣，借爲州縣之縣。」按：釋名：「懸，懸也。古作寰。」廣韻「縣」引說文云：「寰，繫也。相承借爲州縣字。」集韻「寰」通作「縣」。汗簡「寰」字注音縣。攷此「寰」爲古「縣」字無疑。「然」字，徐注「今俗別作燃」，而以「然」爲虛字。漢書「燃」字皆作「爇」，當從火難。「朋」、「鵬」皆古文「鳳」字。莊子音義崔譔云：「鵬音鳳。」此皆古今字異，而可以與經書互證。

「㤅」，今作「愛」，古作「㥂」。詩「伊余來㥂」，傳云：「㥂，息也。」玉篇亦訓㥂爲息。俗僞爲「塈」，失之。「𡎺」，古「握」字。淮南子詮言訓曰：「𡎺無所鑒，謂之狂生。」高誘曰：「𡎺，持也。」俗刻淮南子因誤爲「持」，亦無高注。見文選李善注。「冣」，積也，古「聚」字，才句反。「最，犯而取也」，俗僞爲「最」字，玉篇于冖部遂去「冣」字，失之甚矣。「顛」，注作「面色顛顛貌」，類篇引説文〔一〕云：「顛，面色顛顛貌。」似「顛」誤刻爲「顛」。説文敍「尉律試八體」。漢藝文志謂「太史試學童以六體」，非漢興之法，當从説文改「六」爲「八」。此皆可援説文以正諸書之誤。

説文：「臭，白澤也。」詩「鶴鳴于九臭」，俗作「皐」，失，當作「臭」。「莫」，古「暮」字，「从日在茻中」。今作「暮」，日下又加日，不成文矣。「歬，从止在舟上，不行而進謂之歬。」俗作「前」。又「𠝣，斷也，从刀，歬聲」，作「剪」。周禮春官巾車：「木路，前樊鵠纓。」注：「前，讀爲緇翦之翦。」似歬、前同。「𠝣」即今「剪」字，五經文字作三同者亦誤。「但」訓「裼也」，袒裼之袒古作「但」，俗作「袒」。「弔〔二〕，問終也，从人持弓會敺禽。」俗省人作「弔」，非。「巍，高也」。「魏」同。世俗以从山者爲巍，不从山者爲魏，非也。其實二字皆當从山，蓋一字兩音耳。「溺」，古「弱」字，注「水自張掖删丹西至酒泉合黎，餘波入于流沙」，作溺水。「休」，古「溺」字。按方言：「出休爲抍。」又：「湼，休也。」此皆今字之訛，亟當正之。

〔一〕「文」，原脱，今補。

〔二〕「弔」，原作「弟」，據説文改。

以上皆可宗説文者也。

説文「姞」字注「百鮍」，左傳作「伯儵」。「蒹」字注「魏郡有蒹陽鄉」。左傳戲陽，後漢書作蒹陽。「蒹」與「戲」同音。「藄」字注，説文作「月尔」，尔疋、釋文引此作「土夫」。按：尔疋：「芏，夫王。藄，月尔。」釋文所引，是許氏原文，似讀「芏夫」爲一句。今本説文係後人據郭注而改者。錢坫云：「説文：藄，月尔也。與釋艸同。陸氏釋文引作「土夫」，或陸氏本引尔雅二句，而傳寫者脱誤耳。「爝」字注引吕氏春秋本味篇「湯得伊尹，爝以爟火，釁以犧豭」，風俗通引吕覽、劉昭注後漢書，下句皆作「熏以萑葦」。「厱諸，治玉石也」。淮南子説林訓作「礛諸」。絟，細布也。漢書作「荃」。南方箭布之屬皆爲荃也。「毀」字注云：「窑毀。」玉篇引之作「窐毀」。「蜥，蜥離也」。玉篇「亦作蜥蠬」。楊慎引説文作「蜥胡」，又云「陸産」，今説文無之，楊妄引也。按：集韻：「蜥蠬，虫名，一日蜥胡，似猨。」楊説本此，而詭云説文。此文字與諸書互異者。

「敳」，玉篇作「微」，引書「側微」，訓「賤也」。説文「敳」訓「妙也」，周官「詔王敳」是也。毛詩注「直言曰言，答述曰語」，鄭注周禮「發端曰言，答述曰語」，説文「直言曰言，論難曰語」。禮記「八十九十曰耄」，按：釋文「或作八十曰耋，九十曰旄」，似曲禮脱「曰耋」二字。又按：易「則大耋之嗟」，馬云「七十曰耋」，王肅云「八十曰耋」。詩「逝者其耋」，毛云「八十曰耋」。左傳「伯舅耋老」，服虔曰「七十曰耋」。先儒之説不同，當以尔雅、説文爲正。爾雅釋言「八十爲耋」，説文「年八十曰耋」，「九十曰薹」。周官「王崩大肆，以秬鬯湅」，杜讀爲「泯」，非飲也，説文「湅」字注「飲也」。「豶」注「羠豕也」，尔疋注「俗呼小豶猪爲豧子」，似非「羠豕」。韓非五蠹曰「蒼頡之作書也，自環者謂之私，背私謂之公」，説文引韓非「背厶爲公，自營爲厶」。此解説與諸書互異，而可以兼宗説文者也。

有謂説文非全書者。集韻「葎」字注載説文引詩「葎葎者莪」，李舟説玉篇引説文「勦」字注云「書其亢有勦」，今本孔注尚書「亢」作「克」。詩六月疏引説文云「隼，鷙鳥也」，今説文皆無之。詩「詵詵兮」，釋文云「詵，説文作𨐯，衆多也」，今説文「多」、「辛」兩部皆無「𨐯」字。爾雅釋文「蝨」下引説文云「從蚰」，今説文無「蝨」、「蚰」字；玉篇引説文云「塔，西域浮屠也」，今徐注爲新附；廣韻引説文云「荆，罰辠也」，「刑，剄也」，初學記引説文云「刀守井也，飲水之人入井陷于川，刀守之，割其情也」；論衡四諱〔一〕篇「或説以爲，刑之字，井與刀也，厲刀井上，井刀相見，恐被刑也」，但未注引説文。集韻引説文云「化，古作咟」，按：詩「四國是吪」，毛傳「吪，化也」。咟或作化字，可參攷。温公類篇亦引之，今本説文皆無之。又曹憲文字指歸引説文云「尊字从酉、寸，酒官法度也」，今亦闕。則説文不全，明矣。

有注説之可參者。如易「乃統天」，鄭注「統，本也」，公羊傳「大一統也」，何注「統，始也」，説文「統」訓爲「紀」；易「繼之者善也」，虞翻注云「繼，統也」，説文「繼」訓爲「續」，皆俗訓也。「貯」字説文注「積也」，字林云「貯，塵也」，塵訓「久」義甚古，以積易塵，此俗訓也。「婁」字注云「空也，从母、中、女」。「空」之意本是「屢」字，漢書「屢」皆作「婁」，顔注「婁，古屢字」。經傳「屢」字皆「婁」，後人加「尸」，故説文無「屢」字。徐注爲新附，而訓爲「數」，是本何晏説，然非古訓也。徐鍇謂説文無「劉」字，今「瀏」字注

〔一〕「諱」，原作「緯」，據論衡改。

「从水，劉聲」，「䉐」字注「从竹，劉聲」，有「劉」字，又「杙」字下引爾雅文，亦有「劉」字，似後人亂之。又按：留以邑氏，公羊說也，又見王風毛傳，則「畱」即「劉」。「卯金刀」之說見于讖緯，按：劉本从丣，讖緯卻从丣。說文無一言及之。玉篇「鐂，古劉字」，說文「鐂」字，徐注謂「傳寫誤」者，失之。髟部「𩮜」字注云「彖，籀文魅」，鬼部「魅」字下以「彖」爲古文魅，以「㣇」爲籀文魅，似有誤。「㠱」字注「長踞也」，按玉篇「㠱或作跽」，當作長跪也。按：說文「跽，長跪也」，跽訓長跪，㠱亦當作長跪。「醬」字注「鹽也」，古本云「醢也」，按：爾雅釋器「肉謂之醢」，李巡曰：「以肉作醬曰醢。」今作「鹽」，爲不讀周禮者所改也。

說文未有翻切，按：徐序云：「說文之時，未有翻切，後人附益，互有異同。」徐鉉以孫愐音切，有定其訛者。如「詖」，古文以爲「頗」字，以皮得聲，讀若披。古文假借「詖」作「頗」，音同故也。注爲「彼義切」者失之。「能」，說文「奴登切」，按西漢、先秦之書未有「能」作「奴登」之音者。「怕」，「葩亞切」爲正，注又作「匹白切」者，後人加俗音也。「渴」本「竭」字，故訓「盡也」，音「苦葛切」者失之。

說文今本，流傳謬訛，如「相時𢚩民」見書盤庚，引以爲詩；「山木不槎」或見國語，山不槎蘖。引爲春秋。字之重出，「狷」古作「獧」，徐注又載「狷」字作新附；「𡯌」即足部「跛」字，「𡰌」即手部「攜」字，蓋尣部多古文，因倉頡舊部，故重出者多。至若俗刻之乖誤，如辵部「遣」字注，玉篇作「这遣」，誤刻「迹遣」；齒部「齺」字注「馬口中縻」誤爲「糜」；言部「謯」字注「謯，娽也」，類篇引之作「謯，誺」，按錢云：「娽，類篇引作誺，疑類篇之誤，說文無『誺』字，故不作誺。」廣雅「誺，謯也，謯也」，此誤刻「娽」；羊部「羌」字注「西戎牧羊人也」，誤刻爲「从」；按：書牧誓釋文引說文作「牧」，李文仲字鑑亦引作「西域牧羊人」。「脽」字注「尻也」，一本作「尻也」;「平」字注「爰禮說」,一本作「又正也」;「桶」字注〔一〕「木器,受六升」,今作「木方」;「秳」字注「爲粟二十斤」;「斤」字一本皆作「升」;「緆」字注「細布」,一本作「細麻」;按:「錫」與「緆」通。燕禮云「冪用綌若錫」,注云:「今文錫爲緆。」儀禮喪服傳云:「錫者何也?麻之有錫者也。」即此「緆」字當「細麻」,且此「緆」字下又有「𪎭」字从「麻」,益可見。「蛾」字注「蛾蠓,細蟲也」,一本作「螘化飛虫也」;「轈」字注「兵高車,加巢以望敵也」,一作「車高如巢」,衍「兵」字,訛「加」字;按春秋註疏注:「一作兵車高如巢,以望敵也。」字林同。「匋」字注「民祭祀曰厭匋」,一本「祀」作「祝」,作「祝」者是。此皆坊刻之失,開卷即知,亦不可不拈出爲說文校正者也。

法言曰:「古之人耕且養,三年而通一經。」某少而不學,長復無成,于倉、雅之學未能研究,許氏所傳說文未得宋槧善本參校,不免孤陋貽譏。然晁以道晚年日課識十五字,宋元憲寶翫佩觿三篇。讀書須是識字,固有讀書而不識字者。是編所集,正以識字也。其所援引,本諸惠氏者多,非私說也。且說文所引經書,皆唐、宋以前之字,非若薛季宣之書,古文訓字多不足據也。讀經者取是編以覆對,不必考石經而識古字,亦小學之一助云。

〔一〕「注」,原作「柱」,形近而誤,今改。

劉先生玉麐

劉玉麐字又徐，寶應人。乾隆丁酉拔貢生，歷官廣西鬱林州州判，知象州、龍門、北流等縣，所至有政聲。嘉慶二年，貴州興義府苗亂，延及泗城，先生襄理軍儲，爲賊礮所擊，歿於軍，年六十。先生砥行礪學，博通經史。游京師，獲聞戴東原、程易疇諸人緒論，又就正於劉端臨，所學日進。著有爾雅補疏、粤西金石録等書，歿後散佚。後人掇其説經之文，爲甓齋遺稿，阮文達刻入經解中。參史傳。

甓齋遺稿

周禮漿人：「共王之六飲：水、漿、醴、涼、醫、酏。」按：禮記内則「飲有醴、酏、漿、水、醷、濫」，注云：「濫，涼也。」疏云：「鄭司農以醷與醫爲一物。」然則内則所稱，與漿人之六飲符矣。或曰：「鄭康成曰『紀、莒之間名濫爲諸』，是濫即諸也。王肅曰『諸，菹也』，劉熙曰『諸，儲也』，然則濫非諸之謂與？」案：孔沖遠曰：「桃諸，梅諸，謂桃菹、梅菹。」説文：「菹，酢菜也。」齊民要術云：「酢，漿煮菜爲菹也。」周禮七菹，一曰韭菹，二曰菁菹。菁，韭華也。内經素問藏氣灋時論以韭爲酸物，岐伯曰：「心色赤，宜食酸，小豆、犬肉、李、韭皆酸。」故齏字从韭，韭性本酸，故取用爲齏，亦爲菹。然則古人菹用桃梅，蓋亦以其性酸與？又案：大戴禮夏小正曰：「五月煮梅以爲豆實，六月煮桃以爲豆實。」詩毛傳曰：「豆薦菹醢。」醢人「羞豆」以菹實之。然則豆實惟菹，煮桃梅以充之則爲桃菹、梅菹。「菹」與「諸」、「儲」聲相邇，故爲「諸」，亦爲「儲」爾。孔氏又謂：「桃諸、梅諸，即今之藏桃、藏梅，周禮謂之乾橑。」說文：「䕩，乾梅之屬。」諸爲乾橑，可藏可儲，故釋名曰：「桃諸藏以爲儲，待給冬月用之也。」又曰：「桃濫者，水漬而藏之，其味濫濫然而酢也。」藏諸乾橑，漬之以水，其酢乃出，鄭氏所謂「濫以諸和水」者，此與？「乾」之爲「諸」，「漬」之爲「濫」，實并屬一物，此「諸」之即爲「濫」也。管子曰：「冬日不濫，夏日不煬。」不煬畏熱，不濫畏寒，故濫亦爲涼，「涼」與「濫」義相通而聲因以轉，此「濫」之即爲「涼」也。又案：後漢書郭玉傳曰：「醫之言意也。」故「醫」又爲「醷」。鄭氏曰：「醷，梅漿。」左氏傳曰：「醯醢鹽梅，以烹魚肉。」孔注尚書曰：「鹽鹹〔一〕梅醋。」古無醋，古之梅即今之醋，然則梅漿者，梅醋也。又案：劉氏謂「桃濫味酢」，說文曰：「酢，醶也。」玉篇曰：「酢，酸也。」古之酢即今之醋，說文曰：「醋，客酌主人也。」徐鍇引易曰「可以醻醋」，才各反。玉篇曰：「酢，且故切。」今音昨，爲酬酢字。然則桃濫者，桃酢也。晉公遺語云：「唐世風俗最重桃花酸。」此亦桃可作酸之證。尚書洪範「木曰曲直，曲直作酸」，孔傳曰：「酸，木實之性。」月令「春，其味酸」，鄭注曰：「酸，木之味。」內經陰陽應象論岐伯曰：「風生木，木生酸。」然則酸出于木，桃梅尤甚，故取以作之，蓋亦從其類與？然而亦有別矣。桃梅並能作酸，而其味之成也曰濫曰涼，其字从水，味稍薄矣；曰醫曰醷，其字从酉，味較厚矣。酒正「辨四飲」，曰「掌其厚薄之齊」，故漿人、內則並析而二之

〔一〕「鹹」，原作「酸」，據尚書說命中孔注改。

歟？或曰：「涼、醫并爲酸物，周官何以不列于醯人與？」案説文曰：「醯，酸也。」列子「蠛蠓一名醯雞」，荀子「醯酸蜹聚」，然則醯爲酸物，故蜹以之聚，蠛蠓亦以之名也。醯與涼、醫并爲酸物，而周官分掌之者，一以佐食，一以佐飲故也。許叔重曰「作醯以鬻」，説文：「𩱰，鬻也。从䰜，毓聲。」徐鍇曰：「糜即鬻也，融六反。鬻或省从米，作鬻。」以酒鬻即鬻也。煮米爲之，而加以酒，味之醲厚可知。味醲則濁。食宜濁，飲宜清，醯與涼、醫，周官分掌之，義至精矣，故不可以無辨。

介疋：「蜺爲挈貳。」案：京房易傳曰：「蜺，日旁氣也。」河圖稽耀鉤曰「霓者氣也，起在日側」是已。尚書考靈耀鄭康成注曰：「日旁青赤者爲蜺。」漢書「永和六年正月己卯，日暈兩耳，中赤外青」是已。春秋元命苞曰：「陰陽之氣，聚爲雲氣，立爲虹霓，離爲倍僪，分爲抱珥。」漢書天文志曰「抱珥𧈧蜺」是已。揚雄太玄經曰：「紫霓圍日。」呂氏春秋「日有暈珥」，高誘注曰「暈讀如君，氣圍繞日周帀，有似軍營相圍守，故曰暈」是已。此皆以蜺爲日旁氣者。詩含神霧曰：「瑤光如霓貫月，正白。」易讖亦曰「虹霓貫月」。袁崧書曰「興平二年十二月，月在太微端門中，重暈二珥，兩白氣廣八九寸，貫月東西南北」是已。此又以蜺爲月旁氣者。演孔圖曰：「天子外苦兵威，内奪臣無忠，則天投蜺。」後漢書五行志「光和〔一〕元年六月丁丑，有黑氣墮北宮庭中，御覽引名臣奏詔作「温殿東庭中」。如車蓋〔二〕。蔡邕對曰：『所

〔一〕「光和」，原作「和光」，據後漢書改。

〔二〕後漢書「如」上有「黑」字。

謂天投蜺也。』」此蜺之以黑色見者。又有所謂紫蜺、揚子曰：「紫蜺喬雲朋圍日。」絳蜺、潘岳雨賦曰：「收絳蜺于漢陰。」素蜺、司馬相如大人賦曰：「乘絳幡之素蜺兮。」彩蜺。李商隱詩曰：「祕殿崔巍拂彩蜺。」易讖亦曰：「蜺，其色青赤白黄。」此蜺之以采色見者。謹案：史傳説蜺者，多原于讖緯。建武以來，諸儒侈言玄象，以稽占候，而實不能定物之名。夫蜺，一物也。氣之見于日者蜺，何見于月者亦蜺也？色之黑者蜺，何色之青赤白黄者亦蜺也？然猶但謂之蜺而已。蔡邕月令章句乃曰：「蜺常以蒙濁見日旁，白而直曰白虹。」是直以白虹貫日者爲蜺，蜺且有虹之名矣，然名之曰「白虹」，尚有别于虹耳。辭賦之家，不察名義，益用棼如。如江淹賦虹，而云「赤蜺電出」，序又云「親弄絳蜺」，是直不辨虹、蜺之爲二物矣。竊攷介疋曰：「螮蝀謂之雩。螮蝀，虹也。蜺爲挈貳。」虹之與蜺，殊非瞢然無别者。漢書天文志注：「如淳曰：『雄曰虹，雌曰蜺。』」孫奭孟子疏引介疋曰：「雲出天之正氣，蜺出地之正氣。雄謂之虹，雌謂之霓。」此蓋注介疋家舊説。孔穎達禮記疏引郭氏音義曰：「虹雙出，鮮盛者爲雄，雄曰虹；闇者爲雌，雌曰蜺。」注家以雄雌别虹蜺，其説甚明。然雄虹之狀鮮盛易見，若雌蜺則尠有能言之者。惟楚詞遠游曰「雌蜺便娟以增橈兮」，洪興祖補注引集韻云：「橈，纏也。」天問曰「白蜺嬰茀」，王逸注曰：「蜺，雲之有色似龍者也。」注又云：「茀白雲逶迤若蛇者，言比有蜺茀氣逶迤相嬰。」頗與説文脗合。許慎曰「霓，屈虹」，即遠游之謂「便娟」，王叔師之謂「似龍者」也。又曰「白色，陰氣」，即天問之謂「白蜺」，王叔師之謂「雲之有色」者也。夫蜺爲雌屬，能柔故屈，毗于純陰，其氣上隮，有似雲物繚繞，而呈白色者，雨之徵也，故孟子曰：「若大旱之望雲霓。」雲霓昭見，雨施滂沱，故大旱望之。今趙岐注曰：「霓，虹也。雨則虹見。」是無論不辨虹霓，抑思旱既太甚，民情孔棘，惟求得可以徵雨者而已，何暇計及雨止而虹見乎？此所爲見雞卵而求時夜者也。或謂余曰：「子以爲蜺見雨施，虹見雨止，詩曰『朝隮于西，崇朝其雨』，孔沖遠引周禮『眡祲』，後鄭注訓『隮』爲『虹』，非與？」余曰：「周禮十煇，九曰隮。先鄭云『隮爲升氣』，此義最確，故康成用以釋詩，亦云『朝有升氣于西方，終其朝則雨氣應自然』。然則因升氣而致雨者，霓也，非虹也，虹不得爲雨徵也。」或又曰：「虹蜺紛其朝覆兮，夕淫淫而霖雨，亦楚詞之言也，明以虹爲雨徵，安見趙氏謂雨則虹見者非與？」余曰：「雨自三日已上爲霖，霖雨連晨，一雨初濟，一雨復零，薄雲漏日則虹來，濁氣升霄則蜺見，故楚詞謂之曰紛，謂之曰覆，則虹與蜺雖並舉，而實較然殊矣。天道幽玄，五行錯迕，未必無虹先雨後之時，然學人讀書，道厥常道，是豈足以相難哉！況『蜺』字尒疋从虫，孟子與說文从雨，亦以霓其爲雨之徵乎？至若虹之別名蝃蝀者，釋文曰『蝃，丁計反；蝀，丁孔反』。郭璞鰠魚贊曰：『壯士挺劍，氣激白虹。鰠魚潛淵，出則邑悚。』虹與悚韻，是虹讀去聲，正與釋文之音蝃蝀協，蝃蝀乃『虹』字反音也。蜺之別名挈貳者亦然。釋文曰『挈，若結反；貳，而至反』。張衡東京賦曰：『龍輅充庭，雲旗拂蜺。夏正三朝，庭燎晰晰。』晰音之世反。是蜺與晰韻也。曹植七啟曰：『淩轢諸侯，驅馳當世，揮袂則九野生風，慷慨則氣成虹蜺。』是蜺與世韻也。蜺與晰世爲韻，是蜺讀去聲，正與釋文之音挈貳協，挈貳乃『蜺』字反音。尸子曰『虹霓爲析翳』，去聲。析翳即挈貳之轉，此挈貳爲反音之證也。甘氏星經又曰『蜺爲蟄示』，示音旗，蟄示二字反音亦爲蜺，此又『蜺』字反音讀平聲之證也。史記天官書曰『其蟄者類闕旗』，索隱曰：『蟄亦作蜺。』蜺之爲闕旗，猶蜺之爲蟄示，爲析翳，爲挈貳耳。南史曰：沈約作郊居賦，示王筠，讀至

『雌蜺連蜷』，曰嘗恐人讀作平聲。此後世聲病之説，不可與論古音也。凡一音具有四聲，古人未嘗泥也。兩字合爲一音，古人未嘗無也。世既以沈約作四聲，又以孫炎作反音，爲椎輪之始，不知逸詩以不來爲貍，齊人以終葵爲椎，及尒疋云不律謂之筆，扶搖謂之猋，並此螮蝀爲虹，蜺爲挈貳，皆反音也。學人不稔乎此，則簡册中處處成町畦矣。」段玉裁曰：「霓先雨而致雨，虹後雨而致生，分別不可易。今里俗所云挂龍者，即霓也。王叔師云『雲之有色似龍者』是矣。但古人對文分別，散文互言。許慎曰『霓，屈虹』，趙岐曰『霓，虹也』，後鄭訓隮爲虹，楚詞『虹霓朝覆，淫淫夕雨』，是皆散文不分別，而郊卿尤爲語病。」

清儒學案卷八十三

潛研學案上

當惠、戴學説盛行吴、皖，而潛研崛起婁東，於訓詁、音韵、曆算、金石無不淹貫，尤邃於史。後儒分其一節，皆足名家，乃兼擅衆長，不自矜詡，著述宏富，闇然日章，其德養爲不可及。羣從子弟，互相砥礪，樸學風尚，萃於一門，可廬、溉亭尤深造焉。述潛研學案。

錢先生大昕

錢大昕字曉徵，一字辛楣，號竹汀，嘉定人。年十五，御史王峻主紫陽書院，聞其才，言於巡撫雅爾哈善，檄召至院，試以周禮、文獻通考，兩論悉中典要，遂留肄業。又從元和惠定宇、吴江沈冠雲游，研治古經義聲音訓詁之學。乾隆十六年，高宗南巡，召試，賜舉人，授内閣中書。甲戌成進士，改庶吉士，散館，授編修，入直上書房，授皇十二子讀。官至詹事府少詹事。四十年，丁父憂歸，遂不復出。歷主鍾山、婁東、紫陽諸書院，在紫陽最久，弟子著籍甚衆。嘉慶九年卒，年七十有七。

先生不專治一經，而無經不通；不專攻一藝，而無藝不精。凡訓詁、音韵、天文、輿地、典章、制度、職官、氏族以及古人官爵、里居、事實，莫不錯綜貫串。在京師與同年褚搢升、吴椒亭講明算學，尚書何國宗年已老，聞其善算，先往拜之，歎爲不及。先生於中西諸法剖析無遺，用以觀史，自太初、三統、四分下迄大衍、授時朔望、薄蝕、淩犯、進退、强弱，皆抉摘知誤，昭若發蒙。在館時，奉敕與修音韵述微、續通志、續文獻通考、一統志、熱河志、天球圖諸書。又嗜金石文字，同時畢秋帆、孫淵如、王蘭泉、武虚谷各有記撰，而先生熟於歷代地理官制沿革，及遼、金、元國語世繫，故考據精密，度越諸家。常病元史宂襍漏落，欲倣范蔚宗、歐陽永叔之例，因搜羅元人詩文集、小説筆説、金石碑版，别爲編次更定，屬草未成，而二十二史攷異一百卷，尤爲平生精力所萃。常曰：「自惠、戴之學盛行於世，天下學者但治古經，略涉三史，三史以下茫然不知，得謂之通儒乎？」蓋有爲而作也。他著有三史拾遺五卷、諸史拾遺五卷、修唐書史臣表一卷、元史氏族表三卷、元史藝文志四卷、四史朔閏攷四卷、通鑑注辨正二卷、洪文惠、洪文敏、陸放翁、王伯厚、王弇州年譜各一卷、疑年録四卷、金石文跋尾二十卷、金石文目録八卷、聲類四卷、十駕齋養新録二十卷、餘録三卷、三統術衍三卷、鈐一卷、風俗通義逸文一卷、恒言録十卷、文集五十卷、詩集十卷、續集十卷，合爲潛研堂全書。别刻者唐、五代學士年表各一卷、宋中興學士年表一卷、鳳墅帖釋文一卷、竹汀日記鈔二卷、又三卷、又一卷。又著有經典文字考異三卷、唐石經攷異一卷、南北史雋一卷、金石文附識一卷、天一閣碑目二卷、吴興舊德録四卷、先德録四卷、日記六十卷、詞垣集四卷。參漢學師承記、續疇人傳、阮元國史儒林傳稿、王昶撰墓志銘。

廿二史攷異自序

予弱冠時好讀乙部書，通籍以後尤專斯業，自史、漢迄金、元，作者廿有二家，反覆校勘，雖寒暑疾疢，未嘗少輟，偶有所得，寫於别紙。丁亥歲，乞假歸里，稍編次之。歲有增益，卷帙滋多。戊戌，設教鍾山，講肄之暇，復加討論，間與前人闇合者，削而去之，或得於同學啟示，亦必標其姓名，郭象、何法盛之事，蓋深恥之也。夫史之難讀久矣，司馬温公撰資治通鑑成，惟王勝之借一讀，它人讀未盡十紙，已欠伸思睡矣。況廿二家之書，文字煩多，義例紛糾，輿地則今昔異名，僑置殊所；職官則沿革迭代，冗要逐時，欲其條理貫串，瞭如指掌，良非易事。以予儒劣，敢云有得。但涉獵既久，啟悟遂多，著之鉛槧，賢於博弈云爾。且夫史非一家之書，實千載之書，袪其疑乃能堅其信，指其瑕益以見其美，拾遺規過，匪爲齮齕，前人實以開導後學。而世之攷古者，拾班、范之一言，擿沈、蕭之數簡，兼有竹素爛脱，豕虎傳譌，易「斗分」作「升分」，更「子琳」爲「惠琳」，乃出校書之陋，本非作者之愆，而皆文致小疵，目爲大創，馳騁筆墨，夸曜凡庸，予所不能效也。更有空疏措大，輒以褒貶自任，强作聰明，妄生疻痏，不叶年代，不揆時勢，强人以所難行，責人以所難受，陳義甚高，居心過刻，予尤不敢效也。桑榆景迫，學殖無成，惟有實事求是，護惜古人之苦心，可與海内共白。自知槃燭之光，必多罅漏，所冀有道君子理而董之。

文集

答問

問：「八卦方位，何以有先天、後天之殊？」曰：「說卦傳，孔子所作，其言曰：震東方，巽東南，離南方，乾西北，坎正北，艮東北。唯不見坤、兑二方。兑爲正秋，則必正西方矣。坤介於離、兑之間，亦必位西南矣。伏羲畫卦以來，蓋已有之。伏羲以木德王，而傳稱『帝出乎震』，是震東、巽東南之位必出於伏羲，不當別有方位也。漢、唐以前，儒家與方士均未有言先天圖者。宋初方士始言之，而儒家尊信其說，欲取以駕乎文王、孔子之上，毋乃好奇而誣聖人乎？天地、水火、雷風、山澤各有相對，本無方位之可言，後儒援『天地定位』四語，傅會先天之說，尤爲非是。夫天高而尊，地下而卑，古今不易之位也。地勢北高而南下，君位北而南面，臣位南而北面。信如乾南坤北之說，上下傎倒甚矣，安得云定位乎？」

問：「今文尚書本有太誓三篇，馬季長言太誓後得，按其文若淺露，又舉春秋、國語、孟子、孫卿、禮記所引五事以疑之。至東晉古文出，別有太誓三篇，唐儒尊信古文，遂以今文太誓爲僞。若晚出古文未可信，則今文太誓轉可信乎？」曰：「太誓，伏生所傳雖無之，然伏所撰大傳有八百諸侯俱至孟津，王升舟入水，鼓鐘亞，觀臺亞，將舟亞，宗廟亞，及白魚入王舟事，俱與今文太誓同。武帝初，董仲舒對策，引太誓『白魚入于王舟，有火復于王屋，流爲烏，周公曰：復哉，復哉』二十二字可證。伏生壁藏百篇之太誓，與後得之太誓本無二本，以不在伏生口授二十八篇之數，故云後得。其實景、武之世已有之。或謂『宣帝本始中，河内女子所得』者，妄也。孔安國得壁中古文，以考二十九篇，得多十六篇，所云二十九篇者，即伏生之二十八篇與太誓也。史遷嘗從安國問故，所載多古文説，而周本紀稱『武王上祭于畢，東觀兵，至于盟津。爲文王木主，載以車，中軍。武王自稱太子發，言奉文王以伐，不敢自專。乃告司馬、司徒、司空、諸節：「齊栗，信哉！予無知，以先祖有德臣，小子受先功，畢立賞罰，以定其功。」遂興師。師尚父號曰：「總爾衆庶，與爾舟楫，後至者斬。」武王渡河，中流，白魚躍入王舟中，武王俯取以祭。既渡，有火自上復于下，至于王屋，流爲烏，其色赤，其聲魄云。是時，諸侯不期而會孟津者八百諸侯。諸侯皆曰：「紂可伐矣。」武王曰：「女未知天命，未可也。」乃還師歸』。又齊世家稱『武王欲修文王業，東伐以觀諸侯集否。師行，師尚父左杖黄鉞，右把白旄以誓，曰：「蒼兕蒼兕，總爾衆庶，與爾舟楫，後至者斬！」遂至盟津。諸侯不期而會者八百諸侯。諸侯皆曰：「紂可伐也。」武王曰：「未可。」遂還師，與太公作此太誓』。此二篇皆采今文太誓之文。齊世家又明云『作此太誓』，然則孔壁中所得，安國所傳者，即此太誓，古今文初無二本也。許叔重説文序云『其稱書孔氏』，而引周書『王出涘』，又引『孜孜無怠』，又引『師乃搯』，皆在今文太誓篇，然則孔氏古文太誓與今文正同，而東晉晚出之古文，斷非孔氏古文也。晉有樂安亭侯李長林集注尚書，於今文太誓篇每引『孔安國曰』，知安國嘗爲太誓作傳。安國親見壁中古文，使果識其僞，必不爲作傳，以是知今文太誓之非僞，而孔穎達詆爲僞者，妄也。書序稱武王作太誓三篇。史公周本紀所載『武王上祭于畢』云云，此太誓上篇也。又云『居二年，武王徧告諸侯曰：「殷有重罪，不可以不畢伐。」』此太誓中篇也。又云『十一年十二月戊午，師畢渡孟津，諸侯咸會。曰：「孳孳無怠！」武王乃作太誓，告于衆庶：「今殷王紂乃用其婦人之言，自絶于天，毁壞其三正，離逷其王父母弟，乃斷棄其先祖之樂，乃爲淫聲，用變亂正聲，怡説婦人。故今予發惟共行天罰。勉哉夫子，不可再，不可三！」』此太誓下篇也。唐初作疏時，今文太誓尚存，而疏云『上篇觀兵時事，中、下二篇伐紂時事』，可證史記所書本于太誓。史公既親見古文，則今文太誓之爲真太誓審矣。」

問：「孟子言『孔子成春秋而亂臣賊子懼』，愚嘗疑之。將謂當時之亂賊懼乎，則趙盾、崔杼之倫，史臣固已直筆書之，不待春秋也。將謂後代之亂賊懼乎，則春秋以後，亂賊仍不絶於史册，吾未見其能懼也。孟氏之言，毋乃大而夸乎？」曰：「孟子固言春秋者天子之事也，述王道以爲後王法，防其未然，非刺其已然也。太史公曰：『撥亂世反之正，莫近乎春秋。』又曰：『有國家者不可以不知春秋，前有讒而不見，後有賊而不知。爲人臣子者不可以不知春秋，守經事而不知其宜，遭變事而不知其權。』春秋之法行，而亂臣賊子無所容其身，故曰懼也。凡篡弑之事，必有其漸，聖人隨事爲之，杜其漸。隱之弑也，於翬帥師戒之；子般之弑也，於公子慶父帥師伐於餘丘戒之，此大夫不得專兵柄之義也。尹氏立王子朝，在昭公之世，而書尹氏卒於隱之策；崔杼弑君，在襄公之世，而書崔氏奔衛於宣之策，此卿不得世之義也。齊侯使其弟年來聘，再見於春秋，爲無知之弑君張本也。母弟雖親，不可使踰其分也。趙穿弑君，而以趙盾主惡名，穿之弑由於盾也。胥甲父與穿同罪，盾於甲父則放之，於穿不惟不放，且使之帥師侵崇，盾尚得辭其罪乎？侵崇小事，不必書而書之，所以正盾之罪，且不使穿得漏網也。鄭公子宋弑君，而以歸生主惡名，歸生正卿，且嘗帥師敗華元矣，力足以制宋，而從宋之逆，較之趙盾又有甚焉，不得託於本無逆謀也。楚公子比之弑君，棄疾成之，而比獨主惡名者，奸君位也，而棄疾之惡終不可掩，故以相殺爲文，著其罪同。然比與棄疾皆楚靈之弟，靈逐比而任棄疾，卒死於二人之手。先書比奔晉，又書棄疾帥師圍蔡，明君之舅弟不可以愛憎爲予奪也。衛孫、甯出其君，而以出奔爲文，衎有失國之道也，貶衎則嫌於獎剽，故先書公孫剽來聘，以見義公孫而干正統，其罪不可掩也。楚商臣、蔡般之弑，子不子，父亦不父也。許止不嘗藥，非大惡，而特書弑，以明孝子之義，非由君有失德。故楚、蔡之君不書葬，而許獨書葬，所以責楚、蔡二君之不能正家也。楚成之事與晉獻略同，子孝則爲申生，子不孝則爲商臣，而晉亦尋有奚齊與卓之弑，未有家不齊而國治者也，故晉獻之卒亦不書葬也。書『閽弑吴子餘祭』，戒人君之近刑人也。書『盗弑蔡侯申』，戒人君之疏大臣而近小人也。欒盈之入曲沃，趙鞅之入晉陽，書之，以戒大都耦國之漸，人臣不可專其私邑也。楚子虔弑于乾谿，書其地，著役之久也。君親出師，久而不歸，禍之不旋踵，宜矣。楚之强莫强於虔，伐吴，執慶封，滅賴，滅陳，滅蔡，史不絶書，而無救於弑者，無德而有功，天所惡也。宋襄公用鄫子，楚靈王用蔡世子，皆特書之，惡其不仁也，且以徵二君之强死非不幸也。宋公與夷、齊侯光、楚子虔以好戰而弑，晉侯州蒲以誅戮大臣而弑，經皆先文以見義，所以爲有國家者戒，至深切矣。左氏傳曰：『凡弑君稱君，君無道也；稱臣，臣之罪也。』後儒多以斯語爲詬病。愚謂君誠有道，何至於弑？遇弑者，皆無道之君也。其賊之有主名者，書名，以著臣之罪；其微者，不書，不足書也。無主名者，亦闕而不書，史之慎也，非恕臣之罪也。聖人修春秋，述王道，以戒後世。俾其君爲有道之君，正心、修身、齊家、治國各得其所，又何亂臣賊子之有？若夫篡弒已成，據事而書之，良史之職耳，非所謂其義則竊取之者也。秦、漢以後，亂賊不絶於史，由上之人無以春秋之義見諸行事故爾，故惟孟子能知春秋。」

問：「周人百畝而徹，以方里畫井計之，是爲九而取一，而孟子云其實什一，先儒因有公田二十畝爲廬舍之説，然於經無正文，何故？」曰：「鄭康成注周禮，嘗引孟子野九夫而稅一，『國中什一』之文。孔穎達詩正義申其旨云：『周制有貢有助。助者，九夫而稅一夫之田；貢者，什一而貢一夫之穀。通之二十夫而稅二夫，是爲什中稅一也。九一而助爲九中一，知什一自賦非什中一者，以言九一即云而助，明九中一助也，國中言什一乃云使自賦，是什一之中使自賦之，明非什中一爲賦也。孟子又云：「方里而井，井九百畝，其中爲公田，八家皆私百畝，同養公田，公事畢，然後敢治私事，所以別野人也。」言別野人者，別野人之法，使與國中不同也。爾雅云「郊外曰野」，則野人爲郊外也。野人爲郊外，則國中爲郊内也。郊内謂之國中者，以近國，故繫國言之，亦可地在郊内，居在國中故也。』見甫田疏。按：郊外、國中人各受田百畝，或九而取一，或什一而取一，通外内之率則爲什而取一，故曰徹。徹之爲言通也。康成之義，得孔氏而益明。若分公田爲廬舍，八家各二畝半，其説始於班固，而何休注公羊、趙岐注孟子、范甯解穀梁、宋均注樂緯皆因之，非鄭義也。」

問：「許叔重説文解字十四篇，九千三百五十三文，不見於經典者幾十之四，文多而不適於用，竊所未喻。」曰：「今世所行九經，乃漢、魏、晉儒一家之學，叔重生於東京全盛之日，諸儒講授，師承各別，悉能通貫，故於經師異文采摭尤備。姑即予所知者言之。如『塙』，即易『確乎其不可拔』之『確』，『昏』即『括囊』之『括』，『彼』即『跛能履』之『跛』，『捊』即『裒多益寡』之『裒』，『扴』即『介于石』之『介』，『戠』即『朋盍簪』之『簪』，『椯』即『觀我朵頤』之『朵』，『覞』即『虎視眈眈』之『眈』，『倏』即『其欲逐逐』之『逐』，『酺』即『咸其輔頰舌』之『輔』，『睇』即『夷于左股』之『夷』，『蚘』即『婦子嘻嘻』之『嘻』，『趑』即『其行次且』之『次』，論語「造次必於是」亦从此。『檷』即『繫于金柅』之『柅』，『蹔』即『漸進』之『漸[一]』，『嬬』即『歸妹以須』之『須』，『菩』即『豐其蔀』之『蔀[二]』，『豊[三]』即『豐其屋』之『豐』，『㲘』即『極深研幾』之『研』，『寀』即『探賾索隱』之『索』，『𢉖』即『天地定位』之『定』，周禮「奠繫世」亦从此。『勼』即書『方鳩僝功』之『鳩』，『敭』即『明明揚側陋』之『揚』，『禷』即『類於上帝』之『類』，『攴』即『扑作教刑』之『扑』，『訇』即『詢于四岳』之『詢』，『𩠺』即『稽首』之『稽』，『偰』即『稷、契』之『契』，『蒔』即『播時百穀』之『時』，『敟』即『典朕三禮』之『典』，『兆』即『分北三苗』之『北』，『攱』即『翕受敷施』之『施』，『絉』即『粉米』之『米[四]』，『睉』即『叢脞』之『脞』，『酓』即『厥貢檿絲』之『檿』，『涔』即『沱、潛既道』之『潛』，『谽』即『岷山導江』之『岷』，

[一]「漸」，原涉上文誤作「進」，今改。
[二]「之蔀」，原無，據文例補。
[三]「豊」，原作「豐」，形近相混，今改。
[四]「之米」，原無，據文例補。

『墺』即『四隩既宅』之『隩』，『槇』即『若顛木』之『顛』，『恉』即『不匿厥指』之『指』，『肜』即『高宗肜日』之『肜』，『昱』即『翌日乃瘳』之『翌』，『鄣』即『王來自奄』之『奄』，『黸』即『盧弓』之『盧』，『縒』即詩『參差荇菜』之『差』，『覒』即『左右芼之』之『芼』，『鬺』即『于以湘之』之『湘』，『犄』即『維錡及釜』之『錡』，『黬』即『素絲五緎』之『緎』，『俆』即『舒而脱脱』之『舒』，『眝』即『佇立以泣』之『佇』，『跔』即『母氏劬勞』之『劬』，『䬅』即『北風其涼』之『涼』，『䈇』即『愛而不見』之『愛』，『婏』即『燕婉之求』之『婉』，『檹』即『椅桐梓漆』之『椅』，『薄』即『綠竹猗猗』之『竹』，『邲』即『有匪君子』之『匪』，『䖡』即『且往觀乎』之『且』，『嫙』即『子之還兮』之『還』，『緉』即『葛屨五兩』之『兩』，『媞』即『好人提提』之『提』，『洳』即『彼汾沮洳』之『洳』，『茮』即『椒聊之實』之『椒』，『赹』即『獨行睘睘』之『睘』，『䪡』即『五粢梁輈』之『粢』，『瞂』即『蒙伐有苑』之『伐』，『襗』即『與子同澤』之『澤』，『嫽』即『佼人僚兮』之『僚』，『𨑩』即『神之弔矣』之『弔』，『䨽』即『雨雪霏霏』之『霏』，『㵣』即『載渴載飢』之『渴』，『岊』即『節彼南山』之『節』，『慯』即『我心憂傷』之『傷』，『淜』即『不敢馮河』之『馮』，『昪』即『弁彼鸒斯』之『弁』，『疛』即『惄焉如擣』之『擣』，『扚』即『予忖度之』之『忖』，『奱』即『無拳無勇』之『拳』，『嬥』即『佻佻公子』之『佻』，『𥌒』即『監亦有光』之『監』，『弡』即『無將大車』之『將』，『晻』即『有渰萋萋』之『渰』，『楑』即『天子葵之』之『葵』，『飽』即『如食宜饇』之『饇』，『鬝』即『綢直如髮』之『綢』，『𣀔』即『其麗不億』之『麗』，『皠』即『白鳥鶴鶴』之『鶴』，『羍』即『先生如達』之『達』，『𤼲』即『于豆于登』之『登』，『管』即『篤公劉』之『篤』，『惛』即『以謹惛怓』之『惛』，『齌』即『天之方懠』之『懠』，『栠』即『荏染柔木』之『荏』，『疹』即『瘨我以旱』之『瘨』，『䫉』即『既成藐藐』之『藐』，『鄌』

即『出宿于屠』之『屠』，『扔』即『仍執醜虜』之『仍』，『奔』即『佛時仔肩』之『佛』，『旿』即『烝烝皇皇』之『皇』，『猶』即『百祿是遒』之『遒』，『挻』即『松桷有梴』之『梴』，『傿』即春秋『鄭伯克段于鄢』之『鄢〔一〕』，『䭓』即『隧而相見』之『隧』，『衛』即『帥師』之『帥』，『屰』即『去順效逆』之『逆』，『鄧』即『觀魚于棠』之『棠』，『戠』即『伐戴』之『戴』，『劇』即『工則度之』之『度』，『饗』即『鄭伯入許』之『許』，『郗』即『溫、原、絺、樊』之『絺』，『瞻』即『祝聃射王』之『聃』，『嬴』即『不疾瘯蠡』之『蠡』，『逮』即『涖盟』之『涖』，『彶』即『生急子』之『急』，『像』即『余心蕩』之『蕩』，『掍』即『批而殺之』之『批』，『㲋』即『穀於菟』之『穀』，『爪』即『築臺臨黨氏』之『黨』，讀如「掌」。『郯』即『盟於葵丘』之『葵』，『超』即『作爰田』之『爰』，『斁』即『終朝而畢』之『畢〔二〕』，『轚』即『縶』，『跀』即『刖鍼莊子』之『刖』，『侱』即『匹夫逞志』之『逞』，『宔』即『作僖公主』之『主』，『蹞』即『請食熊蹯』之『蹯』，『琀』即『來含且賵』之『含』，『鄝』即『舒蓼』之『蓼』，『菡』即『埋諸馬矢』之『矢』，『瘤』即『三進及溜』之『溜』，『眯』即『提彌明』之『彌』，『須』即『寡君須矣』之『須』，『鋙』即『西鉏吾』之『吾』，『耴』即『鄭公孫輒』之『輒』，『玎』即『君出自丁』之『丁』，『翜』即『四翜不韗』之『翜』，『鞣』即『轡之柔矣』之『柔』，『鄢』即『馮、滑』之『馮』，『鼇』即『罪戾是懼』之『戾』，『坌』即『糞除』之『糞』，『造』即『薳氏之簉』之『簉』，『鄒』即『祭公謀父』之『祭』，『匌』即『周走而呼』之『周』，『媋』即『琴瑟專壹』之『專』，

〔一〕「之鄢」，原無，據文例補。
〔二〕「之畢」，原無，據文例補。

『鄿』即『乾祭之門』之『乾』，『顧』即『使髡之』之『髡』，『竭』即『渴葬』之『渴』，『傴』即『及者何累也』之『累』，『疣』即『忧也』之『忧』，『聑』即『卒怗荆』之『怗』，『畣』即『賁渾之戎』之『賁』，『覺』即『視歸乎齊侯』之『歸』，『剸』即禮記『恭敬撙節』之『撙』，『蔾』即『悼與耄』之『耄』，『宭』即『羣居五人』之『羣』，『箟』即『不同桅枷』之『桅』，『舑』即『毋嚃羹』之『嚃』，『弞』即『笑不至矧』之『矧』，『猝』即『大夫曰卒』之『卒』，『㺓』即『四足曰漬』之『漬』，『夎』即『拜而蓌拜』之『蓌』，『畀』即『瞿瞿如有求』之『瞿』，『休』即『畏厭溺』之『溺』，『抴』即『負手曳杖』之『曳』，『葠』即『寢苫』之『寢〔一〕』，『顝』即『不爲魁』之『魁』，『儗』即『疑女於夫子』之『疑』，『踊』即『喪之有踊』之『踊』，『癖』即『辟雍』之『辟』，『迾』即『山澤列而不賦』之『列』，『迻』即『移之郊』之『移』，『延』即『其器疏以達』之『疏』，『祏』即『鈞衡石』之『石』，『斠』即『角斗甬』之『角』，『笛』即『具曲植』之『曲』，『篆』即『籧筐』之『籧』，『魖』即『命國儺』之『儺』，『霃』即『天多沈陰』之『沈』，『彣』即『黼黻文章』之『文』，『䨏』即『其音羽』之『羽』，『娿』即『是察阿黨』之『阿』，『僟』即『數將幾終』之『幾』，『蹭』即『夏則居橧巢』之『橧』，『趫』即『則鳥不獝』之『獝』，『匋』即『器用陶匏』之『陶』，『瑬』即『玉藻十有二旒』之『旒』，『縣』即『繭繭』之『繭』，『脜』即『柔色以温之』之『柔』，『䰕』即『免薨』之『免』，『洏』即『濡魚醢醬』之『濡』，『褍』即『朝玄端』之『端』，『齭』即『疏屏』之『疏』，『鬜』即『夏后氏楬豆』之『楬』，『牒』即『聶而切之』之『聶』，『繟』即『其聲嘽以緩』之『嘽』，『傷』即『嘽諧慢易』之『易』，『姁』即『煦嫗覆

〔一〕「寢」，原作「苫」，涉上文「苫」而誤，今改。

育』之『煦』，『㝉』即『冋邪曲直』之『冋』，『郟』即『封黄帝之後於薊』之『薊』，『軉』即『其輤有裧』之『裧』，『趌』即『頃步』之『頃』，『逵』即『率性之謂道』之『率』，『叝』即『陷阱』之『阱』，『睍』即『睆而視之』之『睆』，『儌』即『行險以儌倖』之『儌』，『佋』即『序昭穆』之『昭』，『㝹』即『恂慄』之『恂』，『䔲』即『合巹而酳』之『巹』，『璪』即『縝密以栗』之『栗』，『惰』、『諝』皆即周禮『府史胥徒』之『胥』，『媄』即『女奚』之『奚』，『龏』即『匪頒』之『頒』，『醢』即『盎齊』之『盎』，『蒎』即『涹蒲』之『涹』，『楃』即『帷幕幄帟綬』之『幄』，『黥』即『夏纁玄』之『纁』，『翇』即『教帗舞』之『帗』，『翌』即『教皇舞』之『皇』，『撞』即『恤民囏阨』之『囏』，『娓』即『以熾詔王』之『熾』，『垟』即『騂剛用牛』之『騂』，『誋』即『以詔辟忌』之『忌』，『璥』即『公執桓圭』之『桓』，『趧』即『鞮鞻氏』之『鞮』，『兆』即『掌三兆』之『兆』，『絛』即『龍勒絛纓』之『絛』，『揹』即『犬褀尾櫜疏飾』之『疏』，『蒩』即『素車棼蔽』之『棼』，『軿』即『苹車之萃』之『苹』，『倗』即『爲邦朋』之『朋』，『鐩』即『夫遂取明火』之『遂』，『䢒』即『諸侯邦交』之『交』，『枒』即『輪牙』之『牙』，『軭』即『雖敝不匡』之『匡』，『橾』即『捎其藪』之『藪』，『榷』即『參分較圍』之『較』，『絹』即『刺兵欲無蜎』之『蜎』，『瑒』即『祼圭尺有二寸』之『祼』，『珇』即『駔琮七寸』之『駔』，『觶』即『弓之畏』之『畏』，『擅』即儀禮『賓厭粗即朱羽糅』之『糅』，『搹』即『苴絰大鬲』之『鬲』，『投』即『坌用塊』之『坌』，『酌』即『酳尸』之『酳』，『尟』即論語『鮮矣仁』之『鮮』，『捆』即『因不失其親』之『因』，『䵹』即『郁郁乎文哉』之『郁』，『蹎』即『顛沛』之『顛』，『遥』即『行不由徑』之『由』，『敕』即『策其馬』之『策』，『柧』即『觚不觚』之『觚』，『惟』即『弋不射宿』之『弋』，『攩』即『君子不黨』之『黨』，『謥』即『慎而無禮則葸』之『葸』，『啓』即『啟予足』之『啟』，『舉』即『與與如也』之『與』，『纔』

即『紺緅』之『緅』，『坿』即『附益』之『附』，『𢓜』、『衜』皆即『不踐迹』之『踐』，『詧』即『察言而觀色』之『察』，『劵』即『無倦』之『倦』，『隫』即『溝瀆』之『瀆』，『憰』即『譎而不正』之『譎』，『傆』即『鄉原』之『原』，『簙』即『博弈』之『博』，『𠬪』即孟子『野有餓莩』之『莩』，『踤』即『卒然問曰』之『卒』，『撗』即『擴而充之』之『擴』，『郄』即『盇大夫』之『盇』，『𨂌』即『隱几而卧』之『隱』，『婞』即『悻悻然』之『悻』，『𨣧』即『以釜甑爨』之『甑』，『𦺯』即『艸木暢茂』之『暢』，『憭』即『眸子瞭焉』之『瞭』，『恧』即『忸怩』之『忸』，『怂』即『自怨自艾』之『艾』，『𦬆』即『草莽』之『莽』〔一〕，『菐』即『僕僕爾亟拜』之『僕』，『𡱂𡱂』亦即『僕僕』也，『詑』即『人皆曰訑訑』之『訑』，『歁』即『自視欿然』之『欿』，『𡾊』即『摩頂放踵』之『踵』，『狧』即『以言餂』之『餂』，『埱』即爾雅『俶落權輿』之『俶』，『𧥣』即『擊仍』之『仍』，『𣐼』即『咨呰』之『呰』，『傜』即『鬱陶繇』之『繇』，『垑』即『恀侈』之『恀』，『𢕟』即『狃復』之『狃』，『𨑩』即『駟傳』之『駟』，『𡛜』即『怟怟愓愓』之『怟』，『椙』即『楣謂之梁』之『楣』，『坋』即『墳大防』之『墳』，『潐』即『水醮曰𨡕』之『醮』，『𦭝』即『尤山薊』之『尤』，『芧』即『苧麻母』之『苧』，『蔬』即『莞苻蘺』之『莞』，『苦』即『栝樓』之『栝』，『芫』即『杬魚毒』之『杬』，『梡』即『栲山樗』之『栲』，『櫾』即『柚條』之『柚』，『柍』即『時英梅』之『英』，『闟』即『長脊而泥』之『泥』。又如『滭冹』即『觱發』之異文，『凓瀨』、『颲颲』皆即『栗烈』之異文，『彿𢓭』即『甹夆』之異文，『篸縒』即『參差』之異文，『彳亍』即『蹢躅』之異文，『遺遺』即『摜瀆』之異文，『弓丂』即『節奏』之異文，『趁𧾍』即『屯邅』之異

〔一〕「之莽」，原無，據文例增。

文，『招榣』即『招搖』之異文，『哥詈』即『歌謠』之異文，『蔽類』即『蒯聵』之異文，『傂儶』即『提攜』之異文，『嬰婗』即『嬰兒』之異文，『揃搣』即『翦滅』之異文，『弓嘾』即『菡萏』之異文，『营藭』即『鞠窮』之異文，『跱躇』即『踟蹰』之異文，『跌踼』即『佚宕』之異文，『醮顇』即『蕉萃』之異文。今人視爲隱僻之字，大率經典正文也。經師之本，互有異同，叔重取其合乎古文者，稱經以顯之。其文異而義可通者，雖不著書名，亦兼存以俟後人之決擇。此許氏所以爲命世通儒，異於專己守殘，黨同門而妒道真者也。」

問：「漢初功臣，侯者百四十餘人，其封邑所在，班孟堅已不能言之。酈道元注水經，始攷得十之六七，小司馬又以漢志表證之，所得尤多，似可補孟堅之闕。」曰：「此史家之謹慎，即其闕而不書，益知其所書之必可信也。酈氏生於後魏，距漢已遠，雖勤於采獲，未必皆可盡信。如成安侯韓延年，在汝水篇以爲潁川之成安，在汳水篇以爲陳留之成安；安成侯劉蒼，在贛水篇以爲長沙之安成，在汝水篇以爲汝南之安成；桃侯劉襄，在泲水篇以爲酸棗之桃虛，屬東郡。在濁漳水篇以爲信都之桃縣；建成侯劉拾，在淮水篇以爲沛之建成，在贛水篇以爲豫章之建成，果孰是而孰否乎？河水篇以臨羌爲孫都封國，不知孫都本封臨蔡侯，其地在河內，不在金城也。濁漳水篇以辟陽亭爲審食其封國，攷本傳云『辟陽近甾川』，則非信都之辟陽也。汾水篇以河東之平陽爲范明友封國，攷漢表明友本封平陵侯，其地在南陽之武當，不在河東也。淮水篇云：『山陽城即射陽縣之故城也，漢世祖封子荆爲山陽公，治此。』攷漢之山陽郡本治昌邑，其僑治射陽，乃在晉安帝之世，以典午之僑郡，爲東漢之故封，其誤更不待辯矣。索隱雖知討尋表、志，亦多疏漏。如城陽有陽都，北海有都昌，遼西有海陽，東萊有曲成，膠東有昌武，楚有武原，東海有戚，南陽有山都，沛有廣戚，臨淮有盱眙，涿有阿武、樊輿，志文具在，而小司馬皆以爲闕。南陽、清河皆有復陽，南陽、濟南皆有朝陽，平原、琅邪皆有平昌，而小司馬僅舉其一。又如傅寬封陽陵侯，非馮翊之陽陵；蟲達封曲成侯，非涿郡之曲成；吴郢〔一〕封義陵侯，非汝南之義陽〔二〕；劉勃封安陽侯，非馮翊之安陵〔三〕；文成〔四〕侯劉光，非遼西之文成〔五〕，名同實異，小司馬皆不能别白，乃知班氏得古文闕文之遺意矣。」

問：「蒯成侯周緤，或讀『蒯』爲『菅蒯』之『蒯』，則字當从艸从㕡；或讀陪、憑二音，則字當从崩从邑，且漢表云在長沙，而小司馬引晉書地道記屬北地，讀史者將奚從？」曰：「説文：『鄘〔六〕，右扶風鄠鄉。』又沛城父有鄘鄉，讀若陪。』晉書地理志始平郡有蒯成縣，蓋析鄠之鄘鄉置，字譌爲『蒯』耳。索隱以爲屬北地，誤矣。然周緤之封則當在長沙，不在扶風。何以明其然也？高祖功臣百四十七人，班表

〔一〕「郢」，原作「程」，據漢書功臣表第四改。
〔二〕汝南無義陽，亦無義陵，疑爲武陵義陵。
〔三〕安陵在右扶風，且與「安陽」名不同，疑有誤。
〔四〕「文成」，原作「父城」，據王子侯表改。
〔五〕「成」，原作「城」，據地理志改。
〔六〕「鄘」，原作「蒯」，據説文改。

皆不言封邑所在，獨緤父子之封於鄜〔一〕成則云在長沙，於鄲則云在沛，其必確有所據矣。長沙之鄜成，它無所見，然楚漢春秋作憑城侯，陪、憑聲相近，亦當作『鄜』無疑也。或又疑長沙爲吴芮封國，何以緤得食邑其間？此又不然。彭城，楚王封地也，而張良封彭城之留；琅邪，齊王封地也，而周定封琅邪之魏其；鉅鹿，趙王封地也，而任敖封鉅鹿之廣阿；曲逆縣亦在燕、趙之間，而陳平得食之，然則漢初列侯食邑，豈皆在天子所有十五郡之内乎？而又何疑於鄜成之封焉？景、武以後，王國日益削，而王子封侯者皆割屬漢郡，自是列侯食邑無有在王國者矣。」

問：「乾象術『推卦用事日，因冬至大餘，倍其小餘，坎用事日也。加小餘千七十五，滿乾法從大餘，中孚用事日也。求坎卦，各加大餘六，小餘百三。其四正各因其中日，而倍其小餘。此條恐有譌舛，其算例亦可推否？」曰：「此即漢人六日七分之法。易稽覽圖甲子卦氣始中孚，每六日七分而易一卦〔二〕。坎、離、震、兑爲監司之卦，獨用事於分至之首，得八十分之七十三。冬至坎始用事，又加中孚六日七分而復卦用事，合於易七日來復之數。其説始於京房六十卦以中孚、復、屯、謙、睽、升、臨、小過、蒙、益、漸、泰、需、隋、晉、解、大壯、豫、訟、蠱、革、夬、旅、師、比、小畜、乾、大有、家人、井、咸、姤、鼎、豐、涣、履、遯、恒、節、同人、損、否、巽、萃、大畜、賁、觀、歸妹、无妄、明夷、困、剥、艮、既濟、噬嗑、大過、

〔一〕「鄜」，原作「蒯」，據功臣表第四改，下同。
〔二〕「卦」，原作「封」，形近而誤，今改。

坤、未濟、蹇、頤爲次，每卦皆六日八十分日之七。惟頤、晉、井、大畜皆五日八十分之十四，較他卦少七十三分。此所少之數，即四正卦坎、離、震、兌。用事之分數也。乾象術推卦用事，以乾法千一百七十八當一日，千一百七十八分日之千七十五，即八十分之七十三强也。千一百七十八分日之百三，即八十分之七弱也。必倍其小餘者，乾象推冬至術，以紀法五百八十九爲日法，今以乾法千一百七十八爲日法，則倍紀法之數，故必倍其小餘以入算也。『求坎卦』當作『次卦』，字之譌也。」「景初術推卦用事日，因冬至大餘六，其小餘與乾象異，何也？」曰：「景初推冬至，以紀法千八百四十三爲日法，其推卦用事，則以元法萬一千五十八爲日法，元法乃六倍紀法之數，故亦六其小餘，無二理也。坎卦用事，萬一千五十八分之萬九十一，即八十分日之七十三强也。中孚卦用事，大餘六，即六日也；小餘九百六十七者，萬一千五十八分之九百六十七，即八十分日之七也。正光術推冬至與推卦用事，竝以蔀法六千六十爲日，故即因冬至大小餘，與乾象、景初實無異也。」

問：「五歲再閏與十九年七閏之率，孰爲密合？」曰：「五歲再閏，聖人不過言其大略，如堯典云『期三百有六旬有六日』，其實祇有三百六十五日四分之一弱。若以十九年七閏之率計之，須五年又五個月而得再閏也。然十九年一章，亦是秦、漢以前麤率，驗之天行，尚非密合。蓋古術皆用四分，章、蔀、紀、元之率皆四分術也。自劉洪作乾象，減歲實以合天行，而章閏猶因舊法。何承天雖病其數微多，猶以用算滋繁，未及更易。祖沖之始捌新率，改章法三百九十一年有一百四十四閏，以舊法校之，則七千四百二十九歲之中，舊法當有二千七百三十七閏，新法只有二千七百三十六閏，此戴法興所詆以爲七千四百二十九年輒失一閏者也。中朔與閏本相表裏，歲實既減於四分，則章法自難因乎古，法興未達天行，故有此難。嗣後張賓、張胄元、劉焯之徒所立章歲章閏各有不同，要皆本沖之遺意。古率十九年七閏，閏分太多。沖之率又似太少。張賓率四百二十九歲百五十八閏，張胄元率四百二十歲百五十一閏，劉焯率六百七十六歲二百四十九閏，皆强於沖之。李淳風麟德術乃去章歲之名，并氣朔閏餘通爲一術，但以歲實與十二朔實相校，所多之數即爲一歲之閏積，而不更求齊同之率，此亦術家變古之一大端也。然與其存章歲之名，而仍未密合，不若實計中盈朔虛之分，而累積以求閏。淳風於此，極爲有識。元人授時術不用積年與日法，亦即此意。長慶宣明術雖有章歲、章月、章閏之名，然其所謂章歲者乃歲實也，章月者朔實也，章閏者一歲之閏分也，與古法名同而實異。此後無有言章歲者矣。宋咸淳六年十一月三十日冬至，至後爲閏十一月。有臧元震者，妄稱術家，以章法爲重，自淳祐壬子至咸淳庚午，凡十九年，是爲章歲，閏月當在冬至之前。詔遣元震與太史局辨正，太史詞窮，乃轉元震一官，而議更憲。元震於推步之原，了無所得，摭拾經生膚淺之談，皆祖沖之、李淳風輩所唾棄不屑道者，而疇人子弟已瞠眙不能置對。元震又稱一大一小爲平朔，兩大兩小爲經朔，三大三小爲定朔，不知經朔即平朔也。平朔有兩大無兩小，三大兩小皆爲定朔。既用定朔，則十九年七閏之恒率自不能拘，而有司亦不知也。當時局官淺陋如此，欲其改憲以合天，難矣！」

問：「吴才老於三百篇有叶韻之説，而朱文公因之。厥後陳季立撰詩古音、屈宋古音，始知三百篇自有本音。至崑山顧氏撰音學五書，而古音粲然明白矣。然同時毛奇齡已有違言。豈古今音果大相遠乎?」曰:「古今音之别,漢人已言之。劉熙釋名云:『古者曰車聲如居,所以居人也。今曰車聲近舍。』韋昭辯之云:『古皆音尺奢反,從漢以來,始有居音。』此古今音殊之證也。但劉、韋皆言古音,而説正相反,實則劉是而韋非。蓋弘嗣生於漢季,漸染俗音,因詩『王姬之車』、『君子之車』皆與『華』韻,遂疑車當讀尺奢切。不知讀華爲呼瓜切,亦非古音也。古讀華爲敷,詩『有女同車』與華、琚、都爲韻;『攜手同車』與狐、烏爲韻,則車之讀居,斷可識矣。自齊、梁之世,周彦倫、沈休文輩分别四聲以制韻譜。其後沈重作毛詩音,於今韻有不合者謂之協句,如燕燕首章『遠送于野』,云『協句,宜音時預反』;二章『遠送于南』,云『協句,宜乃林反』。所云協句,即古音也。陸德明釋文刱爲『古人韻緩,不煩改字』之説,於沈所云協句者,皆如字讀,自謂通達無礙,而不知三百篇之音諧暢明白,未嘗緩也。使沈重音尚存,較之吴才老叶韻,豈不簡易而可信乎?協句亦謂之協韻,邶風『寧不我顧』,釋文『徐音古』,此亦協韻也。後放此。陸元朗之時,亦有韻書,故於今韻不收者謂之協韻。協與叶同。顔師古注漢書,又謂之合韻,合猶協也。是吴才老叶韻之所自出矣。叶韻實由古今異音而作,而吾謂言叶韻不如言古音,蓋叶韻者以今韻爲宗,而强古人以合之,不知古人自有正音也。古人因文字而定聲音,因聲音而得詁訓,其理一以貫之。漢、魏以降,方俗遞變,而聲音與文字漸不相應,賴有三百篇及羣經、傳記、諸子、騷賦具在,學者讀其文,可以得其最初之音。此顧氏講求古音,其識高出于毛奇齡輩萬倍,而大有功於藝林者也。但古人亦有一字而異讀者。文字偏旁相諧謂之正音,語言清濁相近謂之轉音,音之正有定,而音之轉無方,正音可以分别部居,轉音則祇就一字相近,假借互用,而不通於它字。其以聲轉者,如難與那聲相近，故儺从難而入歌韻；難又與泥相近，故臡从難而入齊韻，非謂歌、齊兩部之字盡可合於寒、桓也。宗與尊相近，故春秋傳『伯宗』或作『伯尊』；臨與隆相近，故雲漢詩以臨與躬韻；鞏與固相近，故瞻卬詩以鞏與後韻，非謂魂、侵、侯之字盡可合於東、鍾也。其以義轉者，如躬之義爲身，即讀躬如身，詩『無遏爾躬』與天爲韻；易『震不于其躬，于其鄰』，躬與鄰韻，非謂真、先之字盡可合于東、鍾也。賡之義爲續，說文以賡爲續之古文，蓋尚書『乃賡載歌』，孔安國讀賡爲續，非陽、庚之字盡可合于屋、沃也。又如溱洧之『溱』，本當作『潧』，說文『潧水出鄭國』，引詩『潧與洧方涣涣兮』，此是正音，而毛詩作『溱』者，讀溱如潧，以諧韻耳。溱即潧之轉音，不可據說文以糾詩之失韻，亦不可據詩以疑說文之妄作。又不言不信，則試引而伸之。夫增與潧皆曾聲也，毛傳于魯頌『烝徒增增』云：『增增，衆也。』此爾雅釋訓之正文。而于小雅『室家溱溱』亦云：『溱溱，衆也。』文異而義不異，豈非以溱、增聲相近，而讀增爲溱，不獨假其音，并假其字乎？古人有韻之文，正音多而轉音少，則謂轉音爲協，固無不可。如以正音爲協，則傎到甚矣。顧氏謂一字止有一音，於古人異讀者輒指爲方音，固未免千慮之一失。而於古音之正者斟酌允當，其論入聲尤中肯綮，後有作者，總莫出其範圍。若毛奇齡輩不知而作，嘵嘵聱聱，置勿與辯，可也。」

問：「雙聲昉於魏、晉以後，古人未之知也。三百篇中間有近似者，衹是偶合，初非先覺。子乃謂雙聲之祕，肇於三百篇，毋乃矜管蠡之智，以强附古人乎？」曰：「人有形即有聲，聲音在文字之先，而文字必假聲音以成。綜其要，無過疊韻、雙聲二端，而疊韻易曉，雙聲難知。股肱叢脞，虞廷之賡歌也；次且剸刖，文王之演易也。至詩三百篇興，而斯祕大啟。卷耳之次章，崔嵬、虺隤兩疊韻；三章，高岡、玄黃兩雙聲；碩人之次章，巧笑疊韻，美目雙聲；大叔于田之次章，上句磬控雙聲，下句縱送疊韻；出其東門之首章，綦巾雙聲，次章茹藘疊韻；七月之觱發、栗烈雙聲兼疊韻，上下相對；東山之伊威、蠨蛸、町疃、熠燿四句連用雙聲；佻兮達兮，哆兮侈兮，既敬既戒，既霑既足，如蜩如螗，如蠻如髦，不吳不敖，不競不球，允文允武，令聞令望，宜岸宜獄，式夷式已，之綱之紀，以引以翼，隔字而成雙聲；嘽嘽啍啍，禺禺卬卬，疊字而成雙聲；與與、翼翼，隔句而成雙聲；居居、究究，隔章而成雙聲；死生契闊，搔首踟蹰，一句而兩雙聲；旅力方剛，山川悠遠，一句而一疊韻一雙聲。其組織之工，雖七襄報章無以過也。其意節之和，雖壎箎迭奏莫能加也。其尤妙者，『角枕粲兮，錦衾爛兮』，不獨粲、爛韻，而枕、衾亦韻，錦、衾疊韻，角、錦又雙聲也。『不敢暴虎，不敢憑河』，暴、憑雙聲，虎、河亦雙聲也。此豈尋常偶合者可比！乃童而習之，白首而未喻，翻謂七音之辯，始於西域，豈古昔聖賢之智，乃出梵僧下耶？四聲昉於六朝，不可言古人不知疊韻；字母出於唐季，不可言古人不識雙聲。自三百篇啓雙聲之祕，而司馬長卿、揚子雲作賦，益暢其旨，於是孫叔然制爲反切，雙聲疊韻之理，遂大顯於斯世。後人又以雙聲類之，而成字母之學。雙聲在前，字母在後，知雙聲則不言字母可也，言字母而不知雙聲不可也，而雙聲已昉於三百篇，吾於是知六經之道，大小悉備，後人詹詹之智，早不出聖賢範圍之外也。」

問：「古人一字兩讀，出于轉音，是固然矣。又有一音而平側異讀，如觀瞻、觀示有平去之分，好惡、美惡有去入之別，以至先後上下、高深遠近、見聞視聽之等，並以動靜區爲兩音，不審古人制字之始已有之乎？」曰：「昔倉頡制字，黄帝正名，各指所之，有條不紊。許氏説文分别部居，以形定聲，不聞於聲之中更有輕重異讀。易觀卦六爻，童觀、闚觀、觀我生、觀國之光、觀其生，皆從卦名取義。人之觀我，與我之觀於人，義本相因，而魏、晉以後，經師强立兩音，千餘年來，遵守不易。唯魏華父著論非之，謂未有四聲、反切之前，安知不皆爲平聲。此可謂先覺者矣。離騷『好蔽美而稱惡』與固、悟、古爲韻，『孰云察余之美惡』與字爲韻，是美惡之惡亦讀去聲。左傳隱三年『周、鄭交惡』，陸德明無音，是相惡之惡亦讀入聲。孝經『愛親者不敢惡於人，行滿天下無怨惡』，陸德明並云：『惡，烏路反，舊如字。』又『示之以好惡而民知禁』，陸云：『好，如字。又呼報反。惡，如字，又烏路反。』蓋好、惡之有兩讀，始于葛洪字苑，（顔氏家訓言之。）漢、魏諸儒本無區别，陸氏生於陳、隋之世，習聞此説，而亦不能堅守，且稱爲舊，則今之分别，非古音之舊，審矣。予我之予，錫予之予，今人分平上兩音，而詩三百篇、楚詞皆讀上聲；當直之當，允當之當，今人分平去兩音，而孔子贊易，皆讀平聲。漢儒言『讀若』者，正其義，不必易其音，如鄭康成注禮記『仁者人也，讀如相人偶之人』。自古訖今，未聞『人』有别音，可見虚實動静之分，皆六朝俗師妄生分别，古人固未之有也。顔之推譏江南學士讀左傳，口相傳述，自爲凡例，軍自敗曰敗，打破人軍曰敗，（補敗反。）此爲穿鑿。而廣韻十七夬部，敗有薄邁、補敗二切，以自破、破它爲别，即用江南學士穿鑿之例。蓋自韻書興，而聲音益戾于古，自謂密于審音，而齟齬而不安者益多矣。」

問：「鄭樵七音略謂華人知四聲而不知七音，以所傳三十六字母爲出于西域，後儒又謂字母出于華嚴經，其信然乎？」曰：「字母兩字，固出華嚴，然唐玄應一切經音義所載華嚴經終於五十八卷，初不見字母之說。今所傳華嚴八十一卷，乃實叉難陀所譯，出于唐中葉，又在玄應之後，而漢末孫叔然已造翻切，則翻切不因于字母也。翻切之學，以雙聲疊韻紐弄而成音，有疊韻而後人因有二百六部，有雙聲而後人因有三十六母。雙聲疊韻，華學，非梵學。即三十六母，亦華音，非梵音也。宋世儒家言字母者，始于司馬温公，而温公撰切韻指掌圖，無一言及于西域，則三十六母爲華音，又何疑焉？且華嚴之母，四十有二，與三十六母多寡迥異。其所云二合、三合之母，華人皆不能解，而疑、非、敷、奉諸母，華嚴又無之，則謂見、溪、羣、疑之譜本於華嚴者妄矣！特以其譜爲唐末沙門所傳，又襲彼字母之名，夾漈不加詳攷，遂誤仞爲天竺之學耳。予嘗讀一切經音義載大般涅槃經，有比聲二十五字，曰舌根聲、舌齒聲、上咢聲、舌頭聲、脣吻聲，頗與見、溪、羣、疑之序相似，而每聲各五字，與今譜異。別有字音十四，則今所謂影、喻、來母也。曰母列于舌齒聲，不別爲類，亦與今譜異。竊意唐末作字母譜者，頗亦采取涅槃，而有取有棄，實以華音爲本。蓋華嚴之字母，則與今譜風馬牛不相及矣。華嚴雖有字母之名，而涅槃實在華嚴之前，其分部頗有條理，不似華嚴之雜糅。今人但知華嚴，不知涅槃，是逐末而遺本也。」

問：「牙、舌、脣、齒、喉之別，昉于何時？」曰：「凡聲皆始于喉，達于舌，經于齒，出于脣。天下之口相似，古今之口亦相似也。閒關契闊，馨香厭浥，人知其出于喉；顛倒挑達，荼毒栗烈，人知其出于舌；參差輾轉，灑掃悉率，人知其出于齒；蔽芾匍匐，黽勉反覆，人知其出于脣。即喉、舌、齒、脣之分，而聯之以雙聲，緯之以疊韻，而翻切之學興焉。後人欲以宫、商、角、徵、羽相比附，乃於喉、舌、齒、脣之外，別出牙音。然玉篇卷末所載沙門神珙四聲五音九弄反紐圖，喉、舌、齒、脣、牙五聲各舉八字以見例。喉聲則何、我、剛、鄂、謌、可、康、各也，牙聲則更、硬、牙、格、行、幸、亨、客也。此二聲者，分之實無可分，吾是以知古無牙音也。廣韻卷末載辯字五音法，以綱、各爲喉聲，與神珙同。翁从公聲，扦从千聲，鎬从高聲，浩从告聲，嫌从兼聲，酣从甘聲，挾从夾聲，見有現音，降有洪音，皋有浩音，茄有荷音，囂有敖音，亢有杭音，感有憾音，甲有狎音，夏有賈音，然則牙音喉音本非兩類，字母家别而二之，非古音之正矣。自喉而舌、而齒、而脣，聲音已無不備，增牙音而爲五，又析出半齒、半舌而爲七，皆非自然之音也。」

太陰太歲辨

漢初人多以太陰紀歲，亦曰歲陰。閼逢等十名，攝提格等十二名，古人本從太陰得名。淮南云「太陰元始，建於甲寅」，故以攝提格居首。漢太初改元詔云「復得閼逢攝提格之歲」，蓋以太陰表歲也。而下文即云「太歲在子」，是太陰自太陰，太歲自太歲，詔書未嘗并而爲一也。太史公書載曆術甲子篇，起太初元年閼逢攝提格，盡七十六年而止，皆以太陰紀歲。或疑爲褚少孫所補。即果出於少孫，亦是元、成間人，身在郎署，必非妄説，是西京猶用太陰紀歲矣。劉子駿造三統術云「欲知太歲，以六十除積次，餘不盈者，數從丙子起」，則是以丙子爲肇端，自太極上元至太初元年復得丙子，與武帝詔「太歲在子」之文相應。一術不當有兩元，故不别立求太陰法。乃後人但以太歲紀歲，不復知有太陰。漢書天文志承史公之文，而改歲陰爲太歲，由是歲陰、太歲并爲一事，而不知其有大不可通者。其言曰「太歲〔一〕在寅曰攝提格，歲星正月晨出東方，石氏曰在斗、牽牛，甘氏在建星、婺女，太初曆在營室、東壁」云云，兼存三家之學，驟讀之，似無可議，及細攷之，則石氏與天官書同，甘氏小有出入，太初則常差兩次。其故何歟？史公以太陰紀歲，其言歲陰在寅者，太歲實在子，故歲星以天正十一月出斗、牽牛，即丑宮星紀之次。其月斗建子，賈公彦所云「子上有太歲」也。太初以太歲紀歲，太歲在寅，則歲星在娵訾矣，寅與亥合。當以斗建寅之月，晨出營室、東壁，所謂歲星與日常應太歲月建而見也。同一攝提格也，一爲太陰，即歲陰。一爲太歲，相差兩辰；同一正月也，一爲建子，一爲建寅，相差亦兩次，夫亦冰炭之不相入矣。志家亦知其難通，故强爲之説，曰星有贏縮，各録所見，曾不思歲星每歲行一次，即有贏縮，不過數度。甘、石異同，可以贏縮解之。若太初之與甘、石，立法本殊，何容并爲一談？春秋傳云「歲棄其次而旅於明年之次」，此星有贏縮之説也，烏有歲在星紀，而淫於娵訾之口者乎？此志或云馬續所作，非孟堅之文，要其昧於太歲、太陰之辨，貽誤後賢，則志家不得辭其咎矣。張揖、晉灼諸人，又在馬續之後，承譌襲謬，仍太陰爲太歲，又何怪焉！或曰：「太陰紀歲，太歲超辰之法，東漢已廢而不用，子何爲齗齗於此？」予應之曰：「推步之學，古疏而今密。謂古法必可行於今者，非也；謂古無此法者，亦非也。井田封建，後世萬不能行，豈可謂三代之前無此制哉！予恐讀淮南、太史公者之不得其解而詳攷之，知

〔一〕「歲」，原作「陰」，據漢書天文志改。

其誤自漢志始，因書以諗同志者。」

秦三十六郡攷

秦三十六郡之名，當以漢書地理志爲據。自裴駰誤解史記，别南海、桂林、象郡於三十六之外，而晉志因有四十郡之説，紛紛補湊，似是實非。今依漢志，列其名目如左：

漢志稱秦置者二十有七：

河東郡。太原郡。

上黨郡。東郡。

潁川郡。南陽郡。

南郡。九江郡。

鉅鹿郡。齊郡。

琅邪郡。會稽郡。

漢中郡。蜀郡。

巴郡。隴西郡。

北地郡。上郡。

雲中郡。雁門郡。

代郡。　上谷郡。

漁陽郡。　右北平郡。

遼西郡。　遼東郡。

南海郡。

稱秦郡者一：

長沙郡。漢爲國。

稱故秦某郡者八：

三川郡。漢更名河南郡。　泗水郡。漢更名沛郡。

九原郡。漢更名五原郡。　桂林郡。漢更名鬱林郡。

象郡。漢更名日南郡。　邯鄲郡。漢爲趙國。

碭郡。漢爲梁國。　薛郡。漢爲魯國。

以上共三十六郡，志云秦置者，謂因其名不改者也；云秦郡者，因其郡名而立爲國者也；云故秦某郡者，因其地而改其名者也。此外無稱秦者。

讀古人書，須識其義例。此志首云「漢興，承〔一〕秦制度」，故述郡名斷自秦始。如雲中、代、

〔一〕「承」，漢書地理志作「因」。

上谷、漁陽、右北平、遼西、遼東諸郡，以匈奴傳攷之，乃戰國燕、趙所置也，而志皆云秦置，蓋以秦三十六郡爲斷，非與彼傳相矛盾也。

三十六郡之名，皆據始皇時。若二世改元以後，豪傑竝起，復稱六國，分置列郡，多有出於三十六郡之外者。不久仍復并省，故班志略而不言，如吴郡之類是也。亦有漢興仍其名者，則歸之高帝置，此尊漢之詞也。凡稱故秦者，皆據始皇三十六郡；其稱故齊、故趙、故梁、故楚者，皆據漢初封國，非戰國之秦、齊、趙、梁、楚也。

秦四十郡辨

言有出於古人而未可信者，非古人之不足信也，古人之前尚有古人，前之古人無此言，而後之古人言之，我從其前者而已矣。秦四十郡之説，昉於晉書。晉書爲唐初人所作，自今日而溯唐初，亦謂之古人，要其去秦、漢遠矣。太史公書秦始皇二十六年，分天下爲三十六郡，未嘗實指爲某某郡也。班孟堅地理志列漢郡國百有三，又於各郡國下詳言其沿革。其非漢置者，或云秦置，或云故秦某郡，或云秦郡，并之正合三十六之數。是孟堅所説，即始皇所分之三十六郡也。志末又總言之云：「本秦京師爲内史，分天下作三十六郡。漢興，以其地〔一〕太大，稍復開置，又立諸侯王國。武帝開廣三邊。故自高

〔一〕「地」，漢書地理志作「郡」。

帝增二十六，文、景各六，武帝二十八，昭帝一，迄於孝平，凡郡國一百三。」以秦三十六郡合之高、文、景、武、昭所增置，正得百有三。是秦三十六郡之外，更無它郡，安得有四十郡哉！司馬彪郡國志本沿東觀舊文，亦云「漢書地理志承秦三十六郡，後稍分析，至於孝平，凡郡、國百三」。蓋自後漢至晉，史家俱不言秦有四十郡也。許叔重説文、應劭風俗通、高誘淮南子注、皇甫謐帝王世紀述秦郡皆云三十六。諸人博學洽聞，豈有不讀史記者？使南海三郡果在三十六郡之外，何故舍多而稱少？故知西晉以前，本無四十郡之説。自裴駰誤解史記以略取陸梁地在分郡之後，遂別而異之。其注三十六郡與漢志同者三十三，別取内史、鄣郡、黔中三郡以當之，而秦遂有三十九郡矣。晉志又增入閩中一郡，合爲四十。嗣後精於地理如杜君卿、王應麟、胡三省輩，皆莫能辨，四十郡之目，遂深入人肺腑，牢不可破矣。即泝而上之，肇自之志，莫古於孟堅，亦莫精於孟堅，不信孟堅，而信房喬、敬播諸人，吾未見其可也。太史公在孟堅之前，乃裴駰，駰亦劉宋人也，豈轉古於孟堅哉！或曰：「子言古人有前後之殊，信矣。始皇紀分天下爲三十六郡，在二十六年，而略取陸梁地爲桂林、象郡、南海則在三十三年，是三郡固在三十六郡之外矣。信漢書而不信史記，未見其信古也。」予〔一〕應之曰：「讀古人書，當尋其條貫，未可執單詞以爲口實。史公紀事，皆言其大者。始皇二十六年，秦初并天下，丞相綰請封諸子，李斯言封諸侯不便，遂廢封建之制，諸郡置守、尉、監，皆領於天子。此秦變古之一大端，故特於是年書『分天下爲

〔一〕「予」，原作「子」，形近而誤，今改。

三十六郡』，猶言廢封建爲郡縣耳。言三十六郡，則統乎天下矣，非謂三十六郡盡置於是年也。即以此紀證之，始皇即位之初，秦已并巴、蜀、漢中置南郡矣；北收上郡以東，有河東、太原、上黨郡；東至滎陽，滅二周，置三川郡矣；其五年又置東郡矣；十七年又置潁川郡矣；二十五年又置會稽郡矣。此諸郡者，皆在裴駰所舉三十六郡之數。子不疑前文之重沓，而獨疑後文之預數，所謂知其一未知其二者也。始皇自謂以水德王，數以六爲紀。郡名三十六，蓋取六自乘之數，若四十郡，則漢人無言之者。無徵之言，置之弗聽，可矣。」或又曰：「史記東越列傳：『秦已并天下，以其地爲閩中郡。』閩中爲始皇置，史公有明文，而漢志不載，豈非班氏之漏？」予應之曰：「南越傳亦云：『秦已并天下，略定楊越，置南海、桂林、象郡，以謫徙民，與越雜處十三歲。』其云十三歲者，自二十五年滅楚之後數之也。閩中與南海三郡，皆置於王翦定百越之時，但其初雖有郡名，仍令其君長治之，如後世羈縻州之類。其後尉屠睢擊南越，殺其君長，始置官吏，比於內地，而閩中則仍無諸與搖治之，是以不在三十六郡之數，非班史有遺漏也。」或又曰：「漢志『丹陽郡，故鄣郡。』不云故秦鄣郡，則非秦置可知。志凡稱故者，皆據漢初而言，如故齊、故趙、故梁、故楚、故淮南竝漢初封國也。泗水國云『故東海郡』，與此文正同。東海郡既高帝置，則鄣郡亦必漢置矣。此三難者，舉不足以申四十郡之説，而世猶以其出於晉志，不敢輒議。夫晉志之誤亦多矣。漢志郡國百三而誤以爲百十有一，續漢志郡國百五而誤以爲百八。東晉僑立州郡未嘗有『南』字，宋永初詔書始加，而晉志襲沈約之文，弗能攷正。近事且猶躊躇，況能溯秦、漢而補孟堅之闕乎？吾故曰言四十郡甚難而實非也，言三十六郡甚易而實是也。讀史記者，當以孟堅書解之，而毋惑乎裴駰之單辭，可矣。」

跋北齊書

北齊書本紀八、列傳四十二。今惟本紀第四、列傳第五、第八、第九、第十、第十一、第十二、第十三、第十四、第十五、第十六、第十七、弟卅三、弟卅四、弟卅五、弟卅六、弟卅七、弟四十二凡十八篇，乃百藥元文。其列傳弟十八、弟十九、弟廿一、弟廿二、弟卅二、弟卅八、弟卅九、弟四十、弟四十一，文與北史異，而無論贊，似經後人删改；或百藥書亡，而以高氏小史補之乎？其餘紀七篇、傳十六篇，大率取諸北史。庫狄干傳末附見其孫士文，士文仕于隋代，不應入齊書，蓋鈔撮北史之文而失於刊去。此不知其宜增入者。當時校刊諸臣麤疏至此，真令人絶倒也。裴讓之、張晏之、陸卬、王松年、辛術皆失書本貫，此亦鈔北史而漢人所譏「作奏雖工，宜去葛龔」者也。紀、傳中有史臣論及贊及稱高祖、世宗、顯祖、肅宗、世祖廟號者，皆百藥之舊；其稱神武、文襄、文宣、武成者，則後人取北史之文以補之。晁公武謂百藥避唐朝名諱，不書世祖、世宗之類，不知百藥修史在貞觀初，其時「世」字竝不回避。李勣之名，亦高宗朝所改也。梁、陳、周書皆不避世祖、世宗字，百藥與思廉、德棻同時，何獨異其例乎？蓋嘉祐校刊諸史之時，此書久已殘闕，而雜采它書以補之。卷首神武紀即是北史之文。晁氏不加詳審，遽以爲例有不一，其實非也。

跋宋史

自史遷以經師相授受者爲儒林傳，而史家因之。洎宋洛、閩諸大儒講明性道，自謂直接孔、孟之傳，嗣後儒分爲二，有説經之儒，有講學之儒，宋史乃剏爲道學傳，列于儒林之前，以尊周、二程、張、邵、朱六子，而程、朱之門人附見焉。豫章、延平非程氏弟子，以其得程之傳而授之朱氏，亦附見焉。其它講學宗旨小異于朱氏者，則入之儒林，不得與于道學。其去取予奪之例，可謂嚴矣。愚讀之而不能無疑焉。夫劉彦沖、胡原仲、劉致中，朱子之師也，而不與；吕東萊、陸子靜，朱子之友也，而不與。其意以爲，非親受業于程、朱者，皆旁支也，不得以干正統也。而獨進張南軒一人，南軒非受業于程氏者也。南軒與東萊俱爲朱子同志，進南軒而屏東萊，此愚之所未解也。程氏弟子，首稱游、楊、吕、謝，而與叔兄弟獨不與，以附出大防傳故也。列傳固有附見之例，然南軒不附于父，二吕獨附于兄，一篇之中，忽變其例，謂非有意抑吕乎？此又愚之所未解也。朱氏門人多矣，獨進黄榦等六人，而蔡元定父子、葉味道、廖德明祇列之儒林。夫蔡氏父子之學，自黄直卿外，殆鮮其匹，而屏之不與道學之列，此亦愚之所未解也。邵伯温不附于康節傳，而張戩附于横渠傳，此亦史例之未一，而愚之所未解也。嘗聞之鄭康成云，「儒者濡〔一〕也，以先王之道能濡〔二〕其身」，故儒行之篇載于禮記。莊子云「以魯國而儒者一

〔一〕〔二〕「濡」，原作「儒」，據禮記儒行疏引正義改。

人」，說者以爲指孔子也。周、程、張、朱之學，雖高出于後儒，方之孔子，則有閒矣，謂之曰儒，又何慊焉？韓子云「道與德爲虛位」，故道有君子小人，而德有凶有吉。自黄、老之學興，其徒皆自號道家。馬樞有道學傳二十卷，乃列仙集、仙傳之類爾，謂「道學」之名必美于「儒林」者，非通論也。雖然，周、程、張、朱之學固高于宋諸儒矣，史家欲尊之，何如而可？曰：史家之例，凡道德、文藝顯著者，各有專傳，其列于儒林、文苑者，皆其次焉者也。孔子與七十二弟子，史記未嘗列于儒林也。漢之董仲舒、唐之韓愈，皆自有傳。元儒無出許衡、吴澄之右者，亦自爲傳。愚以爲，周、程、張、朱五子宜合爲一傳，而於論贊中著其直接聖賢之宗旨，不必别之曰「道學」也。自五子而外，則入之儒林，可矣。若是，則五子之學尊，而五子之道乃愈尊。五子不必辭儒之名，而諸儒自不得並于五子。彼修宋史者，徒知尊道學，而未知其所以尊也。

與戴東原書

前遇足下於曉嵐所，足下盛稱婺源江氏推步之學，不在宣城下。僕惟足下之言是信，恨不即得其書讀之。頃下榻味經先生邸，始得盡觀所謂翼梅者。其論歲實，論定氣，大率祖歐邏巴之説而引而伸之，其意頗不滿於宣城，而吾益以知宣城之識之高。何也？宣城能用西學，江氏則爲西人所用而已。及觀其冬至權度，益啞然失笑。夫歲實之古强而今弱也，漢以前四分而有餘，漢以後四分而不足，而自乾象以至授時，歲實大率由漸而減。此皆當時實測，非由臆斷。故以古法下推則必後天，由於歲實强也；以今法上攷亦必後天，由於歲實弱也。楊光輔、郭守敬輩知其然，故爲百年加減一分之率以消息之，雖過此以往，未之或知，而以之攷古，則所失者鮮，是其術未始不善也。西人之術，止實測於今，不復遠稽於古，然其所謂平歲實者，亦復累有更易，則固非以爲永遠可守之歲實也。江氏乃搚爲本無消長之説，極詆楊、郭，以傅會西人。然史册所書景長之日，班班可攷，難以一人手掩盡天下之目也，於是爲定冬至，加減之説以加之；加之而仍後天也，於是又爲本輪、均輪半徑古大今小之説以加之；加之而仍後天也，詞遁而窮，則直斷以爲史誤，毋乃如公孫龍之言「臧三耳」甚難而實非乎！天道至大，非一時一人之術所能御。日月五星之行皆有盈縮，古人早知之矣，各立密率以合天行。郭太史之垜積，新法之本輪、均輪、次輪，皆巧算，非真象也。約加減之數，而假象以爲立算之根，合則用之，小不合則增減之，大不合則棄之。本無輪也，何有於徑？本無徑也，何有古大而今小？且夫兩輪半徑之數之減也，西人固疑其初測之未合而改之，非定以爲古多今少之率也。就如江説，兩半徑古大而今小，則仍是楊、郭百年消長之法，以矛陷盾，其何説之辭！夫以兩春分攷歲實，較之兩冬至爲近，然小餘二四二一八七五者，回回之舊率，而地谷所用也。崇禎時嘗改爲二四二一八八六四矣，今則又改爲二四二三三四四二矣。只此百年之中，西士已不能守其舊率，而江欲以地谷所用之數，上攷千載以前，謂必無消長也，有是理乎！本輪、均輪本是假象，今已置之不用，而别搚撱圜之率，撱圜亦假象也。但使躔離交食推算與測驗相準，則言大小輪可，言撱圜亦可。然立法至今未及百年，而其根已不可用。近推如此，遠攷可知。而江氏取其已棄之筌蹄，爲終古之權度，其迂闊亦甚矣！西士之術，固有勝於中法者，習其術可也。習其術而爲所愚弄，不可也。有一定之丈尺而後可以度物，有一定之衡石而後可以權物。今江所持以衡量者，有一定乎？無一定乎？言平歲實則其數可多可少也，言最卑行則其行忽遲忽疾也，言輪徑差則借象而非真象也。以槩爲日而詆羲和，以錐指地而嗤章亥，持江氏之權度以適市，必爲司市所撻矣！向聞循齋總憲，不喜江說，疑其有意抑之。今讀其書，乃知循齋能承家學，識見非江所及。當今學通天人者，莫如足下，而獨推江無異辭，豈少習于江，而特爲之延譽耶？抑更有說，以解僕之惑耶？請再質之足下。

答孫淵如書

足下研精小學，於許叔重之書深造自得，求之今之學者，殆罕其匹，乃復虛懷若谷，欲求千慮之一於僕。僕中歲而讀説文，早衰善病，偶有所得，過後輒忘，坐是不能成一家言，何足以益足下乎？來教謂「抔」即「掊」之省，「槷」「槸」本一字；又謂仿、俩、脺、[illegible]乃古通寫字，徐鉉以脺爲俗，失之太泥，皆極精當。春秋祊、邴異文，即仿、俩相通之例。説文引詩「不敢不蹐」，又作「踈」，脊、束亦通寫字也。足下疑逌、仍、恖、存、才之類非諧聲。以僕攷之，則古文諧聲本有二例，同音謂之諧聲，同聲亦謂之諧聲。同聲，今人所謂同母也。存取才聲，恖取囟聲，鳳取凡聲，皆聲之正轉。翬从軍聲，翬轉爲熏也；祈从斤聲，祈轉爲芹也。竷即坎字，坎與空相轉，故贛爲竷省聲。乃與能相轉，故仍以乃得聲。曾與重相轉，故曾以囱得聲。説文艘，叜聲，而讀若宰；[illegible]，蚩聲，而讀若騁；鞥，弇聲，而讀若膺；者，占聲，而讀若耿；倗，朋聲，而讀若陪；璹，壽聲，而讀若淑；諽，革聲，而讀若戒；敳，豈聲，而讀若豤；蹁，扁聲，而讀若苹；𠔁，八聲，而讀若頒，又讀若非；古音「非」如「悲」。踶，是聲，而讀若瑱；稰，胥聲，而讀若芟；郱，年聲，而讀若寧；蜦，侖聲，而讀若戾；棪，炎聲，而讀若導，「三年導服」，「導」即「禫」之轉。皆聲轉之例也。大學「命也」之「命」，鄭云當作「慢」，命即慢之轉，宋儒讀爲「怠」者，非也。唐本說文，元从一，兀聲，今本無聲字，元即兀之轉，故髡从兀亦从元；車軏字說文作軏，宋人疑兀非聲而删之，亦非也。古之詁訓，音與義必相應。許氏訓春爲推，攷爲敂，暜爲炊，启爲開，瀰爲滿，莫非同聲。屮根爲荄，木頂爲槙，禾芒爲秒，瓜當爲蔕，亦皆同聲。則仍有乃音，息有囟音，又何疑焉？但此義自陽冰、二徐已莫能聞。夾漈陋儒，遂謂七音之學乃自西域而來，此與窮子之舍衣珠而乞食無異。崑山顧氏之言古音，善矣，而於聲音文字之本，則猶得其半而失其半也。若夫舍諧聲而言會意，二徐之後，流爲介甫，大率穿鑿傅會，自通人觀之，直可覆醬瓿耳。足下既悟同母之可諧，而又疑而不信，仍以會意求之。愚以爲，聲諧而意自不悖。叔重明云諧聲，則必無出於非聲者。雙聲、疊韻，皆天籟也。裘从求而讀渠之切，那从冄而讀諾何切，侮从每而讀文甫切，倩从青而讀倉見切。母，無鄙切，而蝃蝀與雨叶。難，那干切，而隰桑與阿叶。興，許應切，而小戎、大明與音林叶。凡一字而兩讀者，皆聲之轉，三百篇之例具在，引而伸之，非無稽之言也。足下以爲然乎？不乎？僕前跋楊大眼造像記，未詳「𠏧」字，足下謂「震𠏧」即「振旅」之異文，敬聞命矣。頃見江都汪容甫亦如足下之言，即當刊正，以志不忘。

與孫淵如書

足下在西曹緐劇之地，而撰述甚富，性情當於古人中求之。謂一行作吏，此事便廢者，即不作吏，亦未必不廢也。尊集中太陰攷一篇，不信太陰與太歲爲二，蓋用張揖廣雅之説。愚謂古人既以太陰紀歲，天官書又謂之歲陰，即以當太歲，似無不可。然漢志述太初改元事，既云「復得閼逢攝提格之歲」，又云「太歲在子」，則當時實以太陰紀年，而别有太歲，昭然察矣。乃自太初而後，以太陰紀年者，僅見於天官書甲子篇，而劉歆三統術無推太陰法。即翼奉封事，亦似以太陰當太歲。則自太初改憲，而閼逢十名、攝提格十二名移於太歲，相承已久，稚讓魏人，安得不云爾乎？足下謂淮南紀歲星出月在史、漢前兩月，以爲淮南之誤。按淮南、太史公皆以太陰紀歲，漢志則以太歲紀歲，兩法不同。漢志依太初術，太歲在寅，則歲星在營室東壁，以正月晨出東方，所謂歲在娵訾也；太歲在卯，則歲星奎婁，以二月晨東方，所謂歲在降婁也。推之十二辰皆然。此真太歲所在也。淮南、史公所謂攝提格歲者，太歲在寅。太歲本在子也，其歲歲星舍斗、牽牛，即星紀之次，當以十一月出東方。淮南之文本無誤，而史公云正月者，以天正言之，其實與淮南無别也。漢志與史公文同而實異，依石氏則與史公不異，但當云歲陰，不當云太歲也。淮南與史公文異而實同。知太陰、太歲之有别，則相説以解矣。古法太歲左行於地，歲星右行於天，其相應於月建月將之相應同。鄭康成注周禮，歲謂太歲，歲星與日同次之月，斗所建之辰也。今按歲星舍斗、牽牛爲星紀丑宫，十一月日躔星紀，是爲歲星與日同次之月，其月斗建在子，吾是以知太歲之本在子也。而淮南、史公明云攝提格歲，吾是以知太陰、太歲之必有别也。淮南云「太陰在四仲，則歲星行三宿；在四鉤，則歲星行二宿」，與天官書正合。晉灼改太陰爲太歲，遂有兩歲之差矣。淮南「斗杓爲小歲」，「咸池爲大歲」。大與小對，今本亦作太歲。此轉寫之譌，非别有太歲如世俗所云「月，太歲」也。漢碑「歲在戊午，名曰咸池」者，咸池右行四正，子午卯酉皆咸池所在也。足下所撰太歲歲星左右周天圖，依天官書次之，但可云太陰，或云歲陰。若指爲太歲，則恐未合於古，且與鄭康成亦相矛盾。歲星十二年而一周天，不過約其大率。其實歲行一次，尚有餘分，積至百四十四年，而行百四十五次，古人謂之超辰，服虔謂「有事於武宫之歲，龍度天門」，此超辰之證也。足下不信歲星有跳辰，則左氏所紀歲在之文，不幾前後不相應乎？古法不獨歲星有超辰，而太歲亦有之，自後漢四分術行，而太歲無超辰之法相沿到今，然通儒如鄭康成者猶能言之，故有「今秝太歲非此」之語。即如「淮南元年，太一在丙子」，以今法推之，當爲丁丑。漢太初元起丙子，後人亦命爲丁丑，蓋其時距後漢百有餘年，當超一辰故也。吕氏春秋「維秦八年，歲在涒灘」，高氏謂秦始皇即位八年也。以今法推之，當爲壬戌，而云涒灘者，秦初距後漢二百餘年，當超兩辰，故差二年也。又溯而上之，武王克商，歲在鶉火，先儒以爲辛未歲，見孔穎達疏。而今人命爲己卯。自周初至後漢千有餘年，當超八辰，其年數固無多寡也。古人不以甲子紀歲，亦以太歲有超辰，無一定之榦枝，不如歲星之垂象章章可稽耳。後代棄超辰之法，而歲星不與太歲相應，則用歲星誠不如用太歲之簡易，然而古書之難通者遂多，則古法不可不講，故願與好古君子盡其同異，惟足下幸教之。

答大興朱侍郎書

蒙閣下垂詢，以國語伶州鳩言武王克商歲在鶉火，此周人述周事，必無差誤，而它書或云歲在己卯，或云辛卯，似不相應。大昕嘗習劉子駿三統術，於國語所云「歲在鶉火，日在析木之津，月在天駟，辰在斗柄，星在天黿」者，推驗其時日次度，無不脗合。古法歲星與太歲常相應，歲星自丑右行，太歲自子左行，歲移一次，周則復始。如歲星在星紀，則太歲必在子；歲星在鶉火，則太歲必在未。三統術上元起丙子歲，依歲術步之，則武王克商之年當直辛未。孔穎達詩正義云：「文王受命十三年辛未之歲，殷正月六日殺紂。」孔疏所言，與國語「歲在鶉火」之文正相合矣。自周受命以後，至於秦、漢，皆有紀年可攷，非若夏、商以前之茫昧。而後人譜紀年者，皆以周克殷爲己卯歲。相較差八年者，蓋古術太歲與歲星皆有超辰之法，歲星百四十四年而超一辰，則太歲亦超一辰，積年逾久，則超年亦漸多。今人以漢高帝元年爲乙未，武帝太初元年爲丁丑，而班孟堅於漢元年引漢志曰「太歲在午」，於太初元年引漢志曰「歲名困敦」。孟堅所引者，西京之注記，則西京猶用超辰之法，而東漢臺官已鮮知之，故虞恭、宗訢輩言太初元年歲在丁丑，又言歲無由超辰。蓋太歲不用超辰，昉於東漢，而相沿到今。以今法溯古年，則武王克商，固宜在己卯矣。然鄭康成注馮相氏「十有二歲」云：「歲星與日常應太歲月建以見，然則今曆〔一〕太歲非此也。」今之太歲異於古之太歲，鄭於周禮注中已明言之，非大昕臆説也。吕氏春秋「維秦八年，歲在涒灘」，以今法推之，秦始皇八年當爲壬戌，而云涒灘，相差兩年，亦以太歲超辰故也。超辰之法，廢於東漢。東漢距西漢尚在百四十四歲以内，故差止一年。其距秦始皇則已在百四十四歲以外，故差至二年。積至周初，已閲千有餘歲，故差至八年。以今法言之，則己卯歲本不誤，而在古法，則必爲辛未，不得爲己卯。若竹書辛卯、皇甫謐乙酉之説，則誕而不足信矣。閣下謂「歲星在午，則太歲爲作噩」，此據淮南天文訓、史記天官書之文。然淮南言太陰，史公言歲陰，俱不言太歲。太陰即歲陰也，亦周行十二辰，而常在太歲後二位。古人制攝提格以下十二名，本言太陰所在，而後人移屬之太歲，失其舊矣。何以言之？淮南云：「太陰在酉，歲名曰作鄂，歲星舍柳、七星、張，以六月與之晨出東方。」夫柳、七星、張者，鶉火之次也。六月日在鶉火，歲星與日同出東方，是月斗建未，而太歲亦在未，故鄭注馮相氏「謂太歲者，歲星與日同次之月，斗所建之辰」也，而歲名則曰作噩。此古人以太陰紀歲之證也。推之十二月盡然。淮南雖未明言太歲所在，而其上文云「太陰在寅，寅爲建，子爲開，主太歲」，則知太歲之非太陰，又知太歲常在太陰之前二辰矣。以淮南、史公紀歲之例推之，則謂周克商之歲歲名作噩固可，要是太陰所在，非太歲所在也。漢太初元年，史記以爲閼逢攝提格之歲，此以太陰言之，而班史謂歲名困敦，則指太歲所在。讀史、漢者往往於此致疑，其實無可疑也。東漢以後，術家不

〔一〕「曆」，原作「術」，據周禮鄭注改。

用太陰，但用太歲，又去其超辰之法，于入算雖便捷，而古書之難通者多矣。鄙箸史記攷異曾一及之，而語焉不詳，兹因閣下之詢，爰述所聞以對，惟幸裁察。

與謝方伯論平水韻書

某向有所疑，兹願聞於典謁者。近儒論韻學者，皆謂今韻一百六部併爲一百七部始於平水劉淵。今案劉淵壬子新刊禮部韻略不見於欽定四庫書目，惟邵長蘅古今韻略卷首歷敘所見韻書曾載之。然某五十年來，徧訪南北藏書家，俱無有著録者。獨吴門黄孝廉家有平水新刊韻略五卷，係元刊本，前載河間許古序，乃知爲平水王文郁所撰。序末題正大六年己丑，則金哀宗年號也，於宋爲紹定二年，其時金猶未亡。至淳祐壬子，則金亡已久矣。己丑在壬子前二十四年，淵所刊者，殆即文郁之本，或失其序文，而讀者誤以爲淵所作耳。黄公紹韻會敍例並舉江南毛晃、江北劉淵兩家，而每部增字，於毛則云「毛氏韻增」，於劉則云「平水韻增」，然則劉淵乃刊平水韻之人，而後人乃以平水屬之劉淵，毋乃誤耶？且使淵而果宋人也，在稍通古今者，豈有慕於元海之名而效之耶？惟坊賈鐫工未嘗學問，乃無足怪耳。然某究以未見劉書，不敢決其然否。浙中博洽之彦，多在閣下幕府，試一爲咨訪，順風之呼，或可得此書下落，以訂向來沿習之譌。幸閣下留意焉。

附録

國初以來，諸儒或言道德，或言經術，或言史學，或言天學，或言地理，或言文字音韻，或言金石詩文，專精者固多，兼擅者尚少。嘉定錢辛楣先生能兼其成。先生講學上書房，歸田甚早，人倫師表，履蹈粹然，此人所難能，一也。先生深於道德性情之理，持論必執其中，實事必求其是，此人所難能，二也。先生潛揅經學，傳注疏義，無不洞徹原委，此人所難能，三也。先生於正史雜史無不討尋，訂千年未正之譌，此人所難能，四也。先生精通天算，三統上下，無不推而明之，此人所難能，五也。先生校正地志，於天下古今沿革分合，無不考而明之，此人所難能，六也。先生於六書音韻，觀其會通，得古人聲音文字之本，此人所難能，七也。先生於金石，無不編録，於官制史事，考核尤精，此人所難能，八也。先生詩古文詞，及其早歲，久已主盟壇坫，冠冕館閣，此人所難能，九也。阮元養新録序。

戴東原嘗謂人曰：「當代學者，吾以曉徵爲第二人。」蓋東原毅然以第一人自居。然東原之學，以肄經爲宗，不讀漢以後書。若先生學究天人，博綜羣籍，自開國以來，蔚然一代儒宗也。江藩漢學師承記。

先生素不喜二氏書，嘗曰：「孔子言『疾没世而名不稱』，聖人豈好名哉！立德、立功、立言，吾儒之不朽也。先儒言釋氏近於墨，予以爲釋氏亦終於楊氏，爲己而已。彼棄父母而學道，是視己重於父母也。」史傳。

清儒學案卷八十四

潛研學案下

潛研家學

錢先生大昭

錢大昭字晦之，一字宏嗣，竹汀弟也。國子生，博通經史。治爾雅，竹汀與之書，略言六經皆以明道，未有不通訓詁而能知道者。欲窮六經之旨，必自爾雅始。先生所著，有詩古訓十卷、爾雅釋文補三卷、廣雅疏義二十卷。又著説文統釋六十卷，書未刊，但自序及徐氏新補新附考證行世。治經之暇，兼力於史。嘗謂「注經以明理爲宗，注史以達事爲主」，故著三國志辨疑三卷、漢書辨疑二十二卷、後漢書辨疑十一卷、續漢書辨疑九卷。王光禄鳴盛最賞之，稱其突過三劉。他所著尚有後漢書補表八卷、後漢郡國令長考一卷、補續漢書藝文志一卷、邇言六卷，又有信古編、嘉定金石文字記、尊聞齋雜識、尊聞齋文集、得自怡齋詩集。竹汀修鄞、長興二志未成，鄞志但有辨證，長興志先生爲補成之。生平不慕榮利，名其讀書之所曰可廬，欲蘄至於古之隨遇自足者。嘉慶元年，以孝廉方正徵，賜六品頂戴。十八年卒，年七十。參潛研堂文集、漢學師承記、邵晉涵撰序、小謨觴館集。

後漢書補表自序

古者五等之封，或以功，或以德，或以先世之德，見於史傳，尚矣。漢興，高帝約非劉氏不王，非有功不侯。迄於中葉，外戚五侯，天爲晝霧，自平津、富民而後，以丞相侯者，指不勝屈，封已濫矣。中興，大縣侯視三公，小縣視上卿，鄉亭視中二千石。都亭者，城内亭也。其城外者爲離亭，但謂之亭。建武之初，鄧、賈、吴、竇兼食數縣。降及後世，紹封者食故國半租，有功者食鄉亭，得縣益寡。和帝始封鄭衆，而奄尹日恣。厥後貂璫之徒，口含天憲，分茅裂土，駢肩接踵，至有同日十九侯之盛。順帝又聽養子襲爵，小人道長，作福作威，固寵乘權，由來者漸。魏武因之，遂遷九鼎。故於諸侯特立宦者一門，以著履霜之不可不慎也。范氏本無年表，東觀記、謝承、華嶠諸書今竝不得見。至宋熊方始作補表，以彌蔚宗之闕。其時古籍散佚尚少，乃所據者，祇後漢書、三國志二書，取材既隘，體例亦疏。因別撰斯編，正史而外，兼取山經、地志、金石、子集，得諸侯王六十一人，王子侯三百四十四人，功臣侯三百七十九人，外戚恩澤侯八十九人，宦者侯七十九人。偶有異、同，加辯證焉。班書百官公卿表，前敍百官沿革，後列公卿姓名，最爲詳善。司馬續志惟載百官，於公卿姓氏則仍闕如。今則三公拜罷，各依本紀臚列，其列卿之可攷者，亦以次補入，謂之公卿表。不言百官者，表所不及也。彙爲八卷，以踵班氏，後之讀史者，或有取云。

條例

前書諸侯王、王子侯分爲二表，井然不紊。熊氏合同姓王侯爲一，於體例亦多未當，今仍依班氏。熊表脱漏甚多，於同姓王侯則脱東海王陽、濟陰王保、陳留王協、恒農王辯、東海王祇、東安平侯茂、梧安侯譽、臨邑侯讓、原鄉侯平、皖侯閔、六安侯盱、俞鄉侯平、湖陵〔一〕侯某、脩侯巡、防子侯章、安壽亭侯崇、孝陽亭侯成、蠡吾侯悝、參户亭侯博、新昌侯佗、合肥侯某、繒侯敞、曲成侯建、成平侯某、平通侯某，凡二十五人；於異姓諸侯則脱列侯寇張、平阿侯王逑、長羅侯常翕、爰戚侯趙牧、建平侯杜憲、高昌侯董永、率義侯張暐〔二〕、平阿侯耿阜、滑侯公賓就、高柳侯堪、列侯谷崇、列侯滿頭、武進侯趙虞、赭亭侯李愔、海昏侯沈戎、守節侯戎、楊鄉侯王賞、建忠侯彭寵、僮侯葛文、衛公姬常、北平侯王元才、安喜侯王益才、蒲陰侯王顯才、新市侯王仲才、唐侯王季才、潁陽侯申屠志、餘汗侯陳靖、利取侯畢尋、首鄉侯段普、夕陽侯邢崇、簡陽侯某、平林侯某、𨙸鄉亭侯蔣澄、陽羨西亭侯蔣通、歸義侯滇岸、率衆侯其至鞬、陽平侯桓焉、列侯陳省、列侯羅横、羌侯號封、廣鄉侯摯填、曲成侯王暠、邟鄉侯〔三〕黄瓊、東陽亭

〔一〕「陵」，原作「陸」，條例同，據補表改。

〔二〕「張暐」，據補表及後漢書當作「張曄」。

〔三〕「邟鄉侯」，補表作「邟鄉忠侯」。

侯宜酆、壽成侯〔一〕。皇甫規、高陽侯〔二〕陳蕃、列侯張奂、臨潁侯賈某、富波侯周均、西鄉侯鮑吉、鍾離侯馮邯、無錫侯陰盛、安次侯王敏、都亭侯張納、元鄉侯張温、亭侯田疇、宜春侯彭翼、宜春侯施游、列侯傅巽、列侯劉岱、清苑鄉侯劉若、高樂鄉侯鄧展、南鄉亭侯董蒙、西鄂都鄉侯吕某、好畤侯楊秋、都亭侯閻柔、華鄉侯靈、中陽鄉侯夏侯楙、都亭侯祖、湟鄉亭侯題、尉猛亭侯當、樂鄉亭侯生、元就亭侯神、都亭侯衢、成遷亭侯慎、常樂侯俊、高梁亭侯曷、長安亭侯豐、平陵亭侯夏侯尚、濩澤侯鄧鯉、脩侯董重、亭侯劉廣、都鄉侯吕强，凡八十四人，今悉補入。凡熊表所無之侯，概注出處，以便檢尋。

關内侯前書不列表中，東京尤不足貴，本紀安帝永初三年「吏人入錢穀，得爲關内侯」；桓帝延熹四年「賣關内侯」；靈帝光和元年開西邸賣關内侯；中平四年「賣關内侯，假金印紫綬，傳世，入錢五百萬」。熊氏亦概收之，失於濫矣。然所收十九人之外，尚有高峻、戴涉、鄧彪、陰興、曹成、黄儁、李休、桓典、翟歆、太平御覽二百一引東觀記。耿氏三人之類，何以又遺脱也？今關内侯概不收入，惟桓榮世襲罔替兼有户邑，不得不録。

熊氏同姓王侯表云：「安衆二人，海昏一人，見前書王子侯表。」異姓諸侯表云：「平陽、高昌、歸德二人，凡四人見前書功臣侯表。平昌、周承休、紅陽凡三人見前書恩澤侯表。」予謂前後各自爲書，熊氏既爲後漢作表，凡後漢所有之侯，俱宜載入，且既云「已見前書」，而安衆一侯又見異姓表中，何自相矛

〔一〕「壽成侯」，補表作「壽成亭侯」。

〔二〕「高陽侯」，補表作「高陽鄉侯」。

盾也？今一一備載，以資考證。

前書凡王侯輩，其人後爲帝者，表内不書名，所以尊君也。熊氏不明此例，一概書名，失矣。今胥尊班例。

前書凡言「隨父」者，必是別封。熊氏於世傳勿替之王侯，概言隨父，且言隨祖，不知而作，殊失班氏本旨。

前書別封之侯，由其父推恩者，例得隨父。若其子孫自立功業得侯者，只宜另編。乃熊氏於例應隨父之費亭侯曹操則爲另編，而於例不應隨父之郫侯趙謙、江南亭侯趙温附於趙戒之下，亦失史法。如此之類，不可枚舉。

前書高祖約，非有功不侯，故班氏於功臣之外，別立外戚恩澤一門，極有深意。熊氏不知其例，合爲異姓一表。今仍依班氏分出。

恩澤追封之王侯，班氏不載，蓋以慎名器也。熊表亦竝收之，非史法矣。今從孟〔一〕堅之例，如齊武王縯、魯哀王仲、平壽敬侯鄧訓、安陽侯鄧香、壽張敬侯樊重、宣義恭侯陰訢、宣恩哀侯陰陸、安成思侯竇勳、褒親愍侯梁竦、陽安思侯郭昌、當塗穆侯宋揚、安陽鄉侯周景、舞陽宣德侯何真、族亭侯張遐鄱陽記。皆不載，惟征羌節侯來歙、則鄉哀侯侯霸皆自立功勳，與推恩追封者不同，故録之。

〔一〕「孟」，原作「益」，形近而誤，今改。

順帝陽嘉四年，「初聽中官得以養子爲後，世襲封爵」，故宦者嗣封，例得注養子某嗣。熊氏概不注出，於史法亦疏。今於宦者侯二世則列養子二字，以别他侯。

熊表於某王下皆書州名，非前書例也。然即其所載攷之，亦多不合。如淮陽王聖公下列陳州二字，案兩漢俱無陳州之置。説者謂州字當是衍文，然淮陽在前漢已爲國，至章和二年始改爲陳國，建武時淮陽地屬豫州，不得稱陳也，況襄邑、成陽又皆沇州之部乎！盧抱經學士云：「濟北惠王壽傳云『分太山郡爲國』，則當係以太山，而熊氏則注云沇州；河閒孝王開傳云『分樂成、勃海、涿郡爲國』，則當竝係三郡之名，而熊氏則注云冀州，皆非也。」今竝不載，一依班氏。

列侯下注郡名，本班氏之例也。侯之「都鄉」，即「都亭」之類耳。熊氏因常山國有都鄉縣，凡封「都鄉」者，概云常山，則大不然。

熊表又多謬誤。盧學士云：「列侯注郡邑名，自當求之本傳。乃有章懷注中引據舊書，自有明係所屬者，如武邑侯耿植，注云屬信都，而熊氏署云安平；不其侯伏湛，注云屬琅邪，而熊氏署云東萊，蓋熊氏但知以續漢書郡國志爲據，不知事實之有不符也。至於鄉亭之侯，但當先考其本縣有是亭否。其亭之名，固有與縣名同者，不可混也。范書中有明指其爲某縣之鄉侯，如抗徐之爲烏程東鄉侯，楊茂之爲烏傷新陽鄉侯，烏程、烏傷皆會稽屬也，二人所封皆其縣之鄉也。熊氏於抗徐不係以烏程，而係以南陽，蓋誤以爲南陽之東鄉縣也；於楊茂兼書烏傷新陽，鄉侯下係以會稽，又係以汝南，是誤以茂爲兩縣之侯也。夫既明曰鄉侯，而可曰縣侯乎？即二人之體例已錯出謬妄如此。」學士又云：「熊表置臨邑侯，復於王威之上，而其子駒駼之嗣侯反遺之。本傳竝不言國除。錫光封鹽水侯，而但稱列侯，又没其不從王莽之大節，而泛稱曰降。征羌侯來歙爲光武祖姑之子，而以爲甥。宣城侯美襲其兄之封，而以爲隨父。鄧騭諸弟竝未受封，而書其子皆曰嗣。袁逢嗣侯，謚曰宣文，而以爲宣父，與鄉亭一例。宜城、漢壽皆書叛，曹操所害亦云誅。皆其謬之甚者也。」

熊表有不當載而妄載者。如譜汝陰侯信云：「以起兵定江南，詒降封。」案信自有始封之事可述，起兵定江南，更始時事，與後漢無涉。如此之類甚多。

西京無鄉侯、亭侯，故郡名下不著縣字。茲有之者，所以確指其封地所在，且以别於縣侯也。桃鄉侯福、當塗鄉侯亢，皆任城考王子，當列同姓中，熊氏載入功臣表，而云姓闕文。慎靖侯隆，本傳明云南陽宗室，而入異姓，紕謬極矣。

熊表云：「褒成侯孔僖，以夫子後，元和二年賜侯。」案：孔僖傳「元和二年，拜僖郎中，賜褒成侯損及孔氏男女錢帛」，褒成侯損即孔建壽，未嘗賜僖爲侯也。熊氏將「損」字誤屬下句，可爲噴飯。馬端臨封建攷亦沿其誤。

前書公卿表，三公九卿外，兼及列於九卿之水衡都尉、右扶風、左馮翊、京兆尹，其餘長樂等官皆不收，所以衛尉載李廣，而不載程不識也。熊表於太僕、衛尉、少府兼載長樂，并太子太傅、中二千石。太子少傅、二千石。大長秋、二千石。將作大匠、二千石。城門校尉、比二千石。北軍中候、六百石。司隸校尉比二千石。等官亦竝采之，由不明官制故也。今則四府九卿外，止取河南尹、執金吾，其他不敢闌入。

熊表既載長樂等官於前，則後當云長樂某官某爲某官，庶可分别。今熊氏於此類但云某官某爲某官，不復載長樂二字，後之讀史者，其惑滋甚！

熊氏百官表中亦多舛誤。盧學士云：「如何苗本不與何進同意，而乃以謀誅張讓，并歸之；虞栩代陳禪爲司隸校尉，而反謂禪實代栩；袁敞代劉愷爲司空，而敞之拜反在愷未遷官之前。若夫遺漏之處，又指不勝屈矣。」

前書百官表，凡其人郡國、表字已見列傳者，表不重出，史法之簡而該也。熊氏無之。予所作表，有可攷者，不論傳中有無，一概書之，以表與紀、傳非出一人之手，不妨互見也。

表中有互異之處，必加攷異，以定折衷。

近人鄞縣萬斯同補歷代史表，於後漢有雲臺功臣表，但取二十八將，附以馬援一人，疏漏淺率甚矣。外戚、宦者二表從可概見。

萬氏分將相與九卿爲二表，已非史例，而將相大臣中，又濫取不常置之强弩、虎牙、建威、建義等雜號將軍，熊表更自鄶無譏矣。

凡九卿不得拜罷之年者，太常則有南陽任愷、任延傳。巴郡馮緄、本傳及碑。南郡胡廣、前後三任。蜀郡趙典，由太僕遷。光禄勳則有汝南周舉、由大鴻臚遷。河南杜喬、荀淑傳。琅邪伏黯、儒林傳。南陽岑杞、岑彭傳。賈建、賈復傳。汝南周暢、永初時。袁敞、安帝時。東海劉嘉，劉虞傳。衛尉則有馬廖、靈帝時。江革傳。馮石、順帝時。楊彪，靈帝時。太僕則有杜密、桓帝時，坐黨事免。朱儁、靈帝時，前後三任。楊彪、靈帝時。种拂、韓融、獻帝初。侯昱、永平時。侯霸傳。袁敞、安帝時。鄧康、順帝時。鄧禹傳。宗俱、宗俱碑。袁基、獻帝時。趙典、楊秉，廷尉則有馮緄、前後三任。見緄碑傳。作兩任誤。郭賀、郭楨、郭僖、延熹時。吴訢、吴恭、霍諝，桓帝時。大鴻臚則有魏郡馮順、沛國陳寵、永元中。南陽樊梵、東萊劉寵、安定梁棠、蜀郡趙典、由少府遷。陳留爰延、桓帝時。沛國曹嵩，靈帝時。魏志注。宗正則有劉松、琅邪劉猛、劉匡、永平時。陳留劉軼、建初時。東萊劉寵、兩任竝桓帝時。江夏劉焉，靈帝時。大司農則有南陽卓崇、陳國何熙、南郡胡廣、劉據、左雄傳。琅邪伏質、桓帝時。魏郡李暠君遷、桓帝時。蘇不韋傳。上黨鮑德、由南陽太守遷，卒於官。濟陰張馴子儁、靈帝時。任初平中，卒於官。河南尹勳伯元、延熹傳。沛國曹嵩、靈帝時。魏志注。廬江周忠嘉謀、獻帝時。朱寵、陳忠傳。元賀，第五倫傳。少府則有安定梁雍、朱儁、南陽宗俱、房植、荀淑傳。梁太后臨朝日食地震之時。淮陽朱鮪、光武時。岑彭傳。中山鮭陽鴻孟孫、洼丹傳。永平時。蜀郡趙典、章帝時。由將作大匠遷。南陽鄧衮、桓帝時。鄧禹傳。魏郡霍諝、王璋，桓帝時。黨錮傳。執金吾則有段熲、汝南袁逢，靈帝時。河南尹則有郭鎮、楊秉、段熲、朱儁、霍諝、馮緄、歐陽祉、應順、京兆宋嵩、杜密、遷太僕。恒農楊懿、南陽朱野、朱穆傳。郭唐、任光傳。鮑吉、御覽二百一引魯國先賢傳。袁術，附記於此。

説文統釋自序

上古結繩，文明之端未啟；中古造字，書契之象聿宣。峋嶁琱戈，紛紜莫辨；蟲書鳥跡，茫昧難知。迨八體既分，而六書益盛，視犬畫狗而形舉，見禾中人而字成，一貫三爲王，十合一爲士，重日爲壘，重夕爲多，臼辰爲晨；虱夕爲夙，不爲上去，至爲下來，羊則爲羣，犬則爲獨，自營爲私，背私爲公，古人制作，具有精微，後學迂疏，漸滋謬誤。洎乎隸楷日興，以至篆籀失講。沿及陳、隋，迄夫唐、宋，六經家自爲説，三史人自爲書，討論愈疏，乖盭益甚。總而計之，其失蓋三十有四焉。蜀爲苟身，陳爲東體，出爲二山，昌爲兩日，王爲干一，早爲日十，主爲二土，火爲八人，單爲尖口，四爲横目，富爲同田，敬爲文苟，蝨爲一虬，狄爲二犬，楊爲木易，羅爲四維，棗爲二來，相爲兩木，眞爲直人，卑爲田斗，王爲一士，天爲二人，刕爲三刀，䂃爲兩口，步爲止少，思爲田心，犯爲犬旁己，負爲刀下用，桑爲四十八，也爲三十一，米爲斗下木，蘭爲門東艸，整爲來力正，徐爲未入人，先爲牛兩尾，合爲人一口，生爲王有點，氏爲民無上，丙爲天加川，朩爲木止一，保爲人只十，地爲土力一，篤爲竹鞭馬，袁爲去得衣，内有人爲肉，山上絲爲幽，十夾一爲土，八推十爲木，吳爲天有口，坡爲土有皮，日爲口含一，火爲人散子，粟爲西合米，董爲千里艸，貞爲与上人，史爲屈中一，晉爲一日夫，皇爲一日王，松爲十八公，昉爲一萬日，吉爲十一口，寺爲十一寸，尹爲甲不全身，亘爲車已脱軸，朝爲十月十日，德爲人十四心，牛角及鼻爲公，羊去角尾爲王，一人負戈爲成，兩口銜士爲喜，白水真人爲泉文，黄頭小人爲葸字，此穿鑿之失也。魯三寫而爲魚，虚三寫而爲虎，史志譌於三家，印文誤於四羊；毛詩以雨爲雲，史記以湯爲暘，尚書以熒爲滎，漢書以合爲郤；以梟爲鳥，以虓爲虒，以育爲胄，以仁爲人，以髦爲毴，以睪爲腕，以已爲以，以水爲川，以圁爲圜，以畫爲晝，以銛爲餂，以螻爲漏，以篆爲琢，以筮爲巫，以疋爲匹，以屯爲毛，以五爲七，以三爲四，以宊爲叜，以褕爲褅，以隘爲厄，以朱爲木，以荃爲魚笱，以芋爲蹲鴟；犬臺爲太壹，壹关爲壺矢，槃駕鶩爲駕鶩，乘乘鴇爲鴇，爰其爲奚其，視諸爲示諸，次非爲飲飛，挻埴爲埏埴，宣髮爲寡髮，堅人人爲堅冰，見蔬爲見疏，往近爲往近，禮吿爲禮吉，授玉爲授王，黿鼉爲黿鼉，檮杌爲檮杌，鈎者爲鈎著，執玉爲執王，户之爲尸之，遂跣爲遂扶，日及爲白芨，俎祭爲俎嚌，和臣爲私臣，晝寢爲晝寢，涯水爲湟水，祁亭爲邳亭；贙誤而虎逆施，伏誤而犬外嚮；以升爲斗又誤爲斗，以織爲注又誤爲芒，續牙爲續身又爲續耳，仲虺爲中蘬又爲中靁；烈風淫雨疑義滋生，丁尾鉤須字形乖則，此轉寫之失也。馬頭人爲長，人持十爲斗，虫爲屈中，苛爲止句；蕭子雲改易字體，邵陵王頗行僞字，前上加艸，能旁作長，百念爲憂，言反爲變，不用爲罷，追來爲歸，更生爲蘇，先人爲老，亂旁爲舌，揖下無耳，黿鼉从龜，奮奪从雚，席中加帶，惡上安西，鼓外設文，鑿頭生毁，離則配禹，壑乃施豁，巫混經旁，皋分澤片，獵化爲獦，寵變爲竉，業左益土，靈底著器，小兒爲䰢，神蟲爲𩆜，用攴代文，將无混旡，文子爲學，老女爲母，平聲則罕霻濡還遏，上聲則響覽朿砦典，去聲則據喬盉驗莚，入聲則術屬鷺憁畫，雄作雄，垂作垂，農作農，肺作胏，啟作紀，膝作膝，槈作槈，東作東，矩作短，潛作濳，馴作巡，啄作喙，洋作庠，鶩作務，蔑作蔑，蔽作弊，菊作菜，寔作寔，往作徃，厥作厥，顛作巔，辛作亲，因作囙，桴作桴，翱作翶，曳作电，葩作葩，慮作慮，螭作螭，帶作帶，訴作訢，雛作雛，瀏作溜，闔作闔，隨作隨，巒作巒，闕作闕，睇作睇，騶虞爲騶虞，漂搖爲飄飉，黎作棃，野作埜，剗猾作戔，孤竹作菰，姑臧作藏，河間作澗，龍驤作驤，驃騎作驃，踐阼作祚，何人作河，伽藍作籃，五臺作吾，鷹揚作陽，萬頃作傾，羽儀作議，疾瘳作抽，齊固作個，禁旅作禁，葺作茸，騰作灊，蕢作蕢，躔作躔，師作師，無作無，岡作崌，央作夬，那作郍，濟作濟，儒作儒，宴作宴，不長爲矮，不食爲齋，門坐爲穩，小兒爲仯，人瘦弱爲𡚻，人亡絶爲歪，人不能行爲𠇐，大女及姊爲妖，山巖窟爲岙，門橫關爲閂，浮在水上爲氽，没入水下爲氼，身隱忽出爲閄，口上多髭爲毦，不正爲竵，小大爲尖，目水爲淚，合手爲拏，轉舌呼曰囀，捻鼻膿曰擤，難人以言曰嗤，謀人之財曰賺，取其少而易於書寫則爲〡〢〣〤〥〦〧〨〩，取其多而不可改移則爲壹貳參肆伍陸柒捌玖，此委巷之失也。毳國爲郡，𨙻里爲隣，龍準爲龍，虎變爲彪，麤麄爲鹿，能羆爲熊，叒朋爲友，叔伯爲[illegible]，姮久爲恒，𦒱考爲壽，萬秊爲年，千歲爲嵗，京師爲京城，䣊爲郭，堯、舜爲舜，夒、商爲夏，菉艸爲卄，芝蘭爲蘭，韓、魏爲韓，鄒、魯爲那，乒甲爲兵，矛戟爲戟，歬後爲前，耂少爲老，淺𣹰爲深，本末爲夲，東栗爲栗，麰麥爲麥，𦣻目爲面，血𠂢爲脉，止入爲出，有𣞤爲無，俊乂爲俊，彥聖爲彥，翰廷爲朝，鄉里爲鄉，太尉爲尉，刺史爲刺，甲乙爲甲，庚辛爲庚，兼愛爲愛，好善爲善，表裏爲表，曲直爲曲，信陵爲陵，曲阜爲阜，既稟爲既，醇醪爲醇，尋繹爲尋，思念爲念，必勝爲勝，不敢爲敢，蓋有爲盖，執謂爲執，括囊爲括，繼序爲継，古昔爲昔，神僊爲僊，才藝爲藝，褒除爲襄，要領爲要，臂大爲掖，帛布爲布，器皿爲器，千百爲千，億萬爲萬，者也爲者，夙夜爲夙，參贊爲賛，制作爲制，寒暑爲寒，秋冬爲冬，傳寫爲寫，誦讀爲讀，气乞爲乞，宣髮爲宣，烏用灬則與馬不殊，杭用人則與林莫辨，俞用刂則與刀無別，爽用火則與火相侵，秦奉奏春泰替之皆从夫，丱丱亢天夭允之胥似大，亶桌輿竝作西頭，享亯亭皆爲享字，大市术、朮市𣎆、久夂夕、冂冂H之相混，兜曳臾、玉王壬、舟月肉、攴夂支之相淆，冃月、凡囟、艸丫、火八、先先、彖彔、谷合、冏冏、互亘、丰丰、米釆、光米、杭秝、匕匕、囟囱、田田、舁畀、夾夾之交亂，介市、丫二、㚘卅、公台、亞亞、乙乙乁、乚乚、乀乁、厂く乁、丨乂、㐅乂、匚匸、兮兮、豩豩、甘日、米釆、普普之易譌，肙肎、鬱鬱、甹甹、疋足、云厷、𠂢𠂢、朓朓、目田、戊戉、改攺、凵凵、易勿、崖隹、佰伯、卤卣、觖觖、冉冄、束東、兀宂、亘互之近似，圮圯、夾夾、医医、栝栝、网兩、苗苗、鼓皷、汩汨、敕敕、晨晨、氏氐、厎底、專專、𦥑𦥑、丂卜、佰佰、朁朁、馬馬、屺屺、耴取之不分，買賣罘罳詈罵罪罰之類从网而譌爲三四之四，堉壿毒吉壯莊仕在之類从士而譌爲土地之土，船舩、爯再體或不分，皿皿、朋多形常莫辨，此隸變之失也。黄絹幼婦，外孫齏臼，談馬礪畢，王田數七，鄔爲烏飛左，寺爲日隱西，黙爲三梁四柱烈火然，婦爲横山倒出左右七，此隱謎之失也。以霍覔莭寇命名，以藺霹盈癸表字；「干禄知道求己」之爲「岦𡸁泇𨗳𥐻矶」，「宏文盧乳如愚」之爲「弦旼虘乿𥸤𥡍」；天作𠑹，地作埊，人作𤯔，臣作恵，日作〇，星作〇，正作𠙺，應作㢞，載作𡕀，年作𠡦，國作圀，照作曌，生作匿，司作𤔔，承作𢀩，禎作𥙁；聖作𨯬或作𨯬，君作𠺞或作𠺞，月作卍或作𠥱，初作𡔈或作𡕅，授作𥾷或作甃又作甃，證作𢡤或作䇷又作𦧩；樻栢不列於字書，菩薩莫正於梵夾；潛虛以天爲萸，真誥以卷爲弓；奚氏避難，山上施秋，瞿氏篆書，吾旁加广，此造字之失也。次敍爲序，从豕爲遂，亲栗爲榛，麒麐爲麟，坶野爲牧，㚘卦爲巽，分兆爲別，夾持爲夾，㳅、濕爲濟，滕、薛爲薛，賫賈爲商，童僕爲僮，辤受爲辭，叚借爲假，符卩爲節，鐘鼓爲鍾，威義爲儀，䊵敘爲秩，朔朢爲望，佋穆爲昭，安寍爲寧，㪅眇爲微，尻處爲居，修齊爲脩，㫖安爲晏，分𣗥爲散，銖兩爲兩，弈棊爲奕，生霸爲魄，卟疑爲稽，盅虚爲沖，絜瀞爲淨，附婁爲培，平邍爲原，盡液爲津，气象爲氣，嫥壹爲專，篙厚爲篤，梓桼爲漆，榑桑爲扶，破瓶爲碎，與㪟爲奪，勉𠠥爲彊，欺詒爲紿，𨑨先爲率，偁揚爲稱，歌畬爲䍃，鈎雉爲弋，尗季爲叔，罤弟爲昆，絑緑爲朱，仁誼爲義，刱造爲創，肁始爲肇，敟守爲典，妿保爲阿，豐屋爲豐，廟宔爲主，敳門爲杜，索隱爲索，叒木爲若，乘泭爲桴，眈眈爲耽，厊厊爲僕，減媘爲省，積絫爲累，朋攩爲黨，宭居爲羣，金檷爲柅，玉璪爲藻，耑頭爲朵，䭫首爲稽，三匌爲周，五緉爲兩；蔡中郎以豊同豐，李丞相持朿爲宋，此借用之失也。陶淵明謂不求甚解，陶元朗謂不可不知，顔黄門謂從正則惟恐不識，張司業謂相承則不敢改爲，訥言謂可知而不可行，瑩中謂可觀而不可泥；元孫字書正俗相半，彦升字樣雅俗適中，趙宧光以正俗互出爲不得已，包希曾以綴補花字爲不可少，趙文深轉學王褒之體，北宋人專宗田敏之書，此隨俗之失也。論語郁郁爲耶耶，爾雅泄泄爲洩洩，急就篇漢彊爲代彊，水經注廣漢爲廣魏，紛紜爲紛煙，梧桐爲白鐵，謂正月爲一初，改敬氏爲苟文，純易蕁爲露葵，鏐變槢爲金罌，城乃爲墻，戊乃爲武，虎頭爲武頭，虎子爲豹子，伯淵爲伯深，天淵爲天泉，此避嫌之失也。始皇改辠爲罪，王莽加疊爲疊，漢文帝以對从口而改對，唐玄宗以鄭似鄭而易奠；杞避難而改把，棘因仇而易棗；昌黎生以金根爲金銀，州郡志以逡遒爲逡道；以壯月爲牡丹，以拓拔爲柘枝，以燒炭爲燒灰，以蜚遯爲肥遯，以王夫爲壬夫，以于莘爲羊辛，以水排爲水囊，以臧緆爲臧鑼，以蒲地爲菩提，以司吾爲桐梧，以磋爲課，以驅爲駐，以帆爲席，以裝爲仗；老子更載爲哉，洪範變頗爲陂，此妄改之失也。以求莫爲求瘼，以寶刀爲寶力，以繕阮爲繕宇，以禿髮爲充髮，以能下爲足三，以切旁爲數十，以圯爲从己午，以般爲取丹青，以子衿爲衾，以竈突爲突；竹姓改竺，庫姓改厙；玉王互判，甬甬妄分，此臆説之失也。切韻之三百體裸厠部居，謙字之二十形好爲奇異；七十一家之書忠恕都爲依據，十五萬言之籍孫强又欲增加；正度則裸字有書，顯卿則裸字有指，張推則俗音可證，王邵則俗語可編；出七十五篇於魏冢真僞莫分，傳五十二體於蕭家穿鑿孰正，此貪多之失也。揚子雲之識字務在好奇，韓退之之爲文僅云略識；顏元孫未知符融之符，陸士衡不識樹背之背；謂終葵如葵艸，謂六駮是駮獸，謂蟛蜞爲可食，謂勺藥爲無香，此淺率之失也。顏介非一莖六穗之稟，戴侗議不行而進之前；鄭漁仲論武非止戈、乏非反正，顧寧人譏童非有罪、弔非持弓，此疑古之失也。薛尚功以商鼎爲皆真，王子弁以漢鑑爲無僞，張舜民以方鼎爲夏時器，劉原父以簋銘爲張仲作，董彦遠以虎彝爲非虞是周，趙德甫以六器爲周初商末，此泥古之失也。梵刹、僧塔西域之野文，釵釧、襖衫閨閣之俗號，勘辨、椿打出於吏牘，抛攤、覩謎行於街談；繾綣、逍遥、崑崙、邂逅皆有經典之正文，芙蓉、璀璨、倜儻、蹉跎悉是詞章之綺語；姤卦本遘，梔木本桅，蟋蚩本悉，螳蜋本蟷，犝牛本童，虩猫本苗，九罭本域，八佾本溢，十笏本回，九齡本聆，蔬食本疏，餕餘本餐，蟪蛄本惠，蠛蠓本蔑，虛鰈本鰨，文魮本玭，幄帟本弈，旗幟本識，魑魅本螭，幺麼本麻，楚些本呰，巴歈本俞，狂狷本獧，劬勞本趯，諓聞本宵，讜言本當，左塾本埻，坳堂本窔，閥閱本伐，臺榭本謝，疏篦本比，巾幗本槶，琲珠本蜚，椸枷本杝，釦砌本切，塓館本鏝，塗泥本涂，畺場本易，紺緅本纔，馥芬本苾，犍爲本楗，胊忍本朐，炮烙本格，礪鍛本厲，竹筠本絹，露漙本團，浹洽本挾，賻助本傅，貽贈本詒，贍給本澹，車轍本軼，楫櫂本濯，柔靭本刃，主辦本辨，銘旌本名，詢謀本訇，刀鞘本削，日暈本暉，糟粕本魄，妃嬙本牆，稱債本責，獻琰本浚，嫠婦本鼇，眸子本牟，東廂本箱，峻嶺本領，伺候本司，芊瞑本俗，蕆事本苟，迄今本汔，祖禰本昵，廟廊本郎，荀卿本郇，石碏本踖，怠遑本皇，市價本賈，琡璋本璹，搢紳本薦，閴靜本窒，顛倒本到，闤闠本營，塘隄本唐，高門有閌本伉，遠廟爲祧本濯，君子屢盟本婁，𧹞妻煽處本偏，遐不謂矣本瑕，詎能入乎本巨，賈用不售本讎，其容有蹙本蹴，家人嗃嗃本熇，有車轔轔本鄰，雨雪霏霏本囊，蘊隆爞爞本蟲，小山岌大山本馺，嵩高爲中嶽本崇，璧大六寸之瑄本宣，馬高八尺之駥本戎，此新附之失也。　璠璵本與，趑趄本且，顩頳本蕉，讐對本應，志記本識，刳剔本鬄，迎迓本訝，巧笑本芺，酒醆本淺，樕木本粘，綦巾本綥，睆目本睅，緻密本致，假借本藉，此新補之失也。　蛇虫之虫爲蟲豸，蟲豸之豸爲獬廌，獬廌之廌爲舉薦，鍊鏞之鍊爲鍛鍊，墮張之墮爲惰慢，獸名之獦爲田獵，堤滯之堤爲隄防，奔趍之趍爲進趨，逮及之逮爲殆且，艸名之葦爲筆札，人姓之受爲承受，麋麁之麁爲精麤，須爛之須爲斯須，蚯蚓之蚕爲蠶繭，欂櫨之閞爲關楗，聶語之咠爲胥徒，疋直之疋爲匹敵，迎這之這爲者回，刺戢之戢爲戔難，容皃之皃爲完全，牝牡之牡爲壯麗，美羊之美爲美惡，僬僥之僥爲徼倖，振旅之嗔爲瞋怒，美鐵之鈆爲鉛錫，偺倪之偺爲踰僭，木柵之砦爲揩擦，帆舡之舡爲舟船，苽蔣之苽爲瓜果，鈇椹之椹爲桑葚，啚吝之啚爲圖謀，交互之互爲氏宿，水名之泒爲宗派，下卸之卸爲郵亭，鳥鳴之咬爲齩齧，毆擊之毆爲毆逐，邊徼之徼爲儌倖，竈杖之桰爲栝柏，水名之濕爲下溼，地名之邢爲邢侯，草名之苞爲厥包，盻恨之盻爲盼兮，洨宓之宓爲虙賤，科厄之厄爲困戹，進趨之夲爲本末，三十之卅爲百芔，來假之假爲假手，校尉之校爲比挍，冥昧之昧爲見昧，夭折之夭爲夭如，此襲謬之失也。　禾部以穜爲種，以種爲穜；西部以酢爲醋，以醋爲酢；漢俗以豕爲彘，以彘爲豕；毛傳以岵爲屺，以屺爲岵，此顛倒之失也。　以趙爲肖，以齊爲立，以釜爲金，以宂爲六，以齋爲衣，以澶爲旦，以鰑爲鯛，以悳爲直，此壞字之失也。　以几爲机，以樵爲檇，以杜爲敊，以算爲笇；登升爲豊，邊疆爲𨑳，粱木爲良，視肉爲宍，衡漳爲彰，灝碣爲竭，蘭苕爲㩲，膏腴爲肿，僊佛爲仏，神靈爲灵，驕諂爲嬌，軀幹爲塸，地名則溢城爲盆城，采石爲採石，人名則羊侃爲羊偘，世標爲世檦，此俗別之失也。金華則金畔著華，㯰扇則木旁作扇，飛禽即須安鳥，水族便應著魚，蟲屬要作虫旁，艸類皆从兩中，來麥加禾，州渚加水，聯叕加糸，日莫加日，字書莘尾增魚，縣名咸驩从馬，虞書大鹿舊本無林，泰卦包巟後人加艸，彡言景旁非始字苑，金添監下已見嶽碑，此增益之失也。以幹爲干，以枝爲支，石門頌以斜爲余，婁壽碑以爵爲肘，李氏鏡銘以鏡爲竟，太室石闕以晉爲竝，此減省之失也。楊昜本鸉，見間本覵，刺齒本齧，孫心本愻，子夏本夒，正心本忘，三十本世，五十本卒，此離析之失也。閏是門五，讋乃龍言，鯊實小魚，份非文武，章邊加頁，昏右著荒，此合併之失也。漢光武易地名改河南之洛爲雒，隋文帝立國號減漢東之隨爲隋；高邑一也，漢帝析之，无火二也，道家合之；宋明改騧爲騟以避禍，漢主易龔爲龑以應讖；仉、䰯、㚇、蜀四公之後各異，炅、香、桂、炔四子之氏有分，此立意之失也。名暹自稱爲纖，名琨自稱爲衮，名洸自稱爲汪，名豹自稱爲猲，颸異涼風，段非干木，此語言之失也。於戲、嗚呼誤分爲兩，食其、異基實當是一；同出一姓分屬宫商，複姓數字莫辨徵羽；訓壇爲除地封土，訓貳爲貳心則疑；涣、洹、汎、灌之字殊，避、譬、擘、辟之音異，此歧異之失也。朱點爲毋，方形爲曰；杕杜讀杖，弄璋書麞；唐有伏獵侍郎，宋有抵授賢良；敖主試未識麐名，辛職方欲爲鼮賦，此不學之失也。韓姓爲何，蔡姓爲呰，小孤爲小姑，澎浪爲彭郎，拾遺爲十姨，河鼓爲黄姑，黄公爲惶恐，路金爲露筋，此音譌之失也。同是一語而有東齊、中齊、裸齊、齊右、南楚、西楚、關東、西山、東西趙、魏、周、晉、秦、隴、宋、鄭、韓、燕、代、魯、衛、陳、邠、陶、吴、越、蜀、漢、東甌、西甌、麥屋、黄石野、朝鮮之不同，本是一音而有青、徐、沇、冀、揚、衡、幽、涼、荆、雍、梁、益、豫州、嵩嶽、海岱、大野、平原、徐土、邳圻、東海、河濟、河陰、河汾、河北、江淮、江湘、江沔、江湖、淮汭、淮汝、汝潁、沅湘、周洛、洌水、沛水之攸異；荆州曰梅，揚州曰枏；滕、薛謂蔨爲頍，紀、吕謂諸爲濫，常山謂伯爲穴，涼州謂鬵爲鉹；吴、楚之閒謂娣姒爲妯娌，宋、魯之閒謂婚姻爲兄弟；沛、魯以南謂螳螂爲蕫蠰，三河之域謂蕫蠰爲螳螂；鄭人謂玉未理者爲璞，周人謂鼠未腊者爲朴；東方謂以物插地爲傳，南方謂整船向岸爲檥；關西謂裘爲襬，謂掌物爲弆，關東謂輞爲輮，謂弆物爲去；北方謂薄爲曲，謂匕爲匙；河北謂待爲徯，謂食爲粲；江、淮謂士爲武，謂庾爲藪；魯人謂篋爲頍，謂其爲姬；江南謂刀擊爲剕，謂梨刀爲館；河東謂東西爲阡，謂南北爲陌；南陽謂穿地爲窾，謂雨止爲霽；陳留謂舉田爲秖，謂茅蒐爲蒨；蜀人謂巾爲冒絮，謂櫝爲苦荼；吴人謂善伊爲稻緩，謂塵土爲拔跌；三輔謂遥爲喻，謂臿爲鍋，謂櫌爲檯，謂梁爲極；秦人謂猶爲摇，謂至爲實，謂諈爲諉，謂溲爲潃，謂雝禮爲祀祝，謂鼰鼠爲小驢；幽州謂頟爲鄂，謂葑爲芥，謂老嫗爲媪，謂小武爲瓦，謂雞頭爲雁頭，謂黄鳥爲黄鸎，謂芣苢爲牛舌，謂藿芄爲雀瓢；青、徐謂厚爲後，謂立爲偉，謂兄爲荒，謂女爲娪，謂膢爲脰，謂癬爲徙，謂籬爲椐，謂簿爲曲，謂犢爲牭，謂麋爲麠，謂小驪爲鯢，謂鰕魚爲鰝；齊人謂火爲燬，謂涼爲惠，謂病爲瘼，謂瘠爲痳，謂苞爲稹，謂豉爲嗜，謂篋爲幌，謂䘾爲孿，謂榱爲桷，謂楹爲輕，謂庳爲舍，謂鏑爲鏃，謂耡柄爲橿，謂釭羽爲衛，謂韋屨爲扉，謂小甖爲儋，謂綃頭爲幧，謂茹蘆爲茜，謂道多爲逵師，謂詨訏爲掉磬，謂括樓爲天瓜，謂木槿爲王蒸，謂四齒把爲欋，謂小兒被爲禘：，江東謂語爲行，謂號爲呼，謂緡爲綸，謂罟爲罛，謂苫爲蓋，謂帳爲幬，謂滓爲垽，謂華爲荂，謂粟爲粢，謂糧爲粻，謂獵爲獠，謂益爲增，謂藏爲挾，謂大爲駔，謂病爲瘵，謂暖爲煥，謂高堆爲敦，謂暴雨爲涷，謂螮蝀爲雩，謂麋鹿爲肉，謂蕡爲牛蘈，謂莙爲馬藻，謂拔爲虎葛，謂茭爲烏蓲，謂葥爲落帚，謂蠰爲齧髮，謂瓴甂爲瓴甓，謂蘧蔬爲氍毺，謂拔蘢爲龍尾，謂緜馬爲雁齒，謂鵂鶹爲鵋鵙，謂鶌鳩爲鶻鵃，謂鴇爲烏鸔，謂鵫爲白雉：；楚人謂乳爲穀，謂多爲夥，謂滿爲憑，謂轉爲邅，謂圜爲摶，謂倨爲倦，謂住爲傺，謂逮爲遝，謂火爲燥，謂濯爲溂，謂袍爲裋，謂被爲扈，謂潤爲潭，謂冢爲琴，謂極嘑爲嗄，謂相笑爲咍，謂中庭爲壇，謂户限爲轔，謂土塵爲堁，謂池澤爲瀛。謂靈子爲巫，謂長婦爲熟，謂扇箑爲翣，謂刀頓爲銖，謂襌衣爲襡，謂敗羹爲爽，謂澤中爲夢中，謂長劍爲長鋏，謂冬生艸爲宿莽，謂天門冬爲馬韭：；南人謂錢爲涏，謂石爲射，謂賤爲羨，謂是爲舐：；北人謂庶爲戍，謂如爲儒，謂紫爲姊，謂洽爲狎：；那有奴諧、奴弟、奴紅，則皆四切，母有莫比、莫下、莫回、即瓦四音：；吴曰句吴，越曰於越：；居楚而楚，居夏而夏。熊安生河朔人，其反切多北音：；陸德明吴縣人，其音釋多南音：；公羊子齊人，其傳春秋，如昉怴累化我樵之脰漱浣踊詐黨筍棓殆于諸之類皆齊語：；鄭康成北海人，其注三禮全菹爲芋，祭爲墮，麴麩曰媒，疾爲戚，麇爲獐，漚曰涹，終葵爲椎，手足曎爲皵，題肩爲擊征，滑曰髓，無髮爲禿，楬穕爲相，殷聲如衣，祈之言是，至之爲資之屬皆齊語：；荀子每言案，楚詞每言羌：；孫詳、蔣顯曾習周官而音乖楚、夏，則學徒不至，李業興學問淹博而舊音不改爲梁人所笑：；吴、楚失於輕，燕、趙失於重：；秦、隴則去聲爲入，梁、益則平聲似去，是非信其所聞，輕重因其所習，此方音之失也。白哀不識皮蕃，陳壽不知是氏：；

鄭仲師以匪爲篚，陸德明音隰爲習；顔師古以忉爲切，韓退之以杜同度；顓頊之頊爲許緣切，陶甄之甄爲之人切；洭誤作匯，遂切胡賄，昴爲言留，宜音力求；音嬹爲意興之興，讀典爲典賣之典；混薊爲筋，譌治音雉，讀廿爲念，稱緪爲恒；鄭鄭異聲，風風各義；悉譌爲述，竟作述音；妒誤爲姤，直爲姤切；倉頡訓詁反粺爲逋賣，反娃爲於乖，吕忱字林音看爲口甘，音伸爲息鄰；李登聲類以系音羿，劉昌宗周官音讀乘若承；戰國策音刎爲免，穆天子傳音諫爲閒；徐仙民音易爲神石，郭景純反餤爲羽鹽；如而靡異，邪也弗殊，莫辨復復，寧論過過；登升共爲一韻，公攻分作兩音；搏則團博兼收，峘則恒桓莫別，菆則陬阰竝列，汜則凡祀難分；謝舍人不知旭勖同聲，胡景參未識司吾別體，此音釋之失也。不敢言敢，不如言如，奈何言那，於戲言於，噫嘻言噫，者也言也，此聲急之失也。蒺藜爲茨，鞠蘜爲芎，不來爲貍，不可爲叵，壽夢爲乘，勃鞮爲披，舌職爲殖，包胥爲麃，顓孫爲申，邾婁爲鄒，不承承也，不顯顯也，無念念也，無寧寧也，此聲緩之失也。夫周禮之教國子先以六書，尉律之課學僮試以籀字。六書者，一曰指事。一者數之始也，加一爲二，加一爲三，加一爲亖；十者數之終也，加一爲廿，加一爲卅，加一爲卌；指其木之下者爲本，指其木之上者爲末；增丨於一上爲丄，增一於一下爲丅是也。二曰象形。日爲太陽之形不虧，加之爲旦；月爲太陰之形有闕，減之爲夕；水之形爲巛，加之爲沝；流之形爲巜，減之爲く；自爲無石之形，減之爲𠂤；山爲有石之形，加之爲屾；屮之形爲屮，加之爲艸，又加之爲茻；木之形爲木，加之爲林，又加之爲森是也。三曰形聲。江河岵屺則左形右聲，鶡鴣鶚鴝則右形左聲，蘚苫萅藺則上形下聲，堂坒襞裂則下形上聲，團圓園囿則外形内聲，衡衙問聞則内形外聲，獄瀸讟𠤕則中聲左右形，龥䶮𧮙閟則中形左右聲，𢧵與農𧬈則上聲左右下形，亳亭𨷞瘖則下聲左右上形，衺𡖈則中聲上下形，匋哀則中形上下聲，𡇒𡆢則中聲左右下形，欒𤅸則中形左右上聲，𠥖𠥨匩匧則中聲上下左形，可勽句勺則中形上下右聲，𧶠𧶜則中聲上下左右形，莽䶂則中形上下左右聲是也。四曰會意。兩人相比爲从，兩人相背爲北，倒子爲𠫓，倒首爲県，倒上爲下，倒屮爲帀，反止爲㞢，反欠爲旡，反人爲匕，反亅爲𠃌，向左爲右，向身爲㐆，向后爲司，向乩爲𡰣，背己爲㔾，背文爲𠦃，背臣爲𦣝，背𠤎爲𣥤，日在木爲東，日處茻爲莫，兩户相向爲門，兩手齊下爲拜，力田爲男，女帚爲婦，人言爲信，人爲爲僞是也。五曰轉注。轉則同條共貫，注如挹彼注茲，略舉四科，以俟三反。老爲建類之首，老與耆、耋同意而耆、耋相受焉；高爲建類之首，高與高、亭同意而高、亭相受焉；履爲建類之首，履與屨、屩同意而屨、屩相受焉；㾓爲建類之首，㾓與瘖、痳同意而瘖痳相受焉是也。六曰假借。文字由音聲而起，不能字各一聲；音聲由文字而明，不能聲皆制字。自假借之道出，而事物之用全，内外爲收内，伯仲爲王伯，占卜爲占奪，女子爲爾女，美惡爲愛惡，長短爲長幼，骨肉爲肉好，房舍爲取舍，蜥易爲變易，貨財爲財成，幬張爲覆幬，郊岐爲岐異，琅邪爲語助之邪，於烏爲語詞之於，女之爲女，妻之爲妻，飲之爲飲，食之爲食是也。且夫止戈爲武，反正爲乏，皿蟲爲蠱，人三爲衆，二首六身爲亥，王居門中爲閏，古説固相宜於今。蚩之从㞢，邑之从巴，黎之从𥝩，薛之从𠂤，鼎之从析木，益之从横水，今字亦不戾於古。㡯衄、覞䚋、駮䮾、猶猷、𤞷䎋、巍𩪊、蛾蝅、姓㚞、呰訿、鷺鳪、峩峨、㲄槃、松枀、獨獸、朗䀶、秋烋、崇㟛、㷊䐁、穆穌、崒崪、盰㫼、怚㤙、李杍、和咊、朞期、徒辻、妣𡜉、融蝸、鍪鍬、橛橜、虹蛀、謨謩、豁𧮫則可以互移，杲杳、柔楺、睹暑、椎集、裹裸、伐戍、芹斯、易昒、諆朞、怡怠、棘朿、櫳櫜、詳善、步艸、襃袍、怒怓、妃改、拱拲、批㧊、慕慔、忠忡、旰旱、栞杆、吟含、召叨、占卟、垕垢、訆唁、呺哥、叶古、襲襱、褻䙝、侚舤則難於變易。雖窮原探本，代有專家，而希古抗心，當宗許氏。求制作之大意，五百四十部已得其全；攷經典之微言，九千三百文必窮其奥。大昭識慚檮昧，學愧豹窺，積二紀之勤劬，殫一生之精力，覃思研精，欣然有得，探賾索隱，卓爾末由，撰集斯編，聊附述者，定名統釋，以示來兹。蓋卷有六十，例成二五焉：一曰疏證，以佐古義；二曰音切，以復古音；三曰攷異，以復古本；四曰辨俗，以正譌字；五曰通義，以明互借；六曰從母，以明孳乳；七曰别體，以廣異義；八曰正譌，以訂刊誤；九曰崇古，以知古字；十曰補字，以免漏落。今於許氏本注升爲大字而仍用楷書，於自撰統釋附於分行而比諸經疏。大抵讀書以通經爲本，通經以識字爲先。經學必資於小學，故鄭司農深通六經而先明訓詁；小學必資於經學，故許祭酒專精六書而竝研經義，苟學者以此爲指歸，斯通儒無難於幾及矣！

後漢郡國令長攷序

漢書百官表云：「萬户以上爲令，萬户以下爲長。」續漢志云：「每縣邑道，大者置令一人，千石；其次置長，四百石；其次置長，三百石。侯國之相秩次亦如之。」應劭漢官儀又云：「三邊始孝武皇帝所開，縣户數百而或爲令。荆、揚、江南七郡，惟臨湘、南昌、吴三令耳。及南陽穰中，土沃民稠，四五萬户而爲長。桓帝時，以汝南[一]陽安爲女公主邑，改號爲令，主薨仍復其故。」大昭案：前漢令長見於紀、傳者少，故不具論。後漢則本史之外復有碑碣可證，雖其間亦或有沿革，而東都制度可見一斑，故作郡國令長攷，注以出處。其所不知，則闕如也。

三國志辨疑自序

史有二體，紀傳、編年是也。紀傳中有二體，陳氏三國志、李氏南、北史之與諸史是也。諸史中，班書約而仍明，略而勿陋，敘事最爲肅括。蔚宗史才已不逮古，而自稱體大思精，自古未有者，蓋謝承、華嶠、司馬彪諸書竝在范前，取資既多，用功益密，又因而非創，易於措辭也。陳承祚之於三國，疆宇鼎立，地醜德齊，兼之互相詆毁，各自誇張，斯其載筆誠難折中。又列國雖有史録，多詳魏而略吴，華曹而陋蜀，其滙而修成一史者，承祚爲創，是以用力尤難。乃能彙實録小説家之所言，有條不紊，類事無頗，宜乎時人稱其善敘事，有良史才。范頵等表稱辭多勸戒，明乎得失，有益風化，而夏侯湛、張華輩竝相推重也。裴世期鳩集羣籍以注此書，其所徵引，于漢有華嶠、謝承後漢書，司馬彪續漢書，張璠、袁彦伯後漢紀，劉艾靈帝紀、獻帝紀，袁思光獻帝春秋，樂資山陽公載記，孔衍漢魏春秋，習鑿齒漢晉春秋，獻帝起居注、獻帝傳；于蜀有譙周蜀本紀，王隱蜀紀，孫盛蜀世譜；于魏有王沈魏書，吴人曹瞞傳，郭頒

〔一〕「汝南」，原作「南」，據後漢書百官志注引文補「汝」字。

魏晉世語，孫盛魏氏春秋，魏世譜，魏世籍，魚豢魏略，陰澹魏紀，毌丘儉志紀，魏武故事，魏名臣奏；于吴有張勃吴録，胡沖吴曆，韋昭吴書，環濟吴紀；于晉有王隱、虞預晉書，干寶晉紀，習鑿齒晉陽秋，孫盛晉陽秋，陸機晉惠帝起居注，又李軌泰始起居注，傅暢晉諸公贊；于地理有司馬彪九州春秋，荀綽九州紀，虞預會稽典録，趙岐三輔決録，摯虞三輔決録注，常璩華陽國志，王範交廣二州春秋，王隱交廣記，左思蜀都賦、魏都賦，庾闡揚都賦，太康三年地紀，襄陽記；于人物有皇甫謐帝王世紀，高士傳，逸士傳，列女傳，魏文帝列異傳，王粲英雄記，張隱文士傳，葛洪神仙傳，周斐汝南先賢傳，張方楚國先賢傳，陳壽益都耆舊傳，陳術益都耆舊雜記，蘇林陳留耆舊傳，虞溥江表傳，零陵先賢傳，先賢行狀，漢末名士傳，魏末傳；于官制有山濤啟事，無名氏晉百官名志，晉百官表，褒賞令；于雜書有顧愷之啟蒙注，晉武帝中經簿，荀勖晉中經簿，張儼默記，張華博物志，東方朔神異記，楊孚異物志，干寶搜神記，傅休奕傅子，葛洪抱朴子，袁準袁子，劉向説苑、新序，衛恒四體書勢序，殷基通語，陸氏異林，應璩書林，虞喜志林，司馬彪戰略，應劭風俗通，徐衆三國評，孫綽評，蔣濟萬機論，孫盛異同評、異同雜記，魏文帝典論，決疑要注；于文章有摯虞文章志，荀勖文章敘録；于別集有孔融、高貴鄉公、陳思王植、嵇康、石崇、潘岳、諸葛亮、姚信、王朗、傅咸、張超等集；于家傳有王朗、傅暢、荀氏、廬江何氏、會稽邵氏等族，又有杜氏新書、山濤行狀、袁氏世紀、裴氏家記、陸氏世頌、陸氏祠堂像贊；于譜牒有孫氏、嵇氏、劉氏、王氏、諸葛氏、庾氏、阮氏、孔氏、陳氏、郭氏、崔氏諸譜；于別傳有濟北王志、鄭康成、荀彧、禰衡、邴原、吴質、劉廙、任嘏、孫資、王弼、嵇康、華陀、管輅、趙雲、費禕、虞翻、諸葛恪、荀勖、程曉、潘岳、潘尼、孫惠、顧譚、盧諶、鍾會母張氏、陸機、陸雲諸家。外此，羣經傳注，倉、雅訓詁，方言土語，諸子百家之説，無與史事，而引以詮釋字句者，又不下數十種。夫世期引據博洽，其才實能會通諸書，别成畦町。若依後世新唐書、五代史之例，可自作一史，與承祚方軌竝駕。乃不自爲而爲之注者，謙也。竊嘗論之，注史與注經不同，注經以明理爲宗，理寓于訓詁，訓詁明而理自見；注史以達事爲主，事不明，訓詁雖精，無益也。嘗怪服虔、應劭之于漢書，裴駰、徐廣之于史記，其時去古未遠，其時戔戔于訓詁，豈若世期之博引載籍，增廣異聞，是是非非，使天下後世讀者昭然共見乎？予舊于兩漢書有辨疑四十四卷，于地理、官制頗有所得，名儒碩士時或許之。近日復于三國志輯録得三卷，仍仿漢書辨疑例，不敢立議論以測古今，不敢妄褒貶以騁詞辨，而其詳略不能與漢書盡同者，蓋史事藉注證而申，兩漢之注簡，簡則易滋疏略；三國之注博，博則疑義鮮存，有無待辨證而明焉者也。雖然，校書如掃落葉，隨掃隨積。以予之見聞有限，無論志中罅隙更俟補苴，即拙著内亦豈無紕繆待指者？漢書刊誤所望吴斗南爲之補遺云。

附録

先生著兩漢書辨疑，族子塘跋之曰：「攷史之學，始於清江三劉氏之兩漢刊誤。自後漸多，雖不必各有專書，而自史記以降，二十一史攷之者亦既偏矣。然竊謂攷兩漢特難。何者？史記所據，惟世本、楚漢春秋已亡，如尚書、左氏春秋内外傳、戰國策，固童子之講習者也。三國志裴氏之注已詳。晉、唐而下，史才不逮於古，不能爲簡奥之文，而載記亦日繁。其近者去古未遠，其軼猶時時見於他説，故攷之恒易。兩漢之書，不通訓詁，則文字之叚借不明；不熟悉其典章，則掌故之沿革不備；不能徧得其遺碑斷刻之文詞，則一人之歷官行事固有不得其詳者矣。而星曆器數之術，圖讖緯候之書，又儒者所謂隱僻迂怪不足道者，實皆兩漢之絶學，後之人不能以意通之者也。然則何從而攷之乎？劉氏刊誤雖佚不傳，前明北雍雕板尚采其説入注中。繼之者有崑山吴斗南之補遺，全書具在，今取而覆案之，如前所云者，果能得其十之一二乎？大抵劉氏失之淺，吴氏失之支。蓋劉氏所刊者，不過文詞異同羡闕之間；吴氏則膚引衆説，而不能自知其當否。二家雖爲學者所稱道，其爲功於班、范之史猶未也。夫顔師古之於漢書，章懷太子之於後漢書，皆集衆家之長，注之亦既備矣，後之攷者誠難。然使不能合注所已言，别有依據，以釐正其是非，又何足云攷哉！故非學博而思精者，不能爲也。從父可廬先生研精史學，尤致力於兩漢，爲辨疑四十餘卷，自周、秦以迄唐、宋遺書之存於今者，無不綜覽。其徵引既博，又深於六書經訓之學，熟於金石刻劃之文，故攷核尤精密。異時傳讀史者之家，其功過於三劉、吴氏遠矣！」

先生補續漢書藝文志，吴江沈楙悳跋之曰：「范氏後漢書無志，宋乾興中取司馬彪續漢志以補之。彪志不及藝文，讀史者憾焉。得可廬先生是補，而後東京典籍粲然可攷。昔熊廣居作補漢書年表，取材不出范書。先生此志，自本史外，更復旁搜博采，其功尤難於熊氏，足與竹汀宫詹元史藝文志並傳不朽矣。然明帝嘗詔伏無忌、黄景作地理志，而先生略之，殆不信余靖之説耶？」

錢先生塘

錢塘字學淵，一作岳原，又字禹美，號溉亭，竹汀族子。幼受經於竹汀。父桂發，乾隆庚子進士，當得知縣，自以不習吏事，就教職，授江寧府教授。初工詩，繼乃肆力於經史，實事求是，九經、小學、天文、地理靡不綜覈，於聲音、文字、律吕、推步之學尤有神解。著律吕古義，謂「周本八寸尺，不可以制律。律必用十寸尺，即昔人所云夏尺。古律無異度，十寸尺爲二帝三王時律尺，周尺傳而律尺傳，律尺傳而古律無不傳。」著史記律曆天官三書釋疑，皆究其原本，而以他書疏通證明之。律書「上九，商八，羽七，角六，宫五，徵九」數語，小司馬以下注家皆不能曉。先生以淮南子、太玄經證之，始得其解。嘗以淮南天文訓多周官馮相、保章遺法，高氏注頗闕略，作補注三卷。晚年讀春秋左氏經傳，精心有得，作古義若干卷。又著説文聲系、説文坤傳、古均正、泮宫雅樂釋律。所爲古文，亦多放訂，如疏證卦位爻辰、堯典中星漏刻，辨三江，攷周初歲朔、三代田制、周禮軍政田賦、魯禮禘祫之屬，皆根本經文，反覆推究，而務得其實，次爲溉亭述古録。先生深於算學，古法圜周徑率皆徑一周三一四，先生獨創爲三一六之率。談教諭階平算學名家，曾作一丈徑木板以量其周，正得三丈一尺六寸奇，以先生之説爲然。别有易緯稽覽圖考正、春秋三傳釋疑、續漢書律曆志補注、溉亭詩文集、四益齋詩、默耕齋吟稿。卒年五十六。參溉亭别傳、疇人傳。

淮南天文訓補注自序

淮南鴻烈解有許慎、高誘兩家注，隋書經籍志竝列于篇。至劉昫作唐書經籍志，唯載高注，則許注已佚于五季之亂矣。而新唐書及宋史蓺文志仍竝列兩家，謂唐時許注猶存。歐陽氏得其故籍以爲志可也，宋時安得復有許注，而修史志者猶采入之歟？觀陳氏書録解題有曰：「既題許慎記上，而序文則用高誘，然則許注既佚，宋人以其零落僅存者羼入高注，遂題許慎之名，而其未羼入者仍名高注可知也。要其冠以高誘之序，則高注爲多矣。」今世所傳高氏訓解已非全書，而明正統十年道藏刊本首有高誘之序，內則題「太尉祭酒臣許慎記上」，一如陳氏所云，是即宋時羼入之本，以校高注，增多十三四，其間當有許注也。夫以淮南王之博辯善文辭，爲武帝所尊重，復得四方賓客，如九師、八公者，廣采羣籍，作爲是書，固已極魁瑋奇麗之觀。而東漢兩大儒，各以博識多聞之學，事爲之證，言爲之詁，亦既疏解略盡矣。道藏本雖不全而雜，有二家之注在焉，猶愈于訓解之止出一家，而又爲庸妄子之所芟削者。獨天文訓一篇，道藏本未嘗增多訓解一字，而中有「誘不敏也」之文，其注亦遂簡略，蓋此篇決出于誘之所注，而誘于術數未諳，遂不能詳言其義耳。然吾謂三代古術往往見于周禮、左氏春秋傳、史記律、曆、天官書中，其可以相質證者，賴有此篇。儒者而弗明乎是，即經史之奧旨何由洞悉而無疑也哉！竊不自揆，推以算數，稽諸載籍，于高氏所未及者，皆詳言之。亦時正其舛謬。如「天一元始，正月建寅，日月入營室五度，天一以始建」，即是顓頊曆上元，則天一當爲太一，而高氏無注。二十四時之變，反覆比十二律，故一氣比一音，而注以十二月律釋之。「淮南元年，太一在丙子，冬至甲午，立春丙子」，曆術所無，蓋時己酉冬至，脱其日名，甲子自爲立春之日，重言丙子，本與下文「二陰一陽成氣二，二陽一陰成氣三」相連，即釋太一丙子之義，而截「立春丙子」爲句，閡以注語，似立春僅去冬至四十二日。此皆舛錯尤大者。予之補注，不爲高氏作疏，正不妨直糾其失耳。書成于己亥之夏，戊申秋復改正數條，遂繕爲定本焉。

溉亭述古録

律吕論一

律吕曷由生乎？生于鬯即秬字，説文作鬯。黍也。黍皆種以大暑，屬長夏，中央土，鬯可釀爲鬯酒而兼爲矩，蓋至中正之品也。累黍成度，用度制律。黄鍾之長九寸，即九十黍之廣。九者天數，因而九之數以十成，故黄鍾之管内積八百一十分。緯家言天周九九八十一萬里，即其義也。置黄鍾之中積如其長，則分有九分，是之謂幎律幎圜。圜有徑，不可以術知也，則切以方。方亦有幎，圜田術圜三方四，非實測也。實測宜從密率，密率方四則圜三一四有奇，故圜十萬則方十二萬七千三百二十四。黄鍾外切之方冪爲十一分四氂六毫弱，開之得徑則三分三氂八毫强也。有徑則有周，圜田術方四圜三，故徑一周三；密率方四圜三一四有奇，則徑一亦周三一四有奇，徑百一十三者，周三百五十五。黄鍾内圜之周十分六氂三毫强，此周徑之定法也。漢志不言周徑，然其周徑必如是。何者？八百一十分之中積不可增減，則九分之圜幎亦不得而增減也。曰徑三分周九分者，漢末陋儒之語，漢志無是説也。夫徑三分而積八百一十分，則九分爲方冪，而律豈方體耶？固勿問其周之必爲九分與否矣。且漢非徒制律也，兼制斛，漢斛内方尺而圜其外，即周徑之率也。漢能制斛而顧不能制律歟？必不然矣。黄鍾之龠容千二百黍，與累尺度律，漢志皆言用中者，顔監謂之不大不小，果何等黍耶？曰勿問黍，先問能容與否耳。宋胡瑗以大黍累尺，小黍實管，爲丁度所譏，瑗不能解，然實黍體使然，度與瑗俱不悟耳。黍有廣長，廣必不如長；又有厚薄，厚必薄于廣。以廣爲分，長過之，厚殺之，則似能容，然如管中之有隙處何？管中之積分，密比之分也，黍居之而隙生焉，三四黍其一隙，千二百黍居管中，其爲隙也多矣。八百十分之所容，數必過于其積黍，圜使然也。容不能盈千二百黍，又與累尺無異之故也。且夫期於容千二百黍者，豈不以十二爲天之大數乎？然則惟其千二百黍而已矣，遑問其爲累尺之黍否哉！若必累尺之黍，則古今未有能容者。近世朱載堉制律，黄鍾長一尺而積九百八十二分，尚不能容累尺之大黍，易以中黍始能容，況止長九寸而積八百十分乎？范鎮之論律曰：「瑗未嘗得真黍。能容者，必一稃二米之黍。」夫漢世所用，誠不知二米一米否，然漢志固明言秬黍矣。爾雅曰「秬黑黍，秠一稃二米」，則秬自一米，豈二米也？秬多而秠少，漢以秠爲瑞物，特貴之，經師多主其説，於是秠遂爲秬，此鎮所據也。然詩言「惟秬惟秠」，猶曰「惟虋惟芑」，虋非即芑，則秬非即秠。欲制律而舍經傳之明文，徇後儒之曲説，豈可謂卓然不惑者歟？近世秠未嘗絶，視秬差小而長。夫小則累尺益短，長則侵地益多，恐愈不能容矣。朱載堉言：「潞州人謂之鴛鴦黍，亦曰黑格楞黍，多狹長，間有圜者。」是故漢志皆曰中黍者，意累尺用中等，實龠則取中用乎？毋庸過泥之可耳。或曰：實管必千二百黍者，所以驗其八百十分否也，非是惡由知其弗誤歟？曰：所容既非累尺之黍，雖盈千二百，遂可以爲八百十分耶？且八百十分而取驗于累尺之千二百黍，又何故耶？以千二百黍除八百十分，得六百七十五氂爲一黍，即九百氂之四分三也。就陽奇陰偶推之，則六七五爲陽，而九爲陰，然九實陽也，殊爲舛駁。勿乃別爲權量之本，而非以驗律也！若夫驗律則有法焉，制龠方九分，深一寸，以其所容，內之管中而適盈焉，斯真八百十分矣，雖非千二百黍可也。以之嘉量而五量成，以之謹權衡而五權立，何必計其大小多寡也哉！

律吕論二

黃鍾之律既成，遂無古今之異乎？曰：惡能勿異，異乎尺度之不同也。隋志列十五等尺，以晉前尺爲主。此尺本之劉歆銅斛尺，及建武銅尺，又謂之周尺，於十五尺中爲最短。其最長者有元魏諸尺，開皇時，以此諸尺攷律，能容千二百黍者，惟蔡邕銅龠尺、錢樂之渾天儀尺而已。然渾天儀尺短於銅龠尺，幾盈晉前尺之一寸，隋志銅龠尺實長晉前尺一寸五分八氂，渾天儀尺實長晉前尺一寸六分四氂。何以所容無異？若短者適盈，其長者必過之，然則邕龠之容千二百黍，特據龠銘之自言，而非得之實驗乎？所可疑者，晉前尺本於古尺，制律實黍容受宜符，而止容八百八黍，豈尺過短耶？曰：不然，三分爲徑誤之也。夫黃鍾之能容千二百黍者，以積八百十分之故。積八百十分，則徑不止三分。若徑三分，則積止六百三十六分强而已，密術：徑三分，其方九分，其圓七分零七氂八十六毫强。長九寸，乘之，止積六百三十六分强也。況所容者未知爲何等黍，而責其必盈哉！然是隋時驗律時則然，非荀勖制律時已然也。何以明之？勖校驗古尺，中書有姑洗小吕玉律，武庫有銅斛，又與劉徽同時。密術方圜周徑之率首倡於徽，勖制律之周徑，不攷於律，即攷於斛，否則尚可以算得之，何至頓減其積哉！積頓減必尺頓長，邕之籥是也。邕亦以六百三十六分爲籥積，而尺長晉前尺一寸五分八氂，則邕尺之一分，即勖尺之一分五六氂間也。何者？課中積必兩尺各再自乘以乘之，然後差數無誤，晉前尺再自乘得百萬分，銅籥尺再自乘得百五十五萬二千八百三十六分三百一十二釐。然則邕籥實積晉前尺九百八十九分半强也。邕以漢志不言周徑，特倡徑三分周九分之說。度其制籥，必先以千二百黍實管中，進退求合，然後定尺。蓋即宋之房庶也，本是律家，變法且必不可用黍尺，用黍尺則自有正法矣。隋人不審尺之短長，法之正變，一依邕說。制管不知邕法止宜于邕尺，可施之于他尺耶？唐人用後周鐵尺爲大黍尺；王朴復用中黍，與晉前尺相近；宋尺屢變，莫長于李照之用三司布帛尺，然皆三分爲徑，猶用蔡邕之說。唯胡瑗首知律、圜幎爲九方分，而累尺用大黍，亦與鐵尺相近。蓋累尺之用大黍自後周始，制律之從正法自胡瑗始也。鐵尺與宋氏尺、錢樂之尺同長晉前尺一尺六分四氂，其前杜夔尺已長於晉前尺四分五氂，似大黍累尺不始後周。但牛弘論鐵尺始言用大黍，故以爲據。胡瑗制律，用十二開方得徑，徑一周三得周，尚不合于密術，此節取其長。近世朱載堉目漢錢尺爲秠黍尺，律尺爲秬黍尺，營造尺爲秬黍從尺，得于手驗；而今之營造尺即明之營造尺，今世所傳建初六年慮俿銅尺即漢錢尺，又予之所手驗者也。載堉律尺得營造之八寸一分，今營造尺微有短長，長者慮俿尺得七寸四分，短者七寸五分，以短者之八寸一分爲律尺，則慮俿尺之百八分即百分也。得此二尺，即古今之律具在矣。聖祖仁皇帝累尺定律，秬黍横累百分，即從累之八十一分，以横者爲律尺，從者爲營造尺，慮傂尺較之即七寸五分也。制管一準密術，合乎漢志所傳正法。夫漢志所傳，豈緊劉歆之言？殆伶倫、后夔之舊術，而三代以爲樂經者歟？

律吕論三

「古今尺度不同，則律必有短長，而聲亦有高下，果孰是孰非耶？」曰：「皆是也。一朝有一朝之黍尺，即自成一朝之律吕，不必同也。漢、晉皆中黍尺，劉宋始用大黍。漢志明言中黍，不言大黍，豈可謂中者非耶？中黍律高，大黍律下，高近悲激，下則和平，豈可謂下者非耶？唯用黍尺，則制律必依正法。周黍尺而不依正法，斯蹈隋人之覆轍矣。且古尺之短于今者有故焉，古制律非徒施於聲樂也，度量權衡莫不本于是焉。黄鍾一龠之所容，量之本也；黄鍾一龠所容之重，權之本也。黄鍾之積八百十分，又準諸度，而不容損益者也。是八百十分者，分皆立體，即其尺之再自乘以成一算者也。尺益一分，止百分之一耳，而再自乘之，復八百十之所益者，豈特百分之一哉！依此律而爲權、量、衡，則二千律也，鈞則三千八百四十律也，是止十斗百二十斤已耳，而固已如是，上以取乎下，下以應乎上，所係豈不秬甚哉！是故寧使其聲之稍抗，而毋取權量之逾制，此古人之微意也。隋、唐以後，度、量、權、衡必自爲法，而特制一尺以爲造律之用，不惟其聲之和而奚取焉？若就聲覈之，則與其高也毋寧下，是故漢律高，蔡邕制銀錯題銅籥以抑之；晉以後之律高，萬寶常作水尺律以抑之。夫二子者，世所號爲知音之首也，其抑而下之，豈不以樂聲雅淡，君子聽之，可以平心也哉！故曰：「鞉鼓淵淵，嘒嘒管聲，既和且平，依我磬聲。」夫鼓以節曲，而管則成曲者也。至平惟磬，管依乎磬，平之甚矣，斯聖王之樂也。今之律非即邕之龠與寶常之律，而聲則似之，何者？以漢尺推其中積，而數不甚遠也。邕龠積漢尺之九百八十七分，寶常律積漢尺之一千六十餘分，今律積漢尺之一千二十餘分，皆以三尺再自乘以乘積得之。今律積用八百十分，其二律用六百三十六分，各就其周徑立算。若漢律之于今律，則黃鍾僅爲姑洗而已矣。試以古今二尺，各制八百十分之龠，漢至五倍，今則四倍，其容受必等。夫四倍之黃鍾，非即五倍之姑洗乎？雖有盈歉，所較無多矣。然則今律之黃鍾，即漢律之倍夷則也。八倍之夷則，與五倍之黃鍾，其所較亦無多耳。四倍黃鍾三千二百四十分，五倍姑洗三千二百分，五倍黃鍾四千五十分，八倍夷則四千分。五倍者，角也；四倍、八倍者，宮也。長律四之，短律八之，而十二律之宮、角俱得矣。」曰：「今律與漢律若是別乎？」曰：「其聲異，其法同。漢、晉而後，律法失傳，至聖朝而復古，而聲又下于漢律，制作之善，何以加焉！」

律呂論四

今律制法，與古無異，而用法特殊。古以律呂倍半相應，故十二律外別無異名，亦無異聲。立宮定調，則變宮適周十二位。而一均七律，宮爲均主，其商、角、變徵同類爲從聲，徵、羽、變宮異類爲變聲，蓋取宮所生之六律爲均，而下上相生，陰陽兼備，故有三從三變也。如黃鍾爲宮，則太族商、姑洗角、蕤賓變徵俱陽律，爲從聲。林鍾徵、南呂羽、應鍾變宮俱陰呂，爲變聲。陰呂爲宮反是，說見沈括筆談。至變徵所生，則與前宮相次，而又爲宫矣。如蕤賓生大吕，與黄鍾相次，不入黄鍾之均，而又自爲宫。所謂「三分損益，隔八相生」是也。今以律吕倍半不相應，則十二律外，雖無異名，實有異聲。立宫定調，則變宫越在十三辰。而一均七律，陽則皆陽，陰則皆陰，蓋取宫聲以往聲隔一位備七成均，而不泥于宫之所生也。如黄鍾半律，不應正律，爲無異名有異聲。黄鍾爲宫，則半黄鍾爲變宫，在第十三位。黄鍾宫、太族商、姑洗角、蕤賓變徵、夷則徵、亡射羽、半黄鍾變宫爲陽均七律。大吕宫、夾鍾商、中吕角、林鍾變徵、南吕徵、應鍾羽、半大吕變宫爲陰均七律。十二律陰陽相間，陽均無陰吕，陰均無陽律，故二聲之間必隔一位，而均中七律，不取相生也。至律吕相配，則清濁合爲一聲，而七聲既周，無復它聲矣。如黄鍾爲濁宫，大吕爲清宫，大蔟爲濁商，夾鍾爲清商，以至半黄鍾爲濁變宫，半大吕爲清變宫，則七音已周矣。是則謂之隔八相生，而非三分損益也。如黄鍾均七律一周，至第八者爲半，大族與黄鍾應，是隔八相生，非謂黄鍾下生第八位之林鍾，如舊説云云也。三分損一以下生，三分益一以上生，今亦用之，但不謂之隔八相生。故古惟十二律，今則有十四律。然而實豈有十四也哉！二律之不同聲者，即其半律耳，半律近靡，則易以倍，倍律退二辰而始與半律應，故十二律而有十四律之用也。如半黄鍾不應正黄鍾，故爲變宫；變宫不用半律用倍律，退二辰得倍亡射，爲變宫。又半大吕不應正大吕，故爲變宫；亦不用半律而用倍律，退二辰得倍應鍾，爲變宫。六律、六吕之前，有倍律、倍吕各一，凡十四律、吕也。聲以七而周，器以八而備。古用四清聲者，今易以四倍律，則七音之外覆一音，而調起于下羽焉。鍾磬十六成簴，鳳簫十六成編，與古同。但古倍、半相應，故用黄、大、族、夾四清聲，而止爲七聲。今倍、半不相應，則用夷、南、射、應四倍律，而遂有八聲也。夷、南、射、應四倍律，即射、應兩正律，黄、太兩半律，以其聲相應也。兩半律不用，所用正倍十六，一律一吕共爲一聲，凡八聲。七音之外，一音重出，以七音成均，變宫用倍律，其前更有倍律，則下羽也，調遂由之起。如黄鍾宫以倍亡射爲變宫，則倍夷則爲下羽；大吕宫以倍應鍾爲變宫，則倍南呂爲下羽。無下徵倍律，故無下徵調法也。下羽起調不爲宮，宮聲立，宮不起調，月轉一宮，故下羽無四正律，宮聲無四倍律也。下羽起調，不用正羽。應鍾之月，以倍應鍾爲商，則中呂爲徵，而林鍾爲下羽。夷則以後，四正律未嘗爲下羽也，至其四倍律自不當爲宮聲。若是者有故焉。律之爲物也，半其長則下一聲，倍其長則高一聲，故宮之半律不應宮，而商之半律應之。半律不用，則應宮之半律者，羽之倍律也。羽之倍律不爲羽，則爲變宮而已矣。半其長即半其積，半其積不能應，則四其積亦不能應。能應者，必八其積也，八其積者倍其徑。倍其長四與半之者，體徑不能倍，則不相應矣。是故聲者，積與體徑之所爲也，非徒積之謂也。古惟徒積而已，是以謂之應焉耳。于何徵之？徵諸字譜。字譜之作，其來久矣，楚詞曰「四上競氣極聲變只」，是字譜也。字譜之用，莫要于笛。今笛六孔，最高孔，最下孔之半也，而譜不應。應最高孔者，翕聲也。翕聲宮，則最下孔商，而最高孔爲半宮。半宮非即半律，故曰半其長下一聲，倍其長高一聲也。如翕聲合字爲宮，則最下四字爲商，其最高孔六字爲半宮，卻止四字之半體，非半翕聲之長也。此民間笛法。大樂笛則翕聲五字，最高乙字。字譜七納于六孔，則翕聲爲覆譜，用翕聲即用最高孔矣。大樂笛六孔從下而上，納乙上尺工凡六五七字。上爲附孔，必最高孔，與第三孔同發。最高孔獨吹，則五字也。翕聲在最下孔之下，亦爲五字。從下四字數至第八聲，仍爲四字。笛下羽起于翕聲，則第二孔上字爲宮，是建申月調法。子、丑、寅、卯、辰、巳、午、未八月之下羽，爲工、凡、六、五四字，借用第四、第五、第六、第三同發，及第一、四孔一字皆兼律、呂，故工爲黄鍾、大呂，凡爲大族、夾鍾，至尺則爲半黄鍾、半大呂，用倍律則爲倍亡射、倍應鍾也。古笛五孔，而宮居最高，其上乃有後出，則商也。宮、商居上，則餘者皆下，故翕聲爲下角。荀勖笛用角體，其修長者四之，短者八之。蕤賓、林鍾之角最短，亡射、應鍾。故八之也。其實長者八之，短者十六之。

蕤賓以後之宮皆短，故十六之也。八之者，倍其宮之長，四其宮之長，四其宮之積。如黃鍾笛以尺八寸爲宮，是倍其長。蕤賓以二尺五寸三分一氂爲宮，是四其長。宮長一倍，則下角長四倍。宮長四倍，下角長八倍者二，長四倍者四，如是則黃鍾至中呂六笛反短，蕤賓至應鍾六笛反長。長律宮宜長而反短，故四其積；短律宮宜短而反長，故十六其積，然後周徑無異。俱見晉史。是爲倍、半相應，要亦古術則然矣。夫八其積者，倍其徑，倍其長，誠必應矣。十六之，則倍其徑，四其長，能必應乎？必應者，四其徑，四其長，非六十四之弗得也。應不應驗于用不用，勖笛久廢，則不應之驗也。今笛不始于今，因笛而知律之不應者則自今始。甚矣，審音之密也！字譜易以工、商則近雅，是當知七調、旋宮調各一之法，而以黃鍾一均爲主則不惑。調從下羽起，則曰羽、宮、商、角、徵者，宮調也；曰變宮、商、角、變徵、羽者，商調也。極而至于曰徵、變宮、宮、商、變徵者，變宮調也，此今皇帝之盛制也。

錢先生坫

錢坫字獻之，一字篆秋，號十蘭，溉亭弟。乾隆甲午副榜貢生，官陝西乾州、直隸州州判，攝興平、韓城、大荔、武功知縣，乾州、華州知州。在華州，武功教匪犯境，有全城功。得末疾歸，卒於蘇州。先生通小學，博覽羣書。在畢制府沅陝幕最久，與洪亮吉、孫星衍輩討訓詁輿地之學，著史記補注，詳於音訓及郡縣山川。將歸，總督松文清筠求著述，先生出此付之，曰：「三十年精力盡於此書矣。」又有詩音表、車制考、内則注、論語後録、爾雅釋地以下四篇注、十經文字通正書、説文斠詮、異語、異音、新斠注漢書地理志、漢書十表注、聖賢冢墓志、古器款識考、鏡銘集録、篆人録。工作篆，既病痹，以左手書，尤爲世所珍云。參漢學師承記、文獻徵存録諸書。

新斠注地理志敍録

秦始皇二十六年兼并六國，分天下爲三十六郡，曰河東、太原、上黨、三川、東郡、潁川、南陽、南郡、九江、長沙、泗水、薛郡、碭郡、鉅鹿、邯鄲、齊郡、琅邪、會稽、漢中、蜀郡、巴郡、隴西、北地、上郡、九原、雲中、雁門、代郡、上谷、漁陽、右北平、遼西、遼東、南海、桂林、象郡。以内史爲宰，制首善之區，不爲郡。後又略取閩中，置閩中郡。秦敗，南海三郡爲趙佗所得，閩中爲無諸所得，故漢初郡國入版圖者，雖仍秦三十六郡之舊，而邊竟或不及焉。高帝二年，分秦内史，置渭南、中地、河上三郡，改項羽殷國爲河内，三川爲河南，分長沙置桂陽郡。三年，置常山郡。四年，以黥布王淮南國，彭越王梁國，改邯鄲爲趙國，王張耳，置沛、汝南二郡。五年，以盧綰王燕國，置武陵郡。六年，以從父弟賈王荆國，弟交王楚國，置江夏、涿郡、平原、千乘、豫章、廣漢、定襄七郡。九年，并渭南、中地、河上三郡復爲内史。十一年，以子友王淮陽國。十二年，改荆爲吴，以兄子濞王吴國，置魏郡。終高帝之世，析置郡國更有清河、勃海、東萊、東海、信都、泰山、中山七郡，凡國三，增置者二十六。其河東、太原、上黨、東郡、潁川、南陽、南郡、鉅鹿、齊郡、琅邪、漢中、蜀郡、巴郡、隴西、北地、九原、雲中、雁門、上郡、代郡、上谷、漁陽、右北平、遼東、遼西、薛郡、長沙凡二十七郡如故。又十一年，罷東郡，頗益梁；罷潁川郡頗益淮陽者，因立子恢爲梁王，友爲淮陽王也。然淮陽立二年即徙趙，梁立十六年亦徙趙，而志不言改置，疑當時徑以二郡滋益二王，實未除二郡之目，徙國之後，仍復還漢，故不致詳焉。高后元年，改薛郡爲魯國，王張偃，其餘如故。孝文二年，以趙幽王子辟疆王河閒國，齊悼惠子章王城陽國，興居王濟北國。十六年，以辟光王濟南國，賢王菑川國，卬王膠西國，熊渠王膠東國，以淮南厲王子賜王廬江國。凡置國八。孝景二年，内史分左右，以子閼王臨江國，彭祖王廣川國。四年，徙汝南王非王江都國。中六年，以梁孝王子明王濟川國，彭離王濟東國，不識王濟陰國，定王山陽國。又中二年置北海郡。凡置郡國亦八。孝武建元六年，開夜郎置犍爲郡。元朔二年，收河南地置朔方郡。四年，置西河郡。元狩元年，置陳留郡。二年，以故匈奴休屠王地置武威、酒泉郡。六年，置臨淮郡。元鼎三年，置天水、安定郡。四年，置弘農郡；以常山憲王子平王真定國，商王泗水國。六年，以故匈奴昆邪王地置張掖、敦煌郡；分桂陽置零陵郡；定西南夷置越巂、牂柯、武都、沈黎、文山郡；定越地置南海、鬱林、蒼梧、交阯、合浦、九真、日南、朱崖、儋耳郡。元封二年，平西南夷未服者置益州郡；分淮南故鄣地置丹陽郡。三年，平朝鮮置玄菟、樂浪、臨屯、真番郡。征和二年，以趙敬肅王子偃王平干國。凡置郡國三十六。又元朔元年置蒼海郡，三年旋罷天漢，四年罷沈黎郡。又元狩元年除淮南國爲九江郡，二年改衡山國爲六安國，三年改江都國爲廣陵國。元鼎元年除濟東國爲大河郡。凡改置郡國又四。又太初元年分内史爲京兆尹、左馮翊、右扶風，是爲三輔。孝昭始元六年，取天水、隴西、張掖郡各二縣置金城郡。先一年，臨屯、真番、儋耳三郡皆罷。本紀又言，元鳳五年罷象郡，分屬桂林、牂柯。然自高帝以來，象郡地爲蠻夷所據，孝武于其處置日南郡，並未別著象郡之稱，未知其何所指也。孝宣本始元年，改膠西國爲高密國。五鳳二年，改平干國爲廣平國。甘露元年，改大河郡爲東平國。三年，復廣川國爲信都國。凡改更者四。又地節元年改楚國爲彭城郡，黄龍元年復故。三年，省文山郡并蜀。孝元初元〔一〕三年罷珠崖郡。孝平元始二年，立代孝王玄孫之子〔二〕如意爲廣宗王，江都易王孫宫爲廣世王，廣川惠王曾孫倫爲廣德王。司馬彪郡國志鉅鹿郡有廣宗縣，當即如意之所封。酈元注水經「渦水東逕廣鄉城北圈稱曰襄邑，有蛇丘亭，故廣鄉矣，改曰廣世」，當即宫之所封。廣德則即丹陽黟縣。惟廣德四年即絶，廣宗、廣世王莽篡位以後始除。是時，莽又譯諷諸羌獻地，置西海郡。而志皆不别出，蓋漢世增建郡國，自昭、宣以下無足道者。志以元始二年册籍爲斷，故定郡止八十三，國二十。以孝武所置司隸校尉及十二部刺史監之，亦云十三部也。司隸校尉部監三輔、弘農、三河凡七郡，豫州刺史部監潁川、沛、汝南、梁、魯凡三郡二國，冀州刺史部監魏、鉅鹿、常山、清河、趙、廣平、真定、中山、信都、河間凡四郡六國，兖州刺史部監陳留、山陽、濟陰、泰山、東郡、城陽、淮陽、東平凡五郡三國，徐州刺史部監琅邪、東海、臨淮、泗水、廣陵、楚凡三郡三國，青州刺史部監平原、千乘、濟南、北海、東萊、齊、菑川、膠東、高密凡六郡三國，荆州

〔一〕「元」，原作「年」，據漢書改。
〔二〕「之子」，原無，據漢書補。

刺史部監南陽、江夏、桂陽、武陽、零陵、南郡、長沙凡六郡一國，揚州刺史部監廬江、九江、會稽、丹陽、豫章、六安凡五郡一國，益州刺史部監漢中、廣漢、武都、犍爲、越嶲、益州、牂柯、巴、蜀凡九郡，涼州刺史部監隴西、金城、天水、武威、張掖、酒泉、敦煌、安定、北地凡九郡，并州刺史部監太原、上黨、上、西河、朔方、五原、雲中、定襄、雁門凡九郡，幽州刺史部監勃海、上谷、漁陽、右北平、遼西、遼東、玄菟、樂浪、代、涿、廣陽凡十郡一國，交州刺史部監南海、鬱林、蒼梧、交阯、合浦、九真、日南凡七郡。秦時曰監御史，初省，孝武復之。其十二部，元封五年所置。司隸，則征和四年置也，至孝昭始元元年，又改司隸之河内屬冀州，河東屬并州，斯爲異耳。紀載多端，糾紛互起。裴駰史記集解説秦三十六郡有鄣郡、黔中。攷秦本紀昭襄王「三十年，蜀守若伐取巫郡及江南爲黔中郡」，是黔中，昭襄之時郡名，非始皇所置。高帝本紀以東陽郡、鄣郡、吴郡五十三縣立劉賈爲荆王，以碭郡、薛郡、郯郡三十六縣立弟文信君交爲楚王，以膠東、膠西、臨淄、濟北、博陽、城陽郡七十三縣立子肥爲齊王，秦無東陽、鄣、吴、郯及膠東、膠西、臨淄、濟北、博陽、城陽諸郡，皆是楚、漢之閒諸侯王自爲割置，非故立也，不在三十六郡之列。此集解之誤。晉書地理志：「漢祖龍興，置郡國二十三，曰桂陽、江夏、豫章、河内、魏郡、東海、楚國、平原、梁國、定襄、泰山、汝南、淮陽、千乘、東萊、燕國、清河、信都、常山、中山、勃海、廣漢、涿郡。」攷河内本殷國，故項羽本紀言「立司馬卬爲殷王，王河内，都朝歌」，高帝不過復其故稱，與改三川爲河南，邯鄲爲趙，荆爲吴同例，不在分置之列。且志明言增二十六，又明言沛、武陵二郡爲高帝置；表明言荆、淮南二王爲高帝立矣，是置二十三之説非也。又云：「文增厥九：廣平、城陽、菑川、濟南、膠東、膠西、河閒、廬江、衡山。」廣平，孝武征和二年始置爲平干國，哀帝建平三年爲廣平國，孝文無此國也。又云：「景加其四：濟北、濟陰、山陽、北海。」濟北，孝文二年所置，旋以王興居謀反國除，孝景四年，徙衡山王勃王之，非孝景所始。文、景分置郡國各八，志云各六，六字誤耳，然無此參差也。又云：「武帝開越攘胡，初置十七：南海、蒼梧、鬱林、合浦、交趾、九真、日南、珠崖、儋耳、牂柯、越嶲、沈黎、文山、犍爲、益州、武都、零陵。拓土分疆，又增十四：弘農、臨淮、西河、朔方、酒泉、陳留、安定、天水、玄菟、樂浪、廣陵、敦煌、武威、張掖。」攷廣陵，孝武以江都改名，亦不在分置之列。沈黎一郡隨廢。孝武所置郡國三十六，實爲三十五，與所分三輔爲三十八，志云二十八，二字誤耳，然不止三十一也。此晉志之誤。通典：「秦制天下四十郡，漢加六十三，與秦合百三。」攷志仍秦舊置者二十六郡，高帝改置者仍二十五郡、國，高后改置者仍一國，文帝改置者仍七郡、國，景帝改置者仍四郡、國，武帝改置者仍三十五郡、國，昭帝置者一郡，宣帝改者四國，凡漢所改置者仍七十七郡、國，然秦本無四十郡之說也。此又通典之誤。至於張守節、司馬貞、章懷太子、李吉甫、樂史諸家及地形州郡隋、唐以下諸史志有可爲本志發明者，即有顯與本志分背者，今或隨手互正，勿具論焉。但志於內史下云：「武帝建元六年分左右。」百官公卿表作「景帝二年」，當從表。于張掖、酒泉下云：「太初元年開。」武威下云：「四年開。」敦煌下云：「後元元年分酒泉置。」與本紀皆不同，當從本紀。匈奴傳云：「單于怒昆邪王、休屠王居西方爲漢所殺虜數萬人，欲召誅之。昆邪、休屠王恐，謀降漢，漢使票騎將軍迎之。昆邪王殺休屠王，并將其衆降漢。」是元狩二年事也。又云：「是時漢東拔濊貉、朝鮮以爲郡，而西置酒泉郡，以隔絶胡與羌通之路。」是元鼎六年事也。紀云「元狩二年，昆邪王降，置五屬國以處之，以其地爲武威酒泉郡」；「元鼎六年，遣浮沮將軍公孫賀出九原，匈河將軍趙破奴出令居，皆二千里，不見虜而還。乃分武威、酒泉地置張掖、敦煌郡」，與傳説皆合，惟云「西置酒泉郡」誤耳。賀以元朔五年封南窌侯，元鼎五年坐酎金失侯，復以浮沮將軍出九原；破奴以元狩二年封從票侯，元鼎五年坐酎金失侯，後一歲爲匈河將軍，攻胡無功，並見本傳，與紀亦合。于丹揚〔一〕丹陽下云：「楚之先熊繹所封，十八世，文王徙郢。」史記楚世家「熊繹居丹陽」，徐廣、潁容並云在南郡枝江。顧野王輿地志云：「秭歸縣東有丹陽城，周回八里，熊繹始封也。」攷丹揚之丹陽，元和郡縣志以爲宣州當塗縣，枝江則荆州縣，秭歸則歸州縣也。括地志以下諸家並主秭歸。自熊繹啟疆，五世至熊渠伐庸、揚越，至于鄂，爭長南服，不應履蹟東圻，故注水經亦有「吴、楚悠隔，繿縷荆山，無容遠在吴境」之議焉。于河南中牟下云：「趙獻侯自耿徙此。」獻侯所徙，不應在鄭地中牟。攷春秋傳「晉趙鞅伐衛圍中牟」，是中牟爲衛地；晏子春秋「晏子之晉至中牟」，是後爲晉所取，與鄭南北相去絶遠。于南郡臨沮下云：「漳水出荆山，東至江陵入陽水，陽水入沔。」陽水，注水經作揚水，云：「水上承江陵，北注于沔。」漳水出臨沮縣，于當陽縣東南百餘里右會沮水，東南逕長城東，東南流注于江。是陽水自入沔，漳水乃入江耳。是皆志之誤。又于廬江下云：「金蘭西北有東

〔一〕「揚」，原作「陽」，據漢書地理志改，下同。

陵鄉。」攷禹貢：「岷〔一〕山道江，東別爲沱，又東至于澧，過九江，至於東陵，東迤北會于匯，東爲中江，入于海。」説者皆以巴丘當東陵，以彭蠡當匯。按：沱在今枝江縣，澧在今華容縣，九江今九江府也，過九江始得東陵，不應反出岳州府之上。且志明言在廬江矣。江自今望江、東流二縣境始東迤北，然則匯亦非彭蠡也。北江今經流江，南江今吴松江，中江自蕪湖縣下流逕高淳、溧陽、廣德、宜興入于震澤，然則匯即震澤耳。于隴西氐道下云：「禹貢養水所出，東至武都爲漢。」于武都下云：「東漢水受氐道水，一名沔，過江夏，謂之夏水，入江。」于沮縣下云：「沮水出東狼谷，南至沙羨南入江。」東漢有兩原，一原出氐道曰漾水，一原出沮縣曰沮水，合爲漢水。志于沮水下著過郡行里，于氐道下不復詳者，明沮、漢爲一也。又于隴西西縣下云：「禹貢嶓冢山在西，西漢水所出，南入廣漢白水，東南至江州入江。」白水即墊江水，西漢亦有兩原，一出廣漢甸氐道徼外曰白水，東至葭萌入漢；一出嶓冢山，志東漢于沙羨入江，西漢于江州入江，是二漢之分也。證以禹貢「嶓冢道漾，東流爲漢」，證以山海經「嶓冢之山，漢水出焉，東南流注于沔」，證以水經釋禹貢山川地名「嶓冢山在氐道南」諸説，知二漢本出一原。亦猶漆水同出俞山，一流南入杜，一流北入涇，俱得漆水之名；駱水同出駱谷，一流北入渭，一流南入漢，俱得駱水之名，其例一耳。漢氐道故縣在上邽、下辨南北，上邽之西南即嶓冢，下辨之東北亦嶓冢耳。是養水爲東漢正原，而東漢亦出嶓冢，無疑也。論者見志以嶓冢專屬之西漢，而不言氐道水所出

〔一〕「岷」，原作「汶」，據尚書禹貢改。

之山，遂疑禹貢之文與志不合。注水經者，以庾仲雍云「漢水至關城合西漢水」，又云「諸言漢者，多云西漢水至葭萌入漢」，又以常璩云「西原會白水逕葭萌入漢」，以下流通之，而不知上流亦無二出焉。漢中記曰：「嶓冢以東，水皆東流；嶓冢以西，水皆西流，是以俗稱嶓冢爲分水嶺。」今西漢出嶓冢西，水始西流；東流出嶓冢東，水即東流，故易辨耳。惟是水經以沮水爲東漢正原，注又以河池故道等水屬之西漢，乃顯與志義不符，而後世因之迷惑，是所不解者一也。又今兩當、略陽二縣之閒，凡水皆應入東漢，而並爲斜谷河所據，其津通互亂，不加關證，其不解者二也。又水經注有獻水，即庾仲雍所稱通東、西二漢之水，今山坂糾雜，莫肯究求，其所不解者三也。又地形志華陽郡有嶓冢縣，隋書地理志漢川郡有西縣，俱云縣有嶓冢山。隋西縣即魏嶓冢縣，在今寧羌州，故葭萌縣地也，而並云有嶓冢山者，是求東漢之原于氐道而不得，遂移漢之西縣于葭萌之地，又妄指其縣有嶓冢山。通典因之，亦謂嶓冢有兩山，一在天水上邽，一在漢中金牛。金牛即隋西縣，後世通人咸爲所惑，其不解者四也。是東漢水之原，以禹貢、山海經暨志而定，以水經暨注而始譌，以魏、隋二志暨通典而大謬。于金城臨羌下云：「西北至塞外，有西王母石室、僊海、鹽池。有昆侖山祠〔一〕。」攷禹貢「織皮昆侖、析支、渠搜」，王肅云「昆侖在臨羌」，蓋互證言之。僊海即西海，王莽所置西海郡在此。注水經云：「今謂之青海。」臨羌，今西寧府故城，在府城西二百餘里。十六國春秋前涼張駿、酒泉守馬岌上言：「酒泉南山即昆侖丘

〔一〕「祠」，原作「詞」，形近而誤，據漢書地理志改。

也，周穆王見西王母在此。有石室、王母堂、珠璣樓，嚴飾若神宫。」此一昆侖也。臨羌西北直酒泉幾七百餘里，而云酒泉南山者，山在今肅州東南二百五十里，正在西寧府之西，故得隸于臨羌耳。于敦煌廣至下云：「宜禾都尉治昆侖障。」廣至在今肅州西沙州衛地。此又一昆侖也，然不言西王母國在此。于河關下云：「積石山在西南，河水出。」志無域外之談，故河水始于此。凡此皆足以破歷代之疑，而增稽古之識者。後人讀書，即爲迂遠者，多乖信好；拘守小言者，又乏真知。班氏之書，洵能發揮六經，垂示百代，而折衷之家絶少，辨折之士無聞。坫資禀愚魯，獨學寡羣，猶思于二千年前探賾索隱。惟班氏之書，于郡國縣道而外，凡山川奇異、都邑鄉聚、祠壇雜祀、三代别國、土地來往、世系本末、户口官市、風俗因革罔不畢具。論注之體要，在先覈故實，并發新義，輪廣之術，尤爲最宜，約舉大綱，蓋有八焉：一曰攷故城。杜預注春秋，酈元注水經，每詳遺蹟，而注水經按引京相璠列國地名，闞駰十三州志采擇尤精。又通典、括地志、史記正義、後漢書注、元和郡縣志、太平寰宇記等書所載故縣，當備録也。二曰攷水道。凡志云某水出某山入某水，當以注水經條證之。或有互異改流，必據辨也。三曰攷山經。郡縣每多改易，水道歷有遷移，惟山則確乎不拔。然古者水無定形，山無定名。水無定形而有定名，山無定名而有定形，當以無定者證有定，有定者證無定，彼此各證，庶得其實。凡志云在某縣南、某縣北，必以本朝見在府聽州縣核表也。四曰尊時制。縣道地址，亦以見在府聽州縣核表也。五曰正字音。凡服虔、應邵、韋昭、蘇林、如淳、孟康、晉灼、鄭德、包愷、伏儼、蔡謨諸人音讀，皆相傳舊説，當具載也。六曰改誤刊。凡傳刻譌謬，相沿脱落，必校正補足也。七曰破謬悠。凡顔籀所妄注、妄改、妄音之處，必盡削，使勿存，庶後人不疑惑也。八曰闕疑闕。凡所不知，難求他助，則闕之也。究此八義，乃無悖班氏之旨。班書惟郡縣名大書，他皆以細字分注，今則俱進爲大字。其分析語釋，以次降格書之，便于閲也。班書本爲第八卷次上下，今畫一至十六爲卷。刱始于乾隆四十三年戊戌之歲，以五十七年壬子之歲汗青始竟。若夫後世諒余苦心，則同志曰友，亦惟德爲鄰矣。

錢先生東壁

錢先生東塾

錢東壁字星伯，號飲石，竹汀子。諸生。工詩古文，善書，著夢漁隨筆、三休亭長遺詩。弟東塾字學仲，號石橋。諸生。攝吴縣訓導。亦能詩善畫，分隸行草，樸茂得古法。著石橋偶存稿、琴道堂詩鈔、月波堂題畫詩。東塾子師康，字鄭鄉，少力學，選拔貢生，由武英殿校書敍官祁門教諭。掩關卻軌，攻苦如諸生。著鄭鄉詩文集、游京草。師慎字許庭，著説文繫傳刊誤。又竹汀從孫師徵，字鑑人，著五代史補注、金石文管見録、漢玉剛卯考。竹汀曾孫慶曾，字又沂，以歲貢生官江陰教諭，通小學，著古今字假借考、説文部居表、隸通、方名別考、嘉定藝文録、魚衣廛文稿、詩稿。

錢先生東垣

錢東垣字既勤，號亦軒，可廬子。嘉慶戊午舉人，官浙江松陽、上虞知縣。先生與弟繹、侗皆通經史，治金石，時目爲三鳳。嘗與繹、侗及同縣秦鑒勘訂鄭志，又與桐鄉金錫鬯輯釋崇文總目，世稱善本。先生爲學，沈博而知要。以世傳孟子注疏繆舛特甚，乃輯劉熙、綦毋邃、陸善經諸家注，及顧炎武、閻若璩並同時師友之論，附以己見，正其音讀，考其異同，爲孟子解誼。又著小爾雅校證、錢志菁華閣帖考異、豐宫瓦當文字、吴興著述類聚補、經義考稽古録辨譌、列代建元表、建元類聚考、勤有堂文集。

錢先生繹

錢繹，初名東墉，字子樂，一字以成，號小廬。諸生。少承家學，嘗以諸經句讀徵引家互有異同，據武億經讀考異，參稽羣籍，爲十三經斷句考。弟侗治方言，未竟而卒。先生取其遺稿，删補釐正，爲方言箋疏。又著爾雅疏證、説文解字讀若考、字詁類纂並釋大、釋小、釋曲諸篇，觸類引申，時稱精博。工諸體書。卒年八十。

方言箋疏序

方言箋疏之作也，余弟同人實首創之，未及成而即世，其本藏之篋笥者十有餘年，及賦梅姪弱冠後始出以示余。余閲其本，簡眉牘尾，如黑蟻攢集，相褋於白蟫趁趁之中，幾不可復辨。余憫其用力之勤，而懼其久而散佚也，乃取而件繫之，條録之。凡未及者補之，複出者删之，未盡者詳之，未安者辨之。或因此而及彼者，則觸類而引伸之。譬之築室，其基址、材木、陶埴之資則同人已具之，若陰陽向背、體立覆蓋、牆垣黝堊、户牖門橛則予實成之。竭數年心力，始得脱稿。自後時加釐正，而塗乙纂改者又十之六。書成後，閒嫌有繁冗處，思欲更爲删節重復，鈔寫多事，卒卒殊少暇晷，兼之手戰目眩，不能捉管，蓋是時余年亦已耄矣。同邑吴子嘯庾，與余爲忘年交，於儕輩中獨好訓詁之學。余出此稿示之，囑爲參訂，頗有條理，且録清本貽余。後爲壽陽祁相國索去。吴子又爲余録有此本，我子孫其弆之，毋任鼠傷蟲蝕也。昔毛西河有弟纂易傳，未卒業而殁，西河爲續成之，今所傳仲氏易即其本也。余之學視西河無能爲役，而事適相類，亦愈以增鴒原之戚矣。爰述其緣起，及成書之本末如此。

錢先生侗

錢侗，初名東野，字同人，號趙堂。嘉慶中，召試賜緞，充文穎館校録，授知縣，以憂歸卒。少即以大學鄭注校朱子章句，能舉其同異。治説文，通曆算，竹汀撰宋遼金元四史朔閏考未竟，先生證以羣書及金石文字，凡非月朔而有干支可推者，如生日、聖節、射柳、擊毬、御殿、游幸、廷試皆有一定日期。又僞齊用金正朔，其朔可攷，金必相同。計補輯一千三百餘條，廢寢食而後成。王侍郎昶撰金石萃編，所論地理、官制多採先生説。又著孟子正義、九經補韻考證、説文音韻表、説文重文小箋、説〔一〕文孳乳表、方言義證、釋聲、吴語詮、羣經古音鈎沈、正名録、至聖世系表、金石録、續隸釋、趙堂日記、歷代錢幣圖考、古錢待訪録、集古印〔二〕證、斯樂堂詩文集、蓬萊山館詩草。子師璟字子宋，著錢氏藝文志。參續疇人傳諸書。

潛研弟子

鈕先生樹玉

別見艮庭學案。

邵先生晉涵

別爲南江學案。

〔一〕「説」，原作「記」，形近而誤，今改。

〔二〕「印」，原作「師」，形近而誤，今改。

孫先生星衍 別爲淵如學案。

談先生泰 别見里堂學案。

吴先生東發 别見儀徵學案。

任先生兆麟 别見鈞臺學案。

李先生鋭 别爲四香學案。

朱先生駿聲 别爲豐芑學案。

瞿先生中溶

瞿中溶字萇生，一字木夫，嘉定人，竹汀女夫也。諸生。官湖南布政司理問。翁元圻、吴榮光、左輔先後爲湖南大吏，均敬禮之。權辰州通判、安福知縣。富收藏，精考證。承修湖南通志，金石一門，最爲賅備，蓋先生所長也。著三體石經辨證、吴郡金石志、古泉山館題跋、百鏡軒圖録、錢志補、續彝器圖録、古官印考證諸書，及奕載堂詩文集。晚境迍邅，多未刊行。參繆荃孫題跋記。

文集

孔子生卒年月辨

公羊襄公廿一年十月經文後云：「十有一月庚子，孔子生。」案：此非春秋經，故左氏無此文。公羊疏解云「左氏經無此言，則公羊師從後記之」是也。然穀梁亦有此文，上無「十有一月」四字。公羊、穀梁散傳附經，經、傳上皆不加「經」「傳」字爲别。且古本三家經與傳皆别行，故漢石經公羊無經文，與唐石經異。唐石經公羊此文直接上文經「會於商任」之「任」字下。穀梁亦然。此文直書其事，與傳之體例不同，是擬於經也。擬於經，雖不得謂之經，然又不得謂之傳。注疏本既以此文跳行低一字，而直加「傳」字於上，非也。又攷陸德明公羊釋文，亦止標「庚子孔子生」，與穀梁文同。下注云：「傳文上有十月庚辰，此亦十月也。一本作十一月庚子，又本無此句。」陸氏但云「一本」，竝不言穀梁，且於穀梁釋文又不標此，與公羊異文，可見唐初公羊傳本已自不同，不定有此「十有一月」四字，而與穀梁有異也。且攷孔穎達尚書序正義引穀梁，以爲魯襄公二十一年冬十一月庚子孔子生，則穀梁亦有「十有一月」者矣。又可見世俗傳寫二傳之本，皆有此異文矣。惟唐石經公羊本有此四字，與陸氏所云之「一本」同，而今本又皆與之合，後人因據以爲公、穀異月者，亦非也。春秋經是年上文明記「冬十月庚辰朔，日有食之」，則是月當有庚子，乃十月二十一日，故釋文云：「上有十月庚辰，此亦十月也。」然則孔子之生，可定爲襄公二十一年十月庚子無疑。且攷公羊序疏引顔安樂以襄公二十一年孔子生後即爲所見之世，又王應麟困學紀聞引二十一年賈逵注經亦以爲孔子生於是年，并引昭公二十四年服虔述賈逵語云「仲尼時年三十五」，竝本左傳襄公三十一年孔氏正義。惟史記孔子世家則以爲生於襄公二十二年，卒於哀公十六年，年七十三。其於世表及魯世家所載皆同。中溶又攷隸釋載延熹八年老子銘云：「孔子以周靈王二十年生，到景王十年，年十有七。」趙德甫金石録跋云：「碑云孔子以周靈王二十年生，今以世家攷之，孔子以魯襄公二十二年生，實靈王二十一年，未知孰是。」據此諸文，則漢人所説，無不以爲襄公二十一年生也。惟晉杜預注襄公三十一年傳「仲尼聞是語也」云「以二十二年生，於是十歲」，及後經書哀公十六年「夏四月己丑，孔丘卒」云「魯襄二十二年生，至今七十三」，皆本史記爲説也。并據釋文云：「本或作魯襄二十三年生，至今七十二，則與史記孔子世家異，此本非也。」又司馬貞史記索隱以公羊與史記不同，因又爲之説云：「蓋以周正十一月屬明年，故誤也。」又云：「若孔子以魯襄二十一年生，至哀十六年，當爲七十三。若襄二十二年生，則孔子年七十二。經、傳生年不定，致使孔子壽數不明。」中溶攷史記年表，魯襄公二十一年，乃周靈王二十年，是歲己酉，至哀公十六年壬戌，實七十四，而非七十三。陸元朗、小司馬不知就年表細攷而正定之，皆爲隨俗不經之語，可笑也。又案何休注公羊此文下云：「時歲在乙卯。」疏引注文則作「己卯」，皆與史記年表「己酉」不合。而疏下又解云：「何氏自有長曆，不得以左氏難之。」中溶案：此作疏者因「己卯」與杜氏長曆「己酉」不合，故强爲之解耳。攷說文，篆書卯作丣，象開門之形；古文酉作丣，象閉門之形。丣爲春門，萬物以出；丣爲秋門，萬物以入，是其義也。故管子幼官篇云：「春三丣同事，秋三丣同事。」卯酉二字，即作丣丣。何氏係漢人，當時尚知古文，故隸書酉猶或作丣，與丣字形相似，後人不知丣爲酉，乃譌作卯，故公羊疏有此說。毛詩泮水「薄采其茆」之「茆」，說文引作「茆」，从古文酉，徐仙民音柳。又柳、留等字皆从古文酉之丣，而今皆誤从卯。可知「己卯」實「己酉」之譌，而「乙卯」則又因乙、己形相近而譌也。且疑古音卯、酉二字相近，故詩「維參與昴」，毛傳：「昴，留也。」孔疏引元命包云：「昴之爲言留也。」史記律〔一〕書「北至於留」，索隱云：「留即卯也。」而樂書又云「牛者，冒也」，與毛傳「昴，留也」同，爲聲相近之字。古音宵肴豪字與尤侯往往相混，故二字聲亦易混。春秋年代干支，史家記載甚明，即杜注左氏，以長曆推算，亦無不合。如前成公十七年十一月「壬申，公孫嬰齊卒於貍脤」，公羊傳曰：「非此月日〔二〕也。」何休注云：「據下丁巳朔，知壬申在十月。」穀梁傳則直曰十一月無壬申，壬申乃十月也。而杜注左氏亦云「十一月無壬申，日誤」。長曆推壬申乃十月十五日，謂公羊、穀梁傳及諸儒皆以爲十月十五日。據此，則何氏所推，與杜氏亦無不合之處，豈有何氏別有長曆并太歲干支不符之理！此亦作疏者之謬說也，「乙卯」必「己酉」之譌。且攷哀公十四年「西狩獲麟」，公羊傳曰：「春秋何以始乎隱？」何注云：「據得麟

〔一〕「律」，原作「樂」，據史記改。
〔二〕「月日」，原作「日月」，據公羊傳乙。

而作。」疏：「解云：『正以演孔圖云獲麟而作春秋，九月書成是也。而揆命篇云孔子年七十歲知圖、書作春秋者，何氏以爲年七十歲者，大判言之，不妨爾時七十二矣。』」據疏此文則卒於十六年，正合七十四歲。然則何邵公亦以爲孔子生於襄公二十一年，此其明證也，與顏、賈、服諸漢儒及漢碑之言無異矣。杜氏哀公十六年注又云：「四月十八日乙丑，無己丑。己丑五月十二日，日月必有誤。」愚謂「己丑」當亦即「乙丑」之譌，其誤與何注「己酉」爲「乙卯」同。後昭公二十二年「十二月癸酉朔」，杜以長曆校前後，當爲癸卯朔，書癸酉誤。蓋又誤丣爲酉，亦即以丣、酉二字形相近而誤也。杜氏不明六書，以致難通。凡春秋傳以卯、酉二字錯誤不合，而皆可案杜氏長曆而證之者甚多也。愚以謂孔子生卒年月日，當定以生於襄公二十一年己酉十月庚子，卒於哀公十六年壬戌四月己丑，則與三傳皆合，而數自己酉至壬戌實七十四歲，非七十三歲。從史記自不若從三傳之爲古而可信矣。明宋學士濂著有孔子生卒年月辨一篇，生主公、穀歲己酉，卒主左氏歲壬戌，相距七十四年，其言不爲無見。而近代閻氏若璩、乃謂黄太沖以曆上推，斷生於襄公二十二年建酉之月二十七日庚子，與羅泌路史脗合，因歎爲定論。予謂路史之言多不可信，改二十一年爲二十二年，并改爲酉月，黄氏所推曆法之是否，不可得而知，而要與公羊、穀梁不合，且與春秋經所紀之朔日干支全不合，豈可信其言而全改春秋經之理乎？外舅錢少詹先生批困學紀聞云：「以三統術推襄公二十一年十月癸酉朔，庚子月二十八日也，是爲宣尼生之日，年從公羊，月從穀梁，與左氏、賈、服説亦合。史記作二十二年，或是傳寫誤一爲二。」先生後又以此説刻入養新録，作十月己卯朔，二十二日庚子。中溶攷春秋朔日干支如有錯誤，杜注以長曆推得，必於注中舉出。此「十月庚辰朔，日有食之」，及上文「九月庚戌朔，日有食之」，經連書兩朔下，杜皆不言其誤。班氏漢書律曆志歷舉春秋朔食之誤，亦不及此文。而九月既是庚戌朔大盡，則十月當爲庚辰朔無疑。豈有春秋經連書之朔，及公、穀所紀之日，皆不可信者邪？且史記世表及魯世家竝與孔子世家文同，世家之字猶或可譌，而表則横行，隔斷先後，難於移錯，不可僅據世家直行之字，以爲誤一爲二也。且據世家言：魯昭公二十年，孔子年三十；又孔子年四十二，昭公卒；定公九年，孔子年五十一；今本脱一。又定公十四年，孔子年五十六；又魯哀公三年，孔子年六十；又孔子年六十三，哀公六年，皆與襄公二十二年生之説合。楊氏穀梁疏謂「馬遷之言與經典不同者非一，故與此傳異年」，其言最爲明通。愚謂春秋爲史官所記，其司曆失閏之處，左氏傳已言之，而其日月不合者，則公羊、穀梁傳又言之。何邵公近生漢代，聞見自真，而杜氏長曆所推，亦皆與之合，可見杜氏長曆灼然不謬。據文公元年孔氏正義云「春秋之世，曆法錯失，所置閏月，或先或後，不與常同。杜惟勘經、傳上下日月以爲長曆，若日月同者，則數年不置閏月；若日月不同，須置閏乃同者，則未滿二十二月頻置閏，所以異於常曆，故釋例云：『春秋日有頻月而食者，有曠年不食者。』理不得一一如算以守恒數，故曆無有不失也。始失於毫毛，尚未可覺，積而成多，以失弦望朔晦，則不得不改憲以順之。書所謂『欽若昊天，曆象日月星辰』，易所謂『治曆明時』，言當順天以求合，非苟合以驗天者也。故當修經、傳日月，以攷晦朔，以推時驗。」下又云：「據經、傳微旨，考月辰晦朔，以相發明，爲經傳長曆，未必得天，蓋春秋當時之曆也。」是杜自言不與常曆同矣。自唐一行爲大衍曆議，斥杜氏置閏爲謬，於是後代之儒紛紛訾議，不思謂杜氏所推未必盡然則可，而謂春秋經連書朔日干支皆誤則不可。春秋修於孔子，傳於三家，又經漢、晉諸儒注解發明，而後儒生於數千百年之後，乃欲假託推算之術，擅改宣聖所修之經，似乎於理有背，亦難傳信將來。且即如一行所斥，杜氏長曆日，子不在其月，則改易閏餘以求合，而此年九月、十月兩紀朔日干支，杜氏竝不言誤，亦未移日就月。後儒不知細心攷核，輒望文生義，人持異說以爲是，而乃轉委咎於經、傳生年不定，致使孔子壽數不明。如唐之司馬貞者，豈不可歎！中溶質愚學淺，不能深究算學，何敢指駁前賢。特以此爲宣聖生卒年壽，不可不辨，而又辨之不可不明也，故詳論之。後人祇以年月不合，則改年月以就庚子之日，而獨不以庚子之日爲疑者，則以有齊時臧榮緒庚子日拜五經故事故也。不知既是庚子，則逆數至前二十一日朔日正合庚辰，有何可疑！皆因今本公羊有「十有一月」四字，惟知執此以論，而不將陸氏釋文等細讀，是以難通耳。夫六甲周旬，必須兩月，此顯而易見者。十月庚辰朔，故此月有庚子，若改十一月，豈得尚有庚子日乎？後人又但信唐之司馬貞及啖助、陸淳輩之說，以周正、夏正爲二十二年解，獨不思若是十一月應否有庚子日，可謂鹵莽之至矣！

李先生賡芸

李賡芸字生甫，又字書田，號許齋，江蘇嘉定人。少事繼母孝。從竹汀學，通六書、蒼、雅、三禮。乾隆庚戌進士，官孝豐、德清、平湖知縣。巡撫阮元以守潔才優薦，累遷嘉興知府，以憂去。起授汀州知府，調漳州，擢汀漳龍道，遷福建按察使。先生能勤其官，所至有政聲。其在漳州，屬縣龍游民械鬬，知縣朱履中不能治。先生以兵往，事定，費帑與履中分任之。監造戰船，飭駁重修，會受代。家人貸於履中，竟其事，先生不知也。及權布政使，以甄别改履中教職，履中指前事訐先生。讞屢不定，總督汪志伊持之急，先生自經死。事聞，上遣大臣熙昌、王引之按治得實，履中等抵罪。福建士民請爲建祠。著炳燭編四卷、稻香館詩文稿。竹汀所著洪、陸、王五譜，先生所校刻也。參阮元撰良吏李公傳、先正事略。

炳燭篇

築氏冶氏錯簡

攷工記云：「攷金之工，築氏執下齊，冶氏執上齊。」又曰：「四分其金而錫居一，謂之戈戟之齊。五分其金而錫居二，謂之削殺矢之齊。」削與殺矢同齊也，戈與戟同齊也，乃築氏爲削不爲殺矢，而冶氏爲殺矢又爲戈爲戟，是以後鄭疑之，注云：「殺矢與戈戟異齊而同其工，似補脱誤在此。」賡芸聞諸江徵士曰：「當云築氏爲削，長尺博尺，合六而成規，欲新而無窮，敝盡而無惡，爲殺矢爲削，冶氏當云爲戈爲戟，則同齊同工，異齊異工矣。記有錯簡，鄭君偶未省耳。」

麻冕

孔安國注以緇布冠釋麻冕，非也。按禮首服有冕有弁有冠，其制不同。周禮「弁師掌王之五冕，皆玄冕朱裏延紐，五采繅，十有二就，皆五采玉十有二，玉笄朱紘」。蓋冕之爲制，以木爲幹，以玄布衣其上，故曰玄冕。以五采繅繩，貫五采玉，垂於延前後，爲之邃延。衮冕十二旒，鷩冕九旒，毳冕七旒，希冕五旒，玄冕三旒。至天子祭天，大裘之冕無旒，則不在五冕之數。諸公旒九就，以下諸侯，以下遞殺。一命之大夫冕而無旒，士變冕爲爵弁。弁服有爵弁，制略同於冕，惟無旒，又爲爵頭色耳。冕者俛也，低前一寸二分。爵弁前後平，故不得冕稱。又有皮弁，會五采玉璂象邸玉笄。又有韋弁，以韎韋爲之。若冠，則以緇布，儀禮士冠禮云「缺項青組，纓屬於缺，緇纚廣終幅〔一〕，長六尺」是也。蓋緇布冠始冠之冠，凡士以上始冠冠之，冠訖不復用。惟庶人猶著之，即詩都人士之「緇撮」，禮記謂「不蕤委武玄縞而後蕤」是也。

它也

它與也，二字形既不同，聲亦不一。然篆形相似，古音相轉，後來未免溷淆。如詑之爲訑，沱之爲池，佗之爲他，此皆當从它，而今易从也，非也。虵之爲陀，當从也，而今易从它，亦非也。段氏玉裁六書音均表於第十七部歌、麻韻内，謂「池」字也聲，在此部，今入支，殆忘説文之無「池」字也。然段氏謂也聲亦入歌、戈韻，猶未的確。蓋「也」字音近殹，而從也之字，若貤爲賜之重文，髢爲鬄之重文，易聲在

〔一〕「終幅」，原無，據儀禮士冠禮補。

五寘；弛重文作𢐀，𢐀聲在五支；地籀文作墬，漢碑及漢書皆用籀文墬字，乃从𨸏从土，彖聲，説文彖讀若弟，彖聲在十二霽；漢書丙吉傳「西曹地忍之」借地爲弟，明古地、弟同聲，弟聲在霽，皆不得入歌、戈韻也。由斯例之，則也聲當入支韻無疑矣。毛詩如鄘風柏舟「之死矢靡他」，他當作佗，與河、儀叶；小雅小旻六章、頍弁首章、漸漸之石三章同；陳風東門之池篇首句亦當作沱；小雅無羊二章、大雅皇矣六章同。然亦有從也之字與歌、戈韻叶者，若邶風新臺「得此戚施」，施與離叶；王風丘中有麻首章「將其來施」，施與麻、嗟叶；小雅車攻六章「不失其馳」與駕、猗、破叶；大雅卷阿十章亦同；小雅小弁六章「析薪杝矣」與掎、佗叶。离聲、麻聲、差聲、加聲、奇聲、皮聲、它聲皆歌、戈韻，此蓋轉音，而非正音也。如尚書禹貢之青黎，漢書地理志作青驪；左成十八年傳匠麗氏，大戴禮保傅篇作匠黎。麗聲，歌、戈、麻韻；黎聲，齊韻也。詩小雅四牡「周道倭遲」，文選注引韓詩作「周道威夷」，即委蛇也。遲聲、夷聲，脂韻；蛇聲，戈、歌韻。凡此可以類推。

氏　氐

氏與氐，兩字也，而形聲相近，每易致誤。从氏之字：祇、示部有祇、有祇，祇訓神祇，祇訓敬。易「祇既平」，説文作禔；「无祇悔」，王肅作禔。案古「是」與「氏」通。凡從「氏」之字，或亦從「多」，如左傳「祇見疏也」，即論語之「多見其不知量也」。又如爾雅「忯忯」，漢書孟康注作「恀」。説文女部「姼」，重文作「㛊」。是凡與「是」通者，以皆當作「氏」，不當從「氐」。芪、䟗、㹢、豉字之重文。疧、忯、恀字之重文。汦、紙、扺、案扺字説文訓側擊，廣韻引説文作側手擊，扺掌而談即此字。今皆作抵，讀如牴，譌。

㚰、㚸字之重文。蚳、坻。从氏之字：祇、牴、呧、趆、迡、詆、此與呧字皆訓呵，當爲重文。羝、柢、邸、眡、視字之重文。見周禮。當从氏族之氏。覗、説文讀若迷。底、厎、重文作砥，即詩「周道如砥」之砥。孟子引作厎。今讀如底字。疑从氏不从氏。奃、泜、紙、蚳、螘子也，讀若祁。籀文作蝨。古文作𧓭，从𡋯。坻、即詩「宛在水中坻」。坻字重文作汷，从攵。又作渚，从者。阺。按説文示部有祇、祇，水部有泜、泜，虫部有蚳、蚔，土部有坻、坻。

唐節度軍號

唐初，兵之戍邊者，大曰軍，如平盧軍、橫海軍、天雄軍之等是也。其官曰某軍使，如天德軍使、江寧軍使、餘杭軍使之等是也。自睿宗景雲二年始置節度使，至玄宗開元時已有八九鎮。安、史亂後，所置益多。或以道名，如隴右、劍南之等是也。或以州名，如邠、寧、汴、滑之等是也。厥後又有軍額之賜，然用地名者少，以嘉名者多。每每更改，或易帥則去之。茲取唐書方鎮表所載，羅列於左，以前後爲次，覈以紀傳，並以資治通鑑訂焉。

平盧。開元七年，治營州。

天兵。開元八年，當治太原。秋，并州長史、天兵節度大使張説。

朔方。開元九年，是歲置朔方軍節度使，領單于都護府，夏、鹽等六州，定遠、安豐二軍〔一〕，三受降城。

〔一〕「軍」，原作「年」，據唐書改。

興平。至德元載，治上洛郡。

振武。乾元元年，領鎮北大都護府，麟、勝二州。

鎮國。上元二年，治華州。亦曰關内〔一〕節度。

成德。寶應元年，治恒州。王溥唐會要：「鎮州節度使，大曆十四年四月名曰成德。」

昭義。大曆元年，治相州。至中和三年，有兩昭義，一治邢州，一治潞州。

永平。大曆七年，賜滑亳節度使號，貞元元年更號。

淮寧。大曆十四年，賜號淮寧軍，尋號申、光、蔡。

鎮海。建中元年，賜浙江東、西兩道節度使號，治潤州。貞元三年罷。會要：「六月以團練爲節度，尋改軍。」

宣武。建中二年，賜宋、亳、潁節度使號，治宋州。會要：「汴、宋、潁、亳節度，建中三年二月二日名其軍曰宣武。」

義武。建中三年置。按：罷成德軍而析其所領之易、定二州置也。會要：「五月。」

保義。建中四年，賜興、鳳、隴節度使號，貞元三年罷。

奉義。建中四年，以隴州置，尋廢。

保寧。興元元年，賜河東節度號。貞元三年，復爲河東。

奉誠。興元元年，以同州置，當年罷。

〔一〕「内」，唐書作「東」。

義成。貞元元年，更永平號。會要：「四月。」

橫海。貞元三年置，領滄、景，治滄州。大和三年罷。會要：「貞元二年二月改淮西。」

忠武。貞元十年，賜陳、許節度號。會要：「貞元二十年四月。」

彰義。貞元十四年，賜申、光、蔡節度號。元和十二年，改淮西。會要：「正月。」

奉義。貞元十九年，賜安黄節度號。元和元年罷。會要：「二月。」

武昌。元和元年，升鄂岳觀察使爲武昌軍節度使，五年罷。

保義。元和元年，升隴右經略爲節度，賜號，尋復舊名。

武寧。元和元年置，領徐、泗、濠，治徐州。會要：「貞元二十一年三月名徐州軍，咸通四年四月降爲支軍，隸兗州。」

鎮海。元和二年，升浙江西道都團練觀察使爲鎮海軍節度使，四年廢。

保信。元和四年置，領德、棣二州，（此蓋升都團練守提使爲之。）五年廢。

天平。元和十五年，賜鄆、曹、濮節度使號。會要：「十年三月平李師道，以十二州分三節度，馬總爲天平軍。」

保義。大和元年，升晉慈觀察使爲保義軍節度，是年即罷。

義昌。大和五年，賜齊、德、滄節度號。會要：「大和五年正月，以滄、景、德置。」

鎮海。大和九年復置數日，既而復置數日廢。

歸義。會昌二年，升天德軍使爲歸義軍節度使，尋廢。會要：「四月，天德都防禦使田年。又天德都團練副使。」據通鑑，六月甲申，以嗢没斯所部爲歸義軍，以嗢没斯爲左金吾大將軍充軍使。三年二月，停歸義軍，以其士卒分隸諸道。

武昌。大中元年復置，三年罷。

武昌。大中四年復置，六年罷。

歸義。大中五年，置歸義軍節度使，領沙、瓜、甘、肅、鄯〔一〕、伊、西、河、蘭、岷、廓十一州，治沙州。十月，沙州防禦使張義潮以河、湟十一州歸。十一月，置軍沙州，以義潮爲節度觀察使。會要作「八月」。

鎮海。大中十二年。

鎮海。咸通三年復置，八年廢。

天雄。咸通五年，升秦、成兩州經略、天雄軍使爲天雄軍節度、觀察、處置、營田、押蕃落等使。

鎮南。咸通六年，升江南西道團練觀察使爲鎮南軍節度使，乾符元年廢。五月辛丑置。壬申，以桂管觀察使嚴譔爲使。

净海。咸通七年，升安南都護爲淨海軍節度使。十一月置，淨作靜，仍以高駢爲使。

定邊。咸通八年，置定邊軍節度，觀察、處置、統押近界諸蠻，并統領諸道行營兵馬制置等使，領巂、眉、蜀、邛、雅、嘉、黎七州，治邛州。十一年廢。九年六月，以鳳翔少尹李師望之奏，置於邛州。即以師望爲巂州刺史，充節度使。十一年正月癸酉廢，以七州歸西州。

大同。咸通十年十月，上嘉朱邪、赤心之功，置大同軍於雲州，以赤心爲使。注：會昌中已置大同軍團練使。

感化。咸通十一年，升徐、泗觀察使爲感化軍節度使，光化元年罷。舊紀其徐州都團練使改爲感化軍節度徐、宿、淮、泗

〔一〕「鄯」，原作「鄭」，形近而誤，據唐書改。

等州觀察處置等使。通鑑：「十一月丁卯，復以徐州爲感化軍節度使。」會要：「十一月。」

鎮海。咸通十一年復置，景福二年徙治杭州，光化元年二月，錢鏐請徙鎮海軍於杭州。

泰寧。乾符三年正月，賜兗海號。

定難。中和二年，賜夏州節度號。會要：「元年十二月。」

保大。中和二年，賜渭北節度號。三月，賜鄜坊號，渭北即鄜坊。

鎮南。中和二年五月復置，以湖南觀察使閔勖爲使，因高安人鍾傳逐江西觀察使高茂卿據洪州也，勖辭不行。

保塞。中和二年，以延州置，光化元年更名。五月置，以授保大行軍司馬延州刺史李孝恭，賞破黄巢、復京城之功。通鑑作三年。

奉國。中和二年，升蔡州防禦爲奉國軍節度使。元年八月，楊復光奏升蔡州爲奉國軍，以秦宗權爲防禦使，復光、忠武監軍也。

代北。中和三年，賜雁門節度號。

欽化。中和三年，升湖南觀察使爲欽化軍節度使，光啟元年改名。八月，置觀察閔勖爲使。

義勝。中和三年，升浙江東道觀察使爲義勝軍節度使，光啟三年改名。十二月，以劉漢宏爲使。

昭義。中和四年八月，李克用請以弟克修爲昭義軍節度使，由是昭義分爲二鎮，澤、潞爲一，邢、洺、慈爲一。天復元年合爲一。

武安。光啟元年，改欽化軍爲武安軍。二年七月，更以授衡州刺史周岳。

武定。光啟元年置，治〔一〕洋州。

感義。光啟二年，升興、鳳二州防禦使爲感義軍節度使。乾寧四年改名。正月置，以楊晟爲使，守散關，時僖宗再幸蜀。

護國。光啟元年，賜河中節度使號。

靜難。光啟元年，賜邠寧節度使號。中和四年十二月。

宣義。光啟二年，改義成軍節度使號。朱全忠請改，以避其父名。

感義。光啟二年。

佑國。光啟三年，升東畿觀察兼防遏使爲佑國軍節度使。光化三年復舊。文德元年六月置於河南府，以張全義爲使。

忠義。文德元年，賜山南東道號，天祐三年復舊名。五月，趙德諲以山南東道降，（泰宗權遣據襄陽者。）朱全忠請爲蔡州四面行營副都統，乃置此軍。

威勝。光啟三年，改義勝軍爲威勝。

永平。文德元年置，領邛、蜀、黎、雅四州，治邛州，大順元年廢。十二月丁亥置，以授王建。大順十月癸未廢，以王建爲西川節度使，其志也。

威戎。文德元年，升彭州防禦使爲威戎軍節度使，領彭、文、成、龍、茂五州，治彭州。十二月，田令孜假威戎節度使，使守彭州。

〔一〕「治」，原無，據唐書補。

忠國。文德元年置，治湖州。乾寧三年十一月，湖州刺史李師悦求旌節，乃置忠國軍。告身旌節未入境，師悦卒。

保義。龍紀元年，賜陝虢節度號。四月。

鎮南。龍紀元年，復升江南西道觀察使爲鎮南軍節度使。

宣義。大順元年六月，更義成名。

武泰。大順元年，升黔州觀察使爲武泰軍節度使。天復三年，徙治涪州。

寧國。景福元年，升宣歙團練使爲寧國軍節度使，天復三年，廢爲都團練觀察使。大順元年三月賜號，以楊行密爲使。

景福二年九月，以鏐爲鎮海軍節度，升武勝防禦也。

威勝。乾寧元年，以乾州置。

匡國。乾寧二年，以同州置。四年四月，賜同州號，以防禦李繼瑭爲節度。注：王行約已爲匡國節度，行約死，復爲防禦使耳。

彰義。乾寧元年，賜涇原號。通鑑大順二年賜涇原號。

清海。乾寧元年，賜嶺南東道節度使號。七月，以薛王知柔爲使，同平章事，仍權知京兆尹，判度支，充鹽鐵轉運使，俟反正日赴鎮。時昭宗駐石門鎮。

寧國。乾寧元年，升容管觀察使爲寧國軍節度使。

鎮東。乾寧三年十月，錢鏐請兼浙東，乃以爲鎮海、威勝兩鎮使。丙子，更威勝曰鎮東。

昭武。乾寧四年，更感義軍名。三月，更名治利州，以前靜難節度使蘇文建爲使。

武信。乾寧四年置，領遂、合、昌、渝、瀘五州。光化元年五月甲午置于遂州，王建之志也。

泰寧。乾寧四年，賜沂海號。

寧遠。乾寧四年六月，置寧遠於容州，以李克用大將容管觀察蓋寓爲節度。

威武。乾寧四年，升福建都團練觀察處置使爲威武軍節度使。三年九月庚申升，以觀察使王潮爲節度。按：梁克家淳熙三山志亦以爲三年。

昭信。光化元年升昭信軍防禦使爲節度，治金州。

寧塞。光化元年更保塞軍名，又更衛國。

衛國。光化元年更寧塞名。

鎮國。光化元年，以華州置，兼興德尹。天祐三年廢。閏十二月。

武貞。光化元年置領澧、朗、溆三州，置澧州。

靜江。光化二年，升桂管經略使爲靜江軍節度使。九月升，以經略使劉士政節度。

保勝。天復元年升隴州防禦使爲保勝軍節度號。

佑國。天祐元年以京畿置，領金、商二州。二年三月，朱全忠奏以長安爲佑國軍，以韓建爲使。三年閏十二月乙丑廢鎮國軍，以金、商隸佑國，以華州隸匡國。

天雄。天祐元年，賜魏博號。

戎昭。天祐二年，賜昭信軍號。十月本置金州時，已爲王建所有。會要云：天祐二年九月以金州置，三年四月復以爲州。

武安。天祐二年，更戎昭號。

武順。天祐二年，更成德號。十月，以朱全忠父名誠也。會要云：九月。

義勝。天祐三年置，領鼎、耀二州。

李先生文藻

李文藻字素伯，一字茝畹，號南澗，益都人。乾隆庚辰進士，選廣東恩平縣知縣，調潮陽縣，擢桂林同知。未幾卒，年四十九。居官以清白强幹稱。購書籍置書院中，以教學者。止械鬭，禁盗牛，以印烙牛角，登簿爲驗，無得隱者。大吏嘗下其法於所部行之。平生窮經志古，肆力於漢、唐注疏。聚書數萬卷，皆自校讐，丹鉛不去手。聞王蘭泉有惠氏易漢學諸書，揮汗借鈔，不以爲苦。嘗訪張蒿菴、江慎修、惠定宇遺書刻之，名曰貸園叢書。尤嗜金石，崖洞寺觀，椎拓無遺。詩文自攄所見，不傍人門户，亦不道前輩之短。所著有南澗文集二卷，及恩平、潮陽、桂林詩集。潛研先生爲己卯鄉試座主，過從最密。既別，書問無逾月，故嘗論之曰「湛思著書，欲以文學顯，而世顧稱其政事，爲三反之一也」。參史傳、錢大昕撰墓志銘。

文集

姑幕攷

昔商侯國有姑幕之名，漢置縣，爲都尉治。王莽時曰季睦。其故城，元于欽謂當在密州；明公鼐則謂姑幕即東莞之境，且援春秋杜注姑幕縣東北兹亭及水經注爲證。水經注引京相璠曰瑯琊姑幕縣南四十里員亭，故魯鄆邑。郡國志東莞有鄆亭，而後齊時，嘗并姑幕入東莞。如謂姑幕在密州，則去東莞二百餘里，安得有四十里之鄆亭乎？此鼐所以正齊乘之失也。然魏收地形志、博物志皆曰姑幕城東南五里有公冶長墓，寰宇記則謂長墓在密州西北五十里，姑幕在莒縣東北百六十里，是齊乘所云當在密州者，原未爲無據。夫一曰在密州，一曰在東莞，二説不同，而安丘舊志獨稱姑幕在今諸、莒之交，故青州府志屬之莒州，辨其非石埠路古城，而以在莒東北百六十里十字路者爲確。蓋從劉璞野述之説，則思容、孝興可不相背。即推之後漢書劉盆子傳，自莒而姑幕，自姑幕而青州，亦無不與道里相脗合。甚矣，其説之得也。若顔師古地理志注及晉志、通典、十道紀、章懷太子俱以姑幕爲薄姑。薄姑乃古爽鳩氏之地，成王時與西國作亂，因滅之，以益太公，六世胡公徙居之，遂爲齊郡邑。路史曰「在臨淄西北五十里，今博興縣北十五里有薄姑城」，而諸説以姑幕當之，其説謬誤，又不待智者而知也。夫姑幕故址雖若難知，而水經謂浯水過姑幕北，博物志謂城東有公冶長墓，去錫山不遠。夫錫山、浯水依然在也，就其地求之，非今十字路邨而何哉！至酈云姑幕故城東有五色土，王者封建諸侯，隨方授之，今其口湮没久矣。

滸山濼水利議

滸山濼在鄒平縣西二十里，其源自章丘縣之萬家口小清河水分支溢入。濼周四十里，爲地可數百頃，東南近長白山，西北地勢亦高，伏秋數面坡水皆匯於中。其北近清河溝。山東通志云濼由清河溝仍入小清河，而今濼水經歲不涸，則其下流不能通暢之故也。小清河自新城縣以下，累歲汎溢爲害，故無敢主導濼入清之議者。按：濼地廣闊，附近居民僅收魚蝦微利，一望淼茫，盡爲茂草。求其如章丘縣之繡江，博興縣之錦秋湖，蒲葦藕稻，爲民重利者，萬不及一。其故貧民知其利而不爲，富民能爲而不敢爲，以周四十里之地，僅有數尺之水，輒棄爲澤國，而不爲之計，深屬可惜。治之之法，似宜先塞萬家口，俾小清河水不得溢入；更疏清河溝爲之尾閭，必無不洩之坡水矣。如以妨於下游爲患，則擬就濼治濼，倣井田遺制，多開溝渠，以容積水，以高田固可禾黍，下者亦宜穇稻，最下仍不失菱藕蒲葦之利。以本縣之民，墾本縣之地，不及半年，應有成效。然後量其地之多寡與其高下，分給附近鄉民，陸續升科，俾爲世業，數年以後，其利當有倍於高田者。

蔡先生雲

蔡雲字鐵耕，元和人。諸生。從竹汀肄業紫陽書院。著人表攷校補一卷、癖談六卷，敍古泉源流，多本師説。又有蔡邕月令章句輯本。陸準癖談序、陶濬宣漢書人表攷校補跋。

陳先生詩庭

陳詩庭字令華，一字蓮夫，號妙士，江蘇嘉定人。以學行著於時，爲竹汀入室弟子。嘉慶己未進士，未謁選卒。通六書之學，謂六書之始，依類象形，形聲相益，而聲亦有義，聲同義同，聲近義近，文字聲音訓詁一以貫之。討論經義，精審詳確。著説文聲義、讀書瑣記。參葛其仁五友傳。

潛研交游

盧先生文弨

別爲抱經學案。

王先生鳴盛 别爲西莊學案。

戴先生震 别爲東原學案。

紀先生昀 别爲獻縣學案。

王先生昶 别爲蘭泉學案。

朱先生筠 别爲大興二朱學案。

翁先生方綱 别爲蘇齋學案。

段先生玉裁 别爲懋堂學案。

汪先生中 别爲容甫學案。

梁先生玉繩

別爲錢塘二梁學案。

褚先生寅亮

褚寅亮字搢升，號鶴侶，長洲人。祖思，縣學生，治穀梁春秋；父省曾，歲貢生，治毛詩，皆有論著。先生九歲爲諸葛武侯論，父見而心喜之。入塾，自力於學，爲府學諸生。乾隆十六年南巡召試，賜舉人，授内閣中書。從都御史梅瑴成受算術。遷刑部主事，監督本裕倉，進員外郎。三十六年，居父喪，年已近六十，哀毁盡禮。服闋，補原官。四十年夏，以病辭歸，主常州龍城書院。久之，又以病辭。五十五年卒。先生少以博雅稱，心力精鋭，讀諸史，訂其譌繆。中年治經，讀儀禮，以鄭注精深，非後儒可及，遂以宗鄭自號。嘗謂宋人説經，好爲新説，惟儀禮爲樸學，空談義理者不能措辭，而朱子以下又崇信之，故鄭學未爲異義所汩。及敖繼公撰集説，與康成立異，特其巧於立言，含而不露，若無意於排擊者。説有不可通，甚且改竄經文，曲就其意。學者苦注疏難讀，喜其平易，乃盛行於世。萬斯大、沈彤於鄭注亦多所糾駁。張爾岐、馬駉但粗爲演繹，於繼公之説，似是而非者，均未能正其失。乃撰儀禮管見，推闡鄭學，匡繼公之謬。又謂三傳註解，惟公羊爲漢學。孔子作春秋，本爲後王制作，後儒訾議之者，實違經旨。依何注撰公羊傳釋例十卷，發揮五始、三科、九旨、七等、六輔、二類之義。又因何劭公言禮有殷制，有時王之制，與周禮不同，撰周禮公羊異義。於天文推步測算之學，尤有神解，撰句股三角術圖解、句股廣問，皆有心得。他所著有周易一得、四書自課録補遺、穀經訂定、朱子年譜、十三經、諸史、諸子、諸家文集筆記、宗鄭山房詩文集、雜記。參史傳。

儀禮管見

鄉飲酒記：「立者東面北上。若有北面者則東上。」經明言東上，故註以統於門解，門在東，則不得以西爲上也。敖氏改經「東」字爲「西」字，以生曲説，不可從。

鄉射記：「勝者之弟子洗觶升酌，南面坐奠於豐上，降袒執弓，反位。」經云「勝者之弟子」，則即是射賓中之年少者矣，以是勝黨故袒執弓。降時始執者，前洗酌有事也。先反射位者，事畢也。註皆依經立訓。敖氏以此弟子爲設楅設豐之輩，位在堂西而不與射，故以「袒執弓」三字爲衍文，而以「反位」爲反堂西之位。刪經破註，非上司馬袒決執弓之比，斷不可從。

燕禮：「媵觚於賓。」凡獻以爵者則酬以觶，今獻既辟正主而不用爵，則酬亦不用觶矣，安可改觚爲觶？

大射儀：「揖以耦左還，上射於左。」上射位在北，下射位在南，兩禮同也。但鄉射位在楅西，從楅向西則北爲右，故云上射於右。大射次在楅東，從楅向東則北爲左，故云上射於左。敖氏乃改「於左」「左」字爲「右」字，謂與鄉射同，亦昧於東西之别矣。

喪服記：「公子爲其母練冠，爲其妻縓冠。」練冠冠紕亦緣以縓，閒傳所云「練冠縓緣」是也。就其質而言之，直曰練冠；就其紕而言之，亦曰縓冠。母重，故言其質；妻輕，故言其紕，其實一也。「縓冠」之「縓」不必改爲「練」。

士虞記：「明齊溲酒。」注以明齊溲酒爲酒而無醴，敖氏謂有醴無酒，蓋據郊特牲「明水涚齊貴新也」，以明齊爲醴，以溲酒爲衍，删經破注，決不可從。下云「普薦溲酒」，專言酒不及醴，斯可知無醴矣。

特牲饋食禮：「三拜衆賓，衆賓答再拜。」敖氏欲改「再」爲「一」，謬也。鄉飲酒衆賓答一拜者，大夫爲主人也。有司徹之答一拜者，大夫爲祭主也。此則士禮，安得以彼相例，而妄改經文乎？下經「主人拜賓如初」亦同。

令華家學

陳先生瑑

陳瑑字聘侯，一字恬生，號小蓮，令華子。舉人。亦通六書，兼習九章，自號六九學人。著説文引經考、説文舉例、春秋歲星算例、國語翼解、六九齋譔述稿。卒年五十九。參葛其仁五友傳。

清儒學案卷八十五

大興二朱學案

笥河提倡説文，請開四庫全書館；南厓、甘盤舊學，致君澤民，又宏獎士林，敦崇實學，皆乾、嘉間主持風會之人，宜當世奉爲泰山、北斗也。述大興二朱學案。

朱先生筠

朱筠字竹君，一字美叔，號笥河，大興人。乾隆甲戌進士，改庶吉士，授編修，累遷侍讀學士。督安徽學政，以實學教士，謂讀書必先識字，特取舊本説文解字重爲校刻，自製序文，揭以四端：曰部分，曰字體，曰音聲，曰訓詁，爲學六書者指示塗徑。又以稽古莫如金石文字，可以證古書之譌，補史事之軼，而篆隸變革，其源流亦可考見，所在搜訪，得裒集千餘種。時朝廷詔求遺書，因疏言「翰林院藏有永樂大典，中多古書，宜就加採録」，且條畫搜輯之法甚備，上嘉之，乃命開四庫全書館，從事編纂。後全書告成，其得之大典中者至五百餘部，自先生發之也。又請仿漢、唐故事，擇儒臣校正十三經文字，勒石太學。會以某生欠考事降級調用。復爲編修，嘗言「翰林以立品讀書爲職」，故終歲足不至達官門，惟聚書數萬卷，考古著録。乾隆四十六年卒，年五十有三。

生平博聞宏覽，解經宗鄭、孔，而兼參宋、元諸儒之説；論史宗涑水，而歷代諸史亦皆考究貫串，證其同異。迴翔詞苑二十年，所至以人才、經術、名教爲重，承學之士翕然向風。著有十三經同異若干卷、笥河文集十六卷、詩集二十卷。參史傳、朱珪撰墓誌銘、王昶撰墓表。

文集

請正經文勒石太學以同文治摺子

臣備員詞館，出任學臣，伏念安徽大省，務思以實學訓迪多士，校藝之餘，輒舉御纂欽定諸經及康熙字典與之講習，諸生亦頗蒸蒸嚮風。第其中詞彩可觀，而樸學未盡，每閲數卷，俗體别字觸目皆是。其尤甚者，瑕、瑕不分，諂、謟莫辨，據旁著處，適内加商，良由經訓之未深，以致字體之罔定。江南且然，何況小省！其何以識字通經，由鄉、會兩試，進應殿廷之對乎？臣竊惟書契之作，聖人所以治百官而察萬民。周禮、漢律，童子試誦，職在小學。漢嘉平中，詔蔡邕等書石經立太學門下，觀視筆寫，至於填塞街陌，傳爲盛事。晉、唐以後，代有石經，而開成之刻，現存陝西，窮經之士，奉爲依據。然則欲多士字體之正，非本經文以示之準，或不可缺。我皇上稽古右文，超越往代，武英頒刻，嘉惠士林，無不詳具，惟上庠之書，未刻於石。臣愚以爲，聖人文德武功美備之後，必將著金櫝，鏤玉版，用式於典謨，以一同文之治。矧六籍所垂，學官弟子朝夕誦法者。敢請敕下儒臣，取十三經正文，依漢許慎説文、梁顧野王玉篇、唐陸德明釋文校定點畫，選擇翰林中書之工書者，以清、漢二體書書之，摹勒上石，刊於國子監之壁，永永昭示萬世。行見多士，益將踴躍於變，於文思之化，鴻都之書不足道也。臣知識短淺，是否可採，伏冀睿鑒施行。

謹陳管見開館校書摺子

竊惟載籍重於左史，目録著於歷代，典至鉅也，制至詳也。我皇上念典勤求，訪求遺書不憚再三，凡在鼓篋懷槧之倫，莫不蒸蒸然思奮勉，獻一得。矧臣蒙恩，職厠文學，敢竭聞見知識一二，爲我皇上陳之。一、舊本鈔本尤當急搜也。漢、唐遺書，存者希矣，而遼、宋、金、元之經注文集，藏書之家尚多有之，顧無刻本，流布日少。其他九流百家、子餘史别，往往卷帙不過一二卷，而其書最精。是宜首先購取，官鈔其副，給還原書，用廣前史藝文之闕，以備我朝儲書之全，則著述有所原本矣。一、中祕書籍，當標舉現有者，以補其餘也。臣伏思西清、東閣所藏，無所不備。第漢臣劉向校書之例，外書既可以廣中書，而中書亦用以校外書。請先定中書目録，宣示外廷，然後令各舉所未備者以獻，則藏弆日益廣矣。臣在翰林，常繙閱前明永樂大典。其書編次少倫，或分割諸書以從其類，然古書之全，而世不恒覯者，輒俱在焉。臣請敕擇其中古書完者若干部，分别繕寫，各自爲書，以備著録。書亡復存，藝林幸甚。一、著録、校讐當並重也。前代校書之官，如漢之白虎觀、天禄閣集諸儒校論異同及殺青，唐、宋集賢校理，官選其人，以是劉向、劉知幾、曾鞏等並著專門之業。歷代若七略、集賢書目、崇文總目，其書著有師法。臣請皇上詔下儒臣分任校書之選，或依七略，或準四部，每一書上，必校其得失，撮其大旨，敘於本書首卷，並以進呈，恭俟乙夜之披覽。臣伏查武英殿原設總裁、纂修、校對諸員，即擇其尤專長者，俾充斯選，則日有課，月有程，而著録集事矣。一、金石之刻，圖譜之學，在所必録也。宋臣鄭樵以前代著録陋闕，特作二略以補其失，歐陽修、趙明誠則録金石，聶崇義、吕大臨則録圖譜，並爲考古者所依據。請特命於收書之外，兼收圖譜一門，而凡直省所存鐘銘碑刻，悉宜拓取，一併彙送，校録良便。臣檮昧之見，是否可採，伏冀睿鑒施行。

説文解字敘

漢汝南召陵許君慎，范蔚宗儒林傳不詳，惟曰「五經無雙許叔重。爲郡功曹，舉孝廉，再遷除洨長。卒於家」。「作説文解字十四篇」。本書召陵萬歲里公乘許沖上書，言「先帝詔侍中騎都尉賈逵修理舊文，臣父故太尉南閣祭酒慎本從逵受古學，博問通人，考之於逵，作説文解字凡十五卷。慎前以詔書校書東觀，教小黄門孟生、李喜等以文字，未定未奏上。今病，遣臣齎詣闕。建光元年九月己亥朔二十日戊午上」。徐鍇曰：「建光元年，安帝之十五年，歲在辛酉也。」按賈逵傳：「肅宗建初元〔一〕年，詔逵入

〔一〕「元」，原作「九」，形近而誤，據後漢書賈逵傳改。

講北宮白虎觀、南宮雲臺。八年，詔諸儒各選高才生，受左氏、穀梁春秋、古文尚書、毛詩。皆拜逵所選弟子及門生爲千乘王國郎，朝夕受業黃門署。」據此，知許君校書東觀，教小黃門等，當在章帝之建初八年，歲在癸未也。本書許君自敘言：「粤在永元困敦之年孟陬之月朔日甲申，次列微辭。」徐鍇曰：「和帝永元十二年，歲在庚子也。」按逵傳，逵以永元八年自左中郎將「復爲侍中、騎都尉，內備帷幄，兼領祕書近署」。據此，知許君本從逵受學。其考之於逵，作此書，正當逵爲侍中之後四年。其後二十一年，當安帝之建光元年，歲在辛酉，君病在家，書成，乃令子沖上之也。其始末略可考見如此。夫許君之爲書也，一曰世人「詭更正文，鄉壁虛造不可知之書」；一曰「諸生競說字解經，誼稱秦之隸書爲倉頡時書」；一曰「廷尉說律，至以字斷法」，「皆不合孔氏古文，謬於史籀」，恐「巧說衺辭使學者疑」，於是依據宣王太史籀大篆十五篇、丞相李斯倉頡篇、中車府令趙高爰歷篇、太史令胡毋敬博學篇、黃門侍郎揚雄訓纂篇諸書，又雜采孔子、楚莊王、左氏、韓非、淮南子、司馬相如、董仲舒、京房、衛宏數十家之說，然後成之。又曰「必遵舊文，而不穿鑿」；又曰「非其不知而不問」。蓋其發揮六書之指，使百世之下，猶可以窺見三古制作之意者，固若日月之離天，江河之由地。其或文奧言微，不盡可解，亦必明者之有所述，師者之有所授。後學小生，區文陬見，不得而妄議已。易曰：「書不盡言，言不盡意。」喇其大要，約有四耑：一曰部分之屬而不可亂。敘曰：「其建首也，立一爲耑。據形系聯，引而申之，以究萬原，畢終於亥。」是以徐鍇作繫傳有部敘二卷，本易序卦傳爲之，推原偏旁所以相次之故，使五百四十部一字不紊。今起東既疑韻書，而比類又從字體便於檢討，實昧聲形。自李燾之五音韻譜作，而部分紛然，自亂其例矣。一曰字體之精而不可易。夫篆本異文，而今同一眷者，奉、奏、春、秦、泰是也。篆本同文，而今異所从者，䢔、從、赴、徒是也。賊之从戈，則聲而改从戎，賴之从貝，刺聲而改从負，半譌也。羼之爲舜，壼之爲壺，因之爲曲，爵之爲爵，全譌也。以气化之气當乞，而氣牵之氣遂當气，於是有俗餼字；以萎飼之萎當餧，而饑餧之餧遂當萎，於是有俗餵字，此因一字以譌數字者也。匈已从勹而又从肉，巛已从川而又从水，既重其類；亜从土而加土，蜀从虫而加虫，又重其从，此并二字以譌一字者也。从者失从，滋者不滋，自隸一變之，楷再變之，而字體莫之辨識矣。一曰音聲之原可以知。農之从晨、囟聲，玉篇囟、窗同。考工記匠人「四旁兩夾窗」，窗一音悤，徐鍇以爲當從凶乃得聲，非也。移之从禾、多聲，古音弋多反。楚辭：「夫聖人者不凝滯於物而能與世推移，舉世皆濁，何不淈其泥而揚其波」。徐鍇以爲多與移聲不相近，非也。能之足似鹿，从肉、㠯聲，古音奴來、奴代反。詩：「其湛曰樂，各奏爾能。賓載手仇，室人入又。酌彼康爵，以奏爾時。」徐鉉等以爲㠯非聲，疑象形，非也。摘之從手、啻聲，陟革反，去聲則陟寘反。啻與商同文，摘與適同聲。詩：「勿予禍適，稼穡匪解。」徐鉉等以爲當从適省乃得聲，非也。此音聲之可據者也。一曰訓詁之遺可以補。易：「其牛掣。」掣，一角仰也。爾雅：「皆踊掣。」郭注：「今竪角牛也。」書：「西伯既戡黎。」戡，从戈、今聲，殺也。不當作戡。戡，刺也。詩：「深則砅。」砅，从水、从石，履石渡水也。「在彼淇厲」，蒙「梁」而言，亦此訓也。「得此𪓰鼀。」𪓰一爲鼁。鼁鼀，詹諸也。「縞衣綦巾。」綦从糸、畀聲，未嫁女所服，處子也。周禮：「兆五帝於四郊。」兆，畔也，爲四時界祭其中也。春秋傳：「修涂梁溠。」溠，荆州浸也。職方氏豫州「其浸波溠」，鄭注「春秋傳曰楚子除道梁溠」，則溠宜屬荆州，在此非也。「闕砮之甲。」砮，水邊石也。論語：「小人窮斯爁矣。」爁，从女、監聲，過差也。孟子：「呭呭猶沓沓。」呭呭，多言也；沓沓，語多沓沓也，所謂言則非先王之道也。爾雅：「西至汃國謂四極。」汃，从水、八聲，西極之水也。廣韻：「汃，府巾切，西方極遠之國。又普八切，西極水名也。」不當作「邠」。邠，周大王國也。此訓詁之可據者也。部以屬之，體以別之，音以審之，訓以絜之，文字之事加諸蔑矣。後之非毁許君者，或摘其一文，或泥其一説，歷代以來，不量與撼，要無足論。惟近日顧氏炎武，修紹絶業，學者所宗，而於是書，亦有不盡然之言。竊恐瞽説附聲，信近疑遠，是不可以不辯。今如所舉，秦从禾以地宜禾，宋从木爲居，辥从辛爲辠，威爲姑，也爲女陰，殹爲擊聲，困爲故廬，晉爲日無色，貉之言惡，犬之字如畫狗，有日不宜有，襄爲解衣耕，弔爲人持弓會敺禽，辱爲失耕時，臾爲束縛捽抴，罰爲持刀罵詈，勞爲火燒門，宰爲辠人在屋下執事，冥爲十六日月始虧，刑爲刀守井，凡此諸説，皆始造文字，取用有故，必非許君之所創作。書契代遠，難以强説，復不當删，是以觀象闕文之訓明著於敘，豈得以勦説穿鑿横暴先儒乎！至若江别汜洍，舄殊擥已，逑救各引，載斾爲坺，當時孔壁古文未亡，齊、魯、韓三家之詩具在，衆音雜嗽，殊形備視，豈容廢百舉一，去都即鄙邪？又言「别指一字，以鎦當劉，以甹當由，以絻當免」，此説亦非。按本書之例，从某者，有其部也；某聲者，有其字也。瀏之从水、劉聲，紬之从糸、由聲，勉之从力、免聲，具著於篇，乃知書闕有閒，傳寫者之過，謂「别指一字」以當之者，謬矣。記曰：「今人與居，古人與稽。」居不當爲法古乎？易曰：「是興神物，以前民用。」用不當爲卜中乎？費誓之「費」改爲「粊」，訓爲惡米，按陸德明經典釋文曾子問注作粊誓，粊音祕，鄭君說也。童爲男有辠，按易「喪其童僕」作「童」。至僮之字，國語「使僮子備官而未之聞」，韋昭注：「僮，僮蒙不達也。」史記樂書「使僮男僮女七十人俱歌」，本書敍尉律「學僮十七已上」亦同。當知僮子之僮从人，辠人爲奴者正作童也。訓參爲商星，乃連大書，讀參商星也。即如水部「河，水出焞煌塞外」，「泑，澤在昆侖下」之例，明參與商同爲星，非參商，亦不知也。其引齊之郭氏及樂浪事，古人往往隨事博徵，不拘拘一說也。至援莽傳及讖記，以劉之字爲丣金刀，謂許君脱其文，按劉之字从刀、从金、丣聲，丣古酉字，非丣也，讖記不可以正六書。後漢書光武紀論王莽「以錢文有金刀，改爲貨泉。或以貨泉字爲『白水真人』」，於篆「貨」或近「真」，「人泉」豈得爲「白水」邪？五行志：「獻帝初，僮謡曰：『千里草，何青青；十日卜，不得生。』」以千里草爲董，十日卜爲卓。按重字从壬、東聲，非千里草；早爲日在甲上，非十日卜，又可據以爲證乎？又援魏太和初公卿奏，於文文武爲斌，言古未嘗無斌字。按彬从彡、从林，爲文質備。文武之字，經典闕如，不知所从，無以下筆，徐鉉列之俗書，是也，又可據魏以疑漢乎？凡顧氏所說，皆不足以爲許君病，輒附疏之，用詔學者。

漢西嶽崋山廟碑跋尾

余讀歐陽氏、趙氏、洪氏、董氏稱引集靈宮所見，與夫顧氏考左尉之制，京兆尹遣掾佐之事，及勅若、仲若登假之文，詳哉其言之也。而余同年友錢君曉徵，又據洪氏隸釋校此本，文之亡者九十七，其殘缺者又數字，蓋宋末拓本也。此本明萬曆中嘗藏陝西東肇商雲駒、蔭商雲雛兄弟家，尋以贈平武郭宗昌允伯。允伯命侍史史朗、靈偃輩重裝之，時天啟元年正月四日也。一時名流書跋者十餘人。入國初，華陰王宏撰無異得之，戒子孫不得輒乞人跋尾。其後自北而南，歸歙之何氏。上海黄文蓮星槎爲徽州學官，乾隆丙戌，此本與山谷手書同時並獲。癸巳，余在江南，將北旋，星槎自全椒來謁，曰：「山谷書，吾家物也。此碑，吾與之數年俱足矣。奇物當以歸公。」余乃攜之北行，書跋其尾。按碑云「高祖初興，改秦淫祀」。史記封禪書高祖詔曰：「吾甚重祠而敬祭。今山川諸神當祠者，各以其時禮祠之如故也。」碑云：「太宗承循，各詔有司，其山川在諸侯者以時祠之。」封禪書：「文帝即位。始名山大川在諸侯，諸侯各自奉祠，天子官不領。及齊、淮南國廢，令太祝盡以歲時致禮如故也。」碑云：「孝武皇帝巡省五嶽，禋祀豐備，故立宫其下。」漢書郊祀志：「於是濟北王以爲天子且封禪，上書獻泰山及其旁邑，天子以他縣償之。常山王有罪，遷，天子封其弟真定，以續先王祀，而以常山爲郡。然後五嶽皆在天子之郡。」又曰：「自封泰山後，十三歲而周徧於五嶽、四瀆也。」又考武帝紀，南嶽巡省，惟見於元封元年之詔，曰「朕用事華山，至於中嶽」。餘不數書者，則以宏農郡近在畿内故也。碑云：「仲宗之世，重使使者持節祀焉，歲一禱而三祠。」郊祀志：「宣帝五嶽、四瀆皆有常禮。惟泰山與河歲五祠，江水四，餘皆一禱而三祠也。」志又稱宣帝「立三年，尊孝武廟爲世宗，行所巡狩郡國皆立廟。告祠世宗」，而碑稱孝武，不稱世宗。至仲宗，「仲」字通「中」，見平帝紀元始四年，「安漢公奏尊孝宣廟爲中宗，孝元廟爲高宗，天子世世致祭」。此則莽舉之，而東漢建武以後承尊之者也。按碑所引漢制，歷歷粲然，與遷、固二書相發，所謂徵而益信者與。碑又云：「袁府君諱逢，字周陽，汝南女陽人。」按：逢，安曾孫。後漢書袁安傳安子京字仲譽，京子湯字仲河，湯次子逢字周陽也。按：湯，桓帝初爲司空，以豫議定策封安國亭侯，食邑五百户。卒，謚曰康侯。長子成早卒，次子逢嗣，故碑稱逢曰安國亭侯也。傳又稱靈帝立逢以太僕豫議，增封三百户。後爲司空，卒於執金吾，贈車騎將軍印綬，加號特進，謚曰宣文侯。而碑載逢自宏農太守遷京兆尹，在延熹八年。越三年，而靈帝入，即位，爲建寧元年，時逢已以太僕豫議，則是桓帝永康之末，逢自京兆尹遷太僕。其自京兆尹以前之官，傳悉略而不載也。然則此碑之足補益范書者又如此。若夫碑字之工，爲漢隸冠，姑不必論。今竊據六書以考是碑，其可以見篆隸楷之遞變者有六：一曰本字，二曰古通字，三曰與小篆合，四曰變篆而意則存，五曰變篆作俗書之俑，六曰篆變而楷不从。按「虚」爲本字而今作「墟」，詩「升彼虚矣」，爾雅「有崑崘虚之璆琳琅玕」可證也。「礿」爲本字而今作「禴」，公羊傳「夏曰礿」，注「薦尚麥魚始熟可礿」，揚雄箴「東鄰殺牛，不如西鄰麥魚」可證也。「崋」爲本字而今作「華」，山海經「大崋之山削成而四方」可證也。「凴」爲本字而今作「憑」，今經典所載，惟尚書顧命「凴玉几」作俗「憑」字，餘皆作「馮」可證也。此本字，一也。「壹」與「一」通，詩「壹發五豝」是也。「脩」與「修」同，易「脩辭立其誠」是也。「假」與「遐」通，郊祀志「假逖合處」，師古曰「假即遐字，其字從彳」是也。「趾」與「址」通，左傳「略基趾」，注「城足」是也。「亨」與「享」通，易「公用亨于天子」是也。「摩」與「磨」通，左傳「摩厲以須王出」是也。「大」與「太」通，詩「大無信也」是也。「共」與「恭」同，詩序「柏舟，共姜自誓」，禮記「是以爲共世子」是也。「女」與「汝」通，漢書地理志汝南郡其縣女陽、女陰，師古曰「女讀曰汝」是也。此古字通，二也。其「矦」字从人从厂，象張布；「殷」字从反身；

「興」字从同，「秦」字从禾，「⿱止戈」字从止戈，「⿱兆豆」字从兆，「風」字从凡，「𤼵」字从𠂆，「起」字从夭从止从己，「精」字从丹，「銘」字从今从金在土中，「甘」字从口，「奋」字从申，「州」字从重川，「惟」字从篆文心，「恭」字从心，「尉」字从灬，「陰」字从今从云，「臨」字从臥从品省，「會」字从古文㑹，此與小篆合，三也。其「寑」字作㝲而不作寑，「其」字作丌而不作其，「年」字作秊而不作年，「農」字作𨐌而不作農，「制」字作剬而不作制，「達」字作逹而不作達，「巖」字作𡾰而不作巖，「荒」字作巟而不作荒，「梁」字作𣑁而不作梁，「雝」字作雝而不作雍，「展」字作㞡而不作展，「斂」字作歛而不作斂，「香」字作香而不作香，此變篆而意則存，四也。至於周从用而作周，禮从示从豐而作禮，㞢从中从一而作之，通从马从用而作通，气象形而作氣，歲从步戌聲而作歲，夏从頁从臼从夊而作夏，承从卩从𠬞从手而作承，詔从刀从口而作詔，時从㞢从寸而作時，豐从豆上象形而作豊，僊从䙴而作僊，歬从止在舟上而作前，亾从入而作亡，卤爲鳥在巢上象形而作西，㴱从𥥍而作深，垂从土𠂹聲而作垂，亏从丂从一而作于，桑从叒而作桒，𦏲从舛𣟭聲而作舞，灘从𦰩而作漢，兼从秝从又而作兼，章从音从十而作章，馨从香而作馨，吉从士而作吉，𣞤从亡𣟭聲而作無，明从日月而作明，京从高省而作京，陵从夌而作陵，得从見从寸而作得，掾从彖而作掾，悳从直而作德，勅从束而作勅，潁从水而作潁，此變篆作俗書之俑，五也。又施作施，是作昰，虞作虞，原作原，峻作峻，朔作朔，致作致，此篆變而楷不从，六也。《記》曰「瑕不掩瑜，瑜不掩瑕」，謂之君子之貴玉，故具言此碑得失是非之不相掩，輒録如右，以質諸深於六書者考之。

大宗間代立後議

儀禮傳曰：「大宗者，收族者也，不可以絶。」何休公羊注曰：「小宗無子則絶，大宗無子則不絶，重適之本也。」小宗者，繼禰者也；大宗者，繼其始祖者也。傳曰：「何如而可以爲人後？支子可也。」明乎繼禰者不可以爲人後也。又曰：「何如而可爲之後？同宗則可爲之後。」明乎宗子之族人，皆可以後宗子者也。宗子在殤而死，如之何？曰：「以殤子之族同昭穆者後殤子之父，而爲殤子服兄弟之服。」傳曰：「爲殤後者，以其服服之也。」言殤子無爲人父之道，而大宗不可絶也。宗子殤，而族人之同昭穆無在者，如之何？曰：「宗子在殤而既冠昏矣，有成人之道，可勿殤也。不然，其擇諸殤子之兄弟之子，以爲殤子之父後乎！」古之人蓋有間代以立後者，不獨後其祖父而已，雖曾祖、高祖可也。此禮之變也。晉書荀顗傳：「無子，以兄孫徽爲嗣。」何琦之從父以孫紹族祖，琦議以爲宜，且曰：「禮緣事而興，不應拘常以爲礙也。」雷次宗釋喪服爲人後者之文，以爲「不言爲所後之父者，所後其人不定，或後祖父，或後曾高祖，故闕之也」。次宗與琦所言，可謂達禮之變矣。或曰：「殤不立後，疑無母也。間代以立後，不疑於無父乎？」曰：「宗子者，繼祖者也。去其父而爲族人之子，且爲之服斬衰三年者，凡爲祖故也。夫惟虚其世以立之後，而不使或紊乎昭穆之次序，然後可以傳宗祀之重，而收族之道於是乎在。收族所以敬宗，敬宗所以尊祖，又何疑於爲父乎？苟不通乎禮意之變，而堅執乎疑無父之説，則大宗或可以無後。大宗無後，其絶之矣！」

與賈雲臣論史記書

前夕，足下與鑒戍相過，辯史記之名自遷始，前古無之，且以周本紀「伯陽讀史記」爲遷所妄加者。雖一時之論，筠頗不以爲然，然足下方持論甚堅且力，筠時亦未有實據以對，恐不足以折足下之口而服其心，故辭云「徐考之」。及退而考之，果非也。古之王者必有史官，其所書爲史記，尚矣。記曰：「動則左史書之，言則右史書之。」藝文志曰：「左史記言，右史記事，事爲春秋，言爲尚書。」史記之名，不始於遷，猶春秋不始於孔子也。杜預云：「春秋者，魯史記之名，楚謂之檮杌，晉謂之乘，而魯謂之春秋，其實一也。」孔穎達云：「據周世法，則國有史記，當同名春秋。獨言魯史記者，仲尼修魯史記所以爲春秋也。」賈逵云：「周禮盡在魯矣，史法最備，故史記與周禮同名。」如三說者，信可謂史記始於遷乎？然足下必謂三子皆後於遷，承遷說也。孔安國尚書序云：「先君孔子約史記而修春秋。」班固贊遷傳亦云：「孔子因魯史記而作春秋。」然則春秋之先有史記，可謂自遷始乎？足下又必謂孔傳爲僞作，且安國與遷同時，或附會遷說而爲之。且如是，是亦未得史記之書之可見而徵者。逸周書史記解：「穆王命左史戎夫取古之亡國華氏以下二十八君以爲戒，俾戎夫朔望以聞。」其序曰：「穆王思保位維艱，恐貽世羞，欲自警悟，作史記。」逸周書雖後出，然劉向所録及班固志並著周書七十一篇，謂孔子所論百篇之餘，而司馬遷周本紀述武王克殷事正與之合，其可以得史記之名所自出矣。然筠又有所考者，不獨史記之名不自遷始，而遷書之名史記或反出於後世。遷之自序其父談之言曰：「自獲麟以來四百餘歲，諸侯相兼，史記放絶。」又曰：「遷爲太史令，紬史記金匱之書。」李奇注亦云：「遷爲太史令後五年，適當武帝太初元年，此時述史記。」曰放絶，曰紬，曰述，則知當時實有其書，而非遷始作之，明甚。至其歷舉所著本紀、表、書、世家、列傳之名，既皆列於篇，而又曰「凡百三十篇，五十二萬六千五百字，爲太史公書。序略，以拾遺補藝，成一家之言」，未嘗自列之爲史記也。班固作傳亦仍之，云「遷死後，其書稍出。宣帝時，遷外孫平通侯楊惲祖述其書，遂宣布焉」。贊稱「遷有良史之材」，其「善序事理，謂之實録」。而藝文志春秋家有太史公百三十篇，十篇有録無書，未嘗言史記百三十篇也。至隋經籍志云「史記、漢書，師法相傳，並有解釋」。於是並列裴駰、徐野民、鄒誕生三家所注撰，始以遷書謂之史記。然遷書自名太史公書，不名史記，而後人特重其書，以爲自黄帝以來，迄於楚、漢，古史記之書，皆賴是以存，遂以史記之名當之，相傳於世。其後韓退之、柳子厚出，倡爲立言明道之文，獨仍其書爲太史而不改，故其言曰「下逮莊、騷、太史所録」，曰「參之太史以著其潔」，尤其足以〔一〕爲據而無疑者。夫古者曰書，曰春秋，曰史記，曰語，曰志，曰意，曰紀不同，大抵史家者流，要皆各有承述指義，隨所得以名其書。非如後人輒喜新異，更自標置，曰吾著某書某名，不惟其實而名之求，比考其名以求其書之所言，或實不足以稱之。古人不若是也。足下當思吾輩讀書，平心博覽，以求古人之用意，猶懼不得。一時放然喜議論，往往是非顛倒失實，不足據。或又從而執之，此大不可。斯辯所争甚小，然名實之際，好

〔一〕「以」，原脱，據笴河文集補。

古者所講求，而筠竊大懼足己不學之患將中於是，所當與足下以爲切戒〔一〕。

附録

先生爲諸生時，嘗館劉文正統勳家。及文正爲相，先生絕不通謁。一日遇於朝，文正呼之曰：「不念老夫耶？」先生曰：「今某已服官，非公事不敢見貴人，懼人之議其後也。」文正歎息稱善。李威撰從游記。

先生視學安徽，以故歲貢生婺源江永、故處士歙縣汪紱皆皖中名宿，著作等身，特躬拜其主，請祀鄉賢，並於亳州陳烈女、阜陽張烈女、和州薛孝子諸墓各爲立碑致祭，以樹風聲，聞之莫不興起。孫星衍撰行狀、汪中撰學政記。

先生在福建時，有閩清某生，爲攝令某鍛鍊入獄，坐以殺人罪。先生發其覆，言之大吏，冤得雪，士林爲之氣振。朱珪撰墓誌銘、余廷燦撰傳。

先生提倡風雅，振拔單寒，於後生小子，見一善行及詩文之可喜者，即稱道不去口，饑者食之，寒者衣之，有廣厦千間之槩，一時才人學士從之如歸焉。漢學師承記。

〔一〕筠河文集「戒」下有「筠非好辯，實退而反復考之，知其如是，故以聞，幸財擇之」二十二字。

朱先生珪

朱珪字石君，號南厓，筠河之弟。乾隆戊辰進士，改庶吉士，授編修，官至體仁閣大學士。先生官翰林時，直上書房，侍仁宗讀書，進五箴於藩邸，曰養心，曰敬身，曰勤業，曰虚己，曰致誠。上嘗置諸座右。及親政，由安徽巡撫，以吏部尚書入京供職，即於途次疏言：「親政伊始，遠聽近瞻。伏願以上天之心爲心，祖考之志爲志，思修身，嚴誠欺之介。於觀人，辨義利之防。君心正而四維張，朝廷清而九牧肅。身先節儉，崇獎清廉，自然盜賊不足平，而財用不足阜矣。」上嘉納之。既爲相，凡國家大政，有所諮詢，皆造膝自陳，不草一疏，不沽直，不市恩，軍機大臣不相關白。在户部，上禁浮收漕米之弊。外省以運丁貧，仰資州縣，州縣取民，不得不浮，於是安徽有加贈銀，江蘇有加耗米之請。先生思之不寐，綜其數，較原徵加倍，乃決駁曰：「小民未見清漕之益，先受加賦之害，不可行。」并令曹司，凡事近加賦皆駁，以體損上益下之意。病中作芻獻詩云：「天道誠難測，民心惟一中，知人可安衆，居所自持公。」嘉慶十一年卒，年七十六，贈太傅，入祀賢良祠，特諡文正。詔曰：「大學士朱珪官翰林時，皇考簡爲朕師傅，其所陳説，無非唐、虞、三代之言，不特非法不道，即稍涉時趨之論，亦從不出諸口。啟沃良多，揆諸諡法，實足當『正』字而無愧。」先生弱冠登第，歇歷中外五十餘年，清介忠正，遇事能持大體。其於學無所不通，凡漢儒之傳注，宋儒之性道，皆精研而實踐之。每衡文，必誠心鋭力以求樸學，經生名士一覽無遺；遇有佳文未薦被落者，輒爲歎息稱道不置，海内士心嚮往悦服。著有進呈文稿二卷，知足齋文集六卷，詩集二十四卷。參史傳、揅經室集神道碑。

文集

重修藍田書院記

藍田一曰杉洋，距古田縣治東百里而遠，昔設同知巡檢司於此。有石城，周六里，居民千家。城東有書院址，創始於南唐建陽令余公焕，宋時其裔孫復有記。相傳慶元閒紫陽文公嘗至此，手書藍田書院，刻於石壁。其西五里爲西齋，書曰擢秀書齋。當時余公偶字占之，偕其兄亮從文公游，與東萊勉齋爲友，著克齋集。同邑蔣康國、林夔孫、林師魯、林大椿、林用中皆游文公門。蓋地鄰延、建，近大賢之居，宜乎一時賢喆聞風蔚興，而晦翁手跡如聚星引月，徧於高巖深厂間也。閲四五百年，至明季燹焉。官既裁徙，則舉廢難。予自庚辰宦閩，壬午攝郡試，擢余生席珍，及庚子來視學。明春，余生以重修書院告。又明年，工竣，摹石繪圖具説，請爲記。予惟文公之學以窮理爲先務，數傳以後，家讀其書，流爲口耳瑣細之辯，不克返諸身心，見諸實事，故明儒起而矯之，復古本大學曰知行合一。然公之得力在於慎獨躬行，而必先以致知格物者，豈未嘗灼見乎内外標本之故，確然相因而不可闕耶？蓋君子無不欲爲善，而每誤於不知；小人或敢於爲惡，其甚必由於知之謬妄。今有憂其子之疾而誤投以藥者，非不仁也，不知害之也。雖甚饑渴，不爭蛇虎之食者，知之真也。譬如登高適遠者，知其曲折險易，則危峻幽隘必達焉。苟不辨其東西高下，冥行而擿埴，則跬步不免於顛蹷。故知行還相爲用，猶志氣之交也。竊謂聖學之要，以孔子自著者爲定。大賢以下，有爲言之，則輕重畸。文言傳曰：「忠信，所以進德也；修辭立其誠，所以居業也；知至至之，可與幾也；知終終之，可與存義也。是故居上位而不驕，在下位而不憂。」此天德人道誠明合一之功，獨於乾之九三發之也。今之學者，既汩於時俗鄉市之陋，蘄其卓然振拔於聖賢之徒不欺其志者鮮矣。諸生知復書院於五百餘歲之後甚韙，抑知復文公之所以爲教，以求人之所以爲人者曷在？蓋古今無二性，而知行無二學，義利明則趨向正，由是而上溯進德、居業、知幾、存義之真傳，庶幾不悖乎希賢希聖之士也夫。

無前知論

前知之說何昉乎？易曰：「神以知來，知以藏往。」又曰：「數往者順，知來者逆。」是故易逆數也。知易者莫如周公、孔子，則能前知者宜莫如周公、孔子矣。然而周公使管叔監殷，孔子不止子路仕衛，未有知兄之必叛且誅而姑使之，知門人之必醢而不固止之者也。子曰：「不逆詐，不億不信，抑亦先覺者，是賢乎！」子張問：「十世可知也？」子曰：「殷因於夏禮，所損益可知也；周因於殷禮，所損益可知也。其或繼周者，雖百世可知也。」聖人之所謂前知者，如是而已。故有可知者，「天不變，道亦不變」；「千歲之日至，可坐而定」；「惠迪吉，從逆凶」，善不善必先知之是也。有所不知者，封建變而爲郡縣，晉、楚變而爲項、劉，二氣之災祥，五行之錯幻，人心朝舜而暮蹠，人事昨矢而今函是也。世之好異者，作爲讖緯以附會孔子，曰吾師蓋嘗知之云爾。夫孔子之聖，不必前知。使其前知，則當與回終日言時，已灼知其不久矣，何待其死而慟耶？孟子以下，其書具在，其不能前知，不待辨也。或曰：「儒者則不必前知矣。二氏之道，其必能之。」曰：「否，否。老子曰：『前知者，道之華而愚之始也。』是老子不必前知也。楞嚴經曰：『此閻浮提除大海水，中間平陸有三千洲。若復此中有一小洲，只有兩國，惟一國人同感惡緣，則彼小洲當土衆生覩諸一切不祥境界，或見二日，或見兩月，其中乃至暈適珮玦，彗孛飛流。但此國見，彼國衆生不見不聞。』夫日月之食，後代推測益精，不如經之所説也，是如來亦有所不知也。」或曰：「鬼神之道，無不前知。然爲因果之説者，凡人之吉凶禍福，一視其人之善惡而乘除推遷之。夫既可轉移矣，則亦烏能前知之？如不可移，是人事之修省無益也。」或曰：「卜筮之術，精靈之物皆能前知。」曰：「不然。神龜能見夢於元君，而不能避余且之網；能七十二鑽而無遺策，不能脱刳腸之患；眭孟、京房皆不自知其死，是智有所不逮也。千年之狐，其辨足以屈張華，而不料其將見殺。是物彪固有所不知也。必曰無一機之先兆，無一物之先覺，則誠拘於墟矣。然而有知、有不知之理，不可易也。是以君子素其位而行不願乎其外，居易以俟命，不爲萬變所惑，豈不卓哉！」

不得已而之景丑氏宿焉解

孟子不受齊王之召見，而託疾不朝。及明日出，而王使來，仲子飾詞以對。又爲要路之請，孟子不聽，則徑歸耳。歸而不肯朝之跡自著，何不得已哉！趙岐注云：「孟子迫於仲子之言，不得已而心不欲至朝，因之其所知齊大夫景丑之家而宿焉，且以語景丑氏。」朱子集註無釋，後之講家乃皆以孟子爲終不朝，而「不得已」三字懸而無著，心竊疑之。夫孟仲子，孟子之從弟而受業者也。以其對、其要爲非，則斥之可矣，何嫌何迫？況既迫其言而無歸，又何違其請而不朝乎？是兩無處也。既不朝矣，齊王怪而究其故，則不召之義自可徐陳，又何不終日而亟白於景丑氏耶？蓋聖賢之言動不遠人情。前者齊王「就見」、「寒疾」之詞本婉，而孟子「不幸有疾」之拒亦晦，及明日出弔，以使之聞之乃「問疾」。「醫來」既近於禮，而「趨造」之對，「要路」之請，又迫於信，必矯而拂之，非情也，此不得已而遂朝也。既朝，則前次之一辭一弔俱屬無謂，故不得已而申其説於景子也。鄙意以爲，「不得已」實兼此二意，然苦無以爲質。偶檢儀禮鄉飲酒禮疏引孟子公孫丑篇「齊王召，孟子不肯朝。後不得已而朝之，宿於大夫景丑氏之家」云云，不覺狂喜，乃知唐賢賈公彦早作如是解，真先獲我心矣。故讀書者，不可執一自蔽，而不深思參考也。

易言心解

易之言心者十一卦：泰象乾坤之交，六四傳曰：「不戒以孚，中心願也。」謙取艮，六二：「鳴謙貞吉，中心得也。」復取震，彖傳曰：「復其見天地之心乎？」坎之彖詞曰：「有孚，維心亨。」傳曰：「乃以剛中也。」説卦傳：「坎爲心病。」「其於木也，爲堅多心。」咸取兑、艮，彖傳曰：「聖人感人心而天下和平。」明夷取離，其六四象曰：「入於左腹，獲明夷之心。」傳曰：「獲心意也。」益取風雷，九五曰：「有孚惠心，勿問元吉。」傳曰：「有孚惠心，勿問之矣。」其上九曰：「立心勿恒，凶。」繫詞傳曰：「易其心而後語。」井取坎、巽，九三曰：「爲我心惻。」艮之九三曰：「厲熏心。」傳曰：「危熏心也。」旅取離，九四曰：「我心不快。」傳曰：「得其資斧，心未快也。」中孚取中虛，其九二之傳曰：「中心願也。」同人取離，其九五繫詞傳曰：「二人同心，其利斷金。同心之言，其臭如蘭。」繫傳又曰：「聖人以此洗心，退藏於密。」「能說諸心。」又曰：「中心疑者其辭枝。」合而言之，八卦皆可以心言矣。乾、坤之心見於靜中之動，風雷之交見於益、恒。有孚惠之則吉，立心勿恒則凶。坎、離之交，誠則維心亨，不則爲心病。天火則斷金如蘭，地火則獲心入腹。澤山之交，虛則感人心而和平，窒則艮其限而熏心。虛實動靜之間，心之妙用盡之矣。孔子曰：「操則存，舍則亡，出入無時，莫知其鄉，惟心之謂歟？」以此洗心，以此說心。易其心而後語，中心疑而辭枝，言爲心聲，可不慎歟！

孔子不出妻解

有問於予曰：「孔子出妻之事有諸？」予曰：「傳者之謁也。何以證之？吾曾謁衢州孔廟，有子貢手雕楷木聖像暨聖配亓官夫人像，其家世祀之。夫出則與廟絕，其後人何爲而世祀之也？」曰：「孔氏三世出妻之説不然乎？」曰：「有之。其一叔梁公也，施氏無子而出，是孔子之嫡母也。其二謂伯魚，所謂子思之母死於衛，子思哭於廟門，人曰：『庶氏之母死，何爲哭於孔氏之廟乎？』其三爲子思，記曰：『子上之母死，門人問諸子思曰：子之先君子喪出母乎？』此指孔子喪出母施氏也，故曰：『道隆則從而隆，伋則安能。』是也。若孔子亦出妻，則是四世出妻矣，故曰傳者謬也。」「然則記稱伯魚之母死，期而猶哭，夫子曰：『誰也？』門人曰：『鯉也。』子曰：『噫，甚也！』是何解歟？」曰：「父在爲母期年，屈於所尊也，故夫子節之。」曰：「伯魚何爲出其妻？」曰：「古者不以出妻爲忌，或伯魚死而改適，聖人不之禁也。總之，聖人以五倫示人，則必不出妻。」

書孟子四考後

予在杭時，海寧周孝廉耕厓以所著孟子四考示予校勘，比予將行來索，則爲僕人誤束諸書簏矣。及到京師，耕厓屬蘇生琳趣此稿甚迫，已託阮編修元爲予作題辭應之。然鄙意本欲有所質於周君，故復申之。竊謂孟子道不行，退而與萬章之徒著書七篇，皆實事也，非同莊生之寓言，與戰國策之錯記諸國事者，故當仍以本書爲据。孟子言「由孔子而來，至於今百有餘歲」，孔子卒於周敬王四十一年壬戌，則孟子之生當在周安王世是矣。又言「由周而來七百有餘歲」，此語發於去齊之歲，燕人既叛之後，案竹書爲隱王元年丁未。竹書以武王十三年壬辰周有天下，至是當七百九十六年。若以通鑑己卯爲周元年，則八百餘九年矣，殊不符也。閻百詩不信竹書，而信史記；司馬温公取竹書惠王改元之事。顧氏曰：「據紀年，周慎靚王之二年而魏惠王卒，其明年爲魏襄王之元年。又二年，燕王噲讓國於其相子之。又三年，齊人伐燕，取之。又二年，燕人畔。而孟子之書，先梁後齊，其事皆合，然孟子在二國皆不久。書中齊事特多，又嘗爲卿於齊，當有四五年。若適梁在惠王之末，而襄王立即行，故梁事不多。謂孟子以惠王三十五年至梁者，誤以惠王後元年爲襄王之元年也。」竊謂孟子前二卷即其自敍去就先後本末之跡，故始於梁惠王，而襄王，而齊宣王，而鄒穆公，而滕文公，而魯平公，論世者當以此爲仿。或謂滅燕者湣王，孟子曾再入齊見湣王。夫孟子自言「久於齊，非吾志也」，而惓惓於王，由足用爲善，若湣王者，烏可與爲善哉！又孟子言公侯皆方百里，太公、周公始封皆方百里。今魯方百里者五，與子產「諸侯一圻」之言合，而與馬氏「千乘之國方三百一十六里有奇」，周禮「封侯以方四百里」，明堂位「魯封方七百里」諸說大相徑庭。竊謂亦當以孟子爲可信。何也？孟子與愼子辨，而斥其「在所損乎」。若所言不實，則愼子將掩口而笑之，曰：「子不聞周制封侯則方四百里乎？何不讀周官耶？」故鄙見以爲，周禮疑非周書也。況地里古今相距不甚懸絶，可案跡而稽也。昔奉使道出山東者屢矣。自東平州四十八里渡汶河，齊、魯之交界也，十二里爲汶上縣，九十里爲兖州府治之滋陽縣，又三十里爲中山店，又二十里爲鄒縣，徑魯境者計不過百二十里耳。案今曲阜即舊魯國都，自曲阜而西三十里爲兖州府，又西六十里爲濟寧州，又西五十里爲嘉祥縣，獲麟堆在縣西二十五里。又州西北百五十里爲鄆城縣，舊城在縣東十六里，魯西境也。成四年城鄆。是魯之西境得二百二十四里。自曲阜而東六十里爲泗水縣，又東五十里爲卞城，魯卞邑，又沂州府之費縣在曲阜縣東二百四十里，蒙山在縣西北五十里，是魯之東境不過二百里。自曲阜而南五十里爲鄒縣，是魯之南境不過五十里。又魚臺縣在府南百七十里，武唐亭在縣東北十二里，矢魚於棠，遠地也，又單縣在府西南二百十里，魯單父邑，是魯之西南二百里而强也。自曲阜而北寧陽縣，菟裘在寧陽西北。在府北五十里，魯闡邑。又東北九十里曰鉅平城，魯成邑。又府西北九十里汶上縣，魯中都。又府北百三十里泰安府，是魯之北境百四十里而近。案魯之東西約共四百里，其南北約共二百里，不能方也。此則兼併之後所謂方百里者五近之，實不過方二百十里有餘耳。想其初封，蓋方百里而贏焉。馬、鄭、周禮明堂位之言，不如孟子之近確也。

附録

先生祖登俊與高安朱文端公同官湖北知縣，父文炳學於高安，故先生十一歲即傳高安之學。阮元撰神道碑。

先生文筆奥博，國家有大典禮，撰進雅頌詩册文跋，高宗必親覽之，以爲能見其大，頌不忘規，或陳座隅，或命諸皇子皇孫寫爲副。聖製詩或示命和。先生官督撫時，仁宗在書房常頒手札，積凡一百三十九函，裝六卷，歸朝繳進。上亦書數年見懷詩數十首爲二册，上册題「蒹葭遠目」，下册題「江海遐思」。先生跋曰：「臣之蕪陋，何足以當非常眷注，惟有此心不敢欺耳。」於大學義利之辨，通鑑治亂之由，天命呼吸，可通民情，憂樂無閒，反覆敷宣，不以爲迂闊而遠於事情也。同上。

先生取士，務以經策較四書文。嘉慶己未，典會試，阮文達爲之副，所得士如姚文田、王引之、湯金釗、程同文、張惠言、胡秉虔、陳壽祺、許宗彦、張澍、劉台斗、郝懿行諸人，皆一時樸學之選，人才之盛，空前絶後。至道光初，阮文達由雲南入覲，重與典試，人才遠遜，文達亦以先生爲不可復見也。阮元撰神道碑及雷塘庵弟子記。

先生學兼漢、宋，曾與孫淵如書論學，曰：「四科之四則文學，亦不悖乎上三者。」又謂：「考据非詞章之上乘。」又謂：「正心誠意或短在不能致知格物。」又謂：「不講格致，則雖有仁心廉操，何從著手以察吏、治獄、安民？」又謂：「僞尚書無損益於人心風俗。」又謂：「今之耆學，自以爲高出前賢。」淵如覆書，於諸條皆有諍議，然先生宗旨之正大，於斯具見矣。孫星衍覆座主朱石君尚書書。

笥河弟子

任先生大椿

別見東原學案。

汪先生中

別爲容甫學案。

武先生億

別爲授堂學案。

孫先生星衍

別爲淵如學案。

洪先生亮吉

別爲北江學案。

程先生晉芳

程晉芳字魚門，號蕺園，歙縣人，寄籍江都。乾隆壬午，以召試賜舉人，授内閣中書。辛卯成進士，改吏部主事，晉員外郎。四庫館開，以薦爲纂修官。書成，議敍特擢翰林院編修。乾隆四年，乞假游西安，遽卒，年六十七。程氏先世業鹾於淮，素豪侈，先生獨好儒，嘗購書數萬卷，招致方聞綴學之士朝夕探討。其後綜覈百家，出入貫串於漢、宋諸儒之説，故於學無所不窺。初與笥河先生交素篤，且長之十年，及會試，出門下，乃執弟子禮甚恭，益與討論治經之學。著述宏富，年踰六十，猶日有課程。生平廣交游，好施予，敦尚氣節，有古人風。著有周易知旨編三十卷、尚書今文釋義四十卷、尚書古文解略六卷、詩毛鄭同異考十卷、春秋左傳翼疏三十二卷、禮記集釋二十卷、諸經答問十二卷、羣書題跋六卷、桂宧書目二卷、勉行堂文集六卷、蕺園詩三十卷。參史傳、袁枚、翁方綱撰墓誌銘、徐書受撰墓表。

文集

周易知旨編序

晉芳非能注易者也，學易而已。學之既久，于漢、唐以來講貫有得者，好之甚，斯著之；其不合者，間有辨論，亦記于篇。積以歲月，遂成卷軸，將以自誨，疇敢誨人！獨念易經輔嗣之廓清，又得康伯、仲達纂續疏解，宋賢輩出，大義愈明。我朝安溪講肄于前，家綿莊剖晰于後，凡諸乘承比應之拘牽，陽位陰位之傅會，與夫互卦、卦氣、卦變、方圓先後圖位，固已一舉而空之，宜乎四聖人之心思昭揭千古矣。而三十年來，學士大夫復倡漢學，云「易非數不明」。取輔嗣既掃之陳言一一研求，南北同聲，謂爲復古。使其天資學力果能上逮九家，吾猶謂之不知易也，況復好奇騁異，志在爭名，徒苦其心，自墮于茫昧之域，不可歎耶？且六十四卦象既備矣，繫辭、說卦所發揮數可知矣，而學者必欲于所既有之外，闡所本無，曰：「不知數無以知來也。」噫！諸君子窮極漢學，果克知來也耶？京傳焦學，而焦謂得其道以亡身。程子謂邵子别是一種學問。就令數學造極精微，尚與周、孔間隔數層，而況聖人所不及知者！後學轉欲知之，蘄勝于聖人，毋乃蹈至愚之誚乎？愚之爲是編也，蓋欲潛窺古聖作易之初，謂人秉性以生，性專而欲雜；天秉理以運，理正而數奇。以多欲之人，遇多奇之數，其能有吉無凶，免于悔吝乎？賢人君子有可亨之道，而值至困之時，其何恃而不恐乎？夫是以寫憂患于文辭，寄占驗于卜筮，因筮以明義，而全體大用不專在乎蓍；即數以知來，而盡化窮神必根極乎理。扶陽抑陰其大旨也，履險處困其大用也，其所以該三極而彌六合者，似奇而實平，似遠而實近，學者得其一節而行之，修己治人，恢乎裕矣！晉芳雖能言之，而檢束身心，未能力行一二也，安敢以爲教人之術乎！

尚書今文釋義序

二帝三王之道莫備於書，自天文、輿地、職官、樂律、禮制、刑罰之大者皆在焉。由其道則治，反其道則亂，得其片言微義皆足以措天下于磐石之安，而綿翼子孫于世世。要其大旨不過二端，知人、安民而已。非惇德允元則不能知人，人不知則民無自而安，而安民之要，未有過于省刑薄稅者也。余檮昧寡學，何足以窺聖籍之淵深。然幼時幸從篤古者游，側聞緒説，好集經書，剖別其得失。丁亥、戊子間，取伏書反復讀之，意若有會。取諸家注釋，擇其尤者，次第著于篇，凡五載而第一稿成。癸巳之夏，從事四庫書，所見書益多，重加裒輯，三年而第二稿成。又三年，增刪改易，第三稿成，而余年已六十餘矣。竊謂士君子治經之道，必鉅細弗遺，本末該貫，而後其學成。孔子之教人讀詩也，曰「可以興，可以觀，可以羣，可以怨」，是言性情之觸發也；曰「邇之事父，遠之事君」，是言著效之大也；曰「多識于鳥獸草木之名」，是言其纖悉必貫也。明乎此，則豈獨學詩爲然哉！凡治經者視此矣。孔傳雖晚出，而得于周、秦、漢之舊聞者多，數典辨物，中者十之六七；宋人取諸心得，不免武斷之譏，而于漢、晉詁訓蔽塞叢結處，亦頗爬梳一二，均未可偏廢也。矧説九族者不明九族之定制，論五刑者不知肉刑之非古，其有關于世道尤大。余之爲是編也，豈敢自謂跨軼前賢？然平心審擇，二千年來講説之善者，遐採旁搜，遺漏者罕矣。其言之謬誤足熒聽聞者，亦屢□〔二〕焉。凡爲書四十卷，録而藏之。其耑釋二十八篇者，伏之與梅去若霄壤，在今日已爲定論，學者固宜分別觀之，正無俟讕言詮釋也。

〔二〕勉行堂文集原缺此字。

尚書古文解略序

梅氏晚出書，元、明諸賢雖間一辨之，而未極其致。我朝閻百詩、程綿莊、惠定宇輩出，始抉摘無遺蘊。雖以西河之博識多聞，爲之奮臂大呼，莫能翻已成之案也。然近儒沈果堂謂是書必不能廢，余獨有取乎其言，以爲匪特不能廢，亦不可廢也。蓋其書雖成于襞績之功，鍼綫之迹顯然，而一一皆有自來。如説命諸篇，氣象矜貴，言皆有物。士生宋、明以降，凡六代、三唐詩文小集，片紙隻字，猶或珍襲之，況其彙輯三代以前嘉言懿訓，聯珠貫璧而出之，而遂視同土苴，可乎？特其不足信而能貽弊者亦有數端，前人固已詳辨之，學者要當分别觀之，且不宜與伏書相混耳。辛丑初夏，排纂今文釋義第四稿竣，爰取梅書讀之，因孔、蔡二傳略爲去取，參以别家之説，凡六閱月而成解略六卷。蓋其文義本自平順，詮釋無難。惟泰誓三篇，雖非張霸僞書，而以臣訐君，類後世檄文露布體，湯、武並稱，湯誓、牧誓其辭略近，此泰誓果武王作耶？則武王之志荒矣。故僅載白文，弗加詮釋，而于諸家辨駁僞撰之詞，亦弗一載，學者第從本書觀之。此則當存釋經之體也。噫！予嗜經成癖，矻矻汗青垂四十年，自謂持擇之功視諸家差爲平允。後之覽者，或有訾其兼愛，又或□〔一〕其曲意調停，則弗敢避責矣。

〔一〕勉行堂文集原缺此字。

毛鄭異同考序

今之學者，類稍知讀注疏，不盡從事宋學矣。然即一經之中，注疏之異同得失，亦未易辨也。即如小毛公之于詩，得六世之傳；于子夏，其言簡質而深密，誠有如李清臣、葉夢得所稱者。康成出，而申毛以難三家，遂使三家坐廢。然箋之與傳異者，且四五百條，宋賢謂康成以禮釋經，與毛乖迕，然豈無鄭得而毛失者乎？王子雍詩學五種，今皆不傳，孔疏中間存一二，述毛非鄭爲多。王基申鄭以駁毛，孫毓朋王而難毛、鄭，陳統又申毛、鄭以駁孫。諸家之説，雖皆不得其全，然一班時見，後人奉若殊珍，而曲直之分，往往淆而莫定。譬之兩造既備，師聽兩辭，惟事模棱，莫分曲直，遂欲以兩是存之，詎足以了讞案乎？且宋賢之説經也，一則苦于瀾翻，一則好爲臆斷，然去取毛、鄭之間，亦間有合者；而自出新義，有夐出毛、鄭之外，足以勝之者。士人或泥古以疑今，或是今而棄古，皆未可爲平心善學者也。余以暇日瀏覽説詩諸家，因即毛、鄭傳、箋條其同異，雜取諸家辨正，復斷以己意。既卒業，編成十卷，非敢謂己之所説必不倍於經言，蓋欲告人以學經之法，不可專執一家。由此以斷杜、服之春秋，先、後鄭之周禮，庶幾是非疑似若觀火之明，爲不死章句下也。

春秋左傳翼疏序

余年九歲，受左傳于宜興儲風崇先生。于時經師課弟子尚遺讀全書，不似後來取坊間選本約略教之也。先生既爲講析大義，余日讀五六十行，見其事蹟殊異，心頗好之。如韓之戰，秦穆姬使告穆公，及晏子、叔向論齊、晉，輒感激隕涕不自禁。告儲師曰：「是兒若深解左傳者，異日其以文鳴乎？」聽久則倦而鼾息，余讀自若也。徐州張岵瞻先生，余兄師也，年過七十，時來坐余側，聽誦聲，拍手笑歎。稍長，與顧震滄先生往還，因知解左氏者，自趙東山以下可十數家，購而藏之。顧先生有左氏癖，撰春秋大事表，自號曰左畲。每與余談論左氏事，至忘寢食。余入都後，甲戌、乙亥間，始取左傳注疏反覆讀之，乃知元凱之注尚意而不尚辭，于典物猶多未備；孔仲達不長于地學，詮釋多遺；賈、服遺文往往散見他書，未及收録，是皆可爲補葺者也。丙申之秋，治尚書漸有端緒，乃取唐以前書詳加校閱，其有關于左氏者皆摘録之。又録宋以降諸家數十種，補正高氏春秋地名攷略三百餘條。荏苒四年，得書三十二卷，命之曰春秋左傳翼疏，非敢規杜也，埤孔而已。噫！余今年六十有二矣。回憶受讀時越五十餘年，使儲、張二公而在，皆百數十歲人，即顧先生亦百有一歲矣。而余頭童齒豁，矻矻不休，視幼時精進之志，如草萌木芽，勃發不自已者，已遠弗及，敢謂博取無遺憾耶？姑識數語于簡端，别編凡例以志作書之指焉爾。

禮記集釋序

余撰禮記集釋成，爲三説以弁其端。其一曰：所見異辭，所聞異辭，所傳聞又異辭，春秋之事也。不特春秋，即禮記有然矣。蓋周官雖多龐雜不經，而出自一人，無相矛盾處；儀禮則記一時儀節，次序秩然，無可疑；禮記自周、秦，歷兩漢，作者非一人，傳者非一時，或親得之于孔子口授，或轉相授受，譌以傳譌，其精深博大者有之，其互相牴牾者有之，必欲比而同之，既有弗能，欲悉斷其得失是非，亦未易易，此康成于難析之義，遂以夏、殷之禮爲歸也。其二曰：宋賢謂儀禮爲經，禮記爲傳，此其說亦非定論。禮記中如冠、昏、聘、射、燕、鄉飲諸義，自是儀禮之傳，然儀禮本自有記，記即傳也。如冠義諸篇，亦可名爲傳耳。若夫王制、月令則近于史，表記、坊記、緇衣則近于子。至如内則、奔喪、深衣、投壺之類，自宜與儀禮相匹，各自爲經，何由作傳？故欲舉一言以括古書之全旨，未易云然也。其三曰：天之生宋賢也，既使彰孔、孟之絶學，以昭示來兹，又使闡注、疏未罄之藏，刮垢而磨光，使人不蔽於章句，而又將開數百年制藝之學，爲士子登仕之階，故其所著書不獨理明典備，而亦簡括易讀。假使以注、疏爲功令，俾士子習以作時文，必有難于措手者矣。然宋賢之自成一書，非謂世之人但讀己書，不必更從漢、唐學也。而自有宋賢諸著以來，注、疏束高閣者且數百年，無論程、朱片言隻字奉若圭璋，即蔡氏之書傳，陳氏之禮記集說，亦以淵源有自，遂爾户誦家絃至于今弗絶。夫蔡、陳之作，其于古注、疏豈無救正釐剔處？然又何至惟知蔡、陳，若齊人之知管、晏耶？余之編集釋也，于諸家同異偏列之，因以考證其得失。于典物鉅細必有詮注，使人知禮記之卓然爲經，非盡取材于周官、儀禮也。于漢、唐以及本朝注釋諸家，苟有可存，必録焉。而汎言義理，不待多方以釋者，則置而弗道。蓋欲于制義而外，别存古人淹雅一門，使三代以上文物聲名可稽諸簡册。惜乎精神衰薾，汎覽者無多，謏聞之譏，所不敢謝也。

李先生威

李威字畏吾，龍溪人。乾隆戊戌進士，由刑部主事官至廣東廉州府知府。師事笥河先生十有一年，嘗爲從游記以誌厓略。講求六書，著有説文定本十五卷。晚宗陸、王之學，爲嶺雲軒瑣記。其警切處，讀者比之吕氏呻吟語云。參史傳。

章先生學誠 別爲實齋學案。

案：笥河弟子往往亦有列文正門下者，當時二朱爲衆流歸仰，文正歷中外，親承傳業，計無幾人，故不復分列焉。

二朱交游

翁先生方綱 別爲蘇齋學案。

紀先生昀 別爲獻縣學案。

姚先生鼐 別爲惜抱學案。

清儒學案卷八十六

公復學案

公復政事、文學皆能自立。罷官後，講學山中，嚶鳴相應，研求義理，砥行清純，在乾、嘉漢學極盛之際，可謂空谷足音矣。述公復學案。

韓先生夢周

韓夢周字公復，號理堂，濰縣人。乾隆丁丑進士，授安徽來安縣知縣。始至，懲蠹役，斥淫祀，勸農功，訓民節儉，逐商之以窳物罔民者。歲饑當賑，大吏謂可，己日一申狀，卒得請。刱江清書院，又立恤孤院。地故産椿櫷，以爲薪，止之曰：「是宜蠶。」手訂育蠶及種樹法，募沂、兖工師教其民，民用以饒。嘗欲開黑水河以利圩田，事成當爲百世利。會鄉試，奉檄爲同考官，而縣有蝗災，監司遂以捕蝗不力罷之。歸，講學於程符山中凡二十六年。嘉慶四年卒，年七十。先生爲學，篤守程、朱，律己必嚴。教士以恥求利達爲尚。嘗言：「三代以上，士皆務道德，自治而已。其措諸事業者，自治之餘。世譏儒者不知時務，空談無補，非也。」又曰：「戴東原謂：『程、朱説性即理也，其視性如人心中有一物，此即老氏之所謂無，佛氏之所謂空，稍變而爲此説，孔、孟無之。』然孟子有曰：『仁義禮智根於心。』彼疏孟子字義，并此句忽之，何也？」先生工古文，表章名賢忠節，皆有關於世道，言知言行，不稍假借。於往來手札，或是或非，或規或勸，不離於辨陸王、宗洛閩爲大要。著有理堂集、日記。參先正事略、國朝學案小識。

日　記

人固不可以虛憍欺世，然亦不可自小立心卑退，讓第一等事與別人，卒之悠忽没世，縱有善名，亦只是謹愿之人而已。

人日在熱鬧場中，焉辨所行汙潔？須常令胸中如一盆清水，乃能辨得是非，存得恥心在。涵泳乎其所已知，敦篤乎其所已能，朱子以爲存心之屬。蓋培養本源，蓄之深，植之厚，成性存存，而道義出矣。程子所謂靜中有物者，於此體之可見。蓋存心薄者必無惻隱之發，存心戾者必無辭讓之行，致中以立大本，義蓋如此。非空空存此無爲之心，使不放馳而已也。

震驚百里，不喪匕鬯，誠敬之效也，能誠敬則心之理得矣。心便是無形的身，身便是有形的心，養心與修身，其理一也。身若亂爲，不在義理上，便不成箇身。心若亂思，不在義理上，便不成箇心。敬以直内，義以方外，交養之道也。

任你聰明蓋世，事業掀天，只有此心問不過，其餘都成妝點敗闕。

小不忍則亂大謀。婦人之仁，匹夫之勇，皆不能忍。匹夫之勇，其發尤暴，古來僨事者坐此甚多。何以能忍？曰思慮。其始也維其終也，擬之而後言，議之而後動，烏有輕發之患哉！

萬事之理出於自然，順其自然故無事，以私智鑿之則紛如矣。

事之難易，盡吾誠以爲之，不可雜一毫智術。人之善惡，盡吾誠以化之，不可添一分喜怒。

目不遍視故能視，耳不遍聽故能聽，心不遍思故能思。

養心之道在敬，敬之道在安，矜迫反失之。

俗學少心一邊，異學少事一邊，所以上下隔絶，本末乖違。

太史公以春秋爲禮義之大宗，謂「禮禁未然之前，法施已然之後，法之所用者易見，禮之所禁者難知」，所見甚精。彼紛紛然言利害賞罰者，知不足以及此。又説「春秋别嫌疑，明是非，定猶豫，善善惡惡，賢賢賤不肖」，他作史記便是仿此意。其用意深遠處，人多不能識。如伯夷傳是説伯夷不怨，淮陰侯傳是記淮陰不反。其記漢事，有顯有隱，是非頗不謬於聖人，所以爲良史。班固所譏多不中，只是未得他用意所在。「六經黄老，處士奸雄」之云爲尤舛，後人勿爲所罔。

爲陽明之學者有二：其一學問空疏，不耐勞苦，樂其簡易而從之；其一博覽典籍，不知切問近思，勤而無得，見其立教專主向裏，遂悔而從之。前者多高明之人，後者亦沈潛之士，皆有造道之資，乃陷於一偏，不復見古人之大全，可惜也！

學陸、王之學者多歸於佛，不止當時，後來亦然。交游中如彭允初、汪大紳、羅臺山皆是。其大決藩籬，至以念佛爲教，求生西天，惑亦甚矣。程、朱以理爲我所本有，用學以復之；戴氏以理爲我所本無，但資之於學。即此觀之，孰爲得失，亦不待煩證深辨也。

文集

寄閻懷庭書

來札云：「靜坐對古人便覺心清志定，及應酬俗事俗人又不覺從習俗去」，此學者通患也。其弊在動靜分爲二端，動時大小事判爲兩途。動靜分爲兩端者，如靜時心清志定，此時之心不是別處換得箇心來，即動時不清不定之心也，緣靜時加一番操持，客氣既消，自然有此寧謐氣象。及至動時，此心一放，便無主宰，習心復來，自然又向熟處走。於此細細體察，分明靜時是一心，動時又是一心，此涵養功疏不能純一之驗也。若能於靜時存得極其專一，動時更加一番提撕，一言一行，處處照管得到，則動時之心仍是靜時之心，蓋以之爲主於內，原不曾教他放馳去。如此久之，自成一片，所謂靜亦定，動亦定者是也。其要只在敬而無失。不敬則失，敬則無失。動時無失的，即靜時無失的，非有二也。除一「敬」字，更無用力處。所謂大小判爲兩途者，如人當靜時存得此心在，忽有大事來感觸者，如承大祭見大賓，此心依舊不敢放馳，即不能如靜時湛然純一，當亦不至大遠。至對俗人應俗事便純不同，緣事小不覺生輕忽心。夫子所以説「出門如見大賓，使民如承大祭」，蓋事有大小，理有大小，心無大小，須是要無衆寡，無大小，無敢慢，方能操持得此心定。又如人要以敬存心，自然有嚴威儼恪氣象，此時見新識人尚能持得住，儻遇平日褻狎人便不覺放倒，復入舊習去，此皆是志不帥氣，隨境遷流之弊。既知其病，更不須别處求藥，立則見其參於前，在輿則見其倚於衡，如雞伏卵，如猫捕鼠，心存誠敬，死生不以動其心，此外更有何事！弟用工粗疏，偶有所見，不曾有真切得手之處，蒙兄下詢，不敢不竭其愚，要皆常法。兄所夙以此自勉，不敢以無得而苟止，如有未允，祈即賜教。同心離居，無緣面質，何勝悵結！

復王震青書

惠書以「動静不得其方，不能無所昏蔽，欲從事於敬義夾持之功，以祛妄動邪思之累」，此見賢者志道懇篤，已得其端，而知所用力矣。竊謂古聖垂訓立教，道有千變，法亦各殊，其總要莫不統於一心。敬義者，所以事心之方，非所以爲心也。不知心之所以爲心，敬義將何所加哉！敬以直内者，所以存之也。方其敬時，此心爲有乎？爲無乎？以爲有，所有者何物也？敬又如之何其存之也？義以方外者，所以發之也。當見義時，與心爲一乎？爲二乎？以爲一，則所謂義者，於内求之乎？於外求之乎？此事要使通徹分明，一有障蔽，如暗中索物，茫無端倪，盲參瞎練，從何入手？程子謂「釋氏有敬以直内，無義以方外」，不知彼所謂直内者與聖賢果同乎？否乎？陽明以窮理爲義外，不窮理則是不思而得，其將能乎？無精義之學，遽言義以方外，所謂義者果不差乎？且敬義互發，其爲一貫者安在？此皆當辨之祈之，使明著於心，然後可以從事也。來書又言：「處貧之道則既得之矣，内重者外輕，得道者不累於物。」君子之爲學，不逐事而忘本，必執要以御末。子貢、子路從貧富上用功，顏子從道德上用功，審於二者之間者，可以得師矣。

與羅臺山書

去冬，允初寄示足下與鏡野書，讀之甚暢，其有功於學者甚大。蓋道之敝久矣，人各據一術以自是，狃於其方，不能相通，如有所競，不能相下，至於體用乖隔，本末橫決，由不知道之一故也。道之一非一於人，一於天也。易曰：「乾道變化，各正性命。」又曰：「乾以易知，坤以簡能。易簡而天下之理得矣。」易簡之理，天地之道，民物之性命也，聖人之所不能盡，愚夫愚婦之所與知與能者也。或乃不求諸聖人之所不能盡，而嫌其與愚夫愚婦同科，於是背常離經，造爲高深玄遠，自以爲道之至，而不知其違於天。夫道可公而不可私也，可知而行，非可虛而寄也。天地之道，鼓萬物而不與聖人同憂者，公也。乾知大始，坤作成物，可知而可行者也。今乃不求之公，不求之可知而可行，而但以其私而虛寄者，以爲道則固與天地不相似矣。與天地不相似則違天，違天則道如之何其能一也？彼豈以天之外爲有道乎哉！人者，天之所生也，天之外無人也，則無道也，是之謂迷其本而失其用。三代之盛，人皆務道德自治而已矣，其措諸事業者，自治之餘也，故曰「天之生此民也，使先知覺後知，使先覺覺後覺」也。春秋時，先王道衰，人各騖於功利，管、晏之徒豔稱於世，道德功名裂而爲二。自是以降，才智倍出，漢、唐君臣乘時建樹。考之春秋，五霸之義，功罪各不相掩。或以其有濟於世而業可述，忘其所以致此者，皆逢時遇主，一切以救時弊，而但炫於揚厲之迹，遂欲左顯右隱，譏儒者不達時務，空言無補，等諸匏瓜繫而不食。若然，是顔、曾劣於管、晏，而孫、吴、商、李之徒賢於孟子也。記曰：「能盡其性則能盡人之性，能盡人之性則能盡物之性，能盡物之性則可以贊天地之化育，可以贊天地之化育則可以與天地參矣。」春秋之義，係王於天，王者之道，天之道也，故聖人一出，必將奉天道，正萬類，立人極，非苟且隨俗以就功名也。故或施不及一物而道侔帝王，或功蓋天下而不足媲於五霸，其故何哉？道德有無、於己能達於天與不能達之殊也。是之謂逐其用而棄其本。凡此二者，道所由敝之大端也，皆不求其本於天之故也。故能知天者，則知道之一而不二矣。嗚呼！此孔、孟以來相傳之統緒，惟程、朱能得其宗。而世之騁私智起而亂之者，紛糾而不可詰，此君子之所大懼也。因足下道一之説，竊推其旨如此，惟不棄而教之。

與李叔白書

夢周頓首叔白足下。僕伏處山林，都與世隔，雖鄉國知名之士亦無因會合，莫由獲其教益。足下不鄙棄，惠然枉顧，語以學術之辨，欣幸殆無以過。然足下啟其端，未竟其緒，豈將以發予而使之獻其愚乎？僕敢陳所見，惟足下教焉。陽明之學，世以爲禪，舊矣。至禪之浸漸爲陽明，其端末則未之詳也。六朝文人竊莊、列緒餘作爲佛書，口説曼衍，不可究詰。達摩入中國，窺此間隙，乃一埽除文字，直指心體。傳至六祖，又從而張之。其説愈辨，其惑人愈深，唐、宋學者趨之若狂。然其時固自别於儒，分門立限，不相假冒，而儒者已往往浸淫於經訓而不知。宋南渡，而杲堂出於佛徒，最爲黠傑。其得術在援墨入儒。其語張子韶之言曰：「侍郎把柄在手，便須改頭換面，以誘來學。」子韶欣然從之，於是儒、墨之界始大亂。談儒者混於禪，談禪者亦混於儒，推其始終，殆有三變。其始也倡爲清談而已，一變而淨智圓妙，體自空寂；再變則真空能攝衆有而應變矣；至三變則中庸、大易之微言，與楞嚴、圓覺相表裏，而兩家之郵通矣。此皆佛氏之徒思以其術角勝，自彌其罅隙，而文飾其淺陋。始竊莊、列，繼竊吾儒，而不知其説之多變也。論禪學者謂其近理，而不知其得於竊也。然子韶之徒，其智不足以自全，每自供其敗闕。象山、陽明則倚傍釋氏之所竊，妄意其不殊於儒，遂陰證釋氏之諦，而巧爲改換之術以掩其跡。於是世之惡常嗜異者羣起倡和，於以誹詆程、朱，自居顏、孟，非真洞悉於儒、釋分途，確然不惑，鮮不炫於其説而助之者矣。夫禪學歷千餘年，數經變易，始成一家學術，其人又皆信心自是，固宜其流而不返也。然則陽明之入禪，殆所謂認賊作子；禪之流爲陽明，則蜾蠃之肖也。或者以禪學不言理，陽明雅言之，以明其非禪。愚嘗讀其書，反覆以究其旨，陽明之即心即理，與釋氏之即心即佛，其有異焉否耶？此即改換頭面之術，其詞異，其實同者也。故凡爲陽明之學者，高者流於剛愎，爲巧詐，爲誕妄；下者頹然自放而已。此禪病也。何者？任心而動有不謬者幾何哉！或又以陽明功業軒爍爲儒者之效，此古豪傑雄略之士優爲之，不必盡由講學也。陽明本豪傑，夙究於經世之務，又能内定其心，足以乘機制變，故成功如此。至於聖賢體用之全，爲學之方，則不可一毫借也。足下以爲何如？有不合，祈往復，不宣。

與彭允初書

接十一月一日札，知兄且遲南還。昆季聚首，天倫至樂，深爲慕羡。教益諄諄，無任愧荷，厚愛至誼，寧可言謝。弟自初知講學，懲少年狂肆之弊，力爲規矩，束縛其身，處處檢點，使寧拘勿肆。行之數年，頗自謂無顯過大惡。然每反驗心中與道理未能真實有得，蓋實缺得涵養本源一段工夫。及見兄，首以此旨相示，瞿然有深省，知年來悠忽不進，大病全在於此。將力求所未至者以自勉，雖有他説，亦不敢雜陳其間矣。既又思之，學必講而後明，譬之於醫，必自述其受病之由，雖至隱匿，不以自昧，然後醫者得施其方。兄之於僕，蓋不待其自述，固已洞見五臟癥結。今試更一陳之，益可知其求醫心切，坦然施其治之之術而無疑矣。周竊謂，聖賢之學，其大要有三：以存養爲根本，以督察爲修治，以窮理爲門户。曾子言正心誠意必言致知，子思言固執必言擇善，孟子言存心養性必言盡心知性。論語一書，言知者不一端。至易之文言，既釋乾九二爲「閑邪存其誠」，而又釋之曰「學以聚之，問以辨之」，蓋知行交資，明誠互需，從古聖賢相傳爲學之方周備無弊，未有易此者也。自近世儒者，譏程、朱格物致知之訓爲支離，後人和之，不復致察，至閉口不言窮理二字。乃考其生平所服習，雖自謂别有宗旨，卒亦未有。絶聖棄智以爲學者，何者？所謂窮理者非他，蓋即窮其所存養者而已矣，窮其所省察者而已矣。人之初生，其象爲蒙。及知識漸開，始教之學，即其良知以導其所不知。使由此以致力於聖賢之道，於是五品之倫，五常之性，莫不講明而切究之。隨其所講明，而敬以存之於心，則謂之存養；隨其所講明，發於意，施於行，慎以審之，不使其有雜，則謂之省察。存養熟，省察密，則知愈精。知愈精，則存養、省察亦益熟且密。三者所以致力之方不同，而其所致之理則一也。蓋非存養無以立知之本，非省察無以善知之用，盡知之實。然非知則將昏蒙否塞，無所通曉，亦何所存，何所察哉！夫非生知不能無賴於學，學則未有不以知爲先者，故曰「或生而知之，或學而知之，或困而知之」，言無人可外於知也。自古未有不讀書，不講明義理，而可至聖賢者，此固不待深辨而明矣。然則程、朱格物致知之訓，果支離否乎？若曰是，惡夫以博涉記誦、不切身心以爲知者，則亦就其所非者闢而正之可矣，又何可因彼之非，而遂諱言吾之是哉！近與臺山論此，其説至辨，終不能破弟之惑，故略述鄙見，以陳於左右，惟決其是非，以發其錮蔽，幸甚幸甚！

附録

先生少孤力學，揭「毋不敬」、「思無邪」二語於齋壁，跬步必以禮。先正事略。

先生初讀諸儒書，於朱、陸以來學術之辨，不得其是非。及交淮安任先生瑗，自謂釋然無疑。同上。

嘗有友人謁選吏部，以「爲貧而仕」爲言。先生規之曰：「足下之出處，當問其義不義，不當問其貧不貧。若遂計較於此，恐臨利害不能無畏顧，將成患得之鄙夫矣。」同上。

公復交游

任先生瑗 別見高安學案。

閻先生循觀

閻循觀字懷庭，昌樂人。少孤，有至性。及長，每承祭，哀慕累日。年十八舉於鄉。其學初好佛氏，既讀宋儒書，乃一奉程、朱爲宗。與公復講學於程符山中，刻苦自立，而戒近名。乾隆己丑成進士，授吏部主事。當官議事，務持大體，意所不可，持之甚力。同年生爲外官，餽以金，不受，曰：「忝居議吏之地，何敢辱君惠？且不可以貧故累君也。」居二年，引疾歸。歸一月而卒，年四十有五。先生之學，以克己爲主。名其堂曰去惰。爲三目以自勵：曰存省勿忘，曰躬行勿怠，曰常業勿廢。自作記，發明爲學之次第焉。不囿於俗學，不惑於心宗，一本規矩準繩，內直外方，不詭不激，循循然醇儒也。著有困勉齋私記、西澗文集，又有尚書讀記、毛詩讀記、春秋一得、名人小傳諸書。參先正事略、國朝學案小識。

困勉齋私記

居敬、窮理是一事。靜坐學有閑念即是不敬，正念相發即是窮理。

寢後，將一日言語行事存心思其是非善惡而內自賞罰之，日日如此，必有進益。

不真知，則勉持之而不能久。真知而行之，如饑渴之於飲食矣，故知止而能得也。

存心處事，當與古人較得失，不可與今人較得失，恐臨深爲高，小善自足。

謹小慎微非迂也，大小巨細總是一理，些小不在理上便是欲。小事苟，則大事必苟矣。理欲大小之分一故也，故一事不慊，他事做來都覺費力，致曲之功，可不務哉！

譽有益於名，無益於實；毁有損於名，無損於實，故君子務實而已，不以毁譽動於中也。

有人待我以横逆，便當思聖賢處横逆是如何。有人愛我敬我，便當思聖賢處人愛敬是如何。推之凡接物應事皆然，隨處精察而處之，務當於理，則近道矣。

林氏逋曰：「涉世應務，有以横逆加我者，譬猶行草莽中，荆棘之在衣，徐行緩步而已。」此最爲處横逆之善法。

程、朱只是教人主敬，所謂主敬，非迫促束縛之謂，但要時時提醒此心在這裏，便能照管許多道理。詩云：「於緝熙敬止。」只常明處便是敬，不敬則中無主而昏。書曰「顧諟天之明命」，亦緝熙之義也。

隨其所處，須想現前是甚境地，古人必有以詔我矣。

聖門爲學，只是從事物樸實頭力行去。一貫之旨，性道之奥，聖人罕言，學者亦未嘗妄意。今爲學多是躐等，欲不禪，得乎？

聖門高弟，顔、曾爲最，三省之語，四勿之箴，抑何親切平實也！學者可以知所用力矣。

上蔡云：「去卻不合做的事，則於用敬有功。」予補其意云：「存得常不散的心，則於集義得力，程子所謂敬義夾持。」

學者於此理既知之矣，更反覆思之，體驗既久，函養既熟，自然中心悦豫。若方稍稍知得，即置之而他求，如有所迫而然者，心氣勞耗所必然矣。

數刻之言，不終日之事，有初能自立，而漸失其本心者，氣易勝而志易奪乃如此。

凡人做一事，能全然不用權術者鮮矣。明道謂：「人之患，在用智也。」一用權術，雖是好事，皆爲不誠無物。

言語行事，一一反之於心，此善邪？惡邪？誠邪？詐邪？

忿欲不能不過，懲窒之道未盡也。於不當忿之忿，猶或知所遏抑，至事之當忿則遂過矣。於不當欲之欲，猶或知所裁制，至欲之可求則遂過矣。須於氣已動時，更持其志。

教民之道，在躬行以率之。自處於貪，不能責民之廉；自處於肆，不能責民之恭；自處於僞，不能責民之信。

明不可學，而可學寡欲。窮理習事，明之方也。

血氣之勇非必不正也，何以異於義理之勇？此幾微之界，須自精察。

文集

去惰堂記

善醫者，必察知病之所在，度其虚實，審其緩急，而後可治。疑而試以藥，未有能去者也。既察知病之所在矣，又期於力攻而必去之。夫風寒暑濕，旦而感，午而發者，易攻也。至於極虚勞憊，其本由於情欲飲食之不度，近者數年，遠者數十年而後發。其積之也久，則其中之也深，而藥之也難。幸而治之得其道，且攻之力矣，則又必謹其所養，而後幸其不復。不然，則將不旋踵且加厲焉。何則？氣血寖薄而不支也。爲學者何以異於是！觀二十後乃有意於克己之學，始而求其惡以爲喜。攻異氏爲邪僻之説，於是取聖人賢人之書，伏讀而繹之，究其明達正直之旨，志念稍稍就實，然於吾道階級尚罔然不識其安放。久之，知心實多欲。以多欲之心求道，是狼羊同牧，而莠禾並蓺也。於是强制吾欲，省之念慮，察之行事，庶幾效法於克伐怨欲之不行焉者，然時復横決。其決也，或旋能自制，或久之不能制。復自念曰：「欲之所起，由於爲善不誠，不誠則不知爲己而欲潛伏。」因從事於謹微而求誠。一念也，必勉以勿欺；一事也，必要諸忠信，自是私僞之萌頗少於前，萌亦易除，然終不能禁其萌也。年來屢興屢躓，德不加進，業不加脩，每一念及，輒獨坐嗟咨，發憤流涕。或夜未半而耿耿不寐以至曙，困極横極，忽若有誘其中者，乃知吾之惡曰惰，要在去惰而已矣。惰於實踐，故終不能釋然於異説；惰於矯其所便安，故力不能繼；惰於去僞，故恒心不堅。夫不力警其惰，而第浮游從事於三者，譬治病者，昧其本而姑試之於標，其不至劇則幸矣。雖然，惰之爲惡，陰弱而難扶，其中於吾心者三十年矣。是皆平日頹放恣佚之所積，不任譙訶督責之所致。如勞憊然，非終身克治以藥之未易變，非戒謹恐懼培其根本以養之未易强。且恐年力日衰，心神彌耗，中道而廢，將一蹶不可復振，其終流於小人之歸，則大可哀也！乃名其堂曰「去惰」，且臚爲三目以自詔云。其目曰：存省勿忘，躬行勿怠，常業勿廢。

醉醒語序

醉醒語者，安丘文超劉子之所著也。其言多辨流俗之惑，而於闢浮屠也尤力，可謂自信者也。浮屠之説，足以怵天下愚夫愚婦而使之必從，而先王之禮多因之以壞。士大夫雖知其非而往往效之，非獨牽於俗，亦其無以自信，而動於禍福故也。觀劉子之書，不惑於此，豈非難哉！佛入中國，幾二千年矣，唐以前其患猶在於禮俗，至宋乃並爲學術之害。自程門高第弟子已浸淫其中，朱子所以力辨也。有明王氏更唱異説以掊擊朱子，後學師之，其失彌甚。由嘉靖以及崇禎，門户繁興，各標宗旨，大半支離於無善無惡而已。夫所謂無善無惡者，即金剛經之「離一切相」，維摩詰之「法無好醜」，圓覺之「性自平等，無平等皆是物」也。故達摩、慧可輩以爲覓心了不可得，覓罪了不可得。覓心了不可得則無善矣，覓罪了不可得則無惡矣，無善無惡，則妄行而任智矣。近世士大夫猶多好其説，至或昌言訶章句，詆集注，尤可駭歎。昔者，明王氏見門人非朱輒怒止之，蓋平日之掊擊，特欲以伸己説，而終不欲自絶，故摘取緒言以竊附焉。今則横議無忌矣。陽明所快一時之論，而不知禍之至此與？劉子所闢，佛之粗者也。有能本聖賢以來之旨，明中正以黜邪淫，以正人心，如劉子之不惑者，豈非劉子所待於後者哉！

文士詆程朱論

予觀近代文士以著述自命者，往往傅會經義以立言，然於程、朱之學，則或者尋釁索疵，而深寓其不好之意，予惑焉。夫程、朱之言，即六經也，學者苟近思而求之，則有見其理之一，而本末之無殊致矣。然而攻之惟恐不勝者，則是未嘗致思於其間也。夫未嘗致思於其間，宜若六經之言皆有所不好焉，然而崇之惟恐其不致者，則是劫於勢而不敢犯也。夫人雖甚愚，聞有非毁聖人者，則怒斥之矣。衆人皆以爲嚴，而一人以爲侮而不之顧，將如大惡大罪之犯衆誅焉。至於程、朱，去今未遠，無聖人之號，稍有異議，亦不甚怪。於是以其宿怒積忤，於六經之義盡發舒於程、朱而不能復忍者，其勢也。又有説焉，文士所愛者辭也，六經之辭古雅深奥，利於引据，增文章之光悦，故雖棄其實而猶取其華。程、朱之言，直陳事理，或雜以方言，無彫琢之觀，華實兩無取焉，而其言又顯切近今情事，足以刺譏吾之所爲，而大有所不利，則安得不攻也哉！然不敢攻其大者，何也？其大者，君臣父子之經，修身治人之理，皆燦著於經，詆之則爲詆經，詆經則犯衆誅，故不敢。乃考其訓詁字義、考論故實之異於他説者，窮極其辨，至刺刺累幅不已，或詆之爲愚爲愎。嗚呼！六經，程、朱之所傳者，非字義故實而已也，其道在於君臣父子之經，修身治人之理，人道之所以經緯，天地之所以貞固，鬼神之所以昭明者皆在焉。如以字義故實而已，則古之善是者，宜莫如「記醜而博」之少正卯，而見棄於聖人，何也？況其所據以攻程、朱之説，又多程、朱所辨而廢之者，而非其博聞之有不及也。然且呶呶焉不知止，多見其嵬瑣陋劣而不智也。甚矣！秦人有敬其老師而慢其師者，或問之，曰：「老師衣紫，師衣褐。」或曰：「然則子非敬其老師也，敬紫也。」今之尊六經以辭華而侮程、朱者，是敬紫之類也。

與法鏡野書

今之陽尊程、朱者，多出於爲科舉之俗儒，稍知講學，未嘗不惟王氏之從。王氏之書，僕皆讀之矣。其發明知行合一之旨最爲有味，然由其説終任心而廢講習，言雖高而非貞則也。聖人之教人也，使人賓賓焉於博文、好古、言行、禮樂之間，至性命、一貫，非其時則弗語，蓋多爲之方，以服擾其聰明思慮之間，及其久也，内外馴習，欲棄之而有不可得，故能强立而不返。其機之欲達，然後發其本原，使知夫道之極焉。今義理未明，持行不諳，而驟使之專事其一念一時之至，非不適適然如有自得之樂也，然過焉而易忘，震焉而易變，無所以馴習之故也。僕嘗有志於學，取先正矩矱，而淺求卑行者數年，雖無得，亦庶幾免於大惡。及得王氏之書，遽悦而從之，盡舍其一切課程，而求之於精微。數月之後，乃頹然喪其所守，然後知其學，或上哲者有取焉，中人以下如僕者，殆不宜究心也。吾聞聖人之道，愚夫與能，其事不異，其説不高，孔、孟及程、朱是也。王氏不然，故竊以爲非貞則矣。今之爲王氏者，得勿悦其言而未見其害乎？或上哲之取精，能融通陶冶而不拘其方，非愚者所能測耳。以上二説，私心所願進於足下者，然半年以來，所新知亦竭於此，幸教而誨之。

法先生坤宏

法坤宏字鏡野，號迂齋，膠州人。乾隆辛酉舉人。少爲學即不肯事章句，讀諸儒論學書，以爲如己意所欲出，行事必準古人，與人言陳誼至高，世類以爲迂，因自號迂齋。嘗以「春秋者，聖人不得已之書，一筆一削，心法存焉。没於經師講説，遂使聖人之心不可復見」，於是發奮究討，以折衷至是，閲三十年而書始成，名曰春秋取義測。又以「朱子綱目，自爲提要，孔子春秋家法也。門人纂分，注效傳體，凡例後出，當時即有異議」，因取朱子提要略加删訂，於事關勸懲者揭而録之，期還朱子之舊，曰綱目要略。少治古文學，嚴於義法，史記、八家外，好歸震川、方望溪，餘子不屑也。有迂齋學古編四卷。先生與公復、懷庭交最篤。公復、懷庭專守洛、閩之説，先生則出入姚江，辨論往復輒相規云。參公復集撰小傳、學古編序、綱目要略序、國朝學案小識。

春秋取義測自序

春秋取義測，測孔子竊取魯春秋之義也。孔子之時，禮教衰微，先王經世大法蕩然已無復存，欲述古以明其義，而徒託空言，無徵也。乃博求當代大人有禮教之責，諸侯大夫見諸行事之實效，比義類，明是非，折而衷之以立教。而諸侯大夫行事，備載列國諸史，子曰：「我欲觀夏道，是故之杞，而不足證也。我欲觀商道，是故之宋，而不足證也。」「我觀周道，幽、厲傷之，吾舍魯何適矣？」「吾猶及史之闕文也。」蓋魯秉周禮，文、武之舊典，禮經載在册府，太史職之，是是非非，無敢失周公之遺法。故魯之春秋，雖與晉之乘、楚之檮杌並稱，而辭約義該，信以傳信，疑以傳疑，考諸故府之藏，可以述往聖，詔來學，孔子獨有取焉。當是時，王室東遷，周之子孫日失其序。魯國積弱，無能自强於政治。其見諸行事，區區國故而外，惟承奉伯主之文告而已，故曰：「其事則齊桓、晉文。」而史家記事之法，自有文例。君舉必書，諸侯之會，其德刑禮義無國不記，故曰：「其文則史。」所以魯之春秋雖能有懲惡勸善之義，而其事其文無關教義，拘於史例，過而存焉者固已多矣。孔子於是筆而削之，筆其事文之足爲法戒者，削其事文之無足爲法戒者，故曰：「其義則丘竊取之矣。」其義，魯之春秋之義。春秋本自有義，孔子以筆削取之，故曰取義。蓋春秋之教，主於屬辭比事，據事直書，而其義自見。而説經者紛紛謂「孔子作春秋，假魯史以譏貶當世。隱、閔之薨，舊史實書弒，孔子諱其事，改曰公薨。温之會，舊史實書召王，孔子嫌其文，改曰天王狩于河陽」。又謂「例當書爵，或黜而稱人。例當稱名，或進而書字」。是孔子以己意變亂舊章，創作一部春秋，取義之旨隱矣。或曰：「若然，孔子直鈔寫魯史耳，何以謂之作春秋？」曰：「魯史以勸懲舉王法，春秋以筆削章聖教，取義之旨，寓於筆削，故曰作。魯史舉法而是，春秋特筆之以章其是。如趙盾之忠與州吁、宋督之弒同書，許止之孝與商臣、蔡般之弒同書，孔子並取之。此義明，而亂臣賊子之黨無所逃其誅矣。魯史舉法而非，春秋特削之以章其非。如魯翬公之錫命則書，王使召伯廖賜齊侯命、王子虎策命晉侯爲侯伯則不書，蓋孔子削之。此義明，而假仁襲義之奸無敢僭其賞矣。然則誅賞者法也，是非者教也，法非天子不敢行，教雖庶人亦可明。春秋，天子之事也；筆削之春秋，庶人明天子之事也，故孔子嘗曰：『知我者，其惟春秋乎！罪我者，其惟春秋乎！』記曰：『屬辭比事，春秋教也。』韓子曰：『春秋書王，法不誅其人身。』此知孔子者也。若紛紛之論，皆罪孔子者也。坤宏束髮授經，即蓄此疑，不揣謭陋，爲取義測，以爲孔子作春秋，一因魯史舊文，有筆削而無改易。凡所謂筆者筆其舊，凡所謂削者削其繁，至其義則具見於文事。吾之於人也，誰毀誰譽？子亦猶行三代之直道而已矣。於戲！此取義之微旨也夫。」

文集

見事春秋自序 案：即綱目要略。

或謂：「朱子修綱目，大書以提要，分注以備言，發凡起例以正褒貶，三者備而後大義明，爲能得孔子作春秋之意。」此不知綱目，併不知春秋者也。孔子作春秋，因魯史舊文，大書特書，義取見事，非徒託空言。三傳言煩義支，至執日月名爵，曲爲傅會，傳例興，春秋亂矣。司馬温公憂史事之失實，奉敕修通鑑長編，正史而外，博採百氏之書，參互考訂，取其信，不取其疑。晚年輯舉要歷，詞簡義該。朱子因之作提要，以著明其事。事具而善惡昭，勸懲立，孔子春秋家法也。門人纂分，注效傳體而爲之。朱子不欲僭作經之名，兼收并録，以成綱目。凡例後出，書之真僞在當時即有異議。綱目本以擬春秋，春秋不可以傳例求，綱目詎可以凡例定乎？是故得孔子修春秋之意者，斯可與知綱目矣。孔子曰：「其或繼周者，雖百世可知也。」自秦并天下，焚燒詩、書，削封建，夷井田，窮極後王之變，更不尊前王之舊典。要其間天人相與之微，倫類相維相繫之故，世道汙隆之效，夷夏中外之防，國家治亂安危之機，君子小人進退消息之理，聖賢出處去就生死存亡之道，雖滄海横流，而經常大義，確乎其可知者，昭然具在。有心世教者，第取昔人行事，修而明之，垂爲訓典，固非從來國史之所能與，而君子以爲性命之文者，不其在兹乎？閒嘗竊取朱子提要原本，略加删訂，於其中事關勸懲與春秋義法相應者，揭而録之，以還朱子之舊。起秦始皇帝二十六年，迄五代之季，名曰繼周以來見事春秋，而分注别存之，以備參考。其拘牽文字爲凡例所亂，如考異考證之類，則概從削，俾學者勿泥褒貶之説以晦大義，乃春秋之法，而朱子修綱目之本意也，後之君子，其亦有樂乎此焉。

答閻懷庭書

遠辱華函注念，殷切教之大章，兼索不佞邇日新得，慚負慚負，如何可言。不佞少時酷愛古文學，縱筆放言，摹其近似。後獲觀海陽蓮隱鞠先生史評，束以規矩，授以義法，祕而玩之有年，所見頗别，學亦竟不能工也。蓋文之爲道微矣，古今稱能文之士，其人類有獨至之才，殫畢生精力僅而能工，既工矣，輒復自悔，歐陽子所謂「草木榮華之飄風，鳥獸好音之過耳」是也。昔人云：「文到相如始類俳。」夫豈必淫辭靡麗乃始爲累哉！觀夫八家之文，斟經酌雅，匯衆派以成一家，亦信乎其能工矣。而有識者譏之，以爲古文之法變於韓。蓋文至而實有未至，雖曰不背乎六經之旨，吾正病其演六經文以爲俳矣。

憶甲戌之役，足下曾語不佞，爲文勿浪費精神，當效宋儒作議論文字，期以明道。不佞竊惟道之至者不可以言傳，亦不待言而顯，文爲載道之器，未爲盡道之實也。邵子曰：「吾終日無言，天下文章不出乎是。」夫以初無庸言者强爲之言以爲文，曰將以明道，吾又病其演道學文以爲俳矣。所以古人稱經天緯地曰文，古聖人以文稱者曰文王，曰孔子。文王之文在周易，孔子之文在春秋。文王演易，祗取伏羲八卦重復之，未嘗於畫爻外有所加。孔子作春秋，亦祗取魯史舊文筆削之，未嘗於事文中有少益。孔子曰：「文王既没，文不在兹乎！」分明道自己作春秋與文王演易同功。然他日又曰：「我欲託之空言，不如見諸行事之深切著明也。」孔子所删録詩、書，備載經常大道，述前聖已事，垂之典訓，爲後學所誦法，所謂空言也。即大易繫辭發揮六爻，羲、文義藴，孔子爲贊而明之，亦所謂空言也。春秋二百四十二年，諸侯大夫之行事、簒弑、爭奪、奔走、滅亡、不保其國家者不可勝數，君臣、父子、夫婦、昆弟五倫之變亂至此極矣，經常大道所不及載，學者誦法所不敢齒，一經孔子之修明，而微文大義百王千聖所不能易，故曰：「撥亂世，反之正，莫近乎春秋。」是固天之經，地之義，人之行，斯文所以未喪，孔子之見諸行事蓋如此。今之世猶夫古之世也，周、孔大聖人所謂經世之大法昭然具在也。即此日用往來，當身之酬酢，平心而體察之，雖事屬創見，其必有通乎道而適於宜者。議而擬之，化裁生焉；順而施之，成章達焉。所謂大文于斯焉取，何事虚談名理，演優孟衣冠，徒以悦人耳目爲哉！足下文大體已具，必欲竿頭更進，功夫應别有在，不必斤斤於此，益求工而蹈於自悔也。邇日觀國朝諸公全集，其間純駁不無異同，時有起予處，輒爲標出，附以陋解，恨散見各書，急不得彙録呈教。不宣。

爲人後者為之子

天子諸侯有國，大夫有家，而莫不有繼，繼則有後矣。殷人及周人世繼，世以子，周人加嚴焉。禮經曰「爲人後者爲之子」，通於爲繼者言之也。有立爲後者，自立之也。立子必嫡，嫡子死立孫，無孫以序立其兄弟之同倫者。年鈞以德，德鈞以卜，立則子矣，不言「爲之子」也。有爲之後者，人爲之也。明德百世祀，不幸而世繼者，或以滅絶，或以罪廢，則爲選建明德之後之堪爲後者，後之不必子也。繼其世，承其統，有子道焉。緣子之義，充類以至於盡，曰「爲之子」也云爾。蓋主於後不主於子，同其實故同其名，禮之所由立乎！考諸史傳，爲後非子而以子爲言。其一爲大夫後。仲嬰齊之於歸父，弟後兄也，公羊直以父子言之，曰：「爲人後者爲之子。」其一爲國君後。僖繼閔以有國，兄後弟也，左氏亦以父子例之，曰：「子雖齊聖，不先父食。」其一爲天子後。光武中興，繼哀、平也，自以昭穆爲宣、元後。三者均失，而光武爲尤甚。何言之？僑如之奔，豹爲之後矣，後叔孫氏，不後僑如也。紇之奔，爲爲之後矣，後臧孫氏，不後紇也。若嬰齊，則實後歸父也，氏系之，廟饗之，子孫承祧焉，同於子矣，故曰子。然君命也，夫有所受之也。僖繼閔受之國矣，薨葬稱先公焉，臣子一例，名之有可言者也。光武崛起田間，爲天人所歸，雖曰高帝之苗裔，遠矣。如以父子爲義者，追尊其本祖，而别封高帝之後，統承先王，修其禮物，如武王之命微子不爲過。如以君臣爲義者，先帝以弑崩，光武，漢之臣子，仗義討賊，以興復爲名，不得因緣遂代其位，近遷成、哀，而遠後宣、元，則繼體三君，煢然等於厲鬼，準之經義，兩無説以處矣。有明大禮之議，興世子受詔以弟繼兄，楊、席諸公何得改本生而稱伯叔？此之謂無父。且所承繼者武宗之統，張、桂諸公何得循私親而蔑公義？此之謂無君。公羊之義，世藉爲口實久矣，故爲之辨。

驕　吝

「如有周公之才之美，使驕且吝，其餘不足觀也已。」古來多材多藝無過周公，故孔子亟稱之。但周公之才之美，初未嘗靳人以能，有如字是實指神吻，不是虛擬口氣，謂周公可觀處原不在才，其所以用才者爲可觀耳。試想有周公之才，而能不驕不吝，是何等氣概，何等器識！以謙沖樂易之心，盡泛應曲當之才，所以赫赫奕奕做出一番緯地經天事業。然在周公心中，不自見是才，是就天理當然處發出來自然條件，更從何處著得驕吝？朱子曰：「周禮一部，是天理爛熟之書，就其米鹽醯醢無不周至，足見才美。細觀之，卻純是天理當然，絶非矜心作意做出，絶不見其驕吝。後人見周公無所不知，無所不能，以爲周公可觀處純是才也，要於才上與他比擬爭美。至於知識漸多，能事漸廣，踵事而增華，變本而加厲，便覺得自己才大，縱使周公復起，亦不讓美於前，何況他人。不知其夸人處已成驕心，其矜己處已成吝心。驕吝一生，則是有周公之才，而適成其驕吝之藉。」然則才者，驕吝之餘，而何以觀哉！所以古人說：「德成而上，藝成而下。」古之六藝皆德成也，自人不尚德而崇藝，然後諸子之書紛紛競出，分而爲百家，别而爲九流，淫而爲詞章，濫而爲訓詁，下至方伎小說，亦各有書，矜能炫技，互相誇美。

玩其理趣所在，未始不原本聖人，而究其末流，彼此不相通，而不可與適道。子夏所謂：「雖小道，必有可觀者焉，致遠恐泥，是以君子弗爲也。」此是僞學轉關歧路分手處，學者不可不知，不可不慎。

李先生觀瀛

李觀瀛字湘友，號十洲，膠州人。雍正乙卯舉人，晚官萊蕪縣教諭。爲人質直，義所不可，不以利害阻，侃諤出之以誠。以爭逮繫生員，自求去官。初爲學，與同里張進士山民游，折衷經史及先儒書，學以大就。其教人必宗朱子，曰：「孔、孟正傳在是，烏可舍康莊而由曲徑也？」法迂齋文集多經其手勘，公復推其學有本原。生平不喜著作，曰：「古今事變，義理精微，先儒論之詳矣。深求自得之，異於炫詞華以邀名者。」參公復集撰傳。

彭先生紹升

別見南畇學案。

羅先生有高

別見南畇學案。

清儒學案卷八十七

耕崖學案

耕崖孟子四考，於出處時地及傳學源流搜逸訂譌，詳博精審，其有功鄒嶧之書，足與里堂正義相媲美。同時海昌學者松靄之孾音學，仲魚之治鄭學，並爲阮文達所推許。兔牀博雅，亦仲魚之亞也。述耕崖學案。

周先生廣業

周廣業字勤補，號耕崖，海寧人。乾隆癸卯舉人。深研古學，於孟子一書致力最勤。所著孟子四考四卷，一逸文，二異本，三古注，四出處時地，考訂皆極精詳。又著有經史避名彙考四十六卷，及讀易纂略、讀相臺五經隨筆、季漢官爵考、廣德州志、四部寓眼録補注、意林動植小志、循陔紀聞、三餘摭録、時還讀我書録、古文紀序、蓬廬詩文鈔等書。嘉慶三年卒，年六十九。參史傳。

孟子四考自序

廣業七歲讀孟子，麤曉字訓。時塾本爲集注，見有用趙氏說者，心竊識之。長治制義，泛覽語類、大全諸書，始知章句肇自邠卿。及讀其題辭，又知有外書四篇，曰性善辨、文說、孝經、爲正。既而搜討經史，涉獵子流，中所稱引孟子，往往爲内篇所無，是逸文也；其與内篇錯出者，是異本也，並考而録之。注家盛於宋後，獨推趙爲古，而各書所載注文，實不止趙，則又知有鄭、劉、綦毋之注，亦考而存之。凡此皆無所疑者也。以疑義言之，則如爵禄、封建、井田、學校之制，與周官、戴記同異甚多，見於注疏可考。趙氏謂：漢文時，孟子嘗置博士，迄今五經通義得引以明事。何當日虎觀談經，寧雜採緯書，而終不一及孟子也？又如外丙、仲壬可補尚書序之闕，而竹書、世本、史記並詳其系，皇極經世、稽古録前編俱削其季。悦孔子者七十子，狂如牧皮，足證史記、家語之疎，而石室圖、古史以及嘉靖祀典、闕里志未聞與列。舜生於諸馮，遷於負夏，卒於鳴條。陸嘉材翼孟，力辨蒼梧、黄陵之附會，周平園深韙其說。路史發揮舜冢辨亦謂諸馮、負夏、鳴條皆在河南、河北，而馮山公少作更有與閻百詩論舜生卒書。汝、漢、淮、泗之異道，錐指得其詳；葵丘、板築之矗言，正楊舉其失。而趙希鵠之辨追蠡，郭次象之詮少艾，何孟春之釋巨擘，俞廷椿之解環攻，無論也。然此類經先儒論定，縱有未盡，初無甚害，可概闕如。惟紀季、卜宅、游宦數者，關亞聖之行藏，作全書之眉目，一誤則無所不誤，雖欲蓄疑焉不得。於是覃思竭慮，復作出處時地考，合前爲四，遂名孟子四考。嗟乎！幼童而守一藝，艾齒而後能言，行自傷已溝。

愚僻處無所取裁，其是否正未敢知也。每考之首，各爲序意，兹特記其緣起云。

孟子十一篇，見漢書藝文志。七篇今列於經，其四篇趙邠卿以爲「文不宏深，後世依倣而託」，故其注祇析七篇爲上下十四卷。隋經籍志、唐藝文志載鄭、劉二注亦止七卷，自是孟子無足本矣。然漢、晉、六朝諸儒所引，尚不明言存佚，至唐虞永興作書鈔始云逸孟子，蓋與逸詩、逸書同例焉。前明應城陳心叔著孟子雜記，嘗裒集逸文三十許條。臨湘方仲美作孟子集語，取逸文分繫各篇，而以意聯貫之，又補外書四篇。近朱竹垞太史經義考亦載孟子逸句。斯實汲古深心，非直好事已也。惟是屑玉碎金，搜羅非易，甄别尤難，不揣譾陋，詳加參訂，據各書先後編次之，名曰逸文。嗟乎！子流照軫，曲士竄奇，誠所不免，然如孟子之皇皇誨誘，但有墜緒可尋，奚惜旁搜遠紹？否則平仲外篇録從子政，閼奕、游𪇆儒者尚能稱誦，獨可使亞聖之遺言湮鬱終古哉！作孟子逸文考第一。

五經、論、孟，童而習之，推詳古本，必曰易與孟子，以二書皆不經秦焰也。然易自鄭、王之後，經傳混淆，紫陽加意釐定，復爲明初大全所汩，彖、象、文言遂與本義齟齬。孟子七篇，雖得邠卿章句，而久溷子流，非有名家師授，傳述訛舛，安見其古本哉！廣業既輯孟子逸文，見各書徵引字句往往不同，説者謂所見本異，而集注亦有古本、今本及外國本，則異本又不可不究詳也。考是書最古者，漢河間獻王本。史稱王「修學好古，從民得善書，必爲好寫與之，留其真，所得皆古文先秦舊書，周官、尚書、禮記、孟子之屬」是也。東漢有祕閣本，黄香詣東觀，章帝賜以孟子、淮南各一通。其民間行本，則子長所謂「世多有其書」者。然如惠王攻趙，已與今文不同。於時韓詩、毛傳載輒盈篇，説苑、法言引非一簡；荀卿、董子逞彈駁於前，子思、孔叢滋緣飾於後，不既隱曖而紛綸乎？他若孟堅採志食貨，仲任摘著論衡，以及牟融、馬融、高誘、應劭、鄭康成、許叔重之流，趙氏所謂「孟子以來，五百餘載，傳之者亦已衆多」也。魏、晉而降，更難僂指。聖證述子居爲字之義，士緯識門人所記之書；王劭稱業受子思，傅玄謂體擬論語；袁瓌揭誨誘無倦之旨，法琳發劇談垂美之論；鈔自仲容，録由孝緒；證經史者孔、賈、李、顔，原性道者韓、李、皮、林，此其尤著也。計其爲本，奚啻千百。即不至乖異，要非盡雷同也。夫漢、晉世遠，文滅技飭，良難以字體辨之。豳爲邠，期爲朞，悦旁從心，智下加日，其出唐人鈔録可知。宋祥符五年，孫奭等撰音義二卷。七年正月上新印孟子及音義，見玉海、藝文。自是始有板本。但宋槧今不易得，因以汲古閣注疏本爲主，參考宋本石經，條録漢、晉以來，訖於唐、宋，凡有睽異，悉著於篇。而注疏本之與今集注本不同者，亦列焉。其有改竄太過，援引舛謬，則附見各章之後，庶爲循誦之一助云。作孟子異本考第二。

孟子注見隋經籍志者四家：趙岐、鄭康成、劉熙、綦毋邃也。外此，漢有程曾、高誘，唐有陸善經、張鎰、丁公著，宋世有四注孟子，題楊雄、韓愈、李翺、熙時子四家。中興藝文志謂「其旨意淺近，蓋依託者」。今獨趙注存，而諸家盡佚，可惜也。然李唐爲世較近，而陸與張、丁之説，並見採於孫宣公音義，學者猶可藉以考見，未若漢、晉諸儒之甚古，可愛而竟絶少稱述也。嘗見丹鉛録論永樂中所刊大全謬改左傳馹字爲驛，因引孟子「置郵傳命」古注云：「置，驛也。郵，馹也。」此文今在集注，雖前於永樂，不可謂古，而升菴更不言有他據，蓋古注之不明，久矣。秀升章句本不著録，其無考固宜。乃至藏諸祕書，著在子部者，亦止劉與綦毋輳見一二焉。輯而存之，孰謂斷圭破璧不足爲篋櫝珍乎？若趙氏之書，先爲善經所削，正義間有摘採，亦頗漏略。元初張慶孫西湖書院重整書目記稱有孟子古注，即今所傳宋槧趙注也。以今本注疏及新刊本校之，同異甚多，輒舉若干條與嗜古之士共參之。作孟子古注考第三。

讀書論世，孟子之彝訓也。顧世有可知，有不可知。可知者以書合之，不可知者以書定之，斷無移書就世、執世疑書者。書可疑亦可不讀，世可移又何待論耶？竊觀孟子一書，讀者遍古今天下，而計生年則或定或烈；訪里居則忽鄒忽魯；宦遊所至，則應劭謂自齊、魯、鄒、薛而梁、衛，嵩謂自宋、鄒、任、薛而梁、齊，最後有先梁後齊、始宣終湣之說，伐異黨同，終無折衷。嗟乎！經典宿疑，孰有大於此者乎？夫孟子鍾靈鄒嶧，生值姬衰，抱道周流，憲言詒後，生平既概見本書，其所紀時事又皆得之閱歷，確鑿可據，非若公、穀之聞見異辭，莊、列之寓言無實也。即云列國事，故不得不取旁書證之，然而國策不詳年代，篇次混淆，史表編述燼餘，傳聞舛錯，與本書已多不合，全賴博稽深考者權其然否而去取之。蓋第欲借鏡以照形，非令其契舟求劍，且許其入室操矛也。乃自漢以來，論列孟子之世，往往宗主史表，雜採他書，迨求其合而不得，則苟且遷就者有之，調停兩可者有之。夫史之序六國表也，自言秦「燒天下詩、書，諸侯史記尤甚。詩、書多藏人家，所以復見，而史記獨藏周室，以故滅。惜哉！獨有秦記，又不載日月，其文略不具。然戰國權變亦有可采者」，乃「因秦記，表六國時事」。觀此亦可知作者之用意矣。通鑑考異謂：「年表差謬，難可盡據。」季彭山亦云：「史所稱世次，或有虛加，或有闕略，皆無以考其詳。惟當以孟子書爲證而序正之。」洵知言也。而仍襲既久，耳食之儒寧變亂大賢之出處，不敢背違史氏之年表。嗚呼！此孟子所以慨然于「盡信書不如無書」也。廣業蓄疑有年，欲有以救正之，自惟譾陋，深懼獲戾前修。既思孟子亞聖，大才生不逢世，其書復横被非刺疑詆，既得列于經，以上繼魯論，而猶使其行藏大節湮晦勿彰，罪乃滋甚。於是枚舉其事，先取本書櫽括成文，以原無可疑者發其疑，所謂可知者以書合之也。次取辨駁諸條，分繫其下，以似有可疑者晰其疑，所謂不可知者以書定之也。口雖失煩，辭非泛設，蓋用是讀吾書而已，論世云乎哉！作孟子出處時地考第四。

附録

朱石君曰：「據劉歆移太常博士書及趙岐題辭，知孟子在漢與爾雅同立學官，蓋在六藝前矣。漢志孟子十一篇，其外書四篇本久散佚，今經文存者亦往往多異同。注述家如隋志之鄭康成、劉熙注，七録之綦毋邃注，唐志之陸善經注，張鎰音義，宋志之丁公著音，皆多湮失，惟趙邠卿注僅存。宋人有僞託孫奭作正義者，頗舛陋。是此書之當考正者，非義端也。周君耕厓博學嗜古，兼綜諸家，於孟氏之學致力尤邃。著孟子四考一書，首曰逸文考，博采諸書之不在七篇内者，比陳心叔所録不啻倍之；次曰異本考，剌取諸家所引，以較今本異同，又有宋足利諸本參訂之；次曰古注考，以諸本較今趙注之訛，又裒集劉熙、綦毋邃注甚多；次曰出處時地考，以史記爲不盡可據，因排齊、梁、滕、薛等國遊歷先後，以解應劭、衛嵩諸家之聚訟焉；又校注章指篇敍，蓋至是始還舊觀矣。予深有以敬周君學力之勤，後之學者欲於孟氏之學有所津逮焉，舍是書何以哉！」孟子四考題辭。吴沖之曰：「耕厓樸學覃思，言必徵信。兹出孟子四考一編，曰逸文，曰異本，曰古注，曰出處時地。其出處一門，謂孟子親老家貧，始仕鄒爲士，無舍其父母之國而以草莽臣先至齊、梁之理。建首梁惠王章，蓋以揭仁義之大旨，而非其遊歷之次，故必審齊、梁之世次，而後有以定孟子之出處，不特可以釋朱子序説之疑，即萬斯同斷斷然與若璩不一辭者，不啻得所衷焉。」孟子四考序。

先生少通訓詁，辨音切，尤邃於經。嘗主廣德書院，著讀相臺五經隨筆四卷、續筆一卷，馬瑞辰稱「前人所未道」。其辨東晉古文尚書之譌，尤足與閻、惠相發明。子勳懋，能世其學。錢泰吉海昌備志。

耕厓交游

周先生春

周春字松靄，號春兮，海寧人。乾隆甲戌進士，官廣西岑溪縣知縣，革陋規，幾微不以擾民，有古循吏風。以憂去職，岑溪人構祠祀焉。服闋，不謁選。所居凝塵滿室，圖書環列，卧起其中者三十餘年。嘉慶庚午，重宴鹿鳴。二十年卒，年八十七。生平於四部七略靡不瀏覽。究心字母，嘗徧觀釋藏六百餘函。於韻學尤有心得，著有十三經音略十二卷，字必審音，音必歸母，謹嚴細密，絲毫不假，爲研究反切學者最精之書。他所著尚有中文孝經一卷、爾雅補注四卷、小學餘論二卷、西夏書十卷、代北姓譜二卷、遼金元姓譜一卷、杜詩雙聲疊韻譜括略八卷、遼詩話一卷、選材録一卷。參史傳、十三經音略阮元序。

十三經音略

凡例

一、凡易識之字，及即難識而舊時已有直音不誤者，不復再音。

一、是書以陸氏釋文爲主，參以説文、玉篇、廣韻、五經文字諸書，而後唐以前之音燦然具備。間有六朝早誤者，亦詳辨之。至宋、元後出之音，其得失自可見矣。

一、毛詩集傳叶音本於吴才老，後爲文公、孫鑒所增損，故未合頗多也。才老亦有誤處，皆爲辨正。至陳季立以下，其説愈舛，不得不辨之特詳。

一、向有四書辨音一卷，今略行删改載入，不分論、孟，即學、庸亦不歸戴記，仍行標爲四書。

一、向有爾雅補注四卷，後增爲三十卷，采輯頗廣，所以爾雅一門較他經爲繁，蓋由不忍割愛云。

一、是書共十有二卷，易一卷，書一卷，詩二卷，春秋三傳一卷，三禮一卷，四書一卷，孝經一卷，爾雅三卷，後附大戴禮一卷，因大戴禮宋時曾列爲十四經也。

與盧抱經論音韻書　按：以下諸書俱附録音略内。

去歲承賜大刻顔氏家訓注，讀至音辭篇，引用某説，心竊有所未安。日内見戴東原文集，知其學出於新安江氏，但不得音韻之原，以訛傳訛，不可不辨。嘗聞鄭夾漈云：「字書眼學，韻書耳學。」蓋小學家判然有此兩途，不可偏廢也。今人皆知崇尚説文，字學當不謬矣，而音韻幾成絶學，試略陳之。自唐以前，夫人而知音韻。孫叔然，東州大儒，始爲翻切；郭冠軍，洛中佳婢，亦曉雙聲。沿及有唐，斯理轉晦。五季逮宋，知者益微。惟吴才老深明叶韻，朱子取以叶詩。惜吴氏閩音稍有牴牾，且拘唐韻，以繩三百篇，頗爲可議，然考古之功不可没也。明人如楊升菴，於此事尚屬貿貿，何況其餘！忽有陳季立者，巃才也，雖擅詩名，而其學出於焦弱侯，言韻全憑武斷，不知而作，如夢囈然，所著之書，紕繆百出，非之不勝非，辨之不足辨。不圖博極羣書之顧亭林起而信之，奉爲金科玉律。噫，異矣！夫七音猶七姓也，三十六母猶姓之分支也。此如裴氏五房，本難混爲一譜，太原、京兆自區别於琅琊，故音既秩然不紊而叶即隨之，所叶之音必與本字同母，此乃一定之理，極粗淺而易明者也。季立不諳字母，隨意亂叶，幾於天可叶地，東可叶西，奮筆著書，罔顧天下後世識者姍笑。亭林亦復不諳字母，而古人韻緩，不煩改字兩語横亘胸中，偶見季立古無叶韻之説而喜之，凡其説有難通處，輒參以周德清中原韻，自矜爲獨得之奇。殊不知亭林之所謂本音，即季立之所謂古音；季立之所謂古音，即才老之所謂叶音。季立暗相勦襲，亭林稱引加詳，其實不過就韻補一書改頭换面而已。入室操戈，何以令才老心服乎！當日音學五書出，毛西河作古今通韻，昌言非之。但字母之學，西河亦甚粗，徒以典博騁長，果於自信創五部三聲兩界兩合之説，强古人以就一己，又以五收屬五音，仍舊説五音分韻之誤，所謂楚則失矣，齊亦未爲得也。兹以兩家之説較之，毛尚講字母而不精，如云雙聲即翻切是也；顧則全然不講，如云謨郎、彌郎兩音不同是也。然兩家之書皆盛行於世，於是乎音韻之學愈繁而愈失其傳矣。竊謂近時言音韻者，李文貞恪守古法，最爲醇正，其説一無可疵；潘稼堂類音，窮究南北古今之變，尤推精妙，雖未嘗攻擊師説，而隱然與亭林異趣。賴此兩家存絶學於一綫，無如世人重顧、毛而忽李、潘，不可解也。夫此四先生者，後人皆不當輕議，而獨至音韻一道非但分優劣，而判是非則四先生之書不得不嚴爲别白耳。閻百詩稍後出，以亭林爲宗，妄謂叶音爲不識字，於陸氏釋文、顔氏漢書注、李氏文選注及朱子傳注，莫不痛加排詆。最可笑者，以爲天牖其衷，音學復明，發端於前明焦氏、陳氏，大備於近日柴氏、毛氏、顧氏之書。夫焦氏、陳氏極爲淺陋，而與柴氏、毛氏、顧氏並稱，未免儗不於倫。况柴氏、毛氏、顧氏之書又迥各不同，何可比而同之！是雖推尊三家，而究未窺三家之旨。要隨聲附和，矮人觀場，如百詩者，尚何足以言音韻哉！又有邵子湘，限於聞見，毫無發明；李笠翁詞曲專工，意主通俗，其所著本無足道，特以世所通行，故附及之。古人音韻之書，存於今者，廣韻、等韻其祖也。外此邵子皇極經世聲音圖、鄭氏通志七音略、韓氏五音集韻、熊氏韻會舉要、劉氏切韻指南、章氏韻學集成、李氏直圖横圖、吕氏音韻日月燈之類，乃正派也。其餘明人之書，非鑿空杜撰，游談無根，即囿於方音，貽譏傖楚。其有一知半解，則或尚可節取，是在觀者細加决擇，不爲所淆而已。李文貞、潘稼堂兩家，音韻之正派也。

交河王少司寇、武進錢文敏公，邇來之宗正派者也。儻不宗正派，則異説得而乘之矣。今就異説之最甚者論之，如斂侈大小是也。夫大小初無一定，三尺童子皆能知之。至斂侈則似暗合，楊桓影附於周禮典同「險聲斂」、「侈聲筰」。此本兼鐘之形聲而言，故考工記鳧氏復有「侈弇」之文。斂其聲也，侈其形也，合二字何義乎？曰斂侈，何不曰侈弇乎？若以斂代闔，則當以侈代開；若以侈訓大，則斂未聞訓小。豈特韻學不典，抑且字學未精。試問錢昨仙翻，涎夕連翻，同在二仙，何以錢斂而涎侈乎？賤才線翻，羨似面翻，同在三十線，何以不分斂侈，而第云有別乎？蓋沈約吴音紛紛耳食之説，叩其何者爲吴音，譚韻者茫無以對也。孰知沈約吴音，惟有疑邪二母字耳。錢、涎、賤、羨皆從邪之別，乃正所謂吴音。今不悟其故，而以斂侈二字了之，自欺欺人，徒資噴飯者也。窔山啌噇直五尚，見笑於大方，以此較之，其不經更什倍矣。且古韻二百六部，今韻一百七部，其分併縱有小疵，而其源總出於七音字母，故四聲一貫，詳見於夾漈七音略。亭林不達斯旨，以爲近代入聲之誤，遂致盡變古法。江、戴又從而甚之，謂顧氏草創，而自詡加密，殊令人齒冷也。且夫翻切之法，上字爲母，下字爲韻，至簡捷而無難也。顧人每明於下韻，而暗於上母。許緑許緣「瑣」字便異，以水以小「鷕」字頓殊，可知自古而然，于今爲甚耳。就其中之最易迷誤者，莫若舌音之隔標，脣音之交互。六朝之時，即有由此致誤者。原古人製爲翻切之意，初非好用隔標、交互以迷誤後人也，皆因本韻之字，取本母之字出切，其音不真，不若借用隔、互。此屬自然之至理，亦不得已之苦心。須知丁丈丁仲端知之隔標，武伯武悲微明之交互，如其不推此例，則以之誦讀核瞎多乖，以之校讐亥豕彌舛，安得謂翻切無關輕重哉！即以雙聲論之，同母爲雙聲，亦最淺易之事。然自宋以後，不明同母，謬解叢雜，悉數難終。朱長孺精於注杜，尚以卑枝接葉爲雙聲；毛西河且謂「前人不以雙聲注書」，竟似癡人説夢矣。蓋自經典及騷選諸書，其中雙聲無慮千百計。此亦與四聲相同，平上去入未析，早具四聲之理，猶之三十六母未分，早具雙聲之理。故古時雖未有雙聲之名，而矢口觸目無非暗合之雙聲也。戴集答人書有云：「切韻之大要有三：雙聲一也，區別呼等二也，聲類異同三也。」而以下絶不言及雙聲，不知戴意中之所謂雙聲者何如也。近又見有注爾雅者，略及雙聲，挂一漏百，兼多差謬，甚矣！講求字母，實音韻之正派，不可以師心也。嘗謂「自有天地即有音聲，闔闢陰陽出於天籟」。然其法由漸而密，其説由漸而精，亦理之必然者也。虞廷賡歌，早聞協韻；商、周雅、頌，罔不諧聲。降而魏、晉，雖有聲類、韻集，而未備也。迨齊、梁而四聲切韻興焉。休文郊居一賦，知音惟有王筠，特著其論於宋書謝靈運傳後云：「自騷人以來，此祕未覩，皆闇與理合，匪由思至。張、蔡、曹、王曾無先覺，潘、陸、謝、顔去之彌遠。」蓋其自負如此。故撰韻而分四聲，較第稱韻者已精矣。雖長言短言見於何休，内言外言本於晉灼，似乎平仄之説爲古人所早有，然謂四聲不出於周、沈，不可也。七音者，四聲之源也，溯七音而四聲愈密矣。原夫字母之起，所謂波羅門書「十四字」者，隋志載之。華嚴之譯，南宋、北魏；而光讚、放光，早在西晉；文殊問經，又在蕭梁；唐時所譯愈多，其後遂增損大備。唐至中晚，詩人於此法漸疎，故神珙述隱侯九弄翻紐之圖，而字母圖、指掌圖、等第圖諸書紛紛出焉。賴有諸書，使人得知字音之真，及古來製爲翻切四聲分部之意，其功不淺。雖王充之作論衡，高誘之注吕覽，許慎之注淮南，劉熙之作釋名，竝已略言七音之理，然謂等韻不出於守温等不可也。近世推原之論，謂「字母翻切之學，中土所自有，非從竺國。譬如謂西法傳於和仲宅西，故與周髀脗合」。此想當然則然耳。必謂「幾何原本諸書不出於利瑪竇」，不可也。何以異於是？雖無關大義，亦不可以不辨。閣下耄而好學，巋然爲吾浙靈光。春何人斯，何敢妄生異議？特恐絶學無傳，忘其愚陋，效芻蕘之一得，臨楮曷勝悚惶！

與邵二雲論爾雅雙聲書

去冬十二月，舍姪彦國家書來，知承寄大刻爾雅正義。雖浮沈未到，然心感先謝。此書於友人處借看，援據精博，可壓倒邢叔明。拙著廣疏，可以不成矣。但所注雙聲處不能無疑。竊謂注爾雅本不必論雙聲，若以雙聲論之，則釋詁一篇有七十餘條，釋言一篇有四十餘條，其餘悉數難終，何得挂一漏百乎？且如云：「丁當雙聲，義存乎聲；蓋割雙聲，義存乎聲。」何以謂之義存乎聲？不解一也。肯可與丁當、蓋割一例，乃一以爲義存乎聲，一以爲聲轉爲義，不解二也。門滿亦與丁當、蓋割一例，乃一以爲雙聲，一以爲聲之轉，不解三也。昌梁疊韻，何以謂之雙聲？不解四也。茀離去以千里，何以亦爲雙聲？不解五也。假誐迥不相謀，何以亦爲聲之轉？不解六也。泥寅喉舌懸殊，何以謂之聲近？不解七也。鈃鉉本喉音相近，何以扃鼏皆其轉聲？不解八也。輔字上聲，乃云「輔爲扶胥合聲」，似可讀輔爲平，不解九也。竦茅固同母字，乃云「竦爲茅蒐合聲」，似竦字可入尤韻，不解十也。舍姪於音韻之學亦能粗通大略，日前令其面陳，竝祈指教，忽得耿蘭之報，痛何可言！未知此論曾達於左右否？著書千古事，非一人之私言，諒俯鑒芻蕘，不怪其戇直也。

答錢宫詹論毛詩叶韻書

讀大刻文集内有與春書，開益良多，曷勝感荷。然有不能無疑者，敢略陳之。朱子詩傳叶音，初委門人編注，後爲公孫鑒所損益，元、明坊本又妄更張，非復朱子元書也。即吴才老之書，毛詩補音久佚，今僅存韻補，其合者十之七八，不合者十之一二，疑出後人改竄，亦非才老之舊。拙著於徐蕆序中注之矣。夫辨非求是，正爲才老功臣；即精益求精，亦不失朱子之意。此乃至當不易者，非敢訾議朱子及才老也。特因才老必依物職分部，故謂其「不宜以後出之韻上繩三百篇」。若叶韻必用字母，則不得不以字母繩叶韻，何嘗以字母繩三百篇哉！亭林本音之誤，具在五書，春不敢蹈妄議前賢之咎，所以拙著不過約略言之，其實繆難悉數。即一「服」字而論，其説正長矣。案陸氏經典釋文於詩關雎「寤寐思服」，及有狐、葛屨、蜉蝣、候人、采薇、六月、采芑、文王、下武、文王有聲、蕩、泮水諸「服」字竝無音，則其讀如字，房六翻，不待言矣。於「采葑」云：「匍，音蒲，又音符。匐，蒲北翻，一音服。」此言匍匐一作扶服，故有兩音，非謂「服」字即「匐」字，必讀蒲北翻也。於禮記檀弓云：「扶服竝如字。又上音蒲，下音蒲北翻，本又作匍匐，音〔一〕同。」此明言扶服與匍匐之爲二。若上音蒲，則下音蒲北翻；若上音符，則

〔一〕「音」，原無，據釋文補。

下「服」字仍如字也。於左傳昭十三年云：「蒲，本又作匍，同，步都翻。又音扶，本亦作扶。伏，本又作匐，同，蒲北翻。又音服。」於昭二十一年云：「扶服，竝如字。上又音蒲，下又蒲北翻，本又作匍匐，同。」此又言服一作伏，扶服一作蒲伏。三者相同，然必上作匍，則下「服」字、「伏」字方讀蒲北翻。若上作扶，則下「服」字、「伏」字仍如字讀也。又戰國策、史記竝作匍服，此服字自讀蒲北翻。說苑、漢書竝作扶服，此服字自讀房六翻。要之，房六翻，「服」字本音也；蒲北翻，「匐」字本音也。若扶服之服解作匍匐，則亦是本音，何必云叶？蓋惟通於匍匐之扶服，方可讀蒲北翻。扶服爲輕脣雙聲，匍匐爲重脣雙聲，輕轉爲重，奉轉爲並，即今俗語之所謂蹩也。至其餘思服、衣服、服飾、服制諸「服」字，皆不可讀蒲北翻。善乎！毛西河之言曰：「自『古無叶韻』之說出，而古人無文字，今人無語言。天下未有呼天下爲汀户、牛馬爲尼母而可以成世界者。儻必呼衣服爲衣匐，服制爲匐制，亦豈成世界乎！」我聞朱子曰：「古人音韻寬，後人分得密。」此至言也。試思有韻之文莫古於易，莫尊於經，莫可信於孔子。而此一「服」字，謙象傳與牧、得、其、國叶，此正古人韻寬之證，何以必欲合之於職，而必不可合之於屋？況即欲叶入職韻，亦自有本母應叶之音。才老見服有匐音，遂以爲叶；而亭林并以「服」字之不與「匐」字通者，而盡讀爲匐，則尤失之矣。至於叶符弗翻，雖拘叶韻成例，而亦有至理存焉。蓋服之讀佛，與牧之讀墨，不過一轉移間，此正朱子所謂「詩之音韻是自然如此，衹要便於諷詠」也。又亭林於「伏」字下引漢書五行志師古注曰「伏音房富翻」，而釋之曰：「案又音肆富、方二翻，竝當音備。」試問房富何可音備？至「肆富方二」四字，幾於別風淮雨，令人不能思索。春雅不欲妄議前賢，偶因「服」字而及「伏」字，聊以見亭林之不講字母也。先生之文爲千古之傳文，即論爲千古之定論，必當斟酌盡善，故敢獻其芻蕘，惟冀恕罪而垂覽焉。幸甚，幸甚！

中文孝經自序

孝經有今文有古文，有遵今文而斥古文者，有從古文而毀今文者。史藝文、經籍志及王氏玉海、馬氏文獻通考、吕氏大全、朱氏經義考述之綦詳，要之各有所長，何容偏廢也？春不揣固陋，以朱子刊誤爲主，竊取後漢劉子奇之義，定爲「中文」，雖或於童蒙不無小補，而僭妄之罪，萬難自解於先儒矣。

陳先生鱣

陳鱣字仲魚，號簡莊，一號河莊，海寧人。嘉慶元年舉孝廉方正，學使阮文達元稱其經學在浙西諸生中爲最深，特手摹漢隸「孝廉」二字以顔其居。戊午中式舉人。博學好古，彊於記誦，尤專心訓詁之學。嘗以其父璘素治説文而著書未就，因繼父志，取説文九千言，以聲爲經，偏旁爲緯，竭數十年心力，成説文正義一書。惜存稿遭亂散失。治經宗康成，輯有孝經鄭注一卷、六藝論一卷、鄭君年紀一卷。又以何晏所撰論語集解尚未詳盡，乃爲論語古訓十卷，凡漢人之注及皇侃義疏無不采取。性好藏書，與同里吴明經騫、吴門黄主事丕烈互相傳鈔，校勘精審。晚築講舍於紫薇山麓，一意撰述。所著又有詩人考三卷、石經說六卷、埤蒼拾存一卷、聲類拾存一卷、經籍跋文一卷、續唐書七十卷、對策六卷、恒言廣證六卷、新坂風土記一卷、簡莊文鈔六卷、續編二卷、河莊詩鈔一卷。嘉慶二十二年卒，年六十五。

參史傳、阮元定香亭筆談、錢泰吉海昌備志。

論語古訓自序

論語古訓，存漢經師之遺義也。論語有古論，有齊論，有魯論。古論爲孔安國注，而世不傳。張禹受魯論，兼講齊説，號張侯論。包氏、周氏章句出焉，馬融亦爲之訓說。鄭康成又就魯論篇章，參攷齊、古爲之注。何晏等集孔、包、周、馬、鄭，益以陳羣、王肅、周生烈之說，并下己意，爲集解。梁、陳之時，鄭氏、何氏立于國學，而鄭氏甚微。周、齊，鄭學獨立。至隋，何、鄭並行，鄭氏特盛，故唐人諸書多引之。迨宋時遂亡。近有集鄭注古文論語二卷，託名王應麟。鄭注非古文，且其所收亦未盡也。今以集解爲本，攷諸載籍所引遺說，旁搜附益，爲古訓十卷。言古者，以别于今也。不曰「集解補」者，守缺抱殘，不得言補也。凡經文從邢昺正義本，而以漢、唐石經、皇侃義疏、高麗集解本、經典釋文、及日本山井鼎七經孟子攷文、物觀補遺校注于下。或見于他書，亦間爲援證也。至邢本集解舛言良多，甚將語助字删削，致文義不屬，今則從皇本、高麗本也。孔注古論，據何晏敘，世既不傳，集解所采，說多不類，且與說文解字所偁論語古文不合，反不如包氏章句之古，疑爲後人假託，特與尚書傳又異，今姑從集解存之也。集解采七家之說，有兩周氏，一漢人，不悉其名；一魏人，複姓周生名烈。今皇本、高麗本並作「周生烈曰」，則無漢之周氏。邢本並作「周曰」，則無魏之周生。積疑于中，無從是正也。鄭康成，漢世大儒，故集解之外，蒐輯鄭説獨多，且以愚意疏通證明之，所以補疏家之未備也。馬融，鄭之師也；王肅，難鄭者也。存馬、王之説，亦可以發明鄭注也。少習此經，長無成就，謹以肄業所及，博采通人之辭，勉具簡編，就正有道。凡引諸説，或偁官，從鄭注周禮書鄭司農、鄭大夫例也；或偁字，從鄭注書杜子春例也。

集孝經鄭注自序

鄭康成注孝經見于范書本傳，鄭志目録無之。中經簿但偁鄭氏解，而不書其名，或曰是其孫小同所作。謹按鄭六藝論敍孝經云：「玄又爲之注。」敍春秋亦云：「玄又爲之注。」蓋鄭注春秋未成，後盡與服子慎，遂爲服氏注，詳見世説新語。乃從來列鄭注更無及春秋者。竊以其注孝經亦未寫定，而其孫小同追録成之。據隋書偁鄭志亦小同所譔，此或以先人未竟之書，故不敢載入目録。中經簿所題，蓋要其終；范書所紀，則原其始也。自江左中興，久立博士，穆帝集講孝經，云以鄭玄爲主，荀茂祖集解因之。至陸彦淵始疑其不與注書相類，請不藏于祕省。王仲寶違其議，遂得見傳。夫鄭注三禮與箋詩互有異同，安在此注之必類于羣經乎？唐開元敕議，時劉知幾以爲宜行孔廢鄭，司馬貞等非之，卒行鄭説。然自玄宗取諸説以爲己注，而後之學鄭氏者日少。五季之衰，中原久佚。宋雍熙初，日本僧奝然以是書來獻，議藏祕府，尋復失傳。近吾友鮑君以文屬汪君翼滄從估舶至彼國，購訪其書，亦不可得矣。幸陸氏釋文尚存其略，羣籍中閒有引之，因仿王伯厚鄭氏周易例，集成一編。凡玄宗注邢疏以爲依鄭氏者，悉爲收合，庶以存一家之學。而見聞淺陋，更望汲古君子匡其所未逮焉。

六藝論輯本自序

鄭氏六藝論一卷，隋、唐志載其目。五季以來，鄭學自毛詩、三禮外，盡已散佚。宋王伯厚集周易注，後人踵而行之，鄭氏之書漸次收合。惟六藝論未見輯本，因廣爲蒐討，録成一編。按徐彦公羊傳疏曰：「鄭君先作六藝論訖，然後注書。」予謂不然。觀其詩論云「注詩宗毛爲主」，又春秋、孝經論並云「玄又爲之注」，則作于注書之後可知也。孔穎達偁六藝論有方叔機注，叔機未詳何時人，其注僅見禮記正義所引一條，今亦附録。因念古書之留于今者日少，區區采摭之苦心，殆所謂存什一于千百耳。

續唐書自序

唐受命二百九十年而後唐興，歷三十年後唐廢而南唐興，又歷三十年而亡。此六十九年，唐之統固未絶也。後唐系出朱邪，然本于懿宗賜姓爲李。莊宗既奉天祐年號，至二十年始改元同光，立廟太原，合高祖、太宗、懿宗、昭宗爲七廟，唐亡而實存焉。歐陽氏正統論序論云：「伏見太宗皇帝時，常命薛居正等譔梁、後唐、晉、漢、周事爲五代史，凡一百五十篇，又命李昉等編次前世名號爲一篇，藏之祕府。而昉等以梁爲僞，梁僞則史不宜爲帝紀，而後唐之事，當續劉昫唐史爲一書，或比二漢，離爲前後，則無曰五代者，於理不安。」謹按：昉等黜梁，實屬大公至正，與前人黜莽黜操正同。乃云於理不安，何歟？序論又云：「今司天所用崇天曆，承天祐至十九年，而盡黜梁所建號。援之於古，惟張軌不用東晉太興，而虚稱建興，非可以爲後世法。蓋後唐務惡梁而欲黜之，曆家不識古義，但用有司之傳，遂不復改。」謹按：崇天曆承後唐書天祐十九年，蓋所謂周德雖衰，天命未改。且援之於古，亦不獨張軌爲然。昔周厲王失國，宣王未立，召公與周公行政，號曰共和。共和十四年，上不繫于厲王，下不繫于宣王，當時固未嘗云周之統絶也。以此爲例，則崇天曆所書，不可謂徒然矣。乃云不識古義，抑又何歟？今有人焉，爲盜所殺，欲全據其基業。有僕挺身出而禦之，艱難辛苦，攘除奸凶，而不改故主之名偁，仍奉故主之宗廟，則將與盜乎？與僕乎？夫人而知與僕不與盜也。朱全忠大逆無道，甚于莽、操，人人得而誅之，何可不黜？後唐既係賜姓，收之屬籍，又有大勳勞于唐室，則繫于唐可耳。至石敬瑭叛主附敵，父人之父，聲實俱醜，將十六州内地割獻殊方，肆然偁帝，始固魯仲連所欲蹈海而死者。南唐爲憲宗五代孫，建王之玄孫，祀唐配天，不失舊物，尤宜大書年號以臨諸國。即如當日契丹兒晉而兄唐，高麗遣使江南，入貢偁臣，彼尚懷唐之威靈，故尊其後裔，不敢與它國齒。今奈何以晉、漢、周爲正，而反以南唐爲偏據乎？劉旻本知遠母弟，北漢四主，遠兼郭、柴，宋太平興國四年受降，又後于南唐七年。宋統繼唐，勝于繼漢、繼周矣。薛氏脩五代史，歐陽氏新脩五代史記，並稱「五代」，所見俱不及此。馬、陸二家南唐書雖欲推尊，然未將南唐上接後唐。咸光年世總釋始發其凡，終未有專成一書，寧非缺事？又按薛史裁制宂長，今亦殘闕，歐史紛立名目，徒亂章程。且八書十志，馬、班相仍，各有譔述，乃誤信史通欲廢志之言，僅作司天、職方二考，以致唐季典章法度無可稽求。馬、陸二書，互有得失。胡恢書久已無傳，然于烈祖已下謂之載記，早爲蘇頌所非，餘可概見。蒙竊不自揆，更審其順逆，著其正偏，上黜朱梁，下擯石晉及漢、周，而以宋繼唐，庶幾復唐六十九年之祚。爲帝紀七、表四、志十、世家十三、列傳三十六，凡七十卷，糾薛、歐之體例，正馬、陸之乖違，廣攷羣編，兼徵實録，以上續劉昫唐書。續之名昉乎司馬彪續漢書，而此更參用蕭常、郝經等續後漢書例也。其十志則於經籍一類多所收羅，各傳則於忠義諸臣尤深致意。經籍志以補薛、歐之缺，而忠佞不別立傳者，人以類從，賢否自見也。紀傳之後，略綴斷辭，不曰論而曰述者，從何法盛中興書例也。凡後述者，多旁采墜典遺聞，補本篇未備，所謂事無重出，文省可知也。參用史文，儻義可從、事可據者，即仍其舊，所謂不以下愚，自申管見也。昔習鑿齒作漢晉春秋以蜀爲正統，力矯陳壽三國志之非，世咸推服。後雖日久散佚，而本其意旨，用以纂修者不一其書，蓋天理長存，人心不死，尚論者求其是而已。斯編稿經累易，力殫窮年，因敘茲原委於簡端，明非出鄙人之私見，將以質諸通才，糾謬纂誤，實所願望焉。

文集

詩人考序

詩三百篇，上自天子后，下至臣庶妾媵，孔子取而録之，以爲鑑戒。第别其風爲何國，而正其雅、頌，使各得其所。蓋以詩存人，不以人存詩也。然而詩人之姓氏，學者猶傳其一二，毛詩之敘尚矣，其餘往往散見于他說。善讀者，因其人而得其詩之美刺，與夫時之興衰，俗之厚薄，此詩教之可通于春秋者也。末學支離，不師古訓，即詩敘且視爲無用，安問其他？孟子曰：「頌其詩，不知其人，可乎？」肆業之暇，輯爲是編，一以毛詩爲歸，證以齊、魯、韓三家遺說，更舉羣書附益之。即有不合者，亦存其名而詳辨之。自惟單聞淺見，古書之留于今者，不能盡得，挂漏紕繆，固皆不免。大雅之士，監其庸而恕其妄焉，斯幸矣！

埤倉拾存序

魏張揖譔埤倉二卷。按揖字稚讓，清河人，太和中爲博士，多聞古藝，特善倉、雅。後魏江式偁其與陳留邯鄲淳齊名。所著别有廣雅三卷、古今字詁三卷、難字、誤字各一卷，又三倉解詁三卷、解司馬相如傳一卷，而陳壽三國志不爲列專傳，可惜也。揖之書，隋、唐志並載其目，今惟廣雅獨存，餘皆亡矣。然自晉、梁汔北宋，傳注字部類書釋典俱有引埤倉者，知即亡于南宋時矣。鱣少時嘗從所見羣書中集爲一卷，第隨各書采録，未及詳校。乾隆五十四年，客京師，始補治之。用說文部分編次，使讀者易于尋求。三倉之字具在說文，此所謂「埤」，蓋雜取漢、魏間俗字，方之許書，或得或失。如苾爲大香，諄爲告曉之熟，瞟爲明察，髁爲尻骨之類，皆與說文合。又如：「譮，多言也。」「揀，擇也。」按說文：「詹，多言也。从言，从八、户。」「柬，分别簡之也。从束，从八。八，分别也。」此詹旁加言，柬旁加手，實爲贅矣。至其說有可以互證經典者，如：「箱，序也。字或作廂。」按說文有箱無廂。急就篇云：「壂壘

「廥亶廐東箱。」覲禮云：「俟于東廂。」漢書周昌傳云：「吕后側耳于東箱。」得此「序也」一訓，然後知今本爾雅之作東西廂爲後人誤改或體字也。又云：「拱，大戈也。」按爾雅云：「檝謂之杙，大者謂之栱。」説文無「栱」字。今互證之，可以定彼栱之爲拱，更可定此戈之爲弋也。又云：「瓔珢，石似玉也。」按説文云：「珢，石之似玉者。」無「瓔」字。山海經云：「瑜次之山，其陽多嬰垣之玉。」郭璞注：「垣或作短，或作根，或作埋，傳寫謬錯，未可得詳。」畢尚書新校正云：「或作根者，當爲珢。」今互證之，可以定彼根之爲珢，更可以定此瓔之爲嬰也。埤倉與廣雅相表裏，故其説有與之同者。廣雅云：「經梳謂之杓。」此云：「杓，凡織，先經以杓梳絲，使不亂出。」廣雅云：「鼓⿰豆壴謂之⿰木瓦。」曹憲音義：「⿰豆壴或從壺。」此云：「⿰彝鼓鼓，⿰木瓦也。」亦有與之異者。廣雅：「⿰耳玄，聾也。」此作：「⿰耳玄，聲貌。」廣雅云：「摽，擊也。」此作：「抛，擊也。」按説文無抛，止作摽耳。至⿰耳玄、杓、⿰彝鼓、⿰木瓦等字，悉是俗體。今于説文所無之字旁摽正文，皆由攷據，而非臆見。疑則缺之，注以俗字。夫載籍極博，聞見難窮，補遺正誤，是所待於俊哲之倫矣。鱣著説文解字正義，思盡讀倉、雅字書，每于古訓遺文，單詞片語，零行依附，獲則取之，以資左證。自病孤陋，多致疏違。比來京師，幸得親炙于當世賢豪，有若邵二雲編修之于爾雅，王懷祖侍御之于廣雅，孫淵如編修之于倉頡篇，任子田禮部之于字林，具有成書，小學之興，于今爲盛。鱣于是編而外，更采集聲類、通俗文等書，因編校埤倉既竣，而述其大略如此，以質之數君子焉。

聲類拾存序

魏左校令李登譔聲類十卷，隋書經籍志載其目。唐以後失傳。鱣從羣書所引，采集得二百餘條，因元本以五聲命字，次弟不可攷見，始依陸法言書部分録爲一卷，且爲之敍曰：小學本輔羣經，古之字書惟賴説文解字僅存，然攷論古聲，終多疑惑。聲類者，其訓詁既有以補説文之遺，其音讀又足以補唐韻之謬，則今日于亡逸之餘，爲之網羅拾瀋，其可緩乎哉！説文解「芋」字云：「大葉實根駭人，故謂之芋。」聲類云：「芋，大葉著根之菜，見之驚人，故曰芋。大者謂之蹲鴟，甚可蒸食也。」義本説文，而訓較詳。説文云：「蒂，瓜當也。」聲類易之曰：「果鼻。」其義益精。而玉篇則以爲「艸木綴實」，説近迂矣。説文以噓爲吹，以吹爲噓。聲類云：「出氣緩曰噓，出氣急曰吹。」不有此訓，何所分別哉！説文云：「吃，言蹇難也。」一切經陀羅尼經音義引通俗文云：「言不通利謂之謇吃。」聲類云：「吃，重言也。」其于期期艾艾之狀，又何肖合也。説文云：「簾，堂簾也。」學者未得其解。聲類云：「簾，户蔽也。」然後知釋名所謂「簾，廉也。自障蔽爲廉恥」，其説于是不孤矣。「坊」字不見説文，古蓋作堕，或用方，然以坊名屋，今所在有之。論者止知字林有「坊，別屋」之訓，而不知聲類已先之矣。説文之解「軒」字也，但云「曲輈藩車」。聲類云：「軒，安車也。」按古者婦人不立乘，其餘皆立。大夫七十而致仕，適四方乘安車，安車不立。得此安車一解，乃知左傳所云「歸夫人魚軒」及「服冕乘軒」爲不立乘，信而有徵矣。此訓詁之可據者也。漢儒説經皆云讀若某，自孫炎變讀若之例而反音興。李與孫同時，故聲類多用反音。觀其音營爲呼宏切，此字説文从熒省聲，玉篇余瓊切。今南人讀熒火爲寅，即玉篇之余瓊切；北人讀若兄，即聲類之呼宏切。唐韻但知依附玉篇，音余傾切，此其所蔽也。聲類「唶，子夜切」，玉篇同。「唶」即説文「諎」重文，讀若笮。唐韻壯革切。按笮本从乍得聲，則固宜讀子夜切矣。「貰」，説文从貝世聲，玉篇時夜切，唐韻神夜切，于聲不諧。顔師古漢書注云：「貰，李登、吕忱並音式制反。」而今之讀者謂與射同，乃引地名射陽其字作「貰」以爲證驗，此説非也。假令地名爲射，自是假音，豈得即定其字以爲正音乎？自師古審辨後，奈何朱翺音説文尚沿玉篇、唐韻之謬，讀爲時卸反哉！此音讀之可據者也。是書以五聲命字，封演聞見記云：「凡一萬一千五百二十字，較説文增多二千一百六十七字。」故説文本一「㖃」字，而此別出「吼」、「吽」、「呴」三字，皆訓爲嗥；説文本一「挺」字，而此別出「埏」字。蓋佛書盛行，僞體雜見，或後人轉寫失真。如一切經般若燈論音義引聲類云：「箋，䈼也。」僧祇律音義又引云：「筧，箋也。」按説文：「篙，筡也。」筡，析竹筤也。知作筧者即篙。今莊氏炘刻本盡改爲䈼，是其證矣。今于其異乎説文者詳加攷據，摽以正文。至所集雖不及元書五十分之一，然吉光片羽，要可珍重，因與埤倉並録之，以存漢、魏音訓絶學。

鄭君年紀序

北海鄭氏之學，自漢至唐，學者宗之。稍晦于宋、元。迨明嘉靖間，乃以程敏政之言罷其從祀，而改祀于其鄉。國朝始復之，誠爲盛舉。其所注毛詩、周官禮、儀禮、禮記，頒示學宫。而外若周易、尚書、論語等注，更得好古之士旁羅曲摭，采獲遞詳，庶幾鄭學復興之會乎！昔盧轉運見曾既編鄭司農集附于尚書大傳之後，鱣方補輯鄭注孝經、六藝論，因約其生平，爲年紀一卷，以范史本傳爲主，證以他書。蔚宗嘗言其王父豫章君每攷經訓，傳授生徒，專以鄭氏家法。武子去漢未遠，所傳當必有據。鱣生千餘歲後，乃欲深攷古人，其間差謬，知所不免，抑亦歐陽永叔所謂「于鄭氏一家之學盡心焉」而已矣。

唐石經校文序

鱣于乾隆五十五年作石經説六卷，蓋取漢熹平、魏正始、唐開成、蜀廣政、宋至和、宋紹興歷代所刻石而稽攷其異同也。自以漏略尚多，未敢出而問世。越十年，計偕入都，因同年友丁君緗士得交嚴君叔卿，深湛好書，著作富有。一日出唐石經校文十卷讀之，既博且精，卓然可信。鱣愧不逮遠甚，又欣幸其有同志焉。攷唐石經實創議于封演，觀其聞見記云：「天寶中，予在大學，與博士諸生共論經籍失正，爲欲建議請立大唐石經，遷延未發，而蕃寇海内，文儒道消，至今四十六年，而兵革未息。嗚呼！石經之立，亦俟河之清也。」演之言如此。其後開成二年，鄭覃等始校正誤謬，鐫石大學。亦見當時經籍出于相沿承誤之後，宜其校定立石，不勝鄭重。乃唐書文宗紀則云：「石經立後數十年，名儒皆不窺之，以爲蕪累甚矣。」然後唐彫版，實依石經句度鈔寫，今日平心而論，不猶賢於轉刻版本乎？惟自開成至今，幾及千年，罕有從事于此者。即好古如顧寧人先生，僅據割裂裝潢之本，至受王堯惠之欺，是雖校猶不校也。叔卿推之説文、玉篇以溯其原，按之注疏、釋文以窮其旨，于流傳版本析其非，于後人所校祛其惑，爲功于羣經不淺。蓋叔卿實肆力于許氏之學，嘗著甲、乙、丙、丁長編四部，以校定説文，時與緗士反復討論。惜乎！緗士死矣。叔卿鬱鬱不得，將由潞、河南還。艫滯迹都門，索然寡興，惟亟勸其以此校文先爲付梓，公諸同好，遂書數語簡耑以送之。

家語疏證序

今世所傳家語十卷，凡四十四篇，王肅注。昔人多疑之，而未有專書。同郡孫詒穀侍御作疏證六卷，斷爲王肅僞譔。余讀而歎曰：「詳哉言乎！是猶捕盜者之獲得真臧矣。」按漢書藝文志家語二十七卷，師古曰：「非今所有家語。」唐書藝文志王肅注家語十卷，其即師古所言「今所有」與？漢書之志，皆劉向校定。古人以篇爲卷，今本四十四篇，較漢志增多十七篇。吾友錢君廣伯頗疑漢志所偁二十七篇，即在今四十四篇中，且以尚書之二十八篇爲證。余則以爲不然。尚書孔傳及家語皆王肅一人所作，尚書二十八篇，漢世大儒多習之，肅固不敢竄改，惟僞爲增多之篇，并僞爲孔傳以逞其私；至于家語，肅以前儒者絶不引及，肅詭以孔子二十二世孫猛家有其書，取以爲解。觀其僞安國後敍，云「以意增損其言」，則已自供臯狀；而肅之自敍，首即以鄭氏學爲「義理不安，違錯者多，是以奪而易之」。夫敍孔子之書，而先言奪鄭氏之學，則是有心傅會，攻駁前儒，可知矣。又自敍引語云：「牢曰：『子云：吾不試，故藝。』談者不知爲誰，多妄爲之説。」孔子家語弟子有琴張，一名牢，字子開，亦字張，衛人也。

攷鄭注論語：「牢，弟子子牢也。」肅云「談者」，即鄭氏。夫論語記弟子不應偁名，漢白水碑琴牢、琴張判爲二人，安得牽合若此也？又子貢問篇云：「郕人子蒲卒，哭之呼滅。」注：「舊説以滅，子蒲名。人少名『滅』者，又哭名其父，不近人情。疑以孤窮，自謂將亡滅也。」按此襲禮記檀弓文，注引鄭説而破之。攷説文解字：「蔑，火不明也。从苜、从火。苜亦聲。周書曰：『布重蔑席。』織蒻席也，讀與蔑同。」然則「滅」即「蔑」之假字，蒻爲蒲子，故其字子蒲，鄭注隺然不可易。且春秋傳鄭然明名蔑，蔑、蔑聲同，與明義相對。肅不知古人名字假用同聲，乃猥曰「人少名滅者」，是奚説哉！惟哭呼其名，故子皋以爲野。若謂亡滅，斯哭者之常耳。馬昭去肅未遠，乃于家語一則曰「王肅增加」，再則曰「王肅私定」，斯言可謂篤論。余固學鄭氏之學者，然非好執一偏之見黜王尊鄭，蓋嘗平心讀其書而決之耳。因校閲家語疏證，遂書此以諗廣伯，且質諸侍御，幸有以教余焉。

吴先生騫

吴騫字槎客，一字葵里，號愚谷，又號兔牀，海寧人。貢生。生負異稟，過目成誦。篤嗜典籍，遇善本傾囊購之，所得不下五萬卷，築拜經樓藏之。錢少詹大昕爲之序，謂「所藏百氏皆具，獨言經者，統於尊也」。少與仲魚同講訓詁之學，兼好金石，每得一書，必校勘精審。所爲題記，其子壽暘嘗輯爲拜經樓藏書題跋記六卷。其自著者，有詩譜補亡後訂一卷、許氏詩譜鈔一卷、孫氏爾雅正義拾遺一卷、國山碑考一卷、小桐溪吴氏家乘八卷、陽羨名陶録二卷、續録一卷、桃溪客語五卷、拜經樓詩話四卷、愚谷文存十四卷、拜經樓詩集十二卷、續編四卷、論印絶句二卷、萬花漁唱一卷。嘉慶十八年卒，年八十一。參史傳。

詩譜補亡後訂自序

鄭氏詩譜，舊本三卷，有徐整暢、太叔裘隱、劉炫註，宋時皆已逸之。歐陽公得殘本於絳州，手爲補其亡，書亦三卷。爾來行本止一卷，非特註不可見，即正文亦頗多譌闕。休寧戴東原先生復爲攷正，予得而讀之，其疎闊處間亦不免。爰從荅本重加校定，而稍參以鄙見，爲詩譜補亡後訂。非敢自謂能盡心於鄭氏之學，若夫源流之清濁，風化之芳臭，庶幾或得其梗槩云爾。

許氏詩譜鈔自序

元東陽許文懿公嘗以鄭、歐之譜世次容有未當，别纂詩譜，繫於詩集傳名物鈔。其間如二南相配圖，退何彼穠矣、甘棠於王風，而削野有死麕，猶之魯齋王氏欲黜淫邪之詩三十餘篇，子朱子不取小序，蓋其師學授受相承如此。特所序諸國傳世歷年甚悉，有足資討核者，因爲輯訂，附諸詩譜補亡之後。孟子曰：「誦其詩，讀其書，不知其人，可乎？」是以論其世也。詩譜者何？論世之書也。學者既觀於鄭、歐之譜，復以許氏之説參互考訂，融會貫通，雖四始五際，直且探其微義，又何世之不可論哉！

孫氏爾雅正義拾遺自序

歸安丁升衢學博，嘗爲予述東原戴氏之説，以爲「注爾雅之孫炎有二，一爲魏徵士，樂安人，字叔然；其一蓋唐、五代間人，惜字與爵里不可攷。惟陸氏稗雅所引孫炎註多後之孫炎」。騫按邢昺爾雅注疏序云：「其爲義疏者，俗間有孫炎、高璉，皆淺近俗儒，不經師匠。」是宜于二家之説槩寘弗録。而或者復疑邢氏既不取高璉，仍多載孫炎之語，似皆未達前説者也。且觀稗雅每引其語，或曰「孫炎正義」，或曰「孫炎爾雅正義」。若孫叔然，經典序録及隋、唐各志所載，但有爾雅注及音，而未嘗有正義。正義之名，亦起于隋、唐間，前此未聞也。是其判爲二人，明矣。暇日因從稗雅采録，通得如干條，爲孫氏爾雅正義拾遺一卷，聊附詩譜拾遺之次，以補自來簿録所未及。稗雅惟「簜竹」云「孫炎以爲闊節爲簜」，與尚書正義及邢疏相同。又蠓引孫炎注「蠛蠓，微細羣飛」，與文選注引孫炎云「蠛蠓，蟲小于蚊」相似。此當屬叔然舊注，故竝不曰爾雅正義，兹亦不取。或又疑陸氏何以獨有取于俗閒孫炎，曰：「此正鼂公武所謂『農師著書，喜采俗説』之證也。」因書以爲序。

清儒學案卷八十八

惜抱學案上

桐城學派始於望溪，至惜抱標義理、考據、辭章三者竝重爲宗旨。當乾、嘉漢學極盛之際，斷斷以爭，爲程、朱干城，久之信從始衆。湘鄉繼起，表章尤力，其説益昌。漢、宋門户之見雖難盡化，持平之論終犂然有當於人心焉。述惜抱學案。

姚先生鼐

姚鼐字姬傳，一字夢穀，桐城人。嘗顔所居曰惜抱軒，學者稱惜抱先生。乾隆癸未進士，改庶吉士，散館，改兵部主事，補授禮部主事，洊遷刑部郎中。典試湖南、山東，分校會試，皆得士。充四庫全書纂修，記名御史。乞病歸，主講於江南，爲梅花、紫陽、敬敷、鍾山諸書院山長。嘉慶庚午，以鄉舉重逢赴鹿鳴宴，賜四品銜。越五年卒，年八十有五。先生色夷氣清，接人以和，而義所不可，確乎不能易所守。初修四庫全書，爲時相所知，欲招致門下，卒謝不往。既歸，猶使人諷起之，終不行。集中復張君書是也。爲學既兼漢、宋，而一以程、朱爲宗。其誨示學者，懇切周至，嘗謂：「説經，古今自有真是非，勿循一時人之好尚。」其爲文，與司馬、韓、歐諸君子有相遇以天者，有所作，必歸於扶樹道教，講明正學。集中贈錢獻之序等篇是也。所著經説，發揮義理，輔以考證，而一行以古文法。其生平論學宗旨曰：「義理、考證、辭章不可偏廢。必義理爲質，而後文辭有所附，考據有所歸。」又曰：「凡爲經學者，所貴此心闓通明澈，不受障蔽。爲漢學者不深則不入，深則障蔽生矣。」其論文，謂：「天地之道，陰陽剛柔而已。文者，天地之精英，而陰陽剛柔之發也。二者糅而氣有多寡進絀，則品次億萬，以至於不可窮。糅而偏勝，可也。偏勝之極，一有一絶無，與夫剛不足爲剛，柔不足爲柔者，皆不可言文。惟詩亦然。」又謂：「文事所能致力者，陳理義必明當，布置取舍繁簡不失法，辭雅馴不蕪。古今至此者不數得，然尚非文之至。文之至者，通乎神明，人力不及施也。」蓋其學深造自得，故多詣極之言。輯古文辭類纂四十八卷，今體詩鈔十六卷，世之言文與詩者多宗之。所著九經説十七卷，三傳補注三卷，國語補注一卷，老子章義一卷，莊子章義十卷，惜抱軒文集十六卷，後集十二卷，詩集十卷，後集一卷，外集一卷，筆記八卷，法帖題跋二卷，書録四卷，尺牘十卷，竝行於世。參陳用光撰行狀、馬其昶撰桐城耆舊傳。

九經説

易説

漢藝文志「易經十二篇」，顔師古曰：「上、下經及十翼，故十二篇。」今可知者，上、下經爲二篇。其傳之何以分爲十篇者，蓋不可知也。六經遭秦焚滅，故皆闕佚。獨易以卜筮書幸相傳至漢，無遺失者。而經師獨移易其次，累世遞相改變，古本亡滅，不可復求以見孔氏舊編之先後，此漢、魏經師之過也。宋吕氏之倫，始就繫辭之所稱，推漢志之篇目，分傳十篇，其意勤矣。朱子作本義，因于吕氏、王弼舊本有「彖曰」、「象曰」字，今皆考爲後儒所益，悉删除之。吾竊疑彖、象傳之首，蓋本有此字，但每卦每爻輒益以「彖、象曰」爲失之耳。蓋夫子所謂「彖曰」者，非自謂其傳也，蓋曰彖之意，所謂「乾元」云者，以「大哉乾元」云也。畫象之以六陽卦爲乾者，象之意若曰天行健，故謂之乾也。「象也者，像也；彖者，材也；爻也者，效天下之動者也。」易之傳，傳是三者，故「象曰」不可以加諸「潛龍勿用，陽在下也」文上。如必欲加之，則惟可曰「爻曰」也。象無辭，彖與爻乃有辭耳，故加于爻而謂之「小象」者，非也。然不可因是盡除「彖曰」、「象曰」之文。揚子雲曰：「文王附其爻，孔子錯其象而彖其辭。」又藝文志曰：「孔氏爲之彖、象、繫辭、文言、序卦之屬十篇。」子雲、班氏語固誤矣。然使孔氏之傳之首無「彖曰」、「象曰」字，漢人何以誤稱傳爲彖與象耶？又朱子從吕氏本併象傳、爻傳爲一篇，而王原叔本以象傳、爻傳各爲篇。蓋原叔本爲是。揚子雲太玄以九贊擬六爻辭，以八十一首擬彖傳，以九測擬爻傳。太玄筮法不用彖，故不擬彖辭、彖傳。子雲固見孔氏十二篇易者，其分篇以首之，篇别諸測，則知象傳之篇必别諸爻傳矣。既濟傳之末曰：「濡其首厲，何可久也？」未濟傳之首曰：「濡其尾，亦不知極也。」其文蓋相承，于中不容雜以「火在水上，未濟」之辭矣。若易既經更亂之後，必欲求合其所爲十二篇者，則吾未敢決也。猶子雲太玄十九篇經，范望更亂之後，亦不能決知何以分爲十九篇也。

乾彖説

世人有謂:「易有孔子作傳,後儒固惟孔子是從而已。今朱子解元亨利貞與孔子異焉。有異孔子而尚可從者哉!」斯言也,斯所謂似是而非者也。凡古人之説經也,以明理教人而已,不必與所説經拘拘附合。若孟子、荀子及諸傳記引經,而義不同者多矣,姑勿盡論。即孔子易傳中,如以「慎言語,防亂義」説「不出户庭」,以「藏器待時」説「公用射隼」,其於易本旨未嘗非别出也。夫何疑於説元亨利貞乎?若後儒解經,第欲使前聖之説通順易明而已,則朱子所以解乾彖爲得本義者,固必不可易也。

爻傳説

孔子爻傳多有以兩爻相承爲一意者,合讀之,其義自明。比初六、六二,傳曰:「比之初六,有他吉也。」「比之自内,不自失也。」言比之初,人心未知所向之時,而能擇所比比之,其明知遠矣,是以有他吉也。若比之自内,其所當比者固已定矣,第爲不自失而已。無妄六三、九四,傳曰:「行人得牛,邑人災也。」「可貞無咎,固有之也。」言君子處身,能爲吾之可貞者而已。無妄之災,若行人得牛而災邑人者,固有之矣,非吾所能避,亦不必以爲憂也。遯九四、九五,傳曰:「君子好遯,小人否也。」「嘉遯貞吉,以正志也。」言君子好遯,而小人不能者,何哉?能嘉遯者,必其正志者也。志不正,必係于所好矣。大壯九三、九四,傳曰:「小人用壯,君子罔也。」「藩決不羸,尚往也。」言小人不度事機而用壯,君子罔若是也。逮其藩決不贏之時，則可以往矣。明夷六四、六五，傳曰：「入于左腹，獲心意也。」「箕子〔一〕之貞，明不可息也。」言仕明夷之君，有異乎常道。如入左腹以得其君，而行達于門庭之外者矣。周公于成王之幼，孔明之于後主是也。下及淳于髡、優孟之諷諫，亦皆有其意焉。若不能得明夷之心，觸其恚怒，則箕子之明夷矣。二者不同，而吾心之明，不因處闇時而息，則一而已，故曰明不可息也。自俗儒分爻傳以附爻辭，而于前一爻之傳辭未終，讀之若歇後焉者，既失孔子之意，因是以致周公之爻辭亦不可得而明，是兩失之矣。

尚書說

世或謂：「今所傳之古文尚書，雖非真本，而所言理當，則亦何惡？」吾謂：「不然。僞古文所採，其具有精理者，數語而已。其餘義雖無謬，然不免廓落而不切，碎細而無統，安得謂之當理哉！且非聖賢而爲聖賢之言，苟深求之，終有大背理、淺鄙之見流露行間者。今試爲抉出之。大禹謨言益贊于禹，以舜事父母之道，比之格苗頑，可謂不倫之甚，其背理一也。『威克厥愛，允濟；愛克厥威，允罔功。』此孫、吳之旨，豈三代用師之道？其背理二也。仲虺以湯言足聽聞，爲夏桀所忌，然則湯非伐暴救民也，爲自活之計，如石敬塘而已，其背理三也。隨會引仲虺有言曰『取亂侮亡』，固是古語，而解以兼弱則非

〔一〕「子」，原無，據周易補。

是。古王者繼絶扶危，惡忍兼弱哉！今併以兼弱入仲虺之口，其背理四也。武成言：『華夏蠻貊，罔不率俾。昭我周王，天休震動。』如東晉本以爲告皇天后土辭，如是夸亦甚矣。如宋賢定本，則半爲告諸侯語，其爲矜驕也則均。葵丘之會，齊桓震而矜之，畔者九國。今武王之過，乃甚於齊桓乎？其背理五也。君陳乃臣下相稱之辭，故美以嘉謨嘉猷，歸善於君。今從禮記勦取，矯以爲成王以此美其臣，是欲自爲名矣。況王不當稱臣爲君乎？其背理六也。嘉績多於先王，此豈爲人子孫敢出之語？其背理七也。至武王斥紂，肆口非體，則前人固已言之矣。彼作僞者，搜集勤博，亦微有巧思，遂能欺千餘年明知之目。朱子首覺其詐，後人因端尋之。至閻百詩輩，如讞獄盡發臧證，究其情變矣。吾謂以前儒者慎重遺經，不敢廢黜，固理當然也。此後則是非大明顯，黜之不爲過，不當列之學矣。」

六宗説

尚書「禋于六宗」，前人之説有八。云天、地、四時爲六宗者，伏生、馬融説也；云水、火、雷、風、山、澤者，劉歆、孔、晁説也；云日、月、星、河、海、岱者，賈逵説也。夫經既上云「類上帝」，下云「望山川」矣，而此三説，其一有天則復上帝，其二皆復山川，故不可從矣。云在上下四方之間，而非上下四方者，歐陽和伯、夏侯建説也。其言怪誕，不足辨。云星、辰、司中、司命、風師、雨師爲六宗者，鄭康成之説也。夫日月所會爲辰，辰非有實也。大宗伯「以實柴祀日月星辰」，辰與星連言之耳，烏得析爲二宗乎？或曰：「左傳晉伯瑕云歲時日月星辰爲六物，鄭據此言之。」則又不然。物猶事也，伯瑕言論曆者有此六事耳，豈有神而祭之爲宗之謂哉！若夫家語以四時、日、月、星、水旱、寒暑爲六宗，託爲孔子之言，僞孔傳遂用其解。然以義推之，實不可通。蓋雩禜爲水旱，舜初攝位，不當祭及水旱。且雩有二，一爲龍見而雩，月令「大雩帝」是也；一因災而雩，子産曰「山川之神，水旱癘疾之不時，于是乎禜之」是也。今雩將與月令同耶？是既類上帝，又雩帝也。若如子産説耶？是既雩山川，又望山川也。晉司馬紹統以爲，天宗日月星辰寒暑，地宗社稷五祀，四方之宗四時五帝，是曰六宗。不知日月星辰皆從天，不別祭，而五祀、五帝之類非有二神也，因事而異名耳。張髦以爲，即祖考宗廟。夫宗廟或五或七，未聞有六也。此數説者，既皆所難通。古今邈隔，禮制湮亡，誠不可臆定。然竊以謂伏生之説猶近之，但小過耳。謹按左傳蔡墨曰：「木正曰句芒，火正曰祝融，金正曰蓐收，水正曰玄冥，土正曰后土，田正曰稷。」此六者，在天地之間爲大神，其五者分爲五方四時，而其一主稼穡。古王者依其名設官曰五官，曰后稷五官。后稷有大功于民者，則配食于神，古有重、該、修、熙、犂、句龍、柱、周祖后稷棄是也。其祭也，雖有配食，而以其本神爲尊。宗者，尊也，故曰「后稷、五祀，是尊是奉」。三代以下，凡七祀后土，又爲社，唐、虞之時未有社。太史公曰：「自禹興而修社祀。」是故舜之禋惟六宗耳。書曰：「水火金木土穀惟修。」又曰：「六府孔修。」洪範以後言五行，虞、夏間言六府。當舜攝位時，蓋尤重六府矣。而六宗者，主六府之宗，然則后稷、五祀爲六宗，殆其信乎哉！

曲禮曰：「天子祭天地，祭四方，祭山川，祭五祀，歲徧。」舜攝位用天子禮，故首上帝，祭天也，次六宗。曲禮則謂之四方。四方亦五行神也，以其司五行，曰五祀，亦曰五帝；以其分主一方，曰四方。王者以四時孟月迎五行時氣則曰四時，民間以中春、中秋迎二氣則曰寒暑，其實一而已。曲禮不及社稷者，統于地也；書不及地者，統于上帝也，其義一而已。又次則山川，又次則羣神。曲禮之五祀，門、行、户、竈、中霤，五小祀也，書以統于羣神。由是言之，曲禮與書之義可謂符合矣。先儒説六宗者，伏生爲最古。其言四時爲六宗之四，是矣。然曲禮言「歲徧」者，四時迎氣之禮，宜當謂之四時。舜攝位，一時並祭四方，宜謂之四方。顧其神也皆同，雖互易其辭，不害也。第伏生不當及天地耳。若以后稷易天地，曰六宗，四時、后稷，可矣。月令曰：「天子乃祈來年于天宗。」盧植曰：「天宗者，六宗是也。」是時孟冬大蜡，索百神而享之，尤以四方之神及社稷爲重。故詩曰：「祈年孔夙，方社不莫。」禮曰：「蜡之祭也，主先嗇而祭司嗇也。」司嗇，穀神之稷；先嗇，則人鬼之后稷也。夫祭禮言主者，非其至尊，以接乎至尊者耳。是以大報天而主日，祭司嗇而主先嗇焉耳。古者司中、司命、司寒皆神祇之稱，司嗇者，蓋亦然，故曰司嗇稷神，非人鬼之后稷也。月令以别于人鬼而言之，故尊之曰天宗。明乎蜡祭之必先四方社稷，則知天宗者，必四方社稷矣。明乎四方社稷稱天宗，則爲六宗矣。或曰：「大宗伯以禋祀祀天神，以血祭祭社稷五祀。后稷五祀誠即六宗也，不曰血祭，而曰禋，可乎？」曰：「奚不可？周語曰『精意以享之謂禋』，書曰『予以秬鬯二卣，明禋』，禋祀豈必天神哉！燔燎升煙爲禋，以報陽也。祭用血，以求諸陰也。然古人未嘗不兼求諸陰陽，故詩曰：『來方禋祀。』方者，五祀也。又曰：『不殄禋祀，自郊徂宫。』郊者，圜丘、方澤及兆五帝于四郊也；五帝者，五祀也；宫者，宗廟社稷也，而皆用禋，然則尚書社稷五祀之禋奚疑焉？」或又曰：「子謂五祀即五帝，有説乎？」曰：「虢公夢神，史嚚曰：『是蓐收也，天之刑神也。』蓋此所謂白帝也。蒼帝句芒之類皆然。兆于四郊，青圭、赤璋、白琥、玄璜以禮之者，此也。古以其神名爲官名，爲其官者，生得名其官，死不得專其神也。彼吕不韋者，不知神名官名之别也，乃從而亂之，曰：『孟春之月，其帝大皞，其神句芒。』夫五德終始之帝，鄒衍始爲是説耳，儒者曷嘗道之哉！此非五帝之謂也。五帝者，即句芒、蓐收者耳。月令之辭宜曰：『其帝句芒，其佐重。』以至四時皆然。則儒者之説矣。故曰：五帝者，五祀也。」

三江説

漢地理志曰：「蕪湖縣，中江出其西南，東至陽羨入海。吴縣，南江在其南，東入于海。毗陵縣，北江在其北，東入海。」禹貢之三江具是矣。禹貢之後，周職方以爲揚州之川，國語以爲環吴、越之境。下至秦、漢，人凡云三江者，皆此三江也。夫江、漢既合，其下流爲北江者固非必漢水，爲中江者固非必江水也。然而導川之文分紀之，曰導漾東爲北江，導江東爲中江者，約其地勢南北而概分之，以明江、漢之均爲瀆焉耳。鄭康成本地志以注禹貢，故疏引其説曰：「江分于彭蠡爲三孔，東入海。」言江自彭蠡而下，始流爲三也。又曰：「經言東迆爲南江。」其解尤善。蓋地志石城縣分江水，首受江者，南江之始，而在吴縣南東入海者，南江之委也。導川有北江、中江，而遺南江，豈其理哉！故言導江至于東陵，其分而東流者，迆邐入海，是南江也。其北流者，又會于匯而後爲中江也。世皆説會于匯爲彭蠡，而實非是。今江合彭蠡過湖口乃東北流，是會匯而後北，非北會于匯也。且經文簡，導漾導江，辭皆互見，導漾已言「東匯澤爲彭蠡」矣，導江不必再言也。然則是匯在石城分南江之後，蕪湖分中江之先，其巢湖也與？夫説禹三江者，莫詳于漢地理志，莫善于康成之註書，而惜乎康成之文不可盡見。自是之後，江水支分，南派湮失，人疑所不見，而説乃日紛。韋昭以松江、錢塘、浦陽爲三江，其言始謬。郭景純則以今大江易其浦陽。夫浦陽古不與江通，不當名爲江，景純易去之爲是。而景純所數之三江，實即地志三江之委，固不若地志原委之分明也。若夫庾仲初以婁江、松江、東江爲三江，源流猥短，何以名揚州之川？其謬殆不足辨。而徐堅初學記不知得誰氏之説，而誤以爲康成乃以彭蠡爲南江，岷江爲中江，漢爲北江。夫經于導川，言其下流，乃爲此三江耳，而求之上流。上流江所受之大水，豈啻六七，而何以謂之三江？且揚州其川三江，而漢水入江之地非揚州也。其論無一可通，而與疏所引之鄭注絶相背，此豈康成言哉！近世胡朏明著禹貢錐指，知詘庾仲初之徒，而顧信初學記之所謂鄭説者，抑何其考之不詳也？夫説經義理，後人容有勝前人者。若目驗地形，則古得者多矣。愈古，則其得愈多。夫地理志，班氏蓋取于西漢人之書也。其記户口，必曰「元始二年」，則其爲書之時可知矣。胡氏不思地志之可信，而猥謂蕪湖、石城之水鑿于闔廬，非禹迹，何其謬耶？墨子云：「禹南爲江、漢、淮、汝東流之注五湖之處，以利楚、荆、越、南夷之民。」夫以江、漢東流之注五湖之處，是石城、蕪湖水真禹所爲，非闔廬鑿也。孟子曰：「禹疏九河。」派分河之委故曰疏。江亦派分其委，與九河同，故荀子曰：「禹通十二渚，疏三江。」墨子、荀子之去闔廬未遠也，使石城、蕪湖水乃闔廬鑿邪，其知之必先于胡氏矣！

九江説

禹九江處今湖北黄州府、九江府之間。今黄州黄梅，漢尋陽縣，故地理志曰「尋陽，禹貢九江在南，皆東合爲大江」是也。朱子乃以洞庭當禹九江，則失之矣。昔禹主名山川，九河自河分，故名曰河；三江、九江皆自江分，故名曰江。後人妄以漢爲北江，彭蠡爲南江，其于辭皆不順。洞庭受湘、沅，尚未入江，安得名曰江？此其失一也。秦置九江郡，于今黄州安慶地，其名蓋因殷、周以來。漢昭、宣間，以其地爲廬江郡。禹時九江納錫大龜，故褚先生云：「廬江郡常歲時生龜長尺二寸，二十枚輸太卜官。」曷嘗求之洞庭耶？其失二也。江自黄州安慶而下，水勢北行，故其西山曰西陵，漢江夏西陵縣是也；其東山曰東陵。漢武帝以前，廬江郡在今江西及池州地，故地志廬江郡云：「金蘭西〔一〕北有東陵鄉。」謂今池州山也。此與書「廬江出陵陽」云云，並係漢初廬江郡之舊記，與昭、宣後江北之廬江不合。班氏不悟而混載之，然賴此得知東陵在漢初廬江之域，禹貢所謂「至于東陵東迆」也。金蘭疑爲石城之舊名。漢石城縣在隋、唐曰秋浦，在今曰貴池。禹南江于是分經貴池、青陽、南陵而東迆行山隘中，故曰「東迆」。今乃以三國吴拒蜀之西陵謂禹貢時名，而云巴陵與相對爲東陵，其于南江東迆，不亦遠乎？其失三也。禹時目驗江分爲九，至後世固不必然。然當春秋時，蓋猶浦、漵縱横，合成巨浸，約今黄梅、

〔一〕「西」，原作「東」，據漢書地理志改。

宿松數百十里皆水所泛也。意必中汪洋而時淺，外廣而沮洳，水旱之塗，不利車馬舟檝，故吴、楚交爭，必取徑淮南灊、六。設當時江如今之澄爲一川，則舉帆上下可矣，胡爲迂曲遠出淮上邪？惟九江汎濫，行者必避其險故也。逮于西漢，九江之狀猶存，故太史公曰：「余南登廬山，觀禹所疏九江。」此其所目驗也。自後江水中深，旁岸皆出，民益居之，無復大龜，是古今之變。朱子乃謂江有九道，必有九洲，而疑尋陽不能容之，其失四也。九河，禹疏之，故曰「北播爲九河，同爲逆河」。九江自成，故第曰「過九江」。過其地曰過，洛汭、三澨皆是也。設九江爲洞庭，則當云會九江，不當云過矣。其失五也。以是斷之，漢地謂九江在尋陽，蔑以易矣。然漢志亦有失。其説敷淺原乃誤耳。禹貢「岷山之陽，至于衡山，過九江，至于敷淺原」。夫自衡山來，由九江南過至江北，則敷淺原必江北地矣。以原表地，非必有峻嶺巨嶂在其側矣。導山于河側地，自太行、恒山，窮之至碣石，入于海，則于江側地敍之之終，亦必舉江且近海地矣。而漢志乃載敷淺原于豫章郡歷陵縣下，注云：「傅陽山、傅陽川在南，古文以爲傅淺原。」吾意傅淺原蓋在歷陽，字近歷陵，不知何時寫録者誤移其縣耳！敷淺原雖不能明指其處，意當在今和州、六合間也。至是江之委欲盡，而導山導川之形勢皆合矣。吾于三江、九江並用漢志之説，惟敷淺原不之從。非漢志誤也，殆書之者誤也。

盤庚遷殷説

司馬子長謂盤庚自河北遷河南，從先王之居亳，至武乙乃去亳。後儒多因其説。余謂非是。商人自湯去亳，至仲丁遷去，湯子孫未嘗再居亳也。自盤庚遷殷，至紂而亡，盤庚子孫亦未嘗或遷去殷也。盤庚始都地，雖莫敢質言，然必在河南，而遷乃河北。惟河北殷墟，古則謂之殷，河之南曷嘗有殷哉！曰上帝將復我高祖之德，人君能擇民所利，與民政修而治成，則復祖德矣，豈必復成湯故居，乃爲復乎？小民難與慮始，惟殷古未嘗都也，雖其地卒可爲寧宇，終商之世，不復有再遷之事，而民不知其善且利，是以衆咸慼也。然而盤庚爲謀之臧，且逾于其先王矣，故商之都未有如盤庚遷殷之久者。書序曰：「盤庚五遷，將始宅殷。」世或因司馬之説，易爲「將治亳、殷」，謬矣！賴束皙以古文尚書辨證其失。今反信僞孔傳，而斥束皙之真古文爲誤，何其益謬邪？揚子雲州箴曰：「盤庚北度，牧野是宅。」子雲之言，蓋或孔安國書傳説也。未遷牧野之前，商不得稱殷。曰「時殷降大虐者」，殷，盛也。首篇云新邑者，祖乙所遷也，民之辭也；次篇所云新邑者，殷也，盤庚辭也。經師不之辨，故説失之。

盤庚遷殷在河北，而非河南之亳，其証存於傳者，蓋有數四。盤庚既遷，三傳其國，至其弟子受之，實惟武丁。書曰：「其在高宗，舊勞于外，爰曁小人。」楚史老謂：「殷武丁能聳其德，至于神明，以入于河，自河徂亳。」此言舊勞於外，既以德著，至小乙崩，乃入嗣位而居河內。其自河徂亳者，免喪而祭湯廟，猶周都鎬而祭于豐也。」設殷是時其國都在亳，則嗣位不得言入于河也。若如僞古文以入于河，自河徂亳，皆在未即位之前，則其德未著，史老不言能聳其德，至于神明矣。故知武丁之入于河，爲入河北而嗣位也。玄鳥，祀武丁詩也，曰：「天命玄鳥，降而生商。宅殷土芒芒。」言武丁宅殷而興也。曰：「景員維河，殷受命咸宜。」言殷之爲都，幅幀三面距河。此惟河內可以言之，以言亳則無當矣。鄭氏知其無當，乃改讀「河」爲「何」，以就武丁都河南之説，不亦舛乎！景，殷邑名也，詩曰景山，殷邑山也。里革曰：「紂踣于京。」京即景也。武丁既中興，自是至紂，皆同一都，未遷也。故孟子曰「其故家遺俗，流風善政」，至紂之時猶存。設經遷徙，其風俗豈復如故都哉！以是觀之，殷本紀謂帝武乙始都河北，必不然矣。且貨殖傳謂「唐人都河東，殷人都河北，周人都河南」。夫殷人屢遷，往來河之南北，非獨河内也。然而從其久者而言之，則謂殷人都河内，其猶可乎？設必如本紀之言，則殷之都河南者久，而都河内者未久也，是子長之説且自相畔也。

甚矣！蘇子由讀書之不詳也。其論曰：「商人之書，簡潔而明肅；周人之書，委曲而繁重。」吾讀盤庚，覺其委婉曲折，辭無不盡，有甚于周人焉。夫隨風爲巽，君子法之，重巽以申命，開諭愚蒙，惟恐不詳，未嘗敢以簡貴自高者，三代之道然也。軍旅之誓簡肅，甘誓、湯誓、牧誓是也。國中之誥詳盡，盤庚及周諸誥是也。何商、周之有别哉！其體則然。是以費誓直而簡，秦誓曲而詳，猶不遠於三代也。古文亡，而作僞者商書爲多，無情之辭不能閎深，殘文斷句苟成而已，蘇子未能辨，而謂爲簡潔明肅，不亦疏乎！

管叔監殷説

聖人命諸侯以成天下之治，未有疑而用之者也。苟疑而多爲之防，失天子以誠信待人之理，而卒可以禁姦備亂，聖人猶且弗爲，而況必不得也。天下之變，不可勝防也，人之智慮必有所不及。多爲之術，而示民以疑，是啟亂而已。武王勝殷，而封武庚。誠疑武庚耶？則不封之爲君可也；使君之而又疑之，令管、蔡雜居于其國中，是相猜而不能一日以安。且武庚爲君，而管、蔡爲臣，一旦武庚爲變，管、蔡從之則不義，不從則身死，二者無一可，是武王、周公遺之以危也。然而曰管叔監殷者，何也？武王既有天下，周公封于魯，康叔封于衛，管、蔡亦封于殷之故地，其封一也。既居殷地，其民，故殷民也。周謂諸侯君其民曰監，故曰監殷，非監制武庚之謂也。梓材曰：「王啟監。」言天下之諸侯也。多方曰：「今爾奔走臣我監五祀。」言畿内諸侯也。周制親賢並建，武庚爲殷侯，存商祀也；管、蔡爲侯，富貴之也，是謂三監，夫豈疑其爲亂哉！故大誥曰：「亦惟在王宮邦君室。」明管、蔡之爲邦君也。管、蔡既誅，乃併三國之地以與衛，其始固與武庚各爲國焉爾。周之侯專制，秦法乃令御史監郡，衰世法也。漢儒作王制者，習聞秦制，又附天子賜命諸侯上卿之説，及武庚監殷之事，乃云：「天子命其大夫爲三監，監于方伯之國，國三人。」夫命爲方伯，非賢莫可授也。授其賢而疑其心，使王朝之臣以監之，何其示天下之小與？此真漢儒之謬説也。作僞古文尚書者，又出王制之後，用鄭康成之説，遂于管、蔡之外，益以霍叔。嗟乎！管、蔡畔而霍叔未與也。僞古文者，附王制之辭，援鄭氏之解，遽以爲經，而霍叔遂真爲畔黨矣。

漢地理志：「周滅殷，分其畿内爲三國。邶以封武庚；鄘，管叔尹之；衛，蔡叔尹之，以監殷民〔一〕，

〔一〕「民」，原作「氏」，形近而誤，據地理志改。

謂之三監。」吾謂此言三監是也。然武王勝殷，以其地置國，實不止三。三監之名，以成王時畔國而後有之，武王時無是也。逸周書作雒云：「武王克殷，乃立王子禄父，俾守商祀，建管叔于東，建蔡叔、霍叔于殷，俾監殷臣。」此雖有監殷臣之言，而未嘗云三監。其曰建，則必封建爲侯，非殷卿士，可知矣。獨其管叔曰「于東」，蔡、霍曰「于殷」，則語意似蔡、霍真在殷國者。吾謂非也。此三國皆殷故地，爲作雒者未審知蔡、霍故都所居，故云「于殷」耳。逸周書非西周史臣之紀，多雜家小説之言，其載故不能必翔實也。鄭氏注書序，三監及淮夷畔，于是遽違漢書地理志之説，不數武庚，而入霍叔，此鄭之謬耳。夫王畿千里，以方百里裁之，則殷地可置百侯。雖不必遽然，然置侯固不止三。其畔者三耳，安得以作雒建霍與蔡同，而謂必同其畔哉！

康誥説

康誥、酒誥、梓材三篇，非一時辭也。武王既克殷，封建母弟周公于魯。管、蔡、霍叔畢封。康叔封于康。康地在陽翟東北。爲之命書曰：「肆汝小子封，在兹東土。」是爲康誥矣。是時武王以蘇忿生爲司寇，康叔以康侯兼小司寇，故又命之曰：「封，敬明乃罰。服念五六日，至于旬時，丕蔽要囚〔一〕。」此

〔一〕「囚」，原作「因」，形近而誤，據尚書改。

周禮小司寇之職也。其後周公作洛邑而朝諸侯。武庚既誅，分其地以封衛，乃作酒誥戒妹〔一〕邦。又告康叔往衛爲邦君之事，「乃宏大誥治」。「王若曰：明大命于妹邦」，始者其文蓋相次，此與康誥非一時辭也。康叔自康封衛，在昔武王所命以小司寇之事，成王不敢易焉，而歸其職于衛。史氏庸是屬三書而次之爲一，故祝鮀曰：「命以康誥而封于殷墟。」叔虞封于唐，曰命以唐誥，使作誥以封衛，宜曰衛誥，然則曰康誥者，非封衛時作，而史屬之也。史又恐讀者有不審，于酒誥上著之曰，「成王若曰：明大命于妹邦」，則其前康誥爲武王辭，明矣。僞爲古文者，始删其文爲「王若曰」，然後與康誥無別也。且夫武王，兄也，故曰：「孟侯，朕其弟，小子封。」孟者，始也，言始命侯吾弟于康也。當武王初定伊、洛，所謂新邦用輕典也。諄諄告以慎罰，而卒歸于「無作怨」。及成王于妹邦，所謂亂邦用重典也，則執拘羣飲，「歸于周，予其殺」。其義與時之不同如此。宋儒者知小子、寡兄之辭非成王所得言，遂謂武王已封衛則不然。武庚未誅，武父、圃田之土不可得而封畛以與弟也。若康誥以命衛侯，而終篇無一語及衛國，豈其理哉！或曰：「康誥苟非封殷墟時作，而其辭曰：『殷先哲王，商耇成人，應保殷民，以殷民世享。』何謂也？」曰：「康亦殷地也，邦畿千里，武王雖封武庚，豈與之方千里哉！康蓋殷畿內之故國，『康侯用錫馬蕃庶，晝日三接』，易之繫辭有此，猶『王用享于岐山』，『高宗伐鬼方』之例也。武王取以封弟而氏之康，天子胙土而命之氏不易，康侯既封衛而猶爲康叔，子曰康伯。微子既封宋而猶爲微氏，故

〔一〕「妹」，原作「沬」，據尚書改。下同。

微子子曰微仲。古今人表以仲爲啟子。及再易世，然後氏宋、衛也。康叔始爲小司寇，及周公陳立政之時，蘇公薨，始以衛侯爲司寇矣。」

顧命説

古者，王賜爵策命，必于祖廟。顧命者，策命之大者也，而可不于廟乎？入廟則不可凶服，故王及卿士邦君皆麻冕。然則其服何服也？曰：「緇布十五升服也。」何以知其緇布也？禮言冠而不言服，則服如其冠矣。麻冕，則衣必緇布矣。是玄端服也，元子之服也。書曰：「王麻冕黼裳。」史名之也。未受顧命，猶臣子也，是以元子服焉。晉文公受襄王命于武宮，設桑主，布几筵，晉侯端委以入，顧命之于祖廟。設陟王几筵，而嗣子衣玄端以入，升降不由阼階，夫亦猶是禮焉爾。夫玄端者，玄裳或雜裳可也。是以卿士「蟻裳」。而嗣子則不然。而「黼裳」者，其諸王太子之裳也與？既于廟受顧命，則當見諸祖，故秉同以祭。同者，瓚也。言自是受匕鬯以守宗廟爲祭主矣。王在喪之于宗廟，固有越紼之祭矣。然受顧命，非薦時食也，故不備禮，無牲與尸。祭者，祼也。周人尚臭，祼用鬱鬯，祭之重事也。故三祼而祭已畢已。咤者，聲也。三咤者，祝聲三，噫歆以警神也。經言太保、太史、上宗與王嚌，不言祝者，祝先俟于室，所以依神也。祝在焉，而告主人以神之饗。不以祝以宗者，異乎常祭，而重其事也。酢者，亞祼也。太保盥同，以虛同授宗人，使實以其餘瀝。嚌，有受福之意焉。然後拜，以復于王焉。周禮亞祼以大宗伯，而玆以太保者，亦重其事也。其「御王册命」也于廟堂，而祼也于室。太保之酢也于室而出，于王拜也于堂。前儒以受顧命爲在成王路寢，則説謬矣。喪在殯，奠而不祭。且周人殯于西階之上，西序東嚮，底席、貝几之位，赤刀、大訓之陳，殆無以容矣。陳其宗器，廟中之禮也。王在殯，則東西房者，婦人之哭位也，非所以陳宗物也，而況嗣子大臣吉服于殯前者，固無是情乎？知顧命爲受于祖廟，則知麻冕之非過矣。抑是篇也，非鎬京之事也。周嘗會諸侯于東都，蓋成王方將會諸侯而疾作，其時太子監國于鎬，召之未至。成王以疾大漸，不能待其至，故恐弗獲誓言嗣，乃召卿士以下而命焉。不然，王疾，太子將不脱齊元而養于左右焉。有顧命而不在側，而王崩乃延之于南門之外者乎？其時諸侯執壤奠者咸在，而未及將，召公使因受顧命之服以朝嗣王，以卒成王之事。昔者，成王幼，不能涖阼，周公踐阼而朝諸侯，忠則盛矣。然而兄弟且疑之，以遘禍亂，國亦危矣。召公懲是，又適值諸侯之咸在，故亟朝以繫天下之心。當時王崩，而太子不在左右，亦危事也，故成王顧命曰：「弘濟于艱難。」然則召公必使亟朝乎諸侯也。度時宜而爲，禮之變也。而史亦易先王在殯，嗣子稱子之例，而稱之曰王，亦因其禮之變而名之也。夫先君顧命，而嗣子不在乎側；諸侯來朝，值國喪，而因見新王，斯皆禮所未有，而周人以義起，孔子以爲變而不失乎正，是以删書而録是，以爲天下後世法也。天子在喪稱「余小子」，而康王稱「余一人釗」以臨諸侯，何也？曰：「周之初，未嘗以是爲天子稱也，故周公曰『能念予一人』。上文「王其罔害」，則知下去「余一人」，周公自謂，非謂王也。禮以漸而益詳，成、康以後，朝諸侯分職授政在功曰『余一人』，爲天子之禮。當康王之初，曰『予一人』，猶其曰『予小子』也。」劉明東云：「史記周本紀：『二公率諸侯，以太子釗見于先王廟，作顧命。』」此顧命在廟之明證。或曰：「曾子問『君薨，世子生』，其見于殯也，『太宰、太宗、太祝皆禕冕』。今何以知麻冕顧命之非冕服也？」曰：「世子始生之見，哀而有慶焉，禮主乎神者也，故冕服。顧命之受也，不敢以喪服受命而已，禮主乎生者也，故端委而已。且經于成王固云『相彼冕服』，與麻冕者異辭矣，故知康王、太保諸臣皆不冕服也。」或曰：「顧命之事，子以爲在東都。成王之東都，六卿何以咸在？而君陳之『分正東郊成周』者，何以不見于兹也？」曰：「大會同，六卿咸有事焉，故畢從君陳之分正東郊成周。書序所云，不得而知其職矣。然必非繼周公居成周之職。序言周公在豐將没，欲葬成周，然則周公去洛居豐久矣，安得如僞古文者，以周公既没，而始命君陳以繼周公也？周公始與召公爲二伯，分領陝東西諸侯。及周公老而歸豐，召公之職如故也。而周公居洛之職以命畢公，故太保率西方諸侯，而畢公率東方諸侯，以始見于康王。二伯分陝而一在洛，至重職也，烏有非舊德不在六卿位者而居之？顧命之紀六卿無君陳者，而有畢公，吾是以知君陳必非繼周公之職，而顧命之必在洛也。設其在鎬，則畢公方居于洛而主東方，無由同少保諸卿百尹御事之猝聚于鎬矣。『康王命作册畢』，其書不可得見矣。周公誅禄父，徙頑民，遷殷獻民于九畢，而逸畢命，有册霍叔之事。鄭康成嘗見之。意者畢命爲殷民居九畢者作與？故與霍叔事連。僞古文者，以畢命爲始命畢公居洛以繼君陳。噫！當周公之去洛，國有老臣重德不之用，而以卑且幼者先焉，則成王之治誖矣！」或曰：「子何以知諸侯非畿内諸侯也？」曰：「以經云『東方』、『西方』、『庶邦侯甸男衛』決之，非畿内也。且齊非畿内，而齊侯吕伋在焉，是以會同來者也。」曰：「子烏知吕伋非有職于王朝者耶？」曰：「惟其無職于王朝，故太保使仲桓、南宫毛傳命爰之。若有職于王朝，則太保召而命之可也。」

畢門者，廟門之内門，穀梁傳所謂祭門也。王出應門，而後入廟。受顧命畢，則諸侯先出廟，而俟王出廟入應門，諸侯則從而入焉。王之朝也，固在路門、應門之間，然王位于路門近，于應門遠。今康王出在應門之内者，不欲當先王之位，其立近應門而遠路門也。周惟于東都建國攻位，備左宗廟之制，故廟在應門之外。韋玄成引禮，廟在大門之内，不敢遠親也。斯固禮之正也。然而鎬京地狹，不可備制，故文王之廟在豐，周公告三王，必爲壇墠焉。作洛，而後毖祀上下，肇稱殷禮舉得其所。古諸侯之建國，多不能如禮，必朝之東，得建宗廟也。其廟如漢制，或立于城内，或立于城外。是以老聃告孔子曰：「主出廟入廟必蹕。惟東都，周公營之，之如禮矣。」故顧命之事，必在洛也。

關雎説

爲詩而説關雎者，孰善乎？曰：「朱子之言不可易矣，『宫人美后妃之詩也』。且非第朱子言也，毛公義蓋已如此。毛傳所謂『窈窕者，后妃也』。所『思之』、『友之』、『樂之』者，亦皆后妃，曷嘗云后妃有求賢之心乎？且非第毛公云爾也，序云：『憂在進賢，不淫其色，哀窈窕，思賢才，而無傷善之心。』序以是釋樂而不淫，哀而不傷，于辭固拙矣。然其意則謂欲進后妃之賢，而非以色升也；哀思后妃之賢才，而羣女不傷沮之也。猶之朱子宫人之辭也。曷嘗云后妃之進賢者乎？謂后妃之欲進賢者，鄭氏也。孔穎達不悟序與毛公義異于鄭氏，而强以鄭氏之解被之。且夫毛公謂共荇菜以事宗廟者，后妃之職，是以思是賢女以爲后妃，思而得之以承宗廟矣。君在阼，夫人在房，君西酌犧象，夫人東酌罍尊，禮交動乎上，樂交動乎下，是以琴瑟友之，鐘鼓樂之也。嬪御之倫，于廟中固皆有事焉。然友之、樂之云者，敵體于君辭也。宮人宜以是稱諸后妃，后妃不可以是稱諸未至之女。書曰：『文王受命惟中身，厥享國五十年。』文王九十七而崩，其即位蓋四十七八歲矣。又終王季之喪三年，詩曰：『文王初載，天作之合。』當太姒之來嬪文王，蓋五十矣。未知其爲世子有妻而亡之與？抑以求聖女之難，竟未有夫人與？于是妾御皆哀其無以共承宗廟，是以輾轉反側以思之也，可不謂之憂在進賢，得性情之正者乎？苟以后妃之貴，而志進賢若是，固不可謂之非美也。以妾御之賤，而所志若是也，不亦美之尤者乎？美之尤者，非文王盛德之尤者乎？房中之樂，但有琴瑟耳，鐘鼓非所以樂后妃。惟賓祭有鐘鼓之樂，后妃與焉。白華之詩曰：「鼓鐘于宮。」所謂宮，亦廟也。文王五十而娶太姒，篤生武王。文王之崩，武王蓋四十六七歲矣。又十三年而伐紂，年可六十，故告周公曰：『維天不饗殷。自發未生，于今六十年。』又六年而崩。蓋武王壽止于六十六，故周公陳無逸不及武王。謂武王九十三而崩者，妄也。武王克殷，歲在鶉火。逾十六年，歲在大火，而成王封小弱弟于唐，是時唐叔蓋可二十矣。遡克紂時，殆爲四歲；武王崩時，蓋爲十歲；成王長之。異義古尚書說，謂『成王十三而喪武王』者，近之矣。文王既爲西伯，而後太公至周。爲西伯之後九年而文王崩，然則武王娶太公女邑姜亦年四十矣，故克紂之後，元女太姬始可嫁，而成王、叔虞皆幼也。以是推之，周人先世大抵壽長而娶晚，是以自不窋而後，十六君而閲千年。是以召公以似先公酋矣，祝康王之壽，謂男子不必三十而娶。國君十五而生子，此殆習于衰俗而謂之說者與！」

莘之國，北過郃陽，南及渭汭，故詩曰：「在洽之陽，在渭之涘。」蓋居漢京兆、左馮翊之間，兼郃陽、船司空之地，宜其謂之大邦矣。文王初載，猶居岐周，故詩曰：「于周于京，纘女維莘。」其時周封界不得至河，而莘固東濱河。文王以百兩來迎，宫人從焉，是以見河洲而起興也。自周而來莘，當逾洛水，造舟爲梁，其在洛上與？及武王有天下，莘爲畿内之國，不知何時，遂併于虢，是以神降于莘，爲虢公地也。

斯干説

西周之都，嘗數遷矣。文王居豐，武王居鎬，至穆王居鄭，此説見漢書臣瓚註，瓚必有所本。懿王居廢丘。遭厲王流彘之禍，宣王中興，蓋廢丘宫室之壞，而鎬京之廢久矣，宣王宜更擇都邑，建宫廟。史不著宣王所遷之邑，以斯干及「申伯信邁，王餞于郿」度之，蓋宣王都漢右扶風之域，南山之北，渭水之南，雍、郿間也。太史公云：「雍旁有吴陽武時，雍東有好時，晚周嘗郊焉。」事不誣也。故宣王石鼓出于陳倉。方周未東遷之時，而都人士之詩已作。「王在在鎬」，魚藻詩人以傷今而思古焉，則未知其在鄭與？在廢丘與？抑宣、幽之世與？劉子政説斯干之詩，以爲上章言宫室之如制。意厲王以前，宫室嘗侈矣，宣王立都，改而崇儉，故曰：「風雨攸除，鳥鼠攸去，君子攸芋。」言室取辟風雨鳥鼠而已，此君子所以爲大也。其時民亦從而徙宅，百堵皆作，鴻鴈詠焉：「雖則劬勞，其究安宅。」此誠宣王之美。然其地則益西近戎，加以幽王之無道，戎之侵軼最甚，日蹙國百里。蓋必幽王未死，而國都先失，徙避漸東，卒不免于驪山之下，然與喪都非一年事矣。正月、十月之交、雨無正三詩，皆幽王末年之詩也。昔者，幽王承宣王故都，蓋在豐、鎬之西。及爲戎所攻，故都遂滅。毀社稷、殺民人曰滅。君死焉曰滅。詳春秋説。幽王播遷，東徙託居下邑，如彼棲苴。卿大夫離散，莫之顧。其忠臣不忍去，不避危難，從之者哀傷而作詩也，故曰：「赫赫宗周，褒姒滅之。」又曰：「宗周既滅。」夫人生于憂患，死于安樂，至無道之極，雖憂患不能生之，若幽王是已。戎禍既成，覆出爲惡，不至驪山之事不悔也。皇父、番家父之倫，即正大夫離居者也。雖未必皆導王于昏，致滅國之禍，然任居重位，而當戎禍既亟，天災迭降，晏然與其豔妻安處，不恤及國，反作都率衆以遠王。王誠信讒，不能從善，然臣子之誼，可恝然如是哉！此詩人所不敢傚也。逮平王東遷，崤、函以西，大抵縻爛，幽王之罪深矣。然吾竊意宣王建都亦稍失策云。

周禮説

周禮非周公之書也，蓋周公定天下之制存于斯焉，然亦不備，東遷以後，周之君子取百職司所有之典職集而載之焉爾。周自成王以後，三公之職以六卿兼之，然三公固有其職矣。周之初有三公，而不兼卿者矣，太師尚父是也。周之建國，公侯百里，伯七十里，子、男五十里，惟魯、衛、齊啟土逾制，此一時之權宜爾。爲周禮者，見其封國有是，而以謂先王凡建國之定制。此二者之存亡，天下所繫之大者。使周公作書，必載有三公之職；封國斷自百里以下，而權宜之制不必録于書也。周穆王始作職方，而其文載於今書。周公營洛邑，以爲地中，便于四方之朝貢而已。今大司徒職乃曰：「日至之景尺有五寸，謂之地中，天地之所合也，四時之所交也，風雨之所會也，陰陽之所和也。」是必東遷以後君子之侈説也。萇弘以方事周靈王，諸侯莫朝周，弘乃明鬼神，依物怪，欲以致諸侯，然則庭氏、哲蔟諸官之説，意其興于是邪？不然，胡若是瑣哉？司儀、掌客，其文獨詳，與他處尤不類。此由非一人一時之所成書故也。魏文侯樂人竇公獨傳其書，爲大司樂章，則知東周百官之傳守職事若竇公者固多矣。西周之官，廢于東周，則其職事，雖欲求之，而不可得詳。大則三公，小則綴衣狄。嗚呼！豈獨冬官亡於漢氏哉！

古今官制，未有數百年更歷盛衰而不變者也。夫周之爲國久矣，其官制未可以前後定爲一也。文、武之時，三公在六卿外，合之曰九卿，曰九品。及成王顧命之日，三公入六卿内，無專官。及宣王時，命皇父爲卿士，統臨六卿，故十月之交特言「皇父卿士」也，此與微子洪範所云卿士合諸卿而言之者異。意宣王頗復文、武舊制矣。以逮東遷，或變或沿，鄭莊尚爲王卿士，而未幾去之，故春秋桓公四年書宰，周公也。至于公之下、卿之上復有孤，此未知在周爲何王時之制。宰夫職曰：「掌治朝之法，以正王三公六卿大夫羣吏之位。」此無孤時所記者也。及夏官司士、射人所言，亦治朝位也，而曰「三公北面，孤東面」，此有孤時所記者也。收集雜有前後，非出一時之制，故不可得而一也。

宫伯：「掌王宫之士庶子，授八次八舍之職事。若邦有大事，作宫衆則令之。」其言簡而備，足以慮經盛衰，諒周盛時之文，宜如此爾。及掌固：「頒其士庶子及其衆庶之守。凡守者受法焉，以通守政，有移甲與其役財用，唯是得通。與國有司帥之，以贊其不足者。」此敵國來攻，設守之法，使周公豫慮及此，于周盛時可謂太早計矣，而其文亦稍繁複焉。環人職曰：「訟敵國。」夫周之衰，稱諸侯敵國，而至與訟焉，天子之體之隳極矣，豈周公時亦有此事乎？王鮪之生也以暮春，出河南鞏縣，非時及他處皆無，東周時獻之，其宜耳，而獻人職曰：「春獻王鮪。」豈在鎬而使人間關數百里以獻此魚哉！當東周之世，地小，而諸侯各閉其利，宜偶有植漆于田之民以徼利者，故如載師重征之，或可也。若西周擅終南財產之饒，通四方之貨民，固當取漆於山，必無廢田而植漆者。使漆林之征果「二十而五」，寧得不謂之暴征乎？吾謂撰周禮者，第以存一代之制，雜收東、西周所紀載，不計其事之前後，本未嘗云是盡周公法也。以爲皆出于周公者，後儒欲過尊其書，强爲之說，而不免失之誣矣。宋永嘉陳及之已有此說。

邦中四郊邦甸家削邦縣邦都說

太宰：「九賦斂財賄：一曰邦中之賦，二曰四郊之賦，三曰邦甸之賦，四曰家削之賦，五曰邦縣之賦，六曰邦都之賦。」說曰：「邦中者，兼載師之國中及近郊地四面方百里言之也。康成誤以邦中即載師之國中。國中止是城內，豈有田賦？故不得不以口率說賦矣。此不若其云『邦之所居曰國』之爲當也。至其註載師，又因遂人有「授民夫一廛田百畝」語，疑廛里不謂民在都城者，此又疑所不必疑。載師之廛里，正是民在都城者。遂人「夫一廛」，乃謂凡民有二畝半宅在邑者。二曰四郊之賦者，載師之遠郊，鄭司農引司馬法『百里爲郊』是也。杜子春云：『五十里爲近郊。』言去城五十，其方百里，蓋於九賦爲邦中。又云：『百里爲遠郊。』言去城百里，其方二百里，故鄭云：『遠郊之內，地居四同。』此則九賦之四郊也。三則邦甸之賦，載師之甸地，司馬法『二百里爲州，三百里爲野』，皆在此邦甸中矣。其五邦縣之賦，載師之縣地，司馬法『四百里爲縣』也。其六邦都之賦，載師之畺地，司馬法『五百里爲都』也。此凡所言里數者，約略之辭。周王畿以東西相覆爲千里，惡可以道里遠近定其名哉！若其四家削之賦，則公卿大夫之田邑。田邑尤不可以遠近定，或有在郊甸，或在縣都，總曰家削。九賦於甸、縣、都皆加邦者，以家削與同地，故言邦以別諸家焉爾。且夫周禮治鄉遂之法詳矣，而經或言都鄙，而不明治都鄙之官與法。夫都鄙未可與鄉遂隔別爲二也，何也？鄉遂皆自五家起數，累至萬二千五百家，而鄉遂名焉。然天下聚落，因地形勢爲之，未有可限以民數者也。爲治者必無毀城郭邑居以就民數之理，亦無有城邑即不用計民經田里之法，然則二者必相通也。邦中百里，地近王都，王都外即其鄙，宜無人臣都邑焉，然尚有不可以是限者。若夫四郊以外，地廣而爲都者多矣。近地狹，其都宜小；遠地廣，其都宜大，於是分其名爲三。最遠而大者曰都，邦都之賦，載師『以大都任畺地』是也。次近差小曰縣，邦縣之賦，載師『以小都任縣地』是也。又近尤小曰邑，邦甸之賦，載師『以公邑之田任甸地』是也。而總謂之都鄙，計民經里則其法皆遂法也。爲王守都邑之官，其地大如遂以上乎？則遂大夫之職其職也；大如縣乎？則縣正之事其事也，故周禮未嘗更云守都鄙官之職。而太宰『以八法治官府』，『以八則治都鄙』，不復言以何治鄉遂者，鄉遂與都鄙固一也。若夫其地平漫無邑而大如遂，則固以遂治矣。夫遂人所掌之遂，不可數定也。然而云『大喪率六遂之役』者，弟用遂六以屬六綍耳，遂豈限以六哉！」

都大而遠，守都者雖非私據其地，然已儼如國矣，故設都司馬、都宗人、都士察之與家同。康成因是遂謂都爲王子弟公卿邑，而其解都鄙亦由是而誤。夫子臣下邑，未嘗非以都鄙爲之也，而不可云都鄙皆私邑也。至其云:「公邑者,六遂餘地,天子使大夫治之。自此以外皆然。」此解固是。而云「二百里、三百里則上大夫,四百里、五百里則下大夫」,則非夫上下之别,當以都大小耳。豈大都畺地反下大夫,小都縣地反上大夫乎!

遂人治野説

遂人之法,十夫有溝,百夫有洫,千夫有澮,萬夫有川。而井田之制見於考工記,匠人者,以方里爲井,井間有溝,一井耕者八夫也。方十里爲成,成間有洫,成凡百井八百夫也。方百里爲同,同間有澮,同凡萬井八萬夫也。其爲溝、洫、澮之名雖同,而地之廣狹相懸遠矣。于是康成以謂:「井田者,特爲畿内采地都鄙法耳。周之鄉遂,一如遂人之制,而無井田。」吾以爲不然。王田之與采地不可定也,以王田賜公卿則采地矣,公卿有改削地者則又王田矣,可若是之紛紜乎哉!夫井田者,三代之正法,其鄉遂采地,地皆當爲井田,夫何疑哉!惟其山川形勢不能平衍不可井者,則遂人之法行焉,曷嘗以王田采地分哉!或曰:「如是,則周禮鄉遂宜載井田制矣。不言井田,而反載十夫、百夫溝洫之制,豈舍其正制而言變制乎?」曰:「是有説也。經土地而井牧其田野,九夫爲井之法,已具載小司徒矣。度地者,司空之事,爲井田之制之詳,如匠人所言,冬官固必有之。今特亡其篇,且以其鄉遂都鄙皆然,不得專載於鄉老之職,亦不得專于遂人也,是以皆不載也。若夫遂人所職者野,野則于遠人遠地相際,國有受新甿而闢新地之事,皆其事也,故其文曰:『以下劑致甿,以田里安甿。』甿者,始至之民。又曰:『凡治野，夫閒有遂』，以至『川上有路，以達于畿』。畿則王國之極界矣。故知此爲始闢草萊之地，未可井者言之。此十夫、百夫溝洫之法，所以獨具于遂人。而凡鄉遂都鄙地有倚山川丘陵不可井者，理通於此，故無取乎繁言耳。古人十夫、百夫之溝洫與井之制，一以地勢制其宜，而不論于國爲何屬。孟子告滕，『請野，九一而助；國中，什一使自賦』。此適就滕地勢分之耳。滕之國小矣，其所謂野者，苟如大國度之，則猶在國中耳。國中豈不宜九一而助乎？惟滕之國中必不能矣。楚蔿掩書土、田，『町原防，牧隰皋，井衍沃』，其所分異以地勢如此，雖周禮何嘗不然也？」

職方建國説

建國小，然後天下治。天子布命功德之臣及親子弟，俾有分地環居六服，足以奉職貢，守社稷，爲藩衛而已，雖大不過一同。賢者可以爲德，不肖者不得以爲淫。其于國也，法度易修；其于民也，疾苦利弊之情易達；其于天下也，雖有變亂，而易以定之。是故公、侯方百里，伯七十里，子、男五十里。三代之定制，莫之相遠也。曰：「然則周禮載諸公方五百里，降至諸男猶方百里者，何居？」曰：「孟子、王制所述，封國常制也；大司徒、職方氏所紀，非常制也。詩曰『大啟爾宇』，傳曰『分之土田陪敦』，言其越常也。昔者，武王克商，封兄弟之國十有五，同姓之國四十，暨功臣古帝後裔畢封。周公封于魯，太公封于齊，爲方百里也。及至遭武庚之畔，多士多方，不靖不寧，有淮夷、奄、薄姑之難，鴟張並興者，錯立于九州，或彊且大，外有大戎夷，而內置諸侯，如黑子之著面，可以爲安乎？周是以大啟齊、魯之域。『王曰：叔父，建爾元子，俾侯于魯，大啟爾宇。』使召康公命太公賜之履，東至海，西至河，南至穆陵，北至無棣。史記紀齊、魯初封皆武王時，然卒擴其疆者，成王之世也。成王爲鎮定天下，建一時權宜，于是五百里、四百里、三百里、二百里之國，上異武王，下不爲後世法。周之封國不可盡知，然所褒大越常制者，蓋不多有。于傳，齊、魯之外，公則有宋，侯則有衞、晉。宋以褒先代；齊東萊夷，魯東南淮夷、徐戎；衞之北、晉之北東、西皆戎狄，故其封大于常制。是其封雖大，而天子必齊以法。司徒之法曰：五百里者，食其封内之半；四百里、三百里者，食三之一；二百里、百里者，食四之一。國内經費及貢享聘問之財貨取諸此。其餘儲之，以爲兵戎之費，及天子有巡狩、救災、恤鄰之事則取之。王無賴焉，以爲諸侯而已；諸侯非以爲利焉，以藩王室而已。儒者多不明其義，惟司馬子長知之，故其説曰：『文、武、成、康所封數百，上不過百里。惟封伯禽、康叔于魯、衞地各四百里，以明非常制也。』是故有常制以爲天下法，有非常制以爲諸侯安。」曰：「鄭氏言王制爲商記者，非與？」曰：「非也。四海之内方三千里爲九州，州方千里一爲王畿，餘州八。使周變商制，必五百里、四百里、三百里、二百里以爲國，以一州建公之國四，以四州建侯之國二十五，以三州建伯之國三十三，餘方百里者三，不足建一子而地盡矣。尚有唐、虞、夏、商之存國半天下，閒田以待慶賞，方岳湯沐地以待巡狩，又有名山大澤，不以封，將安所置之？大國驟增二十五倍于商之公侯，而使功臣子弟不畢受封，無是理也。鄭知其不可通，則云：『周九州方七千里，大于古。』夫周九州山川載于職方，可考也，于禹貢有不逮焉而無加贏。鄭以謂方三千里不足以給也，獨不思西不盡流沙，南不盡衡山，東不盡東海，北不盡恒山，其中何以容方七千里乎？而蠻夷戎狄所居，不可奪以封諸侯者，又何説也？且周之國可考矣。鄭、許以南，江、漢以北，地不過方五六百里，而建侯國七：申、吕、鄧、陳、蔡、隨、唐。其下伯、子、男及不聞于傳者，不可畢數，將如孟子、王制建之乎？將如大司徒建之乎？大宗伯職：『五命賜則，七命賜國。』雖方五十，亦國也。必謂三百里乃爲成國，然乎？否乎？鄭氏之後，説者多强以周禮、孟子、王制牽合爲一，其解愈疎謬不可通，蓋無足辨者。天下小國多則治寧，大國多則鶩于攻戰。班固推方三百十六里之地出車千乘，方百里者出車百乘。周末世之强家，周初侯國也，齊桓公革車八百乘以霸，尚無千乘，況其餘邪？先王以百乘、數十乘足以周衛爲寧宇矣，不得已而後益之。其後千乘之國益多，豈天下之福哉！」

夏后氏世室周人明堂説

世室之制五室，其室一在中，而四在四隅。在四隅者兩用之，故又可曰九室，而有四旁兩夾牕。明堂之制五室，其室皆居中霤之北。其中曰室，其東西曰東房、西房，又其東西曰左右夾室。分言之則異名，合言之皆曰室，故亦曰五室。夏后氏禮不甚傳，孔子曰：「行夏之時。」吕氏月令兼采三代之制，而主夏后氏。其天子以十二月居堂室名異之法，此夏后氏世室法也。世室四向，其名有五，而天子以下居者曰明堂。及周人作宫，獨取南向，故用世室五名中之一名以爲名，以宗祀先王，以朝諸侯，皆曰明堂。明堂者，南向之堂也，非東面、西面、北面之室所可與其間也。儒者嘗傳夏后氏以月遞居室之法，舉夏以該春、秋若冬，名其書曰明堂月令，猶魯史四時備而名春秋焉耳。作盛德記者，不悟周之名堂非明堂月令之明堂，既載曰「明堂月令九室十二堂」矣，又載曰「明堂者，文王之廟」。兹二者，其始言之，皆未嘗謬，而合之使一，不勝其謬也。使周明堂果爲九室十二堂之制，則依月令遞居者，宫寢其宜爾。而禮載宫寢皆南向朝諸侯，宗祀文王，無取乎以月令遞居也，而反作四向之制，何哉？匠人作室，惟以宫廟之制皆然，故載之曰「周人明堂」。使朝諸侯、宗祀文王之制異乎常宫寢，而匠人載其朝諸侯、宗祀者，而逸其宫寢不言，有是理乎？夫宫廟朝諸侯之堂皆不異也，而三代之制異也。

賈生引學禮曰「帝入東學及入西、南、北學」云云，竊疑此即夏世室之禮。蓋古者學與宫廟其制略同，惟夏故稱帝，周則稱王矣。又吾揆月令所稱四時異居，亦謂天子之燕居爾。若朝羣臣于廷，則三代同也。漢人誤會明堂朝諸侯與明堂月令爲一説，故淮南子直以月令四時異居爲朝臣下之禮。其時則一篇載吕氏月令直改「居」字爲「朝」，此大爲謬失。古之朝必在廷，無在堂者，况左右个乎？天子南面而朝，此未有知其所始者，而忽易爲東面、西面、北面，可乎？青陽、總章、元堂、左右个爲地幾何？其必不可正天子之南面，無疑也。漢人解明堂者疎至若此，後之君子尚欲拘守其説，不亦過與！

明堂之制，本爲明了，後人總因康成言土室居中，木、火、金、水室居四維，是以紛糾難定。其説蓋原出緯書。晉裴頠云：「使其象可得而圖，其所以居用之禮莫能通也，爲設虚器耳。」頠謂尊祖配天，其義明著，直可爲殿屋以崇嚴父之祀，其餘雜碎，一皆除之。按頠此論，不愧通人。是以梁時明堂四柱方屋，都無五九之室，從頠説也。惜乎！頠不悟周明堂本是向南正方之位，本無雜碎之事，雜碎乃漢人謬說耳。若因漢人以合考工東西九筵、南北七筵、室二筵之説，以之營構，總不得通。魏李謐遂疑考工謬于堂之修廣，可謂輕於立論矣。不知明堂營構，據地正方，皆九筵也。其南北之深九筵，以七筵爲堂之深，以二筵爲室之深，合之是九筵矣。其東西之廣，以其前堂九筵爲後室之廣，一室廣二筵則不足，廣一筵則有餘。是以云度堂以筵，度室以几者，以廣言也；云每室二筵者，以深言也。明堂之制易曉如此，而煩千餘年儒家爭競不已，不亦怪乎！若夏有世室之制，則誠有四維之室，然而其修廣不可知矣。

明堂五室既皆南向之室，其内有九室，九嬪居之，亦當如此。蓋宗廟、路寢、明堂作五架屋，後宫之堂作九架屋。云九嬪居之者，非謂嬪所恒居，蓋有内政，與王后集議之所居也。以漢法況之，外有九室，九卿朝焉。此如漢之朝堂，在正殿之外。至漢，正殿則作九室，故西京賦云「九户開闢」。意周之内有九室，制亦如此，堂北當有九户矣。但周正寢以接臣下者不然耳。

社説

漢以來儒者説社爲祭后土，而不爲祭地。至胡五峯乃謂社即祭地，朱子從之。彝考之經，知五峯、朱子所見之卓，不可易矣。禮每以郊社對舉，猶以天地對舉也。周禮大宗伯言以血祭祭社稷矣，則不言祭地；言以黄琮禮地，則不言禮社。小宗伯言右社稷，則不言祭地之位。司服言祭社稷之服，則不言祭地服。大司樂言祭地示之樂，則不言祭社樂。典瑞及考工記玉人皆言兩圭有邸祀地，則不更言祭社之玉。斯皆明社與地之爲一矣。天神之號曰昊天上帝，地示之號曰后土，知社爲祭后土，而不知爲祭地，是知二五不知十也。世所疑者，徒以大司樂言：「靈鼓靈鼗，孫竹之管，空桑之琴瑟，咸池之舞，夏日至，于澤中方丘奏之。」謂此爲名曰祭地，而非名祭社也。而吾謂此亦名社也，故鼓人職曰：「以靈鼓鼓社祭。」祭法天子之社有二：社稷之社，所謂王社也；澤中方丘者，所謂羣姓立之大社也。古社禮已亡不傳，惟郊特牲載其説，蓋古社禮之後記也。夫尋常社稷之祭必在春秋，而此社禮乃于季春，出火後爲行社田之事，爲社田之後而後社祭，然則其祭必當夏日至之時矣。爲社事單出里丘甸共粢盛，則祭社之時，民得從焉。民得從，則非國中右社之地所能容，然則其地即澤中之地矣。以是斷之，社與方丘祭地爲一説，又何疑哉？郊特牲以夏田爲社田，大司馬以春蒐爲社，夏苗爲礿，此非異説也，各舉一端，以取義耳。夫春蒐何嘗不爲宗廟哉！夫天子之社有二，然小宗伯第言國中右社之位，而方丘之社不及者，大社以民主其事，民或歲遷其地，不可定爲之兆域，故不見於小宗伯焉爾。或曰：「社誠爲祭地也。天地宜同尊於先王、先公之上，而司服言祭社稷希冕，乃在祭先王、先公、四望、山川之下，以是爲王者祭地禮，毋乃非其序乎？」曰：「記固言之矣，尊天而親地也。希冕者，大夫得服之，下與民近，欲偕民以爲美報，故王服不極尊也。且服之序，豈謂神尊卑之序哉！祭先王衮冕，則稷當衮冕之祭矣，而及所配食之稷祭，則反希冕以承祭焉，夫何嫌疑哉！國中右社稷之社位定不可易。若方澤之社地，可時易，旱乾水溢則變置社稷，謂此也。」

舜禹益避爲天子説

陶唐、虞、夏之興，舜、禹、益爲之輔相。天子崩，百官總己以聽。既免喪，惟恐逼君之子，避而去之。然則將逃諸野乎？是不然，臣子之位不可逃。舍先王命職，而孤立其子於上，不誼；棄吾民則非仁；隱處以爲節則隘，是數者，皆聖人所不爲。夫聖人所爲，天下之中也。且夫薦諸天，而所薦者又避君之子，是皆推明聖人之意云爾，堯、舜、禹、益曷嘗以此自命乎哉！余考孟子竊謂南河之南、陽城、箕山之陰皆侯國，而舜、禹、益之避居，各返其國焉爾。諸侯返國則爲藩臣，新君苟召之則又爲卿士，於臣子甚順，於事勢甚便，且安其意。則避君之子，其迹則爲諸侯就國而已，夫奚以逃且匿爲言？逃且匿者，其習聞許由、卞隨誣誕之説，而遂以加諸舜、禹者與？而不知其於事實遠矣。昔者，舜耕歷山，漁雷澤，作什器陶丘，販於頓丘，就時于負夏，此皆曹、濮、衛地，在南河之南，是時舜居三年成都矣。及其登庸，堯必命之國，命之國必不易其所已都。然則避堯之子於南河之南者，舜國也。世本曰：「禹居陽城。」蓋在嵩山下。嵩山古曰崇山，故禹國曰崇國，父曰有崇伯鯀。其國之興，以融降崇山爲之徵。然則避舜之子於陽城者，禹國也。既而皆不得終于諸侯，舜于是都蒲阪，禹于是都陽翟。舜始居衛、濮、負夏地，孟子謂之東夷。自東夷而蒲阪，故孟子謂之中國。兹二聖者，其爲帝都也著，其爲侯國也隱，故説孟子者或失其義。然使所避居非侯國也，則朝覲訟獄者安所容？而謳歌者何所向哉？不且大失天下望乎！益之事不可詳矣，然箕山之陰必益國也。當舜避堯之子，自平陽而東南至南河，逾河而南止於衛、濮；禹避自蒲阪而南至陽城；益避自陽翟而西北至箕山之陰。舜之避也道最遠，禹之避也道遠次之，益之避也近。惟各之其國，則遠近不得同焉爾。古雖更姓改物，而新君不據舊君之都邑。孟子曰：「居堯之宮，逼堯之子，是簒也。」舜、禹之侯國小，而堯子在平陽，舜子在蒲阪爲國君而守宗祀如故，舜、禹不更建都邑則無都矣，是以之蒲阪、陽翟也。武王勝殷，猶不取紂之故都，以畀武庚居焉，而況其在虞、夏乎！朱子孟子或問云：「當還政嗣君而告歸之時。」「告歸」二字確當不可易。

鄭康成之注尚書大傳，謂「負夏，衛地」是也。而云「歷山在河東」則非也。此沿揚子雲河東賦之誤耳。漁、陶之于耕田，不應若是之遠，曾子固已難之。然子固以指歷城南山，其相去猶遠也。鼐按：春申君説秦王云：「割濮、歷之北。」元和郡縣志：「雷澤縣西北歷山，舜所耕。」此則與其漁、陶地相次，疑近是矣。又其地西去梁國虞縣不遠，虞縣故舜居也，書所謂「嬪于虞」者也。若河東之有虞城，蓋有虞氏既都蒲阪之後而名之耳。水土未平，草木禽獸方盛，兗州之民乃宅高丘。舜居深山之中者，固兗州之歷山也；徙而成都者，梁國之虞縣也，皆南河之南地也。嬀汭，漢人不能言其處，然宜亦在兗、豫之間。至皇甫謐者，乃因虞城而附會，謂嬀在河東，此何據耶？吾謂虞思之國蓋在河東之虞城，以其承商均以來之故都。且羿方强，滅相于濮陽，少康必遠避之，以居河東，惎澆能戒之，其宜也。奈何後儒反以梁國之虞爲虞思之國，而河東虞城反爲舜未爲天子之故都哉！漢地理志：「陽翟，禹所居。」太史公曰：「潁川、南陽，夏人之居也。」「啟有鈞臺之享」，鈞臺在陽臺南。武王將都豫州，曰：「其有夏之居。」禹都陽翟，其可證于經史者甚明。夏之都河南者甚久，故夏后皋墓在殽南陵。帝發至桀，其間乃遷河東安邑。故桀之國在河、濟，右太華，伊闕在南，羊腸在北。而皇甫謐乃謂禹都安邑，此與?臣瓚謂桀都河南，其説兩誤矣。

左傳補注自序

左氏之書，非出一人所成。自左氏丘明作傳以授曾申，申傳吴起，起傳其子期，期傳楚人鐸椒，椒傳趙人虞卿，虞卿傳荀卿，蓋後人屢有附益。其爲丘明説經之舊，及爲後所益者，今不知孰爲多寡矣。余考其書，於魏氏事造飾尤甚。竊以爲吴起爲之者蓋尤多。夫魏絳在晉悼公時甫佐新軍在七人下耳，安得平鄭之後賜樂獨以與絳?魏獻子合諸侯干位之人，而述其爲政之美詞不恤其夸，此豈信史所爲論本事而爲之傳者耶?國風之魏，至季札時亡久矣，與邶、鄘、鄶等，而札胡獨美之曰:「以德輔，此則明主也。」此與「魏，大名」，「公侯子孫必復其始」之談，皆造飾以媚魏君者耳。又忘「明主」之稱，乃三晉篡位後之稱，非季札時所宜有，適以見其誣焉耳。自東漢以來，其書獨重，世皆溺其文詞。宋儒頗知其言之不盡信，然遂以譏及左氏，則過矣。彼儒者親承孔子學以授其徒，言亦約耳，烏知後人增飾若是之多也哉!若乃其文既富，則以存賢人君子之法，言三代之典章，雖不必丘明所記，而固已足貴，君子擇焉可也。自服、杜以後，解其文者各有異同。近時有顧亭林、惠定宇，皆爲之補注。余以爲有未盡，乃别記所見者;若總古今之説，擇善用之，萃爲一書，則以俟後之君子。

老子章義自序

天下道，一而已，賢者識大，不賢者識小。賢者之性，又有高明沈潛之分，行而各善其所樂，於是先王之道有異統，遂至相非而不容竝立於天下。夫惡知其始之一也？子曰：「述而不作，信而好古，竊比於我老彭。」老彭者，老子也。孔子告曾子、子夏，述所聞老耼論禮之說，及老子書言以喪禮處戰之義，其於禮精審，非信而好古能之乎？南行者久而不見冥山，求之過也。夫老耼之言禮，蓋所謂求之過者矣。方其好學深思，以求先王制禮之本意，得先王制禮之本意，而觀末世爲禮者循其迹而謬其意，苛其說而益其煩，假其名而悖其實，則不勝悁忿而惡之。「禮云禮云，玉帛云乎哉？」夫禮貴有誠也，老子之初志，亦如孔子，而用意之過，貶末世非禮之禮，其辭偏激而不平，則所謂君子駟不及舌者與？且孔子固重禮之本，然使人寧儉寧戚，下學上達，而已庸言之必謹。逮七十子之徒，推孔子之義，極言之，固多高遠失中。此亦聖門好古達於禮者之言失也。夫老子特又甚焉耳。孔子遇老耼問禮於其中年，而老子書成於晚歲，孔子蓋不及知也。老子書所云「絶聖棄智」，蓋謂聖智仁義之僞名，若臧武仲之爲聖耳，非毁聖人也。而莊子乃曰：「聖人不死，大盜不止。」老子云「貴以身爲天下」者，言不以天下之奉加於吾身爲快，雖有榮觀燕處，超然以是爲自貴愛也，而楊朱乃曰「不拔一毛以利天下」，皆因其説而益甚爲謬。夫老子言，誠有過焉，雖舉其末學益謬，推原及老子，以爲害天下之始，老子亦有所不得辭，然是又豈老子所及料哉！世乃謂老子之言固已及是，而儒者遂不肯以「述而不作，信而好古」爲老子之行。夫孔子於老子，不可謂非授業解惑者，以有師友之誼甚親，故曰「我老彭」。解論語者，顧説爲商之大夫，不亦遠乎！其説出於大戴禮記。吾意其辭託於孔子而實非，殆不足據耶？抑所舉别有是人耶？若論語之老彭非商大夫，可決也。老子書，六朝以前解者甚衆，今竝不見。獨有所謂河上公章句者，蓋本流俗人所謂託於神仙之説，其分章尤不當理。而唐、宋以來莫敢易，獨劉知幾識其非耳。余更求其實，少者斷數字，多則連字數百爲章，而其義乃明。又頗爲訓其旨於下。夫著書者，欲人達其義，故言之首尾曲折未嘗不明貫，必不故爲深晦也。然而使之深晦，迂而難通者，人好以己意亂之也。莊子天下篇引老子語有今文所無，則知傳本今有脱謬。其前後錯失甚明者，余少正之，竝以待世好學君子論焉。

太史公書不甚知姓氏之别，又自唐以前讀者差不若漢書之詳，故文多舛誤。夫老子，「老」，其氏也；「聃」，其字也。太史公文蓋曰：「老子者，楚苦縣厲鄉曲仁里人也，姓李氏，名耳，字聃，周守藏室之史也。」漢末妄以老子爲仙人不死，故唐固注國語以爲即伯陽父，流俗妄書乃謂老子字伯陽，此君子所不宜道。當唐之興，自謂老子之裔，於是移史記列傳以老子爲首，而媚者遂因俗説以改司馬之舊文，乃有「字伯陽，謚曰聃」之語。吾決知其妄也。老子，匹夫耳，固無謚。苟弟子欲以謚尊之，則必舉其令德，烏得曰「聃」？孔子舉所嚴事之賢士大夫，皆舉氏字，晏平仲、蘧伯玉、老聃、子産，其稱一也。陸德明音義註老子兩處，皆引史記曰「字聃」。河上公曰「字伯陽」，不謂爲史記之語。陸氏書最在唐初，所言史記真本蓋如此，則後傳本之非，明矣。老子所生，太史公曰「楚苦縣」。或曰「陳國相人」。莊子載孔子、陽子朱皆南之沛見老子。夫宋國有老氏，而沛者宋地，言老子所生，三者説異，而莊子尤古，宜得其真。然則老子其宋人子姓耶？子之爲李，語轉而然，猶姒姓之或以爲弋也。彭城近沛，意聃嘗居之，故曰老彭，猶展禽稱柳下也，皆時人尊有道而氏之。晉穆帝名聃字彭子，漢、晉舊儒必有知老彭爲聃之氏之説者矣，後世失之，乃不能明也。

莊子章義自序

漢藝文志莊子五十二篇。陸德明音義載晉、宋注莊子者七家，惟司馬彪、孟氏載其全書，其餘惟内七篇皆同，外篇、雜篇各以意爲去取。自唐、宋以後，諸家之本盡亡，今惟有郭象注本，凡三十三篇，其十九篇經象删去，不可見矣。昔孔子以詩、書、六藝教弟子，而性與天道不可得聞。其得聞者，必弟子之尤賢也。然而道術之分，蓋自是始。夫子游之徒述夫子語，子游謂「人爲天地之心，五行之端，聖人制禮以達天道，順人情」，其意善矣。然而遂以三代之治爲大道既隱之事也。子夏之徒述夫子語，子夏者，以「君子必達於禮樂之原，禮樂原於中之不容已，而志氣塞乎天地」，其言禮樂之本亦至矣。然林放問禮之本，夫子告以寧儉、寧戚而已。聖人非不欲以禮之出於自然者示人，而懼其知和而不以禮節也。由是言之，子游、子夏之徒所述者，未嘗無聖人之道存焉，而附益之，不勝其弊也。夫言之弊，其始固存乎七十子，而其末遂極乎莊周之倫也。莊子之書，言明於本數及知禮意者，固即所謂達禮樂之原，而配神明，醇天地，與造化爲人，亦志氣塞乎天地之旨。韓退之謂莊周之學出於子夏，殆其然與？周承孔氏之末流，乃有所窺見於道，而不聞中庸之義，不知所以裁之，遂恣其狷狂而無所極，豈非「知者過之」之爲害乎？其末天下一篇，爲其後序，所云「其在詩、書、禮、樂者，鄒、魯之士縉紳先生多能明之」，意謂是道之末焉爾。若道之本，則有「不離於宗，謂之天人」者。周蓋以天人自處，故曰「上與造物者遊」，而序之居至人、聖人之上，其辭若是之不遜也！而蘇子瞻、王介甫乃謂其推尊聖人，自居於不該不徧一曲之士，其於莊生抑何遠哉！若郭象之注，昔人推爲特會莊生之旨。余觀之，特正始以來所謂清言耳，於周之意十失其四五。夫莊子五十二篇，固有後人雜入之語，今本經象所删，猶有雜入其辭義可決，其必非莊生所爲者。然則其十九篇，恐亦有真莊生之書，而爲象去之矣。余惜莊生之旨爲説者所晦，乃稍論之，爲章義凡若干卷。

文集

孝經刊誤書後

孝經非孔子所爲書也，而義出於孔氏，蓋曾子之徒所述者耳。朱子疑焉，爲之刊誤。夫古經傳遠，誠不能無誤也，然朱子所刊，亦已甚耳。夫其書有不可通者，非本書之失，後人離合其章者之過，而文有譌失不能明也。漢藝文志云：「孝經古孔氏一篇，二十二章。」其「曾子敢問」章爲三章。夫孝之常，在於事親立身，而其極，至於嚴父配天，故「曾子敢問」章義與首章之説相備。朱子中庸章句以孔子言子臣弟友之常爲費之小，以舜、文、武、周公之孝爲費之大。夫孝經亦猶是已。舉中庸之言孝，以釋嚴父配天之義，則知聖人論孝必極於是；以人子自盡之實，則匹夫啜菽而不爲，不足以其行於天下之量，則爲帝王制禮樂皆備於孝之中，故曰義相備也。子言「天地之性人爲貴」，至「聖人之德，又何以加於孝乎」，其辭盡矣！其下「故親生之膝下」，至「不敬其親而敬他人者，謂之悖禮」，自爲一章，以申「資於事父以事君而敬同」義也。自「以順則逆，民無則焉」，至「其儀不忒」，又爲一章，言君子苟不能自慎其威儀，而但以虚辭訓民，民必逆之，而滋爲凶德；縱能得志於民，而己實無禮以臨之，君子亦所弗貴，是以君子慎威儀。此章以申「非先王法服不敢服，非法言不敢道」義也。古孔氏分三章是也。而章首各有脱文，又訓誤爲順，儒者見其發句言「故」言「以」，遂聯屬之，而以「子曰」字寘「父子之道天性」及「不愛其親」之上，則失其所矣。孝經後章之文多以廣前章之義，但非必以經傳分其次，亦不必拘拘比附也。若其辭有同於左傳者，蓋此固曾氏之書，而左傳傳自曾申，劉向别録記之矣。意或爲傳時取辭於是，未可知也。不幸孝經之文譌脱不具，朱子覺此文義之不完，反不如左氏之可通，遂疑爲襲左氏也。其病亦由混合爲章者過也。若其首前儒所分爲七章者，朱子合爲一章，則説誠善，無以易矣。夫儒者有德行，有言語、文學，苟非亞聖之才，不能備也。德行之儒或疏於辭，若坊記、表記、緇衣之類，每一言畢，輒引詩、書文以証之，間有不甚比附而强取者矣，亦洙、泗間儒者之習然也。子思、孟子然後不爲是習，至荀子則亦有之矣。孝經引詩、書亦頗有，然知其取義有疏密則可耳，而節去之，恐未可也。

辨逸周書

世所傳逸周書者，漢藝文志載之六藝略尚書中，但云周書七十一篇，不云尚書之逸者。云孔子所論百篇之餘者，劉向說也，班氏不取，識賢於向矣。然吾謂班氏辨此亦未審。子貢曰：「文、武之道，賢者識其大，不賢者識其小。」雖小，而所傳誠文、武道，非誣也。誣則奚取哉！周之將亡，先王之典籍泯滅，而里巷傳聞異辭，蓋聞而識者，無知言裁辨之智，不擇當否而載之，又附益以己之私說。吾意是周書之作，去孔子時又遠矣，文、武之道固墜矣。莊子言聖人之法，以參爲驗，以稽爲決，其數一二三四是也。此如箕子陳九疇，及周禮所載庶官所守，皆不容不以數紀者。若是書以數爲紀之詞，乃至煩複不可勝記，先王曷貴是哉！吾固知其誣也。其書雖頗有格言明義，或本於聖賢，而間雜以道家、名法、陰陽、兵權謀之旨。程寤太子晉篇說尤怪誕，殆非儒者所道，校書者宜出之六藝，入之雜家，乃爲當耳。宜依其本書，名曰周書，雖與尚書周書名同，不害也。不當曰「逸」，云「逸」則附之尚書矣。

復蔣松如書

自秦、漢以來，諸儒說經者多矣，其合與離固非一途。逮宋程、朱出，實於古人精深之旨所得爲多，而其審求文辭往復之情亦更爲曲當，非如古儒者之拙滯而不協於情也。而其生平修己立德，又實足以踐行，其所言而爲後世之所嚮慕，故元、明以來，皆以其學取士。利祿之途一開，爲其學者以爲進趨富貴而已，其言有失，猶奉而不敢稍違之，其得亦不知其所以爲得也，斯固數百年以來學者之陋習也。然今世學者，乃思一切矯之，以專宗漢學爲至，以攻駁程、朱爲能，倡於一二專己好名之人，而相率而效者，遂大爲學術之害。夫漢人之爲言，非無有善於宋而當從者也，然苟大小之不分，精麤之弗別，是則今之爲學者之陋，且有勝於往者爲時文之士，守一先生之説而失於隘者矣。博聞强識，以助宋君子之所遺，則可也；以將跨越宋君子，則不可也。鼐往昔在都中，與戴東原輩往復嘗論此事，作送錢獻之序，發明此旨，非不自度其力小而孤，而義不可以默焉耳。先生胸中，似猶有漢學之意存焉，而未能豁然決去之者，故復爲極論之。「木鐸」之義，蘇氏説集注固取之矣，然不以爲正解者，以其對「何患於喪」意少遠也。至盆成見殺之集注義甚精當，先生曷爲駮之哉！朱子説誠亦有誤者，而此條恐未誤也，望更思之。

贈錢獻之序

孔子没而大道微，漢儒承秦滅學之後，始立專門，各抱一經，師弟傳受，儕偶怨怒嫉妬，不相通曉，其於聖人之道，猶築牆垣而塞門巷也。久之，通儒漸出，貫穿羣經，左右證明，擇其長説。及其敝也，雜之以讖緯，亂之以怪僻猥碎，世又譏之。蓋魏、晉之間，空虚之談興，以清言爲高，以章句爲塵垢，放誕頽壞，迄亡天下。然世猶或愛其説辭，不忍廢也。自是南北乖分，學術異尚，五百餘年。唐一天下，兼採南北之長，定爲義疏，明示通貫，而所取或是或非，未有折衷。宋之時，真儒乃得聖人之旨，羣經略有定説。元、明守之，著爲功令。當明佚君亂政屢作，士大夫維持綱紀，明守節義。使明久而後亡，其宋儒論學之效哉！且夫天地之運久則必變，是故夏尚忠，商尚質，周尚文，學者之變也。有大儒操其本而齊其弊，則所尚也賢於其故，否則不及其故，自漢以來皆然已。明末至今日，學者頗厭功令，所載爲習聞，又惡陋儒不考古而蔽於近，於是專求古人名物、制度、訓詁、書數，以博爲量，以闚隙攻難爲功。其甚者，欲盡舍程、朱。而宗漢之士，枝之獵而去其根，細之蒐而遺其鉅，夫寧非蔽與？嘉定錢君獻之强識而精思，爲今士之魁傑，余嘗以余意告之而不吾斥也。雖然是猶居京師庬淆之間也。錢君將歸江南而適嶺表，行數千里，旁無朋友，獨見高山大川喬木，聞鳥獸之異鳴，四顧天地之内，寥乎芒乎，於以俯思古聖人垂訓教世先其大者之意，其於余論，將益有合也哉！

尚書辨僞序

古文尚書出自東晉，至唐韓退之自言辨古書之真僞，而不明言僞者爲何。吾意其殆即謂古文尚書也。宋大儒始啟論古文爲僞之端，儒者展轉尋考，益得其理。至於今日，而古文尚書之僞大明。余謂前儒議論慎重，不敢輕出，此奉古之道當然，固非過也。若至今日，學者猶曲護古文尚書，此則近於無識，不可云非過矣。學問之事有三，義理、考證、文章是已。夫以考證斷者，利以應敵，使護之者不能出一辭。然使學者意會神得，覺犂然當乎人心者，反更在義理、文章之事也。昔閻百詩之斥僞古文，專在考證，其言良爲明切。而長沙唐石嶺先生作尚書辨僞，其辨多以義理、文章斷之，先生生遠，不得見閻氏之書，而能自斷於此，可謂真有識矣。鼐昔作尚書說中有數條，乃復與先生意合。今先生子刺史以先生書見示，余竊以自喜，第恨生晚，不見閻先生，亦不見先生也。先生既未見閻氏之書，故言亦不能無誤。如以孔註爲安國撰，而不知其亦僞也。以此歎前後學人，每不能盡聚以廣其識，獨其大體同者，遥遥可合符而已。

程綿莊文集序

鼐往昔在京師，聞江寧有程綿莊先生，今世一學者也。乾隆庚戌，余來主鍾山書院，則綿莊已死。求所著書，亦不得見。今歲楊存齋令君乃持綿莊集見示，遂獲卒讀。乃究論曰：「孔子之道，一而已。孔子没，而門弟子各以性之所近，爲師傳之真，有舛異交爭者矣。況後世不及孔子之門，而求遺言以自奮於聖緒墜絶之後者與？其互相是非，固亦其理。然而天下之學必有所宗，論繼孔、孟之統，後世君子必歸於程、朱者，非謂朝廷之功令不敢違也，以程、朱生平行己立身固無愧於聖門，而其論説所闡發，上當於聖人之旨，下合乎天下之公心者，爲大且多。使後賢果能篤信，遵而守之，爲無病也。若其他欲與程、朱立異者，縱於學者有所得焉，而亦不免賢智者之過。其下則肆焉爲邪説以自飾，其不肖者而已。」今觀綿莊之立言，可謂好學深思、博聞强識者矣。而顧惜其好非議程、朱。蓋其始厭惡科舉之學，而疑世之尊程、朱者，皆束於功令，未必果當於道；及其久，意見益偏，不復能深思熟玩於程、朱之言，而其辭遂流於蔽陷之過而不自知。近世如休寧戴東原，其才本超越乎流俗，而及其爲論之僻，則過有甚於流俗者。綿莊所見，大抵有似東原。東原晚以修四庫書得官禁林，其書亦皆刻行於世，而綿莊再應徵車，卒不用而歸老死，其所撰著，僅有留本，不傳於世，將憂泯没，斯則所遭或幸或不幸也。綿莊書中所論周禮爲東周人書，及解「六宗」，辨古文尚書之僞，皆與鄙説不謀而合。若其他，如解易、詩，所論則余未敢以爲是。其文辭明辨可喜，固亦近世之傑。而爲人代作應酬文字，則不足存録。後有得綿莊書而觀之，必有能取其所當取者。

附録

先生從世父薑塢先生受經，而從劉海峯受古文法，上繼望溪，涵揉見聞，益以自得，刊落枝葉，獨見本根，其術益精。歷城周書昌永年爲之語曰：「天下之文章其在桐城乎！」由是學者多歸嚮，號桐城派。行狀、曾國藩歐陽生文集序。

先生在四庫館見宋、元人所注經卷帙甚大，而其間足存之解或僅一二條而已，意以爲何須爲是繁耶？故有所論，但專記之。如是歷年所記，每經多者數十條，少則數條而已。謂之私説，不敢謂之注。至於三傳，校諸經稍輕，乃名曰補注。嘗曰：「吾不敢背宋儒，亦未嘗薄漢儒。吾之經説，如是而已。」本集致翁覃谿書，及梅曾亮書九經説後。

四庫館初開，非翰林而爲纂修官者八人，先生及程魚門、任幼植名最著。同館紀文達及戴東原諸人詆排宋儒，先生與議不合，乞病去。洎全書告成，凡纂修者皆議敍，嚮之八人，其六盡改爲翰林。大臣以先生名列之章奏，稱其勞，請俟補官更奏。先生以母老謝，終不往。後以在館所撰提要原稿，編爲書録四卷，與進呈刊行之本不同。文集任君墓志、書録。

當居鍾山書院時，袁簡齋以詩號召後進，先生與異趨，而往來無間。簡齋嘗以其門人某屬先生，爲許以執贄居門下，先生堅辭之。及簡齋歿，人多毀之者。或且規先生，謂不當爲作誌。先生曰：「設余康熙間爲朱錫鬯、毛大可作誌，君許之乎？」曰：「是固宜也。」先生曰：「隨園正朱、毛一例耳。」行狀。

陳碩士曰：「先生退居四十餘年，學日以盛，望日以重。其初，學者尚未知信從；及老，而依慕之者彌衆，咸以爲詞邁於望溪，而理深於海峯。蓋天下之公言，非從游者阿好之私言也。」同上。

曾滌生曰：「姚先生門下著籍者，上元有管同異之、梅曾亮伯言，桐城有方東樹植之、姚瑩石甫，四人者稱爲高第弟子，各以所得，傳授徒友，往往不絶。在桐城者，有戴鈞衡存莊，事植之久，而精力過絶人，自以爲守其邑先正之法，嬗之後進，義無所讓也。其不列弟子籍，同時服膺，有新城魯仕驥絜非，宜興吴德旋仲倫。絜非之甥爲陳用光碩士，碩士既師其舅，又親受業姚先生之門，鄉人化之，多好文章。碩士之羣從，有陳學受藝叔、陳溥廣敷，而南豐又有吴嘉賓子序，皆承絜非之風，私淑於姚先生，由是江西建昌有桐城之學。仲倫與永福吕璜月滄交友，月滄之鄉人有臨桂朱琦伯韓、龍啟瑞翰臣、馬平王拯定甫，皆步趨吴氏、吕氏，而益求廣其術於梅伯言，由是桐城宗派流衍於廣西矣。昔者，國藩嘗疑姚先生典試湖南，而吾鄉出其門者，未聞相從以學文爲事。既而得巴陵吴敏樹南屏稱述其術，篤好而不厭；而武陵楊彝珍性農、善化孫鼎臣芝房、湘陰郭嵩燾伯琛、溆浦舒燾伯魯，亦以姚氏文家正軌，違此則又何求；最後得湘潭歐陽生。生，吾友歐陽兆熊小岑之子，而受法於巴陵吴君、湘陰郭君，亦師事新城二陳，其漸染者多，而志趣嗜好，舉天下之美，無以易乎桐城姚氏者也。當乾隆中葉，海內魁儒畸士，崇尚鴻博，繁稱旁證，考覈一字，累數千言不能休，別立幟志，名曰漢學，深擯有宋諸子義理，以爲不足復存，其爲文尤蕪雜寡要。姚先生獨排衆議，以爲必義理爲質，而後文有所附，考據有所歸。一編之內，惟此尤兢兢。當時孤立無助，傳之五六十年，近世學子稍稍誦其文，承用其説。道之廢興，亦各有時，其命也歟哉！」歐陽生文集序。

惜抱家學

姚先生瑩

姚瑩字石甫，一字明叔，惜抱之從孫也。少慕賈長沙、王文成之爲人，盡讀曾祖薑塢先生之遺書。師事惜抱，爲古文辭，有名。嘉慶戊辰成進士，授福建平和知縣，調龍溪。俗悍多械鬭，誅其魁，勸農課學，俗大變，治行爲閩疆第一。歷臺灣知縣、噶瑪蘭通判，遭忌罷職，尋以獲盜復官。丁父憂，服闋，改江蘇，歷金壇、元和、武進知縣，高郵知州，兩淮監掣同知，護理鹽運使，治績稱最，疆吏疊薦。道光十八年，擢福建臺灣道。禁煙事起，海疆戒嚴，英吉利兵船迭犯雞籠、海口及大安港，設方略連破之，加二品銜，賜雲騎尉世職。時沿海用兵皆不利，獨臺灣有功，敵不再犯。洎和議成，敵人必欲罪之。逮訊，降同知、知州。發四川補蓬州，引疾歸。咸豐初起用，授湖北鹽法道，擢廣西按察使，參大學士賽尚阿軍事。賽尚阿不能用其謀，軍敗，寇益張。命署湖南按察使，已病，及聞岳州陷，憤而卒，年六十八，祀鄉賢及蓬州名宦祠。先生慷慨好義，志在經世，初官令牧，治效炳著，在臺灣禦夷，名滿天下。其學體用兼備，不爲空談。爲文自抒所得，不苟求形貌之似。所著東溟文集二十六卷、奏稿四卷、後湘詩集二十一卷、東槎紀略五卷、康輶紀行十六卷，合寸陰叢録、識小録、姚氏先德傳及遺稿、遺稿續編都九十八卷，爲中復堂全集。子濬昌字孟成，號慕庭。少孤，避寇至江西，從曾文正公軍中，文正重其名家子，親課以文。積勞薦爲知縣，歷任江西安福、湖北竹山、南漳，有惠政。治易、禮、通鑑及朱子書，尤長於詩。所著詩集十二卷、續集九卷，又有慎終舉要、鄉俗糾謬、鄉賢續録。濬昌子永樸、永概，皆舉人，能承家學，研經治古文，有名於時。參桐城耆舊傳、方東樹撰東溟文集序。

文集

論語集注書後

朱子生平用力四子書，訓解屢有更易，蓋見道愈精，析義愈密，而訓故文字初不少略焉。論語成書凡四本。最先作論語要義，在隆興元年，蓋病王氏新學之穿鑿，而諸儒説經又或支離，未能卓然不畔於道，慨然發憤，取平生所編古今諸儒之説，以及門人友朋之議，盡删其穿鑿支離、及不得聖人之微意者，定爲一書，而以二程子爲宗。此皆講明大義，不解章句，以爲文義名物之詳，當求之註疏，有不可略者，未嘗廢註疏也。既因訓故略而義理詳，非初學宜習，復加删録，作訓蒙口義，本之註疏以通其訓詁，參之釋文以正其音讀，然後會之以諸儒之説，以發其精微。一句之義繫之本句之下，一章之旨刊之本章之左，又以生平所自得者，附見一二，然後訓故音義備焉。既又取二程子講論之語，及横渠張子、范氏、二呂氏、謝氏、游氏、楊氏、侯氏、尹氏九家之説，作論孟精義。集註之成，蓋在晚年，然猶隨時更改。先賢大儒好學之勤，體道之深如此，而於百家之説未嘗盡廢也，故作論孟精義序曰：「漢、魏諸儒正音讀，通訓詁，考制度，辨名物，其功博矣。學者苟不先涉其流，則亦何以用力於此。而近世二三名家，與夫所謂學於先生謂二程子。之門人者，其考徵推説，亦或時有補於文義之間。學者有得於此，而後觀焉，則亦何適而無得哉！特所以求夫聖賢之意者，則在此而不在彼耳。」嗚乎！朱子述而不作之心，皎如天日，所以爲天下萬世計者，無非欲下學上達，由麤入精，同底於大中至正。豈小儒俗學，專以一己私説，欺世取名，假博聞多識，以自文其不肖之罪者，所能望其萬一哉！朱子之心白，而後俗儒之罪明；俗儒之罪明，而後朱子之功著，而要非有志於世道人心者，不足語此也。而鄙陋之徒，好爲論説，目不睹四庫之書，耳不聞通人之論，勦襲煩蕪，名爲恪守程、朱，實不過以爲制舉文字之用。若此者，又百家之不屑，而亦朱子之所深痛矣！遂使爭新好異之徒，騁其博辯，抵隙蹈瑕，皆以宋儒爲口實。嗚呼！是誰之過與？

與徐六襄論五代史書

聞有補注歐五代史之意，甚善。近時諸賢，多爲漢、晉以上之學，足下獨從事於此，何哉？竊謂此書體嚴義精，讀者卒難得其要領，考博家漫謂其紀事疏略，不如薛書之詳，爲可歎也！蓋公未作此書，先爲十國志，原亦多取繁載。及與尹師魯論之，乃大芟削，改并爲正史。初與師魯分譔，後獨成之。公在夷陵與尹師魯書云：「開正以來，始以無事治舊史。前歲作十國志，務要卷多。今若變爲正史，盡宜芟削，存其大要。至於細小之事，雖有可紀，非干本體，自可存之小説，不足以累正史。數日檢舊本，因盡芟去矣。」此可見公載筆之精義。又云：「師魯所譔，在京師不曾細看。路中細讀，乃大好。師魯素以史筆自負，果然。河東一卷大妙，修本所取法。爲此傳外亦有繁簡未中，願師魯亦芟之，則盡妙矣。」是公此書，經與師魯商権，從其芟削者也。至云「修本所取法」，時公以文章自命，上追龍門，而虚心如此。至和二年與徐無黨書云：「五代史昨見曾子固議，今從頭改換，未有了期。」則又經與南豐商権而改定之也。又皇祐五年與梅聖俞書云：「閒中不曾作文，祇整頓五代史成七十四卷，不敢多令人知。」蓋是書初成，人見其簡，必多疑議之者，故不欲輕以示人。及後始從南豐説，而自改定。然則此書以著五代之得失爲本，其事實繁瑣，無關法戒者，固非正史之所宜載。若夫典章制度，則有志在，紀傳中不必淆入。而五代紛紛，爲國日淺，制度蓋無可言，故並不立志。世人淺見，喜廣異聞，以爲詳備，可謂憒憒矣。乃謂公「學史記，故爲高簡，不顧事實闕略」，豈非不辨正史載記之各有體裁，而輕議昔賢乎？今注稱徐無黨譔，或疑其淺陋，然公與徐書已言作注之難，則未必後人之僞譔。世以爲淺陋者，亦爲其大略不能旁證博考耳，安知非以公當日意在簡嚴，即注亦無取其繁蕪耶？然鄙意作注與著書不同，而注史尤與注經不同，蓋注書病在蕪雜，注經病在支離，注史者旁引廣證以存事實，正可多引本書所不載，使人得以觀其去取之意，抑何害乎？昔劉昭既注續漢志之外，以劉昉注蔚宗後漢書一百二十卷，僅及范書所見，乃更蒐廣異聞，作後漢書補注五十八卷，可云宏富。而劉知幾譏之，史通補注篇云：「蔚宗之芟後漢也，簡而且周，疏而不漏，蓋云備矣。而劉昭采其所捐，以爲補注，言盡非要，事皆不急。」知幾此言，可謂精史體者。世俗紛紛爭咎蔚宗、歐公之闕略，當以此説示之。而其責注家不當廣引爲非體，毋乃過乎！往在杭州劉金門先生學使署中，見彭芸楣尚書有補注歐五代史，大約以薛書割裂分繫歐史每條之下，而於他書少所徵引。稿本未竟，金門先生欲卒成之，延長洲王某屬其事。因其人輕傲，不暇與論，故未深見其書。金門先生頃在都中，曾見此書否？足下補注大意，未審何似。云「仿裴世期注三國之例」，洵美矣。願更深味歐公命筆之意以立其本，而於薛史外更博考別史載記，如王禹偁五代史闕文、陶岳五代史補、馬令、陸游南唐書、龍袞江南野史、陳彭年江南別録、張唐英蜀檮杌、錢儼吴越備史之類，參比之以存其事；蒐討於諸家，如司馬公通鑑考異、吴縝五代史纂誤、朱子語類、胡三省通鑑注、胡一桂十七史舉要，及近代杭大宗、錢辛楣廿二史考異之類，縷析之以證其文，務揭所長，勿諱所短。嘗閲袁文甕牖閒評，有議歐史二條。其一云：「通鑑載唐之亡也，楊涉爲押國璽使，其子凝式謂涉曰：『大人爲唐宰相，而國家至此，不可謂之無罪。況手持天子璽綬與人，雖保富貴，奈千載何！』涉大駭。夫凝式能出此言，可謂賢矣。而歐五代史不之及，何哉？」瑩謂文之言非也。凝式既知非義，乃不能强諫其必從，卒亦依違，歷仕五代，徒以心疾致仕。出處之迹如此，何以責善於父？文乃强爲之説曰：「彼姑託此以全身遠害而已，非心疾也。」夫苟欲圖遠害，則于押璽使何誅？且不全身於唐亡送璽之時，反欲遠害於歷事五代之後，此何義乎？一時之言，不能自踐，存之適見乖盭。歐公削之，當矣。文又謂：「南唐後主既降宋祖，以其拒守久，封以違命侯。歐史凡説後主處，皆書違命侯。按陳壽三國志於孫權直稱名，至蜀則必曰先主、後主，蓋壽本蜀人，以父母之邦故也。歐公吉州人，正屬南唐，其祖父皆南唐臣民，而忽斥之曰違命侯乎？」瑩謂文此言謬妄尤甚。按公父崇公少孤，以宋真宗咸平三年進士及第，爲道州判官，歷泗、綿二州推官，又爲泰州判官而卒，時公年四歲。崇公仕迹如此，瀧岡阡表敍之甚明，乃宋臣也。其進士及第在真宗咸平三年，南唐亡在太祖開寶八年，相距已二十五年。崇公卒，在祥符三年，公以景德四年生，距南唐亡三十二年矣。崇公之父早卒，未仕。今乃謂公父祖皆南唐之臣，何不詳考乃爾！且承祚身親仕蜀，父又爲蜀臣，後主正其故君，而所修之書則三國各自爲史，不書後主而何？歐公既于南唐無君臣之義，而所修之書則五代史也，既周爲正統，南唐當日又實已稱臣，據周立史，而於僭國仍從其臣子之稱，有此史法乎？是皆不可不辯者。凡如此類，幸審擇之，勿輕信諸家排擊之辭，漫以爲是也。著書先觀大旨，非有關於是非得失之大，繫乎人心世道之防，即文章猶不容輕作，況修史乎？以足下之精鑒，但寬歲月爲之，即不刊之業也。胸中所欲論著甚多，一時坌集，轉不知何處措手。近惟省察身心，思有以收其放躁，甚思足下輩爲我攻其病，勿忘勿忘，相念豈有極也！

答宋青城書

青城足下：十三日得書，言寂感動靜之理甚晰，此非有所見不能，故非影響之談也。謂「偏寂爲賢知之過，偏感爲愚不肖之不及」，良是。又深味先儒「寂感無先後，動靜無二致」之説，此皆高明之識。

惟疑朱子中庸章句未發爲性之誤，則過矣。此朱子順文解義之辭耳，何謂誤耶？今夫儒者之言有理有分，當以意逆志，分別觀之，乃善。蓋人之生也，有命有性，有情有才。何謂命？以其受於天者言也。何謂性？以其具於心者言也。何謂情？以其感於物者言也。何謂才？以其見於事者言也。命，自然；性，渾然；情，勃然；才，犂然。由其自然以爲渾然，由其渾然以爲勃然，由其勃然以爲犂然。故命也、性也、情也、才也，此理之一而流行貫注者也，故無二致。然未見諸事不可以言才，未感於物不可以言情，未具於心不可以言性，未受於天不可以言命。故才也、情也、性也、命也，此分之殊而秩然有序者也。謂之無先後，可乎？理雖一貫，分自萬殊，知分而不知理則不通，知理而不知分則不辨。理不通則流爲末學之分裂，分不辨則流爲老、莊之渾同，釋氏之平等，此道之所以難明也。彼謂「寂感無先後，動靜無二致」者，謂其理之一耳。寂時此理，感時亦此理，動者此理，靜者亦此理，故不容先後、二致。然无思无爲不得不謂之寂而靜，及通天下之故則不得不謂之感而動。今乃淆其稱名，可乎？喜怒哀樂，情也；其未發，則性也。朱子之意，正以此爲一物，不過別其名耳，曷嘗以爲二物乎？性譬諸太極，情譬諸陰陽，才譬諸五行。太極者，其全體。一陰一陽，一水一火，雖莫非太極之所爲，然執一陰一陽、一水一火，而謂之太極，則不可。蓋太極全體，可以一物見，而不可以一物盡也。人一喜一怒，一言一行，皆此性之所爲，然不可執一喜一怒、一言一行而謂之性，即此類也。釋氏有言，譬如衆盲以手觸象，其觸牙者即言形如蘆菔根，其觸耳者言象如箕，其觸頭者言象如石，其觸鼻者言象如杵，其觸脚者言象如臼，其觸脊者言象如牀，其觸腹者言象如甕，其觸尾者言象如繩，若是衆相悉非象者，離是之外，更無別象。佛氏之言，可爲善喻矣。今不分性、情之别，則人必直指喜怒哀樂以爲性，是何異衆盲之言象乎？且夫衆盲之言象，雖不得真象，猶無害也。今淆舉喜怒之既發而謂之性，則見其喜者必至爲墨子之兼愛，見其怒者必至爲盗跖之殺人，其害乃有不可勝言者矣。此子思子所以特明辨之曰：「喜怒哀樂之未發謂之性。」不云「既發」爲性也。今乃疑朱子之誤，何哉？朱子與張欽夫書云：「爾者又爲學者執定未發爲性，而不悟既發之無在非性，正所謂知其分而不通其理者。」故言以未發之性爲誤，非自悔其言之誤也。未發爲性，語本子思，朱子何悔之有！章句順文解義，義極明備，足下無乃求之過乎？抑未之深思乎？來教又言：「聖、凡静處不可見，于動處見之，此亦必有所謂。」瑩則不以爲然。夫静有儒者之静，有禪家之静。禪家之静專主寂然不動，儒者之静則否。寂然不動，固爲静中之静，感而遂通，亦自有動中之静。將自其寂者觀之乎？一念不起，湛然中足，清明在躬，氣志如神，此聖人之静也。一念不起，昏然欲寐，矇瞳無知，氣濁神散，此凡人之静也。寂然雖同，而寂中之境不同。如列子云：「至人無夢，愚人亦無夢。」烏可以其無夢，遂謂聖、凡同境哉！將自其有感者觀之乎？事物之來，因物付物，隨機而應，無所憂疑，無所欣戚。物自紛紛，我常有定，則動中之静，惟聖人有之，凡人尤無是境矣。然則静中觀聖、凡，乃得其真，今反謂静處不可見，豈其然乎？從來學人之病在不信聖經，而信傳注，及得異説，則又舍傳注而從之。夫理惟其是亦何定之有！然必得其立言本旨，與夫言外之意，更於異中求其並行不悖之故，然後可以言取舍。否則，與其雜取一時一事之語，不若從其殫精畢慮，契合聖經之傳注，此不失爲善讀書人耳。至於别有所疑，求其説而不得，則亦何妨闕以有待哉！瑩與足下同勉之矣！

罪言

姚子讀書，至二氏之徒經律典論逾數千，既覽其大義，詳觀終始，深惡世俗荒謬誣悖之非，更反覆諸儒辯正之説，喟然歎曰：「嗟乎！道之不一，有自來矣。天意所在，非可以人力强也。夫豪傑不虚生，矧命世宏智，立言垂教，歷數千百年而不没者，此寧謂非天意乎哉！昔者三代既衰，去聖久遠，百家雜説，異塗爭鳴，然皆原本於道德，其異同在大小醇駁之間耳。傳之已久，即莫不各有所失。孔子嘗言之矣，詩之失愚，書之失誣，樂之失奢，易之失賊，禮之失煩，春秋之失亂。學六經猶不能無失也，況其他哉！孔子之修六經也，天人之理明，古今之事備矣。當時小知之徒，析言破道者不知凡幾，孔子皆有所受之，隨時折中，因材成德，未嘗偏有所廢，故曰『吾道一以貫之』。七十子皆豪傑之士也，其閎材絶智足以各成一家言。孔子既没，彼此或不相能矣，所聞受異也，然何害於孔氏乎？老子、浮屠之生，先後於孔子，亦以其道傳之至今。夫春秋、戰國之間，諸子著書者百數，然自孔子之書行，皆飈逝火滅。獨二氏之書久而愈昌，此殆非盡人之私也。今夫天之數一而成三，而復太極以一函三，故備天地人爲三才。陽極於九，參其三者也；陰極於六，兩其三者也，自是而千變萬化生焉。變化云者，非其故也。老之後流而爲刑名、服食導引、鑪火符籙，釋之後流而爲律門、宗門、經典、懺禮，皆其變而化者也，或得焉，或失焉。猶之乎儒之後流而爲訓詁、考訂、辭章、小學、雜術，亦其變而化者也，亦或得焉，或失焉。

立乎其本，以論其失，則同病焉耳。儒者之言，必滅去二氏以爲快。夫惡其失而救之，可也；滅而去之，惡有是理哉！水之淵淵也，火之炎炎也，金之利斷，而木之曲直也，土之壅淤也，是相害也。造物者揉而用之，使相生而不可斯須去，故大小相維，長短相就，高下相承，前後相繼，白采相受。一足之跂不能行也，一夫之智不能明也。堯、舜相讓而石户逃之，紂、武相伐而夷、齊恥之，天下以爲高矣。然而舜不爲石户而去位，武不爲夷、齊而反師者，何也？道固有不同而一者也。天下有無爲而得者矣，未有有爲而無失者也。利之所在，害必歸之。見一夫寒，爲制重裘以禦冬也；六月服之不去，身則病矣。服者之昧也，非制裘過也。古之立教者，皆非無爲而然也，相其時而救之。三皇之世無兵刑，五帝作之，民乃相殺；五帝之世無盟誓，三王作之，民乃相疑。非帝王之德薄，不慮其失也。使舜慕三皇而釋四凶之誅，啟慕五帝而罷有扈之誓，則虞、夏不治。何也？時不可也。必執其末，以咎其本，則黄帝之造兵爲禍始，皋陶之明刑爲酷先矣，於老子、浮屠乎何有？春秋有孔子，集聖之大成也，於伯夷則賢之，於柳下惠則又賢之，二子之道不同也。老子同世，絶聖棄智之説必有聞也，獨無一言非之，何哉？故我喋喋而人益爭，仲尼不辯，化者七十，非聖人之大也，道不相傾也。二氏之徒，流及後世，怪誕誣妄甚矣！吾以爲其徒之失耳。夫老子者，惡夫文爲之敝，詐僞相滋，故反淳歸樸，以清靜無爲救之。莊子推而放之，至於一死生，齊萬物，凡欲使民無役此心，喪其天真而已，非使之長生也。後世服食、鑪火之書，變而愈下，何有老氏之豪末哉！釋氏之生，本在荒裔絶域，其俗貪淫殘忍而好鬼神，故爲禍福生死報應之説，以化其頑很之性。其教大旨，五戒盡之矣。而爲其徒者，轉益附會，務爲駭異以欺世，至於寫經造寺，窮極奢靡，以奔走愚衆。其文者，又張皇幽渺，漫衍支離，糾紛於語言文字之間。是皆浮屠氏之罪人也。爲吾儒者，不尋考其本末，惟就所惡，以與二氏者辯，是六月服裘而病，不咎服者之昧，而責其始不當爲裘也。此所以辯之愈深，而人莫之從也。今夫善醫者，因病而藥，則牛溲、馬通、枯骨、敗革皆有扁盧之用。故藥之毒烈者可以起死，庸醫見其殺人也而棄之不畜，必有待是不得而死者矣。世之儒者，好爲拘執不通，何以異此。嗟乎！天地之道亦大矣，必生其人，以畀之南北異宜，剛柔異用。所以爲人萬殊，則教之之道必不可以一端盡。彼二氏者，其生豈偶然哉！世無孔子，宜乎莫能折其中也。

清儒學案卷八十九

惜抱學案下

惜抱弟子

陳先生用光

陳用光字碩士，江西新城人。嘉慶辛酉進士，改庶吉士，授編修，先後歷二十年始轉司業，不數歲驟遷至内閣學士。宣宗諭曰：「知汝恬退，故特用汝，非有人保舉也。」尋晉禮部侍郎，累典河南、江南鄉試，提督福建、浙江學政，皆得士。在浙江，疏罷宋曾覿專祀。訓士以古學，時望翕然。新城陳氏，世有名德。祖道，乾隆戊辰進士，以宋儒之學啟迪後進，學者稱凝齋先生。父守詒，官陳州知府，恪遵其説。先生秉承家訓，動必循禮，篤於行誼。初學於舅氏魯進士仕驥，後事惜抱，奉爲本師。爲文必扶植理道，緣經術爲義法。治經宗宋儒，然不墨守門户。於禮記有删改陳澔集説，於四書有通義，未定本；於春秋有屬辭會義，未成書。集近人嘉言懿行及有關掌故國聞者爲衲被録。其刊行傳世者，太乙舟文集八卷。參吴仲倫撰神道碑、梅曾亮撰墓志。

文集

與鄧鹿耕書

曩時讀先生四書蛾術編，於孟懿子問孝一則，有未敢奉以爲然者。比作四書正義，反覆於語類、或問，彌見朱子解經之善。學者未全讀朱子之書，而輒欲以爲異，無當也。孟僖子病不能相禮，而使其子學禮於孔子，其所謂禮，亦郊勞至於贈賄之儀爾，非有見於先王之禮也。孔子以其善補過而稱之，所謂與人爲善也，非果謂其知禮也。使其知禮，則所以守臣節而無歌雍之僭，强公室而爲後嗣之訓者，當自有在，而求之左氏無文焉，則不得援僖子之命以學禮，而謂孔子之訓懿子以象賢也。或問以設撥爲葬之僭禮，歌雍爲祭之僭禮，援據明確，庸詎非漢儒實事求是之意。而今之爲漢學者，輒以朱子爲索之空虛，雖莘楣先生亦有此失，毋論東原、西河，願先生之勿效之也。文理密察見於中庸，窮理盡性見於易。孟子，學孔子者，别孟子於孔子，非學者所敢出言。理則足以該禮，言禮不足以該理，「理之節文」，正朱子善於解經之辭，奈何以相病乎？宋儒有奉母之命，母既殁而日誦佛經一卷者。朱子以爲，平日鮮諭親於道之學，從親之令爲孝，固不問於存殁也。世之忘親而不知孝者無論已。固有天性甚摯，而察理未明者，執爲其親諱之説，而或護其親之非以爲是，諱之可也；以非爲是，不可也。生則盡幾諫之誠，殁則勉幹蠱之義，懿子雖不足以語此，而孔子之言以詔萬世，故程子謂「無違之旨，爲凡爲人子者言之。」朱子既宗其説，而復兼列三家僭禮之失。用光謂朱子解經，毫髮無憾。此章之義，舍朱子莫可從也。又「敬不違」，「違」字義與此「無違」義絶不同。西河乃據彼以解此，其可笑有不足置辯者。至其辭氣謾駡巧詆，自蹈鄙倍，吾黨復豈可援引及之？先生好學深思，其所成就，非用光之所敢望。而有不敢爲附和者，輒妄抒其鄙見，以質於左右。

惜抱軒經説後序

經之難明久矣。自漢以來，學者凡三變，始亂於讖緯，中晦於訓詁，及程、朱諸儒出，破除碎義，涵泳聖涯，經旨於是焕然大明。行之既久，而後之學者，得其淺而遺其深，竊其近似，而不能力學以求其至。於是有高談性命而躬行多遺議，窮究事理而於典章制度且懵然莫名其所從來者。有志之士，倡漢學以矯之。就其善者，亦足以刊正謬誤，著明古義；及其弊也，鉤釽析亂，使人如游於百貨之市，眩奇衺而莫辨良楛。又其甚者，徒執其穴見，以與宋儒爲難，訐以爲直，莫執其平，非徒不足以明經旨，而其害於心術也大矣。夫學以期復其性，而經則備言其旨；學以期施諸事，而經則備舉其要。如醫之有方，隨所取以救其疾；如農之有器，隨所用以力諸田。神而明之，與時爲變通，而要不離乎其宗。此程、朱之旨，而學者之所大同也。今乃執一名一物之偶得，以攻前賢之偶失，譬若行師者，昧客主强弱之勢，而矜言孫、吴之陣圖；爲農者，不乘時以力穡，而徒誇能辨耒耜錢鎛之形製，不亦傎乎！又況程、朱諸儒，於大義所在，固嘗明辨以晢之矣。今之所偶得者，其於程、朱，猶拾瀋也，而侈爲創獲，是亦自知之不明矣。先生之於經，不孤守宋儒，而兼綜鄭、馬以核其實；不矜言漢學，而原本程、朱以究其歸；其於爲出主入奴之辨者，則尤深疾而嚴辨之。用光所聞於先生者如此。竊嘗以爲，先生經説出，足以正人心而衛聖道，雖比功於孟、韓可也。程、朱復起，不易吾言矣。至其文詞之古，則後之學者自得之，兹不論，論其大者云。

朱錫鬯史館上總裁第五書書後

錫鬯先生纂修明史時所上總裁七書，言多中史法，獨第五書言儒林、道學不宜分傳，則於司馬、班氏所立義例，及宋、元、明諸儒之源流派别，皆有考之不詳者。儒林傳創於司馬氏，班、范仍之，皆所以著明傳經家法也。范氏更述其義例於序曰：「東京學者猥衆，難以詳載，今但録其能通經名家者，以爲儒林篇。其自有立〔一〕傳者，則不兼書。若師資所承，宜標明爲證者，迺著之云。」蓋所傳之經學在是，則家法在是，雖其人節行無可稱，然亦不能不著之於儒林。故班氏之書，言易則曰「有施孟梁丘之學」，「有京氏之學」；書傳歐陽生六世孫政爲王莽講學大夫，則曰「有歐陽氏學」；詩則曰「有韋氏學」，傳毛詩者至徐敖，敖授九江陳俠，爲王莽講學大夫，則曰「言毛詩者本之徐敖」；言左氏者，則曰「本之賈護、劉歆」。范氏之書，著楊政之習梁丘易也，而不没其剛果任情；著歐陽歙之傳伏生尚書也，而不没其在汝南贓罪千餘萬夫。孟喜、京房、歐陽政、韋賢、陳俠、劉歆、楊政、歐陽歙之節行皆無足稱者，然其所傳

〔一〕「立」，後漢書儒林傳作「列」。

易、書、詩、春秋之家法在焉，著之儒林，而不没其實，司馬、班、范之所以爲良史也。若以孟喜、京房諸人與周、程、張、朱諸君子並舉而同稱，雖淺學且知其不可，况通儒乎！道學非可以爲名，有宋諸大儒亦未嘗自名爲道學。使周、程、張、朱生於漢時，司馬氏必特著之曰周程張朱列傳，觀於孟荀列傳可知矣。今錫鬯氏乃曰「儒林足以包道學，道學不可以統儒林」，是不特没是非之公，且其所考於司馬氏、班氏、范氏之儒林傳亦未詳其實矣。夫通天地人之爲儒，稱此名者，非周、程、張、朱莫屬也。彼京、劉之屬，曷足云！然而其傳經之家法，則京、劉之屬有不可没者。然則生漢、宋之後，而儒林、道學不能不分爲立傳，固史家之通例，亦史家之定例也。周子於諸經無論著，二程子、張子有論説而未備，及朱子而大備焉。明薛文清、胡敬齋、羅整菴之論經，皆散見于語録中，而未有專書。若以言傳經家法，則惟程子、朱子宜列儒林，然而程、朱之爲人，又非可以京、劉比也。周子、薛文清、胡敬齋、羅整菴無説經之書，而其人制行固足以發明經意，不列儒林，不足以輕周、薛、胡、羅諸君子；列之於道學，亦非以輕周、薛、胡、羅諸君子，所以著其實也。且薛文清、羅整菴位通顯，周子乃居下僚，胡敬齋乃布衣，則亦安可以無傳？楊慈湖之言學，禪學也，陸子靜亦時入於禪，然以言制行，則陸優於楊矣。楊、陸之歧塗，乃歧塗於道學，非歧塗於儒林。今錫鬯氏乃第舉宋之楊、陸，而不及明之湛甘泉、王陽明，則其於道學家言，考之尤未詳。余惜錫鬯氏之博綜羣籍，其所言又多中史法，而獨於此失之，故不能不爲之説云。

管先生同

管同字異之，上元人。道光乙酉舉人。惜抱主鍾山書院，從學，最受知。鄉舉爲陳侍郎用光所拔，侍郎同與受學於惜抱，不敢以世俗門生之禮相待。同縣鄧公廷楨爲安徽巡撫，延課其子凡六年。赴京師，卒於宿遷途次，年五十二。先生爲文雄駿，惜抱稱「其才氣當時無出其右者」。且曰：「智過於師，乃堪傳法，須立志跨越老夫，乃爲豪傑耳。」有經世志，爲學不守章句。嘗爲擬言風俗書，略曰：「天下風俗，代有所敝，承其敝而善矯之則治，不善矯之則危。且亂明之時，大臣專權，今則閣部督撫奉行文書而已。明之時，言官爭競，今則科道不敢大有論列。明之時，多講學，今則結社聚徒杳然無聞。明之時，尚清議，今則場屋策士涉時政不録。大抵明之爲俗，官驕而士横，知其敝而一切矯之，矯之誠是也。然百數十年來，其難乃起於田野之姦，閭閈之俠，朝堂學校之間安且靜也。臣以爲，明俗敝矣！其初意則主於養士氣，蓄人材。鑒前代者，鑒其末流，必觀其初意，故三代聖王有因有革。必舉而盡變之，則更起他禍。」又云：「今之風俗，弊在好諛而嗜利。嗜利，故自公卿至庶人惟利之趨；好諛，故下之於上有趨承而少忠愛。」其言皆洞中時弊。所著因寄軒文初集十卷、二集六卷，行於世。又有孟子年譜、七經紀聞、大學説、文中子考、戰國地理考、皖水詞存諸書。子嗣復，字小異，諸生，亦能文，擘算術，遭亂殉難。參方東樹撰墓志、史傳、惜抱尺牘、文集。

文集

性説三首

人之靈曰心，而頭足耳目與物無殊也。心之靈曰性，而知覺運動與物雖殊而未甚殊也。雖然，以心之靈而佐其知覺運動，其知覺運動豈凡物之所能如哉！故率性而修，則人之善可以至乎聖人；悖性而用，則人之惡可以加乎猛獸。猛獸也，聖人也，視吾身之率性不耳。嗚呼！吾人也，而惡加猛獸，吾能無惕與？故爲人而不知治心，則固非所以爲人矣；治心而不知率性，則亦非所以治心矣。

人之性，善乎？惡乎？抑善惡混乎？曰：「性善。」何以言之？曰：「忠孝者，性之大端也，其具於性也，不必觀之忠臣孝子也，觀之常人則固可見矣；其具於性也，且不必觀之常人也，觀之亂臣賊子則益可見矣。」衛甯殖之將死也，自謂得罪於君，屬其子以必納獻公，宋元凶劭之誅也，謂臧質曰：「覆載所不容，丈人胡爲見哭。」是二人者，何以有是言哉？人將死，則本性明，本性明，則悔恨而自知其惡，是以其言如是焉爾。甚矣！人之性善也。如曰性惡，則二人者極於惡，而不當復悟。如曰性善惡混，則二人者混於惡，而不當復明。今皆不然。甚矣！人之性善也。雖然，能率其性則孝子忠臣，不率其性則所爲至於悖逆。嗚呼！可懼也哉。

嬰兒無知，戀其生母，性之善不可見乎？或曰：「戀生母者，戀其乳焉爾。如使易人而乳焉，則彼且舍母而戀其乳我之人。是欲也，而可謂善與？」君子曰：「太上貴德，其次務施報。彼乳我而我戀焉，是施報之道也。施報也者，忠與孝所由生也。使聖人爲嬰兒，則固第戀生母而不以乳。異者，其次也。雖然，其次也亦善也，而奈何謂之欲與？」

讀三傳

舊皆言左丘明學於仲尼，公羊、穀梁受經子夏，而作春秋三傳。吾謂不然。今左氏非出丘明所作，朱子嘗言之，世或未然其説。若公羊、穀梁，受經容出一師，而説者以師爲子夏，則非其實矣。始吾讀孟子，竊怪於左氏無所稱述；而葵丘盟辭及其事，則齊桓、晉文等語，所説略與公、穀同，亦疑二傳誠先孟子。及今思之，孟子謂白圭云：「子之道，貉道也。」下乃詳言貉事。是貉之説，自孟子發之，前所未有。而今公羊「初履畝」傳乃曰大桀小桀，大貉小貉。穀梁傳曰：「愛人而不親則反其仁，治人而不治則反其智，禮人而不答則反其敬。」穀梁言此，本引舊説，故其上加「故曰」之文。而是六語者，又實出於孟子。由是言之，公羊、穀梁皆嘗取孟子爲傳，而非孟子有取於二書也。夫子夏逮見魏文侯，其徒固與孟子相及，而要猶差先。今其書乃有是，是何故哉？周人之説春秋也，初不及三傳。惟韓非書載楚靈弒郟敖，以爲春秋記之，其文乃出左氏，而公羊、穀梁諸書無道及者。至秦博士諸生對二世始用「人臣無將」之語，然猶不謂出於公羊，蓋公、穀之後於左氏，其時多矣。且劉向、班固皆不載二傳在周相傳之序，惟戴宏獨言之，謂二子受經子夏。此恐經師附會之辭，不足深信。吾謂公羊、穀梁皆周末魏惠、襄後人，故其書用孟子，而又明引尸子。尸子者，其即商鞅之師，所稱尸佼者與？

讀晏子春秋

陽湖孫督糧星衍甚好晏子春秋，爲之音義。吾謂漢人所言晏子春秋不傳久矣，世所有者，後人僞爲者耳。何以言之？太史公爲管晏傳，贊曰「其書，世多有」，故「不論，論其軼事」。仲之傳載仲言交鮑叔事獨詳悉，此仲之軼事，管子所無。以是推之，薦御者爲大夫，脱越石父於縲絏，此亦嬰之軼事，而晏子春秋所無也。假令當時書有是文，如今晏子，太史公安得稱曰軼事哉！吾故知非其本也。唐柳宗元者，知疑其書，而以爲出於墨氏。墨氏之徒去晏子固不甚遠，苟所爲，猶近古，其淺薄不當至是。是書自管、孟、荀、韓，下逮韓嬰、劉向，書皆見剽竊。其詆訾孔子事，本出墨子非儒篇。爲書者，見墨子有是意，嬰之道必有與翟同者，故既采非儒篇入晏子，又往往言墨子聞其道而稱之。是此書之附於墨氏，而非墨氏之徒爲是書也。且劉向、歆、班彪、固父子，其識皆與太史公相上下，苟所見如今書多墨氏説，彼校書胡爲入之儒家哉！然則孰爲之？曰：其文淺薄過甚，其諸六朝後人爲之者與？

讀墨子

太史公説墨子，或曰並孔子時，或曰在其後。吾觀墨子書稱墨子南游於楚，見楚獻惠王，獻惠王以老辭。楚惠之卒，去梁惠止五十年，而孟子見梁惠時年已老，是則墨子僅差先於孟子。其稱「告子勝仁，譬猶跂以爲長，偃以爲廣」，此告子疑即孟子之告子。韓非言：「自墨子死，有相里氏之墨，有相夫氏之墨，有鄧林氏之墨。」孟子所稱墨者夷之，不知其爲三氏之徒耶？抑親受業於墨子者耶？要之，墨與孟時特相近。觀墨子書文拙而義淺，疑不足動人，然其大義則欲上下君臣去差等而均勞苦，彼愚而賤者豈不欲其術之速行哉！凡異端之惑人，必先有以中人之欲，而墨之與佛，其尤工於煽誘也夫。

讀吕氏春秋

曩嘗疑言嚴酷者必曰秦法，然觀不韋爲相，乃敢廣致賓客以著書，書且訿訾時君爲俗主，至數秦先王之過無所憚，而不聞秦以爲罪也。疑秦法猶寬於後世矣。及讀史記，始皇帝十年，不韋已免相，猶納茅焦之諫，而迎太后於雍；又因李斯上書，除逐客令。然則秦雖暴，初不罪言者，故用其力，卒以并天下。至三十四年，用李斯議，始有「誹謗者族，偶語詩、書棄市」之令，曾不旋踵而社稷墟矣。嗚呼！秦之事至惡不足道，然其并天下也以能用人言，其失天下也以不聞其過。秦固如此，後之有國家者，其亦知所鑒哉！

讀司馬法

姚姬傳先生嘗謂，今司馬法爲東晉後僞書，非漢人所言之本。同謂，今司馬法後二篇文甚古，恐非東晉後人所能僞作。若前三篇，則其辭誠淺，不可謂之洪闊甚遠矣。然考魏武序孫子，引是書云：「人故殺人，殺之可也。」「故殺」，謂有意殺人，今律文猶有是語。今本乃於「人」下增「是」字，而「殺人」下增

「安人」二字，則其上語意不可復通。又今本云：「國容不入軍，軍容不入國。軍容入國則民德廢，國容入軍則民德弱。」上二語見漢書，下四語始亦疑其僞作，及觀劉淵林吴都賦注全引是文，而「民德廢」作「民德孍」。「孍」與「弱」對，且語意絶精。作「廢」者，乃以字形相近而譌。愚乃知古書庸淺，大抵傳久舛誤，而淺者以意增損其間耳，非其書本固然也。夫作僞者不能無依據，故采撫他書十常八九。今司馬法於漢書、周禮注所引之文，同者僅十一，而不見且十八九焉。使其作僞，夫豈不知多取之，而割棄若斯乎？漢藝文志司馬法百五十五篇，及隋志乃云三卷，而李善注文選所引是書，多同孫子之文，然則今之五篇，尚非隋志三卷之全，其古書所引，多不在其中，蓋無足怪矣。又考隋志，賈詡注司馬法三卷。今文選李注載司馬法曰：「古者以仁爲本、以義治之之謂正。」曹操曰：「古者五帝、三王以來也，仁者生而不名，義者成而不有。」是此書在唐時猶有孟德注，而隋志無之。然則古書或著録而亡，或無録而在者，誠亦衆矣，未可以篇章語句之不符，而遂疑其僞也。

讀六韜

姬傳先生嘗據漢志謂：「六韜非言兵，亦無與於太公。今六韜徼取兵説，附太公而彌鄙陋。」同謂：今六韜爲僞書，閻百詩已言如此。然考漢人言六韜，其説蓋已相乖異。劉向、班固列周史六弢於儒家，且言：「惠、襄之間，或云顯王時，或曰孔子問焉。」而後漢書何進傳乃言：「太公六韜有天子將兵事。」則是六韜果出太公，果言兵，而非儒術也。何以乖錯如此？蜀志注載諸葛亮集「先生遺詔敕後主云：『閒暇歷觀諸子及六韜、商君書，益人意〔一〕智。』又云：「聞丞相爲寫申、韓、管子、六韜一通已畢。」詳此語，是六韜乃類管、商、申、韓，必非儒家之術。不知周史六弢與太公六韜實二書，而漢書遺其一耶？抑東漢時六韜已亡，而當世人所言者即僞書耶？是皆不可知也。要之，周史六弢其書雖不可復見，而莊子載女商云：「縱説之則以詩、書、禮、樂，横説之則以金版、六弢。」則六弢之文特約於詩、書、禮、樂，豈言兵而管、商、申、韓之比哉！先生辨六韜言斤言烏乃魏、晉、齊、梁後語，同謂不待魏、晉、齊、梁，東漢人所言，蓋已非其真本矣，惜夫不克復見先生而更正之也。

辨河閒樂記

震澤任文田集古書爲述記，而中載河間樂記九篇。予考河間樂記不傳久矣。漢藝文志謂：自「劉向校書，得樂記二十三篇，與王禹〔二〕不同，其道寖以益微」。蓋自今樂記既行，而河間所采者已寖廢，安得至今而尚存耶？其書以樂氣至樂歌分爲九篇之目，不知古河間記乃有樂元一篇。班固白虎通、漢食貨志鄧展注皆載其名矣。食貨志言：「樂語有五均。」鄧展謂：「樂語，河間獻王所傳道〔三〕。」任似

〔一〕「意」，原作「神」，據三國志注改。
〔二〕「王禹」，漢書藝文志作「禹」，無「王」字。
〔三〕漢書食貨志鄧展注文爲：「樂語，樂元語，河間獻王所傳，道五均事。」

見此，故其書亦載五均之説。然臣瓚注引樂語文云：「天子取諸侯之士以立五均，則市無二賈，四民常均，彊者不得困弱，富者不得要貧，則公家有餘，恩及小民矣。」今任書第言五均，而臣瓚所引者皆不見。此與白虎通所引樂元語二十四句，真古河間樂記之文也，而任書皆無之，豈可信哉！其書稽古者已疑焉，則淺者或不知，吾故聊爲之辨。若其文辭「格致」出於近代，而非西漢人書，則知文者可以見決矣。

梅先生曾亮

梅曾亮字伯言，上元人。道光壬午進士，以知縣用，不樂外吏，入貲爲户部郎中。少時文喜駢儷，既游惜抱門，乃一變耑爲古文辭，義法一本桐城。居京師二十餘年，一時文學之士多以所業來質，推爲祭酒。嘗與人論文曰：「孔氏之門有善言德行者，有善爲説辭者，此自古大賢不能兼矣。謂言語之無事德行，不可也；然必以善言德行者乃得爲言語，亦未可也。莊周、列禦寇及戰國策士於德行何如？然豈可謂文詞之不工哉！若宋、明人所著語録，固非可以文詞論於德行，亦未爲善言者也。竊以爲，讀古人書，求其爲吾益者而已；求其疵而辨勝之，無當也；專求其疵，則可爲吾益者，益寡矣。方其得一説焉，皆自以爲維世道、防人心也。然人心、世道久存而不毁者自有在焉，雖朱、陸之是非，良知格物之同異，猶未足爲輕重也。況所辨有下於此者！或前人所已辨，而不必置辨者，愈少味矣。」其爲學微旨如是。晚辭官歸。咸豐三年，江南亂，避居淮上，依楊河督以增。踰年卒，年七十一。楊爲刊所著柏梘山房文集十二卷、詩十二卷。參史傳、朱琦書文集後、文集答吴子敍書。

復姚春木書

春木足下：别後思念無已。前所須先文穆公奏議、行狀并先伯祖文集一通，今皆以往奉上，收到後，望即以札相聞。足下閉門著述，於故老名儒之嘉言懿行，收拾排比，懼其湮没，乃史之支與流裔。此某所欲從事而不可得者，今乃爲足下所先，其爲欣羨奚似！賢者不有得於今，必取傳於後，其傳之遠近，則視乎所託之尊卑，而託之至尊者莫如經史。然説經者，自周以來，更歷二三千歲，其考證性命之學，類不能别出漢、唐、宋儒者之外，率皆予奪前人，迭爲奴主，繳繞其異，引伸其同，屈世就人，越今即古，多言於易辨，抵巇於小疵。其疏引鴻博，動摇人心，使學者日靡刃於離析破碎之域，而忘其爲興亡治亂之要、最尊主庇民之成法也，豈不悖哉！惟史之作，其載於書者，非言行之得失，即政治之是非，其精微者易知，而其詳明者無不可法戒也，故託之尊而傳之遠者，莫如史宜。然傳之遠，則其功罪於後世也亦滋甚，非明且公者，莫能爲也。夫史之是非，其失有二，以立言者之有顯有晦，視其同顯晦之人而分左右焉，故或謗其上，或誣其下，而謗者之言又疑於直也，故易於惑君子，然久而知其爲謗焉，反不足以懲小人。何也？彼幸夫言之罪我者，後人以其言爲謗我而疑之也，故言不可易也。今足下淡於嗜欲榮利，無忮求之心，無軒輊之見，蓋得其公則無不明者，況足下之明乎！秋涼時，可一晤否？率復不具。

九經説書後

昔侍坐於姚姬傳先生，言及於顔習齋、李剛主之非薄宋儒，先生曰：「習齋猶能谿刻自處者也。若近世之士，乃以所得之訓詁文字詘笑宋儒。夫程、朱之稱爲儒者，豈以訓詁文字哉！今無其躬行之難，而執其末以譏之，視習齋又何如也？」因出九經説相授，曰：「吾固不敢背宋儒，亦未嘗薄漢儒。吾之經説，如是而已。」昔李文貞、方侍郎苞，以宋、元諸儒議論，糅合漢儒，疏通經旨，惟取義合，不名專師，其間未嘗無望文生義、揣合形似之説，而扶樹道教，於人心治術有所裨益，使程、朱之學遠而益明。其解雖不必盡合於經，而不失聖人六經治世之意，則固可略小疵而尊大體，棄短取長，積義成章，治經之道固如是也。後之學者，辨漢、宋分南北，以實事求是爲本，以應經義、不倍師法爲宗，其始亦出於積學好古之士爲之倡，而末流浸以加厲。言易者，首虞翻而黜王弼；言春秋者，屏左氏而遵何休。至前賢義理之學，涉之惟恐其汚，矯之惟恐其不過，因便抵巇周内其言語文字之疵，以詭責名義，駭誤後學，相尋逐於小言辟説而不要其統，黨同妬真而不平其情，安其所習，毁所不見，終以自蔽。此其患，未可謂愈於空疏不學者也。夫經者，羣言之君也，治經而有繼往開來之功，以扶微起廢者，則君之貴戚大臣也。事君而惟貴戚大臣之言是附，不可以爲純臣；治一經而惟一師之言是從，又豈可謂之正學哉！先生之學，其精博固遠過乎文貞侍郎矣，而亦不奴主同異，則是書也，兼其長而無其短者歟！

海源閣記

昔班固志藝文，自六藝而外，别爲九流，則凡書之次六藝如諸子者，皆流也，非其源也，況又次於諸子，如詩賦諸略者乎！然當秦火後，餘裁數經。至漢成帝時，間二百年，書已至萬數千卷之多。而自漢以後，幾二千年以至於今，附而相推，激而相摧，演而愈淆，釃而愈支，昔之所謂流者，且溯而爲源，而流益浩乎其無津涯。故書猶海也，流之必至於海也，勢也。學者而不觀於海焉，陋矣！雖然，是海也，久其中而不歸，茫洋浩汗，愈遠而不知其所窮，惝然不知吾之所如，浮游乎無所歸休，以終其身，爲風波之民，不亦憊哉！然則何從而得其歸？曰：有史焉足以紀事矣，有子焉足以辨道術矣。今且類其物而分之，比其物而合之，摭一書爲千百書，而其勢猶未已也。由今以觀周、秦人書，於漢人見之外，别無見也。由今以觀魏、晉人説經，於唐人載之外，别無見也。其見於史，見於集者，亦希矣！然今之説者，不惟視唐加詳也，且視漢而加詳也。夫漢、唐人之書具是矣，其後此者，非衍詞也，即變文也。不然，則鑿空者也。而作者勤焉，學者騖焉，以千萬言説書之一言，而其辨猶未知所息也。昔之人有言曰：「十三經、十七史外，豈有奇書？」夫古今才人如此其衆也，著書垂後、怪奇偉麗者如此其多也，而云爾者是知源者也。同年友楊至堂無他好，一專於書，然博而不溺也。名藏書閣曰海源，是涉海而能得所歸者歟？或曰：「信如子言，凡書之因而重、駢而枝者，悉屏絶之，其可乎？」曰：「烏乎！可游濫觴之淵，而未極乎稽天浴日月之大浸，是未知海之大也，又安能知源之出而不可窮也哉！」

方先生東樹

方東樹字植之，晚號儀衛，桐城人。曾祖澤字苧川，乾隆丁卯優貢，官學教習，羲敘知縣，生平論學宗朱子，惜抱嘗從學。父績字履卿，諸生，著經史札記、屈子正音及詩文集。先生承家學，年二十補諸生，師事惜抱，相從最久。後客游授經，先後主安徽巡撫胡公克家，兩廣總督阮公元分纂江寧府志、廣東通志，主講廣東廉州、韶州書院。歸皖，主廬州、亳州、宿松書院。復游廣東，客巡撫鄧公廷楨幕中，近七十乃歸里，後進多從游，著書不輟。咸豐元年，主祁門書院，卒於講舍，年八十。

先生性高介，不隨人俯仰，好盡言，論道德、文藝，必抉其所以然。在粤著匡民正俗對，主嚴煙禁，又著病榻罪言，論自强之策。客阮文達幕時，論學意不合，著漢學商兑，反復申辨。又慮排漢學或變爲空談性命，不守孔子下學上達之序，乃著辨道論、跋南雷文定，以砭姚江、山陰牴牾朱子之誤。少有用世志，於禮樂、刑法、河漕、水利、錢穀、關市皆嘗究心。曰：「人第供當時驅役，不能爲後世法，恥也。鑽故紙著書作文冀傳後，而不足膺世之用，亦恥也。必才當世用，實足濟世，不幸不用，修身立言，足爲後世法，古之君子，未有不如此厲志力學者也。」所著書漢學商兑三卷，書林揚觶二卷，大意尊聞三卷，向果微言三卷，昭昧詹言六卷，陶詩附考一卷，儀衛軒文集十二卷，半字集二卷，考槃集三卷，王餘集一卷，皆刊行。曰待定集者百餘卷，中多微言粹語，軼不存。參年譜、桐城耆舊傳。

待定録自序

天下皆言學，而學之本事益亡。本事者何？修己、治人之方是已。舍是以爲學，非聖賢之學矣。古者修己之學，學處貧賤而已，學處患難而已，學處富貴而已，學處死生而已。伊川謂「富貴則不須學」，此記言者誤也，非程子之言也。夫富貴之人，處勢高，行意便，所及利害益廣，苟爲不學，則以其勢恣睢，非惟害及人心風俗民生國是，終亦必將取爲身殃。君子無須臾離道，惡有富貴則不須學之言耶？雖然，學處富貴之道，必自貧賤時始。古之人隱居以求其志，及至富貴有權勢，則遂推之以處大事，當大任，決大疑，成大功，不惑不懼，其本皆在於是。故窮之所學，即達之所用，非有二也。余少貧賤，而困窮益甚，既無所用，乃壹以學自廣。顧爲仁不熟，未能默識一貫，當其耳目暫交，天光偶發，恍惚有象，須臾亡逋，不可追憶，故每於旅枕不寐之餘，舟車波塵之際，忽有所悟，隨即劄記之。或細思故書，欣然有會，則直記其詞，以當書紳。勤苦既久，集義自生，所得積至百餘卷。其歲月先後，蚤晚昏旦，一一蠅注其下，用以自考驗。初命曰定命書，後見劉宋顧凱之先有是名，乃改命曰攖寧子。「攖寧」云者，攖之而後寧也。今復改名曰待定録。嗚呼！余之困阨既無可告人，若其所獲，於世所不爭者，姑録而存之，以待後之君子論定焉，庶幾其非僭乎！若夫莊子所稱「世有真人，而後有真知」，夫真知又有待而定者，則非余之所知也已。

漢學商兑序

近世有爲漢學考證者，著書以闢宋儒、攻朱子爲本，首以言心、言性、言理爲厲禁。海内名卿鉅公，高才碩學數十家，遞相祖述，膏唇拭舌，造作飛條，競欲咀嚼。究其所以爲之罪者，不過三端：一則以其講學標榜門户分爭爲害於家國；一則以其言心、言性、言理墮於空虚心學禪宗爲歧於聖道；一則以其高談性命、束書不觀、空疎不學爲荒於經術。而其人所以爲言之恉，亦有數等：若黄東發、萬季野、顧亭林輩，自是目擊時敝，意有所激，創爲救病之論，而析義未精，言之失當；楊用修、焦弱侯、毛大可輩，則出於淺肆矜名，深妒宋始創立道學傳，若加乎儒林之上，緣隙奮筆，忿設詖辭；若夫好學而愚智不足以識真，如東吴惠氏、武進臧氏，則爲闇於是非。自是以來，漢學大盛，新編林立，聲氣扇和，專與宋儒爲水火，而其人類皆以鴻名博學爲士林所重，馳騁筆舌，弗穿百家，遂使數十年間承學之士耳目心思爲之大障。歷觀諸家之書，所以標宗旨，峻門户，上援通賢，下讋流俗，衆口一舌，不出於訓詁、小學、名物、制度。棄本貴末，違戾詆誣，於聖人躬行求仁、修齊治平之教，一切抹摋。名爲治經，實足亂經；名爲衛道，實則畔道。昔孟子不得已而好辨，欲以息邪説，正人心。竊以孔子没後千五百餘歲，經義學脈，至宋儒講辨始得聖人之真。平心而論，程、朱數子廓清之功，實爲晚周以來一大治。今諸人邊見傎倒利本之顛，必欲尋漢人紛歧異説，復汩亂而晦蝕之，致使人失其是非之心，其有害於世教學術，百倍於禪與心學。又若李塨等，以講學不同，乃至説經必故與宋人相友，雖行誼可尚，而妒惑任情，亦所不解。東樹居恒感激，思有以彌縫其失，顧寡昧不學，孤蹤違衆，河濱之人捧土以塞孟津，不自度其力之弗勝也。要心有難已，輒就知識所逮，掇拾辨論，以啟其端，俟世有真儒出而大正焉。儻亦識小之在人，而爲采獲所不棄與？

漢學商兑重序

三代以上，無經之名，經始於周公、孔子。樂正崇四術，春秋教以禮、樂，冬夏教以詩、書。及至春秋，舊法已亡，舊俗已熄，詐謀用而仁義之路塞。孔子懼，乃修明文、武、周公之道，以制義法而作春秋。春秋亦經也，孔子雖未嘗以是教人，然其平日所雅言於人者，莫非春秋之義也。衛君待子爲政，子曰「必也正名乎」；陳恒弑其君，請討之；季氏伐顓臾，旅泰山，則使欲止之，此皆春秋之義也。至於哀公問政，子曰「文、武之政，布在方策」。論語卒篇，載堯曰一章，柳宗元曰：「是乃夫子所常常諷道之辭云爾。」子曰：「道之以德，齊之以禮。」「能以禮讓爲國乎？何有？」又曰：「小子何莫學夫詩？詩可以興，可以觀，可以羣，可以怨。邇之事父，遠之事君。」又曰：「興於詩，立於禮，成於樂。」又曰：「假我數年，卒〔一〕以學易，可以無大過矣。」故莊周曰：「詩以道志，書以道事，禮以道行，樂以道和，易以道陰陽，春秋以道名分。」六經之爲道不同，而其以致用則一也。此周公、孔子之教也。及秦兼天下，席狙詐之

〔一〕「卒」，論語作「五十」。

俗，肆暴虐之威，遂乃蕩滅先王之典法，焚燒詩、書。於時不特經之用不興，並其文字而殄滅之矣。漢興，購求遺經，於是羣經始稍稍復出。或得之屋壁，或得之淹中，或得之宿儒之口授，而固已殘闕失次，斷爛不全。賴其時一二老師大儒，辛勤補綴修明而葺治之，於是易有四家，書與詩三家，禮、春秋兩家，號爲十四博士，則章句所由興，家法所由異，漢儒之功，萬世不可没矣。自是而至東京、魏、晉以逮於南北朝，累代諸儒，遞相衍説，辨益以詳，義益以明，而其爲説亦益以多矣。及至唐人，乃爲之定本定注，作爲釋文，舉八代數百年之紛紜，一朝而大定焉。天下學者，耳目心志斬然一齊，兼綜條貫，垂範百代，庶乎天下爲公，而可謂之大當也。然其於周公、孔子之用，猶未有以明之也。及至宋代，程、朱諸子出，始因其文字以求聖人之心，而有以得於其精微之際，語之無疵，行之無弊，然後周公、孔子之真體大用，如撥雲霧而睹日月。由今而論，漢儒、宋儒之功，並爲先聖所攸賴，有精粗而無軒輊，蓋時代使然也。自南宋慶元以來，朱子既没之後，微言未絶，復有道隱於小成，辨生於末學，惑中於狂疾，誕起於妄庸。新慧小辨，各私意見，務反朱子。其所謂道非鉅子數輩，蠭起於世，奮其私智，尚其邊見，逞其駁雜；道，而所言之蹖不免於非，其於道，概乎未嘗有聞焉者也。逮於近世，爲漢學者，其蔽益甚，其識益陋，其所挾惟取漢儒破碎穿鑿謬説，揚其波而汩其流，抵掌攘袂，明目張膽，惟以詆宋儒、攻朱子爲急務。要之，不知學之有統，道之有歸，聊相與逞志快意以驚名而已。吾嘗譬之，經者，良苗也；漢儒者，農夫之勤菑畬者也，耕而耘之，以殖其禾稼。宋儒者，穫而舂之，蒸而食之，以資其性命，養其軀體，益其精神也。非漢儒耕之，則宋儒不得食。宋儒不舂而食，則禾稼蔽畝，棄於無用，而羣生無以資其性命。今之爲漢學者，則取其遺秉滯穗而復殖之，因以笑舂食者之非，日夜不息，曰：「吾將以助農夫之耕耘也。」卒其所殖，不能用以置五升之飯，先生不得飽，弟子長飢。以此教人，導之爲愚；以此自力，固不獲益。畢世治經，無一言幾於道，無一念及於用。以爲經之事盡於此耳矣，經之意盡於此耳矣，其生也勤，其死也虛。其求在外，使人狂，使人昏，蕩天下之心，而不得其所本，雖取大名如周公、孔子，何離於周公、孔子，其去經也遠矣！嘗觀莊周之陳道術，若世無孔子，天下將安所止！觀漢、唐儒者之治經，若無程、朱，天下亦安所止！或曰：「天下之治方術多矣！百家往而不反，小大精粗，六通四辟，一曲之士，各有所明。雖不能無失，然大而典章制度，小而訓詁名物，往往亦有補前儒所未及者，何子罪之深也？」曰：「昔者，周嘗封建諸侯矣。諸侯而下爲卿大夫，卿大夫而下爲士，士之下爲庶人。周，固天下之共主也，及至末孫王赧，不幸貧弱負責，無以歸之，逃之洛陽南宫謻臺。當是時，士庶人有十金之產者，因自豪，遂欲以問周京之鼎。十金之產，非不有挾也，其罪在於問鼎。後世之學者，不幸不見天地之純，古今之大全，賴程、朱出而明之，乃復以其謏聞駁辨，出死力以詆而毀訾之，是何異匹夫負十金之產，而欲問周鼎者也？是惡知此天下諸侯所莫敢犯也哉！故余既明漢儒之有功若彼，而復辨諸妄者之失若此。後有作者，亦足以明余非樂爲是譊譊也，其亦有所不得已焉者也。

文集

辨道論

佛不可闢乎？闢佛者，闢其足害乎世也。佛可闢乎？害乎世者，其人未可定也。世之闢佛者，夷佛於楊、墨矣。孟子之罪楊、墨也，爲其無父無君也。由無父無君，而馴至弒父弒君，故曰辨之不可不早辨也。則以罪楊、墨者罪佛，亦將如是云爾。春秋之事，可考而知矣。其時楊、墨猶未有也，而亂臣賊子已接迹於魯史之書矣，故孔子懼而作春秋也。商臣、趙盾、崔杼之禍，固非由楊、墨而致也。漢之事，可考而知矣。傳言明帝時佛法始入中國，而王莽已生乎其前矣。其後若董卓，若曹操，可謂無父無君之尤者矣，而莽與卓與操，固不習乎佛之教也。今郡縣小者不下數十萬人，此數十萬人貞邪不一，而極其行惡，至於無父無君，弒父弒君，蓋不多有焉。今謂不多有之無父無君之人之必在於學乎楊、墨與佛之人，而習儒者無不出於忠孝也，雖好爲異者，亦莫敢主其說。漢高之甘心烹父以取天下也，以爲爲民，則固已倒矣；以爲爲富貴，則狗彘之不若也。其後若楊廣，若劉守光，若李彥珣，或手刃其父，或親集矢其母，皆漢高之實啟之，佛固不忍爲此矣。儒者不以風俗人心之壞罪漢高，而以蔽於佛，是謂真蔑其君父者爲可原，而以其迹之疑於是者爲必誅，此不知類之患也。鄉有富人，積財貨萬億，阡陌廬舍不可籍紀。俄而富人死，其子弗能徧稽也。其奴之黠奸者，日相與蕩覆之。其子弗知其奴之所爲也，則以爲其鄰實盜之，而亦無以明其盜之實也，但以其迹也而疑之，因苦訟之。外盜之實不可定，而其奴之盜日益甚。士不明乎道，而以闢佛爲名者，皆富人之子之類也。君子者，理之平也，富人之奴蕩覆其主之財而無罪，而以刑書誅鄰人，非聖人之法也。天下之物，有其極至者，則必有其次至者以與之爲對，月之與日是也。彼佛者，亦聖人之月也，莫得而加也，亦莫得而去也。佛本西國王子，捐其位勢而弗貪，去其富貴而弗處，苦身積行，林棲木處，數十年以求至道，有大人之誠而不以立名，與天合而未始有物，鬼神無以與其能，帝王莫敢並其位，使聖人見之，亦且禮之，況未至於聖者乎？且佛之爲行甚苦，其爲教甚嚴，椎拍輐斷，冷汰於物，故曰非生人之行，而至死人之理，非夫豪傑剛忍道德之士，莫能由也。今人頡滑、顛冥、懾勢、榮利、好色，雖佛招之，固莫從之，而奚待於闢？山之東有國焉曰齊，山之西有國焉曰晉，江之南有國焉曰楚，關之中有國焉曰秦，其餘濟清河濁，裂采限封，各固疆圉，其水土不齊，其言語不齊，其風俗好尚政教不齊，自王者視之，皆以共理乎吾民而已。列國者，務相爭相寇，日尋於難，勢不能服，而兵爭不已。及至於秦，惡其爭也，悉罷其封建而郡縣之，然後天下統於一。老、莊、楊、墨、佛者，秦、楚、齊、晉也，言語風俗之不齊，則道術之各異也。自其一而言之，皆大道所分著。而儒者特爲罷封建之秦，然封建雖廢，天下雖一，而列國風俗言語不齊如故也。天能覆而不能載也，地能載而不能覆也。耳目口鼻各有所明，不能相通，必欲比而同之，其勢固有所不可也。既天下皆知有王，則列國之俗各有所習，皆有所宜，固無庸革也。既學者皆知有聖，則百家之説各有所明，時有所用，固無庸廢也。曰：「孟子曰：『能言距楊、墨者，聖人之徒也。』然則孟子非與？」曰：「孟子之時，世衰道微，邪説橫行，充塞仁義。楊、墨之道不熄，孔子之道不著，譬齊、楚、秦、晉强而侵弱乎周也。諸侯强，天子弱，其勢足使天下不知有王，故曰：『吾爲此懼！閑先聖之道。』『豈好辯哉，不得已也！』由周而來，至於唐，千有餘歲，聖人之道不明。唐承魏、晉、梁、隋之敝，自天子公卿皆不本儒術，士大夫之賢智者惟佛、老之崇。韓子懷孟子之懼，而作原道，蓋猶之孟子之意也。及至五代，王道不行，君臣父子之綱幾絶。宋興，佛學方熾，聖教未明，歐陽子憂其及於後世也，故作本論，以闢其教，蓋亦猶韓子之意也。故在戰國之世不可無孟子，在程、朱之前不可無韓子、歐陽子。今生程、朱之後，而猶執韓子、歐陽子之言以闢佛、老，必爲達者笑矣。故君子立言，爲足以救乎時而已。苟其時之敝不在是，則君子不言。故同一言也，失其所以言之心，則言雖是而不足傳矣。故凡韓子、歐陽子之所爲闢乎佛者，闢其法也。吾今所爲闢乎佛者，闢其言也。其法不足以害乎時，其言足以害乎時也，則置其法而闢其言；其言亦不足以害乎時，而爲其言者，陽爲儒，陰爲佛，足以惑乎儒，害乎儒，其勢又將使程、朱之道亂而不復明也，則置其佛之言，而闢其立乎儒以攻乎儒之言。以孔子爲歸，以六經爲宗，以德爲本，以理爲主，以道爲門，旁開聖則蠢迪，撿押廣而不肆，周而不泰，學問之道有在於是者，程、朱以之。以孔子爲歸，以六經爲宗，以德爲本，以理爲主，以道爲門，以精爲心，以約爲紀，廣而肆，周而泰，學問之道有在於是者，陸、王以之。以六經爲宗，以章句爲本，以訓詁爲主，以博辨爲門，以同異爲攻，不概於道，不協於理，不顧其所安，騖名干澤，若飄風之還而不儻，亦闢乎佛，亦攻乎陸、王，而尤異端寇讐乎程、朱。今時之敝，蓋有在於是者，名曰考證漢學。其爲説以文害辭，以辭害意，弃心而任目，刓敝精神而無益於世用，其言盈天下，其離經畔道過於楊、墨、佛、老。然而吾姑置而不辨者，非爲其不足以陷溺乎人心也，以爲其説粗，其失易曉，而不足辨也。使其人稍有所悟而反乎己，則必翻然厭之矣。翻然厭之，則必於陸、王是歸矣。何則？人心之蕩而無止，好爲異以矜己，迪知於道者寡，則苟以自多而已。方其爲漢學考證也，固以天下之方術爲無以加此矣。及其反己而知厭之也，必務銳入於內。陸、王者，其説高而可悦，其言造之之方捷而易獲，人情好高而就易，又其道託於聖人，其爲理精妙而可喜，託於聖人，則以爲無詭於正，精妙可喜，則師心而入之也無窮，如此，則見以爲天下之方術真無以易此矣。故曰人心溺於勢利者可回，而溺於意見者不可回也。吾爲辨乎陸、王之異以伺其歸，如弋者之張羅於路歧也，會鳥之倦而還者，必入之矣。曰天下之是非亦無定矣，陸、王既以其道建於天下，而吾方從而是非之，其謂吾之是非爲足以定乎彼之説耶？雖定其説矣，庸詎有毫末增損於道乎哉！然而不得已而辨之者，君子之立言，爲救乎敝而已。揚雄有言：「吾於荀卿，見同門而異户也。」彼其非之，固莫同也；此其宗之，奚以異乎？孔子曰：「天下同歸而殊塗，百慮而一致。」所從入之塗不齊則不謀，故小人在利若水，君子在勢若水。水也者，其源異，其委一也。陸、王、程、朱同學乎聖，同明乎道，同欲有以立極於天下，然而不同者，則所從入有頓與漸之分也。何謂頓、漸？佛氏言化法四教有頓、漸，猶箕子所云「高明」也，「沈潛」也。程、朱者取於漸，陸、王者取於頓，頓與漸互相非而不相入，而不知其原於「三德」也。人之生，得全於陰陽之性者，聖人耳，惟聖生知似頓，而不可以頓名也。其次，不毗於陽則毗於陰。其性如火日之光而無不照也，而稍速則毗於陽者也，是頓也；其性如金水之光而無不照也，而稍遲則毗於陰者也，是漸也，則皆次於生知者也。傳曰：「自誠明謂之性，自明誠謂之教。」以其學而言，曰性曰教；以其候而言，曰頓曰漸。回其頓乎？參其漸乎？然而孔子立教，頓非所以也；孔子立教，必以漸焉。論語曰：「吾十有五而志於學，三十而立，四十而不惑，五十而知天命，六十而耳順，七十而從心所欲不踰矩。」中庸曰：「君子之道，譬如行遠必自邇，譬如登高必自卑。」其列誠之目五：曰博學之，審問之，慎思之，明辨之，篤行之。顏子之照，鄰於生知矣，而夫子教之，必曰博文，必曰約禮。及顏子既見卓爾，而追思得之之功，歎以爲循循然善誘人。則夫子立教，不惟頓之以，而惟漸之以，亦明矣。並曾子而聞一貫者惟子貢，而子貢之言「夫子曰性與天道，不可得而聞也」。故以實則顏淵、子貢賢於陸、王，以迹則陸、王賢於顏淵、子貢。且夫由顏淵、子貢而至陸氏，是千年而後生也；由陸氏而至王氏，是數百年而後見也。古今學者不絶於中，則漸之所磨以就者多也。漸者，上不至顏淵、子貢，而不至欲從而末由；下不至下愚，亦可攀援而幾及。是故程、朱之道爲接於孔門之統者，惟其漸之足循，而萬世無弊也。且夫頓之所得者，必悟也。悟心之妙，上智之所難明。今爲衆人法，而以上智之所難明，則中人不得與焉矣。爲其德之弗明也，而教之以明德。今以德之不明，而絶於明之望也，則其於教亦反矣。故聖人之教如天，陸、王之教亦如天。聖人之教如天云者，蒼蒼然東面、西面、南面、北面立於地而無不見也；陸、王之教如天云者，天不可階而升，則將永爲凡民焉以没世耳矣。雖然，成陸、王之過者，孟子也。子貢之稱夫子，曰「夫子之不可及者，猶天之不可階而升也」。公孫丑之稱孟子，曰「道則高矣美矣，宜若登天然。何不使彼爲可幾及而日孳孳也」？公孫丑之言，則適得孔子之意，而孟子引而不發，余故曰成陸、王之過者，孟子也。孟子學乎孔子而正其統，陸、王學乎孟子而流於佛。夫孟子於孔子不可謂有二道也，而其流已如此，則百家所從分之異路，往而不返，何怪其然也？「耳目之官不思而蔽於物，物交物則引之而已矣。心之官則思，思則得之，不思則不得也。此天之所與我者。先立乎其大者，則其小者不能奪也。」此孟子之言也，而陸氏之學執之以爲之術。「人之所不學而能者，其良能也；所不慮而知者，其良知也。孩提之童，無不知愛其親也，及其長也，無不知敬其兄也。親親，仁也；敬長，義也。無他，達之天下也。」亦孟子之言也，而王氏之學執之以爲之術。陸氏、王氏學乎孟子，則可不謂有大揚搉乎？奚遽入於佛？入於佛者，非允蹈之也，説不免焉。夫有官而後有職，有職而後有事，事舉而職修，則立之説也，爲思言之也。今其言曰，「墟墓生哀，宗廟欽敬」，是奚待於思乎？而先立之，又非也。直指心體，先立乎此，然後下學，若是，則知行之序已倒也。易曰：「知至至之，可與幾也。知終終之，可與存義也。」程子以「知至」爲致知之事，知之在先，故可與幾；「知終」爲力行之事，守之在後，故可與存義，此學之終始也。知食之足以已饑，而後農夫耕稼以繼之；知衣之足以禦寒，而後紅女織紝以繼之。陸氏基址之説是也，惜所以爲之基址者非也。先行而後學以補其知，故曰其序已倒也。且先明乎善，而後能實其善，中庸之恉也。明乎心而無不明，而無事下學者，佛氏之教也。若夫明乎心而猶有未明，猶待於下學，此陸氏之創言，本於佛氏帶果修因之説，非中庸之恉也。書曰「人心惟危，道心惟微」，人心道心並舉爲辭者，堯、舜之言也。程子之言曰：「人心即人欲，道心即天理。」朱子之言曰：「道心常爲主，而人心聽命焉。」二子之言，一家之説耳。今王氏於程子則是之，於朱子則非之。是乎所是，吾既知其是矣；非乎所非，吾亦知其非也。嗚呼！是所謂未成乎心而有是非，將欲是其所非，而非其所是也。道心即天理，人心即人欲，道心人心不容並立，故道心常爲主，而人心自聽命焉。今其言曰：「人心之得其正者爲道心，道心之失其正者爲人心。」安有天理既爲主，而人欲復從而聽命？嗚呼！是欲明人心道心之非二，以就其轉識爲知之指，直所言之迂晦有不可解耳。儒者之於心也，見爲二而主於一，見爲二，故有聽命之説。佛氏之於心亦主於一而見爲一，見爲一，故有迷悟之言。王氏之於佛，則可謂同與？蓋佛之教，端末雖異於儒，至其論心之要，退羣妄，著一真，精妙微審，非聖人莫能辨也。然則儒何以不由之？固不可也。且夫王氏之學，既以全乎佛，而又必混於儒。全乎佛，而凡説之羽翼乎佛者，吾不復闢焉。混於儒，而凡説之冒乎儒、害乎儒者，吾方且論之。人之情有七，曰喜，曰怒，曰哀，曰懼，曰愛，曰惡，曰欲。七者一有不節則失其中，失其中而人心肆焉矣。故曰有所亡，有所甚，直情而行之也。聖人者動而處乎中，賢人者求而合其中，故曰雖有上聖，不能無人心，惟退而聽命焉，斯發而中節耳。且夫動而處中者，不數數也，古者謂之天而不人。今欲以此爲學者率，使天下法，則是性無三品也。夫不考性之有三品者，亦孟子之過也。何以明其然也？孟子曰：「人皆可以爲堯、舜。」人皆可以爲堯、舜云者，是瓦石亦有佛性之説也。以實言之，孔、孟及佛及陸、王，其等不同，其皆得乎性之上也同。惟聖人知人性之不能皆上，亦不皆下，故不敢爲高論，而恒舉其中焉者以爲教，此所以爲中庸也。孟子、陸、王則不然，以己之資，謂人亦必爾，雖曰誘之以使其至，而不顧導之以成其狂，故觀於孟氏之門，檢押斧械蔑如也，攀龍附鳳，巽以揚之，益寡矣。陸氏方河決而天踔，其御心猶役奴隸也，然扇訟發明「止於心之精神」一語，可謂率矣。及至王氏，一傳而離，再傳而放，不亦宜乎！故自孟子及陸、王，至今遠或千年，近者數百年，而不聞復有孟子及陸、王者，則孟子及陸、王固自由天授焉。夫以千年、數百年而止有一孟子、陸、王，則是孟子及陸、王固不能人人皆爾。而孟子及陸、王必謂人皆可以爲己者，其意甚仁，而其實固莫得也，則皆過高而失中焉之過也。陸氏、王氏，其取於孟子也同，其流而入於佛也亦同。而王氏之失彌甚，惟其人心道心之辨，執之者堅也。吾爲辨其異，指其失，而其是亦出焉，無任來者警乎以智孽爲雷同也。夫謂心惟一心，非有二心，佛氏之指不可謂非妙契也。斯而析之古今之明，吾未見議之所止也。吾嘗致思焉，而略能語其故矣。夫所謂一心者，與生俱生，人皆有之，然固失之六合之裏，四方之内，往古來今，放而不求者，幾千年矣。堯、舜也，孔、孟也，程、朱也，是迪明者也。若告子，若老、莊，若佛及陸、王，亦克尸而享之，因號而讀之，是故尊言之曰道心，實言之曰明德，要言之曰仁，質言之曰本心，徑言之曰生之謂性，悟言之曰本來面目，邂逅於墟廟而謂之基址，省識於親長而謂之良知，則皆此物也，則皆常親覿而有之也。顧孟子以上，所覿者有四端之物也。告子及佛，所覿無一物者也。故一以爲義外，一以爲一絲不挂也，是以其説不可由也。孟子所覿，告子及佛終身不覿。告子及佛所覿矣，而又望見聖人而未審，故猶影響未底於真也。雖然，又有辨。孟子言本心云者，指道心而言之也。其言放而不知求，則以有人心之故也。人心乍出乍入，實止一心也。宋有女子讀孟子「出入無時，莫知其鄉」，曰：「是孟子也，殆未知夫心者耶？夫心則烏有所出入也？」程子聞之，曰：「是女子也，雖未知孟子耶，其殆庶幾能知夫心者也。」夫心固不可謂有出入也。女子者，習於佛之學，直指夫道心，而因蔑其人心，故謂心無出入也。程子之意，則未出入也者，以操舍而言之也，心固無出入也。心之在人，名實昭然，然自佛釋氏以來，至於今，儒者辨説百端，卒未有識其爲何物焉者。昧昧然，罔罔然，蓋數千年弗著弗察焉也。故或以體言，或以用言，或以合性與知覺而有其名，其言心之名象，精至於此而止矣，而卒莫能著其實相爲何物焉者。是故達摩欲安之而無可安，神光欲覓之而不可得，阿難七處徵之而莫能定，皆同此昧昧罔罔焉耳。吾嘗深體之，夫所謂心無出入者，謂肉團心也。彼析其義而未得，又以肉團心無出入，其言近癡，非精妙不能動人，因誣以被之神明之心，而謂其無出入，欲使人求之，以爲至道之所在。莊子之「若有真宰而不得其眹」也，蘇子瞻之「凡思皆邪」也，子由之「本覺自明」也，文信國、高景逸之「放大光明」也，皆同此昧昧罔罔也。是故女子及王氏所見無以異此。而世之小儒，方將掀其脣而吹其㗖，是烏足與語真知之契乎？是故心之爲號一言者，實體也，而堯、舜二言之，何也？曰：儒與佛所言心，皆謂神明也。神明有出入，則有人心道心之分。而佛氏直指道心，因誣謂無人心，遂誣謂無出入，甚而並心亦誣之謂無，而相與苦守一空，而尊謂之曰真如。嗚呼！此求聖人從容中道而不得，因歧而迷惑之至如此，可憐哉！其莫有覺而已其迷者也。堯、舜、孔子以道心人心出入言之，其爲解至確，而其爲方甚密，惟不敢忽乎人心也。有人心而後有克治，有克治而後有問學，有問學而後有德行。勤而後獲，及其獲之也，乃其所固有也。貞固不摇，歷試而不可渝。若夫所謂一心者，轉乎迷悟而爲之名也。轉乎迷悟而爲之名，轉者一，其不轉者又一也。頓悟者，迪乎悟而爲之名也。迪乎悟而爲之名，悟者頓，其不悟者，頓不頓終未可必也。然則所謂頓者未嘗頓，所謂一者未嘗一也。雖然，此其大介也。若夫彼學行業名實之所立，又非小儒龘學所能歷其藩、子其義也。吾嘗學其道，而略能語其故矣。蓋彼所謂頓悟云者，其辭若易，而其踐之甚難；其理若平無奇，其造之之端，崎嶇窈窕，危險萬方，而卒莫易證；其象若近，其即之甚遠。其於儒也，用異而體微同，事異而致功同，端末異而歪乎無妄同。世之學者弗能究也，驚其高而莫知其所爲高，悦其易而卒莫能證其易，徒相與造爲揣度近似之詞。而影響之談，或毗之謂吾能知之，或呵之謂吾能闢之，以是欲附於聖人之徒，而以羽翼乎大道也，而其説愈歧矣。夫惟不能無人心故曰危，惟不能常道心故曰執。今曰：「道心之外，不可增一人心也。」又曰：「天理在吾心，本完全而無待於存也。」嗚呼！談亦何容易耶？未嘗反躬，故其言誣；未嘗用力，故其言僭而不可信。顔淵問仁，子曰「克己復禮」，及請其目，則告之以非禮勿視聽言動，今曰：「學者但明理，理純則自無欲。」嗚呼！爲此言者，是求勝於堯、舜、孔子也。不辨乎此，則天下之真是何所定哉！此仍即原道、本論之恉。但韓、歐所闢，特佛之粗，其失人人皆知，在今日無容更言。吾所闢，爲佛學精微，宋、明以來，學者之弊在此，雖非今日切害，然吾以今時漢學粗末之轉步必入於此，故豫爲坊之。其兩因孟子，固以陸、王公案所在，亦本程子言「孟子才高，學之恐無把柄」意揮發之如此。首尾一綫貫穿，但行文太播弄，恐不爲人所察，聊復自言之。

七經紀聞序

七經紀聞四卷，吾友上元管異之同所著也。儀徵阮相國、江寧鄧尚書咸重許之，歎爲通儒不朽，信非虚美矣。尚書前撫皖日既嘗爲梓因寄軒文集，兹又謀栞此編。東樹時適依幕府，故乃命以校勘之役。嗟乎！吾安能校吾友之書耶？吾友淹貫羣言，好爲湛深之思，當其得意，視揚子雲若儕匹。平生自忖，於吾友相距之遠，中間殆難以尋丈度量，而又安能窺其區蓋耶？雖然，是書也，吾友在日，數以相視，固嘗共商榷矣。當時論説未盡，今復審之，凡其所致疑於朱子者，於吾意多有未喻，故既爲之釐定部帙，勘正脱誤，間附鄙説其下，以折衷之。義理之公，惟期求真得，是吾於吾友平生相期信，咸不有割名之心，固當無疑於所行也。且人之學，與年俱進，朱子爲論、孟集注，屢加改定，至老未已，故多有與或問不合一者。安知吾友若在，不自改其初説？奈何執其誤，以遂其非也？至以四書紀聞歸大、中於禮記，而以論、孟附五經改稱七經，紀聞尊用相國意也，劄記之書，逐日脊輯，不暇依經文次第，武進臧氏經義雜記猶髣髴可見，今悉爲更次，取便閲者，則後死者校栞之職，知非禮堂寫定故也。相國之言曰：「其中有精覈者十之二三，有未妥者十之二三，有人已所透發而此有未透者十之二三。」其所指不具詳，第以蒙所酌測，實有足以正向來傳注所未及者，康成、考亭應且頷頤，無論其餘。嗚呼！無愧立言也已。

潛丘劄記書後

吾嘗論達巷黨人稱孔子之大，特驚以爲博學。嚮使孔子而爲一書，考證三代典物文字，其必過於蔡邕、劉熙、應劭，不待言矣。而聖人於夏、殷之禮亟曰「能言」，而卒不抗己以爲之文獻，平日教人，惟日用、下學、躬行、切己之是務，雖博弟子以文，要不出乎詩、書、六藝。豈不以民彝物則，萬世經常不易，循之則心身安，事理得，而治化興，昧之則心肆身災，學術歧而政俗敗。古之立學校，將以傳先王之業，流化於天下，必使學者明於古今，通達道理。凡其所爲學問而考辨之者，亦學乎此而已，亦辨乎此而已。後世學異而言多，言多而妄多。學者不顧其本，惟務逞私揚己，鶩愚賣名，相與掇拾細碎，爲無益、非要、失實、誤世之言。其說經考史，論議所及，罔是非之真，而以害於人心義理者不少矣。則皆所謂無德者眩，有德者厭，名爲考信，而實欲行其私說，支離畔援，非愚則誣者也。是故觀其書不見根源本領，使人讀之，心志馳騖愁惑，蕩焉而無所止，可以資口耳，而無益於身用。雖由是更廣爲千百卷，猶莫能盡。宇内無此書不見少，學者不讀此無損於學，雖竊大名，亦徒榮華於一朝，而末由施用而不朽。爲學若此，亦足傷也！或曰：「若吾子言，是考證不足以爲學，則孔、孟所稱博學詳說者謂何？且不幾率天下而陋乎？」曰：「固也。吾以學者忘孔、孟也。若猶念孔、孟也，將必志乎其所本者以爲先，而後可也。若舍置其本，而專務乎此，而曾不要之以約禮反說，此吾所以病之也。近世言考證之宗，首推深寧王氏、亭林顧氏、太原閻氏。吾觀王、顧二家之書，體用不同，而皆足資於學者，而莫能廢，非獨其言覈實，而無誣妄之失，亦其著書旨趣猶有本領根源故也。閻氏則不逮矣，然亦頗博物條暢，多所發明，讀其言，如循近澗觀清泉白石游鱗，一一目可數，指可掬，其用功塗轍，居然可尋見，異於池竭而自中不出者也。特其體例不免傖陋，氣象矜忿迫隘，悻悻然類小丈夫之所發，故不逮王、顧兩家淵懿亭蓄，託意深厚，類例有倫。此固存乎其人之識與養焉已。雖其書出後人晉輯，非其所手訂，而辭氣大體之得失，固不可掩也。

劉先生開

劉開字明東，號孟塗，桐城人。諸生。幼孤貧，母吴忍守饑寒，僅得相活。爲人牧牛，聞鄉塾誦書，竊聽盡記其句。塾師留之，許妻以女。年十四，以文謁惜抱，有國士之譽，盡授以詩古文法，游客公卿皆敬禮之。受聘修亳州志，卒於佛寺，年四十。著有孟塗詩文集四十四卷、駢文二卷、廣列女傳二十卷。子繼字少塗，承家學，徧走公卿，求刻其父書，時稱之。參桐城耆舊傳。

胡先生虔

胡虔字雒君，桐城人。嘉慶元年舉孝廉方正，未就徵，賜六品頂戴。早孤，事母孝。師事惜抱，學成，客游爲養。歷主翁學士方綱、秦侍郎瀛，而從謝巡撫啟昆最久。謝所纂西魏書、小學考、廣西通志，皆出其手。又助畢制軍沅分纂兩湖通志、史籍考等書。平生勤學，留心掌故，撰述多他人主名。自著者罕卒業，有戰國策釋地四卷、諸史地理辨異六卷、漢南江夏豫章三郡沿革考三卷。所刻者，識學録一卷、柿葉軒筆記一卷。又輯桐城藝文目録一卷，採入縣志。參方東樹撰先友記、桐城耆舊傳。

馬先生宗璉

別爲魯陳學案〔一〕。

張先生聰咸

別見墨莊學案。

左先生朝第

左朝第字筐叔，一字偉安，桐城人。嘉慶庚午舉人。生有忠信之質。從惜抱學，主講中州書院。李文清棠階出其門。熟於明史。晚學禮，所訂禮曰納牖編。又著詩經緯、講史衡、全桐紀略及詩文集。參桐城耆舊傳。

姚先生椿

姚椿字春木，婁縣人。父令儀，官四川布政使。少隨宦滇、蜀，長游南北，所至周攬山川，交其賢豪，凡河渠、農桑、漕務、邊防，證以古今，求爲有用之學。喜博覽，遇未見之書，手自鈔録。以國子監生

〔一〕「魯陳學案」，原作「器之學案」，今改。

應順天鄉試，才名噪於京師。既從學於惜抱，讀濂、洛、關、閩之書，屏棄夙習，壹意求道。得寶應朱氏澤澐遺書，曰：「此真宗守程、朱，而不欲以文著者。」親拜其墓，申私淑之禮。道光元年，薦舉孝廉方正，固辭不就。歷主書院，以實學勵諸生，惟成就人材是急。咸豐二年卒，年七十七。其解經主兼通漢、宋儒，曰：「譬之釋氏，有宗有教，不可偏廢。」論文必舉桐城，曰：「好學深思，心知其意。」又曰：「文之爲用，不外四者：曰明道，曰記事，曰考古有得，曰言詞之美。」其所輯清代人文，皆本此旨。所著晚學齋文録十二卷、通藝閣集八卷、和陶詩三卷。輯國朝文録八十二卷。又欲仿黄梨洲、全謝山兩家例，爲國朝學案一書，未就。參沈日富撰行狀、史傳。

惜抱交游

戴先生震

別爲東原學案。

任先生大椿

別見東原學案。

朱先生筠

別爲大興二朱學案。

程先生晉芳 別見大興二朱學案〔一〕。

翁先生方綱 別爲蘇齋學案〔二〕。

秦先生瀛

秦瀛字淩滄，號小峴，又號遂庵，無錫人。乾隆甲午舉人，召試，賜官内閣中書直軍機處，累遷郎中。出爲浙江温處道。洊擢内召，官至刑部侍郎，引疾歸，卒年七十有九。其官浙江、廣東、湖南監司多惠政。佐刑部，屢有平反，治獄稱平。與惜抱及魯山木、陳碩士、吴仲倫諸人以文字相質證，力追古作者。論學宗程、朱。著有小峴山人集三十六卷。參先正事略、小峴山人集。

〔一〕「大興二朱學案」，原作「覃谿學案」，今改。
〔二〕「蘇齋學案」，原作「覃谿學案」，今改。

文集

論尊德性道問學

尊德性，道問學，二者不可偏廢。或以象山爲尊德性，朱子爲道問學，説始元儒吴澄，前人已非之。而朱子嘗自謂於道問學上做工夫居多，蓋恐學者高談性命，涉於空虚，欲其由博而反諸約也。孔子言「五十而知天命」，與門弟子則罕言之。論語言性，但曰「性相近也，習相遠也」，「惟上智與下愚不移」，而四教則曰「文行忠信」，雅言則曰「詩、書、執禮」，不及性命之學。子貢與聞「一貫」，曰：「夫子之文章可得而聞，夫子之言性與天道不可得而聞。」文章即性道之發見處，故孔子又曰：「文不在兹。」惟以下學上達指示學者，顔淵喟然一歎曰：「循循善誘，博文約禮。中庸首言天，次言性，而知、仁、勇爲三達德，君臣、父子、兄弟、夫婦、朋友爲五達道。困知、勉行、擇善、固執、博學、審問、愼思、明辨、篤行，皆盡人之事。孟子道性善，戰國時，告子之徒好言性，入於歧塗，故爲反覆辨説。而其言「存心養性，殀壽不貳，修身以俟」，方懼人之墮入異端，而爲之親切指示。且論四端則曰仁義禮智；言不動心則曰知言養氣；言天爵則曰仁義忠信，樂善不倦；言良知良能則原本事親敬長，無一語涉於空虚。此孔、孟真傳，聖賢之所以爲教也。宋周、程、張、朱講明心性，太極圖説及通書、正蒙等書，惟闡義藴，而朱子但以道問學自居，殆亦以象山之學已近於禪，用以是語爲鍼砭，而其學固非俗儒記誦辭章之習，不知尊德性也。集註「非存心無以致知，而存心又不可不致知」，其説甚明。鵝湖義利之辨，朱子稱之，象山兄弟晚年頗自悔其誤，故朱子寄之以詩，有「舊學商量，新知涵養」之語。姚江作晚年定論，顧謂朱子「悟前説之非」，至以爲「自誑誑人，罪不勝贖」。此姚江之過，寧化雷氏鋐嘗著論辨之。乃近世談漢學者，又指斥朱子大學集註「虚靈不昧」句爲禪學，不知下文明云「具衆理而應萬事」，此豈禪學乎？謂釋格物章「一旦豁然貫通」句爲禪學，殊不知上文明云「窮致事物之理，表裏精粗無不到，以求至乎其極」，此豈禪學乎？休寧戴震謂「朱子之學多本釋、老，『復其初』三字出於蒙莊，『渾然』二字見於内典」。如此之類，不一而足。然則孔子言「無爲而治」，不近於老子無爲自治之説乎？「予欲無言」，不近於釋氏掃除語言文字之説乎？昔之攻朱子者，借陸學以攻朱子；今之攻朱子者，又借漢學以攻朱子，要皆朱子所不與也。

與倪醒吾元坦書

前在雲間，未得晤言，徒殷馳企。承示尊刻一曲集輯略及上學使書，論心性之學，似欲合程、朱、陸、王爲一。愚謂程、朱固孔、孟真傳，陸、王亦聖賢一路人，而學術則不能無别。蓋朱子揭居敬窮理、躬行實踐之旨以教人，其便殿奏劄且以窮理告其君。理具於心，心至虚而萬事萬物之理畢具，故曰「萬物皆備於我」。特猶是心而不能無人欲之私以雜之，遂有人心道心之分。是非加存養省察之功，不克去私欲而存天理，故孟子曰「養心莫善於寡欲」，曰「存其心，養其性」，曰「苟得其養，無物不長；苟失其養，無物不消」。又引孔子之言，曰「操則存，舍則亡」，而要之以「求放心」。若謂性即理也，語大直捷，不能無弊。朱子有觀心説,於危微精一、操存舍亡之理,辨之最析,而謂「釋氏以心求心,以心使心,如以口齕口,以目視目」。後儒言陸、王之學者,殆不免此病。方今士大夫沈溺於名利之場,人欲衝決,天理絶滅,正坐日誦聖賢之書,不知居敬窮理、躬行實踐耳。有世教之責者,且先詔以禮義廉恥孝弟忠信,切實爲下學工夫,而無暇高談心性。竊謂其要尤在乎知恥。孔子曰:「行己有恥。」孟子曰:「人不可以無恥。」今人廉隅不立,幾於無有恥心,此可爲世道人心之懼也。姚江事功無可訾議,而學術分途自與朱子有別。至後人以陸子靜爲尊德性,朱子爲道問學,黄梨洲已闢其説,不足深辨。二曲友於顧亭林,亭林謂「明之亡,亡於心學」,言殊過當。而當時已有謂「二曲行高而學未純」者,僅少壯時磊落尚氣,負經世之志,與時多忤,白首歸田,於理學一無所解。因來書及之,敬貢其愚,不宣。

謝先生啟昆

謝啟昆字藴山,南康人。乾隆辛巳進士,改庶吉士,授編修。出爲鎮江、揚州、寧國知府,歷江南河庫道、浙江按察使、山西、浙江布政使,擢廣西巡撫。博聞强識,早以文學名。及外任,明決吏事,所持堅正。尤善於理財,時各行省多缺帑,調劑郡縣利病,立法以贏絀相補,所莅能完久虧之額。在廣西,治民撫猺,築湘、灕之隄以爲民利,民戴之。嘉慶七年卒,年六十六,祀名宦祠。著有西魏書、小學考、樹經堂集、廣西通志。參惜抱撰墓志。

西魏書敍録

魏孝武帝爲其臣高歡逼幸關西，歡猶不敢遽即尊位，故立清河王世子善見爲抗制關中之具，陰遂其簒弑之謀耳。魏收黨齊毀魏，削孝武謚，名西魏帝，尊卑序失，過莫甚焉。魏澹後魏書崇文總目稱其「正魏收魏書、平繪中興書之失」。隋經籍志作一百卷，新、舊唐書志俱作一百七卷。北史本傳作九十二卷，蓋合十二帝紀、七十八列傳、史論及例、目録一篇爲九十二篇，一篇爲一卷也。以西魏爲正，東魏爲僞，名始正焉，惜其書亡佚。收書太宗紀闕，陳振孫謂「補以澹書」。崇文總目稱「澹書亡闕，今繼紀一卷存」。按澹書本紀，太平御覽中引之。而收之穢史獨存，是以西魏之典故人物闕焉無徵，用是慨然搜集舊聞，述西魏書，竊附彦深之志。

元魏稱後魏，對曹魏言也。永熙三年，善見僭大號於鄴，魏於是有東西之分。温公通鑑稱善見爲東魏，紀西魏則曰魏，朱文公綱目義同。蓋以正統予之，不使與東魏對稱也。第魏澹、張大素、裴安時、盧彦卿及丘悦、元行沖諸書皆佚，收書天象志闕，陳振孫謂「以張大素天文志補之」。崇文總目云：「大素魏書凡百篇，惟天文志二卷存。」魏之全史既無從補正，今所紀只四帝二十餘年之事，稱後魏書則慮與全史混，故題曰西魏書，以著其實。

孝武遷關中即崩，然爲西魏始遷之君，故本紀始孝武。收書本紀書曰「出帝」，不著孝武之號，乖謬特甚。隋常醜奴墓志又稱「明帝」，考魏謚「明」者惟明元、孝明二帝，孝武無「明」謚，疑書志者誤也。

紀爲志、傳綱領，義貴謹嚴，然大事必書者，如永熙時大成樂成，大統間頒中興永式，廢帝末作九命之典，恭帝初立蕭詧爲附庸，復三十六國九十九姓等事，北史皆失載，殊失重輕，今竝補入。至廢帝時改天下州郡名載地域考，紀則不書，猶唐改郡爲州及分天下爲十道見地理志而不書於紀也。周文承制，封拜進退，百官悉由周室矣。今將相大臣之除罷詳書於紀者，所以絀僭踰之權，而明威福自天子出也。

西魏二十餘年，日尋干戈，其勝負無關興喪者，紀不書，以其事見於大事表。北史文帝紀書沙苑之捷，而不書邙山之敗，義無可諱，今補録之。又西魏臣叛降梁，與東魏臣來降者，皆州郡得失所繫，竝特書於紀。

日食星變等異具見於紀象考者，紀則不書。孝武紀書熒惑入斗，衆星北流者，此天變之大，西魏之所由始也。前史紀、志竝書，雖一載其事，一載事應，義微有别，然其事應率多悠繆附會之説，實爲無取。宋史不書事應，例甚可法，惜其紀、志雷同，尤爲無謂矣。

四夷朝貢，前史書之本紀編年之末，其有不庭之討者，載之列傳。今竝詳異域表。以西魏時事迹甚少，不足立傳。紀亦不書者，省複文也。

萬氏史表中，西魏將相大臣年表鉤稽史傳最爲有功，第以周書、北史中列傳核之，不免尚有闕漏。且表至侍中、領軍、將軍止，體固應爾。其於效節關中諸臣，自未能一一畢載。故今仿史記功臣侯表爲封爵表，差爲晐備。其不爲世表而爲年表者，以始封之人即多身仕異朝，固不能下合周、隋而譜其承襲者矣。

西魏歷年未久，而典制頗爲明備，今參稽往籍，循流討原，宇文之制，悉本西魏。如六官創自大統，成於恭帝。通典乃以六官爲周制之類。勒成四考。一朝制作，雖不得其全文，而鉅目宏綱，略可觀覽。

魏武、晉宣、景、文、周文、齊神武雖殁膺帝號，而生則人臣，求之史義，魏武應入漢傳，晉宣、景、文應入魏傳，周文、齊神武應入後魏傳，然魏志不載司馬，北魏書不載高歡，及周、隋書不載李虎、李昞，皆爲本朝諱耳。若范蔚宗作後漢書，知收魏志之荀彧諸人，而不立曹操傳，李延壽作北史，尊周文、齊神武爲本紀，而魏史不立宇文泰、高歡二傳，斯爲無識矣。獨周書列傳載隋武元，深得史法。故今傳西魏諸臣，以宇文泰爲首也。至清河王世子善見，孝武臣也；梁王蕭詧，魏附庸也，故竝立傳。魏收則加晉、宋、齊、梁以僭、僞、島、夷之目，此與小兒之怒駡無異，亦何取乎！

兩朝興喪之交，編纂列傳，貴有限斷。如陳之袁憲、江總、姚察之屬俱已仕隋，姚思廉載入陳書；漢之董卓、陶謙、二袁、劉表、呂布、臧洪、公孫瓚豈曾臣魏，即荀彧事曹而終非曹臣，陳壽載入魏志，此皆違戾史裁者也。考周書所載斛斯椿、王盟、賀拔勝等，乃卒於周孝閔受禪之先者，其爲魏臣明矣，雖蘇綽輩效節周文，然周文身以魏臣終事周文者反爲魏臣乎？北史取周書之賀拔勝〔一〕、念賢入之魏傳，義誠允矣。餘則因周書之誤而不改，是其失均也。故今作列傳，以孝武入關爲始，而以宇文受禪爲斷。

〔一〕「勝」，原作「聖」，據北史、周書改。

西魏臣仕周、隋者，若于謹、尉遲迥諸人，雖功名顯於魏，義不得立傳，然封爵、大事、異域三表載其爵秩勳紀，是亦可以互見，不嫌闕略矣。若夫名位淺薄，至周、隋而始著者，自與西魏無與焉，可欲封其部帙，而濫入表、傳邪？

史記立循吏、儒林等傳，後之爲史者，名益滋多。今仿三國志例，人以類從而已，賢否自見。

紀、傳有論、贊，必如劉知幾所謂「事無重出，省文可知」者，方合左氏「君子曰」之旨。若依附本篇，漫爲論、贊，再述雷同，銘頌重敍，唯覺繁文，誠不免爲魏澹所譏矣。是書一以澹書爲法。澹書義例見本傳。

凡列傳必有他事足補正書之闕，及有足法戒者，始爲論以著之，餘則否。

史家摭採羣書，若司馬之取裁於世本、國語、戰國策、楚漢春秋，班氏之本史記及新序、說苑、七略之類，皆馴雅而可徵信。魏、晉以降，國史多諱，稗乘多誣，取之不慎，蕪穢貽譏。故嘗謂「後世作史者，必義例尤嚴於古。苟人與事無關勸懲者，削之可也」。今作是書，於一人之微，一事之細，亦所珍惜採録，而不忍遺者，以千餘年文獻放失之後，考古爲難。義各有取，非必以果核蘂滓爲貴也。

李延壽作南、北史，編次八代之書，竝雜史千餘卷，其於舊文所安，因而不改，不敢苟以下愚自申管見，誠通人之論。蓋史家之體，不以沿襲爲嫌，子長、孟堅具有往例。第南、北各自爲書，歧異牴牾處自多，延壽一手連綴，頗乏折衷，僅事鈔録，是所短耳。今參校史文，苟事無可增，義無可正者，即無所改易，亦李氏之義也。

小學考序

古者書必同文，政先正名。小學爲經藝、王政之本，故自幼習書計，至於成人授經，三年而通一藝，三十而五經立。爾雅出周、孔之徒，以正名物。三倉、急就迭興，而汝南許君集其大成。孫叔然，受業北海鄭君門人，始作翻切，學者務極其能，於是音訓之書備焉。蓋小學本附羣經，漢之七略、藝文，梁、隋之七録、經籍皆然。秀水朱氏譔經義考，有功經學甚鉅，但止詳爾雅，餘並闕如。吾師翁學士覃溪先生作補正，又欲廣小學一門，時爲予言之。余惟國家稽古右文，廣收載籍，彙爲四庫全書，羣經之後，次以小學，敕譔諸書即謹載焉，郁乎盛矣。乾隆乙卯，啟昆官浙江按察使，得觀文瀾閣中祕之書，經始採輯爲小學考。後復由山西布政使移任浙江，從政之暇，更理前業，成書五十卷，卷首恭録敕譔；次訓詁，則續經義考爾雅類，而推廣於方言、通俗文之屬也；次文字，則史篇、説文之屬也；次聲韻，則聲類、韻集之屬也；次音義，則訓讀經史百氏之書。訓詁、文字、聲韻者，體也；音義者，用也，體用具而後小學全焉。大戴禮記魯君「欲學小辨，以觀于政」。孔子曰：「爾雅以觀于古，足以辨言。」是小學通於爲政，經術致用之儒必有取爾矣。助爲輯録者，桐城胡徵君虔及海寧陳鱣。鱣，余所舉士也。時嘉慶戊午夏季，越五年壬戌，重加釐定，乃付板削焉。

吴先生定

吴定字殿麟，號澹泉，歙縣人。諸生。少時事親謹，三年之喪如禮。自朞功及師友喪，飲食起居必變於常。家貧，廉正有守。嘉慶初，舉孝廉方正，賜六品服，時謂不愧其名。初學文於劉海峯，與惜抱交最久。論詩文嚴於法，惜抱每爲文示之，意有所不可，必盡言，惜抱輒竄易數四，必得當乃止。晚年歸歙，不復出，專力經學。歙中學者言經，自江慎修、戴東原輩，大抵所論主考證事物訓詁。先生銳意深求義理，註易、中庸各一編。又有周易集注十卷、紫石泉山房文集十二卷、詩集六卷。卒年六十六。

參惜抱撰傳、史傳。

周易集註自序

昔之聖人，欲明道以寡烝民之過，質言之則不克周萬情以濟民用也，易由是興焉。易之初，象而已。辭明象，象明意也。意者何？道也，故曰：「聖人立象以盡意。」漢之傳易者，玩象而爲之註，當矣。然而其失也，或嫌於鑿，或病於膚，或涉於雷同，或傷於破碎，其故何哉？蓋索象而遺意，則雖天地、雷風、水火、山澤肆所鋪陳，而於聖人立卦生爻之原，究茫乎如在闇室焉。毋怪乎終日言象，而去道愈遥也。魏、晉以降，又苦象之煩而埽之，而索聖人之意於冥冥太空之境，是猶不網罟而佃魚也，抑又難矣。

以故二千年來，釋易之書不啻千百，而易道卒明而不明，可勝悼哉！定生也晚，自羞駑鈍，又乏師資，少嘗泛濫於六經、諸史、百家，年三十八，始慨然畢志殫精於易，玩辭以尋象，緣象以窮意。象以生爻，而或歧而二之；爻有主有從，而或歧而六之，則脈絡爲之隔塞，意無由通貫矣。文、周之繫彖、繫爻、繫義，象也；孔子之傳彖、傳爻，傳文、周之辭也。歧四聖之易而三之，亦烏知經傳同條，而因以得卦爻之意所託乎？始定之學易也，有一言一義之盲於心，每捐寢食求之，不可得則筮之，必意與聖通而後慊。苟意明則道明矣。吾聞怯者積學生勇，闇者積思生明，如是者久之，恍然悟六爻猶一爻焉，六十四卦猶一卦焉，乃嘆夫子所贊「易簡」者，其在斯乎！不自量度，懼易道之湮，輒敢排纂衆論而棄取之，筆諸書以貽諸二三子。若曰此古人之遺訓云耳，然其間私見臆説獲罪古人者蓋幾半焉。嗚呼！漢、魏諸儒無論矣。以宋賢之明慧，其所箋傳義，昭然爭日月之光矣，然學者猶或疑之。矧蒙陋如定者，乃欲集衆賢之美，成一家之書，不亦妄哉！後之君子，肯匡小子之謬戾，而有以教之，是則定今日之志也夫。

大學集疑自序

大學之爲書，蓋燦然成一人之經而無傳也。自程子、朱子迭爲之更定，而古經之次第淆焉。我朝聖教昌隆，李文貞公有大學古本説之作，其見偉矣。且其言曰「知本、誠意兩義，不宜斷亂之，以混於衆目之中」，尤篤論也。何則？經云格物致知者，即「知止」與「知所先後」之知而益致之也，不泛役其神以窮天下紛賾之理，而獨於物之本末歷歷格之，則其朝夕所勤討者，罔非内己外人切要之用，故窮理盡性以至於命者，成德之事也；格物致知者，入道之方也。聖教鬱湮，而後儒耗畢生之日力以求知者，蓋自其學之初而已皆失矣。夫學兼本末，而知本則知已至者何也？本統末也。今樹大木於此，未有本根潰爛而枝葉不凋零者。古之人首辨乎此，所以身淑民從，而權謀術數之學皆廢。知本之義，顧不大乎！雖然，不可不貫之以誠也。大學析言之，曰誠意，曰正心，曰修身；中庸統言之曰「誠身」，一也。吾懷不誠之意以修吾身，雖家人之戚，有私議之而梗吾化者矣，矧欲推而廣之於國與天下乎？後之賢君，挺然特興於聖徂道喪之日，亦能粉飾仁義，號稱太平，而治化不能如三代之懿美者，不本於誠意也。大學既揭修身爲本，而以「知本」盡知至之義矣，復舉明新統於誠意發之，而皆不以厠於衆目。學者特陳古經三復焉，則其意味彌長，條理彌密，而亦無缺文之待補矣。至若朱子之爲大學章句也，革向來之陋説而精釋之，古昔聖賢誘迪後人之微意昭然如揭，海隅之日而行中天矣。而文貞之註，又足補其闕略而加密焉。後生膚學，猶欲增益之，不亦謬乎！顧數百年來，異同之説迭興，雖朱子之微文奥義，定求之而未融於心者有之矣。夫以吾徒之踐履，不克步趨前哲百千之一，乃欲自是其謬，而私立一言，固朱子之罪人也。然至不敢妄獻一疑，使作經者之意或有時鬱焉，尤朱子之罪人也。回惶二十年，乃爲大學集疑一書，志在恪從朱子，而竊附他説以參訂之。深慚謬戾，負罪先賢，然區區微賤之忱，則固可與朱子在天之靈遥質也。

中庸集疑自序

文貞又嘗著中庸章段一書，其言曰：「中庸之旨，朱子推本於唐、虞之相傳者至矣。湯誥曰：『維皇上帝，降衷于下民，若有恒性。』衷者中也，恒者常也。周詩曰：『天生烝民，有物有則。民之秉彝，好是懿德。』則亦中也，彝亦常也。因性之中也、常也，故率性之道由之，而中庸名焉。」觀此言，而中庸之源流益昭晰矣。顧子思子之作中庸者，何也？蓋當是時，索隱行怪之徒，自眩其學之反乎中庸者，著爲之書，以惑世士，豔其説之高奇而競趨之，而中庸之道將遂晦盲而不明於天下，此書所以不得不作也。今取其書讀之，言道而爲之溯原，曰性，曰命，曰天，密其功於不可須臾之離，而極其化於中和、位育以參天地，若是乎至高至奇而不可卑之爲「中庸」矣。然而天命之性之可見者非他，喜怒哀樂之節是也。節即道之中焉者也。視聽言動由喜怒哀樂而生也，仁義禮智由喜怒哀樂而盡也，禮樂刑政由喜怒哀樂而興也。其大者，施四者於君臣、父子、夫婦、兄弟、朋友之間，使悲愉戚欣無豪髮之違其則而已；又其大者，順親而已，故曰「中庸」也。世儒疑中庸之教義奥而辭幽，不知中庸之明善即大學之格物致知也，中庸之誠身即大學之誠意、正心、修身也。雖其功之密至於不動不言，而敬信不顯而篤恭；若於未發之喜怒哀樂倍嚴焉，而不必關涉乎倫紀之應接矣，然誠敬未有不極之乎此，而可以稱人倫之至者也。「相在爾室，不愧屋漏」，故孝弟通於神明。此其道惟參天地之聖盡之，而愚不屑亦可黽勉師其意以厚彝倫焉，故曰「中庸」也。自中庸既作，然後隱怪之説不廢而亡。延至漢、晉，佛、老迭爲性命之宗，而中庸之道卒以不泯者，子思之力也。顧向來注疏之家莫窺其奥，宋程子始有所闡發，而未筆之書。及朱子爲之章句，然後作經者之旨大明於世，功烈到今。然則子思之教得以不泯者，又朱子之力也。我朝文貞集元、明諸子之成，此書及大學之註皆足以翊贊朱子而惠示來學。定之爲中庸集疑也，猶大學集疑之志也，而定彌懼矣。

文集

昭穆廟制攷

春官小宗伯「辨廟祧之昭穆」，注：「自始祖之後，父曰昭，子曰穆。」顧父昭子穆者，子繼父也。設兄終弟及，則兄弟亦分昭穆。朱子嘗爲周室世次廟圖，宣王之世則以穆、懿、夷爲昭，共、孝、厲爲穆，不主繫世尊卑之常，而主繼統後先之變，其用意精矣。蓋天子諸侯之别於大夫士者，非曰盡臣諸父、昆弟可臣之，亦可子之也。天子之統，關乎天下諸侯之統，關乎一國，不可以吾父行子行相傳之私，而紊天下國家繼統之序，義甚嚴也。馬貴與不達斯義，反譏朱子之圖「有對偶偏枯祧遷紊亂之失」，謂「周以一孝王厠其間，而其六世祖昭王未當祧，而已在三昭三穆之外。前乎周者爲商，商自南庚至小乙皆祖丁子屬，是武丁之世未當祧而祧者且四世矣」。此其説非也。子孫之欲孝事其親，自天子至大夫士一也。然廟制以次殺者，屈於分也。七廟祀七世者，常也；七廟不克祀七世者，變也，而曰「祧遷紊亂」，過矣。近四明萬氏附和馬氏之言，定爲兄弟同廟異室之制，議禮者多宗之。其言曰：「父子昭穆異，兄弟昭穆同。叔繼兄子，亦必進居兄廟，始不至以兄子而子叔，以兄而孫弟。太祖而下，其爲父死子繼之常也，則一廟一主，三昭三穆而不得少；其爲兄弟相繼之變也，則同廟異室，亦三昭三穆而不得多。」其意蓋知祖宗之傳重，不知天下國家繼統之義尤重也。且夫兄弟異昭穆者，初不必叔而子之，弟而孫之也。昭穆之爲義，生於廟制南北位鄉，而子孫因之以定其世次焉，非謂昭必爲父，穆必爲子也。孝王者，共王之弟，懿王之叔行也，以繼懿王爲穆，未聞懿王子孝王也。夷王者，懿王之子，孝王之孫行也，以繼孝王爲昭，亦未聞孝王子夷王也。鄉先生金榜有言：「祭稱嗣王嗣侯，廟號先王先君，如此則天子諸侯之統明，而倫序之名亦正。雖七廟不皆七世，然以繼統之序言之，猶之七世也；以祖考相傳之次言之，猶之未七世也。」豈非妙經於權，俾公私交獲其安之道哉！今必曰「同廟異室」，則商兄弟五人繼位，是號爲七廟，而已十一廟矣，所謂「三昭三穆不見多」者安在也？夫七廟不克祀七世者，不及而不違其正也；七廟祀十一世者，過而失其正也。非祖非宗而皆莫之祧，先王之廟制毋乃大變亂乎？後之議昭穆廟制者，可以審所從矣。

為人後者後大宗説

傳曰：「爲人後者孰後？後大宗也。」何休云：「小宗無後當絶。」此定論也。難之者曰：「小宗子之繼父祖者，父爲之斬，而忍聽其絶乎？大夫之庶子爲適兄弟不降，而忍聽適長繼祖父者之絶乎？」嗟！是未達乎先王不輕以子後人之旨也。今夫恩之不可解者，父母也，易父母而伯叔焉，易伯叔而父母焉，君子以爲，此人道之大變也。孝子處此，必有隱忍負痛終其身者。先王雖憫小宗子之絶，然絶之者，天也。而今顧令後小宗者，日抱其離棄父母之傷，則先王亦爲之戚焉，而不欲强矣。大宗則後之者何？傳曰：「大宗者，收族者也，不可以絶。」蓋自其先世繼别子以來，世奉宗廟之靈，族人賴焉，如魚鱉之依大水深淵也久矣。今無後而遂絶之，非所以尊祖也，非酬德大宗以固宗盟也，非慰答諸父昆弟之道也。酌輕重之宜而權起焉，先王曰：「是可對夫爲人後者矣。」且孔子曰：「宗子爲殤而死，庶子弗爲後也。」何則？義處於無可通。雖大宗亦以其倫代之，況小宗乎？或者曰：「代之而不後之，别子之爲祖者，毋乃不血食與？」應之曰：「不必後之而祀之，此先王未言之禮也。傳曰：『適子不得後大宗。』又曰：『何如而可爲人後？支子可也。』先儒謂『以次適；無次適，則以妾子；又無，則以長適俟其生子還爲所生後。』夫長適可後人，則傳不可從矣。如果俟其生爲所生後，天下豈有無父之子乎？吾謂大宗無後，後以昆弟之支子；昆弟無支子，則後從昆弟之支子；又無，則由族昆弟廣推之，奚必適長乎？」或者曰：「設别子傳未及五世而大宗絶；或雖過五世而世世孤傳；或一二昆弟相間以傳而大宗絶，小宗惟適子，無支子，將奈之何？」曰：「大宗未及五世而絶，雖有大宗之名，而其功猶之小宗也。無支子，則以其倫代之而已。若傳之已久而大宗絶，後以適子則絶小宗，不後則絶大宗，準以『宗子殤死，庶子弗後』之例，意者亦代之以其倫乎？嗟乎！權者，禮之精焉者也。如母因立孤而嫁，則不絶其服，仁也。大宗之祀不斬，義也。非大宗而議後，是不忍無子，而忍無父母也。不忍於人之父母，而忍於己之父母也，豈非人道之大變也哉！」

示諸生書

道學之名，不見於經。自宋史刱立道學之傳，以尊濂、洛、關、閩諸賢，一時從其游者，罔非沐仁浴義，闇然爲心性之謀，何其盛也。時代日遷，陵夷至於有明之季，高、顧講學東林，士慕其道學之名而依附之者，未免僞君子厠其間矣。非若宋世僞學之禁之誣罔諸賢也。夫行而僞焉，俗之所以不古也；然行而僞焉，俗猶未盡不古也。何則？天下尚知道學之可貴而崇奉之，故羣喜其名而思竊之也。至於怵然以道學爲戒，而相與訕之，笑之，擠排之，則風俗乃頹然不可收拾矣！夫教化之權未嘗不振於上，而草澤之下無復有人焉。宣上德意，明其道以倡率斯民，故俗之敝如此也。是則昔之君子慮其以好名而託之，今之君子虞其以被謗而去之。吁，可畏哉！齊丘子曰：「澗松所以能淩霜者，藏正氣也；美玉所以犯火者，畜至精也。」士生於今，苟非毅然秉不懼不愠之操，吾知破方而就圓，毁直而爲曲，以求免於今之世者，相環矣。非志願使然，蓋有所不獲已也。然則不居道學之名，而卓然蹈道學之實，寧非今世豪傑之士哉！

魯先生九皋

魯九皋原名仕驥，字絜非，江西新城人。乾隆辛卯進士，通籍後歸侍祖母及父，凡十餘年終養，始謁選山西夏縣知縣。縣當驛道，值西藏用兵，民困於供役。先生自持廉，減其役之得已者，禁吏胥侵蠹，民便之而樂爲役。其見民，煦煦告以義理，不作威厲，民聽其教，縣號爲治。在縣兩年，乾隆五十九年卒，年六十三。先生敦行誼，謹於規矩。初受古文法於建寧朱梅崖，而自傳以己之所得，持論中正。授其學於子弟及鄉之雋才。謁惜抱於江寧，使其甥陳用光師事焉。新城古文之學日盛，自先生開之。所著曰山木居士集。參惜抱撰墓志。

文集

四書通義後序

嘗讀太史公書，謂「自古著書者，大抵有所發憤而作也」。嗚呼！豈非然哉。昔吾家西麓公生於明之季世，以天啟壬戌選貢，歷任至福建海防同知。當是時，天下已亂，所在盜賊蠭起，公所歷不出佐貳之職，至則謹斥堠，繕城守，招集流亡，倉皇補苴而已。又多與上官忤，既知事不可爲，遂棄官歸。公歸踰年而明亡矣。公之在官，憤當時内外任事者皆不得其職，著聞見録一書，每稽一職，必由歷朝上溯之周官六典，而折以本朝太祖之法度，以明稱是職者之不易。而當時冒居其任者之非其人，朝廷亦視爲故事，而若不知有祖制也。一篇之中，反復致意焉。及歸，又謂「國家以經義取士，原欲得通經學古之士而用之」，而憤當時習斯事者失制科本意，因著四書通義一書，鉤稽史傳，旁推交通而爲之説。雖其義與儒先異，而意在反末季空疏無用之學，歸諸實用，其志深可悲也。蓋自經史分門，宋真文忠公著大學衍義，以史證經，而明丘文莊公爲衍義補，王道思氏嘗謂「二書所取，純駁不可同論，而歸於進御以資勸戒，俾有補治道，其拳拳忠君愛國之心一也」。公生當末世，居下位，不得致身人主之側，陳説大義於經筵，發憤爲此，不欲使昔聖昔賢垂世立教之旨，爲後人口耳講説、攫取榮利之資，敗壞人才，無以爲國家用。雖其爲書之體，固有異於二公之所爲者，而其心，亦何以異於二公拳拳忠愛之心乎？公此書成，又綴數語於端，曰：「吾之爲此，蓋憤士無實學，壞天下國家事，負昔聖昔賢立教之心，欲讀者知四子書固非空言無實用者耳。後世子孫當謹藏之，以俟知者。」嗚呼！公既負其學不見施設，及歸，又以逸民終伏幽隱隩，不得有道而能文者表揚於世，其行世論説不見諸史氏，聲光闇没，遲之又久，雖吾子孫後起者，恐不能名公爲何如人也。幸有其書之存，小子竊不自量，欲暴白公之心迹，章施無極，勉爲此序，庶幾後世讀公之書者，既有以知公著書之心，而考諸小子之文，亦可以得其爲人之大概焉。公所爲聞見録，其裔孫某爲福建縣令時已刻以行世，名曰仕學全書。今又刻公此書，板並藏之家。公諱論，字孔壁，姓魯氏，江西新城人。晚年隱居邑西西靈峯之麓，自號西麓釣叟。公有弟，諱訓，字述之，初爲諸生，既而與公偕隱，自號西溪。仕驥，西溪之裔也。

吴先生德旋

吴德旋字仲倫，宜興人。諸生。耑力治古文，與同郡惲子居、張臯文相砥鏃。游京師，名益著。後謁惜抱，論文大契，相接在師友之間。永福呂月滄官於浙，數貽書論文訂交，先生盡以得諸惜抱者語之。於唐以後，至清代同時諸人所作，評騭其高下，有味其言之也。所著有聞見録、續録各十卷，初月樓文鈔十卷、續鈔八卷、詩鈔四卷。弟子程德賚字子香，婺源人，傳其學，早卒。參史傳、初月樓文鈔。

文鈔

讀荀子

孟子曰人之性善，荀子曰人之性惡。曰人之性善者，從其上者而言之也；曰人之性惡者，從其下者而言之也。其所從言之雖異，其所以救世之心一也。孟子曰「人皆可以爲堯、舜」，其意主乎勸，勸故人樂於從。荀子曰「堯、舜僞也，桀、紂性也，學則爲堯、舜，不學則爲桀、紂矣」，其意主乎戒，戒故人知所懼。周之末，異端竝興，刑名、法術、縱横家言盈天下。荀子明王道，述孔氏，與孟子同，而後之儒者亶以其「性惡」之一言擯之，使不得爲聖人之徒，亦不諒其心矣。然則「性惡」之説，將不得爲荀子過與？曰：「否。荀子之言過也。君子原其情，故不以其過過之也。且非聖人而言無過者，吾未之見也。」

讀蘇洵春秋論

洵之論春秋也，其詞則美矣，其論則未篤也。魯，諸侯之國也，而曰「以天子之權與之」，是與其僭也。子曰：「魯之郊禘，非禮也，周公其衰矣。」魯之僭，不以周公之後寬之也。然則賞罰之權將無所寄乎？曰：賞罰者，天子之事；褒貶者，史官之權也。天下有道，天子之賞罰行於列國，史之職記言記動而已，無所事於褒貶也。天下無道，天子失其權，即史得以褒貶代賞罰。周室東遷，王者之賞罰不行，而史官復不能舉其職，泯泯棼棼餘二百年。夫子興於魯而次春秋，益損其辭，以制義法，使王者賞罰之理復明於世，賊臣簒子有所忌而不得逞，故曰：「知我者其惟春秋乎！罪我者其惟春秋乎！」言身非史官，乃取其職而任之也。後儒以爲假南面之權者，既失其旨，而復有爲黜周王魯之說，其益未達於理歟！

與張皋文論文質第一書

昨過足下，讀所著文質論一首，議論筆力與明允相上下。矯矯乎！振時之傑也。雖然，僕竊有疑焉。忠信之謂質，而簡略非質；禮樂之謂文，而度靡非文。文與質必相爲用，然後可以同民心而出治道。商尚質，周尚文，「尚」之云者，猶言意之所貴焉耳，非謂文質有偏重也。子曰：「質勝文則野，文勝質則史，文質彬彬，然後君子。」使商之質勝於其文，周之文勝於其質，何以見聖人治天下之大用哉！故夫文質有偏重者，皆其叔季之世之爲之也。周末文勝，時人求禮樂於玉帛鐘鼓，而不知探其本，故夫子曰：「如用之，則吾從先進。」夫以先進視後進，則後進爲文，先進爲質矣。而其實夫子所稱先進，乃文質彬彬之君子也。此可以明尚質尚文之說也。子曰：「民可使由之，不可使知之。」此之謂也。三代之後，禮樂不興，教化不行，其病在於未始有文。逮至老、佛之徒出，去其君臣，棄其父子，以求所謂清淨寂滅者。天下之人，樂其説之誕而從之，則并不知有質矣。足下徒知老、佛之以其術愚民，而民之樂爲從也，曰「此足以見民之惡文而欲反之質也」，其信然與？其不然與？足下之言，雖未盡軌于理，而文自卓卓可傳。如曰「吾之文將以明道也，有一言焉不衷於道，則文寧不傳」，則非僕之所敢知也。足下之才與學，僕所望而不及者，抑心所謂疑，不敢不告也。書此以問足下，并質之子居，其必有以教我。幸賜裁答，不宣。德旋頓首。

與張皋文論文質第二書

皋文足下：僕見足下前所著文質論，詞旨深遠，猝難以明，輒敢疏其所疑，以相質，欲因以暢引足下未發之旨。蒙賜答書，所以教僕者甚詳。而至僕學淺識卑，即欲有言以益足下，譬猶挹勺水而注之河，其不足當有無之數也明矣。懷不能已，復有所陳，伏賜覽觀焉。足下之論，大旨以爲「禮樂者道之器，文質者禮樂之情，範其過中不及而一於道，所以教士視其將入者而防之，視其既敝者而矯之，所以爲民，故其勢不得不偏重」。夫聖人之教人也，以身先之，故不令而行，未有歧教士與民而二之也。如歧教士與民而二之，吾不知聖人之所以自爲者奚若也。從其教士者耶？則是未嘗偏重也。從其爲民者耶？則是聖人乃自處於過中與不及也，而豈其然哉！又曰「偏重而既至其平，則聖人又將有變焉。不幸而無聖人，則其重遂日積而不可止」。此又僕之所大惑者也。夫既至於平，是一於道，一於道，是胥天下而爲文質彬彬之君子矣。謂非聖人之所大願乎哉？曷爲乎又將有變焉也？在足下之意，固以爲視其將入者而防之也。然試思商、周得天下之初，其時文質果已至於平，而聖人從而變之與？抑不免於偏重之爲之患者與？僕云「忠信之謂質，禮樂之謂文」，而足下非之。在僕則固自有説。子曰「繪事後素」，子夏曰：「禮後乎？」子曰：「起予者，商也。」傳曰：「忠信之人，可以學禮。」孟子以事親從兄爲仁義之實，而言禮樂，則曰「節文斯二者」，「樂斯二者」。僕之爲此言，未嘗盭於孔、孟之旨也。先進之於禮樂，以忠信爲主，而禮樂輔之以行，故文質得其中。後進之於禮樂，則徒襲其虚文，而無有忠信以爲之主，故不可從也。足下又何疑於先進、後進之於文質哉！且尚文、尚質云者，聖王當日不過流示之意焉者耳，豈嘗囂然自號於人，曰我尚文乎？尚質乎？夏、商之政，其詳不可得而考矣。至於周，則周禮、儀禮其書具在也。子曰：「周監於二代，郁郁乎文哉！吾從周。」又曰：「質勝文則野，文勝質則史。」夫以夫子之聖而曰「從周」，則非從其勝質之文可知也。吾以是知非周之偏於文也。周非偏於文，吾又以知商之非偏於質也。蓋質者，百世不可變。若夫文，則因其時以斟酌損益之，而使之稱於質，斯已矣。足下無泥於一質一文之説也。君子之立論也，定一意焉以爲之主，雖百變而不離其宗，而要之在使人可信。足下之意，大要以周之衰，民敝於文，自周以來，天下之勢未嘗一日不欲反於質，特無聖人以善其後，故使異端得以乘其隙。夫老、佛之道，矯於文而喪其質者也。矯於文而喪其質者之足以爲天下害也如是，而足下猶云「矯枉者必過其直」，毋乃强焉以口給禦人，而自忘其説之頗乎？足下云：「吾之所謂反質者，固將從興禮樂始。」由足下之論言之，如此則甚似而幾矣。然反質云者，對民之敝於文而言也。後世之民，既相與自去其文，尚何反之足云乎？且夫君臣父子固不可即以爲質，而舍君臣父子則又别無所以爲質。質之不存，文將焉附也？質先而文後，此自古聖人不易之定説也。佛、老去君臣，棄父子，尚得謂存其質者耶？吾之以民之從佛、老爲不知有質者，其説如此，而曷嘗與禮樂爲文質耶？僕於道茫乎未有得者，足下望僕講求其非以趨所是，僕故不敢自退。伏願詳察而審思之，務使合於孔子之道，幸甚！不宣。德旋頓首。

惜抱私淑

吕先生璜

吕璜字禮北，號月滄，永福人。嘉慶辛未進士，歷官浙江慶元、奉化、山陰、錢塘知縣，以廉能稱。升杭州府西塘海防同知，因會檢德清徐蔡氏屍骨不實罷職。道光十八年卒，年六十一。著有月滄文集八卷。先生自少好爲古文，官浙時，僚友有李海帆者，曾請業於惜抱，因以講求爲文之法。又間聞之於姚春木。及得見吴仲倫，貽書往復，備得惜抱之説。集仲倫所言爲古文緒論一編，歸田後，傳之交游，粤西學者遂多趨向桐城一派，以朱伯韓、龍翰臣、王定甫三家爲最著云。參月滄與吴仲倫書、曾國藩歐陽生文序、王先謙續古文辭類纂敘録。

朱先生琦

朱琦字濂甫，號伯韓，臨桂人。道光乙未進士，改庶吉士，授編修。累遷給事中。少慕其鄉大學士陳文恭宏謀之爲人，思以學術經世。在諫垣數疏陳大計，直聲震一時，與陳慶鏞、蘇廷魁有三諫官之目。回籍治團練，招降張家祥，保其無他，改名國樑，後爲名將。以勞議敍道員，從欽差大臣桂良等至江蘇，無所遇。浙江巡撫王有齡招往襄軍事。咸豐十一年，杭州陷，死之，贈太常寺卿。先生爲文，同時與梅伯言相上下。植體經訓，原本忠孝，常沛然有餘。著有怡志堂集，文六卷，詩八卷。參史傳。

文集

名實説

孰難辨？曰：名難辨。名者，士之所爭趨而易惑。天下有鄉曲之行，有大人之行，鄉曲、大人，其名也，考之以其行，而察其有用與否，其實也。世之稱者，曰謹厚，曰廉靜，曰退讓，三者，名之至美者也，而不知此鄉曲之行，非所謂大人者也。大人之職，在於經國家，安社稷，有剛毅大節爲人主畏憚，有深謀遠識爲天下長計，合則留，不合，以義去。身之便安，不暇計也；世之指摘，不敢逃也。今也不然，曰吾爲天下長計，則天下之釁必集於我；吾爲人主畏憚，則不能久於其位。不如謹厚、廉靜、退讓，此三者可以安坐無患，而其名又至美。夫無其患而可久於其位，又有天下美名，士何憚而不爭趨於此？故近世所號爲公卿之賢者，此三者爲多。當其峨冠襜褭，從容步趨於廟廊之間，上之人不疑，而非議不加，其深沈不可測也。一旦遇大利害，搶攘無措，鉗口撟舌而莫敢言，而所謂謹厚、廉静、退讓至則舉無可用，於是始思向之爲人主畏憚而有深謀遠識者，不可得矣。且謹厚、廉静、退讓三者非果無用也，亦各以時耳。古有負蓋世之功而思持其後，挾震主之威而唯恐不終，未嘗不斤斤於此。有非常之功與名，而斤斤於此，故可以蒙榮譽，鎮薄俗，保晚節。後世無其才而冒其位，安其樂而辟其患，假於名之至美，憪然自以爲足。是藏身之固，莫便於此三者，孔子之所謂鄙夫也，其究鄉原也，是張禹、胡廣、趙戒之類也。甚矣，其恥也！且吾聞大木有尺寸之朽而不棄，駿馬有奔踶之患而可馭。世之貪者、矯者、肆者，往往其才可用。今人貌爲不貪、不矯、不肆，而訖無用。其名是，其實非也，故曰難辨也。曰：「鄉曲無譏矣，然豈無草茅坐誦而憂天下其人者乎？而士之在高位者，伈伈睍睍曾鄉曲之不若，何也？」是故君子慎其名。鄉曲而有大人之行者榮，大人而爲鄉曲之行者辱。

續蘇明允諫論

蘇明允作諫論，疾士之不諫，欲制刑以劫之，而復商之墨刑，引霍光事爲證。余謂士不可以劫也，不如慎賞，慎賞莫如明示以意。先王之世，刑賞並設，然賞從重，刑從輕。待士以廉恥而不辱。以奴隸墨刑雖制於商，自虞、夏至周無用者，不可以霍光誅昌邑之臣之不諫者爲比。且天下之士，勇者、怯者至不一也。勇者常少，而怯者常多，勇能諫，怯不能諫，則天下之能諫少，而不能諫多。必如蘇氏之言，盡取怯者而刑之乎？則不可勝刑。設有諫者，能諫其十，而一之不諫焉，亦取而刑之乎？刑之則不恕，舍又非法。且大臣亦有怯者，刑不可加也。苛於小而縱其巨，不可謂公。如此，則刑之權易窮，故謂不如慎賞而明示以意。慎賞則不僭，怯者不得僥倖，而勇者奮。明示以意，則諫者知其斷然必出於賞，而怯亦勇焉。昔者百里奚事虞則默，事秦則智；子臧遜於越而彊威、宣；一叔孫通也，始則阿二世取容己，而事漢以死爭；太子王珪、孫伏伽、戴胄之屬，卷舌閉口於隋，亢言極論於唐，豈前後若兩人哉！蓋人臣不從其令而從其意，意之所向，天下奮袂抵掌而赴之矣。誠使今之進諫者，如齊威王之時，明詔廷臣曰：若者上賞，若者中賞，若者下賞。如此而有不諫者，吾不信也。又如漢孝文時，每朝郎官上書疏，未嘗不止輦受其言，言可采，未嘗不稱善，不可用，置之。如此而有不樂諫者，吾亦不信也。或曰：「諫，吾職也，非有所利也。好名，貞士且恥之，況利乎？」蘇氏亦言：「士有不悅賞、不畏刑者，示之以意；而猶不至，則奈何？」余謂不然。人情大抵相近，先王之制，爲中士設也。且人惟悅賞，故名義可得而誘。司馬温公諫院記謂「汲汲於名者，猶汲汲於利也」。夫汲汲於名，誠不可，而使人主疑諫者之好名，諫者亦以好名之嫌而自沮，此大不可也。孔子曰：「事君，大言入則望大利，小言入則望小利，故不以小言受大禄，大言受小禄。」世儒或疑其說，而記禮者以此正告天下而不諱，曰：如此則受，否則已。若權衡尺寸之不爽，非惟國之常典宜爾。蓋君臣相與之際，本自明白正大，而無所用其諱也。後世多忌而疑，其於賞也，有上下相蒙而弗及者。又其是非乖異，闇主亂明，乃至遷其刑於諫，遷其賞於不諫。而士亦矯語曰：「吾不悦賞，不畏刑。」此豈其情哉！自宋以後，持論愈高，用法日舛，雖欲如蘇氏復古之制，增設墨刑，彼既遷其刑於諫矣，誰與執不諫之刑乎？夫賞罰莫若近情，近情則可行。彼明允者，習於縱横之術，期於必售，激而爲儀、秦，以術奸其上者也；怵以猛虎，而限以淵谷，以術劫其下者也。上下以術而非其情，故士亦遂有不悦賞、不畏刑者。夫使天下而皆不悦賞，不畏刑，天下不可爲矣！

龍先生啟瑞

龍啟瑞字翰臣，號輯五，臨桂人。道光辛丑一甲一名進士，授修撰。大考，擢侍講，督湖北學政。著經籍舉要一書示學者，以學政之職有三要，一曰防弊，二曰厲實學，三曰正人心風俗。文檄告誡周詳。丁父憂，回籍。治團練，以守桂林功擢侍講學士，遷通政司副使，出爲江西布政使。咸豐八年，卒於官。先生切劘經義，尤講求音韻之學，著古韻通説二十卷。其論古韻寬嚴得失曰：「論古韻者，自顧氏以前失之疏，自段氏以後過於密，江氏酌中亦未嘗盡善。顧氏規模粗備，其考據精密，有不可磨滅者。段氏分之、脂、支三部，發前人所未發。餘所分者，求之古經，率多可據。雖分配入聲未極精審，不免千慮一失，然而分合周備，條理井然，可謂文而不煩，博而知要者已。後之陽湖張氏、高郵王氏、曲阜孔氏、歙江氏諸子之學，博足以經其蕃變，精足以定其指歸，皆由段氏精以求之，以極於無可復加之地。

則張氏之分二十一部，與王氏略同。其依據說文，折衷經韻，使人覩形可以得聲之誤，復審形可以定形之謁，而於通轉流變之間，尤能言之盡意。同時武進劉氏復有詩聲衍之作，覩其序論及標目部分，蓋亦竊取張氏之義而爲之者。其論入聲同部異用，及異部同用，較諸家尤爲明備。覺段氏之精於說文，猶未見及。張氏有言：『凡言古韻者，分之不嫌密，合之不嫌廣。惟分之密，其合之也脈絡分明，不至因一字而疑各韻可通，亦不至因各韻而疑一字之不可通。』啟瑞服膺是言，故今之集古韻也，意主於嚴；而其爲通說也，則較之顧氏而尚覺其寬。其分也，有所以可分之由；其合也，有所以得合之故，皆爲剖而明之。不敢拘前人之成說，不敢拘一己之私見，亦曰參之古書，以求其是，質之人心，而得其安而已。」其論本音，論通韻，論轉音，皆確有依據，而以論通說總之，故以名其全書焉。又有爾雅經注集證三卷、經德堂集十二卷。參史傳。

文集

春秋王不稱天辨

春秋王不稱天者三：莊元年冬，「王使榮叔來錫桓公命」。何氏云：「不言天王者，桓實行惡，而乃追錫之，尤悖天道，故云爾。」文五年春，「王使榮叔歸含，且賵」。何氏云：「去天者，含者臣子職，以至尊行至卑事，失尊之義也。」「三月，王使召伯來會葬」。何氏云：「去天者，不及事，刺比失喪禮也。」

古之言春秋者不一，其最善莫如孟子。孟子曰：「春秋，天子之事也。孔子曰：『知我者，其惟春秋乎！』」蓋天子所修者魯史，而所持者，周天子之權也。守天下者莫貴乎天子，正天下者莫重乎天子之權。唯周天子不能自持其權，故孔子即空文以寓賞罰而爲之代行事。是春秋之所以尊王者，以其名分存也。若其實，則非聖人之所得而議也。假聖人而得議周之事，則所僭者乃天之權，而曰「春秋，天子之事」者，不亦小哉！異哉！何休氏之以王不稱天爲刺譏是非之説也。夫王之號，自夏、商以來，未之或改也。彼所謂「天王」者，吾不知始於何時。毋以春秋時之人言如是，聖人亦沿而不改歟？如謂其爲刺譏也者，則桓之行惡，宜絶之於生前，何以十八年之内，書天王使人來者三，而獨一貶於生後之錫命耶？若成風之歸含賵與會葬，則前此「天王使宰咺來歸惠公、仲子之賵」者，抑又何説？若謂含爲臣子事，會葬爲不及時，是舍其大而責其細，不應當天王以重罰也。嘗考公羊成八年傳曰：「其稱天子何？元年春王正月，正也。其餘皆通矣。」繹公羊本意，蓋爲稱王者爲正，其餘或稱天子，或稱天王，皆可以類相通。何氏欲自直其前説，遂不深言所以相通之義，而贅之以刺譏是非之文。夫既曰刺譏是非，則所謂相通者何在？舍明明可據之傳，而倡爲異説，是欲專執己見，而不顧削足以適屨也，何其悖哉！夫因天下之無王，而託王以行法，已又黜削之，而自干夫無王之罪，斯固孔子所不敢爲，而孟子所不敢信也，其亦可以無辨已！

春秋君弑賊不討不書葬

此公、穀之説，信乎？曰：有可信者，有不可信者。其可信者，皆魯國之事也；其不可信者，皆他國之事。夷考魯之見於經者十二公，其三公者實弑，隱、桓、閔。内惟桓公見弑於他國。齊人殺彭生，以藉口彼襄公者，强敵諸侯，聖人獨寬。魯以討賊之義，所以原其迹而諒其心也。隱公、閔公之葬，在桓、僖即位之時，當時君臣必不肯以無禮待之。計國史之文，未有不書葬者，聖人獨削之以見義，其所以教天下萬世之爲臣子者至深且遠也。獨持此説以求他國之事則不然。蔡般之自立也，而景公書葬；許止之奔晉也，而悼公書葬。後儒求其説而不得，乃刱爲著臣子之極變與恕止之説以明之。雖然，有以知其非聖人之意也。春秋，魯史也，其責魯之臣子，必不與他國之臣子同。如公、穀之説，用之於魯可以見義，而獨不可例之他國。蓋經書他國之葬者，因魯人之往會也。魯人之往會者，必有魯君之命。如以責他國臣子之義例之，是魯之棄國君之命者爲無説矣。然則他國君弑恒不書葬者何也？善乎，郝氏之言曰：「國亂君弑，葬者多不如禮，鄰國亦不往會，故不書也。」郝氏以此説概魯與他國之事，吾則謂公、穀之説可以責魯，而他國之事則如郝氏焉。惟其然，而蔡、許二君之書葬者，又何疑乎！

論外臣書歸書入例

春秋外臣之書入者四，惟許叔入於許，善其有興復之美。其他如鄭良霄、宋公之弟辰及仲佗、石彄、公子地、欒大心，大抵皆叛臣。書歸者六，惟宋華元、陳侯之弟黄、衛公孟彄爲無大罪。他如衛孫林父、楚公子比皆黨援大國，卒成簒逆之事。晉趙鞅則身爲畔逆，因韓、魏之援而得反國者也。其書復歸復入者三，曰衛元咺、宋魚石、晉欒盈而已。晉趙鞅及鄭良霄、宋辰諸人之罪不薄於魚石、欒盈，孫林父與楚公子比則較之元咺殆有甚焉，而不書復歸與復入者何？曰：「鞅固未出其國也，不出其國，不得言復歸也。鄭良霄、宋辰諸人及欒大心，或自許，或自曹，或自陳、衛，孫林父、楚公子比皆自晉。自者，有所由來，其歸也易矣，亦不必言復也。」然則衛元咺非自晉歟？曰：「元咺之迹，不與趙鞅諸叛人同，且國無内援，非公子比之類，其歸而無君命，則較之孫林父又有閒也。書復歸，從晉志也。曰復者，不宜復者也。咺於叔武之殺，可以去矣。不甘於一去，而訴君於晉，因藉晉之勢以擯其君，而以專其國，其於欒盈、魚石之盜邑以叛者，相去幾何哉！若趙鞅、宋辰諸人，則不必言復，而叛君之罪已明矣。故曰大夫無復道者，此説是也。」

跋蘇明允集後

明允著幾策二篇，首言審敵。其論宋之弊，謂「以弱政敗。强勢必爲之强政，而天下之勢可復歸於强」。竊嘗謂，當時無舉其言而行之者，苟舉而行之，則宋之亡可立而待，將求爲南渡之偏安而不可得。明允固嘗論天下大勢如人身，然人固有血氣衰竭，醫者誤投以蕿茸劇劑，卒燥其陽，以至於不救者，往往是矣。今有人道暍而仆者，或以水飲之，立斃；有餓而僵於市者，立與之飽食亦斃。非水之不可救暍，食之不可起餓，而用之者過於急也。以强政矯弱弊也，何以異此！夷考古之帝王，處積弱之勢，而能自振拔，以至於强者，惟周宣王一人而已。宣王中興事業，頗見於詩。今觀其詩，不過因畋獵而講武事已耳，撫流亡之民而安集之已耳。中國外夷有不馴服者，則命將出師以討伐之，初未嘗以繁刑嚴誅束縛斯民，而震礱之使必從也。夫以繁刑嚴誅用之於繟緩偷懦之後者，是猶積小石而遏湍水也，一旦潰決，則必至於浸溢漫衍，不可收拾，後將欲返乎一日之無事而不可得也。夫宋之亡，固積弱之弊使然，然尚得爲南宋偏安之局者，祖宗深仁厚澤有以漸漬乎人心而不忍去也。今一旦而以尚威之説矯之，吾恐威未立而人之畔而思去者不少矣。然則遂因而任之如何？曰：惡乎可！先王之於治也，匪强其政也，而務强其心，心强而政强，如人身氣脈壯盛，而耳目百體皆爲之效用而不惓也。心之弱者，政雖强而亦弱，如懦夫叫呼跳踉於前，而識者知其中之先餒也。然則强心之道如之何？曰：君者，天下之心也，奮發之氣自上始之，而朝野内外皆振動於不自覺矣。後有處積弱之勢者，得吾言而思之，亦庶乎其可也！

王先生拯

王拯原名錫振，字定甫，號少鶴，馬平人。原籍山陰。道光辛丑進士，授户部主事，充軍機章京，累遷通政司副使。先曾在籍治團練，後從科爾沁親王僧格林沁天津軍中，又從王大臣辦理巡防事宜，久直樞垣，熟諳軍事利鈍。數上疏論方略及調和將帥之策。所爲文，雅若斂退，類情指事，嘽諧通恕，肖其心之所自出。著有成有渝齋文鈔十二卷、龍壁山房詩集十六卷。參史傳及奏疏。

馮先生志沂

馮志沂字述仲，號魯川，代州人。道光丙申進士，授刑部主事，歷官安徽廬州知府。道光中，京師爲古文者，梅伯言最爲耆宿，先生及曾文正、朱伯韓、吴子序、邵位西諸人多與之上下議論，以桐城爲依歸。有微尚齋文集。參續古文辭類纂。

邵先生懿辰

別見諸儒學案十〔一〕。

吴先生嘉賓

別見湘鄉學案。

曾先生國藩

別爲湘鄉學案。

王先生先謙

別爲葵園學案。

〔一〕「別見諸儒學案十」，原作「別爲半巖學案」，今改。

儀衛家學

方先生宗誠

方宗誠字存之，號柏堂，儀衛族弟。受學於儀衛，徧覽宋、元後儒家之言。家貧而有大志。咸豐中，避亂居魯䢼山中，著俟命録，究治亂之原，與士人行己立身所由弭變者，歸於植綱常，明正學。霍山吴侍郎廷棟方爲山東布政，見其書，招致之。聞諸大學士文端公倭仁共講學，譽望日起。佐河南巡撫嚴樹森幕。曾文正公克安慶，延纂兩江忠義録，後奏薦爲直隸棗强知縣。在任十年，以儒術飾治，百廢具舉。講學著書，至老不輟。既致仕歸，徒衆益盛。安徽巡撫貴恒疏陳其學行，詔予五品卿銜，以旌耆學。光緒十三年卒，年七十一。所著經説，都三十三卷，柏堂集九十二卷，俟命録、志學録、讀書筆記、講義合三十五卷，參桐城耆舊傳。

儀衛弟子

戴先生鈞衡

戴鈞衡字存莊，號蓉洲，桐城人。道光己酉舉人。少而英特，年二十餘刻蓉洲初稿，時稱異才。儀衛笑言：「十年後尋自悔耳。」後讀儀衛所著書，執弟子禮，益鋭志爲學，思以通經致用。公車至京師，得交曾文正及吕文節賢基、羅尚書惇衍、陳給諫慶鏞，曾公尤善之。咸豐中，軍事棘，吕公治安徽團練，先生數上書論事。桐城陷，籌餉給義民。上書大吏，請兵不能得，發憤爲書，反覆數萬言，謂「兵在神速出奇，宜速襲桐城，絶舒、廬賊後」。上之副都御史袁公甲三，乃遣舉人臧紆青連破賊，薄桐城。援賊猝至，軍覆，寇益肆。先生家亦破，自走臨淮乞師，嘔血，卒於懷遠，年四十二。先生私淑望溪，搜輯遺文，校刻之，篇目倍前。治尚書，旁羅衆説，爲書傳補商十七卷、味經山館詩文鈔十卷。參桐城耆舊傳。

蘇先生惇元

蘇惇元字厚子，號欽齋，桐城人。以諸生舉孝廉方正。師事儀衛，篤好朱子及張楊園之書。以爲自宋以來，得朱子正傳者，惟西山、魯齋、敬軒、敬齋、整菴、當湖六人。楊園純實，介乎諸儒，而精切殆又過之。欲乞禮臣奏請從祀孔廟，不果，因纂訂楊園年譜二卷。其後楊園卒得從祀。又於鄉先輩私淑望溪，纂訂望溪年譜二卷，白諸大吏，奏請祀鄉賢。自題所居曰儀宋堂，作文記之，謂「孔、孟之學，宋儒開示門徑，昭晰無遺，學者不從宋儒，是欲入堂室而不由門户，欲登樓臺而不以階梯也」。爲人恭謹，以軌度自飭。執喪，哀戚甚，習禮不從時好。慨鄉俗冠禮久廢，昏禮多失古義，喪祭二禮，貧者苟簡，富者僭越，且多信從二氏之法，違失經旨，就居喪時所輯家祭約儀，擴之爲四禮從宜，凡四卷。所著有遜敏録四卷、文集八卷、詩四卷。參桐城耆舊傳、欽齋文鈔。

清儒學案卷九十

蘇齋學案

考据之學，至乾隆中葉而極盛。蘇齋説經，以紬繹經義爲務，教人以篤守程、朱傳説，以衷漢、唐精義，反復言之，不憚與諸儒立異。嘗謂「攷訂訓詁，始能究義理。顧謂聖人之道，必由典制名物得之，則不盡然」。立論持平，不爲風氣所囿。後之調停漢、宋者，莫能外焉。述蘇齋學案。

翁先生方綱

翁方綱字正三，號覃溪，一號蘇齋，大興人。乾隆壬申進士，改庶吉士，學習清書。甲戌散館，上以繙譯陶潛桃花源記命題。先生甫脱稿，適駕出，至其跪所，取卷閲之。問姓名至再，諭曰：「牙拉賽音漢語甚好也。」遂以一等一名授編修，歷典江西、湖北、江南、順天鄉試，督學廣東、江西、山東，累擢内閣學士，左遷鴻臚寺卿，預千叟宴，重預鹿鳴宴、瓊林宴。卒年八十六。

先生迭司文柄，英才碩彦，識拔無遺。生平精研經術，不爲漢、宋門户之見。嘗謂：「考訂之學，以衷於義理爲主，其嗜博、嗜瑣、嗜異、嗜矜己者非也。」又曰：「考訂之學，蓋出於不得已。事有歧出，而後考訂之；説有互難，而後考訂之；義有隱僻，而後考訂之。論語曰多聞，曰闕疑，曰慎言，三者備而其道盡矣。」其讀羣經，有論語附記、孟子附記、詩附記、書附記、禮記附記。官鴻臚卿時，王蘭泉見其方考禹貢、顧命兩篇諸儒同異，相與辨論，齗齗竟日。晚居馬蘭峪，猶温肄三禮、三傳，其精勤如此。性嗜金石，考訂精審。使節所莅，殘幢斷碣，必多方物色，摹搨以歸。曾得宋槧蘇詩施、顧注本，自爲補注，因以「寶蘇」名其室。室中儲書數萬卷，丹黄幾徧。嘗與丁氏杰、王氏聘珍校正朱竹垞經義考凡一千八百八十餘條，爲經義考補正十二卷。又著禮經目次、春秋分年系傳表、十三經注疏姓氏考、通志堂經解目録各一卷，兩漢金石記二十二卷，粤東金石略十二卷，蘇米齋蘭亭考八卷，小石帆亭著録六卷，米海岳、元遺山年譜二卷，蘇詩補注八卷，石洲詩話八卷，復初齋詩集七十卷，文集三十卷。參史傳。

論語附記

近日婺源江永慎修著鄉黨圖攷十卷，於宫室衣服諸制皆詳核精密。其最有功於聖經者，攷檀弓合葬於防一條，及喪出母一條也。已採入檀弓内。惟第一卷圖譜内「魯昭公八年，孔子娶宋幵官氏」，謹案：「幵」當作「并」，漢韓敕造孔廟禮器碑云：「并官，聖妃。」宋大中祥符元年鄆國夫人敕亦作并官氏。宋鄧名世古今姓氏書辨證十四清部内并官，複姓。注引「先賢傳云，孔子娶并官氏」。方綱嘗於國學及江寧府學見元、明加封詔書碑皆作「并」。何焯曰：「孔子娶於并官氏。」自王應麟姓氏急就篇及宋本東家雜記皆作「并」。而正義從流俗作「幵」，誤也。又第二卷聖蹟内云：「春秋穀梁傳襄公二十一年十月庚子孔子生。公羊傳襄公二十一年十有一月庚子孔子生。史記世家襄公二十二年孔子生。公羊、穀梁二家去聖未遠，當必有據。公羊謂十一月庚子則誤矣。朱子論語序説既引史記，不得不依其生年。然以公羊之十一月庚子系之則亦誤。竊謂，孔子生年當以二傳爲信，月日當以穀梁爲信。」方綱謹按：陸德明公羊傳釋文云：「庚子，孔子生。此傳文上有十月庚辰，此亦十月也。一本作十一月庚子。」據釋文此條，則陸氏所見公羊傳本亦作「十月庚子」矣。然依公羊、穀梁二傳，俱以爲襄公二十一年之十月庚子，則經固明書「十月庚辰朔，日有食之」，十月既是庚辰朔，安得有十一月庚子乎？此陸氏但就所見公羊傳一本作「十月庚子」，一本又作「十一月庚子」，以資攷異，則可以傳信則未也。江氏曰：「司馬遷年表、世家舛錯非一。其言生二十二年者不足信。漢時亦尚公、穀之學，何以記孔子生年必與公、穀差一年乎？」方綱則謂，江氏不信史記之二十二年，欲從穀梁之月日，而未嘗攷陸氏釋文所見公羊傳一本亦作十月。今合公、穀二傳詳之，知公羊傳當以陸氏釋文「十月」之本爲定，則公羊與穀梁月日合矣。惟其在漢時崇尚公羊、穀梁二傳，而司馬遷史記世家必書二十二年，正見年當從史記，而月日當從公、穀也。則是孔子生於魯襄公二十二年庚戌之歲十月庚子無疑也。宋人程公説春秋分記置朔，多與杜預長曆不合，惟此年，則杜預、程公説春秋分記皆十月甲戌朔。十月既是甲戌朔，則庚子是十月二十七日也。周、魯之十月，即夏正之八月，是以今世相傳聖人誕生在八月二十七日，允爲符合矣。

「晉文公譎而不正，齊桓公正而不譎」，聖言本是渾淪該舉，未嘗專屬一事言之。鄭康成以「譎而不正」指河陽召天子，馬融以「正而不譎」指伐楚，蔡氏集説以温之會及首止之盟言之。温之會即鄭説也，首止之盟則勝馬説矣。至朱子集注以召陵、城濮對舉言之，則近日顧氏棟高論之頗當，曰：「朱子專以伐楚言正譎，其説蓋原於杜氏。春秋僖二十八年，「晉侯入曹，執曹伯，畀宋人」。杜注：「畀，與也。執諸侯當以歸京師，晉欲怒楚使戰，故以與宋，所謂譎而不正。」愚竊意其非然也。論其譎與正之大者，如齊桓不納鄭子華之請，而晉文因元咺執衛侯；齊桓定王世子而拜天子之胙，晉文則至請隧，其規模之正大，事事不如齊桓。至論城濮之戰，則勝召陵遠甚，何則？召陵雖盟，而楚滅弦圍許，毫無顧忌，蔡、鄭亦未敢即從齊。至如城濮一勝，而天下之諸侯如決大川而東之，其功之大小寧可以數計哉！論者曰：『晉不宜伐衛以致楚，尤不當矜兵力以求必勝。』其説皆非也。論當日從楚之罪，則曹、衛爲罪首。何則？楚之最近者許、蔡，其次則陳，又其次則鄭。諸國之從楚，實迫於不得已。若衛爲北方大國，而曹介在齊、魯之間，與楚風馬牛不相及，又均爲文、昭之後，其相率而從楚，何爲者？原楚之意，不過欲結衛以掎晉，結曹以來齊、魯，使天下諸侯俱南面朝楚而止耳。此門庭之寇，匪直爲報怨之私而已也。且論者之意，果以爲晉不伐衛而遂可以勝楚，晉不勝楚而晉遂可以霸乎？尤非也。不勝楚，則楚之虐燄未熄；而不伐曹、衛，勢必加兵於陳、蔡、鄭、許。目前齊、宋之急未易解也，且使晉而勤兵於四國，勞兵頓師，而楚檄曹、衛議其後，令楚反得仗義之名，而晉有孤軍轉戰、腹背受敵之苦，勝負未可知。孰若魘方張之寇於大河四戰之地，一舉勝之，爲中原立赤幟，聖人宜録其不世之功，不宜以爲譎而訾之也。且當日之時勢何如者？魯從楚矣，宋亦嘗及楚平矣，魯又乞師伐齊取穀。楚兵威所未及者，周與晉耳。斯時楚頵之横埒於安、史，而晉文之功侔於李、郭，假令以安、史之桀驁唐室，能仗義執言以服之乎？李、郭百計殄之，收復京師，而論功之際，乃謂其兵出詭道，非王者之師，鰓鰓然議其後，恐朱子之綱目其書法不應如是。或又謂：『子所論者，後世之事耳。春秋未遠三代，不可以戰爭論。』曰：『果如是，則宋襄有明驗矣。不重傷，不禽二毛，而遂至敗於泓。令晉文而守拘方之見，城濮一挫，周室將不可問其利害。孰爲大小？而又可執儒者之見以議之乎？』劉氏敞乃謂：『宋襄能守信義，雖師敗國削非其恥。』又謂：『周末諸侯交爭，賤守信而好奇功，故穀梁子亦以宋公爲非。』嗚呼！是皆杜氏『譎而不正』之説誤之。其弊馴至陳餘『儒者不用詐謀奇計』，卒爲泜水之擒而後已，豈不謬哉！」右顧氏之論爲晉、楚爭盟而作，而於杜注以城濮之役坐實「譎而不正」，實爲勘發透切，讀者似不得執朱注以概此義矣。

孟子附記

孟子之心，欲挽衰周而定於一者，凡以爲斯民也。是以去齊凡五章，特於中間一章言「天下之民舉安」。此當日惓惓救世一大轉關，而孟子平生出處一大窾會也。故於第一章首，鄭重大書「致爲臣而歸」，下四章又皆連文特提「孟子去齊」，屢書特書，誠重之也。朱子集注於中一章載楊氏説齊王天資朴實云云，亦足得其大略矣。而「致爲臣」一章，朱子謂「道不行，義不可復留，難以顯言」，亦深得文外之旨。若程子謂「齊王以利誘之」，固是體會孟子「辭十萬而受萬」以下二節語義。然細味章義，齊王所以非能實尊孟子者，在於不用孟子之言，朱子謂，「王庶幾改之」必指一事，今不可攷。此最爲得之。愚案：此所改之事雖不可攷，然必係有關於當日行政之大局，非尋常小節也。或謂如孔子去魯，託於「燔肉不至」，小節而去。此非「庶幾改之」之義也。朱子謂與孔子去魯之心同，蓋謂不得已而去之心同耳，豈指燔肉一節乎！所以孟子勢不可復留，而並追憶於崇得見之始，早知有此。此則孟子所以去齊之大節目也。若齊王之留孟子不以實，實者，即所謂「庶幾改之」。而以文，固非所以留孟子。至於爾日就見之言，暨其命時子代致之言，則尚屬臨別惓惓之意，未可遽謂以利誘也。孟子曰：「然夫時子惡知其不可也。」此一句意思深長，所括非一緒，即下章所謂「無人乎繆公之側」，即下章所謂「王庶幾改之」，無限深思，當在此一不可幽咽不盡之中。朱子所謂「難以顯言」者，此也。下文卻專借「欲富」一層推卻之，朱子所謂「故但言設使」云云，深窺見其意矣。若就此「欲富」云云以下二節之文，即作孟子意中不可復留之正旨，則謂齊王以利誘賢人，夫復奚辭。然而此處語義，與答陳臻「焉有君子可以貨取」，指歸各有當也。

「使己爲政」，趙注云：「齊王使我爲政。」此誤會文義，致將季孫、子叔作孟子弟子。二人無論其無所證據，即以文義亦不可通也。但「使己爲政」，「使」字既與下句「又使」不可一例，然又不得作設使之活字也。朱子集注：「子叔疑，不知何時人。」則亦不知何國之爲政矣。而趙注「使」字之義則不妨仍之耳。充虞路問一章，集注以「憂世之志，樂天之誠」並言之。其實，此章止有「憂世之志」，並未及於「樂天之誠」也。集注此條，蓋沿趙注之誤。趙注曰：「此乃天自未欲平治天下耳，非我之愆，我固不怨天，何爲不悦豫乎？是故知命者不憂不懼，與天消息而已。」愚竊按，此漢以後儒者不深體文義之所致，至朱子集注則深體聖賢語義矣。此條尚偶仍其誤，不可不辨也。此章通體以「天未欲平治天下也」一句爲主，蓋孟子爾日道途之間，因充虞之問，説到五百年貞元際會，數過時可，此際盱衡世運，仰觀天意，惻然不知所底，實有難以爲情者，豈僅若「有不豫之色」而已哉！豈復平日與門弟子平心講貫「不怨不尤」之時可比例哉！「夫天未欲平治天下」一句，是正答充虞「不豫」之問也。此下云「如欲平治天下」云云，則是章末用反筆掉開，乃轉作假設之辭，爲「不豫」二字生一波致，非正意也。他處之文，先開後合；此處之文，先合後開，亦見孟子心情不能自寬假矣，故曰：連書「孟子去齊」，是孟子平生出處一大關會也，豈可於此處言及樂天之誠乎？經文即聖賢心事，苟欲表白聖賢心事，安敢斤斤拘守，必不敢稍異於朱注乎？況朱注本承趙注之誤，非自朱子始耶？

孟子轍環所至，若梁則因其以幣招賢而往。惠王既不足輔，襄更無望，惟齊宣王猶有足用爲善之質地，而迄不能用。獨一滕君，於未立之前，殷然就見，偏值壤地褊小，不能大有爲，是以孟子但舉性善道一，欲其策志希聖。而於其歸途復見，則亦不能竟置滕國不論及也。所以道一之旨，歷引前人之言凡三條：成覸一條，猶是渾概言之也；顔淵一條，則前「言必稱堯、舜」之義發明深至矣；至公明儀一條，則「文王我師」，即是師文王必爲政於天下之「師」字也。在周公語，則是夜繼日思，坐以待旦之精神也；在公明儀語，則是識大識小之淵源也；在孟子語，則是諸侯有行文王之政之期望也。只可惜滕國地小，所以末節止以「可爲善國」期之。而後章規畫井田之制，亦第言「此其大略」，有待於相時度勢之潤澤。則請野數節，當日如何措置，自必臨時更有區處之宜，學者所不必深泥矣。

孟子生衰周之末，法度紀綱皆已廢墜，禮經典籍皆已散失，所以七國之勢奄。及暴秦而焚坑之禍起，先王之道澌滅盡矣。孟子七篇，蓋至下四篇，而轍環諸國之語漸少，垂戒來世之語漸多，而離婁篇首一章其最著也。此章前半意在仁政法度，後半無道揆、無法守、無禮、無學、無義、無禮，悉指之不能殫也，而其實際則曰「朝不信道，工不信度」。夫既曰「無道揆」，而又曰「不信道」；既曰「無法守」，而又曰「不信度」，是其所謂道者，非復古先王之道，則不信道者，本無道之可信也；其所謂度者，非復古先王之度，則不信度者，本無度之可信也。夫必使朝可信而後謂之道，必工可信而後謂之度，然亦必其見信於朝而乃爲有道之朝，必其見信於工而爲有度之工也。所以治人、治法相依而立。徒法，則法亦難乎其爲法矣；徒善，則善亦難乎其爲善矣。雖前三篇中已具函此義，然尚多就事以爲論說，就問以爲指歸，至於仁心仁政之全，未有若離婁首章之該貫者矣。

詩附記

陳啟源据司馬相如難蜀父老「始於憂勤，終於逸樂」，用魚麗篇序語；班固東都賦「德廣所及」，用漢廣篇序語；錢大昕引孟子謂「勞於王事而不得養父母」，用北山篇序語。愚按：小雅北山序云：「北山，大夫刺幽王也。役使不均，勞於從事，而不得養其父母焉。」疏謂「經内『大夫不均，我從事獨賢』，是役使不均也。『憂我父母』，是不得養其父母也。經序倒者，作者恨勞而不得供養，故言憂我父母。序以由不均而致此怨，故先言役使不均也。」孔疏此條以序與經文先後相倒者，固不必泥也。然正得因孔疏此條，見此二語實是詩序之串合，詩語益顯，孟子是用序語無疑也。況序云「勞於從事」，而孟子云

「勞於王事」，正因咸丘蒙引「王土」「王臣」句，故緊承「王」字，必换「從」爲「王」，語義乃更明白，此文章一定之理，是孟子此二句實從詩序來之確据矣。豈比尚書「危微精一」，後人妄謂出道經；文言「元者善之長」，妄謂同於左傳；大學「如切如磋者，道學也」，妄謂同於爾疋之横生傅會乎？錢氏援据孟子，以見此序在孟子前，足以證詩序是子夏作，豈不較之説儀禮者執「何也，問詞」之文勢，以斷定喪服傳爲子夏作者勝之倍萬乎？此則詩序出於子夏，人所共聞，而無一人得其確据；孟子，人人童而習之，而不知其有卜子撰詩序之確證。凡讀詩經者，皆當書諸簡端者也。

後漢書儒林傳：衛宏敬仲從九江謝曼卿受學，「因作毛詩序，善得風、雅之旨，今傳於世」。故論者有謂詩序是衛宏作。又或謂序惟一言，而其餘皆後人所述。然驗詩序之文，其首一句下申述之語，悉與其首句義相貫，決非别有一人所述也。若使别一人所述，則序之專有首句者，又何以不加申述乎？沈重謂序是卜子、毛公合作。陸德明謂卜子作序，毛公足成之。此二説或可相爲參合，則有卜子之言，毛公述之；抑或有卜子未盡之言，毛公足成之。而衛敬仲之序在後漢書，謂「今傳於世」，又豈得以今所讀詩序當之乎？詩卷首題云：「周南關雎詁訓傳第一。」陸氏釋文云：「舊本多作『故訓』，今或作『詁』。郭注爾雅作『釋詁』，樊、孫本皆作『釋故』。」孔疏云：「譜云：『魯人大毛公爲訓詁傳於其家，河間獻王得而獻之，以小毛公爲博士。』然則大毛公爲其傳，由小毛公而題毛也。」按孔疏此語甚明白，是毛傳即是大毛公亨所作之詁訓傳也。第毛亨作此傳時，尚未題毛詩之目，至毛萇爲博士，其書大顯於世，然後題以毛詩之目也。釋文序録亦云：「大毛公爲詩故訓傳以授小毛公，小毛公爲河間獻王博士。」則今所行毛傳，是毛亨所作，而萇傳之，無疑也。自後漢書儒林傳稱趙人毛萇傳詩，是爲毛詩；又隋書經籍志載「毛詩二十〔一〕卷，漢河間太傅〔二〕毛萇傳」，於是世之學者但知毛萇作傳，而不知毛傳即毛亨之詁訓傳也。然春秋公羊傳在公羊高時本僅出於口授，至漢時，其玄孫公羊壽始著於竹帛，則今所行公羊傳，是公羊壽所撰，而學者亦但知有公羊高。則後漢儒林傳及隋志目爲毛萇作傳者，特以河間博士屬之毛萇耳。毛萇此傳，實即毛亨之詁訓傳。且注疏題目本自明白，即稱毛萇爲毛傳，亦尚無害也。惟是秀水朱氏經義考既載毛亨詁訓傳三十卷云「佚」，又載毛萇詩傳二十九卷云「存」，竟將毛氏故訓傳與毛氏傳分爲二事，則貽誤後學之甚者矣。漢書藝文志云「毛詩二十九卷，毛詩〔三〕故訓傳三十卷」，初未嘗別出毛氏傳也。蓋漢志所云「毛詩二十九卷」者，是未經毛氏作傳之文，而朱氏誤以爲毛萇之傳，則豈有志反敍毛亨於毛萇後者乎？誤讀漢志，其謬至此！漢志云：「凡詩六家。」詳此言六家者，魯一也，齊后氏二也，齊孫氏三也，齊雜記四也，韓五也，毛六也。若果分大、小毛公爲二，則是七家矣。

〔一〕「十」下原衍「七」字，據經籍志删。
〔二〕「傅」，原作「守」，據經籍志改。
〔三〕「詩」，原作「氏」，據漢書藝文志改。

六月

「薄伐玁狁，至於大原。」朱傳謂：「大原，今陽曲縣。」呂記、嚴緝皆從之。顧氏炎武曰：「周禦玁狁在涇、原之間。若晉陽之大原，在大河之東，距周京千五百里，豈有寇從西來，兵乃東出者乎？故曰『天子命我，城彼朔方』。則大原當即今之平涼，而後魏立爲原州，亦是取古大原之名爾。」又按：明嘉靖時，周斯盛輯山西通志，亦言：「詩『至于太原』，据玁狁侵鎬至于涇陽，非自冀州大原而入。則詩人所云『至于大原』，指平涼之原州，非冀州之大原也。朱子在南渡後未至北，集傳偶誤爾。」此亦與顧說略同。愚按：漢書匈奴傳云：「武王居酆、鎬，放逐戎夷涇、洛之北。周道衰，戎狄交侵。至宣王命將伐之，詩人美大功曰：『薄伐玁狁，至于大原。』『出車彭彭，城彼朔方。』」顏師古注亦云：「薄伐，言逐出之。」與毛傳鄭箋皆不指某地同也。獨至朱子集傳，始指爲今山西陽曲之大原。或謂山西在陝鎬之北，其或玁狁當日由直北而來，則即追逐至於山西之境，亦未可知。然而小雅本詩明言「至於涇陽」，則當日玁狁從北來是從西北來，非從東北來也。況毛傳鄭箋、顏師古注皆未嘗確指其地。即如本篇「侵鎬及方」，此鎬即劉向所謂「千里之鎬」，非豐、鎬之鎬，明矣，而必確指此大原爲陽曲之大原乎？此條王浚儀詩地理攷已有明辨矣。今合後章「來歸自鎬」句證之，則吉甫薄伐之地，即玁狁內侵之地，其指涇陽北之爲大原無疑。顧氏、周氏之說，確不可易。

民勞

「王欲玉女」，箋云：「王乎！我欲令汝如玉。」然此經以「女」指「王」，固於文義未順。集傳云：「王欲以女爲玉而寶愛之，故我用王之意大諫正於女。」此義雖是，而猶未盡也。愚按：此所謂戒同列者，必是王所信任佞幸之輩，故承上極言「繾綣」，足以反正之患，到此歸到王身，言王所以寵恣汝者，乃正所以成就汝，使汝改悔以歸於正耳。「玉女」字無可注釋，惟後來張子西銘云：「貧賤憂戚，庸玉女於成也。」乃是此經之真切注脚耳。大約文義本精理，未有不精理而能通文義者，未有不通於文義而能訓經典者。若以訓詁相傳，其來有自，不得不溯師承於漢儒也。至於義蘊因文勢而始通者，則必折衷於宋儒，方可與道大適耳。此愚區區之見，讀諸經之要言，聊因此而發之。

韓奕

王伯厚詩地理攷多引述而無斷制，蓋古今疆域遠近，名實懸殊，不可以一人一時之説律之，愚所以不敢臆爲置辨也。惟顧氏炎武所辨二條，則於詩之文義大有關繫，不可忽略者。大原一條，已見前矣。韓城一條，則顧氏據水經注聖水條下云：「『東南〔一〕逕韓城東』，引詩『溥彼韓城，燕師所完。』王錫韓

〔一〕「南」，原無，據水經注補。

侯，其追其貊，奄受北國。』」王肅曰：『今涿郡方城縣有韓侯城。』」濕水條下云：『東南逕良鄉縣之北界，歷梁山南，高梁水出焉。』是所謂『奕奕梁山』者矣。舊說以韓國在同州韓城縣，曹氏曰：『武王子初封於韓，其時召襄公封於北燕，實爲司空，王命以燕衆城之。』竊疑同州去燕二千餘里，即令召公爲司空，掌邦土，量地遠近，興事任力，亦當發民於近甸而已，豈有役二千里外之人而爲築城者哉！況『其追其貊』，乃東北之夷，蹶父之『靡國不到』，亦似謂韓土在北陲之遠也。又攷潛夫論曰：『昔周宣王時有韓侯，其國近燕，故詩云：溥彼韓城，燕師所完。』今以水經注爲定。」按顧氏此說甚辨。所引潛夫論，亦與水經注濕餘水條下，高梁水「首受濕水於戾陵堰，水北有梁山」之說相合。水經注此下又載魏劉靖碑云「登梁山以觀源流，度形勢」云云。然劉靖碑所云登山相渠者，不過就一處相度地勢之文，非若爾雅所稱「梁山，晉望也」，乃特於五嶽外標舉大山爾。爾雅於釋詩最爲親切，而特舉「梁山，晉望」，則與此篇大書韓國「禹甸」之爲相稱矣。況左傳「邗、晉、應、韓，武之穆也」，杜注云：「韓國在河東郡界。」此與成五年杜注「梁山，馮翊夏陽縣北」亦相合，自是古訓，不可易也。即禹貢「治梁及岐」屬於冀州，而書正義亦云：「壺口在河東北屈縣東南，梁山在左馮翊夏陽縣西北。」葉氏夢得云：「詩言『奕奕梁山，維禹甸之』，則梁之施功爲多，而岐則因梁以及之，信此梁山是晉地之梁山無疑也。」若燕師城韓，則呂氏詩記云：「春秋時，城邢、城楚丘、城緣陵、城杞之類，皆合諸侯爲之。霸令尚如此，則周之盛時，命燕城韓，固常政也。」愚竊以爲，古事不能詳推，未可概以後人所見事理度之。而陳氏啟源亦云：「山甫城齊，自鎬而往，與燕之去韓，路亦相等。」則顧氏韓城之辨，可無庸耳。

禮記附記

陸氏釋文曰：「此記二禮之遺闕，故名禮記。」謹案：鄭氏目録、盧氏解詁以來，皆以三禮爲總目，故陸氏序録並序述三禮音義，而以禮記爲記周禮、儀禮之遺闕也。竊謂：禮以「記」名，實自儀禮之記來也。朱子曰：「儀禮是經，禮記是解儀禮。如儀禮有冠禮，禮記即有冠義；儀禮有昏禮，禮記即有昏義，以至燕、射之禮莫不皆然。蓋儀禮禮之根本，而禮記乃其枝葉。禮記本秦、漢上下諸儒解釋儀禮之書，又有他説附益於其間。」朱子此説，實禮記之發凡，可以正陸氏説也。若謂記周官禮之遺闕，似未切爾。

孔氏疏曰：「孔子没後，七十二子之徒共撰所聞，以爲此記。或録舊禮之義，或録變禮所由，或兼記體履，或雜序得失，故編而録之，以爲記也。中庸是子思伋所作；緇衣，公孫尼子所撰。鄭康成云：『月令，吕不韋所修』。盧植云：『王制爲漢文時博士所録。』其餘衆篇皆如此例，但未能盡知所記之人也。」謹案：孔疏此段，乃禮記之總目序録也。其以諸篇有周末及漢初人所記，而統系於七十二子之徒以該攝之耳。隋書經籍志曰：「漢初，河間獻王得仲尼弟子及後學者所記一百三十一篇獻之，時無傳之者。至劉向考校經籍，檢得一百三十篇第而序之。」是其事也。

月令

小戴記之有月令，猶大戴記有夏小正也。秀水朱氏經義考曰：「世儒明知月令爲呂不韋作，乃甘棄夏小正篇不用，殊不可解。」愚按：月令篇在小戴記，今既以小戴記立於學官，自無緣抽取大戴記之夏小正篇以入此經矣，非棄而不用之謂也。鄭康成謂「月令，呂不韋所修」。而蔡邕、王肅皆謂「月令，周公所作。」鄭云：「其中官名、時事多不合周法。」而孔疏云：「周書先有月令，何得云不韋所造？且不韋集諸儒所作，爲一代大典，亦採擇善言之事，遵立舊章，但秦自不能依行，何怪不韋所作也？」史記呂不韋傳：「是時諸侯多辯士，如荀卿之徒，著書布天下。呂不韋乃使其客人人著所聞，集論以爲八覽、六論、十二紀，二十餘萬言。以爲備天地萬物古今之事，號曰呂氏春秋。」漢書藝文志亦曰：「呂氏春秋，秦相呂不韋輯智略士作。」漢志所謂「智略士」，即史記所謂「辯士」之類也。漢志所謂「輯」者，即史記所謂「集著」也。是特其門客輯著所聞，而非不韋自輯也，明矣。然此篇至今傳爲呂不韋者，實由陸氏釋文與孔疏申鄭註，因就鄭義釋之，故摭其命太尉爲秦官，又摭其於季秋爲「來歲受朔」爲秦建亥之事。然孟冬云「乃祈來年」，則季秋所謂「制百縣爲來歲受朔〔一〕日，與諸侯所稅於民，輕重之法，貢職之數，以遠近土地所宜爲度」，味其語義，是預籌遠邇事宜，非旦夕可畢，安知其非預計建寅之歲事乎？

〔一〕「朔」，原作「朝」，據月令改。

此則原文固未嘗有建亥之明證也。至於「太尉，秦官」，則此文由呂覽撰集時，偶被門客諸人改太尉耳，不能因一二以疑全篇之非古也。逸周書月令解第五十三，即是此篇之文，而隋志云「馬融又作月令一篇」，雖不得謂融所自作，而要之其來已久，不自呂覽始有之。疏又云：「蔡邕、賈逵、馬融、王肅皆云周公所作。」則其事義古矣。今如爾雅，既皆知其非盡出周公也，而以其全經無他籍可憑，無或敢指爲某時某人者。惟月令一篇，以其見於呂覽，而遂羣指爲呂不韋作，則與別見淮南時則，而指爲淮南者，何以異哉！

郊特牲

此經言郊祭天用騂犢之義，初未及於祀五帝也。即鄭氏注亦不比春官小宗伯言兆五帝之注也。而孔疏乃於首節必言「以五配一爲六天」，復引皇氏云「天有六天」者，何哉？陳氏禮書曰：「五帝與昊天同稱帝，不與昊天同稱天。」此可以掃盡一切讖緯之説。

周氏諝曰：「言郊，則天神與地祇也。詩序曰『昊天有成命』，郊祀天地也。書曰『用牲於郊，牛二』，蓋一則用於南郊以祀天神，一則用於北郊以祭地祇，是天神、地祇皆用特牲。」按：周氏此説，與書召誥「用牲於郊，牛二」正合。蔡傳「郊，祭天地也，故用二牛」，其義審矣。詳見書附記。至此篇又云「帝牛不吉，以爲稷牛」，鄭注：「養牲必養二也。」然其下文云「帝牛必在滌三月，稷牛唯具，所以別事天神與人鬼也」，則經意是言郊祭與稷祭用牛之差等耳。鄭注「養牲必養二」之言已爲贅設，而孔疏顧乃引後文「帝牛」、「稷牛」以證召誥「牛二」，則事義文義皆不協矣。朱子嘗言「周禮有圜丘方澤，某看來也還有方澤之祭」，而陳雲莊集説反駁蔡傳祭天地之説，又誤引朱子未定之論，取五峯「只祭社，無北郊」之説，皆孔疏誤解此篇「帝牛」、「稷牛」之説有以致之。

「饗禘有樂，而食嘗無樂」。鄭注：「禘當爲『禴』字之誤也。王制曰：『春禴而夏禘。』」疏：「依禮，三代無春禘之文。周則春曰祠，王制夏、殷之禮云春曰禴。今云春曰禘，故知禘當爲禴。此經謂夏、殷禮也。」愚竊按：「天子諸侯宗廟之祭，春曰礿，夏曰禘，秋曰嘗，冬曰烝。」鄭注：「此蓋夏、殷之祭名，周則改之，春曰祠，夏曰礿。」疏云：「疑爲夏、殷祭名者，以其祭名與周不同，故以爲夏、殷祭名。其夏、殷之祭又無文，故稱蓋以疑之。此云春礿，而郊特牲云春禘者，彼注云『禘當爲禴』，從此爲正。祭義曰春禘，鄭注直云夏、殷禮，不改〔一〕『禘』字者，以郊特牲已改禘爲禴，故於祭義略之，從可知也。」愚按：此節言養陽養陰之義。黄氏曰鈔云：「此明飲屬陽，作樂；食屬陰，不作樂。此漢人記舊聞耳，不必泥以爲夏之制。」黄氏所見，可以得其概矣。祭統曰：「凡祭有四時，春祭曰礿，夏祭曰禘，秋祭曰嘗，冬祭曰烝。礿、禘，陽義也；嘗、烝，陰義也。禘者，陽之盛也；嘗者，陰之盛也，故曰莫重於禘、嘗。古者於禘也，發爵賜服，順陽義也；於嘗也，出田邑，發秋政，順陰義也。」祭統又曰：「外祭則郊社是也，内祭則大嘗禘是也。」中庸亦曰：「明乎郊社之禮，禘嘗之義。」皆以禘與嘗對言也。横渠張子曰：「作記者交

〔一〕「改」，原作「破」，據王制疏改。下同。

舉以二氣對互而言爾，固不必泥鄭注指夏、殷之制，則又豈必改禘爲禴乎？」至若陸氏佃必謂「饗禘有樂而食，嘗無樂，專指周制言之」，則又有意反鄭之説，亦未得其平也。

喪服小記

喪大記曰：「期，終喪不食肉，不飲酒。父在，爲母、爲妻。」又曰：「期，居廬，終喪不御於内者。父在，爲母、爲妻。」此喪大記二條，亦猶儀禮喪服篇「疏衰裳，齊牡麻絰，冠布纓，削杖，布帶，疏屨。期者，父在爲母、妻」之文也。嗟乎！此則因其父在，而喪母與喪妻同等者也。且此疏不嘗引三年問篇乎？三年問篇不嘗引孔子答宰我乎？請問：子生三年，然後免於父母之懷，是專指父之懷乎？是專指父没而在母之懷乎？程子曰：「古者父在爲母期，今皆爲三年之喪，則家有二尊矣，可無嫌乎？」程子此條，愚竊擬附注於下云：子之於父母，猶王者事天地也，既祀天於圜丘矣，而又祀地於方澤，將亦云國有二尊乎？故齊衰之服次於斬衰，是即有差等矣，是即足以明母之稍殺於父矣。若果儀禮喪服篇「父在爲母期」之文實出於周公、孔子也，而何以中庸曰「三年之喪，無貴賤一也」？一則無二致，可知也。論語曰：「三年之喪，天下之通喪也。」通則無異制，可知也。然而爲喪服作傳者，必反覆申其義曰：「父必三年然後娶，達子之志也。」竊嘗繹之，何謂達子之志？亦曰天理人心而已。且如其無子，則宗祀之重，固不必待三年矣。如其有子，子之年長，能自成立矣，則父不再娶，可也。子之年幼，不能自成立，則必待三年後娶，曰以「達子之志也」，可乎？即其子長，能成立矣，而父之家事不能不再娶，而必曰待三年，以「達子之志」，則爲若子者，既哀母，於衷不寧矣，又忍視其父之遲待不娶，而更加不寧焉。且爲之父者，家計不得不再娶，而限於欲達子志而姑不娶，是父自抑其情也。抑其情者，即僞也。爲之子者，心欲爲母三年喪也，乃限於父在，而姑行期年之服，是子自制其哀也。制其哀者，即僞也。立一制，而使人父子俱入於僞，聖人所不爲也。疏又引「晉叔向云：『一歲王有三年之喪二。』據太子與穆后，天子爲后亦期，而云三年喪者，據『達子之志』而言三年也」。按昭十五年傳：「六月乙丑，王太子壽卒。八月戊寅，王穆后崩。十二月，晉荀躒如周，葬穆后。既葬，除喪，以文伯宴。叔向曰：『王一歲而有三年之喪二焉。』」注：「天子絶期，唯服三年，故后雖期，通謂之三年喪。」疏引「喪服斬衰三年章內有『父爲長子』，傳曰：『何以三年也？正體於上，又乃將所傳重也。』」齊衰杖期章內有『夫爲妻』，傳曰：『何以期也？妻，至親也。』妻服齊衰期，而言三年者，喪服杖期章有『父在爲母』，傳曰：『父必三年然後娶，達子之志也。』父以其子有三年之戚，爲之三年不娶，則夫之於妻有三年之義，故可通謂之三年之喪」。又按：叔向曰：「三年之喪，雖貴遂服，禮也。」注：「今王既葬而除，譏其不遂。」合此左傳與儀禮喪服篇觀之，則父於長子得行三年之服，夫於妻亦得行三年之服，惟子於父在爲母則不得行三年之服。蓋在儀禮喪服傳亦止云「父欲達子之志，三年然後娶」，而晉叔向因此義遂謂王於后得行三年之喪服，是則又於儀禮喪服「夫爲妻期」之外，而又擴充爲「夫爲妻服三年喪」之説矣。由喪大記之言，則爲子者視母喪與妻喪同等，更由左傳叔向之言，則爲夫者甚至爲妻行三年之喪服，所貴乎稽經傳者得乎天理人心之安而已，而上下出入一至於此！此而猶曰必尊信，不敢致疑乎？夫叔向之譏周王，特因其除喪太早，故爲此抑揚軒輊之辭，不嫌於充類至盡言之。而儀禮喪服篇初無夫爲妻服三年之説也。其疏必引左傳以證達子之志，則益信古籍散見雜出之文，不可以一概傅合通徹畫一者。抑又聞之杜佑通典引劉表後定喪服一條曰：「父亡，在祖後則不得爲祖母三年。」以爲婦人之服不可踰夫。孫爲祖服周，父亡之後，爲祖母不得踰祖也。此條亦因喪服小記「祖父卒，而後爲祖母後三年」之義演出之者。此經云：「祖父卒，而后爲祖母後者三年。」此句即儀禮喪服篇「父在爲母」之傳記也。劉表，後漢人，則由周末以後，演説經制之文，出於師承者，異同揩拄，亦何可勝言乎！宋節孝處士徐積曰：「儀禮有決非出於聖人者。夫禮者，出於人情者也。而儀禮有曰：『父在，母不可以爲三年之服。』此豈人情哉！蓋多出於漢儒喜行其私意，或用其師説而爲之耳。」徐氏斯言，可見人情即天理之至矣，謹附識於喪服小記之卷前，而於喪大記篇不更贅焉。

近人顧湄曰：「古禮父在爲母齊衰期，至唐武氏始請父在爲母服齊衰三年。玄宗時，盧履冰請復其舊，惟褚無量是其議，諸人爭論，連年不決。然至今行之不改者，情固不可奪也。」胡氏以爲，武氏「躋地尊天，持陰敵陽，乃淩滅夫宗，獨御四海之義，是則然矣。然人子於父母寧有二乎？子曰：『子生三年，然後免於父母之懷，三年之喪，天下之通喪也。』安在其隆於父而殺於母乎？禮緣人情而制者也，故三年之服，以伸人子之情，乃天理人情之至。庶幾善變古者，何得以出於武氏而非之哉！」按杜佑通典，唐前上元元年，武太后上表曰：「父在，爲母服止一周，雖心喪三年，服由尊降。竊謂子之於母，慈愛特深，所以禽獸之情，猶能知母，三年在懷，理宜崇報。今請父在爲母終三年之服。」詔依行焉。開元五年，右補闕盧履冰上言：「禮，父在爲母一周除靈，三年心喪。太后請同父没之服，三年然始除靈。雖則權行，有紊彝倫。今請仍舊章，庶叶通禮。」於是下制，令百官詳議。刑部郎中田再思議云：「稽之上古，喪期無數。曁乎中葉，方有歲年。自周公制禮之後，孔父刊經以來，方殊厭降之儀，以標服紀之節。重輕從俗，斟酌隨時。子思不聽其子服出母，子游爲同母異父之昆弟服大功，子夏謂合從齊衰之制。此等並四科之數，十哲之人，高步孔門，親承聖訓，及遇喪事，猶此致疑，即明自古以來，升降不一。今去聖漸遠，殘闕彌多，會禮之家，名爲聚訟，寧有定哉！而父在爲母三年，傳之已踰二紀，出自高宗大帝之代，不從則天皇后之朝，大帝御極之辰，中宫獻書之日，往時參議，將可施行，編之於格，服之已久。前主所是，疏而爲律，後主所是，著而爲令，何必乖先帝之旨，阻人子之情，與伯叔母、姑姊妹同焉？若以庶事朝儀，一依周制，則古臣之見君也，公卿大夫贄羔雁、圭璧，今何故不依乎？周之用刑，墨、劓、宫、刖，今何不行乎？周制侯、甸、男、衛，朝聘有數，井、邑、丘、甸，以立征税，今何不行乎？周制分土五等，父死子及，冠冕衣裘，乘車而戰，三老五更，膠序養老，今何皆不行乎？諸如此例，不可勝述，何獨孝思之事，愛一年之服於其母乎？可謂慟心！可爲痛哭者也！詩云：『哀哀父母，生我劬勞。』阮嗣宗，晉代之英才，方外之高士，爲母重於父。據齊衰升數，麤細已降，何忍服之節制，減至於周？豈後代之士，盡慚於枯骨？循古未必是，依今未必非也。」履冰又上疏曰：「上元中，武太后上表，請同父没之服，初亦未有行用。垂拱年，始編入格，錫氏之後，俗乃通行。臣於開元五年，頻請仍舊。恩敕并嫂叔舅婦之服，諸司所議，同異相參。竊據在家從父，出嫁從夫，夫死從子，則喪服四制云：『天無二日，國無二君，家無二尊，以一治之也。』所以父在爲母周者，避二尊也。臣恐後代復有婦奪政之敗者。」疏奏未報。履冰又上表曰：「臣聞夫婦之道，人倫之始。自家刑國，牝雞無晨，四德之禮不僭，三從之義斯在。故父在爲母服周者，見無二尊也。準舊儀，父在爲母一周除靈，再周心喪。父必三年而後娶者，達子之志焉。豈先聖無情於所生，固有意於家國者矣。所謂與伯叔姑姊服同者，伯叔姑姊豈有筵杖之制，三年心喪乎？齊斬是爲升降者，母齊父斬，不易之理。故父加至再周，父在爲母加三年心喪。今者同父没之制，則尊厭之律安施？」自是百僚議不決。至七年，敕曰：「唯周公制禮，當歷代不刊，況子夏爲傳，乃孔門所受。格條之内，有父在爲母齊衰三年，此有爲而爲，非尊厭之義。與其改作，不如師古。諸服紀宜一依喪服文。」自是，卿士之家，父在爲母行服不同：或有既周而禫，服終三年者；或有依上元之制，齊衰三年者，議者是非紛然。二十年，中書令蕭嵩與學士改修五禮，又議請依元敕，父在爲母齊衰三年爲定，遂爲成典。謹案：此至今依父在爲母三年者，始於開元二十年中書令蕭嵩之定五禮也，非始於武后，明矣。況以盧履冰疏所云防「婦奪政」者，此自在人君持綱紀耳，豈由父在三年之母喪乎？所云「三從之義」者，此自專爲婦人自處之道言之，豈得以例其子之父在爲母喪服乎？況心喪三年，乃弟子事師之誼，而以父在爲母，等諸弟子事師，可乎？諸人執此者，皆不知專守論語三年「免於父母之懷」、三年「通喪」之至情至誼，而顧執定喪服傳之必爲子夏作，必爲周公所制。不知喪服之爲子夏作者，若果古有實證，即孔穎達何至援公羊傳設爲問答之文法以證之？則其本無實證，可知矣。以喪服傳之必出於子夏尚無實證，而謂其必出於周公所制，初無實證，愈不待言矣。愚所以不敢不質以宋節孝處士之言，願與天下爲人子者共相質證者也。

文集

自題校勘諸經圖後

攷訂之學，何以專系之經也？曰：攷訂者，爲義理也。其不涉義理者，亦有時入攷訂。要之，以義理爲主也。學者束髮受書，則由程、朱以仰窺聖籍，及其後見聞稍廣，而漸欲自外於程、朱者，皆背本而鶩末者也。是亦因宋後諸家，專務析理，反置說文、爾疋諸書不省，有以激成之。吾今既知樸學之有益，博綜攷訂，勿蹈宋後諸家之弊，則得之矣，而豈敢轉執攷訂以畔正路乎？嘉興王惺齋曰：「學莫陋於厭薄韓、歐習用之字，而嗜講說文内不常用之字。」吾每敬佩斯言，以爲切中今日學者之痼疾。蓋攷訂家以墨守宋儒爲陋，而惺齋乃以苦研說文爲陋，所謂彼我易觀，更相笑也。讀易而兼及考禘，因考禘而及明堂；讀禮而必合證明堂路寢，其於大司樂鄭注、盛德篇盧注别無可取，徵之書而必斷斷傅合之，吾不知其意欲何爲也。即夏五十畝，殷七十畝，與周官分田制禄，必欲如目見而詳說之，吾不知其意欲何爲也。則若李資州之於易，杜江陽之於春秋，博涉其津涘，以資問途，奚不可也。尚憾陸元朗所釋有未盡歸一者，徐楚金所繫有未盡校核者。尚憾秀水朱氏所考，於前後歲月有失於備記者。若非實有確据，遽援鄭氏禮堂寫定，以整不齊爲任也，則豈敢乎？夫惟兢兢恪守聖言，曰多聞，曰闕疑而已矣。

讀李穆堂原學論

臨川李穆堂，蓋宗陽明之學者。陽明以良知爲説，故不遵朱子大學定本，吾既詳論之矣。穆堂以此言學，謂學者學其行事，非篇章撰述之謂，非名物象數詳略異同之謂。其言之透徹，雖朱子無以易之也。竊嘗繹之，知與行一事也，必能知而後能行，必能行而後能知，無二理也。由斯義也，二者孰重？則行爲要矣。行爲要，則知在所後乎？然則大學舊本置「知本」於「誠意」之前，朱子之審定其無庸乎？然則諸經傳義，其可勿究心乎？然則考訂辨析者，其徒滋擾乎？蓋穆堂之論學，亦非爲矯此之弊而作也。人必明乎知與行爲一事，則一身一家之日用倫理，無在非實學也；一日間起念誠僞邪正，一接物之公私當否，皆實學也。不此之亟講，而徒殫心於誦説討論，是與古人所謂學者，正相違也。然則陽明所謂良知之學，乃正學也，豈不視朱子更正大學本以格致在前爲愈歟？曰：學者惟當合知與行而一之，而朱子實未嘗教人專以知爲務也。朱子謂大學首先格物致知者，正即講求其德之何以明，民之何以新，至善之何以得止也。朱子之言學，固未嘗有能知不能行者也。乃若穆堂之論，則是所謂知而不能行者也。何者？大學之法，禁於未發之謂豫，謂其灼知有所未盡，則無以豫定所行也。當其可之謂時，謂其擇善研幾未能中節，即無以適於所行也。不凌節而施之謂孫，謂其未知，即易蹈於妄行也。相觀而善之謂摩，謂其見賢思齊，見善則遷。是皆以知與行合言之也。策其行即所以勵其知，勵其知即所以策其行，故教易施而學易從也。今由穆堂之言，學專於行，不事乎知，且如國學之六堂，不程以經書典籍，而惟日課其起念公私誠僞以爲甲乙，此其事可行乎？今如鄉會試，歲科考，不閱其試卷，而惟日督學官，問其處家之言行動作，以爲去取，此其事可行乎？童子入塾，延師督課，每日無經書誦讀之事，而欲其心不放，而欲其有所恪守，此其事可行乎？蓋既有學校庠序之設，則必閑其志於道藝；既有書册音訓之習，則必矢其誠於規矩，夫然後可以生奮勉之心。而獎掖於作忠教孝、化戾改愆之路，祇在勤學之務實而已，奚必矯變成説，而轉涉於空言爲耶？正須知孝弟謹信即所謂學文也，學文即學孝弟謹信也；正須知志道、據德、依仁即所謂游藝也，游藝即游於道、德、仁之内也。愈講此輕彼重，則愈歧而二之耳。

原學論

愚既論穆堂之原學，而又自爲原學論者，深見學之無事於原也，原學者則欲廢學而已。請以禮言。禮者，履也。人所踐履，則率由之，持循之，正志齋莊，斯即禮矣，故曰「克己復禮」，其綱也；「非禮勿視，非禮勿聽，非禮勿言，非禮勿動」，其目也。然此則聖人爲顏子言仁所從事。聖門大賢，鑽仰高堅，有博文之功，乃得此以約之。若其教天下之人，該悉天下之事，則安能以此概説之？是以釐其經三百焉，致其曲三千焉，必如是，乃足以立禮也。今若舉凡尊卑遠近問勞酬獻之儀，舉凡吉凶賓軍嘉之事，皆推原禮所由起，以數言該舉之，此必不能通者也。然則學者，三代共之，千萬世服習而修明之，而今乃曰吾欲原其始也，故曰：「原學者，直是欲廢學而已矣。」聖人以躬行示人，即必以躬行爲學也；以五倫爲教，即必以五倫爲學也，然此其大綱耳。三代庠序學校、辟雍頖宫有其地，鐘鼓絃歌有其器、有其節，而其師若弟子諷誦講解，即必有其簡編請肄之業，今不傳耳。彼石渠王氏者，且謂學記之不詳陳矣，豈知漢承秦火之後，六經始漸出於世，博士之録王制尚不能明言其時代，制氏之鏗鏘鼓舞尚不能言其義。不特此也，即班固之志禮樂，已不能臚舉其典物；即鄭康成之注禮經，亦不能舉所引諸書，悉整比以示後學矣。陸德明、孔穎達皆唐初聞人，而陸亦尚未能盡衷音訓之一是，孔尚未能盡衷毛、鄭、服、杜之指歸。直待宋程、朱，遥溯孔、孟之傳，而又苦於去聖太遠，攷訂久虚，參定較量，驟難畫一。幸有朱子，章句研析，使後人稍得以尋津筏之所自。今日爲學者，正宜乘此問津有由之時，平心虚懷，以上叩淵源經術之實。是乃千萬世服習而修明者，其程功致力，探本攷原，全在今日。而其稍敏悟者，輒欲原學也，曰「學者效其行事而已，不在記誦講肄之末也」；則將曰「禮者，履也，不在乎器數典司之末也」。愚故曰：「原學者，直欲廢學而已耳，安得不爲吾學倡敬論之！」

姚江學致良知論上

姚江之學與朱子異，人皆知之。然所以謂「致良知」之學與朱子異者，正以其不當以此詁大學之格致耳。陽明以「致良知」詁大學之格致，故必欲從舊本，以誠意居先。是則大學「欲誠其意者，先致其知，致知在格物」，皆紊其次矣。紊大學之次，則失古人所以爲學之實矣。夫大學條目，豈自孔氏之遺書始言之乎？是固自時教正業，退息居學，若王之冑子，則先以某條件焉；卿大夫適子，則先以某條件焉，其所爲度量數制之詳，今無由以稽矣。蓋古大學之教，不知廢於何時，聖門教人博文約禮，則六經其要也。孟子初見滕君，首言性善，稱堯、舜，此其大綱也。至其剖析事爲，一則曰「諸侯之禮，吾未之學」；再則曰「若夫潤澤，在君與子」。假若滕君爲世子時，親受業於門，必有詳加考析，以裕經國之本者矣。即使當日夫子得柄，用以治魯以興周，亦必由文、武之方策，周公之典禮，未有以空談性道爲之者。孔子、孟子皆不得已而託諸删定教言。迨秦燼已後，漢儒漸次修舉舊籍，而又間以晉之清談，唐之詞藻，無由以整理遺緒也。宋之程、朱，始能窺見聖賢大旨。而宋、元以後，帖經訓義變爲制舉之時文，正得由肄繹經書以上溯正學矣。而有明一代，其務本業者專習時文，不克深究也。於是其間通敏之資，如陽明王氏，奮其獨造之見，意以爲直到聖涯，而轉覺朱子之近於庸常也；白沙、甘泉、江門靜坐之學，從而和之，此其始未嘗不深會於聖賢之詣，而其一意孤行，漸啟門户之幟，則不可不防其弊也。幸至今日，經學昌明，學者皆知奉朱子爲正路之導；其承姚江之説者，固當化去門户之見，平心虚衷，以適於經傳之訓義。而又有由漢荀、虞、馬、鄭博涉羣言以爲樸學，此則攷證之學，又往往與朱子異者，是皆不探其本而逐其末者也。攷證之學，則與良知之學正相反對。以愚區區之見，則良知既不必自名其學，而攷證諸家，精心研討，以漢儒爲名乎？豈漢學果能究悉乎？則吾謂攷證之學，實自馬端臨、王應麟、黄震之徒而後濬發之，其用意深粹，仍自朱子門人之緒得之。孟子固曰：「夫道一而已。」然則學一而已矣。攷證之學，仍皆聖賢之學也，良知之學，則無此學也。

姚江學致良知論下

前而鵝湖之學，後而江門之學，皆可綜理條貫之，使與朱子合也。惟姚江之學，以「致良知」爲說，則實異乎朱子，所不得不辨者。彼固謂其說本孟子也。孟子擴充之旨，謂以仁心行仁政者，推此以加諸彼，就仁術以啟發當時之國君，非於大學條目言之也。故曰：「所不學而能者，其良能也；所不慮而知者，其良知也。」孟子固明說「不學」、「不慮」矣。言「不學」、「不慮」，則與大學「格物」、「致和」之用力程功不同矣。夫所謂「致良知」者，即擴充其良知也。乍見孺子將入井，此迫切之際，可與之言學乎？興甲兵危士臣之際，可與之言學乎？則不得不指其良心發見之端，然亦必準之以權度。權度於物皆然，而心爲甚。心爲甚者，指其急切處也。物皆然，則平日從容分析輕重長短，是又即大學「格物」、「致知」在「誠意」前之謂也。孰謂大學本末厚薄之下，未嘗申繹格致，而遽先釋誠意者乎？熟讀孟子，而「致良知」之說，是有意與朱子立異，灼然無疑矣。凡爲學，切勿分別門户也。而爲說經計，則焉得不剖其歧說？大學章句，必以朱子所定爲正本，不可妄言復古本。是則姚江「致良知」之說，大有蠹於經者，是以申切論之。

攷訂論上之一

攷訂之學，以衷於義理爲主。其嗜博嗜瑣者非也，其嗜異者非也，其矜己者非也。不矜己，不嗜異，不嗜博嗜瑣，而專力於攷訂，斯可以言攷訂矣。攷訂者，對空談義理之學而言之也。凡所爲攷訂者，欲以資義理之求是也。而其究也，惟博辨之是炫，而於義理之本然反置不問者，是即畔道之漸所由啟也。如近日惠棟之於易，極意博綜，而妄取他本以解經字，甚至以繫辭傳「天一地二」以下爲後人所增，以「富有」、「日新」諸語爲後人所訓，以説卦傳「乾，健也」以下爲後人所益；又如近日閻若璩之於書，苟求古文，毛舉細碎，逞其口辨，甚至以「危微精一」十六字爲非經所有，凡此等謬説，皆起於偶有所見，而究其自信自炫，遂反脣而不顧其安者，皆嗜博嗜異，而不惟義理之是求也。學者束髮受書，則誦讀朱子四書章句集注，迨其後用時文取科第，又厭薄故常，思騁其智力，於是以攷訂爲易於見長，其初亦第知擴充聞見，非有意與幼時所肄相左也。既乃漸騖漸遠，而不知所歸，其與遊子日事漂蕩，而不顧父母妻子者何異！攷訂本極正之通途，而無如由之者之自敗也，則不衷於義理之弊而已矣。然則攷訂之學，轉不及空談義理者歟？曰：攷訂之學，豈惟勝之，正賴有攷訂之學，然後義理尤長。近日秀水朱氏經義攷，其有資於攷證，人所知也。朱氏此書，可謂切於攷訂矣。然吾所最憾者，每書載其原序，而於序尾之年月反多删去，將使觀者何由而得其師承之所自乎？何由而參驗其沿革同異乎？宋以後，言義理則益加密矣。顧有恃義理之益明，而轉薄視漢、唐注疏者，忽視爾疋、説文者，甚且有以意測義而斷定訓詁形聲者，有無所憑藉而直言某與某古通用者。此皆空談義理不知攷訂者誤之，乃激而成嗜博嗜異之侈爲誷説者。是二者，其弊均也。言正誤則開妄改之弊，言錯簡則開妄作之弊。若究其所始，則錯簡之疑，始於鄭康成之注玉藻，其段段言脱爛者，原自有所以處之，非私見也。而極其弊，至於宋儒之改康誥首段以爲洛誥之文，則誤甚矣！詳具拙撰書附記。至於正誤，以某字當爲某字，則鄭氏之失爲多，後人又豈得尤而效之？語其大者則衷之於義理，語其小者則衷之於文勢，語其實際則衷之於所据之原處，三者備，而攷訂之法盡是矣。然而文勢亦必根柢於道也，所据羣籍亦必師諸近聖也，故曰：「攷訂之學，以衷於義理爲主。」

攷訂論上之二

客曰：「子謂攷訂必衷於義理者，以治經言也。若博攷子史諸集，其盡然耶？」曰：「吾固謂攷訂在於審其來處也。如攷史，則所攷之事必以所据之書爲斷。其所据之書出於正史歟？出於別史雜史歟？出於野史歟？即同出正史，而正史所据，必有其足信之實，有前後數代之史以證之，有前後諸紀傳之歲月以證之，有旁推諸紀載以證之，則益足以申其是而辨其非矣。攷諸子集亦然。既有其所据之書，則其記載之先後，互校之虛實，此其中即有義理之所徵者，即有文勢之所區別者。故凡攷子史諸集者，皆與治經之功一也。天下古今未有文字不衷於義理者也，豈惟諸子、諸史、諸集哉！即稗官說類之流，皆可以此概之矣。豈惟稗說哉！即里俗鄉曲傳誦勸善之文，茍其合於義理者，即無庸執攷訂之學以駁難之，此所當權其輕重而已矣。如權其輕重，則不至泥古反古，致以爲攷訂者之累矣。如古有父在爲母服朞年之說，通儒皆信之，然吾合古今參攷之，雖其明有所徵，而不得不直言其不可從也。詳見禮附記。又見近日全氏祖望著一文，辨閩海祀天后事。此惟衷諸義理，有功於民則祀之，而毅然奮筆以辨之，可乎？故曰：『凡攷訂者，一以衷於義理爲主。』」

攷訂論上之三

客曰：「子謂攷訂衷於義理，而所据之書與文勢兼之，是三者固足以該攷訂之學矣。惟有一事，不能以此例之者，則攷訂法帖耳。豈其攷訂法帖者，必皆以書法爲主耶？」曰：「金石自是一類，法帖與書畫自是一類。攷金石，則仍吾前所云攷史之例矣。若攷法帖，則專以書法爲主。何者？法帖書畫者，藝而已矣。雖言藝亦必根於道，然未有言藝而轉舍藝以爲言者，故凡攷法帖而博極參證於經史者，此言藝之本也。其有不甘於言藝，而必假攷訂經史以爲名者，此自欺之事也。嘗見陜碑有修某城一碑，字極醜拙，而其事足以證史，如此之類，不以書法言，可也。至若篆變隸，隸變楷以來，歷朝諸家之原委，亦必講求之，以定學術之淳漓，趨向之邪正，此非衷於義理者乎？如漢、唐隸書，肥瘦骨肉之上下源流，非關於學術乎？楷行以下，雖流別漸多，然如王羲之書以樂毅論爲首者，正爲其小楷中具開闔起伏正變之勢，所以瘞鶴銘可與並論也。而後之不知書者，推吴廷所刻本一例圓熟者爲真，則適以開作僞者之漸，此非關於學術士風者乎？近日如王澍知學書，而所撰帖跋避論書談藝之名，而嗜援史事，矜爲攷訂之學，實則所攷轉多舛誤。今之學者，動輒舉碑刻之文以斷史之誤，然其中固實有史誤而碑可信者，亦有不妨兩存以備攷者。如唐文宗年號大和是大小之大，史皆誤爲太和；遼道宗年號壽昌，史皆誤爲壽隆，此則必以石刻正之。若其他歲月、職官、名氏，或有不得執一以遽斷之者。近日言碑帖者，不知藝之與道通也，嫌其涉於僅言鑒賞似遊客之所爲，故於碑帖必先求其與史傳之合否，又往往必申石刻以抑史傳，其意未嘗不善，而其實則欲避居論書之名，爲大言以欺人而已矣。歐陽子已薄視鍾、王、虞、柳，以茗飲、圖畫爲比，直恐劃界道與藝而二之，則吾不敢也。歐陽子與石守道書，以鍾、王、虞、柳之書，比於嗜茗飲，觀畫圖。其云「鍾、王、虞、柳」者，石守道來書中語，蓋以鍾、王、虞、歐並說，不欲斥言歐，而改云柳。抑何不云虞、褚，而云虞、柳？柳可與虞並稱乎？此其隨手措語，又不足以較量也。然歐陽之文，世所重也。今以書法比之茗飲、圖畫，固不足道。至若圖畫則雖藝事，而亦不得謂全不關於攷訂也。漢人石刻之畫像，有可以攷冠制毋追者，有可以攷車制程蓋達常者。即唐、宋以後，畫家之沿革出處，亦有足裨於史傳詩文者，豈得與茗飲一例輕之？經曰「游於藝」，又曰「工執藝事以諫」，藝可盡卑視乎？且夫攷訂之學，大則裨益於人心風俗，小則關涉於典故名物，然一言以約之，曰取資於用而已。經曰「不作無益」，有裨於用者則當攷之，其無益者則不必攷。知此，則攷訂之大端在是矣。如其不適於用也，雖以古經師大儒所言，如鄭氏之言六天，盧氏注大戴之言明堂、路寢，甚至顯著於經，如祭祀之皇尸公尸，喪服之父在爲母朞年，此等不可行之事，攷之何用？不攷之未爲寡陋也。如其適於用也，雖以後世書家畫家之蹟，至如黃庭、樂毅、洛神諸本之原委先後，能詳攷之，豈不有裨益乎？故攷訂不論其巨細遠近，但爭其有用與無用，有益與無益而已。又如吾邑黃氏中州金石攷，前有陳祖范序，此必因陳有學古能文之名，欲借其序以重此書也。及觀陳序，其文之薄弱，固不足言，即以所稱「攷金石者，有資於攷證經史，而非玩物喪志」，其言「攷證經史」是已，其言「非玩物喪志」，則即歐文所比茗飲之類也。作此攷之序，正當以其所録碑目不盡著撰人書人則無益於攷，不盡著存否闕佚則無益於攷，不此之究，而以玩物喪志相形言之，則是從未嘗留意此事者之言，而遑問其序之工否乎？因論歐文，附及之。

攷訂論中之一

有訓詁之攷訂，有辨難之攷訂；有校讐之攷訂，有鑒賞之攷訂。古之立言者，欲明義理而已，不知後之人有攷訂也；古之爲傳注者，欲明義理而已，不知後之人有攷訂也。若東漢時，淹洽諸經如鄭康成者，知後人欲加攷訂之功，則所見之書尚多，必已備陳之矣；所據之音訓何自，必亦詳説之矣。豈惟鄭氏之於諸經，古之人有先我而稽纂者，當早剖其本末，而具其節目，則無事於後人之攷訂矣。此固必不能之勢也。然而原其大要，則稽古之勤，自漢儒始。漢儒所自爲訓義者，又不盡傳於後，於是荀、虞、鄭氏之易，申、轅之詩，服之春秋，反賴後人爲之掇拾輯録。至有不能知其上下文義若何，而專舉其一語爲證者。然而師承之遺緒，時有聞見引述，賴得假途問津者，即徐遵明、二劉之徒，尚矻矻綴及之。而又間隔以有唐一代，博涉詞藻，而其原弗探也。陸氏在隋末唐初，作釋文已多兩歧之音訓矣。何況鄭康成生於許慎作説文後之廿九年，其上下原流沿革同異之所以然，孰從而一一詳質之？即當北宋時，亦安知無一二遺聞逸説在人口耳者？而啖、趙以後，爲春秋學者已多自立議論。推而上之，昌黎已有三傳束閣之語。曾不知三傳俱束高閣，更何据以究遺經之終始乎？直至南宋，而朱子出焉。吾非敢目朱子爲攷訂家也，謂其用心之精，用心之正也。即一攷訂之事，未有不本於用心之精、用心之正者也，夫然後鄭樵、馬端臨、王應麟之輩出焉，用心之精自南宋始也。而其後又間隔以有明一代之不知攷訂。明人之不知攷訂，則八比時文之弊也。學者童而習焉，則由八比時文入也。然而上下千古，通徹言之，則攷訂之學，未有盛於我國朝者也。宋人之推歐陽子也，曰「以通經學古爲高」。乃歐陽氏之於攷訂，尚有待焉者，則通經學古之事，必於攷訂先之。雖沿有明之制藝，而實承宋儒之傳義，萃漢、唐之注疏，則未有過於今日者也。學者幸際斯時，其勿區漢學、宋學而二之矣。然而畫漢學、宋學之界者固非也，其必欲通漢學、宋學之郵者亦非也。今日上則有欽定諸經傳疏義説，下則内外皆有四庫書寫本，即以科舉時文，亦人人知有稽古通途所自出。昔之患其儉陋者，今已轉欲防其騖廣嗜異之漸。是則此時之攷訂，視前人倍易爲力，其收功也，亦視前人倍多所逸獲，則用心之精，用心之正，與用力之勤，兼而出之，何不可隨所近之路以適於大道乎！故吾曰：「攷訂之事，必以義理爲主。」

攷訂論中之二

然則證据經史，整齊百家，近儒孰先耶？曰：「豈敢品次之哉！前乎我者，誦其遺文而已。此中分別出入之際，難言之矣。若就吾見聞，最近者，無錫顧氏之於春秋，元和惠氏之於諸經，婺源江氏之於三禮，吾皆未及見其人，而粗得其緒矣。吾所目及見者，則休寧戴震、歙縣金榜、金壇段玉裁，是皆惠、江氏之後出者。然吾雖皆略知其人，而未與之友也。就吾所與辨析往復者，則如餘姚盧文弨、嘉定錢大昕、大昭也。此諸子之書具在，抑又不必從而軒輊之。吾門從遊者，則若寶應劉台拱、海州淩廷堪、曲阜孔廣森、南城王聘珍，亦其亞已。高郵王念孫與其子引之，皆推服金壇段氏説文之學。引之亦謂劉台拱深於論語。昨阮侍郎元以所録台拱之書來示，其論語卷中，有精審者，亦有偏執者。而淩廷堪之儀禮釋例，雖不爲害，而究亦無所益。蓋此事原不能求其備善者也。故執己所長，以議人之短者，可偶舉其一二，而不可繩其全也。惟詩文家竟有不事攷訂者，此固無害其爲專長。秀水錢載，詩人也，不必善攷訂也，而與戴震每相遇輒持論齟齬，亦有時戴過於激之，然而錢不敢斥言攷訂家之失也。惟鉛山蔣士銓詩集有題焦山瘞鶴銘一詩，其言曰：『注疏流弊事攷訂，鼷鼠入角成蹊徑。』此則大不可者。攷訂瘞鶴銘，特金石中一事耳，與注疏何涉？而以攷訂之爲弊，歸咎於注疏，是特俗塾三家邨中授蒙童者，第知有范翔四書體註語，以十三經注疏，則茫然未嘗開卷者，蔣或即其人耶？若非其人，曷由有此語耶？聞蔣主講席於揚州，諸生有汪中者，夙以博辨自詡，起而問曰：『女子之嫁母送之門，是何門？』蔣曰：『姑俟查攷。』汪曰：『俟查攷，則無所庸其掌教矣！』蔣以此深銜之，語學使，欲置之劣等。今若以蔣此詩證之，則其答汪生，似太過自抑矣。推其題瘞鶴銘而斥注疏之攷訂，則其答汪生，應云『母送何門，不應來問』，則與其詩相應矣，而蔣不敢也。吾所識，如諸城劉閣老墉之於金石碑板，及錢侍郎載之於詩文，皆不善於攷訂，而不敢公然斥攷訂爲非。惟一蔣君，有出言之違失若此者。蔣之詩，近頗爲人傳誦，此豈得阿私好而諱匿之？凡人各有所長，豈其人必攷訂而後成家乎？要在平心，而勿涉矜氣，則攷訂與不攷訂皆無弊矣。」

攷訂論下之一

凡攷訂之學，蓋出於不得已。事有歧出，而後攷訂之說有互難，而後攷訂之義有隱僻，而後攷訂之途有塞而後通之。人有病而後藥之也。乃若義之隱僻者，或實無可闡之原，或猝無可檢之來處，則虚以俟之，可矣。事之兩歧，説之互勘，而皆不得其根据，則待其後定而已矣。此亦莊生所謂「緣督爲經」也。借如未有窾郤，有何從批之導之哉！若其立意以攷訂見長者，則先自設心以逆之，而可言攷訂乎？若其於事之兩歧，説之互出，義之險賾，苟間以私意出入而軒輊焉者，其爲攷訂也，必偏執而愈增其擾矣，又奚以攷訂爲哉！攷訂者，徽棼絲而理之也，未有益之以棼絲者也。是故攷訂之學，可以平吾心，可以養吾氣，可以漸問於學道之津矣。故曰：「攷訂之學，以義理爲主。」

攷訂論下之二

客曰：「攷訂之學，其出於後世學人，而非古先聖訓所有也乎？」曰：「聖言早已具矣，特未明著其爲攷訂言之耳。蓋嘗反覆推究，上下古今，攷訂家之所以然，具於此三言矣：曰多聞，曰闕疑，曰慎言。三者備，而攷訂之道盡於是矣。大抵攷訂者之用己意，初非好矜己以炫所長也，亦實因乍見某書某處有間可入也。而未暇於此事之旁見於他處者，悉取而詳核之，則誤者什有幾矣。其或又見一處，正與此處足以互按也，喜而並勘之，以爲兩端之執在是也，而不知前乎我者，某家某文早有説以處之，吾不及知，而遽以吾所見定之，又非漏則略。故觀書貴博也。每有積數十年之參互待決者，一旦豁然得之矣，而後此又於某書見有此條，其所見又倍於我者，乃始皇然省也，此皆未多聞之故也。至於不肯闕疑，不甘闕疑，則其弊最大。今之言攷訂者，相率而蹈之者，比比皆是也。何者？不平心，不虚己，而好勝之害中之也。未攷訂之前，已有胸中成例在矣，及其所遇，偶有不合於吾例者，則遷就圓合以爲之說，必不欲闕疑也。經史之事，有能析其一端，而不能盡白其後一端，則恥之，則概以己意演繹之，必不欲闕疑也。今有衆賓廣坐中，某舉一事爲問，其知之者則應曰，某作某義，某出某典；其不知者，稍有愧色，不欲顯也，則起而更以他事亂之；不則出一別說以間之。今有市鬻貨者，某貨取直若干，其欲應者，則緩圖之矣；其黠者，則詭言他物以亂之；若不以爲意者，俟其人悔而更議也，於是黠者以離得合矣，此固市井小人之爲也。其出別說以間亂者，奚以異此！」「然則攷訂而不甘於闕疑，是殆與市井小人之習相埒乎？」曰：「不然。彼聞一言，而出他說以間亂之者，固非矣。然而坐中有識者，輒掩口笑之，衆皆知其無能爲役也。若攷訂家遇難解處，毅然以一說强質之，則竟筆諸著述，傳諸藝林，甚且有奉爲定解者，直有以爲利，而不知其害者，此其爲弊，中於人心學術，以視市井小人之所爲，不更下一等乎！不意攷訂本至精之正業，而其可笑至於如此者，則强不知以爲知之爲患大也，夫然後知聖人教人灼見後世人心學術之利弊至深遠也。」客曰：「子以疑必當闕，則古籍可疑者多矣，如盡從而闕之，將安用注釋爲耶？」曰：「聖人固明言之，其必不可不闕者則無寧闕也，其稍有可通之處則慎言而已矣。治家者惟儉可以養廉，治經史者惟慎可以補闕。有慎言之一途，而闕疑之法圓足之至矣。至於併欲慎言而無從者，則仍歸於闕疑而已。然而慎言亦豈易哉！有出人採取之慎，有比較絜度之慎，有落筆字句之慎，有出言詞氣之慎。夫非爲畏物議而慎，爲友朋箴規而慎也。學者立言，本宜敬以出之，遠鄙倍而擇尤雅，或者其庶幾乎！」

攷訂論下之三

攷訂者，訂證之訂，非斷定之定也。攷訂者，攷据攷證之謂，非斷定之謂。如曰攷定，則聖哲作之也，非學者所敢也。近見戴震謂「非典制名物不足以窺聖道。且如宫室之制，必据大戴記盧注謂明堂即路寢，不知盧注所謂路寢與明堂同者，未知是言其中某制某義之相同也，而謂路寢即明堂乎？如井田之制，近日沈彤得漢尺，即準之以命有周之世分田制禄之法，可乎？如祭祀之制，鄭康成氏謂禘是祭天，實是誤會祭法，而近日爲鄭學者，必傅合其説，謂禘非宗廟之祭，可乎」？愚謂治禮經者，但當纂言，而不當纂禮。蓋纂言，則古説即有沿革同異，或不妨並存以資考析耳。纂言，則諸經雖各爲指歸，而間或取彼以證此，亦未遽伸此以抑彼也。若竟居然斷定某制當如何，某事是如何，非其目覩，誰則信之？自聖人仰述夏、殷，已云無徵，不信今日之視周，與周之視夏、殷何如哉！況居今日而斷定古之典制名物，非妄則鑿也。妄則敢僭以誣世也，鑿則嗜異以自欺也。凡學問之事，苟非大爲害於世教者，慎勿剖斷之也，且勿論不當纂禮。凡典制名物，吾未目見，必不可斷之固已。且即以纂言之法，雖一字義，苟非有前人成説，亦不可以斷定。嘗見一友集中，述戴震説「朕兆」「朕」字，謂是舟之拆裂隙縫，此字從「舟」，而説文「舟」字條下無此説也。今以己見，造爲説文，可乎？又見一友集中，援近日段玉裁説左傳「人盡夫也」句，謂此條杜註數句皆有「天」字，欲改云「人盡天也」，可乎？然此皆不足道也。請就一事言之，尚書武成「王若曰」以下，乃是史臣重述之文，而蔡傳必執原本爲錯簡，居然更造一篇，名曰攷定武成，至今塾師遵爲定本。此則宋儒明於義理者自蹈於蔑古，皆擅言攷訂之弊有以致之，可勿慎諸！

理説駁戴震作

近日休寧戴震一生畢力於名物象數之學，博且勤矣，實亦攷訂之一端耳。乃其人不甘以攷訂爲事，而欲談性道以立異於程、朱。就其大要，則言理力詆宋儒，以謂理者是密察條析之謂，非性道統挈之謂，反目朱子「性即理也」之訓，謂入於釋、老真宰真空之説。竟敢刊入文集，説「理」字至一卷之多，其大要則如此。其反覆駁詰，牽繞諸語，不必與剖説也。惟其中最顯者，引經二處，請略申之。一引易曰：「易簡而天下之理得矣，天下之理得而成位乎其中矣。」試問，繫辭傳此二語，非即性道統挈之「理」字乎？成位乎其中者，謂易道也，則人之性即理，無疑者也。對上「賢人之德」、「賢人之業」，則此句「理」字以人所具性道統挈言之，更無疑也。此處正承「天地定位」而言易之「成位乎其中」，豈暇遽以凡事之腠理條理言耶？此不待辨而明者也。再則又引樂記：「天理滅矣。」樂記曰：「人生而靜，天之性也，感於物而動，性之欲也。物至知知，然後好惡形焉。好惡無節於内，知誘於外，不能反躬，天理滅矣。」此句「天理」對下「人欲」，則「天理」即上所云「天之性也」，正是「性即理也」之義。而戴震轉援此二文，以謂皆「密察條析」之理，非「性即理」之理，蓋特有意與朱子立異，惟恐人援此二文以詰難之，而必先援二經語以實其「密理條析」之説，可謂妄矣。夫理者，徹上徹下之謂，「性道統挈」之理，即「密察條析」之理，無二義也。義理之理，即文理、肌理、腠理之理，無二義也。其見於事，治玉治骨角之理，即理官理獄之理，無二義也。事理之理，即析理整理之理，無二義也。假如專以在事在物之條析名曰理，而性道統挈處無此理之名，則易繫辭傳「易簡而天下之理得矣」，樂記「天理滅矣」，即此二文先不可通矣。吾故曰：戴震文理未通也。樂記此段下，愚既略附記矣；易傳首章下，則不敢也，是以别録此篇題，以駮戴震，豈得已哉！

與程魚門平錢戴二君議論

昨曎石與東原議論相詆，皆未免於過激。戴東原新入詞館，斥詈前輩，亦曎石有以激成之，皆空言無實據耳。曎石謂東原破碎大道，曎石蓋不知攷訂之學，此不能折服東原也。詁訓名物，豈可目爲破碎！學者正宜細究攷訂詁訓，然後能講義理也。宋儒恃其義理明白，遂輕忽爾疋、説文，不幾漸流於空談耶？況宋儒每有執後世文字習用之義，輒定爲詁訓者，是尤蔑古之弊，大不可也。今日錢、戴二君之爭辨，雖詞皆過激，究必以東原説爲正也。然二君皆爲時所稱，我輩當出一言持其平，使學者無歧惑焉。東原固精且勤矣，然其曰「聖人之道，必由典制名物得之」，此亦偶就一二事言之可矣。若綜諸經之義，試問周易卦、爻、彖、象乘承比應之義，謂必由典制名物以見之，可乎？春秋比事屬辭之旨，謂必由典制名物見之，可乎？即尚書具四代政典，有謨訓誥誓之法戒存焉，而必處處由典制名物求之，可乎？即詩具徵鳥獸草木，而有忠孝之大義，勸懲之大防，必盡由典制名物求之，可乎？聖門垂教，論語其正經也，論語、孟子必以典制名物求之，可乎？孝經以典制名物求之，可乎？戴君所説者，特專指三禮與爾疋耳。三禮云者，經部統籤之稱也，究當分別言之。小戴記，禮之傳也，當合儀禮説之。韓子已言儀禮非後世所用，顧宜知其義而已。其義難知，則合其經傳以求之，學者正宜先知禮運首段之並非歧入異説也，又宜知學記之並非泛事空説也，又宜知玉藻鄭氏所明脱爛處之不宜徑皆接合也，又宜知樂記十一篇之宜各審其篇次也，此又豈概以典制名物得之者乎？周官六典何以不略見於諸經？禮記六太何以不同於周官？古籍邈遠，不能詳徵，必欲一一具若目見而詳陳之乎？況禮所具者，周典耳。夫子於夏、殷禮皆能言之，以其無徵，故民弗從，而不言也。今雖周之典制尚有存其略者，而其於善之無徵，民之弗從，則一也。是以方綱愚昧之見，今日學者，但當纂言，而不當纂禮。纂言者，前人解詁之同異，音訓之同異，師承源委之實際，則詳審擇之而已矣。若近日之元和惠氏、婺源江氏以及戴君之輩，皆畢生殫力於名物象數之學，至勤且博，且實人所難能也。吾惟愛之重之，而不欲勸子弟朋友效之。必若錢君及蔣心畬斥攷訂之學之弊，則妬才忌能者之所爲矣。故吾勸同志者深以攷訂爲務，而攷訂必以義理爲主。

附録

先生謂「説經宜平心易氣，擇言而出之，和平審愼而道之。彼閻氏若璩者，多憤激不平語。今見長樂梁子條辨，頗亦多出嫉激語以敵之。然則二者皆嫉激也」。復初齋集古文尚書條辨序。

又曰：「梁子九山每來吾齋，談藝極虚衷，不以議論鳴於人。今其兄子芷林，始以所爲古文尚書辨諸條輯鈔來示，予再讀而三歎焉。毛氏冤詞可不必有，而此書不可無也。毛氏冤詞之書，吾最惡其以程子改大學與歐陽之毀易繫並論。程、朱皆更定大學古本，今用朱子定本，實勝二程子本，非改也，是乃大學定本也，豈得與歐陽修毀繫辭同語乎？歐陽之誣毀聖人繫辭，獲罪大矣，又非僅區區閻若璩之比耳。惟其中太過者，則十六篇之說不可駁也。蓋班氏藝文志云「得多十六篇」，而史記云「逸書十餘篇」，若竟以司馬氏之軍括爲正，而班志之十六篇爲偶沿劉歆歟？不知司馬所云「十餘篇」者，史記偶未詳覈爾。班氏亦未詳覈十六篇者，則當日考校所得，賴此猶足以見孔壁古文篇目多出之實數，特班志未言其細目，史家紀事而已，非以考經也，然居今日猶可因此借以見古籍之舊也。孔疏援馬融謂「十六篇絶無師說」，亦非疑之之辭，乃正以見古文見者之少，是致惜之語，非外之也。今日讀此經，知其古文篇數之概，足矣。其果孰爲真古文，更千萬世孰能起而復理之？亦更不必於此間再下斷語耳。」復初齋集古文尚書條辨序二。

又曰：「許祭酒師賈逵者也，其說文明著之曰：『書孔氏。』則求其古文，莫若說文所引矣。嘗取許氏說文所引尚書語以驗之，所引周書曰『在夏后之詷』，今書顧命『在後人侗』，若增『夏』字，其可通乎？此又必非後來校說文者所能增入也。黄公紹韻會引作「在後之侗」，据此或是說文傳寫偶誤入「夏」字乎？然「詷」作言旁，系在言部，則非傳寫誤也。注：「詷，共也。」陸氏釋文亦引馬本作「詷」，云「共也」，此則與成王顧命語義不倫矣。又毛氏古文冤詞載許氏所引尚書「圛圛升雲，半有半無」，此則非也。予見金崇慶間刻集韻引此尚書「圛圛者升雲，半有半無」，第二「圛」下有者字，則知尚書曰「圛」，即洪範曰「驛」也。以漢時師賈逵之許氏，親見古文矣，而其所引，實有不可解如此條者，則其他家更何足述乎！」復初齋集古文尚書條辨序三。

又曰：「奉新周生撰異字箋餘，因王伯厚詩攷而作也。其所攷諸條，固有增於伯厚矣。然其研經之用意，有出於伯厚所未及者。伯厚之自序曰：『述三家緒言及説文、爾雅諸書，以扶微學，廣異義。讀集傳者，或有攷於斯。』是其書爲朱子集傳作矣。至其後，董斯張、范家相又廣摭之。近今攷訂家，若陳啟源、惠棟之屬，則援据益博，而其間致啟嗜異之漸者，亦不可不防也。往者，吾友盧學士文弨以校讎爲職，志撰釋文攷證以綜覈之。以方綱淺學，竊平心而論，説文、爾雅之訓詁，釋文之音義，釐然具存，惟在學者善取爾。然後來專守宋儒章句者，則往往以説文、爾雅爲迂遠不足稽也。而其專爲説文、爾雅之學者，又轉多喜創獲，好爲立異，如惠氏易述，毅然改經字，以就其所据一家之説，以新奇爲復古，此則欲窮經而反害於經。究其致此之由，亦未嘗非專守宋儒者有以激成之。」復初齋集詩攷異字箋餘序。

又曰：「經術至宋儒而闡發義理日益精，實則與考證訓詁本一事也，河南二程子實啟正學之脈。而今之考經義者，必欲曲辨二程子未嘗師事周子，又必謂太極圖出於陳希夷，又或因辨陸象山、王陽明之學派，而轉謂程、朱有涉於二氏，此皆嗜瑣嗜博之徒，非説經之正也。」復初齋集跋中州文獻册。

又曰：「通經之難，有旁推借證以爲通者，有墨守不變以爲通者，有融合隅反以爲通者，有闕慎以爲通者，有其語必博綜前説者，有其義不得不申己説者。知通經之難，則知讀經解之難。」復初齋集經解目録序二。

又曰：「書、詩之序，即古經之傳也，更無在此前者。而宋儒必力攻書、詩序。若蔡傳於康誥、多士、多方諸篇，竟是立意與序爲對敵而攻擊之，此則復安用傳注爲乎？」復初齋集經解目録序三。

先生精於金石之學，嘗以黄小松所得漢石經尚書、論語三段借摹於石，又合如皐姜氏、金匱錢氏摹熹平石經一十二段殘字六百七十有五勒於南昌學宫。所著兩漢金石記二十卷，王蘭泉謂其「剖析豪芒，參以説文正義，幾欲駕洪文惠而上之」。李越縵稱其「評法書尤爲專家，攷求印記，辨别點畫，南宋姜、岳以來一家之學也」。史傳、越縵堂日記。

先生所爲詩多至六千餘篇，自注疏史傳，以及金石文字，凡所攷訂，皆具於中，蓋以學爲詩者。史傳。

蘇齋家學

翁先生樹培

翁樹培字宜泉，蘇齋次子。乾隆丁未進士，授檢討，歷官刑部郎中。蘇齋預修四庫書目，日侍左右。窺所校説文，心獨嗜之，凡諸墨帖，皆不顧也。日夕摹寫篆隸，專力考校。於史家年月，歷朝年號，後先同異，如鍾廣漢建元考、萬柘坡紀元韻敍諸編，尤所詳核。泉譜自唐封演以下諸家多不傳，傳者僅宋洪遵泉志爲最古，第其書雖賅博，不無附會，迺爲旁搜博採，綜括靡遺。以勞卒。著有錢録若干卷，詩一卷。參復初齋集樹培小傳。

蘇齋弟子

劉先生台拱 别爲端臨學案。

淩先生廷堪 别爲次仲學案。

孔先生廣森 别爲顨軒學案。

王先生聘珍 别見次仲學案。

錢先生塘 别見潛研學案。

李先生惇 别見石臞學案。

馮先生敏昌

馮敏昌字伯求，號魚山，欽州人。乾隆戊戌進士，官翰林院編修，改刑部主事。性孝友。乙卯官秋曹時，除夕前一日，聞父喪，痛不欲生。蘇齋聞，亟趨視之，大雪後嚴寒，已徒跣竟日矣。蘇齋責其傷生，非孝也。再四大聲疾呼，而後著襪。弔者相謂曰：「此非嚴師，不能使著襪也。」平生詩文，所至有記，撰華山小志、河南孟縣志，修廣東通志。蘇齋謂「歷掌文衡，所得英儁非一，而以天才獨擅，稱爲最先，尤重其天性過人」云。參復初齋集魚山馮君墓表。

辛先生紹業

辛紹業字敬堂，萬載人。嘉慶丙辰進士，官國子監助教。性誠篤，不苟言笑。深於經學。蘇齋嘗與校勘注疏說文，同時士夫有持經質蘇齋者，必與共研覈之。蘇齋稱其「證据極博，而能審擇一是，不爲矜異之說」。於易、書、詩、三傳、三禮皆攷辯補訂，著有成書。參復初齋集辛君墓表。

吴先生嵩梁

吴嵩梁字蘭雪，東鄉人。嘉慶庚申舉人，官内閣中書。後出知黔西州。主鹿洞講席，嘗以陽明之言良知與孟子同論，蘇齋與書戒之云：「孟子言良知即性善之旨，陽明言良知則是欲破朱子補格致之傳耳。蓋因古本大學所謂『誠其意』者一段在諸章之前，自朱子乃移正之，列於格物致知之後。此定論也，必不可妄矜復古者也。陽明乃欲矯爲立異，謂本心自有真知，不待用格知之功，以此駁朱子，是正與大學教人之序相乖剌，有是理乎？在朱子補格致之傳，愚自有攷證之説，今且勿庸詳也。而陽明之主良知，乃是誤解大學之要義，其可以與孟子之言良知同日語乎？」參復初齋集與吴蘭雪書。

案：蘇齋弟子之見於集中者，如李彦章、李常浛、陳燮、安吉皆未見著作，附識之。

蘇齋交游

朱先生筠

别爲大興二朱學案。

朱先生珪

别爲大興二朱學案。

紀先生昀 別爲獻縣學案。

盧先生文弨 別爲抱經學案。

王先生念孫 別爲石臞學案。

王先生引之 別見石臞學案。

錢先生大昕 別爲潛研學案。

錢先生大昭 別見潛研學案。

阮先生元 別爲儀徵學案。

桂先生馥 別爲未谷學案。

邵先生晉涵 別爲南江學案。

孔先生繼涵 別見東原學案。

丁先生杰 別見抱經學案。

周先生震榮 別見實齋學案。

程先生晉芳 別見大興二朱學案。

張先生燕昌

張燕昌字芑堂，號文魚，海鹽人。乾隆丁酉優貢，嘉慶丙辰舉孝廉方正。性孤介。嗜金石，搜奇採僻，都爲一集，名金石契，凡五卷。嘗於范氏天一閣藏書中獲覩北宋石鼓文搨本，手自摹勒，撰石鼓文釋存一卷，驗以篆籀，定其偏旁點畫。又哀古來飛白書之源流派別，作飛白鈔二卷。辨經箋紙，作金粟箋說一卷。參海鹽縣志。

張先生廷濟

張廷濟字叔未，嘉興人。嘉慶戊午舉人。久困公車，遂結廬高隱，以圖書金石自娱。建清儀閣，鑒賞精審，每一器一碑，入手即能知其真僞，别其源流。所拓商、周、秦、漢古彝鼎銘文千種，蘇齋與之往復攷論，多所辨析。著有叔未金石文字、清儀閣題跋、金石奇緣、墨林清話、桂馨堂集。參嘉興縣志。

黄先生易

黄易字大易，號小松，又號秋盦，錢塘人。官兖州運河同知。精金石六書之學，自歐陽、趙、洪所未見者，皆著於録。嘗手自鉤摹漢、魏諸碑，附以題跋，署曰小蓬萊閣金石文字。又有小蓬萊閣碑目。嘗於都下得漢熹平石經般庚、論語三段，蘇齋摹以勒石。北抵燕、趙，南游嵩、洛，作嵩洛泰岱訪碑諸圖。四方嗜古之士，得奇文古刻，咸相就正。所收金石刻至三千餘種，前人未見者什之五。又蓄漢印、諸吉金雜器物款識，摩挲終日，俱有攷證。摹印師秦、漢。問業丁氏敬，所造益完。款識樸屬微至，甚自矜重，不輕爲人作。參復初齋集黄秋盦傳、杭州府志。

清儒學案卷九十一

懋堂學案

懋堂爲東原弟子，謹守師説，發揮而光大之。其注説文，貫通融會，駸駸駕東原方言之上。六書音均表成於東原聲類表之前，東原頗有取焉。若義理之學，集中釋大學「明明德」，孟子「聖之於天道」，皆墨守東原之義，猶漢儒之尊家法也。述懋堂學案。

段先生玉裁

段玉裁字若膺，號懋堂，金壇人。生而穎異，讀書有兼人之資。乾隆庚辰舉人。至京師，見休寧戴東原先生，好其學，遂師事之。以官學教習授貴州玉屏縣知縣，坐事罷。尋復起，權四川富順、南溪二縣，補巫山，簿書之餘，著述不輟。以親老引疾歸，卜居吴門，鍵户不問世事者三十餘年。嘉慶二十年卒，年八十有一。先生於周、秦、兩漢書無所不讀，諸家小學皆别擇其是非。治説文數十年，初爲長編，部各爲卷，既乃隱括爲説文解字注三十卷。謂「爾雅以下，義書也；聲類以下，音書也；説文，形書也。

凡篆一字，先訓其義，次釋其形，次釋其音，合三者以完一篆，故曰形書」。又謂「許書以形爲主，因形以說音說義。其所說義，與他書絶不同者。他書多假借，則字多非本義；許惟就字説其本義，知何者爲本義，乃知何者爲假借，則本義乃假借之權衡也。説文、爾雅相爲表裏，治説文而後爾雅及傳注明」。又謂「自倉頡造字時，至唐、虞、三代、秦、漢，以及許叔重造説文曰某聲，曰讀若某者，皆條理合一不紊」。故既用徐鉉切音，又某字志之曰古音第幾部，後附六書音均表五卷，俾形聲相爲表裏。古韻自顧亭林析爲十部，後江慎修析爲十三部。先生謂「支佳一部，脂微齊皆灰一部，之咍一部，漢人猶未嘗淆借通用。晉、宋而後，少有出入。迄乎唐之功令，支與脂之同用，佳與皆同用，灰與咍同用，於是古之截然爲三者，罕復知之」。又析真臻先與諄文殷魂痕爲二，尤幽與侯爲二，定爲十七部。又以「説文者，説字之書，故有『讀如』無『讀爲』。説經傳之書，必兼是二者。漢人作注，於字發疑正讀，其例有三：『讀如』、『讀若』者，擬其音也；『讀爲』、『讀曰』者，易其字也；『當爲』者，定爲字之誤，聲之誤，而改其字也。三者分，而漢注可讀，而經可讀」。因述漢讀考，得周禮六卷，儀禮一卷，餘者未成。其他説經之書，以漢志毛詩經、毛詩故訓傳本各自爲書，因釐次傳文，還其舊，著重訂毛詩故訓傳三十卷；以諸經惟尚書離厄最甚，古文幾亡，賈逵分别古今，劉陶是正文字，其書皆不存，乃廣蒐補闕，正晉、唐之妄改，存周、漢之駮文，著古文尚書撰異三十二卷；又録左氏經文，附見公、穀經文之異，著春秋左氏古經十二卷，而以左氏傳五十凡附後。又有毛詩小學三十卷，汲古閣説文訂六卷，經韻樓集十二卷。參史傳。

文集

古文尚書撰異序

乾隆四十七年，玉裁自巫山引疾歸，養親課子之暇，爲説文解字讀五百四十卷，又爲古文尚書撰異三十二卷，始著雝涒灘，迄重光大淵獻皋月乃成。序曰：經惟尚書最尊，尚書之離戹最甚。秦之火，一也；漢博士之抑古文，二也；馬、鄭不注古文逸篇，三也；魏、晉之有僞古文，四也；唐正義不用馬、鄭，用僞孔，五也；天寶之改字，六也；宋開寶之改釋文，七也。七者備，而古文幾亡矣。僞古文自有宋朱子刱議於前，迄我朝閻氏百詩、有尚書古文疏證。惠氏定宇有古文尚書考。辭而闢之，其説大備。舉鄭君逸篇之目，正二十五篇之非真，析三十一篇爲三十三篇之非是。鑄鼎象物，物無遁情，海内學者，家喻户曉，經術之極盛，超出於漢博士之抑古文，唐正義之不用馬、鄭，不可以道里計。顧作僞者既服其罪矣，而古文三十一篇字因天寶、開寶之舊，是以唐之今文尚書亂之也，其不可一也。好尚新奇之輩，自唐至今，有集古篆繕寫之尚書，號壁中本，二十五篇皆在焉，是作僞於僞古文既出之後也，其不可二也。經典釋文敘録曰：「今齊、宋舊本及徐、李等音，所有古字亦無幾。穿鑿之徒，務欲立異，依傍字部，改變經文，疑惑後生，不可承用。」按此，則自唐以前，久有此僞書，蓋集説文、字林、魏石經及一切離奇之字爲之傳。至郭忠恕作古文尚書釋文，此非陸德明釋文也，徐楚金、賈昌朝、夏竦、丁度、宋次道、王仲至、晁公武、宋公序、朱元晦、蔡仲默、王伯厚皆見之。公武刻石於蜀，薛季宣取爲書古文訓。此書僞中之僞，不足深辨，故偶一辨之而已。今或以爲此即僞孔序所謂隸古者，亦非也。歐陽、夏侯尚書佚，見於尚書大傳、漢石經、史記、兩漢書、三國志注、三都賦注、尚書緯、尚書正義者，或盡舉以改竄經文，是以漢之今文尚書亂之也，其不可三也。説文解字所偁尚書，多不與經同，由孔安國以今字讀易其字，而許君存其舊。如周禮經杜子春、二鄭讀易其字，傳寫者既從所讀，而注中存其故書之舊。周禮不得盡改從故書，則尚書不得盡改從説文也。必改從説文，則非漢人之舊。且或取經傳諸子所偁尚書以改尚書，是尚書身無完膚矣，其不可四也。嘗謂五十六篇之書，以二十五篇僞者，雜厠諸三十一篇真者之間，如魚目混於隨珠，武夫混於和璧，幸人喜珠、璧可寶，則併魚目、武夫寶之。未有疵纇其隨珠，胡缺其和璧，以雜厠之魚目、武夫之闕，致兩用不讐者。當作僞時，杜林之桼書古文尚書、衛宏之古文尚書訓旨、賈逵之古文尚書訓、馬融之古文尚書傳、鄭君之古文尚書注解皆存，天下皆曉然知此等爲孔安國遞傳之本，作僞者安肯點竄涂改三十一篇字句，變其面目，令與衛、賈、馬、鄭不類，以啟天下之疑，而動天下之兵也？是以雖析一爲二，而「慎徽」之上終未著一字。後有愚者，乃爲之。學者得此，就而求之，思過半矣。蓋僞孔傳本與馬、鄭本之不同，梗概已見於釋文、正義，不當於釋文、正義外斷其妄竄。至若兩漢博士治歐陽、夏侯尚書，載在令甲，漢人詔册章奏皆用博士所習者。至後漢衛、賈、馬、鄭迭興，古文之學始盛。約而論之，漢諸帝、伏生、歐陽氏、夏侯氏、司馬遷、董仲舒、王褒、劉向、谷永、孔光、王舜、李尋、揚雄、班固、梁統、楊賜、蔡邕、趙岐、何休、王充、劉珍皆治歐陽、夏侯尚書者，孔安國、劉歆、杜林、衛宏、賈逵、徐巡、馬融、鄭康成、許慎、應劭、徐幹、韋昭、王粲、虞翻皆治古文尚書者，皆可參伍鉤考而得之。馬、班之書，皆用歐陽、夏侯字句，馬氏偶有古文説而已。漢書儒林傳曰：「司馬遷亦從安國問故，遷書載堯典、禹貢、洪範、微子、金縢諸篇，多古文説。」按此謂諸篇有古文説耳，非謂其文字多用古文也。五經異議每云「古某説」、「今某説」，皆謂其義，非謂其文字。如説「内于大麓」，云堯使舜入山林川澤，不云大録萬機之政，說禹貢，云天子之國，千里以外，甸、侯、綏、要、荒每服五百里，方六千里，不云甸服千里，加侯、綏、要、荒每服五百里，方五千里；說洪範，云思曰睿，不云思心曰容；說微子，云大師若曰，今誠得治國，死不恨，不得治，不如去，不云微子若曰，我舊云孩子王子不出；說金縢，融用今文說，而亦云或譖周公，周公奔楚，成王發府見周公禱書，乃泣，反周公。此皆古文說之異於今文家，約略可言者也。至其文字，則多同歐陽、夏侯。蓋司馬雖從安國問，班固雖讀蘭臺書，而不暇致詳也。玉裁此書，詳於字而略於說字之異同，答進嚴實，就正通邑大都賢人君子焉。賈逵分別古今，劉陶是正文字，其書皆不存。今廣蒐補闕，因篇爲卷，略於義說，文字是詳，正晉、唐之妄改，存周、漢之駁文，取賈逵傳語，名曰古文尚書撰異。知難語於識大，亦庶幾乎不賢。

堯典第一。虞夏書，亦曰唐書。

皋陶謨第二。虞夏書，亦曰虞書。

禹貢第三。虞夏書，亦曰夏書。

甘誓第四。虞夏書，亦曰夏書。

湯誓第五。商書。

盤庚第六。商書。

盤庚第七。商書。

盤庚第八。商書。

高宗肜日第九。商書。

西伯戡黎第十。　商書。

微子第十一。　商書。

大誓。　周書。

大誓。　周書。

大誓三篇唐後乃亡，故存其目。　周書。

牧誓第十二。　周書。

洪範第十三。　周書。左氏、説文皆曰商書。

金縢第十四。　周書。

大誥第十五。　周書。

康誥第十六。　周書。

酒誥第十七。　周書。

梓材第十八。　周書。

召誥第十九。　周書。

雒誥第二十。　周書。

多士第二十一。　周書。

無逸第二十二。　周書。

君奭第二十三。周書。

多方第二十四。周書。

立政第二十五。周書。

顧命第二十六。周書。

康王之誥第二十七。周書。

粊誓第二十八。周書。

呂刑第二十九。周書。

文侯之命第三十。周書。

秦誓第三十一。周書。

書序第三十二。

毛詩故訓傳定本小箋題辭

毛詩故訓傳三十卷者，玉裁宰巫山事簡所訂也。曷爲三十卷？從漢志也。夫人而曰治毛詩，而所治者乃朱子詩傳，則非毛詩也。是以訂毛傳也，故訓傳與鄭箋久與經文相雜厠。曷爲每篇先經後傳也？還其舊也。周末漢初，傳與經必各自爲書也，然則漢志云「毛詩經二十九卷，毛詩故訓傳三十卷」，本各自爲書，今釐次傳文，還其舊。而每篇必具載經文於前者，亦省學者兩讀也。傳多於經一卷，其分合，今無攷也。傳之與經雜厠，放於何時？蓋鄭君箋詩時所爲也。毛傳於魯、齊、韓後出，未得立學官，而三家既亡，孤行最久者，子夏所傳，其義長也。其稱故訓傳，何也？古者傳以述義，如左氏、公羊氏、穀梁氏之於春秋，子夏之於喪服，某氏之於小正，皆是也。釋故、釋訓，以記古今異言，爾雅是也。毛公兼其意，而於故、訓特詳，故不專曰傳，而曰故訓傳，是小學之大宗也。序亦毛公作與？鄭志於常棣曰「此序子夏所爲，親受聖人」，沈重曰「據鄭譜意，大序是子夏作，小序是子夏、毛公合作」，不得援范氏後漢書「衛宏作毛詩序」一語爲左證也。傳說皆子夏所傳，而毛公述之，則序亦子夏所傳，而毛述之。猶韓詩芣苢、漢廣、汝墳、蝃蝀、賓之初筵諸序，散見於唐人所引者，多與毛異，亦必韓嬰所自述也。序爲毛公所自述，故傳詩而不傳序也。以序放於子夏，故南陔、白華、華黍、由庚、崇丘、由儀，雖其辭亡，而其義存也。以序述於毛公，故十月之交、雨無正、小旻皆大夫刺幽王，鄭箋皆當爲刺厲王，定爲作故訓傳時移其篇第，因改之也。鄭箋云：「衆篇義合編，至毛爲故訓傳時，乃分衆篇之義，各置於其篇端。」然則篇義列於篇首，放於毛公也。今仍之者，從其舊也。列故訓傳於篇後，而正其譌踳，補其脱落。其通釋大義者，則必複舉經文；其訓釋一字一物者，則不必複舉經文。凡欲還經傳各自爲書之舊，而又斟酌媎緐縟也。春秋、小正傳體無不複舉經文者，毛公傳體亦猶是也。箋詩時析置經文下，則删節其複舉，而轉寫又多譌媎也。夫人而曰治毛詩，而有其名無其實，然則毛詩故訓傳三十卷，是編烏可以已也！讀毛而後可以讀鄭，攷其同異，略詳疏密，審其是非。今本合一，而人多忽之，不若分爲二，次第推燖也。

讀詩序禮經二注

詩序曰：「關雎、麟趾〔一〕之化，王者之風，故繫之周公。鵲巢、騶虞之德，諸侯之風也，先王之所以教，故繫之召公。」鄭注云：「先王斥大王、王季、文王。」各本皆無「文王」字，惟殿板引蜀石經有之。愚初不謂然，以大王、王季正蒙上「諸侯」言，若文王受命，則所謂「王者」，似不當仍系之「諸侯」也。既讀禮經鄉飲酒禮「乃合樂周南關雎、葛覃、卷耳，召南鵲巢、采蘩、采蘋」，注云：「昔大王、王季居於岐山之陽，躬行召南之教，以興王業。及文王而行周南之教，以受命。」燕禮「遂歌鄉樂」注同。皆以周南、召南分屬文王及大王、王季，與今本詩序注無不合矣。既又讀鄉射禮「合樂周南、召南」，注云：「昔大王、王季、文王始居岐山之陽，躬行召南之教，俗本無此四字，李如圭本有之，明嘉靖本有之，今黄丕烈所藏宋板經注有之。以成王業。至三分天下而有其二，此四字惟李如圭本有之。乃宣周南之化，周南下，各本衍召南二字，惟李如圭本無之。推求其故，蓋俗本作「躬行以成王業」，删去「召南之教」四字，併入於此耳。其善本復古者，則又但增「召南之教」四字於上，而不知删此「召南」二字，惟李本乃爲最善。本其德之初，刑于寡妻，至于兄弟，以御于家邦，故謂之鄉樂。」據此注與飲、燕注略異，蓋彼舉其大凡，此爲詳悉。文王未三分有二，未受命爲王，亦居岐山之陽，行召南之教，亦諸侯之風也。召南詩序四言文王，兩言召伯，固與周南皆文王之詩。云「先王之所以教」者，本其流

〔一〕「趾」，原作「止」，據詩序改。下同。

風善政之所由來，起於大王、王季。緜之序曰：「緜，文王之興，本由大王也。」其意一也。然則注詩序云「斥大王、王季、文王」，正與鄉射注合。李善注文選，毛詩序全用鄭注，作「斥大王、王季、文王」也，知古本如是。儻無「文王」二字，則召南十四篇豈專爲大王、王季而作乎？因是言之，周南言后妃之德者，謂文王受命以後之大姒也；召南言夫人之德者，周姜、大任，文王未受命時之大姒，皆是也。詩譜云：「初古公亶父，爰及姜女，聿來胥宇。其後大任思媚周姜，大姒嗣徽音，歷世有賢妃之助，以致其治。文王刑于寡妻，至於兄弟，以御于家邦。是故二國之詩，以后妃、夫人之德爲首。」夫后妃、夫人之德，皆大王、王季、文王之德也，故約之曰「先王之所以教」。文王一人而兼王者、諸侯之風，故大姒一人而兼后妃、夫人之稱。朱子詩集傳乃以鵲巢、采蘩之夫人係之南國諸侯，顯非序意。而又云「關雎、麟趾之化，王者之風。鵲巢、騶虞之德，諸侯之風。小序之言得之矣」，豈不誣哉！序分王者、諸侯之風，鄭注禮、作詩譜則曰：「其詩有仁賢之風者屬之召南，有聖人之風者屬之周南。」此非有異說也。有聖人之德，宜爲王者；有仁賢之德，宜爲諸侯。文王之德，至於三分天下有其二而極盛矣，宜乎受命作周矣。周南、召南，其地皆由岐下而南國也，其君皆主文王也，其風之氣象有小大焉。大師陳詩，非分之於地，非分之於人，於其詩之氣象分之而已矣。

周禮漢讀考序

漢人作注，於字發疑正讀，其例有三：一曰「讀如」、「讀若」，二曰「讀爲」、「讀曰」，三曰「當爲」。

「讀如」、「讀若」者，擬其音也。古無反語，故爲比方之詞。「讀爲」、「讀曰」者，易其字也，易之以音相近之字，故爲變化之詞。「比方」主乎同，音同而義可推也。「變化」主乎異，字異而義憭然也。「比方」主乎音，「變化」主乎義。「比方」不易字，故下文仍舉經之本字；「變化」字已易，故下文輒舉所易之字。注經必兼茲二者，故有「讀如」，有「讀爲」。字書不言變化，故有「讀如」，無「讀爲」。有言「讀如某」、「讀爲某」，而某仍本字者，「如」以別其音，「爲」以別其義。「當爲」者，定爲字之誤，聲之誤，而改其字也。「爲」，救正之詞，形近而譌謂之字之誤，聲近而譌謂之聲之誤，字誤、聲誤而正之，皆謂之「當爲」。凡言「讀爲」者，不以爲誤；凡言「當爲」者，直斥其誤。三者分，而漢注可讀，而經可讀。三者皆以音爲用，六書之形聲、假借、轉注於是焉在。漢之音，非今之四聲二百六韻也，則非通乎虞、夏、商、周、漢之音，不能窮其條理。玉裁昔年讀詩及羣經，確知古音分十有七部，又得其聯合次第自然之故，成六書音均表，質諸天下。今考漢儒注詩、禮，及他經，及國語、史記、漢書、淮南鴻烈、吕覽諸書，凡言「讀如」、「讀爲」、「當爲」者，其音大致與十七部之云相合，因又自喜，述漢讀考詒同志，先成周禮六卷。鄭君序曰：「其所變易，灼然如晦之見明；其所彌縫，奄然如合符復析。」謂杜、衛、賈、馬、二鄭之能事也。又曰：「猶有差錯，同事相違，則就其原文字之聲類，考訓詁，捃祕逸。」謂己補正之功也。訓詁必就其原文，而後不以字妨經；必就其字之聲類，而後不以經妨字。不以字妨經，不以經妨字，而後經明，經明而後聖人之道明。點畫謂之文，文滋謂之字；音讀謂之名，名之分別部居謂之聲類。周時大司徒、鄉大夫、保氏所教，外史所達，大行人所諭聽者，漢四百年間，憭然衆著。魏李登以成書，沿至陸法言等八人，猶能知其厓略。夫不習聲類，欲言六書，治經難矣。

某讀為某誤易説

司巫：「祭祀則共匰主，及道布，及蒩館。」杜子春云：「鉏讀爲蒩。蒩，藉也，書或爲蒩。」謂「鉏」一本作「蒩」。玄謂：「蒩之言藉也。祭食有當藉者。」此文義極明，「蒩」訓「藉」，與説文解字「蒩，茅藉也」正合。今本改云「蒩讀爲鉏。鉏，藉也」。則不可通。「蜮氏下士一人，徒二人」。鄭司農云：「蜮讀爲蟈。蟈，蝦蟇也。月令曰：『螻蟈鳴。』故曰『掌去鼃黽』。鼃黽，蝦蟇屬，書或爲『掌去蝦蟇』。玄謂：蟈，今御所食蛙也。字从虫，國聲也。蜮乃短弧與？」此文義亦極明。説文解字則不用先鄭説，謂「蜮又作蟈，短弧也」。今本改云「蟈讀爲蜮。蜮，蝦蟇也」，則不可通。「土馴」，鄭司農云：「馴讀爲訓，謂以遠方土地所生異物告道王也。爾雅曰：『訓，道也。』玄謂：能訓説土地善惡之勢。」此文義亦極明。夏官「訓方氏」，注亦云：「訓，道也。」今本改「訓讀爲馴」，則不可通。司服「希冕」，鄭注：「希讀爲黹。或作絺，字之誤也。」希冕者，「刺粉米無畫也」。此文義亦極明，與皋陶暮鄭注「絺讀爲黹。黹，紩也」見尚書正義。正合。廣韻引「祭社稷五祀則用黹冕」，今本改云「希讀爲絺。或作黹，字之誤也」，則不可通。祭統：「鋪筵設詷几，爲依神也。」鄭注：「詷之言同也。」此文義極明。今本改「同之言詷」，以易識之字更爲難字，則不可通。穆天子傳：「西王母爲天子，謡曰：『道里悠遠，山川諫之。』」郭注：「諫音間。」是即讀諫爲間，明古假借法也，顏氏家訓音辭篇「穆天子傳音諫爲間」可證。今本作「間音諫」則非。呂氏春秋卷一：「仁所私以行大義。」高注：「仁讀曰忍，行之忍也。」此文義極明。今本正文作「忍」，注作「忍讀曰仁，行之忍也」，則不可通。西京賦：「烏獲扛鼎。」李善注曰：「說文：『扛，橫關對舉也。』舡與扛同。」吳都賦：「覽將帥之擢勇。」字从「才」，見毛詩盧令鄭箋，五經文字木部「權」字下。李注：「毛詩曰：『無拳無勇。』擢與拳同。」今本正文作「扛」作「拳」，注又譌舛而不可通。已上諸條，皆因先用注說改正文，嗣又用已改之正文改注。如改經文之「鉏」爲「耝」，則注「鉏讀爲耝」不可通，乃又妄改云「耝讀爲鉏」是也。於是如踐縊，如首尾衡蹷，字與義不謀，上與下不貫矣。自陸德明作音義之時，已襲此誤本而不省，願治古文者於此等留意焉。

訂說文顯然誤字說

「五曰轉注。轉注者，建類一首，同意相受，考、老是也。」自來不得其解。東原先生以老部「老者考也，考者老也」證之，確不可易矣。「轉注」者，異字同義之謂。「建類一首，同意相受」者，謂立一義於此，不同之字互相灌輸歸於此義也。考、老同在老部，而「異字同義」不必在同部，尤多彼此異部而互訓者。如辰部曰「辱，恥也」；心部曰「恥，辱也」。言部曰「託，寄也」；宀部曰「寄，託也」。此不可以枚舉，皆即考、老之例。其因此可證譌字者。如龠部曰「龢，調也」，故言部曰「調，龢也」。今本言部作「調，和也」，口部「和」訓「相譍也」，爲今唱和字，而非其義矣。㠭部曰「𡫳，窒也」，故穴部曰「窒，𡫳也」。今本穴部作「窒，塞也」，「窴，塞也」，土部「塞」訓「隔也」，爲今邊塞字，而非其義矣。人部曰「但，裼也」，故衣部曰「裼，但也」，「嬴，但也」，「裎，但也」。今本衣部作「袒也」，「袒」訓「衣縫」，解爲今綻裂字，而失其義矣。勹部曰「匔，帀徧也」，故帀部曰「匔也」。今本帀部作「周也」，口部「周」訓「密」，與「帀」異訓。匔如算法之圜周，密如算法之圜冪，方冪有密而不帀者，有帀而不密者，而失其義矣。厶部曰「姦衺也」，引韓非「自營爲厶」，故女部「姦」下曰「厶也」。今本女部作「私也」，禾部「私」訓「禾也〔一〕」，又「北道名禾主人曰私」，而失其義矣。巾部曰「飾，㕞也」，故又部曰「㕞，飾也」。今本又部作「㕞，拭也」，手部無「拭」字。古義「文飾」、「拂拭」皆作「飾」，文飾之義生於拂飾，凡物拂飾則光明，文采生焉。五經文字引説文「㕞，飾也」，唐時固未誤。尸部曰「居，蹲也」，故足部曰「蹲，居也」。今本足部作「蹲，踞也」。考許書本無「踞」字，鉉本尸部出「踞」篆云：「俗居從足。」當依鍇本説文：「俗居作㞐。」鉉本足部有「踞」，尤爲後人妄增之。「尻」者今之居處字，「居」者今之蹲踞字，而彼此不相符應矣。人部曰「㑗，立也」，故立部曰「㑗也」。今本「立」下曰「住也」。許書本無「住」字，而自亂其例矣。米部「糲，碎也」，故石部「碎」下「糲也」。今本「碎」下作「礦也」，「礦」訓「石磑」，而非其義矣。网部曰「罬，綃也」，故糸部「綃」下「一曰罬也」。今本「綃」下作「絹也」，「絹」訓「繒」，而失其義矣。心部曰「悟，覺也」，故見部曰「覺，悟也」。今本見部作「寣也」，「寣」訓「寐覺而有言」，而非其義矣。土部曰「塞，隔也」，故自部曰「隔，塞也」。西京賦注、廣韵、玉篇皆可證。今自部作「障也」，義雖通，而失其真矣。此皆異部而彼此互應者也。其同部彼此相應，而轉寫譌字者。如火部曰「灸，灼也」，故「灼」下曰「灸也」。今本「灼」下「灸」譌「炙」，「炙」訓「炮肉」，而非

〔一〕「也」，原作「名」，據説文改。

其義矣。心部「㥑，愁也」，故「愁」下曰「㥑也」，而悹、恤、辯、慎、怮、忦、恙、惴、惄、怲、惔、惙、愓、愵、惂、悠、悴、慁、愁、忓、忡、悄、慽、患下亦皆訓「㥑」。今本皆作「憂也」，「憂」訓「行和」，而非其義矣。手部「揅，摩也」，故「摩」下曰「揅也」。今本「摩」下作「研也」，又一本奪去「揅」篆，「研」訓「䃺」，而非其義矣。人部「俠」下云「俜也」，故「俜」下云「俠也」。今本「俜」下作「使也」，而非其義矣。凡若此類，皆許君發明考、老之例，灼然易知者，而爲淺人所改竄，致不可解如是。學者循此意以攷正其文，俾說解中僞字可以通體改正，復許書之舊觀，豈非天下古今之一大快歟！

說文劉字攷

說文無「劉」字，而有「鎦」字，注「殺也」。攷爾雅釋詁、左傳杜注、成十三年。尚書孔傳般庚、君奭。皆曰「劉，殺也」，則「鎦」必「劉」之誤可知矣。說解無「从金，畱聲」之語，則鼎臣所據謬誤殘缺可知矣。楚金云：「左金右丣，丣下有刀，刀字屈曲，轉寫譌田。」其說是矣。況竹部有「劉」，水部有「瀏」，皆劉聲。書內又有「劉，劉杙」，「劉向」、「劉歆」。以許訂許，金部當正篆作「劉」，補解云「从金、刀，丣聲」，斷乎不易。凡不知「鎦」篆即「劉」篆之譌者，妄也。若夫劉之从丣聲，不从丣聲，則又斷乎不易。許書「丣，冒也。象開門之形」。「丣」，古文「酉」，「就也。閉門象」。丣、丣古音同在音均弟三部，卯聲之字有昴、貿字，丣聲之字有珋、⿱艸丣、作「茆」者非。桺、今作「柳」，非。許解云：「丣聲。丣，古文酉。」駠、今說文譌作「騮」。⿰丣阝、⿰耳丣、今說文譌作「聊」。畱、⿱丣土、此字獨以畱會意，非形聲，上不當从丣可知。陽冰妄人，乃云「从卯，卯時人不卧」。楚金載諸袪，妄矣。窌、今說文譌「窌」。考釋文此字音力救、力到二反，必是丣聲。弅今說文譌「弅」。考漢書窌、弅通用，則弅亦丣聲可知也。諸字。而「劉」字隸俗从「卯」，以便結構。猶夫他字，不足爲怪，獨「卯金刀」之說，漢之帝王臣庶無不惑之沿至於今，罕知其謬。許君之造說文也，所以正一切不合孔氏古文、謬於史籀之野言者也。「卯金刀」，其一也，而不列之「馬頭人」、「人持十」、「屈中」、「止句」、「以豕爲豕」、「以象爲象」之列者，業經舉例，可以類推也。王莽傳、光武本紀、春秋演孔圖、春秋漢含孳皆言「卯金刀」，而何休注公羊傳亦有「東卯西金，漢姓卯金刀」之語，蓋祕諱圖讖歌謠野說莫不析字爲之，不顧倉、籀六書之理。小言破義，邪說誣民，康成用緯，尚擇其是者，邵公則兼取鄙俗。許君字必作「劉」，从丣，既已盡埽氛霧，何至今學者，尚惑於「東卯西金」也？蓋形聲一書，既取疊韻，必兼雙聲，故丣、丣同在古音弟三部，而鶛聲則皆取諸疊韻又雙聲者，劉之不可丣聲，猶昴、貿之不可丣聲也。若吴志虞翻傳注一條，學者多不能讀，今試爲理解之。堯典今文本作「桺谷」，或作「桺穀」，見於尚書大傳及周禮注者是也。今之古文尚書作「昧谷」者，鄭注所定也。翻別傳曰：「鄭所注尚書，古大篆『丣』字此句「丣」字，今爲「卯」。讀當爲『桺』，古『桺』、『丣』同字，此句今刻「柳」、「卯」。而以爲昧。」此仲翔以古文讀同今文，求諸疊韻也。「桺、丣同字」，謂古字「丣」可代「桺」，故古文尚書「丣谷」即「桺谷」。鄭之必讀爲「昧」者，蓋求諸雙聲。鄭所據壁中古文必本作「丣」字，「丣」、「昧」雙聲，故以爲「昧」。仲翔未悉其微意也。要據二家之說，「丣」、「丣」本不爲一字了然。是以裴世期云：「翻謂古桺、丣同字，今刻「丣」譌「丣」。竊謂其言爲然。謂桺丣同字，非謂丣丣同。故『畱』、『劉』、『聊』、『桺』四字今刻皆譌从『卯』。同用此字，以從聲故也，此字謂「丣」字。與日辰『卯』字字異音異。「字異」，今刻本多譌作「字同」，不知世期分別二字之異，了了語意甚明，觀下文乃更可見。蓋自漢後，作隸者「劉」、「畱」、「聊」、「桺」字多从「丣」，仲翔所云「古桺、戼同字」，俗或不解，故世期辨別之。然漢書王莽傳論卯金刀，故以爲日辰之卯，觀此可知从「卯」之「劉」爲異說。今未能詳正。世期不能剖決。然世多亂之。」觀虞、裴之言，正可見「丣」、「戼」不同字，「劉」、「畱」从「丣」不从「卯」。而今人乃誤以爲「丣」、「戼」無二字，「劉」、「畱」从「丣」不从「卯」之證。甚矣！其惑也。「丣」、「戼」俗既不分，以致經書淆亂。然有不能淆者。詩泮水「茆」字，見說文，「鳧葵也」，音桺，韋昭「萌藻反」，則字必作「茆」。周禮「茆菹」，鄭大夫讀「茆」爲「茅」，杜子春讀「茆」如「卯」，其字皆从「丣」。若康成訓「鳧葵」，則字作「茆」，皆彼此所據之字不同。學者知虞、裴「卯」、「丣」之辨，知雙聲之說，則知「卯金刀」之出於讖緯里言，叔重所不取之意。因沈生濤書來甚言卯金可信，且誣說文本無从「丣」之字，因略論之。沈生又云：「劉、畱、聊等下皆不云『丣，古文酉』，說文之例不如此。」愚與江君子蘭汜覽說文全書，用古文爲龤聲，不注某古文某字。用籀文爲龤聲，不注某籀文某字者，蓋百餘處，豈得據以爲疑耶？

享饗二字釋例

凡字有本義，有引伸之義，有叚借之義。說文解字曰：「享者，獻也。从高省，曰象進孰物形。」引孝經「祭則鬼享之」。是則祭祀曰享，其本義也，故經典祭享用此字。引伸之，凡下獻其上亦用此字。而燕饗用此字者，則同音叚借也。說文解字又曰：「饗者，鄉人飲酒也。从食，从鄉，鄉亦聲。」是則鄉飲酒之禮曰饗。引伸之，凡飲賓客亦曰饗，凡鬼神來食亦曰饗。而祭享用此字者，則同音叚借也。其在易曰「王用享于西山」、「王用享于岐山」，「王用享于帝」，「利用享祀」，「二簋可用享」，「致孝享也」，「聖人亨以享上帝」，「先王以享于帝立廟」。其在周禮曰「享先王」，曰「享先公」、「享社」，曰「追享」、「朝享」，曰「祀大神，享大鬼」。其在詩曰「吉蠲爲饎，是用孝享」，「我將我享」，「享祀不忒」，「以假以享」。其在書曰「茲予大享于先王，爾祖其從與享之」，「以秬鬯二卣，曰明禋，拜手稽首，休享」。其在孝經曰「祭則鬼享之」。此皆謂祭享也。其在易曰「公用享于天子」。其在周禮曰「廟中將幣三享」。其在禮經曰「四享皆束帛加璧」。又曰「奉束帛加璧享」。又曰「聘于夫人用璋，享用琮」。又曰「若有言則以束帛如享禮」。又曰「不享有獻」。其在書曰「汝其敬，識百辟享，亦識其有不享。享多儀，儀不及物，惟曰不享，惟不役志于享。凡民惟曰不享」。論語曰「享禮有容色」。此等皆下獻上之享，由祭享之義引伸之也。獻於神曰享，故凡下獻上曰享也。至若饗之字，起於鄉人飲酒，故從鄉、食，會意。邠風「朋酒斯饗」，毛傳曰：「饗，鄉人飲酒也。其牲，鄉人以狗，大夫加以羔羊。」各本毛傳奪「飲酒也。其牲鄉人」七字，而孔氏正義尚可據補。饗字之本義也。其禮主乎養老，故鄉飲酒義曰：「六十者三豆，七十者四豆，八十者五豆，九十者六豆，所以明養老也。」天子食三老五更於大學，即鄉飲酒之極盛，其席位同乎賓、介、衆賓，其儀類乎徵先生君子。文王世子之注，詩泮水之箋，以及說文广部曰「天子饗飲於辟廱」，水部曰「諸侯饗射於泮宮」者，其證也。引伸之，飲賓之盛亦曰饗，謂其以敬老之禮隆之也。小雅彤弓曰：「鐘鼓既設，一朝饗之。」鄭箋云：「饗，大飲賓也。」大司樂注曰：「大饗，饗賓客也。」聘禮注曰：「饗謂亨大牢以飲賓也。」其在周禮曰：「饗禮九獻，食禮九舉。」或言饗食，或言饗燕，或言賓饗，或言大饗。其在禮經覲禮曰：「饗禮乃歸。」聘禮曰：「公於賓壹食再饗。」公食大夫禮曰：「設洗如饗。」其在禮記聘義曰：「賄贈饗食燕，所以明賓客君臣之義也。」雜記曰：夫大饗「卷三牲之俎，歸于賓館」。此等隆於賓客之禮，皆謂之饗者，謂敬之如養老也，敬之如尊賢也，是其名因鄉飲酒而立也。㝡重曰饗，次曰食，次曰燕。饗與享二字之刱造不同，而各有引伸之用，其大恉如此。而饗从鄉、食，會意。鄉者，今之向字也，故又引伸爲鬼神歆饗之饗。其在小雅，上言「以享以祀」，下言「神保是饗」；周頌上言「我將我享」，下言「既右饗之」；魯頌上言「享祀不忒，享以騂犧」，下言「是饗是宜」；商頌上言「以假以享」，下言「來假來饗」，唐、宋本皆如此。皆上享謂獻之，下饗謂來食也。其在禮經士虞禮，曰饗者二，曰尚饗者二，皆勸強其來食也。特牲饋食言尚饗者二。少牢饋食言尚饗者三。注曰：「尚，庶幾饗歆也。」此饗从食之引伸，而不謂生人之來食爲饗者别之也。孔子既没，周室書名之諭不行，六經轉寫，雖梗概無差，而閒有彼此齟齬不可知者。如左氏傳「有神降于莘」，「以其物享焉」，是祭享與他經同也。而凡「饗」、「食」、「燕」則作「享」、「食」、「宴」。如宣十六年：「晉侯使士會平王室，定王享之。王曰：『王享有體薦，宴有折俎，公當享，卿當宴。』」成十二年：「享以訓恭儉，宴以示慈惠。」定十年：「齊侯將享公。」莊二〔二〕十一年：「鄭伯享王於闕西辟。」莊六年：「楚文王伐申。」鄧侯止而享之。十四年：「楚子如息，以食入享。」十八年：「虢公、晉侯朝王。王享醴，命之宥。」僖二十五年：「戰克而王享。」晉侯朝王。王享醴，命之宥。」

〔一〕「二」，原無，據左傳補。

二十八年：「王享醴，命晉侯宥。」以上四「享」字，俗本作「饗」，古本作「享」。又僖十九年：「用人，其誰享之。」此當作歆饗字，亦今本作「饗」，古本作「享」。凡若此等，皆當作大飲賓之饗，而皆用祭享字爲之，此蓋左氏用六書叚借之法也。又尚書，蔡邕今文無逸作「饗國」，而古文尚書無逸四云「享國」，吕刑一云「享國」，康誥「乃以殷民世享」，洛誥「四方其世享」，字皆作「享」。此當用歆饗引伸之義，而叚借享爲之者也。若小戴禮記四十九篇中，饗燕、歆饗字作饗矣：祭享字亦皆作饗。如月令「大饗帝」，曲禮「大饗不問卜，不饒富」，此謂祭五帝也。禮器「大饗其王事與」，「郊血，大饗腥」，此謂祫祭先王也，與郊特牲「大饗尚腶脩」，「大饗君三重席而酢」，謂饗諸侯也，字當分别，掍而同之，惟祭法説祭祀作享。是又漢人之同音叚借，而於周禮、禮經不合者也。凡經典享、饗二字之用，可説其例者如此。

説文饗字解

説文解字全書，其篆文下必舉篆之本義，不及其引伸之義。其他篆下，説解用此篆本義者，則此彼互注，所謂考、老爲轉注是也。有用此篆引伸之義者，則與本義訓説可相通。如「初」爲衣之始，「始」爲女之初，而凡始、凡初可用是也。斷無有説解中所用，與本篆義絶不相蒙者，此許氏之例也。「饗」篆下曰：「鄉人飲酒也」，从鄉、食，會意，鄉亦聲。此義見經絶少，惟毛公豳傳言之，惟許氏述之。於形求義，固此篆之本義。鄉飲酒禮之重，所從來之遠，倉頡特刱此篆之指，非毛公、許氏，孰傳之而孰信之哉！即此一字，知許氏之功大矣。全書説解中，用「饗」者祇有三：「廱」下曰「天子饗飲辟廱也」，「泮」

下曰「諸侯饗射泮宮也」；「侯」下曰「春饗所射侯也」。此三饗爲本義歟？抑非本義歟？曰：饗有叚借之用，有引伸之用。叚借之用，如禮記祭享字皆作饗是也。許享下曰「獻也」，引孝經「祭則鬼享之」；禋下曰「精意以享」，是祭祀必作享，不作饗，可知也。引伸之用，如毛詩、三禮大飲賓之饗燕字，鬼神來食之歆饗字，皆是也。飲賓、祭祀皆不於大學，則辟廱、泮宮之饗，非飲賓、神格可知也。然則此三饗，其爲鄉飲酒之本義，可知矣。辟廱饗飲者，天子行鄉飲酒之禮也。泮宮饗射者，諸侯行鄉飲酒之禮也。文王世子之記曰：「設三老五更羣老之席位。」注謂：「席位之處，三老如鄉飲酒禮之賓，五更如介，羣老如衆賓。」記又曰：「凡大合樂，必遂養老。」注謂：「鄉飲、鄉射之禮，明日乃息。司正徵，唯所欲以告於先生君子可也。是養老之象類。」大雅：「酌以大斗，以祈黄耇。」箋云：「有醇厚之醴酒，以大斗酌，而嘗之而美，以告黄耇之人，徵而養之。飲酒之禮曰，告於先生君子可也。」此天子養老，即鄉飲酒之證也。魯頌曰：「魯侯戾止，在泮飲酒。」箋云：「在泮飲酒者，徵先生君子與之行飲酒之禮，而因以謀事也。」豳風曰：「朋酒斯饗，曰殺羔羊，躋彼公堂。」傳曰：「饗者，鄉人飲酒也。其牲以狗，大夫加以羔羊。公堂，學校也。」箋云：「於饗而正齒位。」此諸侯養老，即鄉飲酒之證也。然則「侯」下曰「春饗」者，何也？曰：舉春以晐秋也。大戴禮曰：「春秋入學，坐國老，執醬而親饋之，所以明有孝也。」注云：「周禮『春入學，舍菜合舞。秋，頒學合聲』。天子視學而遂養老。」鄭注文王〔一〕世子亦云爾。是則春

〔一〕「王」字下原衍一「王」字，據禮記删。

秋皆養老也。月令：「仲春上丁，習舞，天子親往視之。仲丁習樂。季春之末，大合樂，天子親往視之。養老之先事也。」然則「泮」下兼言「射」、「侯」下言「春饗所射侯」，其義何也？曰：古者鄉飲、鄉射必聯類而行，是以天子諸侯饗與射亦常聯類而行。古者飲尚齒，射尚賢，王制曰「習射上功，習鄉尚齒」，二者不可偏重，故其事聯類而行。射義曰：「卿大夫士之射也，必先行鄉飲酒之禮。」故州長春秋以禮會民而射於州序，言射以賅飲也。黨正國索鬼神而祭祀以禮，屬民飲酒於序以正齒位，言飲以賅射也。「孔子射於矍相之圃」，鄭謂先行鄉飲酒禮而射也。卿大夫以下先飲而後射，天子諸侯則先大射後養老。天子諸侯賓射於朝，燕射於寢，大射於澤於射宫。射宫者，大學也。樂記注曰：「郊射，爲射宫於郊。」鄭説辟廱、泮宫皆在郊矣。行葦爲養老之詩，箋云：「先王將養老，先與羣臣行射禮，以擇其可與者以爲賓。今我成王承先王之法度，亦既序賓矣。有醇厚之醴酒，以告黄耇之人，徵而養之。」正義云：「樂記祀乎明堂，以教諸侯之孝；食三老五更於大學，以教諸侯之弟。」是祭與養老爲相類之事，故行葦之射，必爲大射。王制曰：「王子國子不帥教者，王親視學。」注謂：「習射習鄉以化之。」習射即大射，習鄉即養老也。此天子大射而養老之證也。七月、行葦皆咏公劉之詩，而七月言「朋酒斯饗」，行葦言「先王將養老，先與羣臣行射禮」。鄭云：「先王者，正謂公劉，故下文成王謂之曾孫。」然則「敦弓既堅，舍矢既均」者，謂公劉也。此諸侯大射而養老之證也。然則詩泮水但言養老，不言射，而許云「諸侯饗射之宫」，何也？詩以飲賅射，許知其義，故兼言射也。然則「廱」下但言「天子饗飲」，不言射，何也？以飲賅射也。「泮」下，鉉本作「鄉射」，此亦以射賅飲，鍇本作「饗射」。「侯」下曰「春饗所射侯」，謂春將養老，先行大射之侯也。大射張皮侯而棲鵠，其禮大，故得專侯名。爲人父子君臣者，各以爲父子君臣之鵠，故其字从「人」也。不言祭而但言饗，何也？以養老賅祭也。祭之大射著，養老之大射隱，故於此著之也。古之養老用鄉飲酒之禮，故禮注謂養老爲飲酒。古大射、賓射、燕射不外鄉射之禮，故禮大射有「如鄉射之禮」之文，蓋其儀雖多不同，而其爲尊長養老一也，則皆得謂之飲酒也；其爲序賓以賢一也，則皆得謂之射也。樂記「射鄉食饗」，注云：「射鄉，大射鄉飲酒也。」昏義「和於射鄉」，注但云：「鄉，鄉飲酒也。」不言射爲何射，蓋包諸射在內。鄉飲酒則包養老在內。卿大夫以下謂二事爲射、鄉，天子諸侯則謂之饗、射。韓詩説曰：「辟廱者，圓如璧，壅之以水，所以教天下。」春射秋饗，尊事三老五更，言春射秋饗者，錯其辭，春秋各有射饗也，故許説解中三言饗，皆同饗篆下本義。近之淺人，乃謂此等斷非鄉飲酒，饗飲酒斷不行於小學大學。凡王制、文王世子、射義三注，行葦、泮水二箋所云「飲酒」者，斷非鄉飲酒。其離經叛道甚矣，何足以知經，知許、鄭哉！

聲類表序

始余乾隆癸未請業戴東原師，師方與秦文恭公論韵，言江慎修先生有古韵標準，據毛詩用韵爲書，真至仙十四韵。宋鄭庠謂漢、魏杜、韓合爲一者，毛詩實分爲二。余聞而異之，顧未得見江氏書也。丁亥，自都門歸里，取毛詩韵字比類書之，誠畫然分別。因又知蕭、侯、尤之爲三，真、文之爲二，支、脂、之之必爲三，二百六韵之書總之爲十七部，其入聲總爲八部，皆因毛詩之本然。已乃得崑山顧氏音學五書、婺源江氏古韻標準讀之，歎兩先生之勤，至矣。後進所得，未敢自以爲是也。己丑，就正吾師於都門，師謂「支、脂、之分爲三者，恐不其然」。是年隨師至山西，明年作吏入黔，又二年入蜀。癸巳，師來札云：「大著辨别五支、六脂、七之，如清、真、蒸三韻之不相通，能發自唐以來講韻者所未發。今春將古韻考訂一番，斷從此説爲確。」蓋吾師詳審數年，而後許可也有如是。夫今音二百六部，分析至細，嚴於審音而已。古音之學，鄭庠僅分陽、支、先、虞、尤、覃六部。顧氏更析東、陽、庚、蒸而四，析魚、歌而二，故列十部。江氏於真以下十四韻，侵以下九韻，各析而二；蕭、宵、肴、豪及尤、侯、幽亦爲二，故列十三部。全書又廣爲十七部。吾師序之云：「歎始爲之之不易，後來加詳者之信，足以補其未逮。」「始爲之」，謂顧氏也；「後來加詳者」，謂江氏及余也。余書刻於丙申四月，由富順寄都門，而師丁酉正月序之。丙申之春，師與余書，詳論韻事，將令及未刻參酌改正，而此札浮沈不達。先是，師於癸巳以入聲爲樞紐，以真以下十四韻，與脂、微、齊、皆、灰，入聲質、術、櫛、物、迄、月、没、曷、末、黠、鎋、薛爲一類；蒸、登與之、咍，入聲職、德爲一類；東、冬、鍾、江與尤、侯、幽，入聲屋、沃、燭、覺爲一類；陽、唐與蕭、宵、肴、豪，入聲藥爲一類；庚、耕、清、青與支、佳，入聲陌、麥、昔、錫爲一類；歌、戈、麻與魚、虞、模，入聲鐸爲一類；閉口音侵以下九韻，入聲緝以下九韻爲一類；以七類之平、上、去分十三部，及入聲七部，得二十部，既詳其説聲韻考中。其中尤、侯不分，真、文不分，侵、覃不分，以及庚、支同入，歌、魚同入，與余書别異。而丙申春，命予參酌之，書又改七類者爲九類，真以下十四韻各爲二，真、臻、諄、文、欣、魂、痕、先，入聲質、術、櫛、物、迄、没、屑配之；元、寒、桓、删、山、仙，去聲祭、泰、夬、廢，入聲月、曷、末、黠、鎋、薛配之;又侵、鹽添爲一類,覃、談、咸、銜、嚴、凡爲一類。侵、覃之分,同於江氏及余者也。質、月之分,又前人及余所未議也。丁酉之五月,師又自著書曰聲類表,以九類者譜之爲九卷,一曰歌、魚、鐸之類,二曰蒸、之、職之類,三曰東、尤、屋之類,四曰陽、蕭、藥之類,五曰庚、支、陌之類,六曰真、脂、質之類,七曰元、寒、桓、删、山、仙、祭、泰、夬、廢、月、曷、末、黠、鎋、薛之類,八曰侵、緝之類,九曰覃、合之類。每類中,各詳其開口、合口、内轉、外轉、重聲、輕聲呼等之𦕅瑣,今音、古音之轉移,綱領既張,纖悉畢舉。蓋江氏之論顧氏也,曰「考古之功多,審音之功少」;吾師之論余亦云爾。江氏與師,皆考古審音,均詣其極。而師集諸家大成,精研爛熟,故能五日而成此編,距易簀之期,僅二十日,未及爲例言。孔誧伯户部刻之,取師丙申與余札六千言弁首,師作書之意既大著矣。誧伯又與余札云:「得足下序,自當言之詳諦。」余自丁酉至今三十有三年,蹉跎未及染翰,而師與誧伯墓木拱者久矣。披閲手翰如新,愧無以對師友地下。且師與余論韵,先後十五年,學與俱進,顧、江及余所未憭者,皆補其缺,詣其微,庶此事考覈稱無憾。余既未能依九類之説成書,吾師制作之大,亦奚忍不述其原委耶?抑誧伯之猶子撝約太史又成詩聲類一書,謂陽聲有九,曰:元之屬,耕之屬,真之屬,陽之屬,東之屬,冬之屬,侵之屬,蒸之屬,談之屬。陰聲有九,曰:歌之屬,支之屬,脂之屬,魚之屬,侯之屬,幽之屬,宵之屬,之之屬,合之屬。元、歌同入,耕、支同入,真、脂同入,陽、魚同入,東、侯同入,冬、幽同入,侵、宵同入,蒸、之同入。談無同入,以平入相配。其書精心神解,又與師及余説不同。東、冬爲二,以配侯、幽,尤徵妙悟,儻師得見之,不知以爲何如也。今撝約又殁矣。余以爲,後之人合五家之書觀之,古音今音之祕，盡於是矣。遂敬書諸簡端，以復吾亡友，亦以質諸先師。

江氏音學序

二百六韻之目，定於隋陸法言及劉臻、顔之推、魏淵、盧思道、李若、蕭該、辛德源、薛道衡八人。唐、宋稍稍併合，用爲取士功令。古音之說，肇於宋鄭庠，分二百六韻祇爲六類，其入聲三近古。崑山顧氏寧人作音學五書，始暢說古音非今音，一洗言叶韻之繆，分爲十部，其入聲四。乾隆間，婺源江氏慎修又作古韻標準，分十三部，其入聲八。此吾師休寧戴氏東原所謂「古音之學，以漸加詳，有如是」也。丙戌丁亥間，余讀毛詩，有見於支、脂之古平入各分爲三，尤與侯、真與文古亦各分爲二，病夫顧氏、江氏之不能分也，乃作詩經韻譜、羣經韻譜。既定爲六書音均表，分爲十七部，其入聲亦八，戴氏善之。丁酉，作聲類表，分二百六部爲九類，其部十六，其入聲九，取余書脂部去入別出祭、泰、夬、廢、月、末、曷、黠、鎋、薛爲一部，以配元、寒、桓、删、山、仙之音，三百篇所用如是也。嗣後，曲阜孔氏撝約亦善余書，作詩聲類，分爲十八部，又分入聲屋、沃、燭爲二，分隸尤、侯，東、冬、鍾、江亦分爲二，所謂「以漸加詳」者，至此亦綦備矣。歙江君晉三今年春寓書於余論音，余知其未見戴、孔之書也，而有適合戴、孔者，欣喜偉其所學之精。九月，謁余枝園，以江氏音學請序。余諦觀其書，别爲十種，蓋顧氏及余皆「考古功多，審音功淺」，江氏、戴氏二者皆深，而晉三於二者尤深。據詩經以分二十一部，其入聲十。宵、尤之分，尤、侯之分，藥、鐸之分，真、文、元三者之分，支、脂之平入之分，侵、談之分，皆述顧氏、江氏及余説也。其脂部去入出祭、泰、夬、廢、月、曷、末、鎋、薛别爲一部，其獨見與戴氏適合者也。屋、沃之分，其獨見與孔氏適合者也。東、冬之分，則又近日見孔氏説而有取焉者也。於前人之説，皆擇善而從，無所偏徇。以呼等字母之學，覈之古音今韵，無纖微鑿枘不合。不惟古音大明，亦且使六韵分爲二百六者，可得其剖析之故。其論入韵，謂「言古音，則就其諧聲偏旁，各從其朔可矣，不必謂異平同入，曲從陸法言，俾無入者皆有入」，其不爲苟同，又有如此者。嘗聞六經者，聖人之道之無盡藏，凡古禮樂制度名物之昭著，義理性命之精微，求之六經，無不可得。雖至億載萬年，而學士大夫推闡容有不能盡，無他經之所藴深也，韵其一耑耳。無不讀詩經者，唐、宋、元、明乃尠知詩之韵。明閩中陳氏季立及顧氏以來，迄今晉三，皆就經文諷誦，而所得日深，乃無剩義。信乎！天下之學無不可求諸經，其謂經有不載者，其忽焉不求，求之而不詳者也。晉三富於春秋，精進未有艾。余耄矣，不獲見其所到，而能知其異日苟有所學於經焉，必皆能深造自得也。

與諸同志書論校書之難

校書之難，非照本改字不譌不漏之難也，定其是非之難。是非有二：曰底本之是非，曰立説之是非。必先定其底本之是非，而後可斷其立説之是非。二者不分，轇轕如治絲而棼，如算之淆，其法實，而瞀亂乃至不可理。何謂底本？著書者之稿本是也。何謂立説？著書者所言之義理是也。周禮輪人：「望而視其輪，欲其幎爾而下迆也。」自唐石經以下，各本皆作「下迆」。唐賈氏作「不迆」，故疏曰：

「不迆者，謂輻上至轂，兩兩相當，正直不旁迆，故曰不迆也。」文理甚明。今各本疏文皆作「下迆」，「下迆」者，謂輻上至轂，兩兩相當，正直不旁迆，故云下迆也。其語絶無文理，則非賈氏之底本矣。此由宋人以疏合經、注者，改疏之「不」字合經之「下」字，所仍之經，非賈氏之經本也。然則經本有二，「下」者是與？「不」者是與？曰：「下」者是也。「望而視其輪」，謂視其已成輪之牙，輪圜甚，牙皆向下迆邪，非謂輻與轂正直，兩兩相當。經下文「縣之以視其輻之直」，自謂輻；「規之以視其圜」，自謂牙輪之圜在牙。上文轂、輻、牙爲三材，此言輪輻、轂輪，即牙也。然則唐石經及各本經作「下」是，賈氏本作「不」非也，而「義理之是非」定矣。倘有淺人校疏文「下迆」之誤，改爲「不迆」，因以疏文之「不迆」，改經文之「下迆」，則賈疏之底本得矣，而於義理乃大乖也。王制：「虞庠在國之四郊。」注云：「周立小學於四郊。」唐孔氏本經、注皆作「西郊」。疏云：「西序在西郊，周立小學於西郊。」祭義：「天子設四學，當入學而大子齒。」注云：「四學，謂周有四郊之虞庠。」孔氏本改注作「西郊」，故疏云：「天子設四代之學，周學、殷學、夏學、虞學也。天子設四學，以有虞庠爲小學，設置於西郊，當入學之時，而大子齒於國人。」今本疏文作「設置於四郊」，文理不可通，則非孔氏之底本矣。此由宋人以疏合經、注者，改疏之「西郊」合注之「四郊」，所仍之注非孔氏之注本也。然則祭義注本有二，四郊是與？西郊是與？曰：四郊是也。鄭注以周有四郊虞庠，釋經四學，文理一直，竝無轉折。周有四郊虞庠，即王制之「虞庠在國四郊」注之「周立小學於四郊」也，故皇侃云：「四郊皆有虞庠。」通典云「周制，大學爲東膠，小學爲虞庠」，引鄭注祭義「周有四郊之虞庠」，又引崔靈恩說亦云：「鄭注祭義曰：『周有四郊之虞庠。』」北史劉芳傳，芳表曰：「禮記云：『周人養庶老於虞庠。』虞庠在國之四郊。又云：『天子設四學，當入學而大子齒。』注云：『四學，謂周四郊之虞庠也。』」劉、崔、皇、杜所見祭義注皆作「四郊」。王肅雖好駁鄭，而劉芳表云：「王肅禮記注云：『天子四郊有學，去都五十里。』鄭氏則不知遠近。」按鄭注王制移之郊，云「爲習禮於郊學」。郊在鄉界之外，則鄭謂郊學在遠郊百里，肅則云近郊五十里，惟此爲小異，而小學在四郊無異，故盧辨注大戴禮亦言「四郊之學」。劉芳表曰：「大學在國，四小學在郊。」引保傅篇「帝入東學，帝入西學，帝入南學，帝入北學，帝入大學」，而總之曰周之五學，於此彌彰。崔靈恩亦曰：「凡立學之法，有四郊及國中，四郊竝方名之，國中謂之大學。」然則四郊小學，絕無可疑。再證以王制注「習禮於郊學，在六鄉之外，六遂之内」，則斷不專在西郊一處，亦可證。或以祭義祀先賢於西學爲疑，不知此即保傅篇「帝入西學，尚賢而貴德」，祭先賢專在西郊也。西學者，四郊之一，別辭也；四學者，合四郊言之，都辭也。孔氏於王制依誤本「西郊虞庠」，因改此注亦作「西郊之虞庠」，而經文故作「四學」，因用儀禮注「周立四代之學」釋經之「設四學」，以四學中有「西郊虞庠」釋注「謂周西郊之虞庠」，是不思儀禮四代之學，謂立大學於國中，不得與郊之小學糅合爲四也。且以一承四，甚費周折，是孔氏二疏作「西郊」皆非也，而義理之是非定矣。儻有淺人校祭義疏，改「四」爲「西」，因竝改祭義注之「四」爲「西」，王制經、注、疏之「西郊」皆沿誤不改，則孔疏之底本雖得，而於義理乃大乖也。春秋左傳：「衛侯賜北宮喜謚曰貞子，賜析朱鉏謚曰成子，而以齊氏之墓與之。」杜注曰：「皆死而賜謚及墓田，傳終言之。」宋本亦或作：「皆未死而賜謚及墓田，傳終而言之。」二者皆出於宋本，孰爲是與？曰：「皆死而賜」者是也。二人時未死也，既死而賜，故要其終而言之。若云「皆未死而賜」，則「傳終言之」句不可接，而爲贅辭矣。是一本作「未死而賜」者非也。然則「死而賜」於説經是與？曰：春秋常事不書。書者，爲其未死而賜也。云「死而賜」，則杜注之底本得矣，而於義理實非也。云「未死而賜」，則杜注之底本失矣，而於義理有合也。毛詩「涇以渭濁」，箋云：「涇水以有渭，故見謂濁。」正義曰：「涇水言以有渭，故人見謂已濁，猶婦人言以有新婚，故君子見謂已惡也。」引定本箋作「涇水以有渭，故見其濁」。釋文曰：「『故見渭濁』，舊本如此。一本『渭』作『謂』，後人改耳。」按同一字，而正義作「見謂」，師古定本作「見其」，釋文作「見渭」，三者孰是？曰：正義作「謂」是也。如釋文作「見渭」則不可通。定本作「見其」，亦因舊作「渭」不可通而改之耳。作「見謂濁」，文理易憭，陸德明反説「見謂」爲非，「見渭」爲是。苟知孔氏疏文底本作「見謂」不誤，而義理之是非亦定矣。儻有必據釋文以改正義，則孔疏之底本失，而於義理乃大乖也。士冠禮「以摯見於鄉大夫鄉先生」，冠義同。上「鄉」字，釋文作「鄉」，云：「亖鄉竝音香。」三經、疏皆作「卿大夫鄉先生」。賈云：「經言卿大夫不言士。」孔云：「謂在朝之卿大夫也。」鄉、卿果孰是與？曰：「鄉大夫」是也，作「卿」非也。凡言鄉大夫有二義：一則周禮之本鄉鄉老、鄉大夫關以下州長、黨正、族師、閭胥也。鄉大夫，卿也；鄉老，公也。舉鄉大夫以上關公，下關士也。一則本鄉之仕爲大夫在朝者，亦舉大夫以關卿士也。鄉射禮注云：「遵者，鄉之人仕至大夫者。」又曰：「鄉先生，鄉大夫致仕者也。」此鄉大夫三字，所謂同一鄉之人仕至大夫者。同一鄉而仕至大夫曰鄉大夫，每鄉卿一人者，亦即大夫之一也。同一鄉仕至大夫致仕者曰鄉先生，即上老坐於右塾，庶老坐於左塾，鄉飲、鄉射則謂之「遵者」是也。鄭於禮、禮記皆釋「鄉先生」，不釋「鄉大夫」者，禮記言「鄉先生，同鄉老而致仕者」，則鄉大夫之爲同鄉現仕者可知矣；儀禮言「鄉先生，鄉中老人爲卿大夫致仕者」，則鄉大夫爲鄉中卿大夫未致仕者可知矣。必重同鄉者，死徙無出鄉，百姓親睦，相保相受，相葬相救，相賙相賓，欲使一鄉之人相好如一家，六鄉、六遂皆然，而後仁義著，教化行。本鄉之外恐太廣而不浹，本鄉之内不甚遠而易相親，故有冠者必見其鄉之已仕、致仕者，聖人教民之深意也。如賈、孔作「卿大夫」，則在朝之卿大夫其可全見與？是以陸是而賈、孔非也。今若依賈、孔之底本，改陸氏「音香」之説，改二經作「卿大夫」，則賈、孔之底本得矣，而於義理乃大乖也。就五事論之，依今疏作「下迆」而賈不受也，依賈作「不迆」以改經而攷工經不受也；依祭義今疏「四郊虞庠」而孔不受也，依孔作「西郊」而祭義、王制經、注不受也；依「皆未死而賜謚」而杜元凱不受也，依「皆死而賜謚」又恐左公不受也；依疏作「見謂濁」而陸不受也，依釋文作「見渭濁」而鄭箋不受也；改二疏作「鄉大夫」而賈、孔不受也，依疏以改經及釋文作「卿大夫」而經、釋文不受也。故校經之法，必以賈還賈，以孔還孔，以陸還陸，以杜還杜，以鄭還鄭，各得其底本，而後判其義理之是非，而後經之底本可定，而後經之義理可以徐定。不先正注、疏、釋文之底本，則多誣古人；不斷其立説之是非，則多誤今人。自宋人合正義、釋文于經、注，而其字不相同者，一切改之使同，使學而不思者白首茫如。其自負能校經者，分别又無真見，故三合之注疏本，似便而易惑，久爲經之賊，而莫之覺也。如近者顧千里校祭義疏，改「四郊」爲「西郊」，孔氏之底本得矣，而遂欲改注之「四郊」爲「西郊」，且云王制經、注之「西郊」不誤，是知孔氏之底本，而不知鄭氏之底本也。鄭氏之底本失，則經之底本亦失，而周制四郊小學遂不傳矣。千里又竊糸黼時辨劉端臨、盧紹弓據二疏改經「鄉大夫」爲「卿大夫」之說，著於禮記攷異，而未知其詳，且又因宋本之譌字，謂賈作「鄉」不誤，是又知經之底本，而不知賈疏之底本也。知之者，所以辨其非而歸於一是也。東原師云：「鑿空之弊有二：其一緣辭生訓也，其一守譌傳繆也。」緣辭生訓者，所釋之義非其本義；守譌傳繆者，所據之經倂非其本經。如孔氏虞庠在國西郊，所謂所據之經非其本經也，而緣之立說，則所釋之義非有本義矣。經文之不誤者，尚懼緣辭生訓，所釋非其本義，況守譌傳繆之經耶？孔氏守唐時譌繆之本，千里又守孔氏所守，至於古本之是者，確有可據而不之信，信孔以誣鄭，誣鄭以誣經，不大爲經之害也哉！凡校經者，貴求其是而已。以祭義注四郊虞庠謂之四學，正王制經、注之西郊爲四郊。攷之大戴禮、王肅、劉芳、皇侃、崔靈恩、杜佑諸家而無不合，以排孔氏之疏繆，所謂求其是也，執事以爲何如？

附録

先生少東原十二歲，執弟子禮，東原一再辭，力請乃可。東原卒，編次年譜，重訂文集，并所著聲韵考，皆刻入經韵樓叢書。注說文引東原說，必謹書戴先生。裝所遺手札爲册，終身誦之。東原年譜、經韵樓文集。

先生六書音均表初成，乞東原是正。東原與書，略言分支、脂、之爲三部，說至精確。舉三部入聲，論其分用之故，尤得之。其餘論異平同入，或得或失。言第十三部、第十四部與第十五部同入是也，而遺第十二部。又言第十一部與第十二部同入，第十七部與十六部同入，第十部與第五部同入，皆失倫。顧氏分古音十部，入聲僅四部，其第二部從而分之，以質、術、櫛、物、迄爲脂、微、齊、灰之入，月、没、曷、末、黠、鎋、屑、薛爲皆、祭、泰、夬、廢之入。今書十七部，第三、第四當并第十二，第十三亦當并第七、第八及第十四。江先生力辨其當分。僕曩者亦以爲然，後以真至先皆收舌齒音，侵至凡皆收脣音，其各分爲二，不過在侈斂之間，遂主陸氏「古人韵緩」爲斷。顧氏於古音有草創之功，江君與足下皆因而加密。至支、脂、之有别，此足下卓識。僕更分祭、泰、夬、廢及月、曷、末、黠、鎋、薛，而後彼此相配，四聲一貫，則僕所以補前人而整之就敘者，願及大著未刻，或降心相從而參酌焉。先生得書，六書音均表刻已成，未爲改，東原文。

先生注説文，博取而約存。二徐傳本有誤，隨文是正。許君説有未安，亦絶不阿附。其所不知，皆從蓋闕。注至許君自序終篇。謂「自有説文以來，世世不廢，而不融會其全者，僅同耳食，强爲注解，往往眯目而道黑白」。誠有慨乎其言之也。説文解字注。

嚴厚民曰：「先生同時注説文者，有桂君未谷馥、錢君可廬大昭，皆已成書。先生未作是注以前，先撰長編數十巨册，書成，擇其精華而爲之。後之人必有取先生所棄以駁是注爲未醇者，識者定能辨之。」

阮雲臺曰：「先生有功于天下後世者三：言古音一也，言説文二也，漢讀考三也。」漢讀考序。

先生年十三，受知學使尹元孚侍郎爲諸生，授以梁溪高紫超所注朱子小學，至晚年爲之跋，謂：

「漢人之小學，一藝也。朱子之小學，蒙養之全功也。子曰：『弟子入則孝，出則弟，謹而信，汎愛衆而親仁，行有餘力，則以學文。』此非教弟子之法乎？豈專學文是移乎？朱子之教童蒙者，本末兼賅，未嘗異孔氏教弟子之法。先生學以訓詁考核爲重，發明義理，每本東原，然於宋儒明倫敬身之大義，亦不輕排詆也。」小學跋。

樾堂弟子

陳先生奐

別爲南園學案。

徐先生頲

別見艮庭學案。

嚴先生杰

嚴杰字厚民，號鷗盟，餘杭人。潛研經術，邃學能文。阮文達督學浙江，深賞之，立詁經精舍以爲上舍生，佐編經籍籑詁。從至廣東，復佐編經解。著有小爾雅疏證、蜀石經殘本毛詩考證。

龔先生麗正

龔麗正字暘谷，號闇齋，仁和人。嘉慶丙辰進士，禮部主事，累遷郎中，出爲徽州知府，擢蘇松太道。懋堂先生之壻也，從受學。著有國語韋氏注疏。子自珍別爲定庵學案。

沈先生濤

沈濤初名爾政，字西雍，號匏廬，嘉興人。嘉慶庚午舉人，授江蘇如皋知縣，歷官直隸、大名、宣化、正定知府，江西鹽法糧儲道，福建興泉永道，有政聲。治考訂之學，兼嗜金石，取五經、五緯爲十經以名齋，懋堂先生爲作記。著有論語孔注辨僞、說文古本考、常山貞石志、銅熨斗齋隨筆、交翠軒筆記、瑟榭叢談、十經齋文集、紫辟亭詩集。參十經齋集。

文集

答段懋堂先生書

伏奉手命并十經齋記，鄭生内學，見賞於馬融；趙賓小數，獲名於孟喜，揄揚過差，心靈自失。謹已式栞，樂石銜之璧帶；子雲精廬，謝此寵飾長卿。陋宇遘茲，多幸來命。新安之游，枉道相過，擁篲於門，執弟子之灑掃，春麥爲糵，釁高士之樵蘇，延頸喁喁，竟成虛遲。招摇指丑，臨氣不至，土脈陳根，實望雪澤。惟想道躬順時閉臧，攝履無爽，胥江長流，衣帶相限，未知何時得遂侍坐耳。前書略述所懷，取足辭達，顧蒙慈奬，彌增慚悚。承示光武紀「卯金修德」爲「丣金修德」之誤，竊謂未然，事在當仁，不能無辨。春秋漢含孳曰：「劉季握，卯金刀，在軫北，字禾子，天下服。卯在東方，陽所立，仁且明；金在西方，陰所立，義成功；刀居右，字成章，刀擊秦。」漢書王莽傳曰：「夫『劉』之爲字，『卯金刀』也，正〔一〕月剛卯，金刀之利，皆不得行。」又曰：「受命之日，丁卯也。丁，火，漢氏之德也。卯，劉姓所以爲字也。」何休公羊傳注曰：「赤帝將代周，居其位，故麟爲薪采者所執。西狩獲之者，從東方王於西也。東卯，西金，象也。言獲者，兵戈文也。言漢姓卯金刀，以兵得天下。」是緯書諸「卯金」字不得改爲「丣金」。漢世諸儒言及劉姓，必曰「卯金」，不特讖緯祕記始云爾也。後人見說文無「劉」字，見虞翻有柳、卯同字之說，遂謂「劉」當作「鐂」，「柳」當从「丣」。案說文竹部有「䉧」字，水部有「瀏」字，女部有「嬼」字，木部「桞」字下云：「劉，劉杙。」又有「劉向說」，「劉歆說」，不應金部無「劉」字，其爲脱簡，昭然可知。蓋自當途刊定既逞私意，騎省新附又相惑亂，今之說文非完書矣。暇復精誦三國志注及許氏九千言，知說文本無从「丣」之字，仲翔、世期亦不以「柳」爲从「丣」。何以明之？說文从古文字，必云「某，

〔一〕「正」，原作「王」，據漢書改。

古文某」，此解字之通例也。上部重文「帝」字下云：「『二』，古文『上』。辛、言、示、辰、龍、童、音、章皆从古文『上』。」既發其凡，而辛字、示字、辰字下復云「二，古文上」，今「示」字下脱此四字。唯「言」字、「童」字从辛，「音」字从言，「章」字从音，「龍」字从童省，故並不著。今玉部「珋」字，艸部「茆」字，日部「昴」字，耳部「聊」字，田部「留」字，皆止云「从某卯聲」，無「丣，古文酉」之文。唯木部「柳」字有之。蓋二徐誤讀三國志注，因相竄入。不於他字，而於「柳」字下者，以虞翻有「柳」、「卯」同字之説故也。案翻傳注引翻奏云：「古大篆『卯』字讀當爲『柳』，古『柳』、『卯』同字，而以爲昧。」裴松之云：「古大篆『卯』字讀當言『柳』，古『柳』、『卯』同字，竊謂翻言爲然。故『劉』、『留』、『聊』、『柳』同用此字，以从聲故也，與日辰『卯』字字同音異。」是仲翔明云「柳」、「卯」同字，不云「柳」、「丣」同字。世期亦云「劉」、「留」、「聊」、「柳」皆从「卯」聲，故有字同音異之疑，不云「劉」、「留」、「聊」、「柳」同用「丣」字也。裴氏所見説文，當古於二徐之本，其所見虞翻别傳，亦當未有三豕之誤，何得據鉉、鍇之謬以讀許書，改裴君之文并誣虞氏也？特世期「字同音異」之説則又不然。古日辰「卯」字本有「柳」音，詩「薄采其茆」，釋文云：「音卯，徐音柳，韋昭萌藻反。」周禮「茆菹」，釋文云：「音卯。北人音柳。」詩「維參與昴」，傳云：「昴，留也。」釋文云：「音卯，徐又音茅。一名留。」「留」又音「柳」。「昴」、「茆」皆从「卯」，不从「丣」。詩十月之交「卯」與「醜」叶。古人韻緩，故「卯」有「柳」音。此仲翔「讀當爲柳」之證也。徐仙民於「茆」字音「柳」，而於「昴」字則音「茅」者，案古「茅」音如「貿」，春秋「茅戎」，史記、二傳皆作「貿戎」。「卯」音如「茂」，史記律書「卯之爲言茂也，言萬物茂也」；淮南天文訓云「卯則茂茂然」；白虎通五行篇「卯者茂也」。「柳」音亦如「貿」，周禮縫人「衣翣柳之材」，注：「故書『翣柳』爲『接櫝』。」「櫝」字从「貿」，「貿」从「卯」聲，然則「卯」、「茆」、「貿」、「柳」古音一也。昴一名旄頭，古「旄丘」音轉爲「牟敦」，亦一證也。今説文「茆」字从「丣」，其誤始於孫愐，而徐氏因之。天官醢人「茆菹」注，鄭大夫讀「茆」爲「茅」。茅菹，茅初生，或曰茆，水草。杜子春讀「茆」爲「卯」。案：「讀爲卯」猶言「讀爲柳」，所謂柳、卯同字也。開元占經二十三引春秋緯：「太陰在酉，歲星居卯九星張。」「卯」，古「柳」字，亦非傳寫之誤。玄謂「茆，梟葵也」。若「茆」字當从「丣」，鄭不應讀爲「茅」，杜不應讀爲「卯」。若謂後鄭改字，則當云「茆當爲茆，梟葵也」，今何以無「當爲茆」三字？漢書律曆志「冒茆於卯」，師古曰：「茆，叢生也。」此與「梟葵」之「茆」實一字。「柳」有聚義，故「茆」亦有叢生之義，不必改也。「昴」即「留」，「留」亦從「卯」，不从「丣」。春秋元命包曰：「昴之爲言留也，言物成就繫留也。」史記律書：「北至於留，留者，言陽氣之稽留也，故曰留八月也。」索隱曰：「留即卯也。」毛傳亦以「留」爲「卯」。「卯」即「昴」字，是「昴」、「柳」皆可省爲「卯」。「留」亦通「柳」，左傳「留舒」，鄭箋引作「柳舒」。今人以「昴」爲白虎中宿，故當从「丣」。試思「柳」爲朱鳥中宿，何以亦云从「丣」？游談無根，不言自顯。或謂漢書「留孰於酉」，當與「冒茆於卯」同例，故「留」从「丣」，然則「引達於寅」、「畢入於戌」又何説也？左傳「予之石窌」，釋文「力到反，一音力救反」，則與「囷窌」之「窌」實一字，故陸爲二音。漢表「南奅」，公孫賀傳作「南窌」。説文「窌，大也」，蓋即空大之義，從「穴」者爲「窌」，从「大」者爲「奅」。史記衛將軍傳「封賀爲南窌侯」，徐廣曰：「窌宜作奅，音匹孝反。」索隱曰：「韋昭云：『縣名。或作窌。』字林云：『大下卯與穴下卯並音匹，孝反。』」黄公紹以爲「囷窌」字从寅卯之「卯」，「石窌」字从申丣之「丣」，臆造丘言，尤可大噱也。詩「三星在霤」與「飽」字叶，古文「飽」字从「卯」聲，是「卯」古有「柳」音也。説文「坐」字从「留」省，今本説文从「丣」下土。案重文「坐」字兩户相對不見，「丣」爲閉門之象。蓋从「留」省，則當从「丣」下土。説文不曰从「卯」，而曰从「留」省者，取其與「留」同意也。李陽冰以爲从「卯」，未甚大誤，特其好與許君立異，故刱爲「卯」。時人不卧不經之説，然可見唐以前説文皆作「𡋾」，不作「𡋾」矣。鄭氏以「柳」爲「昧」，蓋古文尚書作「昧谷」，鄭注古文，故不曰「柳穀」。周禮注引「度西曰柳穀」，此用今文説也。尚書大傳「秋祀柳穀」，鄭注：「柳，聚也。齊人語。」明今文作「柳穀」。史記五帝本紀「宅西曰昧谷」，徐廣曰：「一作『柳』。」非。司馬遷從安國問故，故用古文説。王光禄作尚書後案，依孔疏謂夏侯等書作「昧谷」，鄭作「柳谷」，此不攷史記、大傳，不明今古文之辨也。仲翔好爲難鄭，亦王肅之流，然使鄭當時實作「柳谷」，赤烏之年，鄭學具在，虞豈得誣以爲「昧」乎？濤以爲，緯書八十一篇，大有裨於聲音訓詁之學，故許君解字如「天，顛也」；「帝，諦也」；「日，實也」；「月，闕也」；「山，宣也」；「林之言微也」，皆用緯書説。木部「欒」字下引「禮天子樹松，諸侯柏，大夫欒，士楊」，亦即禮緯含文嘉之文。白虎通引作「春秋含文嘉」。又春秋元命包曰：「刑字从刀从井，井以飲人，人爭水，陷於泉，以刀守之，割其情欲，人畏慎以全命也。」初學記引作説文，今本無。顧氏日知録〔一〕亦以此爲説文。此與「人持弓，會敺禽，禿人伏禾中」，皆爲造字厥初象形指事之本義，而或非之，其盭甚矣！春秋漢含孳曰：「日流則提，擊流謂累，如赤珠數十在日下。」此則君兵提擊東西也。「流」即「⿱流土」之省。

〔一〕「録」，原作「禄」，形近而誤，今改。

古冕𡑍字作「𡑍」，省作流。今經典作「旒」，非。樂汁圖徵曰：「聖人往承天助，以立五均。」均者，調六律五聲之均也。「均」，古韻字。宋均曰：「均長八尺施弦。」誤。若斯之類，抑又繁夥，益見緯書之合於孔氏古文，而「卯金刀」之云，必非無説也。濤管穴陋識，米鹽瑣辨，持潢勺之水，而欲測重困之深，恃蚈蠲之輝，而思燭鍾山之陰，未見如愚之誠，實違蓋闕之義，伏望先生舉以一隅，箴其三闕，則賣羊高之餅，何休廢其守，談狗曲之經，王式杜其口，歷執古之醇聽，不至終惑於大道耳。承教爲廿一經堂作記，仲宣續善不足起其文，房元都講無以傳其業，謹輒牽率庸陋，敷暘厥旨，庶幾有補於將來。蒙輯緯書，尚未及半，牽於俗綴，又復中輟。孫轂古微，家有其書。豹人所集，目所未覩，當必求之以助掺采。昔仲尼之門，亦有盍各問事不休，質疑斯在，以筳撞鐘，實冀大叩。濤死罪死罪！

懋堂交游

盧先生文弨 別爲抱經學案。

錢先生大昕 別爲潛研學案。

阮先生元 別爲儀徵學案。

王先生念孫 別爲石臞學案。

孔先生廣森 別爲顨軒學案。

丁先生杰 別見抱經學案。

鈕先生樹玉 別見艮庭學案。

江先生有誥

江有誥字晉三，歙縣人。通音韻之學，得顧亭林、江慎修書，嗜之，忘寢食。謂江書能補顧所未及，而分部仍多罅漏，乃析爲二十一部。著詩經韻讀、羣經韻讀、楚辭韻讀、先秦韻讀、漢魏韻讀、唐韻四聲正、諧聲表、入聲表、二十一部韻譜、唐韻再正、唐韻更定，部分合爲江氏音學十書。晚著說文六書録、說文分韻譜遇火焚其稿。道光末卒。

寄段茂堂先生書 此文采自詩經韻讀卷首。

有誥謭劣無知，惟好音韻之學。曩者有志於此，不得其門而入也。博觀毛西河、邵子湘諸公之說，當時雖不敢以爲非，然覺其言之滉瀁而無岸涘。及見顧氏之音學五書、江氏之古韻標準、四聲切韻表，歎其言之信而有徵，謂講音學者，當從此入矣。後得先生所箸六書音均表讀之，益佩其造詣深邃，真能復三代之元音，發唐、宋以來未宣之祕，足與顧、江二君子參分鼎立者，惟先生而已。但其書宏綱大體固已極善，而條理似未盡密還淳。方氏有言，學者當爲宋儒諍臣，不當爲宋儒佞臣。有誥敢爲先生諍臣，而獻其款焉。表中於顧氏無韵之處，悉以合韵當之，有最近合韵者，有隔遠合韵者。有誥竊謂，近者可合，而遠者不可合也。箸書義例當嚴立界限，近者可合，以音相類也；遠者亦謂之合，則茫無界限，失分別部居之本意矣。表中謂宵部無入，其入聲字皆讀爲平。有誥則謂，不若割沃、覺、藥、鐸、錫之半爲宵入，不必全以沃、覺配幽，藥、鐸配魚，錫配支也。表中又以屋、沃、燭、覺均爲幽入。有誥則謂，當以屋、沃之半配幽，以燭與屋、覺之半配侯也。細爲按之，四韵中如六、孰、肅、卡、畜、祝、匊、复、肉、毒、佰、目、竹、逐、𢀷、粥、臼等聲皆幽之入也，𡨄、族、屋、獄、足、束、賣、辱、曲、玉、幸、蜀、木、彔、粟、業、豖、卜、局、鹿、谷等聲皆侯之入也。匪獨詩、易如此分用，即周、秦、漢初之文，皆少有出入者。如此，則表中弟三部之驅、附、奏、垢等字當改入侯部，不必爲幽之合韵矣。弟四部裕字，乃其本音，不必爲侯之合韵矣。表中又以侵、鹽、添爲弟七部，覃、談六韵爲弟八部。有誥則謂當改召、旻之玷、貶入八部而以侵覃爲一類，談、鹽以下爲一類也。表中又以質、櫛、屑配真、臻、先。有詰竊考古人平入合用之文，唐韻偏旁諧聲之字，而知此三韻之當配脂、齊，與術、迄、物、黠、没爲一家眷屬，不可離而二之也。以等韻言之，質、櫛者，脂開口之入也；術者，脂合口之入也；迄者，微開口之入也；物者，微合口之入也。屑者，齊之入也；黠者，皆之入也；没者，灰之入也。如此，則十五部之疾、至、閟等字皆其本音，不必爲脂之合韻矣。以上數條，皆致疑之大者。管見如斯，未知有當高明否也？抑鄙見猶有説焉。去之祭、泰、夬、廢，入之月、曷、末、鎋、薛，表中并入脂部。有詰考此九韻，古人每獨用，不與脂通。蓋月者廢之入，曷、末者泰之入，夬者鎋之入，祭者薛之入。其類無平上，與至、未、質、術之有平上者，疆界迥殊。則此九韻當别爲一部，無疑也。緝、合九韻之配侵、覃，歷來舉無異説。有詰則謂，平入分配，必以詩、騷平入合用之章爲據。支部古人用者甚少，詩、易、左傳、楚辭僅三十九見，而四聲互用者十之三。今考侵、覃九韻，詩、易、左傳、楚辭共五十七見；緝、合九韻，詩、易、大戴、楚辭共二十二見，並無一字合用者。即遍考先秦、兩漢之文，亦無之。檢唐韻之偏旁，又復殊異。蓋幾於此疆爾界絶不相蒙，烏能强不類者而合之也？則當以輯、合爲一部。盍、葉以下爲一部，其類無平上去。蓋四聲之説，起於周、沈，本不可言古韻，又況冬無上，祭、泰、夬、廢無平上，原非每部鑿定四聲也。如此增立三部，合先生之所分，共二十部，有詰據此撰爲詩經韻讀、羣經韻讀、楚辭韻讀、先秦韻讀、古韻譜等書。又先生之十七部諧聲表，實從來講古韻者所未見及，但有詰於先生之部分既有更改，平入分配間有異同，謹更爲諧聲表一卷。韻學談及入聲尤難，有明張氏著韻學集成，分配全誤，顧氏一正之，而得者半，失者半。

江晉齋再正顧氏，而得者十之七，失者十之三。蓋不專以三代之經傳、許氏之諧聲爲據，而調停舊説，是以未能盡善。有誥因之，更爲入聲表一卷，而以古音總論、等韵叢説、説文質疑、繫傳訂訛、音學辨訛附焉。已上書繕寫已成。又有説文彙聲、漢韵讀、唐韵再正三書，尚未脱稿。今謹將論撰大意，先達座右，再容執贄登堂，面求誨正，錫以弁言，無任冒昧之至。惟先生恕其狂愚，而辱教焉，則幸矣。

復王石臞先生書 此文采自詩經韵讀卷首。

石臞先生閣下：十月二十八日，接胡竹邨中翰寄到先生手書，反復觀誦，不勝雀躍。伏念有誥以無師之學，鼓其臆説，雖篤于自信，而絶尠知音。後得段茂堂先生推許，竊自幸得一知己，可以不恨。今又蒙先生如此嘉奬，有誥益可以無恨矣。來書謂拙箸與先生尊見如趨一軌，所異者，惟質、術之分合耳。曩者，有誥于此條思之至忘寢食，而斷其不能分者有數事焉。論古韵必以詩、易、楚辭爲宗，此部于詩、易似若可分。而楚辭分用者五章：九歌東君之節、日，遠遊之一、逸，招魂之日、瑟，高唐賦之室、乙、畢，四條爲質部字；高唐賦之物、出一條爲術部字。合用者七章：九章懷沙之抑、替，替从白聲。白，古自字。悲回風之至、比，九辨六之濟、至、死，風賦之慄、欷，高唐賦之出、忽、失，笛賦之節、結、一、出、疾，釣賦之失、術。楚辭而外，尤犬牙相錯，平側不分，其不能離析者一也。段氏之分真、文，孔氏之分東、冬，人皆疑之。有誥初亦不之信也，細紬繹之，真與耕通用爲多，文與元合用較廣，此真、文之界限也。東每與陽通，冬每與蒸、侵合，此東、冬之界限也。今質、術二部，詩中與祭部去入合用十一章：旐丘之葛、節、日，正月之結、厲、滅、戚，十月之交之徹、逸，賓之初筵之設、逸，此質之與祭合也；候人之薈、蔚，出車之旆、瘁，雨無正之滅、戾、勩，小弁之嘒、屆、淠、寐，采菽之淠、嘒、駟、屆，皇矣之翳、栵，生民之旆、穟，此術之與祭合也，亦無平側賓主之辨，其不能離析者二也。唐韻去入二聲，分承平上，統系分明。今若割至、霽與質、櫛、屑別爲一部，則脂、齊無去入矣。二百六部中有平去而無上入者有之，未有有平上而無去者也。且至、霽二部爲質之去者十之二，爲術之去者十之八，賓勝于主，無可擘畫。若專以質、迄、櫛、屑成部，則又有去聲數十字牽引而至，非若緝、盍九韻之絶無攀緣也。有詰于四聲之配合，有入聲表一卷，言之甚詳。此段氏質、術之分，有詰所以反覆思之而不能從也。先生又謂，賓之初筵詩以二禮字韻，至字不入韻，然下三句以壬、林、湛韻，末六句以能、又、時韻，則此二韻自當以禮、至韻，二「百禮」，二「其湛」，恐非韻也。玄鳥篇亦當以祁、河、宜、何韻，二「來格〔一〕」亦恐非韻也。考古人歌、脂二部合用甚多，楚辭九歌東君以雷、蛇、懷、歸韻，遠遊篇以妃、歌、飛、夷、蛇、徊韻，高唐賦以巂、諧、哀、悽、欷韻，荀子成相一章以罷、私、施、移韻，文子上德篇以類、遂、施韻。漢人合用尤廣，其書可覆按。有詰所以不敢爲苟同之論也。辱蒙糾正各條，俱甚切當。有詰于總論已芟去，于大文已改正矣。承索拙箸各種，但拙箸甚繁，家貧無力刊布，今將已刻數種，敬呈座右，仍望先生糾其紕繆而賜教焉，則幸甚幸甚！

〔一〕「格」，玄鳥作「假」。

再寄王石臞先生書 此文采自唐韵四聲正卷首。

去秋接奉手書，比即裁函奉覆，未審有當高明否？近者，有誥復有新知，敢再臚陳管見，望先生賜教焉。古韵一事，至今日幾如日麗中天矣，然四聲一説，尚無定論。顧氏謂「古人四聲一貫」，又謂「入爲閏聲」。陳季立謂「古無四聲」。江眘齋申明其説者，不一而足，然所撰古韵標準仍分平上去入四卷，則亦未有定見。段氏謂「古有平上入，而無去」。孔氏謂「古有平上去，而無入」。有誥初見，亦謂古無四聲，説載初刻凡例。至今反復紬繹，始知古人實有四聲，特古人所讀之聲與後人不同。陸氏編韵時不能審明古訓，特就當時之聲，誤爲分析，有古平而誤收入上聲者，如享、饗、頸、顙等字是也；有古平而誤收入去聲者，如訟、化、震、患等字是也；有古上而誤收入平聲者，如偕字是也；有古上而誤收入去聲者，如狩字是也；有一字平上兩音而僅收入上聲者，如息字是也；有一字平上兩音而僅收入平聲者，如慫字是也；有一字平去兩音而僅收入去聲者，如信字是也；有一字平去兩聲而僅收入平聲者，如居字是也；有一字上去兩音而僅收入上聲者，如喜字是也；有一字上去兩音而僅收入去聲者，如顧字是也；有一字去入兩音而僅收入去聲者，如意字是也；有一字去入兩音而僅收入入聲者，如得字是也；有一字平上去三音而遺其上去者，如時字是也；有一字平去入三音而遺其去入者，如來字是也；有一字上去入三音而遺其上入者，如至字是也；有一字平上去三音而遺其平聲者，如上字是也；有一字平上去三音而遺其平去者，如靜字是也。偶舉一以見例，其餘不可枚數。有誥因此撰成唐韵四聲正一書，做唐韵正之例，每一字大書其上，博采三代、兩漢之文，分注其下，使知四聲之説，非創于周、沈。其中間有四聲通押者，如詩經揚之水之皓、上。繡、去。鵠、入。憂，平。大東之來、去。服、入。裘、平。試，去。易遯象傳之栽、平。志、僃、事、去。否、上。疑，平。楚詞九辨六之鑿、入。教、去。樂、入。高。平。此亦如二十一部之分，瞭然不紊。而亦間有通用合用者，不得泥此以窒其餘也。其四聲具備者七部：曰之，曰幽，曰宵，曰侯，曰魚，曰支，曰脂。有平上去而無入者七部：曰歌，曰元，曰文，曰耕，曰陽，曰東，曰談。有平上而無去入者一部：曰侵。有平去而無上入者一部：曰真。有去入而無平上者一部：曰祭。有平聲而無上去入者二部：曰中，曰蒸。有入聲而無平上去者二部：曰葉，曰緝。一以三代、兩漢之音爲準，晉、宋以後遷變之音，不得而惑之。于是悟古無四聲之説爲拾人牙慧，而古人學與年俱進之説誠不誣也。其中有唐韵本不誤，而集韵誤采者，則不復致辨。如館字本無上聲，唐韵上聲不收，集韵收之。今人幾不知館字爲去聲矣。鄙見如此，未審先生以爲然否？仍望誨正而賜示焉，則幸甚幸甚！

附録

先生以所著韻書就正於懋堂，答書略謂：「本朝言古韻者五人，曰顧氏、江氏、戴氏、段氏、孔氏，而足下殿之。顧氏之功，在藥、鐸爲二；江氏之功，在真、文、元、寒爲二；段氏之功，在支、脂、之爲三，尤、侯爲二，真、文爲二；戴氏之功，在脂、微去入之分配真、文、元、寒爲二；孔氏之功，在屋、沃爲二，東、冬爲二，皆以分配侯、尤；足下繼起之功，實有見於屋、沃之當爲二，術、物與月、末之當爲二。雖爲他人我先，考古不得謂不深也。僕六書音均表數易其稿，初稿十五表，入聲有分合，既以牽於一二不可分者，且惑於一部首尾不當首同尾異，畢竟渾併之。及東原師札來，乃知分首爲是。今又得足下札，正同。三占從二，僕書當改易，明矣。足下謂祭、泰、夬、廢、月、曷、末、鎋、薛爲一部，皆古無平上之韻，各韻有有平無入者，未有有入無平者。近代古韻標目，以陸氏之有入者，分配其無入者，至於今茲，雖不中，不遠矣。若祭、泰、月、曷以下之爲十五部之入，緝、合以下爲侵、覃之入，千古不易，足下何獨疑之？抑音均表尚有誤者，孔檢討之於東、冬是也。檢討舉一東、三鍾、四江爲一類，二冬爲一類，以東類配侯類，以冬類配尤類，如此而後完密無閒。僕書久欲改正而未暇，足下宜及今從其説而補正之。更以質、櫛、屑仍舊配真、臻、先爲一部，緝、合九韻仍舊配侵、覃九韻爲二部，祭、泰、夬、廢、月、曷、末、黠、鎋、薛仍歸十五部，則集五家之大成，庶幾古韻大明矣。」先生得書，東、冬之分改從孔説，而祭、泰、夬、廢、月、曷、末、鎋、薛仍别爲一部，與戴氏合。懋堂爲作序，稱其「於前人之説，皆擇善而從，無所偏徇」。經韻樓答江晉三論韻書及江氏音學序。

懋堂私淑

馬先生壽齡

馬壽齡字鶴船，當塗人。諸生。僑寓江寧。咸豐初，陷身賊中，賊令草詔，誓死拒之。乃傾金結客，謀爲官軍内應，賊下之獄。終以計負老父同脱。居向忠武公榮幕。同治九年卒。卒後選授南陵縣訓導。先生夙究許學，服膺段氏，嘗讀説文注而札記之，别其義類，曰誤字，曰譌音，曰通用字，曰説文所無字，曰俗字，曰叚借字，曰引經異字，曰引經異句，曰異解，一以段義爲主，分條晰縷，提要鉤玄。劉恭甫爲校遺稿付刊，以其書減於原注，而注中徵引古誼畢萃於是，足爲從事段學者示以津梁，易其名曰説文段注撰要，凡九卷。參馬徵麟説文段注撰要序、胡恩燮説文段注撰要跋。

清儒學案卷九十二

未谷學案

未谷之治説文，博證求通，不矜獨斷，與同時金壇段氏著書宗旨各有所重，要其薈萃疏證，爲學者伐山採林之資，所霑溉者多矣。述未谷學案。

桂先生馥

桂馥字冬卉，號未谷，曲阜人。初由優貢生官長山縣訓導，振興文教，出所藏書置借書園，以資來學。乾隆庚戌成進士，時年五十五矣。銓授雲南永平縣知縣，刑清政簡，境宇帖然。嘉慶十年卒於官，年七十。生平博涉羣書，尤潛心小學，謂士不通經，不足致用，而不明訓詁，亦不足以通經，故自諸生以至通籍，四十年間，於許氏説文致力最久。嘗繪許祭酒以下及江式、李陽冰、徐鉉、徐鍇、張有、吾丘衍諸人爲説文統系圖，大興朱筠河特爲之記。所著有説文解字義證五十卷。義證者，取梁書孔子袪傳中語也。其書薈萃羣書，力窮根柢，爲一生精力所在。時金壇段懋堂亦治説文，學者並稱段、桂，而兩人各不相見，且亦未見所著書。段氏書聲義兼明，而尤邃於聲。先生書聲亦並及，而尤博於義，前説未盡，則以後説補苴之，前説有誤，則以後説辨正之，凡所疏證，皆敷佐許説，發揮旁通，令學者引申貫注，自得其義之所歸。其專臚古籍，不下己意，則以意在博證求通，輾轉孳乳，觸長無方，亦如王氏之廣雅疏證、阮氏之經籍籑詁，非可以己意爲獨斷者也。又有説文諧聲譜考證，本欲與義證並行，歿後遭亂，原稿散失數卷，未得付梓。官滇時，追念舊聞，隨筆疏記，分温經、覽古、匡謬及金石文字、鄉里舊聞、滇遊續筆等爲六類，題曰札樸，凡十卷，考核精審，衆推博雅。又工篆隸，精摹印，著繆篆分韻五卷、補五卷，續三十五舉一卷。所爲詩文，有晚學集八卷、詩集四卷。參史傳、蔣祥墀撰家傳、文獻徵存録、段玉裁札樸序、張之洞説文義證序。

説文解字義證

附　説

漢書藝文志：「漢興，閭里書師合蒼頡、爰歷、博學三篇，斷六十字以爲一章，凡五十五章，并爲蒼頡篇。武帝時司馬相如作凡將篇，無復字。元帝時，黄門令史游作急就篇，成帝時將作大匠李長作元尚篇，皆蒼頡中正字也。凡將則頗有出矣。至元始中，徵天下通小學者以百數，各令記字於廷中。揚雄取其有用者以作訓纂篇，順續蒼頡，又易蒼頡中重復之字，凡八十九章。案：此訓纂别是一書，與雄所作蒼頡訓纂不同。臣復續揚雄作十三章，凡一百二章，無復字，六藝羣書所載略備矣。」韋昭注云：「臣，班固自謂也。作十三章，後人不別，疑在蒼頡下篇三十四章中。」馥以此知説文非許氏刱作，蓋總集蒼頡、訓纂、班氏十三章三書而成。蒼頡篇五十五章，訓纂篇八十九章，班固十三章，凡一百五十七章，以每章六十字計之，凡九千四百二十字。説文敍云「九千三百五十三文」，然則説文集三書之大成，兩漢訓詁萃於一書，顧不重哉。新唐書藝文志「班固在昔篇一卷，太甲篇一卷」。此即十三章。説文「陧」下引班説亦出於此，而説文序中只舉蒼頡篇、訓纂篇，未及班書，故讀者不了。案：班固死於永元四年，説文成於十二年，是則許氏猶及親聞固説。又案：急就分章，或六十三字，或六十四字，顏師古曰：「每標章首以字數爲斷者，蓋取其課程學僮，簡牘爲便也。」是以前之卒章，或與後句相攝。

梁書劉之遴傳：「時得班固漢書真本，皇太子令之遴等參校異同。之遴稱古本第三十七卷解音釋義以助雅詁，而今本無此卷。」馥謂：此可與十三章相發，惜其失傳。

朱彝尊玉篇序：「爰歷、博學爲閭里書師所合，入之蒼頡篇中，許慎據以撰説文解字。」

許氏自序：「蒼頡之初作書，蓋依類象形，故謂之文。其後形聲相益，即謂之字。」觀此，可知本書命名之義。

又自序云「聞疑載疑」。案：示部「祏」字云：「大夫以石爲主。」五經異義云：「謹案：『大夫以石爲主』，禮無明文。大夫士無昭穆，不得有主。」此所謂聞疑載疑也。

漢外黄令高彪碑：「師事口口尉汝南許公。」馥案：闕處當是「故太」二字，許爲太尉祭酒，故稱太尉。彪卒於光和七年，正與許公同時。

隋書經籍志有説文音隱，不審出誰氏。宋書謝靈運山居賦自注云：「鰻音憂。鱧音禮。鮒音附。

鱮音敘。鱒音寸衮反。鯇音睆。鰱音連。鯿音毖仙反。魴音房。鮪音洧。魦音沙。鱖音居綴反。鱨音上羊反。鯔音比之反。鱣音竹仚反。」皆說文、字林音，馥據此知音隱在宋以前也。

本書或偁篆文，或偁秦篆，即小篆也。敘云：「李斯、趙高、胡毋敬皆取史籀大篆，或頗省改，所謂小篆者也。」蓋李斯等因大篆作小篆，或改其文，或仍其舊。如「厵」字，仍大篆之舊；「原」字，省改爲小篆也。「⿰氵𩺰」字，仍大篆之舊；「漁」字，省改爲小篆也。「⿲氵㐬氵」、「⿲氵步氵」仍大篆之舊，「流」、「涉」省改爲小篆也。厵、⿰氵𩺰、⿲氵㐬氵、⿲氵步氵不注明籀文者，原、漁、流、涉注明篆文，不煩互見也。「𩙺」大篆，「翼」小篆，徐鍇本「𩙺」字注云：「籀文翼。」「翼」字注云：「篆文翼。」此則互相注明矣。

古文簡，籀文繁，故小篆於籀文則多減，於古文則多增。如「云」字，古文也，小篆加「雨」爲「雲」。「𣶒」字，古文也，小篆加「水」爲「淵」。「系」字，古文也，小篆加「人」爲「係」。此類是也。𦣝部云：「篆文𦣝从頁。」徐鍇曰：「籀文𦣝从𩠐。」然則「𦣝」爲古文，「𩠐」爲籀文，「頤」爲小篆，三者較然明白。

說文凡字義未明者注云闕，謂所承之本闕也。若使許氏刱作，何言闕乎？氏部「⿱臼氏」下云：「家本無注。」謂其家所藏之蒼頡篇等書無注也。徐鍇疑許沖語。按：沖進書時，愼猶在，沖豈得妄有羼入乎？

汗簡力部「勞」下云：「見舊說文。」謂非李監新定本也。爻部有兩「教」字，上云「見說文」，下云「一本如此作」，然則唐本各有異同，故所引與今本互異。

或問：「周宣王時既有古文，史籀何爲復作大篆？」答之曰：「書契之作，所以杜詐僞。古文太簡，漸有不可以一體施者，故大篆趨於繁，與古文竝行，猶秦書之有八體，各從所言。說文序云：『太史籀著大篆十五篇，與古文或異。至孔子書六經，左丘明述春秋傳，皆以古文。』此可知大篆不施於書册也。秦又苦大篆之繁，故作小篆。小篆出於大篆，不出於古文。漢興，以大篆著於尉律，與小篆竝行。至甄豐修古文而廢大篆，故建武時遂亡六篇。」說文「霚」下云：「籀文省作雺。」案：省者，省於小篆，非謂省於古文也。

徐鍇繫傳「奭」下云：「史篇謂史籀所作蒼頡十五篇也。」余友丁教授杰非之曰：「漢書藝文志『蒼頡一篇』，又『蒼頡七章』者云云，然則蒼頡、爰歷、博學文字多取史籀，而篆體頗異，謂之秦篆。在秦則三書各一篇，共二十章。在漢則合爲一篇，凡五十五章。即使揚雄、班固續者混入蒼頡篇中，亦止一百二章，未有云十五篇者也。十五篇之說，起於徐鍇。」果如其說，則揚雄傳云：「史篇莫善於蒼頡，作訓纂。」何故訓纂止一篇邪？藝文志云：「杜林爲蒼頡作訓故。」何故林所作蒼頡訓纂、蒼頡故各止一篇邪？無名氏之蒼頡傳及揚雄之蒼頡訓纂，何故亦各止一篇邪？

張懷瓘書斷：「史書十五篇，凡九千字。許慎說文十五卷，九千餘字，適與此合，故先民以爲慎即取此而說其文義。」馥案：建武時，史書已亡六篇，許氏不及見其全文，安能說其文義？且許氏明言「今敍篆文，合以古籀」，張氏豈未之思邪！

封演聞見記：「後漢和帝時，始獲七千三百八十四字。安帝時，許慎特見搜采，九千之文始備，著爲說文，凡五百四十部，皆從古爲證，備論字體，詳舉音訓。其鄙俗所傳涉於妄者，皆許氏之所不取。故說文至今爲字學之宗。」馥案：封氏所云「九千之文」，謂籀書也。說文所載籀文不過百四十餘字，何得言搜采始備？

吾丘衍學古編：「蒼頡十五篇，即是說文目録五百四十字，許慎分爲每部之首，人多不知，謂已久滅。此爲字之本源，豈得不在？後人又并字目爲十四卷，以十五卷著序、表，人益不意其存矣。」馥案：蒼頡非偏旁之書，安得即是說文目録？且漢志明言蒼頡一篇，安得有十五篇？

周易釋文「窞」字引說文云：「坎中更有坎。」又引字林云：「坎中小坎。一曰旁入。」又「拯」字引說文云「舉也」。又引字林云「上舉」。詩釋文「穮」字引說文云「耨，鉏田也」。又引字林云「耕禾間也」。周禮釋文「鞮」字引許慎云「履也」。又引吕忱云「鞮，革履也」。爾雅釋文「蛘」字引說文作「芊」。又引字林作「蛘」，云「搔蛘也」。今說文皆字林之訓。又李善注文選秋興賦「慨」字，引說文「太息也」。又引字林「壯士不得志也」。今說文亦字林之訓，所未能詳。

魏了翁渠陽雜鈔載李燾新編許氏說文解字五音韻譜前後序，了翁書後云「右二篇，皆巽巖先生文」。然則五音韻譜爲巽巖作無疑。今所行本消去巽巖兩序，莫曉出誰氏。文獻通考載其序於徐鍇繫傳下，永樂大典又載於徐鍇韻譜下，並誤。

朱學士筠有包希魯說文補義，其書作於至正乙未，刻於永樂庚子。全載五音韻譜原文，仍其次第，可以互證。

自五音韻譜行世，始一終亥本殆將湮滅。今世僅有毛晉刻本，其子扆跋云：「先君購得說文真本，係北宋板，嫌其字小，以大字開彫云云。而不言大字誰寫。余校其篆，雖小有筆法，實不通六書，故文多謬誤。汪比部啟淑翦其篆文，以刻小徐繫傳。」案：大、小徐兩本文多不同，未能合而一之也。

每見汲古閣寫本書，有毛扆改字，多未允當。祇如重刻宋本說文，雖有異同，自應仍舊，留待學人考訂，何以刻後數數改易，滅沒其真邪？幸初印本猶存，今據以正定改本，使還徐氏之舊。

安邑宋君葆淳得說文小字本，有毛晉印、季振宜印，是元、明間坊本，與毛氏刻本間有不同。如水部「洇」字从「因」，音「於真切」，是也。昔陸佃、王子韶入資善堂修定說文，疑此即陸、王修定之本。李氏五音韻譜出於此本。

徐鉉等上說文序例云：「復有經典相承傳寫，及時俗要用，而說文不載者，承詔皆附益之，以廣篆籀之路，亦皆形聲相從，不違六書之義者。」案：水部新附「濔」字云：「諸家不收，今附之字韻末。」此仍孫愐唐韻之文，今廣韻改作「瀰」，正在「武移切」韻紐之末，然則新附諸字，皆本唐韻。

篆變爲隸，凡不順隸體者，多借同音之字。當其始也，皆知爲假借，行之既久，或沒其本體。如「溺」字本水名，借爲「沈休」之「休」。釋名云：「死於水曰溺。」溺，弱也，不能自勝也，直以「溺」爲「休」。

讀說文者，不習舊聞，則古訓難通；逞其私智，則妄加改易，良由小學荒廢已久，久則無能尋其隊緒矣。善乎！韓詩外傳之言曰：「夫傳者久則愈略，近則愈詳。略則舉大，詳則舉細，故愚者聞其大不聞其細，聞其細不知其大，是以久而差。」

唐、宋以來，小學分爲二派，遵守點畫者，五經文字、九經字樣、干祿字書、佩觿、復古編、字鑑是也；私逞臆說者，王氏字說、周氏六書正譌、楊氏六書統、戴氏六書故、趙氏長箋是也。

說文諧聲，多與詩、易、楚詞不合。音有流變，隨時隨地而轉。顧氏音學五書舉歷代之音而統同之，茫無畔岸矣。前乎說文者，三代之音也；後乎說文者，六朝之音也；說文，則漢音竝古音也。

諧聲字有曰「亦聲」者，其例有二：從部首得聲曰亦聲。如八部「㒸」下云：「從重八。八，別也，亦聲。」半部「胖」下云：「從半，從肉，半亦聲。」句部「拘」、「笱」下皆云：「句亦聲。」吅部「單」下云：「從吅、甲，吅亦聲。」疋部「𤴔」、「䟽」下皆云：「疋亦聲。」丩部「𦬔」下云：「從丩，丩亦聲。」皕部「奭」下云：「從皕，皕亦聲。」丌部「近」下云：「從丌，丌亦聲。」井部「𠛬」下云：「從井，從刀。井，法也。井亦聲。」后部「㖃」下云：「從口、后，后亦聲。」此一例也。或解說所從偏旁之義而曰亦聲。如示部「禬」下云：「會，福祭也。從會，會亦聲。」玉部「瑁」下云：「諸侯執圭朝天子，天子執玉以冒之。從玉、冒，冒亦聲。」菐部「𦋟」下云：「從八。八，分之也。八亦聲。」「晨」下云：「從辰。辰，時也。辰亦聲。」「𧴪」下云：「中，財見也。中亦聲。」虫部「蟘」下云：「吏乞貣則生蟘。從貣，貣亦聲。」此又一例也。非此二例而曰「亦聲」者，或後人加之。

王充曰：「失道之意，還反其字。蒼頡作書，與事相連。」司馬温公曰：「凡觀書者，當先正其文，辨其音，然後可以求其義。」李鼎祚曰：「年代緜流，師資道喪，恐傳寫字誤，後賢當詳之也。」閻若璩曰：「學須博，書須善本，又須參前後之所見，以歸於一定。」

徐幹中論：「凡學者，大義爲先，物名爲後，大義舉而物名從之。然鄙儒之博學也，務於物名，詳於器械，考於訓詁，摘其章句，而不能統其大義之所極，以獲先王之心。此無異乎女史誦詩，內豎傳令也，故使學者勞思慮而不知道，費日月而無成功，故君子必擇師焉。」馥謂：近日學者，風尚六書，動成習氣。偶涉名物，自負倉、雅；略講點畫，妄議斯、冰。叩以經典大義，茫乎未之聞也。徐氏此説，可謂今之鍼砭矣。

司馬温公進通鑑表云：「歲月淹久，其間牴牾，不敢自保。」又云：「臣今神識衰耗，目前所爲，旋踵遺忘。」馥從事説文三十餘年，南北舟車，身勞心瘁，牽於世事，作輟無常，前緒已了，後復茫昧，深有感於温公之言也。

梁書孔子袪傳：「高祖撰五經講疏及孔子正言，專使子袪檢閲羣書，以爲義證。」馥爲説文之學，亦取證於羣書，故題曰義證。

繆篆分韻自序

秦書八體，五曰摹印，徐鍇曰：「摹印屈曲填密，秦璽文也。」漢曰繆篆，顔師古曰：「繆篆謂其文屈曲纏繞，所以摹印章也。」黄庭堅曰：「繆篆讀如綢繆束薪之繆。」漢以來符璽印章書也。」珊瑚鉤詩話：「繆書者，用以書符印，取綢繆糾纏之象。」以印文自爲一體也。毛奇齡曰：「摹印另有體，篆隸與摹印各具一體，爲八書之一，而今以篆體爲之，動稱説文，吾所不解也。」古印作籀書，魏書高祐傳：「有人於零丘得玉印，祐曰：『印上有籀書二字，文曰宋壽。』」秦璽「受命于天，既壽永昌。」作鳥書，李心傳曰：「秦璽者，李斯之魚蟲篆也。」而別璽作小篆。唐元度曰：「李斯改大篆爲小篆，銘題鐘鼎及作符璽。」漢印則出入小篆，削繁增簡，與隸相通。吾丘衍曰：「漢有摹印篆，只是方正篆法，與隸相通。後人不識古印，妄意盤屈，大可笑也。」蓋印文數變，至漢乃定。趙宧光曰：「摹印篆，漢白文印用之。後此章不攝字者，六代而下皆是也。」第印曹失職，譌謬日滋，故馬援上書請正郡國印章。東觀漢記：「馬援上書：『成皐令印，皐字爲白下羊，丞印四下羊，尉印白下人，人下羊。即一縣長吏，印文不同，恐天下不正者多。符印所以爲信也，所貴齊同。』事下大司空正郡國印章。」漢已多誤，何論魏、晉？然繆篆既無成書，印文其餼羊也。吾丘衍曰：「多見故家藏得漢印，字皆方正，近乎隸書，此即摹印篆也。」唐以小篆作朱文，盤屈側斜，已乖漢法。唐六典曰：「唐五體書，三曰小篆，印璽旛碣所用。」吾丘衍曰：「凡屈曲盤回，唐篆始如此。」今碑刻有顔魯公官誥、尚書省印可考其説。近世多準説文，王兆雲曰：「印章文字，一筆損益，皆有法度。後世不知，以許氏説文拘拘膠柱而鼓瑟，漢、晉以後謂之無印章可也。」或兼用大、小篆，雜出於蟲鳥、鐘鼎，而漢法亡矣。須初孫曰：「世人不識字，輒欲操刀登作者堂，大小篆鐘鼎間雜。夫人知之，夫人犯之矣。」周元亮氏言：「秦、漢到今，聲之誤，體之變，不知其幾。藉印文以稽古，學者之職志也。」予因集録古印，得如千字，以廣韻次之，凡五卷。踵事者修理舊文，積久益多，或存繆篆一線云。

繆篆分韻補自序

予少時篤嗜古銅印，凡南北收藏家，不遠千里求之，所見日多，因采集印文，仿漢隸字原，作繆篆分韻，滋陽蘇厄園助予排類。既客都門，聞瑛夢禪居士先有編録，同安邑宋芝山往訪居士，以所得歸我。朱竹君學士見而大喜，謂可補八體之一。陸丹叔侍郎勸予鋟木，悤悤未能也。友人沈向齋、黃小香、陳明軒、沈二香、劉松嵐、江秋史、司馬達甫各出金助刻，陳仲魚爲之繕寫，章丘焦録軒釋文。芝山取此本至京師，付旌德李生刻板。李生攜板南歸，久不見還。今春，王葑町太僕巡漕揚州，芝山從李生所取板歸太僕。予方除雲南永平令，未行。太僕還京，出示印本，於是數十年未竟之業，宛轉得慰老眼，而友朋贊助之力，良可感也。登板後，遠近知交多以印文寄示，復成補遺五篇。今請伊墨卿比部作書法，梧門祭酒監刻，仍以板歸太僕，附初本以行。烏呼！予老矣。一官萬里，文字都廢。或有好事，更補其闕，是又蠻荒邊吏所竚企耳。

札樸自序

往客都門，與周君書昌同游書肆，見其善本皆高閣，又列布散本於門外木板上，謂之書攤。周君戲言：「著述不慎，但恐落在此輩書攤上也。」他日又言：「宋、元人小説盈籍累案，漫無關要。近代益多枉費筆札耳。今與君約，無復效尤。」馥曰：「宋之夢谿筆談、容齋五筆、學林新編、困學紀聞，元之輟耕録，其説多有根據。即我朝之日知録、鈍吟雜録、潛丘劄記，皆能霑溉後學。説部非不可爲，亦視其説何如耳。」嘉慶紀元之歲，由水程就官滇南，舟行無以遣日，追念舊聞，隨筆疏記。到官後，續以滇事，凡十卷。以其細碎，竊比匠門之木柿，題曰札樸。烏呼！周君往矣，惜不及面質當落書攤上不耶？

文集

漯水考

尚書禹貢：「浮于濟、漯，達于河。」釋文：「漯，天答反。篇韻作他合反。」漢書地理志：「浮于泲、漯，通于河。」師古曰：「漯水出東郡東武陽。音它合反。」又溝洫志：「迺釃二渠，以引其河。」孟康曰：「二渠，其一則漯川也。」師古曰：「漯音它合反。」孟子：「瀹濟、漯而注諸海。」朱子集注：「漯，他合反。」並與濕音同。說文「灅」字云：「水出鴈門陰館纍頭山，東入海。從水，纍聲。力追切。」水經：「濕水出鴈門陰館縣。」酈注：「出于纍頭山。」案：此灅水誤作濕水。「濕」字云：「水出東郡東武陽入海。從水，㬎聲。桑欽云：『出平原高唐。』他合切。」水經注河水云：「故瀆又東北歷長隄，逕温陰縣北。」漢志「上谷郡軍都温餘水」，水經注作「濕餘水」。李賢注後漢書王霸傳引水經注作「濕温餘水」。「濕」「温」易譌，「温陰」即「濕陰」。「灅」、「濕」二字，音義判然，不容假借。玉篇「漯」字云：「通合切。水在東武陽。說文亦作『濕』。」廣韻「灅」字云：「他合切。水名，在平原。」「濕，上同。」据此二書，是漯、濕相亂已久。欲求其故，思之終日，廓然發矇，蓋隸省「㬎」作「累」，非借「漯」爲「濕」。古有從纍之灅水，初無從累之灅字，後人省「纍」作「累」，故不識「累」之爲「㬎」。又因「濕」與「溼」混，且不識「濕」之爲水矣。案漢書地理志「平原郡漯陰」，應劭曰：「漯水出東武陽，東北入海。」又：「高唐，桑欽言：『漯水所出。』」又：「東郡東武陽，禹治漯水，東北至千乘入海，過郡三，行千二十里。」小顏並音「它合反」。通鑑注引作「它荅反」。後漢郡國志「東郡東武陽，濕水出」。又平原有濕陰。凡前志「灅」字，後志並作「濕」。前志亦有作「濕」者，千乘郡溼沃，水經作漯沃，酈注引地理風俗記「千乘縣西北五十里有大河，河北有漯沃城」。溼沃即濕沃，俗本字誤。又案漢書或作「隰」，襄楷傳「平原隰陰人」，注云：「隰陰縣，在隰水之南，故城在今齊州臨邑縣西也。」說文言「水出東武陽」，又引桑欽說「出高唐」者，本於地理志也。地理志言「禹治漯水，至千乘入海」者，本於禹貢、孟子也。然則禹貢、孟子、地理志之「漯」，當如說文、郡國志作「濕」。其作「漯」者，從隸體也。玉篇、廣韻並小學家言，反以「漯」爲正字，六朝文字多從變體，是亦重於違俗者歟？

明堂月令考

周之月令出於明堂，故偁明堂月令。說文、風俗通、國語注皆引明堂月令。漢書魏相傳「數表采易陰陽及明堂月令奏之」。蔡邕明堂月令論月令篇名曰：「因天時，制人事，天子發號施令，祀神受職，每月異禮，故謂之月令，所以順陰陽，奉四時，効氣物，行王政也。」三輔黄圖：「明堂者，天道之堂也，所以順四時，行月令，故謂之明堂。」袁準正論：「古有王居明堂之禮，月令則其事也。」大戴禮明堂篇〔一〕「明堂月令。赤綴户也，白綴牖也」。盧辨注：「於明堂之中，施十二月之令。」禮含文嘉注：「天子孟春幸於南郊，總受十二月之政，還藏於祖廟，月取一政，班於明堂。」後漢書律曆志：「若夫用天因地，揆時施教，頒諸明堂，以爲民極者，莫大乎月令。」蔡邕傳：「明堂月令，天子以四立及季夏之節，迎五帝於

〔一〕「明堂篇」，原作「盛德篇」，據大戴禮改。

郊。」注云：「天子居明堂，各依其月布政，故云明堂月令。」唐會要顏師古議明堂曰：「『文王居明堂』之篇，帶以弓韣，禮於禖下，九門磔禳，禦止疾疫，置梁除道，以利農夫，令國爲酒，以合三族，凡此等事，皆合月令之文。」馥案：此皆言月令繫於明堂，明堂之外，別無月令。今有獻疑者，謂明堂月令非禮記之月令。馥證以舊說，而知其誣也。鄭氏三禮目録：「名曰月令者，以其紀十二月之所行也，本吕氏春秋十二月紀之首章，以禮家好事鈔合之，後人因題之名曰禮記。此於別録屬明堂陰陽記。」馥案：別録，劉向作，漢志所本。禮家有明堂陰陽三十三篇、明堂陰陽說五篇。大戴禮：「凡人民疾、六畜疫、五穀災者，生於天，天道不順，生於明堂不飾，故有天災則飾明堂。」盧注引淮南子：「明堂之廟，行明堂之令，以調陰陽之氣，而知四時之節，以辟疾之災。」馥謂此即明堂陰陽之義。鄭謂月令屬明堂陰陽，蓋出於三十三篇，此一證也。蔡氏明堂月令論：「月令文義所說，傳衍深遠，宜周公之所著也。周書七十二篇，而月令第五十三。崇文書目：「周書月令一卷。」秦相吕不韋著書，取月令爲紀號。淮南王安亦取以爲第四篇，改名曰時則。故偏見之徒，或云月令吕不韋作，或云淮南，皆非也。」又月令問答：「予幼讀記，以爲月令體大經同，不宜與記書雜録並行，而記家記之，又略及前儒特爲章句者，皆用其意傳，非其本旨，又不知月令徵驗，布在諸經，周官、左傳實與禮記通，他議橫生，紛紛久矣。」馥案：蔡氏以明堂月令周公作，又言周官、左傳與禮記通，此二證也。後漢書魯恭傳：「恭議曰：月令，周世所造，而所據皆夏之時也。」魏鄭公諫録月令起於上古書云：「敬授人時，吕不韋止是修古月令，未必始起秦代也。」通典：「月令本出於管子，吕不韋編爲春秋，戴聖集成禮記，並周制。」唐大衍卦候議：「七十二候，原於周公時訓，月令雖頗有增益，然先後之次則同。自後魏始載於曆。」馥案：四家皆以月令爲古月令，此三證也。隋書牛弘傳：「今明堂月令者，鄭玄云：『吕不韋著，春秋十二紀之首章，禮家鈔合爲記。』蔡邕、王肅云：『周公所作。』周書内有月令第五十三，即此也。束晳以爲夏時之書。劉瓛云：『不韋鳩集儒者，尋于聖王月令之事而記之。不韋安能獨爲此記？』今案不得全稱周書，亦未可即爲秦典，其内雜有虞、夏、殷、周之法，皆聖王仁恕之政也。蔡邕具爲章句。」馥案：牛氏稱「今明堂月令，鄭玄」云云，即指禮記月令，此四證也。王應麟玉海：「月令一書，漢馬融、賈逵、晉孔、晁皆以爲作於周公，鄭玄、高誘、孔穎達謂吕不韋所作，周禮夏官牧師注云：「月令，秦時書也。」漢淮南王安取吕氏十二紀附益爲時則訓，而禮家復有增加。」馥案：禮家指小戴，此五證也。徐鍇説文繫傳：人部「儀」字傳。「明堂月令即今禮記月令未删定前也。古天子居明堂布政，每月告朔，班一月之政令，故曰明堂月令。」此六證也。隋書經籍志：「馬融傳小戴之學。融又足〔一〕月令一篇。」惠氏棟謂「融所足者，采之明堂陰陽」，此七證也。王應麟漢藝文志考證：「今禮記月令於别録屬明堂陰陽記，故謂之明堂月令。説文引明堂月令。」馥謂是説尤爲明顯，此八證也。或疑諸書所引明堂月令不盡見於禮記，此則古今本各異耳。或又疑鄭注所稱「今月令」爲明堂月令。案：「今月令」即漢之四時令，又稱五時令，亦班於明堂。漢紀永平二年正月辛未，祀明堂。詔驃騎將軍、三公曰：「其班時令。」注云：「謂月令也。四時各有令。」成帝詔：「公卿大夫不信陰

〔一〕「足」，通典禮典序作「定」。

陽，所奏請多違時政，而望陰陽調和，豈不謬哉！其務順四時月令。」元帝詔：「有司毋犯四時之禁。」侯霸傳：「每春日下寬大之詔，奉四時之令。」漢儀：「太史每歲上其年麻，先立春、立夏、大暑、立秋、立冬，常讀五時令。」此皆鄭所謂「今月令」，非明堂月令也。

說隸

作隸不明篆體則不能知其變通之意，不多見碑版則不能知其增減假借之意。隸之初變乎篆也尚近於篆，既而一變再變，若耳孫之於鼻祖矣，又若水之同源異派矣，又如酒之脱郤米形矣。如圖變爲圖，再變圖、圖、啚；麥變爲𡕘，再變麦、麦；悤變爲怱，再變思、怂；冓變爲冓，再變冓；黍變爲黍，再變黍；典變爲典，再變典、典；表變爲表，再變表、表；咼變爲咼，再變咼；其變爲其，再變其、其、其；希變爲希，再變希；需變爲需，再變耎、需；壺變爲壺，再變壺；享變爲享，再變亨、亨；雲變爲雲，再變雲、雲；盈變爲盈，再變盈；网變爲网，再變罒、冈；自變爲巨，再變旦、早、昇；莊變爲莊，再變庄；龔變爲龔，再變棄、弃、弃；奔變爲奔，再變夜、夜；嗣變爲嗣，再變嗣、嗣、嗣；惡變爲惡，再變悳、悳；革變爲草，再變革、革；屬變爲屬，再變属、属；曲變爲曲，再變曲、曲、曲；爲變爲爲，再變爲、爲；負變爲負，再變貪、沓；盈變爲盈，再變盈、盈、盈；世變爲世，再變世、世、世；帶變爲帶，再變帶、帶、帶；履變爲履，再變履、舜。凡此皆先變于篆，後變于隸者也。至若厚作厚，變從享；飭作飭，變從方；又作飭，變從芳；冥作冥，變從宀；又作冥，變作穴，從目；賽作賽，變從巳；遯作遯，變從彖；

作壼，變從亞，與壺之下體無別；罕作窂，變從穴；我作䄪，變從土從戊；恢作逐，變從辵；又作㾂，變從广；叚作段，變從殳；又作叚，變從文；響作磬，變從石；又作韾，變從景；整作整，變從來；敵作敵，變從文；覽作覽，變從臨；斂作斂，散作散，皆變從殳；瀲作瀲，變作品；贛作贛，變從貢；刺作剌，變從夾；智作智，變作毋；鼻作鼻，變從畀；翳作翳，變從夾；賣作賣，變從十；拜作拜，變從辛；顯作頟，變從夕；又作頟，變從夕；美作羙，變從廾；禦作衞，變從行從去；又作衞，變從𡗕；衙作衙，變從先；體作軆，變從身；載作載，變從犮；鹵作迺，變從西從辵；賁作賁，變從立；翰作翰，變從翕；薦作蔫，變從屢；掾作㑜，變從人；馥作馥，變從口從父；鑿作鑿，變從齒；又作鑿，變從凿；辟作辟，變從亲；蹋作蹋，闟作闟，皆變從翕；攜作攜，變從雋；僄作僄，變從寸；截作截，變從乚；孿作孿，變從季；㝹作峑，變從手；報作報，變從欠；歡作歡，飲作飲，皆變作艮；暈作暈，變從章；岡作罡，變從正；兩作兩，變從艸；粱作粱，變從夊；霰作霰，變從雨；弦作弦，變從糸；箠作箠，變從木；遷作遷，變從升；僊作僊，變從衣；棘作棘，變從來；濕作濕，變從累；默作默，獻作獻，突作突，獸作獸，皆變從犮；猶作猶，變從首；琴作琴，變從尒；鹽作鹽，變從田；難作難，變從黑；緝作緝，輯作輯，揖作揖，皆變從胥；闋作闋，變從芔；寔作寔，宇作宇，宧作宧，室作室，牢作牢，寵作寵，皆變從穴；寂作寂，亦變從宂；邦作邦，變從羊；術作術，變從米；驗作驗，變從侖；稟作稟，變從亩；谿作溪，變從水；鄭作鄭，變從尊；醫作醫，變從殹；歸作歸，變從是；彪作彪，嘑作嘑，皆變從雨；靈作虘，變從〔一〕虍；又作霊，變從亜；農作䢉，變從襾；覃作𠦝，變從曲；曲作曲，變從川；養作菁，變從芦；贏作𣎆，變從古、羊；盧作𧆛，庄作庄，床作𤸁，廥作𤸊，庾作㾊，皆變從疒；瘺作瘺，亦變從疒；厲作厲，厥作厥，壓作壓，皆變從广；際作際，變從蔡；軟作軟，變從欠；又作毄，變從殳；彪作𢒕，變從雨從龙；皋作皐，變從羊；又作睾，變從皿下羊。此皆隨勢更移，但求補空作姿，不守偏旁者也。又若龜之爲龜又爲龜，巂之爲巂，甾之爲甾，塗之爲塗，瞽之爲瞽，塈之爲𡐖，廝之爲廝，裝之爲裝，凝之爲㝵，載之爲𧘲，此非後人所敢杜撰者也。又若以柤爲𥘆，以柜爲矩，以浩爲昊，以旌爲精，以術爲述，以夏爲暇，以皇爲黄，以踘爲蹈，以伎爲暨，以氏爲是，以墨爲默，以充爲衝，以衙爲禦，以殷爲隱，以公爲功，以頤爲㚇，以覘爲眈，以緄爲衮，以沂爲涯，以栞爲看，以犆爲特，以磥爲磊，以羊爲陽，以凱爲楷，以汁爲叶，以究爲吮，以紅爲江，以僮爲幢，以虧爲戲，以彝爲夷，以資爲齍，以棃爲黎，以緼爲藴，以綦爲淇，以熹爲熙，以偶爲隅，以菰爲孤，以犂爲黎，以胎爲鲐，以煙爲禋，以仁爲人，以薰爲勳，以畔爲槃，以渠爲詎，以衺爲究，皆假借也。气、艸不合於隸體，以氣代气，以草代艸，又以餼爲氣，以皂爲草，此皆不得已之更代也。隸固出于小篆，而亦兼用古籀。如旹、時。壄、野。弍、二。㓙、曲。𠯑、哲。𣆪、克。𢧵、蠢。箕、典。囷、番。蠢、蠢。退、復。冡、家。蚌、蠢。違、動。皆古文也；乇、中。瘁、癃。遲、遲。辟、辭。匳、籩。陘、地。嚭，瘖。皆籀文也。隸趨簡易，又尚茂密，故有增減之法。如萅作春，夓作夏，黽作黽，眉作眉，

〔一〕「從」，原無，據文例補。

叵作正，書作書，虞作𡧍，無作無，芻作𦍒，裹作裹，靁作雷，霽作雺，𦎫作享，爰作爰，牽作拏，緜作𦂳，害作宮，蚤作蚤，香作香，啇作啇，自作目，邑作卩，麦作麦，慶作慶，舟作月，幽作凶，金作金，蠶作蚕，𡚁作復，桌作栗，叕作𡭴，爵作爵，甹作号，減也，趨簡易也；土作土，夂作夂，才作木，夭作夭，氏作氏，王作玉，雙作雙，席作𢂑，隊作隧，邦作邦，增也，求茂密也。古文從省，如即位作即立，諸侯作者侯。隸體亦爾，如譜作譜，傳作傳，雙作隻，阪作反，汶作文，瑚作胡，圖作啚，皆省文也。蓋篆有定體，隸無專形，繩以六書，輒苦拘礙。張謙中因篆書無「庵」字，以隸寫之，此則兩體各得其當，而知變通之意者矣。

玉篇跋

字林既不可見，幸玉篇猶存，又爲宋人所亂，然有足證説文汲古閣刻本。之誤，而補其闕者。今以大字先具説文，下以細字繫玉篇，條分而疏之。恤，收也。救也。忧，不動也。心動也。愓，敬也。懼也。案：一切經音義引説文「驚也」，與「懼」合。訒，頓也。鈍也。詶，譸也。引作「詛也」。詾，説也。訟也。嗀，窑嗀。引作「窒穰」。欸，訾也。呰也。㰝，監持意，口閉也。「監」作「堅」。遣，迹遣也。这遣也。㣈，怒不進也。驚不進也。案：繫傳：「怒不進也。一曰驚也。」迪，前頓也。遳，前頓也。案：説文別有「迪」字，此又誤篆作「迪」。逡，復也。復也。瘕，女病也。久病。竉，小鼠。小鼠聲。楢，工官以爲耎輪。「耎」作「輭」。案：即「輀」字。梔，黄木可染者。梔，黄木實，可以染。廣韻亦作「梔」。朳，相高也。木忽高也。案：本作榾，音呼骨切。説文形誤，玉篇聲誤。邙，河南洛陽北亾山上邑。「亾」作「土」。郇，周武王子所封國。郇伯，文王子也。䣢，河東聞喜縣。「縣」作「鄉」。儀，精謹也。「謹」作

「詳」。僭，假也。引作「儗也」。值，措也。引詩「值其鷺羽」。值，持也。案：韻會引説文「持也」。儿，孔子曰：「在人下，故詰屈。」人在下。媣，諟也。媞也。嬖，便嬖愛也。引作「便僻也」。春秋傳曰：「賤而獲幸曰嬖。」案：玉篇凡引左傳皆稱左氏，今稱春秋傳，乃説文原文，今闕。項，頭後也。頸後。眕，目有所恨而止也。「恨」作「限」。覽，注目視也。目駐視也。聞，知聞也。知聲也。㕣，山間陷泥地。「間」作「澗」。舌，在口所以言也。引作「在口中所以立言者」。䶧，齒堅聲。「齒」作「齧」。𪘏，齒堅皃。「齒」作「齧」。捦，急持衣裣也。急持衣裣行也。揬，推也。摧也。案：一切經音義引説文亦作「摧也」。映，涓目也。睊目也。睊，視皃。引孟子「睊睊胥讒」。柵，編樹木。「樹」作「豎」。藍，瓜菹也。「藍」作「濫」。蘄，江夏有蘄春亭。縣名。𦺇，艸大也。作「菿」，引韓詩「菿彼甫田」。奱，賦事也。「賦」作「賤」。廣韻同。马，艸木之華未發马然。「華」下有「實」字。瓜，胍也。引作「胍」。栝，春粟不潰也。「潰」作「潰」。繫傳、廣韻同。冟，飯剛柔不調相箸也。「飯堅柔調也」。今作「適」。案：「不調」當爲「才調」。𣦼，列也。作「烈」。皿，飲食之用器。作「飲食」。斜，杼也。𣂀，杼也。並作「抒」。彉，弩滿也。作「滿弩」。繫傳同。𣪘，縣擊也，古文殺〔一〕如此。遥擊也。古爲投。銎，斧穿也。斧空也。釋文引説文作「空」。敽，繫連也。擊連。瀙，水出南陽舞陽。舞陰。漢志亦作「陰」。溓，中絶小水。大水中絶小水也。涸，或作𣸰。𣸰。䞓，赤色也。或從貞。或從丁。或作浾，䞓棗之汁。浾或從正。䞓下重文赬、𧹞二字。浾、泟别屬水部。浾，側加切，浾滓也。又棠棗汁。泟，恥京切，赤也。案：趙宧光説文長箋亦謂浾、泟非䞓之重文。圻，地垠也。圻堮也。案：一切經音義引説文「地垠堮也」。塋，墓也。墓地。案：廣雅：

〔一〕「古文殺」，原作「古衣殺」，據説文改。

「塋域，葬地也。」禓，道上祭。强鬼也，道上祭也。案：韻會引繫傳：「强鬼也。」禮記郊特牲「鄉人禓」，鄭注：「禓，强鬼。」邮，左馮翊高陵。左馮翊高陵有邮亭。頣，面色頣頣皃。顛，面急顛顛也。頣同上。案：廣韻：「頣，說文曰面色顛頣皃。頣上同。」暜，星無雲也。日出也。案：增韻引說文「日生無雲也」。史記封禪書：「至中山，曣温。」韓詩：「曣，日出也。」說文合日生二字作「星」。肭，朔而月見東方謂之縮肭。作「肭」從「肉」。外，遠也。引作「表也，遠也」。夥，齊謂多爲夥。楚人謂多也。𡘋，大也。作「㹞」。廣韻同。呰，瞋大也。瞋大聲也。衮，炮肉也。炮炙。案：廣韻引說文「炮炙」。爟，取火於日，官名。舉火曰爟。周禮曰：「司爟行火之政令。」爟或從亘。爟，古亂切，舉火也。烜，況遠切，火盛皃。案：周禮夏官：「司爟掌行火之政令。」秋官：「司烜氏掌以夫遂取明火於日。」司爟、司烜分屬司馬、司寇，所掌各異。說文「取火於日官名」本「烜」字訓，誤在「爟」字下。烜非爟之重文。燅，於湯中爚肉也。温也。湯中瀹肉也。案：廣韻燅與燖同。哀十二年左傳：「若可尋也，亦可寒也。」賈逵云：「尋，温也。」中庸：「温故而知新。」鄭注：「温讀如尋温之温。」臒，善丹也。美丹。嶘，尤高也。危高皃。厓，山邊也。水邊。厰，崟也，山石下。案：「崟」當爲「陰」，陰，石地。𠪚，反也。仄也。碬，厲石也。乎加切。碬，都亂切。釋文亦作「碬」。褱，書囊也。纏也。後漢書班固傳注引說文「纏也」。今說文僅存「書囊」一訓，脱去「纏」訓。麠，大鹿也。大麃。案：麃，麠屬。貥，鼠屬。猿屬。案：一切經音義引說文「禺屬」。廣韻「似猿」。闔，今闔。含闔鳥。鯆，魚名。繫傳：「一曰溥䱐。」玉篇：「鱄，浮魚，一名江豚。欲風則踴。」王隱晉書：「夏統常學戲船，登舟作鯆䱐之狀。」螟，蟲食穀葉者。食苗心蟲。蝍，渠蝍。蝍與蜣同。蜣蜋，啖糞蟲。案：集韻引說文「渠蝍蜋」。賃，庸也。傭也。鞥，龍頭繞者。「龍」作「籠」。靬，鞧內環靼也。「鞧」作「鞝」。繐，帛青色。青白色。案：徐鍇說文韻譜同。綊，紝綊也。綖也。絣，織絹从絲貫杼也。織絹以絲貫杼也。袂，襲袂也。襲袴也。褚，製衣。裝衣也。廣韻同。說文：「複，褚衣。」顏師古急就篇注：「褚之以綿曰複。」漢書南粵傳：「上褚五十衣。」注：「以綿裝衣曰褚。」蛈，蛇惡毒長也。蠆也，蛇毒長也。秃，上象禾粟之形。「粟」作「黍」。⿺尢西，丸孰也。丸屬也。⿰酉甚，孰⿱竹鞠也。熱麴也，幽也。⿰酉茸，酒也。而容切。⿰酉耳，重釀也。汝吏切。廣韻同。集韻：「酘，酒也。亦曰次釀。」酣，酒樂也。樂酒也。醉，卒也，卒其度量不至於亂也。卒也，卒度也，度其量不至於亂也。酲，醉而覺也。醉未覺也。凡此皆說文誤，玉篇正也。又如朐，脯挺也。韻會引繫傳作「脡」。玉篇：「脡，脯朐也。」今說文無「脡」字。膭，臂也。膭，膏臂。臂，膏膭。今說文無臂字。謯，娽也。諑也。諑，謯也。今說文無諑字。𢕔，从彳謪聲。說文言部無「謪」字。玉篇：「謪，言也。」列子釋文引說文：瘦，疼痛也。疼瘦。今無「瘦」字。椋，即來也。棶椋也。今無「棶」字。娑娑，鹵貪也。「鹵」作「⿰扌鹵」，今無「⿰扌鹵」字。韻會顈字引說文：「詩『猗嗟顈兮』，顈，眉目間也。」玉篇同。今無「顈」字。䡟，讀若左傳「䡟而乘他車」。今無「䡟」字。玉篇：「䡟，一足行也。」胖，振胖也。振胖也。胖，春胖也。今無「胖」字。槍，槍櫰。今無「櫰」字。玉篇：「櫰，道木也。」廣韻同。麪，麥末也。麥麩也。說文：「䴬麩也。」今無「麩」字。蟣，𣱼也。今無「𣱼」字。玉篇引埤蒼：「𣱼，蟣也。」硟，以石扞繒也。「扞」作「研」。研，碓也。廣韻同。今無「研」字。詩「曾不容刀」，釋文引說文作「舠」，正義引說文作「䑩」。今無舠，䑩二字。玉篇䑩音彫。詩「黍離」，釋文云：「離，說文作穪。」今無「穪」字。玉篇：「穪，長沙云禾把也。」郭璞爾雅序釋文引說文：「礫，小礓石也。」今無「礓」字。玉篇：「礓，礫石也。」一切經音義引說文：「磉，柱下石。」今無「磉」字。玉篇：「磉，柱下石。」蓺文類聚引說文：「騳，馬臥土中。」馬轉臥土中。今無「騳」字。廣韻「馬上浴」當作「馬土浴」。初學記引說文有⿰牛菐字。⿰牛菐，特牛也。案：說文：「特，朴特，牛父也。」「朴」當作「⿰牛菐」。今無「⿰牛菐」字。獮，秋田也。獮，秋田也。獮爲薾之重文。爾雅釋文「獮」，說文作「薾」，本是重文獮，釋文誤作正文薾。今無「獮」字。臭，獸也。獸，似貍。又臭，生冀切，獸，似貍。又貄，狄貄也。或作臾狭，乙郎切。引爾雅「今江東呼貉爲狭狓」。爾雅釋文：「狭，烏郎反。狓，山吏反。」引字林：「貁謂之狓。」案：石鼓文有臾字，今說文闕。狭即臾字，隸書夬、央易譌，音隨字變。辭，从綷省聲。今無「綷」字，玉篇：「綷，周也。」案：「周」當爲「同」。方言：「綷，同也。」裖，車温也。車韞。裖，韞裹也。今無「韞」字。玉篇「訞」，說文「詄」，同。今說文無「詄」字。凡此皆說文闕，玉篇存也。毛詩「駉」，釋文云：「說文作駫。同。」玉篇「駫」爲正字，「駉」同上，與釋文合。今說文「駫」下引詩「四牡駫駫」，別出「駉」字，引詩「在駉之野」，後人所亂。此又說文失，而玉篇得矣。

集韻跋

曩在京師，與戴東原先生居相近，就談文字，先生每取集韻互訂，謂余曰：「集韻、增韻不背說文，差可依據。」余時有曹楝亭揚州刻本，文多謬誤，「灊」譌爲「沸南」，「少昊」譌爲「省天」。因屬陳君熷校讐，未及終卷。又屬程君敦與說文對勘，亦不完。及余官長山，乃得與增韻并了之，益信戴君言不誣也。說文鼎部「鼏」字云：「以木橫貫鼎耳而舉之，从鼎，冖聲。周禮『廟門容大鼏七箇』，即易『玉鉉，大吉』也。莫狄切。」案：此乃「𪔂」字訓，誤以「鼏」當之，而脱去「𪔂」字。金部「鉉」字云：「舉鼎具也。易謂之鉉，禮謂之鼏。」當云「禮謂之𪔂」，𪔂從冂聲。讀若扃。今諸書無𪔂字。增韻青部有之，訓爲「舉鼎具」，與錫部之鼏音義各别，既解說文之惑，又補廣韻之闕，以視徐鉉不自曉其名者，相去什伯矣。徐於鉉下，不知鼏爲𪔂之誤。說文艸部「藋」字云：「釐艸也。」集韻引作「堇艸」。詩「堇荼如飴」，正義引廣雅「堇，藋也」，則「堇艸」是也。說文糸部「絀」字云：「絳也。」六書故作「降」，集韻引作「縫也」，玉篇「絀，紩也」，史記趙世家「卻冠秫絀」，徐廣曰「戰國策作秫縫，亦縫紩之別名」，則作「縫」是也。此類不可枚舉。當其時字林、韻集、埤蒼、纂文、字書、三蒼解詁、李舟切韻諸書尚在，故所收極博，良足霑溉後來。然其錯謬往往而有，則以衆手所成，不無粗略。增韻出於一門父子，故少違失。然吾終以集韻爲大官，增韻賣餅家耳。

書陸氏詩疏後

陸氏詩疏散見於諸書，陶宗儀、毛晉摘録成帙，各有疏謬，今據所聞，隨條分記，以表異同。疏「芑」云：「芑菜，似苦菜也。青州謂之芑。」齊民要術引作：「藘，苦葵，青州謂之芑。」案：初學記云：「芑，藘也。」説文：「藘，菜也。」疏「荷」云：「的，成實，或可磨以爲飯。」藝文類聚引「飯」作「散」。按：劉孝威謝東宮賚藕啟云：「子爲靈散，得自莊篇。」疏「蓄」云：「河内謂之蓤，幽州人謂之燕蓄。」齊民要術引云：「河東、漢中謂之蓄，幽、兖謂之燕蓄，一名爵弁，一名蔓。」按：蔓當爲蔓。爾雅：「蓄，蔓茅。」説文：「蔓，茅，蓄也。一名蕣。」又云：「蕣，艸也。楚謂之蓄，秦謂之蔓。」疏「茹藘」云：「茹藘，茅蒐，蒨草也。一名地血。齊人謂之茜，徐州人謂之牛蔓。今圃人或作畦種蒔，故貨殖傳云：『卮茜千石，亦比千乘之家。』」按：時正義、爾雅疏所引，並無「今圃人」以下二十三字。本草、掌禹錫及蘇頌圖經所引亦同。圖經於「牛蔓」下云「二月三月，采根暴乾。今圃人」云云，然則「今圃人」以下乃圖經之言闌入者。圖經「千乘之家」下尚有「言地利之厚也」六字。疏「蔚」云：「蔚，牡蒿也。」太平御覽引云：「蔚，牡蒿，牡菣也，似蒿。」疏「蓫」云：「可瀹爲茹，滑而美也。」齊民要術引作「滑而不美」。案：詩毛傳「蓫，惡菜」，則不美是矣。疏「桐」云：「桐有青桐、白桐、赤桐，宜琴瑟。今雲南牂牁人績以爲布，似毛布。」御覽引云：「桐有青桐、白桐、赤桐，白桐宜琴瑟。」藝文類聚引云：「有青桐、赤桐、白桐。白桐，今雲南牂牁人績以爲布。」按：廣志云：「梧桐有白者，其葉有白毛，取其毳，淹漬緝織以爲布也。」疏「六駮」云：「駮馬，木名，梓榆也。」陶、毛二本敍次並亂。按：崔豹古今注：「六駮，山中有木，葉似豫章，皮多癬駮，名六駮木。」疏「栵」云：「栵，栭，葉如榆也，木理堅韌而赤，可爲車轅。」爾雅釋文引尚有「今人謂之芝檽也」七字。疏「杞」云：「魯國泰山汶水邊純杞也。」初學記引「邊」下有「路」字。疏「穀」云：「潔白光輝。」御覽引作「光澤」。疏「榛楛」云：「上黨人織以爲斗筥箱器。」詩釋文「織」字引作「箴」。藝文類聚、太平御覽並同。「斗筥」當爲「牛篆」。說文：「篆，飤牛筐也。」疏「蒲」云：「今人又以爲箕鑵之楊也。」「鑵」當爲「罐」。疏「樗」云：「山樗與下田樗略無異，葉似差狹耳。吴人以其葉爲茗。」按：此乃疏唐風「山有栲」之文，誤移「樗」下也。疏「椒」云：「少毒熱，不中合藥也。」御覽引作「小毒熱」。疏「苞櫟」云：「秦人謂柞爲櫟。」藝文類聚引「秦人」作「周、秦」。疏又云：「河内人謂木蓼爲櫟。」藝文類聚引下有「爾雅曰其實梂」六字。初學記「燭」下引陸士衡毛詩草木疏：「木蓼擣爲燭，明如胡麻燭。」按：陸君名璣，字元恪，非陸機士衡也。疏「六月食鬱及薁」云：「鬱，其樹高五六尺，其實大如李，色正赤，食之甘。」按：詩正義引此作劉稹毛詩義問，實非陸疏。魏王花木志引詩疏：「燕薁，一名車鞅藤。」疏「榛」云：「遼東、上黨皆饒。」御覽引作「遼、代」。疏「梅」云：「曝乾爲腊。」初學記、御覽並引作「爲蘇」。

疏「唐棣」云：「唐棣，奥李也。」藝文類聚引「唐棣」作「夫栘」。疏「檖」云：「齊郡廣饒縣堯山。」御覽引無「饒」字。按漢志廣縣屬齊郡。疏「采荼薪樗」云：「其氣臭。」御覽引「其葉臭」。按：樗，釋文音勑書反，當作「樗」。疏「鶴」云：「雌者聲差下。」初學記、御覽並引作「惟老者乃聲下」。疏「鴟鴞」云：「其喙尖如錐，取茅莠爲巢。」藝文類聚引「尖」字作「刺」，「巢」字作「窠」。疏又云：「關西謂之襪雀。」藝文類聚引作「篾雀」。疏「桃蟲」云：「其雛化而爲鵰，故俗語鷦鷯生鵰。」藝文類聚引二「鵰」字並作「蜩」，尚有一段云：「焦贛〔一〕易林亦謂桃蟲生蜩。或云布穀生子，鷦鷯養之。」疏「脊令」云：「脊令，大如鷃。」御覽引：「鶺鴒，水鳥。一名渠梁。」疏「鷺」云：「大小如鴟，青脚，高尺七八寸。」又云：「好羣飛鳴。」御覽引「如鴟」作「如鷂」，「飛鳴」作「飛行」，「八寸」下有「解指」二字。疏「鵜」云：「鵜，水鳥，形如鶚。」御覽引云：「鵜，許慎曰：『鵜鶘也。一名洿澤，一名淘河。水鳥，形如鴞。』」按：下文云：「故曰淘河。」則引許慎一段不可少。疏「熊」云：「冬多穴地而蟄，始春而出。」御覽引「始」字作「殆」。疏「鱣鮪」云：「益州人謂之鱣鮪。」初學記引云：「一名鱛。」按南越志：「鱣，鱛屬也。」疏又云：「河南鞏縣東北崖上山腹有穴。」初學記引云：「河南鞏縣東洛度北崖上山腹有穴。」疏「魴」云：「魴，今伊、洛、濟、潁魴魚也。廣而薄肥，恬而少力。」御覽引云：「魴鰥，今伊、洛、濟、潁魴魚也。廣而薄脆，甜而口肉。」疏「鱧」云：「鱧，鯇也，似鯉，頰狹而厚。」爾雅曰：『鯉，鮦也。』許慎以爲鯉魚。」御覽引云：「爾雅曰：『鱧，鮦

〔一〕「贛」，原作「貢」，今改。

也。』許以爲鯉魚。璣以爲似鯉，頰狹而厚。」按：説文「鱺，鮦也。鮦，鱺也」，許以爲鯉魚當作鱺魚。玉篇「鱧」與「鱺」同。疏「魚服」云：「海水潮，及天將雨，其毛皆起。水潮還，及天晴，其毛復如初。」初學記引云：「水潮還，及天晴，毛則伏。」按：博物志説牛魚云：「潮水至則毛起，去則毛伏。」疏「貝」云：「貝，水中介蟲也，龜鼈之屬。」藝文類聚引作「鼊龜屬」。疏「阜螽」云：「今人謂蝗子爲螽子。」藝文類聚引云：「今謂蝗子爲螽，一名蠶螽。」按：趙書：「石勒十四年，蝗穿地而生，二十日化爲蠶，七八日作蟲，四日則飛。」疏「蟋蟀」云：「蟋蟀似蝗而小，正黑有光澤如漆。」藝文類聚引云：「目有光澤如漆。」疏又云：「幽州人謂之趣織。」御覽引作「促機」。按：崔豹古文注：「促織一名促機。」疏又云：「里語曰『趣織鳴，嬾婦驚』是也。」御覽、藝文類聚並無「是也」二字，蓋詩正義引陸疏，而以「是也」二字結之。陶、毛二本誤以爲陸語也。白氏六帖「鳴鳩」下引草木疏：「驚蟄後五日，鷹化爲鳩。」此又陶、毛二本未載者矣。

書爾雅後

治爾雅者，近有數家，誠善於邢疏矣。其研究徵引，或有未至，爲書於此，亦一勺益海之愚也。釋詁曰：「胎，始也。」案：詩「殆及公子同歸」，傳云：「殆，始也。」正義云：「殆，始。釋詁文。」馥謂：今本有「胎」無「殆」，轉寫脱漏。又曰：「省，善也。」史遷自敍：「有省有不省耳。」又曰：「會，對也。」李翕西狹頌：「無對會之事。」又曰：「遐，遠也。」古無「遐」字，當爲「赮」。説文：「赮，大遠也。」又曰：「業，事也。」孫子九變篇：「役諸侯者以業。」注云：「業，事也。」又曰：「亮、相，導也。」書「惟時亮天工」，史記作「惟時相天事」。又曰：「申，重也。」堯典：「申命羲叔。」多士：「予惟時命有申。」哀二十六年左傳：「越人申開守陴而納公。」注云：「申，重也。」檀弓：「申之以冉有。」又曰：「孔、魄、哉、延、虛、無、之言閒也。」當作「言之閒也」。說文：「哉，言之閒也。」又曰：「竄，微也。」晉語「敏能竄謀」，韋注：「竄，微也。」又曰：「熙，興也。」文選潘岳關中詩：「如熙春陽。」李善注：「爾雅曰：『熙，興也。』說文曰：『興，悦也。』」馥謂「興」當爲「嬹」，說文：「嬹，說也。」又曰：「繇，道也。」詩訪落：「繼猶判渙。」毛傳云：「猶，道也。」正義云：「釋詁文。」按：禮記「詠斯猶」，鄭注：「猶，當爲搖。秦人猶、搖聲相近。」又曰：「鬱、陶、搖，喜也。」後漢書注引韓詩：「陶，暢也。」「樂稽耀嘉，酌酒鬱搖」，注云：「鬱搖，喜貌。」馥案：繇、搖當作傜。說文：「傜，喜也。」又曰：「抨，使也。」揚雄反騷：「抨雄鴆以作媒。」釋言曰：「宣，徧也。」詩：「來句來宣。」鄭箋：「宣，徧也。」又曰：「律，述也。」詩：「聿修厥德。」毛傳：「聿，述也。」正義以爲「釋詁文」，當云「釋言文」。又曰：「鞫，稺也。」詩：「昔育恐育鞫。」鄭箋：「昔育，育，稚也。」正義以爲「釋言文」。又曰：「佴，貳也。」說文：「佴，佽也。佽，遞也。」遞訓更易，即副貳。又曰：「愷、悌，發也。」鄭注：「發，發行也。詩曰：齊子愷悌。」正義引爾雅舊注：「闓，明。發，行。」馥按：說文：「闓，開也。」「冏，窗牖麗廔闓明。」商頌釋文引韓詩：「發，明也。」齊風釋文引韓詩：「發，旦也。」周禮說鼓云：「旦明五通爲發明。」是發爲旦明也。又曰：「基，經也。」季札曰：「始基之矣。」或引釋名：「基，據也，在下，物所依據也。」馥謂釋名當作「丌」，非「基業」字。說文：「丌，下基也，薦物之丌。」故釋名云：「物所依據也。」又曰：「猷，圖也。」郭云：「周官曰『以猷鬼神祇』，謂圖畫。」宋王觀國曰：「周禮謂制神之位次而爲之牲器時服以圖之，乃圖謀之圖，非圖畫也。郭注誤矣。」馥按：釋詁：「圖、猷，謀也。」與王説合。又曰：「坎、律，銓也。」馥謂當作「吹、聿，詮也」。説文：「吹，詮詞也。」引詩「吹求厥寍」，今詩作「聿」。又曰：「窕，肆也。」郭云：「輕窕者好放肆。」案：説文：「窕，深肆極也。」淮南兵略訓：「谿肆無景。」高注：「肆，極。極谿之深不見景也。」晉書羊祜傳：「深谷肆無景。」又曰：「俅，戴也。」説文：「俅，冠飾皃。」引詩「弁服俅俅」。又曰：「奘，駔也。」説文唐本：「駔，奘馬也。」徐本誤作「牡馬」。又曰：「舫，泭也。」孫炎云：「方木置水中爲泭筏也。」馥案：説文：「方，併船也。」孫言方木，併兩木也。國策「車不能方軌」，亦謂兩車不容併行也。又曰：「眕，重也。」釋文引韓詩：「胡寧殄我以旱。」馥謂「眕」當爲「胗」，籀文作「疹」。又曰：「苞，稹也。」易：「繫于苞桑。」鄭注：「苞，稹也。」宋本文選五十二引鄭注誤作「植」。又曰：「顁，題也。」郭注：「題，額也。」詩麟之止〔一〕釋文云：「題，郭注爾雅『顁也』。本作『顛』，誤。」馥案：釋文「顁」當爲「額」字之誤也。孔疏可證。又曰：「貽，遺也。」「貽」當爲「詒」。説文：「詒，遺也。」又曰：「郵，過也。」「郵」當爲「訧」。説文：「訧，罪也。」引周書「報以庶訧」。經典省作「尤」。論語言「寡尤」，又借作「郵」。列子：「魯之君子迷之郵者。」又曰：「陪，闇也。」釋文云：「字林或作晻。同。」馥案：説文：「晻，不明也。」又曰：「闍，臺也。」押韻釋疑引孫炎云：「積

〔一〕「止」，原作「定」，據釋文改。

土如闇，所以望祥氣。」又曰：「殛，誅也。」詩小雅「後予極焉」，箋云：「極，誅也。」疏以爲釋言文。馥謂「誅」當爲「殊」，經典多借「誅」字。又曰：「屆，極也。」詩魯頌「致天之屆」，箋云：「屆，殛也。」疏以爲釋言文。馥謂極、殛互借。又曰：「鬩，恨也。」郭注：「相怨恨。」孫炎本作「狠」，云：「相狠戾。」馥案：當爲「很」。説文：「很，盭也。」又曰：「遞，迭也。」劉歆説五聲云：「徵者，祉也，事也，其聲抑揚遞續，其音如事之續而爲迭。」又曰：「餬，饘也。」「餬」當爲「鬻」。又曰：「靦，面見也。姡，面醜也。」馥案：「面見」當爲「面皃」，「面醜」當爲「面靦」，皆轉寫之誤。釋訓曰：「便便，辯也。」太平御覽四百六十三。引論語：「便便言惟謹爾。」鄭注：「便便，辯皃。」又曰：「媞媞，安也。」詩葛覃疏引孫炎云：「提提，行步之安也。」又曰：「爞爞，熏也。」詩釋文云：「爾雅作『爞』。」爾雅釋文仍作「爞」，引韓詩作「烔烔」，音徒冬反。馥案：明監本注疏作「烔」，故音徒冬反。通志堂本誤爲「烔」。又曰：「哀哀，報德也。」哀，裴瑜音依。馥案：説文：「⿱依心，痛聲也。」引孝經「哭不⿱依心」，今孝經作「哀」。又曰：「翕翕、訿訿，莫供職也。」孫子：「諄諄翕翕，徐言入入者，失其衆也。」馥案：詩召旻「皋皋訿訿」，傳云：「訿訿，窳不供事也。」釋文云：「窳，一本作衆。」與孫子合。又曰：「速速、蹙蹙，惟逑鞫也。」郭氏音義：「逑，迫也。」馥謂「逑」當爲「遒」，説文：「遒，迫也。」又曰：「甹夆，掣曳也。」郭注：「謂牽挽。」馥案：「甹夆」當爲「⿰彳甹⿰彳夆」，説文並訓「使也」。「挽」，宋本作「拕」，説文：「拕，曳也。」又曰：「有斐君子，終不可諼兮。」「斐」，釋文引韓詩作：「邲，美皃也。」馥謂：當作「佖」，説文：「佖，威儀也。」又曰：「猗嗟名兮，目上爲名。」郭注：「眉眼之間。」玉篇引詩：「猗嗟顯兮。」説文「眉」字云：「上象頟理也。」馥謂「頟」當爲「頟」，今説文闕「頟」

字。又曰：「夸毗，體柔也。」後漢書崔駰傳注：「夸毗，謂佞人足恭，善爲進退。」釋宮曰：「楣謂之梁。」釋文：「楣或作梋，亡報反。埤蒼云：『梁也。』呂伯雍云：『門樞之横梁。』」馥案：「楣」當爲「梋」，說文：「梋，門樞之横梁。」正呂說所本。又曰：「大者謂之栱。」釋文：「栱，郭又音卬。」馥案：說文：「枊，馬柱。」蜀志：「先主縛督郵，解綬繫著馬枊。」又曰：「闍謂之臺。」鄭氏兩引此文，皆云「闍者」。又曰：「三達謂之劇旁。」初學記注：「旁出歧多故曰劇。」又曰：「七達謂之劇驂。」初學記注：「驂馬有四，今此有七，比之方驂劇。」釋器曰：「小罍謂之坎。」「坎」當爲「甗」，說文：「甗，小栝也。」又曰：「佩衿謂之褑。」方言：「佩衿謂之裎。」馥謂「裎」當爲「綎」，「褑」當爲「緩」。說文：「綎，緩也。」羊叔子「輕裘緩帶」是也。又曰：「款足者謂之鬲。」郭云：「鼎曲脚也。」馥案：史記封禪書「其空足曰鬲」，索隱云：「款者，空也。言其足中空也。」莊子達生篇「款啟寡聞之夫」，注云：「款，空也。」又曰：「弓有緣者謂之弓。」郭云：「即今宛轉也。」馥案：鄴中記：「石虎女騎皆手持雌黄宛轉角弓。」御覽引淮南子云：「宛轉弓，今之弭弓是也。」釋樂云：「大鼗謂之麻，小者謂之料。」「料」即說文「鞀，遼」之「遼」。釋天曰：「春爲發生，夏爲長嬴，秋爲收成，冬爲安寧，四時和爲通正，謂之景風。」郭云：「尸子皆以爲太平祥風。」御覽引尸子：「翔風，瑞風也。一名景風，一名惠風。春爲發生，夏爲長嬴，秋爲收成，冬爲安寧。」又曰：「天氣下，地不應曰雺。地氣發，天不應曰霧，霧謂之晦。」案：說文：「霚，地氣發，天不應。雺，籀文。」「天氣下，地不應曰霿。霿，晦也。」五經文字與說文同。又曰：「奔星爲彴約。」「彴」當爲「仢」，說文：「仢，約也。」又曰：「既伯既禱，馬祭也。」「伯」即周禮「及甸祝之貉」，字皆禡聲之轉，故說文引詩作「既禡既禱」。又曰：「出爲治兵，尚威武也；入爲振旅，反尊卑也。」郭云：「幼賤在前，貴勇力；尊老在前，復常儀也。」御覽引云：「幼賤在前，貴勇也；尊者在後，尚儀也。」釋地曰：「東北之美者，有斥山之文皮焉。」白氏六帖引云：「西方之美者，有文蔚之皮焉。」又曰：「可食者曰原。」説文：「邍，人所登。」馥謂「登」當爲「食」字之誤也。又曰〔一〕：「田一歲曰菑。」郭云：「今江東呼初耕地反草爲菑。」説文：「菑，不耕田也。」王給諫念孫曰：「『不』當爲『才』。」釋丘曰：「三成爲崑崙丘。」御覽引郭注云：「崑崙三重，形如累三盂。」又曰：「水出其左營丘。」御覽引齊地記：「營丘在臨淄小城内，古以爲齊室也。丘下周三百餘步，高九丈，北厢下隆丈五，造井水深七尺餘，井與地平。」又曰：「前高旄丘。」「旄」當爲「嵍」，玉篇：「嵍，亡刀切，丘也。或作『堥』，前高後平，丘名。」釋山曰：「一成坯。」元和郡縣志：「黎陽縣南去縣七里即黎山也。」又曰：「屬者嶧。」御覽引郭注：「言絡繹相連屬。」今魯國有繹山，絶石相積，連屬成山，蓋謂此也。又曰：「巒山嶞。」御覽引云：「山狹而高曰巒，小曰嶞。」馥案：説文：「巒，山小而鋭。嶞，山之嶞嶞者。」詩：「嶞山喬嶽。」毛傳云：「嶞山，山之嶞小者也。」又曰：「石戴土謂之崔嵬，土戴石爲砠。」御覽引云：「石戴土曰砠，土戴石曰崔嵬。」説文：「岨，石戴土也。」釋名：「石戴土曰岨，土戴石曰崔嵬。」詩卷耳毛傳云：「崔嵬，土山之戴石者。山戴土曰砠。」皆與御覽合。釋水曰：「洛爲波。」「波」當爲「潘」。説文：「潘，水名，在河南滎陽。」古讀潘、波聲相近。禹貢「滎

〔一〕「曰」，原無，據文例補。

波」，馬、鄭、王本作「播」。職方「其浸波溠」。播、波皆借字。又曰：「天子造舟。」郭云：「比船爲橋。」王隱晉書：「杜預請建河橋〔一〕於富平津。衆論以爲殷、周所都，經聖賢而不作者，必不可作故也。預曰：『昔造舟爲梁，則河橋之謂也。』遂作，橋成。」釋草曰：「菥蓂，大薺。」郭云：「薺葉細，俗呼之曰老薺。」本草蜀本注云：「菥蓂似薺而葉細，俗呼爲老薺。」此即引郭注。今郭注脱「似」。又曰：「戎叔謂之荏菽。」列子：「北宫子既歸，進其茙菽，有稻粱之味。」又曰：「蔶，菟瓜。菿甗，豕首。」郭云：「菟瓜似土瓜。」以「菿」字屬下。御覽引孫炎云：「蔶，一名瓜裂。」「裂」即「菿」，是孫以「菿」字屬上，「甗」爲單名。說文：「甗，豕首也。」與孫合。又曰：「蘱，薡董。」六書故引舊注云：「狀似蒲而細，可爲屩，亦可爲索。」又曰：「臺，夫須。」毛詩題綱云：「臺，一名夫須，莎草也。」又曰：「柱夫，摇車。」本草拾遺引詩義疏：「苕饒，幽州人謂之翹饒。」蓋即詩「卭有旨苕」。陳啟源毛詩稽古編云：「巢菜有大小二種，大者名翹摇，爾雅『柱夫，摇車』是也。」馥案：巢菜即野豌豆，蜀人以巢元修嗜之，因呼巢菜。又曰：「芏，夫王。蘻，月爾。」郭云：「芏草生海邊。蘻即紫蘻也。」據郭意，芏名夫王，蘻名月爾。釋文引說文：「蘻，土夫也。」今說文：「蘻，蘻月爾也。」馥謂：芏夫也，王蘻也，月爾也，一物三名。釋文所引說文，乃唐時舊本，今徐本爲後人所亂。又曰：「萇楚，銚芅。」郭云：「子如小麥，亦似桃。」案：「麥」當爲「棗」。本草蜀本圖經云：「子細如棗核。」又曰：「萿，麇舌。」郭云：「葉有似於舌。」釋文：「麇，本或作麋。」馥

〔一〕「請建河橋」，原作「啟建河」，據晉書改。

案：「舌」當爲「昏」。說文：「鴟，麋鴟。」草與鳥同名，其字從「昏」，非口舌字。又曰：「其萌蘿。蕍、芛、葟，華榮。」郭本「蘿」字絕句。案：「萌」當爲「蕍」，「蕍」字屬上。說文：「蕍，灌渝也。芛，艸之皇榮也。」又曰：「不榮而實者謂之秀。」白氏六帖引云：「草榮而實者謂之秀。」釋木曰：「梫，木桂。」本草蜀本圖經引郭注云：「本草謂牡桂是也。」又曰：「休，無實李。」郭云：「一名趙李。」唐本草「鼠李一名趙李」，圖經云：「枝葉如李，子實若五味子，色黳黑。」又曰：「樸，枹者。」郭云：「樸屬叢生者爲枹。」按：說文「樕，樸樕木」，即此樸也。「枹者」即「苞著」。釋木又云：「枹遒木。」釋文云：「遒又作迺。」說文云：『迺，迫也，謂叢欑迫迮而生。』」詩：「芃芃棫樸。」箋云：「相樸屬而生。」疏云：「枝根迫迮附著之皃。」又曰：「痝木，苻婁。」樊光云：「苻婁，尫傴。」馥謂：「苻婁」即「痀僂」。又曰：「桃曰膽之。」御覽引孫炎云：「膽汁取其美者。」孔穎達云：「桃多毛，拭治去毛，令色青滑如膽也。」馥案：家語：「孔子侍坐於哀公，賜之黍與桃。公言：『黍以雪桃。』」亦言雪其毛也。釋蟲曰：「蛄螿，强蛘。」「蛄」，六書故引作「蛅」。釋文云：「蛘，郭音芈，亡婢反。本或作芈。說文作芈。字林作蛘，弋丈反，搔蛘也。」馥案：毛刻說文作「蛘」，李燾五音韻譜作「芈」，毛刻誤也。又曰：「莫貈、蟷蜋，蛑。」御覽王瓚問引爾雅無「蛑」字。又曰：「䖸，羅。」郭云：「蠶䖸。」馥案：說文：「蛾，羅也。」其字次「蠶」下「螘」上，是蟻也。䖵部「䖸」字乃是蠶䖸，郭注失之。又曰：「螱，飛螘。」釋文本作「螱」，云：「說文、字林從『蚰』。」馥案：「蚰」當爲「䖵」，轉寫之誤。據此，則說文原有「螱」字，今脫去也。又曰：「王蛈蜴。」酉陽雜俎云：「書齋前，每雨後多顛當。窠深如蚓穴，網絲其中，土蓋與地平，大如榆莢。常仰捍其蓋，伺蠅蠖過，輒翻蓋捕之，纔入復閉，與地一色，並無絲隙可尋也。其形似蜘蛛。爾雅謂之王蛈蝪，鬼谷子謂之蛈母。秦中兒童戲曰：『顛當顛當〔一〕牢守門，蠮螉寇汝無處奔。』」又曰：「欒繭。」「欒」當爲「攣」，鳬葵也。蜀葵中蠶，即蜀繭也。又曰：「蝨，醜奮。」郭云：「好奮迅作聲。」案：詩：「莎雞振羽。」說文：「振，奮也。」釋言：「振，訊也。」郭云：「振者，奮迅。」廣雅：「奮，訊也。」文選注引韓詩：「振，奮也。」又曰：「無足謂之豸。」殷敬順列子釋文引云：「無足曰蛾。」釋魚曰：「鯉。鱣。」郭於「鯉」云：「今赤鯉魚。」於「鱣」云：「大魚，似鱘而短，鼻口在頷下，體有邪行甲，無鱗，肉黃。大者長二三丈。今江東呼爲黃魚。」按：說文：「鯉，鱣也。鱣，鯉也。」鯉、鱣同物。郭誤以鯉爲赤鯉。馥謂：赤鯉當作「鱱」，經典借「鯉」字，行之既久，不復知爲「鱱」矣。說文：「鱱，鮦也。鮦，鯉也。」鱓似鱱，故呼鱓鮦。唐諱「李」，時呼「鱱」爲「赤鱓」。然則孔鯉亦鮦鱱之鱱。魯無鯉，昭公何從以鯉賜孔子？益知「鯉」爲借字矣。陸璣疏云：「鱧，鯇也，似鯉，頰狹而厚。爾雅曰：『鱧，鮦也。』許慎以爲鯉魚。」馥案：玉篇鱧與鱱同。然則「似鯉」當作「似鱱」。「許慎以爲鯉魚」，亦當作「鱱魚」也。淮南地形訓：「海外三十六國，西北方有無繼民，硥魚在其南。」注云：「硥魚如鯉魚，有神靈者，乘行九野。」馥案：此亦以鯉爲大魚。又曰：「鮤，鱴刀。」郭云：「亦呼爲魛魚。」釋文「刀」作「魛」，「魛」亦當爲「魛」。又曰：「鯬、鯠。」釋文云：「鯠，字林作鯠，音七。」又曰：「蜥蜴，蝘蜓。」馥案：文選洞簫賦：「螻蟻蝘蜓。」李善引爾雅作「蜓」，是善所見本從「延」

〔一〕「顛當」，原不重，據酉陽雜俎補。

不從「廷」也。釋鳥曰：「隹其，鳺鴀。」釋文：「隹，如字。旁或加鳥，非也。」馥案：「隹」當爲「隼」。「如字」者，如「隼」字也。「旁或加鳥，非也」者，言「隼」旁加「鳥」作「鶽」，非正字也。釋文於「鷹隼醜」下云：「隼，本作『鶽』。」案：隹即鳥也，無勞更加。」馥謂「隹即」之「隹」亦當爲「隼」，言隼即鳥也，無勞更加「鳥」作「鶽」也。若「隹」旁加「鳥」作「雎」，乃「隼」之正體，何不可加？鳥之有「隼其」者，其發聲。又曰：「鷑鳩，鵧鷑。」郭云：「江東名爲烏臼。」馥案：「鵧」當爲「鵧」。釋文：「鵧，謝苻悲反，郭力買反，某苻尸反，字林父隹反。」廣韻：「鵧，房脂切，鳥名。」玉篇：「鵧，步丁切，烏臼。」集韻：「鵧，頻脂切。鵧鷑，鳥名。又補買切。鵧鷑，小鳥名。」馥案：釋文、廣韻、集韻文雖誤而音不失。玉篇作「步丁切」，宋人重修妄加也。又曰：「鶵鴟軌。」馥謂：鶵鴟即老鴟。軌，説文「舊」字。軌、舊聲相近，軌從九聲。説文「鷉，舊也」，亦取其聲。又曰：「鷚，天鸙。」釋文：「鸙，説文作籥。」馥案：今説文亦誤作「鸙」，其義當爲「籲」，説文：「呼也，讀與籥同。」今謂鷚爲告天鳥，即呼籲義。又曰：「巂，周。燕燕，鳦。」郭義「巂」名「周」，「鳦」名「燕燕」。案：説文：「巂，周燕。」當以上燕字屬上，下燕字屬下。又曰：「鵲鶪醜，其飛也翪。」郭注：「竦翅上下。」釋文云：「翪，字林作㚇。」馥案：説文：「㚇，斂足也。鵲鶪醜，其飛也㚇。」韻會引作「鳥斂足也。」五經文字：「㚇，鳥斂足。」文字音義「蹜」下云：「鳥鵲醜，其飛，掌蹜在腹下也。」又曰：「亢，鳥嚨。」左思蜀都賦：「弄吭清渠。」釋獸曰：「貙獌似貍。」郭云：「今山民呼貙虎之大者爲貙豻。」馥案：「豻」當爲「貚」。説文：「貚，貙屬也。」又曰：「羱如羊。」郭氏山海經圖贊：「月氏之羊，其類在野，厥高六尺，尾亦如馬。何以審之？事見爾雅。」又曰：「豕子，豬。䝐，豶。幺，幼。奏者豱。豕生三豵、二師、一特。所寢，橧。四豴皆白，豥。其迹，刻。絶有力，豝。牝豝。」畢君以珣曰：「豕在六畜，此三十五字當屬釋畜文，今闌入釋獸篇中，蓋錯簡也。」釋畜曰：〔二〕「騋牝。驪牡。玄駒。褭驂。」郭讀「牡」字絶句。鄭注檀弓引作「玄」字絶句。周禮庾人疏云：「騋中所有，牝則驪色，牡則玄色，兼有駒褭驂。」賈讀從鄭不從郭也

書廣韻後

廣韻出於唐韻，唐韻出於切韻，小學家之津梁也。宋人增字與原本雜厠，惜未分析，難盡依據。今就張氏刊本與說文毛本勘校，則說文之闕誤尚足證明。如上平聲一東「艘」引說文云：「船著沙不行也。」今說文脫「沙」字。五支「趍，說文曰：『趍，趙刅也。』」今說文譌作「久」。九魚「鉏，立薅斫也」。說文譌作「立薅所用也」。「斫」初誤爲「所」，後人不解，妄加「用」字。案：說文：「欘，斫也。齊謂之鎡錤。」顏師古注急就云：「鉏，去草之器，一名茲基。」鉏、欘義同，則「斫」字是也。「藸，藸蒘草」。說文繫傳：「艸也。」徐鉉本改爲「茡藸」。十五灰「豩，多也」。說文譌作「豯」。十六咍「胲，足大指毛肉也」。說文脫「肉」字。十八諄「陙，小阜名也」。說文譌作「水」。二十三魂「掄，說文『擇也』，一曰貫也」。徐鍇本「以手貫也」，徐鉉本闕。二十四痕「炰，說文：『炮炙也。』」玉篇亦作「炮炙」。今說文作「炮肉」。

〔二〕「曰」，原無，據文例補。

下平聲六豪「暬，不省語也」。説文譌作「不肖」。「𥛚，祭豕先也」。藝文類聚引説文「祭豕先曰𥛚」。今説文闕。九麻「謯，説文：『詠也。』」案：「詠」當爲「𧩧」字之誤也。後人以説文闕「𧩧」字，改作「娽」。玉篇：「謯，𧩧也。」「𧩧，謯也。」廣雅同。廣韻入聲屋部「𧩧」字注「諕也」，「諕」亦「謯」之譌也。十三耕「抨，彈也」。爾雅釋文同。説文譌作「撣」。「撣，提持也」，與「抨，彈」義遠，十四清「躄，一足跳行」。説文：「鑿，讀若春秋傳『鑿而乘它車』。」足部闕「躄」字。十六蒸「説文曰：『析麻中幹也。』」增韻同。説文譌作「折」。二十五添「溓，説文：『薄水也。』」今説文譌作「冰」。宋景濂辨之。廣韻上聲琰部亦譌作「冰」。上聲四紙「詭，横財物爲詭遇也」。「財」當爲「射」，轉寫之誤。太平御覽引説文作「射」，今説文闕。八語「褚，裝衣」。玉篇同。説文譌作「製衣」。十姥「羖，説文曰：『夏羊牡曰羖。』」今説文譌作「牝」。二十八獮「䁴，説文曰：『視而不止。』」今説文脱「不」字。三十三哿「斫，相擊也」。説文譌作「柯擊」。三十五馬「𡳐，青絲履」。説文、玉篇並譌從「户」。按：履、屝、屨俱從「尸」，「𡳐」亦當從「尸」。「若，人者切，乾草」。説文：「若，擇菜也。一曰杜若，香艸。」無「乾草」義。按：説文：「秧，禾若秧穰也。」「穌，把取禾若也。」「把」疑作「杷」。是若爲乾艸也。四十四有「槱，積木燎以祭天也」。説文譌作「積火」。去聲六至「臮，衆與詞也」。説文譌作「衆詞與也」。按：説文：「曶，出气詞也。甹，亟詞也。寧，願詞也。粤，審慎之詞也。欥，詮詞也。」臮亦此例。詞者，意内而言外也。「絘，績所未緝者」。説文脱「未」字。「謚，説文作『謚』」。「謚，上同」。今説文：「謚，行之迹也，从言兮皿，闕。」「謚，笑皃，从言，益聲。」五經文字：「謚、諡，常例反。上説文，下字林。」此與廣韻説同。魯峻碑「謚君忠惠父」，婁壽碑「乃相與論悳處謚」，陳寔殘碑「是以作謚封墓」，衡方碑「謚以旌德」，馮緄碑「因謚爲桓」，字雖各別，而無一從兮者。王伯厚玉海舊刻本皆作「謚」，然則從「兮」者，後人所改，又以「謚」別爲一字，而加「笑皃」之訓也。五經文字明言字林以「謚」爲笑聲，非謚字也。八未「穖，稻不黏者」。說文誤作「稴」。十四泰「渿，說文曰：『沛之也。』」案：說文小字本及李燾說文韻譜並同。毛刻說文作「渿，沛也」。「禬，除殃祭也」。藝文類聚引說文「除惡之祭曰禬」。今說文作：「會，福祭也。」三十七号「漕，水運穀」。說文譌作「轂」。三十九過「膹，臛膏也」。說文誤作「臡」。因說文闕「臛」字，後人改爲「臡」。四十一漾「醬，說文：『醢也。』」今說文譌作「鹽」。四十九宥「怞，動也」。玉篇：「心動也。」說文譌作「不動」。「福，衣一福」。今作「副」。按：玉篇、說文並無「福」字。漢、魏碑及匡謬正俗皆可證。「狖，獸名，似猿」。「狖」即「貁」字。說文「鼠屬」，一切經音義作「禺屬」。入聲四覺「葪，說文云：『草大也。』」今說文譌作「菿」，又別出「葪」字云：「艸木倒。」五質「齛，齧聲，謂齧堅聲」。說文譌作「齒堅」。六術「絀，縫也」。說文譌作「絳」。十一沒「⿺麥肖，蘇骨切，麥屑」。「⿺麥肻，上同」。說文作「⿺麥貨〔一〕，穌果切」。玉篇兩字並收。案：「貨」、「肖」皆誤，當從「肻」。「肻」，俗作「肖」，非「肖似」之「肖」。廣韻「肖」即「肻」，故以「⿺麥肻」爲重文。玉篇以「⿺麥肻」爲正體。說文改從「貨」，而音亦遂之也。十三末「秳，春穀不潰也」。說文繫傳同。今說文譌作「潰」。十七薛「晢，晦也」。說文譌從「執」。洪武正韻非之。「鋝，說文曰：『十一銖二十五分之十

〔一〕「⿺麥貨」，原作「⿺麥肖」，據說文改。

三。』」今説文脱「一」字,作「十銖」。二十二昔「辟,仄也」。説文及徐鍇韻譜並譌作「反」。二十五德「蟘,食禾葉蟲」。「蟘,上同」。説文譌從「貸」。二十六緝「卙,説文云:『詞之集也。』」今説文作「詞之卙矣」。此皆可證説文之謬,而補其闕者。至廣韻中脱誤之字,則不可勝計矣。

再書廣韻後

六朝之音存於廣韻,唐人猶不誤,宋則漸有出入矣。平聲二十五寒「但,徒千切,語辭」。徐鉉騎省集、洪适盤州集詩中用「但」字皆注平聲。上聲二腫「重,直隴切,多也,厚也」。梁書劉顯傳「山雲輕重」與鞏、冢、壟、栱、氄、湧爲韻,即此音。去聲二宋「雺,莫綜切,天氣下,地不應」。袁宏三國名臣贊「百六道喪,千弋迭用,苟非命世,孰埽雺雺」,即此音。三用「重,柱用切,更爲也」。杜子美重送嚴公詩「幾時杯重把」,即此音。五寘「積,子智切,委積也」。丘遲侍宴樂游苑詩「風遲山尚響,雨息雲猶積,巢空初鳥飛,荇亂新魚戲」,即此音。九御「輿,羊洳切,漢汝南平輿」。裴松之注三國志音「豫」,即此音。又「如,人恕切」。文選李陵答蘇武書「客主之形既不相如」,李善音「而去切」,即此音。二十三問「員,王問切,姓也」。唐諺「令公四俊,苗、吕、崔、員」,即此音。二十九换「觀,古玩切,樓觀」。引釋名:「觀者,於上觀望也。」陸游字務觀,王景文誤押平聲,見笑於陸。三十三線「援,王眷切。接援,救助也」。馬伏波名從此音。三十六效「覺,古孝切,睡覺」。成公綏嘯賦「獨超然而先覺」,與「奥」爲韻,即此音。三十七號「漕,在到切,水運穀」。韓愈詩「尺水乃可漕」,與「懊」爲韻,即此音。四十一迥「烓,口迥切,行竈」。詩釋文引呂忱口頌反，顧野王口井反，說文「耿」從「烓」省聲，即此音。今毛刻說文「耿」從「炯」省聲，後人所改。說文：「烓，從火，圭聲，讀若回。口迥切。」亦誤。當云：「從火、圭，讀若同。口迥切。」此非諧聲，後人妄加「聲」字，又改「同」、「迥」爲「回」、「迥」，以就「圭」聲也。四十二宕「當，丁浪切，主當」。唐高湘詩「惟有高州是當家」，即此音。四十六徑「瑩，烏定切，與鎣同。鎣，飾也」。杜詩「江平心可瑩」，即此音。四十九宥「宿，息救切，星宿」。庾信哀江南賦「天則金精動宿」，即此音。又「覆，敷救切，蓋也」。嵇康琴賦「偃蹇雲覆」與秀、溜爲韻，束皙補亡詩「回回洪覆」與茂、壽爲韻，皆此音。五十三勘「參，七紺切，參鼓」。後漢書禰衡傳「衡方爲漁陽參撾」，章懷注：「參撾，是擊鼓之法。王僧孺詩云：『散度廣陵音，參寫漁陽曲。』自音云：『七紺反。』讀參字音爲去聲，不知何所凴也。」馥案：楊氏談苑：「徐鍇領集賢學士，校祕書時，吳淑爲校理古樂府中有『摻』字者，淑多改爲『操』，蓋章草之變。鍇曰：『非可一例。若漁陽摻者，音士鑒反，三撾鼓也。禰衡作漁陽摻撾，古歌詞云：『邊城晏聞漁陽摻，黄塵蕭蕭白日暗。』淑歎服。」庾信詩「聲煩廣陵散，杵急漁洋摻」，唐李頎詩「忽然更作漁陽摻」，李商隱聽鼓詩「欲問漁陽摻，時無禰正平」，又口占詩「詩摻禰衡撾」，宋景文喜雨詩「瀾逼漁陽撾摻遲」，又送李冀州詩「征鼙曲曲漁陽摻」，蘇軾詩「疊鼓誰摻漁陽撾」，皆此音。又「篸，作紺切，以針篸物」。庾信詩「細綿行須篸」，即此音。六十梵「帆，扶泛切，船使風」。杜甫詩「蒲帆晨初發」，韓愈詩「無因帆江水」，左傳注「拔旗投衡上，使不帆風」，皆此音也。入聲十六屑「𢯷，蒲結切，反手擊也」。嵇康琴賦「觸𢯷如志」，李善音蒲結切，即此音。案：四十一迥九十七字，當在去聲二宋前。

上阮學使書

前呈文稿，不以爲謬，許作敘引，且叩其所學。馥之學，無一就也，老而悔之，故以「晚學」名集。自束髮從師，授以高頭講章，雜家帖括，雖勉强成誦，非性所近。既補諸生，遂決然舍去。取唐以來文集説部汎濫讀之，十年不休。三十後，與士大夫游，出應鄉舉，接談對策，意氣自豪。周書昌見嘲云：「君因不喜帖括，遂不治經，得毋惡屋及鵲邪？涉躐萬卷，不如專精一蓺，願君三思。」馥負氣不從也。及見戴東原，爲言「江慎修先生不事博洽，惟熟讀經傳，故其學有根據」。又見丁小雅，自訟云：「貪多易忘，安得無錯？」馥憬然知三君之教我也。前所讀書，又決然舍去，取注疏伏而讀之，乃知萬事皆本於經也。竊謂訓詁不明則經不通，復取許氏説文反復讀之，知爲後人所亂，欲加校治，二十年不能卒業。書昌寄書見訊，報之云：「昔郭景純注爾雅，十八年而成。馥之學萬不及景純，而説文名物十倍爾雅，揚子雲所謂白紛如也。」烏呼！馥所學如是而已，自知疏陋，不欲存集，每有述造，聽其散佚。昨者偶見故書中舊稿，不禁仰屋浩歎。念兩兒皆武夫，諸孫尚稺齒，一旦先朝露填溝壑，則此丹黄鉤乙者，故紙堆耳。象毁其齒，鹿解其角，猶知愛護，況發於心而出於手，忍棄弗顧邪？故復收拾，鈔而存之。祇以筆弱，不工爲文，亦不喜馳騁華藻，與其崔、蔡宏麗，無寧馬、鄭餖飣，從吾所好，亦自掩其拙也。伏願進而教之，策其末路，使老驥引頸長鳴，不負伯樂之一顧。幸甚幸甚！

答楊書巖孝廉論音況書

前承示書，謂：「説文凡言讀若，例舉異文以況其音，無即用本字者。如示部『𥛚』下，言部『該』下，穴部『䆮』下，馬部『駇』下，大部『戴』下，手部『掔』下，皆有誤。」竊因考漢、魏音況舉異文者固多，用本字者亦復不少，試爲足下述之。鄭注周易「解，讀如人倦之解。」注尚書「聒，讀如聒耳之聒」。箋毛詩「嚏，讀當爲不敢嚏咳之嚏」，「趣，音趣舍」，「行，音行酒之行」，「蹻，音如今作樂蹻行之蹻」，「飧，讀如魚飧之飧」。注周禮「藪，讀如蜂藪之藪」，「菑，讀爲不菑而畬之菑」，「蔟，讀爲爵蔟之蔟」，「乏，讀爲匱乏之乏」，「池，讀爲既建而池之池」，「遺，讀如詩曰『棄予如遺』之遺」，「蕩，讀爲和蕩」，「測，讀如測度之測」，「淫，讀如淫液之淫」，「湛，讀當爲人名湛之湛」，「渥，讀如鄭人渥菅之渥」，「滯，讀如沈滯之滯」，「淳，讀如淳尸盥之淳」，「灂，讀爲灂酒之灂」，「鮑，讀爲鮑魚之鮑」，「燋，讀爲細目燋之燋」，「契，讀爲爰契我龜之契」，「掣，讀爲粉容掣參之掣」，「挈，讀如挈髮之挈」，「提，讀如攝提之提」。禮家讀「振」爲「振旅」之「振」，又讀爲「振鐸」之「振」。「摶，讀如摶黍之摶」，「縵，讀爲縵錦之縵」，「繻，讀爲繻有衣袽之繻」，「縜，讀爲竹中皮之縜」，「編，讀爲編書之編」，「甸，讀如衷甸之甸」，「綖，讀如麥秀綖之綖」，「陂，讀如險陂之陂」，「冥，讀爲冥氏春秋之冥」，「栗，讀爲榛栗之栗」，「稿，讀爲芻稿之稿」，「秅，讀爲秅秭麻苔之秅」，「穹，讀如穹蒼之穹」，「布，讀爲宣布之布」，「幨，讀爲車幨之幨」，「作，讀如作止爵之作」，「量，讀如量人之量」，「見，讀如卿皆見之見」，「卷，讀爲可卷而懷之卷」，「辟，讀如辟忌之辟」，「庾，讀如請益與之庚之庚」，「騆，讀爲騆疾之騆」，又讀與「騆馬」同，「訝，讀爲跛者訝跛者之訝」，「眡，讀爲虎眡之眡」，「鷩，讀爲梟鷩之鷩」，「散，讀爲中散大夫之散」，「利，讀如上思利民之利」，「筍，讀爲竹筍之筍」，「簡，讀如簡札之簡」，「鼓，讀如莊王鼓之鼓」，「會，讀如大會之會」，「椹，讀爲齊人言鉄椹之椹」，「旅，讀爲旅于泰山之旅」。注儀禮「與，讀若諸侯以禮相與之與」，「右，讀若周公右王之右」，「卓，讀若卓王孫之卓」，「綦，讀若馬絆綦之綦」。注禮記「鉤，讀如鳥喙必鉤之鉤」，「與，讀如贊者皆與之與」，「移，讀如水氾移之移」，「稅，讀如無禮則稅之稅」，「人，讀如相人偶之人」，「恂字或作峻，讀如嚴峻之峻」，「温，讀如煇温之温」，「子，讀如不子之子」。何注公羊傳「伐人者爲客，讀伐，長言之，齊人語也。見伐者爲主，讀伐，短言之，齊人語也」。凡此，皆見於經者也。其在史記，「告，音告語之告」，「選，音選擇之選」，「減，音減省之減」，「間，音中間之間」，「挺，音挺起之挺」。其在漢書，「萋，音四月秀萋」，「蔡，音楚言蔡」，「簿，音主簿之簿」，「荼，音荼毒之荼」，「蹶，音馬蹄蹶之蹶」，「畀，音畀予之畀」，「與，音相干與之與」，「爲，音無爲之爲」，又音「人相爲」之「爲」，「數，音數錢之數」，「刓，音刓角之刓」，「著，音著幘之著」，「樅，音樅木之樅」，「棓，音棓打之棓」，「油，音油麻之油」，「淖，音泥淖之淖」，「準，音準的之準」，「減，音減少之減」，「塾，音塾陀之塾」，「坌，音馬坌叱之坌」，「索，音繩索之索」，「窶，音貧窶之窶」，「窊，音窊下之窊」，「假，音休假之假」，又音「假借」之「假」，「借，音以物借人之借」，「傳，音亭傳之傳」，「比，音比次之比」，「衿，音衿系之衿」，「被，音被馬之被」，「般，讀如面般之般」，「歇，音毒歇之歇」，「辟，音邪辟之辟」，又音「刑辟」之「辟」，「胞，音胞胎之胞」，「吸，音吸吸動摇之吸」，「長，音長者」，「炎，音火之光炎」，「霧，音人備疑作「僊」。「霧」，「鰓，音魚鰓之鰓」，「摽，音刀末之摽」，淮南作「標」從木。「拾，音負拾之拾」，「堋，音石墮井堋爾之堋」，「綃，音以繩綃結物之綃」。其在呂氏春秋注云「夐，讀如詩云『于嗟夐兮』」，「巧，讀如巧智之巧」，「居，讀曰居處之居」，「易，讀如易綱之易」，「組，讀組織之組」。其在淮南鴻烈解，「蓮，讀蓮芋魚之蓮」，「薄，讀厚薄之薄」，「苑，讀南陽苑」，「茹，讀茹船漏之茹字」，「哆，讀大口之哆」，「越，讀輕無重越之越」，「過，讀眚過之過」，「距，讀距守之距」，「解，讀解故之解」，「樠，讀人姓樠之樠」，「𩕄，讀内𩕄于中國之𩕄」，「夫，讀大夫之夫」，「懣，讀簫簫無逢際之懣」，「悅，讀人空頭扣之悅」，「慊，讀辟向慊之慊」，「惷，讀人謂惷然無知之惷」，「閔，讀閔騫之閔」，「揲，讀揲脈之揲」，「挐，讀人性紛挐不解之挐」，「發，讀射百步之發」，「廉，讀若鬭廉之廉」，「庈，讀庈丘之庈」，「易，讀河間易縣之易」，「沈，讀出水沈沈正白之沈」，「簒，讀曰裧釋簒之簒」，「嬴，讀指端嬴文之嬴」，「蚑，讀烏蚑步之蚑」，「垓，讀人飲食太多以思下垓之垓」，「坫，讀爲筦氏有反坫之坫」，「塿，讀培塿無松柏之塿」，「鞋，讀而買鞋益之鞋」，「勞，讀勞勑之勞」，「綃，讀紅綃之綃」，「輴，讀若土行輴之輴」，「乾，讀乾燥之乾」，「酋，讀酋豪之酋」，「杕，讀詩『有杕』之杕」，「杍，讀楚言杍」，「詘，讀若詘諾皋之詘」，「朗，讀汝南朗陵之朗」，「齊，讀齊和之齊」，「營，讀營正急之營」，「窖，讀窖藏人物之窖」，「儼，讀儼然之儼」，「任，讀任俠之任」，「仇，讀仇餘之仇」，「倪，讀射倪取不覺不倪」，「被，讀光被之被」，「屈，讀秋雞無尾之屈」，「顫，讀天寒凍顫之顫」，「紾，讀紾結之紾」。凡此，皆見於漢、唐注家之説者也。至若郭注方言、山海經，楊注荀子，章懷注後漢書，李注文選，則不暇悉數。蓋字非一音一義，有以本字取況而音義始明者，不嫌同文也。幸裁教。

與丁小雅教授書

昨在杭州，住徐家官房，去城頗遠，承徒步枉過，感悚交并。又蒙惠以梁君玉繩漢書人表攷，別後，舟中讀之，歎其精覈，既攻往謬，復多新裁。甚善甚善。閒以鄙意揣測，固知無當，或可備一説乎？表中滎聲期，小顔謂即滎啟期，梁君引錢宫詹説「聲」當爲「磬」，啟、磬聲相近。馥愚以爲，「聲」當爲「肈」，説文：「启，開也。肁，始開也。」启、肁義同，傳寫「启」爲「啟」，「肁」爲「肈」，「肈」與「聲」字形近致譌。古人名字異稱者，或借聲近之字，或假義同之文，多此類也。又鄭武公滑突，世家作掘突。馥謂「滑」當爲「搰」。説文：「搰，掘也。」吴語：「狐埋之而狐搰之，是以無成功。」晉先縠，經典釋文又作「穀」，馥謂當作「瞉」。瞉，小豚也，故宣十二年左傳稱曰彘子。凡此三者，皆出私肊，實無堅據，願明者審裁而詳教之。

與江艮庭先生書

嘉定錢可廬言先生著有尚書集注音疏，既從吴江陸直之乞得一本，伏而讀之，深歎漢學猶存於今，雖惠氏周易，殆不是過。竊有疑者一事，請因陸君相質。大著引説文「暘」字，謂堯典之暘谷。益都楊書巖見教云：「説文『暘』字引商書曰暘谷，堯典不得稱商書，蓋洪範曰暘之文，後人加谷字。」馥因考説文「崵」字云：「崵山，在遼西，一曰嵎銕崵谷也。」「堣」字云：「堣夷，在冀州陽谷。立春日，日值之而出。」引尚書「宅堣夷」。馥謂：嵎銕當爲堣銕，暘谷當爲崵谷，轉寫之誤。然則堯典元作崵谷，非暘谷矣。説文崵山，即首陽山，「一曰嵎銕崵谷」，是又一義，非謂崵谷在遼西也。堣夷在冀州者，蓋青州之誤，或因遼西而改也。馥譾陋末學，視先生不啻江河潢潦，幸得並世而生，願奉教長者，非敢如虞之駮鄭也。

與龔禮部麗正書

昨承枉過，以行李悤劇，未盡所懷。今將遠別，有望於足下者三事，幸留意。當四庫館初開，真定梁氏獻孟子趙注章旨及宋槧説文解字，官府以孟子、説文非遺書，不爲上。有識者鈔其章旨，流布世間，説文則仍歸梁氏。馥所見説文，不過元、明間刻本，若就梁本證毛刻之誤，講小學者所大願也。永樂大典引玉篇，分原本、重修本。馥案：原本即孫强本，嘗恨宋人闌入之字，不加别白，後人無從持擇。幸孫本猶在，而大典存翰林院，尚可依韻録出，此又小學家所深望也。白雲觀有道藏全本，就觀中繙披，於儒書多所推證，不可謂非鉤沈探微之助也。此三事，皆留京所急，他日違去，無能爲矣。足下官事餘閒，願一涉之。如不能，則勸同志。他年萬里歸來，得慰老眼，敢不拜足下之賜！

上阮中丞書

邊徼僻遠，稟候多疏，伏維政事之暇，起居萬福。馥所理説文，本擬七十後寫定，滇南無書，不能復有勘校，僅檢舊録籤條，排比付録。今寫至水部，新釋一惑，請陳其説。「洛」下云：「水出左馮翊歸德北夷界中，東南入渭」。案漢志，馮翊褱德縣「洛水東南入渭」。北地歸德縣「洛水出北蠻夷中，入河」。今説文既舉馮翊又兼北夷，顯爲淺學所亂。當云：「水出左馮翊褱德東南入渭，雝州浸。」徐鍇本有「雝州浸」三字，其「歸德北夷界中」六字，本「潞」下訓闌入者。夏官職方：「正西曰雍州，其浸渭、洛。」鄭注：「洛出懷德。」是鄭主馮翊矣。「潞」下云：「冀州浸也。」許君於諸浸，皆先言所出郡縣，如渭、汾、漾、潁、沭、此訓亦有闕文。沂、洓、濰可證。惟潞水首舉冀浸，略其所出，非例也。當云：「水出北地歸德北夷界中，入河，冀州浸也。」今移六字於「洛」下，遂使「潞」下闕十二字矣。職方：「冀州，其浸汾、潞。」鄭注：「潞出歸德。」是北地所出乃潞，非洛也。漢志歸德之洛，當爲潞，轉寫之誤。何人以誤本漢志竄易許訓，二徐不察，何其疏耶？又案：漢志北地直路「沮水出東，西入洛」。淮南子：「洛出獵山。」高注：「獵山，在北地西北夷中。」二「洛」字亦當爲「潞」矣。聞段懋堂、王石臞兩君所定説文、廣雅俱已開彫，願及未填溝壑，得一過眼，借以洮汏累惑也。

附録

乾、嘉盛時，説文之學大行，南段北桂，最稱弁冕。段氏自刊其書，久行於世，桂書止有稿本流傳。諸城李方赤、方伯得其稿，延許印林、許珊林、王菉友諸小學家校訂，苦其繁雜，欲删節之。菉友以爲不可。道光己酉，聊城楊至堂河帥駐清江，平定張石洲爲山右，楊墨林刻連筠簃叢書，願以此書刻入，初浼汪孟慈校讐，後交印林獨校。印林爲立校例三：一曰補例，一曰删例，一曰改例。又撰汪孟慈校語條辨，復增校例七條。咸豐辛亥始蕆事，未印多書，墨林、石洲前後殁，板庋印林家。辛酉，捻匪竄日照，印林家破，書籍均燬，桂板亦盡焉。南皮張文襄公刻於鄂局，海内始得見桂氏之書。文襄序言：「楊氏書板質於廠肆，不知桂書並不在内。」不如印林與高伯平書爲有據。印林校例見攀古小廬文，校語條辨見滂喜齋叢書，繆荃孫文集桂氏説文義證原刻跋。

周書昌在四庫館時，借館書屬先生爲四部考，傭書工十人，日鈔數十紙，盛夏燒燈校治，會禁借官書，遂罷。晚學集周先生傳。

未谷交游

丁先生杰

别見抱經學案。

戴先生震

别爲東原學案。

朱先生筠

别爲大興二朱學案。

陳先生鱣 别見耕崖學案。

翁先生方綱 别爲蘇齋學案。

龔先生麗正 别見懋堂學案。

周先生永年 别見南江學案。

武先生億 别爲授堂學案。

阮先生元 别爲儀徵學案。

耒谷私淑

許先生瀚

許瀚字元翰，號印林，日照人。道光乙未舉人，官嶧縣教諭。卒年七十。先生博綜經史，尤嗜小學金石，精於校勘。晚年校刊桂氏馥説文義證，謂原稿「臺」下有「查高唐賦原文」六字，知爲桂氏未及校定之書，爲之詳加訂正，數年乃成。所著有别雅訂五卷、遺著一卷，吴縣潘文勤公刊入滂喜齋叢書中。又有古今字詁疏證、經韻、韓詩外傳勘誤等書。殁後，門人輯其遺稿，編爲攀古小廬雜著，未編者，稿藏日照丁氏。參史傳、滂喜齋叢書、山左先喆遺書提要。

雜著

僞古文尚書襲墨子誤斷句説

僞古文尚書割裂論語、墨子及真泰誓爲武城「予小子既獲仁人」一段，泰誓中雖有「周親」一段，閻百詩、宋半塘、王西莊論之詳矣。瀚謂僞書不僅剽竊，並不識墨子句讀。謹案：墨子兼愛篇云：「昔者，武王將事泰山隧，傳曰：『泰山有道，曾孫周王有事，大事既獲，仁人尚作，以祗商夏，蠻夷醜貉，雖有周親，不若仁人。萬方有罪，惟予一人。』」此蓋祝辭，乃有韻之文。「泰山有道」句，道即謂隧也。「曾孫周王有事」句，告以將有事而由此道也。「大事既獲」句，獲，得也。「仁人尚作」句，作，起也。「以祗商夏」句，祗，安也。「商」當作「殷」，殷，中也，「殷夏」即「中夏」也，非謂夏、商也。作「商」不作「殷」者宋諱「殷」，寫墨子者改之也。「蠻夷醜貉」句，言四夷也。合上句，總言以安中國四夷耳。獲、作、夏、貉四字爲韻，古音在魚部。親、人、人三字爲韻，古今音皆在真部。僞書於武城則以「有道曾孫」爲句，「既獲仁人」爲句；於泰誓則取「天視自我民視」二語間斷，雖有「周親」四句，既失其句，又失其韻矣。

驔騽辨

詩駉「有驔」，毛傳：「豪骭曰驔。」說文：「驔，驪馬黄脊。」「騽，馬豪骭也。」爾雅釋畜：「驪馬黄脊，騽。」陸德明釋文：「騽，音習。說文作驔，音簟。字林云：『又音譚。』今爾雅本亦有作『驔』者。」玉篇：「驔，驪馬黄脊。騽，驪馬黄脊。」又「馬豪骭」。廣韻五十一忝：「驔，驪馬黄脊。」廿六緝：「騽，似入切，馬豪骭。」又「驪馬黄脊」。又：「騽，爲立切，馬豪骭。」集韻廿二覃：「驔，馬豪骭曰驔。」五十一忝：「驔，說文『驪馬黄脊』也。」廿六緝：「騽，席入切，說文『馬豪骭』也。一曰驪馬黄脊。」又「騽，域及切，馬豪也。」此脱「骭」字。瀚謹案：諸說似紛歧而實不異，蓋經書屢經傳寫，字多假借，字書則分别部居，各還其本字本義。毛詩之「驔」，假借字也，其本字當作「騽」，故傳訓「驔」爲「豪骭」，說文訓「騽」爲「豪骭」也。爾雅之「騽」亦假借字也，其本字當作「驔」，故爾雅訓「騽」爲「驪馬黄脊」，說文訓「驔」爲「驪馬黄脊」也。毛詩之「驔」，即說文之「騽」；爾雅之「騽」，即說文之「驔」。據說文以證兩經，瞭如矣。然毛詩之作「驔」，爾雅之作「騽」，皆由後人傳寫舛誤，非兩經本然。「覃」由鹹得聲，古音屬侵部，此部無入聲。「習」，古音屬緝部，此部止有入聲，而無平上去。「覃」、「習」二字古音不相近，本不可以相假借，自言四聲者起，以入聲緝、合、盍、葉、怗、洽、狎、業、乏配平聲侵、覃、談、鹽、添、咸、銜、嚴、凡，而上去從之，然後侵、覃九韻無入聲者而有入聲，緝、合九韻無平上去者而有平上去，而「習」居然爲「覃」之入聲矣。習、覃既爲一聲，則有書驔爲騽、書騽爲驔者矣。騽、驔既亂，而明於四聲者，且云此聲相近，不以爲舛，而以爲通矣。而篇韻等書不能別正，遂於一字之下兼繫兩義，益使人迷惑。其實緝、合九韻與侵、覃九韻，自九經、楚辭，先秦而漢，有韻之文，從無合用者，王懷祖先生、江晉三先生辨之晳矣。是故由四聲言之，騽可爲驔，驔可爲騽；由古音言之，驔必不可爲騽，騽必不可爲驔也。爾雅尚有作「驔」之本，故校釋文者云：「今爾雅亦有作驔者。」凡釋文言今作某者，皆後人校勘之詞，非陸氏原文。觀孝經音義可見。不知作「驔」者正古本，惜陸氏不曾見之，而毛詩並無復作「騽」之本。脱非説文明著其義，犂然各當，吾烏從辨之哉！至篇韻屢經增益，非其原書。玉篇「驔」訓「驪馬黄脊」，用説文也；「騽」訓「驪馬黄脊」，又「馬豪骭」，上用爾雅，下用説文。然玉篇根柢説文，不當參以「驪馬黄脊」之訓，此疑增修者依爾雅加之也。廣韻「驔」訓「驪馬黄脊」，其「爲立切」之「騽」訓「馬豪骭」，用説文也；而「似入切」之「騽」則兼説文、爾雅兩義，亦似增修者依爾雅加之也。集韻覃韻之「驔」用毛傳，忝韻之「驔」用説文，「域及切」之「騽」亦用説文，至「席入切」之「騽」則先引説文，「一曰」以下用爾雅義，蓋亦沿襲玉篇、廣韻，而條理較爲分明。故諸説雖似紛歧，而悉心求之，其源流自可指數也。

轉注舉例

六書起於象形、指事，而指事字兼用象形字爲之，許氏所謂文也。會意、諧聲字則用象形、指事字爲之，且互用會意、諧聲字爲之，許氏所謂字也。文字至會意、諧聲，形聲相益，孳乳不窮，備矣。而其用猶未廣也。轉注、假借不更造字，第取象形、指事、會意、諧聲字用之。假借係乎音，轉注主乎義。假借之字，義本有專屬，而依音相託，不復顧其本義。轉注之字，義不能獨據，而推義相及。凡爲物之通名，假借必同音，轉注必同義；假借一字可當數字，轉注數字可當一字。大抵對則細別，散則大同。有轉注、假借，而後文字之用乃推廣於無窮。自來言六書者，於轉注尤多歧説，其失總由韋異許氏。今以「建類一首，同意相受」八字爲範圍，以「考、老」二字爲準則，觸類引申，而得其例有七。由七例旁推之，又有變例。其不在此例者，則非轉注也。凡部首，以所屬之字爲義；而所用爲義之字，又以部首爲義者一。「老」爲部首，「考」爲所屬字。凡从某之字，即以所从之字爲義，及同部中同以所从之字爲義者二。凡从某之字，即與所从之字同義，及同部中同與所从之字同義者三。同部中其義相同者四。同部中其義相須者五。同部中其義遞轉相承者六。同部中其義展轉相釋者七。凡此七例，有一部中俱備者，有一部中僅一二見者，有一部中絶無者，有一部中全爲轉注者。今就備於一部者發其凡，餘可類推矣。如走部「走，趨也」，是部首以所屬之字爲義。「趨，走也」，是所用爲義之字，又以部首爲義也。此即「考、老」之例。「趨」从「走」，即訓「走」，是以所从之字爲義。「趨」訓「走」，⿺走韱、趥、⿺走幾、⿺走連、趉皆訓「走」，是同以所从之字爲義也。若艸部諸艸也，木部諸木也，不在此例。錢氏養新録所謂「與篆文連讀者也」。或曰：「許君明言凡某之屬皆从某，則从某之字未有不以所从之字爲義者。」曰：「是有分辨之義，有統同之義。分辨者有專屬，統同者爲通名。如趨爲走輕，趚爲走頓，趯爲走顧皃，趑爲急走，趫爲狂走，赶爲舉尾走，趫爲善緣木走，皆走也，而走各有辨，不得統名爲走，即不得與但訓走之字一例。「走，趨也」。「赴」从「走」亦訓「趨」，是與所从之字同義。「赴，趨也」，「趆」亦訓「趨」，是同與所从之字同義也。趣、趮、䠋皆訓疾，趮、趡皆訓動，䞓、趥、趨、趆、䞒、趞皆訓行皃，趨、蹇皆訓走皃，趲、趫、趖、趮、趨、趲皆訓走意，是謂其義相同。若艸部諸菜也，亦與篆文連讀，不在此例。「趌，趌趨，怒走也」；「趨，趌趨也」；「趍，趍趙，夊也」；「趙，趍趙也」；「𧽒，行𧽒趢也，一曰行曲脊皃」；「趢，𧽒趢也」，是謂其義相須。一字不能成義，必連兩字而後成義，其文多雙聲疊韻。「走，趨也」；「赴，趨也」；「趆，趨也」；「趨，走也」；「趣，超特也」；「超，跳也」；跳、越假借。「趞，雀行也」；「𧼒，趠𧼒也」；「趠，遠也」；「趞，趬趞也，一曰行皃」；「趬，行輕皃，一曰趬，舉足也」，趬趞、趠𧼒亦雙聲疊韻。趬、趠皆自成一義，不須連。趞、𧼒故與趌、趨類不同。是謂其義遞轉相承。孫氏平津館重刊宋本説文序云：「建類一首，如禎、祚、祉、福、祜同注示部也；同意相受，如『禎，祥也』，『祥、祉，福也』『福，祜也』，同義轉注以明之。」即此例。「趁，𧽊也」；「𧽊，趁也」，是謂其義展轉相釋。此戴氏、段氏所謂互訓也。戴、段以此等與考、老一例。今按考、老，一部首，一所屬字，此則但爲同部字，與考、老小別，故區爲二例。此其正例也。夫轉，運也；注，灌也。運以輪言，灌以水言，如輪之運轉，水之灌注，循環無端，由此及彼，無窮盡也。轉注、假借皆兩字平列，非如象形、指事、會意、諧聲之例。諧聲亦作形聲、象聲，亦兩字平列。按：象形、指事、會意、諧聲定字之體，轉注、假借廣字之用，不同類。鄭衆作諧聲，似勝班、許。總之，求轉注必求諸説文本部，許氏所謂「建類一首」也。部不同，非轉注，必求諸同部同義，許氏所謂「同意相受」也。義不同，非轉注；同部同義，則其字必可以相代。蓋轉注所以廣文字之用，與假借[一]同功，凡以供臨文者之挹彼注茲，左宜右有，不使一字膠於一用焉耳。其有時可以相代，有時不可以相代者，則散文、對文之别也。若夫不同部亦得爲轉注者，必其部首一形相生，一意相成，異名同物，異體同名。一形相生，近如玉、珏，中、艸、茻，口、吅、品、㗊，遠如自、見，人、衣，辛、辛。一意相成，如口、欠，又、手，巾、衣。異名同物，如隹、鳥，燕、乙。異體同名，如古文「大」，籀文「大」作「介」；籀文「人」，古文奇字「人」作「儿」，此雖不同部，其部首固有相通之道，猶是「建類一首，同意相受」也。此其變例也。至若部首之義絶不相屬，雖或同義互訓，皆不得爲轉注，爲其非一首也。猶假借，無其字而託以音爲假借，有其字而通以音亦得爲假借；音同爲假借，音不同而音相近亦得爲假借。若字音迥殊，則必不得爲假借矣。至於既同部同義而又同音，如考、老同幽部韻，走、趨同侯部韻，蕾、蕾同之部韻，茦、莿同支部韻，則音之適合，非例也。

説文解字義證校例

删例

有立説甚誤者，宜删。

〔一〕「借」，原作「偕」，形近而誤，今改。

如邇、往、退、後之古文從辵，桂云：「古文辵作彳，不從止。」案：古文未嘗不從止，惟遠、逷二字之古文，汲古閣本誤脱二筆作彳，汪刻繫傳因之，其實非也。宋小字本、小徐韻譜及新刻景宋繫傳皆不誤，宜删。桂篆皆從大徐改之，則亂其例。然此特毛刻之誤，並不由大徐。桂執毛刻之誤而被之許氏，究宜救正。

「譱」下云：「此與義美同意。」桂云：「『義』當爲『羑』，本書「羑，進善也」。」案：許云「與義美同意」，説從羊之意耳，非必其字訓善也。大徐於「義」下云：「與善同意。」本此。可見宋以前古本原作「義」，桂説宜删。

有無關訓詁者，宜删。

如「蓼」注「辛菜」，下引淮南子「蓼菜成列」，長沙定王故宫有蓼園。案：此祗蓼字故實，於辛義無關，宜删。

有不足當訓詁者，宜删。

如「鴿」下引李時珍曰：「鴿性易合，故名鴿。鵓者，其聲也。」案：鵓鴿皆取聲爲名，見顔注急就。李分鵓、鴿爲二義，甚非，宜删。又書有泛及宋、元人詩詞者，亦擬酌删。

有牽連引書，無關本字者，宜删。

如「龔」下引「汝不恭命」，即連及「用命賞於祖」二句。案：此明龔、恭之同義，不必牽及下文，宜删。

「眈」下引易「虎視眈眈」，即連引「其欲逐逐」，又引釋文「逐逐，劉作篴篴，云遠也。」案：此當入

「逐」、「篴」下，於「眈」無涉，宜删。

有牽合音韻，不合部分者，宜删。

如「曾」聲下引左傳「招我以弓」與「畏我有朋」爲韻，以證東、蒸合韻。案：古音「弓」字原在蒸部，不須合韻，宜删。

補「嚚」字下云：「䀏聲。」案：「嚚」爲「誩」古文，「誩」古讀若「競」，「競」古讀若「疆」，陽部字也。「䀏」，烏莖切，青部字也。「䀏」不得爲「誩」古文之聲，宜删。

有引書前後歧異者，宜删。

如「祈」下引周禮太祝注：「祈，嘄也。」則以「嘄」爲「叫」之異文，是也。「禱」下又引「祈，嘄也」，又以「嘄」爲「禱」之異文，且云「字當作嘄」。案：周禮注又云：「號呼告於神。」「號呼」即釋「嘄」字。後説雖本集韻，然實誤也，宜删。

有引書前後重複者，宜删。

或先引在前，移寫於後，而未删其前。或先引於後，移寫於前，而未删其後。此類頗多，宜細辨其宜前宜後，再爲删一存一，不可删其所存，存其所删。

有補遺實見他部者，宜删。

如疒部據御覽補「瘠，瘦也」。案：肉部：「膌，瘦也。」御覽所引即此，而隸體變「膌」作「瘠」耳。此不應補，宜删。

有補遺實非本書者，宜刪。

如牛部據初學記補「㹆」字，據御覽補「犦」字。案：二書引說文自「牡」至「㹎」共廿三字，並無「㹆」、「犦」二字，惟引廣志：「犦牛，一曰犎牛。」則二字非說文，明矣，宜刪。

補　例

有誤脱宜補者。

如「牼」下引左傳「少司牼」，「司」下脱「寇」字，宜補。

「過」下引論語「楚狂接輿歌孔子過之」。案：此當「接輿歌而過孔子」，又云「孔子過之」。宜補「而過孔子又」。

有缺文宜補者。

如「𧬎」下稱：「紀尚書所藏古鐘銘『口公口𧬎』，乃吉金。」案：此是周公華鐘，見積古齋款識，宜補「周」、「華」二字。

「鳳」下引抱朴子「水行爲知爲黑鳳口黑，故曰尚知」。案：御覽引作「鳳胷黑」，宜補「胷」字。

有文義未備宜補者。

如「丕，大也」下引禹貢「三苗丕敍」，史記夏本紀「大敍」。案：史記夏本紀下當補「作」字，文義方明。

「祇，敬也」下歷引「祇」之訓「敬」者爲證，又引大司樂「以樂德教國子中、和、祇、庸、孝、友」而不及注。案：此亦當有「注云祇敬」四字，宜補。

「述，循也」下歷引「述」之訓「循」者爲證，又引論語「述而不作」，此下更無訓循之文。案：此蓋欲引墨子非儒篇「循而不作」爲證耳，宜補「墨子非儒篇作循而不作」十字。

有引他書轉引之書與今本迥異而未明所出宜補者。

如「鶪」下引易通卦驗「夏至小暑，博勞鳴。博勞性好單棲，其飛㚇，其聲嗅嗅。夏至應陰而鳴，冬至而止」。案：今四庫本通卦驗作「伯勞鳴」，又無「博勞性好單棲」以下五句，惟藝文類聚引有之，宜補「藝文類聚引」五字。

改　例

有誤書宜改者。

如「微」下引本書「微，司也」。案：「微」乃「覹」字之誤。

「禘」下引唐書「太學博士史元璨曰」。案：「元」係「恭」，避廟諱，「璨」則「議」字之誤。又有「事於武公」、「有事於襄公」，「公」則「宫」字之誤。

有誤記宜改者。

如「微」下引晉語「孔晁云：『微，蔽也。』」案：「孔晁」乃「韋昭」之誤。

「徬」下引賈子保傅篇「成王之生」云云。案：「保傅」乃「胎教」之誤。

「衛」下引小宰：「國有故則令宿。」案：「小宰」乃「宮正」之誤。

「薑」下引孟詵曰：「薑去水氣滿。」「孟詵」乃「甄權」之誤。

「蒡」下引論語：「惡蒡恐其亂苗也。」「論語」乃「孟子」之誤。

有誤信宜改者。

如「鴠」下引淮南時則訓「仲冬之月，鳱鴠不鳴」，高注：「鳱鴠，夜鳴求旦之鳥。陰盛，故不鳴。鳱音天。」桂所據淮南不知是何本。「鳱」從「千」旁而又音「天」。其所引高注首句亦見他書引之，或舊有此本。今莊校本高注作「鳱鴠，山鳥。是月陰盛，故不鳴也」。下無「鳱音天」三字。案：莊本是也。「鳱」字斷不能從「千」，斷不能音「天」。「鳱」或作「鳱」，或作「侃」，或通「雁」，古音皆屬元部。又或作「曷」，作「渴」，作「鶡」，則屬祭部。古元、祭二部音最相近，字多相轉。若從千音天，則屬真部，不得作「鳱」作「侃」，不得轉而爲「曷」、「渴」、「鶡」矣。細審「音天」當是「音干」，字之誤也。桂君不察其失，又特將「鳱」字旁手自改「千」，是真信爲「音天」矣。今悉依莊校本改正。後見明張象賢本，「鳱」作「鳱」，下側注一「天」字。高注首句與桂引同。桂所據或即此本。「天」又譌「大」，愈譌愈遠矣。莊本桂或未見，凡桂引與明者，非甚難解，不可盡改從莊。

有誤會宜改者。

如「鴠」下引七發「鳱鴠鳴焉」，李善引禮記「仲冬曷旦不鳴」，「鳱、曷並音渴」，下即接引郭注方言云：「侃、旦兩音。」案：侃、旦兩音是音鶡、鴠二字，緊接「鳱、曷並音渴」下，似以「侃、旦」音「鳱、曷」矣。今改作「郭注方言云：『鳱、鴠，侃、旦兩音。』」

有誤稱宜改者。

如呂氏春秋十二紀，桂引稱「正月紀」、「二月紀」。案：呂書實作「孟春紀」、「仲春紀」，今悉依原書改正。後見明雲間本，「孟春紀」下又題「子目作正月紀」。桂蓋本此。然其目録作「一日孟春」，則「正月」誤也。今從畢本。

有增損舊本宜改者。

如「駉」下引山海經「青要之山是多駕鳥」，郭璞云：「未詳。」或云：「當作『鴐』，其從馬者，傳寫之誤爾。」案：郭注原文云「未詳也。或曰『駕』當作『鴐』」。鴐，鵞也，音加，而無從馬」云云。今悉依原文改正。又於「其從馬」上加「馥案」二字，庶較分明。

有據轉引誤本與原書不符宜改者。

如「鴠」下引周書時訓解「鶡鴠不鳴」，「鶡鴠猶鳴」。案：此據御覽引之耳。今周書作「鴠鳥不鳴」，「鴠鳥猶鳴」，當依改。此或於「周書」上加「御覽引」亦可。

又引易通卦驗「冬至鶡鴠不鳴」，鄭注「尋應尋至也，八月微寒也」。案：此不知據何本引。今四庫本作「曷旦不鳴」，鄭注作「羣物烝至之應也」，而無「八月」句。案：此勝桂引，宜改。

附荅楊至堂先生書略

丙戌、丁亥之間，瀚在京師，爲李方赤觀察分校此書，同人厭其蕪雜，欲從事删汰者甚衆。鄙意亦云然。獨安丘王菉友筠孝廉以爲未可輕議。當時不甚解其意，展轉十餘年後，初見頓易。竊謂説文解字，字書也，凡有字，説文無不取資；亦凡有字，無不取資於説文。許沖表云：「六藝羣書之詁，皆訓其意。而天地鬼神，山川草木，鳥獸蚰蟲，雜物奇怪，王制禮儀，世間人事，莫不畢載。」然則其書包孕甚廣，後人爲之疏證，徵采不能不博。太博則近雜，理勢然也。乾、嘉以來，學者崇説文如經，幾欲援鄭君注禮不采尸子之例，精嚴極矣。其實非許君本意。至於古文尚書、家語、孔叢之屬，桂君詎不知其僞？惟説文以前之書，説文所本；説文以後之書，本諸説文，近人之説猶尚取之，諸書即僞，固魏、晉間作者，古言古訓，觸目皆是，義有相需，何嫌取證乎？書中有引鄧子，或譏其杜撰，當云鄧析子。案：荀卿子亦曰荀子，韓非子亦曰韓子，鄒衍子亦曰鄒子，范子計然亦曰范子，是前人引書，固有此例。又「天」字下引中庸「峻極於天」，或譏其不引毛詩。案：中庸作從「山」之「峻」，鄭云：「峻，高大也。」毛詩作從「馬」之「駿」，鄭云：「駿，大也。」許解天曰「至高無上」，故引中庸訓「高」之「峻」爲證。若毛詩，則以「駿」爲「大」，而以「崧」爲「高」，非其義也。由此言之，作者用心，細於毫髮，鹵莽如瀚，輒欲縱尋斧柯，誠知其難也。若其顯有沿誤舛錯，脱漏重複，管窺所及，亦未敢苟同。謹擬删、補、改三例，每例條舉一二，繕呈左右。紕繆之處，惟祈直示，勿令得罪先輩，貽笑同人，幸甚幸甚。李觀察云：「瀚有用硃鉤勒之本。」實無其事。或誤記家珊林刺史節鈔本邪？總之，鄙意在去其疵纇，毋使貽誤將來。若其繁簡多寡之間，未敢率意。竹頭木屑，皆非棄材，烏知瀚所謂無用，不即桂君所謂大有用者乎？至於節鈔之本，曩亦聞之，則是周禮節訓、文獻通考詳節之流，斲大木而小，易五鳳樓而桑户繩樞，瀚實不敢效尤。

清儒學案卷九十三

樸齋學案上

樸齋實事求是，以經證經，遂開家學。傳及竹邨，益以邃密。儀禮正義允爲集成之書。一門數世自相師友，斐然有述作者無慮十人。海内論家學之盛，於鄞縣萬氏、元和惠氏、嘉定錢氏而外，績溪胡氏實爲後勁。述樸齋學案。

胡先生匡衷

胡匡衷字寅臣，號樸齋，績溪人。歲貢生，候選訓導。胡氏世爲詩書望族。祖廷璣字瑜公，游學京師，不樂仕進，歸以所學教後人，著有周易臆見、五經解隨筆等書。先生生有至性，事父母盡孝，束身名教，言動必以禮。承先志，力學著書以老。卒年七十四。於經義多所發明，不苟與先儒同異。尤深於禮，所著有三禮札記、周禮井田圖考、井田出賦考。其論井田，多申鄭義，而授田一事，以遂人言田萊之數，是鄉遂制；大司徒言不易、一易、再易之數，是都鄙制，鄭氏注自相違戾，故爲畿内授田考實，列於卷首，積算多精密。其論賦法，謂畿内采地雖畫井，而仍稅夫，不立公田，故周禮無助法；太宰九賦不皆田稅，而斷無口錢。其論官制，謂周禮外，惟儀禮是周初之制，且多諸侯之官，可藉以考當時侯國設官之舊，若左傳官職每出東遷後所僭設，禮記且有秦、漢職名，未可盡據，因著儀禮釋官六卷，侯國官制補考二卷、侯國職官表一卷、大夫家臣考一篇附焉。又爲春秋列國職官譜、禮記官職考、三禮目録校證各一卷。幼讀易，受之庭訓，因著周易傳義疑參十二卷，發明宋學，謂先天圖非經所有，不敢信也。謂孔穎達左傳正義於賈、服等説必盡駁以從杜注，非持平之論，且今之杜注，唐以前亦有引爲服注者，足見集解多本舊誼，因著左傳翼服一書。謂論語自齊、魯、古三家傳本各異，迨後鄭、何注本又殊，而釋文所載舊本及皇氏義疏異字異句尤多，然間存古義，未可盡廢，因著古本證異論語補箋。又著有莊子集評、離騷集注。其詩古文一編，曰樸齋存稿。諸書惟儀禮釋官、侯國官制補考、三禮目録校證存，其餘竝佚。參王澤撰家傳、胡培翬撰繩軒公行狀、洪鏍識鄭氏儀禮目録校證後、績溪胡氏所著書目。

儀禮釋官序

儀禮釋官何爲作也？所以明侯國之官制也。自泰古輔有三名，厥後雲鳥之紀代垂其號。唐、虞官百，夏、商官倍，其詳不可得聞。至於周官三百六十，詳且備矣，然皆紀天子之官，而諸侯之官弗傳。春秋列國之官，莫詳左氏傳，而往往出東遷後所僭設，不盡可據。惟儀禮制自周公，燕、射、聘、食諸篇皆諸侯之禮，而其官名與周禮或異或同，因而考之，侯國之制略具於斯。司徒爲宰，執政之官也。宗人、樂正，禮樂之官也。司馬、射人，軍政之官也。工人、士、梓人，事典之官也。膳宰、雍人，飲食之官見焉。内官之士，夫人之官見焉。小臣、僕人，侍從之官見焉。顧諸侯之官，其爵必降等於天子，其職司或兼攝而不備，則聖人決嫌明微之意寓乎其間，周之諸侯遵而守之，安至有置六卿稱縣公之僭越哉！若夫嗇夫，天子官也，而不見周禮，可以補王官之闕。冠、昏、喪、祭諸篇，諸侯之大夫、士禮也，可以考家臣之制。余不揆檮昧，取注、疏之説，究其得失，略者補之，疑者正之。又復蒐取諸經所載侯國官制，編附於後，廣儀禮所未備，庶以見有周一代侯國設官分職之大略云爾。

例言

周禮以官爲紀，儀禮以事爲紀，而官因事見，節目較周禮更密，稱名較周禮更繁。如周禮但言射人，而儀禮有司射、射正、大射正、小射正。周禮但言小臣，而儀禮有小臣正、小臣師。周禮但言喪祝，而儀禮有夏祝、商祝、周祝。周禮之宰，一耳，儀禮則冠禮、昏禮之宰與大射、聘禮之宰殊，大射、聘禮之宰與食禮、覲禮之宰又殊。且有一篇之中，名同而實異者，如大射之司馬與司馬正、司馬師異，聘禮經之宰夫與聘禮記之宰夫異；又有名異而實同者，如鄉射之司正與司馬爲一人，燕禮、大射之司正與射人本一官。聘禮，諸侯禮也，而大夫之官在焉。士喪、既夕，士禮也，而諸侯之官見焉。若此類糾紛錯出，不爲疏通而證明之，則於尊卑繁殺之際，必多窒礙，而不能展卷了然，以達於制作之意，亦足爲讀是經者之病，故官制之釋，非可已也。

儀禮十七篇，官制既有天子、諸侯、大夫、士之不同，而節次詳略亦異。今分篇釋之，士冠禮、士昏禮、士相見禮、鄉飲酒禮、鄉射禮爲一卷；燕禮、大射儀二篇，官最多而儀最繁，疏釋較詳，每篇各爲一卷；聘禮、公食大夫禮、覲禮爲一卷；喪服篇官制絶少，其中室老貴臣之屬已見他篇，不别出；士喪禮、既夕禮、士虞禮爲一卷；特牲饋食禮、少牢饋食禮、有司徹爲一卷。若諸篇内有義同者，則注明見某篇，以從簡省。

周禮每篇首有序官一篇，諸侯之官，其爵無可考。惟燕禮注云：「天子射人、司士皆下大夫，諸侯則上士。」是諸侯之官，降天子一等。今每官以周禮序官推之，考其爵次注於官名之下，而經文依次條釋於後。其已著者，不重出。

儀禮之官，皆行禮之人，每篇中有一官前後疊見于經者，今惟取經文有發明者載之，餘不盡録。

儀禮鄭氏注最爲精核，然官制亦間有疏失。如燕禮之小臣師與大射小臣師同，而注以爲小臣之長。燕禮之主人是膳宰，非宰夫，而注仍燕義，不加辨正。司宫爲宫人，非小宰。左、右正非謂樂正、僕人正。特牲士祭有私臣，則士亦有臣，而注謂士無臣。士喪、既夕二篇多公家之臣來治事者，而注未能辨别，至賈氏之疏，依文敷衍，略少考證，而疑繆轉滋。今條列注、疏於前，以己意疏釋於後，低一格，用案字别之。其有經文無注、疏而關於經義者，亦爲補釋。

諸侯官制，自儀禮外，左傳、戴記爲詳，其餘諸經亦間有存者。然左氏内、外傳先王之官制賴以傳者固多，而出於後世之增易者亦不少。禮記雜有天子諸侯之禮，且所記非一代之制。今惟一以周禮官名考之，凡儀禮所未著而見於他經者，別輯爲侯國官制補考二卷；又次列其爵等，爲侯國職官表一卷，附於釋官之後，以備周代掌故焉。

侯國職官表序

天子六卿，諸侯并爲三，所以辨等威，防亢濫。然君國子民之事同，則治教禮政刑事之典闕一不可也。此表依周禮六官次第，凡見於經而可信爲周初侯國之制者，則書其官，其疑而未能定者，依次附録；其説若出後人之僭設者，則闕而不録。分孤、卿、大夫、士、庶人在官者爲五格，其官爵下周禮一等，本鄭氏燕禮注推而列之。燕禮注云：「天子射人、司士皆下大夫，諸侯則上士。」後之言官制者，將有覽焉。

鄭氏儀禮目録校證

士冠禮第一

鄭目録云：「童子任職居士位，年二十而冠，主人玄冠朝服，則是仕於諸侯。句。天子之士，朝服皮弁素積。古者四民世事，士之子恒爲士。冠禮於五禮屬嘉禮，大、小戴大戴，戴德。小戴，戴聖。及別録別録，劉向所作。此皆第一。」

疏曰：此士身年二十加冠法，五十乃爵命爲大夫，故大夫無冠禮。爲大夫早冠者，亦依士禮三加。天子、諸侯同十二而冠，自然有冠禮，但儀禮之内亡耳。大戴禮公冠篇云「公冠四加」者，緇布冠、皮弁、爵弁後加玄冕。天子亦四加，後當加衮冕。陳氏禮書謂天子五加，四加玄冕，五加衮冕。家語冠頌云「王大子之冠擬冠」，則天子元子亦擬諸侯四加。若諸侯之子，不得四加，與士同三加，可知。

朱子曰：此篇言「主人玄冠朝服」，則是仕於諸侯而爲士者。若天子之士，則其朝服當用「皮弁素積」，不得言「玄冠朝服」也。敖氏繼公曰：「凡經言士禮者，皆謂諸侯之士。其言大夫禮者亦然。」

案：士有已仕而有位者，上士、中士、下士是也。有未仕者，玉藻所謂「居士」，王制所謂「選士」、「俊士」是也。此冠禮雖主士身加冠，但不必爲有位之士。朱子曰：「士之子恒爲士，雖未仕亦得用此禮。觀經云『主人玄冠朝服』，則其父固有位之士也。又云『將冠者采衣紒』，則未仕爲士可知。」敖氏謂「此篇主言士冠其子之禮」，義亦得通。古者四十強而仕，豈有童子居士位哉！鄭氏之説失之。

士昏禮第二

鄭目録云：「士娶妻之禮，以昏爲期，因而名焉。必以昏者，取其二字依釋文增。陽往而陰來，日入三商爲昏。昏禮於五禮屬嘉禮，大、小戴及别録此皆第二。」

朱子曰：周禮媒氏：「令男三十而娶，女二十而嫁。」孔子曰：「霜降迎女，冰泮殺止。」媒氏又言：「中春之月，令會男女。」此皆昏禮之大期也。左傳云：「國君十五而生子。」是人君早娶，所以重繼嗣也。

案：此篇主言士之昏禮，亦兼已仕、未仕者言。大夫無冠禮而有昏禮。鄭氏曰：「大夫或時改娶，有昏禮。」又曰：「大夫以上，親迎冕服。」又天子諸侯早娶，亦有其禮，今皆亡耳。

士相見禮第三

鄭目録云：「士以職位相親，始承摯相見之禮。雜記會葬禮曰：『相見也，反哭而退。朋友虞祔而退。』士相見於五禮屬賓禮，大、小戴及别録皆第三。」

張氏爾岐曰：據經初言士相見禮，次言士見於大夫，又次言大夫相見，又次言士、大夫見於君，末及見尊長諸儀，皆自士相見推之，故以「士相見」名篇。

鄉飲酒禮第四

鄭目録云：「諸侯之鄉大夫三年大比，將「將」字依釋文增。獻賢者、能者於其君，以禮賓之，與之飲酒，於五禮屬嘉禮，大戴此乃第十，小戴及别録此皆第四。」

疏曰：凡鄉飲酒之禮，其名有四：此賓賢、能，一也；六十者坐，五十者立侍，是黨正飲酒，二也；州長春秋習射於州序，先行鄉飲酒，三也；又有卿、大夫、士飲國中賢者，用鄉飲酒，四也。

吕氏大臨曰：鄉人凡有會聚，皆當行此禮，恐不止四事。論語載「鄉人飲酒，杖者出，斯出矣」，亦指鄉人言之。

張氏爾岐曰：疏言鄉飲有四：此篇所載，「三年大比」，賓賢之禮也，常以正月行之；將射而飲，下篇所列是也，於春秋行之；黨正，正齒位於季冬蜡祭；卿、大夫飲國中賢者，則無常時。

鄉射禮第五

鄭目録云：「州長春秋以禮會民而射於州序之禮。謂之鄉者，州，鄉之屬，鄉大夫或在焉，不改其禮。射禮於五禮屬嘉禮，大戴十一，小戴及别録皆第五。」

疏曰：周禮五州爲鄉，一鄉管五州。鄉大夫或宅居一州之内，來臨此射禮，是爲鄉大夫在焉，則名鄉射。又鄉大夫三年大比，興賢者、能者訖，以鄉射之禮五物詢衆庶，亦行此射禮以詢之，故名爲鄉射。

案：鄉射有二：一是州長會民習射；一是鄉大夫貢士後，以此射詢衆庶。其禮皆先行鄉飲酒禮。但諸侯之鄉射，鄉大夫是大夫，州長是士，記云「大夫兕中」、「士鹿中」；又鄉大夫射於庠，州長射於序，爲少異耳。

燕禮第六

鄭目録云：「諸侯無事，若卿、大夫有勤勞之功，與羣臣燕飲以樂之。燕禮於五禮屬嘉禮，大戴第十二，小戴及别録皆第六。」

疏曰：按上下經、注，燕有四等：目録云諸侯無事而燕，一也；卿、大夫有王事之勞，二也；卿、大夫又有聘而來還，與之燕，三也；四方聘客，與之燕，四也。

案：周禮大宗伯：「以饗燕之禮，親四方之賓客。」賈疏：「饗，亨大牢以飲賓，獻依命數，在廟行之。燕者，其牲狗，行一獻四舉，旅降脱屨升坐，無算爵，以醉爲度，行之在寢。」饗禮今亡。此篇所載，是諸侯燕其臣之禮，其天子之燕禮亦亡矣。又有與族人燕，及祭畢之燕，皆與此禮別。

大射儀第七

鄭目録云：「名曰大射者，諸侯將有祭祀之事，與其羣臣射，以觀其禮。數中者得與於祭，不數中者不得與於祭。射義於五禮屬嘉禮，大戴此第十三，小戴及別録皆第七。」

孔氏穎達曰：凡天子諸侯及卿大夫禮射有三：一爲大射，是將祭擇士大射；二爲賓射，諸侯來朝，天子與之射，或諸侯相朝與之射；三爲燕射，謂息燕而與之射。天子、諸侯、大夫三射皆具。士無大射，其賓射、燕射士皆有之。此三射之外，有鄉射，又有主皮之射。凡主皮之射有二：一是卿大夫從君田獵，班餘獲而射。書傳云：「凡祭，取餘獲，陳於澤，然後卿大夫相與射也。」鄭注鄉射云：「主皮者無侯，張獸皮而射之，主於獲也。」二是庶人主皮之射。鄭注周禮云「庶人無侯，張皮而射之」是也。又有習武之射，司弓矢云「弧弓以授射甲革椹質者」是也。陳氏禮書以「射甲革椹質」爲即貫革之射。

案：射禮唯大射、鄉射二篇今存，但所載皆諸侯禮，其天子之大射略見於周禮司裘職，而其禮亡矣。大射獨言「儀」者，以其威儀比鄉射尤多也。

聘禮第八

鄭目録云：「大問曰聘。諸侯相於久無事，使卿相問之禮。小聘使大夫。周禮曰：『凡諸侯之邦交，歲相問也，殷相聘也，世相朝也。』於五禮屬賓禮，大戴第十四，小戴第十五，别録第八。」

疏曰：聘義：「上公七介，侯伯五介，子男三介。」此聘禮是侯伯之卿大聘，以其經云「五介」，又云「及竟，張旜」。孤卿建旜，據侯伯之卿之聘。周公作經，互見爲義，此見侯伯之卿大聘，公食大夫據子男之臣，是各舉一邊而言，明五等俱有。

案：聘禮有天子撫諸侯之禮。大行人云「歲徧存，三歲徧頫，五歲徧省」是也。有諸侯聘天子之禮，大宗伯云「時聘曰問，殷頫曰視」是也。此篇是主言諸侯與諸侯相聘之禮，歲相問，比年小聘也。殷相聘，三年大聘也。

公食大夫禮第九

鄭目録云：「主國君以禮食小聘大夫之禮。於五禮屬嘉禮，大戴第十五，小戴第十六，别録第九。」

疏曰：下文「薦豆六」，「設黍稷六簋」，庶羞十六豆，此等皆是下大夫小聘之禮。下乃别云「上大夫八豆，八簋」，庶羞二十豆，是食上大夫之法，故知據小聘大夫也。「魚腸胃倫膚」皆七者，謂子男小聘之大夫。

案：天子有食諸侯之禮，大行人云「上公食禮九舉，侯伯食禮七舉，子男食禮五舉」是也。諸侯相朝有相食之禮，掌客云「上公三食，侯伯再食，子男壹食」是也。此篇是主言諸侯食聘賓並及大夫相食之禮，即聘禮所云「公於賓壹食再饗，大夫於賓壹饗壹食」。敖氏謂「此篇與前篇互見其禮者」是也。饗食皆行於廟，但饗有酒，食無酒。又養老亦用食禮，與此別。

覲禮第十

鄭目録云：「覲，見也，諸侯秋見天子之禮。春見曰朝，夏見曰宗，秋見曰覲，冬見曰遇。朝、宗禮備，覲、遇禮省，是以享獻不見焉。三時禮亡，唯此存爾。覲禮於五禮屬賓，大戴第十六，小戴十七，別録第十。」

疏曰：曲禮云：「天子當扆而立，諸侯北面而見天子，曰覲。天子當宁而立，諸公東面，諸侯西面，曰朝。」鄭注：「諸侯春見曰朝，受摯於朝，受享於廟，生氣文也。秋見曰覲，一受之於廟，殺氣質也。朝者位於内朝而序進，覲者位於廟門外而序入，王南面立於扆、宁而受焉。夏宗依春，冬遇依秋。春秋時，齊侯唁，魯昭公以遇禮相見，取易略也。是「朝、宗禮備，覲、遇禮省」可知。

案：據曲禮注云「冬遇依秋」，是遇禮雖亡而未亡，所亡者，朝、宗禮耳。其諸侯相朝禮，儀禮亦亡。又諸侯見天子，有時見曰會，殷見曰同，皆於國外爲壇，而不在廟朝，其儀略見於此篇末云。

喪服第十一子夏傳　唐石經及釋文俱作「喪服經傳第十一」。據疏云「傳曰」者，不知是誰人所作。人皆云孔子弟子卜商字子夏所爲，則賈氏本亦無「子夏傳」三字也。今本蓋後人所增，當依舊題作「喪服經傳」。案：儀禮十七篇，惟此篇有傳。疏云：「五服差降，精麤變除之數既繁，出入正殤交互，恐讀者不能悉解其義，是以特爲傳解。」

鄭目録云：「天子以下，死而相喪，衣服、年月、親疏、隆殺之禮不忍言死，而言喪。喪者，棄亡之辭，若全存居按：疏引無「居」字。於彼焉，已按：疏引「已」下有「棄」字。亡之耳。大戴第十七，小戴第九，劉向别録第十一。」

疏曰：天子、諸侯、卿、大夫、士之喪服，其篇各别，今皆亡，惟士喪禮在。喪服一篇，總包天子以下服制之事。

案：喪服一篇，唐以前亦别行於世，見釋文序録及隋書經籍志。釋文載馬融、王肅、孔倫、陳銓、裴松之、雷次宗、蔡超、田僑之、劉道拔、周續之並注喪服。

士喪禮第十二

鄭目録云：「士喪其父母，自始死至於既殯之禮。喪於五禮屬凶，大戴第四，小戴第八，案：據士冠禮疏，當作第十三。第八乃士虞禮。别録第十二。」

疏曰：此當諸侯之士。知者，下云「君若有賜」。不言王。又鄭直云「士喪父母」，不言妻與長子，二者亦依士禮。

案：禮記雜記云：「恤由之喪，哀公使孺悲之孔子學士喪禮，士喪禮於是乎書。」

既夕第十三

唐石經及釋文「既夕」下皆有「禮」字。

鄭目録云：「士喪禮之下篇也。既，已也，謂先葬二日已夕哭，時與葬間一日。凡朝廟日，請啟期，必容焉。此諸侯之下士一廟，其上士二廟，則既夕哭先葬前三日。大戴第五刪，「刪」字疑衍。小戴第十四，别録名『士喪禮下篇第十三』。」

敖氏繼公曰：此禮承上篇爲之，而别爲篇者，以其禮更端故也。篇首云「既夕哭」，故以「既夕」名篇。

案：此與士喪禮共爲一篇，以簡册繁重，釐而爲二。鄭注周禮引亦稱「士喪禮下篇」。

士虞第十四

鄭目録云：「虞，安也。士既葬其父母，迎精而反，日中而祭之於殯宮，以安之。虞於五禮屬凶，大戴第六，小戴第十五。」案：據士冠禮疏當作第八。第十五乃聘禮。

疏曰：虞卒哭在寢，祔乃在廟。

特牲饋食禮第十五

鄭目録云：「特牲饋食之禮，謂諸侯之士以歲時祭其祖禰之禮。賈疏本作「謂諸侯之士祭祖禰」。此依釋文所引增。釋文「禰」作「廟」。下「非天子之士而」六字，是因疏文誤入。於五禮屬吉，大戴第七，小戴第十三，案：據士冠禮疏當作第十。第十三乃士喪禮。別録第十五。」大戴以下十四字舊脱，吴草廬氏補。

疏曰：曲禮云：「大夫以索牛，士以羊豕。」彼天子大夫、士。此儀禮特牲、少牢，故知是諸侯大夫、士也。祭法云：「適士二廟，官師一廟。」官師謂中下之士祖禰共廟。若祭，無問一廟二廟，皆先祭祖，後祭禰，無問尊卑廟數多少，皆同日而祭畢，以此及少牢惟筮一日。

案：周禮大宗伯「以肆獻祼享先王，以饋食享先王」。鄭注：「肆謂薦熟。獻謂薦血腥。祼之言灌，謂始獻求神。言饋食者，著有黍稷。蓋天子、諸侯宗廟之祭，先祼獻，而後薦熟、薦黍稷。大夫、士之祭，直自饋熟始，無祼獻之禮，故曰饋食。今惟大夫、士祭禮存於儀禮，其天子、諸侯之祭禮則亡矣。

少牢饋食禮第十六

鄭目録云：「諸侯之卿、大夫祭其祖禰於廟之禮。羊豕曰少牢。少牢於五禮屬吉禮，大戴第八，小戴第十一，別録第十六。」

疏曰：曲禮云：「大夫以索牛，用大牢。」是天子卿、大夫。明此用少牢爲諸侯之卿、大夫可知。賓尸是卿，不賓尸爲下大夫爲異也。

有司徹第十七

唐石經及釋文俱無「徹」字。陸氏曰：「本或作有司徹。」

鄭目録云：「少牢之下篇也。大夫既祭，儐尸於堂之禮。祭畢，禮尸於室中。通解續引目録如是。今本作「上大夫既祭，儐尸於堂之禮。若下大夫祭畢，禮尸於室中」，無別行「儐尸於堂」之事。是因疏文誤衍十四字。天子、諸侯之祭，明日而繹。有司徹於五禮屬吉，大戴第九，小戴第十二，別録『少牢下篇第十七』。」

疏曰：言「大夫既祭，儐尸於堂之禮」者，謂上大夫室中事尸，行三獻禮畢，別行儐尸於堂之禮。又云「祭畢，禮尸於室中」者，據下大夫室内事尸行三獻，無別行儐尸於堂之事，即於室内爲加爵禮尸，即下文云「若不儐尸」以下是也。

敖氏繼公曰：此別爲一篇，及其名篇之意，皆與既夕同。

案：此與少牢同爲一篇，亦以簡册重大，釐而爲二，分「儐尸」以下及「不儐尸」者別爲一篇。儐尸即繹也。天子、諸侯曰繹，卿、大夫曰儐尸。繹於明日行之，儐尸與正祭同日。

又案：困學紀聞引三禮義宗云：「儀禮十七篇，吉禮三，特牲、少牢、有司。凶禮四，喪服、士喪、既夕、士虞。賓禮三，相見、聘、覲。嘉禮七，士冠、士昏、鄉飲、鄉射、燕、大射、公食。軍禮皆亡。考儀禮，漢書藝文志謂之禮古經。其云十七篇者，魯高堂生所傳也。其出於魯淹中及孔氏者有五十六篇，較高堂生所傳多三十九篇，士冠禮疏云：「魯人高堂生傳儀禮十七篇，是今文也。魯恭王壞孔子宅，得古儀禮五十六篇，是古文也。古文十七篇與高堂生所傳者同，而字多不同。其餘三十九篇，絶無師説，祕在於館。」則其中天子、諸侯之禮固多。漢代諸儒唯十七篇師授不絶，藝文志云：「漢興，魯高堂生傳禮十七篇。訖孝宣世，后蒼最明。戴德、戴聖、慶普皆其弟子，三家立於學官。」故鄭據以作注，並作目録。其三十九篇，困學紀聞云「康成不注，遂無傳焉」，則其書亡久矣。

附録

先生兄弟五人，居第四。當十餘齡時，伯兄匡宸病，見親憂之甚，焚香籲祝，願以身代。洎耄年，弟匡裁卒，哭之喪明。王澤撰家傳、胡培翬撰繩軒公行狀。

胡氏世居績溪市東，先生與弟别庵匡裁居新巷内，從弟繩軒匡憲、性山匡定居新巷外。巷中有樓亭，下可憩息。每於日晡，自書塾歸，會於巷口，各以所疑所得相質證。一義之異，高聲辨論，齗齗不休。自遠聞者，驚以爲爭，及前，乃知其講學於此，咸敬異之。胡培翬撰繩軒公行狀。

洪鐸曰：隋書經籍志云：「三禮目録一卷，鄭玄撰。梁有陶弘景注一卷，亡。」今目録散存三禮疏中，樸齋先生嘗集而出之，校其譌字，並引諸儒説附證於後，每經各爲一卷。竹邨將以儀禮釋官付梓，屬校於鐸。鐸謂當取先生所集儀禮目録冠諸卷首，俾閲者知十七篇之屬，而官之屬諸侯、屬大夫士者益易曉。昔朱子撰儀禮經傳通解，首輯目録一卷，全載鄭氏目，惜其書止及冠、昏、相見、鄉飲、鄉射五篇，而燕禮以下目録並闕。今先生是編，亦纘成朱子之志也。洪鐸識鄭氏儀禮目録校證後。

唐鏡海曰：釋官一書，以周禮、禮記、左傳、國語與儀禮相參證，論據精確，足補注疏所未及。國朝學案小識。

曾滌生曰：先生治禮，崇信鄭氏，而於鄭説之歧誤者，亦不苟爲附和，至於曲證旁通，往往即一事而洞見本原。書儀禮釋官後。

樸齋家學

胡先生匡憲

胡匡憲字懋中，號繩軒，樸齋從弟。少承庭訓，舉止端重。年十六補縣學生。年二十而孤，從鄭炳也讀書紫陽山數年，學益進，盡通諸經。嘗於易欲重刊本義，以復漢志十二篇之舊。於詩，謂毛傳最古，鄭氏已不盡悉其義。今本毛傳多被王肅竄亂，異同之迹尚可考見。又每歎唐、宋以來不明古人字借聲轉之理，解經輒多隔閡。又常以四子書體驗於倫常日用，識解有足補前人者，欲條記爲一編而未成。所著有毛詩集釋二十卷、繩軒讀經記十二卷、石經詳考四卷、讀史隨筆六卷、繩軒集三卷。易、書、詩、禮、春秋及許氏説文皆有手鈔定本。生平嚴氣正性，言動以禮。所交游多名宿，皆敬畏之。里中後進有爲非者，必曰無令先生知。道旁有跛倚箕倨者，見先生至，必改容。其爲教嚴肅而懇切，有常而不迫。弟子來學者，必令讀經，親爲倍誦，不以年長而或寬。有過必撻之，不以青衿而少貫。以是成立者百餘人。嘉慶七年卒，年六十。參胡培翬撰行狀、續溪胡氏所著書目。

胡先生秉虔

胡秉虔字伯敬，號春喬，緗軒長子也。自少習聞庭訓，未弱冠，於羣經大義悉已通曉。嘉慶己未進士，刑部主事，歷官甘肅丹噶爾同知。道光丙戌，卒於任所。生平精於訓詁聲音之學，於說文用力尤深。著說文管見三卷，其論省文叚借，實發前人所未發。又著古韻論三卷，會合諸家之論而持其平。卦本圖考一卷，論畫卦之原。周易小識八卷、尚書小識六卷、論語小識八卷，皆取諸經文字句讀異同，詳引而辨正之。尚書序録一卷、毛詩序録四卷，列序說於前，采注疏附後，而以己意論斷之。漢西京博士考二卷，詳考諸經博士源流，而西漢傳經之師法以見。甘州明季成仁録四卷，詳考李賊陷甘殉節諸人事，官張掖作。景忠録二卷，詳考河州自宋以來殉節諸人事，官河州作。諸書皆出手定。又有經義聞斯録、槐南麗澤编、月令小識、四書釋名、小學卮言、對牀客話、惜分齋叢録、消夏録、受經堂詩存。所著書，自說文管見、古韻論、卦本圖考、尚書序録、博士考、成仁録、景忠録、受經堂詩存外，竝佚。參胡韞玉撰傳、胡培翬撰遺書記、續溪胡氏所著書目。

卦本圖攷序

爻主動，動則變。乾動則變坤，坤動則變乾也。其有一爻變者，如左傳所載觀之否、師之臨類。觀四爻動則變否，師初爻動則變臨也。至于一卦之内，兩爻互易，如象傳所言剛柔、上下者，先儒亦謂之卦變。以繫辭傳有云「上下无常，剛柔相易，不可爲典要，唯變所適」故耳。朱子云：「就卦已成後，用意推説，以見此爲自彼來，非真先有彼卦，而後有此卦也。」又云：「若論伏羲畫卦，則六十四卦一時俱了，雖乾、坤亦無能生諸卦之理。若如文王、孔子之説，則縱横曲直，反覆相生，無所不可。」又云：「非是聖人合下作卦如此，自是卦成了自然有此象。」其説精矣！但謂「縱横曲直，反覆相生，無所不可」，似乎説得太寬，故本義於卦變歌十九卦之外，又有云「又自某卦某卦而來」者，東牽西曳，茫無畔岸，未免啟後人憑肊説經之漸。今詳攷諸儒之説，案之於經，是者從之。漢人解易多云「此本某卦」，或云「此卦本某」，今亦依用，遂命曰卦本圖攷云。

説文管見

説文佚文

自唐以後，説文殘缺，即二徐之本，已互有不同，或本無其字而後人增入，或本有其字而傳寫脱去。徐氏新修十九文外，如矣、朏、希、繇、畾、叡、稊、綷、翘、習、杀、峑、妥、由、卌、哥、笸、劉、𠨘、免、斲、彦、鏗、蓺、謣、洴、杂、箳、殀、丼諸字，偏旁有之。而隹部「雁」下云：「或从人，人亦聲。」則「雁」乃或體，而「雁」字正篆已脱。匕部「㲋」下云：「矣，古文矢字。」今「矢」無此重文。骨部「骴」下云：「骴或从肉。」今亦無此重文。而「希」則文選注引之，「免」、「卅」、「咼」則廣韵引之，「繇」則韵會引之，其爲脱遺顯然。他如見于經典釋文者有朘、窳、亦見正義。艒、亦見正義。彆、亦見正義。怢、亦見正義。窳、亦見疏。穖、亦見韻會。鳶、辡、鴘、譝、綝、「絑」之重文，亦見集韻、韻會。瘵、痕、豥、蠱、菷諸字，見於五經正義者有旅、第、冽、摻諸字，見於史記索隱者有欙、鎟諸字，見於後漢書注者有歈、瓴、亦見玉篇、集韵。爨諸字，見於文選注者有劇、濤、碣、嗤、痏、僝。醃諸字，見於藝文類聚者有稡、亦見初學記。禮、亦見初學記。驫諸字，見於一切經音義者有闠、亦見太平御覽。打、瘷、揩、磔、湓諸字，見於華嚴經音義者有矜字，見於六書故引唐本說文者有个、謠、亮、黛、斡諸字，見於廣韻者有鄮、亦見韻會。蛤、睽、碑諸字，見於集韻者有頎、亦見類篇、韻會。鷥、亦見類篇。跐亦見韻會。諸字，見於類篇者有餤字，見於韻會者有獞、翀、灢、昊、蹳、蘮、喔、僜、顆、縝、柑、柙、儑、鼕、鉀、灖、磁、藹、櫏、檵、颾、昧、眕、椓諸字，見於太平御覽者有磧、儈、琛諸字，見於汗簡者有弓字。諸書稱引，或誤以他書爲說文者有之，然實係元本所有，而今本脱遺者，亦必不少。新附列朘、窳、旅、歈、磧、劇、濤、闠、打、琛、儈等，蓋未攷說文本有此字耳。或又疑諸書所引，即新附之文，則倒置矣。新附雖非出於徐氏。亦必起於唐以後，故小徐不録。

重文見説解中

説文重文，有不載篆體，而僅見説解中者。如「骴」下云「从骨，此聲。骴或从肉」，而篆體無「胔」字。「昏」下云「从日、氐省。氐者下也。一曰民聲」，而篆體無「昬」字。「䧹」下云「从隹，瘖省聲。或从人，人亦聲」，而篆體無「䧹」字。今本篆體作䧹遂致注不可通。「甹」下云「木生條也。商書『甹枿』當作「栓」。古文言由枿」，而篆體無「由」字。或以爲脱漏而補之，恐非許君之意也。

今本説文多脱字，然亦非脱，而或疑爲脱者。如「昏，日冥也。从氐省。此處當脱「聲」字。一曰民聲」。从昏之字，婚、惛、閽、鴖等偏旁皆作昏，敃、㛰、䁅、蟁等偏旁皆作昬。或欲於「昏」下補重文「昬」，愚以爲不必也，以許氏已明云「一曰民聲」也。或又據五經文字謂避諱省「昬」作「昏」，則尤與説解相背矣。且許氏書中，如珉、愍之類皆未省，何獨於昏而省之？至若「骴」下云「骴或从肉」，則「骴」後似當有重文作「胔」；「䧹」下云「或从人，人亦聲」，則正篆似當作「䧹」，而「䧹」後有重文作「䧹」；「矣」下云「矣，古文矢字」，則「矢」後似當有古文作「矣」，然愚謂此皆重文之見於注中者。

叚借

文字之用，惟叚借不窮，經典之中亦叚借最夥。説文敘云：「本無其字，依聲託事，令、長是也。」然亦有本有其字，臨文取用，或借他字者。釋文敘引鄭康成云：「其始書之也，倉卒無其字，或以音類比方叚借爲之，趣于近之而已。受之者非一邦之人，人用其鄉，同言異字，同字異言，於兹遂生矣。」先儒概以古通用釋之，而字之源委不分。

五經文字敍謂：「叚借若后爲後，辟爲避，大爲太，知爲智之類。」按：避、太、智此隸體增加，古止作辟、大、知，乃隸變，非叚借也。惟「后爲後」，則聲近叚借。

省文叚借

尚書「懋遷有無化居」，「化」當即「貨」字，貨从貝，化聲，故亦省作化。史記弟子傳「與時轉貨貲」，索隱云「家語『貨』作『化』」，是其證也。詩唐風采苓「人之爲言」，「爲」即「譌」字，譌从言，爲聲，故亦省作爲。孔疏又云：「定本作僞。」釋文亦云：「本或作僞。」僞从人，爲聲，聲近叚借。史記五帝本紀「便程南譌」，索隱本作「南爲」，云：「爲依字讀。」漢書王莽傳作「以勸南僞」，師古曰：「僞讀曰訛。」是其證也。大雅大明「其會如林」，「會」當「旝」字，旝从㫃，會聲，故亦省作會。説文正引作「旝」。春秋傳曰：「旝動而鼓。」杜注以「旝」爲「旃」，馬融廣成頌云：「旃旝森其如林。」是其證也。説文：「旝，建大木，置石其上，發以追敵也。」與馬、杜異。此皆省文叚借也。

説文解字序與漢志異同

敍云：「尉律。」志云：「蕭何草律。」徐鍇曰：「尉律，漢律篇名。」閻百詩尚書古文疏證從之，非也。

鄭漁仲通志、王伯厚玉海則以爲廷尉治獄之律。按漢書百官表：「廷尉，秦官，掌刑辟。景帝改爲大理，武帝復爲廷尉，哀帝復爲大理。」禮志：「叔孫通所撰禮儀，與律令同録，藏於理官。」顔師古曰：「即法官也。」藝文志又云：「法家者流，出于理官。」魏刑法志云：「漢宣帝時，于定國爲廷尉，集諸法律凡九百六十卷。」王伯厚漢志攷證云：「律令藏于理官，故不著録。」又按漢刑法志云：「蕭何攈摭秦法，取其宜于時者，作律九章。」揚雄解嘲云：「至漢權制而蕭何造律。」晉刑法志：「秦、漢舊律，其文起于魏文侯師李悝法經六篇。商君受之，以相秦。唐六典注云：「商鞅傳之，改法爲律。」漢承秦制，蕭何定律，除參夷連坐之罪，增部主見知之條，益事律興、廄、户三篇，合爲九篇。」風俗通：「咎陶謨：『虞始造律。』」傅子曰：「律是咎陶遺訓，漢命蕭何廣之。」蓋律掌于廷尉，謂之尉律，即下文所謂「廷尉説律」也。而漢初之律，定于蕭何，故志推本言之云「蕭何草律」。廷尉所用之律，即蕭何所草之律也。

敘云：「學僮十七已上始試〔一〕諷籀書九千字，乃得爲吏。又以八體試之郡，移太史，并課最者以爲尚書史。」志云：「太史試學童，能諷書九千字以上乃得爲史。又以六體試之，課最者以爲尚書御史史書令史。六體者，古文、奇字、篆書、隸書、繆篆、蟲書，皆所以通知古今文字，摹印章，書幡信也。」按：「諷書」當從敘作「諷籀書」，「爲史」當從敘作「爲吏」，「六體」當從敘作「八體」。敘又云：「秦書有八體：一大篆，二小篆，三刻符，四蟲書，五摹印，六署書，七殳書，八隸書。」亡新居攝，使甄豐等校定，

〔一〕「試」，原在「十」上，據説文敘乙。

時有六書：一古文，二奇字，三篆書，四佐書，即秦隸書。五繆篆，六鳥蟲書。尚書疏云：「亡新于秦八體用其小篆、蟲書、摹印、隸書，去其大篆、刻符、殳書、署書，而加以古文與奇字以慕古，故用古文、奇字而不用大篆也。」衛恒書勢、江式論書表皆同敍說，則西漢用八體無疑矣。據敍，則試學僮者，郡也。初試以籀書而使之爲吏，又試以八體而移於太史，太史課最，然後以爲尚書史，次第分明。不然，外郡之學僮多矣，太史安能一一試之？且試之之法，將太史周行天下就學僮而試乎？抑學僮奔走京師就太史而試乎？必不然矣！「尚書史」即「尚書御史史書令史」之省文。史書即籀書，本史籀所著十五篇，故或曰籀書，或曰史書。臣瓚曰：「今之太史書者，史籀本宣王太史也。」令史，官名，蓋給事于尚書御史者也。漢書百官表不載。韋昭云：「若今尚書蘭臺令史。」考漢官儀云：「蘭臺令史六人，秩百石，掌書劾奏。」文云：「能通蒼頡、史篇，補蘭臺令史，滿歲，補尚書令史，滿歲，爲尚書郎。」見通典。通志職官略云：「令史，漢官也。後漢尚書令史十八人，曹有三人，主書，後增劇曹三人，皆選于蘭臺，符節簡練，有吏能者爲之。其尚書郎初與令史皆主文簿，郎闕，以令史久次者補之。光武好革，用孝廉，孝廉恥焉。舊制，令史限滿補丞尉，鄭宏始奏補令史爲長。」又續漢志注云：「古今注：永元三年，增尚書令史員，功滿補小縣，墨綬。」後漢官制多本前漢，是令史爲末秩，去吏不遠，如後世之流外，而史書令史則令史中之專掌史書者，如我朝之部院筆帖式專主繙譯國書耳。吳仁傑兩漢刊誤補遺云：「當時奏牘皆當用史書。嚴延年傳稱其『善史書，所欲誅殺，奏成于手中』。貢禹傳亦言郡國『擇便巧〔一〕史書』者，『以爲右職』。又王尊傳『司隸遣假佐』，蘇林：『皆取内郡善史書佐給諸府。』志云：『尚書御史書令史。』則外之郡國，内之諸府，皆有史書吏以剡奏是也。志又云：『史籀篇者，周時史官教學童書也。』」按：史籀乃宣王太史，史者其官，籀者其名，古人質朴，不另立名目，即以其官名人，又名其書，是時周興已百餘年矣。厥後孔子書六經，左氏述春秋傳，尚用古文。班氏以爲周時史官教學童書於古無徵，且史官不掌教事。班氏誤與上同。

敍云：「書或不正，輒舉劾之。」志云：「吏民上書，字或不正，輒舉劾。」按：漢書萬石君傳，長子「建爲郎中令，奏事下，建讀之，驚恐曰：『書馬者與尾而五，今迺四，不足一，獲譴死矣！』其爲謹慎，雖他皆如是。」劉勰文心雕龍練字篇云：「馬字缺畫，而石建懼死，雖云性慎，亦時重文也。」兩漢刊誤補遺云：「尚書御史皆在禁中，受公卿奏事，故云『吏民上書，字或不正，輒舉劾』。」

敍云：「孝宣時，召通蒼頡讀者，張敞從受之，涼州刺史杜業、沛人爰禮、講學大夫秦近亦能言之。孝平時，徵禮等百餘人，令説文字未央廷中，以禮爲小學元士。黄門侍郎揚雄采以作訓纂篇，凡蒼頡已下十四篇，凡五千三百四十字，羣書所載，略存之矣。」志云：「元始中，徵天下通小學者以百數，各令記字于庭中。揚雄取其有用者以作訓纂篇，順續蒼頡，又易倉頡中重複之字，凡八十九章。臣復續揚雄

〔一〕「巧」，原作「攷」，據漢書改。

作十三章，凡一百二章，六藝羣書所載略備矣。蒼頡多古字，俗師失其讀，宣帝時徵齊人能正讀者，張敞從受之，傳至外孫之子杜林，爲作訓故。」按：此節敍、志互相證明。元始，平帝年號。庭中，當從敍作未央廷中。宣帝所徵杜業、爰禮、秦近等不皆齊人。敍于訓纂篇下言「凡蒼頡已下十四篇，凡五千三百四十字」，當即指訓纂而言。蒼頡蓋即訓纂首篇之名，非李斯之蒼頡，亦非閭里書師所合之倉頡也。許氏記其篇，記其字，班氏記其章，揚氏之書於兹可攷。志又云「訓纂一篇」，猶云一部耳，八十九章豈止一篇乎？班氏自言「續揚雄作十三章」，說文解字亦閒引班固說，隋志有「班固太甲篇、在昔篇」，而敍不數，蓋不以作者許之也。

說文繫傳

南唐徐氏兄弟皆精小學，當時李穆比之二陸。葉夢得石林燕語云：「宋元憲公書問蘇魏公：『徐鍇與鉉學問賅洽略相同，而世獨稱鉉，何也？』魏公言：『鍇仕江南，早死，鉉得歸本朝，士大夫從其學者衆，故得大其名耳。』宋兄弟好論小學，得鍇所作說文繫傳而愛之，每欲爲發明，得蘇論，喜曰：『二徐未易分優劣，要以是別之。異時修史者不可易也。』」是鍇之學，宋初本不甚顯。又李巽巖說文解字五音韻譜序云：「鍇所著四十篇，總名繫傳，蓋尊許氏若經也，惜其書未布而鍇亡。鍇無恙時，鉉苦許氏偏旁奧密，不可意知，令鍇以切韻譜其四聲，庶幾檢閱力省功倍。鉉又爲鍇篆名曰五音韻譜。今韻譜或該諸學官，而繫傳訖莫光顯。余蒐訪歲久，僅得其七八，闕卷誤字，無所是正，每用太息。」王伯厚玉海云：「説文繫傳四十卷：通釋一至三十，部敘三十一至三十二，通論三十三至三十五，祛妄三十六，類聚三十七，錯綜三十八，疑義三十九，系述四十。今亡第二十五卷。」又困學紀聞云：「吕太史謂元本斷爛，每行滅去數字，故尤難讀。」是鍇之書在南宋已無完帙矣。明趙凡夫説文長箋自序云：「徐氏繫傳各篇，其通釋已亡，惟存其目。」或者即叔重十五篇釐爲二十八，并敘爲三十卷，則趙氏未見通釋矣。國朝王阮亭古夫于亭雜録云：「説文繫傳未見，不知海内藏書家尚有傳之者否也？」則王氏并未見繫傳矣。由宋以來，不絶如綫，自吴山夫玉搢鈔得之，好古者遞相傳録。乾隆壬寅歲，吾鄉汪氏啟淑，始合舊鈔數本，讎録付梓。是書久乏傳刻，譌脱盈篇，無從訂補，然而首尾完具，卷帙分明，儼然徐氏之全書。我生後阮亭氏已百餘年，後凡夫氏且二百餘年，後伯厚氏又四百餘年，而猶獲見全書，可不謂幸歟！惜汪氏校梓時過於仍因，如卷七㝉部「夐」字下云「从人在穴上。繫傳本譌作「从㝉人在穴中」，此从鉉本。商書：『高宗㝱得説，使百工夐繫傳本譌作「營」，此从鉉本。求，得之傅巖。』臣鍇曰：『書作營，今本譌作營。』」使許氏本與書同，則鍇之言贅矣。羽部「翳」字下云：「翳也，所以舞也。从羽，殹聲。詩曰：『左執翳。』繫傳本譌作「翿」，此从鉉本。臣鍇曰：『俗作翿，今本譌作執翿。』」使許氏本與俗同，則鍇之言贅矣。此傳録者假手生徒，不詳上下，而輒竄易以詩、書本文。雖古書不可輕改，然此等處何妨即取徐鉉所定説文校正之？至趙氏又云：「部敘漏三十餘字，顛倒二三節，詳其文勢，當通篇匀寫。後之淺夫，截作篆、真二體，遂譌不成讀。曾覓宋本，相同此失，知錯亂已久。其通論亦同前失云云。」今本部敘已從匀寫，而通論等篇尚未改正，類聚篇脱謬尤多。

祛妄篇第三十六卷共五十六條，内惟「菓」字一條闢顔之推家訓，其餘皆闢李陽冰之妄。每條下或先擧説文，或不擧説文，皆載陽冰之語，而繼以臣鍇云云以闢之。獨「𢇍」字下無陽冰語，而云「陽冰所見爲淺近焉」，不知李説若何，疑有脱句。陽冰善二篆，而不通六書，好出新意詆許氏。如以「才」爲「木去其枝，但有槎枿」；以「尗」爲「从上、小，尊行居上而已小也」；以「弔」爲「二人往反相弔問」；以「午」爲「五月筍成竹，半枝出地」；以「州」爲「三ㄐ」；以「仌」爲「冰裂合土，土爲一分，斵折爲二」。使非徐氏，則邪説流行，貽誤不少。繫傳之功，於茲爲大。

説文長箋謂「類聚、錯綜、疑義三篇可毋閲也」。愚觀類聚、錯綜二篇，皆通釋之餘論，多足以發明許氏之旨。而疑義篇首述六書制作之原，申説文敘中之義，次擧劉、志、騂、希、崔、免、由七字，以爲偏旁有之，而諸部不見，蓋相承脱誤，非著書時本無，亦確論也。

通論三篇，上下古今，貫串經傳，實天下之奇觀，一書之總論也。

部敘篇仿敘卦之法，究竟「始一終亥」之義，秩然不紊。使後世知許氏之書非苟作，不敢輕移其次第。而説文長箋乃謂「其中多强説」，趙氏固不足以知繫傳也。

祛妄篇云：「蔡雍，漢末碩學，而知『色』、『絲』爲『絶』，殊不知『絶』字『糸』旁爲『刀』，『刀』下爲『卩』，而況又不及蔡者乎？魏祖以『合』爲『人一口』。吴人云：『無口爲天，有口爲吴。』曾不知『吴』從『夨』。梁武書『貞』字爲與上人取會嬉戲，無顧經典矣！庾肩吾方述書法，乃云『土』、『力』爲『地』。隨文帝惡『隨』字爲『走』，乃去『辶』成『隋』字。隋，裂肉也，其不祥莫大焉。殊不知『隨』从『辵』，辵，安步也，而妄去之，豈非不學之故？顔元孫作干禄字書，欲以訓世，其從孫真卿書之於石，而『釐』字改『未』爲『牙』，『冕』字轉『冂』爲『冖』；『鄰』，正體也，而謂之訛；『隣』，俗謬也，反謂之正，蓋爲病矣。又國子司業張參作九當作「五」，刻誤。經文字，『𥝖』爲古『殺』字，而刊石作『𥇡』字；『夂』旁『㐫』，轉寫者以『夂』在右，乃作『刲』，云『㐫』字，不亦疏乎？」是所譏貶，多中其失。

又云：「圖讖之興，興於兩漢。自唐堯申四岳之命，箕子陳五行之書，河圖、洛書，聖人則之。此天所以陰騭下人，而聖人知命之符也。自董仲舒、劉向博極其學。自餘諸子，多非兼才，其陳説圖讖，皆玄契將來。然離合文字，本非其術，至使所作符命文字，皆俗體相兼，顔之推論之詳矣。又童謡讖亦天所以告俗人，或時之讖占候者隨事而作，以傳俗聞，未可以文字言也。君子於其言，無所苟而已矣，况文字乎？」徐氏之言，明顯如此，而亭林氏猶據漢書食貨志、王莽傳「劉」爲「卯金刀」及光武告天祝文引讖記「卯金〔一〕修德爲天子」，以爲古未嘗無「劉」字。夫「劉」字相承脱誤，徐氏已於疑義篇言之。而「劉」之爲字，从刀，从金，丣聲。「丣」，古「酉」字，實非「卯金刀」也。後漢書光武紀以「貨」爲「真人」，「泉」爲「白水」，五行志載獻帝初童謡以「董」爲「千里艸」，「卓」爲「十日卜」，皆不合六書之體。亭林蓋未見徐氏此書耳。

又云：「路，説文从足，各聲。臣鍇以爲，古之音字或與今殊，蓋亦不甚切。或多聲字，可言各者，

〔一〕「金」，原脱，據後漢書補。

路各别之意。陽冰云：『非各聲。从足、輅省。』臣今按：周禮車輅多借路字，然則先有路字，後有輅字，不得云路从輅省也。」愚按：説文車部：「輅，車軨前横木也。从車，各聲。」徐鉉曰：「各非聲，當从路省。」陽冰謂路从輅省聲，鉉謂輅从路省聲。」兩説齟齬，幾於泯棼罔信。而鉉於足部「路」字下改云：「从足，从各。」繫傳本尚爲「从足，各聲」，此許氏元文也。删易古書，以就己意，尤屬謬妄。鉉之校定，大抵如此，不知古無四聲，後人始有平上去入之分。路、輅皆从各得聲，本盧各切，而轉入去聲，則爲洛故切。李與二徐不明乎此，故始而疑其解，繼而改其文，而古書之存焉者寡矣。

又云：「楚、夏殊音，方俗異語，六書之内，形聲居多，其會意之字，學者不了，鄙近傳寫多妄加。」按：二徐皆不曉古音，故鍇作通釋，凡與今音不合者，多疑非聲，而鉉校定時，遂删聲字，此其所蔽也。」

説文部目，鉉本𠬪部一百三十，歺部一百三十二，鍇本二目前後互異；鉉本矢部三百九十一，夭部三百九十二，鍇本亦二目前後互異，而書内及部敍篇次第，二處皆與鉉本同，則部目顛倒，乃轉寫之差耳。又鉉本𩫖部一百九十二，畗部一百九十三，鍇本二目前後互異。部敍篇云：「畗必滿，故次之以畗。畗，厚也，滿厚故次之以𩫖。」書内亦畗部在前，𩫖部在後，則此二部次第，恐當以鍇本爲定也。又鉉本林部三百六十二，鍇本無此部目。書内以林部并入木部，而少一「㭘」字，惟部敍篇云：「朩，林木也，故次之以林。已理者爲麻，故次之以麻。」蓋因書内誤并，遂至無其部目，而五百四十部之書，幾止五百三十九部矣！當據部敍及鉉本正之。

古韻論

韻書起於齊、梁，沈約撰四聲一卷，自以爲獨得胷衿。在昔詞人纍千載而不寤。自後呂靜、夏侯該等遞有述作，今皆不傳，所傳者，廣韻之二百六部耳。廣韻昉於隋陸法言與劉臻等八人，儀同三司劉臻、外史顏之推、著作郎魏淵、武陽太守盧思道、散騎常侍李若、國子博士蕭該、蜀王諮議參軍辛德淵、吏部侍郎薛道衡。定南北音，撰爲切韻五卷，凡一萬二千一百五十八字，見唐封演聞見記。長孫訥言爲之箋注。唐儀鳳高宗年號。後，郭知玄等又附益之。天〔一〕寶末，孫愐復加刊正，名曰唐韻。至宋太平興國太宗年號。及雍熙、太宗年號。景德真宗年號。皆嘗命官討論。大中祥符真宗年號。元年，勑改爲大宋重修廣韻，凡二萬六千一百九十四字，增多切韻一萬四千三十六字。注一十九萬一千六百九十二字，卷首仍題陸法言撰本。次耕潘氏耒。敍張氏士俊。重刻宋本廣韻曰：「歷代增修，雖有切韻、唐韻、廣韻之異名，而部分無改。」東原戴氏震。亦曰：「廣韻之二百六部，殆法言舊目。然愚思部目雖無變異，而四百餘年閒屢經修正，其於各韻所收之字，未必但有增加，而無迻易。」廣韻三鍾「恭」字下云：「陸以恭、蜙、縱等入冬韻，非也。」知恭、蜙、縱等字切韻本在二冬，不知何時改入三鍾，此語亦不知何人所記。且恐二百六部內，如此類者正復不少，惜

〔一〕「天」，原作「大」，形近而誤，今改。

今無可攷耳。

明三山陳氏曰：「時有古今，地有南北，字有更革，音有轉迻，亦勢所必至。故以今之音讀古之作，不免乖剌而不入，於是悉委之協。夫其果出於協也，作之非一人，采之非一國，何母必韵杞、韵止、韵祉、韵喜，馬必韵組、韵黼、韵旅、韵土，京必韵堂、韵將、韵常、韵王，福必韵食、韵翼、韵德、韵億？厥類寔繁，難以殫舉。其槩律之嚴，即唐韵不啻。此其故何邪？又左傳、國語、易象、離騷、秦碑、漢賦以至上古歌𧦬箴銘頌贊，往往韵與詩合，寔古音之證也。」陳氏名第字季立，著有毛詩古音攷、屈宋古音義、讀詩拙言等書。

東原戴氏曰：「古音之説，近日始明。然攷之於漢，鄭康成箋毛詩云：『古聲填、寘、塵同。』及注他經，言『古者聲某某同』、『古讀某爲某』之類，不一而足。是古音之説，漢儒明知之，非後人刱議也。唐陸德明毛詩音義雖引徐邈、沈重諸人，謂合韵取韵協句，大致就詩求音，與後人漫從改讀，名之爲協者迥殊。而於召南『蕐』字云『古讀蕐爲敷』，於『邶』字云『古人韵緩，不煩改字』，是陸氏固顯言古人音讀，及古韵、今韵之不同矣。」聲韵攷。案：講古音者，萌芽於宋吳才老棫。作毛詩補音，朱子傳詩用之，今已不傳。又作韵補，就二百六部注「古通某」，冬、鍾注「古通東」，脂、之、微、齊、灰注「古通支」，虞、模注「古通魚」，諄、臻、殷、痕、青、蒸、登、侵注「古通真」，仙、鹽、沾、嚴、凡注「古通仙」，覃、談、咸、銜注「古通删」，宵、肴、豪注「古通蕭」，戈注「古通歌」，江、唐注「古通陽」，侯、幽注「古通尤」。「古轉聲通某」，佳、皆、咍注「古轉聲通支」，文、元、魂注「古轉聲通真」，寒、桓、删、山注「古轉聲通先」，麻注「古轉聲通戈」。「古通某或轉入某」。江注「古通陽，或轉入東」，庚、耕、清注「古通真，或轉入陽」。前儒多譏其分合疏舛。鄭氏庠。作古音辨，分陽、支、先、虞、尤、覃六部。東、冬、鍾、江、唐、庚、耕、清、青、蒸、登並從陽韻，脂、之、微、齊、佳、皆、灰、咍並從支韻，真、諄、臻、文、殷、元、魂、痕、寒、桓、删、山、仙並從先韻，魚、模、歌、戈、麻並從虞韻，蕭、宵、肴、豪、侯、幽並從尤韻，侵、談、鹽、添、咸、銜、嚴、凡並從覃韻。近崑山顧氏炎武。作音學五書，音論、詩本音、易音、唐韵正、古音表。更析東、陽、耕、真而二，析魚、歌而二，爲十部，東、冬、鍾、江第一，支、脂、之、微、齊、佳、皆、灰、咍第二，魚、虞、模、侯第三，真、諄、臻、文、殷、元、魂、痕、寒、桓、删、山、先、仙第四，蕭、宵、肴、豪、幽第五，歌、戈、麻第六，陽、唐第七，耕、清、青第八，蒸、登第九，侵、覃、談、鹽、添、咸、銜、嚴、凡第十。而支韻半屬第二，半屬第六，尤韻半屬第二，半屬第五，麻韻半屬第六，半屬第三；庚韻半屬第七，半屬第八。入聲四部。質、櫛、術、物、迄、月、没、曷、末、黠、鎋、屑、薛、麥、錫、職、德屬第二部，兼屋、昔二韻字。屋、燭、鐸、陌、昔屬第三部，兼沃、覺、藥、麥四韻字。沃、覺、藥屬第五部，兼屋、鐸、錫三韻字。緝、合、盍、葉、帖、洽、狎、業、乏屬第十部。婺源江氏永。據三百篇爲本，作古韻標準，於真以下十四韻，真、諄、臻、文、殷、元、魂、痕、寒、桓、删、山、仙、先。侵以下九韻，侵、覃、談、鹽、添、咸、銜、嚴、凡。各析而二，蕭、宵、肴、豪及尤、侯、幽亦爲二，爲十有三部，第一部東、冬、鍾、江。第二部支、脂、之、微、齊、佳、皆、灰、咍，分尤韻字屬焉。第三部魚、虞、模，分麻韻字屬焉。第四部真、諄、臻、文、殷、魂、痕，分先韻字屬焉。第五部元、寒、桓、删、山、先、仙。第六部蕭、宵、肴、豪。第七部歌、戈、麻，分支韻字屬焉，第八部陽、唐，分庚韻字屬焉。第九部庚、耕、清、青。第十部蒸、登。第十一部尤、侯、幽，分虞、蕭、宵、肴、豪韻字屬焉。第十二部侵，分覃、談、鹽韻字屬焉。第十三部覃、談、鹽、添、嚴、咸、銜、凡。入聲八部。第一部屋、沃、燭、覺。第二部質、術、櫛、物、迄、没，分屑、薛韻字屬焉。第三部月、曷、末、黠、鎋、屑、薛。第四部藥、鐸，分沃、覺、陌、麥、昔、錫韻字屬焉。第五部麥、昔、錫。第六部職、德，分麥韻字屬焉。第七部緝，分合、葉、洽韻字屬焉。第八部合、盍、葉、帖、業、洽、狎、乏。金壇段氏玉裁。作六書音均表，析支、脂、之爲三，析真、臻、先與諄、文、殷、魂、痕、尤、幽與侯各爲二，爲十有七部，第一部之、咍。第二部蕭、宵、肴、豪。第三部尤、幽。第四部侯。第五部魚、虞、模。第六部蒸、登。第七部侵、鹽、添。第八部覃、談、咸、銜、嚴、凡。第九部東、冬、鍾、江。第十部陽、唐。第十一部庚、耕、清、青。第十二部真、臻、先。第十三部諄、文、欣、魂、痕。第十四部元、寒、桓、删、山、仙。第十五部脂、微、齊、皆、灰。第十六部支、佳。第十七部歌、戈、麻。入聲八部。職、德屬第一之、咍部。屋、沃、燭、覺屬第三幽、尤部。藥、鐸屬第五魚、虞部。緝、葉、帖屬第七侵、鹽部。合、盇、洽、狎、業、乏屬第八覃、談部。質、櫛、屑屬第十二真、臻部。術、物、迄、月、没、曷、末、黠、鎋、薛屬第十五脂、微部。陌、麥、昔、錫屬第十六支、佳部。休寧戴氏震。初分七類，見聲韻攷。後作聲類表分九類：一曰歌、魚、鐸之類。平聲歌、戈、麻、魚、虞、模。入聲鐸。二曰蒸、之、職之類。平聲蒸、登、之、咍。入聲職、德。三曰東、尤、屋之類。平聲東、冬、鍾、江、尤、侯、幽。入聲屋、沃、燭、覺。四曰陽、蕭、藥之類。平聲陽、唐、蕭、宵、肴、齊。入聲藥。五曰庚、支、陌之類。平聲庚、耕、清、青、支、佳。入聲陌、麥、昔、錫。六曰真、脂、質之類。平聲真、臻、諄、文、欣、魂、痕、先、脂、微、齊、皆、灰。入聲質、術、櫛、物、迄、没、屑。七曰元、月之類。平聲元、寒、桓、删、山、仙。去聲祭、泰、夬、廢。入聲月、曷、末、黠、鎋、薛。八曰侵、緝之類。平聲侵、鹽、添。入聲緝。九曰覃、合之類。平聲覃、談、咸、銜、嚴、凡。入聲合、盇、葉、帖、洽、狎、業、乏。嘗云：一類皆收喉音，二類、三類、四類、五類皆收鼻音，六類、七類皆收舌齒音，八類、九類皆收脣音。聲氣最斂，詞家謂之閉口音。案：東原爲段氏之師，然聲類表書成在六書音均表之後，故次於此。曲阜孔氏廣森。作詩聲類，又析東、冬而二，爲十八類，陰陽對轉。陽聲九：一曰原類，平聲元、寒、桓、删、山、仙。上聲阮、旱、緩、潸、産、獮。去聲願、翰、换、諫、襇、線。二曰丁類，平聲耕、清、青。上聲耿、静、迥。去聲諍、勁、徑。三曰辰類，平聲真、諄、臻、先、文、殷、魂、痕。上聲軫、準、銑、吻、隱、混、很。去聲震、稕、霰、問、焮、慁、恨。四曰陽類，平聲陽、唐、庚。上聲養、蕩、耿。去聲漾、宕、映。五曰東類，平聲東、鍾、江。上聲董、腫、講。去聲送、用、絳。六曰冬類，平聲冬。上聲腫。去聲宋。七曰侵類，平聲侵、覃、凡。上聲寢、感、范。去聲沁、勘、梵。八曰蒸類，平聲蒸、登。上聲拯、等。去聲證、嶝。九曰談類。平聲談、鹽、添、咸、銜、嚴。上聲感、琰、忝、豏、檻、儼。去聲闞、豔、㮇、陷、鑑、釅。陰聲九：一曰歌類，平聲歌、戈、麻。上聲哿、果、馬。去聲箇、過、禡。二曰支類，平聲支、佳。上聲紙、蟹。去聲寘、卦。入聲麥、錫。三曰脂類，平聲脂、微、齊、皆、灰。上聲旨、尾、薺、駭、賄。去聲至、未、霽、祭、泰、怪、夬、隊、廢。入聲質、術、櫛、物、迄、月、没、曷、末、黠、鎋、屑、薛。四曰魚類，平聲魚、模。上聲語、姥。去聲御、暮。入聲鐸、陌、昔。五曰侯類，平聲侯、虞。上聲厚、麌。去聲候、遇。入聲屋、燭。六曰幽類，平聲幽、尤、蕭。上聲黝、有、篠。去聲幼、宥、嘯。入聲沃。七曰宵類，平聲宵、肴、豪。上聲小、巧、皓。去聲笑、效、號。入聲覺、藥。八曰之類，平聲之、咍。上聲止、海。去聲志、代。入聲職、德。九曰合類。入聲合、盍、緝、葉、帖、洽、狎、業、乏。丁、辰通用，支、脂通用，冬、侵、蒸通用，幽、宵、之通用。段氏云：「孔氏分屋、沃、燭爲二，分隸尤、侯、東、冬、鍾、江亦爲二，所謂以漸加詳者，至此亦綦備矣。」歸安嚴氏可均。又譔説文聲類二篇，據許氏書九千四百餘字，有刪有補，以聲爲經，以形爲緯，以韻分字，以子繫母，分爲十六類。上篇：第一之類，平聲之、咍，上聲止、海，去聲志、代，入聲職、德，與蒸類對轉。第二支類，平聲支、佳，上聲紙、蟹，去聲寘、卦，入聲麥、錫，與耕類對轉。第三脂類，平聲脂、微、齊、皆、灰，上聲旨、尾、薺、駭、賄，去聲至、未、霽、祭、泰、怪、夬、隊、廢，入聲質、術、櫛、物、迄、月、没、曷、末、黠、鎋、屑、薛，與真類對轉。第四歌類，平聲歌、戈、麻，上聲哿、果、馬，去聲箇、過、禡，與元類對轉。第五魚類，平聲魚、虞、模。上聲語、麌、姥，去聲御、暮，入聲鐸、陌、昔，與陽類對轉。第六侯類，平聲侯，上聲厚，去聲候、遇，入聲屋、燭，與東類對轉。第七幽類，平聲幽、尤、蕭，上聲黝、有、篠、巧、皓，去聲幼、宥、嘯，入聲沃，與侵類對轉。第八宵類。平聲宵、肴、豪，上聲小，去聲笑、效、號，入聲覺、藥，與談類對轉。下篇：第一蒸類，平聲蒸、登，上聲拯、等，去聲證、嶝，與之類對轉。第二耕類，平聲耕、清、青，上聲耿、靜、迥，去聲諍、勁、徑，與支類對轉。第三真類，平聲真、諄、臻、文、欣、魂、痕、先，上聲軫、準、吻、隱、混、很、銑，去聲震、稕、問、焮、慁、恨，與脂類對轉。第四元類，平聲元、寒、桓、删、山、仙，上聲阮、旱、緩、潸、産、獮，去聲願、翰、换、諫、襇、霰、線，與歌類對轉。第五陽類，平聲陽、唐、庚，上聲養、蕩、梗，去聲漾、宕、映，與魚類對轉。第六東類，平聲東、鍾、江，上聲董、腫、講，去聲送、用、絳，與侯類對轉。第七侵類，平聲侵、覃、咸、銜、凡、冬，上聲寑、感、范，去聲沁、勘、陷、梵、宋，與幽類對轉。第八談類。平聲談、鹽、添、嚴，上聲敢、琰、忝、儼、檻，去聲闞、豔、㮇、釅、鑑，入聲緝、合、盍、葉、帖、洽、狎、業、乏，與宵類對轉。此古音諸家之大略也。古音至宋儒始有全書，然鄭氏分六部則太寬。顧氏以三十年蒐討之勤，博徵秦、漢以上有韻之文及説文諧聲之字，以辨唐韻之非古音，而得古音之條理，分列十部。孔氏曰：「之、止、志收尤、有、宥之半，模、姥、暮收麻、馬、禡之半，歌、哿、過收支、紙、寘之半，耕、耿、諍收庚、梗、映之半。昔入於陌，錫入於麥，而别以其半歸於沃、藥。皆顧氏得之矣。江氏猶謂其「攷古功多，審音功少」，於是分真、元爲二，侵、談爲二，蕭、尤爲二，戴氏曰：「江先生見於覃至凡八韻字實有古音改讀入侵者，元至先七韻字實有古音改讀入真者，音韻即至譜。故真已下十四韻，侵已下九韻，各析而二，自信剖别入微在此。」較顧氏多三部。段氏又謂支、佳一部，脂、微、齊、皆、灰一部，之、咍一部，漢人猶未嘗叚借通用。晉、宋已下，乃少有出入。迄乎唐人功令，支、脂、之同用，佳、皆同用，灰、咍同用，於是古之截然爲三者，罕有知之。又析真、臻、先與諄、文、殷、魂、痕爲二，尤、幽與侯爲二，故較江氏又多四部。段氏自謂「皆因毛詩之本然」，戴氏亦謂「辨别支、脂、之如清、真、蒸之不相通，能發自唐以來講韻者所未發」。又云：「五支異於六脂，猶清異於真也；七之又異於支、脂，猶蒸又異於清、真也。」而於真、諄、尤、侯之分，則皆不取孔氏，曰：「真、元之列爲二，支、脂、之之列爲三，幽别於宵，侯别於幽，而復别於魚，皆段氏得之，孔氏似未攷真、元之分之始於江氏也。」戴氏初分七類，後乃定爲九類，但聲類表成書，距易簀之期僅二十日，未審果爲定論否也？江氏謂「顧氏攷古功多，審音功少」，戴氏於段氏亦云然。蓋自宋、明以來，言古音者攷古已極詳備，所患審音尚有未至耳。而以入聲爲樞紐，陰陽相配，正轉旁轉，諸説皆自戴氏發之。孔氏析東、同、丰、充、公、工、冢、悤、从、龍、容、用、封、凶、邕、共、送、雙、尨等聲爲一類，冬、衆、宗、中、蟲、戎、宮、農、夅、宋等聲爲一類，凡十有八類，陰陽相配，以東類配侯類，以冬類配幽類。其自序云：「通校東韻之偏旁，使冬割其半，鍾、江通其半，故大明、雲漢諸篇，雖出入於蒸、侵，而不嫌其氾濫。分陰分陽，九部之大綱；轉陽轉陰，五方之殊音，則獨抱遺經，研求豁悟，於『思我小怨』，『祇自疷兮』，『肆戎疾不殄』等，向之不可得韻者，皆一以貫之，無所牽强，無所疑滯。」又云：「入聲者，陰陽互轉之樞紐，而古今遷變之原委也。舉之、哈一部而言，之之上爲止，止之去爲志，志音稍短則爲職，由職而轉則爲證、爲拯、爲蒸矣；哈之上爲海，海之去爲代，代音稍短則爲德，由德而轉則爲嶝、爲等、爲登矣。推諸他部，耕與佳相配，陽與魚相配，東與侯相配，冬與幽相配，侵與宵相配，真與脂相配，元與歌相配，其間七音遞轉，莫不如是。」獨不言談、緝二類，以緝爲談之入聲，無所轉也。段氏嘗傾倒其書，以爲精心神解，卓識勝前人。然又謂「孔氏以侵爲陽類，配宵、肴、豪陰類；以談平爲陽類，配緝、合以下九韻合爲一部爲陰類。平陽入陰，與其全書謂陰陽各有平入者不合，又失侵之入併入於談。此亦好奇自信之過，不足以述古，而適以歧惑後學」，則段氏所不滿於孔氏書者，惟此耳。嚴氏併冬入侵，以緝、合以下九韻爲談之入聲，侵與幽對轉，談與宵對轉，似有意彌縫孔氏之書者。自注云：「陰陽對轉之例，自孔巽軒發之，實始於東原戴氏。」然其書以幽配冬，以宵配侵，實有未盡其藴者。古音冬即侵也，不應分爲二類；談則侵之變，宵則幽之變，孔以宵配侵，既不順口，又左驗絶稀。惟恃㝅从巢省，以爲巢正侵之陰聲，其實巢省者形也，非聲也。説文聲類并冬入侵，更定爲幽、侵對轉，則憑據實多。如因讀若導，又讀若沾。導讀如字，又讀爲禫。農字籀从林聲，又有燮音。曹、槽有宗音。牢从冬省聲。湥、揬从宎聲，宎从求省聲。楚詞橘頌任、醜協音。公劉曹、牢、匏、飲、宗可分爲兩韻，亦得合爲一韻。皆幽、侵對轉之證。孔氏謂：『前賢既發其㮯，後學乃窺其密，於此見述者之易，而作者之難也。』誠哉！是言也。」又言：「皀，穀之馨香也。从匕，所以扱之。故可音香，亦可音扱。故廣韻陽部收皀字，緝部收皀、鵖二字。緝爲談類，㶯讀若馰，入宵類，則宵、談對轉也。易林井之需涉、樂協音；又蟲、蟲从卑聲，卑从甲聲，蟲、蟲音匹標反，皆宵、談對轉之證。戴氏謂古音之學以漸加詳，諸家皆實事求是，遞有枡獲，至此亦幾於詣極矣。」段氏云顧氏之功在藥、鐸爲二，江氏之功在真、文、元、寒爲二，段氏之功在支、脂、之爲三，尤、侯爲二，真、文爲二，戴氏之功在脂、微去入之分配真、文、元、寒爲二，戴氏云：「江先生撰古韻標準時，曾代爲舉覶、觶二字，辨論其偏旁得聲。江先生喜而採用之。段氏云：「江氏之書，戴氏實贊成之。」孔氏之功在屋、沃爲二，東、冬爲二，皆以分配侯、尤，惜其未見嚴氏之書耳。或又謂「陰陽互轉，以入聲爲樞紐，所謂異平同入也」。若宵入覺、藥，談入緝、合，二類各有入聲，則不能相轉矣，尚宜斟酌。

附録

先生從方茶山入都，肄業成均，居京師日久，一時名公巨儒咸從問難，所學益進。即著有槐南麗澤編，成進士，爲大興朱文正公、儀徵阮文達公所賞拔，而歸安姚文僖公、高郵王文簡公、武進張皋聞先生皆其同年友，故其學具有根源。胡韞玉撰傳。

先生之學，雖守漢儒家法，而於宋儒之是者，又未嘗不並取之。以視世之説經者，確守門户之見，不許一語之出入於宋人者不同。同上。

清儒學案卷九十四

樸齋學案下

胡先生培翬

胡培翬字載屏，一字竹村，樸齋之孫。嘉慶己卯進士，授内閣中書，擢户部主事。在官究心例案，嚴於鉤稽，自謂與吏爲仇。道光辛卯，假照案發，由先生破其弊，當事者乃附其名於失察之後，遂被鐫級。未久，奉旨準捐復原官，而先生以親老不復出。歷主鍾山、惜陰、雲間、涇川諸書院，士飫其教者益衆。居鄉，創立東山書院，邑人被其澤。道光二十九年卒，年六十有八。先生涵濡先澤，淵源耆俊，重以篤志博聞。嘗病儀禮賈疏多舛，乃有重疏之志。初意專解喪服，故從喪祭起手，先成喪服經傳、士喪禮、既夕禮、士虞禮四篇，次及特牲饋食禮、少牢饋食禮、有司徹諸篇。草稿粗具，及患風痹，猶力疾從事，左手作書，且命族子肇昕助之校寫，研精覃思，積四十餘年，成儀禮正義四十卷。嘗自述其例有四：曰補注。於經之無注者，一一疏之，疏經即以補注也。曰申注。鄭君之注，通貫全經，文辭簡奥，必疏通而證明之，其義乃顯。曰附注。是非得失，以經爲斷，勿拘疏不破注之例。凡近儒之説，雖與注異，而可並存，則附録之，以待後人之參考。曰訂注。鄭君注義有未盡確，則或采他説，或下己意，以辨正之，必求其是而後已。書中惟士昏禮、鄉飲酒禮、鄉射禮、燕禮、大射儀五篇未卒業，弟子楊大堉續成之。又有燕寢考三卷、禘祫問答一卷、研六室文鈔十卷、補遺一卷。參汪士鐸撰墓志銘、胡培系撰事狀、先生與羅椒生書、胡肇智儀禮正義跋、績溪胡氏所著書目。

燕寢考

東房西室疑問

人君左右房，大夫士東房西室，説始鄭氏，而孔、賈疏義成之。宋以後，學者多決其非。如陳氏禮書、李氏儀禮釋宫、敖氏儀禮集説、萬氏儀禮商、江氏釋宫增注，駁正舊説，皆致確無以易矣。培翬按：鄭君注禮時，以人君左右房釋正寢，見儀禮大射儀、公食大夫禮，禮記禮器、喪大記注。疑出傳聞之誤，未及審定其實。東房西室是燕寢之制，鄭詩箋已明言之，當以此爲定説。鄭先注禮，而後箋詩，故往往不同。要之，箋詩多爲定論。斯干「築室百堵，西南其户」，箋云：「此『築室』者，謂築燕寢也。天子之寢有左右房，西其户者，異於一房者之室户也。」又云：「南其户者，宗廟及路寢，制如明堂，每室四户，是室一南户爾。」今由其説申之，蓋鄭義以天子正寢如明堂爲五室之制，燕寢爲左右房之制。詩「君子陽陽」，疏云：「斯干箋云：『宗廟及路寢，制如明堂，則天子路寢有五室，無左右房矣。』又云：『天子小寢，如諸侯之路寢，故得有左右房。』」按：鄭以宗廟、路寢、明堂三者同制，與顧命、覲禮不合。據斯干疏引鄭志申之，謂「周公攝政制禮，以洛邑爲正都，明堂、廟、寢皆爲天子制度。其西都，宗廟、路寢仍先王制，不復改作。至宣王承厲王之亂，宮室毀壞，乃更修造，西都廟寢亦爲天子制度如明堂。」其說甚確，詳宗廟路寢明堂同制考。諸侯以下之正寢亦爲左右房，與天子燕寢同制。燕寢則爲東房西室。箋云「西其户者，異於一房者之室户也」者，謂諸侯大夫士燕寢止一房，房在東，室在西，室則東向開户以達於房，房則南向開户以達於堂，由堂入房，由房入室，而室之南無户。天子燕寢之室在中，有左右房，室南向開户，比之一房者之室東向開户者，爲在南而較西，故云西南其户。箋又云「是室一南户爾」者，謂室與左右房無户以相通也。何以見之？儀禮士昏禮自「期初昏，陳三鼎於寢門外」，至「尊於房户之東，無玄酒，篚在南，實四爵合巹」，皆陳設於燕寢之禮。自「婦至，主人揖婦以入。及寢門，揖入」，至「媵侍於户外，呼則聞」，皆成昏於燕寢之禮。經云「尊於房户之東」，儀禮凡陳器物，無有在房户之東者，惟此經設尊于此。蓋正寢有左右房，房與室俱向堂開户，房户以東逼近序牆，爲地無多。此經爲燕寢之制，燕寢東房西室，房之西地直至堂東西之中，故房户之東得有餘地以容尊，即此可爲東房西室之明證也。又經云「主人出」，下云「主人説服于房」，又云「主人入」，注云：「入者，從房還入室。」按經云「主人出」，即云「主人説服于房」，無「入房」之文。又云「主人入」，無「出房」之文。是知房與室有户以相通，而出者由室出房，入者從房入室，則室爲向東開户明矣。玉藻云：「君子之居恒當户。」下云：「將適公所，宿齋戒，居外寢。」明此所居爲燕寢也。古者居室之制，尊者常居奥。曲禮云：「爲人子者，居不主奥。」則父常居在奥矣。居奥而當户，凡居奥必東面，故儀禮云：「席於奥，東面。」鄭注解「當户」爲「嚮明」。江氏鄉黨圖考已辨之，但未明此爲燕寢之制耳。是亦室户在東之明證也。内則「子生三月之末」，見於側室〔一〕，經云：「夫入門，升自阼階，立於阼，西嚮。妻抱子出自房，當楣立，東面。」疏云：「卿大夫之室惟有東房，妻抱子出自房者，出東房。」側室在燕寢之旁，與燕寢同制。按：妻當處於室内，經不云「出室」，而云「出房」，又不云「自房出」，而云「出自房」，明出室必由自，由也。房，乃得至堂，故云「出自房」，是室與房有户以相通，而室之南無户，審矣。燕寢東房西室堂上，惟房有户，室則無户而有牖，故户牖之間亦爲正中。内則天子之閣，左達五，右達五。公侯伯於房中五。」江氏釋宫增注謂此經爲燕寢之制，見釋宫增注單行本，鄉黨圖考本内無此注。以玉藻「諸侯退適小寢」後，乃云「朝服以食」考之，其説自確。天子燕寢有左右達，則有左右房，可知。公侯伯但云「於房中五」，而不言左右，是諸侯之燕寢止一房，與大夫士同制，又可知也。燕寢之制，疑諸侯以下皆無夾室。左傳「寘饋於个而退」，杜注「个，東西箱。」此正寢之制，蓋是時叔孫疾病居正寢故也。尚書大傳：「古者后夫人將侍於君前，按：此傳專爲諸侯之制，「后」是連文，觀下單言夫人及言君可證。息燭後，舉燭至於房中，釋朝服，襲燕服，然後入御於君。雞鳴，太師奏雞鳴於階下，夫人鳴佩玉于房中，告去也。」據此文「至於房中」，「然後入御於君」，是房與室有户以相通，而入室必由於房。汪士鐸謹案：吕氏春秋仲冬「謹房室，必重閉」。月令同。閉而曰重，則由房之户以入室之户明甚。列女傳二「適房中，脱朝服，衣褻服，然後進御于君」云云，與書傳同是入室必由房也。諸侯之燕寢亦與大夫士同也。周禮「女御掌御敘于王之燕寢」，是知夫人入御，在君之燕寢也。漢書鼂錯傳言「居民之法，家有一堂二内」。按：古

〔一〕「側室」，内則作「内寢」。下文作「公庶子生，就側室，三月之末」。

者宮室之制，外爲堂，内爲房室，正寢則左右房與室而爲三，燕寢則一房一室而爲二，故云二内。此亦可證東房西室之制，至漢猶有存者。鄭氏之説，終有所受，必非憑臆釋經。特其注禮時以解正寢，尚是未定之論，未及追改。正寢，大夫士亦有左右房。詩箋又爲孔穎達所晦，鄭箋詩，明以一房者爲燕寢之制，孔穎達乃援引士喪禮之言正寢及鄉飲酒義之言庠制者亂之，致鄭義不明，爲諸儒所訾。故後人徒知其非，而不知其是。於鄭氏箋詩，明言一房爲燕寢者，亦忽不加察，以致燕寢之制，千餘年而不明，可悼也。或疑士昏禮成昏爲燕寢之制，經無明文。按：士喪禮「士死于適室」，而記云「適寢」。適寢，正寢也。記又云：「朔月若薦新，則不饋于下室。」下室，燕寢也。是士有正寢、燕寢矣。内則云：「由命士以上，父子異宮。」喪服傳云：「有東宮，有西宮，有南宮，有北宮，異居而同財。」則是父子異宮，各有燕寢矣。父子異宮者，謂異燕寢，其正寢則同。鄭注士昏禮「陳三鼎於寢門外」云：「寢，壻之室也。」又注禮記昏義〔一〕「舅姑先降自西階，婦降自阼階」云：「降者，各還其燕寢。疏云：「舅姑還舅姑之燕寢，婦還婦之燕寢。」婦見及饋饗於適寢。」按：「於適寢」止言「婦見及饋饗」，則成昏在燕寢，明矣。既夕記云「士處適寢」，又云「有疾，疾者齋」，注云：「適寢者，不齋不居其室。」禮記檀弓云：「君子非致齋也，非疾也，不晝夜居于内。」注云：「内，正寢之中。」玉藻云：「將適公所，宿齋戒，居外寢。」外寢，正寢也。穀梁傳云：「公薨於路寢。」路寢，正寢。寢疾居

〔一〕「義」，原作「儀」，據禮記改。

正寢，正也。」大戴禮盛德篇〔一〕云：「此天子之路寢也，不齋不居其室。」古者自天子以至於士，常居皆在燕寢，惟齋及疾乃居正寢。鄉黨所云「齋，居必遷坐」者以此。論語孔注云：「易常處也。」此古義，不可易。蓋常處在燕寢，至齋乃遷居於正寢，故云「易常處」。鄉黨圖考所云，似未的。詳論語居必遷坐解。非齋非疾，不居正寢，則斷不以枕席相連之禮，行之於正寢中，又明矣。

天子諸侯大夫士皆有燕寢后夫人大夫士之妻亦皆有寢考

周禮宮人：「掌王之六寢之修。」注：「六寢者，路寢一，小寢五。春秋書魯莊公薨於路寢，僖公薨於小寢，是則人君非一寢，明矣。」疏：「天子六寢，則諸侯當三寢，亦路寢一，燕寢一，側室一，內則所云者是也。」

按：「天子六寢，路寢一，小寢五」，路寢則正寢，小寢則燕寢也。正寢之一，天子至士所不殊，惟燕寢有隆殺耳。天子燕寢五，則諸侯當有三。疏謂「燕寢一，側室一」，恐非。詳後。

天官序官：「寺人，王之正內五人。」注：「正內，路寢。」疏：「謂后之路寢耳。若王之路寢，不得稱內。以后宮，故以內言之。故先鄭下注『后六宮，前一後五』，前一則路寢。」

內宰：「以陰禮教六宮。」注：「鄭司農云：『六宮，後五前一。』玄謂『六宮謂后也，婦人稱寢曰

〔一〕「盛德篇」，當爲「明堂篇」。

宮。宮，隱蔽之言，后象。王立六宮而居之，亦正寢一，燕寢五。』」疏：「天子謂之六寢，宮人所云者是也。后亦象。王立宮，亦後五前一，在王六寢之後爲之，南北相當耳。」

「憲禁令于王之北宮而糾其守。」注：「北宮，后之六宮。謂之北宮者，繫於王言之。」

內小臣疏言：「北宮者，對王六寢在南，以后六宮在北，故云北宮也。」

女史：「逆內宮。」疏：「言內宮，亦對王之六寢爲內宮。」

禮記昏義〔一〕：「古者天子后立六宮。」注：「天子六寢，而六宮在後。」疏云：「六宮在後者，后之六宮在王之六寢之後，亦大寢一，小寢五。」

曲禮疏：「案周禮王有六寢，一是正寢，餘五寢在後，通名燕寢，其一在東北，王春居之；一在西北，王冬居之；一在西南，王秋居之；一在東南，王夏居之；一在中央，六月居之。凡后妃以下，更以次序而上御王於五寢之中也。」

按：孔氏釋燕寢，以爲一在中央，而四居四隅。考月令，天子所居，每月各異其方。此五寢皆王燕處之地，當亦隨時而異。孔義蓋有所傳。陳氏禮書本此，謂「后之六宮，亦正宮在前，五宮在後，其制如王之五寢。」據內宰賈疏謂「后不專居一宮」，陳說或然，今從之。

內宰：「上春，詔王后帥六宮之人，而生穜稑之種，而獻之于王。」注：「六宮之人，夫人以下分居

〔一〕「義」，原作「儀」，據禮記改。

后之六宮者。每宮九嬪一人，世婦三人，女御九人。其餘九嬪三人，世婦九人，女御二十七人。從后，唯其所燕息焉。」

女御：「掌御叙于王之燕寢。」注：「于王之燕寢，則王不就后宮息也。」

按：王六寢，其一爲正寢，治事之處，而所居恒在於燕寢。后夫人以下，分居六宮。其有當御者，則就於王之燕寢。此古者王后居宮寢之制也。」

考工記匠人：「内有九室，九嬪居之。」注：「内，路寢之裏也。」疏：「按内宰，王有六宮，九嬪已下分居之。若然，不得復分居九室矣。此九嬪之九室，與九卿九室相對而言之。九卿九室是治事之處，則九嬪九室亦是治事之處，故與六宮不同。」

按：據左傳，諸侯夫人有内宮之朝，則后正宮之前當亦有朝，故昏義云「后聽内治」。九卿之九室，在正朝之左右，本賈疏。則九嬪之九室，當亦在后朝之左右也。

春秋僖公三十有三年經：「公薨於小寢。」注：「小寢，内寢也。」左傳：「薨於小寢，即安也。」注：「小寢，夫人寢也。」

按：此小寢當爲君之燕寢，杜氏以爲夫人寢，非也。玉藻：「君退適路寢聽政，使人視大夫，大夫退，然後適小寢，釋服。」注：「小寢，燕寢。」是燕寢對路寢爲小寢，明矣。穀梁傳曰：「小寢，非正也。」范注云：「非路寢。」可證。

定公十有五年經：「公薨於高寢。」注：「高寢，宮名。不於露「露」與「路」通。寢，失其所。」

公羊傳莊公三十有二年：「公薨于路寢。路寢者何？正寢也。」注：「公之正寢也。天子諸侯皆有三寢，一曰高寢，二曰路寢，三曰小寢。父居高寢，子居路寢，孫從王父母、妻從夫寢，夫人居小寢。」

按：何氏之説與禮不合，未足爲據。孔穎達禮記正義已辨之，見後。

禮記文王世子：「公若有出疆之政，庶子以公族之無事者守於公宮，正室守太廟，諸父守貴宮貴室，諸子諸孫守下宮下室。」注：「下室，燕寢。」

內則：「適子、庶子見於外寢。」注：「外寢，君燕寢也。」疏：「燕寢當在內，而云外寢者，對側室而爲外耳。側室在旁處內，故謂燕寢爲外寢也。」

按：燕寢當對夫人內寢爲外寢，不對側室爲外，疏説非是。

「公庶子生，就側室。」

按：孔氏正義云：「宮室之制，前有路寢，次有君燕寢，次夫人正寢。」又云：「側室次燕寢，在燕寢之旁。」是側室亦燕寢也。天子燕寢有五，則諸侯當有三，是其差等。對路寢言，均謂之燕寢；對燕寢之在中者言，則在旁者又謂之側室。側，旁也。以在旁，故名。諸侯左右兩旁皆有側室，大夫則側室止一，是又其差也。

喪大記：「君夫人卒於路寢。大夫世婦卒於適寢。內子未命，則死於下室，遷尸於寢。士之妻皆死於寢。」注：「君謂之路寢。大夫謂之適寢。士或謂之適室。內子，卿之妻也。下室，其燕處也。」疏：「諸侯三寢，一正者曰路寢，二曰小寢。卒歸於正，故在路寢也。夫人亦有三寢，一正二小，亦卒正者也。」案：莊公三十二年公羊傳何休注云：「天子諸侯皆有三寢：一曰高寢，二曰路寢，三曰小寢。父居高寢，子居路寢，孫從王父之寢。」案：周禮「掌王之六寢之修」，何休云「天子三寢」，與周禮違，不可用。

按：諸侯路寢一，小寢三。夫人亦正寢一，小寢三。孔疏謂諸侯夫人三寢，兼正寢言之，非是。詳後。

左傳成公十八年：「齊侯使士華免以戈殺國佐於内宮之朝。」注：「内宮，夫人宮。」疏：「於夫人之宮有朝羣妾之處，故云内宮之朝。」

按：内宮，即夫人正寢。詩碩人毛傳云：「夫人聽内事於正寢。」是夫人有聽事之朝也。

公羊傳僖公二十年：「西宮災。西宮者何？小寢也。小寢則曷爲謂之西宮？有西宮則有東宮矣。魯子曰：『以有西宮，亦知諸侯之有三宮也。』」注：「西宮者，小寢内室，楚女所居也。禮，諸侯娶三國女。以楚女居西宮，知二國女於小寢内各有一宮也，故云爾。禮，夫人居中宮，少在前；右媵居西宮，左媵居東宮，少在後。」

穀梁傳桓公十四年：「甸粟而内之三宮，三宮米而藏之御廩。」疏：「禮，王后六宮，諸侯夫人三宮也。」

祭義：「君皮弁素積，卜三宮之夫人，世婦之吉者，使入蠶於蠶室。」注：「諸侯夫人三宮，半王后也。」疏：「諸侯之夫人半王后，故三宮。世婦之吉者，亦諸侯世婦。」

按：諸侯夫人止一，此所卜者爲世婦，故下云「世婦卒蠶」。諸侯世婦分處三宮，而云「卜三宮之夫人，世婦之吉者」，以三宮統於夫人，故繫夫人言之。鄭注謂「諸侯夫人三宮，半王后」，亦大較之辭。其實三宮謂夫人小寢三，不兼正宮在内。蓋正寢，自天子以至於士皆止於一，無所增也。燕寢，天子則五，諸侯則三，所以昭隆殺，示等差也。王后小寢有五，則諸侯夫人小寢當有三，亦降殺以兩也。孔穎達謂「諸侯三寢：路寢一，小寢二」。賈公彦謂「三寢：路寢一，燕寢一，側室一」。考之内則，「妻將生子，及月辰，居側室。」注、疏解此經爲大夫之制，謂「夫正寢之室在前，燕寢在後，側室又次燕寢，在燕寢之旁」。是大夫有燕寢，有側室矣。既夕記：「朔月若薦新，則不饋于下室。」賈疏以下室爲燕寢，則士有燕寢矣。内則云：「庶人無側室者，及月辰，夫出居羣室。」庶人無側室，則士得有側室矣。若諸侯小寢二，與大夫士同，爲燕寢一，側室一，不幾上下亡等乎？然諸侯小寢三，大夫以次差之，當小寢一，而得有側室者，以側室是生子及月辰所居，故大夫士亦得立之。何休云：「夫人居中宮，少在前；右媵居西宮，左媵居東宮，少在後。」陳氏禮書因之，謂「諸侯小寢二，而東西建焉。春夏居東寢，秋冬居西寢。」其説無所據。順時易居，惟王者則然，諸侯不聞有此。唯江氏鄉黨圖考所載諸侯宮寢圖，前列君路寢，次君小寢三，次夫人正寢，次夫人小寢三，爲得其制。江圖又於夫人寢旁，列世婦及諸嬪御所居寢，恐非。據内宰注「天子三，夫人以下，分居后之六宮」，則諸侯世婦以下，亦分居夫人宮也。曲禮下：「公侯有夫人，有世婦，有妻，有妾。」

又按：諸侯小寢雖三，而所居常在中之燕寢。其在旁側室，則夫人及妾生子月辰居焉。内則注云：「凡子生，皆就寢室。」孔疏云：「内寢是君之常居之處，夫人不可於此寢生子。」故知亦在側室也。又生子不於正寢者，以其尊；不於夫人小寢者，以世婦以下分居焉故也。

又按：左傳魯有楚宮，晉有固宮，皆是隨意所欲爲之，不在燕寢之數。魯之高寢，當亦似此。

內則：「妻將生子，及月辰，居側室。」注：「側室，謂夫之室，按：注「夫」字今本誤作「夾」，依宋本及通典改正。古無訓側爲夾者，據正義亦作「夫」爲是。次燕寢也。」疏：「夫正寢之室在前，燕寢在後，側室又次燕寢，在燕寢之旁，故謂之側室。妻既居側室，則妾亦當然也。故春秋傳云：『趙有側室曰穿。』是妾之子也。生子不於夫正室，及妻之燕寢必於側室者，以正室燕寢尊故也。」

按：正義以此節爲明大夫以下之法，是大夫有側室矣。蓋諸侯燕寢三，而左右在旁者謂之側室。大夫則燕寢一，而復於其旁立側室，以爲妻生子月辰所居。諸侯之側室有二，大夫則側室止一，是亦其差也。

又按：春秋傳側室是對適子爲正室言，非以居側室得名，蓋以妻生子亦居側室故也。正義殊牽混。

「妾將生子，及月辰，夫使人日一問之。子生三月之末，漱澣夙齊，見於內寢。」注：「內寢，適妻寢也。」疏：「知內寢適妻寢者，以其稱內，故知是適妻寢也。凡宮室之制，前有路寢，次有君燕寢，次夫人正寢。卿大夫以下，前有適室，次有燕寢，次有適妻之寢。」

檀弓：「妻之昆弟爲父後者死，哭之適室。」

「父在，哭於妻之室。非爲父後者，哭諸異室。有殯，聞遠兄弟之喪，哭於側室。無側室，哭於門內之右。」　疏：「此哭於門內之右，謂庶人無側室者。」

按：疏以無側室爲庶人，則上所云蓋士制也。

儀禮既夕記：「朔月，若薦新，則不饋于下室。」　注：「下室，如今之內堂。正寢聽朝事。」　疏：「下室，如今之內堂者，下室既爲燕寢，故鄭舉漢法內堂況之。云正寢聽朝事者，天子諸侯路寢以聽政，燕寢以燕息。按玉藻云：『朝玄端，夕深衣。』鄭注云：『謂大夫士也。』則聽私朝亦在正寢也。」

按：士喪禮經曰：「士死於適室。」記云：「士處適寢。」適室與適寢同，謂正寢也。士有私臣，故鄭云「正寢聽朝事」，是士亦有朝矣。此下室爲燕寢，是士有燕寢矣。內則云「庶人無側室」，則士得有側室，與大夫同矣。喪大記云：「內子未命，死於下室。」注云「下室，其燕處」，則大夫之妻有正寢、燕寢矣。檀弓云「父在，哭於妻之室」，則士之妻別有室矣。喪大記云：「士之妻皆死於寢。」孔穎達謂「士與妻各死其正室」，賈公彥謂「妻與夫同處，卒皆於夫之正寢」，禮記疏引熊氏說同。據既夕記云「其母之喪，則內御者浴」，不別言卒所，則皆於士之正寢可知。以此考之，似士妻唯有一室，不必別有正室也。陳氏禮書謂「卿大夫士之妻皆有二寢」，說無所據。

又按：正寢，天子諸侯謂之路寢，亦曰大寢，大夫謂之適寢，士或謂之適室。燕寢，天子諸侯謂之小寢，諸侯又謂之少寢，見左傳。又謂之外寢，見內則。又謂之下室，又謂之側室，大夫士亦曰下室，曰側室。自其宴息之義謂之寢，指其所居之處謂之室。釋名云：「寢，寢也。室，實也。」

文集

宗廟路寢明堂同制考

鄭康成箋詩、注禮，謂天子宗廟、路寢，皆如明堂爲五室之制。詩斯干箋云：「宗廟及路寢，制如明堂，每室四戶。」周禮匠人注云：「或舉宗廟，或舉王寢，或舉明堂，互言之，以明其同制。」禮記玉藻注云：「天子廟及路寢皆如明堂制。」後儒多疑之。今以其說，考之於經。書洛誥曰：「王入太室裸。」太室者，中央之室，王肅注云：「太室，清廟中央之室。」尚書大傳曰：「尚考太室之義。」鄭注云：「太室，明堂之中央室也。」對四方室言之。此入裸在廟，而云太室，則廟有五室矣。禮記明堂位曰：「太廟，天子明堂。」魯用天子禮，而廟如明堂，則天子之廟自如明堂矣。此非宗廟與明堂同制之證乎？月令：「天子春居青陽，夏居明堂，季夏居太廟太室，秋居總章，冬居玄堂。」此明堂也，而經亦曰大寢。鄭注亦以「大寢東堂，大寢南堂，大寢西堂，大寢北堂」釋之。又曰「天子居」，則其爲寢制可知。舊唐書禮儀志載顏師古議，亦以月令之文爲在路寢。古者廟以象生時所居宮室，廟既如明堂，則寢自亦如明堂矣。此非路寢與明堂同制之證乎？或曰：「書之顧命，路寢制也，而有東西房、東西夾、東西堂，儀禮之覲禮，廟制也，而云『設斧依於戶牖之間』，又云『几俟於東箱』，與五室不類，何歟？」曰：「此則鄭志已言之矣。鄭志答趙商、張逸問二條，今存諸經疏中，大略謂周公攝政制禮，立明堂於東都王城，廟寢亦爲天子制如明堂；其宮室之在西都鎬京者，猶仍諸侯制度，未改作，故成王崩時，設衣物有夾有房。覲禮之廟制，亦據西都宮室言之，故云戶牖間與東箱也。覲禮疏云：「覲在文王廟。周公制禮，據東都，乃有明堂。此文王廟仍依諸侯之制，是以有東夾室。」是也。玉藻疏以東箱爲記人之誤，尚未的。考大戴禮盛德篇〔一〕曰：『或以爲明堂者，文王之廟也。』又曰：『此天子之路寢也。』緣其同制，故或以爲廟，又以爲寢。周書作雒解曰『乃位五宫，太廟、宗宫、攷宫、路寢、明堂，咸孔注：「咸，皆也。」有四阿反坫』云云，宋書禮志謂『周書云清廟、明堂、路寢同制』，蓋本於此。夫大戴禮與汲冢書皆經之亞也，古籍之存者希矣，此二事猶足證鄭説，故並録之。」

東夾西夾考

東夾在堂東序之東，西夾在堂西序之西，皆南嚮，其北有墉，接東房西房。東夾之東，西夾之西，亦皆有墉。東夾西夾一名東箱西箱，又名左个右个，左達右達。左即東也，右即西也。夾也、箱也、个也、達也，異名而同實。統言之爲東夾西夾，分言之則夾之近北者爲室，近南者爲堂，故有夾室與東堂西堂之稱。夾之東西北三面皆有牆，故亦得室名。但東夾之東，西夾之西，近北者有墉，近南者無墉，故其東西近坫之處，亦稱爲東堂下、西堂下，非必東堂向東，西堂向西也。焦氏説未可從，見後。先儒專以夾室爲達，以東西堂爲箱，其説非也。何以明之？尚書顧命云：「西夾南嚮。」儀禮聘禮云：「堂上之饌八，西夾六。」又云：「西夾六豆。」公食大夫禮云：「大夫立於東夾南，宰東夾北。」皆言東夾西夾，未有言夾室者。惟大戴禮諸侯釁廟篇及禮記雜記

〔一〕「盛德篇」，當爲「明堂篇」。

有夾室之文。江氏永曰：「此夾、室二字本不連，夾與室是二處，室謂堂後之室也。室是事神之處，釁廟不可遺。先儒讀者誤連之。」萬氏斯大曰：「東西序外之屋，分言之則前堂後室，統言之皆夾也。所以名爲夾者，以夾輔乎中堂也。」鄭氏注聘禮「饌於東方」云：「東方，東夾室。」蓋以下有「西北上」之文，謂設饌當在北墉下夾之近後處，故云東夾室謂東夾之室耳。注禮記内則「天子之閣，左達五，右達五」云：「達，夾室。」蓋以閣庋食物，設之當在夾之近後處，故指言室。然不云達、夾爲一，而云「達，夾室」，則似達專爲夾室名矣。說文云：「夾，持也。」夾在堂之兩旁，有左右夾持之象，故云夾。又謂之箱者，說文云：「箱，大車牝服也。」鄭氏注考工記，釋牝服爲較。較在車之兩旁，與夾在堂之兩旁同。又謂之个者，左傳杜注：「个，東西箱。」射侯有左右个。鄭氏鄉射禮記注云：「居兩旁謂之个。」个居侯之兩旁，亦猶夾居堂之兩旁，故得通稱。夫以在兩旁之義而謂之爲个、爲箱，則个與箱自當統夾之前後名之。鄭氏注覲禮記「几俟於東箱」云：「東箱，東夾之前。」是以東箱爲東堂也。按：爾雅釋宮云：「室有東西箱曰廟，無東西箱有室曰寢。」如以東西箱爲專指東西堂，則是室之有東西箱者，爲僅有夾之東西前堂，而無其後乎？其無東西箱者，爲僅無夾之東西前堂，而尚有其後乎？吾以知其說之必不然矣。郭注東西箱曰「夾室前堂」，亦沿鄭注之誤。釋名云：「夾室在堂兩頭，故曰夾。」夾之在正堂東西，此定論也。宋楊氏復儀禮圖始圖夾室於東房之東，西房之西，與房室並列，說者謂其誤始於崔氏三禮義宗。然禮記内則疏引崔氏云：「宮室之制，中央爲正室，正室左右爲房，房外有序，序外有夾室。」夫房外有序，謂房之南外也，序在房户之外，故曰房外有序。士昏禮「席於房外，南面」，注：「房外，房户外之西。」又云：「母南面於房外。」可證也。若以爲房東西之牆，則當云房東房西，不當云房外矣。後人論夾室，以楊氏儀禮圖爲據，多緣誤讀崔氏「房外」一語耳。序外有夾室，謂堂之東西序外也。崔氏言房外有序，序外有夾室，而不言房之左右爲夾室，則崔氏固不以夾室與房東西並列矣。孔氏廣森曰：「牆在堂爲序，在房爲墉，禮之辨名，絶不相紊。令夾在房之左右，但可云墉外耳，何云序外乎？」江氏永曰：「此處所夾者堂，不可謂之夾室。後人緣以夾室稱東夾西夾，遂於房室之左右求之，誤矣。」近焦氏循羣經宮室圖又圖東堂於東夾之東，西堂於西夾之西，以東堂爲東嚮，西堂爲西嚮，焦圖又以東堂西堂之南皆有牆，誤甚。不知堂亦夾之堂也，烏可分夾與堂爲二哉！顧命云：「西夾南嚮。」言夾而室與堂可知，言西夾而東夾可知，烏有所謂東嚮、西嚮者哉！楊大堉謹案：「西夾南嚮」一語，證據千古不易。鄭注特牲饋食禮云：「西堂，西夾室之前，近南。東堂，東夾之前，近南。」亦主南嚮定之也。聘禮云：「西夾六豆，設於西墉下北上。韭菹其東醓醢屈，六簋繼之。黍其東稷錯，四鉶繼之。牛以南羊，羊東豕，豕以北牛，兩簠繼之。粱在西，皆二，以並南陳。六壺西上二，以並東陳。」注云：「東陳在北墉下。」據此，則西夾有西墉北墉，東夾亦當有東墉北墉也。東夾之北爲東房，西夾之北爲西房，中有墉隔之。特牲饋食禮「豆籩鉶在東房」，鄭注：「東房，房中之東，當夾北。」儀禮釋宮據此，謂「東夾之北通爲房中」。孔氏廣森曰：「夾在房前之偏，東房户近西，西房户近東，以達於堂，而東房内之東，西房内之西，則正當夾後也。」江氏永曰：「夾與房不相通。」洪筠軒頤煊宮室答問謂：「夾北有户以通於房。」培翬按：夾之近北處爲室，若夾北有户，則不成室制。且顧命「設席於夾」，聘禮「設饌於夾」，若有户，則其設之，或當户，或於户東，或於户西，經、注何以無一語及之？又考大射儀「乃命執冪者」，鄭注云：「羞膳者從而東由堂東，堂東即東堂下。升自北階，立於房中。」按：羞膳者既至堂東，不徑從東夾以達於房，而必轉而之北，升北階以至於房，則夾與房固不相通，江氏之説信矣。宫室答問引漢書周昌傳「吕后側耳於東箱聽」，及楊敞傳「敞夫人遽從東箱謂敞」云云，以證夾與房通。按二傳本文，並無由房至東箱之文，安知其至東箱者，非自北階下，轉而之堂東，以達於箱乎？斯固不足爲證矣。

或有告余曰：「陳禮堂經説曾駁此篇，謂顧命之南嚮，就敷席言之，不足爲東夾西夾南嚮之證。」余謂席無定嚮，視人之坐爲嚮。人之坐亦無定嚮，當因地爲嚮。經云「西夾南嚮」，南嚮係西夾言之，則敷席自本夾之嚮以爲嚮。如牖間本南嚮，故云南嚮敷席；西序本東嚮，故云東嚮敷席；東序本西嚮，故云西嚮敷席也。陳禮堂未詳其里居名字，亦未知從何處見，余此作聊識於此，俟訪其書證之。

論語居必遷坐解

「居必遷坐」，何晏集解引孔注云：「易常處。」朱子集注因之。其云「易常處」者何？謂平日常居在燕寢，齋則遷居正寢，改其故常也。曷言乎？正寢、燕寢，古者自天子至士皆有，正寢以治事，燕寢以燕息。正寢，天子諸侯謂之路寢，大夫士謂之適寢。燕寢，亦曰小寢，曰下室。禮記檀弓篇云：「君子非有大故，不宿於外；非致齋也，非疾也，不晝夜居於内。」鄭康成注云：「内，正寢之中。」以内爲正寢，非齋與疾不居，則常居在燕寢可知矣。周禮女御：「掌御敘於王之燕寢。」玉藻：「君適路寢聽政，使人視大夫，大夫退，然後適小寢，釋服。」此常居在燕寢之證也。大戴禮盛德篇〔一〕云：「此天子之路寢也，不齋不居其室。」國語「王即齋宮」，亦即是遷居路寢。禮記玉藻云：「將適公所，宿齋戒，居外寢。」外寢，正寢也。玉藻對燕寢之在內者言，故以正寢爲外寢。檀弓對宿於外爲在中門外，故以正寢爲內。儀禮既夕記云：「士處適寢。」又云：「有疾，疾者齋。」鄭注云：「適寢者，不齋不居其室。」此齋時遷居正寢之正也。齋之必居正寢者，蓋所以自潔淨，正情性。但在他人或有苟安不遷者。夫子則遇齋必遷，不敢仍其褻處之常耳。祭統云：「君致齋於外，夫人致齋於內。」孔穎達疏云：「外謂君之路寢，內謂夫人正寢，致齋並於正寢。」其實散齋〔二〕亦然。賈公彦既夕記疏云：「祭義『致齋於內，散齋於外』，皆在適寢。」是齋之居正寢，無論致齋、散齋皆然。江氏鄉黨圖考乃疑「居必遷坐」爲平時坐於奥，齋將祭，似有不敢居尊位之意。又謂「散齋居外寢，致齋居內寢，亦是居必遷坐之一事」。蓋緣未檢古人常居在燕寢則遷居正寢之制，而遂臆擬爲説；且並未檢祭義所云內外以身心言，與祭統「君致齋於外，夫人致齋於內」以居處言者異。按祭義云：「致齋於內，散齋於外。齋之日，思其居處，思其笑語，思其志意，思其所樂，思其所嗜。齋三日，乃見其所爲齋者。」鄭注云：「致齋，思此五者也。散齋，七日不御、不樂、不弔耳。」然則「散齋於外」，謂防其外之交引。祭統所云「及其將齋也，防其邪物，訖其嗜欲，耳不聽樂」是也。「致齋

〔一〕「盛德篇」，當爲「明堂篇」。

〔二〕「齋」，原作「寢」，據研六室文鈔改。

於内」，謂專致其中之所思。郊特牲云「君子三日齋，必見其所祭者」，與祭義「見其所爲齋者」同。鄭注謂「爲思之熟」是也。祭統云：「散齋七日以定之，致齋三日以齊之。」坊記云：「七日戒，三日齋。」變「齋」言「戒」，亦有微分内外之意。不得以内外爲内寢外寢。江氏書多精覈，獨此條未免疑惑後人，故爲辨而解之如此。

楊生大堉爲余舉一證曰：論語皇侃義疏云：「居必遷坐者，不坐恒居之坐也，故於祭前，先散齋於路寢門外七日，又致齋於路寢中三日也。故范甯云：『齋以敬潔爲主，以期神明之享，故遷居齋室也。』」余按：皇氏謂「齋居路寢」是矣。路寢，君制。此舉路寢，以見大夫士之齋亦於正寢也。但云「散齋居路寢門外」，於經無據。路寢門外，無居無屋，非可居之地，則不若孔、賈疏禮以散齋、致齋皆在適寢之善也。又按：陳氏祥道禮書曰：「散齋夜處適寢，亦豫外事，所謂『致齋於内，散齋於外』是也。致齋晝夜處適寢，不豫外事，所謂『非致齋也，不晝夜居於内』是也。」此説不甚明確，然其云散齋、致齋處適寢，與孔、賈同。又云散齋於外豫外事，亦足證舊解内外固不指居處言矣。

儀禮姑姊姊妹説

禮多言姑姊妹，惟儀禮士冠禮「冠者冠畢，入見姑姊」，不言「妹」；喪服經小功章「爲人後者，爲其姊妹適入者」，不言「姑」。鄭氏注士冠禮曰「不見妹，妹卑」；注喪服經曰「不言姑者，舉其親者，而恩輕者降」可知。培翬按：白虎通義云：「姊尊妹卑，其禮異也。」鄭氏之注，蓋本於此。邶風泉水詩曰：「問我諸姑，遂及伯姊。」言姑姊而不言妹，斯其例矣。至喪服小功章不言姑，依鄭義，殆謂舉姊妹可以概姑也。然經何以亦不言世父、叔父乎？喪服經言爲人後者爲本宗之服三：一曰爲其父母，二曰爲其昆弟，三曰爲其姊妹。是三者，一爲人後即有之，是凡爲人後者之所同也。若本生姑，惟出後在稍疏者有之。苟後於同祖之世父、叔父，則姑即其姑，無本宗與所後之别。是以經祇言姊妹，不言姑也。且經殆以凡人之所同者言之，可定爲制則言之，而非凡人之所同者，言之不足以該則不言也，是以喪服經爲人後者爲本宗服，亦不言世父、叔父也。喪服經傳一篇言姑姊妹者十有五，其言姊妹者，惟此與從父姊妹二條。爲人後者之不言姑，以姑與姊妹有殊。至從父姊妹，即從父之女，文係從父言之，故不得言姑。鄭氏此注，於全篇大例似尚未周察。或曰：「然則姑與世父、叔父將遂服其本服不降歟？」曰：「此與馬氏不降姑之説同，非經意也。馬氏融曰：「不言姑者，明降一體，不降姑也。」培翬按：大功章「姑姊妹適人者同降大功」，則何不降之有？蓋緣未審爲人後者之姑，與姊妹有殊，而誤爲此説。凡經所不言者，其服以所後之親疏爲斷，當於經所云『若子者』求之。」若子者，謂爲所爲後者之親如親子。

楊生大堉、汪生士鐸據列女傳有魯義姑姊、梁節姑姊，左傳疏引作「梁節姑妹」，列女傳本文作「姊」。並據左傳疏云：「古人謂姑爲姑姊妹，父之姊爲姑姊，父之妹爲姑妹。疑士冠禮之姑姊即姑，鄭氏注尚未確。」愚按：姑姊、姑妹，後世容有此稱，周公制禮則無之。爾雅亦周公作，而釋親篇止云「父之姊妹爲姑」，不云姑姊、姑妹，其證一也。白虎通義云：「父之昆弟不俱謂之世父，父之女昆弟均謂之姑，何也？姑當外適人。」疏故總言之，其證二也。儀禮喪服篇多言姑姊妹，若以爲姑姊、姑妹，則是父之姊妹有服，而己之姊妹無服，周公制禮，何獨遺之？其證三也。況姑姊、姑妹均屬父行，冠者冠畢，何獨見父之姊，而不見父之妹？以是知士冠禮之姑姊實不如此說，鄭注未爲失也。惟襄十二年左傳云「無女而有姊妹及姑姊妹」，既云「姊妹」，復云「姑姊妹」，或當如疏所云耳。襄二十一年傳之「姑姊」，亦不得解爲父之姊，疏已辨之。楊生、汪生俱金陵人，貧而力學嗜古。余主鍾山講院，常從余問難，經義多有足以益余者，爰記之於此。

與張阮林論闑閾橛梱書

尊著闑閾說，以許氏說文解「橛」、「闑」俱云門梱，而鄭氏解「闑」爲橛，解「梱」、「閾」爲一物，與說文異，乃援据史、漢及各書音義疏證其說，可謂博已。培翬請以其說，求之於經。經曰：「公事自闑西，私事自闑東。」又曰：「由闑右。」「闑」有東西左右之稱，則闑之爲中央豎木無疑也。經曰「不踐閾」、「不履閾」。「閾」言踐履，則閾之爲門下橫木無疑也。爾雅曰「橛謂之闑」，則橛與闑爲一物亦無疑也。惟「梱」之名，經無明徵，然曲禮曰「外言不入於梱，內言不出於梱」，「梱」言不出不入，是有限域之義。儀禮「揚觶梱復」，注云：「梱復謂矢至侯不著而還復。」是亦止限之義，故鄭解「梱」爲門限，與「閾」同；各經疏俱依鄭氏義，云：「閫，門限也。」許氏解「闑」爲梱；而史記馮唐傳「閫以內」、「閫以外」，閫與梱同。漢書「閫」俱作「闑」。竊疑「闑」、「閾」二者古人得通稱「梱」，許、鄭各述所傳，原可並存，但鄭氏之說尤與經合也。至儀禮古文之「槷」，與周禮匠人之「槷」，皆爲假借字而義則殊。周禮匠人之「槷」，與爾雅「在地之臬」，同謂於平地中樹八尺之臬，以規識日景，非門中之闑，鄭氏考工記注甚明。爾雅既云「在地者謂之臬」，又云「橛謂之闑」，是「臬」與「闑」殊。郭氏以門橛釋「臬」，則謬矣。說文「槷」作檵。字，本義訓爲「木相摩」，周禮假「槷」爲「臬」，而儀禮古文及穀梁傳又假爲「門闑」字。鄭以儀禮今文作「闑」，其義較顯，故注經從正字，不從假字。說文「閾」字，古文從洫作「𨵵」，蓋古字多假借。如毛詩「築城伊淢」，假「淢」爲「洫」，是其證。儀禮古文以「閾」爲「蹙」亦是假借字，鄭故從「閾」不從「蹙」也。布此，希察之。

與洪榹堂論舍采書

夏小正「萬用入學」，傳曰：「萬也者，干戚舞也。入學者，大學也，謂今時大舍采也。」考注家說舍采之義有五：周禮大胥「春入學舍采合舞」，鄭注引鄭司農云：「舍采，謂舞者皆持芬香之采。」一說也。或曰：「古者士見於君以雉爲摯，見於師以菜爲摯。」菜直謂疏食菜羹之菜，二說也。或曰：「學者皆人君卿大夫之子，衣服采飾。舍采者，減損解釋盛服，以下其師也。」三說也。玄謂「舍即釋也，采讀爲菜。始入學，必釋菜，禮先師也。」菜，蘋蘩之屬，四說也。呂氏春秋「仲春入舞舍采」，高誘注云：「舍猶置也。初入學，必禮先師，置采帛於前，以贄神也。」五說也。足下謂：「此五者，當以『解釋盛服』之說爲是。古者童子衣采衣，至入大學，有成人之禮，故解釋采衣也。諸經字本多作『采』，後人改爲『菜』。」培翬按：舍采即釋菜，古字通用，康成之義爲長。釋菜有用舞者，有不用舞者。文王世子云：「既興器用幣，然後釋菜，不舞不授器。」此入學用萬舞，較不用舞之禮爲大，故云大舍采，蓋傳者據當時之禮以解之也。若以爲解釋采衣，則何大小之有？於傳文語氣不協矣。周禮大胥作「舍采」，而禮記月令「命樂正習舞釋菜」，文王世子「然後釋菜」，學記「皮弁祭菜」，字俱作「菜」，則固不得以爲後人所改也。且學記不云「釋菜」，而云「祭菜」，則其爲祭先師之禮益明，更不得以「菜」爲「采」也。釋菜之禮，古人不獨入學用之。周禮占夢「乃舍萌于四方」，鄭注：「舍萌，猶釋菜也。古書釋菜、釋奠多作『舍』字。萌，菜始生也。」士喪禮「君釋采入門」，喪大記亦云「君釋菜」。鄭注：「禮門神也。」士昏禮「若舅姑既没，則婦入三月乃奠菜」，鄭注：「以篚祭菜也。」是祭祀之禮多有用菜者。傳曰「蘋蘩蕰藻之菜可薦於鬼神」，君其可無疑於「采」之爲「菜」矣。

與陳碩甫論禘祫及國語注書

大著所論禘祭各條，培翬前讀之，頗多不愜於心，曾夾簽附質，未知足下以爲然否？禘祫之説，千古聚訟，拙著禘祫問答，又何敢自信？然方今去聖久遠，言人人殊，鄙意惟擇其於經有據者從之而已。禮記大傳言「禘其祖之所自出」，而公羊傳言「祫，合祭毁廟、未毁廟之主」，則禘、祫之爲二祭，於經有證也，祫祭止及毁廟，而禘祭上及祖之所自出。又大傳言「禮，不王不禘」。「大夫士有大事，省於其君，干祫及其高祖」。祫之祭，大夫士亦得行之，則禘祭之大於祫，於經有證也。仲尼燕居云：「嘗禘之禮，所以仁昭穆也。」言昭穆而禘之，爲祭宗廟明甚。又曾子問云：「嘗禘郊社，尊無二上。」中庸云：「明乎郊社之禮，禘嘗之義。」觀孔子每以禘嘗與郊社對言，則禘之非祭天地，於經有證也。詩序云：「雝，禘太祖也。」「長發，大禘也。」説者謂周有大禘，無時禘，故雝但云「禘太祖也」。夏、殷有大禘，又有時禘，故長發特言「大」以別之。觀周禮大宗伯「以祠春享先王」，「以禴夏享先王」，「以嘗秋享先王」，「以烝冬享先王」，而天保之詩亦曰「禴祠烝嘗」，不言「禴禘烝嘗」，是周無時祭之禘，於經有證也。春秋書魯禘多譏其僭，觀禮運載夫子之言曰「魯之郊禘，非禮也，周公其衰矣」，則諸侯之不得有禘祀，於經有證也。其他典籍散亡，有可據，有無可據，則惟闕疑而已，未知足下以爲然否？小米孝廉國語疏想已漸次校畢？培翬詳讀韋注，覺其中用鄭康成各經注最多，有明引者，有未明引而實用其義者。如周語「野有庾積」，唐尚書云「十六斗曰庾」，韋不從其說，而云「庾，露積穀也」，此即用詩「曾孫之庾」鄭箋。又魯語「宗不具不繹」，唐尚書云「祭之明日也」，韋申之云「天子諸侯曰繹，以祭明日；卿大夫曰賓尸，與祭同日」，亦用鄭三禮目録義。既醉詩曰「室家之壼」，毛傳訓「壼」爲「廣」，鄭箋訓「壼」爲「捆」，周語引此詩，而韋解云「壼，捆也。」思齊詩曰「惠於宗公」，毛傳「宗公，宗神也」，鄭箋「宗公，大臣也」；「刑于寡妻」，毛傳「寡妻，適妻也」，鄭箋「寡妻，寡有之妻」；「以御于家邦」，毛傳「御，迎也」，鄭箋「御，治也」，晉語引此詩，而韋皆用鄭箋解之，此皆未明引鄭，而實用鄭說。若此類甚多，培翬因以訂韋注誤字。魯語「公父文伯之母如季氏康子在其朝」，韋注云「自其外朝也」；下云「自卿以下合官職於外朝」，韋注「外朝，君之公朝也」；「合家事於内朝」，韋注「内朝，家朝也」，前後似相矛盾。今按：「康子在其朝」，係自己家朝，非君之公朝，韋注「自其外朝也」，「外」字當是「家」字之誤。鄭注玉藻云：「私朝，自大夫家之朝也。」此云「自其家朝也」，亦即用鄭注，若作「外」字，則與上「自其」二字語意不合矣，未知足下以爲然否？又服子慎注春秋内傳，范史及各書俱未言其注外傳，而儀禮聘禮疏引國語服氏注，如「若過邦至于竟，使次介假道」，疏云周語「定王使單襄公聘于宋，遂假道于陳以聘楚」，服氏注云「是時天子微弱，故與諸侯相聘同是也」；又「若有言，則以束帛如享禮」，疏云國語云：「臧孫辰以鬯圭者是告糴之物」，服注云「無庭實也」。以上二條，未知是賈氏誤記耶？抑實有所本也？足下博覽多識，務祈有以教之，幸甚！

國朝詁經文鈔序

經學莫盛於漢，自文帝置論語、孝經、孟子、爾雅博士，其後增立五經博士，傳業寖廣，一經説至百萬言，大師衆至千餘人，可謂盛矣。然諸儒講論六藝之文罕傳焉，以無裒集之者故也。漢儒説經，各有家法，不爲嚮壁虚造之談。歷魏、晉至隋、唐，遵循勿失。宋時周、程、張、朱諸子講明義理，而名物制度猶必以漢儒爲宗。逮至元、明，講章時文之習勝，率多高心空腹，束書不觀，而經術日衰矣。我國家重熙累洽，列聖相承，尊經重學，頒御纂欽定之書於天下，而又廣開四庫，搜羅祕逸，兩舉鴻博，一舉經學，天下之士靡然嚮風。二百年來，專門名家者，於易有半農、定宇惠氏父子，於書有艮庭江氏、西莊王氏，於詩有長發陳氏，於春秋有復初顧氏，於公羊有巽軒孔氏，於禮有稷若張氏、慎修江氏、易疇程氏，於爾雅、説文音韻有亭林顧氏、東原戴氏、二雲邵氏、懋堂段氏、石臞王氏，於諸經言天文則勿庵梅氏，言地理則東樵胡氏、百詩閻氏，言金石文字則竹汀錢氏。其讀書卓識，超出前人，自闢涂徑，爲歷代諸儒所未及者，約有數端：一曰辨羣經之僞。如胡氏之易圖明辨，辨河圖、洛書、先天、後天各圖非易書本有：王氏之白田雜著，辨周易本義前九圖非朱子所作；閻氏古文尚書疏證、惠氏古文尚書考，辨東晉晚出之古文孔傳爲梅賾僞託；毛氏詩傳詩説駁議，辨子貢傳、申培説爲豐坊僞撰是也。一曰存古籍之真。如易經二篇、傳十篇本自别行，王弼作注，始分傳附經；朱子本義復古十二篇，而明時修大全用程傳本，以本義附之，後坊刻去程傳，專存本義，仍用程傳本，而朱子書亦失其舊，自御纂周易折中改從古本，學者始見真面目，惠氏周易本義辨證詳言之。又如竹君朱氏之倡刊説文始一終亥之本，通志堂、抱經堂之校刊經典釋文全書是也。一曰發明微學。惠氏之易漢學、周易述，張氏之周易虞氏義、虞氏消息，王氏之廣雅疏證，段氏之説文注，黄梨洲、梅勿庵之本周髀言天文，邵二雲之重疏爾雅，焦里堂之重疏孟子是也。一曰廣求遺説。余氏之古經解鉤沈，任氏之小學鉤沈，邵氏之韓詩内傳考，洪氏之輯鄭、賈、服諸家説爲左傳詁，臧氏之輯儀禮喪服馬王注、禮記盧植解詁、月令蔡邕章句、爾雅古注是也。一曰駁正舊解。江氏之深衣考誤辨深衣非六幅交解爲十二幅，鄉黨圖考辨治朝本無屋無堂，顧亭林左傳杜解補正，顧復初春秋大事表，皆糾杜注諒闇、短喪之謬；戴東原聲韻考以轉注爲互訓，歷指前人解釋之誤是也。一曰創通大義。顧氏之音學五書分十部，江氏之古韻標準分十三部，段氏之六書音均表分十七部，以考古音；王尚書之經傳釋詞，標舉一百六十字，以明經傳中語詞非實義；淩教授之禮經釋例，分通例、飲食例、賓客例、射例、變例、祭例、器服例、雜例，以言禮之節文等殺是也。凡此皆本朝經學之卓卓者。其他閉户研求，以其所得，筆之於書，不可殫述。蓋惟上有稽古同天之聖人，而後下之服習者衆，彬彬乎超軼兩漢也。諸儒所注羣經，成書具在，而其散見於文集者，或與友朋辨論經義，或剖析古今疑旨，或所注之經句詮字釋，限於篇幅，因取書中關涉大義者，别爲文發之。又見札記之書，所釋非一經，每經不數條，顧較通釋全經者時有創獲，裒而輯之，誠通經之軌轍已。然而諸儒著述，散在人間，爲類甚繁，非博聞多識，好學深思之君子，未易攬其全，集其成也。涇邑朱蘭坡先生，以許、鄭之精研，兼馬、班之麗藻，出入承明、金馬著作之庭二十餘年，内府圖籍，外間所未見者，輒録副本。又性好表章遺逸，宏奬士類，四方著述未經刊布者，多求審定。先世培風閣藏書最富，而其萬卷齋所得祕本尤多。於是博采本朝説經之文，覈其是非，勘其同異，分類編録，名曰詁經文鈔，凡易八卷、書八卷、詩八卷、春秋八卷、周禮十卷、儀禮五卷、禮記五卷、三禮總義十卷、論語孟子附羣經義共五卷、爾雅一卷、説文一卷、音韻一卷，總七十卷。續鈔又已積二十卷。其文多鈔自諸家集中，而解經之書，有分段箋釋自成篇章者，亦同録入。尋其義例，宗主漢儒，惟收徵實之文，不取蹈空之論。至於一事數説，兼存並載，以資考證，蓋欲讀者因文通經，非因經存文也。然而諸家撰著之精，亦藉是萃聚，不致散逸矣。培翬曩歲在都，追陪講論，飫聞大旨，今獲覩是書之成，奉命作序，自慚膚末，無裨高深，惟敬述我朝經學之盛，與是書所以嘉惠藝林之意，揭之於篇，以諗來者。儻有好而梓之，廣其傳布，則後進獲益無窮，不朽之業實在於斯，所深企焉。

書金氏禮箋三江後

金氏輔之之解禹貢三江也，必於下流入海之地，確指三處以爲三江，蓋以經言「東爲北江」、「東爲中江」，明在彭蠡東，皆專流徑達，非渾濤入海者。培翬則即以此二句經斷三江之爲漢水、岷江、豫章江。何則？江在彭蠡西，但合漢水，未會彭蠡，無所謂南，安所謂北？無所謂南北，安所謂中？正惟豫章之水會彭蠡入江而南流，而江之在彭蠡東者，乃得有中稱，而漢之在彭蠡東者乃得有北稱。經文導漢言「東匯澤爲彭蠡，東爲北江」，明漢至彭蠡，東會豫章水，必變文稱爲北江，而始別於中與南，而北江之名之專屬漢，無疑也。導江言「東迤北會於匯，東爲中江」，明江至彭蠡，東會豫章水，必變文稱爲中江，而始別於北與南，而中江之名之專屬江，無疑也。夫其斤斤焉必曰「爲北江」、「爲中江」者，正以三江合爲一流，禹於導江時目驗得之，而區之曰漢爲北，江爲中，而豫章江之爲南，亦從可見此經文屬辭之善。苟其入海之道，專流徑達，別有三處，則但言漢、言江足矣。且如班氏志之文，則經導漢當曰東匯澤爲彭蠡，東至毗陵北，東入海；導江當曰東迤北會于匯，東至蕪湖西南，又東至陽羨入海，不當渾而言之曰「爲北江」、「爲中江」也。且如郭景純之説，則當曰東爲岷江，東爲松江，不必言北，不必言中也。禹貢導水諸條，俱確指其所過、所會、所至及入海之處，豈有北江、中江自彭蠡以下即截然分流，經不各紀其所歷之地，而但曰「東爲北江，入于海」，「東爲中江，入于海」，使後人懸空虛揣，無從得其分流入海之處，有是理哉？金氏主於郭景純岷江、松江、浙江之説，雜引地志，紛紛牽合，而其説實多似是而非，不容不辨。夫漢之爲北江，岷江之爲中江，此其名定於禹，見於經，不可易也。金氏亦知北江、中江之名不可移易，而其始則曰「漢自北入江，故分爲北江」者，仍繫於漢；岷江在中，故分爲中江者，仍繫於江。夫必入海有三道，而後可以謂之三江，而三江同一江之即無以辨其爲三江，則漢之入江，遠在荆州，江、漢合流已久，又孰從於彭蠡東，别而辨之曰，此其自漢分爲北江者，而以繫之漢也哉！迨其後欲援班志以證合禹貢、周禮，而自知其説之難通，則又遷就其辭，曰「分江水合三江言之爲南江，猶岷江合言之爲北江」。又云：「北江爲岷江經流由毗陵入海，中江出蕪湖由松江入海，南江出石城合浙江入海，故子胥云吴之與越，三江環之，班志所敍三江如是。」夫岷江之爲中江，經有明文，而乃以爲北江，是敢於背經文，而不敢於違班志也。又以賈氏疏職方、顔氏注地理志爲本於鄭義，以鄭氏之注，其蹟上與班志合，是輕於信後儒，而不難於誣鄭氏也。其引水經酈注曰：「江水自石城東出爲南江，又東逕宣城之臨城縣南，又東逕安吴縣，又東逕寧國縣南。」夫寧國縣南與績溪接壤，崇山紛錯，邑人之來往於兹者日凡幾輩，不聞有江注其中也。徐樗亭曰：班志石城「首受江，東至餘姚入海」。水經注江水自石城東出，東逕宣城、臨城、寧國合浙江者，其間崇山峻嶺，亦懷襄所不及，豈獨無故道可尋也。至蕪湖之中江，不得其據，則曰「逕流湮廢」，又曰「中江流徙久矣」。然自古聞河徙，不聞江徙，此遁辭也，不足辨。即使江之由蕪湖出者，古實有其道，由松江入海，江之自石城出者，古實有其道，合浙江入海，亦不過爲江之支流别派，安得侈然與大江並列爲三？夫解經貴依經求義，禹貢荆州「江、漢朝宗于海」，周禮職方荆州「其川江、漢」；禹貢揚州「三江既入」，周禮職方揚州「其川三江」，二經若合符節。蓋江在荆州合漢，而未會彭蠡，故不得有三江之目。江至揚州，與彭蠡合，故有三江之稱。禹貢之三江，即周禮之三江，其説誠無異議矣，然亦非班志所敍之三江。至國語之三江，自專就吴、越二區言之，韋昭注以爲松江、錢塘、浦陽江是也，不得指爲禹貢之三江。金氏主於岷江、松江、浙江之説，而混國語於禹貢，不特解禹貢、周禮者誤，即解國語亦誤。其蔽由於誤會經文，并誤會鄭氏「三江分於彭蠡爲三孔」之注，紛紛牽引，意欲貫通諸説，而不知其言之無一是也。

附録

先生少時受經於其祖樸齋先生，年十三從學於從祖繩軒先生，自謂沐繩軒之教最深。自撰繩軒公行狀。

先生復夏朗齋書曰：「毛詩孔疏較他經特詳，然失之繁宂，且有毛、鄭大指本自不異，而疏强生分别者；有申傳申箋而不得其意者，讀之頗多不安於心。比入都來，見爲毛詩學者尚不乏人，獨三禮之書講求者少。因校儀禮釋官，取全經覆讀之，而賈氏之疏疏略失經、注意者，視孔詩疏更甚，遂有重疏儀禮志。然此事甚大，非淺學所能任，而以昔日猶聞於先祖，及丁卯、戊辰間從次師按：即淩次仲先生。游，竊窺涂徑，又有未敢自諉者。」研六室文鈔。

先生與羅椒生書曰：「賈氏之疏，或解經而違經旨，或申注而失注意，正義間亦辨正，然必悉加駮辨，恐卷帙繁多，有失輕重之宜，因别爲儀禮賈疏訂疑一書。又宫室制度，非講明有素，則讀儀禮時先於行禮方位盲然，安問其他？今以朝制、廟制、寢制爲綱，以天子、諸侯、大夫、士爲目，又學制則分别庠序，館制則分别公館私館，皆先將宫室考定，而以十七篇所行之禮條系於後，名曰宫室提綱，冠於正義之首。又陸氏經典釋文於儀禮頗略，擬取各經音義及集釋以後各家音切，依次補録，名曰儀禮釋文校補，草創未就。」文集補遺、胡培系撰事狀。

汪梅村曰：「儀禮正義一書，上推周公、孔子、子夏垂教之恉，發明鄭君、賈氏得失，旁逮鴻儒經生之所議，張皇幽渺，闡揚聖緒，二千餘歲絶學也。」汪士鐸撰墓志銘。

宗湘文曰：「研六室文鈔中與陳碩甫論禘祫書，有拙著禘祫問答語，其爲竹村先生書無疑。金山錢氏刊入藝海珠塵，未幾毀於兵火。吴江沈氏昭代叢書亦刊之，而誤爲樸齋先生之作。禘祫久爲禮家聚訟，竹村先生有此讜論，乃以傳播未廣，又互異主名，傳之將來，無所取信，且其家無傳稿，故特寫録以貽之。」禘祫問答跋。

胡先生培系

胡培系字子繼，緜軒之孫，於竹村爲從昆弟。貢生。官寧國府教諭。生平沈浸三禮，嘗謂「是書宫室制度頗難昭晰，如朝有天子諸侯之朝制，大夫士之朝制；廟有天子之廟制，諸侯之廟制，大夫士之廟制；寢有正寢、燕寢，諸侯以下之制亦與天子異。又如朝有行於燕朝之禮，行於正朝之禮，行於外朝之禮；廟有行於祖廟之禮，行於禰廟之禮。即就一廟言之，有行於廟之室之禮，行於廟之廷之禮，行於廟之門之禮。非講明有素，則盲然耳」。故因竹村之志，補著儀禮宫室提綱及燕寢考補圖，又有大戴禮記箋證、皇朝經世文續鈔、教士邇言三卷、小檀欒室筆談四卷、十年讀書室文存、詩存。參胡峴撰傳、胡培翬撰繩軒公行狀、自撰竹村先生事狀、績溪胡氏所著書目。

胡先生紹勳

胡紹勳字文甫，號讓泉，竹村族弟，且受教焉。篤於内行，事父母先意承志。父性剛毅，與人或有齟齬，必長跪求解，俟色霽乃已。道光丁酉拔貢生，歷佐江蘇學政二十餘年。咸豐辛亥舉孝廉方正，以年老不赴廷試，賜六品頂戴。績溪失守，走謁曾文正公於祁門，委以采訪忠義局事。同治元年卒，年七十有四。生平精研小學，以爲讀書不通聲音訓詁，比之瞽者議色，聾者議聲，終無當焉。所著有周易異文疏證、春秋異文疏證，稿毁於兵。惟四書拾義五卷、續一卷刊行。先生説經慎審，雅不喜攻擊駁難之習，間出己意，必有依據，不爲鑿空之談。江晉三謂其「精當不易」，陳碩甫謂「可接武閻氏四書釋地」云。參胡昌豐撰事略、胡培翬四書拾義序、江有誥四書拾義序、績溪胡氏所著書目。

四書拾義

「思而不學則殆」，孔注云：「不學而思，終卒不得，徒使人精神疲殆。」勳按：如孔注義，是讀「殆」爲「怠」，非也。「殆」有疑義，襄五年公羊傳：「莒將滅之，故相與往殆乎晉也。」何注訓「殆」爲

則殆。

「疑」。王氏經義述聞云：「『思而不學則殆』，事無徵驗，疑不能定也。」又云：「『多聞闕殆』，殆猶疑也，謂所見之事若可疑，則闕而不敢行也。」史記倉公傳「良工取之，拙者疑殆」，殆亦疑也。古人自有複語耳。

九百。

「與之粟九百」，孔注云：「九百，九百斗。」勳按：史記孔子世家：「孔子居魯，奉粟六萬。」索隱云：「當是六萬斗。」正義云：「六萬小斗，當今二千石也。」據此知孔子時三斗，當唐時一斗。宋沈括筆談云：「予受詔考鍾律及鑄渾儀，求秦、漢以來度量，計六斗當今之一斗七升九合。」是宋斗又大於唐斗。元史言世祖取江南，命輸粟者止用宋斗斛，以宋一石當今七斗。是元斗又大於宋斗。然則周時九百斗，合元時僅得一百八十九斗也。江氏羣經補義云：「古者百畝，當今二十三畝四分三釐有奇，就整爲二十三畝半。今稻田自佃，一畝約收穀二石四斗，二十三畝半收穀五十六石四斗，折半爲米二十八石二斗。人一歲約食米三石六斗，可食八人，如糞多力勤，可多食一人。正與古合。」據江氏説，古農夫百畝合今斗且得米二百八十二斗，如孔注以九百爲九百斗，止合元斗一百八十九斗，反不及農夫所收之數，原思何又嫌多而辭之？集注云：「九百不言其量，不可考。」蓋不從孔説也。或謂九百爲九百石，則又不若是多。石本五權之名，至周末時用以計粟，如漢書食貨志云：「今一夫挾五口，治田百畝，歲收畝一石半，爲百五十石，除十一之税十五石，餘百三十五石。」此皆粟以石權，而春秋以前，未有此制。古制計粟以五量，量莫大於斛，十斗爲一斛。粟多至九百，必以量之最大者計之，則九百當爲九百斛。何以知爲九百斛也？當時孔子爲魯小司寇，即下大夫，其家宰可用上士爲之。孟子曰「上士倍中士」，當得四百畝之粟。又曰「卿以下必有圭田，圭田五十畝」，明士亦有五十畝圭田。以五十畝合四百畝，爲四百五十畝，以漢制畝收粟一石半計之，當得六百七十五石。若以石合斛，一石爲百二十斤，古無大斗，一斛粟不足百斤，二斛約重一石有半，是百畝收百五十石，合得二百斛，四百畝爲八百斛，加圭田五十畝爲一百斛，共得九百斛矣。雖經文不言其量，而其量可因數以推也。

啟予足，啟予手。

鄭注訓「啟」爲「開」，謂「使弟子開衾而視之」。勳按：說文「启，開也」。「啟，教也」。自俗書譌舛，用「啟」爲「启」，而「启」字廢。此經論衡四諱篇引作「開予足，開予手」，文不成義，必待注補出「衾」字「視」字，恐古人文義不若是曲折。蓋「啟」當讀爲「䁈」，說文：「䁈，省視也。」啟予手足，謂省視予手足也。自經傳通用「啟」字，而「䁈」字僅存說文矣。

三年學。

「三年學不至於穀」，集注云：「爲學之久而不求祿。」勳按：古人亦有以三年爲久者，如「三年不爲禮」，「三年不爲樂」，「去三年不反」是也。若學，動以數十年計，何限三年？三年不求祿，夫人能之，何以不易得？竊謂此經主三年大比立論。周禮鄉大夫職：「三年則大比，攷其德行道藝，而興賢者能者。」又：「使民興賢，出使長之；使民興能，入使治之。」州長職：「三年大比，則大攷州里。」遂大夫職：「三歲大比，則帥其吏而興甿。」據此，知古者三年賓興，出使長，入使治，皆用爲鄉遂之吏，可以得禄，此三年定期也。若有不願小成，則由司徒升國學。王制：「命鄉論秀士，升之司徒，曰選士。司徒論選士之秀者，而升之學，曰俊士。升於司徒者不征於鄉，升於學者不征於司徒，曰造士。大樂正論造士之秀者，以告於王，而升諸司馬，曰進士。司馬辨論官材，論進士之賢者，以告於王，而定其論，論定，然後官之。任官，然後爵之。位定，然後禄之。」此爲王朝之官，而當鄉遂大比，志不及此。蓋庶人仕進有二道：可爲選士者，司徒試用之；可爲進士者，司馬論定之。司徒升之國學，其選舉與國子同，小成七年，大成九年。如學記「比年入學，中年考校，一年視離經辨志，三年視敬業樂羣，五年視博習親師，七年視論學取友，謂之小成。九年知類通達，强立而不反，謂之大成」。若侯國取士，亦三年一行。射義：「諸侯歲獻貢士於天子。」注云：「三歲而貢士。」據此，知侯國亦三年一取士也。古人之學，爲己不爲人，謀道不謀食，純儒之學，往往有之。後人躁於仕進，志在干禄，鮮有不安小成者，故曰不易得。

一身有半。

「必有寢衣，長一身有半」，孔注云：「今之被也。」勳按：説文亦訓被爲寢衣，名與孔注合。然被取被覆之義，古人衣亦稱被。孔注云「今之被」，別乎古之被而言也。後世所謂被，布用正幅，成長方形，與衣製絶異。若果寢衣是被，則人皆有之，不必爲夫子記。且曰衣，則必有袂；曰寢衣，則必服之而寢矣。寢衣宜長，惟一身有半之制，實從來注家所未明。集注云：「其半蓋以覆足。」疑而未決之詞也。近人又謂「長」讀如長短之長，言衣但當一身之半耳。不知古人衣服必中度，聖人因事合宜，即不盡拘古制，亦斷無不近人情之制。一身又半何其長，一身之半何其短。無論一身又半，古人無此異服；即一身之半，如後世之短衣，亦古人所未有也。古人衣下必有裳，雖下有裳，而衣之長亦各有度。若明衣長必下膝，如既夕〔一〕禮記云「明衣裳用幕布，袂屬幅，長下膝」，注云：「長下膝，又有裳於蔽下體深也。」此經依程子當在「齊必有明衣」之下。竊謂有半即準明衣之長而加其半，不另爲裳。如今中人計，今尺自領至膝下約二尺五六寸，自膝下至足跗約一尺二三寸，以二尺五六寸加一尺二三寸，即爲一身有半矣。中人一身之長約八尺，明衣雖較他衣加長，亦僅下膝而止，而此下膝之衣，即爲一身之衣，以一身之衣長不過是故也。惟寢衣更加一半之長，不但長下膝，且至足跗。深衣云：「長無被土，恐汙辱也。」若寢衣之長，無患被土，雖至足跗可也。齊主於敬寢必有衣，亦明潔其體之義，故長宜至足跗。凡服在内者不殊裳，亦無緣，而寢衣或亦如深衣衣裳相連，特較深衣而加長者與？

所存者神。

「夫君子所過者化，所存者神」，趙注云：「聖人如天，過此世能化之，存在此國，其化如神。」勳按：趙注以「在」釋「存」，據爾雅釋訓：「存存，在也。」注云：「存即在。」公羊隱三年傳「有天子存」

〔一〕「既夕」，原作「士喪」，據儀禮改。

注，孟子離婁下「以其存心也」注，告子上「雖存乎人者」注，荀子非十二子「使天下混然不知是非治亂之所存者有人矣」注，吕覽應同「召寇則無以存矣」注，皆訓「存」爲「在」，所存即所在也。「神」與「化」對文，化主所過之地言，神亦主所在之地言。爾雅釋詁云：「神，治也。」「所存者神」，謂所在之地無不治也。趙云「其化如神」，猶是比擬之辭，而非神之本義。

胡先生紹煐

胡紹煐字枕泉，文甫從弟，同受業於竹村，各占一經，互相宣究，一時有二難之目。道光時，官太和訓導。精研三禮，而尤有得於高郵王氏、金壇段氏聲音文字之學。嘗以其法校讀文選李注，知二家所未及訂者猶夥，乃補闕正誤，成文選箋證三十二卷。同時朱蘭坡亦有文選集釋之作，其精博固不逮焉。又有蠡説叢鈔十六卷。參胡昌豐撰文甫事略、朱右曾文選箋證序、績溪胡氏所著書目。

文選箋證序

粤自梁昭明纂輯秦、漢、魏、晉、六朝諸體成文選一編，至今家有其書，幾如隋珠趙璧。竊謂文莫盛於秦、漢，魏、晉爲次，維時善屬文者，必邃於學，即六朝沈博絶麗之作，亦皆笙簧六籍，鼓吹百家，而瑰奇其詞，詰屈其句，學者多苦難讀，於是而蕭該之音義始出。至曹憲入唐，精文選之學，以所譔音義行世，江、淮學者本之。後有許淹、江都李氏、公孫羅相繼以文選教授，號文選學。淹、羅各譔音義，李氏譔文選注解六十卷。該、憲、淹、羅諸音義僅著録隋、唐兩志，而罕有其傳。今存者，惟李氏注解。開元後，復有五臣注。五臣荒陋，又多據誤本附會其義，爲宋儒所詆。李氏注則援引賅博，經史傳注靡不兼綜，又旁通倉、雅訓故及梵釋諸書，史家稱其淹貫古今。陸放翁謂「注頭陀寺碑穿穴三藏，注天台山賦消釋三幡，至今法門老宿未窺其奧」，洵非溢美。不特此也，注所引某書某注，並注明篇目姓名，而後之採鄭氏易注、書注，輯三家詩，述左氏服注者本焉；纂倉頡遺文，作字林考逸者又本焉。李時古書尚多，自經殘缺，而吉光片羽藉存什一，不特文人資爲淵藪，抑亦後儒考證得失之林也。然擇焉不精，往往望文生訓，轉失本旨。如西都賦「橫被六合」，「橫被」用今文尚書堯典篇，古文作「光被」，「橫」、「光」古通，而注引漢書音義「關西爲橫」，讀縱橫之橫；「紱冕所興」，「紱」與「黻」通，祭服也，而注引倉頡篇以「紱」爲「綬」。蜀都賦「龍池滆瀑濆其限」，說文「瀑，一曰沫也」，此其義。滆，沸也，謂沸沫而噴其沫也。而注以「滆瀑」爲水沸聲，解「瀑」爲「沸」。甘泉賦「薌呹肸以掍批兮」，「薌」與「蠁」同，謂回猋之蠁布。說文：「肸，蠁布也。」而注云「薌亦香字」，讀同「香」。長楊賦〔一〕「拔鹵莽」，「鹵」蓋「蓾」之省。說文「蓾，草也。或從鹵」，粗草也。而注引說文「鹵，西方鹹地」，以鹵爲斥鹵。補亡詩「彼居之子」，居讀如姬，語助詞，「彼居之子」猶云彼其之子，而注謂「居爲未仕者」。吴季重答魏太子牋「時邁齒臷」，臷與

〔一〕「長楊賦」，原作「羽獵賦」，據文選改。

迭通，更也，而注引杜注「七十曰載」。又書中多連語，非疊韻即雙聲，皆無兩義。魯靈光殿賦「佗欺猥以鵰盱」假「鵰」爲「瞯」，並深目貌，而注謂「如鵰之視」，以鵰爲鳥。風賦「枳句來巢」，「枳句」猶「枳椇」，並拳曲之狀，而注謂「枳樹多句」，以枳爲木。洞簫賦「乃使夫性昧之宕冥」，「宕冥」猶「混沌」，而注謂「天性過於幽冥」，引説文以「宕」爲「過」。「躊躇稽詣」，蓋稽遲之意，猶躊躇也，而注謂「聲稽留如有所詣」，以「詣」〔一〕爲「至」。長笛賦「搏拊雷抃」，雷與儡通，皆擊也，而注謂「雷〔二〕抃，聲如雷」。左太沖詩「咄嗟復凋枯」，「咄嗟」猶「倏忽」，倉頡篇「咄嗟，易度也」，而注引説文以「咄」爲「碎」〔三〕。七發〔四〕「馳浩蜺」，浩、蜺並形容高大之貌，而注謂「浩蜺即素蜺」，以蜺爲虹蜺。若斯之類，既背正文，復乖古訓。唐書李邕傳謂：「善注文選，釋事而忘意。書成以問邕，邕欲有所更。」是當時其子已不滿是書。自此以後，鮮有專家。有明一代，瀹注、纂注、約注諸書，略涉藩籬，未窺堂奥。國朝名儒輩出，前有余氏之文選音義，何氏、陳氏之評文選，汪氏之文選理學權輿，孫氏之李注補正，林氏之文選補注，胡氏之攷異，近梁氏又有旁證，皆足以羽翼江都。惟王氏、段氏獨闢畦徑，由音求義，即義準音，能發前人所未

〔一〕「詣」，原作「脂」，形近而誤，今改。

〔二〕「雷」，原脱，據長笛賦注補。

〔三〕此句有誤，文選注爲：「蒼頡篇曰：咄，啐也，説文曰：啐，驚也。」

〔四〕「七發」，原作「七命」，據文選改。

發，雖僅數十條，而考覈精詳，直駕千古文選之學，醇乎備矣。紹煐涉獵文選，即窺此祕，以之校讀李注，觸類引伸，爲王、段二君所未及訂者尚夥，並及薛綜之注兩京，張載、劉逵之注三都，曹大家之注幽通，徐爰之注射雉，王逸之注離騷，顔延年、沈約之注詠懷，與史、漢舊注，朝夕鑽研，無閒寒暑，闕者補之，略者詳之，誤者正之，稾經屢易，最後删定，乃釐爲三十二卷。入都就正於朱太守亮甫先生，謬蒙許可，賜以弁言。夫後人議前人易，前人而不爲後人議難，螳螂捕蟬，安知黄雀不在其後？抑心有所疑，則不能無言，言則不能無辨，區區之意，願以質諸當世之深於選學者。

胡先生澍

胡澍字荄甫，一字甘伯，號石生，子繼族孫，而同受業於其父。按：子繼先生父名秉元。少有至性，年十四丁生母憂，哀毁如成人。事父母愉色婉容，終身有孺子之慕。與諸弟尤友愛。咸豐己未舉人，會試不第，援例爲内閣中書，又捐升户部郎中。淡於宦情，篤於撰述。嘗自言於春秋慕叔向，於西漢慕劉向，欲顔所居曰二向堂，其志趣如此。同治十一年卒，年四十有八。少時得顧氏、江氏、段氏之書，遂通聲音訓詁之學。後見高郵王氏書，益篤嗜之。取孫淵如釋人一篇，博稽古訓，爲之疏證。又著左傳服氏注義、通俗文疏證，稿毁於兵。中年多病，因治醫術，得宋刻内經。乃以元熊氏本、明道藏本及唐以前古書悉心校勘，發明古義，撰内經校義，今存數十條，其説多精碻。又輯唐釋湛然輔行記一卷，校孔子編年、淮南子校證、一切經音義校證，又著有墨守編、正名録，俱未成。參胡培系撰事狀、胡培翬撰繩軒公行狀、續溪胡氏所著書目。

竹村弟子

楊先生大堉

楊大堉字雅輪，江寧人。諸生。初從元和顧廣圻、吴縣鈕樹玉游，備聞蒼、雅閫奥。著説文重文考六卷，純以聲求假借，以偏旁繁省求古籀之異同。又作五廟考，專駁王肅之失。受三禮之學於竹村，故研六室集中嘗附著其説。儀禮正義中士昏、鄉飲、鄉射、燕禮、大射五篇未就，先生據竹村從子肇昕所采輯諸説以爲底本，補纂成之，體例與原書時有未合。黄元同嘗貽書子繼，勉以改訂，卒不果。參繆荃孫儒學傳稿、胡培系撰竹村事狀、研六室文鈔、胡肇智儀禮正義書後、儆季文集。

汪先生士鐸

汪士鐸字梅村，晚號悔翁，江寧人。道光庚子舉人。家貧，少時學賈不成，乃歸讀書。外家有藏書，盡觀之。應童試，爲學使姚文僖公所賞拔，名乃大起。博研經史，於乾、嘉諸老學派並能通貫。志行簡澹，於聲氣利禄，避之若浼，用成其學。咸豐初，粵寇陷江寧，避地績溪山中，絃誦不輟。居數年，座主胡文忠公招至武昌，與文忠約，不受辟署，文忠爲開儒館，校理圖籍。同治三年，江南平，乃歸里。以名德爲時所重，曾文正公尤禮異之。先生中年以前所著有禮服記、儀禮鄭注今制疏證、廣韻雅廣韻聲紐表、梁陳州郡志、水經注疏證、東漢朔閏考諸書，皆燬於兵燹。其水經注圖則避地授徒所作，胡文忠爲刊行。南北史補志三十卷、表一卷，原稿既失，後爲兩淮運使方濬頤所得，刊於揚州書局。先生之學，大者在山川郡國典章制度，蓋將達經術於政治，雅不欲以文章自震襮。晚年，及門諸人爲編文集十二卷、外集一卷。其劄記掌録尚數倍於文，未盡編定。胡文忠編刊讀史兵略及大清一統輿圖，皆所佐成。晚纂上江兩縣志，翔實亦爲世所稱焉。參自述、洪汝奎撰文集序。

南北史補志表後序

往者道光戊申、己酉間，江夏童石塘濂太守權鹺政，延儀徵劉孟瞻文淇。年丈暨楊君季子、亮。吴君熙載、廷颺。王君句生翼鳳。注南北史，設局邗城福因庵，余以家累，不克作遠游，乃分任補兩史志表，而屬草於里門。家匙藏書，不能如諸君借閱文匯閣也。期廑期月，賴兩女子子在室助余檢討擴拾排比，惟用有成，爲志三十卷，表一卷，而就正於桐城姚石甫瑩。廉使、涇包慎伯丈、世臣。吴陳君碩甫。奂。陳君爲勘天文、五行、地理、禮儀、樂律、輿服，無所匡正，去五行志所引開元占經數事而已。廉使貴謹嚴，曰：「史自有法度，稗史野言皆古人所不取，不宜穢本書。」故所勘職官、食貨、刑法、氏族、釋老、藝文六志，世系、大事、封爵、百官四表，多所刊落，且欲删氏族入地理，仿樂史例也。删釋老入五行，附「心之不思」之下。而於唐以來書多芟柞。如刑法之唐律疏議，氏族之林寶、鄧名世書，及唐書表釋、老之宏明傳燈指月、雲笈七籤，及法華九祖達摩五葉、葛洪、貞白、道陵、謙之之兩派，藝文之趙洪及近人邢氏訪碑録、關中、山東、河南諸金石志，及太原、房山諸經幢經洞，北魏、北齊諸造象，太平廣記所載之足補金石者，故今志藝文無金石。包丈意主博綜，謂「隋、唐志所載書已不傳，凡文字幸存於今者，皆宜網羅補綴，俾後人有以參考，不宜拘成例也」。謂「唐、宋人説部詞章碑版之屬皆宜甄録」，且病余地理未載河渠，宜采兩唐書志凡溝洫陂池皆附入之，并欲取洛陽伽藍記、建康實録諸寺刹注於下，今皆未能。時江右陳君伯游方海亦客金陵，謂「此志有三難：存者患繁複，患牴牾，無者患闕略。衷諸史法，不如廉使良」。今天文、五行、樂律失之亢，地理患牴牾，餘者失之闕略，是也。遂酌從廉使言。草稿既具，童公即世，此本存兩江節署，東南兵燹，不知所終。同治壬申，兩淮運使定遠方公購得此稿，劉君恭甫，壽曾，孟瞻年丈賢孫也，證爲拙稿。方公將刊，以輔延壽書，因介恭甫詢其顛末。余傭書畢生，數更府主，流離轉徙，百無一存，驚聞此編，如獲亡子，深感都轉古人之誼，劉君作成之美，以謂此書幸出，又幸而遇賢者將刊行之，它日諸君所注次第出，又得好古如都轉者續刊之，則延津劍合，非斯文之大幸與！因條其原委，復於都轉左右。至於書之繁簡失倫，翦裁無法，則閲者幸諒其麤疏之學，與夫褊淺之衷，不欲違李書家法，恐其狐裘豹褎，轉成烏不烏鵠不鵠之譏也。

文集

禹貢揚州疆域考

禹貢揚州疆域，胡東樵錐指詳矣。詞具本書，不復載。其所言東西北皆無疑義。惟辨僞孔「南至海」及裴駰所引張晏之言晉太康地記之說，詞亦具本書。而以顔師古、張守節諸人信之爲非。大義據通典以揚至南界至潮州揭陽而止，其「島夷卉服」以爲會稽之倭國及東鯷人，而「朔南暨」之下亦主此義，以爲潮之西即屬荆州。蔣相國地理今釋亦用其說。江艮庭集注音疏、王光禄後案、孫觀察今古文疏皆引鄭注「自淮而南，至海以東」，孫氏并以南至閩非經義，則南界不惟不至廣州，并不至仙霞關以南矣。夫就古人地狹之言，則宜以温、台處北山爲界。然論聲教之廣要荒之服，則諸家釋下文「五服」之數，又言堯五服方五千里，禹平水土，邸成五千爲方萬里，此尚書古文家説也。夫距王畿而南徑五千里，不至閩、廣，何以有此數乎？尚書大傳、大戴禮少閒篇、墨子節用篇、小司馬索隱皆言堯南撫交趾，堯典明言宅南交，吕氏春秋言禹南至交趾，孫樸續樠〔一〕之國，夫交趾尚隸版輿，謂交以東北之閩、廣反在域外乎？荆既以衡陽爲界，交、廣不屬揚而誰屬乎？韶、連以西，桂林、平樂、柳州之間，猺獠雜處，或其時未盡歸流，故荆南止於衡陽，不能越此而有交、廣，揚州之地，不斗入西南乎？疆域不能正方。即以禹貢言嵎夷，在今

〔一〕「樠」，原作「滿」，據吕氏春秋求人改。

朝鮮，屬冀州，宜而屬青；兖之東北宜屬青與冀，而乃爲兖。冀廣兖狹，而不割冀東河北之地以屬兖。雍之地西及流沙，則東西長而南北狹，是皆不能如豫、荆、梁之正方也。何疑於揚地斗入乎？又如今後藏之地，辨方正位宜屬雲南，而隸四川者，以有落爾廓、哲孟雄、洛敏湯諸部隔之，故亦斗入西南數千里也。然則諸經所載輿地無一語及嶺南者，即禹貢施工亦不及嶺南一山水，何也？曰：「禹貢惟致功多者始書，否則從略。北方沙土虛鬆，川原屢變，易淤易溢，故洪水之時，尤易爲災，而禹致功最多。若南方土性膠黏，禹時至今，水道無甚更易，當時致功必少，故亦不書。若三代帝王率都北土，彼時北方多故，嶺南僻在一隅，故載筆者不爲記纂，然蒼梧、鼻亭、賁禺、桂林亦間及之矣。」曰：「鹽鐵論地廣篇『禹貢至于五千里』，説苑修文篇『禹定九州，方五千里，至于荒服』，漢書賈捐之傳『以三聖堯、舜、禹。之德，地方不過數千里』，此西漢人言也。又如論衡別通篇『殷、周之地極五千里』，御覽六百二十六引孫武云『夫帝王處四海之内，居五千里之中』，今文尚書歐陽、夏侯説中國地方五千里，然則諸家非乎？」曰：「五千里者，據禹未弼時言，言萬里者，據弼成五服言也。」曰：「此古文家夸大言也。中山經、管子地數篇、呂氏春秋有始覽、淮南子地形訓、張揖廣雅皆云夏禹所治四海内地，東西二萬八千里，南北二萬六千里，亦周、秦、魏、漢人言也，亦可信爲二萬餘里乎？」曰：「彼據人跡屈曲而言萬里，此據虛空鳥跡而言面五千里也。若以漢人言，服〔一〕虞曰夏、殷方三千里，王莽傳注。將不又狹於五千里乎？再以禹貢徵之，黑水入于南海。夫以怒江爲黑水，則入緬甸之南海；以瀾滄爲

〔一〕「服」，原作「伏」，據漢書注改。

黑水，則入南掌之南海。近陶文毅以盤江爲黑水，即水經之鬱水。則入廣州之南海，安得謂禹服不及嶺嶠南也？若如杜氏以交、廣别爲南越，則禹時無南越之名，元和志亦然。則嵎夷、昧谷、幽都皆在域中，而南交獨居南越之外，何也？然則揚州之域，北距淮緣邊與徐、豫界；西緣義陽以東連山至湖北之黄州，包江西與荆爲界；南跨嶺南，全制交、廣，以海爲界；東濱海。其畺域於諸州獨大者，其時文物未盛，賦役未多，如今邊地州縣動跨地五六百里，抵内地五六縣，故以揚較徐、兖、豫亦若是爾。」

九江考

有禹貢之九江，有秦之九江，有漢之九江。秦之滅楚也，以其都壽春爲九江郡，今壽州。此秦之九江。劉歆謂湖漢水爲九江，近人徐位山宗之，此漢之九江一説也。孔安國、班孟堅以爲在尋陽南，陸氏釋文引尋陽地〔一〕記之名以實之，此漢人又一説也。按秦之九江在廬江、江、淮之間，自爲郡名，無與禹貢，不必辨。若湖漢九水則入彭蠡，地屬揚州，經言九江者四，當在荆州，且彭蠡以東更無地可當東陵者，則劉説之非顯然。尋陽之説，則朱子嘗辨之，朱子謂「分爲九派，則沙水十七道，尋陽之地無所容，一也；若參差取之，又不知斷自何許，且其數亦不止於九，二也；州渚出没，其勢不常，若江陵九十九州之類，不得限以九，三也；若旁計横入小水，則以類甚多，亦不止九，四也」。胡東樵又申之，胡氏謂「尋陽，今黄梅東北，亦屬揚州，非荆州也，既以東陵爲金蘭，如其言，則去

〔一〕「地」，原無，據釋文補。

江六百餘里，經何以言至于東陵，一非也；且必先迆北而後至東陵，二非也；既云朝宗于海，又數其中流之九派，經文無此例，三非也。」鐸更爲之辨曰：「孔仲〔一〕遠以分九派爲九江，夫江分九派，則此九派即江身也。河分爲九，經曰『又北播爲九河』，此何不曰播爲九江乎？漢曰『又東爲滄浪之水』，此何不曰東爲九江乎？一非也。過者，有地在此而水過之之謂也，經不聞曰過九河，何得云過九江？且九派既江之身矣，豈可曰江過江乎？二非也。古尋陽在江北，非今之尋陽，經文導水之『過』與『至于』皆指南岸之地，如在尋陽，則所指爲東陵者在江北，於導水之文既不合，而導山明言岷山之陽，其爲南幹之山明甚，『過九江』明指今興國、武昌之山明甚，不得忽過江北之洲渚而至敷淺原也，三非也。且導水之言『過』與『至于』相近者，以下文『東迆北』而然，導山之言『至于』，必其地相隔尚遥，如岷山至衡山相越數千里，自巴陵至敷淺原亦千里而遥，始可云『至于』。若九江在尋陽，則敷淺原在今九江府德安縣，適當其南，百里而近，復何『至于』之有？此四非也。」然則九江究何在與？曰：「仍以經文定之而已。經言『九江孔殷』，『九江納錫大龜』，則在荆州明矣。導山之文在衡山東，敷淺原西；導水之文在澧東，東陵西，則在今澧州東，岳州九江西，東陵，今岳州巴陵縣。今洞庭是也。洞庭何以爲九江？曰：所納之水凡九也。其九水奈何以水經注證之？則澧、出武陵充縣，東至長沙下雋縣入江。資、出零陵都梁縣，東與沅水合于湖中，東北至于江。注：湖即洞庭湖也。沅、出牂柯且蘭縣。至長沙下雋縣西北入于江。此入湖者也，其漸、即澹水，靳、詹音近而訛。水出漢壽縣，南注沅，故酈氏亦曰

〔一〕「仲」，原作「沖」，形近而誤，今改。

漸水。潕、水出故且蘭東南入沅。潊、導源潊溪，北注沅。辰、出辰陽縣，會于沅水。酉，導源益州巴郡臨江縣，南入沅。則附沅以入湖者也，所納九水，亦名洞庭爾。何以云九江？曰：山海經中次十二經曰：『洞庭之山，帝之二女居之，是游于〔一〕江淵。澧、沅之風，交二字疑誤倒。「風」疑讀如「風舞雩」之「風」。瀟湘之浦，是在九江之間。』此經伯益所作，與禹同時，其可信一也。水經、禹貢山川澤地所在亦曰九江，在長沙下嶲縣今巴陵。西北，其可信二也。導水九江，東陵下即曰『東迆北會于匯』，按今江自出峽至巴陵，皆在西北而趨東南，過巴陵即包武昌而東北斜之，據徐司寇所纂一統志圖。經所謂『東迆北』也；『會于匯』，即指三台、太白等湖而言。謂彭蠡、震澤者恐非。惟巴陵當『東迆北』之處，他郡望皆在斜行之後，益徵巴陵之爲東陵，洞庭之爲九江矣。」

肇域志跋

輿地之學，遠有輶跡，原其義類，端貴謹嚴，推及經世，不妨廣博。蓋蘭臺削稿，已有自注，大書細字，實分兩塗。準是而言，宜爲分別，甄綜大段，厥有數端。辨方正位，首重至到，禹貢、職方，乃其前軌，杜、李繼述，疆域益明，今擬列至到第一。其原書所無者，蓋闕如也。考古證今，必資沿革，鄖氏、白羽，盲左爲之椎輪；「故秦」、「莽曰」，班氏嗣其芳躅。衡要簡繁，比於畿緊望赤，坿而綴之，取諸簡也。

〔一〕「于」上原衍「於」字，據山海經删。

至若周平西之記風土，劉澄之之記古今，語近浮夸，宜爲小注。今擬沿革第二。四列三條，道山所述，五嶽四鎮，望祭所宗，今擬山原第三。雖不能如伯益之條其里數，而郡邑東西亦宜小爲比纂。冀、豫沙土，水道之變多端；東南塗泥，溝渠之徙絶寡。今擬大川小水以類鱗次第四。而塘濼隄防，功資灌溉，鴻溝三海，險限戎馬，概坿於下，語焉必詳，亦爲注焉。東省泉源，賴以轉運，湯湯汶水，實爲樞紐，今擬有關會通河者，著於諸水之次，爲第五。舊縣故城，足資考證，離宫原廟，允見前規，故城延津，昉於武庫，伽藍宫殿，目紀隨書，今擬古蹟第六。五治所以富民，六苑所以考牧，南津税賈，三齊服官，既立監司，宜從記載，今擬户兵工諸分司第七。而藩封比於侯國，官府延於都尉，昔人之成例也，後賢之則傚也。田賦辨於九州，琅玕詳於九府，兩税土貢，度支所重，今擬賦税土産第八。碣石入河，雲颿轉海，記里之鼓，行者所珍，今擬水陸郵程，荆、揚海運，前後相次，爲第九。欒石吉金，明誠之别録，鬼神人物，樂史之蕪詞，凡若此者，既不載芟，概坿於末，爲第十。惟是編乃昔賢未竟之書，薈萃志傳，未及裁翦，容有錯簡失次，亦或鈔胥囪劆，天吴、紫鳳，不止、烏焉、豕亥之訛，排纂諸君宜爲刊謬。然先生淹通淵雅，卓絶古今，所引諸書，十不存一，不知而作，貽誚金根。湘鄉相國，闡前哲之幽緒，貽來學以寶筏，屬以寫官，印以活字，大懼繙緝之難，不居讎定之跡，以士鐸嘗從事於斯，命即原書，略發凡例，修之明之，以俟來哲云耳。

趙刻水經注跋

水經注原四十卷，崇文總目載爲三十五卷，蓋宋已佚其五卷矣，今本乃後人離析以合原數者也。唐六典稱所引一百三十七水，江、河在焉，今本所載僅一百二十四水，若并江以南至日南郡二十水目數之，則多於六典所載七水，若不數此七水，則又少十三水。趙氏一清補漯水目録，然漯水原附見河水中，不勞作目也。又補滏、洺、滹沱、派、滋、洛、豐、涇、汭、弱、黑、涂十二水，併漯水以足一百三七之數，說文「滁」、「洛」二字皆在新坿中，注云「水名」。「弱水」作「溺水」。派水出雁門葰人戍夫山，東北入海。滋水出牛飲山白陘谷，東入滹沱。然豐水見渭水注中，禹貢雍州兩言渭汭，猶言洛汭耳，水經敍於渭水末，則「汭」亦不當補也。按水經沮水經、注皆云「東入於洛」，渭水經亦云「洛水入焉」，則宜有洛水篇。渭水注有「涇水入」，則宜有涇水篇。巨馬河注云「又南，右會滹沱河、枯溝」，又云「南入於滹沱，而同歸於海也」，沽河注「清、淇、漳、洹、滱、易、涞、濡、沽、滹沱同歸於海」，鮑丘水注「鮑丘水又東合泉州渠口，故瀆上承滹沱於泉州縣」，下又云「南極滹沱」，淇水注云「清河至泉州縣，北入滹沱」，濁漳水經云「又東北至昌亭，與滹沱河會」，易水注「東至文安縣與滹沱會」，清河篇末又屢言滹沱，則宜有滹沱篇。濁漳水注「漳水又北，滏水入焉」，太平御覽有引佚文。則宜有滏水篇。溺水、黑水皆宜自爲篇。溺水，說文「自張掖、删丹，西至酒泉合黎，餘波入於流沙。從水，弱聲，桑欽所說」，可證原有溺水篇也。派水，說文「自入於海」，宜爲一篇。滋水雖入滹沱，而所行者遠，亦宜爲一篇。水經沔水注中敍北江甚略，滁水乃小水，不宜爲一篇。則趙氏所言十三水，除豐、汭、滁三水，惟十水耳。

滹沱。水經云：「衛水出靈壽縣西，東北入於滹沱河。」胡渭朏明。云：「恒即滱嘔夷，衛即滹沱。」因引寰宇記真定之蒲澤注云：「滹沱東逕常山北，東南爲蒲澤水，上有梁。」又：「滋水東入新市入滹沱。」又：「饒陽枯白馬渠。」又：「河間大浦淀。」趙氏補引寰宇記如忻州秀容及程侯山，下九域志忻州。又：「寰宇記定襄忻州。之三會水。」又：「雁門縣句注及龍泉。」又：「五臺之五臺山及聖人阜及仙人山。」又：「行唐輪井及王山祠。」又：「任丘縣狐貍淀。」共十一條。前漢志常山郡：「南行唐，牛飲山白陘谷，滋水所出，東至新市入滹沱。」寰宇記言「滹沱者，真定縣，滹沱在縣北一里，藁城東二十九里，靈壽西南二十里。行唐縣，滹沱出州西，流至忻口，而東出房山縣界，在九門北四十九里，束鹿西北四十五里，鼓城北十三里」。又續漢志安平國信都有滹沱河。真定縣，水經云「滹沱水又東經常山城北」云云。南深澤縣，滹沱危渡口在縣東南三十里。滋水入滹沱，在無極縣，滹沱南去縣三十里，從西南鎮州九門縣東界便東流經南深澤縣南入州。博野縣，滹沱在東南三十五里，大城縣北一百三十里。寰宇記五臺縣，水經云「滹沱水東流經聖人阜」云云。崞縣，滹沱水在縣東二百步。繁峙縣，山海經曰：「泰戲之山，滹沱之水出焉。」又引冀州圖云：「又經繁峙故城西三里，與五泉合，又西南入樓煩郡秀容界，又還入崞縣，又入秀容界東北入五臺，南入恒山界。」唐林縣，滹沱水在縣東，饒陽縣，水經云「滹沱河又東至白馬溝出」云云。從河，見濁漳水注，非也。彼乃從溝，非從河也。趙氏誤。又通典云「滹沱河舊在縣南」。安平縣，滹沱河在縣南二十三里。靈壽縣，其城南枕滹沱。河間縣，水經云「大浦下導，陂溝競奔，咸注滹沱」，云在縣西二十里。鄚縣，滹沱水東流經縣南二里，至莫州金口分界，東北流入文安縣。易水東入文安界，合滹沱。文安縣，滹沱在西北三十里。

洺水。武安縣，水經云「洺水源出易陽縣西山」。永年縣，水經云「洺水之目，不知誰改，俗謂山之下地名洺，因經之，故曰洺水」。鷄澤縣，洺、漳二水在縣東南二十里合流，東北入平鄉界。曲周縣，西濱洺水，臨洺縣，本漢易陽縣，北濱洺水。

滁水。清流縣，滁河在縣東三里，源自廬州慎縣來，東南流入六合，至瓜步入大江。然則合趙氏以補十水，猶少二水，是水經終不能全也。

答甘建侯書

天地之内，陰陽五行而已。天化以氣，地成以質，自大賢以下，各有清濁偏駁、有餘不足之數，聖人於是範之以學，使幾於道。然學興而涂歧，支港紛雜，此浚彼塞，葑茭蕪穢，人各就其性習所近，而游泳其間。至於溯洄既久，亦皆可以至於江、河，其不至者，沙水間之也。是故潛見視其位，用舍視其時，鹽醋雜其酸鹹，裘葛各適於冬夏。愚者之見，以謂窮居蓬蓽，無益於世，莫若治經；垂緒於後，莫若讀史。禮經有十四，則三禮、毛詩爲上，書、左氏次之。史二十四，則宋、明爲要，史、漢、三國、晉、五代次之。禮垂大法，詩養性情，務在博稽異説，以備采擇。三通史志，蕭選樂府，詩、禮之航也。堯、舜、三代爲一類，秦、漢至唐一類，五代至明一類。時勢變幻，取法後王，禮樂久屬具文，刑政亦同小補。惟山海之險易，兵家之權謀，經國難泥以陳言，致用必酌其通變，固不能擿埴而索塗，尤不容削趾以就屨。儲其學以待世，莫若廣訪輿圖，勤求敵勢，語言文字，物異人情，測爲通軌。此則管、樂之所長，而淵、雲、班、馬、許、鄭、程、朱皆所不能以爲非者也。然則書法考異，集評發明，皆無關於實際也，非沙石行潦之間阻乎？是故好學難，聚書難，身心閒暇難，無漢、宋之意見難，求友難。無是五難，則莫若擇一以自精，惡其紛而力不給也。莫若副紙以别記，惡其雜而不彙也。莫若以己意爲之圖表，使其羣而易識也。莫若鈔録以删繁複，使其多而不漏也。不若先條其綱目，此航上需打槳摇櫓之助也。手口之議論，門户之褒貶，朋黨之回護，此又暗礁碎石横阻其道者，尤不可不知其爲蘇、張之辯士，宜與少正卯同誅者也。於稽其别，厥有四科：曰簡以提挈其綱領，曰實以詳其器數，曰備以載其利鈍，佛經、西洋之書，皆約載一事若干之利害，曰一二三四等科目款則。曰分以析其源流。此則經史所同，讀一卷即得一卷之益者矣。無我見、人見、世俗見，精進而不止，其至於古人也必矣。至於江、河，斯得道矣。其淺深優劣，則熟不熟之仁，而實三月旦夕之功所判爾。然言之甚易，若士鐸則安能若是哉！念自勝衣就傅，先慈輒口授以幼學，日取日記故事，告以數條，故自志學以前所聞見，不依塾師所責課。自是以後，裒考輿地。二十外，間治算法詞章。既至立年，從胡竹村先生游，迺傳經術。不惑之外，奔走客授，遂不能竟所學之緒。知命後，罹於禍亂，間關乞活，求文字不一得，此事遂廢。耳順後，寄居鄂渚，崎嶇歸里，人事蝟集，舊學益荒。七十以來，以無子孫，心境日惡，益與學問隔絶矣。年來耳目不用，四支解墮，左聞右忘，陰陽微短，受於天地者澌滅無有，尚何足與言學問之萬一哉！

竹村交游

胡先生承珙 別爲墨莊學案。

朱先生珔 別見墨莊學案。

張先生聰咸 別見墨莊學案。

馬先生宗璉 別爲魯陳學案。

程先生恩澤 別爲春海學案。

包先生世榮 別見安吴學案。

汪先生喜荀　别見容甫學案。

洪先生頤煊　别見儀徵學案。

洪先生震煊　别見儀徵學案。

金先生鶚　别見儀徵學案。

郝先生懿行　别爲蘭皋學案。

夏先生炘　别爲心伯學案。

陳先生奂　别爲南園學案。

陳先生用光　别見惜抱學案。

錢先生儀吉 別爲嘉興二錢學案。

魏先生源 別爲古微學案。

張先生成孫 別見茗柯學案。

方先生體

方體字茶山，績溪人。乾隆庚戌進士，刑部主事洊升郎中，出爲江西九江府知府，累擢江蘇蘇松常鎮太道、江寧鹽道、湖北按察使。致仕寓金陵，卒年七十九。先生歷官中外，有政聲。藏書最富，博通經史。所著有遺集。竹村特舉其儀禮今古文考正、儀禮古文考誤二篇，謂「可見經説之一斑」云。參胡培翬撰遺集書後。

文集

儀禮今古文考正

儀禮注稱今文古文字異者凡數十百處。按高堂生傳禮十七篇，蕭奮、孟卿、后蒼、戴德、戴聖所謂五傳弟子也，其所傳習爲今文。若古文經之出魯淹中者，河間獻王獻之，劉向録之，劉歆請之，而終不得立於學官，是以古文五十六篇鮮有傳習之者。即今所存十七篇，亦以同於高堂生，故行於世。蓋自鄭康成以前，今古文各自爲書，而習古文者每不若今文之盛。及至康成，參以今古文定爲之注，儀禮古文由是間傳於世，而今古文亦由是淆亂矣。自後傳鄭學者，若王肅、孔倫、陳銓、李軌、袁準、裴松之、雷次宗、蔡超、田僧之、劉道拔、劉昌宗、周續之、以上並見釋文序録。培翬按：序録謂諸家止注喪服。又序録載李軌、劉昌宗爲儀禮音。又袁準注見唐書志，序録未載。沈重、張沖、黄慶、李孟悊之屬，參互傳寫，隨意增改，文字往往歧異。陸德明經典釋文所謂「亦作」、「又作」、「或作」者，正指是也。賈公彦據黄、李二家作疏，已非鄭氏原定之書。公彦論鄉飲酒「執觶興洗北面」句，云「俗本有盥字」，則宋、元傳本又公彦所謂俗本也。陸德明因劉、李二家之音作釋文，而劉氏本如以「時」爲「旹」，以「糟」爲「蕕」，以「洗」爲「滓」，以「轞」爲「繣」，以「御」爲「衙」，與陸氏異，是陸氏釋文又非劉氏之舊，況鄭氏乎！至今時刊本，注疏較宋、元以來舊本并鄭注所存今古文往往殘闕脱落，彼此錯見，是則鄭氏所定今古文之書屢經淆亂，而況河間獻王、高堂生之所傳者乎？今據鄭注所存者，考其譌脱，爲標舉之，以俟考正今古文者之採擇。

儀禮古文考誤

賈公彦儀禮疏云：「高堂生傳十七篇，是今文也。孔子宅得亡培翬按：「亡字，要義作古。」儀禮五十六篇，其文皆篆書，是爲古文。」按：漢書景十三王傳：「魯共王壞孔子宅，於其壁中得古文經傳。」藝文志云：「古文尚書及禮記、論語、孝經凡數十篇，皆古字。」絕無亡儀禮五十六篇之説。張淳曰：「古未有儀禮之名，疑後漢學者見十七篇中有儀有禮，遂合而名之。」余按：漢藝文志曰「禮古經」，儒林傳曰「士禮」，六藝論曰「古文禮」，論衡曰「佚禮」，隋經籍志曰「古經」，釋文序録曰「古禮」。儀禮之名，始見後漢書鄭玄傳，其爲魏、晉間人所加可知。志云禮記，蓋亦諸儒記禮之説，如別録「古文記二百四篇」，藝文志「記一百三十一篇」之類，與古文禮又自有別。且孔壁古文，字讀皆異，雖好古如孔安國，必以今文考之，始通其學，如無今文可考之尚書十六篇、逸禮三十九篇，即逸在祕府，莫有知者。所以昭帝女讀古文論語二十一篇，宣帝下太常博士，時稱難曉。若皆篆書，則漢時人人能讀，何云難曉乎？此賈疏之誤也。余考班固藝文志云：「禮古經者，出於魯淹中，淹中，里名，淹亦作奄。楚元王傳注，服虔曰：「白生，魯國奄里人也。」及孔氏學十七篇文相似，多三十九篇。」景十三王傳云：「河間獻王修學好古，所得書皆古文先秦舊書，周官、尚書、禮、禮記、孟子、老子之屬。」傳所謂禮，即志云禮古經五十六卷；傳所謂禮記，即志云記一百三十一篇及明堂陰陽之屬。又鄭康成六藝論云：「河間獻王古文禮五十六篇，其十七篇與高堂生所傳同，而字多異。」培翬按：經典釋文引鄭六藝論云：「後得孔氏壁中河間獻王古文禮五十六篇。」似鄭亦以古文禮爲得於孔壁中。俟考。又據許氏説文序，孔氏壁中書係古文，與篆書異。賈疏以爲篆書，誠誤。隋經籍志云：「漢初，高堂生傳十七篇，又有古經，出於淹中，河間獻王好古愛學，收集餘燼，得而獻之，合五十六篇，及明堂陰陽之記，無敢傳之者。惟古經十七篇，與高堂生所傳不殊，而字多異。自高堂生至宣帝時，后蒼最明其業，授戴德、戴聖、慶普。漢末，鄭玄傳小戴之學，後以古經校之，取其義長者作注，爲鄭氏學。」是知禮古經出魯淹中，河間獻王得而獻之，鄭康成取以校之，見於漢藝文志、隋經籍志及鄭康成六藝論，語甚明白。賈公彦顧以淹中所得之禮古經爲孔壁禮記，不亦誤乎！後魏孫惠蔚云：「奄中之經，孔安國所得。」吴草廬、何喬新云「共王得於孔壁，河間獻王獻之」，其謬益甚。故爲審諦源流，以俟好古之君子。

清儒學案卷九十五

頤谷學案

頤谷申鄭攻王，疏證一書，見者歎其堅卓，且熟精選理，雅擅詞章，可謂華實並茂者矣。晴江勤勤補郭，治四書，雖匡朱註，而仍極推崇，蓋不拘於一先生之説。述頤谷學案。

孫先生志祖

孫志祖字詒穀，亦字頤谷，號約齋，仁和人。乾隆丙戌進士，刑部主事洊歷郎中，遷江南道監察御史。乞養歸，遂不復出。先生治經，專宗鄭氏，以爲説經不尊信康成，大道歧而卮言出。背康成由王肅，信王肅由宋人。王肅背經誣聖，僞造家語及孔叢子、小爾雅，並作聖證論，改易漢以上郊祀宗廟喪紀之制。惜魏時王基、孫炎、馬昭難王申鄭之書皆不傳，於是作家語疏證六卷，集羣書之異詞，證肅之改竄謬妄，以明家語之非古本。又集駮聖證論，並疏證孔叢、小爾雅皆非古本，其書未成。又病宋、明人率臆删削古書，善本甚難得，嘗輯風俗通軼文，刊入盧氏羣書拾補中。復輯謝承以下諸家漢書，以補姚氏之駟輯本之闕。屬子同元輯六韜佚文，以補元豐七書删本之闕。平生心得，手自録記經史雜説若干條，仿困學紀聞、考古質疑之例，爲讀書脞録七卷。素精選學，撰文選考異四卷、文選李注補正四卷、文選理學權輿補一卷，並行於世。嘉慶六年卒，年六十有五。參孫星衍撰傳。

家語疏證

相魯第一

孔子溝而合諸墓焉。

案：左定元年傳云：「葬昭公于墓道南。孔子之爲司寇也，溝而合諸墓。」孔穎達正義云：「孔子之爲司寇也，在定公十年以後，未知何年溝之。」王肅以孔子爲司寇事實顯著，其爲司空無聞焉，意以溝合墓道，職近司空，遂以此事屬之爲司空時，與左傳違，非也。

孔子言於定公曰「家不藏甲」節。

案：左定十二年傳「仲由爲季氏宰，將墮三都」，蓋是時侯犯以郈叛，公山不狃以費叛，内釁頻仍，故可乘勢墮之，而季氏、叔孫氏亦俛首聽命耳。至成無畔臣，孟氏倚爲保障，即圍之而弗克矣。不得以墮三都張大其詞，謂孔子之政令得行於三家也。公羊傳乃云：「孔子行乎季孫，三月不違，曰：『家不藏甲，邑無百雉之城。』於是帥師墮郈，帥師墮費。」而史記、家語竝述之，以爲出於聖賢之謀略，過矣！宋章如愚山堂考索有三家墮都辨，謂「其謀非出孔子」，良是。

始誅第二

其談說足以飾褒榮衆。

案：「飾褒榮衆」當從荀子作「飾衺營衆」。

致思第八

夫子糾未成君，管仲未成臣。

案：此二語說苑所無，而實足以定管仲不死子糾之案。宋儒桓兄糾弟之說，與史記、荀子諸書俱不合，非也。尹起莘之論王珪、魏徵曰：「臣之事君，固當終始一致。若君臣之分未定，遽欲死於其難，則亦君子之所不予。」又曰：「東宫官屬與諸王官屬，與人臣事君不同，故太子，臣子也；藩王，亦臣子也；其寮屬，亦臣子也。任是職者，當以一人爲主，不得以所事爲主。」此足發明家語之說。

有懸水三十仞。

案：注：「八尺曰仞。」僞古文尚書旅獒「爲山九仞」，傳亦然。正義曰：「王肅聖證論及注家語皆云八尺爲仞，與孔義同。鄭玄云七尺曰仞，與孔義異。」愚疑僞孔傳與家語並出王肅之手，此亦其一證。趙岐孟子注作八尺，包咸論語注、王逸大招注並作七尺，小爾雅云「四尺謂之仞」。

觀周第十一

「孔子謂南宮敬叔曰」節。

案：孔子適周之年，謂在魯昭公七年與昭公二十四年者皆誤也。昭七年，孔子年十七，時敬叔固未生；即昭二十四年，孟僖子甫卒，敬叔亦安能出門從師？且明年，昭公即孫於齊矣，安得請於魯君而資車馬以適周？蓋敬叔之從孔子學禮，斷在定公之世。家語正論解云：「南容說、即敬叔。仲孫何忌既除喪，而昭公在外，未之命也。定公即位，乃命之辭，以僖子遺命，使事孔子而學禮，以定其位。」其言可信，非昭公世，明矣。然莊子天運篇云「孔子年五十一，南見老聃」，則在定公十年。是時孔子方仕魯爲大司寇，會於夾谷，攝行相事，又安得適周問禮？以愚斷之，當在定公五年陽虎囚季桓子時。史記世家所云，孔子不仕，退而脩詩、書、禮、樂，弟子彌衆，至自遠方，莫不受業，時亦即家語所云「自周反魯，道彌尊矣，遠方弟子之進蓋三千焉」是也。且攷春秋，是年日有食之，亦與禮記曾子問所云「從老聃助葬，日食」適合。

又案：「孔子聖人之後也」云云，襲左昭七年傳。「車一乘，馬二匹，竪子侍御」，襲史記孔子世家。「吾乃今知周公之聖，與周之所以王也」，襲左昭二年傳韓宣子語。

「孔子觀乎明堂」節。

案：淮南主術訓云：「文王周觀得失，遍覽是非，堯、舜所以昌，桀、紂所以亡者，皆著於明堂。」

王肅遂影撰爲孔子事。又周公負成王圖，見漢書霍光傳，故并以爲孔子適周而見之也。其「明鏡所以察形」云云，襲大戴禮保傅篇、賈誼新書胎教篇、說苑尊賢篇、韓詩外傳。五七。又案：注：「世之博一作傳。學者，謂周公便履天子之位，失之遠矣。」此駮鄭康成禮記明堂位注。明堂位云：「天子負斧依南鄉而立。」天子本指成王，鄭注乃云：「天子，周公也。」其說固謬。世之爲鄭學者，乃并周公攝王位及郊祭六天之說而信之。嗚呼，何其蔽也！予謂王肅僞撰家語，以駮康成，固不足信，然其糾正此二事，實爲古今篤論，非馬昭之徒所及。

又案：禮記正義引鄭發墨守云：「隱爲攝位，周公爲攝政，雖俱相幼君，攝政與攝位異也。」則康成固知周公之未嘗攝王位矣。乃於明堂位注又云「周公攝王位」，自相矛盾。

又案：禮記「昔者周公朝諸侯於明堂之位」，釋文本或無「周公」字。蓋去此二字，則可無攝位之嫌。此節是泛言明堂位之義，所以明諸侯尊卑者如此，詞不繫乎周公也。否則周公已攝王位，下文何以又云「三公中階之前，北面東上」乎？

六本第十五

無務農桑。

案：「農桑」，墨子、說苑竝作「豐末」。末與本對。家語作「農桑」，蓋以字形相近致誤。

「曾子耘瓜，誤斬其根」節。

案：此襲説苑建本篇、韓詩外傳八。

又案：以曾皙之賢，曾子耘瓜，誤斬其根，何至擊以大杖，至仆地不知？若曾子之欣然而起，援琴而歌，則孝之至也。使果有此事，孔子聞之，亦必不怒而弗内，何以援舜事瞽叟爲比，而反責曾子之不孝乎？夫瞽叟之欲殺舜，處心積慮，蓋非一日，故舜可宛轉避之。若猝予大杖，本無欲殺之心，其子亦安能預知而逃走也？吾謂此事蓋好事者爲之，諸子習非爲是，曾不加察，三人言之，則市真有虎矣。

又案：洪邁容齋三筆云：「曾皙與子路、冉有、公西華侍坐，有『浴乎沂，風乎舞雩』之言，涵詠聖教，有超然獨見之妙，於四人之中，獨蒙『吾與』之褒，則其爲人之賢可知矣。有子如此，而幾寘之死地，庸人且猶不忍，而謂皙爲之乎？孟子稱曾子養曾皙，酒肉養志，未嘗有此等語也。」

哀公問政第十七

擇善而固執之者也。

案：中庸博學、審問、慎思、明辨、篤行，正擇善固執之實事，王肅不知而妄删之。朱子又疑家語有缺文，或爲子思所補，不知是王肅删，而非子思補也。蓋緣家語勦襲諸子之言，平易而大醇者居多，朱子不疑其僞耳。梅鷟論僞古文尚書，謂「朱子之明，過于鄭僑；晉人之欺，甚于校人。」予於家語亦然。

顏回問第十八

「顏回問於孔子曰：『臧文仲、武仲孰賢？』」節。

案：魯臧文仲、武仲皆不爲聖人所許，然就此二人平心論之，文仲究賢於武仲也。武仲之據防求後，孔子責其要君，實與亂賊無異。家語但見左文二年傳載孔子譏文仲不仁不知，又襄二十三年傳云武仲之智而不容於魯，似文仲不智而武仲智，遂撰爲顏回問二人孰賢，而子以武仲賢答之。夫武仲惡可以稱賢哉！家語是非多謬於聖人，知必非孔子之舊。

子路初見第十九

「子貢曰陳靈公君臣毛本脱，從左宣九年傳正義增。宣淫於朝」節。

案：此因左傳載「孔子曰：『詩云：民之多辟，無自立辟。其泄冶之謂乎？』」數語而傅會之，然大謬也。泄冶不幸，仕於亂朝，直諫捐軀，忠之至也。泄冶誅，而靈公弒矣，陳之不亡若綫，豈有舍陳之君臣，而反責泄冶之理？大夫例合書名，春秋書「陳殺其大夫泄冶」，本無貶詞。左傳所載孔子語，半屬後人依託，本不足據。然就左傳而言，亦似傷泄冶之死非其罪，而無甚深文。家語乃撰爲子貢問答之辭，責其懷寵不去，死而無益，其何以開忠諫之路乎？胡傳謂「冶雖效忠，猶在宋，子哀魯叔肸之後」，尤謬。

五帝德第二十三

蟜牛之孫，瞽叟之子，曰有虞舜。

案：此但言舜爲蟜牛之孫，瞽瞍之子，不云是黄帝九世孫也。據左昭八年傳：「史趙曰：自幕至于瞽瞍無違命。」而大戴禮帝繫篇「顓頊生窮蟬，窮蟬生敬康，敬康生句芒，句芒生蟜牛，蟜牛生瞽瞍」，竝無幕之名，可見帝繫所紀世次多不足信。蓋舜祖幕不出自黄帝，與堯非一族，故得娶堯之二女也。

冠頌第三十三

武王崩，成王年十有三而嗣立。

案：禮記文王世子正義曰：「鄭注金縢，云文王崩後明年生成王，則武王崩時，成王年十歲。」明堂位正義曰：「鄭康成用衛宏之説，與王肅異。」

又案：公羊隱元年傳疏引異義古尚書説云：「武王崩時，成王年十三。後一年，管、蔡作亂，周公東辟之。王與大夫盡弁，以開金縢之書，時成王年十四。」蓋王肅陰襲古尚書説也。

又案：書洛誥「朕復子明辟」，僞孔傳云：「成王年二十，成人，故必歸政而退老。」正義曰：「武王崩時，成王年已十三，周公攝政七年，成王適滿二十。孔於此言成王年二十，則其義如王肅也。」志祖案：此亦僞孔傳與家語竝出王肅之一證。

廟制第三十四

是故天子立七廟。

案：王制云：「天子七廟，三昭三穆，與太祖之廟而七。」鄭注：「此周制。七者，太祖及文王、武王之祧與親廟四。太祖，后稷。殷則六廟，契及湯與二昭二穆。夏則五廟，無太祖，禹與二昭二穆而已。」正義云：「王肅以爲天子七廟者，謂高祖之父及高祖之祖廟爲二祧，并始祖及親廟四爲七，故聖證論肅難鄭云：『周之文、武，受命之王，不遷之廟，權禮所施，非常廟之數。殷之三宗，宗其德而存其廟，亦不以爲數。凡七廟者，皆不稱周室。禮器云：『有以多爲貴者，天子七廟。』孫卿云：『有天下者事七世。』穀梁傳云：『天子七廟，諸侯五。』」蓋王肅不以七廟爲周制，故於此引禮記而增一句曰「此自有虞以至于周之所不變也」，以傅會其說，痕迹顯然。

又案：吕氏春秋論大覽引商書曰：「五世之廟，可以觀怪；萬夫之長，可以生謀。」據緯書鉤命決云：「殷五廟，至子孫六。」此引逸書，蓋在湯時，故云「五世之廟」。僞古文咸有一德乃改爲「七世之廟，可以觀德」，傳云「天子立七廟，有德之王則爲宗祖，其廟不毁，故可觀德」，與肅所言，無不脗合。予故疑二書之出於一手也。廣雅釋室云：「廟，天子五。」

辯樂解第三十五

吾雖以擊磬爲官。

案：此語王肅所增。四書釋地又續曰：「師襄子與論語曰襄者别自一人。論語之襄，乃魯伶官，日以擊磬爲職守，當未入海前，豈容抽身以至於衛，俾孔子從之學乎？集注本家語云襄即孔子所從學琴者，非。」志祖案：師襄與論語之擊磬襄，漢書人表列爲二人，是也。然淮南主術訓「孔子學鼓琴於師襄」，高誘已注云「師襄，魯太師」矣，誤不自王肅始。其云「太師」，尤誤也。

七十二弟子解第三十八

參後母遇之無恩。

案：家語載曾子以黎後漢書郅惲傳作「蒸梨」。蒸不熟出妻一事，愚謂以曾晳之賢，曾子之孝，一門雍睦，安得有此？蓋與孔氏三世出妻事，同爲流俗妄誕也。他書亦無所攷，唯白虎通諫諍篇有引傳曰「曾子去妻，藜蒸不熟」語耳。攷漢書王吉傳注引韓詩外傳曰：「曾參喪妻，不更娶。人問其故，曾子曰：『以華、元善人也。』」今本外傳闕。然則曾子喪妻，而非出妻矣。顔氏家訓後娶篇：「曾參婦死，謂其子曰：『吾不及吉甫，汝不及伯奇。』」

琴牢字子開，一字張。

案：論語「牢曰子云」，鄭注：「牢者，弟子子牢也。」莊子則陽篇「有子牢」，司馬彪云：「即琴牢，孔子弟子。其云子牢者，字也。」論語記聖門弟子，皆字而不名，若琴牢字張，何以獨書名乎？史記弟子傳無琴牢，王肅增之，又牽合孟子、左傳之琴張爲一人，於子夏問篇載琴張事，增「孔子之弟子」五字。竊疑論語「牢曰」字子牢者，是别一人，非琴張也。琴張疑不在弟子之列。如謂孟子與曾晳竝稱狂士，列爲弟子，則牧皮亦弟子乎？至趙岐注孟子，賈逵、鄭衆注左傳，竝以琴張即子張，則尤誤也。白水碑以琴牢、琴張爲二人，唐封典因之。

本姓解第三十九

或者天將欲毛本衍「與」字。素王之乎。

案：素王之稱，出於莊子天道篇、史記殷本紀，當時人未嘗以目孔子也。家語此段，未詳來歷，大抵亦勦襲之辭。論衡超奇篇云：「孔子之春秋，素王之業也。諸子之傳書，素相之事也。」定賢篇云：「孔子素王之業在春秋，桓君山素丞相之跡在新論。」杜預左傳序云：「孔子修春秋，立素王，左丘明爲素臣。」素相、素臣，名目尤屬臆撰。

曲禮公西赤問第四十四

十日過禫而成笙歌。

案：三年之喪，鄭康成主二十七月，王肅主二十五月，蓋鄭以祥禫間月，王以祥禫同月也。康成之説，本之戴德喪服變除，白虎通喪服篇同。確有依據。檀弓云「祥而縞，是月禫，徙月樂」。正義云二者各自爲義，事不相干，故論語云「子於是日哭則不歌」。文無所繼，亦云「是日」，足相證明。又儀禮士虞禮「中月而禫」，王肅謂「是祥月之中」，孔氏駁之曰：「若以中月而禫爲月之中間，應云月中而禫，何以言中月乎？」説尤明暢。故二十七月之制，迄今行之。乃王肅既創爲短喪之説，竟於家語襲禮記「孔子既祥，五日彈琴而不成聲，十日而成笙歌」語，復增「過禫」二字，以曲證其祥禫同月之説，何其妄也。書僞古文太甲中，孔傳亦主二十五月之説，疑肅一人所作。

又案：南史王淮之傳云：「永初中，奏曰：『鄭玄注禮，三年之喪二十七月而吉。古今學者多謂得禮之宜。晉初用王肅議，祥禫共月，故二十五月而除，遂以爲制。江左以來，準〔一〕晉朝施用，搢紳之士多遵玄義。夫先王制禮，以大順羣心，喪也寧戚，著自前經。今大宋開泰，品物遂理，愚謂宜同即物情，以玄義爲制，朝野一體，則家無殊俗。』從之。」宋書同。

後序

故稱孔氏三世出妻。

〔一〕「準」，宋書作「唯」。

案：此説甚誣，閻若璩有孔氏二冤辨。世傳孔氏三世出妻，始於孔子，謂伯魚、子思、子上之母也。檀弓：「子之先君，子喪出母乎？」據正義，是孔子令子伯魚喪出母爾，非孔子自喪其出母也。如後序之説，叔梁紇始出妻，是孔子有出母矣，誣孰甚焉！

年六十卒於家。

案：史記：「安國爲今皇帝博士，至臨淮太守，蚤卒。」閻若璩尚書古文疏證曰：「嘗疑安國獻書，遭巫蠱之難，計其年必高，與馬遷所云蚤卒者不合。信史記蚤卒，則漢書之獻書必非安國；信漢書獻書，則史記之安國必非蚤卒。然馬遷親從安國遊者也，計其生年，當不誤也。」竊意天漢後安國死已久，或其家子孫獻之，非必其身，而苦無明證。越數載，讀荀悦漢紀云：「魯恭王壞孔子宅，得古文尚書，多十六篇，武帝時孔安國家獻之。會巫蠱事，未列於學官。」於「安國」下增一「家」字，足補漢書之漏，益自信此心此理之同。而大傳所謂「作傳畢，會國有巫蠱」，出於安國口中，其僞不待辨矣。

讀書脞録

詩「大賂南金」，正義云：「王肅以爲三品：金、銀、銅。鄭不然者，以梁州云『厥貢鏐僞孔傳本作「璆」，譌。鐵銀鏤』，爾雅釋器云『黄金之美者謂之鏐，白金謂之銀』，貢金銀者既以鏐銀爲名，則知金三品者，其中不得有金銀也。檢禹貢之文，『厥貢鏐鐵錫鉛銅』，故知金即銅也。僖十八年左傳曰『鄭伯始朝於楚，楚子賜之金，以鑄三鐘』，攷工記云『六分其金，而錫居一，謂之鐘鼎之齊』，是謂銅爲金也。三色者，青白赤也。」案僞孔傳亦云「金銀銅也」，與王肅同，亦王注多類孔傳之一事，所以疑僞傳出於肅造也。

詩「東門之池」，箋「孔安國云：『停水曰池。』」見秦誓傳。儀禮士昏注：「壻，悉計反，从士从胥，俗作聟，女之夫。」案：此皆陸氏釋文語，誤刻作箋、注者。閻百詩尚書古文疏證乃據此爲康成曾見孔傳，又云「鄭作反語，有此一條」。以百詩之精博，猶不免爲俗刻所誤，益信讀書之難也。

後漢書鄭康成傳敍康成撰述有孝經注，而謝承書無之。或疑謝氏脱誤，非也。康成孝經注晚出，前世通儒並疑其僞。南史陸澄傳云：「康成自敍所箸衆書，亦無孝經注。」此爲明證。一說是康成孫小同撰。近人所刻古文孝經孔傳，謂得之日本者，尤不足信。大唐新語「開元初，劉子玄奏議請廢鄭注孝經，依孔注」，略曰：「今所行孝經，題曰鄭氏。爰在近古，皆云是鄭康成，而魏、晉之朝，無有此説。後魏、北齊之代，立於學官。今驗孝經非鄭康成所注，凡十二條。」

周禮大宗伯疏引緯書文曜鉤「天皇大帝之號」，又引爾雅「北極謂之北辰」，其下引鄭康成注云：「天皇北辰曜魄〔一〕寶。」此文曜鉤注語，非爾雅注也。近余氏蕭客古經解鉤沈列之康成爾雅注，誤矣。隋書經籍志有康成孟子注，亦疑誤。

朱子記嵩山卦爻彖象説謂「古經始變於費氏，而卒大亂於王弼」。日知録據魏志高貴鄉公與博士淳于俊問對之語，以爲連合經傳，輔嗣實本於康成。案漢書儒林傳云：「費直治易，無章句，徒以彖、

〔一〕「魄」，原作「皖」，據周禮大宗伯疏改。

象、繫辭十篇、文言解説上、下經。」蓋藝文志易經十二篇，其二篇爲上、下經，而十篇則十翼也。費直以十翼本解上、下經，故不自爲章句，非變亂十二篇之舊也。戴東原先生嘗辨之矣。志祖則謂十二篇次第，康成亦未嘗改易。高貴鄉公所云「孔子作彖、象，鄭氏作注，其釋經義一也。今彖、象不與經文相連，而注連之，何也」？蓋謂孔子十翼亦即易注，仍自爲一書，不附經文之下，與鄭氏之以己注附於經文者不同，故帝云：「若聖人以不合爲謙，則鄭氏何獨不謙也？」康成注經，未嘗輕改一字，寧有變亂古經如是邪？然則以傳附經，實始亂於王弼，以爲始於費直、鄭康成者皆誤。

尚書大傳云：「堯典可以觀美，禹貢可以觀事，咎繇可以觀治，鴻範可以觀度，六誓可以觀義，五誥可以觀仁，甫刑可以觀誡。」一作「誡」。此文心雕龍宗經篇所謂「書標七觀」也。孔叢子論書，改堯典爲帝典，以僞古文有舜典也，改禹貢爲大禹，以僞古文有大禹謨在禹貢前也；又於咎繇謨增出益稷，亦與僞古文符合。至六誓改泰誓，尤謬。予向疑僞古文與孔叢子、家語皆出王肅一手，於此益信。

詩木瓜毛傳云「孔子曰：『吾於木瓜見苞苴之禮行。』」案：此語見孔叢子記義篇，毛公不應引及。蓋僞作孔叢者，因毛傳此文，撰孔子讀詩論斷之語，蔓述他詩以足成之爾。非毛傳引孔叢，乃孔叢襲毛傳也。或曰：「毛傳此文即王肅竄入。王肅竄改毛傳，見盧抱經龍城札記。孔子語總釋木瓜全篇詩義，毛公如果引之，當在敍下。肅知毛不爲敍作傳，句無可附，乃於末章竄入之，以爲西京大儒蚤讀孔叢之左證，不知其竄入之迹可尋也。」然則孔叢亦王肅所撰無疑矣。

按：先生讀書脞録，學海堂經解節刻説經諸條，茲擇其羽翼鄭氏，存真祛妄，尤有心得者，以當發凡。其攻王氏之說，亦舉一二大端，庶使未成諸書存梗概焉。

文選考異序

毛氏汲古閣所刻文選，世稱善本。然李善與五臣所據本各不同，今注既載李善一家，而本文又間從五臣，未免踳駁，且字句譌誤脱衍不可枚舉。國朝潘稼堂及何義門兩先生竝嘗讎校是書，而義門先生丹黄點勘，閲數十年，其致力尤勤。又有圓沙閲本，不箸題跋，而徵引顧仲恭、馮鈍吟評語居多，意其爲錢氏之書，皆少陵所謂熟精選理者也。志祖嘗借閲三家校本，參稽衆説，隨筆甄録，倣朱子韓文考異之例，輯成四卷，以正毛刻之誤。至汲古閣本卷首列錢士謐重校者，較之他本爲勝，今悉據此重加釐正。其坊間翻刻之妄謬，更不足道云。

文選李注補正序

崇賢生於唐初，與許淹、公孫羅並承江都曹憲爲文選音訓，蒼、雅之學，遠有端緒，而李注盛行於世，學者與顔師古漢書注並稱，良不誣也。吕延濟輩荒陋無識，甚媿六臣之目，明汲古閣毛氏本止載崇賢一家，藝林奉爲鴻寶。顧其書網羅羣籍，博洽罕有倫比，而釋事遺義，亦所不免。夫師古書薈萃衆説精矣，然三劉、吴氏迭有刊落，豈積薪之居上，亦集腋之易工。予用是喟然深思，不能已於握槧也。曩既輯文選攷異四卷，兹復合前賢評論及朋儕商推之説，附以管窺，仿吴師道校國策之例，輯李注補正四卷，以諗世之爲選學者。

附録

先生學宗康成，平生箸述以家語疏證爲最精審。其他考論經子雜家，脞録備焉。阮文達稱其「折中精詳，實事求是，不爲武斷鑿空之論」。選學三書，理學權輿補爲續汪師韓理學權輿而作。汪氏書分九目，其八曰評論，先生輯丹鉛録、匡謬正俗、猗覺寮雜記諸書之及選學者，補汪氏所未採，爲書一卷附焉；文選考異仿朱子韓文考異之例，據錢士謐校汲古閣本，以潘稼堂、何義門、錢圓沙三家校本，旁稽衆説，參互釐正，爲書四卷；文選李注補正仿吴師道校國策之例，合前賢評論，朋儕商摧，並下己意，李注闕者補之，誤者正之，汪氏説亦並採焉，爲書亦四卷。讀書脞録、文選考異、文選李注補正。

先生幼穎悟，讀書五行俱下，一時有奇童之目。浙中夙學全謝山、厲樊榭、杭堇浦皆器異之，與往來質難。年十八，試經解，見重於學政雷鋐，補附學生。其舉於鄉也，考官莊培因策問李鼎祚周易集解，先生對最詳。其中式禮部，考官裘曰修以「黍稷與與〔一〕」命題，惟先生以黍稷分比，數典不紊，世謂稽古之力無媿於科名。孫星衍撰傳、阮元撰傳。

孫淵如曰：漢以來傳儒林者，以通經詁守家法，至晉稍衰焉。有王肅起而亂之，至改易制度，故肅

〔一〕「與與」，詩小雅信南山作「彧彧」。

者，經學之罪人也。後世至祀之饗舍，旋悟而黜之。星衍嘗作六天辨、五廟二祧辨，又擬集馬昭叔然難王申鄭之説爲一編而未竟。得見先生家語疏證，爲之心折。語云：「學如牛毛，成如麟角。」國朝之學，推本漢儒，上考三代制作，無師而有師法矣。以予所識，近世儒林若先生及邵學士晉涵、錢校官塘、武進士億、汪明經中，皆彬彬大雅之選，不幸早世，文猶在茲乎！孫星衍撰傳。

先生性行醇篤，與人交咸有終始。盧文弨卒，爲編訂遺文，勒成一集。汪中卒於西湖旅舍，爲文祭之，送其喪歸。其厚於舊故類此。同上。

頤谷家學

孫先生同元

孫同元字雨人，頤谷兄景曾子，因無子立爲後。少受家訓，通經詁。阮文達立詁經精舍，選高才生肄業其中，先生與焉。嘉慶戊辰舉人，大挑知縣，改永嘉教諭，署温州府教授。永嘉地近閩，語言殊異，諸生多不明字義，先生作今韻三辨、分字辨、訓辨、詩辨，用以教士。又箸弟子職注、永嘉見聞録。參汪家禧東里生燼餘集。

頤谷交游

全先生祖望　別爲謝山學案。

杭先生世駿　別爲堇浦學案。

厲先生鶚　別見堇浦學案。

盧先生文弨　別爲抱經學案。

汪先生中　別爲容甫學案。

阮先生元　別爲儀徵學案。

孫先生星衍　別爲淵如學案。

翟先生灝

翟灝字大川，改字晴江，仁和人。乾隆甲戌進士，授知縣，改衢州府學教授，以憂去官。起補金華府學教授，久之，以老乞歸。性簡訥，好讀書，博通經史，旁及諸子百家，山經地志，苟可資多識者，靡所不覽。異聞奇字，包孕貫串，下至街談巷説，亦必考所由來。自壯至老，日課述無倦。教人必以誠，有以古書義質者，竭所知告之，反覆數千言不已。撰四書考異，别爲總考條考，貫串精審，折衷求當，不囿於漢、宋。又撰爾雅補郭，郭注未詳未聞凡百四十二事，邢疏補其十，乃參稽典籍，爲備説之。又箸通俗編，凡載籍成言，爲世俗口語所常及者，一一考其出處，析爲三十八類，類别爲卷。他箸又有周書考證、山海經道常、説文稱經證、漢書藝文補志、太學石鼓補考。其涉鄉里文獻者，則有湖山便覽、草塘辨、利院志、艮山雜志、龍井記略、南澗理安寺志、資福院志。在衢州箸三衢可談録。屬於詩文評及雜箸者，則有玉屑篋涉獵隨筆、平皋小隱詩話、桂隱百課箋、歷朝箸題律選、無不宜齋文稿、詩稿。乾隆五十三年卒。參梁同書撰傳。

四書考異

「在親民。」 按：舜典：「百姓不親，五品不遜，汝作司徒，敬敷五教在寬。」五教之設，所以親民，乃有虞氏創立大學之始規也，合孟子「人倫明於上，小民親於下」言之，此「親」字實似不必更改。但其所謂親者，蓋令民自相親，非君上親愛之，亦非民之親近君上也。孟子云：「人人親其親，長其長，而天下平。」又云：「親親，仁也；敬長，義也，無他，達之天下也。」此言親民之事，亦極之於平天下。孟子所言，謂即以釋此經可矣。

「人之其所親愛而辟焉。」按：藍田呂氏曰：「見賢思齊，則之其所親愛畏敬而辟焉；見不賢而内自省，則之其所賤惡哀矜敖惰而辟焉。」延平周氏曰：「能近取辟，可謂仁之方也。己果能近之，其身所親愛者，以辟於人之所親愛云云，則其所行者，莫非公恕之道。」石林葉氏曰：「所藏乎身不恕，未有能喻之人者也。故齊家在於用恕。」又廬陵胡氏、范陽張氏别訓「辟」爲「省察」，而亦讀以「譬」音。朱子以前，未嘗有讀僻者，故陸氏釋文所載，衹一音而已。

「天命之謂性，率性之謂道，脩道之謂教。」按：書湯誥「惟皇上帝，降衷于下民」，即天命爲性也；「若有恒性」，即率性爲道也；「克綏厥猷惟后」，即修道爲教也。千古言性，惟成湯權輿，而孔氏系出自湯。聖門家學淵源，莫此爲要。子思恐其漸久而晦，故特于一書之首，切指以正其名。後之言性者，一準斯傳，而不性其所性，則自不患于繆戾矣。

「不敬，何以别乎？」按：舊解具「犬馬養人，人養犬馬」二説，朱子特取其後一説，殆以内則文可參合故耶？然内則主父母所愛敬之人言，于此未盡允。且犬馬但有可愛，無可敬，云「亦敬之」，語復未純也。同屬禮記，與其參内則，不若參坊記。坊記云：「小人皆能養其親，君子不敬，何以辨？」惟變犬馬爲小人，餘悉合此章義而無駁辭。荀子云：「乳彘觸虎，乳狗不遠游。」雖獸畜知愛護所生也。束皙補亡詩云:「養隆敬薄,惟禽之似。」爲人子者,毋但似禽鳥知反哺已也。皆與坊記言一以貫之,即甚不敬之罪,此義已深足警醒,更何必比人父母于犬馬耶?

「仁者先難而後獲。」按:樊遲凡三問仁,兩兼問知,夫子答之絶不同。夫子固因材施教,而一人一問,時或有前後之殊,材未必變易之速,三答均可終身由之,遲不應見少而屢瀆也。大約遲之進問,猶有餘辭,而其辭有别,夫子乃各就其問辭答之。纂語者重在夫子之答,略其問辭,但渾括之曰問仁、問知焉耳。各篇中,凡諸弟子同所問,而夫子異答,宜兼以此意隅反之。

「魯人爲長府。」按:魯人改作長府,因季氏惡昭公也。左傳昭公二十五年,公居長府,伐季氏,入之。孟氏、叔孫氏共逐公徒,公遜于齊。長府,蓋魯君别館,稍有畜積扞禦,可備騷警之所。季氏惡公恃此伐己,故于已事後,率魯人卑其閈閎,俾後之爲魯君者,不復有所憑恃,其居心寧可問乎?閔子無諫諍之責,能爲婉言諷之,則與聖人强公弱私之心深有契矣。如是説經,似尤覺聖賢見義之大,含旨之深。羅氏路史禪通記曾旁論及是,而語焉未詳,竊申而備之。

「桓公九合諸侯。」按:自公、穀以來,俱謂九爲實數。周、秦、兩漢人多有以「九合」、「一匡」作偶語者。釋文「九」字無音,則凡朱子前諸儒俱如字讀,未有因左傳一據,遂欲改文爲「糾」者也。左傳亦嘗見「九合」字,襄公十一年,晉侯謂魏絳曰:「子教寡人,八年之中,九合諸侯。」蓋晉悼公復有九合之事,而先儒亦核實數訓之。國語載晉悼公謂魏絳作「七合諸侯」。昭公元年,祁午謂趙文子則曰:「子相晉國,以爲盟主,再合諸侯,三合大夫。」「再」、「三」與「七」,斷必爲數,則「九」字尤無可疑焉。

「以德報怨。」按：論語二十篇，無及老聃一事。惟或人舉此語爲問，而夫子深不謂然。即此可破學於老聃之浮説矣。

「公山弗擾以費畔。」按：左傳、史記各與論語事不同。左傳陽虎之畔在定公八年，時公山不狃雖未箸畔迹，而與季寤等共因陽虎，則季氏亦已料其畔矣，因於次年使人召孔子圖之。孔子未果往，而不狃盤踞於費，季氏無如之何也。十二年，孔子爲魯司寇，建墮費策。不狃將失所倚恃，遂顯與叔孫輒襲魯犯公。孔子親命申句須、樂頎伐之，公室以之平。季氏之召，終亦以之應矣。如此説之，則左、史兩家得以相通，而於事理亦可信。論語「召」字上原無主名，舊解惟推測子路語，謂是公山氏召，實大誤也。揆子路語意，當介介於季氏之平素劣跡而云，何必因公山氏之之，以從畔伐畔也。上之謂「往」，下之謂「季氏」，所書經屢寫，句内偶脱一字，乃致與左、史文若矛盾耳。先儒承舊解，謂此爲聖人體道之大權。夫權之爲喻，或輕或重，審物以濟變也。如論季氏之平素，召不當往，而不狃之罪，更有重焉，則不妨於季氏，此正所謂權矣。若併不狃之悖亂略不審擇，則枉道而已，烏得謂之權乎？

「夫召我者，而豈徒哉！如有用我者，吾其爲東周乎！」按：杜氏春秋序以或有黜周王魯之説，引「如有用我者，吾其爲東周乎」，以明其説之非。東周，鄭康成所謂成周是也。詩黍離正義引鄭論語注曰：「敬王去王城而遷於成周，自是以後，謂王城爲西周，成周爲東周。故昭二十二年，王子猛入於王城，公羊傳曰：『王城者何？西周也。』二十六年，天王入於成周，公羊傳曰：『成周者何？東周也。』孔子設此言時，在敬王居成周後。」故云「爲東周乎」。「爲」字實當作去聲讀，如述而篇「爲衛君」之

「爲」，猶言助也。夫子云「豈徒哉」，言不徒制弗擾，如用我，則將助周室，申明君臣上下大義，即季氏輩並正之矣。集解、集注皆云「興周道於東方」，意未嘗不含此，而未昭明。後儒乃謂子欲因魯爲東周，或且謂因弗擾爲東周，殊乖繆甚。

「佛肸召。」按：佛肸之畔，畔趙簡子也。簡子挾晉侯以攻范中行，佛肸爲范中行家邑宰，因簡子致伐，距之。于晉爲畔，于范中行猶爲義也。且聖人神能知幾，范中行滅，則三分晉地之勢成，三分晉地之勢成，則大夫自爲諸侯之禍起，其爲不善，較佛肸孰大小哉？子路見未及此，但知守其常訓。聖人雖有見焉，卻難以前知之幾爲門弟子語也，故但以堅白恒理答之。

「仲尼焉學。」按：孝經疏云：「劉瓛、張禹之義，以爲仲者中也，尼者和也。孔子有中和之德，故謚曰仲尼。」又檀弓「魯哀公誄孔子」，注云：「尼父因其字以爲之謚。」疏云：「尼則謚也。」中和之説稍近穿鑿，魯哀公事則甚信而可徵。論語一書，惟此以下四章稱仲尼。四章連次，篇末且有「其死也哀」之文，必俱孔子既卒後語。合中庸、孝經之稱謂觀之，則尼誠孔子謚矣。今人藉口三經謂弟子子孫皆可呼其師與父祖之字，殆未深考。

「堯曰：咨爾舜」章。按：古論堯曰篇僅此一章，此蓋是論語後序，故專爲篇，而文今不全，故覺其難通解也。周易序卦與詩、書之序，舊俱列篇第數中，而退居于篇尾。今詩、書序分題于各篇章，傳注家所移置耳。周、秦、兩漢書籍，如莊子天下篇、史記自序、淮南子要略、越絶書敍外傳記、潛夫論敍録、鹽鐵論大論、文心雕龍序志篇，皆屬斯例。若漢書之敍傳、華陽國志之序志、後語，大序後復有小序也。論衡以對作篇爲序，其後更有自記一篇，則附傳也。參同契以自作啓後章爲序，其後更有補塞遺脱一章，則補遺也。吕氏春秋以序意章爲序，次列季冬紀末，蓋吕以春秋名書，專以紀時令，故十二紀畢，隨序其意，而八覽、六論乃所附見者也。荀子當以非十二子篇爲序，今次第六，乃唐楊倞作注時誤移，倞自序言「其篇第頗有移易」是也。由是類觀，則此章暨孟子由堯舜章之爲一書後序，夫何疑耶？「子張問」以下，古原别分爲篇，蓋于書成後續得附編，故又居後序之後。

「鷄鳴狗吠相聞。」 按：此必時俗語，故莊子云「昔者，齊國鄰邑相望，鷄狗之音相聞」，老子云「樂其俗，安其居，鄰里相望，鷄犬之聲相聞」。百家之書，凡非孟子後，時而其辭有同者，如「挾山超海」、「杯水車薪」、「絶長補短」、「過化存神」之類，均當持此論觀。

「能言距楊墨者」節 按馬端臨文獻通考曰：「七篇之書所以距楊、墨者甚至，而闊略於餘子，何也？蓋老、莊、申、韓、蘇、張等學，與吾儒旨趣本自冰炭薰蕕，游於聖門之徒，未有不知其非者，固無俟於辨析也。惟楊朱、墨翟之言，未嘗不本仁祖義，尊賢尚德，而擇之不精，語之不詳，其流弊遂至於無父無君，正孔子所謂『似是而非』，明道先生所謂『淫聲美色易於惑人』者，不容不深鋤而力辨之。」此論未盡然也。百家之説，雖皆異於孔子，然猶陽爲依附，或假託言事以自濟其説，蓋其心未嘗不知孔子爲聖人者。獨墨翟妄自尊大，儼與聖門各樹旗鼓，肆爲非儒之説，抵觸聖人。當世惑者，遂至以孔、墨並稱，則墨實異端之渠魁矣。楊朱之學，沿自老子。老子之寡欲清心尚可節取，楊朱則專以放蕩禮法，恣縱嗜欲爲宗。其言曰：「人生奚爲哉？爲美厚耳，爲聲色耳。乃復慎耳目之觀聽，惜身意之是非，失其至樂，不能自肆一時，重囚累梏，何以異哉！」夫逸欲之途，本人情所易趨，加是説以惑之，歸之者不如鶩乎！所以天下之言，不歸墨則歸楊也。若言似是而非，則墨翟猶有尚賢貴義之説。楊朱顯背名教，以舜、禹窮獨憂苦，不若桀、紂有縱欲之歡；以夷、齊矜其清貞，而適以自誤；以公孫朝穆縱酒漁色，無所不至，爲世之真人，豈尚有與吾儒略似處哉！

「不以規矩，不能成方員。」按：西河毛氏言：「孟子不道桓、文之事，而爲文多襲管子。如省刑罰；薄税斂；規矩，方圓之正也，巧者不能舍規矩而正方圓；諸侯無專殺；大夫毋曲隄；毋貯粟；使税者百一鍾；孤幼不刑；澤梁時縱；關譏而不征；市書而不税；以善勝人，未有能勝人者也；以善養人，未有不勝人者也。皆管子文。」愚謂此類有屬古成語成法，彼此共述之者；有後人附益管書，轉從孟子捃入者；有其言可採，不以人廢言，若引及陽貨例者；有姑取其事，以褒見貶，本春秋經，彼善於此例者。若茲規矩方圓一條，辭雖以管子，而管仲任法，孟子言仁，其意旨乃猶河漢而無極矣，槩云襲管，豈不大悖繆乎！

「百里奚自鬻於秦養牲者。」按：戰國時處士横議，蔑人倫，廢禮義，以爲親可怨，弟可放，夫婦可苟合也。竊威福之柄，萌篡逆之心，以爲君臣無定分，禪繼無定命也。枉己辱身，營營富貴利達之途，以爲苟賤可甘，近倖可援也。爰是造爲事端，託諸舜、禹、伊、孔，謂聖人且有然者，欲假以濟其私而掩其醜。孟子懼焉，故特設爲門弟子疑難問答，箸諸簡編，以抉其藩籬。好辨章所謂「正人心，息邪説，距詖行，放淫辭」者，正於此篇詳盡見之。風俗通言孟子退與萬章之徒作書，而舉好辨章文爲旨。萬章之徒非就此篇實據之歟？故此篇雖若泛論往事，而實爲孟子一書之要領。觀孟子論百里奚已無所據，惟以事理反覆推之，則列國之信史，若輩惡其害己，並早滅於秦火前矣。觀馬遷爲史，凡孟子所既辨斥，仍多取爲實録，則時之邪説惑人深，幾于杯水車薪之不可熄矣。使非此篇久傳，雖舜、禹、伊、孔且無以見白于今日，其他是非之顛倒者可勝言乎！

「仁，内也，非外也；義，外也，非内也。」按：告子此言，遠本管子，管子戒篇：「仁從中作，義由外作。」而近受自墨子。墨子經下篇：「仁義之爲内外也。」「愛利不相爲内外；所愛利亦不相爲内外。其爲仁，内也；義，外也，舉愛與所利也。」墨子公孟篇：「二三子曰：『告子言義而行甚惡，請棄之。』墨子曰：『不可。告子言談甚辨，言仁義而不吾毀。』」又告子受教於墨之實驗。趙氏云「告子兼治儒、墨」，非僅泛度爲言。

「孟季子問公都子曰。」按趙注未有「孟」字而疏直以「季任」當之，知當時所據經文實亦未有「孟」字。蓋此與任人食色之問同在一時，觀兩章文勢畫一可見也。竊嘗疑季子爲孟子弟，有所疑問，何不親詣孟子？孟子亦何不詔之面命，而必輾轉於公都子？又疑宋政和五年詔，以樂正子享孟子廟，孟仲子封新泰伯，與公孫丑、萬章等十七人皆從祀，雖季孫、子叔之在疑似間者，未嘗闕失，而何獨無孟季子？今閲此疏，乃知孟子書中本不云「孟季子」，前疑爲之冰釋。

附録

先生家素饒裕，有賈業於京師，以父命往督之。書則操奇計贏，持籌握算，凡尺度淳制質劑之屬悉經理焉;夜閉户,一燈熒然,讀書不輟,漏四下始寢;或竟夜不寢,日禺中起,復治賈人事,率以爲常。作爲詩文,閎中肆外。同州前輩金志章、杭世駿等皆與定交。梁同書撰傳。

先生博極羣書,搜奇抉奥。嘗與梁玉繩論王肅撰家語以難康成,欲搜考以證其僞,握筆互疏所出,頃刻數十事。讀爾雅,謂古當有釋禮篇,與釋樂篇相次。祭名、講武、旌旂三章,乃釋禮之殘缺失次者。所説多先儒所未發類此。梁玉繩瞥記。

按:梁山舟爲先生作傳,謂先生嘗箸家語發覆,然曜北爲孫頤谷家語疏證跋,述與先生共論家語之僞,不言有是書,必當時未卒業也。

清儒學案卷九十六

實齋學案

乾、嘉閒，休寧、高郵諸儒，相與正訓詁，明音韻，考名物，覈度數，寖流爲支離破碎。實齋獨伸六藝皆史之旨，條其義例，比於子政，辨章舊聞，當時闃寂近數十年，翕然宗之。述實齋學案。

章先生學誠

章學誠字實齋，會稽人。乾隆戊戌進士，官國子監典籍生。而質魯，賦稟瘠弱。少入塾，從同縣王浩學，日誦百餘言，猶亟亟不赴程。已而日親墳籍，不甘爲章句之學。從山陰劉文蔚童鈺游，習聞蕺山、南雷之説。熟於明季朝政始末，縱覽子史，自具識力，知所去取，意所不愜，輒批抹塗改，疑者隨時札記，以俟參攷，久之洞明著作之本原。嗣游朱竹君之門，遍覽其藏書，與名流討論講貫，益審學術源流同異。以所聞見，證平日之見解，有幼時所見，及至老不可移者。交餘姚邵二雲，務推究古近史家之學。嘗客馮兵備廷丞所，與休寧戴東原、江都汪容甫同爲兵備所敬禮，而所學異趣。先生學長於史，嘗謂「六經皆史，書與春秋同原，詩教最廣，太史陳之，官禮制作，與大易之制憲，明時聖王經世之大，皆所以爲史也」。嘗就南北方志之聘，創州縣立志科，方志立三書議。畢尚書沅總督湖廣，延撰湖北通志，書成多異議，先生條辨之。今所論定和州、永清、亳州、天門諸志，或傳或不傳，而湖北通志亦非其舊矣。其敍校讎通義，謂「校讎之義，自劉向父子部次條別，將以辨章學術，考鏡源流，非深明於道術精微、羣言得失之故者，不足與此。後世部次甲乙，紀録經史者，代有其人，而求能推闡大義，條別學術異同，使人由委溯源，以想見於墳籍之初者，千百之中不十一焉。鄭樵生千載而後，慨然有會於向、歆討論之旨，因取歷朝著録，略其魚魯豕亥之細，而特以部次條別，疏通倫類，考其得失之故，而爲之校讎，蓋自石渠、天禄以還，學者所未嘗窺見者也。顧樵生南宋之世，去古已遠，劉氏所謂七略、别録之書，久已失傳，唐志尚存，宋志已逸，嗣是不復見矣。所可推者，獨班固藝文一志。而樵書首譏班固，凡所推論，有涉於班氏之業者，皆過爲貶駁之辭，蓋樵爲通史，而固則斷代爲書，兩家宗旨自昔殊異，所謂道不同不相爲謀，無足怪也。獨藝文爲校讎之所必究，而樵不能平氣以求劉氏之微旨，則於古人大體，終似有所未窺。又其議論過於駿利。隋、唐史志甲乙部目，亦略涉其藩，而未能推闡向、歆術業，以究悉其是非得失之所在，故其自爲通志藝文、金石、圖譜諸略，牴牾錯出，與其所譏前人著録之謬，未始徑庭，此不揣本而齊末者之效也」。先生文不空作，探原官禮，而有得於向、歆父子之傳，撰通義數十萬言，於古今學術，輒能條別而得其宗旨，立論多前人所未發。視唐、宋文體夷然不屑，所修和州、亳州、永清、天門諸志，皆得體要。嘉慶辛酉，先生卒，時年六十四。病中以稿寄蕭山王宗炎爲次目録。道光壬辰，次子華紱寫定文史通義内篇五卷，外篇三卷，校讐通義三卷。近吴興劉承幹又輯遺稿，增方志略例二卷，文集八卷，湖北通志檢存稿四卷，外集二卷，湖北通志未成稿一卷，外編十八卷，統名曰章氏遺書。參史傳、譚廷獻撰傳、章氏遺書目。

文史通義

經解上

六經不言經，三傳不言傳，猶人各有我而不容我其我也。依經而有傳，對人而有我，是經傳人我之名，起於勢之不得已，而非其質本爾也。易曰：「上古結繩而治，後世聖人易之以書契，百官以治，萬民以察。」夫爲治爲察，所以宣幽隱而達形名，布政教而齊法度也，未有以文字爲一家私言者也。易曰：「雲雷屯，君子以經綸。」經綸之言，綱紀世宙之謂也。鄭氏注謂「論撰書、禮、樂，施政事」。經之命名所由昉乎？然猶經緯經紀云爾，未嘗明指詩、書六藝爲經也。三代之衰，治教既分，夫子生於東周，有德無位，懼先聖王法積道備，至於成周無以續且繼者，而至於淪失也，於是取周公之典章，所以體天人之撰，而存治化之迹者，獨與其徒相與申而明之。此六藝之所以雖失官守，而猶賴有師教也。然夫子之時，猶不名經也。逮夫子既殁，微言絶而大義將乖，於是弟子門人各以所見所聞所傳聞者，或取簡畢，或授口耳，録其文而起義。左氏春秋、子夏喪服諸篇，皆名爲傳，而前代逸文，不出於六藝者，稱述皆謂之傳，如孟子所對湯、武及文王之囿是也。則因傳而有經之名，猶之因子而立父之號矣。至於官師既分，處士横議，諸子紛紛著書立説，而文字始有私家之言，不盡出於典章政教也。儒家者流，乃尊六藝而奉以爲經，則又不獨對傳爲名也。荀子曰：「夫學始於誦經，終於習禮。」莊子曰：「孔子言治詩、書、禮、樂、易、春秋六經。」又曰：「繙十二經，以見老子。」荀、莊皆出子夏門人，而所言如是，六經之名起於孔門弟子亦明矣。然所指專言六經，則以先王政教典章綱維天下，故經解疏别六經，以爲入國可知其教也。論語述夫子之言行，爾雅爲羣經之訓詁，孝經則又再傳門人之所述，與緇衣、坊、表諸記相爲出入者爾。劉向、班固之徒序類有九，而稱藝爲六，則固以三者爲傳而附之於經，所謂離經之傳不與附經之傳相次也。當時諸子著書，往往自分經傳，如撰輯管子者之分别經言，墨子亦有經篇，韓非則有儲説經、傳，蓋亦因時立義，自以其説相經緯爾，非有所擬而僭其名也。經固尊稱，其義亦取綜要，非如後世之嚴也。聖如夫子而不必爲經，諸子有經以貫其傳，其義各有攸當也。後世著録之家，因文字之繁多，不盡關於綱紀，於是取先聖之微言，與羣經之羽翼，皆稱爲經。如論語、孟子、孝經與夫大、小戴記之别於禮，左氏、公、穀之别於春秋，皆題爲經，乃有九經、十經、十三、十四諸經，以爲專部，蓋尊經而并及經之支裔也。而儒者著書，始嚴經名，不敢觸犯，則尊聖教而慎避嫌名，蓋猶三代以後，非人主不得稱我爲朕也。然則今之所謂經，其强半皆古人之所謂傳也。古之所謂經，乃三代盛時典章法度，見於政教行事之實，而非聖人有意作爲文字以傳後世也。

經解中

事有實據而理無定形，故夫子之述六經，皆取先王典章，未嘗離事而著理；後儒以聖師言行爲世法，則亦命其書爲經，此事理之當然也。然而以意尊之，則可以意僭之矣。蓋自官師之分也，官有政，賤者必不敢强干之，以有據也；師有教，不肖者輒敢紛紛以自命，以無據也。孟子時，以楊、墨爲異端矣。楊氏無書，墨翟之書初不名經。雖有經篇、經説，未名全書爲經。而莊子乃云「苦獲、鄧陵之屬，皆誦墨經」，則其徒自相崇奉，而稱經矣。東漢秦景之使天竺，四十二章皆不名經。佛經皆中國繙譯，竺書無經字。其後華言譯受，附會稱經，則亦文飾之辭矣。老子二篇，劉、班著録，初不稱經。隋志乃依阮録稱老子經，意者阮録出於梁世，梁武崇尚異教，則佛、老皆列經科，其所倣也。而加以道德真經，與莊子之加以南華真經，列子之加以沖虚真經，則開元之玄教設科，附飾文致，又其後而益甚者也。韓退之曰「道其所道，非吾所謂道」，則名教既殊，又何妨於經其所經，非吾所謂經乎？若夫國家制度，本爲經制，李悝法經，後世律令之所權輿；唐人以律設科，明祖頒示大誥，師儒講習以爲功令，是即易取經綸之意。國家訓典，臣民尊奉爲經，義不背於古也。孟子曰：「行仁政，必自經界始。」地界言經，取經紀之意也，是以地理之書多以經名。漢志有山海經，隋志乃有水經，後代州郡地理多稱圖經，義皆本於經界書，亦自存掌故，不與著述同科，其於六藝之文，固無嫌也。至於術數諸家，均出聖門制作。周公經理垂典，皆守人官物曲，而不失其傳。及其官司失守，而道散品亡，則有習其説者，相與講貫而授受，亦猶孔門傳習之出於不得已也。然而口耳之學，不能歷久而不差，則著於竹帛以授之其人，說詳詩教上篇。亦其理也。是以至戰國，而羲、農、黄帝之書一時雜出焉，其書皆稱古聖。如天文之甘、石星經，方技之靈、素、難經，其類實繁，則猶匠祭魯般，兵祭蚩尤，不必著書者之果爲聖人，而習是術者奉爲依歸，則亦不得不尊以爲經言者也。又如漢志以後，雜出春秋、戰國時書，若師曠禽經，伯樂相馬之經，其類亦繁，不過好事之徒因其人而附合，或略知其法者託古人以鳴高，亦猶儒者之傳梅氏尚書與子夏之詩大序也。他若陸氏茶經，張氏棋經，酒則有甘露經，貨則有相貝經，是乃以文爲諧戲，本無當於著録之指。譬猶毛穎可以爲傳，蟹之可以爲志，琴之可以爲史，荔枝、牡丹之可以爲譜耳。此皆若有若無，不足議也。蓋即數者論之，異教之經，如六國之各王其國，不知周天子也。而春秋名分，人具知之，彼亦不能竊而據也。即服制度之經，時王之法，一道同風，不必皆以經名。而禮時爲大，既爲當代臣民，固當率由而不越。即服膺六藝，亦出遵王制之一端也。術藝之經，則各有其徒，相與守之，固無虞其越畔也。至諧戲而亦以經名，此趙佗之所謂妄竊帝號，聊以自娱，不妨諧戲置之。六經之道，如日中天，豈以是爲病哉！

經解下

異學稱經，以抗六藝，愚也。儒者僭經，以擬六藝，妄也。六經初不爲尊稱，義取經綸爲世法耳。六藝皆周公之政典，故立爲經。夫子之聖，非遜周公，而論語諸篇不稱經者，以其非政典也。後儒因所尊而尊之，分部隸經，以爲傳固翼經者耳。佛、老之書，本爲一家之言，非有綱紀政事，其徒欲尊其教，自以一家之言，尊之過於六經，無不可也。强加經名以相擬，何異優伶效楚相哉！亦其愚也。揚雄、劉歆，儒之通經者也。揚雄法言蓋云「時人有問，用法應之」，抑亦可矣；乃云「象論語」者，抑何謬邪？雖然此猶一家之言，其病小也。其大可異者，作太玄以準易，人僅知謂僭經爾，不知易乃先王政典，而非空言，雄蓋蹈於僭竊王章之罪，弗思甚也。詳易教篇。衛氏之元包，司馬之潛虛，方且擬玄而有作，不知玄之擬易已非也。劉歆爲王莽作大誥，其行事之得罪名教，固無可説矣。即擬尚書，亦何至此哉！河、汾六籍，或謂好事者之緣飾，王通未必遽如斯妄也。誠使果有其事，則六經奴婢之誚，猶未得其情矣。奴婢未嘗不服勞於主人，王氏六經服勞於孔氏者，又何在乎？束皙之補笙詩，皮日休之補九夏，白居易之補湯征，以爲文人戲謔而不爲虐，稱爲擬作，抑亦可矣。標題曰「補」，則亦何取辭章家言，以綴詩、書之闕邪？至孝經，雖名爲經，其實傳也。儒者重夫子之遺言，則附之經部矣。馬融誠有志於勸忠，自以馬氏之説援經徵傳，縱横反覆，極其言之所至，可也。必標忠經，亦已異矣。乃至分章十八，引風綴雅，一一效之，何殊張載之擬四愁，七林之倣七發哉！誠哉！非馬氏之書，俗儒所依託也。宋氏之女孝經，鄭氏之女論語，以謂女子有才，嘉尚其志，可也。但彼如欲明女教，自以其意立説，可矣。假設班氏惠姬與諸女相問答，則是將以書爲訓典，而先自託於子虚亡是之流，使人何所適從？彼意取其似經傳耳，夫經豈可似哉？經求其似，則譁騙有卦，見輟耕録。韡始收聲，有月令矣。皆諧謔事。若夫屈原抒憤，有辭二十五篇，劉、班著録，概稱之曰「屈原賦」矣。乃王逸作注，離騷之篇已有經名。王氏釋經爲徑，亦不解題爲經者始誰氏也？至宋人注屈，乃云：「一本九歌以下有傳字。」雖不知稱名所始，要亦依經而立傳名，不當自宋始也。夫屈子之賦，固以離騷爲重，史遷以下，至取騷以名其全書，今猶是也。然諸篇之旨，本無分别，惟因首篇取重而强分經傳，欲同正雅爲經，變雅爲傳之例。是孟子七篇，當分梁惠王經與公孫、滕文諸傳矣。夫子之作春秋，莊生以謂議而不斷，蓋其義寓於其事其文，不自爲賞罰也。漢、魏而下，倣春秋者蓋亦多矣。其閒或得或失，更僕不能悉數。後之論者，至以遷、固而下擬之尚書，諸家編年擬之春秋，不知遷、固本紀本爲春秋家學，書、志、表、傳殆猶左、國内外之與爲終始發明耳。諸家陽秋先後雜出，或用其名而變其體，十六國春秋之類。或避其名而擬其實，通鑑綱目之類。要皆不知遷、固之書本紹春秋之學，並非取法尚書者也。故明於春秋之義者，但當較正遷、固以下其文其事之中，其義固何如耳。若欲萃聚其事，以年分編，則荀悦、袁宏之例具在，未嘗不可法也；必欲於紀傳編年之外，别爲春秋，則亦王氏元經之續耳。夫異端抗經，不足道也，儒者服習六經，而不知經之不可以擬，則淺之乎爲儒者矣。

原道上

道之大原出於天，天固諄諄然命之乎？曰：天地之前則吾不得而知也；天地生人斯有道矣，而未形也；三人居室而道形矣，猶未著也；人有什伍而至百千，一室所不能容，部别班分，而道著矣。仁義忠孝之名，刑政禮樂之制，皆其不得已而後起者也。

人之生也，自有其道，人不自知，故未有形。三人居室，則必朝暮啓閉其門户，饔飧取給於樵汲，既非一身，則必有分任者矣。或各司其事，或番易其班，所謂不得不然之勢也，而均平秩序之義出矣。又恐交委而互爭焉，則必推年之長者持其平，亦不得不然之勢也，而長幼尊卑之別形矣。至於什伍千百，部別班分，亦必各長其什伍，而積至於千百，則人衆而賴於幹濟，必推才之傑者理其繁，勢紛而須於率俾，必推德之懋者司其化，是亦不得不然之勢也，而作君、作師、畫野、分州、井田、封建、學校之意著矣。故道者，非聖人智力之所能爲，皆其事勢自然，漸形漸著，不得已而出之，故曰天也。

易曰「一陰一陽之謂道」，是未有人而道已具也；「繼之者善，成之者性」，是天著於人，而理附於氣，故可形其形而名，其名者，皆道之故而非道也。道者，萬事萬物之所以然，而非萬事萬物之當然也。人可得而見者，則其當然而已矣。人之初生，至於什伍千百，以及作君、作師、分州、畫野，蓋必有所需，而後從而給之；有所鬱，而後從而宣之；有所弊，而後從而救之。羲、農、軒、顓之制作，初意不過如是爾。法積美備，至唐、虞而盡善焉。殷因夏監，至成周而無憾焉。譬如濫觴積而漸爲江河，培塿積而至於山嶽，亦其理勢之自然，而非堯、舜之聖過乎羲、軒，文、武之神勝於禹、湯也。後聖法前聖，非法前聖也，法其道之漸形而漸著者也。三皇無爲而自化，五帝開物而成務，三王立制而垂法，後人見爲治化不同，有如是爾。當日聖人創制，祇覺事勢出於不得不然，一似暑之必須爲葛，寒之必須爲裘，而非有所容心，以謂吾必如是，而後可以異於前人，吾必如是，而後可以齊名前聖也。此皆一陰一陽，往復循環所必至，而非可即是以爲一陰一陽之道也。一陰一陽往復循環者，猶車輪也。聖人創制，一似暑葛寒裘，猶軌轍也。

「道有自然，聖人有不得不然，其事同乎？」曰：「不同。道無所爲而自然，聖人有所見而不得不然也。故言聖人體道可也，言聖人與道同體不可也。」「聖人有所見，故不得不然，衆人無所見，則不知其然而然，孰爲近道？」曰：「不知其然而然即道也，非無所見也，不可見也。不得不然者，聖人所以合乎道，非可即以爲道也。聖人求道，道無可見，即衆人之不知其然而然，聖人所藉以見道者也。故不知其然而然，一陰一陽之迹也。學於聖人，斯爲賢人；學於賢人，斯爲君子；學於衆人，斯爲聖人。非衆可學也，求道必於一陰一陽之迹也。自有天地而至唐、虞、夏、商，迹既多而窮變通久之理亦大備。周公以天縱生知之聖，而適當積古留傳道法大備之時，是以經綸制作，集千古之大成，則亦時會使然，非周公之聖智能使之然也。蓋自古聖人皆學於衆人之不知其然而然，而周公又遍閲於自古聖人之不得不然，而知其然也。周公固天縱生知之聖矣，此非周公智力所能也，時會使然也。譬如春夏秋冬各主一時，而冬令告一歲之成，亦其時會使然，而非冬令勝於三時也。故創制顯庸之聖，千古所同也，集大成者，周公所獨也。時會適當然而然，周公亦不自知其然也。」

「孟子曰：『孔子之謂集大成。』今言集大成者爲周公，毋乃悖於孟子之指歟？」曰：「集之爲言，萃衆之所有而一之也。自有天地而至唐、虞、夏、商，皆聖人而得天子之位，經綸治化，一出於道體之適然。周公成文、武之德，適當帝全王備，殷因夏監，至於無可復加之際，故得藉爲制作典章，而以周道集古聖之成，斯乃所謂集大成也。孔子有德無位，即無從得制作之權，不得列於一成，安有大成可集乎？非孔子之聖遜於周公也，時會使然也。孟子所謂集大成者，乃對伯夷、伊尹、柳下惠而言之也，意謂伯夷、尹、惠皆古聖人，恐學者疑孔子之聖與三子同，公孫丑氏嘗有若是其般之問矣，故言三子之偏，與孔子之全，無所取譬，譬於作樂之大成也。故孔子大成之説，可以對三子，而不可以盡孔子也。以之盡孔子，反小孔子矣。何也？周公集羲、軒、堯、舜以來之大成，周公固學於歷聖而集之，無歷聖之道法，則固無以成其周公也。孔子集伯夷、尹、惠之大成，孔子固未嘗學於伯夷、尹、惠，且無伯夷、尹、惠之行事，豈將無以成其孔子乎？夫孟子之言，各有所當而已矣，豈可以文害意乎？」

達巷黨人曰：「大哉孔子，博學而無所成名。」今人皆嗤黨人不知孔子矣，抑知孔子果成何名乎？以謂天縱生知之聖，不可言思擬議而爲一定之名也，於是援天與神，以爲聖不可知而已矣。斯其所見，何以異於黨人乎？天地之大，可以一言盡，孔子之大，亦天地也，獨不可以一言盡乎？或問：「何以一言盡孔子？」則曰：「學周公而已矣。」「周公之外，别無所學乎？」曰：「非有學，而孔子有所不至。周公既集羣聖之成，則周公之外更無所謂學也。周公集羣聖之大成，孔子學而盡周公之道，斯一言也，足以蔽孔子之全體矣。『祖述堯、舜』，周公之志也；『憲章文、武』，周公之業也。一則曰：『文王既没，文不在兹。』再則曰：『甚矣吾衰，不復夢見周公。』又曰：『吾學周禮，今用之。』又曰：『郁郁乎文哉！吾從周。』哀公問政，則曰：『文、武之政，布在方策。』或問『仲尼焉學』？子貢以爲『文、武之道，未墜於地』，『述而不作』，周公之舊典也；『好古敏求』，周公之遺籍也。黨人生同時而不知，乃謂無所成名，亦非全無所見矣。後人觀載籍而不知夫子之所學，是不如黨人所見也，而猶嗤黨人爲不知，奚翅百步之笑五十步乎？故自古聖人其聖雖同，而其所以爲聖不必盡同，時會使然也。惟孔子與周公俱生法積道備至於無可復加之後，周公集其成，以行其道；孔子盡其道，以明其教，符節吻合，如出於一人，不復更有毫末異同之致也。然則欲尊孔子者，安在援天與神而爲恍惚難憑之説哉？」

或曰：「孔子既與周公同道矣，周公集大成，而孔子獨非大成歟？」曰：「孔子之大成，亦非孟子僅對夷、齊、尹、惠之謂也，又不同於周公之集也。孟子曰：『集大成也者，金聲而玉振之也。』竊取其義，以擬周、孔，周公其玉振之大成，孔子其金聲之大成歟！周公集羲、軒、堯、舜以來之道法，而於前聖所傳，損益盡其美善，玉振之收於其後者也；孔子盡周公之道法，不得行而明其教，後世縱有聖人，不能出其範圍，金聲之宣於前者也。蓋君師分而治教不能合於一，氣數之出於天者也。周公集治統之成，而孔子明立教之極，皆事理之不得不然，而非聖人故欲如是，以求異於前人，此道法之出於天者也。故隋、唐以前，學校並祀周、孔，以周公爲先聖，孔子爲先師，蓋言制作之爲聖，而立教之爲師，故孟子曰：『周公、仲尼之道一也。』」「然則周公、孔子以時會而立統宗之極，聖人固藉時會歟？宰我以爲夫子賢於堯、舜，子貢以爲生民未有如夫子，有若以夫子較古聖人，則謂出類拔萃，三子得毋阿所好歟？」曰：「朱子之言盡之矣，語聖則不異，事功則有異也。然而治見實事，教則垂空言矣。立言必折衷夫子，大賢而下，其言不能不有所偏矣。宰我、子貢、有若，孟子竝引其言，以謂知足知聖矣。子貢之言固無弊。而宰我『賢於堯、舜』，且曰『遠使』，非朱子疏别爲事功，則無是理也。夫尊夫子者，莫若切近人情，雖固體於道之不得不然而已，爲生民之所未有矣。蓋周公集成之功在前王，而夫子明教之功在萬世也。若岐視周、孔而優劣之，則安矣。故欲知道者，在知周、孔之所以爲周、孔。」

原道中

韓退之曰：「由周公而上，上而爲君，故其事行；由周公而下，下而爲臣，故其説長。」夫説長者道之所由明，而説長者亦即道之所由晦也。夫子盡周公之道而明其教於萬世，夫子未嘗自爲説也。表章六籍，存周公之舊典，故曰：「述而不作，信而好古。」又曰：「蓋有不知而作之者，我無是也。」子所雅言，詩、書、執禮，所謂明先王之道以導之也，非夫子推尊先王，意存謙牧，而不自作也。夫子本無可作也，有德無位，即無制作之權，空言不可以教人，所謂無徵不信也。教之爲事，羲、軒以來蓋已有之，觀易大傳之所稱述，則知聖人即身示法，因事立教，而未嘗於敷政出治之外，别有所謂教法也。虞廷之教，則有專官矣，司徒之所敬敷，典樂之所咨命，以至學校之設，通於四代，司成師保之職，詳於周官。然既列於有司，則肄業存於掌故，其所習者，修齊治平之道，而所師者，守官典法之人。治教無二，官師合一，豈有空言以存其私説哉？儒家者流，尊奉孔子，若將私爲儒者之宗師，則亦不知孔子矣。孔子立人道之極，未可以謂立儒道之極也。儒也者，賢士不遇明良之盛，不得位而大行，於是守先王之道以待後之學者，出於勢之無可如何爾。人道所當爲者，廣矣大矣，豈當身皆無所遇而必出於守先待後，不復涉於人世哉？學易原於羲畫，不必同其卉服野處也；觀書始於虞典，不必同其呼旻號泣也，以爲所處之境各有不同也。然則學夫子者，豈曰屏棄事功，預期道不行，而垂其教邪？

易曰：「形而上者謂之道，形而下者謂之器。」道不離器，猶影不離形。後世服夫子之教者自六經，以謂六經載道之書也，而不知六經皆器也。易之爲書，所以開物成務，掌於春官太卜，則固有官守而列於掌故矣。書在外史，詩領太師，禮自宗伯，樂有司成，春秋各有國史。三代以前，詩、書、六藝未嘗不以教人，非如後世尊奉六經，别爲儒學一門，而專稱爲載道之書者。蓋以學者所習不出官司典守、國家政教，而其爲用，亦不出於人倫日用之常，是以但見其爲不得不然之事耳，未嘗别見所載之道也。夫子述六經以訓後世，亦謂先聖先王之道不可見，六經即其器之可見者也。後人不見先王，當據可守之器而思不可見之道。故表章先王政教與夫官司典守以示人，而不自著爲説，以致離器言道也。夫子自述春秋之所以作，則云「我欲託之空言，不如見諸行事之深切著明」，則政教典章、人倫日用之外，更無别出著述之道，亦已明矣。秦人禁偶語詩、書，而云「欲學法令，以吏爲師」。夫秦之悖於古者，禁詩、書耳。至云「學法令者以吏爲師」，則亦道器合一，而官師治教未嘗分歧爲二之至理也。其後治學既分，不能合一，天也。官司守一時之掌故，經師傳授受之章句，亦事之出於不得不然者也。然而歷代相傳，不廢儒業，爲其所守先王之道也。而儒家者流守其六籍，以謂是特載道之書耳。夫天下豈有離器言道、離形存影者哉？彼舍天下事物人倫日用而守六籍以言道，則固不可與言夫道矣。

易曰：「仁者見之謂之仁，智者見之謂之智，百姓日用而不知，道之所由隱也。」夫見亦謂之則固賢於日用不知矣。然而不知道而道存，見謂道而道亡。大道之隱也，不隱於庸愚，而隱於賢智之倫者紛紛有見也。蓋官師治教合而天下聰明範於一，故即器存道而人心無越思，官師治教分而聰明才智不入於範圍，則一陰一陽入於受性之偏，而各以所見爲固然，亦勢也。夫禮司樂職，各守專官，雖有離婁之明，師曠之聰，不能不赴範而就律也。今云官守失傳，而吾以道德明其教，則人人皆自以爲道德矣。故夫子述而不作，而表章六藝，以存周公之舊典也，不敢舍器而言道也。而諸子紛紛，則已言道矣。莊生譬之爲耳目口鼻，司馬談別之爲六家，劉向區之爲九流，皆自以爲至極，而思以其道易天下者也。由君子觀之，皆仁智之見而謂之，而非道之果若是易也。夫道因器而顯，不因人而名也。自人有謂道者，而道始因人而異其名矣。仁見謂仁，智見謂智，是也。人自率道而行，道非人之所能據而有也。自人各謂其道而各行其所謂，而道始得爲人所有矣。墨者之道，許子之道，其類皆是也。夫道自形於三人居室，而大備於周公、孔子，歷聖未嘗別以道名者，蓋猶一門之內，不自標其姓氏也。至百家雜出而言道，而儒者不得不自尊其所出矣。一則曰堯、舜之道，再則曰周公、仲尼之道，故韓退之謂「道與德爲虛位」也。夫「道與德爲虛位」者，道德之衰也。

原道下

人之萃處也，因賓而立主之名；言之龐出也，因非而立是之名。自諸子之紛紛言道，而爲道病焉，儒家者流，乃尊堯、舜、周、孔之道以爲吾道矣。道本無吾而人自吾之，以謂庶幾別於非道之道也，而不知各吾其吾，猶三軍之衆，可稱我軍，對敵國而我之也，非臨敵國，三軍又各有其我也。夫六藝者，聖人即器而存道，而三家之易，四氏之詩，攻且習者，不勝其入主而出奴也。不知古人於六藝，被服如衣食，人人習之爲固然，未嘗專門以名家者也。後儒但即一經之隅曲，而終身殫竭其精力，猶恐不得一當焉，是豈古今人不相及哉？其勢有然也。古者道寓於器，官師合一，學士所肄，非國家之典章，即有司之故事，耳目習而無事深求，故其得之易也；後儒即器求道，有師無官，事出傳聞而非目見，文須訓故而非質言，是以得之難也。夫六藝並重，非可止守一經也。經旨閎深，非可限於隅曲也。而諸儒專攻一經之隅曲，必倍古人兼通六藝之功能，則去聖久遠，於事固無足怪也。但既竭其耳目心思之智力，則必於中獨見天地之高深，因謂天地之大，人莫我尚也，亦人之情也。而不知特爲一經之隅曲，未足窺古人之全體也。訓詁章句，疏解義理，考求名物，皆不足以言道也。取三者而兼用之，則以萃聚之力，補遥溯之功，或可庶幾耳。而經師先已不能無牴牾，傳其學者又復各分其門户，不啻儒、墨之辨焉，則因賓定主，而又有主中之賓，因非立是，而又有是中之非，門徑愈歧，而大道愈隱矣。

「上古結繩而治，後世聖人易之以書契，百官以治，萬民以察。」夫文字之用，爲治爲察，古人未嘗取以爲著述也。以文字爲著述，起於官師之分職，治教之分途也。夫子曰：「予欲無言。」欲無言者，不能不有所言也。孟子曰：「予豈好辨哉，予不得已也。」後世載筆之士，作爲文章，將以信今而傳後，其亦尚念「欲無言」之旨，與夫「不得已」之情？庶幾哉！言出於我，而所以爲言者，初非由我也。夫道備於六經，義藴之匿於前者，章句訓詁足以發明之。事變之出於後者，六經不能言，固貴約六經之旨，而隨時撰述，以究大道也。太上立德，其次立功，其次立言，立言與功德相準。蓋必有所需，而後從而給之；有所鬱，而後從而宣之；有所弊，而後從而救之，而非徒誇聲音采色，以爲一己之名也。易曰：「神以知來，智以藏往。」知來，陽也。藏往，陰也。一陰一陽，道也。文章之用，或以述事，或以明理。

事遡已往，陰也；理闡方來，陽也。其至焉者，則述事而理以昭焉，言理而事以範焉，則主適不偏，而文乃衷於道矣。遷、固之史，董、韓之文，庶幾哉！有所不得已於言者乎？不知其故，而但溺文辭，其人不足道已。即爲高論者，以謂文貴明道，何取聲情色采以爲愉悦，亦非知道之言也。夫無爲之治而奏薰風，靈臺之功而樂鐘鼓，以及彈琴遇文，風雩言志，則帝王致治，賢聖功修，未嘗無悦目娱心之適，而謂文章之用，必無咏歎抑揚之致哉！但溺於文辭之末，則害道已。

子貢曰：「夫子之文章，可得而聞也。夫子之言性與天道，不可得而聞也。」蓋夫子所言，無非性與天道，而未嘗表而著之曰此性、此天道也，故不曰「性與天道，不可得聞」，而曰「言性與天道，不可得聞也」。所言無非性與天道，而不明著此性與天道者，恐人舍器而求道也。夏禮能言，殷禮能言，皆曰「無徵不信」，則夫子所言，必取徵於事物，而非徒託空言，以爲明道也。曾子真積力久，則曰「一以貫之」，子貢多學而識，則曰「一以貫之」，非真積力久，與多學而識，則固無所據爲一之貫也。訓詁名物，將以求古聖之迹也。而侈記誦者，如貨殖之市矣。撰述文辭，欲以闡古聖之心也，而溺光采者，如玩好之弄矣。異端曲學，道其所道，而德其所德，固不足爲斯道之得失也。記誦之學，文辭之才，不能不以斯道爲宗主，而市且弄者之紛紛忘所自也。宋儒起而争之，以謂是皆溺於器而不知道也。夫溺於器而不知道者，亦即器而示之以道，斯可矣。而其弊也，則欲使人舍器而言道。夫子教人「博學於文」，而宋儒則曰「玩物而喪志」；曾子教人「辭遠鄙倍」，而宋儒則曰「工文則害道」，夫宋儒之言，豈非末流良藥石哉？然藥石所以攻臟腑之疾耳。宋儒之意，似見疾在臟腑，遂欲并臟腑而去之。將求性天，乃薄記誦，而厭辭章，何以異乎？然其析理之精，踐履之篤，漢、唐之儒，未之聞也。孟子曰：「義理之悦我心，猶芻豢之悦我口。」義理不可空言也，博學以實之，文章以達之，三者合於一，庶幾哉！周、孔之道雖遠，不啻累譯而通矣。顧經師互詆，文人相輕，而性理諸儒又有朱、陸之同異，從朱從陸者之交攻，而言學問與文章者，又逐風氣而不悟，莊生所謂「百家往而不反，必不合矣」。悲夫！

邵氏晉涵曰：「是篇初出，傳稿京師，同人素愛章氏文者，皆不滿意，謂蹈宋人語録習氣，不免陳腐取憎，與其平日爲文不類，至有移書相規諷者。余諦審之，謂朱少伯名錫庚。曰：『此乃明其通義，所著一切，創言別論，皆出自然，無矯强耳。語雖渾成，意多精湛，未可議也。』」

族子廷楓曰：「叔父通義，平日膾炙人口，豈盡得其心哉？不過清言高論，類多新奇可喜，或資爲掌中之談助耳。不知叔父嘗自恨其名雋過多，失古意也。是篇題目雖似迂闊，而意義實多創闢，如云道始三人居室，而君師政教皆出乎天；賢智學於聖人，聖人學於百姓；集大成者爲周公而非孔子，學者不可妄分周、孔；學孔子者不當先以垂教萬世爲心；孔子之大，學周禮一言可以蔽其全體。皆乍聞至奇，深思至確，通義以前，從未經人道過，豈得謂陳腐耶？諸君當日詆爲陳腐，恐是讀得題目太熟，未嘗詳察其文字耳。」

原學上

易曰：「成象之謂乾，效法之謂坤。」學也者，效法之謂也；道也者，成象之謂也。夫子曰：「下學而上達。」蓋言學於形下之器，而自達於形上之道也。士希賢，賢希聖，聖希天。希賢希聖，則有其理矣。「上天之載，無聲無臭」，聖如何而希天哉？蓋天之生人，莫不賦之以仁義禮智之性，天德也；莫不納之於君臣父子夫婦兄弟朋友之倫，天位也。以天德而修天位，雖事物未交隱微之地，已有適當其可，而無過與不及之準焉，所謂成象也。平日體其象，事至物交，一如其準以赴之，所謂效法也。此聖人之希天也，此聖人之下學上達也。伊尹曰：「天之生斯民也，使先知覺後知，使先覺覺後覺也。」人生禀氣不齊，固有不能自知適當其可之準者，則先知先覺之人，從而指示之，所謂教也。教也者，教人自知適當其可之準，非教之舍己而從我也。故士希賢，賢希聖，希其效法於成象，而非舍己之固有而希之也。然則何以使知適當其可之準歟？何以使知成象而效法之歟？則必觀於生民以來，備天德之純，而造天位之極者，求其前言往行，所以處夫窮變通久者而多識之，而後有以自得所謂成象者，而善其效法也。故效法者，必見於行事。詩、書誦讀，所以求效法之資，而非可即爲效法也。然古人不以行事爲學，而以詩、書誦讀爲學者，何邪？蓋謂不格物而致知，則不可以誠意，行則如其知而出之也。故以誦讀爲學者，推教者之所及而言之，非謂此外無學也。子路曰：「有民人焉，有社稷焉，何必讀書，然後爲學？」夫子斥以爲佞者，蓋以子羔爲宰，不若是説，非謂學必專於誦讀也。專於誦讀而言學，世儒之陋也。

原學中

古人之學，不遺事物，蓋亦治教未分，官師合一，而後爲之較易也。司徒敷五教，典樂教胄子，以及三代之學校，皆見於制度。彼時從事於學者，入而申其佔畢，出而即見政教典章之行事，是以學皆信而有徵，而非空言相爲授受也。然而其知易入，其行難副，則從古已然矣。堯之斥共工也，則曰「靜言庸違」。夫靜而能言，則非不學者也。試之於事而有違，則與效法於成象者異矣。傅說之啟高宗也，則曰「非知之艱，行之惟艱」。高宗舊學於甘盤，久勞於外，豈不學者哉？未試於事，則恐行之而未孚也。又曰：「人求多聞，時惟建事，學於古訓乃有獲。」說雖出於古文，其言要必有所受也。夫求多聞而實之以建事，則所謂學古訓者，非徒誦說亦可見矣。夫治教一而官師未分，求知易而實行已難矣，何況官師分，而學者所肄，皆爲前人陳迹哉！夫子曰：「學而不思則罔，思而不學則殆。」又曰：「吾嘗終日不食，終夜不寢，以思，無益，不如學也。」夫思亦學者之事也，而別思於學，若謂思不可以言學者，蓋謂必習於事而後可以言學，此則夫子誨人知行合一之道也。諸子百家之言，起於徒思而不學也。是以其旨皆有所承稟而不能無敝耳。劉歆所謂「某家者流，其源出於古者某官之掌，其流而爲某家之學，其失而爲某事之敝」。夫某官之掌，即先王之典章法度也；流爲某家之學，則官守失傳，而各以思之所至，自爲流別也；失爲某事之敝，則極思而未習於事，雖持之有故，言之成理，而不能知其行之有病也。是以三代之隆，學出於一，所謂學者，皆言人之功力也。統言之，十年曰幼學，是也。析言之，則十三學樂，二十學禮，是也。國家因人功力之名而名其制度，則曰鄉學、國學，學則三代共之，是也。未有以學屬乎人，而區爲品詣之名者。官師分而諸子百家之言起，於是學始因人品詣以名矣，所謂某甲家之學，某乙家之學，是也。學因人而異名，學斯舛矣。是非行之過而至於此也，出於思之過也。故夫子言學思偏廢之弊，即繼之曰：「攻乎異端，斯害也已！」夫異端之起，皆思之過而不習於事者也。

原學下

諸子百家之患，起於思而不學；世儒之患，起於學而不思，蓋官師分而學不同於古人也。後王以謂儒術不可廢，故立博士，置弟子，而設科取士，以爲誦法先王者勸焉。蓋其始也，以利禄勸儒術，而其究也，以儒術徇利禄，斯固不足言也，而儒宗碩師由此輩出，則亦不可謂非朝廷風教之所植也。夫人之情，不能無所歆而動，既已爲之，則思力致其實而求副乎名。中人以上，可以勉而企焉者也。學校科舉，奔走千百才俊，豈無什一出於中人以上者哉？去古久遠，不能學古人之所學，則既以誦習儒業，即爲學之究竟矣。而攻取之難，勢亦倍於古人。故於專門攻習儒業者，苟果有以自見，而非一切庸俗所可幾，吾無責焉耳。學博者長於考索，侈其富於山海，豈非道中之實積？而鶩於博者，終身敝精勞神以徇之，不思博之何所取也。才雄者，健於屬文，矜其豔於雲霞，豈非道體之發揮？而擅於文者，終身苦心焦思以構之，不思文之何所用也。言義理者，似能思矣，而不知義理虛懸而無薄，則義理亦無當於道矣。此皆知其然而不知所以然也。程子曰：「凡事思所以然，天下第一學問。」人亦盍求所以然者思之乎？天下不能無風氣，風氣不能無循環，一陰一陽之道，見於氣數者然也。所貴君子之學術，爲能持世而救偏，一陰一陽之道，宜於調劑者然也。風氣之開也，必有所以取，學問、文辭與義理所以不無偏重畸輕之故也，風氣之成也，必有所以敝，人情趨時而好名，徇末而不知本也。是故開者雖不免於偏，必取其精者，爲新氣之迎；敝者縱名爲正，必襲其僞者，爲末流之託，此亦自然之勢也。而世之言學者，不知持風氣，而惟知徇風氣，且謂非是不足邀譽焉，則亦弗思而已矣。

朱陸

天人性命之理，經傳備矣。經傳非一人之言，而宗旨未嘗不一者，其理著於事物，而不託於空言也。師儒釋理以示後學，惟著之於事物，則無門户之爭矣。理譬則水也，事物譬則器也，器有大小淺深，水如量以注之，無盈缺也。今欲以水注器者，姑置其器，而論水之挹注盈虚，與夫量空測實之理，爭辨窮年，未有已也，而器固已無用矣。

子夏之門人問交於子張，治學分而師儒尊，知以行聞，自非夫子，其勢不能不分也。高明沈潛之殊致，譬則寒暑晝夜，知其意者，交相爲功，不知其意，交相爲厲也。宋儒有朱、陸千古不可合之同異，亦千古不可無之同異也。末流無識，爭相詬詈，與夫勉爲解紛，調停兩可，皆多事也。然謂朱子偏於道問學，故爲陸氏之學者，攻朱氏之近於支離；謂陸氏之偏於尊德性，故爲朱氏之學者，攻陸氏之流於虚無，各以所畸重者爭其門户，是亦人情之常也。但既自承朱氏之授受，而攻陸、王，必且博學多聞，通經服古，若西山、鶴山、東發、伯厚諸公之勤業，然後充其所見，當以空言德性爲虚無也。今攻陸、王之學者，不出博洽之儒，而出荒俚無稽之學究，則其所攻，與其所業，相反也。問其何爲不學問，則曰支離也；詰其何爲守專陋，則曰性命也。是攻陸、王者，未嘗得朱之近似，即僞陸、王以攻真陸、王也，是亦可謂不自度矣。

荀子曰：「辨生於末學。」朱、陸本不同，又況後學之曉曉乎？但門户既分，則欲攻朱者，必竊陸、王之形似；欲攻陸、王，必竊朱子之形似。朱子之形似必繁密，而陸、王之形似必空靈，一定之理也。而自來門户之交攻，俱是專己守殘，束書不觀，而高談性天之流也。則自命陸、王以攻朱者，固僞陸、王；即自命朱氏以攻陸、王者，亦僞陸、王，不得號爲僞朱也。同一門户，而陸、王有僞，朱無僞者，空言易而實學難也。黄、蔡、真、魏皆承朱子而務爲實學，則自無暇及於門户異同之見，亦自不致隨於消長盛衰之風氣也。是則朱子之流别，優於陸、王也。然而僞陸、王之冒於朱學者，猶且引以爲同道焉，吾恐朱氏之徒叱而不受矣。

傳言有美疢，亦有藥石焉。陸、王之攻朱，足以相成而不足以相病。僞陸、王之自謂學朱而奉朱，朱學之憂也。蓋性命、事功、學問、文章合而爲一，朱子之學也。求一貫於多學而識，寓約禮於博文，是本末之兼該也。諸經解義不能無得失，訓詁考訂不能無疏舛，是何傷於大體哉！且傳其學者，如黄、蔡、真、魏，皆通經服古，躬行實踐之醇儒，其於朱子有所失，亦不曲從而附會，是亦足以立教矣。乃有崇性命而薄事功，棄置一切學問、文章，而守一二章句集注之宗旨，因而斥陸譏王，憤若不共戴天，以謂得朱之傳授，是以通貫古今，經緯世宙之朱子，而爲村陋無聞、傲狠自是之朱子也。且解義不能無得失，攷訂不能無疏舛，自獲麟絶筆以來，未有免焉者也。今得陸、王之僞而自命學朱者，乃曰：「墨守朱子，雖知有毒，猶不可不食。」又曰：「朱子實兼孔子與顔、曾、孟子之所長。」噫！其言之是非，毋庸辨矣。朱子有知，憂當何如邪！

告子曰：「不得於言，勿求於心；不得於心，勿求於氣。」不動心者，不求義之所安，此千古墨守之權輿也。是非之心，人皆有之，不能充之以義理，而又不受人之善，此墨守之似告子也。然而藉人之是非以爲是非，不如告子之自得矣。

藉人之是非以爲是非，如傭力佐鬭，知爭勝而不知所以爭也。故攻人則不遺餘力，而詰其所奉者之得失爲何如，則未能悉也。故曰：「明知有毒，而不可不服也。」

末流失其本，朱子之流別，以爲優於陸、王矣，然則承朱氏之俎豆，必無失者乎？曰：奚爲而無也！今人有薄朱氏之學者，即朱氏之數傳而後起者也。其與朱氏爲難，學百倍於陸、王之末流，思更深於朱門之從學，充其所極，朱子不免先賢之畏後生矣。然究其承學，實自朱子數傳之後起也，其人亦不自知也。而世之號爲通人達士者，亦幾幾乎褰裳以從矣。有識者觀之，齊人之飲井相捽也。性命之説，易入虛無。朱子求一貫於多學而識，寓約禮於博文，其事繁而密，其功實而難，雖朱子之所求，未敢必謂無失也。然沿其學者，一傳而爲勉齋、九峰，再傳而爲西山、鶴山、東發、厚齋，三傳而爲仁山、白雲，四傳而爲潛溪、義烏，五傳而爲寧人、百詩，則皆服古通經，學求其是，而非專己守殘，空言性命之流也。自是以外，文則入於辭章，學則流於博雅，求其宗旨之所在，或有不自知者矣。生乎今世，因聞寧人、百詩之風，上溯古今作述，有以心知其意，此則通經服古之緒，又嗣其音矣。無如其人慧過於識，而氣蕩乎志，反爲朱子詬病焉，則亦忘其所自矣。夫實學求是，與空談性天，不同科也。考古易差，解經易失，如天象之難以一端盡也。曆象之學，後人必勝前人，勢使然也。因後人之密而貶羲、和，不知即羲、和之遺法也。今承朱氏數傳之後，所見出於前人，不知即是前人之遺緒，是以後曆而貶羲、和也。蓋其所見能過前人者，慧有餘也。抑亦後起之智慮所應爾也，不知即是前人遺蘊者，識不足也。其初意未必遂然，其言足以懾一世之通人達士，而從其井捽者，氣所蕩也。其後亦遂居之不疑者，志爲氣所動也。攻陸、王者出僞陸、王，其學猥陋，不足爲陸、王病也。貶朱者之即出朱學，其力深沈，不以源流互質，言行交推，世有好學而無真識者，鮮不從風而靡矣。

古人著於竹帛，皆其宣於口耳之言也。言一成而人之觀者千百其意焉，故不免於有向而有背。今之黠者則不然，以其所長，有以動天下之知者矣。知其所短，不可以欺也，則似有不屑焉。徙澤之蛇，且以小者神君焉。其遇可以知而不必且爲知者，則略其所長，以爲未可與言也；而又飾所短，以爲無所不能也。雷電以神之，鬼神以幽之，鍵箧以固之，標幟以市之，於是前無古人，而後無來者矣。天下知者少，而不必且爲知者之多也，知者一定不易，而不必且爲知者之千變無窮也。故以筆信知者，而以舌愚不必深知者，天下由是靡然相從矣。夫略所短而取其長，遺書具存，强半皆當遵從而不廢者也。天下靡然從之，何足忌哉！不知其口舌遺厲，深入似知非知之人心，去取古人，任偏衷而害於道也。語云：「其父殺人報仇，其子必且行劫。」其人於朱子，蓋已飲水而忘源，及筆之於書，僅有微辭隱見耳，未敢居然斥之也。此其所以不見惡於真知者也。而不必深知者，習聞口舌之閒，肆然排詆而無忌憚，以謂是人而有是言，則朱子真不可以不斥也。故趨其風者，未有不以攻朱爲能事也。非有惡於朱也，懼其不類於是人，即不得爲通人也。夫朱子之授人口實，强半出於語録。語録出於弟子門人雜記，未必無失初旨也。然而大旨實與所著之書相表裏，則朱子之著於竹帛，即其宣於口耳之言。是表裏如一者，古人之學也。即以是義責其人，亦可知其不如朱子遠矣，又何爭於文字語言之末也哉！

史德

才、學、識三者，得一不易，而兼三尤難，千古多文人而少良史，職是故也。昔者劉氏子玄，蓋以是說謂足盡其理矣。雖然，史所貴者義也，而所具者事也，所憑者文也。孟子曰：「其事則齊桓、晉文，其文則史，義則夫子自謂竊取之矣。」非識無以斷其義，非才無以善其文，非學無以練其事。三者固各有所近也，其中固有似之而非者也。記誦以爲學也，辭采以爲才也，擊斷以爲識也，非良史之才、學、識也。雖劉氏之所謂才、學、識，猶未足以盡其理也。夫劉氏以謂有學無識，如愚估操金，不解貿化。推此說以證劉氏之指，不過欲於記誦之間，知所決擇，以成文理耳。故曰：古人史取成家，退處士而進姦雄，排死節而飾主闕，亦曰一家之道然也。此猶文士之識，非史識也。能具史識者，必知史德。德者何？謂著書者之心術也。夫穢史者所以自穢，謗書者所以自謗，素行爲人所羞，文辭何足取重？魏收之矯誣，沈約之陰惡，讀其書者，先不信其人，其患未至於甚也。所患夫心術者，謂其有君子之心，而所養未底於粹也。夫有君子之心，而所養未粹，大賢以下，所不能免也。此而猶患於心術，自非夫子之春秋，不足當也。以此責人，不亦難乎？是亦不然也。蓋欲爲良史者，當慎辨於天人之際，盡其天而不益以人也。盡其天而不益以人，雖未能至，苟允知之，亦足以稱著書者之心術矣。而文史之儒，競言才、學、識，而不知辨心術，以議史德，烏乎可哉！夫是堯、舜而非桀、紂，人皆能言矣。崇王道而斥霸功，又儒者之習故矣。至於善善而惡惡，褒正而嫉邪，凡欲託文辭以不朽者，莫不有是心也。然而心術不可不慮者，則以天與人參，其端甚微，非是區區之明所可恃也。夫史所載者事也，事必藉文而傳，故良史莫不工文，而不知文又患於爲事役也。蓋事不能無得失是非，一有得失是非，則出入予奪相奮摩矣。奮摩不已，而氣積焉。事不能無盛衰消息，一有盛衰消息，則往復憑弔生流連矣。流連不已，而情深焉。凡文不足以動人，所以動人者氣也；凡文不足以入人，所以入人者情也。氣積而文昌，情深而文摯；氣昌而情摯，天下之至文也。然而其中有天有人，不可不辨也。氣得陽剛而情合陰柔，人麗陰陽之間，不能離焉者也。氣合於理，天也；氣能違理以自用，人也。情本於性，天也；情能汩性以自恣，人也。史之義出於天，而史之文不能不藉人力以成之。人有陰陽之患，而史文即忤於大道之公，其所感召者微也。夫文非氣不立，而氣貴於平。人之氣，燕居莫不平也。因事生感，而氣失則宕，氣失則激，氣失則驕，毗於陽矣。文非情不得，而情貴於正。人之情，虛置無不正也。因事生感，而情失則流，情失則溺，情失則偏，毗於陰矣。陰陽伏沴之患，乘於血氣而入於心知，其中默運潛移，似公而實逞於私，似天而實蔽於人，發爲文辭，至於害義而違道，其人猶不自知也。故曰：心術不可不慎也。夫氣勝而情偏，猶曰動於天而參於人也。才藝之士則又溺於文辭，以爲觀美之具焉，而不知其不可也。史之賴於文也，猶衣之需乎采，食之需乎味也。采之不能無華樸，味之不能無濃淡，勢也。華樸爭而不能無邪色，濃淡爭而不能無奇味。邪色害目，奇味爽口，起於華樸濃淡之爭也。文辭有工拙，而族史方且以是爲競焉，是舍本而逐末矣。以此爲文，未有見其至者，以此爲史，豈可與聞古人大體乎？韓氏愈曰：「仁義之人，其言藹如。」仁者情之普，義者氣之遂也。程子嘗謂：「有關雎、麟趾之意，而後可以行周官之法度。」吾則以謂通六義比興之旨，而後可以講春王正月之書。蓋言心術貴於養也。史遷百三十篇，報任安書所謂「究天地之際，通古今之變，成一家之言」，自序以謂「紹名世，正易傳，繼春秋〔一〕，本詩、書、禮、樂之際」，其本旨也。所云「發憤著書」，不過敍述窮愁而假以爲辭耳。後人泥於發憤之説，遂謂百三十篇皆爲怨誹所激發，王允亦斥其言爲謗書。於是後世論文，以史遷爲譏謗之能事，以微文爲史職之大權，或從羨慕而倣效爲之，是直以亂臣賊子之居心，而妄附春秋之筆削，不亦悖乎！今觀遷所著書，如封禪之惑於鬼神，平準之算及商販，孝武之秕政也。後世觀於相如之文，桓寬之論，何嘗待史遷而後著哉！游俠、貨殖諸篇，不能無所感慨，賢者好奇，亦洵有之。餘皆經緯古今，折衷六藝，何嘗敢於訕上哉！朱子嘗言：「離騷不甚怨君，後人附會有過。」吾則以謂史遷未敢謗主，讀者之心自不平耳。夫以一身坎軻，怨誹及於君父，且欲以是邀千古之名，此乃愚不安分，名教中之罪人，天理所誅，又何著述之可傳乎？夫騷與史，千古之至文也。其文之所以至者，皆抗懷於三代之英，而經緯乎天人之際者也。所遇皆窮，固不能無感慨。而不學無識者流，且謂誹君謗主，不妨尊爲文辭之宗焉，大義何由得

〔一〕「繼春秋」，原脱，據文史通義補。

明？心術何由得正乎？夫子曰：「詩可以興。」説者以謂興起好善惡惡之心也。好善惡惡之心，懼其似之而非，故貴平日有所養也。騷與史皆深於詩者也。言婉多風，皆不背於名教，而梏於文者不辨也。故曰：必通六義比興之旨，而後可以講春王正月之書。

史釋

或問：「周官府史之史，與内史、外史、太史、小史、御史之史，有異義乎？」曰：「無異義也。府史之史，庶人在官供書役者，今之所謂書吏是也。五史則卿大夫士爲之，所掌圖書、紀載、命令、法式之事，今之所謂内閣六科、翰林中書之屬是也。官役之分，高下之隔，流别之判，如霄壤矣。然而無異義者，則皆守掌故而以法存先王之道也。」

史守掌故而不知擇，猶府守庫藏而不知計也。先王以謂太宰制國用，司會質歲之成，皆有調劑盈虛、均平秩序之義，非有道德賢能之選，不能任也，故任之以卿士大夫之重。若夫守庫藏者，出納不敢自專，庶人在官，足以供使而不乏矣。然而卿士大夫討論國計，得其遠大，若問庫藏之纖悉，必曰府也。五史之於文字，猶太宰司會之於財貨也。典謨訓誥，曾氏以謂「唐、虞、三代之盛，載筆而紀，亦皆聖人之徒」，其見可謂卓矣。五史以卿士大夫之選，推論精微，史則守其文誥、圖籍、章程、故事而不敢自專，然而問掌故之委折，必曰史也。

夫子曰：「民可使由之，不可使知之。」先王道法，非有二也，卿士大夫能論其道，而府史僅守其法，人之知識有可使能與不可使能爾，非府史所守之外，别有先王之道也。夫子曰：「俎豆之事，則嘗聞之矣。」曾子乃曰：「君子所貴乎道者三，籩豆之事，則有司存。」非曾子之言異於夫子也，夫子推其道，曾子恐人泥其法也。子貢曰：「文武之道，未墜於地，在人。夫子焉不學？亦何常師之有！」「入太廟，每事問。」則有司賤役，巫祝百工，皆夫子之所師矣。問禮問官，豈非學於掌故者哉？故道不可以空詮，文不可以空著。三代以前未嘗以道名教，而道無不存者，無空理也；三代以前未嘗以文爲著作，而文爲後世不可及者，無空言也。蓋自官師治教分，而文字始有私門之著述，於是文章學問乃與官司掌故爲分途，而立教者可得離法而言道體矣。易曰：「苟非其人，道不虛行。」學者崇奉六經，以謂聖人立言以垂教，不知三代盛時，各守專官之掌故，而非聖人有意作爲文章也。

傳曰：「禮，時爲大。」又曰：「書同文。」蓋言貴時王之制度也。學者但誦先聖遺言，而不達時王之制度，是以文爲鞶帨絺繡之玩，而學爲鬭奇射覆之資，不復計其實用也，故道隱而難知。士大夫之學問文章，未必足備國家之用也。法顯而易守，書吏所存之掌故，實國家之制度所存，亦即堯、舜以來因革損益之實迹也，故無志於學則已，君子苟有志於學，則必求當代典章，以切於人倫日用，必求官司掌故而通於經術精微，則學爲實事，而文非空言，所謂有體必有用也。不知當代而言好古，不通掌故而言經術，則鞶帨之文，射覆之學，雖極精能，其無當於實用也審矣！

孟子曰：「力能舉百鈞，而不足舉一羽，明足察秋毫之末，而不見輿薪。」難其所易而易其所難，謂失權度之宜也。學者昧今而博古，荒掌故而通經術，是能勝周官卿士之所難，而不知求府史之所易也。

故舍器而求道，舍今而求古，舍人倫日用而求學問精微，皆不知府史之史，通於五史之義者也。

以吏爲師，三代之舊法也。秦人之悖於古者，禁詩、書而僅以法律爲師耳。三代盛時，天下之學無不以吏爲師，周官三百六十，天人之學備矣。其守官舉職而不墜天工者，皆天下之師資也。東周以還，君師政教不合於一，於是人之學術不盡出於官司之典守，秦人以吏爲師，始復古制，而人乃狃於所習，轉以秦人爲非耳。秦之悖於古者多矣，猶有合於古者，以吏爲師也。

孔子曰：「生乎今之世，反古之道，烖及其身者也。」李斯請禁詩、書，以謂儒者是古而非今，其言若相近，而其意乃大悖。後之君子，不可不察也。夫三王不襲禮，五帝不沿樂，不知禮時爲大，而動言好古，必非真知古制者也。是不守法之亂民也，故夫子惡之。若夫殷因夏禮，百世可知，損益雖曰隨時，未有薄堯、舜而詆斥禹、湯、文、武、周公而可以爲治者。李斯請禁詩、書，君子以謂愚之道也。後世之去唐、虞、三代則更遠矣。要其一朝典制，可以垂奕世，而致一時之治平者，未有不於古先聖王之道，得其彷彿者也。故當代典章，官司掌故，未有不可通於詩、書、六藝之所垂，而學者昧於知時，動矜博古，譬如攷西陵之蠶桑，講神農之樹藝，以謂可禦饑寒，而不須衣食也。

史注

昔夫子之作春秋也，筆削既具，復以微言大義口授其徒。三傳之作，因得各據聞見，推闡經蘊，於是春秋以明。諸子百家既著其說，亦有其徒相與守之，然後其說顯於天下。至於史事，則古人以業世其家，學者就其家以傳業。孔子問禮，必於柱下史。蓋以域中三大，非取備於一人之手，程功於翰墨之林者也。史遷著百三十篇，漢書謂之太史公，隋志始曰史記。乃云：「藏之名山，傳之其人。」其後外孫楊惲始布其書。班固漢書，自固卒後，一時學者未能通曉。馬融乃伏閣下，從其女弟受業，然後其學始顯。夫馬、班之書，今人見之悉矣，而當日傳之必以其人，受讀必有所自者，古人專門之學，必有法外傳心，筆削之功所不及，則口授其徒，而相與傳習其業，以垂永久也。遷書自裴駰爲注，固書自應劭作解，其後爲之注者，猶若干家，則皆闡其家學者也。魏、晉以來，著作紛紛，前無師承，後無從學。且其爲文也，體既濫漫，絶無古人筆削謹嚴之義，旨復淺近，亦無古人隱微難喻之故，自可隨其詣力，孤行於世耳。至於史籍之掌，代有其人，而古學失傳，史存具體。惟於文誥案牘之類次，月日記注之先後，不勝擾擾，而文亦繁蕪複沓，盡失遷、固之舊也。是豈盡作者才力之不逮，抑史無注例，其勢不得不日趨於繁富也？古人一書，而傳者數家，後代數人而共成一書。夫傳者廣，則簡盡微顯之法存；作者多，則牴牾複沓之弊出。循流而日忘其源，古學如何得復？而史策何從得簡乎？是以唐書倍漢，宋史倍唐，檢閲者不勝其勞，傳習之業安得不亡？夫同聞而異述者，見崎而分道也；源正而流別者，歷久而失真也。九師之易，四氏之詩，師儒林立，傳授已不勝其紛紛。士生三古而後能自得於古人，勒成一家之作，方且徬徨乎兩間，孤立無徒，而欲抱此區區之學，待發揮於子長之外孫，孟堅之女弟，必不得之數也。太史敍例之作，其自注之權輿乎？明述作之本旨，見去取之從來，已似恐後人不知其所云，而特筆以標之。所謂「不離古文及攷信六藝云云」者，皆百三十篇之宗旨，或殿卷末，或冠篇端，未嘗不反覆自明也。班書年表十篇，與地理、藝文二志，皆自注，則又大綱細目之規矩也。其陳、范二史尚有松之、章懷爲之注，至席惠明注秦記，劉孝標注世説新語，則雜史支流猶有子注，是六朝史學家法未亡之一驗也。自後史權既散，詳三變篇。紀傳浩繁，惟徐氏五代史注亦已簡略，尚存餼羊於一綫，而唐、宋諸家，則茫乎其不知涯涘焉。宋范沖修神宗實録，别爲攷異五卷，以發明其義，是知後無可代之人，而自爲之解，當與通鑑舉要、攷異之屬，同爲近代之良法也。劉氏史通，畫補注之例爲三條，其所謂小書人物之三輔決録、華陽士女與所謂史臣自刊之洛陽伽藍、關東風俗者，雖名爲二品，實則一例，皆近世議史諸家之不可不亟復者也。惟所謂思廣異聞之松之三國、劉昭後漢一條，則史家之舊法，與索隱、正義之流，大同而小異者也。夫文史之籍，日以繁滋，一編刊定，則徵材所取之書，不數十年嘗亡失其十之五六，宋、元修史之成規，可覆按焉。使自注之例得行，則因援引所及，而得存先世藏書之大概，因以校正藝文著録之得失，是亦史法之一助也。且人心日漓，風氣日變，缺文之義不聞，而附會之習且愈出而愈工焉。在官修書，惟冀塞責，私門著述，苟飾浮名，或剽竊成書，或因陋就簡，使其術稍黠，皆可愚一時之耳目，而著作之道益衰。誠得自注以標所去取，則聞見之廣狹，功力之疏密，心術之誠僞，灼然可見於開卷之頃，而風氣可以漸復於質古，是又爲益之尤大者也。然則攷之往代家法既如彼，揆之後世繫重又如此，夫翰墨省於前而功效多於舊，孰有加於自注也哉！

校讎通義

原道第一

古無文字。結繩之治易之書契，聖人明其用，曰「百官以治，萬民以察」。夫爲治爲察，所以宣幽隱而達形名，蓋不得已而爲之，其用足以若是焉斯已矣。理大物博，不可殫也，聖人爲之立官分守，而文字亦從而紀焉。有官斯有法，故法具於官；有法斯有書，故官守其書；有書斯有學，故師傳其學；有學斯有業，故弟子習其業。官守學業，皆出於一，而天下以同文爲治，故私門無著述文字。私門無著述文字，則官守之分職，即羣書之部次，不復別有著録之法也。

後世文字，必溯源於六藝。六藝非孔氏之書，乃周官之舊典也。易掌太卜，書藏外史，禮在宗伯，樂隸司樂，詩領於太師，春秋存乎國史。夫子自謂「述而不作」，明乎官司失守，而師弟子之傳業，於是判焉。秦人禁偶語詩、書，而云「欲學法令者，以吏爲師」。其棄詩、書，非也；其曰「以吏爲師」，則猶官守學業合一之謂也。由秦人以吏爲師之言，想見三代盛時，禮以宗伯爲師，樂以司樂爲師，詩以太師爲師，書以外史爲師，三易、春秋亦若是則已矣，又安有私門之著述哉！

劉歆七略，班固删其輯略而存其六。顏師古曰：「輯略謂諸書之總要。」蓋劉氏討論羣書之旨也。此最爲明道之要，惜乎其文不傳。今可見者，唯總計部目之後，條辨流別數語耳。即此數語窺之，劉歆蓋深明乎古人官師合一之道，而有以知乎私門初無著述之故也。何則？其敍六藝而後次及諸子百家，必云「某家者流，蓋出古者某官之掌，其流而爲某氏之學，失而爲某氏之弊」。其云「某官之掌」，即法具於官，官守其書之義也；其云「流而爲某家之學」，即官司失職，而師弟傳業之義也；其云「失而爲某氏之弊」，即孟子所謂「生心發政，作政害事」，辨而別之，蓋欲庶幾於知言之學者也。由劉氏之旨，以博求古今之載籍，則著録部次，辨章流別，將以折衷六藝，宣明大道，不徒爲甲乙紀數之需，亦已明矣。

宗劉第二

七略之流而爲四部，如篆隸之流而爲行楷，皆勢之所不容已者也。史部日繁，不能悉隸以春秋家學，四部之不能返七略者一；名墨諸家，後世不復有其支別，四部之不能返七略者二；文集熾盛，不能定百家九流之名目，四部之不能返七略者三；鈔輯之體，既非叢書，又非類書，四部之不能返七略者四；評點詩文，亦有似別集而實非別集，似總集而又非總集者，四部之不能返七略者五。凡一切古無今有、古有今無之書，其勢判如霄壤，又安得執七略之成法，以部次近日之文章乎？然家法不明，著作之所以日下也；部次不精，學術之所以日散也。就四部之成法，而能討論流別，以使之恍然於古人官師合一之故，則文章之病可以稍救，而七略之要旨，其亦可以有補於古人矣。

二十三史皆春秋家學也。本紀爲經，而志、表、傳、録亦如左氏傳例之與爲終始發明耳。故劉歆次太史公百三十篇於春秋之後，而班固敍例亦云「作春秋考紀十二篇」，明乎其繼春秋而作也。他如儀注乃儀禮之支流，職官乃周官之族屬，則史而經矣。譜牒通於曆數，記傳合乎小說，則史而子矣。凡此類者，即於史部敍録申明其旨，可使六藝不爲虚器，而諸子得其統宗，則春秋家學雖謂今日不泯可也。

名家者流，後世不傳。得辨名正物之意，則顔氏匡謬，邱氏兼明之類，經解中有名家矣。墨家者流，自漢無傳。得尚儉兼愛之意，則老氏貴嗇，釋氏普度之類，二氏中有墨家矣。討論作述宗旨，不可不知其流别者也。

漢、魏、六朝著述，略有專門之意。至唐、宋詩文之集，則浩如煙海矣。今即世俗所謂唐、宋大家之集論之，如韓愈之儒家，柳宗元之名家，蘇洵之兵家，蘇軾之縱横家，王安石之法家，皆以生平所得，見於文字，旨無旁出，即古人之所以自成一子者也。其體既謂之集，自不得强列以諸子部次矣。因集部之目録而推論其要旨，以見古人所謂言有物而行有恒者，編於著録之下，則一切無實之華言，牽率之文集，亦可因是而治之，庶幾辨章學術之一端矣。

類書自不可稱爲一子，隋、唐以來之編次皆非也。然類書之體亦有二：其有源委者，如文獻通考之類，當附史部故事之後；其無源委者，如藝文類聚之類，當附集部總集之後，總不得與子部相混淆。或擇其近似者，附其説於雜家之後可矣。

鈔書始於葛稚川，然其體未雜，後人易識别也。唐後史家無專門别識，鈔撮前人史籍，不能自擅名家，故宋志藝文史部，創爲史鈔一條，亦不得已也。嗣後學術日趨苟簡，無論治經業史，皆有簡約鈔撮之工。其始不過便一時之記憶，初非有意留青。後乃父子授受，師弟傳習，流别既廣，巧法滋多。其書既不能悉畀丙丁，惟有强編甲乙，弊至近日流傳之殘本説郛而極矣。其書有經有史，其文或墨或儒，若還其部次，則篇目不全；若自爲一書，則義類難附。凡若此者，當自立書鈔名目，附之史鈔之後可矣。評點之書，其源亦始鍾氏詩品，劉氏文心。然彼則有評無點，且自出心裁，發揮道妙，又且離詩與文而別自爲書，信哉其能成一家言矣。自學者因陋就簡，即古人之詩文而漫爲點識批評，庶幾便於揣摩諷習。而後人嗣起，囿於見聞，不能自具心裁，深窺古人全體，作者精微，以致相習成風，幾忘其爲尚有本書者，末流之弊，至此極矣。然其書具在，亦不得而盡廢之也。且如史記百三十篇，正史已登於録矣。明茅坤、歸有光輩復加點識批評，是所重不在百三十篇，而在點識批評矣，豈可復歸正史類乎？謝枋得之檀弓，蘇洵之孟子，孫鑛之毛詩，豈可復歸經部乎？凡若此者，皆是論文之末流，品藻之下乘，豈復有通經習史之意乎？編書至此，不必更問經史部次，子集偏全，約略篇章，附於文史評之下，庶乎不失論辨流別之義耳。

凡四部之所以不能復七略者，不出以上所云，然則四部之與七略，亦勢之不容兩立者也。七略之古法終不可復，而四部之體質又不可改，則四部之中，附以辨章流別之義，以見文字之必有源委，亦治書之要法。而鄭樵顧删去崇文敍録，乃使觀者如閲甲乙簿注，而更不識其討論流別之義焉，烏乎可哉？

互著第三

古人著録不徒爲甲乙部次計，如徒爲甲乙部次計，則一掌故令史足矣，何用父子世業，閲年二紀，僅乃卒業乎？蓋部次流别，申明大道，敍列九流百氏之學，使之繩貫珠聯，無少缺逸，欲人即類求書，因書究學。至理有互通，書有兩用者，未嘗不兼收並載，初不以重複爲嫌。其於甲乙部次之下，但加互注，以便稽檢而已。古人最重家學，敍列一家之書，凡有涉此一家之學者，無不窮源至委，竟其流别，所謂著作之標準，羣言之折衷也。如避重複而不載，則一書本有兩用，而僅登一録，於本書之體既有所不全；一家本有是書，而缺而不載，於一家之學亦有所不備矣。

劉歆七略亡矣，其義例之可見者，班固藝文志注而已。班固自注，非顔注也。七略於兵書權謀家有伊尹、太公、管子、荀卿子、漢書作孫卿子。鶡冠子、蘇子、蒯通、陸賈、淮南王九家之書，而儒家復有荀卿子、陸賈二家之書，道家復有伊尹、太公、管子、鶡冠子四家之書，縱横家復有蘇子、蒯通二家之書，雜家復有淮南王一家之書。兵書技巧家有墨子，而墨家復有墨子之書。惜此外之重複互見者，不盡見於著録，容有散逸失傳之文。然即此十家之一書兩載，則古人之申明流别，獨重家學，而不避重複著録明矣。自班固併省部次，而後人不復知有家法，乃始以著録之業，專爲甲乙部次之需爾。鄭樵能譏班固之胸無倫次，而不能申明劉氏之家法，以故校讎一略，工訶古人，而拙於自用，即矛陷盾，樵又無詞以自解也。

著録之創爲金石、圖譜二略，與藝文並列而爲三，自鄭樵始也。就三略而論之，如藝文經部有三字石經，一字石經，今字石經，易篆石經，鄭玄尚書之屬，凡若干種。而金石略中無石經，豈可特著金石一略，而無石經乎？諸經史部内所收圖譜，與圖譜略中互相出入，全無倫次。以謂鉅編鴻製，不免牴牾，抑亦可矣。如藝文傳記中之祥異一條所有地動圖、瑞應翎毛圖之類，名士一條之文翁學堂圖，忠烈一條之忠烈圖等類，俱詳載藝文，而不入圖譜，此何説也？蓋不知重複互注之法，則遇兩岐牽掣之處，自不覺其牴牾錯雜，百弊叢生，非特不能希蹤古人，即僅求寡過亦已難矣。

若就書之易淆者言之，經部易家與子部之五行陰陽家相出入，樂家與集部之樂府、子部之藝術相出入，小學家之書法與金石之法帖相出入，史部之職官與故事相出入，譜牒與傳記相出入，故事與集部之詔誥奏議相出入，集部之詞曲與史部之小説相出入，子部之儒家與經部之經解相出入，史部之食貨與子部之農家相出入，非特如鄭樵之所謂傳記、雜家、小説、雜史、故事五類，與詩話、文史之二類，易相紊亂已也。若就書之相資者而論，爾雅與本草之書相資爲用，地理與兵家之書相資爲用，譜牒與曆律之書相資爲用，不特如鄭樵之所謂性命之書求之道家，小學之書求之釋家，周易藏於卜筮，洪範藏於五行已也。書之易混者，非重複互注之法，無以免後學之牴牾；書之相資者，非重複互注之法，無以究古人之源委。一隅三反，其類蓋亦廣矣。

别類敍書，如列人爲傳，重在義類，不重名目也。班、馬列傳家法，人事有兩關者，則詳略互載之。如子貢在仲尼弟子爲正傳，其入貨殖則互見也。儒林傳之董仲舒、王吉、韋賢既次於經師之篇，而别有專傳，蓋以事義標篇，人名離合其間，取其發明而已。部次羣書，標目之下，亦不可使其類有所闕，故詳略互載，使後人溯家學者，可以求之無弗得，以是爲著録之義而已。自列傳互詳之旨不顯，而著録亦無復有互注之條，以至元史之一人兩傳，諸史藝文志之一書兩出，則弊固有所開也。

别裁第四

管子，道家之言也，劉歆裁其弟子職篇入小學；七十子所記百三十一篇，禮經所部也，劉歆裁其三朝記篇入論語。蓋古人著書有採取成説，襲用故事者。如弟子職必非管子自撰，月令必非吕不韋自撰，皆所謂採取成説也。其所採之書，别有本旨，或歷時已久，不知所出；又或有所著之篇，於全書之内自爲一類者，並得裁其篇章，補苴部次，别出門類，以辨著述源流。至其全書篇次具存，無所更易，隸於本類，亦自兩不相妨。蓋權於賓主重輕之閒，知其無庸互見者，而始有裁篇别出之法耳。

夏小正在戴記之先，而大戴記收之，則時令而入於禮矣。小爾雅在孔叢子之外，而孔叢子合之，則小學而入於子矣。然隋書未嘗不别出小爾雅以附論語；文獻通考未嘗不别出夏小正以入時令，而孔叢子、大戴記之書，又未嘗不兼收而並録也。然此特後人之幸而偶中，或爾雅、小正之篇有别出行世之本，故亦從而别載之爾，非真有見於學問流别而爲之裁制也。不然何以本篇之下，不標子注，申明篇第之所自也哉？

辨嫌名第五

部次有當重複者，有不當重複者。漢志以後既無互注之例，則著録之重複，大都不關義類，全是編次之錯謬爾。篇次錯謬之弊有二：一則門類疑似，一書兩入也；一則一書兩名，誤認二家也。欲免一書兩入之弊，但須先作長編，取著書之人與書之標名，按韻編之，詳注一書源委於其韻下，至分部别類之時，但須按韻稽之，雖百人共事，千卷雷同，可使疑似之書，一無犯複矣。至一書兩名，誤認二家之弊，則當深究載籍，詳考史傳，並當歷究著録之家，求其所以同異兩稱之故，而筆之於書，然後可以有功古人，而有光來學耳。

太史公百三十篇今名史記，戰國策三十三篇初名短長語，老子之稱道德經，莊子之稱南華經，屈原賦之稱楚詞，蓋古人稱名樸，而後人入於華也。自漢以後，異名同實，文人稱引相爲弔詭者，蓋不少矣。白虎通德論删去「德論」二字，風俗通義删去「義」字，世説新語删去「新語」二字，淮南鴻烈解删去「鴻烈解」，而但曰淮南子，吕氏春秋有十二紀八覽六論，不稱吕春秋，而但曰吕覽，蓋書名本全而援引者從簡略也，此亦足以疑誤後學者已。鄭樵精於校讎，然藝文一略，既有班昭集，而復有曹大家集，則一人而誤爲二人矣。晁公武善於考據，然郡齋一志，張君房脞説而題爲張唐英，則二人而誤爲一人矣。此則人名字號之不一，亦開歧誤之端也。然則校書著録，其一書數名者，必當歷注互名於卷帙之下，一人而有多字號者，亦當歷注其字號於姓名之下，庶乎無嫌名歧出之弊矣。

補鄭第六

鄭樵論書有名亡實不亡，其見甚卓。然亦有發言太易者，如云「鄭玄三禮目録雖亡，可取諸三禮」，則今按以三禮正義，其援引鄭氏目録，多與劉向篇次不同，是當日必有説矣，而今不得見也，豈可曰取之三禮乎？又曰「十三代史目雖亡，可取諸十三代史」，考藝文所載十三代史目，有唐宗諫及殷仲茂兩家，宗諫之書凡十卷，仲茂之書止三卷，詳略如此不同，其中亦必有説，豈可曰取之十三代史而已乎？其餘所論多不出此。若求之於古而不得，無可如何而旁求於今有之書，則可矣；如云古書雖亡而實不亡，談何容易耶！

若求之於古而不得，無可如何而求之今有之書，則又有采輯補綴之成法，不特如鄭樵所論已也。昔王應麟以易學獨傳王弼、尚書止存僞孔傳，乃采鄭玄易注、書注之見於羣書者，爲鄭氏周易、鄭氏尚書注。又以四家之詩，獨毛傳不亡，乃采三家詩説之見於羣書者，爲三家詩考。嗣後好古之士踵其成法，往往綴輯逸文，搜羅略遍。今按緯候之書往往見於毛詩、禮記注疏及後漢書注，漢、魏雜史往往見於三國志注，摯虞流別及文章志往往見於文選注，六朝詩文集多見採於北堂書鈔、藝文類聚，唐人載籍多見採於太平御覽、文苑英華。一隅三反，充類求之，古逸之可採者多矣。

鄭樵論書有不足於前朝而足於後世者，以爲唐志所得舊書，盡梁書卷帙而多於隋。謂唐人能按王儉七志、阮孝緒七録以求之之功，是則然矣，但竟以卷帙之多寡，定古書之全缺，則恐不可盡信也。且如應劭風俗通義，劭自序實止十卷，隋書亦然，至唐志乃有三十卷，又非有疏解家爲之離析篇第，其書安所得有三倍之多乎？然今世所傳風俗通義，乃屬不全之書，豈可遽以卷帙多寡定書之全不全乎？

校讎條理第七

鄭樵論求書遣官、校書久任之說，真得校讎之要義矣。顧求書出於一時，而求之之法亦有善與不善，徒曰遣官而已，未見奇書祕策之必無遺逸也。夫求書在一時，而治書在平日。求書之要，即鄭樵所謂其道有八，無遺議矣。治書之法，則鄭樵所未及議也。古者同文稱治，漢制，吏民上書，字或不正，輒舉劾。蔡邕正定石經，以謂四方之民，至有賄改蘭臺漆書，以合私家文字者，是當時郡國傳習，容有與中書不合者矣。然此特就小學字體言之也，若紀載傳聞，詩、書雜誌，真訛糾錯，疑似兩淆，又書肆說鈴，識大識小，歌謠風俗，或正或偏，其或山林枯槁，專門名家，薄技偏長，稗官脞說，其隱顯出没，大抵非一時徵求所能彙集，亦非一時討論所能精詳。凡若此者，並當於平日責成州縣學校師儒講習，考求是正，著爲録籍，略如人户之有版圖。載筆之士果能發明道要，自致不朽，願託於官者聽之。如是則書掌於官，不致散逸，其便一也。事有稽檢，則奇衺不衷之說，淫詖邪蕩之詞，無由伏匿，以干禁例，其便二也。求書之時，按籍而稽，無勞搜訪，其便三也。中書不足，稽之外府；外書訛誤，正以中書，交互爲功，同文稱盛，其便四也。此爲治書之要，當議於求書之前者也。書掌於官，私門無許自匿著述，最爲合古。然數千年無行之者，一旦爲之，亦自不易。學官難得通人，館閣校讎，未必盡是向、歆一流，不得其人，則窒礙難行。甚或漸啟挾持訛詐、騷擾多事之漸，則不但無益，而有損矣。然法固待人而行，不可因一時難行而不存其說也。

校書宜廣儲副本。劉向校讎中祕，有所謂中書，有所謂外書，有所謂太常書，有所謂太史書，有所謂臣向書，臣某書。夫中書與太常、太史，則官守之書，不一本也；外書與臣向、臣某，則家藏之書，不一本也。夫博求諸本，乃得讎正一書，則副本固將廣儲，以待質也。夫太常領博士，今之國子監也。太史掌圖籍，今之翰林院也。凡官書不特中祕之謂也。

古者校讎書，終身守官，父子傳業，故能討論精詳，有功墳典。而其校讎之法，則心領神會，無可傳也。近代校書，不立專官，衆手爲之，限以程課，畫以部次，蓋亦勢之不得已也。校書者既非專門之官，又非一人之力，則校讎之法，不可不立也。竊以典籍浩繁，聞見有限，在博雅者且不能悉究無遺，況其下乎？以謂校讎之先，宜盡取四庫之藏，中外之籍，擇其中之人名、地號、官階、書目，凡一切有名可治，有數可稽者。略倣佩文韻府之例，悉編爲韻，乃於本韻之下，注明原書出處，及先後篇第，自一見再見以至數千百，皆詳注之，藏之館中，以爲羣書之總類。至校書之時，遇有疑似之處，即名而求其編韻，因韻而檢其本書，參互錯綜，即可得其至是。此則淵博之儒，窮畢生年力而不可究殫者。今即中才校勘，可坐收於几席之閒，非校讎之良法歟？

古人校讎，於書有訛誤，更定其文者，必注原文於其下；其兩說可通者，亦兩存其說；刪去篇次者，亦必存其闕目，所以備後人之采擇，而未敢自以謂必是也。班固併省劉歆七略，遂使著録互見之法不傳於後世，然亦幸而尚注併省之說於本文之下，故今猶得從而考正也。向使自用其例，而不顧劉氏之原文，今日雖欲復劉歆之舊法，不可得矣。

七略以兵書、方技、數術爲三部，列於諸子之外者，諸子立言以明道，兵書、方技、數術皆守法以傳藝，虚理實事，義不同科故也。至四部而皆列子類矣。南宋鄭寅七録猶以藝方技爲三門，蓋亦七略之遺法，然列其書於子部可也，校書之人，則不可與諸子同業也。必取專門名家，亦如太史尹咸校數術，侍醫李國柱校方技，步兵校尉任宏校兵書之例，乃可無弊。否則，文學之士但求之於文字語言，而術業之誤，或且因而受其累矣。

著録殘逸第八

凡著録之書，有當時遺漏失載者，有著録殘逸不全者。漢書藝文志注卷次部目與本志不符，顔師古已云「歲月久遠，無由詳知」矣。今觀蕭何律令，叔孫朝儀，張霸尚書，尹更始春秋之類，皆顯著紀傳，而本志不收。此非當時之遺漏，必其本志有殘逸不全者矣。舊唐書經籍志集部内，無韓愈、柳宗元、李翶、孫樵之文，又無杜甫、李白、王維、白居易之詩，此亦非當時之遺漏，必其本志有殘逸不全者矣。校讐家所當歷稽載籍，補於藝文之略者也。

藏書第九

孔子欲藏書周室，子路以謂周室之守藏史老聃可以與謀。説雖出於莊子，然藏書之法，古有之矣。太史公抽石室金匱之書，成百三十篇，則謂「藏之名山，副在京師」。然則書之有藏，自古已然，不特佛、老二家有所謂道藏、佛藏已也。鄭樵以謂性命之書，往往出於道藏，小説之書，往往出於釋藏。夫儒書散失，至於學者已久失其傳，而反能得之二氏者，以二氏有藏，以爲之永久也。夫道藏必於洞天，而佛藏必於叢刹，然則尼山、泗水之間，有謀禹穴藏書之舊典者，抑亦可以補中祕之所不逮歟？

附録

先生與戴東原論史事多不合。戴新修汾州府志及汾陽縣志，及見先生和州志例，謂：「修志但當詳地理沿革，不當侈言文獻。」先生則謂：「方志如古國史，本非地理專門，考古固宜詳慎，不得已而勢不兩全，無寧重文獻而輕沿革耳。」又曰：「修志者，非示觀美，將求其實用也。時殊勢異，舊志不能兼該，是以遠或百年，近或三數十年，須更修也。若云但考沿革，而他非所重，則沿革明顯，毋庸考訂之州縣，可無庸修志矣。」又曰：「古蹟非志所重，當附見於輿地之圖，不當自爲專門。」文史通義外篇三。

先生謂：「鄭樵有史識而未有史學，曾鞏具史學而不具史法，劉知幾得史法而不得史意。此予文史通義所爲作也。通義示人，而人猶疑信參之，蓋空言不及徵諸實事也。志隅二十篇，略示推行之一端，能反其隅，通義非迂言可比也。」文史通義補篇。

先生作書朱陸篇後云：「凡戴君所學，深通訓詁，究於名物制度，而得其所以然，將以明道也。時人方貴博雅考訂，見其訓詁名物有合時好，以爲戴之絶詣在此。及戴著論性、原善諸篇，於天人理氣實有發先人所未發，時人則謂空説義理，可以無作。是固不知戴學者矣。」文史通義内篇一。

王宗炎曰：「實齋地産霸材，天挺史識，學古文於朱笥河太史，沈雄醇茂過於其師，尤長攻難駁詰之文，班、范而下，皆遭指摘。自謂『卑論仲任，俯視子玄』，未免過詡。平心而論，夾漈之伯仲也。所撰和州志、永清縣志，簡核可傳。爲畢秋帆尚書撰湖北通志，謝蘇潭侍郎修史籍考，皆未就。遺文數百篇，及文史通義、方志略例、校讎通義，稿存予家。生平不好吟詠，臨没寄余題隨園詩話，持論甚正。」兩浙輶軒録補遺。

臧鏞堂曰：「論學十規、古文十弊、淮南子洪保辨、祠堂神主議等偉論閎議，又復精細入神，切中文學之病，不朽之作也。」丙辰山中草跋。　案：丙辰山中草見原鈔本，爲先生原書目。

徐樹蘭曰：「先生於經文大義不爲苛妎，殊於時流。凡所論箸，皆胎原周官，脈法春秋，歸魂太史，以復官師聯事之規，與汪容甫之言若合符節。」文史通義跋。

實齋交游

戴先生震　別爲東原學案。

任先生大椿　別見東原學案。

邵先生晉涵　別爲南江學案。

周先生永年 別見南江學案。

汪先生中 別爲容甫學案。

王先生念孫 別爲石臞學案。

洪先生亮吉 別爲北江學案。

劉先生台拱 別爲端臨學案。

吴先生蘭庭

吴蘭庭字胥石，歸安人，乾隆甲午舉人。稽古讀書，多所纂述。嘗以宋吴縝著有五代史記纂誤，因更取薛居正舊史參核，益以昔賢緒論，并時人所正及者，録而次之，爲五代史記纂誤補四卷，又有五代史記考異、讀通鑑筆記、南霅草堂集。參史傳。

周先生震榮

周震榮字筤谷，嘉善人。乾隆壬申舉人。歷官安徽直隸知縣，多惠政，擢永定河南岸同知。覃研經學，尤致力於三禮。在官未嘗一日廢學。實齋游畿輔，一見如故。及宰永清，延聘修志，徵採文獻，躬親其事，故實齋纂録得實，一洗方志之陋。相與論文，將託著述，以期不朽。一時文學之士，聞風過訪，往復討論。實齋稱其縣衙，乃如名山講社云。著有周禮萃説四十二卷，歷代紀元表若干卷，兩漢三國姓名記二十卷，正名十卷，又養蒙術及文集、詩稿。參章氏遺書周筤谷别傳、嘉善縣志。

文集

上李觀察書

昨章進士來，仰知閣下將撰史籍考，此不朽盛業也。康熙中，朱氏彝尊作經義考三百卷，毛氏奇齡歎爲洋洋大觀。奇齡目空今古，非妄許人者。朱氏此書，初名經籍存亡考。經之籍繁矣，史實倍之，朱氏去今又五六十年，好學之士如林，豈無志于是者，而缺焉莫繼，則才不逮，力不足也。今聖天子稽古右文，特開四庫館，山巖屋壁之書，昔人懸千金不得者，盡獻于朝，焕然炳然，兩曜合璧，五星聯珠，開闢以來，未之或有也。閣下博聞强記，過于朱氏，藏書至十餘萬卷，又官通州，去京師近，館閣中經師碩學，皆以文字相交，天待閣下不爲不厚，閣下自命不爲薄矣。史籍考體例自宜略依經義考。然經義考亦有未盡醇者。歷代藝文志有小學一門，爾雅、三倉，訓詁一例之書也，乃有爾雅，無字書韵書，則小學不備。經學有經解一門，而經解有專門之解，有通經之解，今專經之解如杜預、何休，通經之解如劉向、許慎，俱著于録，而班固白虎通之等，亦經解也，因書名無經解字，輒輕删去，又何以獨載劉氏七經小傳之流乎？諸如此類，雖不足爲朱氏病，然亦後人考鏡得失之林已。著述之必先定體例，猶造車之先定矩，宣溝洫之必準耜耦也。史部分類十七，肇自隋志，大綱大法于是乎在。目録文集二門，俱始唐志；史鈔一門，始于宋志，皆前事之師也。史有大原，史有專官，自黄帝六史以來，經傳凡屬史書一門，無論有書無書，均宜考訂，名之曰古史，列于正史一門之前，乃史學大原也。至于史官建置，劉氏知幾考証已詳。自唐以來亦須偏考，編于各類之末，以昭職守。經史子集分列四庫，由來舊矣，然史所賅極廣，有宜採于經、于子、于集兼及類書者。文中子云：「聖人述史有三：詩、書、春秋是也。」今按春秋、尚書，俱是史學綱領，其後漢魏春秋、漢魏尚書，乃得有所統宗。周官爲職官之祖，儀禮爲儀制之祖，禮記爲記傳之祖，莫非史學淵源。詩經觀政考俗，所關殊大，其後選家大部因詩存史之篇，當坿其下。諸經既關于史，則本經白文即當著于録，而經義已有其書，但注「詳經義考」，以見相爲表裏之意。至經注經學諸書，已歸經部，無煩重見。此其采于經者也。取裁于子部者，如吕不韋春秋、韓非儲説，關于記事之篇，不可不立法參取。小説向入子部，今宜取以入史部，以説部坿之。野史雜記，明末諸人中有違礙、犯忌諱者，列其名，注明應燬未燬字樣，以歸醇正。類書向入子部，宜采有原委者，如博物、典彙，經濟類編之等，入故事門。金石録、石墨鐫華之等，舊歸子部技藝門，宜改入目録一門。取裁于集部者，如漢、唐、宋、元諸家之碑碣記傳狀誄，乃史氏傳記一門之要删，必取摘篇卷，著于録，以成大觀。凡文集中詔誥奏議，舊歸集部者，宜采篇卷入故事門。新唐書志有文史一門，論史諸書皆入集部，殊非通論，宜取論文諸書有論史者，概入史評之下。其史評一門，如劉知幾史通、劉餗史例之等，專論體例者也；尹起莘發明、劉友益書法之等，發揮義例者也；汪克寛考異、吴縝新唐書、五代史糾繆之等，專于考訂者也。宜將文史一門，分别巨綱細條，别爲史評一門。史評之外，又有史學，如司馬貞索隱、張守節正義、伏虔、應劭諸家漢書注之等，宜倣經義考，别出本經，自爲史學一門。以上諸條，記憶所及如此，未足盡史籍考之體例也。

傳經圖記

學弊於徇世久矣，志決科者相鬬以浮靡，趨習尚者相剽以口耳。乾隆甲辰，孫郎圻，我之自出也，與我季子以炘，年皆十有四，將學爲文，於是桐鄉孝廉葉先生家琬教之四載矣。孝廉曰：「圻誦九經，以炘十一經，略能通大義。懼其心未之有得，則其天易汩。汩其天，世將有以誘之而入於徇也。予其以國語、國策、荀卿、莊周、韓非之文，利導浸淫之。」決科者聞而斥之，孝廉勿顧，如是者一年。時則有一二古學之士，記醜言誇，獵譽公卿閒，傳聞所及，蟻附鶩飛，一聲音之訛，一偏旁之細，鉤距周内，累百千言，爾雅、説文之書，車不勝載，牛不勝汗也。聞孝廉之説，猶然笑曰：「是其篤於時者與？十年木可計乎？枯魚肆可索乎？」或以告孝廉，孝廉憮然曰：「學不可有所徇也。媚今而蔑古，徇也。竊古而欺今，徇也。徇之弊，其蘖爲媚，其流爲欺，其究爲竊。庸濫制藝，昏夜穿墉之竊也。僞託古人，禦人國門外之竊也。是皆無得於心，以自汩其天，而蠡賊于學者也。我徒也，可賊哉！」或曰：「子不欲二孺子決科乎？如功令何？」孝廉曰：「是予之所以遵功令也。四子書雖後出，虞、夏、殷、周四代之治法心傳于是乎在。猶影也，猶響也，于易得陰陽，于書得政事，于詩得性情，于三禮得制度典章。影必隨于身，響必根于聲，得其身，得其聲，有不能繪其影與響者乎？」或曰：「何以又進以國語、國策、荀、莊、韓也？」孝廉曰：「學不可有所徇也。古之人尚矣，其傳者未必皆我心之所安，其傳而遵于世者，未必即吾心之所近。督其不近者使之近，强其不安者使之安，是希文王之聖，而以昌歜廢稻粱；慕曾皙之風，而以羊棗易膾炙，病已。且夫毁譽之來眩其外，利鈍之形摇其中，雖百倍人之資，成功且不能及半，況中材以下，本無所以自通者哉？子未見二孺子之文乎？彼其得於天者，同乎？異乎？予分而授之，予順其天而不益以人，孺子之得心也易，予之施教也逸。」或曰：「國語、國策是已，何取荀、莊、韓之文爲？」孝廉曰：「周衰文敝，官失其守，諸子爭鳴，各思以其學之自得者易天下。春秋以前道在上，故物曲人官傳述者姓氏。春秋以後道在下，故文章學術授受者竹帛，其文不賅不備，邪正相雜，往往裂于先王之道。然持之有故，出之有本，窮乎達乎，無充無絀，其有主宰存焉。國語數典，必追其祖；荀卿勸學，必歸大分，禮之教也；國策抵掌陳詞，揣摩時勢，古者行人聘問專對之遺也；莊周寓言假象，易之教也；韓非引繩墨，切事情，指歸于賞罰，秋官士師司刑之一隅也。末數小技，造端必于聖人，苟無微言要旨之師承，則不能利用千古。故醫家有黄帝素問，農家有神農、野老，皆足以法後世，況諸子之識其大而心知其意者乎？」告者唯唯而退。圻、以炘述孝廉之言以告，震榮請記孝廉之言於圖後。

案：實齋作庚辛之閒亡友列傳，爲侍朝、胡士震、沈棠臣、陳以綱、唐鳳池、樂武、錢詔、徐鄰坡、張羲年、顧九苞、羅有高、曾慎，凡十有二人。弟子之可攷者，止主定州講席有童子孫鍾，親受小學，爲實齋所契。鍾後以應試不遇，就雜職，著述無聞，附紀其名。

實齋私淑

姚先生振宗

姚振宗字海槎，山陰人。生實齋百年之後，慕其學説，著漢書藝文志考證、隋書經籍志考證，又補後漢書、三國志兩藝文志。乾、嘉時，同里章逢之宗源先著隋書經籍考證，僅傳史部，先生又正其失，實事求是。其諸作皆足補前人之未逮，卓爲目録學大宗。參繆荃孫撰文學傳。

清儒學案卷九十七

東壁學案

孔子曰：「多聞闕疑。」孟子曰：「盡信書則不如無書。」至劉子玄乃有疑古、惑經諸篇。東壁實事求是，推闡發揮其義，視子玄較純。生乾、嘉之世，未與休、歙諸賢相接，循其軌轍，殆殊塗同歸歟！述東壁學案。

崔先生述

崔述字武承，號東壁，大名人。父元森，字燦若，號闇齋，歲貢生，精研儒書。北方自孫夏峯宗姚江之學，遠近信從，闇齋獨恪遵紫陽，尤服膺當湖陸清獻之書，躬行以求心得。先生乾隆壬午舉人，選授福建羅源知縣。武弁藉海盜邀功，誣商船爲盜，前後平反凡數十人。署上杭，以闕税贏餘，充緝盜公費。回任羅源，革弊俗，修文廟，爲諸生講學，於經學之廢興，聖道之明晦，古書之真僞，舊説之是非，娓娓不倦。未幾，投劾歸。卜居彰德，閉門著述，成書三十餘種：曰考信録提要二卷，補上古考信録二卷,唐虞考信録四卷,夏考信録二卷,商考信録二卷,豐鎬考信録八卷,别録三卷,洙泗考信録四卷,餘録三卷,孟子事實録二卷,考古續説二卷,附録二卷,王政三大典考三卷,讀風偶識四卷,尚書辨僞二卷,論語餘説一卷,讀經餘論二卷,易卦圖説一卷,五服異同彙考三卷,無聞集四卷,知非集三卷,小草集五卷,桑梓文獻志二卷,水木本源志二卷,大名水道考一卷,大怪談一卷,桑梓外志□卷,涉世雜談一卷,荍田賸筆二卷,荍田雜録二卷,荍田瑣記二卷,荍田贅語二卷,見聞雜記四卷,知味録二卷。其自序考信録謂:「自讀書以來,奉先人之教,不以傳注雜於經,不以諸子百家雜於經傳。久之而始覺傳注所言有不盡合於經者,百家所記往往有與經相悖者。於是歷考其事,彙而編之,以經爲主,傳注之與經合者,則著之;不合者,則辨之。而異端小説,不經之言,咸闢其謬而删削之。」山陽汪文端稱「其書爲古今不可無之書,其功爲世儒不可及之功」。嘉慶二十一年卒,年七十有七。參陳履和撰行略。

考信録提要

聖人之道在六經而已矣。二帝、三王之事備載於詩、書,孔子之言行具於論語,文在是,即道在是。故孔子曰:「文王既没,文不在兹乎?」六經以外,别無所謂道也。顧自秦火以後,漢初諸儒傳經者各有師承,傳聞異詞,不歸於一。兼以戰國之世,處士横議,説客託言,雜然並傳於後。而其時書皆竹簡,得之不易,見之亦未必能記憶,以故難於檢覈考正,以别其是非真僞。東漢之末,始易竹書爲紙,檢閱較前爲易。但魏、晉之際,俗尚詞章,罕治經術。旋值劉、石之亂,中原陸沈,書多散軼。漢初諸儒所傳齊詩、魯詩、齊論、魯論，陸續皆亡，惟存毛詩序傳及張禹更定之論語，而伏生之書，田何之易，鄒夾之春秋，亦皆不傳於世。於時復生妄人，僞造古文尚書經傳、孔子家語，以惑當世。二帝、三王、孔門之事，於是大失其實。學者專己守殘，沿訛踵謬，習爲固然，不之怪也。雖閒有一二有識之士，摘其疵謬者，然特太倉稊米，而亦罕行於世。直至於宋，名儒迭起，後先相望，而又其時印本盛行，傳布既多，稽覈最易，始多有抉摘前人之誤者，或爲文以辨之，或爲書以正之，或作傳注以發明之。蓋至南宋，而後六經之義大著。然經義之失真，已千餘年，僞書曲說，久入於人耳目，習而未察，沿而未正者尚多。所賴後世之儒，踵其餘緒而推廣之，於所未及正者補之，已正而世未深信者闡而明之，帝王聖賢之事，豈不粲然大明於世？乃近世諸儒類多摭拾陳言，盛談心性以爲道學，而於唐、虞、三代之事，罕所究心。亦有參以禪學，自謂明心見性，反以經傳爲膚末者，而向來相沿之誤，遂無復有過而問焉者矣。余年三十，始知究心六經，覺傳記所載，與註疏所釋，往往與經互異，然猶未敢決其是非。乃取經傳之文，類而輯之，比而察之，久之而後曉然，知傳記註疏之失。顧前人罕有言及之，言者屢欲茹之而不能茹，不得已乃爲此録以辨明之，非敢自謂繼武先儒，聊以效愚者千慮之一得云爾。

人之言不可信乎？天下之大，吾非能事事而親見也，況千古以上，吾安從而知之？人之言可盡信乎？馬援之薏苡以爲明珠矣，然猶有所因也。無兄者謂之盜嫂，三娶孤女者謂之撾婦翁，此又何説焉？舌生於人之口，莫之捫也，筆操於人之手，莫之掣也；惟其意所欲言而已，亦何所不至者。余自幼時聞人之言多矣，日食止於十分，月食有至十餘分者。世人不通曆法，咸曰月一夜再食也。甚有以爲己嘗親見之者。余雖尚幼，未見曆書，然心獨疑之。會月食十四分有奇，夜不寢以觀之，竟夜初未嘗再食也。惟食既之後，良久未生光，計其時刻，約當食四分有奇之數，疑即指此而言，然同人皆不以爲然。又數年見諸家曆書，果與余言相同。人之言其安從而信之？郡城劉氏家有星石二枚，里巷相傳，咸謂先時嘗落星於其第，化而爲石。余自幼即聞而疑之，稍長，從劉氏兄弟游，親見其石，及其所刻篆文楷字。細詰之，則曰：「實無是事。先人宦南方得此石，奇其狀非人世所有，聊刻此言以爲戲耳。」此現有石可據，有文可徵，然且非實人之言，其又安從而信之？周道既衰，異端並起，楊、墨、名、法、縱橫、陰陽諸家，莫不造言設事，以誣聖賢。漢儒習聞其說，而不加察，遂以爲其事固然，而載之傳記，若尚書大傳、韓詩外傳、史記、戴記、說苑、新序之屬，率皆旁采卮言，真僞相淆。繼是復有讖緯之術，其說益陋，而劉歆、鄭康成咸用之以說經。流傳既久，學者習熟見聞，不復考其所本，而但以爲漢儒近古，其言必有所傳，非妄撰者。雖以宋儒之精純，而沿其說而不易者，蓋亦不少矣。至外紀、皇王大紀、通鑑綱目前編等書出，益廣搜雜家小說之說，以見其博，而聖賢之誣，遂萬古不白矣。孟子曰：「盡信書則不如無書，吾於武成取二三策而已矣。」聖人之讀經，猶且致慎如是，況於傳注，又況於諸子百家乎？孟子曰：「博學而詳說之，將以反說約也。」然則欲多聞者，非以逞博也，欲參互考訂，而歸於一是耳。若徒逞其博，而不知所擇，則雖盡讀五車，徧閱四庫，反不如孤陋寡聞者之尚無大失也。

凡人多所見，則少所誤；少所見，則多所誤。唐衛退之餌金石藥而死，故白居易詩云：「退之服硫黄，一病訖不痊。」而宋人雜說遂謂「韓退之作李于墓誌，戒人服金石藥，而自餌硫黄」。無他，彼但知有韓昌黎字退之，而不知唐人之字「退之」者尚多也，故曰少所見則多所誤也。余崔，在魏族頗繁，然外縣人罕識之，多知有余兄弟族人有病於試場者，則相傳以爲余兄弟病也；族人有畜優者，則相傳以爲余兄弟畜優也。此耳目之前，身親之事，猶若此，則天下之大，千古以上，可知已。故「好德不如好色」，許允事也，而近世類書，以爲許渾；韓魏公在揚州與客賞金帶圍，王珪與陳旭、王安石也，而近世類書以爲王曾。晉、宋之事且猶不免傳訛，況乎三代以上，固當有十倍於此者。是以顏闔之事，載爲顏淵，闞我所爲，移之宰我。諸如此類，蓋不可數。但此幸而本書尚存，猶可考而知之。若不幸而吕氏春秋亡，人必以論東野畢者爲顏淵；左傳亡，人必以陳恒所殺者爲宰予。雖聒而與之語，終不見聽。必曰：古書言如是，夫豈無所傳而妄記者？然則唐、虞、三代之事，戰國、秦、漢所述，其移甲爲乙，終古不白者，豈可勝道哉！故堯之臣多矣，乃見重、黎遂以爲必羲、和也；紂之臣亦多矣，乃見父師少師遂以爲必箕、比也；禹之佐豈止一人，乃見大費遂以爲必益；太甲之佐亦豈止一人，乃見阿衡遂以爲必伊尹。無他，彼心中止有此一二人，故遇有彷彿近似者，遂以爲必此人，猶之乎許允之事移之渾，王珪之事移之曾也。甚至南宫載寶，公然移之南容，使三復白圭之賢，受誣於百世，猶之乎衛退之餌金石藥，而以餌藥而死爲昌黎罪也。故今録中凡事之不見於經者，度其不類此人之事，則削之而辨之。嗟夫！嗟夫！此難爲眇見寡聞而粗心浮氣者道也。

人之情，好以己度人，以今度古，以不肖度聖賢。至於貧富貴賤，南北水陸，通都僻壤，亦莫不互相度。往往逕庭懸隔，而其人終不自知也。漢疏廣爲太子太傅，以老辭位而去。此乃士君子常事。而後世論者，謂廣見趙、蓋、韓、楊之死故去。無論蓋、韓、楊之死在此後，藉使遇寬大之主，遂終已不去乎？何其視古人太淺也。昭烈帝臨終託孤於諸葛武侯，曰：「嗣子可輔，輔之；若不可輔，君可自取，毋令他人得之。」此乃肺腑之言，有何詐僞？而後世論者謂昭烈故爲此言，以堅武侯之心，然則將使昭烈爲袁本初、劉景升而後可乎？此無他，彼之心固如是，故料古之人亦必如是耳。然此猶論古人也。邯鄲至武安六十里，山道居其大半，向不可車。有肥鄉僧募修之人，布施者甚少，乃傾己囊以成之。議者咸曰：「僧之心本欲多募以自肥，以施者之少也，故不得已而傾其囊。」夫僧之心，吾誠不知其何如，然其事則損己以利人也。損己利人而猶謂其欲損人以利己，其毋乃以己度人矣乎？然此猶他人事也。余之在閩也，無名之征悉蠲之民，有餘之税悉解之上，淡泊清貧之況，非惟百姓知之，即上官亦深信之。然而故鄉之人隔數千餘里，終不知也。歸里之後，人咸以爲攜有重貲。既而僦居隘巷，移家山村，見其飯一盂，蔬一盤，猶曰是且深藏不肯自炫耀也。故以己度人，雖耳目之前而必失之，況欲以度古人，更欲以度古之聖賢，豈有當乎？是以唐、虞、三代之事，見於經者，皆醇粹無可議。至以戰國、秦、漢以後所述，則多雜以權術詐謀之習，與聖人不相類。無他，彼固以當日之風氣度之也。故考信録但取信於經，而不敢以戰國、魏、晉以來度聖人者，遂據之爲實也。

戰國之時，説客辨士尤好借物以喻其意。如楚人有兩妻，豚蹄祝滿家，妾覆藥酒，東家食西家宿之類，不一而足。雖孟子書中亦往往有之，非以爲實有此事也。乃漢、晉著述者往往誤以爲實事，而采之入書。學者不復考其所本，遂信以爲真有而不悟者多矣。其中亦有原有是事而衍之者。公父文伯之卒也，見於國語者，不過其母惡其以好内聞，而戒其妾無瘠容、無洵涕、無掐膺而已。戴記述之，而遂謂其母據牀大哭，而内人皆行哭失聲。樓緩又衍之，遂謂婦人自殺於房中者二八矣。又有無是事有是語，而遽衍之爲實事者。春秋傳：「子太叔云：嫠不恤其緯而憂宗周之隕，爲將及焉。」此不過設言耳。其後衍之，遂謂漆室之女不績其麻，而憂魯國。其後又衍之，遂謂魯監門之女嬰憂衛世子之不肖，而有終歲不食葵，終身無兄之言。若真有其人其事者矣。由是韓嬰竟采之以入詩外傳，劉向采之以入列女傳。傳之益久，信者愈多，遂至虚言竟成實事。由是言之，雖古有是語，亦未必有是事，雖古果有是事，亦未必遂如後人之所云云也。況乎戰國游説之士，毫無所因，憑心自造者哉！乃世之士但見漢人之書有之，遂信之而不疑，抑亦過矣。故今考信録中，凡其説出於戰國以後者，必詳爲之考其所本，而不敢以見於漢人之書者，遂真以爲三代之事也。

戰國、秦、漢之書，非但託言多也，亦有古有是語，而相沿失其解，遂妄爲之説者。古者日官謂之日御，故曰天子有日官，諸侯有日御。羲仲、和仲爲帝堯臣，主出納日，以故謂之日御。後世失其説，遂誤以爲御車之御，謂羲、和爲日御車，故離騷云「吾令羲、和弭節兮，望崦嵫而勿迫」，已屬支離可笑；又有誤以御日爲浴日者，故山海經云「有女子名羲和，浴日於甘淵」，則其謬益甚矣。古者羲和占日，常儀占月。常儀，古之賢臣。占者，占驗之占。常儀之占月，猶羲和之占日也。儀之音古皆讀如「娥」，故詩云：「菁菁者莪，在彼中阿，既見君子，樂且有儀。」又云：「親結其縭，九十其儀，其新孔嘉，其舊如之何？」皆與阿、何相協。後世傳訛，遂以儀爲娥而誤以爲婦人，又誤以占爲占居之意，遂謂羿妻常娥竊不死之藥而奔於月中。由是詞賦家相沿用之，雖不皆信爲實，要已誣古人而惑後世矣。諸如此類，蓋不可以勝數。然此古語猶間見於經傳，可以考而知者。若夫古書已亡，而流傳之誤，但沿述於諸子百家之書中者，更不知凡幾矣。大抵戰國、秦、漢之書，皆難徵信，而其所記上古之事，尤多荒謬。然世之士，以其流傳日久，往往信以爲實。其中豈無一二之實？然要不可信者居多，乃遂信其千百之必非誣，其亦惑矣。

先儒相傳之說，往往有出於緯書者。蓋漢自成、哀以後，讖緯之學方盛，說經之儒多采之以註經。其後相沿不復考其所本，而但以爲先儒之說如是，遂靡然而從之。如龍負河圖，龜具洛書，出於春秋緯；黄帝作咸池，顓頊作五莖，帝嚳作六英，帝堯作大章，出於樂緯。諸如此類，蓋不可以悉數。即禘爲祭其始祖所自出，亦緣緯書之文而遞變其說者。蓋緯書稱三代之祖出於天之五帝，鄭氏緣此遂以禘爲祭天，而謂小記「禘其祖之所自出」，爲「禘其始祖之所自出」。王氏雖駁鄭氏祭天之失，而仍沿始祖所自出之文，由是始祖之前，復別有一祖在，豈非因緯書而誤乎？余幼時嘗見先儒述孔子言云：「吾志在春秋，行在孝經。」稽之經傳，並無此文。後始見何休公羊傳序、唐明皇孝經序有此語，然不知此兩序本之何書？最後檢閱正義，始知其出於孝經緯之鉤命決也。大抵漢儒之說，本於七緯者，不下三之一。宋儒頗有核正，然沿其說者尚不下十之三。乃世之學者，動曰漢儒如是說，宋儒如是說，後生小子，何所知而妄非議之？嗚呼！漢儒之說，果漢儒所自爲說乎？宋儒之說，果宋儒所自爲說乎？蓋亦未嘗考而已矣。嗟夫！讖緯之學，學者所斥，而不屑道者也。讖緯之書之言，則學者皆遵守而莫敢有異議，此何故哉？此何故哉？吾莫能爲之解也已。

近世淺學之士，動謂秦、漢之書近古，其言皆有所據。見有駁其失者，必攘臂而爭之。此無他，但徇其名，而實未嘗多觀秦、漢之書，故妄爲是言耳。劉知幾史通云：「秦、漢之世，左氏未行，遂使五經、雜史、百家諸子，其言河漢，無所遵憑。故其記事也，當晉景行霸，公室方强，而云韓氏攻趙，有程嬰、杵臼之事；子罕相國，宋睦於晉，而云晉將伐宋，覘其哭於陽門介夫。其記時也，秦穆居春秋之始，而云其女爲荆昭夫人；韓、魏處戰國之時，而云其君陪楚莊王葬焉。列子書論尼父，而云生在鄭穆之年；扁鵲醫療虢公，而云時當趙簡子之日；欒書仕於周子，而云以晉文如獵，犯顏直言；荀息死於奚齊，而云觀晉靈作臺，累碁申誡。或以先爲後，或以後爲先，日月顛倒，上下翻覆，古來君子曾無所疑。及左傳既行，而其失自顯。」由是論之，秦、漢之書，其不可據以爲實者多矣，特世未有如知幾者肯詳考而精辨之耳。顧吾猶有異者。知幾於秦、漢之書紀春秋之事，考之詳而辨之精如是，至於虞、夏、商、周之事，乃又采摭百家雜史之文而疑經者，何哉？夫自春秋之世，下去西漢僅數百年，而其舛誤乖剌已累累若此。況文、武之代去西漢千有餘年，唐、虞之際去西漢二千有餘年！即去戰國亦二千年，則其舛誤乖剌，必更加於春秋之世數倍可知也。但古史不存於世，無左傳一書證其是非耳，豈得遂信以爲實乎？故今爲考信録，於殷、周以前事，但以詩、書爲據，而不敢以秦、漢之書遂爲實録，亦推廣史通之意也。

非惟秦、漢之書述春秋之事之多誤也，即近代之書述近代之事，其誤者亦復不少。洪景盧容齋隨筆云：「俗閒所傳淺妄之書，所謂雲仙散録、開元天寶遺事之屬，皆絶可笑。其一云：姚崇開元初作翰林學士，有步輦之召。按崇自武后時已爲宰相，及開元初三入輔矣。其二云：郭元振少時美風姿，宰相張嘉貞欲納爲壻，遂牽紅絲綫得第三女。按元振爲睿宗宰相，明皇初年即貶死，後十年嘉貞方作相。其三云：楊國忠盛時，朝之文武爭附之，惟張九齡未嘗及門。按九齡去相位十年，國忠方得官耳。其四云：張九齡覽蘇頲文卷，謂爲文陣之雄師。按頲爲相時，九齡元未達也。」此皆顯顯可信者，固鄙淺不足攻，然頗能疑誤後生也。至於孔氏野史、後山談叢〔一〕所載張、杜、范、趙、歐陽、司馬諸公之事，亦皆考其出處日月而糾駁之。然則雖近代之書，述前數十年之事，亦有未可以盡信者，況於戰國、秦、漢之人，述唐、虞、商、周之事，其舛誤固當有百倍於此者乎？惜乎三代編年之史不存，於今無從一一證其舛誤耳。然亦尚有千百之一二，經傳確有明文，顯然可徵者。如稷、契之任官，皆在嚳崩之後百十餘年，而世乃以爲嚳之子，堯之兄弟。成王乃武王元妃之長子，武王老而始崩，成王不容尚幼，而世乃以爲成王年止十三，周公代之踐阼。公山弗擾之畔，孔子方爲司寇，聽國政；佛肸之畔，孔子卒已數年，而世以爲孔子往應二人之召。其年世之不符，何異於開寶遺事之所言！然而世莫有疑之者，何哉？安得知幾、景盧復生於今日，移其考辨春秋、唐、宋之事之心，以究帝王孔門之事，而與之上下今古也。

自宋以前，士之讀書者多，故所貴不在博，而在考辨之精，不但知幾、景盧然也。至明以三場取士，久之而二三場皆爲具文，止重四書文三篇，因而學者多束書不讀，自舉業外茫無所知。於是一二才智

〔一〕「後山談叢」，原作「後山叢談」，今乙。

之士，務搜覽新異，無論雜家小説，近世贋書，凡昔人所鄙夷而不屑道者，咸居之爲奇貨，以傲當世不讀書之人，曰：「吾誦得陰符、山海經矣。」曰：「吾誦得呂氏春秋、韓詩外傳矣。」曰：「吾誦得六韜、三略、説苑、新序矣。」曰：「吾誦得管、晏、申、韓、莊、列、淮南、鶡冠矣。」公然自詫於人，人亦公然詫之，以爲淵博。若六經爲藜藿，而此書爲熊掌雉膏者然，良可慨也。戰國之時，邪説並作，寓言實多，漢儒誤信而誤載之固也。亦有前人所言本係實事，而遞傳遞久，以致誤者，此於三代以上固多，而近世亦往往有之。晉陶淵明桃花源記言武陵漁人入深山，其居人自言先世避秦時亂，率妻子邑人來此，遂與外人閒隔。此特漢人以前，黔、楚之際，山僻人稀，以故未通人世，初無神仙誕妄之説也。而唐韓昌黎桃源圖詩云：「神仙有無何渺茫？桃源之説誠荒唐。」又云：「自説經今六百年，當時萬事皆眼見。」劉夢得桃源行亦云：「俗人毛骨驚仙子。」又云：「仙家一出尋無踪。」皆以淵明所言者爲神仙。雖有信不信之殊，而其誤則一也。至宋洪興祖始據淵明原文以正韓、劉之誤，然後今人皆知其非神仙，淵明之冤始白。向使淵明之記不幸而亡於唐末五代之時，後之人但讀韓、劉之詩，必謂桃源真神仙所居，不則以爲淵明之妄言，雖百洪興祖言之，亦必不信矣，而豈有是事哉！晉石崇王明君辭序云：「昔公主嫁烏孫，令琵琶馬上作樂，以慰其道路之思，其送明君亦必爾也。」其後唐杜子美詠昭君村，遂有「千載琵琶，曲中怨恨」之句。由是詞人相沿用之，世之學者遂皆以琵琶爲昭君嫁時之所彈矣。然此現有石崇之詞可證，少知讀書者，猶能考而知之。若使此詞遂亡，後之人但見前代詩人羣焉稱之如此，雖好學之士亦必皆以爲實，誰復知其爲烏孫、公主之事者乎？嗟夫！昌黎大儒也，自漢以來，學未有過於昌黎者，而子美號爲詩史，説者謂其無一字無來歷，然其言皆不可指實如是。然則漢、晉諸儒之所傳者，其遂可以盡信乎哉？乃世之學者多據爲定案，惟宋朱子間糾駁其一二。而人且曰：「漢世近古，漢儒之言必非無據而云然者。然則韓、杜之詩，豈皆無據而云然乎？嗟夫！古之國史，既無存於世者，但據傳記之文，而遂以爲固然，古人之受誣者尚可勝道哉！故余爲考信録，於漢、晉諸儒之説，必爲考其原本，辨其是非，非敢詆諆先儒，正欲平心以求其一是也。

傳記之文，有傳聞異詞而致誤者，有記憶失真而致誤者。一人之事，兩人分言之，有不能悉符者矣，一人之言，數人遞傳之，有失其本意者矣。是以三傳皆傳春秋，而其事或互異，此傳聞異詞之故也。古者書皆竹簡，人不能盡有也，而亦難於攜帶，纂書之時無從尋覓而翻閲也，是以史記録左傳文往往與本文異，此記憶失真之故也。此其誤本事理之常，不足怪亦不足爲其書累。顧後之人阿其所好，不肯謂之誤，必曲爲彌縫使之兩全，遂致大誤而不可挽。如九州之名，禹貢詳之矣，而周官有幽、并，而無徐、梁，誤也。必曲爲之説曰：「周人改夏九州，故名互異。」爾雅有幽、營，而無青、梁，亦誤也。必曲爲之説曰：「記商制也。」此非大誤乎？春秋傳成公之母呼聲伯母曰姒，伯華之妻呼叔向妻曰姒，是長婦稚婦皆相呼以姒也。衛莊公娶於陳，曰厲嬀，其娣戴嬀，孟穆伯娶於莒，曰戴巳，其娣聲巳，是妹隨姊嫁者稱娣也。而爾雅云：「長婦謂稚婦爲娣，稚婦謂長婦爲姒。」誤矣。必曲爲之説曰：「長婦稚婦據妻之年論之，不以夫之長幼别也。」此非大誤乎？鄭氏之注禮也，凡記與經異，及兩記互異者，必以一爲周禮，一爲殷禮。不則以一爲士禮，一爲大夫禮。此皆不知其本有一誤，欲使兩全，而反致自陷於大誤者也。夏太康時有窮之君曰羿，而淮南子有堯時羿射日之事，説者遂謂羿本堯臣，有窮之羿襲其名也。晉文公舅子犯，戴記謂之舅犯，或作咎犯，而説苑誤以爲平公時人，説者遂謂晉有兩咎犯，一在文公時，一在平公時也。凡茲之誤，皆顯然易見者，推而求之，蓋不可以悉數。而東周以前，世遠書缺，其誤尤多。故今爲考信録，不敢以載於戰國、秦、漢之書者，悉信以爲實事；不敢以東漢、魏、晉諸儒之所注釋者，悉信以爲實言。務皆究其本末，辨其同異，分别其事之虚實，而去取之。雖不爲古人之書諱其誤，亦不至爲古人之書增其誤也。

傳記之文，往往有因傳聞異詞，遂誤而兩載之者。春秋傳鄢陵之戰，韓厥從鄭伯，曰：「不可以再辱國君。」乃止。郤至從鄭伯，曰：「傷國君有刑。」亦止。按此時晉四軍，楚三軍，晉非用三軍不足以敵楚。若鄭則國小衆寡，以一軍敵之足矣，必無止以兩軍當楚，復以兩軍當鄭之理。此二事必有一誤，顯然易見者。按後文云：「郤至三遇楚子之卒。」襄二十六年傳云：「中行、二郤必克二穆。」然則是郤至以新軍當楚右軍，而後萃於王卒，無縁得從鄭伯。從鄭伯者，獨韓厥一軍耳。襄二十七年傳：「齊慶封聘於魯，其車美，叔孫譏之。叔孫與慶封食，不敬，爲賦相鼠。」二十八年傳：「慶封奔魯，獻車於季武子，美澤可以鑑，展莊叔譏之。叔孫食慶封，慶封氾祭，使工爲之賦茅鴟。」此二事絶相似，亦必有一誤。且叔孫既食慶封，以不敬故而譏之矣。踰年而又食之，又譏之，胡爲者？鄭之葬簡公也，將毁游氏之廟，而子産中止；鄭之爲蒐除也，復將毁游氏之廟，而子産又中止。此二事亦必有一誤，不然前既不肯毁人之廟矣，後又何爲而欲毁之乎？春秋左傳於諸傳記中爲最古，然其失猶如是，則他書可知矣。是以史記記周公請代武王死，又記周公請代成王死，一本之金縢，一本之戰國策，而不知其實一事也。列子稱「孔子觀於吕梁，而遇丈夫厲河水」，又稱「息駕於河梁，而遇丈夫厲河水」。此本莊周寓言，蓋有采其事而稍竄易其文者。僞撰列子者誤以爲兩事，而遂兩載之也。戰國策中，如此之類，不可枚舉。而家語爲尤甚，亦不足縷辨也。由此觀之，一事兩載，乃傳記之常事。或因傳者異詞，亦有兩事皆非實者。正如唐人小説以餠拭手之事，或以爲肅宗，或以爲宇文士及；誤稱猶子之事，或以爲趙需，或以爲何儒亮耳。必盡以爲兩事，誤之甚矣。以此例之，漢以來之書，以誤傳誤者甚多，不得盡指以爲實也。

後人之書，往往有因前人小失而曲全之，或附會之，遂致大謬於事理者。大戴記云：「文王十二而生伯邑考，十五而生武王。」小戴記云：「文王九十七而終，武王九十三而終。」信如所言，則武王元年年八十有四，在位僅十年耳，而序稱「十有一年伐殷」，書稱「十有三祀訪範」，其年不符。説者不得已乃爲説以曲全之，云：「文王受命九年而崩，武王冒文王之年，故稱元年爲十年。」春秋書齊桓公之卒，在十有二月乙亥，周正也；殯於十二月辛巳，距卒僅七日耳。而傳采夏正之文，以爲卒於十月乙亥，則卒於殯遂隔六十七日。説者以其日之久也，遂附會之以爲尸蟲出於户。此豈近於情理哉？前人之爲此言，不過一時失於考耳，初不料後之人引而伸之，遂至於如是也。然此猶皆前人之誤之有以啟之也。若乃經傳，本無疑義，而註家誤會其意，及與他文不合，不肯自反，而反委曲穿鑿，以蘄其説之通者，亦復不少。如堯典之「四岳」，注者誤以爲四人，因與二十二人之文不合，遂以稷、契、臯陶爲申命，以治水明農爲在堯世矣。書序之以箕子歸，説者誤以爲本年之事，因與伐殷之年不合，遂以伐殷爲觀兵，以序之度孟津爲有月日而無年矣。凡茲之誤，其類甚多，展轉相因，誤於何底？姑舉數端，以見其概。乃學者但見其説如是，不知其所由誤，遂謂其事固然，而不敢少異，良可歎也。故今爲考信録，悉本經文以證其失，并爲抉其誤之所由，庶學者可以考而知之，而經傳之文不至於終晦也。

孔子曰：「知之爲知之，不知爲不知，是知也。」又曰：「吾猶及史之闕文也。」夫聖人豈不樂於人之盡知，然其勢必不能。强不知以爲知，則必并其所知者而淆之。是故無所不知者，非真知也；有所不知者，知之大者也。今之去二帝、三王遠矣，言語不同，名物各異，且易竹而紙，易篆而隸，遞相傳寫，豈能一一之不失真？韓文考異閣、杭、蜀本互有異同，石本亦有舛誤；宋祁所藏杜詩與行世本迥異。近者如此，遠者可知。以爲不知，夫亦何病？而學者必欲爲之説以通之，此古書之所以晦也。偶閲雲谷雜記，記蘇子瞻集二事，其事雖小，然可喻大。其一，子瞻過虔州，有「行看鳳尾詔，卻下虎頭州」之句。虎頭蓋指虔也，虔與虎皆從虍，董德元言「虔州俗謂之虎頭城」是也。注者乃云：「虎頭，顧愷之也。愷之，常州人，蓋是時先生乞居常州也。」夫不知虎頭之爲虔，固其學之不廣，然天下之書，豈能盡見？缺之未爲大失也，强以意度之，而屬之顧愷之，則其失何啻千里？彼漢人之説經，有確據者幾何？亦但自以其意度之耳。然則其類此者，蓋亦不少矣。特古書散軼，無可證其誤耳，烏在其可盡信也哉！其一，子瞻所記韓定辭事，見於北夢瑣言。以瑣言較蘇集，則蘇集誤以「幕客」作「慕容」，「銀筆之僻」作「銀筆之譬」，「從容」作「從客」，「江表」作「士表」，「李密」作「孝密」。諸本皆然，遂至於不可讀。夫以宋人讀宋人之書，時代甚近，宜無誤也，然其誤尚如此，況二千年以前之書，又無他書可較者乎？故今爲考信録，凡無從考證者，輒以不知置之，寧闕所疑，不敢妄言以惑世也。

磁州故産磁器，有孫某者，仿古哥、定、汝諸窯之式造之，既成，擇其佳者埋地中，踰兩年取出，市於京師、保定諸貴人家，見者莫不以爲真也，由此獲利十倍。州中鬻煙草者，楊氏最著名，價視他肆昂甚，貿易者常盈肆外，肆中物不能給，則取他肆之物，印以楊氏之號，而畀之人，咸以爲美，雖出重價不惜也。由是言之，人之所貴者，名而已矣，非有能知其實者也。鄭康成，東漢名儒也，所註雖不盡是，然亦未嘗盡非。而王肅攻之以求勝，然而公道難奪，卒不可勝。於是其徒雜取傳記諸子之文，僞撰古文尚書、孔子家語以欺世人，而伸肅説。至於隋、唐之際，復遇劉焯、孔穎達者，不學無識，妄爲表章，由是鄭學遂微，鄭書遂亡，後之學者，遂信之而不疑。嗟夫！聖人之經，猶日月也，其貴重猶金玉也，僞作者豈能襲取其萬一？乃世之學者聞其爲經，輒不敢復議，名之爲聖人之言，遂不敢有所可否，即有一二疑之者，亦不過曲爲之説而已。是貴人之買磁器，而市賈之販煙草也。司馬遷，漢武帝時人也，而今史記往往述元、成時事；劉向，西漢人也，而今列女傳有東漢人在焉。謂此二子者有前知之術乎？抑亦其書有後人之所作而妄入之其中者邪？周秦行紀，李德裕之客所爲也，而嫁名牛僧孺；碧雲騢，小人毁君子者之所爲也，而嫁名梅堯臣。然則天下之以僞亂真者，比比然矣，若之何以其名而信之也！漢董仲舒疏論災異，武帝下羣臣議。仲舒弟子吕步舒不知爲其師書，以爲大愚，由是下仲舒吏。然則是爲其師書則尊信之，非其師書則詆諆之，而不復問其是與非矣。是故辨異端於戰國之時最易，爲其別名爲楊、墨也；辨異端於兩漢之世較難，而人亦或不信，爲其雜入於傳記也；辨異端於唐、宋以後最難，而人斷斷乎不之信，爲其僞託之聖言也。故余謂讀經不必以經之故浮尊之，而但當求聖人之意。果知聖人之文之高且美，則僞者自不能亂真。嗟夫！嗟夫！此固未易爲人道也。

自明以來，儒者多闢象山、陽明，以爲陽儒陰釋，而罕有辨尚書、家語之僞者。然吾謂象山、陽明不過其自爲説之偏，而聖人之經故在。譬如守令不遵朝廷法度，而自以其臆見決事，然於朝廷無加損也。若僞撰經傳，則聖人之言行悉爲所誣而不能白。譬如權臣擅政，假天子之命以呼召四方，天下之人爲所潛移默轉而不之覺，其所關於宗社之安危者，非小事也。昔隋朱弘奏請購求天下遺逸之書，劉炫遂僞造書百餘卷，題爲連山易、魯史記等，録上送官。其後有人訟之，始知其僞。陳師道言王通元經、關子明易傳及李靖問對，皆阮逸所僞撰，蓋逸嘗以草示蘇明允云。然則僞造古書，乃昔人之常事，所賴達人君子平心考核，辨其真僞，然後聖人之真可得，豈可盡信以爲實乎？然亦非但有心僞造者之能惑世也，蓋有莫知誰何之書，而妄推奉之，以爲古之聖賢所作者；亦有旁采他文，以入古人之書者。莊周，戰國初年人也，而其書稱陳成子有齊十二代；孔叢子，世以爲孔鮒所作也，而其中載孔臧以後數世之事，然則其言之不出於莊周、孔鮒明甚。古書之如是者，豈可勝道？特世人輕信而不之察耳。故吾嘗謂自漢以後，諸儒功之大者，朱子以外，無過趙岐。過之大者，無過漢張禹、隋二劉、唐孔穎達、宋王安石等。何者？岐刪孟子之外四篇，使孟子一書精一純粹，不爲邪説所亂，實大有功於聖人之經。禹采齊論章句雜入於魯論中，學者爭誦張文，遂棄漢初所傳舊本；焯、炫等得江左之僞尚書，喜其新奇，驟爲崇奉；穎達等復從而表章之，著之功令，用以取士，遂致帝王聖賢之行事，爲異説所淆誣，而不能白者千數百年，雖有聰明俊偉之士，皆俯首帖耳，莫敢異詞者，皆此數人之惑之也。至王安石揣摩神宗之意，以行聚斂之法，恐人之議己也，乃尊周官爲周公所作以附會之，卒致蔡京紹述靖康亡國之禍，而周公亦受誣於百世。象山、陽明之害，未至於如是之甚也。孰輕孰重，必有能辨之者！

昔人有言曰：「買菜乎？求益乎？」言固貴精不貴多也。韓昌黎文集，李漢所訂也，其序自稱「收拾遺文，無所失墜，此外更無他文」甚明。而好事者復别訂有外集，此何爲者邪？陳振孫書録解題云：「朱侍講校訂異同，定歸於一，多所發明，有益後學。外集獨用方本，益大顛三書，但欲明世間問答之僞，而不悟此書爲僞之尤也。」方氏未足責。晦翁識高一世，而其所定者迺爾，殆不可解。案外鈔云：「潮州靈山寺所刻。」末云：「吏部侍郎、潮州刺史退之，自刑部侍郎貶潮，晚乃由兵部爲吏部，流俗但稱韓吏部爾。」其謬如此。又潮本韓集不見有此書，使靈山舊有此，刻集時何不編入？可見此書妄也。由是言之，吾輩生古人之後，但因古人之舊，無負於古人可矣，不必求勝於古人也。論語所記孔子言行，不爲少矣，昔人有以半部治天下者，況於其全學者？果欲躬行以期至於聖人，誦此亦已足矣。乃學者猶以爲未足，而參以晉人僞撰之家語，尚恨家語所采之不廣也，復别采異端小説之言，爲孔子集語及論語外篇以益之，不問其真與贋，而但以多爲貴。嗟乎！是豈非買菜而求益者哉！余在閩時，嘗閲一人文集，皆其所自訂者。其序有云：「異日有人增一二篇及稱吾外集者，吾死而有知，必爲厲鬼以擊之。」嗚呼！爲人訂外集而使天下之能文者痛心切齒而爲是言，夫亦可以廢然返矣。故今爲考信録，寧缺毋濫，即無所害，亦僅列之備覽，寧使古人有遺美，而不肯使古人受誣於後世，其庶幾不爲厲鬼所擊也已。

經傳之文，亦往往有過其實者，武成之「血流漂杵」，雲漢之「周餘黎民，靡有孑遺」，孟子固嘗言之，至閟宮之「荆、舒是懲，莫我敢承」，不情之譽，更無論矣。戰國之時，此風尤盛。若淳于髡、莊周、張儀、蘇秦之屬，虚詞飾説，尺水丈波，蓋有不可以勝言者。即孟子書中亦往往有之，若舜之「完廩浚井，不告而娶」，伊尹之「五就湯，五就桀」。其言未必無因，然其初事斷不如此，特傳之者遞加稱述，欲極力形容，遂不覺其過當耳。又如文王不遑暇食，不敢盤于游田，而以爲其囿方七十里；管叔監殷，乃武王使之，而屬之周公，此或孟子不暇致辨，或記者失其詞，均不可知，不得盡以爲實事也。蓋孟子七篇，皆門人所記，但追述孟子之意，而不必皆孟子當日之言。既流俗傳爲如此，遂率筆記爲如此。正如蔡氏書傳言「史記稱朱虎、熊羆爲伯益之佐」。其實史記但稱爲益，從未稱爲伯益。蔡氏習於世俗所稱，不覺其失，遂誤以伯益入於史記文中耳。然則學者於古人之書，雖固經傳之文，賢哲之語，猶當平心靜氣，求其意旨所在，不得泥其詞而害其意，況於雜家小説之言，安得遽信以爲實哉？

傳雖美，不可合於經；記雖美，不可齊於經，純雜之辨然也。曲臺雜記，戰國、秦、漢諸儒之所著也，得聖人之意者固有之，而附會失實者正復不少。大、小兩戴迭加删削，然尚多未盡者。若檀弓、文王世子、祭法、儒行等篇，舛謬累累，固已不可爲訓。至月令乃陰陽家之説，明堂位乃誣聖人之言，而後人亦取而置諸其中，謂之禮記。此何以説焉！周官一書，尤爲雜駁，蓋當戰國之時，周禮籍去之後，記所傳聞而傳以己意者，乃鄭康成亦信而註之，因而學者羣焉奉之，與古禮經號爲三禮。魏、晉以後，遂並列於學官。迨唐復用之以分科取士，而後儒之淺説遂與詩、書並重。尤可異者，孔氏穎達作正義，竟以戴記備五經之數，而先儒所傳之禮經，反不得與焉。由是學者遂廢經而崇記，以致周公之制，孔子之事，皆雜亂不可考，本末顛倒，於斯極矣。朱子之學，最爲精純，乃亦以大學、中庸躋於論、孟，號爲四書。其後學者亦遂以此二篇加於詩、書、春秋諸經之上。然則君子之於著述，其亦不可不慎也夫！

朱子易本義、詩集傳及論語、孟子集註，大抵多沿前人舊說。其偶有特見者，乃改用己説耳。何以言之？孟子古公亶父句，趙註以爲太王之名，朱註亦云：「亶父，太王名也。」大雅古公亶父句，毛傳以字與名兩釋之，朱傳亦云：「亶父，太王名也。或曰字也。」是其沿用舊説，顯然可見。豳風鴟鴞篇傳采僞孔傳之説，以居東爲東征，遂以此詩爲作於東征之後。及後與蔡九峯書，則又言其非是，以故蔡氏書傳改用新説。然則朱子雖采舊説，初未嘗執一成之見矣。今世之士，矜奇者多尊漢儒而攻朱子，而不知朱子之誤，沿於漢人者正不少也。拘謹者則又尊朱太過，動曰：「朱子安得有誤？」而不知朱子未嘗自以爲必無誤也。即朱子所自爲説，亦閒有一二誤者。衛文公以魯僖二十五年卒，至二十六年甯莊子猶見於經，則武子固未嘗逮事文公矣；而論語甯武子章註云：「武子在位當文公、成公之時，文公有道而武子無事。」可見誤矣。蓋人之精神心思，止有此數。朱子仕爲朝官，又教授諸弟子，固已罕有暇日，而所著書，又不下數百餘卷，則其沿前人之誤而未及正者，勢也；一時偶未詳考而致誤者，亦勢也。所謂智者千慮，必有一失。惟其不執一成之見，乃朱子所以過人之處，學者不得因一二説之未當，而輕議朱子，亦不必爲朱子諱其誤也。

大抵古人多貴精，後人多尚博，世益古則其取舍益慎，世益晚則其采擇益雜，故孔子序書，斷自唐、虞，而司馬遷作史記，乃始於黄帝，然猶删其不雅馴者。近世以來，所作綱目前編、綱鑑捷録等書，乃始於庖羲氏，或天皇氏，甚至有始於開闢之初盤古氏者，且並其不雅馴者而亦載之，故曰世益晚則其采擇益雜也。管仲之卒也，預知豎刁、易牙之亂政，而歷詆鮑叔牙、賓須無之爲人。孔子不知也，而宋蘇洵知之，故孔子稱管仲曰：「如其仁！民到于今受其賜。」而蘇氏責管仲之「不能薦賢也」。禘之禮，爲祭其始祖所自出之帝，而以始祖配之，左氏、公羊、穀梁三子者，不知也，而唐趙匡知之，故三傳皆以「未三年而吉祭」爲譏，而趙氏獨以「禘爲當於文王，不當於莊公也」。漢李陵有重答蘇武書，陵與武有相贈之詩，班婕妤有團扇詩，揚雄有劇秦美新之作，司馬遷、班固不知也，而梁蕭統知之，故史記、漢書不載其一字，而其詩文皆見於昭明文選中也。由是言之，後人之學，遠非古人之所可及。古人所見者經而已，其次乃有傳記，且猶不敢深信。後人則自諸子百家，漢、唐小説、演義、傳奇，無不覽者，自莊、列、管、韓、吕覽、説苑諸書出，而經之漏者多矣，自三國、隋唐、東、西漢、晉演義及傳奇小説出，而史之漏者亦多矣，無怪乎後人之著述之必欲求勝於古人也，近世小説有載孔子與采桑女聯句詩者，云：「南枝窈窕北枝長，夫子行陳必絶糧，九曲明珠穿不過，回來問我采桑娘。」謂七言詩始此，非柏梁也。夫柏梁之詩，識者已駁其僞，而今且更前於柏梁數百年，而託始於春秋。嗟夫！嗟夫！彼古人者，誠不料後人之學之博之至於如是也。

有二人皆患近視，而各矜其目力不相下。適村中富人將以明日懸扁於門，乃約於次日同至其門讀扁上字以驗之。然皆自恐弗見，甲先於暮夜使人刺得其字，乙并刺得其旁小字。暨至門，甲先以手指門上曰：「大字某某」，乙亦用手指門上曰：「小字某某。」甲不信乙之能見小字也，延主人出，指而問之曰：「所言字誤否？」主人曰：「誤則不誤，但扁尚未懸，門上虚無物，不知兩君所指者何也？」嗟乎！數尺之扁，有無不能知也，況於數分之字，安能知之？聞人言爲云云而遂云云，乃其所以爲大誤也。史記樂毅傳云：「毅留徇齊五歲，下齊七十餘城，惟獨莒、即墨未服。」是毅自燕王歸國以後，日攻齊城，積漸克之，五載之中，共下七十餘城，惟此兩城尚未下也。此本常事，無足異者。而夏侯太初乃謂毅下七十餘城之後，輟兵五年不攻，欲以仁義服之，以此爲毅之賢，蘇子瞻則又謂毅不當以仁義服齊，輟兵五年不攻，以致前功盡棄，以此爲毅之罪，至方正學則又以二子所論皆非，是毅初未嘗欲以仁義服齊，乃下七十餘城之後，恃勝而驕，是以頓兵兩城之下，五年而不拔耳。凡其所論，皆似有理，然而毅初無此事也。是何異門上並無一物，而指之曰大字某某，小字某某者哉！大抵文人學士，多好議論古人得失，而不考其事之虚實。余獨謂虚實明而後得失或可不爽，故今爲考信録，專以辨其虚實爲先務，而論得失者次之，亦正本清源之意也。

嗟夫！古今之讀書者不乏人矣，其事帖括以求富貴者無論已。聰明之士，意氣高邁，然亦率隨時俗爲轉移，重詞賦，則五字詩成，數莖鬚斷；貴宏博，則雪兒銀筆，悦服締交。蓋時之所尚，能之則可以見重於人，是以敝精勞神而不辭也。重實學者，惟有宋諸儒，然多研究性理，以爲道學，求其考核古今者，不能十之二三。降及有明，其學益雜，甚至立言必出入於禪門，架上必雜置以佛書，乃爲高雅絶俗，至於唐、虞、三代、孔門之事，雖沿訛踵謬，無有笑其孤陋者。人之讀書，爲人而已，亦誰肯敝精勞神，矻矻窮年，爲無用之學者？況論高人駭，語奇世怪，反以此招笑謗者有之矣。非天下之至愚，其孰肯爲之？雖然近世以來，亦未嘗無究心於古者也。吾嘗觀洪景盧所跋趙明誠金石録及黄長睿東觀餘論，未嘗不歎古人之學之博，而用力之勤之百倍於我也。一盤盂之微，一杯勺之細，曰此周也，此秦也，此漢也，蘭亭之序，羲之之書，亦何關於人事之得失，而曰孰爲真本，孰爲贋本，若是乎精察而明辨也。獨於古帝王聖賢之行事之關於世道人心者，乃反相與聽之而不别其真贋，此何故哉？拾前人之遺，補前人之缺，則考信録一書其亦不容盡廢者與！

補上古考信録

唐、虞以前，初未嘗有繼世爲天子之事也。有聖人者出，則天下尊之爲帝，聖人者没，則已耳，其子孫皆不嗣爲帝也。又有聖人者出，然後天下又尊之，無所爲繼，亦無所爲禪也。自唐、虞而後有禪，自夏、殷而後有繼，故孔子曰：「唐、虞禪，夏后、殷、周繼。」如之何其可以後世之事例上古也？齊桓之霸也僅一世，而晉文之霸也乃十一世，不得以其後之繼霸，而遂謂其前之亦繼霸也。晉文、襄之霸也，其卿未有世者。閒有父子皆爲卿者，而初不襲位於其父卒之日。景、厲以後，荀林父卒而子庚代之，士會老而子燮繼之，而卿遂爲世。及魯、鄭亦然。不得以其後之繼卿，而遂謂其初之亦繼卿也。夫古之天子，亦若是而已矣。

唐虞考信録

唐、虞以前，未有父子相繼爲天子者。黄帝之子不繼，顓頊之子不繼，摯非賢聖也，何以獨繼嚳？而帝傳云：「少皞摯之立也，鳳鳥適至。」則是摯本少皞氏之名，或者後世傳訛，而以爲在嚳之後，因疑爲嚳之子，未可知也。由是言之，不但堯與稷、契非嚳之子，即摯之繼嚳，亦未必然也。且即以大戴記之文論之。其五帝德篇云：「高辛聰以知遠，明以察微，執中而獲天下。」然則高辛亦賢聖之君也，乃其立後，既不於稷之嫡，又不於堯之聖，獨取一庶而不善之摯立之，以致爲諸侯所廢，尚得爲聰明執中乎？曰：「然則堯何以得天下？」曰：「經固嘗言之，但後人不之察耳。經曰：『克明俊德，以親九族，九族既睦。』言堯能明其德，以施於同姓，而同姓皆歸之，而堯始立家也。姓同，故以族別之，柳子所謂『智而明者，所伏必衆，故近者聚而爲羣』是也。經曰：『平章百姓，百姓昭明。』言堯能推其德，以漸於異姓，而異姓之長，亦各率其九族歸之，而堯始建國也。邦同，故以姓別之，柳子所謂『德又大者，衆羣之長，又就而聽命焉，於是有諸侯之列』是也。經曰：『協和萬邦，黎民於變時雍。』言堯能推其德，以大布於天下，而天下之君亦無不各率其百姓歸之，而堯始爲海内生民主也。柳子所謂『德又大者，諸侯之列，方伯連帥之類，又就而聽命焉，然後天下會於一』是也。蓋古之天下，原無父子相傳之事，故孰爲有德，則人皆歸之。雖有一二敗俗拒命之人，待兵刑而後服，要之上古人情淳厚，慕義嚮風者爲多，故其得天下之次第，大概如此，不必盡藉於先業也。若堯不藉父兄之業，即不能有天下，則羲農、黄帝又何所藉而能得天下也哉？且使堯之天下果傳之於父兄，則堯當世守之，丹朱雖不肖，廢而他立可也，舜雖大聖，相堯之子以治天下，如伊尹之於太甲可也，堯安得而授之舜？舜安得而受之於堯哉！孟子曰：『子噲不得與人燕，子之不得受燕於子噲。』非獨以子之之非其人也，即令其賢而能治燕，而世傳之業，亦非子噲之所得專。父兄之天下，堯安得而專之哉？」

自秦、漢以來，世之論者，皆謂堯以天下與舜，舜以天下與禹，故世所傳東晉古文尚書大禹謨云：「帝曰：『格汝禹，朕宅帝位三十有三載，耄期倦于勤，汝惟不怠，總朕師，正月朔旦受命于神宗，率百官若帝之初。』」余按堯以天下與舜，誠有之矣。若舜以天下與禹，以經考之，則殊不然。堯之禪舜也，經書之詳矣，曰：「帝曰：『咨四岳，朕在位七十載，汝能庸命巽朕位。』」是堯未得舜而久欲以天下與人矣。曰：「師錫帝曰：『有鰥在下曰虞舜。』帝曰：『我其試哉！』」是堯舉舜之意，即欲以天下與之矣。曰：「帝曰：『格汝舜，詢事考言，乃言底可績，三載汝陟帝位。』舜讓于德，弗嗣。正月上日，受終于文祖。」是堯既試舜，欲與以天下，舜讓，不肯受，而堯乃使之攝政也。自舜即位以後，但記其詢岳咨牧，命官考績，而禪禹之事未有一言及之者，則舜未嘗以帝位授禹明矣。以天下授人，千古之大事也。堯之授舜也，言之詳，詞之累。舜果亦以天下授禹，何得終舜之身，略之而不記乎？典者，所以記事也；謨者，所以載言也。典猶春秋也，事無大小，必書；謨猶訓誥之文也，取其言之足以爲世法而已，其人之事不載之於篇中也。故堯典於二帝四岳九官之事，無不書者；皐陶謨則但載皐陶之言，而明刑作相之事，皆不列焉。舜果嘗授禹以天下，其事當載於典，不當載於謨，明矣。今典反不言，而謨反有之，然則是僞撰尚書者習於世俗所傳舜禪於禹之言，而采摘傳記諸子之文以補之耳，烏足爲據也哉！孟子曰：「帝使其子九男二女，百官、牛羊、倉廪備，以事舜於畎畝之中，將胥天下而遷之焉。」又曰：「舜受堯之天下，不以爲泰。」而獨於舜、禹未有一言及其授受者。孟子曰：「堯以不得舜爲己憂，舜以不得禹、皋陶爲己憂。」於舜之得人，乃以禹、皋陶並稱，則舜、禹之事，與堯、舜之事，固不得而同矣。蓋自舜崩之後，天下諸侯皆歸於禹，皋陶、稷、契皆讓於禹，禹辭之，不獲，而遂受其朝覲，治其訟獄耳。故禹終身不稱帝，而稱王何者？二帝之德難以爲繼，禹謙，不敢遂陟帝位，與堯、舜齊，但以天下無主，姑稱王以鎮撫之，所謂天下歸往謂之王也。不然堯以帝位授舜，而舜帝，舜亦以帝位授禹，而禹何以獨不帝而王也哉？曰：「堯既以天下授舜矣，舜何爲不以天下授禹？然則舜之聖將不逮堯乎？且舜既不授禹，將授之商均乎？」曰：「天下者，天之天下也，非天子之所得而予奪之者也。是以唐、虞以前，天子未有以天下授人者，各自以其德服之而已，不强身後之天下使之從一人也。惟堯以洪水未平，生民未安，而禮樂亦未興，己不能終其事，故舉舜而授之，使代己治天下。若舜之世，則洪水固已平矣，生民固已安矣，禮樂固已興矣，初無所待於人之終其事也。身没之後，聽天下之自歸於有德可也，舜不必挾天之天下而自授之人，以示其恩也。蓋堯之禪舜，乃創千古未有之奇，故二帝合爲一書，而統名曰堯典，明乎兩帝之猶一代也。不可以此爲例，而謂有一天子必復傳之一天子也。晉羊祜欲伐吴，未及而卒，薦杜預以自代。預既克吴，不聞薦人以代己也。何者？事未畢而自擇代者，臣之忠也；事已畢而聽君之擇所以代者，臣之分也；必人人自擇夫代者，是臣侵君權也。夫堯、舜之事，天亦若是而已矣。且堯之使舜攝政也，在位七十二載，其年固已老矣，而舜年如三十有二，故堯以身後之事屬之。若禹之年則與舜相近，舜没後甫十年，而禹没矣，舜安知己之必先禹而没，而預以身後之事屬之也哉？

夏考信録

世之論者，皆云二帝官天下，三王家天下。唐韓子對禹問云：「堯、舜之傳賢也，欲天下之得其所也，禹之傳子也，憂後世爭之之亂也。」又云：「舜如堯，堯傳之，禹如舜，舜傳之，得其人而傳之者，堯、舜也；無其人，慮其患而不傳者，禹也。」又云：「傳之人，則爭未前定也；傳之子，則不爭前定也。前定雖不當賢，猶可以守法，不前定而不遇賢，則爭且亂。」余按：韓子之説，以後世之時勢論之，則當矣，遂以此爲古聖人之心事，則非也。經傳之文，多以堯、舜並稱，而禹常與臯陶、稷、契同舉。書合堯、舜事爲一典，而禹與臯陶皆有謨，禹之德未必遂與堯、舜齊也。益與禹同在九官之列，佐禹烈山澤奏鮮食以成大功，益之德亦未必遠下於禹也。然則益之視禹，恐亦當如禹之視舜。今因堯、舜、禹之相繼爲天子，而益不得與，遂謂禹爲其人而益非其人，其毋乃以成敗立論也哉！舜之命禹也，禹讓之於稷、契、臯陶，益亦稷、契倫也，度禹之心，亦必不以己爲其人而益非其人也。且禹果慮其爭，則尤不可傳子，何者？唐、虞之天下，非一姓之天下也，而禹獨欲傳之子，天下必有議其私者矣。不見吴光之弑僚乎？故傳子之不爭，論謁則可。若至夷末，兄終弟及已三世矣。傳弟則不爭，而傳子則必爭，此理甚易見也。禹安得以傳子爲憂後世也哉？若慮益再傳而致爭，則啟之再傳亦何嘗不爭也？羿、澆之禍，民生塗炭，王嗣流離。使益再傳而得賢者，或未必遂至是。即不然，亦不過如是止耳，安見傳賢之不若傳子乎？曰：「然則禹何以傳之啟？抑禹傳之益，而啟奪之耶？」曰：「孟子言之是已，天與賢則與賢，天與子則與子，禹固未嘗傳之啟，亦未嘗傳之益也。蓋自唐、虞以前，天下諸侯皆自擇有德之人而歸之，天子不能以天下傳之一人也。不惟無傳子者，亦併無傳賢者。獨堯以天下多難，故讓位於舜而使治之，非堯慮身後之爭天下而傳之舜，以絶覬覦也。堯之初意原非傳舜，故舜亦未嘗以傳禹。禹之不傳人，何怪焉？故舜以禹爲相，舜之事畢矣；禹以益爲相，禹之事亦畢矣。禹崩之後，天下之歸於益，與歸於啟，禹不得過而問之也。天下不歸於益，亦不歸於啟，而別歸於有德之諸侯，禹亦不得過而問之也。何者？上古之天子，原無以天下傳之人之事也，自羲、農、黄帝以來，皆若是而已矣。若謂禹必傳之一人，然後爲憂後世，則包羲、黄帝、顓頊豈皆不憂後世者乎？後人但見商、周以來天子世世相繼，遂以之例虞、夏，而以爲天子之後必當更以天下授之一人，不傳於賢，則傳於子。以啟之繼禹而王也，故遂以爲禹傳之啟，於是乎有德衰之譏；不則〔一〕以爲禹傳之益而啟奪之，於是乎有殺益之謗；不則又以爲禹陽傳之益，而陰傳之啟，於是乎有以啟入〔二〕爲吏之誣。即能尊信聖人如韓子者，亦但以爲憂後世之爭，故傳之啟而已。其説雖不同，而其失聖人之真則一也。且啟繼禹而王，亦僅一世止耳。太康失國，

〔一〕「不則」，原作「則不」，據上下文義乙。
〔二〕「入」，原作「人」，形近而譌，今改。

相居商丘〔一〕，夏已降同於諸侯矣。有過之難，厥祀遂殄。適會羿、浞淫暴，民不歸心，而少康能布其德，以收夏衆，是以天下復歸於夏。藉令少康僅屬中材，或雖有茂德，而先有聖人者出，滅羿、奡以安天下，則少康不得復中興矣。是故少康之興，禹之所不料也，禹何嘗有家天下之心哉？又幸而杼能帥禹天下歸於夏者，先後四世。其間干天位者皆以惡終，爲天下笑，於是天下之人耳濡目染，安於夏政，若天下乃夏之故物者。雖庸主撫之，而諸侯皆懲於羿、奡，而不敢生心，然後夏遂家天下耳。由是言之，夏之家天下，天也，非禹也。故孟子曰：「莫之爲而爲者天也，莫之致而至者命也。」非但禹無家天下之心，縱使有之，而唐、虞禪讓之天下，禹亦安能獨取而畀之於子孫至四百餘年也哉？及至有商繼世而王，已有成迹，而又適有伊尹之輔政，太甲之自艾，故復循夏故轍。其後甫衰，而即有賢聖之君出而振之，由是遂家天下六百餘年。至周遂爲一定之例，而不可變。然則三代之家天下，其端萌於啟，其事遂於少康、杼，而其局定於商之賢聖六七君，與禹初無涉也。故凡論唐、虞、三代之事者，惟孟子得其梗概，蓋孟子之智足以知聖人，而又幸生秦火以前，古文未盡散失，得以考而知之，固非後人所當輕議也。韓子乃不之信，而信流俗之言，以爲禹傳之啟，又以聖人不私其子，復爲前定不爭之說，以曲全之，過矣。嗟乎！孟子亞聖也，韓子大儒也，孟子之言猶不能取信於韓子，況以余之愚陋，乃獨排世儒之論，而推闡孟子之說，其亦可謂不量力矣。

〔一〕「商丘」，原作「帝丘」，涉上「帝相」而誤，據史記正義引括地志改。

商考信録

史記夏本紀云：「桀召湯而囚之夏臺，已而釋之。乃作德，諸侯皆歸湯。湯遂伐桀。桀走鳴條，遂放而死。曰：『吾悔不殺湯於夏臺，使至此。』」儒林傳載黄生與轅固生爭論湯、武事云：「桀、紂雖失道，君也；湯、武雖聖，臣也。夫主有失行，臣不能正言匡過，反因而誅之，代立踐南面，非弑而何？」由是後之儒者皆以征誅爲湯、武病。余按爲是説者，皆誤以湯爲桀之臣故爾。而其實不然。湯誓曰：「今爾其曰：夏罪其如台。」是桀固無如湯何也。使桀果嘗囚湯，商民安得曰夏罪其如台乎？湯誓曰：「夏王率遏衆力，率割夏邑」，是桀之政不行於諸侯也。使桀猶爲天下共主，則當云割萬方，豈得但云割夏邑而已乎？湯誓曰：「今爾有衆，女曰：我后不恤我衆，舍我穡事，而割正夏。」是湯之伐，桀民亦有竊議之者也。使桀與湯有君臣之分，商民何故不以大義責之，而反但言舍穡之細事乎？商頌曰：「受小球大球，爲下國綴旒。」是湯未伐桀時，已受諸侯之朝覲矣。若湯果臣於桀，安得晏然受之？以桀之暴，雖無罪猶囚之，況受諸侯之朝，而安能容之哉？商頌曰：「韋、顧既伐，昆吾、夏桀。」是湯未伐桀時，已滅數大國矣。若桀果爲天下共主，湯安得擅滅之？桀既力能囚湯，豈有聽其坐大而不問，乃束手以待其伐己者乎？由詩、書之言觀之，則湯與桀之事固不如世所傳云云也。蓋三代封建之制與後世郡縣之法異，而夏當家天下之始，其事又與商、周不同。昔者禹有聖德，天下歸之；啟能繼禹之道，則又歸之，禹初未嘗傳之子也。大康既失德，則民之視之，猶虞、夏之視朱、均耳，羿、浞迭起，后相遠逃，天下之無主已數世矣。少康能布其德，以收夏衆，然後祀夏配天，不失舊物。當是時，人以繼爲適然，非以繼爲必然也。孔甲既衰，諸侯復叛，韋、顧、昆吾迭起，夏之在天下若一大國，然但一二小弱諸侯畏其威力耳。是以湯之受球，受共，伐韋，伐顧，安然而無所疑，桀亦聽之而不復怪。何者？諸侯本不臣屬於桀也，桀安能召湯而囚之夏臺哉？天下者，天之天下也，非一姓之天下也，故舜繼堯，禹繼舜，人以以爲固然也。適會禹有賢子，閒兩世而又得少康、后杼之孫，天下附於夏者數世，由是遂以傳子爲常，猶齊之伯僅一世，而晉之伯遂至於數世也。然一姓之子孫，必不能歷千百世而皆賢。不賢則民受其殃，必更歸於有德而後民安，而既已傳子，又必不能復傳之賢，則其勢必出於征誅而後可。故揖讓之不能不變而爲征誅者，天也，聖人之所不能違也。雖堯、舜當之，亦若是而已矣。聖人之道猶水也，清而不污，柔而能受，潤物而使遂其生者，水之德也；紆徐縈洄，一瀉千里者，水所遭之勢也。水非有心於紆徐縈洄與一瀉千里也，水不能違地故也。以一瀉千里之水爲有異於紆徐縈洄之水，而優劣之者，誣水者也。以征誅之聖人爲有異於揖讓之聖人，而優劣之者，誣聖人者也。自戰國以後，楊、墨並起，而楊氏之言尤横，常非堯、舜，薄湯、武，毀孔子，以自張大其説，一變而託於黄、老，再變而流爲名、法，是以史記自敘六術之中有墨而無楊。何者？黄、老、名、法即楊氏也。習黄、老者務以清静無事爲貴，故以堯、舜爲擾民，以湯、武爲弑君；習名法者務以苛刻慘忍先發制人爲强，故謂啟嘗殺益，大甲嘗殺伊尹，以保其國。桀嘗釋湯於夏臺，紂嘗釋文王於羑里，而卒亡其身。其意惟欲人主之果於殺戮耳，豈顧其事之虚實哉！司馬談受道論於黄公，兼通名法之學，遷踵之而成書，故其中多載異端之説。然觀轅固生之與黄生爭論，則漢初儒者猶不惑於楊、墨，但以景帝言諱伐放之事，是以後此學者莫敢昌言明湯、武之受命耳。逮至魏、晉以後，狐媚相仍，遂公然借禪讓之僞，訾征誅之真，而曲學阿世之徒，從而和之，相沿既久，習爲固然，雖儒者亦不敢駁其謬，反若爲不刊之論者，然良可嘆也。曰：「然則齊宣何以謂之臣弒其君也？」曰：「齊宣之問，亦爲楊氏邪説所誤，春秋傳中賢士大夫曾有一人之爲是言者乎？然其所謂君臣云者，亦但就天子諸侯之名分言之，非以爲食其禄而治其事之君臣也。故孟子曰：『殘賊之人謂之一夫，聞誅一夫，未聞弒君也。』正謂夏、商失道，政不行於天下，故不得謂之共主，非謂湯、武親立桀、紂之朝，而其君不仁，遂可不謂之君也。但孟子之意在於警人主，故以仁暴大義斷之，而未暇詳申其説耳。後儒惑於異端先入之言，不察其實，遂疑孟子之言不可爲訓，誤矣。嗟夫！世之陋儒斥楊、墨爲異端，而薄湯、武，以爲虧君臣之義，不知湯、武之弒君，其説乃出於楊朱，而孔、孟無是言也。此無他，不學而已矣。」

豐鎬考信録

蘇氏云：「孔子蓋罪湯、武，曰：『大哉！巍巍乎堯、舜也！』『禹，吾無閒然。』其不足於湯、武也，明矣。使文王在，必不伐紂。紂不見伐而以考終，或死於亂，殷人立君以事周，君臣之道，豈不兩全？而以兵取之而殺之可乎？」由是世之論者，皆以文王不伐商而武王伐之爲非是。余獨以爲不然。聖人者，奉天而行者也，故孟子曰：「天與賢則與賢，天與子則與子。」文王之不伐紂，與武王之不得不伐紂，皆天也。故孟子曰：「取之而民不悦，則勿取，文王是也；取之而民悦，則取之，武王是也。」蓋文王之時，諸侯新服，周化猶未大行，而紂賢臣尚多，其虐未甚，故文王可以不伐商。至武王之世，商之賢臣已盡，而紂暴虐滋甚，民困而無所告，爲武王者安能晏然聽其駢首而就死乎？當商之末，諸侯相吞併，西方則崇爲大，東方則奄爲大，中州之地，大河南北，則殷之王畿也。文王起於西陲，故先伐崇與密。至武王而克商，至成王、周公而後踐奄。自西而東，化以漸及，先後之勢然也。故曰：「文王之德，百年而後崩，猶未洽於天下。武王、周公繼之，然後大行。」言其三世相承，以共安天下也，但武王適當其中耳，不得遂以此爲聖人之優劣也。高子曰：「禹之聲尚文王之聲。」孟子曰：「何以言之？」曰：「以追蠡。」曰：「是奚足哉！城門之軌，兩馬之力與？」夫禹與文王之樂，未必即無高下，然必不在於追蠡，則武與文之優劣，亦不在於伐商與不伐商，王與帝之升降，亦不在於征誅與不征誅也。如以其迹斷之，是以追蠡而論樂耳。記曰：「仲尼祖述堯、舜，憲章文、武。」子貢曰：「文、武之道，未墜於地，在人，夫子焉不學？」皆以文、武並稱，從未有歧而二之者，是孔子於文、武，其尊信無以異也。且論語者，後人之所記，非孔子之所自著也。其論堯、舜、禹亦僅一見，則聖言之遺者尚多。今也據孔子之贊舜、禹，而遂誣孔子之罪湯、武，則孔子嘗稱稷，即可謂之罪契？嘗稱周公，即可謂之罪召公矣。欲誣聖人，亦何患於無辭乎？夫可以取信者，孔、孟而已。孔子未嘗斥湯、武也，則曲爲之説曰：「孔子爲尊者諱，爲親者諱也。」然則孟子不必諱矣，而孟子不惟不斥，且表章之。蘇氏不復能曲爲説，則直曰「孟子之言不可爲訓」而已。孔子既未嘗言，孟子之言又不可爲訓，則雖欲不入於楊、墨，不可得矣。至所稱兩全之術，尤爲紕繆，何者？武王之伐紂，不過欲救民耳，以民困於水火，而不能待紂之死，是以伐之，非貪其地而滅之也。若殷別立賢君，武王又何必强之事己。且夫力能靖殷，使之不至於亂，而不肯一援手，乃冀幸其自相屠戮而享其利，而脱己之惡名，此豈聖人正大光明之心也哉？詳蘇氏之計畫，皆曹操、司馬懿狐媚竊國者之所爲。蓋以利天下之心揣武王，故欲進之以此而不自知其肝膽之楚、越也。至謂紂見殺於武王，則亦承史記之謬耳，武王豈有是事也哉？張子厚云：「一日之閒，天命未絶，則爲君臣，當日命絶，則爲獨夫。諸侯不期而會者八百，武王安得而止之哉？」以此爲武王解，似矣。然天下事未有不以漸者，天命之絶豈在一日，況君臣之分猶天澤之不可更，昨日竭忠貞而奉之矣，今日稱干戈而加之，可乎？且夫孟津之會，諸侯不期而至，史記文耳。武王未必不告之也，縱果諸侯自來，要亦聞武王之伐商而會之耳。武王早至孟津，則諸侯早會，遲至，則遲會，如之何其可以一日之閒爲天命去留之界也？蓋殷天命之去，當在文王之世，故書曰：「天乃大命文王殪戎殷誕受厥命。」詩文王之篇曰：「周雖舊邦，其命維新。」天命已去，而久不肯伐商，是以謂之至德，若至孟津之會而後決，則文王之伐密伐崇，三分有二，庸得不謂之跋扈乎？蓋凡論周事者，皆爲史記所誤，而以文王之爲西伯，專征伐，爲紂之所賜，故以後世君臣之分，斷武王之是非，不知殷衰以來，聖賢之君不作諸侯，固以漸而叛矣。周介戎狄之閒，乃商政所不及。及其寖昌寖大，諸侯歸之，又商所不能臣。自文王之世，固已未嘗一日臣於商矣，況武王乎？牧誓曰：「惟四方之多罪逋逃，是崇是長，是信是使，是以爲大夫卿士，俾暴虐於百姓，以姦宄於商邑。」夫曰「于百姓」，而不曰于萬方，曰「于商邑」，而不曰于下國，則是紂之號令止行於其畿内之明證也。故凡真古書之文，未有謂桀、紂之令行於天下者，惟僞書乃往往有之。如湯誓及此篇，皆馬、鄭相傳之真古文尚書也。則其文但曰「率割夏邑，姦宄於商邑」而已；而僞古文尚書之湯誥則曰「夏王滅德，作威以敷虐於爾萬方百姓」矣。泰誓則曰「殘害於爾萬姓」，曰「毒痛四海」矣。何者？僞書撰於東晉以後，彼固以漢、晉之事例之也。學者苟能分別觀之，則不但古聖人之真可識，而古書之真僞亦可辨矣。由是言之，紂與文、武原無君臣之分，而但爲名號正朔所存。苟非大無道，則聖人亦不忍輕黜之；苟其大無道，則聖人亦不敢擅庇之。文、武豈有二道也哉！是故論文、武者，但當問其實爲紂臣與否，而不必問其伐商與不伐商。果君臣也，則雖以曹操之不篡漢，而罪與丕無殊；果非君臣也，則雖以武王之伐商，而至德與文不異。惜乎世之論者，皆不折衷於此，信楊、墨者則以湯、武爲罪人，尊聖人者亦但以天命爲解釋，六經之晦，聖人之受誣也久矣！

讀風偶識自序

六經自秦火後，漢初諸儒傳而習之，遂大著於當世。然自後漢之末，下逮六朝初唐，而經義之晦者，亦復不少。何以言之？尚書，伏生傳今文，歐陽、大、小夏侯説之；孔安國傳古文，馬、鄭注之。自永嘉之亂，今文亡而古文孤行，晉、宋之際，遂有妄人僞作古文尚書及孔氏傳。至唐用以取士，而孔、鄭之古本亡，尚書之旨遂晦。詩在漢初有魯申公、齊轅固生，各以詩傳其弟子，其先蓋皆本之於七十子，雖不能無傳流之誤，要大概爲近古；其後燕韓嬰亦傳詩，然其源流未必能逮齊、魯之醇；最後毛詩始出，衛宏爲之作序，多傅會於春秋傳文，以欺當世，否亦强爲之説，而實以人與事。學者不加細考，以爲真有所傳，遂謂其書優於三家，從而註之箋之，由是毛詩盛行，三家漸微。逮於晉、魏，齊、魯之詩遂亡，韓詩亦不復行於世。學者所見，惟有毛詩，童而習之，不復知有他説，雖淹博好古之士，皆以爲經之本旨固然，而詩之旨亦晦矣。蓋嘗思之，易道高深，聖人猶欲假年以學之，固非學者所能輕窺。而春秋，游、夏莫贊一詞，雖有左、公羊、穀梁三賢者爲之作傳，而聖人之意究難窺測。惟詩、書與禮，乃學者所可幾，是以聖人以爲雅言。然禮多係儀文之末，且其殘缺太多，不足盡先王之大經大法。故惟詩、書爲最要，而皆爲漢末、晉、隋諸儒之所雜亂，良可惜也，良可歎也。幸而論語一書，明白易曉，復有孟子一書，以羽翼之。何晏集解雖無所大發明，而未嘗偏執一人之見。趙岐之解尤爲醇正。及宋朱子爲作集註，聖人之旨益顯，學者賴之得以稍窺聖賢之藴，然終不能不爲詩、書惜也。朱子雖作詩傳，又命其門人蔡氏作書傳，然皆未能盡駁詩序及僞孔傳之誤，而世猶以朱子爲非。非傳而從序者，不可指數。自余所見，惟鄉野孤陋之士，但知爲時藝者，不與傳異同耳。稍有學識，則據序以議朱傳者十人而九。余獨以爲朱傳誠有可議，然其可議不在於駁序説者之多，而在於從序説者之尚不少。何則？世所以信序者，以其近古耳。齊、魯、韓、毛均出於漢，且三家俱在前，何以此獨可信，而彼皆可疑？三家之書雖亡，然見於漢人之所引述，尚往往有之，其説率與今之詩序互異。如謂近古者皆可信，則四家之説，不應相悖，相悖則必有不足信者矣。豈非後世學者，但見毛詩之序，而遂不知其可疑耶？朱子既以序爲揣度附會矣，自當盡本經文，以正其失，何以尚多依違於其舊説？此余之所爲朱子惜者也。余之爲考信録，凡詩、書之文，有關於帝王之事者，既已逐時逐事而辨之矣。顧二南既不詳其時世，而邶以下十二國風，其事多在東遷以後，是以罕有及者，然亦往往於暇日就其所見，筆而記之。考信録既成，乃復綴輯而增廣之，以拾其遺而補其缺。竊謂經傳既遠，時事難考，寧可缺所不知，無害於義，故余於論詩，但主於體會經文，不敢以前人附會之説爲必然。雖不盡合朱子之言，然實本於朱子之意，朱子復起，未必遂以余言爲妄也。

附録

先生嘗謂，大抵宋儒之説，沿於漢、晉諸儒者十之九，然沿於他人者猶少，而沿於劉歆、王肅者頗多，是誠不可解也。今世之士醇謹者多，恪遵宋儒高明者多，推漢儒以與宋儒角，此不過因幼時讀宋儒注日久，故厭常喜新耳。其實宋儒之説，多不始於宋儒，宋儒果非漢儒，安得盡是理？但論是非耳，不必胸中存漢、宋之見也。豐鎬考信别録。

先生嘗教陳介存曰：「説經欲其自然，觀理欲其無成見，於古人之言，無所於必從，無所於必違，唯其適如乎經而已。」考信附録。

陳介存致先生書曰：「大著辨古書之真僞，析羣言之是非，期於尊經明道，無所淆亂而後已。比於武事，可謂敵愾禦侮之師，雖以和之下愚，亦使之昭然發蒙，略辨黑白，生平謁見所及，一人而已。」同上。

陳介存曰：「先生服官六年，未得大有所展布。羅源、上杭之治，不知與陸清獻嘉定、靈壽何如？

要之清風惠澤，視古儒吏無愧。至其辨僞書，正謬説，以明古帝王聖賢之道者，雖有時與前人舊解若方鑿圓枘之不可入，而證以詩、書之文，孔、孟之論，則泯然爲一，而無復離合之迹，真不朽之業，天壤閒不可少之書也。」行略。

東壁家學

崔先生邁

崔邁字德皋，號薜巖，東壁弟。幼穎慧，年十二與兄同補諸生，乾隆壬午復同舉於鄉。性喜博覽，有異書未見，如負刺於背，必求得之然後已。好考究名人事蹟，必辨其終始同異。爲詞賦，擬上林、七發諸篇，繽紛陸離，讀者幾不能句。仿柳耆卿小詞，名其稿曰步柳集。著有魏墟雜誌四卷，魏郡瑣談二卷，訥菴筆談一卷。自訂其詩曰寸心知集二卷，詞曰夢窗囈語一卷，文集一卷。又有大名文存四册，大名詩存三册，尚友堂説詩一卷。魏郡叢談、金石遺文記略、雜記三種，未成書而卒。參考信附録。

訥菴筆談

戰國策云：「舜伐三苗。」又云：「禹伐三苗。」而作大禹謨者，遂撰一禹承舜命，往伐三苗之事。其數三苗之罪，如「君子在野，小人在位，民棄不保，天降之咎」等語，皆想像郛廓通套語，與「苗頑弗即工」，及呂刑所言皆不類。至於「敷文德，舞干羽，而有苗格」，蓋倣文王伐崇，因壘而降之事，而此獨覺迂闊可笑。堯典云：「竄三苗於三危。」呂刑云：「遏絶苗民，無世在下。」則三苗非干羽可感格，而刑竄有不能已者也。

書序云：「羲和湎淫，廢時亂日，胤往征之，作胤征。」古文本此而作，其事深爲可疑。蓋古文不足信，而書序亦未敢以爲然也。堯典有羲仲、和仲、羲叔、和叔之文，羲、和非一人也。今云「羲和湎淫」，又云「羲和廢厥職」，一人乎？非一人乎？可疑一也。堯典「乃命羲、和，欽若昊天」，蓋羲伯、和伯也。羲伯、和伯在國都，而仲叔宅於四方，此湎淫之羲、和，必在國都者，在國都，何用以六師征之乎？胤征巧爲之辭曰：「酒荒於厥邑。」即在其采邑，而未嘗據地拒命，則亦無事於張皇六師也。可疑二也。湎淫之罪，昏迷之愆，廢之可矣，刑之可矣，何用興師動衆乎？可疑三也。不曰胤侯往征之，而曰胤往征之，胤似人名，非國名也。不曰王命胤往征之，而曰胤往征之，胤征未必出於王命也。可疑四也。書序無「仲康」字，不著其時，史記謂當帝中康時，唐志以爲日食在仲康之五年，經世書以爲征羲、和在仲康之元年，然夏代未必止仲康時日食，而篇中仲康不足以爲據也。可疑五也。蘇氏以爲「羲和貳於羿，忠於夏，羿假仲康命，命胤侯征之」者，固未必然。蔡氏謂「以經考之，羲和蓋黨羿惡仲康，畏羿之强，不敢正其罪而誅之，止責其廢厥職，荒厥邑」。今經中亦全不見此意，則亦工於猜度者耳。説仲康者，有河北、河南之異，此時仲康不知實在何地？在安邑，則號令未必能自己出；在太康，則羲和黨羿自在安邑，恐非仲康之力所能及也。可疑六也。陳氏大猷曲説羲和所以當征之故，至云「葛伯不祀，不過其身自得罪於祖宗，而湯以爲始征，學者不疑湯之征葛，而疑胤侯之征羲和者，過也」。此説亦殊憒憒。即果如所言，羲和之罪過於葛伯，而湯於葛爲敵國，仲康於羲和爲天子，其理勢同乎？否乎？且謂葛伯不祀，湯始征之者，書序之陋也。觀孟子所言，湯非以不祀征葛也，爲其殺童子而征之也。陳氏未讀孟子，不足與辨也。

桀、紂暴虐，止行於畿内耳，四方諸侯之國，彼不能暴虐也。故湯誓數桀之罪曰：「夏王率遏衆力，率割夏邑，有衆率怠弗協。」而湯之民亦曰：「夏罪其如台。」牧誓數紂之罪曰：「乃惟四方之多罪逋逃，是崇是長，是信是使。」是以爲大夫卿士俾暴虐於百姓，以姦宄於商邑。而僞湯誥則曰：「夏王滅德作威，以敷虐於爾萬方百姓，爾萬方百姓罹其凶害。」僞泰誓則曰：「毒痡四海。」此皆作者疎妄，而不顧其理之所安也。

封微子，非封他人比也，改革之際，難爲言矣。當時命之者之言，其於理於勢必有其懇摯而婉篤者，今皆不可得見。作書者以其難於措辭，故但爲膚廓通套之語，於當日情勢無一語及之。譬若扶牆而行，不敢少動，惟恐其有破綻，以貽後世口實。此正可見作者伎倆，而後世乃猶以爲真聖人之言也。試使後世能文之士代爲此篇，其揣情度勢亦必有可以感動人心，而慰安殷之遺民者。寥寥數語，苟且了事，必不然矣。

東壁弟子

陳先生履和

陳履和字介存，號海樓，石屏州人。乾隆庚子舉人。浙江東陽知縣。先生嗜學好古，爲文往往能抉前人舛誤。壬子在京師，於逆旅中見東壁，觀所著書數種，即請以師事，先後盡刻其書。著有遺經樓文稿。

東壁交游

孔先生廣森

別爲顨軒學案。

武先生億

別爲授堂學案。

清儒學案卷九十八

南江學案

南江之學，貫通甲乙，盧牟撰著，都成一家之言。雖叢殘掌録，亦必義密語詳，多可啟發。章實齋氏謂其「以博洽見稱，而知其難在守約；以經訓行世，而不知其長乃在史；以漢詁推尊，而不知宗主乃在宋學」。足盡之矣。述南江學案。

邵先生晉涵

邵晉涵字與桐，又字二雲，餘姚人。以禹貢三江其南江從餘姚入海，遂自號南江。乾隆辛卯進士，歸班候選。會四庫館開，與周書昌、戴東原等五人同徵入館編纂，改庶吉士，授編修。大考擢左中允，洊升侍講學士。先生左目眚，清羸善讀書，博聞强識，四部七録靡不研究。生浙東，習聞蕺山、南雷諸緒論，故尤長於史。在四庫館時，見永樂大典，采薛居正舊五代史，乃會粹編次，得十之八九，復采册府元龜、太平御覽諸書，以補其缺，並參考通鑑長編諸史及宋人説部碑碣，辨證條繫，悉符原書卷數。書成，呈御覽。館臣請倣劉昫舊唐書之例，列於廿三史，刊布學官。詔從之，並聖製七言八韻詩題其首。由是薛史復傳人間。又著爾雅正義，以郭注爲宗，兼采舍人、樊、劉、孫、李諸家，承學之士多舍邢昺從之。又著孟子述義、穀梁正義、韓詩内傳考、舊五代史考異、皇朝大臣謚迹録、方輿金石編目、輶軒日記、南江詩文鈔、南江札記。江氏國朝漢學師承記言先生著孟子述義、穀梁正義〔一〕二書。札記卷一穀梁，卷三孟子，皆旁引衆義，不下己意，類焦里堂長編，當爲二書稿草；餘則標舉異同，間録平説，札記本文也。其書斠量文字，鎛補傳注，往往臚陳衆説，存而不議。蓋因時比次，未嘗編删。惟謂魯避周禮，郊雩用辛，天地降神，圜丘方澤，燔柴泰壇，是主覲禮，援據經史，辰原竟委，與夫昊天五帝、后土北郊，推本鄭義，解散支與，説禮之家，莫能先也。先生至性過人，事親喪葬盡禮，篤於故舊，久要不忘。素狷介，毅然不屈於要人，齟齬不恤也。嘉慶元年卒，年五十有四。生前與章實齋氏以所蘊蓄者相知，殁後實齋哀之曰：「昊天生百才士，不能得一史才，生十史才，不能得一史識，有才有識，而又不佑其成，若有物忌者然，豈不重可惜哉！」參史傳、阮元撰傳、錢大昕撰墓誌銘、章學誠撰别傳。

爾雅正義序

上古結繩爲治，後世聖人易之以書契，百工以乂，萬品以察，由是成命百物，序三辰以固民。至於

〔一〕「孟子述義穀梁正義」，原作「孟子正義穀梁述義」，據國朝漢學師承記乙正。

成周，文章大備，訓詁日滋，元聖周公，始作爾雅，以觀政辯言。周室既衰，羣言淆亂，折衷至聖，六藝以彰。七十子之徒發明章句，增成其義，傳爾雅三篇。其爲書也，重辭累言，而意恉同受，依聲得義，而假借相成。宫室器用之度，歲時星辰之行，州野山川之列，草木蟲魚鳥獸之散殊，或因事以爲名，或比類以合誼。其事則覩指而可識，其形則隨象而可見，通貫六書，發揮六藝，聚類同條，雜而不越。敷繹聖訓，則天地萬物之情著矣；揚於王廷，則宣教明化之用遠矣。漢初經始萌芽，爾雅嘗立博士。厥後五經並立，其業益顯。通才達儒依於爾雅，傳釋典藝，沈潛乎訓詁，洞徹其指歸，故用日少而畜德多，三十而五經立矣。魏、晉以降，崇尚虚無，説經者務爲鑿空憑臆，違離道本，爾雅之學殆將廢墜。唯郭景純明於古文，研覈小學，擇撢羣藝，博綜舊聞，爲爾雅作注。援據經傳，以明故訓之隱滯；旁采謡諺，以通古今之異言。制度則準諸禮經，藪澤則測其地望。詮度物類，多得之目驗，故能詳其形聲，辯其名實，詞約而義博，事覈而旨遠。蓋舊時諸家之注，未能或先之也。爲之疏者，舊有孫炎、高璉二家，今皆不傳。邢氏疏成於宋初，多掇拾毛詩正義，掩爲己説。閒采尚書、禮記正義，復多闕略。南宋人已不滿其書，後取列諸經之疏，聊取備數而已。晉涵少蒙義方，獲受雅訓，長涉諸經，益知爾雅爲五經之錧鎋。而世所傳本，文字異同，不免譌舛。郭注亦多脱落，俗説流行，古義寖晦。爰據唐石經暨宋槧本及諸書所徵引者，審定經文，增校郭注，仿唐人正義，繹其義藴，彰其隱賾。竊以釋經之體，事必擇善而從，義非一端可盡。漢人治爾雅，若舍人、劉歆、樊光、李巡、孫炎之注，遺文佚句，散見羣籍。梁有沈旋集注，陳有顧野王音義，唐有裴瑜注，徵引所及，僅存數語，或與郭注符合，或與郭義乖違，同者宜得其會通，異者可博其旨趣。今以郭氏爲主，無妨兼采諸家，分疏於下，用俟辯章，譬川流而匯其支瀆，非木落而離其本根也。郭注體崇矜慎，義有幽隱，或云未詳。今考齊、魯、韓詩，馬融、鄭康成之易注、書注，以及諸經舊説，會稡羣書，尚存梗概，取證雅訓，辭意瞭然。其迹涉疑似，仍闕而不論。確有據者，補所未備，附尺壤於崇丘，勉千慮之一得，所以存古義也。郭氏多引詩文爲證，陋儒不察，遂謂爾雅專用釋詩。今據易、書、周官、儀禮、春秋三傳、大、小戴記，與夫周、秦諸子，漢人撰著之書，遐稽約取，用與郭注相證明，俾知訓詞近正，原於制字之初，成於明備之世，久而不墜，遠有端緒，六藝之文，曾無隔閡，所以廣古訓也。聲音遞轉，文字日孳，聲近之字，義存乎聲。自隸體變更，韻書割裂，古音漸失，因致古義漸湮。今取聲近之字，旁推交通，申明其説，因是以闡揚古訓，辨識古文，遠可依類以推，近可舉隅而反，所以存古音也。草木蟲魚鳥獸之名，古今異稱，後人輯爲專書，語多皮傅。今就灼知副實者，詳其形狀之殊，辨其沿襲之誤。其未得實驗者，擇從舊説，以近古爲徵，不敢爲億必之説，猶郭氏志也。惟是受性顓愚，識限方域，纚事編輯，固陋是虞。維時盛治右文，翊經惇學，祕簡鴻章，彙昭壁府。幸得以管闚錐指之學，觀書石室，聞見所資，時有增益。歲在旃蒙協洽，始具簡編。舟車南北，恒用自隨，意有省會，仍多點竄，十載於兹，未敢自信。而中年意思零落，性多遺忘，耳目所接，時或失焉，抱殘守獨，凛凛乎以不克聞過爲懼。勉出所業，就正當世，俊哲洪秀偉彦之倫，叩其兩端，匡厥紛繆，企而望之。

南江札記

三　禮

昊天五帝。　鄭康成定六天之説，王肅謂祭天有二：冬郊圜丘，春祈農事。若明堂迎氣，皆祭人帝。唐以下謂郊祀配天者爲昊天，明堂配上帝者爲五帝。河南程氏曰：「萬物本乎天，人本乎祖，故冬至祭天而以祖配之，以冬至者氣之始也。萬物成形於帝，人成形於父，故季秋饗帝而以父配之，以季秋者物成之時也。」胡宏曰：「天言其氣，帝言其性。」案：漢初曰上帝，曰太一元始，曰皇天上帝；魏初元間則曰皇皇上帝；梁曰天皇大帝；至唐始曰昊天上帝。鄭氏謂：「星經之天皇，即周官之昊天，上以合乎周官，而下復合乎從祀。於是郊之所至爲昊天，而其壇之二等，復有天皇焉。」陳祥道謂：「五帝無預乎昊天上帝。」三山林岊曰：「周之祭上帝，亦曰祀天。郊祀之天，明堂之上帝，即一也。郊祀從簡，爲報本反始，以稷配；明堂從備，爲大饗報成，以文王配。稷，王業所始；文王，王業所成，從其類焉。祭於郊曰天，於明堂曰上帝。天言兆朕，帝言主宰也。周官先言祀上帝，次言祀五帝，亦如之。謂大臣之贊相，有司備具，至其圭幣，則五帝各有方色，未嘗與上帝混同也。」袁清容謂：「五帝非人帝，其所謂人帝者，五帝之配耳。」案：周官無明堂郊天之文，天官太宰祀五帝則掌誓戒。後云「祀大神示」亦如之。鄭謂「大神示即天地也」，是重五帝於大神示也。五帝之説，盛於月令，而周官之言五帝，多於祀天，而其禮之大者，未嘗不與祀天竝。而充人「掌牲牷」，止於五帝；小司寇之「實鑊水納享」，士師之

「沃尸及上盥」，皆止於五帝。

祭天名數。　祀昊天於圜丘，五天帝於四郊，復立郊祀、明堂而爲二，龍見而雩帝於南郊，謂之九祭。此康成之説也。天惟有一，歲有二祭。南郊之祭爲圜丘，以冬祭；其祈農事也，以春祭，謂之二祭。此王肅之説也。梁崔靈恩宗鄭而黜王，謂「郊、丘不可謂一，而五帝之祀同爲天帝，明堂之不可廢，猶大雩之不廢也。」唐以後，九祭之名微，與鄭異者謂春祈穀，夏大雩，秋明堂，冬圜丘，兆五帝於四郊，爲九祭。夫鄭氏之五天帝，固不得爲天。以圜丘、南郊爲二者，分帝爲太微，爲天皇，而非昊天之本名也。祈農者重民食，有求于天，不得與南郊、明堂比也。月令「元日祈穀於上帝」，噫嘻之小序「春夏祈穀於上帝」，鄭謂「此即郊」。按郊特牲云「郊之用辛」，此云「元日」，善日則不必辛。郊特牲又云「郊迎長日之至」，註引易説「春分日漸長」，則此未春分也。易説「三王之郊，一用夏正」，孟獻子曰「啟蟄之郊」，則此未啟蟄也。獻子又云「郊祀后稷以祈農事」，此不祀后稷而祀帝也。大雩，變禮也。爾雅曰：「雩，號祭也。」春秋之書雩，旱祭也。昭公之季年，一月而兩書，見旱之極也。鄭氏謂「周雩壇在南郊之旁」，則非郊天之壇明矣。小序「春夏祈穀」之文，鄭氏已疑之，故箋曰：「月令孟春祈穀於上帝，夏則龍見而雩，是歟？」夫「是歟」者，疑之之辭也。春猶得以祈穀言，夏不以祈穀言也。孔疏引「仲夏大雩以祈穀實」爲證，是徇小序之失也。袁清容定以南郊爲一，明堂爲二。案祈農雖非變禮，要爲祭之次者，而元日之祭，不得與郊祭竝，雩則非常祭也。

圜丘。　圜丘獨見於周官大司樂，其本文但言「冬日至於地上之圜丘奏之，黄鍾爲宫云云，若樂六變，則天神皆降。夏日至於澤中之方丘奏之」，若樂八變，則地示皆出。不言祀天也。鄭氏釋以爲禘祭，又謂「天神爲北辰，地示謂崑崙」，此歷代祀天於圜丘所本也。王肅知禘之非祀天，而謂「郊即圜丘，圜丘即郊」，其說牽雜。崔靈恩亦宗鄭黜王，而於郊即圜丘之說不能正其誤。陳祥道謂：「祭祀必於自然之丘，所以致敬；燔瘞必於人爲之壇，所以盡文。」按：釋圜丘者謂爲自然之丘，非人力所爲，其說與爾雅合。雍、鎬近郊，宜或有此。後代國於平衍之地，將人力而爲之耶？抑爲壇以象之耶？夫大司樂前云「奏黃鍾，歌大吕，舞雲門，以祀天神」；奏太蔟，歌應鍾，舞咸池，以祭地示」，其樂與圜丘所奏實異，則當以黃鍾、太蔟爲祀天，不當用圜丘降神之所而遽言爲祀天之所也。其祭地也，亦當以太蔟、應鍾、咸池爲祭地，不當用方澤降神之所爲祭地之所也。鄭氏知其說之不通，遂釋前天神爲五帝日月星辰，圜丘之天神爲北辰，是天神有二矣。或曰：「圜丘祀天之說非歟？」曰：「詩、書、易、春秋、儀禮之所不載也。秦始皇祠八神，地主之圜丘，又漢武作十九章之歌，以正月上辛用事甘泉圜丘，二者皆非祀天。鄭氏陰取之而不欲明言其事歟？謂南郊即圜丘，北郊即方丘，不知周官四郊非南北郊之郊，詩、書、春秋之郊非圜丘之制，不得合而爲一。謂祀天於圜丘者，特鄭氏之說，初非大司樂之本文也。」朱子疑大司樂本文。胡五峯非圜丘「天神降、地示出」之語。

周官無祭地之文，而其言近於地者有五：曰地示、大示、土示、后土、社是也。鄭氏釋地示，則曰：「北郊神州之神，即社稷。」夫以北郊爲祀地，此祀之大者，不得合社與稷而言。合社與稷，是謂三祀，非祭地明矣。曰大示，鄭無明釋。或謂：「大示乃地示之大者。」祀地以北郊爲大，則地示之大者將何以祀之？曰土示，鄭謂「原隰平地之神」，此又非祀地矣。曰后土，鄭則直謂：「后土黎所食者。后土官名，死爲社而祭之。」又曰：「后土土神。」不言后土社也。其答田瓊曰：「此后土不得爲社者，聖人制禮，豈得以世人之言著大典？」明后土土神，不得爲社。至於「太祝建邦國，告后土」，鄭復曰：「后土社神。」按召誥之「社於新邑」，社謂后土也。甫田「以社以方」，注：「社，后土也。」禮曰：「祭帝於郊，所以定天位也；祀社於國，所以列地利也。」又曰：「郊所以明天道，社所以明地道。」又曰：「郊社所以事上帝。」又曰：「明乎郊社之義。」又曰：「禮行於郊，而百神受職；禮行於社，而百貨可極。」則郊即后土，后土即社。胡宏曰：「祭地於社，猶祭天於郊也。」故周公祀於新邑，亦先用二牛於郊，後用太牢於社。記曰：「宜乎社。」周禮「以禋祀祀昊天上帝，以血祭祭社稷」，別無地示之位。「四圭有邸，舞雲門以祀天神；兩圭有邸，舞咸池以祭地示」，而別無祭社之説，則以郊對社可知。後世既立社，又定北郊，失之矣。郊祀天也，社祀地也，謂郊以祀地者非也。春秋書魯之郊，止於郊天，不聞其祀地也。用牲幣于社，閒于兩社，皆天子之制也。謂魯爲僭郊社則可，以魯郊爲祀地則不可。雲漢之詩曰：「方社不莫。」又曰：「自郊徂宮。」宮，社宮也。告天地之禮，郊、宮爲二，則詩之郊，亦非祀地也。謂郊不足以盡地，此因諸侯大夫皆得立社，遂因此致疑。按大宗伯：「王大封，則先告后土。」又曰：「建邦國，先告后土。」后土者，建國之始稱，若武成「告於后土」是也。「左祖右社，親地之道也。」此言社之名，成於告后土之後也。先儒謂「尊無二上」，故事天明，獨行於天子而無二；事地察，故下達於庶人，而且有公私焉。且社有等差，至于州黨族閭愈降。獨天子之社，爲羣姓而立耳。

燔柴泰壇。　儀禮覲禮曰：「祭天燔柴，祭山丘陵升，祭川沈，祭地瘞。」祭法亦曰：「燔柴於泰壇，祭天也；瘞埋於泰折，祭地也。」爾雅曰：「祭天曰燔柴，祭地曰瘞埋。」祭法、爾雅雖各自爲書，其説與儀禮合者，獨燔柴無異。　周官曰：「以禋祀祀昊天上帝，實柴祀日月星辰，槱燎祀司中、司命、飌師、雨師。」夫周官之柴，歸於日月星辰，而以禋祀爲祀天，是不與儀禮合也。　禮器曰：「至敬不壇，掃地而祭。」不壇非燔柴也，掃地而祭，非周官之祀也。　合儀禮、周官、禮器三書言之，實有不同。　鄭氏曰：「禋祀也，三祀皆積柴實牲體，于日月言實柴，于昊天言禋，三祀互相備矣。」其釋覲禮則曰：「燔柴祭天，祭日也。　祭天爲祭日，則祭地瘞者，祭月也。　日月而云天地，靈之也。」崔靈恩則謂：「先燔柴及牲玉于丘訖，次乃掃地而祭。　祭天之法，皆於地上，以下爲貴，故不祭於人功之壇。」陸佃曰：「祭天之禮，升煙於太壇，奏樂于圜丘，所以致天神也。　天神皆降，可得而禮，然後掃地而祭。　樂者陽也，其聲無形，故奏于自然之丘；煙者陽中之陰，其氣有象，故燔于使然之泰壇。」按鄭氏謂「禋，煙也」。　詩生民之「禋祀」，書「禋于六宗」，「禋于文、武」，釋者謂「禋，祭也」。　又曰：「精意以享之謂也。」使從鄭以禋爲煙，則六宗之祀，不得與上帝竝，而祀文、武於宗廟，又難與燔柴之祭同也。　鄭以祭天爲祭日，祭地爲祭月，尤誤。　圜丘止爲奏樂之所，且爲自然之丘，崔説不辨而破矣。　果如其言，從壇下掃地而祭，則燔柴於人功之壇，不可謂質，而獨掃地之祭得謂之質矣，然則儀禮之燔柴爲末，而掃地之祭爲本乎？　歷考梁、陳以來，不聞有祭於地下者，是崔説有不行也。　陸以自然爲丘，使然爲泰壇，是祀天之地有二也。　夫合於周官則泰壇未嘗有，合於儀禮則燔柴之制無圜丘。　陸氏不知歷代祀圜丘之誤，其所謂二壇者，非也。　當以覲禮爲主，而以祭法輔之。泰壇雖不見他書，然從古沿襲，皆以壇壝爲正。覲禮之「壇十有二尋」，周官之「三壇同墠」，司儀之「爲壇三成，去祧爲壇」，下至周末，齊侯柯之盟有壇，鄭人先君適四國未嘗不爲壇，況祀天欽崇之實哉！

郊特牲曰：「郊之祭也，迎長日之至也。」又：「郊之用辛也，周〔一〕之始郊日以至。」鄭氏謂：「迎長日者，建卯而晝夜分也。三王之郊，一用夏正，魯之始郊日以至。魯無冬至祭圜丘之事，是以建子之月祀天，示先有事也。」葉夢得曰：「以郊爲迎長日之至，下言郊之用辛，周之始郊日以至，正以别魯禮。鄭氏以建卯爲日至，誣也。冬至祭天，此周之正禮。孟春建寅之郊，蓋祈穀之祭。魯雖得郊，不得同於天子，是以因周郊之日以上辛，三卜不從，至建寅之月而止。」魯郊殆周祈穀之郊，故左氏謂「啟蟄而郊也」。或曰：「郊必以辛，周制歟？」曰：「此魯禮也。夫至日祭，則非常以辛也。魯之郊雩，皆用辛，是用辛者魯禮也。五經異義春秋公羊説禮郊及日皆不卜，常以正月上丁。成王命魯卜，從乃郊，故魯以卜辛郊，不敢與天子同也。」「然則周郊非辛歟？」曰：「周官祀大神則卜日，崔靈恩謂『卜日以至爲主，不吉，始用它日』，是有疑於卜也。張横渠謂『日至不必卜日，卜日則失氣至之時矣』。曲禮曰：『大饗不問卜。』」「周不用辛，有本歟？」曰：「召誥『越三日丁巳用牲於郊』，非辛也。至『翼日而社』，非卜也。唐武德以冬至祀天，孟春辛日祈穀於南郊，能取二説而裁正之。」

〔一〕「周」，原作「用」，據禮記郊特牲改。

北郊。北郊不見於經，周官亦無之，而獨見於鄭注。鄭氏曰：「夏至之日，祭崑崙之神於澤中之方丘，一也；正月祭神州地示於北郊，二也。」是分方丘、北郊爲二，其説本於匡衡。蓋漢高因北畤而備五帝，至建始時方立南北郊。衡所引「祭地於太折，在北郊，就陰位」之説，今禮記無北郊之文，陳祥道知其無據也，遂謂『南郊祀天，北郊祀地。祀天就陽位，祀地就陰位』，以强合鄭説。按大宗伯之本文，鄭氏不能釋者有二：曰「以血祭，以貍沈，以疈辜」，則曰「不言祭地」，此皆地示，祭地可知。「以黄琮禮地」，則曰「禮地以夏至」，謂「神在崑崙」者。至於大司樂之「地示」，則又曰：「祭於北郊。」鄭既以方丘、北郊爲二，而後人合而爲一，而不知皆非也。

文集

漢魏音序

聲音宣而文字著焉，字日滋而聲亦漸轉。得其聲始，則屢轉而不離其宗。由是審音以定義，昭於制字之原，則互訓、反訓、輾轉相訓，亦屢變而不失其指。去古日遠，龔舛承譌，私智鑿空，詁訓茫昧，班孟堅云「古文讀應爾雅」，曾謂鄙别之音，讀三代古文，而能通其義，識其指歸哉！古音至漢而一變，鄭康成注詩、禮多述古文古音。言古者，正以見當時之異讀。推之於孟喜、京房易章句，齊、魯、韓三家詩傳，春秋三傳，後先著竹帛，文字異同皆音之遞轉，不僅如劉熹、韋昭所釋辨。車聲之如居，近舍爲從，漢以來之聲轉也。漢人治經有師法，長言短言，開脣合脣，音相轉而不爲一定，要不離乎聲始，故義相貫通。至孫叔然制反語，則音有所拘馴，至義有所窒。薛綜注張平子賦已有反語，則知叔然之説在當時已屬盛行，不復推求古訓。沿至六朝，遂分四聲之韻，迭相祖述，韻書日益日歧，而古音微矣。陽湖洪君稚存服習古訓，精覈六書之學，裒集遺經舊注，釐以説文部分，撰漢魏音四卷。其言曰：「求漢、魏人之訓詁，而不先求其聲音，是謂舍本事末。此書之作，欲爲守漢、魏諸儒訓詁之學者設也。」余嘗病夫後儒説經昧於古音，而使古人之訓詁不明。讀洪君撰集之書，略爲申繹其義焉。「隹」部引文選注云「雉夷聲相近」，服虔之説也。考左傳正義引服虔、樊光曰「雉夷也，是聲相近者」，即其義。證以康成儀禮注「夷之言尸也」，禮記「尸，陳也」，明乎雉、夷、尸之聲相轉，則可曉然於爾雅「雉，陳也」之訓矣。又爾雅「翦，勤也」，郭注未詳。陸農師新義以劑翦之勤爲説，近人又引詩「實始翦商」以釋之，皆强事皮傅，非其正義。「足」部引康成書序注云「踐讀爲翦」，證以禮記玉藻「弗身踐也」，鄭注亦云「踐當爲翦」，是翦、踐古字相通。左傳「踐修舊好」，正指勤修其禮而言，非古音末由通雅訓矣。説文諧聲之字，徐楚金媮近從俗，疑爲非聲。徐鼎臣校定説文，輒删聲字。即如卷端「元」字，从一兀聲，今本作从一从兀，蓋疑元之不可以就兀得聲也。此書引高誘淮南注曰「元讀常山人謂伯爲穴之穴」，則説文作兀聲確有依據。俗儒之大惑不解者，亦當憬然而悟。其他互相證明，未易更僕而數也。韓子曰：「沈潛乎訓詁，反覆乎句讀。」訓詁者文字之本，音聲者訓詁之原，學者由漢、魏之音求聲始，以窮其轉，斯能知三百篇之比音協句本於自然。後世襲舛承譌，亦有所由致。匡後世之舛譌，通古人之訓詁，則六藝九家之傳皆文從字順，而無詘屈之言。成學治古文，其亦有取乎此也。

與程魚門書

近日撰爾雅正義，略得梗概。邢疏爲官修之書，勦襲孔氏正義，割裂缺漏，視明人修大全不甚相遠。如李巡九州注備載於公羊傳莊十年疏，邢氏祇就禹貢正義録其八州，而不及營州，蓋并公羊疏尚未寓目也。今先正六書，次述古義，多引唐以前諸儒之説；宋人好爲新異，或乖本訓，取證差少。三年可得成書，當繕稿就正。宋史亦時爲校勘，事迹牴牾。無論元、明人著述，即王氏東都事略未敢信爲實録也。新得考異一卷，寬以歲月，或可成編耳。

與朱笥河學士書

居常繙理舊業，竊見前哲傳記，一篇之中，立義稱名，辭皆有定體。惟坊記、表記、緇衣三篇，以子云、子曰、子言之閒代成文，甚剟不一。閒爲之覃靜研覈，排輯倫理，乃知坊記以下四篇，確爲子思子所作。其稱子曰者，夫子之言也；其稱子云、子言之者，皆子思子之言也。前後四篇，或後引聖言以證成其義，或先述祖訓而敷暢厥旨，節次相仍，皆有精意。其得家庭之彝訓者，既具著於篇矣。而於論語之撰自及門者，亦取徵焉。此子思子之體也。先儒誤以「子云」爲夫子之言，遂以述論語爲疑。因有疑爲後時掇拾不盡純者，昧於信經，勇於疑古，殆未之思乎？四篇之出於子思，不獨沈休文一人言也。司馬貞史記索隱多引禮記諸篇，惟緇衣獨稱子思子，則知子思子至唐猶存，而唐人尠爲之表章者。全書既闕，惟此四篇幸得附存於小戴之記，俾洙、泗淵源猶有可考。儒者宜奉服之、讚述之不暇，而宋人反多所疑論，道之不明也，豈特青蒼黑之相淆亂哉！鄭康成網羅大典，囊括羣言，惟四篇之注，條理未整。如葉公當作祭公，顯屬傳寫之譌，尚未及是正。晉涵不自揆，欲俟爾雅正義成書之後，取大戴記曾子十篇，小戴記子思子四篇，别爲之注，以配論語、孟子。孔、曾、思、孟實謂四子，大學存於戴記，固與幼儀、内則爲本末。有始有卒者，聖人之道，固不可偏舉其一也。伏祈誨定，救其昏瞀，幸甚幸甚！近又取東都事略與宋史對勘，核其詳略同異，先成考異一書，爲將來作宋志稿本。事迹牴牾，未從審定，彌深固陋之慚耳。

與朱笥河學士書

日取九經正義讀之，勉力爲爾雅疏。其義之創獲者，如「呬，息也」，引詩「昆夷呬矣」。「繇，憂也」，引詩「我歌且繇」。「翻，膠也」，引左傳「不義不翻」。玉篇云：「䵒與翻同。」仍得之於字書。草木蟲魚，以今名釋古訓，惟玉篇爲可信，陸、羅多億必之説，乏蓋闕之義，慎取一二，不敢盡從也。九府曰：「南方之美者，有梁山之犀象焉。」梁山地闕，今求其地，惟鄘梁山近之。職方曰：「正南荆山，其利齒革。」鄭注曰：「齒，象齒也；革，犀兕革也。」漢書地理志曰：「武陵郡義陵縣有鄘梁山，山在今辰州府，土人呼爲頓家山。」又左傳宣二年正義引吴録云：「武陵沅南縣以南，皆有犀兕。」沅南正今辰州地也，然則鄘梁信有犀矣。爾雅釋九府，猶職方言九州之利，祇就其方之鎮山而言之，非必財利所出，盡取之於山也。

會稽之竹箭，豈可謂揚州之利悉取給於紹興之山哉？又張載劍閣銘云：「巖巖梁山，積石峨峨。遠屬荆、衡，近綴岷、嶓。南通邛、僰，北達褒、斜。」又似荆、梁二州之山，皆可稱梁山矣。疑義未析，伏祈進而教之。

與朱笥河學士書

爾雅正義隨時編戢，尚未得定本。唐裴瑜爾雅注，未知全書尚存否？今以酉陽雜俎所引者考之，如以鶬爲九頭鳥，本於韓詩，其書當有可采。羅存齋爾雅翼，詞條豐蔚，然舛謬亦復不少。如子嶲之爲秭鳺，一名買鵤，以音相轉，太史公書所謂「百草奮興，秭鳺先滜」也，離騷「恐鵜鴂之先鳴」，反離騷作「鷤搗」，字形禪變，即所謂賜伯勞也。羅氏用舊說，以買鵤即鷤搗，則誤矣。茭，雝也，从鳥不从馬，有詩疏引鄭志可證，而羅氏仍俗本作雝。梨山爲樆，枌白爲榆，有毛傳及孫炎注可據，而羅氏不能析言之。其餘宜詳而略，宜略而詳者甚夥，不獨多引荆公字說爲全書之疵累也。晉涵見聞淺隘，又立說必本前人，不敢臆決，偶有所得，敢質言之。如翦，勤也，翦當作踐，有鄭注玉藻可證。順，陳也，當引坊記引君陳曰「女乃順之於外」，但漢儒未有言者，疑不敢定，惟先生有以定其訓詁，敬求亮察。

與章實齋書

自周官之法失其傳，六藝乖散，校讎諸家紊而不知其統，綴學之徒無所承受，昧者受罣牢，黠者操奇譎，憪然奮筆，以眩耀時人之耳目，其術愈歧，其迹亦屢遷，其去康莊也愈遠。誠得爲之安定其辭，釐正其體，如衡之懸，如規矩之正，無巧工不巧工，率依倣以從事，世相守以成法，而罔或離畔以去也，不誠六籍所賴以昌明哉？足下以伉爽之識，沈鷙之思，採七略之遺意，娓娓於辨章舊聞，考撰同異，校讎之得其理，是誠足下之責也。僕自少讀書，中無條貫，不能爲原始要終之學，性好古訓，惟思攟拾佚文，求經師相傳之訓。別後閉門授徒，討論舊業，每慨去聖久遠，古義漸淪。秦火而後，建安以前，師法失傳，古書之所由散亡者，蓋有三焉：其一爲劉歆之移書太常，而博士置不肯對也；前此者則爲武帝之立博士，後此者爲班固之藝文志。漢興，圖書尚存，老師宿儒散布天下，陸賈之所稱述，賈誼之所誦習，不必盡由齊、魯諸儒所授也。文帝以不世出之主，表章五經，旁及諸子，故孟子、爾雅皆得立於學官。其時又有命世之才，爲之彰明禮樂，審定經制，使賈生無鄧通之譖，文帝享百年之壽，博士之業不廢，古書盡出，儒效用顯，則柱下之藏，焚而不亡矣。景帝尚刑名，儒術既絀。武帝號爲好儒，頗引文學之士，屢下詔曰：「禮崩樂壞，朕甚閔焉。」然武帝雄才多忌，止取專家，屏絶衆説，又性好詞賦，不能宗紹經訓，在廷之臣，多齷齪淺隘，好同伐異，莫爲推廣德意，五經博士廑得仍而不廢。崇尚公羊，至禁衛太子不得受穀梁，抱殘守闕之弊，見乎此矣。夫文帝申廣厲之制，而興起者寡，武帝開天下以固陋之習，沿習至千百年而未有已，豈不哀哉？劉歆雖以移書見嫉於俗儒，猶幸得校祕書，續成七略。考子政之爲七略也，將以敷讚聖訓，網羅羣言，彙公車所徵，寫書之官所上者，而各順其職，分著於録，而靡有遺也。故曰：「與其過而廢也，毋寧過而存之。」此子政平日稱述之言，而子駿聞而習焉者也。班固藝文志襲用其例，然實有缺略不備者，如子夏易傳，漢初諸儒私相傳習，得上祕府，遂得著於七略。王儉七志，尚仍劉略之舊。而班志無之，是必班固因其不立於學官，削而去之也。今子夏易傳僅見於李氏集解者，語皆粹然無疵，可信爲聖門所授。自班氏不載於志，浸至散亡，遂有僞造全書，以惑人者。追原本始，皆班氏階之厲也。易傳即不出於西河，書藏於祕府，亦當著於目録，辨其由來，使天下後世明見其得失，乃懵然莫辨，猥以不載絶之，是與於絶聖離知之甚者。外此若魏文侯孝經傳，賈誼左傳解詁，皆先哲之緒言，後人徒以漢志所無，棄而不習，馴至淪亡。又緯書之興，始於周末，盛於元、成。太史公首述其言，京房、李尋遞推其説，斷無向、歆父子不見緯書之理，亦斷無見其書而不載其書之理。今漢志無之，是亦班固所削也。夫緯書誠多鄙别字，不經之言，然亦有聖人遺訓，貫徹三才之理，擇而辨之可也，削而去之不可也。夫建武、永平之時，去古未遠，緯書盛行，孰爲周末所流傳，孰爲哀、平所增損，當有端緒可尋。盡去其籍，則其書出之早晚，後人何由考證？焚於隋，闕於唐，盡亡於宋，陋儒之弊，等於焚書，不得爲校書者辭其咎也。竊意班志所載，其稱凡如干家者，皆删取劉略之餘；其新入者，則班氏所附益。附益之不當，鄭樵已譏之矣。又孰知其妄爲進退，不詳不備之言，一至於此哉！足下鋭志欲復七略之舊，宜取劉向别録散見羣籍者，合而鈔之，以存劉之遺，匡劉之誤，以求六藝之本原，幸甚！幸甚！然竊有規於足下者，以足下好無益之戲，而不專力於論撰也。歷觀古人著書，覃思極論，惟日不足，不敢參以游移，精神及於百年，則傳之百年矣；精神及於千年，則傳之千年矣。師曠調鐘，知音在後，賴其器之長存也。赤白銑於之不準，斂審律分吕之手而不摶拊，奚所望於達者之不失聽哉！望及時孟進，勒爲一書，質前俟後，傳不傳亦有命焉，默待已耳。僕又感於古人之書，有前晦而後顯者。昔年鈔録韓詩，心好薛君章句能得太傅之意。爲章句者，自宋、元諸儒皆以爲千乘太守薛漢也。讀唐書宰相世系表，知爲薛夫子所撰，而子漢傳其書。後漢書馮衍傳注亦引薛夫子章句，當得其實。曾舉以告友人，或曰：「世系多傅會之言，薛漢字公子，安知馮衍傳注非公子之譌乎？」繼取後漢儒林傳考之，始知薛漢傳中有缺文，當云「父夫子以章句著名，漢少傳父業」，刻本脱一「夫」字，遂至文義不明耳。薛君長於詁訓，學士所宗，而姓名若泯若没，雖好其書者，莫克知其人，能不爲長歎哉！雖然，薛夫子去今二千年，尚有求其書，知其人，考其終始者，是亦所謂旦暮遇之也，特患力無可傳耳。書有可傳，復何恨哉！

上錢竹汀先生書

近思撰爾雅正義，先取陸氏釋文，是正文字，繼取九經注疏，爲邢氏刪其勦襲，補其缺漏，次及於佚書古義，周、秦諸子暨許、顧、陸、丁小學諸書。自春初即事編輯，中間登涉山水，校閲試卷，不免時有作輟。又行笈不能多攜書籍，學殖淺薄，見聞陜陋，粗舉大略，尚未得其條理也。竊意字爲子而有義，物相比而爲訓，原於上古，達書名，布方策，别國殊方，瞭然共喻。孔子贊易，公、穀傳春秋，凡詁釋字義，多同爾雅，皆自然符合，非必取證於書。自道術裂於周末，墨子經篇體仿釋言，而作義多偏駁；韓子閒釋字義，亦近附會，蓋訓詁亡而大道隱矣。孔門弟子廣益周公之書，統爲訓釋，微言未絶，端賴此書。

自齊、魯、韓之詩亡，鄭君之書不盡傳於世，古字漸稀，古義漸佚。今世所存經籍，較郭氏所見已不逮矣，況至稽兩漢諸儒之盛乎？今據所見之書，稍爲疏證，如「羕，長也」，引詩「江之羕矣」，見說文。「滕，虛也」，引詩「百川沸滕」，見玉篇。「穹，大也」，引詩「在彼穹谷」，見文選注。「賓，服也」，引詩「莫敢不來賓」，見虞翻易注。「謐，靜也」，引今文尚書「惟刑之謐哉」，見史記集解。「揫，聚也」，引詩「百祿是揫」，見說文。「繇，喜也」，引詩「我歌且繇」，見廣韻。「枿，餘也」，引詩「包有三枿」，見漢書注。「蔓，隱也」，引詩「蔓而不見」，見郭氏方言注。「䵑，膠也」，引春秋傳「不義不䵒」。玉篇曰：「䵒與䵑同。」「芾，小也」，引子夏易傳「豐其芾」，見易釋文。「壿壿，喜也」，引詩「壿壿舞我」，見詩釋文。「訰訰，亂也」，引詩「誨爾訰訰」，見禮記注。其得諸遺經古訓者，舉類此。他如「省，善也」，見皇矣詩箋及禮記大傳注。「諒，厭也」，猶雜卦傳云「豫，怠也」。皆義之常行者，郭氏偶未及詳，今悉爲疏明，以祛疑惑。釋樂注間有闕文，今取宋書相參定。疏草木蟲魚，祇釋其從唐以前諸儒成說，證以今名。如「萰爲白蘞」，本玉篇。「蘢即龍古」，見管子注。「由胡即白蒿」，本大戴禮。「秀蔞即蕪菟」，本說文。「徽爲鯨魚」，本劉逵蜀都賦注。「輿爲鳩鶨」，本玉篇。「守瓜爲坌鼠」，本司馬彪莊子注。「鶤爲鵾雞」，本郭注穆天子傳。斯皆爲義之確然可徵者。陸農師好穿鑿之辭，羅存齋多億必之說，慎而取之，不敢碎義逃難，强至皮傅也。舍人、樊光、李巡、孫炎之注，散見諸書，悉爲徵引，用扶微學，廣異聞。郭氏撰著之書，今多廢缺，若三蒼解詁、毛詩拾遺、子虛、上林賦注，遺文散見，義有相通，悉爲附入。字體則以陸氏爲正，惜陸氏所定之本尚有未盡者。「邠國」當作「汃國」，「泥丘」當作「屔丘」，既不能校定俗本，式從古訓。釋宮曰

「堂上謂之跱」，有玉篇可據，俗本誤作「時」。釋丘曰「窮瀆氾通谷澂」，當以水經注爲證，俗本誤作「窮瀆氾谷者微」。陸氏略無考定，又少證引，讀者不無遺恨焉。禮記及李、孫爾雅本皆云「魚曰作之」，郭本作「斮」，孔沖遠未審所出。按公羊成二年疏引樊光爾雅注曰「斮，斫也」，是郭氏用樊本也。説文引爾雅曰：「汝爲涓，郭本作濆。」按水經注「汝水東南逕奇雒城，西北濆水出焉，世謂之大灑水」。此大水溢出，别爲小水之名也。若涓水出馬耳山，注「濰水」，與汝水不相及矣，郭本是也。郭氏注爾雅密於注他書，如言狒狒、猩猩之形狀，視山海經注較爲雅馴。上林賦注以鸕爲「鸕鷀」，及注爾雅，復存張氏「白雉」之説。縠，白犼子，注賦則詳，注經則略，其略也蓋其慎也。前後時有疑義甚夥，道遠末由執卷請益，每用悵然。伏祈賜以明訓，啟其愚髳，幸甚！幸甚！晉涵明歲在安慶坐館，勉力爲之，三年可定稿本。見聞陝隘，不敢爲郭氏功臣，隨時編輯，用備遺忘，願先生有以進之也。宋史亦時爲繙閲，就所見之書，考其同異，事迹牴牾，無從審定，彌深固陋之慚耳。笥河學士好金石文字，所至必有搜羅。最古者李陽冰謙卦碑當塗縣三字，三天洞，蘇道源題名也。最有關於史事者，汪仲容墓碑，瑯琊山進士小録，牟子才脱韡圖，泛舟圖，及采石祭張飛卿文也。得之最奇者，游青山東麓，有短碣横揞山脊，維時宿雨初晴，朝日未出，從密菁中與同人捥苔剔蘚，摸其字而讀之，知爲淳熙二年張子顔游謝公池詩也。子顔，將家子，刻元和郡縣志，當時稱其好古，今遺句猶不泯於世，斯亦奇矣。

附録

先生嘗謂宋人門户之習，語録庸陋之風，誠可鄙也。然其立身制行，出於倫常日用，何可廢耶！士大夫博學工文，雄出當世，而於辭受、取與、進退、出處之間，不能無簞食萬鍾之擇，本心既失，其他又何議焉。文史通義。

錢竹汀嘗論宋史紀傳不如東都之有法，寧宗以後又不如前三朝之粗備，微特事迹不完，即襃貶亦失實。先生聞而善之，乃撰南都事略，以續王偁之書，欲使詞簡事增，爲趙宋一代之志。而才高嗜博，以是累志程多年，促猝不易裁。南都未卒業，宋志亦草稿未定，其餘緒稍見於審正續通鑑中。潛研堂集、文史通義。

先生預修國史，館中藏先朝史册以數千計，總裁問以某事，答曰在某册第幾葉中，百不失一，人咸訝之。先生於明季黨禍奄寺亂政，從容議論，往往出於正史之外。江藩國朝漢學師承記。

章實齋與先生書曰：宋史之願，大車塵冥，僕亦有志，而内顧枵然，將資於足下而爲之耳。足下如能自成一史，僕則當如二謝、司馬諸家之後漢，王隱、虞預諸家之晉書，亦備一家之學。如其未能，則願與足下共功。其中立言宗旨不侔而合，亦較歐、宋新唐必有差勝者矣。文史通義外篇。

又與書曰：聞足下之刻爾雅正義，劇有苦心，婉轉屈曲，避人先勦之於口說，而轉謂筆於書者，反襲之於彼也。足下素慎於言，雅學又博奥而難竟，然猶燕談所及，多爲拾牙慧者假借不歸。乃知風氣之僨正，復何所不有！是知影止一，而罔兩居二三也。同上。

錢竹汀曰：乙酉秋，予奉命典試浙右，蘄取奇士不爲俗學者，君名在第四。五策博洽冠場，僉謂非老宿不辦。及來謁，纔逾弱冠，叩其學，淵乎不竭。予拊掌曰：「不負此行矣！」錢大昕撰墓志銘。

王蘭泉曰：浙東自明中葉王陽明先生以道學顯，而功業風義兼之；劉念臺先生以忠直著，大節凛然；及其弟子黃梨洲先生覃研經術，精通理數，而尤博洽於文辭。君生於其鄉，宗仰三先生，用爲私淑，故性情質直真亮。予自四川還朝，始與君相見，迄今二十五年，見君温温然，恂恂然，初不欲以才智自矜。及與之議論史事，上下古今，則飆發風舉，凡古來政事之得失，人才消長，君子小人之玄黄水火，莫不決其弊之所由始，與害之所由終，俱與三先生之説相同。俾聞者咋指而歎，變色而作，蓋有補於世教人心甚大。徒以其旁通訓詁，謂方名象數之咸通，草木蟲魚之多識，叢穴委屑，是豈足以盡君哉！王昶撰墓表。

阮雲臺曰：二雲先生以醇和廉介之性，爲沈博邃精之學，經學史學，並冠一時。於經則覃精訓詁，病邢昺爾雅疏之陋，爲爾雅正義二十卷，發明叔然、景純之義，遠勝邢書，可以立於學官。在四庫館，與戴東原諸先生編緝載籍，史學諸書，多由先生訂其略，其提要亦多出先生之手。先生又曾語元云：「孟子疏僞而陋，今亦再爲之；宋史列傳多譌，欲刪傳若干，增傳若干。」顧皆未見其書。今先生久卒於官，所著書惟爾雅正義先已刊行。今令子秉華等復刊南江札記四卷，南江文鈔若干卷，次第皆成。阮元撰邵氏遺書序。

洪北江曰：君性和易，與輩流交，皆終始如一。談古今事，雖坐起數十，娓娓不倦，卒未嘗以所能驕人。惟有以非義干者，不待語，竟即拂衣起，人以是嚴憚之。於學無所不窺，而尤能推求本原，實事求是。洪亮吉撰家傳。

陳恭甫曰：先生高足弟子金匱孫侍郎，曩都轉閩中，先生之次子來游，余一見之座上，嘗從訪先生遺書，卒不可得。及侍郎以巡撫至之二年，出所校南江文鈔、詩鈔若干卷，屬壽祺覆審，將付鐫。詩文特先生緒餘耳，然如證鄭注周易之合雅詁；辨坊本斜川集之僞；跋日本五畿内志、日本備圖，詳敍島夷疆域；據酉陽雜俎引唐裴瑜爾雅注，知其本韓詩；欲取大戴記曾子十篇，小戴記之坊記、表記、緇衣、儒行即子思子四篇，以配論語、孟子；辨子夏易傳、魏文侯孝經傳、賈誼左傳解詁及七緯，皆見削於班氏藝文志。其言多前人所未發。浙東自南宋以來，文獻薈集，緜延五六百年，勝國遺聞軼事，若唐、魯二王始末，及抱節忠義之士，往往未著竹帛，爲中原耆宿所不預聞。自梨洲、季野、謝山諸老，皆曠代逸才，博洽彊記，轉相口授，以逮於先生，先生歿而舊聞絶矣。陳壽祺撰南江詩文鈔序。

李越縵曰：二雲撰隋書提要，於經籍志譏其敍次無法，述經學源流多所乖舛：如謂尚書由伏生口授，而不知伏生自有書教齊、魯閒；謂詩序爲衛宏所潤益，而不知傳自毛亨；謂禮記月令、明堂位、樂記爲馬融所增，而不知劉向別録已有此三篇。其書在十志中爲最下，唐人重詞章而輕經學，即此可見。邵氏所駁誠當。但此志搜遺括紛，源流條目斠若畫一，其全體多善，總爲攷古者所必不可少之書。越縵堂日記。

南江弟子

孫先生爾準

孫爾準字平叔，金匱人。嘉慶乙丑進士，改庶吉士，散館，授編修，官至閩、浙總督。平臺匪有功，事詳國史。謚文靖。著有泰雲堂集。胡書農學士序南江文鈔云：「余友文靖孫公，寄其師邵二雲先生集，屬爲校刊，梓成而文靖歸道山，已十閱月矣。昔文靖與余直詞館，編纂全唐文，共晨夕者凡六年。每值夜深談藝，稱述其師之學之才，謂作文則操筆立成，誨人則更僕忘勸，未嘗不歎先生之得天獨優，文靖之所得於師承者有自也。文靖得師經史之學，敷爲章奏；得師文藝，作爲詩歌；得師立品之超，見事之明，以莅官行軍，卓然媲古大臣風烈。是先生之業，文靖爲盡得其傳，先生可以無憾。獨惜斯集編排之成，文靖不及一見，相與札商去取之得失也。」參史傳、胡敬崇雅堂文集。

案：章實齋之子貽選、族子廷楓，俱受學於南江；又大興朱錫庚，皆未見著作，附識之。

南江交游

朱先生筠 别爲大興二朱學案。

翁先生方綱 别爲蘇齋學案。

王先生昶 别爲蘭泉學案。

章先生學誠 别爲實齋學案。

戴先生震 别爲東原學案。

程先生晉芳 别見大興二朱學案。

阮先生元 别爲儀徵學案。

洪先生亮吉 别爲北江學案。

周先生永年

周永年字書昌，歷城人，其先籍餘姚。乾隆辛卯進士，與南江同徵修四庫書，改庶吉士，授編修，博洽貫通，爲時推許。其學大者溯源官禮，嘗謂：「宋儒以後，學統授受，學案異同，言人人殊，皆逐末而遺本。夫學安得有統？周官禮千古之學統也。學安得有案？春秋禮千古之學案也。」又曰：「君子思不出位，位於古文同立。惟禮有定位，所以立不易方。不知禮，無以立也。鄭、孔諸儒之於禮經，往往張之，或失其位，周官之禮遂失其傳，而人且無所措手足矣。」故於宫室、制度、登降、儀節講求甚悉，以爲學而不明於此，皆面牆也。又曰：「學必求諸身心，蕺山劉子以後遂無深造自得之學，其紛紛争宗旨者，市於學也。」旁涉佛藏，博綜探索，自謂有得。嘗謂：「告子言『生之謂性』，人知其爲佛氏所宗，不知彼謂『不得於言，勿求諸心』，乃是陰闢儒行；彼謂『不得於心，勿求諸氣』，乃是陰闢道流。蓋其意以儒者存養省察爲反求諸心，道家飛伏修煉爲求助於氣也。」聞者雖疑信不定，然其所見卓然，不可易也。在書館時，於百家精義，裒譏悉當。宋、元遺書多見采於永樂大典中，於是抉摘編摩，自永新劉氏兄弟公是、公非集以下，凡得十餘家，皆前人所未見者，咸著於録。又以釋、道有藏，儒者獨無，乃開藉書園。先生故温飽，餒於書，積卷殆近十萬，不欲自私，故以「藉書」名園。藉者，借也。嘗以其意乞章實齋爲藉書目録之序。卒年六十二，身後書漸散佚，論者惜之。參史傳、章學誠撰别傳。

清儒學案卷九十九

雲門學案

雲門治算，專宗中法，爲古算經補草附箋，能成一家言。述雲門學案。

李先生潢

李潢字又璜，號雲門，鍾祥人。乾隆辛卯進士，改庶吉士，散館，授編修。博綜羣書，尤精算學，推步律吕，俱造極微妙。大學士和珅方柄政，耳先生名，聘爲子弟師，屢出衡文。五十四年，以庶子主山西鄉試。五十七年，以内閣學士主江南鄉試。五十八年，督浙江學政。嘉慶元年，以兵部侍郎主會試，復督江西學政。四年，和珅得罪，先生亦坐降編修，歸數年卒。其治天算宗中法。自戴東原得古九章於永樂大典中，一再傳刻，校訂未盡精審，先生爲作九章算術細草圖説九卷。嘗曰：「陳其數者，下學之言也；知其義者，上達之功也。有數先有象，有象皆可繪。」舊註所云「解此，要當以棊」者，一一顯之於圖。於是東原所謂舛錯不可通者，皆爲之疏解證明，臚名標目，而九章始有善本。又以古算經九章之外，最著者莫如王孝通緝古。唐制以明算取士，獨緝古四條限以三年，誠以是書隱奧不易通也。張古餘以天元一術推演細草，先生謂天元一術創自宋、元時人，在王氏後，非其本旨。乃本九章古義爲之校正，誤者糾之，闕者補之，著考註二卷，以明斜衺、廣狹、割截，附帶分并虛實之原，務如其術乃止。而世之習緝古者，無復苦其難讀云。參續疇人傳、鍾祥縣志、東華録、清祕述聞。

重差圖序

圖九望海島，舊有圖解，餘八圖今所補也。同式形兩兩相比，所作四率，二三率相乘與一四率相乘同積。如欲作圖明之，第取一三率聯爲一邊，又取二四率聯爲一邊，作相乘長方圖之，自然分爲四冪，又以斜弦界爲同式句股形各二，則形勢驗矣。舊圖於形外別作同積二方，至兩形相去遼遠者，又必宛轉通之，皆可不必也。圖中以四邊形五邊形立説，似與句股不類，然於本形外補作句股形，則亦句股也。四率比例法，在九章粟米謂之「今有」，一爲所有率，二爲所求率，三爲所有數，四爲所求數。在句股則統目之爲率。劉氏注云：「句率股率，見句見股者是也。」今衹云同式相比者，取省易耳，異乘同除則一也。

附　録

九章算術細草圖説甫寫定，而先生病革，遺命必沈俠侯算校乃付刻。續疇人傳、九章算術細草圖說。

緝古算經考註，先生以稿授弟子劉衡。衡屬其友揭玉鏘校刊，以西法補草附圖刻行。後先生甥程裔采復以先生原稿刻布，李申耆爲序，略曰：「輯古闡少廣商功之藴，而加精焉。物生而後有象，象而後有滋，滋而後有數。斜解立方得兩塹堵，斜解塹堵，一爲陽馬，一爲鼈臑。陽馬居二，鼈臑居一，不易之率也。今於平地續狹斜之法，無論爲塹堵、爲陽馬、爲鼈臑，皆作立積。觀其立積内不以所求數乘者爲減積，以所求數一乘者爲方法，再乘者爲廉法，所求數再自乘爲立方，即隅法也。從開立方除之，得所求數。若繪圖於紙，令廣袤相乘，以所求數從横截之，剖平冪爲若干段，又以截高與所求數乘之，分立積爲若干段，若者爲減積，若者爲方，若者爲廉，若者爲隅，條段分明，歷歷可指，作者之意不煩言而解。先生所註，於是書立法之根，如鋸解木，如錐畫地，又復補正脱誤，條理秩然，信王氏之功臣矣。」續疇人傳、緝古算經考註。

先生與戴金溪共治算學，志同道合，以中法爲歸詣，乃益進。元和李四香同時精天算，先生禮先之，遂與齊名，時稱南李北李。四香久困諸生，典試者欲羅致之，詢先生，先生曰：「是不難，吾有策題一，能對者即四香也。」典試者如其言，榜發終不得尚之，蓋以病未與試也。續疇人傳。

雲門弟子

駱先生騰鳳

駱騰鳳字鳴岡，江蘇山陽人。嘉慶辛酉舉人。大挑知縣，改舒城訓導。讀書敏鋭，尤精疇人術。從雲門先生學，研精覃思，著開方釋例四卷，自序略謂：「天元一術，今不可詳所自，西法借根方，實源於此。乃以多少代正員，正員以别異同，多少以分盈朒，毫釐千里必有能辨之者。」又著游藝録二卷，自識略云：「余既爲開方釋例，至於衰分、方程、句股等法，以及九章所未載，與夫古今算術所未能該者，輒爲溯其源，正其誤，不敢爲黯黮之詞以欺世。」張嘯山讀其書而善之，謂「釋例於諸乘方、方廉、和較、加減之理皆質言之，而推求各元進退、定商諸術，尤足補李四香開方説所未備」。汪孝嬰創設兩句股同積求句股和，一問以兩句弦較中率轉求兩句弦較，立法紆回，先生以正員開方徑求得句，尤爲簡易云。參張文虎與熊其英書、開方釋列、游藝録。

雲門交游

戴先生敦元

戴敦元字金溪，開化人。乾隆庚戌進士，改庶吉士，散館，授刑部主事。歷員外郎、郎中，出爲廣東高廉道。歷江西按察使，山西布政使，署湖南巡撫，入爲刑部尚書。卒官，謚簡恪。先生治經不尚專家，最喜天文曆算，與陳靜庵、羅茗香往復討論，亦未嘗立一説，以爲昔人之言備矣。所傳者惟劉徽註九章方程新術校正數十字，四元玉鑑末一問訂補十餘字。參續疇人傳、陳奐戴簡恪公紀略。

九章算術細草圖説序

莫若作四元玉鑑序，謂「河、洛圖書泄其祕，黄帝九章著之書，其章有九，其術則二百四十有六，始方田，終句股，包括三才，旁通萬有，凡言數者，莫得而逃焉」。唐立明算科，九章、海島共限習三年，試九章三條，海島一條，不特陳其數，且欲明其義也。自時厥後，算科既廢，書亦不彰。近時以算名者，如王寅旭、梅定九諸君子，咸未之見。迨吾宗東原氏，與修四庫全書，從永樂大典中録出，一刻於曲阜孔氏，再刻於常熟屈氏，而古學復興，然未及盡求其解也。鍾祥李雲門先生博綜羣書，尤精算學，推步、律呂俱臻微妙，於古人立天元一，大衍求一，正員開方諸術，多所發明，九章、海島更多心得。嘗言：「陳其數者，下學之言也；知其義者，上達之功也。有數先有象，有象皆可繪。」舊注所云「解此要當以棊」者，一一顯之於圖。於東原氏所謂舛誤不可通者，一一疏而通之。探賾索隱，鉤深致遠，臚名標目，咸式古訓。撰九章海島細草圖說共十卷，亦猶劉徽析理以辭、解體用圖之意也。惜未寫定，哲人其萎。其甥陳儀部晴峯謹守遺稿，延吳門沈孝廉俠侯至其家，算校編輯，鳩工付梓。以敦元粗聞撰述緣起，屬爲識其綱要，於時距先生之殁已八年矣。敦元既幸見是書之成，復感先生之不及親覯，而尤望他種陸續綴集也，不獲辭而系以言。

沈先生欽裴

沈欽裴字俠侯，元和人。嘉慶丁卯舉人。篤學邃思，洞精算術，爲雲門先生校勘九章算術細草圖說。又謂「治曆演紀，求入元歲，當以歲餘爲奇，紀率爲定，用大衍術求之，得蔀率。此蔀率者，是甲子子正初刻，與冬至一會之年數也。若如元術以斗分，與日法用大衍術，求得蔀率，則是子正初刻與冬至一會之年數，五周而後爲甲子子正初刻冬至也」。爲別立術草，以課元術新術之疏密，改正答數。設問六則，以元術推之可知者二，不可知者四；以新術推則歲歲皆可知。又於均分梯田字，校改百餘字；漂田堆積條，辨正命名、布算、立術三誤。均輸一章，增訂尤多。又爲補海島算經細草一卷，以竟雲門先生之志。阮文達稱其拾遺補闕，匡謬正譌，有功於前賢不淺。居京師時，大學士董誥知之，將薦修天文時憲書，先生力辭之，授荆溪訓導。病偏廢，罷歸。所自著有補玉鑑細草四册。又嘗得明趙琦美鈔本數書九章，訂譌補脱，老病未卒業，弟子江陰宋景昌爲足成之，得札記四卷。參史傳、疇人傳三編。

清儒學案卷一百

石臞學案上

漢學大師，惠、戴稱首。石臞學於東原，有出藍之譽；文簡繼之，小學訓詁，實集大成。高郵一派，遂與蘇、皖鼎峙，嘉、道以來，尤多宗王氏父子者。述石臞學案。

王先生念孫

王念孫字懷祖，號石臞，高郵人。父安國，官吏部尚書，謚文肅。學有經法，彊立不惑。先生十歲讀十三經畢，旁涉史鑑。高宗南巡，以大臣子迎鑾，獻文册，賜舉人。乾隆乙未進士，選庶吉士，散館，改工部主事，洊升郎中，遷御史，轉吏科給事中。嘉慶四年，仁宗親政，疏陳剿教匪六事，首劾大學士和珅，疏語援據經義，天下比之鳳鳴朝陽。出爲直隸永定河道，以河堤漫口罷。特旨留工，工竣，予主事銜，查勘河南。衡家樓河決，又命馳赴臺莊治河務。尋授山東運河道，在任六年，復調永定河道。會東河總督、山東巡撫以引黄利運異議，召入都，決其是非。先生奏引黄入湖不能不少淤，然暫行無害。詔從之。已而永定河水復溢，先生自引罪休致。道光五年重宴鹿鳴，十二年卒，年八十有九。

先生初從學休寧戴氏東原，受聲音文字訓詁，其治經熟於漢學之門户。手編詩三百篇、九經、楚辭之韻，分古音爲二十一部。於支脂之三部之分，段氏六書音韻表亦見及此。其分至此祭盍輯爲四部，則段書所未及也。官御史時，始注釋廣雅，日以三字爲率，十年而成書，名曰廣雅疏證，凡十卷。其書就古音以求古義，引伸觸類擴充，於爾雅、説文無所不達，然聲音文字部分之嚴，一絲不亂，蓋藉張揖之書以納諸説，而實多揖所未知。學者比諸酈道元注水經，注優於經云。既罷官，以著述自娱。著讀書雜志，凡逸周書四卷，戰國策三卷，史記六卷，漢書十六卷，管子十二卷，晏子春秋二卷，墨子六卷，荀子八卷、補遺一卷，淮南子二十二卷、補遺一卷，漢隸拾遺一卷，都八十二卷。於古義之晦，鈔之誤寫，校之妄改者，一一正之。一字之證，博及羣書，其精於校讎類此。先生故精熟水利書，官工部，著導河議上下篇。及奉旨纂河源紀略，議者或誤指河源所出，先生力辯之。紀略中辨譌一門，先生所撰也。

參阮元撰墓誌、子引之撰行述、繆荃孫撰儒學傳稿。

廣雅疏證敍

昔者周公制禮作樂，爰著爾雅，其後七十子之徒，漢初綴學之士，遞有補益。作者之聖，述者之明，卓乎六藝羣書之鈐鍵矣。至於舊書雅記，詁訓未能悉備，網羅放失，將有待於來者。魏太和中，博士張君稚讓繼兩漢諸儒後，參考往籍，徧記所聞，分别部居，依乎爾雅，凡所不載，悉著於篇。其自易、詩、書、三禮、三傳經師之訓，論語、孟子、鴻烈、法言之注，楚辭、漢賦之解，讖緯之記，倉頡、訓纂、滂喜、方言、説文之説，靡不兼載。蓋周、秦、兩漢古義之存者，可據以證其得失；其散逸不傳者，可藉以闚其端緒，則其書爲功于詁訓也大矣。念孫不揆檮昧，爲之疏證，殫精極慮十年於兹。以詁訓之旨本於聲音，故有聲同字異，聲近義同，雖或類聚羣分，實亦同條共貫。譬如振裘必提其領，舉網必絜其綱，故曰本立而道生，知天下之至嘖，而不可亂也。此之不寤，則有字别爲音，音别爲義，或望文虚造而違古義，或墨守成訓而鮮會通，易簡之理既失，而大道多歧矣。今則就古音以求古義，引伸觸類，不限形體，苟可以發明前訓，斯淩雜之譏亦所不辭。其或張君誤采，博考以證其失；先儒誤説，參酌而寤其非，以燕石之瑜，補荆璞之瑕，適不知量者之用心云爾。張君進表廣雅，分爲上中下，是以隋書經籍志作三卷，而又云「梁有四卷」，不知所析何篇？隋曹憲音釋，隋志作四卷，唐志作十卷，今所傳十卷之本，音與正文相次。然館閣書目云：「今逸，但存音三卷。」是音與廣雅别行之證，較然甚明，特後人合之耳。又憲避煬帝諱，始稱博雅，今則仍名廣雅，而退音釋於後，從其朔也。憲所傳本即有舛誤，故音内多據誤字作音。集韻、類篇、太平御覽諸書所引，其誤亦或與今本同，蓋是書之譌脱久矣。今據耳目所及，旁考諸書，以校此本，凡字之譌者五百八十，脱者四百九十，衍者三十九，先後錯亂者百二十三，正文誤入音内者十九，音内字誤入正文者五十七，輒復隨條補正，詳舉所由。廣雅諸刻本以明畢效欽本爲最善，凡諸本皆誤，而畢本未誤者，不在補正之列。最後一卷，子引之嘗習其義，亦即存其説，竊放范氏穀梁傳集解子弟列名之例。博訪通人，載稽前典，義或易曉，略而不論，於所不知，蓋闕如也。後有好學深思之士，匡所不及，企而望之。

讀書雜志

讀史記雜志敘

太史公書，東漢以來注者無多，又皆亡逸。今見存者，唯裴駰集解、司馬貞索隱、張守節正義而已。宋本有單刻集解本，有兼刻索隱本。明季毛氏有單刻索隱本，而正義則唯附見於震澤王氏本，其單行者不可得矣。是書傳寫或多脱誤，解者亦有踳駁，所亟宜辯正者也。近世錢少詹事大昕作史記考異，討論精核，多所發明，足爲司馬氏功臣。後有梁明經玉繩作志疑一書，所説又有錢氏所未及者，而校正諸表，特爲細密。余嚮好此學，研究集解、索隱、正義三家訓釋，而參考經史諸子及羣書所引，以釐正譌脱，與錢氏、梁氏所説或同或異。歲在丁丑，又從吴侍御榮光假宋本參校，因以付之剞劂。凡所説與錢、梁同者，一從刊削，尚存四百六十餘條。一勺之流，一卷之石，未足以言海嶽之大也。

讀管子雜志敘

管子書八十六篇，見存者七十六篇，中多古字古義，而流傳既久，譌誤滋多。自唐尹知章作注，已據譌誤之本，强爲解釋，動輒抵牾。明劉氏績頗有糾正，惜其古訓未閑，讐校猶略。曩余撰廣雅疏成，則於家藏趙用賢本管子詳爲稽核。既又博考諸書所引，每條爲之訂正。長子引之，亦婁以所見質疑，因取其説附焉。余官山東運河兵備道時，孫氏淵如采宋本與余不同者録以見示，余乃就曩所訂諸條，擇其要者，商之淵如氏，淵如見而韙之。而又與洪氏筠軒稽合異同，廣爲考證，誠此書之幸也。及余淮南子校畢，又取管子書而尋繹之，所校之條，差增於舊。歲在己卯，乃手録前後諸條，並載劉氏及孫、洪二君之説之最要者，凡六百四十餘條，編爲十二卷。學識淺陋，討論多疎，補而正之，以竢來喆。

讀晏子春秋雜志叙

晏子春秋舊無注釋，故多脱誤。乾隆戊申，孫氏淵如始校正之，爲撰音義，多所是正，然尚未該備，且多誤改者。盧氏抱經羣書拾補據其本復加校正，較孫氏爲優矣，而尚未能盡善。嘉慶甲戌，淵如復得元刻影鈔本，以贈吴氏山尊。山尊屬顧氏澗薲校而刻之，其每卷首皆有總目，又各標於本篇之上，悉復劉子政之舊，誠善本也。澗薲以此書贈予，時予年八十矣，以得觀爲幸，因復合諸本及羣書治要諸書所引，詳爲校正。其元本未誤而各本皆誤，及盧、孫二家已加訂正者，皆世有其書，不復羅列。唯舊校所未及，及所校尚有未確者，復加考正。其諫下篇，有一篇之後脱至九十餘字者；問上篇，有併兩篇爲一篇而删其原文者，其他脱誤及後人妄改者尚多，皆一一詳辯之，以俟後之君子。

讀墨子雜志叙

墨子書舊無注釋，亦無校本，故脱誤不可讀。至近時盧氏抱經、孫氏淵如始有校本，多所是正。乾隆癸卯，畢氏弇山重加校訂，所正復多於前，然尚未該備，且多誤改誤釋者。予不揣寡昧，復合各本及羣書治要諸書所引，詳爲校正。是書傳刻之本，唯道藏本爲最優，其藏本未誤，而佗本皆誤，及盧、畢、孫三家已加訂正者，皆不復羅列。唯舊校所未及，及所校尚有未當者，復加考正。是書錯簡甚多，盧氏所已改者，唯辭過篇一條。其尚賢下篇、尚同中篇、兼愛中篇、非樂上篇、非命中篇，及備城門、備穴二篇皆有錯簡，自十餘字至三百四十餘字不等。並見六卷末。其他脱至數十字，誤字、衍字、顛倒字及後人妄改者尚多，皆一一詳辯之，以復其舊。此外脱誤不可讀者，尚復不少。蓋墨子非樂、非儒，久爲學者所黜，故至今迄無校本，而脱誤一至於是。然是書以無校本而脱誤難讀，亦以無校本而古字未改，可與説文相證。如説文「亯」字，篆文作𠅘，隸作享，又省作亨，以爲亨通之亨，又轉爲普庚反，以爲亨煮之亨，今經典中亨煮皆作亨，俗又作烹。亨行而享廢矣。唯非儒篇「子路亨普庚反。豚」，其字尚作享。説文「苟，讀若「亟其乘屋」之亟。自急敕也」，今經典皆以亟代苟，亟行而苟廢矣。唯非儒篇「曩與女爲苟生，今與女爲苟義」，其字尚作苟。説文「但，裼也」，今經典皆以袒代但，袒行而但廢矣。唯耕柱篇「羊牛犓豢，雍與饔同，今本雍譌作維。人但割而和之」，其字尚作但。又有傳寫之譌，可以考見古字者。城郭之「郭」，説文本作𩫏，今經典皆以郭代𩫏，郭行而𩫏廢矣。唯所染篇云「晉文染於舅犯、高偃」，案國語晉有郭偃，無高偃，郭即𩫏之借字，知高爲𩫏之譌也。説文「放，古文殺字」，今經典中有殺無放，殺行而放廢矣。唯尚賢中篇云「率天下之民，以詬天侮鬼，賤傲萬民」，案「賤」、「傲」二字語意不倫，賤乃賊字之譌，「殺」字古文作放，與敖相似，知放譌作敖，又譌作傲也。説詳本篇。説文「佚，以證反。送也」，呂不韋曰

「有侁氏以伊尹佚女」，今經典皆以媵代佚，媵行而佚廢矣。唯尚賢下篇云「昔伊尹爲莘氏女師僕」，案有莘氏以伊尹佚女，非以爲僕也，佚、僕字形相似，知僕爲佚之譌也。說文「衝突字本作衝」，今經典以衝代衝，衝行而衝廢矣。唯備城門篇云「以射衜及櫳樅」，衜、衝形相似，知衜爲衝之譌也。衝謂衝車。是書最古，故假借之字亦最多，如胡作故，尚賢中篇「故不察尚賢爲政之本也」，故與胡同。降作隆，尚賢中篇「稷隆播種」，非攻下篇「天命融隆火于夏之城」，隆並與降同。誠作情，又作請，尚同下篇「今天下王公大人士君子中情將欲爲仁義，求爲上士」，節葬下篇「今天下之士君子中請將欲爲仁義，求爲上士」，情、請並與誠同。後凡誠作情、作請者放此。拂作費，兼愛下篇「即此言行費也」，下文費作拂。知作智，節葬下篇「智不智」，下智字與知同。後凡知作智者放此。志作之，天志中篇「子墨子之有天之」，下「之」字與志同。天之即天志，本篇之名也。後凡志作之者放此。宇作野，非樂上篇「高臺厚榭，邃野之居」，野與宇同。佗作也，小取篇「辟也者，舉也物而以明之也」，也物即佗物。後凡佗作也者，放此。佗俗作他。晞作欣，耕柱篇「譬若築牆，然能築者築，能實壤者實壤，能欣者欣」，欣與晞同。管作關，耕柱篇「古者周公旦非關叔」，公孟篇「關叔爲天下之暴人」，關並與管同。悖作費，魯問篇「豈不費哉」，上文費作悖。從作松，號令篇「松上不隨下」，松與從同。皆足以見古字之借，古音之通，佗書所未有也。其脫誤不可知者，則概從闕疑，以俟來哲。

讀荀子雜志敘

荀子一書，注者蓋鮮，獨楊評事創通大義，多所發明，洵蘭陵之功臣也。而所據之本，已多譌錯，未能釐正。又當時古音久晦，通借之字或失其讀，後之學者，諷誦遺文，研求古義，其可不加以討論與？

盧抱經學士據宋呂夏卿本校刊，而又博訪通人，以是正之；劉端臨廣文又補盧校之所未及，已十得其六七矣，而所論猶有遺忘。不揣固陋，乃詳載諸説，而附以鄙見。凡書之譌文，注之誤解，皆一一剖辨之。又得陳碩甫文學所鈔錢佃本，龔定庵中翰所得龔士卨本，及元、明諸本，以相參訂，而俗本與舊本傳寫之譌，胥可得而正也。汲深綆短，自信未能，所望好此學者，重爲研究焉。

讀荀子雜志補遺叙

余昔校荀子，據盧學士校本而加案語。盧學士校本則據宋呂夏卿本而加案語。去年陳碩甫文學以手録宋錢佃校本異同郵寄來都，余據以與盧本相校，已載入荀子雜志中矣。今年顧澗蘋文學又以手録呂、錢二本異同見示，余乃知呂本有刻本、影鈔本之不同，錢本亦有二本。不但錢與呂字句多有不同，即同是呂本，同是錢本，而亦不能盡同，擇善而從，誠不可以已也。時荀子雜志已付梓，不及追改，乃因顧文學所録而前此未見者，爲補遺一編，並以顧文學所考訂及余近日所校諸條，載於其中，以質於好古之士云。

讀淮南雜志叙

淮南内篇舊有許氏、高氏注，其存於今者，則高注，非許注也。前有高氏敍一篇，天文篇注又云「鍾律上下相生，誘不敏也」，則其爲高注無疑。其自唐以前諸書所引許注有與今本同者，乃後人取許注附入，非高氏原文也。凡注內稱「一曰」云云者，多係許注，則其爲後人附入可知。宋人書中所引淮南注，略與今本同，而謂之許注，則考之未審也。道藏本題許慎記上，蓋沿宋本之誤。是書自北宋已有譌脱，故爾雅疏、埤雅、集韻、太平御覽諸書所引已多與今本同誤者，而南宋以後無論已。余未得見宋本，所見諸本中，唯道藏本爲優，明劉績本次之，其餘各本皆出二本之下。兹以藏本爲主，參以羣書所引，凡所訂正共九百餘條。推其致誤之由，則傳寫譌脱者半，馮意妄改者亦半也。有因字不習見而誤者。若原道篇「先者踰下，則後者蹍之」，蹍，女展反，故高注云「蹍，履也，音展，非展也」，而各本乃誤爲蹷矣。凡據諸書以正今本者，具見於本條下，後皆放此。兵略篇「涉血蹍腸，輿死扶傷」，蹍亦履也，而各本又誤爲屬矣。齊俗篇「穿窬拊楗，抇墓踰備之姦」，抇，户骨反，掘也，各本抇誤爲抽，墓誤爲箕，高注「抇，掘也」，「掘」字又誤爲握，則義不可通。兵略篇「毋抇墳墓」，藏本「抇」字又誤爲扣矣。説山篇「鏏鼎日用而不足貴，周鼎不爨而不可賤」，鏏讀若彗，高注曰「小鼎也」，各本鏏誤爲錯，又誤在「鼎」字下矣。説林篇「設鼠者機動，釣魚者泛杌」，泛，釣浮也，杌讀若兀，動也，機動則得鼠，泛動則得魚，故高注云「杌，動，動則得魚也」，而各本「杌」字乃誤爲杭矣。「使伹吹竽，使工厭竅，雖中節而不可聽」，伹，拙人也，讀若癰疽之「疽」字，從且不從旦，故高注云「伹讀燕言鉏，同也」，而各本乃誤爲但矣。「使伹吹竽，使工厭竅」者，厭，於葉反，與擪同，一指案也，言使伹吹竽，而使樂工爲之按竅也，隸書「工」字或作𢀖，「氏」字或作互，二形相似，而各本「工」字遂誤爲氏矣。脩務篇「墨子趹蹏而趨千里」，趹讀若決，高注「趹蹏，疾行也。趨，走也」，各本趹誤作跌，高注又誤作「跌，疾行也；蹏，趨走也」，則義不可通矣。「以一餔之故，絶穀不食」，餔即

「噎」字也，而各本乃誤爲飽矣。「藜藋之生，蝡蝡然日加數寸」，藋，徒弔反，即今所謂灰藋也，藜藋之高過人，故云日加數寸，世人多聞藜藿，寡聞藜藋，而各本「藋」字遂誤爲藿矣。泰族篇「呹聲清於耳，兼味快於口」，呹，於交反，與咬同，淫聲也，字從夭，而各本乃誤作吠矣。有因假借之字而誤者。覽冥篇「蚖鱓著泥百仞之中」，蚖鱓與黿鼉同，各本蚖鱓誤爲蛇鱓，則與下文蛇鱓相亂矣。道應篇「孚子治亶父三年」，孚子即宓子賤也，宓、孚聲相近，故字相通，而各本乃誤爲「季子」矣。有因古字而誤者。時則篇「孟秋之月，其兵戉」，戉，古「鉞」字也，而各本乃誤爲戈矣。齊俗篇「煎敖燎炙，齊咊萬方」，齊讀爲劑，咊即甘受和之和，咊與「味」字相似，而各本遂誤爲味矣。修務篇「感而不應，故而不動」，故古「迫」字也，而各本乃誤爲攻矣。有因隸書而誤者。時則篇「具栚曲筥筐」，高注「栚，持也，三輔謂之栚」，案栚讀若朕，架蠶薄之木也，隸書「栚」字或作楑，而各本遂誤爲撲矣。覽冥篇「井植生梓，溝植生條」，本經篇「山無峻榦，林無柘枿」，枿古「櫱」字，伐木之更生者也，隸書「枿」字或作梓，而各本遂誤爲梓矣。精神篇「樣桷不斲，素題不枅」，樣即今橡栗字也，隸書「樣」字或作樣，而各本遂誤爲樸矣。本經篇「芟野莽，長苗秀」，高注「莽，草也」，隸書「莽」字或作莾，而各本遂誤爲茭矣。道應篇「於是佽非教然瞋目，攘臂拔劍」，隸書「瞋」字或作真，與冥相似，而各本瞋目遂誤爲冥目，且誤在教然之上矣。氾論篇「剛强猛毅，志厲青雲，非夸矜也」，隸書「夸」字或作夲，而各本遂誤爲本矣。兵略篇「疾如鏃矢」，高注「鏃，金鏃翦羽之矢也」，隸書「族」字作矦，「隹」字作佳，二形相似，而各本「鏃」字遂誤爲錐，下文「疾如鏃矢，何可勝偶」，「鏃」字又誤爲鏃矣。說林篇「故解捽者不在於捌格，在於批抌」，抌，竹甚反，深擊也，字從冘，冘讀若淫，故高注云「批擊抌椎」，隸書「冘」字或作冗，「亢」字或作㐪，二形相似，而藏本「抌」字遂誤爲伉，劉本又誤爲伉矣。有因草書而誤者。齊俗篇「柱不可以摘齒，筳不可以持屋」，高注「筳，小簪也」，案筳讀若廷，言小簪可以摘齒，而不可以持屋也，筳與筐草書相似，而各本遂誤爲筐矣。有因俗書而誤者。齊俗篇原道篇「欲宍之心亡於中，則飢虎可尾」，宍俗「肉」字也，藏本宍誤作寅，而各本又誤作害矣。天文篇「日行九州七舍，有五億萬七千三百九里，離以爲朝晝昏夜」，離者分也，俗書離字作雕，各本則脱其右半，而爲禹矣。詮言篇「寒暑之變無損益，於己質有定也」，俗書「定」字作㝎，而各本遂誤爲之矣。說林篇「若被蓑而救火，鑿竇而止水」，俗書「鑿」字作鑿，各本則脱其下半，而爲毁矣。有兩字誤爲一字者。說林篇「狂者傷人莫之怨也，嬰兒詈老莫之疾也，賊心亡也」，賊，害也，亡，無也，言狂者與嬰兒皆無害人之心也，各本「亡也」之「也」誤爲「山」，又與「亡」字合而爲「㠩」矣。有誤字與本字並存者。主術篇「鴟夜撮蚤，察分秋豪」，蚤或誤作蚉，又轉寫而爲蚊，而各本遂誤作撮蚤蚊矣。道應篇「豐水之深，千仞而不受塵垢，投金鐵焉，則形見於外」，「鐵」字或省作鐵，因誤而爲鍼，而各本遂誤爲金鐵鍼矣。有校書者旁記之字而闌入正文者。兵略篇「明於奇賌陰陽，刑德五行，望氣候星，龜策機祥」，賌讀若該，奇賌者，奇祕之要，非常之術也，校書者不曉奇賌之義，而欲改爲奇正，故改正字於賌字之旁，而各本遂誤爲奇正賌矣。說林篇「蘇秦步曰何故，趨曰何趨」，步與故爲韻，趨與趨爲韻，隸書趨或作趍，故淮南書中趨字多作趍，校書者以說文趍趙之趍音馳，故旁記「馳」字，而各本遂誤作趍曰何趍馳矣。有衍至數字者。俶真篇「孟門、終隆之山不能禁也，湍瀨旋淵之深不能留也，太行、石澗、飛狐、句注之險不能難也」，各本「不能禁也」下衍「唯體道能不敗」六字，則上下文皆隔絶矣。有脱數字至十數字者。原道篇「此俗世庸民之所公見也，而賢智者弗能避，有所屏蔽也」，高注云「以諭利欲，故曰有所屏蔽也」，各本正文脱「有所屏蔽」四字，則注文不可通矣。道應篇「令尹子佩請飲莊王，莊王許諾，子佩具於强臺，莊王不往，明日子佩跣揖北面，立於殿下」云云，各本脱「子佩具於强臺」至「明日」十二字，則上下文不可通矣。氾論篇「故馬免人於難者，其死也葬之以帷爲衾；牛有德於人者，其死也葬之以大車之箱爲薦」，各本葬之下脱「以帷爲衾」四字，牛下脱「有德於人者」五字，葬下脱「之」字，大車下脱「之箱」二字，則文不成義矣。説山篇「魄問於魂曰：『道何以爲體？』曰：『以無有爲體。』魄曰：『無有有形乎？』魂曰：『無有。』魄曰：『無有何得而聞也？』」各本「何得而聞」上脱「魄曰無有」四字，則上下文不可通矣。「一淵不兩蛟，一棲不兩雄，一則定，兩則爭」，高注云「以日月不得並明，一國不可兩君也」，各本脱「一棲不兩雄」以下十一字，又脱去注文，則「一淵不兩蛟」句孤立無耦矣。説林篇「或謂冢，或謂隴，或謂笠，或謂簦，名異實同也。頭虱與空木之瑟，名同實異也」，各本脱「名異實同也」五字，則義不可通矣。人閒篇「魯君聞陽虎失，大怒，問所出之門，使有司拘之，以爲傷者戰鬭者也，不傷者爲縱之者，傷者受大賞，而不傷者被重罪」，各本脱「傷者戰鬭」至「縱之者」十三字，則上下文不可通矣。「夫上仕者，先避患而後就利，先遠辱而後求名，大宰子朱之見終始微矣」，仕與士同，各本「仕」上脱「上」字，「先避」下又脱「患而後就利」至「太宰子朱」十六字，則上下文不可通矣。「請公與僇力一志，悉率徒屬而必以滅其家，其夜乃攻虞氏，大滅其家」，各本脱「其夜」以下十字，則敘事未畢，且與上文「虞氏以亡」句不相應矣。有誤而兼脱者。原道篇「輕車良馬，勁策利錣」，高注「策，箠也，錣，箠末之箴也，錣讀焫燭之焫，錣竹劣反，焫如劣反」，藏本「錣」誤作「鍛」，注文誤作「策，箠也，末之感也〔一〕」，鍛讀炳燭之炳」，則義不可通矣。有正文誤入注者。主術篇「故善建者不拔，言建之無形也」，此引老子而釋其義也，各本「言建之無形也」六字皆誤作注文矣。説林篇「疾雷破石，陰陽相薄，自然之勢」，各本「自然之勢」四字誤入注，則上二句爲不了語矣。「行者思於道，而居者夢於牀，慈母吟於燕，適子懷於荆，精相往來也」，各本「精相往來也」五字亦誤入注矣。有注文誤入正文者。道應篇「田鳩往見楚王，楚王甚説之，予以節，使於秦。至，因見惠王而説之」。高解「予以節」云：「予之將軍之節。」各本此六字誤入正文「因見」之下，「惠王」之上，則文不成義矣。人間篇「非其事者勿仞也，非其名者勿就也，無功而富貴者勿居也」，高解「非其名者勿就」云「無故有顯名者勿處也」，而各本此九字皆誤入正文矣。有錯簡者。天文篇「陽氣勝則日脩而夜短，陰氣勝則日短而夜脩，其加卯酉，則陰陽分，日夜平矣」，各本「其加卯酉」三句，錯簡在下文「帝張四維，運之以斗」一節之下，則既與上文隔絶，又與下文不相比附矣。有因誤而致誤者。俶真篇「昧昧楙楙，皆欲離其童蒙之心，而覺視於天地之閒」，楙讀若懋，高注云「楙楙，欲所知之貌也，昧昧楙楙一聲之轉」，各本楙楙誤作晽晽，

〔一〕「未之感也」，原注文作「末世之御，言不能與馮夷、大丙争在前也」。

字書所無也，而楊氏古音餘乃於侵韻收入「啉」字，引淮南子「昧昧啉啉」矣。主術篇「夫寸生於標，標生於日」，標與秒同，秒，禾芒也，各本標誤爲穓，字書所無也，而吴氏字彙補乃於禾部收入「穓」字，音粟，引淮南子「寸生於穓」矣。齊俗篇「夫蝦蟇爲鶉，水蠆爲蟌」，高注「蟌，蜻蛉也」，隸書「蟌」字或作蟌，因誤而爲蟪，字書所無也。蟌讀若蔥，「蔥」字俗書作菍，校書者記「菍」字於「蟌」字之旁，因誤而爲蕊，傳寫者又以「蕊」字誤入正文，故「水蠆爲蟌」各本皆誤作「水蠆爲蟪蕊」，後人又爲之音，曰音矛、音務，皆不知何據，而字彙補遂於虫部收入「蟪」字，音矛，又於艸部「蕊」字下注云「音務」，引淮南子「水蠆爲蟪蕊」矣。「譬若水之下流，熛之上尋也」，熛讀若標，火飛也，「熛之上尋」，猶言火之上尋，各本熛誤作煙，而藝文類聚引此亦作煙，且在火部煙下，則唐初本已誤矣。兵略篇「推其搯搯，擠其揭揭」，高注「搯搯，欲仆也；揭揭，欲拔也。」搯古「搖」字，因其欲仆而推之，故曰「推其搖搖」，隸書「搯」字或作搯，各本遂誤作搶，字書所無也，而古音餘乃於侵韻收入「搶」字，引淮南子「推其搶搶」矣。説山篇「弊箅甑瓾」，高注「瓾，甑帶，瓾讀鼃黽之鼃也」，瓾鼃皆從圭聲，故讀瓾如鼃，各本瓾誤作甈，字書所無也。高注「鼃黽之鼃」，又誤作「鼃黽之黽」，而古音餘遂於梗韻收入「甈」字，引高注「甈讀鼃黽之黽」矣。説林篇「遽契其舟𣐤」，高注「𣐤，船弦板，𣐤，讀如左傳『襄王出居鄭地氾』之氾也」，范與危草書相似，故各本𣐤字皆作桅，而古音餘遂於陷韻收入「桅」字，引淮南子「遽契其舟桅」音氾矣。有不審文義而妄改者。原道篇「乘雷車，六雲蜺」，謂以雲蜺爲六馬也，後人不曉「六」字之義，遂改六雲蜺爲入雲蜺矣。主術篇「夫華騮緑耳一日而至千里，然其使之搏兔不如狼契」，契，公八反，狼契皆犬名也，後人不知狼契爲何物，而改爲豺狼，其失甚矣。齊俗篇「故六騏驥、四駃騠以濟江河，不若窾木便者，處勢然也」，窾木謂舟也，古者謂所居之地曰處勢，言乘良馬濟江河不若乘舟之便者，處勢使然也，後人不識古義，而改處勢爲處世，其失甚矣。道應篇「故莊子曰：『朝秀不知晦朔。』」高注「朝秀，朝生暮死之蟲也」，後人依今本莊子改爲「朝菌」，不知淮南自作朝秀，不得據彼以改此也。脩務篇「夫亭歷冬生而人曰冬死，死者衆；薺麥夏死而人曰夏生，生者衆」，亭歷、薺麥皆冬生夏死，故互言之，後人不知亭歷爲何物，而改爲橘柚，其失甚矣。有因字不習見而妄改者。齊俗篇「故伊尹之興土功也，脩脛者使之跖鏵」，鏵讀若華，臿也，跖，蹋也，故高注云「長脛以蹋插者，使入深也」，後人不識鏵字而改鏵爲钁，不知钁爲大鉏，鉏以手揮，不以足蹋也。說山篇「視日者眩，聽雷者𦗨」，𦗨，女江反，耳中聲也，後人不識「𦗨」字，而改𦗨爲聾，其失甚矣。有不識假借之字而妄改者。道應篇「跖之徒問跖曰：『盜亦有道乎？』跖曰：『奚適其有道也！』」適讀曰啻，言奚啻有道而已哉，乃聖勇義仁智五者皆備也，後人不知適與啻同，而誤讀爲適齊、適楚之適，遂改有道爲無道矣。有不審文義而妄加者。覽冥篇「夫燧取火於日，方諸取露於月」，夫燧，陽燧也，故高注曰「夫讀大夫之夫」，後人乃誤以夫爲語詞，而於燧上加「陽」字矣。氾論篇「故使陳成常、鴟夷子皮得成其難」，後人於「陳成」下加「田」字，而不知「田」即「陳」也。「今不知道者，見柔懦者侵，則務爲剛毅，見剛毅者亡，則務於柔懦」，於亦爲也，而後人又於「於」下加「爲」字矣。人間篇「曉然自以爲智存亡之樞機，禍福之門户」，「智」即「知」字也，「曉然」以下十六字連讀，後人不識古字，而讀「曉然自以爲智」絶句，又於智下加「知」字，以聯屬下文，各本「然」字又誤在「自」字下，則更不可讀矣。「故善鄙同，誹譽在俗；趨舍同，逆順在君」，此言善鄙同而或誹或譽者，俗使然也；趨舍同而或逆或順者，君使然也，後人不達，乃於兩「同」字上加兩「不」字，則意相反矣。「越王句踐一決獄不辜，援龍淵而切其股，血流至足，以自罰也，而戰武必死」，戰武，戰士也，必與畢同，言戰士皆致死也。淮南一書，通謂士爲武，後人不達，又於「武」下加「士」字，「必」下加「其」字矣。有不識假借之字而妄加者。本經篇「異貴賤，差賢不，經誹譽，行賞罰」，賢不即賢否也，後人不知「不」爲「否」之借字，遂於「不」下加「肖」字矣。泰族篇「天地之性物也有本末」，性物即生物也，後人不知性爲生之借字，乃於「天地之性」下加「也」字，又於「物也」上加「天地之生」四字，其失甚矣。有妄加字而失其句讀者。泰族篇「趙政不增其德，而累其高，故滅；知伯不行仁義，而務廣地，故亡。句。國語曰」云云，後人誤以「故亡國」絶句，遂於國上加「其」字矣。要略曰「進退左右，無所擊危」，危與詭同，詭，戾也。主術篇曰「舉動廢置，無所擊戾」，意與此同。劉績不解「無所擊危」之義，而於「無所」下加「失」字，讀「無所失」絶句，而以「擊危」下屬爲句，其失甚矣。有妄加數字至二十餘字者。天文篇「天有九野、五星、八風、五官、五府」，此先舉其綱，而下文乃陳其目，後人於「八風」下加「二十八宿」四字，又於注内列入二十八宿之名，而不知皆下文所無也。又下文「星分度」一節，乃紀二十八宿分度之多寡，非紀二十八宿之名，後人不察，又於其末加「凡二十八宿也」六字，斯爲謬矣。「太陰在寅，朱鳥在卯，句陳在子，玄武在戌，白虎在酉」，後人於下加「蒼龍在辰」四字，而不知蒼龍即太陰也。泰族篇「天地之道，極則反，盈則損」，後人於「天地之道」上加「故易之失也卦，書之失也敷，樂之失也淫，詩之失也辟，禮之失也責，春秋之失也刺」六句，此取詮言篇文而增改之也，不知下文自有「易之失鬼，樂之失淫，詩之失愚，書之失拘，禮之失忮，春秋之失訾」六句，若先加此六句，則文既重出，而義復參差矣。「河以逶蛇故能遠，山以陵遲故能高，道以優游故能化」，此以河之逶蛇，山之陵遲，諭道之優游也，後人於「道以優游」句上加入「陰陽無爲故能和」七字，則與逶蛇、陵遲、優游之義咸不相比附矣。有不審文義而妄删者。道應篇「敖幼而好游，至長不渝解」，渝解猶懈怠也，後人不知其義，遂以「至長不渝」絶句，而删去「解」字矣。人閒篇「城中力已盡，糧食匱，武大夫病」，武大夫，士大夫也，淮南書謂士爲武，後人不達，遂删去「武」字矣。有不識假借之字而妄删者。人閒篇「此何遽不能爲福乎」？能讀曰乃，言何遽不乃爲福也，後人不知能與乃同，遂删去「能」字矣。有不識假借之字而顛倒其文者。人閒篇「國危不而安，患結不而解，何謂貴智？」「而」讀曰「能」，言危不能安，患不能解，則無爲貴智也，後人不知「而」與「能」同，遂改爲「國危而不安，患結而不解」矣。有失其句讀而妄移注文者。説山篇「無言而神者載無也，有言則傷其神，句。之神者，鼻之所以息，耳之所以聽」，高解「有言則傷其神」云「道賤有言而多反有言，故曰傷其神」，據此，則當以「則傷其神」絶句，其「之神者」三字乃起下之詞，之，此也，言此神者鼻之所以息，耳之所以聽也，後人誤以「則傷其神之神者」爲句，而移注文於「之神者」下，則上下文皆不可讀矣。有既誤而又妄改者。氾論篇「使人之相去也若玉之與石，葵之與莧，則論人易矣」，玉與石，葵與莧，皆不相似，故易辨也。俗書葵字作䕲，美字作美，葵之上半與美相似，因誤而爲美，後人又改爲「美之與惡」，則不知爲何物矣。人閒篇「喟然而歎」，喟然即喟然，隸書「賁」字或作賁形，與貴相似，故喟誤喟，而後人遂改爲憒矣。修務篇「明鏡之始下型，矇然未見形容，及其抗以元錫，摩以白旃，則鬢眉微毛，可得而察」，抗讀若槩，高注云「抗，摩」，藏本正文「抗」字誤作「粉」，注文「抗」字又誤作「於」，劉本又改「於摩」爲「摩磨」，則誤之又誤矣。泰族篇「捷吻而朝天下」，捷與插同，吻與曶同，古笏字也，插笏，搢笏也，隸書「捷」字或作「揵」形，與「挺」相似，故藏本「捷」字誤爲「挺」，「吻」字又誤爲「肳」，朱東光本改「挺肳」爲「搢笏」，義則是而文則非矣。「聘納而取婦，冠絻而親迎」，俗書「冠」字作「冦」，與「初」字相似，故藏本「冠絻」誤爲「初絻」，而劉本又改爲「紱絻」矣。有因誤字而誤改者。道應篇「孔子亦可謂知化矣」，「知化」謂知事理之變化也，「化」誤爲「礼」，而後人遂改爲「禮」矣。詮言篇「自身以上至於荒芒，亦遠矣；自死而天地無窮，亦滔矣」，兩「亦」字皆誤爲「尒」，而後人遂改爲「爾」矣。有既誤而又妄加者。俶真篇「雲臺之高，墮者折脊、碎腦，而蟁䖟適足以翾」，翾，許緣反，小飛也，「翾」誤爲「翱」，後人遂於「翱」下加「翔」字，不知蟁䖟之飛，可謂之翾，不可謂之翱翔也。覽冥篇「治日月之行，律陰陽之氣」，高注「律，度也」，此三字傳寫誤在「律」字之下，「陰陽」之上，以致隔絶上下文義，後人遂以「律」字上屬爲句，而於「陰陽」上加「治」字矣。主術篇「不智而辯慧懁給，則乘驥而或」，「懁」與「儇」同，「或」與「惑」同，高注云「不智之人辯慧懁給，不知所裁之，猶乘驥而或，不知所詣也」。懁，佞也，傳寫以「懁」誤爲「懷」，「乘」誤爲「棄」，「或」誤爲「式」，後人又於「式」上加「不」字，則文不成義矣。人閒篇「孫叔敖病且死」，「且」字因與「病」字相連，而誤爲「疽」，後人以下文「謂其子曰」云云，乃未死以前之事，故又於「死」上加「將」字，而不知「疽」爲「且」之誤，「且」即「將」也。有既誤而又妄删者。主術篇「堯、舜、禹、湯、文、武皆坦然南面而王天下焉」，藏本作「王皆坦然天下而南面焉」，顛倒不成文理，劉本又删去「王」字，則誤之又誤矣。人閒篇「或直於辭，而不周於事者；或虧於耳，以忤於心，而合於實者」，周亦合也，謂不合於事也，隸書「周」與「害」相似，故藏本「周」誤爲「害」，而劉績不達，遂於「害」上删「不」字矣。下文曰「此所謂直於辭而不周於事者也」，即承此文言之，傳寫誤爲「不用於事」，而後人又改爲「不可用」矣。有既脱而又妄加者。主術篇「是故十圍之木，持千鈞之屋；五寸之鍵，而制開闔」，藏本脱「而」字，劉績不能補正，又於「制開闔」下加「之門」二字矣。詮言篇「故中心常恬，漠不累其德」，累讀負累之累，傳寫脱去「不」字，後人又誤以「累」爲累積之累，遂於「累」下加「積」字矣。有既脱而又妄删者。天文篇「天地之偏氣，怒者爲風；天地之合氣，和者爲雨」，藏本上句脱「地」字，劉本又删去下句「天」字，則是以風屬天，雨屬地，其失甚矣。有既衍而又妄加者。氾論篇「履天子之籍，造劉氏之冠」，冠上誤衍「貌」字，後人遂於「籍」上加「圖」字，以與「貌冠」相對，而不知圖籍不可以言履也。有既衍而又妄删者。主術篇「主道員者，運轉而無端，化育如神，虚無因循，常後而不先也。臣道方者，論是而處當，爲事先倡，守職分明以立成功也」。藏本「臣道方者」作「臣道員者，運轉而無方者」，以上十字，藏本原文。其「員者運轉而無」六字，乃涉上文而衍，劉績又讀「臣道員者」爲句，「運轉而無方」爲句，而於方下删「者」字，則誤之又誤矣。有既誤而又改注文者。原道篇「夫蘋樹根於水」，高注「蘋，大萍也」，正文「蘋」字誤作「萍」，後人遂改注文之「蘋，大萍」，爲「萍，大蘋」，以從已誤之正文矣。有既誤而又增注文者。俶真篇「辯解連環，辭潤玉石」，高注「潤，澤也」，正文「辭」字涉注文而誤爲「澤」，後人又於注文「潤，澤也」上加一「澤」字，以從已誤之正文矣。精神篇「故覺而若眯，生而若死」，眯讀若米，高注「眯，厭也，楚人謂厭爲眯厭，即今『魘』字」，傳寫以「眯」誤作「昧」，後人誤讀爲暗昧之昧，而於注内遂加「暗也」二字矣。説山篇「人不小覺，不大迷」，高注「小覺不能通道，故大迷也」，兩「小覺」並誤爲「小學」，後人又於注文「小學」下加「不博」二字，以牽合正文矣。泰族篇「故因則大，作則細矣」，高注「能循則必大也，欲作則小矣」，古「作」字爲「乍」形，與「化」相似，因誤爲「化」，後人又於注文「欲作」上加「化而」二字矣。有既誤而又移注文者。地形篇曰「天地之間，九州八柱」，下文曰「八紘之外，乃有八極」，高注「八極，八方之極也」，正文「八柱」誤爲「八極」，而後人遂移「八極」之注於前，以從已誤之正文矣。道應篇「輪扁斲輪於堂下」，高注「輪扁，人名」，正文輪扁誤爲「輪人」，而後人遂移注文於下文「輪扁曰」云云之下矣。詮言篇「蘇秦善説而亡身」，高注「蘇秦死於齊也」，正文「亡身」誤爲「亡國」，後人又移注文於「亡」字之下「國」字之上，則是以「亡」字絶句，而以已誤之「國」字下屬爲句，其失甚矣。有既改而又改注文者。原道篇「干、越生葛絺」，高注「干，吴也」，劉本改「干、越」爲「于越」，并改高注，而不知「于」之不可訓爲「吴」也。「九疑之南，民人劗髮文身，以象鱗蟲」，劗讀若鑽，又讀若櫕，高注「劗，翦也」，後人不識劗字，遂改「劗髮」爲「被髮」，并改高注，而不知被之不可訓爲翦也。「聖人處之，不爲愁悴怨慰」，怨讀爲苑，苑、慰皆病也，故高注云「慰，病也」，後人改「怨慰」爲「怨懟」，并改高注，而不知「懟」之不可訓爲「病」也。地形篇「夸父耴耳」，高注「耴讀褶衣之褶」，後人改「耴耳」爲「耽耳」，并改高注，而不知「耽」之不可讀爲「褶」也。氾論篇「周棄作稼穡」，高注「周棄，后稷也」，後人改正文「周棄」爲「后稷」，又改注文爲「稷，周棄也」，斯爲謬矣。兵略篇「西包巴、蜀，東裹郯、邳」，高注

「巴、蜀、郯、邳，地名」，後人改「邳」爲「淮」，并改高注，而不知淮乃水名，非地名也。「伐樕棗而爲矜」，樕，而善反，高注「樕棗，酸棗也」，後人不識「樕」字，遂改「樕」爲「棘」，并改高注，而不知棘非酸棗也。有既改而復增注文者。道應篇「吾與汗漫期於九垓之上」，高注「九垓，九天也」，後人改「之上」爲「之外」，又於注文「九天」下加「之外」二字矣。詮言篇「三關交爭，以義爲制者，心也」，高注「三關謂食、視、聽」，後人改「三關」爲「三官」，又於注文「三關」上加「三官」二字，其失甚矣。有既改而復刪注文者。時則篇「迎歲於西郊」，高注「迎歲，迎秋也」，後人依月令改迎歲爲迎秋，又刪去注文矣。繆稱篇「甯戚擊牛角而歌，桓公舉以爲大田」，高注「大田，田官也」，後人改「大田」爲「大政」，又刪去注文矣。詮言篇「鼛無所監，謂之狂生」，高注「鼛，持也，所監者，非元德，故爲狂生。鼛，古『握』字也。」後人改鼛爲持，又改注文之「鼛，持也」爲「持無所監」，并刪去「鼛，古握字也」五字矣。泰族篇「故張瑟者小弦絙而大弦緩」，高注「絙，急也」，後人依文子改「絙」爲「急」，又刪去注文矣。有既脱且誤而又妄增者。人間篇「故帝亡其玄珠，使離朱攫剟索之」，攫，搏也，剟與掇同，拾也，故高注云「攫剟，善於搏拾物」，藏本正文脱「攫」字，注文作「剟搏善拾於物」，脱誤不成文理，劉績不達，乃於正文「剟」上加「捷」字，斯爲謬矣。有既誤且改而又改注文者。俶真篇「蓶扈炫煌」，高注「蓶讀曰唯，扈讀曰户」，藏本「蓶」誤作「藋」，「扈」誤作「蔰」，注文誤作「蔰，讀曰扈」，劉績不能釐正，又改「藋」爲「萑」，并改高注，而不知「萑」之不可讀爲「唯」也。「譬若周雲之蘢蓯，遼巢彭薄而爲雨」，高注「彭薄，蕰積貌也」，藏本「彭薄」誤爲「彭潪」，劉績又改爲「彭濞」，并改高注，而不知彭濞乃水聲，非雲氣蕰積之貌也。兵略篇「夫栝，淇衛箘簵，載以銀錫，雖有薄高之蟾，腐荷之櫓，然猶不能獨穿也」，高注「櫓，大盾也」，案腐荷之櫓不能穿，謂矢不能穿盾也，傳寫以「櫓」誤爲「矰」，矰即矢也，則義不可通，後人不知「矰」爲「櫓」之誤，乃改「不能獨穿」爲「不能獨射」，以牽合「矰」字，又改注文之「櫓，大盾也」爲「矰，猶矢也」，以牽合正文，甚矣其謬也。有既誤且衍而又妄加注釋者。兵略篇「發如猋風，疾如駭電」，駭下衍「龍」字，「電」字又誤作「當」，後人遂讀「疾如駭龍」爲句，而以「當」字屬下讀，且於「駭龍」下妄加注釋矣。若夫入韻之字，或有譌脱，或經妄改，則其韻遂亡，故有因字誤而失其韻者。原道篇「中能得之，則外能牧之」，「牧」與「得」爲韻，高注「牧，養也」，各本誤「牧」作「收」，注文又誤作「不養也」，則既失其義，而又失其韻矣。俶真篇「茫茫沆沆，是謂大治」，沆，胡朗反，高注「茫讀王莽之莽，沆讀水出沆沆正〔一〕白之沆」，茫茫沆沆疊韻也，各本作「茫茫沈沈」則非疊韻矣。兵略篇「天化育而無形象，地生長而無計量，渾渾沆沆，孰知其藏」，渾渾沆沆，雙聲也，且沆與象、量、藏爲韻，各本作渾渾沉沉，則既非雙聲，而又失其韻矣。天文篇「秋分雷臧，蟄蟲北鄉」，「臧」古「藏」字，與鄉爲韻，各本「臧」誤作「戒」，則既失其義，而又失其韻矣。覽冥篇「臥倨倨，興旴旴」，「旴」即「盱」字，高注「旴旴然視，無智巧貌也。」旴旴與倨倨爲韻，各本「旴旴」作「眄眄」，則既失其義，而又失其韻矣。齊俗篇「夫明鏡便於照形，其於以承食不如竹箅」，承讀爲烝，謂烝飯也，箅，博計反，竹箅所以蔽甑底也，箅與蜧爲韻，各本「承」誤作「函」，「箅」誤作「簞」，又脱「竹」字，則既失其義，而

〔一〕「正」，原脱，據淮南子俶真篇高注補。

又失其韻矣。道應篇「西窮窅冥之黨，東關鴻濛之光」，關，讀曰貫，鴻濛之光謂日光也，東方爲日所出，故曰東貫鴻濛之光，光與鄉爲韻，藏本「關」誤作「開」，各本「光」字又誤作「先」，則既失其義，而又失其韻矣。「於是乃去其瞀而載之术，解其劍而帶之笏」，高注「术，鷸鳥冠也」，知天文者冠鷸，术即鷸之借字，與笏爲韻，各本「术」誤作「木」，注文「鷸」字又誤作「鶩」，則既失其義，而又失其韻矣。詮言篇「動有章則訶，行有迹則議」，訶謂相譏訶也，訶與議爲韻，隸書「訶」字或作「訶」，因誤而爲「詞」，則既失其義，而又失其韻矣。「大寒地坼水凝，火弗爲衰其熱，大暑爍石流金，火弗爲益其烈」，熱與烈爲韻，各本熱暑二字互誤，則既失其義，而又失其韻矣。兵略篇「是謂至旍，窈窈冥冥，孰知其情」，旍即旌旗之旌，旌與精古字通，至旌者，至精也，旌與冥、情爲韻，各本「旍」誤爲「於」，則既失其義，而又失其韻矣。說山篇「髡屯犂牛，既科以橢」，橢，他果反，與羈、犧、河爲韻，高注云「科無角，橢無尾」，俗從牛作「犐、犞」，又誤而爲「犐、㸰」，則失其韻矣。有因字脱而失其韻者。原道篇「故矢不若繳，繳不若網，網不若無形之像」，網與像爲韻，各本「繳不若」下脱去四字，則既失其義，而又失其韻矣。兵略篇「同欲相趨，同惡相助」，同欲、同惡相對爲文，欲、趨爲韻，惡、助爲韻，各本同欲下脱「相趨」二字，「相助」上脱「同惡」二字，則既失其義，而又失其韻矣。有因字倒而失其韻者。原道篇「游微霧，鶩忽怳」，怳與往、景、上爲韻，各本作「怳忽」，則失其韻矣。「蟠委錯紾，與萬物終始」，始與右爲韻，各本作「始終」，則失其韻矣。俶真篇「馳於外方，休乎內宇」，宇與野、圄、雨、父、女爲韻，各本作「宇內」，則失其韻矣。天文篇「閉關梁，決罰刑」，刑與城爲韻，各本作「刑罰」，則失其韻矣。精神篇「視珍寶珠玉猶礫石也」，石與客、魄爲韻，各本作「石礫」，則失其韻矣。兵略篇「不可制迫也，不可量度也」，度與迫爲韻，各本作「度量」，則失其韻矣。人間篇「蠹啄剖柱梁，蟁蝱走牛羊」，梁與羊爲韻，各本作「梁柱」，則失其韻矣。有因句倒而失其韻者。脩務篇「契生於卵，啟生於石」，石與射爲韻，各本「啟生於石」在「契生於卵」之上，則失其韻矣。有句倒而又移注文者。本經篇「直道夷險，接徑歷遠」，遠與垣、連、山、患爲韻，高注云「道之阸者，正直之夷平也，接，疾也，徑，行也」，傳寫者以「直道」二句上下互易則失其韻，而後人又互易注文以從之，文選謝惠連秋懷詩注引淮南亦如此，則唐時本已誤矣。有錯簡而失其韻者。說山篇「山有猛獸，林木爲之不斬；園有螫蟲，藜藿爲之不采；故國有賢臣，折衝千里」，此言國有賢臣，則敵國不敢加兵，亦如山之有猛獸，園之有螫蟲也，各本「故國有賢臣」二句錯簡在下文「形勢則神亂」之下，與此相隔甚遠，而脈絡遂不可尋，且「里」與「采」爲韻，錯簡在後，則失其韻矣。有改字而失其韻者。原道篇「四時爲馬，陰陽爲騶」，高注「騶，御也」，騶與俱、區、驟爲韻，後人依文子改「騶」爲「御」，則失其韻矣。天文篇「正月指寅，十一月指子，一歲而帀，終而復始」，指寅者，顓頊麻所起也，至丑而一帀；指子者，殷麻所起也，至亥而一帀，故指寅指子皆一歲而帀，且子與始爲韻，後人改十一月指子爲十二月指丑，則既失其義，而又失其韻矣。精神篇「靜則與陰合德，動則與陽同波」，波與化爲韻，後人依原道篇改爲「靜則與陰俱閉，動則與陽俱開」，則失其韻矣。氾論篇「其德生而不殺，予而不奪」，殺與奪爲韻，後人改殺爲辱，則既失其義，而又失其韻矣。「聖人乃作，爲之築土構木，以爲室屋」，此二句以木、屋爲韻，下三句以宇、雨、暑爲韻，後人多聞宮室，寡聞室屋，而改「室屋」爲「宮室」，則失其韻矣。詮言篇「故不爲好，不避醜，遵天之道，不爲始，不專己，循天之理」，好、醜、道爲韻，始、己、理爲韻，後人依文子改「好」爲「善」，則失其韻矣。泰族篇「四海之内，一心同歸，背貪鄙而向仁義」，義與和、隨、靡爲韻，後人改「仁義」爲「義理」，則失其韻矣。有改字以合韻而實非韻者。道應篇「攝女知，正女度，神將來舍，德將爲若美，而道將爲女居，惷乎若新生之犢，而無求其故」，此以度、舍、居、故爲韻，後人不知「舍」字之入韻，而改「德將爲」三字爲「德將來附」，以與度爲韻，則下文「若美」二字文不成義矣，且古音度在御部，附在候部，附與度非韻也。有改字以合韻而反失其韻者。説林篇「無鄉之社，易爲肉黍；無國之稷，易爲求福」，社、黍爲韻，稷、福爲韻，後人不識古音，乃改「肉黍」爲「黍肉」，以與「福」爲韻，而不知「福」字古讀若「偪」，不與「肉」爲韻也。「槁竹有火，弗鑽不爇；土中有水，弗掘不出」，爇與然同，此以水與火隔句爲韻，而鑽與爇，掘與出，則於句中各自爲韻，後人不達，而改「弗掘不出」爲「弗掘無泉」，以與「爇」爲韻，則反失其韻矣。有改字而失其韻，又改注文者。精神篇「五味亂口，使口厲爽」，高注「厲爽，病傷滋味也」，此是訓厲爲病，訓爽爲傷，「爽」字古讀若「霜」，與明、聰、揚爲韻，後人不知，而改「厲爽」爲「爽傷」，又改注文之「厲爽」爲「爽病」，甚矣其謬也。説林篇「繡以爲裳則宜，以爲冠則議」，高注「議，人議非之也」，「宜、議」二字古音皆在歌部，後人不知，遂改「議」爲「譏」，以與「宜」爲韻，并改高注，而不知「宜」字古讀若「俄」，不與「譏」爲韻也。有改字而失其韻，又删注文者。要略曰「一羣生之短脩，同九夷之風采」，高注「風，俗也；采，事也」，采與理、始爲韻，後人改「風采」爲「風氣」，并删去注文，則既失其義，而又失其韻矣。有加字而失其韻者。泰族篇「至治寬裕，故下不賊，至中復素，故民無匿賊害也」，言政寬則不爲民害也，匿讀爲慝，謂民無姦慝也，匿與賊爲韻，後人於賊上加「相」字，匿下加「情」字，則既失其義，而又失其韻矣。有句讀誤而又加字以失其韻者。要略曰：「精神者，所以原本人之所由生，而曉寤其形骸九竅，取象於天，句。合同其血氣，句。與雷霆風雨，句。比類其喜怒，句。與晝宵寒暑」，句。與者，如也，言血氣之相從如雷霆風雨，喜怒之相反如晝宵寒暑也，暑與雨、怒爲韻，後人不知「與」之訓爲「如」，而讀「與雷霆風雨比類」爲句，遂於「與晝宵寒暑」下加「並明」二字以對之，則既失其句而又失其韻矣。有既誤且脱，而失其韻者。泰族篇「神農之初作琴也，以歸神杜淫，反其天心，及其衰也，流而不反，淫而好色，至於亡國。」淫、心爲韻，色、國爲韻，各本作「神農之初作琴也，以歸神，及其淫也，反其天心」，錯謬不成文理，又脱去「及其衰也」以下十六字，則既失其義，而又失其韻矣。有既誤且倒而失其韻者。泰族篇「天地所包，陰陽所嘔，雨露所濡，以生萬殊，翡翠瑇瑁，瑤碧玉珠，文彩明朗，潤澤若濡，摩而不玩，久而不渝」，嘔、濡、殊、珠、濡、渝爲韻，藏本「雨露所濡，以生萬殊」，誤作「雨露所以濡生萬物」，「瑤碧玉珠」又誤在「翡翠瑇瑁」之上，則既失其句，而又失其韻矣。有既誤且改而失其韻者。覽冥篇「田無立禾，路無薠莎，金積折廉，璧襲無嬴」，嬴，璧文也，與禾、莎爲韻，「薠莎」誤爲「莎薠」，後人又改「嬴」爲「理」，則失其韻矣。道應篇「此其下無地而上無天，聽焉無聞，視焉則眴」，眴讀曰眩，與天爲韻，藏本「則眴」誤作「無眴」，朱本又改「眴」爲「矚」，則既失其義，而又失其韻矣。有既誤而又加字以失其韻者。説林篇「予溺者，金玉不若尋常之纆」，纆讀若墨，索也，纆與佩、富爲韻，「纆」誤爲「纏」，後人又於「纏」下加「索」字，則既失其義，而又失其韻矣。有既脱而又加字以失其韻者。説山篇「詹公之釣，得千歲之鯉」，鯉與止、喜爲韻，「千歲之鯉」上脱「得」字，則文不成義，後人不解其故，而於「千歲之鯉」下加「不能避」三字，則失其韻矣。脩務篇「蘇援世事，分别白黑」，黑與福、則爲韻，「分」下脱「别」字，遂不成句，後人又於「黑」下加「利害」二字，而以「分白黑利害」爲句，則既失其句，而又失其韻矣。以上六十四事，略舉其端，以見例，其餘則遽數之不能終也。其有譌謬太甚，必須詳説者，具見於本條下，兹不更録，以省繁文。若人所易曉者，則略而不論。嗟乎！學者讀古人書，而不能正其傳寫之誤，又取不誤之文而妄改之，豈非古書之大不幸乎？至近日武進莊氏所刊藏本，實非其舊，其藏本是而各本非者，多改從各本，其藏本與各本同誤者，一槩不能釐正。更有未曉文義，而輒行删改，及妄生異説者，並見各條下。竊恐學者誤以爲藏本而從之，則新刻行而舊本愈微，故不得不辯。高注囊括六蓺，旁通百家，訓詁既詳，音讀尤審，急氣緩氣，閉口籠口，諸法實足補前人所未備。然瑜不揜瑕，亦時有千慮之一失。若原道篇「精通於靈府，與造化者爲人」，人者，偶也，說見本條下，後皆放此。言與造化者爲偶也，高注訓「爲」爲「治」，則誤以人爲人民之人矣。俶真篇「人莫鑑於沫雨，而鑑於止水者，以其靜也」，沫雨乃流雨之誤，流雨與止水相對爲文，而高注乃以沫雨爲雨潦上覆甌矣。「孔、墨之弟子，皆以仁義之術教導於世，然而不免於傴，句。身猶不能行也，又況所教乎」，傴，疲也，謂躬行仁義而不免於疲也，高以「傴身」二字連讀，而釋之云「傴身，身不見用，傴傴然也」，則下文「猶不能行也」五字文不成義矣。時則篇「夏行冬令格」，格讀曰落，謂草木零落也，而高注乃讀爲庋閣之閣，謂恩澤不下流矣。覽冥篇「夫瞽師庶女，位賤尚菒尚主也」，菒即麻枲之枲，尚枲即周官之典枲，言典枲爲賤官，而瞽師、庶女又賤於典臬也，而高注乃以某爲臬耳矣。「故東風至而酒湛溢」，湛讀曰淫，酒淫溢者，東風至而酒爲之加長也，而高乃以「酒湛」二字連讀，而訓爲清酒矣。「大衝車，高重壘」，衝車所以攻，重壘所以守也，而高注乃以重壘爲京觀矣。「厮徒馬圉，輣車奉饟，道路遼遠，霜雪亟集，短褐不完，人羸車弊，泥塗至膝，相攜於道，奮首於路，身枕格而死」，格，胡客反，輓車之横木也，謂困極而仆身，枕輓車之木而死也，高注以格爲搒牀，則與上文全不相屬矣。本經篇「德交歸焉，而莫之充忍也」，充忍即充牣，牣，滿也，德交歸焉，而莫之充滿，所謂大盈若虛也，高乃以「忍也」二字別爲句，而訓忍爲不忍矣。「木巧之飾，盤紆刻儼，羸鏤雕琢，詭文回波，淌游瀷減，菱杼紾抱」，菱、杼皆水草也，杼讀曰芧，謂三棱也，畫爲菱芧，在水波之中，故曰「淌游瀷減，菱杼紾抱」，高注以杼爲采實，采實即橡栗，斯與菱不類矣。繆稱篇「故唱而不和，意而不戴，中心必有不合者也」，戴讀曰載，載，行也，言上有其意而不行於下者，誠不足以動之也，故下文曰「上意而民載，誠中者也」，高訓意爲恚聲，戴爲嗟，則與下文不合矣。道應篇「相天下之馬者，若滅若失，句。若亡其一，句。若此馬者，絶塵弭徹」，高以「若亡」絶句，則「其一」二字上下無所屬矣。「此筦子所謂鳥飛而準繩者」，各本誤作「此所謂筦子梟飛而維繩者」，「準」字俗書作准，因誤而爲維，高注云「從下繩維之」，則所見本已誤爲維矣。氾論篇「昔者齊簡公釋其國家之柄，而專任大臣將相，句。攝威擅勢，私門成黨，而公道不行」，相與柄、黨、行爲韻，高讀「大臣」絶句，而以「將相」屬下讀，則句法參差，而又失其韻矣。詮言篇「周公殽腝不收於前，鍾鼓不解於縣」，腝，奴低反，有骨醢也，殽，俎實也，腝，豆實也，殽、腝、鍾、鼓皆各爲一物，隸書從耎從需之字多相亂，故「腝」誤爲「臑」，而高注遂以臑爲前肩矣。

說山篇「文公棄荏席，句。後黴黑」，黴黑謂面黑之人也。「棄荏席」一事，「後黴黑」又一事，高乃以六字連讀，而釋之云「棄其卧席之下黴黑者」矣。修務篇説堯、舜、禹、文王、皋陶、契、啟、史皇、羿九人，而總謂之九賢，又謂堯、舜、禹、文王、皋陶爲五聖，契、啟、史皇、羿爲四俊，文義本自明了，祇因「啟生於石」，高本誤作「禹生於石」，遂爲之注云「禹母脩己感石而生禹」，而徧考諸書，皆無禹生於石之事，且九賢之内無啟，則祇有八賢，而四俊祇有三俊矣，乃又據上文之神農、堯、舜、禹、湯，而以湯入五聖，又據上文后稷之智，而以稷入四俊，不知彼此各不相蒙也。凡若此者，皆三復本書，而申明其義，不敢爲苟同，亦庶幾土壤之增喬嶽，細流之益洪河云爾。

清儒學案卷一百一

石臞學案下

文集

段若膺説文解字注叙

説文之爲書，以文字而兼聲音訓詁者也。凡許氏形聲讀若，皆與古音相準，或爲古之正音，或爲古之合音，方以類聚，物以羣分，循而考之，各有條理。不得其遠近分合之故，則或執今音以疑古音，或執古之正音以疑古之合音，而聲音之學晦矣。説文之訓，首列製字之本意，而亦不廢假借。凡言「一曰」，及所引經，類多有之，蓋以廣異聞，備多識，而不限於一隅也。不明乎假借之指，則或據説文本字以改書傳假借之字，或據説文引經假借之字以改經之本字，而訓詁之學晦矣。吾友段氏若膺，於古音之條理，察之精，剖之密，嘗爲六書音均表，立十七部以綜覈之，因是爲説文注，形聲讀若，一以十七部之遠近分合求之，而聲音之道大明。於許氏之説，正義，借義，知其典要，觀其會通，而引經與今本異者，不以本字廢借字，不以借字易本字，揆諸經義，例以本書，若合符節，而訓詁之道大明。訓詁聲音明而小學明，小學明而經學明，蓋千七百年來無此作矣。若夫辨點畫之正俗，察篆隸之繁省，沾沾自謂得之，而於轉注假借之通例，茫乎未之有聞，是知有文字而不知有聲音訓詁也。其視若膺之學，淺深相去爲何如耶？余交若膺久，知若膺深，而又皆從事於小學，故敢舉其犖犖大者，以告綴學之士云。

書錢氏答問說地字音後

錢氏答問曰：「問：顧氏謂古音地如沱，詩『載寢之地』與瓦韻，不與裼韻，且引易繫辭『俯則觀法於地』與宜韻以證之，其說信否？曰：顧氏之說出於陳第，第所據者惟楚辭橘頌，亦未敢改詩音以就楚音也。經典讀『地』字，大率與今音不異，易明夷上六『不明晦，初登于天，後入于地』，此以地韻晦也。繫辭云：『廣大配天地，變通配四時，陰陽之義配日月，易簡之善配至德。』又云：『知崇禮卑，崇效天，卑法地。』一與時韻，一與卑韻，顧氏皆棄不取，獨引『仰觀俯察』四句，以謬成己說。愚謂此四句本非韻，即以韻求之，又烏知不與物、卦相協乎？籀文地作墬，从隊不從也。墬之爲地，蓋起於春秋以後，近取楚辭以遠繩詩、易，吾知其必不然也。許叔重說文雖以地爲正字，仍兼取籀文，漢碑亦多用墬。元命苞云『地者易也』，釋名『地，底也，諦也』，皆不從也聲之音。秦始皇本紀琅邪刻石文，以地與帝、懈、辟、易韻。淮南原道訓『一之理，施四海；一之解，際天地』，太史公自序『維昔黃帝法天則地』，漢書丙吉傳

『西〔一〕曹地忍之』，亦讀地爲第也。顧氏謂司馬相如子虛賦始讀爲徒二反者，誤」。

念孫案：顧説是，錢説非也。凡字從也聲者，古皆在歌部，故池、馳、他、施、扡五字見於詩者，皆如歌部之音，地亦猶是也。「載寢之地，載衣之裼，載弄之瓦」，三句連文，而句法相同，不可分爲二韻，猶上章言「載寢之牀，載衣之裳，載弄之璋」也。故上章以牀、裳、璋、喤、皇、王爲韻，此章以地、裼、瓦、儀、議、罹爲韻。裼，他計反，於古音屬支部，支歌二部之音最相近，故古或通用。若楚辭九歌：「悲莫悲兮生别離，離，古讀若羅。樂莫樂兮新相知。」大招：「嫭脩滂浩，麗以佳只。曾頰倚耳，曲眉規只。滂心綽態，姣麗施只。施，古讀若莎。小要秀頸，若鮮卑只。魂乎歸來，恩怨移只。」移，古讀弋多反。逸周書周祝篇：「葉之美也，離其柯；柯之美也，離其枝。」管子内業篇：「彼道不離，民因以知。」莊子馬蹄篇：「同乎無知，其德不離。」韓子外儲説下篇引申子：「慎而言也，人且知女；慎而行也，人且隨女。」隨，古音曰禾反。皆以支歌通用。顧謂裼不與地協，非也。而讀地如沱，則是也。若讀地如今音，以子、裼韻，而以瓦、儀、議、罹别爲一部，則既失本章之句法，又與上章之例相左矣。易之繫辭自「古者包犧氏之王天下也」以下，每多用韻之文，則「仰則觀象於天」以下四句，自當有韻，何得以爲非韻乎？且地與宜相隔不遠，自當讀地如沱，以與宜韻。宜，古讀若俄。乃讀地如今音，而不與宜韻，且遠隔三句，而與物、卦爲韻，吾知其必不然也。錢氏誤讀詩、易，反謂顧氏近取楚辭，以遠繩詩、易，傎矣。

〔一〕「西」，原作「而」，形近而譌，據漢書丙吉傳改。

錢又引明夷上六地與晦韻，繫辭「地」字一與時韻，一與卑韻，以證今音之不誤。案：「地」於古音屬歌部，「晦、時」二字於古音屬之部，歌部之音，何能與之部通？「知崇禮卑」三句，亦非用韻之文。錢既誤讀詩、易，又取易之不用韻者强以爲韻，不亦誣乎？錢又引籀文地作墬，說見下條。又元命苞、釋名、秦刻石文、淮南内篇、司馬相如子虛賦、史記、漢書爲證。案：讀地如今音者，實自秦刻石文始，而淮南以下皆沿其誤。然秦碑漢賦不在詩、易之前，奈何取秦、漢以遠繩詩、易乎？至秦碑以地與帝、懈、辟、易韻，淮南以地與解韻，案：原道訓「一之理，施四海；一之解，際天地」，此以理、海爲一韻，解、地爲一韻，非以理、海、解、地通爲一韻。子虛賦以地與繫韻，史記以地與帝韻，元命苞訓地爲易，於古音皆屬支部，不屬脂部，支歌二部之音相近，脂則遠矣。至漢書讀地如第，釋名訓地爲底，第爲脂之去聲，底爲脂部之上聲，則「地」字始讀入脂部。玉篇「地，題利反」，廣韻收入六至，皆是脂部之去聲，此誤之又誤也。而錢氏不能區別，概引爲證，且引明夷上六及繫辭爲證，則歌部之字竟與之部通矣。蓋錢氏於支、脂、之三部之界未能了了，故所引多謬也。

且地之讀如沱，不獨詩、易、楚辭也。禮運云：「命降於社之謂殽地，降於祖廟之謂仁義，降於山川之謂興作，降於五祀之謂制度，此聖人所以藏身之固也。」地、義爲韻，義，古讀若俄。作、度、固爲韻。廣韻作又音臧詐切。大戴禮五帝德篇「養材以任地，履時以象天，依鬼神以制義，治氣以教民」，地、義爲韻，天、民爲韻。逸周書武寤篇「王赫奮烈，八方咸發，高城若地，商庶若化」，烈、發爲韻，地、化爲韻。化，古讀貨平聲。管子五行篇「故通乎陽氣，所以事天也，經緯日月，用之於民；通乎氣，所以事地也，經緯星厤，以視其離」，天、民爲韻，地、離爲韻。離，古讀如羅。「地」字皆讀如沱。楚辭天問「啟棘賓商，九辯九歌，何勤子屠母，而死分竟地」，「地」字亦讀如沱。又不獨橘頌一篇也。以上諸條，皆在秦碑之前，而錢氏皆不取者，有所嫌而諱之耳。又子虛賦雖讀地如今音，而上林云「其北則盛夏含凍裂地，涉冰揭河，其獸則麒麟角端，騊駼橐駝，蛩蛩驒騱，駃騠驢贏」，則又讀地如沱。錢氏引子虛而不引上林，亦諱之耳。漢人之讀地如沱者，尚不止此，唐韻正所載已詳，今不具録。

又案：説文「地」字解云：「从土也聲。」「墬」字解云：「籒文地，从土、𨸏，彖聲。」小徐本如是。大徐本作「籒文地，从隊」，非。彖於古音屬元部，也於古音屬歌部，元、歌二部之字古聲相近，故諸字亦相通。説文「萑」从「萑」聲而萑讀如「和」，「閔」从「戈」聲而讀如「縣」，「戌」从「戈」聲而讀如「環」。「儺」从「難」聲。「譒」、「播」、「鄱」、「磻」並从「番」聲。「𪇰」从「難」省聲，讀若「受福不那」。「媻」从「般」聲，引詩「市也媻娑」，今詩作「婆娑」。故原聲屬元部，而詩「南方之原」與差、麻、娑韻。東門之枌。難聲屬元部，而「不戁不難」與那韻，桑扈。「其葉有難」與阿、何韻。隰桑。此皆元、歌相通之證也。元、歌相通，則「墬」之从「彖」聲，猶「地」之从「也」聲也，然則地之本在歌部明矣，何反引籒文之墬以證徒二之音乎？

又案：説文全書之例，凡小篆與古文異者，則首列小篆，而次列古文；其小篆與古文同者，則但列小篆，而不列古文，以小篆即古文也。若此者凡十之八九，其與古文異者，不過一二而已。故説文「天、地」二字皆無古文，非無古文也，以小篆即古文也。惟籒文作墬字，與古文不同，説文敘云：「宣王大史籒著大篆十五篇，與古文或異。」其作地者，則小篆之同於古文者也。不然，豈孔壁古文竟無「天地」二字乎？錢氏未達此旨，又以地从也聲，與已說不合，遂以墬爲古字，地爲今字，且云「墬之爲地，殆起於春秋已後」，此說不知何據？信如前說，則必取經中「地」字盡改爲墬而後可，豈其然乎！

六書音均表書後

六書音均表敄聲在第三部，此部爲陸韻。平聲：尤、幽。上聲：有、黝。去聲：宥、幼。入聲：屋、沃、燭、覺。某案：敄聲似當在第四部。此部爲陸韻。平聲：侯。上聲：厚。去聲：候。務從敄聲，而詩「外禦其務」，左傳作「禦其侮」；檀弓「公叔禺人」即務人；逸周書程典篇以務與寇、候爲韻，又與趣爲韻；吕氏春秋音律篇以務與聚爲韻；太玄「務次五」以務與緰爲韻，「務測事測」以務與趣爲韻；淮南子要略以脩、務、泰、族爲韻；左傳「莒公子務婁」以務、婁爲疊韻；史記天官書以霧與濡、趨爲韻。霧從務聲。鶩從敄聲，而淮南子兵略篇以鶩與慮、鬭、懼爲韻。慮在第五部，與第四部字合韻。鍪從敄聲，而急就篇以鍪與鉤、鍭、投爲韻。瞀從敄聲，而荀子儒效篇以傋、瞀爲疊韻；漢書五行志以傋、霿爲疊韻。霿從雺聲。愗從敄聲，而楚辭九辯以怐、愗爲疊韻。所與敄聲之字通借及爲韻者，皆弟四部字也，以是明之。

重修古今韻略凡例

一、韻略曰：「韻府止收八千八百餘字，校集韻僅十之二，廣韻僅十之四，校劉、黄韻亦僅四之三，其閒闕略牴牾蓋亦不尠矣。因取經史中字可備採擇者，每韻增收數字或十餘字，隨音押入，而刪正其譌複六十九字。及今攷之，則誤增者十之三，闕增者十之九，妄刪者十之二，失刪者十之一，悉正之。

一、字不當增者，如雝或作雍，趺本作跗，蹏或作蹄，谿或作溪，皆形異而義同。今將雍、跗等字增入，而小變其注以惑人，是複矣，所謂誤增十之三也。

一、字之當增者，如支韻之內，凡經史中字如窺、錘、摛、隋之類，失收者至八十餘，所謂當增者十之九也。

一、字不當刪者，如「委委佗佗」之委，「周道倭遲」之倭，「漆、沮之從」之沮，今并斥爲譌複而去之，所謂妄刪者十之二也。

一、字之當刪者，如䑴或作艟，濃或作⿱雨農，霹俗作⿱雨斯之類，今直與䑴、濃等字並列，所謂失刪者十之一也。

一、韻略曰：「注釋譌者正之，略者補之，敢於今本云有微長。」今考其注，則譌者十之五，闕者十之六，悉正之。

一、注之譌者，如東韻中：朦，月朦朧也，字從月；朦，方言大也，字從肉，今於朦朧字混加「又方言大皃」五字。筒，竹名也；筩，斷竹也，二字絕不相蒙，今於筒注中妄加「一作筩」三字。侗，徒東切，音同，侗，童蒙也；又他東切，音通，大皃，今於他東切注中複加「又倥侗」三字。穜在鍾均，即黍稷重穋之重，其支音入東均，音同，今「亦作重」三字混入東韻「穜」字注中。⿱艹叢一作⿱艹䔒，今「一作⿱艹䔒」三字混入「叢」字注中。篷，方言曰「車枸簍，南楚之外謂之篷篨，織竹編箬，以覆舟也」，今於「篷」字下混加「編竹覆舟車者一作艂」。又躬，說文本作船，從身從吕，吕象人脊骨之形，今反曰「一作船」。叢俗作藂，今反曰「一作藂」。悤一作怱，今反曰「俗作怱」。又爾雅「爞爞、炎炎，薰也」，今引爾雅脱卻「炎炎」字。史記「甸甸如畏然」，今引史記脱卻「然」字。相如賦「深山之谾谾」，今引相如賦脱卻「之」字。又其字例曰：「注中或作某字，凡加圈者異義，可分押。」按「或作」之字，如果異義，即當收入韻字正數之内。否則形雖異而意義實同，如同或作仝，幏或作幪，艐隸作䐐之類，一字轉寫，了無區别，而其注復自相矛盾，一韻之中支離舛錯，不可悉數，所謂譌者十之五也。

一、注之闕者，如東韻之中：考，說文注中本訓蒙，王女也。矇，童蒙也，夢不明也。同，合會也；中，和也；衷，裏褻衣也；忠，敬也；沖，涌摇也；穹，窮也；豵，生六月豚也；稯，布八十縷爲稯；終，絿絲也；充，長也，高也；螉，蟲在牛馬皮者。一韻中凡十四條，皆係制字本義，而概不收入，其餘義之失收者，乃倍之，所謂闕者十之六也。

一、韻略曰：「古時字少，往往借用，故六經子史兩漢諸子中通作之字最多。俗本不援出處，本文僅臚或作某，又作某某字，翻令覽者眩瞀。是刻於通作之字斷引原書，令有據依；其有字而無考證者，多從删；或一字而數易者，注某書作某字，某書作某某字，以廣參稽，亦讀書識字之一助也。」按「或作」、「通作」義各不同。「或作」者，形體雖易，本屬一字，如東韻恫或作痌，艟或作艟之類也。「通作」者，顯屬二字，偶爾借用，如東韻僮通作童，功通作紅之類也。「或作」者，於六書之義各有所取，必强爲牽合，而字之本義反亂；「通作」者，於六書之義一無所取，必詳爲解釋，而此字之義始明。且今觀「或作」之字，如東韻風或作飌，豐或作豑，豅或作谾，癃或作瘥之類，考之舊注，亦未嘗有所援据，引以相證，是自相矛盾矣。又曰「無考證者多從删」，則又見聞不廣之故也。故余於「或作」之字必明徵出處，以爲證據；而「通作」之字則但云「通作某」而已，以字各有訓，實難假借也。

闕去兩聲各義之説，舊注一概不用。

偏旁必有本字，而失去者補之，如屋部「录」字之類。

致陳碩甫書

前者蒙賜教言，備承惓惓，並不憚芻蕘下詢，何好學之勤抑至於此！垂問毛詩故訓傳，欲爲釐正，是所託已尊，屢讀大著，條示俱極精審，洵非鹵莽者可以從事。亦思兼治丁氏集韻，以考古人音讀，漢、魏後之音轉、音變，足徵用意之勞。愚竊以爲集韻當先治其紕繆處，如「許九」譌爲「許元」之類，表而出之，則廓清之功已甚偉矣。奉到繭紙二幅，僅書毛傳、丁韻鄙著六條，録呈左右，并求教正。

鄭風女曰雞鳴篇「宜言飲酒」，箋曰：「宜乎我燕樂賓客而飲酒。」正義曰：「宜乎者，謂閒暇無事，宜與賓客燕，與上宜肴別也。」念孫案：此承上「宜之」而言，宜亦當訓爲肴，猶「弋言加之」，承上「弋鳧與雁」而言也，不當上下異訓。毛於上「宜」字訓爲肴，則此「宜」字亦爲肴可知。爾雅「宜，肴也」，李巡曰「宜，飲酒之肴」，是「宜言飲酒」之宜，訓爲肴矣。蓋毛詩説本如是，當從李巡。

念孫案：小雅正月篇：「哿矣富人，哀此惸獨。」哿與哀對文，哀者憂悲，哿者歡樂也。言樂矣，彼有屋之富人；悲哉，此無祿之惸獨也。雨無正篇：「哀哉不能言，匪舌是出，維躬是瘁；哿矣能言，巧言如流，俾躬處休。」哀與哿亦對文，言悲哉不能言之人，其身困瘁；樂矣能言之人，身處於安也。哿、嘉俱以加爲聲，而其義相近。禮運「以嘉魂魄」，鄭注曰：「嘉，樂也。」王肅注家語問禮篇曰：「嘉，善樂也。」大雅假樂篇「假樂君子」，中庸引作「嘉樂」，是嘉與樂同義。哿之爲言猶嘉耳，故昭八年左傳引詩「哿矣能言」，杜注曰：「哿，嘉也。」毛傳訓哿爲可，可亦快意愜心之稱，廣雅曰：「厭、愜、哿，可也。」故箋曰：「富人已可，惸獨將困。」宋岳珂本七經孟子考文所引古本及宋板，並作「富人已可」，明監本「已」字始作猶，淺學人改之也。正義曰「可矣富人，猶有財貨以供之」，失傳、箋之意矣。

念孫案：北山篇「我從事獨賢」，孟子萬章篇引此而釋之曰：「此莫非王事，我獨賢勞也。」賢亦勞也，賢勞猶言劬勞，故毛傳曰：「賢，勞也。」鹽鐵論地廣篇亦曰：「詩云『莫非王事，而我獨勞』，刺不均也。」鄭箋、趙注並以賢爲賢才，失其義矣。

山海經東山經：「北號之山有鳥焉，其狀如雞而白首，鼠足而虎爪，其名曰鬿雀，食人。」楚辭天問：「鬿堆焉處？」王注曰：「鬿堆，奇獸也，鬿一本作魁。」念孫案：東山經鬿雀、天問之鬿堆，皆魁堆之譌。魁堆疊韻也，凡地之高出者謂之魁堆。周語「魁陵糞土溝瀆」，史記正義引賈逵注曰「小阜曰魁」，說文「自，小阜也」，自與堆同，合言之則曰魁堆。楚辭九歎「陵魁堆以蔽視兮」，王注曰「魁堆，高貌」是也。鳥獸之奇出於衆者，亦謂之魁堆，東山經、天問所云是也。凡字從斗者，古或作斤，故魁字或作鬿，偏旁與斤相似，遂譌而爲鬿。漢楊君石門頌「奉魁承杓」，魁字作鬿。爾雅釋木「魁瘣」，釋文「魁字亦作鬿」，天問之「鬿堆」，一本作魁堆；九歎之「魁堆」，一本作鬿堆，皆其證也。墨子備穴篇「罌容三十斗以上」，今本斗作斤。說文「秅」字注「周禮二百四十斗爲秉」，今本斗作斤。此皆斗之譌爲斤者也。說卦傳「爲科上槁」，釋文「科，虞作折」。爾雅「㪷謂之疀」，釋文㪷作斲。潛夫論志氏姓篇「己、秃、彭、董、妘、曹、斟、芈」，今本斟作斯。干禄字書曰：「科俗作折。」史記虞卿傳贊「虞卿料事揣情」，文選高祖功臣頌注引料作斷。淮陰侯傳「大王自料」，新序善謀篇料作斷。文選宋玉對楚王問：「豈能與之料天地之高哉？」新序雜事篇料作斷。蓋俗書料字作㪿，斷字作斷，二形相似，故料譌爲斷。此皆從斗之字之譌從斤者也。又九歎「訊九鬿與六神」，鬿一本作魁，亦當以作魁者爲是。王叔師以九魁爲北斗七星，即其證也。堆字或作嵟，又作崔，見說文及漢書溝洫志。「嵟」「崔」二字並與「雀」字相似，故魁堆譌而爲鬿雀。王叔師以魁堆爲奇獸，則字本作魁，而今本山海經注云「魁音祈」，則非景純之音，乃後人以意爲之者，故廣韻無「鬿」字，而集韻上平聲八微有「魁」字，渠希切，引山海經鬿雀爲證，則丁度等所見本已然矣。大廣益會玉篇六有「鬿」字，巨希切，星名，此又後人依俗本楚辭九歎附入者，非原書所有。

漢書揚雄傳甘泉賦「列宿乃施於上榮兮，日月纔經於柍桭」，服虔曰：「柍，中央也；桭，屋梠也。」師古：「柍音鞅。」今本鞅作央，考玉篇、廣韻、集韻、類篇「柍」字俱無央音。宋祁引蕭該音義「柍，於兩反」。李善文選注同。今據以訂正。念孫案：柍當作央，此因「桭」字而誤加木旁耳。桭與宸同，說文「宸，屋宇也」，即服注所謂「屋梠」，鄭注士喪禮曰：「宇，梠也。」即今人所謂屋檐，央桭謂半檐也。日月纔經於半檐，極言臺之高也。央桭與上榮對文，則央字不當作柍，服虔訓爲中央，則所見本必作央也。蕭該音於兩反，則所見本已譌作柍矣。西京賦曰：「消雰埃於中宸，集重陽之清澂。」彼言中宸，猶此言央桭，則央之不當作柍，益明矣。魏都賦「旅楹閑列，暉鑒柍桭」，張載曰：「柍，中央也。」則其字亦必作央。今作柍者，亦是傳寫之誤。説文「柍，柍梅也」，玉篇「於兩切」，則即爾雅所謂「時，英梅」者也，與央桭之義無涉。集韻「柍，屋中央也」，則爲俗本漢書所惑矣。

廣雅釋器：「皛，白也。」曹憲音「乎了」，又「乎灼反」。今本「乎灼」作「乎烱」。案：烱與灼草書相似，故「灼」字譌而爲烱。集韻「皛」字又音「户茗切」，引廣雅「皛，白也」。「户茗」與「乎烱」同音，則宋時廣雅本已誤。考説文「皛讀若皎」，與乎烱聲不近。今本廣雅皛音乎了、乎烱二反，乎了與乎烱聲亦不相近。故玉篇、廣韻「皛」字皆無乎烱之音。又攷玉篇「皛，乎了切，又乎灼切」，廣雅音即本於此，則「烱」字當爲「灼」字之譌。乎灼與乎了古聲相近，故字之從勺聲者，亦有乎了之音。爾雅「芍，鳧茈」，芍音户了反，又「蓮，其中的」，的音丁麻反，又户了反，皆其證也。自廣雅音乎灼譌爲乎烱，而集韻以下皆沿其誤，且不復知有乎灼之音矣。

又蒙垂問古韻部分，即於段茂堂先生音均表十七部中分出緝葉帖一部，合盍洽狎業乏一部，質櫛屑一部，祭泰怪夬隊廢一部，共爲廿一部。月曷末黠鎋薛則統於祭泰部，去聲之至未霽，入聲之述物迄，仍是脂微之入也。若冬韻則合於東鍾江而不別出，此其崖略也。

與桂未谷論慎憒二字説書

承示「廣雅『慎，憒也』，慎爲憒之誤；文選幽通賦『周賈盪而貢憤兮』，憤亦爲憒之誤。」念孫案：慎有潰亂之義，曹大家訓憤爲憒是也。亦有恐懼之義，廣雅訓忒慎爲憤是也。欲知廣雅「憤」字之義，當於「忒慎」二字求之。説文「忒，惕也」，春秋國語曰「于其心忒然」，鄭注易云「惕，懼也」，是忒爲恐懼之義；廣雅「慎，恐也」，是慎亦有恐懼之義。方言「蛩烘，戰慄也，荆、吴曰『蛩烘』，蛩烘又恐也」，廣雅「𩴾、蛩、烘、畏、恐，懼也」，「𩴾、慎、忌、畏，恐也」，「忒、慎，憤也」，轉相訓釋，而其義自明。憤恐、蛩烘，聲近而義同也。若改慎爲憒，則與「忒」字之義不類。廣韻「忒，意慎忒也」，此尤足證「慎」字之不誤。又案：憒字亦有潰亂之義，是以慶鄭言「亂氣狡憤」，是以曹大家、孟康皆訓憒爲亂，字通作憒。荀子彊國篇「下比周賁潰以離上」，韓詩外傳作賁，是賁與潰同義。説文：「憒，潹也；潹，煩也。」煩亦亂也。李奇注漢書敘傳云「憤，潹也」，是憒與憤亦同義，似無煩改憤爲憒也。

答江晉三論韻學書

往者胡竹邨中翰以大著詩經韻讀見贈，奉讀之下，不勝佩服。念孫少時服膺顧氏書，年二十三入都會試，得江氏古韻標準，始知顧氏所分十部，猶有罅漏。旋里後，取三百五篇反覆尋繹，始知江氏之書仍未盡善。輒以己意重加編次，分古音爲二十一部，未敢出以示人。及服官後，始得亡友段君若膺所撰六書音均表，見其分支脂之爲三，真諄爲二，尤侯爲二，皆與鄙見若合符節；唯入聲之分合，及分配平上去，與念孫多有不合。嗣值官務殷繁，久荒舊業，又以侵談二部分析未能明審，是以書雖成而未敢付梓。己酉仲秋，段君以事入都，始獲把晤，商訂古音。告以侯部自有入聲，月曷以下非脂之入，當別爲一部，質亦非真之入，又質月二部皆有去而無平上，緝盍二部則無平上而並無去。段君從者二，謂侯部有入聲，及分術月爲二部。不從者三。自段君而外，則意多不合，難望鍾期之賞，而鄙書亦終未付梓。及奉讀大著，則與鄙見如趨一軌，不覺狂喜。嗟乎！段君歿已六年，而念孫亦春秋七十有八，左畔手足偏枯，不能步履，精日銷亡，行將繼段君而去矣。唯是獲覩異書，猶然見獵心喜。曩者李許齋方伯聞念孫所編入聲有與段君不合者，曾走札相詢，今將復札録出，寄呈教正。然其中有與大著不合者，好學深思，心知其意者，無如足下，故敢略言其概焉。段氏以質爲真之入，非也，而分質術爲二，則是。足下謂質非真之入是也，而合質於術以承脂，則似有未安。詩中以質術同用者，唯載馳三章之「濟、閟」，皇矣八章之「類、致」，是類與是致爲韻，是禡與是附爲韻，類致禡附皆通韻也。抑首章之「疾、戾」，不得因此而謂其全部皆通也。若賓之初筵二章「以洽百禮，百禮既至」，此以兩禮字爲韻，而至字不入韻；「四海來格，來格其祁」，亦以兩格字爲韻。凡下句之上二字，與上句之下二字相承者，皆韻也。質術之相近，猶術月之相近，候人四章之「薈、蔚」，出車二章之「旆、瘁」，雨無正二章之「滅、戾、勩」，小弁四章之「嘒、淠、屆、寐」，采菽二章之「淠、嘒、駟、屆」，生民四章之「旆、穟」，術月之通較多於質術，而足下尚不使之通，則質術之不可通明矣。念孫以爲質月二部皆有去而無平上，術爲脂之入，而質非脂之入，故不與術通，猶之月非脂之入，故亦不與術通也。孔氏分東冬爲二，念孫亦服其獨見，然考蓼蕭四章，皆每章一韻，而第四章之「沖沖雝雝」，既相對爲文，則亦相承爲韻。孔以沖沖韻濃，雝雝韻同，似屬牽强。旄邱三章之「戎、東、同」，孔謂「戎」字不入韻，然蒙戎爲疊韻，則戎之入韻明矣。左傳作「尨茸」，亦與公從爲韻也。

又易彖傳、象傳合用者十條，而孔氏或以爲非韻，或以爲隔協，皆屬武斷。又如離騷之庸、降爲韻，凡若此者，皆不可析爲二類，故此部至今尚未分出。又讀大著古韻總論，有獻疑數處，别録呈正。大著自詩經韻讀而外，念孫皆未之見，并希賜讀，以開茅塞。

與李鄦齋方伯論古韻書

脩書甫竟，復接季冬手札，欣悉先生福履茂暢，諸協頌忱。某嘗留心古韻，特以顧氏五書已得其十之六七，所未備者，江氏古韻標準、段氏六書音均表，皆已補正之。唯入聲與某所攷者小異，故不復更有撰述。茲承詢及，謹獻所疑，以就正有道焉。入聲自一屋至二十五德，其分配平上去之某部某部，顧氏一以九經、楚辭所用之韻爲韻，而不用切韻以屋承東，以德承登之例，可稱卓識。獨於二十六緝至三十四乏，仍從切韻，以緝承侵，以乏承凡，此兩歧之見也。蓋顧氏於九經、楚辭中求其與去聲同用之迹而不可得，故不得已而仍用舊説。又謂小戎二章以驂合軜邑念爲韻，常棣七章以合琴翕湛爲韻，不知小戎自以中驂爲一韻，合軜邑爲一韻，期之爲一韻；常棣自以合翕爲一韻，琴湛爲一韻，不可强同也。今案：緝合以下九部，當分爲二部，徧攷三百篇及羣經、楚辭所用之韻，皆在入聲中，而無與去聲同用者。而平聲侵覃以下九部，亦但與上去同用，而入不與焉。然則緝合以下九部，本無平上去明矣。又案：去聲之至霽二部，及入聲之質櫛黠屑薛五部，中凡從至、從疐、從質、從吉、從七、從日、從疾、從悉、從栗、從桼、從畢、從乙、從失、從八、從必、從卪、從節、從血、從徹、從設之字，及閉實逸一抑别等字，皆以去入同用，而不與平上同用。固非脂部之入聲，亦非真部之入聲，六書音均表以爲真部之入聲，非也。切韻以質承真，以術承諄，以月承元，音均表以術月二部爲脂部之入聲，則諄元二部無入聲矣。而又以質爲真之入聲，是自亂其例也。又案：切韻平聲自十二齊至十五咍，凡五部，上聲亦然。若去聲則自十二霽至二十廢，共有九部，較平上多祭泰夬廢四部，此非無所據而爲之也。攷三百篇及羣經、楚辭，此四部之字，皆與入聲之月曷末黠鎋薛同用，而不與至未霽怪隊及入聲之術物迄没同用。且此四部有去而無平上，音均表以此四部與至未等部合爲一類，入聲之月曷等部亦與術物等部合爲一類，於是蓼莪五章之烈發害，與六章之律弗卒，論語「八士」之達适與突忽，楚辭遠遊之至比與厲衛，皆混爲一韻，而音不諧矣。其以月曷等部爲脂部之入聲，亦沿顧氏之誤而未改也，唯術物等部乃脂部之入聲耳。又案：屋沃燭覺四部中，凡從屋、從谷、從木、從卜、從族、從鹿、從賣、從菐、從录、從束、從獄、從辱、從豕、從曲、從玉、從蜀、從足、從局、從角、從岳、從青之字，及秃哭粟珏等字，皆侯部之入聲，而音均表以爲幽部之入聲，於是小戎之首章之驅續轂馵玉屋曲，楚茨六章之奏禄，角弓三章之裕瘉，六章之木附屬，桑柔十二章之穀垢，左傳哀十七年繇辭之竇踰，楚辭離騷之屬具，天問之屬數，皆不以爲本韻而以爲合韻矣。且於角弓之「君子有徽猷，小人與屬」，晉初六之「罔孚裕无咎」，皆非韻而以爲韻矣。以上四條，皆與某之所攷不合。不揣寡昧，僭立二十一部之目而爲之表，分爲二類，自東至歌之十部爲一類，皆有平上去而無入，自支至宵之十一部爲一類，或四聲皆備，或有去入而無平上，或有入而無平上去，而入聲則十一部皆有之，正與前十類之無入者相反。此皆以九經、楚辭用韻之文爲準，而不從切韻之例。一偏之見，未敢自信，謹述其大略，并草韻表一紙呈覽，如蒙閣下是正其失，幸甚，幸甚！

附録

李畏吾曰：「高郵王懷祖深明六書七音之旨，旁通訓故考據，一時賢士談古學者皆弗及也。避禍天長，聞朱笥河先生能爲人排難解紛，跋涉往見。笥河敬禮之，時從問字質疑，未嘗以前輩體貌自居。爲飛書當路，護持其家盡力。」朱先生從遊記。

阮雲臺曰：「先生幼從東原戴氏受聲音文字訓詁，遂通爾雅、説文，皆有撰述矣。繼而餘姚邵氏晉涵爲爾雅疏、金壇段氏玉裁爲説文注，先生遂不再爲之。」阮元撰墓誌。

又曰：「乾隆丙午，元以公車入京，見先生隨事請問，捧手有所授焉。先生之學精微廣博，元之稍知聲音文字訓詁者，得於先生也。」同上。

焦里堂贊廣雅疏證、經義述聞曰：「訓詁聲音，經之門户，不通聲音，不知訓詁，訓詁不知，大道乃阻。字異聲同，義通形假，或轉或因，比例互著。高郵王氏，鄭、許之亞，借張揖書，示人大路。經義述聞，以子翼父。」雕菰集。

臧在東曰：「高郵王氏父子，小學出六朝人之上。」經師手簡。

陳碩甫曰：「高郵王氏，三代經學庋架，無唐以後書，學貴精深，奚汎濫爲！」楊峴遲鴻軒集。

曾滌生曰：「王氏父子集小學訓詁之大成，夐乎不可幾已！」聖哲畫象記。

石臞家學

王先生引之

王引之字伯申，號曼卿，石臞先生長子也。少從事聲音文字訓詁之學，以所得質於石臞，石臞喜曰：「是可以傳吾學矣。」嘉慶己未一甲三名進士，授編修，大考一等，擢侍講，歷官至工部尚書。癸酉林清之變，有議加培圓明園宫垣者，先生具疏切辨，召見嘉納。福建署龍溪知縣朱履中誣布政使李賡芸受賕，總督汪志伊、巡撫王紹蘭劾之，對簿無佐證，而持之愈急，賡芸不堪，遂自經。命先生讞之，平反其獄，罷督撫官。爲吏部侍郎，時有議爲生祖母承重丁憂三年者，先生力持不可，會奉使去，持議者遽奏行之。先生還，疏陳庶祖母非祖敵體，不得以承重論，緣情即終身持服不足以報，罔極制禮，則承重之義不能加於支庶，請復治喪一年舊例，遂更正。先生政事之暇，惟以著述爲事，侍養石臞先生，討論經義。凡有所得，即筆於篇，成經義述聞三十二卷。不爲鑿空之談，不爲墨守之見，聚訟之説則求其是，假借之字則正其解。又以小學之書皆釋名物實義，若經傳語辭，釋之者無幾，語義未明，經義反因之而晦，爰博考九經、三傳及周、秦、西漢之書，發明助語古訓，分字編次，爲經傳釋辭十卷，以補爾雅、説文、方言之缺。論者謂有清經術，獨絶千古，高郵王氏一家之學，三世相承，與長洲惠氏相埒云。卒謚文簡。參湯金釗撰墓誌、繆荃孫清史儒學傳稿。

經義述聞序

引之受性檮昧，少從師讀經，裁能絶句，而不得其解。既乃溺於舉子業，旦夕不輟，雖有經訓，未及搜討也。年廿一，應順天鄉試，不中式而歸。亟求爾雅、説文、音學五書讀之，乃知有所謂聲音文字詁訓者。越四年而復入都，以己所見，質疑於大人前，大人則喜曰：「乃今可以傳吾學矣。」遂語以古韻廿一部之分合，説文諧聲之義例，爾雅、方言及漢代經師詁訓之本原。大人曰：「詁訓之指，存乎聲音，字之聲，同聲近者，經傳往往假借，學者以聲求義，破其假借之字，而讀以本字，則涣然冰釋。如其假借之字而强爲之解，則詰籟爲病矣。故毛公詩傳多易假借之字，而訓以本字，已開改讀之先。至康成箋詩注禮，婁云某讀爲某，而假借之例大明。後人或病康成破字者，不知古字之多假借也。」大人又曰：「説經者期於得經意而已，前人傳注不皆合於經，則擇其合經者從之。其皆不合，則以己意逆經意而參之他經，證以成訓，雖别爲之説，亦無不可。必欲專守一家，無少出入，則何邵公之墨守，見伐於康成者矣。」故大人之治經也，諸説並列，則求其是；字有假借，則改其讀。蓋孰於漢學之門户，而不囿於漢學之藩籬者也。引之過庭之日，謹録所聞於大人者，以爲圭臬，日積月累，遂成卷帙。既又由大人之説，觸類推之，而見古人之詁訓有後人所未能發明者，亦有必當補正者；其字之假借有必當改讀者，不揆愚陋，輒取一隅之見，附於卷中，命曰經義述聞，以志義方之訓。凡所説易、書、詩、周官、儀禮、大小戴記、春秋内外傳、公羊、穀梁傳、爾雅，皆依類編次，其所未竟，歸之續編，亦欲當世大才通人糾而正之，以祛煩惑云爾。

經傳釋詞序

語詞之釋，肇於爾雅，粤于爲曰，兹斯爲此，每有爲雖，誰昔爲昔，若斯之類，皆約舉一隅，以待三隅之反。蓋古今異語，别國方言，類多助語之文。凡其散見於經傳者，皆可比例而知，觸類長之，斯善式古訓者也。自漢以來，説經者宗尚雅訓，凡實義所在，即明著之矣。而語詞之例，則略而不究，或即以實義釋之，遂使其文扞格而意亦不明。如「由，用也」，「猷，道也」，而又爲詞之「於」，若皆以「用」與「道」釋之，則尚書之「别求聞由古先哲王」，大誥「猷爾多邦」，皆文義不安矣。此舉一以例其餘，後皆放此。「攸，所也」，「迪，蹈也」，而又爲詞之「用」，若皆以「所」與「蹈」釋之，則尚書之「各迪有功」，「豐水攸同」，毛詩之「風雨攸除，鳥鼠攸去」，皆文義不安矣。「不，弗也」，「否，不也」，「丕，大也」，而又爲發聲與承上之詞，若皆以「弗」與「大」釋之，則尚書之「三危既宅，三苗丕敍」，「我生不有命在天」，「否則侮厥父母」，毛詩之「否難知也」，「有周不顯，帝命不時」。禮記之「不在此位也」，皆文義不安矣。「作，爲也」，而又爲詞之「始」與「及」，若皆以「爲」釋之，則尚書之「萬邦作乂」，「作其即位」，皆文義不安矣。「爲，作也」，而又爲詞之「如」與「有」與「與」與「於」，若皆以「作」釋之，則左傳之「何臣之爲」，晉語之「稱爲前世」，穀梁傳之「近爲禰宫」，管子「爲之臣死乎」，孟子之「得之爲有財」，皆文義不安矣。又如「如，若也」，而又爲詞之「而」與「乃」與「當」與「與」；「若，如也」，而又爲詞之「其」與「而」與「此」與「惟」；「曰，言也」，而又爲詞之「欥」；「謂，言也」，而又爲詞之「爲」與「與」與「如」與「柰」；「云，言也」，而又爲詞之「有」與「或」與「然」；「寧，安也」，而又爲詞之「乃」；「能，善也」，而又爲詞之「而」與「乃」；「無，不有也」，而又爲詞之發聲與轉語；「有，不無也」，而又爲詞之「爲」；「即，就也」，而又爲詞之「則」與「若」與「或」；「則，法也」；「及，至也」，而又爲詞之「若」；「茲，此也」，而又爲歎詞；「嗟，歎詞也」，而又爲語助；「彼，他也」，而又爲詞之「匪」；「匪，非也」，而又爲詞之「彼」；「咫，八寸也」，而又爲詞之「只」；「允，信也」，而又爲詞之「用」；「終，盡也」，而又爲詞之「既」；「多，衆也」，而又爲詞之「祇」；「適、徂、逝皆往也」，而「適」又爲詞之「啻」，「徂」又爲詞之「及」，「逝」又爲詞之發聲；「思，念也」，「居，處也」，「夷，平也」，「一，數之始也」，而又皆爲語助。「曷」，詞之「何」也，而又爲「何不」；「盍，何不也」，而又爲「何」；「於」，詞之「于」也，而又爲「爲」爲「與」；「爰」，詞之「曰」也，而又爲「與」；「安」，詞之「焉」也，而又爲「乃」爲「則」爲「於」；「是焉」，詞之安也，而又爲「於」爲「是」爲「於是」爲「乃」爲「則」；「惟」，詞之「獨」也，而又爲「與」爲「及」爲「雖」；「雖」，不定之詞也，而又爲「惟」；「矧」，詞之「況」也，而又爲「亦」；「亦」，承上之詞也，而又爲語助；「且」，詞之更端也，而又爲「此」；「之」，詞之「是」也，而又爲「於」爲「其」爲「與」。凡此者，其爲古之語詞，較然甚著，揆之本文而協，驗之他卷而通，雖舊說所無，可以心知其意者也。引之自庚戌歲入都侍大人，質問經義，始取尚書廿八篇紬繹之，而見其詞之發句助句者，昔人以實義釋之，往往詰籟爲病，竊嘗私爲之說，而未敢定也。及聞大人論毛詩終風「且暴」，禮記「此若義也」諸條，發明意恉，涣若冰釋，益復得所遵循，奉爲稽式，乃遂引而伸之，以盡其義類。自九經、三傳，及周、秦、西漢之書，凡助語之文，徧爲搜討，分字編次，以爲經傳釋詞十卷，凡百六十字。前人所未及者補之，誤解者正之，其易曉者則略而不論，非敢舍舊説而尚新奇，亦欲窺測古人之意，以備學者之采擇云爾。

春秋名字解詁敘

敘曰：名字者，自昔相承之詁言也。白虎通曰：「聞名即知其字，聞字即知其名。」蓋名之與字，義相比附，故叔重説文屢引古人名字，發明古訓，莫著於此。觸類而引申之，學者之事也。夫詁訓之要在聲音，不在文字，聲之相同相近者，義每不甚相遠，故名字相沿，不必皆其本字。其所假借，今韻復多異音，畫字體以爲説，執今音以測義，斯於古訓多所未達，不明其要故也。今之所説，多取古音相近之字以爲解，雖今亡其訓，猶將罕譬而喻，依聲託義焉。爰考義類，定以五體：一曰同訓，予字子我，常字子恒之屬是也；二曰對文，没字子明，偃字子犯之屬是也；三曰連類，括字子容，側字子反之屬是也；四曰指實，丹字子革，啟字子閭之屬是也；五曰辨物，鍼字子車，鱣字子魚之屬是也。因斯五體，測以六例：一曰通作，徒字爲都，籍字爲鵲之屬是也；二曰辨譌，高字爲克，狄字爲秋之屬是也；三曰合聲，徐言爲成然，疾言爲旃之屬是也；四曰轉語，結字子綦，達字子姚之屬是也；五曰發聲，不狃爲狃，不畏爲畏之屬是也；六曰並稱，乙喜字乙，張侯字張之屬是也。訓詁列在上編，名物分爲下卷，衆著者不爲贅設之詞，難曉者悉從闕疑之例，上稽典文，旁及謡俗，亦欲以究聲音之統貫，察訓詁之會通云爾。

至於解釋不明，援引鮮當，大雅宏達，其有以教之矣。

太歲考敍

太陰者，太歲之別名也。古人言太歲太陰者，皆合爲一。近時錢曉徵先生始分爲二，其説謂「太歲起子，太陰起寅，太陰在太歲前二辰」，遂與爾雅「太歲在寅」之文相戾。孫淵如觀察謂「太陰與太歲無異」，而不考太初元年，歲星在丑，乃誤以攝提格爲歲星在寅之號；許周生兵曹爲説以正之，而分太歲太陰爲二，仍與錢説無異。揆厥所由，皆以漢志太初元年太歲在子，與上文攝提格之歲建辰絶異，求其説而不得，則或以攝提格爲太陰，或以攝提格爲歲星在寅，以别於在子之太歲耳。今詳考漢志文義，乃知在子爲在寅之譌。太初元用甲寅，其原出於殷術，而隔次、同次爲太歲應歲星之二法，法異而名則同。不揣檮昧，輒爲太歲考廿八篇，而繫之以表，以質於綴學之士云。

文集

經籍籑詁敍

訓詁之學，發端於爾雅，旁通于方言，六經奥義，五方殊語，既略備于此矣。嗣則叔重説文、稚讓廣雅，探賾索隱，厥誼可傳。下及玉篇、廣韻、集韻，亦頗蒐羅遺訓，而所據之書，或不可考，且舊書雅記經史傳注未録者猶多，至於網羅前訓，徵引羣書，考之著録家，罕見有此。惟舊唐志載天聖太后字海一百卷，諸葛穎桂苑珠叢一百卷，新唐志載顔真卿韻海鏡源三百六十卷，自古字書韻書未有若此之多者，意其詳載先儒訓釋，是以卷帙浩繁，而惜乎其書之已逸也。曩者戴東原庶常、朱笥河學士，皆欲纂集傳注，以示學者，未及成編。吾師雲臺先生欲與孫淵如編修、朱少河孝廉共成之，亦未果。及先生督學浙江，乃手定體例，逐韻增收，總彙名流，分書類輯，凡歷二年之久，編成一百十六卷。展一韻而衆字畢備，檢一字而諸訓皆存，尋一訓而原書可識，所謂握六藝之鈐鍵，廓九流之潭奥者矣。夫訓詁之旨，本於聲音，揆厥所由，實同條貫。如周南關雎篇「左右芼之」，傳訓「芼」爲「擇」，後人不從，而不知芼、苗聲近義同，「左右芼之」之芼，傳以爲擇，猶「田苗蒐狩」之苗，白虎通以爲「擇取」，爾雅「芼，搴也」，亦與「擇取」之義相近也。召南甘棠篇「勿翦勿拜」，箋訓「拜」爲「拔」，後人不從，而不知拜與拔聲近而義同也。邶風柏舟篇「不可選也」，傳訓「選」爲「數」，後人不從，而不知選、算古字通，朱穆絶交論作「不可算也」，鄭注論語「何足算也」，以算爲數，正與此同義也。新臺篇「籧篨不鮮」，箋訓「鮮」爲「善」，後人不從，而不知爾雅「鮮」、「省」二字皆訓爲善，正是一聲之轉，且下云「籧篨不殄」，殄讀曰腆，其義亦爲善也。小雅采緑篇「六日不詹」，傳訓「詹」爲「至」，後人不從，而不知詹之爲至，載於爾雅，乃古之方言，是以方言亦云：「楚語謂至爲詹也。」曲禮「急繕其怒」，鄭讀「繕」爲「勁」，後人不從，而不知繕之爲勁，乃耕仙二部之相轉，猶「辨秩東作」通作「平秩」，「平平左右」亦作「便蕃左右」也。學記「術有序」，鄭注云「術當爲遂，聲之誤也」，後人不從，而妄改爲「州」，而不知術、遂古同聲，故月令「審端徑術」，注云「術，周禮作遂」也。若乃先儒訓釋偶疏，而後人不知改正者，亦多有之。如易屯六二「女子貞不字」，陸績訓「字」爲

「愛」，已覺未安；至宋耿南仲誤讀「女子許嫁，笄而字」之文，遂以字爲許嫁，更不可通，不如虞翻訓爲妊娠之善也。堯典「克諧以孝，烝烝乂，不格姦」，傳訓「烝烝乂」爲「進進以善自治」，頗爲不辭，不如蔡邕九疑山碑讀「以孝烝烝」爲句，且依廣雅「烝烝，孝也」之訓爲善也。皋陶謨「萬邦作乂」，禹貢「萊夷作牧」、「雲夢土作乂」，史記夏本紀皆以「爲」字代「作」字，文義未安，不如用詩駉篇傳訓「作」爲「始」之善也。禹貢「嵎夷既略」，傳謂「用功少曰略」，乃望文生義，不如訓「略」爲「治」之善也。康誥「遠乃猷，裕乃以民寧」，傳讀「猷」字爲句，而訓「猷」爲「謀」，不如斷「猷裕」爲句，而用方言「猷裕，道也」之訓爲善也。詩鄘風定之方中篇「匪直也人」，檜風匪風篇「匪風發兮，匪車偈兮」，小雅小旻篇「如匪行邁謀」，箋並訓「匪」爲「非」，不如用左傳杜注訓「匪」爲「彼」之善也。王風中谷有蓷篇「暵其濕矣」，傳箋並解爲水濕，與「暵」字之義相反，不如讀濕爲㬤，用通俗文「欲燥曰㬤」之善也。魏風陟岵篇「行役夙夜無寐」，傳以爲寤寐之寐，不如讀「寐」爲「沬」，而用楚辭注「沬，已也」之訓爲善也。小雅南有嘉魚篇「烝然罩罩，烝然汕汕」，傳依爾雅云「罩罩，篧也；汕汕，樔也」，不如説文訓爲「魚游水貌」之善也。菁菁者莪篇「我心則休」，釋文、正義並以「休」爲「美」，不如用國語注「休，喜也」之訓爲善也。北山篇「我從事獨賢」，箋以爲賢才之賢，不如毛傳訓「賢」爲「勞」之善也。菀柳篇「無自暱焉」，傳訓「暱」爲「近」，與「無自瘵焉」之文不類，不如廣雅「暱，病也」之訓爲善也。都人士篇序「衣服不貳，從容有常」，鄭訓「從容」爲「休燕」，不如緇衣正義訓爲「舉動」之善也。大雅緜篇「曰止曰時」，箋訓「時」爲「是」，與「曰止」異義，不如訓「時」爲「止」之善也。卷阿篇「有馮有翼」，傳云：「道可馮依，以爲輔翼」，不如訓爲「馮馮翼翼，滿盛之貌」爲善也。民勞篇「無縱詭隨」，傳云「詭人之善，隨人之惡」，以疊韻之字而上下異訓，不如讀「隨」爲「譎」，而訓爲「詭譎」之善也。雲漢篇「昊天上帝，則不我虞」，箋訓「虞」爲「度」，文義未允，不如訓爲「有」與「助」之善也。月令「養壯佼」，正義以「佼」爲形容佼好，與「壯」異義，不如訓「佼」爲「健」之善也。桓十一年左傳「且日虞四邑之至也」，昭六年傳「始我有虞于子」，杜注並訓爲「度」，不如訓爲「望」之善也。宣十二年傳「董澤之蒲，可勝既乎」，杜訓「既」爲「盡」，不如讀「既」爲「塈」，用摽有梅詩傳「塈，取也」之訓爲善也。襄二十五年傳「馮陵我敝邑，不可億逞」，杜訓「億」爲「度」，「逞」爲「盡」，不如訓爲「盈滿」之善也。後人覽是書者，去鑿空妄談之病而稽于古，取古人之傳注，而得其聲音之理，以知其所以然，而傳注之未安者，又能博考前訓以正之，庶可傳古聖賢著書本旨，且不失吾師纂是書之意與！

附録

先生年十歲時，石臞先生以朱子童蒙須知命手録，置案頭省覽，暇則講解朱子小學，佐以吕新吾小兒語，俾知寡過之方。年過二十有五，又示以爾雅、方言、説文之學，俾由此以通經訓。至於古近體詩，古文時藝，亦必使取法乎上。石臞行狀。

道光七年，先生充武英殿副總裁，有旨刊修康熙字典。先生以字典一書，蒐羅繁富，爲字學之淵藪。惟卷帙浩繁，當年成書較速，纂輯諸人近於期限，於援據間有未及詳校者，奏請考據更正。凡校正二千五百八十八條。輯考證十二卷，分條註明，各附案語。同事諸人，皆推重先生學問，謂「有先生校訂，可以無俟他人」，故更正之條出自先生手者十居八九。行狀。

阮雲臺經義述聞序曰：「我朝小學訓詁，遠邁前代，至乾隆間惠氏定宇、戴氏東原大明之；高郵王文肅公以清正立朝，以經義教子，故哲嗣懷祖先生家學特爲精博，又過於惠、戴二家。先生經義之外，兼覈諸古子史，哲嗣伯申繼祖又居鼎甲，幼奉庭訓，引而申之，所解益多。著經義述聞一書，凡古儒所誤解者，無不旁徵曲喻，而得其本義之所在，使古聖賢見之，必解頤曰：『吾言固如是，數千年誤解之，今得明矣！』」經義述聞序。

又經傳釋詞序曰：「高郵王氏喬梓，貫通經訓，兼及詞氣，昔聆其終風諸説，每爲解頤，乃勸伯申勒成一書。今二十年，伯申侍郎始刻成釋詞十卷，元讀之，恨不能起毛、孔、鄭諸儒而共證此快論也。」經傳釋詞序。

龔定庵曰：「自珍平日所聞於公者，曰：『吾之學，於百家未暇治，獨治經。吾治經，於大道不敢承，獨好小學。夫三代之語言與今之語言，如燕、越之相語也。吾治小學，吾爲之舌人焉，其大歸曰用小學説經，用小學校經而已矣。』又聞之公曰：『吾用小學校經，有所改，有所不改。周以降，書體六七變，寫官主之，寫官誤，吾則勇改；孟蜀以降，槧工主之，槧官誤，吾則勇改；唐、宋、明之士，或不知聲音文字而改經，以不誤爲誤，是妄改也，吾則勇改其所改。若夫周之没，漢之初，經師無竹帛，異字博矣，吾不能擇一以定，吾不改；假借之法，由來舊矣，其本字什八可求，什二不可求，必求本字以改假借字，則考文之聖之任也，吾不改；寫官槧工誤矣，吾疑之且思而得之矣，但羣書無佐證，吾懼來者之滋口也，吾又不改。』」龔自珍撰墓表。

汪孟慈云：「王先生引之以所著尚書古義寄質先君，先君驚歎不已，爲王先生懷祖書楹帖云：『清節王陽仍令子，説文許慎有功臣。』蓋先君論次當代通儒姓氏僅八人，而王氏有二焉。」汪容甫年譜。

王先生壽同

王壽同字子蘭，石臞孫，伯申季子。由拔貢援例爲刑部郎中，道光甲辰成進士，歸本職，出爲湖北漢黄德道。咸豐二年，粤匪陷岳州，巡撫調先生入省，武昌陷，力戰死之。子恩晉亦從殉。先生幼穎異，舉止安詳，嘗侍石臞側，質疑辨難，得其歡心。於三世遺稿，片言隻字，必繹而通之。石臞著釋大一書，尤能力求其解，爲説以示後學。著有釋采、經義證考、述聞拾遺、雜志拾遺、守城日録、古韻蠡測、觀其自養齋雜記諸書，兵燹中稿多散失，僅存者有燼餘録若干册。參子恩錫等撰行狀、陳奐撰墓志。

觀其自養齋燼餘録

答汪孟慈脩褉説

奉手教，謂説文無「褉」字，古以「何」字通借。「褉」字見於先秦、兩漢者何書？案：蔡邕月令章句：「故因是乘舟，禊於名川也。」史記外戚世家「武帝祓霸上」，徐廣注：「三月上巳，臨水祓除謂之禊。」張衡南都賦：「莫春之禊。」杜篤有祓禊賦。風俗通：「禊者，潔也。」此漢代「禊」本字。至通借之字，先光禄廣雅疏證云：「續漢書禮儀志：『三月上巳，官民皆絜於東流水上，自洗濯祓除，去宿垢疢爲大絜。』絜與禊通。是「絜」即「禊」之通借字。論語「浴沂」，鄭作「沿沂」。」案：論衡明雩篇：「浴乎沂，涉沂水也。」又曰：「論説〔一〕之家，以爲浴者，浴沂水中也，風乾身也。周之四月，正歲二月，尚寒，安得浴而風乾身？」論語筆解：「浴當爲『沿』字之誤。周三月，夏之正月也，堅冰未解，安有浴之理哉？」是漢、唐之儒，皆以「浴沂」於義未安，故不从「浴」字之訓。竊謂浴、沿音近，而形亦近似與！其以地有温泉，曲爲之解，何如訓「沿」之爲得。且經明言浴沂，沂非温泉，若所浴别一温泉，經又不應言沂水矣。「祓」字之義，有謂除歲穢者，見荆楚歲時記；謂除气穢者，見湘素雜記；謂除氛穢者，見爾雅翼，其義皆本韓詩。案：祓之言拂也，除也，爾雅「祓，福也」，孫注：「祓除之福。」左氏昭十八年傳「祓禳於四方」，注謂：「祓禳皆除凶之祭。」説文亦曰：「除凶祭。」廣韻訓「祓」爲「除災求福」，皆以祓除爲義。訓祭名者，以除凶爲義，與韓詩所言「秉蘭艸，拂不祥」之説相表裏。字又通作「弗」，詩「以弗無子」，注：「弗之言祓也，祓無子，求有子也。」「詠而歸」，鄭作「饋」，論衡同。案：歸、饋古今字，論語「歸女樂」，「歸孔子豚」，鄭皆作「饋」。論衡載「歸孔子豚」亦作「饋」。又儀禮聘禮「君使卿韋弁，歸饔餼五牢」，聘

〔一〕「論説」，論衡明雩作「説論」。

禮記「夕，夫人歸」，禮注竝云：「今文作饋。」荀子「使相歸移也」，注：「歸作饋。」書序「王命唐叔歸，周公于東，作歸禾」，史記作餽，餽即饋，皆其證也。「溱」、「潧」二字，說文竝見。案：溱水有三，不止溱、潧有別。一曰新鄭之溱。說文：「潧，水出鄭國。詩曰：『潧與洧。』」水經：「潧水出鄭縣西北平地。」酈注以爲即「潧與洧」之溱。明一統志：「洧水出密縣，東會潧水，爲雙洎河。」是二水合流，明代尚有其迹。則詩溱洧之溱，其水道即說文、水經所指潧水無疑，而其字以褰裳詩韻求之，則仍當作溱，段氏釋詩已有定說。竊謂兩水有同一名者，一水亦有兩名者，如桂陽有湟水，金城亦有湟水，金城湟水說文作湟，桂陽湟水山海經及西漢書多作湟，惟前漢地理志「浛洭」及注皆作洭，說文亦作洭。南海溱水，說文作溱，而鄭國之溱，毛詩、孟子皆作溱、洧，惟水經注載國語「主芣騩而食潧、洧」，字作「潧」，說文亦作「潧」，疑叔重於兩水同名者，於一水兩名者，則一取異文以別之。溱、洧之作潧，其亦猶湟之爲洭與！一曰朗陵之溱。水經汝水注云：「溱水出浮石嶺北青衣山，亦謂之青衣水，東南徑朗陵縣故城西，又南屈徑其縣南，又東北徑北宜春縣故城北，東北徑馬香城北，又東北入汝。」案：左氏僖公五年傳「江、黄、道、柏」，杜注：「道國在湯安縣今確山縣。南。」元和志：「道城在確山縣東北二十里。」左傳成公五年「晉侵蔡，楚救蔡，禦諸桑隧」，杜注：「朗陵東有桑里。」春秋文公三年「晉人伐沈」，注：「平輿縣有沈亭。」定公四年：「蔡滅沈。」昭十一年：「楚滅蔡。」史記：「秦始皇二十一年，李信伐楚，攻平輿。」魏書：「平輿有馬鄉城。」是溱水所經，北宜春、平輿、今汝陽縣。朗陵，今確山縣。其地屬道，屬沈，屬蔡，屬楚，并非鄭地，則此水與溱、洧之溱無涉矣。一曰中宿之溱。說文：「溱出桂陽臨武入匯。」即「洭」字之誤。水經注亦謂：「溱水出臨武縣西南，東至曲江，過湞陽，出洭浦關，南入於海。」其說水源與說文合。案：山海經云：「肄水出臨武西南，而東南注於海，入番禺西。」可證道源臨武西南而入海者是肄水，非溱水也。輿地紀勝：「秦水源出清遠縣。」秦山縣志謂之「溱源山，在縣西二十五里，溱水出焉」，漢書地理志溱皆作秦。是溱水發源清遠，於漢爲南海郡中宿，非桂陽郡臨武也。以今水道攷之，肄水出桂陽州臨武縣，徑韶州府曲江縣，與湞水合，亦名湞江，流入英德縣南。洭水來注之，地在臨武南四百餘里。又流徑清遠縣南，溱水來注之，其地在肄水發源下游六百餘里，在洭水入肄下游二百餘里。故山海經云：「湟即洭。水出桂陽西北山，東南注肄水。」水道提綱北江下云：「湞水既合洭水出清遠縣，有溱水自西北溱源山來會之。」若出臨武者是溱非肄，則洭水當曰入溱，不當曰注肄。今山海經釋湟水但曰「注肄」，初不及溱，可見清遠以北之水，固無名溱者。北道平衍，水道今古或殊，南方多山，谿流終古不改，以今證古，其源流皆與山海經合。自說文、水經以肄爲溱，而酈注乃合溱於肄，以入湞江下游名其上游之水，於是肄水不彰，而溱源亦誤矣。「蕑」之訓「蘭」，見溱洧、澤陂毛傳。溱洧釋文云：「蕑，韓詩云：蓮也。」案：韓詩内傳云：「方秉蘭兮。」又曰：「衆士衆女，執蘭而祓除。」内傳既徑作「秉蘭」，不當又訓作「蓮」，釋文當是緣澤陂詩而誤。又「蕑」字通作「葌」，亦訓爲「蘭」，見衆經音義。陸佃云：「蘭艸闌止不祥，一名蕑。蕑以閒之，蘭以闌之同。」是皆訓蕑爲蘭也。澤陂詩鄭箋云：「蕑當爲蓮。」細繹鄭說，不訓爲「蓮」，而曰「當爲蓮」，知「蘭」是「蕑」字本訓，而「蕑」之爲「蓮」，乃是破字。爾雅：「荷，其莖茄，其葉蕸，其本蔤，其華菡萏，其實蓮。」爾雅多釋詩，从鄭作蓮，則澤陂三章正與爾雅合。若从「蕑」字本訓

「蘭」，非水艸不生於澤，且與上下章不類。韓詩曰：「蕑，蓮也。」御覽九百七十五載「有蒲與蓮」，鄭説蓋本於韓詩。又經傳「蓮」字絶少，漢、魏時或借「苓」字。枚乘七發「蔓艸芳苓」，曹植七啟「寒芳苓之巢龜」，注以爲古「蓮」字，蓋以音近相借也。以上各條，就管見所及者，書以奉答。若蒙不棄而辱教焉，感甚！幸甚！

石臞交游

盧先生文弨　别爲抱經學案。

朱先生筠　别爲大興二朱學案。

程先生瑶田　别爲讓堂學案。

錢先生大昕　别爲潛研學案。

段先生玉裁　别爲懋堂學案。

孔先生廣森 別爲顨軒學案。

孫先生星衍 別爲淵如學案。

阮先生元 別爲儀徵學案。

臧先生庸 別見玉林學案。

江先生有誥 別見懋堂學案。

顧先生廣圻 別見義門學案。

汪先生中 別爲容甫學案。

劉先生台拱 別爲端臨學案。

賈先生田祖

賈田祖字稻孫，號禮畊，高郵人。廩膳生。好學，多所涉獵。喜左氏春秋，未嘗去手，旁行斜上，朱墨爛然，有春秋左氏通解。善爲詩，發言深摯。與石臞及李成裕友，三人鉤析經疑，閒以歌詩往牒舊聞，汎演旁出。參汪中述學。

李先生惇

李惇字成裕，一字孝臣，高郵人。久困諸生，籍以高第，將貢於國學，其前夕，執友賈田祖死，遂不入試，而親棺殮以歸之。乾隆庚子成進士，注選知縣。先生治諸經通敏，於詩、春秋尤深，作解義數十條，義並精審。晚好曆算，得梅氏書，盡通其術。時古學大興，江以北石臞爲之唱，先生和之，汪氏中、劉氏台拱繼之，並才力所詣，各成其學，雖有講習，不相依附。先生於年爲長，三人者兄事焉。參汪中述學。

附録

石臞序羣經識小略曰：「羣經識小者，李進士成裕之所作也。余與進士交最久。進士好學深思，必求其是，不惑於晚近之説，而亦不株守前人。如皋陶謨之「戛擊搏拊」，禹貢之「漆、沮」，甘誓之「六卿」，洪範之「子孫其逢」，邶風之「濟盈不濡軌」，齊風之「展我甥兮」，周官之「諸侯封地」，考工記之「軹」，喪服之「出妻之子爲母」，檀弓之「期而猶哭」，及「悼公之喪」，左氏傳僖十四年之「虢射」，定四年之「豫章」，其説皆確不可拔。其有先儒説本不誤，而後儒輒生異義者，必申明舊説，以決其是非。其最爲譾劣者，若陳氏之禮記集説及近世之四書講章，皆直指其繆，不使貽誤後人。而各經中飲食衣服宫室器皿之制，皆考定精審，而言之鑿鑿，故能以古義之宏深，啟後學之錮蔽。」

江子屏曰：「昔年君往江陰，留宿藩家，然燭豪飲，議論史事，君朗誦史文，往往達旦。明日藩取史文核之，一字不誤也。藩年少好詆訶古人，君從容謂藩曰：『王子雍有過人之資，若不作聖證論攻康成，豈非醇儒哉！』」漢學師承記。

朱先生彬

朱彬字武曹，一字郁甫，寶應人。乾隆乙卯順天舉人。幼有至性，年十一喪母，哀毁如成人。長丁父憂，殮葬盡禮，三年疏食居外。時祖母劉尚存，寒暑飲食，盡心調護。同懷兄早殤，與羣從昆弟友于甚篤。治經確有心得，於訓詁聲音文字之學用力尤深。所著經傳考證八卷，禮記訓纂四十九卷，游道堂詩文集五卷，白田風雅二十四卷。道光十四年卒，年八十有二。子士彦，吏部尚書，謚文定。參儒學傳稿。

禮記訓纂序

漢藝文志云：禮古經五十六卷，經十七篇，記一百三十一篇。景十三王傳稱：「獻王所得皆古文先秦舊書周官、尚書、禮、禮記、孟子、老子之屬，皆經傳説記，七十子之徒所論。」鄭康成六藝論云「戴德傳記八十五篇」，則大戴禮是也；「戴聖傳禮四十九篇」，則此禮記是也。儒林傳「小戴授梁人橋仁、楊榮子孫，由是小戴有橋、楊之學」。後漢書橋玄傳云：「七世祖仁著禮記章句四十九篇，號曰橋君學。」是則禮記傳授遠有端緒。如是陸德明經典釋文敍録引陳邵周禮論序云：「戴德删古禮二百四十篇，謂之大戴禮；戴聖删大戴禮爲四十九篇，是爲小戴禮。」後儒翕然信之。然大戴禮哀公問、投壺，小戴記亦列此二篇，他如曾子大孝篇見於祭義，諸侯釁廟見於雜記，朝事篇自「聘禮」至「諸侯務焉」見於聘義，本命篇自「有恩有義」至「聖人因教以制節」見於喪服四制，則非小戴删取大戴書甚明。孔沖遠樂記正義亦云：「按别録禮記四十九篇，樂記第十九，則樂記十一篇在劉向前矣。」觀此，則自漢以來，無謂小戴删取大戴以成書者。唐初詔孔氏作正義，禮記最爲詳贍，凡所徵引，如二賀氏、庾氏以及皇氏、熊氏之説，備著於篇。自唐類禮已亡，後之釋經者多苦其文繁，惟宋末衛正叔集説始釋全經，然詳於議論，而略於訓故。元吴草廬禮記纂言，割裂删并，自成一家之書，不可頒在學宫，以時習肄。余束髪受書，病陳氏集説之疏略。本朝經學昌明，詔天下諸生習禮記者，兼用古注疏，於是洪哲俊彦之倫，鑽研經義，遐稽博考，蓋彬彬矣。不揣檮昧，年逾知命，始取爾雅、説文、玉篇、廣雅諸書之故訓，又剌取北堂書鈔、通典、太平御覽諸書之涉是記者，虎觀諸儒所論義，鄭志師弟子之問答，以及魏、晉以降諸儒之訓釋，撮其菁英，以爲輯略，管窺蠡測，時有一得，亦附於編。鄭君注禮，如日月之在天，江河之行地，而千慮之失，亦閒有之。後儒規其闕失，補其瑕閒，用是知經傳之文，非一人一家之學所能盡也。唯大學、中庸不加訓釋，仍依鄭注，列經文於次，以還四十九篇之舊焉。

文集

釋大

尚書中凡言大者，皆辭也。辭者，可有可無之謂。盤庚「永敬大恤」；大誥〔一〕「大誥爾多邦」；康誥「四方民大和會」，「天乃大命文王」，「民情大可見」，「時乃大明服」，「大傷厥考心」，「大不友于弟」，「天惟與我民彝大泯亂」，「造民大譽」，「大放王命」；酒誥「我民用大亂喪德」，「爾大克羞耇惟君」，「我其可不大監撫于時」；洛誥「予乃允保，大相東土」，「其大惇典殷獻民」；多士「天大降喪于殷」，「大淫泆有辭」，「予大降爾四國民命」，「今朕作大邑于兹洛」；君奭「大弗克恭上下」，「亦大惟艱」，「監于殷，喪大否」；多方「我惟大降爾命」，「乃大淫昏」，「乃大降罰」，「乃大降顯休命于成湯」，「大不克明保享于

〔一〕「大誥爾多邦」文出大誥，篇名原脱，今補。

民」，「大不克開」，「大淫圖天之命」，「大動以威」，「我惟大降爾四國民命」，「爾乃不大宅天命」，「我乃其大罰殛之」，「我有周惟其大介賚爾」，「大遠王命」；費誓「汝則有大刑」。無「大」字皆可通。不但此也，丕亦訓大，皋陶謨「惟動丕應徯志」；盤庚「王用丕欽」，「民用丕變」，「丕乃敢大言」，「以丕從厥志」，「予丕克羞爾」，「高后丕乃崇降罪疾」，「先后丕降與汝罪疾」，「丕乃告我高后」，「作丕刑于朕孫」，「丕乃崇降弗祥」；大誥「弼我丕丕基」；康誥「惟乃丕顯考文王」，「汝丕遠惟商耇成人」，梓材「庶邦丕享」；召誥「其丕能諴于小民」，「丕若有夏歷年」；洛誥「丕視功載」，「公稱丕顯德」；多士「丕靈承帝事」，無逸「否則侮厥父母」，石經「否」作「不」，古字通也，「丕」、「不」古通，互詳經傳考證「有周不顯」條。「時人丕則有愆」，「否則厥心違怨，否則厥口詛祝」；君奭「丕承無疆之恤」，「在讓後人于丕時」；多方「罔丕惟進之恭」；立政「陟丕釐上帝之耿命」，「嚴惟丕式」，「用丕式見德」，「丕乃俾亂」；文侯之命「嗣造天丕愆」。無「丕」字皆可通。不但此也，「誕」亦訓「大」，盤庚「誕告用亶」，「汝誕勸憂」；大誥「誕鄰胥伐于厥室」，「肆朕誕以爾東征」；康誥「誕受厥命」；酒誥「誕惟厥縱淫泆于非彝」，「誕惟民怨」；洛誥「誕保文武受民」；多士「誕罔顯于天」，「誕淫厥泆」；君奭「誕無我責」；多方「有夏誕厥逸」，「誕作民主」；康王之誥「誕受羑若」。無「誕」字亦可通。生民之詩「誕彌厥月」以下「誕」字凡八見，皆辭也。又推廣言之，「洪」、「宏」皆「大」也，盤庚「用宏兹賁」；洛誥「宏朕恭」；多士「惟爾洪無度」，多方「洪惟圖天之命」，「洪舒于民」；顧命「宏濟于艱難」。無「洪」、「宏」字皆可通。又如「純」亦訓「大」，君奭「天惟純祐命」，「亦惟純佑秉德」；文侯之命「侵戎我國家純」。無「純」字亦可通。「淫」亦訓「大」，召誥「其惟王勿以小民淫用非彝」，費誓「今惟淫舍牿牛馬」。皆辭也。至「毋」、「無」、「弗」、「勿」等字，解經者不知爲辭助，泥于一字之義，輒如治絲而棼。知其爲辭，則經之可通者十六七矣。作釋大。

附録

石臞序經傳考證曰：「武曹以所作經傳考證見示余，讀而善之。其中若書之『朋淫於家』，『一無起穢以自臭』，『予仁若考』，『以修我西土』，『遏佚前人光，在家不知，天命不易』，及釋大一篇；詩之『維葉莫莫』，『秩秩斯干』，『如竹苞矣，如松茂矣』，『矧敢多又』，『厥猶翼翼』，『居然生子』，『辭之懌矣，民之莫矣』；禮記之『疑女於夫子』，『非意之也』；左傳之『憂必讎焉』，『不蓋不義』，『寶龜僂句』，『五叔無官』；論語之『食饐而餲』二句，『微子去之』二句；孟子之『堯之於舜也』一節，以及『光』字、『方』字、『弔』字，『焉』字，『亦』、『丕』、『誕』、『洪』諸字，皆揆之文義而安，求之古訓而合。采漢、唐、宋諸儒之所長，而化其鑿空之病與拘牽之習，蓋非置前人之説而不之用，乃師前人之説而善用之者也。至其援據之確，搜討之勤，非用力之深且久者不能有是，是可謂傳注之功臣矣。」

林少穆序禮記訓纂曰：「先生承其鄉先進王氏懋竑經法，又與劉端臨台拱、王石臞念孫、伯申引之父子切劘有年，析疑辨難，奥窔日闢，故編中採此四家之説最多。復旁證國初訖乾、嘉間諸家之書，亦不下數十種，而仍以注疏爲主，擷其精要，緯以古今諸説，如肉貫串。其附以己意者，皆援據精確，發前人所未發，不薄今而愛古，不別户而分門，引掖來學之功，豈淺鮮哉！先生舊有經義考證八卷，刊入皇朝經解中。兹編成於晚年，復有改定。如考證解『越國而問焉』，謂『致仕之臣，問於他國』，兹仍從正義作『他國來問』；考證解『視瞻毋回』，謂『毋回邪』，兹仍從正義作『不得迴轉』；考證解『及葬奠而后辭於殯』，駁鄭注『殯當爲賓』，兹則仍依鄭説；考證解『立容辨爲分辨』，兹仍從注讀爲貶。其他類此者尚多。蓋年益高，學益邃，心亦益虚，不專以一説而矜創解，然則訓纂之與考證，正如朱子集注之與或問，可以參觀互證也。」

宋先生綿初

宋綿初字守端，高郵人。乾隆丁酉拔貢，歷官五河、清河訓導。邃經術，尤長於説詩，著韓詩内傳徵四卷。又有釋服二卷。子保，字定之，廩生，精聲音訓詁之學，著諧聲補逸二卷。參揚州府志。

文簡弟子

李先生貽德

別見柳東學案。

龔先生自珍

別爲定盦學案。

胡先生培翬 別見樸齋學案。

案：高郵父子及門傳業者殊尠，次自定庵、竹邨，並文簡典鄉會試所得士，而經術淹通，不媿其師門者。

武曹家學

朱先生士端

朱士端字銓甫，道光辛巳舉人，官廣德州訓導。父毓楷，著讀書解義，於曾子十篇，及許、鄭、朱子之學，研究甚力。先生少受業於從父武曹，後親炙於高郵王石臞，故小學最精。嘗以二徐本說文互勘，斠正後儒删改之失，又以鐘鼎彝器文字，證明許氏所列古籀，所得爲多。著有彊識編、說文校定本、宜禄堂收藏金石記、吉金樂石山房詩文集各若干卷。參成孺撰寶應儒林傳。